I0882881

Handbuch der Akkreditive, Inkassi, Exportdokumente und Bankgarantien

Arten, Abwicklungen, Fallbeispiele, Problemlösungen, Prüflisten, Richtlinien und Kommentare

Herausgegeben von

Professor Dr. Siegfried Georg Häberle

mit Beiträgen von

Prof. Dr. jur. Menno Aden

Dr. jur. Thomas Ingelmann

Rechtsanwalt Joachim Schmitt

Syndikus Team Kommerzielles Auslandsgeschäft der Vereins- und Westbank AG, Hamburg

Prof. Dr. rer. pol. Siegfried Georg Häberle

R. Oldenbourg Verlag München Wien

Die Deutsche Bibliothek - CIP-Einheitsaufnahme

Handbuch der Akkreditive, Inkassi, Exportdokumente und Bankgarantien : Arten, Abwicklungen, Fallbeispiele, Problemlösungen, Prüflisten, Richtlinien und Kommentare / hrsg. von Siegfried Georg Häberle. Mit Beitr. von Menno Aden ... – München ; Wien : Oldenbourg, 2000
ISBN 3-486-24965-7

© 2000 Oldenbourg Wissenschaftsverlag GmbH
Rosenheimer Straße 145, D-81671 München
Telefon: (089) 45051-0
www.oldenbourg-verlag.de

Das Werk einschließlich aller Abbildungen ist urheberrechtlich geschützt. Jede Verwertung außerhalb der Grenzen des Urheberrechtsgesetzes ist ohne Zustimmung des Verlages unzulässig und strafbar. Das gilt insbesondere für Vervielfältigungen, Übersetzungen, Mikroverfilmungen und die Einspeicherung und Bearbeitung in elektronischen Systemen.

Gedruckt auf säure- und chlorfreiem Papier
Druck: R. Oldenbourg Graphische Betriebe Druckerei GmbH

ISBN 3-486-24965-7
ISBN 978-3-486-24965-1

Vorwort des Herausgebers

Erkenntnisbereich und Erkenntnisziel

Erkenntnisgegenstand dieses Buches sind die dokumentären Zahlungs- und Sicherungsinstrumente sowie die Bankgarantien des Außenhandels. Obwohl diese Instrumente – dank der Einheitlichen Richtlinien der Internationalen Handelskammer (ICC) – weltweit eine weitgehend gleiche Anwendung erfahren, erweist sich der Erkenntnisbereich bei näherer Betrachtung nach wie vor als außerordentlich vielschichtig und mit vielen offenen Fragen belastet.

Aus diesem Grund war es naheliegend, das Erkenntnisziel für dieses Buch umfassend zu definieren und die **Dokumentenakkreditive**, die **Dokumenteninkassi** sowie die dazugehörenden **(Export-)Dokumente** und die **Bankgarantien**

- sowohl aus **betriebswirtschaftlicher Sicht** vorzustellen
- als auch unter **rechtlichen Aspekten** zu analysieren.

Mit diesem breiten und zugleich tiefgehenden Ansatz wird nicht nur der Komplexität des Erkenntnisgegenstandes Rechnung getragen, sondern auch dem Anspruch des Lesers auf umfassende Information Genüge getan.

Praxisorientierung

Der Brückenschlag zwischen Theorie und Praxis wird in diesem Buch in verschiedener Hinsicht vollzogen:

- durch ausführliche, **auf die Fragestellungen der betrieblichen Praxis eingehende Rechtskommentare** zu den einschlägigen Einheitlichen Richtlinien der Internationalen Handelskammer (ICC) und damit zugleich zu den Rechtsfragen, wie sie sich bei der praktischen Abwicklung von Akkreditiven, Inkassi und Bankgarantien stellen;
- durch eine umfassende Darstellung der **betriebswirtschaftlichen Abwicklung** dieser internationalen Zahlungs- und Sicherungsinstrumente, angereichert mit **Erläuterungen, Risikoanalysen, Ratschlägen, Prüflisten, Fallbeispielen und Mustertexten** für Exporteure und Importeure sowie für die Banken.

Handbuch der Außenhandelsfinanzierung

Weil unter der Bezeichnung „Außenhandelsfinanzierung" – zumindest an den Hochschulen – neben den internationalen Finanzierungsinstrumenten auch die sog. dokumentären Zahlungs- und Sicherungsinstrumente subsumiert werden, finden sich in meinem „Handbuch der Außenhandelsfinanzierung" weiterhin einige betriebswirtschaftliche Ausführungen zu den Dokumentenakkreditiven, Dokumenteninkassi, Exportdokumenten und Bankgarantien. Allerdings bleiben diese Instrumente im „Handbuch der Außenhandelsfinanzierung" ohne die im vorliegenden Buch vollzogene vertiefte Praxisorientierung und ohne den Abdruck und die Kommentare der einschlägigen Einheitlichen Richtlinien der Internationalen Handelskammer (ICC): Das vorliegende **„Handbuch der Akkreditive, Inkassi, Exportdokumente und Bankgarantien"** ist als sog. Themenbuch auf diese Instrumente **spezieller** ausgerichtet und damit **tiefschürfender** und **umfassender** gestaltet, als es im „Handbuch der Außenhandelsfinanzierung" gewollt und möglich ist.

Dagegen findet der Leser im „Handbuch der Außenhandelsfinanzierung" weitreichende Ausführungen zur Risikoanalyse, zu den internationalen Zahlungsbedingungen, zu den nichtdokumentären Zahlungsinstrumenten, zu den kurz-, mittel- und langfristigen Finanzierungs- und Absicherungsinstrumenten bis hin zu den privatwirtschaftlichen Ausfuhrkreditversicherungen und den Ausfuhrgewährleistungen des Bundes (sog. Hermes-Deckungen).

Anregungen

Die Autoren haben sich um eine richtige und aktuelle Darstellung bemüht. Trotzdem kann angesichts der Vielschichtigkeit und des raschen Wandels des Erkenntnisgegenstandes nicht ausgeschlossen werden, daß Fehler unterlaufen sind. Der Leser wird deswegen um Verständnis dafür gebeten, daß die Haftung für die Richtigkeit der Ausführungen ausgeschlossen werden muß. Gleichwohl und gerade deswegen bitte ich den Leser um **konstruktive Kritik**, denn Bücher können nur fortentwickelt werden, wenn die Autoren für Anregungen offen bleiben.

Dank

Mein Dank als Herausgeber gilt zuvorderst den Mitautoren dieses Buches:

- Herrn **Prof. Dr. jur. Menno Aden**, Essen,
- Herrn **Dr. jur. Thomas Ingelmann**, Rechtsanwalt und Syndikus, Deutsche Bank AG in Hamburg,
- Herrn **Assessor Joachim Schmitt**, Syndikus, Deutsche Bank AG in Hamburg, unter Mitwirkung von Frau **Marina Leu**,
- Team Kommerzielles Auslandsgeschäft der Vereins- und Westbank AG, Hamburg, unter Federführung von Herrn **Direktor Detlev Bohnhorst** und unter Mitwirkung von Frau **Renate Grelck**.

Der hohe Anspruch und die Faszination der Aufgabe, das eigene Wissen weiterzureichen, mag die Autoren für die vielen Mühseligkeiten entschädigen, die zwischen der Abfassung erster Entwürfe und der Abgabe des druckfertigen Manuskripts liegen.

Mein freiberuflicher Mitarbeiter, Herr **Dipl.-Betriebswirt (FH) Richard Staiger**, hat wie bei meinen früheren Veröffentlichungen mit viel Geduld und großem Engagement – z.T. auch in seiner ohnehin knapp bemessenen Freizeit – die Manuskripte und Abbildungen formatiert und in druckfertige Vorlagen umgesetzt. Ich danke ihm für die höchst angenehme Zusammenarbeit.

Erneuter Dank gebührt meiner **Familie** für das Verständnis und für die Unterstützung meiner literarischen Arbeit.

Herrn **Dipl.-Volkswirt Martin M. Weigert**, Cheflektor WiSo-Steuern-Recht, und seinen **Mitarbeitern** - insbesondere Herrn Alois Reichinger - im Wissenschaftsverlag Oldenbourg danke ich für die bereitwillige und fundierte Betreuung sowie für die Umsetzung meiner anspruchsvollen Gestaltungswünsche für dieses Buch.

Laichingen (Schwäbische Alb)

Siegfried Georg Häberle

Inhaltsverzeichnis - Grobgliederung -

Hinweis: Das Inhaltsverzeichnis mit Feingliederung findet sich auf den folgenden Seiten.

Inhaltsverzeichnis - Feingliederung -

Abkürzungsverzeichnis

Hinweise:

- In Kapitel 11 ist ein Fachwörterverzeichnis in englischer, deutscher, französischer, italienischer und spanischer Sprache abgedruckt.
- Beispiele (zahlungsbezogener) UN/EDIFACT-Nachrichtentypen finden sich in Kapitel „7 Exportdokumente ...“ .

a.a.O.	- am angegebenen Ort
Abb.	- Abbildung
AcP	- Archiv für civilistische Praxis
a.F.	- alte Fassung
AGB	- Allgemeine Geschäftsbedingungen
AGBG	- Gesetz zur Regelung des Rechts der Allgemeinen Geschäftsbedingungen (AGB-Gesetz)
Art.	- Artikel
AWG	- Außenwirtschaftsgesetz
AWV	- Außenwirtschaftsverordnung
BfAI	- Bundesstelle für Außenhandelsinformation
BGB	- Bürgerliches Gesetzbuch
BGH	- Bundesgerichtshof
B/L	- Bill of Lading
BuB	- Bankrecht und Bankpraxis
ca.	- circa, zirka
CHF	- Schweizer Franken
CIF	- cost, insurance and freigth... named port of destination
CIM	- Convention Internationale concernant le transport des Marchandises par chemin de fer
CIP	- freight/carriage and insurance paid to named point of destination
CLC	- Commercial Letter of Credit
CMR	- Convention relative au contrat de transport international de Marchandises par Route
c.p.	- ceteris paribus (unter sonst gleichen Umständen)
d/a	- documents against acceptance

DB	- Der Betrieb
DEM	- Deutsche Mark
DIN	- Deutsches Institut für Normung e.V.
DM	- Deutsche Mark
d/p	- documents against payment
ECE	- Economic Commission for Europe
ECU	- European Currency Unit
EDI	- Electronic Data Interchange
EDIFACT	- Electronic Data Interchange for Administration, Commerce and Transport
EG	- Europäische Gemeinschaft(en)
EGBGB	- Einführungsgesetz zum Bürgerlichen Gesetzbuch
ERA	- Einheitliche Richtlinien und Gebräuche für Dokumenten-Akkreditive
ERAG	- Einheitliche Richtlinien für auf Anfordern zahlbare Garantien
ERI	- Einheitliche Richtlinien für Inkassi
ERP	- European Recovery Program
ERR	- Einheitliche Richtlinien für Rembourse zwischen Banken unter Dokumenten-Akkreditiven
ESZB	- Europäisches System der Zentralbanken
EZB	- Europäische Zentralbank
EU	- Europäische Union
evtl.	- eventuell
EWS	- Europäisches Währungssystem
FAZ	- Frankfurter Allgemeine Zeitung
FBL	- FIATA Combined Transport Bill of Lading
FCR	- Forwarders Certificate of Receipt
FCT	- Forwarders Certificate of Transport
f.	- folgende Seite
ff.	- folgende Seiten
FIATA	- Fédération International des Associations des Transporteurs et Assimilés
FOB	- free on board
GBP	- Britisches Pfund/Pfund Sterling
GUS	- Gemeinschaft Unabhängiger Staaten
Hermes	- Hermes Kreditversicherungs-AG, Hamburg; häufig Gleichsetzung mit den staatlichen Ausfuhrgewährleistungen (sog. Hermes-Deckungen)
HGB	- Handelsgesetzbuch

h.L.	- herrschende Lehre
h.M.	- herrschende Meinung
IATA	- International Air Transport Association
ICC	- International Chamber of Commerce
i.d.R.	- in der Regel
IHK	- Industrie- und Handelskammer
INCOTERMS	- International Commercial Terms
i.ü.	- im übrigen
i.V.m.	- in Verbindung mit
IPR	- Internationales Privatrecht
IPrax	- Praxis des Internationalen Privat- und Verfahrensrechts
IWB	- Internationale Wirtschafts-Briefe
JPY	- Japanischer Yen
KG	- Kammergericht
K/T	- Konvertierungs-/Transfer-(Verbote, Beschränkungen usw.)
L/C	- Letter of Credit
LG	- Landgericht
LIBOR	- London Interbank Offered Rate
Mio.	- Million(en)
m.w.N.	- mit weiteren Nachweisen
mt	- multimodal
MT	- Multimodal Transport
n.F.	- neue Fassung
NJW	- Neue Juristische Wochenschrift
o. ä.	- oder ähnliches
OECD	- Organization for Economic Cooperation and Development
o.J.	- ohne Jahr
OLG	- Oberlandesgericht
o.O.	- ohne Ort
o.V.	- ohne Verfasser(angabe)
ODETTE	- Organisation de Données Echangées par Télétransmission en Europe
p.a.	- pro anno
Rdn.	- Randnummer
RG	- Reichsgericht
RIW	- Recht der Internationalen Wirtschaft

Rn.	- Randnummer
SEDAS	- Standardregeln Einheitlicher Datenaustausch-Systeme
SWIFT	- Society for Worldwide Interbank Financial Telecommunication
TZ	- Textziffer
u.a.	- und andere(s)
u.ä.	- und ähnliches
UCP	- Uniform Customs and Practice for Documentary Credits
UN	- United Nations
UNCITRAL	- United Nations Commission on International Trade
UN/ECE	- United Nations/Economic Commission for Europe
UN/EDIFACT	- United Nations/Electronic Data Interchange for Administration, Commerce and Transport
URC	- Uniform Rules for Collections
URDG	- Uniform Rules for Demand Guarantees
US-$	- US-amerikanischer Dollar
USD	- US-amerikanischer Dollar
Val.	- Valuta
Verf.	- Verfasser
vgl.	- vergleiche
WechselG	- Wechselgesetz
WM	- Wertpapier-Mitteilungen
ZHR	- Zeitschrift für das gesamte Handelsrecht und Wirtschaftsrecht
ZIP	- Zeitschrift für Wirtschaftsrecht
ZPO	- Zivilprozeßordnung

1 Dokumentenakkreditive: Arten, Abwicklungen, Fallbeispiele, Prüflisten

1 Dokumentenakkreditive: Arten, Abwicklungen, Fallbeispiele, Prüflisten

von Professor Dr. Siegfried Georg Häberle

Hinweise:

Eine Vielzahl von **abwicklungstechnischen und rechtlichen Aspekten** zu den Dokumentenakkreditiven sind in den Kapiteln

- **„2 Dokumentenakkreditive: Erläuterungen zur Kontrolle der Dokumente bei der Akkreditivabwicklung“**,
- **„3 Dokumentenakkreditive: Kommentare und Richtlinien“**, mit den Teilkapiteln
  - **„3.1 Dokumentenakkreditive: Kommentar und Wiedergabe der Einheitlichen Richtlinien und Gebräuche für Dokumenten-Akkreditive (ERA 500)“**,
  - **„3.2 Dokumentenakkreditive: Kommentar und Wiedergabe der Einheitlichen Richtlinien für Rembourse zwischen Banken unter Dokumenten-Akkreditiven (ERR 525)“**

behandelt.

1.1 Grundstruktur der Dokumentenakkreditive

1.1.1 Wirtschaftliche Grundstruktur und Funktionen

Grundform und Abwicklung des Dokumentenakkreditivs

Die **Einheitlichen Richtlinien und Gebräuche für Dokumenten-Akkreditive (ERA)** definieren das Dokumentenakkreditiv in Art. 2 – gekürzt – wie folgt:

Der Ausdruck **“Dokumentenakkreditiv”** bedeutet eine Vereinbarung, derzufolge eine Bank (eröffnende Bank) im Auftrag und nach den Weisungen eines Kunden (Akkreditivauftraggeber) gegen Übergabe vorgeschriebener Dokumente eine Zahlung an einen Dritten (Begünstigten) leistet, sofern die Akkreditivbedingungen erfüllt sind.

Auf ein **Außenhandelsgeschäft** bezogen und stark vereinfacht, stellt sich somit die Grundstruktur eines Dokumentenakkreditivs so dar:

- Das Dokumentenakkreditiv ist ein (im allgemeinen unwiderrufliches) **Zahlungsversprechen der Importeurbank** (eröffnende Bank, Akkreditivbank), das diese im Auftrag des Importeurs (Akkreditivauftraggeber) zugunsten des Exporteurs (Begünstigter) abgibt.
- Um Zahlung zu erlangen, muß der begünstigte Exporteur die Akkreditivbedingungen erfüllen, insbesondere bestimmte **Dokumente** (die den Versand, die Versicherung, die Qualität und/oder andere auf die Waren bezogene Sachverhalte beweisen) vor Verfall des Dokumentenakkreditivs vorlegen.

Zur Verdeutlichung der grundlegenden Zusammenhänge ist in **Abbildung 1.1-01** die **Grundstruktur eines Dokumentenakkreditivs** skizziert und danach in einzelnen Schritten erläutert. Um den Leser mit der Fachsprache vertraut zu machen, werden Ausdrücke, die denselben Sachverhalt umfassen und die in der Praxis häufig Anwendung finden, in Klammern hinzugefügt und bei den folgenden Erläuterungen auch wechselnd verwendet.

Erläuterungen:

1. **Akkreditivvereinbarung im Kaufvertrag**
   Abschluß des Kaufvertrags zwischen Importeur und Exporteur, der die Zahlungsbedingung "Eröffnung (Stellung) eines Dokumentenakkreditivs zugunsten des Exporteurs" (Akkreditivvereinbarung, Akkreditivklausel) enthält.

2. **Akkreditivauftrag**
   Der Importeur (Akkreditivauftraggeber, Akkreditivsteller) beauftragt seine Bank (Importeurbank), das Dokumentenakkreditiv zu Gunsten des Exporteurs zu eröffnen (zu stellen).

3. **Akkreditivverpflichtung der Akkreditivbank (3 a) und Akkreditivstellung unter Einschaltung einer Zweitbank (3 b)**
   Die Bank des Importeurs (eröffnende Bank, Akkreditivbank) eröffnet das Dokumentenakkreditiv (legt das Akkreditiv hinaus), in dem sie zugunsten des Exporteurs (Akkreditivbegünstigter, Akkreditivnehmer) ein Zahlungsversprechen (Schuldversprechen) abgibt. Dieses Zahlungsversprechen der Bank ist das eigentliche Akkreditiv.

   Beim Dokumentenakkreditiv ist das **Zahlungsversprechen der Akkreditivbank** bedingt und abstrakt:

   - **"Bedingt"** bedeutet, daß der begünstigte Exporteur aus dem Akkreditiv Zahlung nur erlangen kann, wenn er die im Akkreditiv genannten Bedingungen genauestens erfüllt. In der Außenhandelspraxis umfassen diese **Bedingungen** insbesondere die rechtzeitige Einreichung solcher **Dokumente** bei der Bank, die den kaufvertragsgemäßen Versand der Ware an den Importeur nachweisen. Damit erklärt sich im übrigen die Bezeichnung "Dokumentenakkreditiv".
   - **"Abstrakt"** ist das Zahlungsversprechen der akkreditiveröffnenden Bank deswegen, weil es **vom Kaufvertrag** zwischen Importeur und Exporteur **losgelöst** ist. Art. 3 ERA stellt diese Trennung von Akkreditiv und Kaufgeschäft deutlich heraus: "*Akkreditive sind ihrer Natur nach von den Kauf- oder anderen Verträgen, auf denen sie möglicherweise beruhen, getrennte Geschäfte, und die Banken haben in keiner Hinsicht etwas mit solchen Verträgen zu tun und sind nicht durch sie gebunden, selbst wenn im Akkreditiv auf solche Verträge in irgendeiner Weise Bezug genommen wird.*"

   Es liegt demnach im Sicherungsinteresse des Importeurs, im Akkreditivauftrag die Akkreditivbedingungen, insbesondere hinsichtlich der vom Exporteur einzureichenden Dokumente so zu stellen, daß er sicher sein kann, daß der Exporteur die Lieferung der Waren vereinbarungsgemäß bewerkstelligt hat, bevor dieser Zahlung aus dem Akkreditiv erlangt.

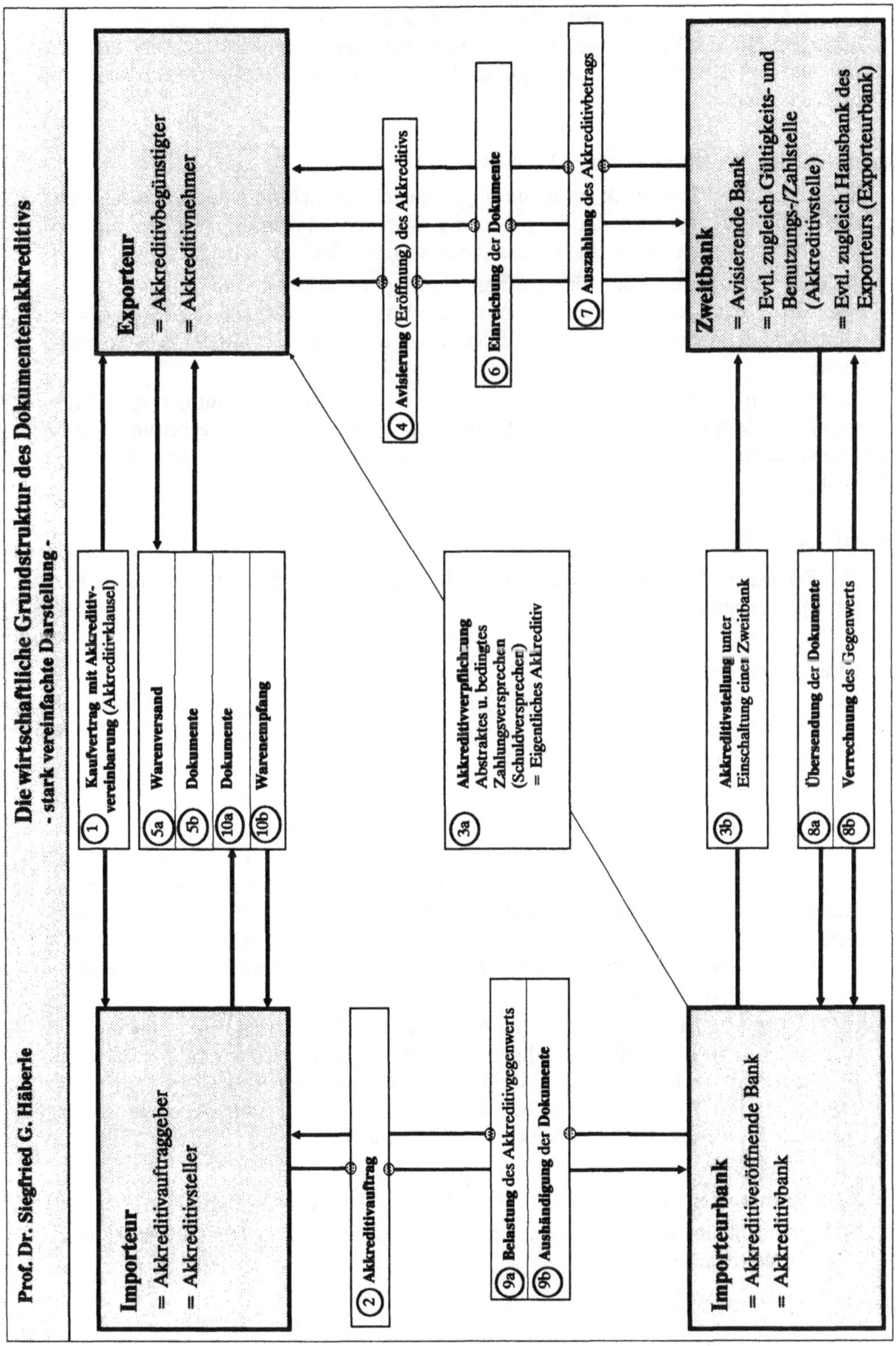

Abbildung 1.1-01

In der Regel teilt die Akkreditivbank die Akkreditiveröffnung dem Exporteur nicht direkt mit. Sie schaltet vielmehr eine Korrespondenzbank (Zweitbank, avisierende Bank) im Land des Exporteurs ein, die zugleich die Hausbank des Exporteurs sein kann, aber nicht sein muß.

4. **Avisierung (Eröffnung) des Akkreditivs**

Die beauftragte Zweitbank prüft die augenscheinliche **Echtheit** des zu avisierenden Akkreditivs mit angemessener Sorgfalt und avisiert sodann dem begünstigten Exporteur das Akkreditiv mit den detaillierten Bedingungen (Akkreditiveröffnung).

Ab dem Zeitpunkt der Akkreditiveröffnung verfügt der akkreditivbegünstigte Exporteur über das Zahlungsversprechen der Akkreditivbank und kann auf dieser gesicherten Grundlage das Warengeschäft in die Wege leiten, beispielsweise mit der Produktion beginnen.

Zu beachten ist, daß die **Zweitbank** durch dieses Avis **keine Zahlungsverpflichtung** gegenüber dem Exporteur übernimmt. Die Verpflichtung zur Zahlung verbleibt - beim unbestätigten Akkreditiv - vielmehr ausschließlich bei der Akkreditivbank (Importeurbank).

5. **Warenversand**

Der Exporteur versendet die Waren an den Importeur und erhält im Gegenzug die (Versand-)Dokumente.

6. **Einreichung der Dokumente**

Der Exporteur hat die Dokumente bei der als Gültigkeitsstelle eingesetzten Bank rechtzeitig vor Verfall des Akkreditivs einzureichen. Häufig setzt die Akkreditivbank (Importeurbank) die avisierende Bank (Zweitbank) auch als Benutzungs-/Zahlstelle ein.

7. **Auszahlung des Akkreditivbetrags**

Die **Zweitbank prüft** die Dokumente und zahlt - wenn sie als Benutzungs-/Zahlstelle eingesetzt ist (man bezeichnet die Zweitbank manchmal in diesem Zusammenhang als Akkreditivstelle) - den **Akkreditivbetrag** im Namen und für Rechnung der Akkreditivbank (Importeurbank) **an den Exporteur** aus. Dieser Vorgang wird in der Fachsprache häufig auch als "den Akkreditivbetrag an den Exporteur auskehren" bzw. "die Dokumente honorieren" bezeichnet.

Zu beachten ist, daß die Zweitbank die Auszahlung an den Exporteur im Namen und für Rechnung der Akkreditivbank im allgemeinen erst vornehmen wird, wenn sie selbst über den Gegenwert verfügt. Zahlt die Zweitbank bei unbestätigten Akkreditiven vorher aus, dann trägt diese Auszahlung lediglich den Charakter eines Kredits (einer Bevorschussung) der Zweitbank (Exporteurbank) an den Exporteur.

8. **Übersendung der Dokumente und Verrechnung des Gegenwerts**

Die Zweitbank übersendet der Akkreditivbank die Dokumente und verrechnet mit dieser den Akkreditivgegenwert.

9. **Belastung des Importeurs und Aushändigung der Dokumente**
Die Bank des Importeurs (Akkreditivbank) belastet den Importeur mit dem Akkreditivgegenwert und händigt ihm im Gegenzug die Dokumente aus. Unter Umständen, insbesondere bei mangelnder Kreditwürdigkeit des Importeurs oder falls die Inkassovorschriften des Importlandes dies auferlegen, kann die Belastung des Importeurs bereits im Zeitpunkt des Akkreditivauftrags bzw. der Akkreditivstellung, also im Gegenzug zu den Schritten 2 bzw. 3, erfolgen.

10. **Warenempfang**
Auf Grundlage der Dokumente kann der Importeur nunmehr über die Waren verfügen.

Maßgebliche Funktionen

Bereits in der obigen, stark vereinfachten Darstellung des Dokumentenakkreditivs zeigen sich dessen maßgebliche Funktionen.

Das Dokumentenakkreditiv ist Instrument zur

- **Zahlungssicherung,**
- **Zahlungsbeschleunigung,**
- **Kreditbeschaffung des Exporteurs,**
- **Sicherstellung** des vertragsgemäßen **Warenexports** sowie
- (bei bestimmten Akkreditivarten) Gewährung eines **Zahlungsziels** (eines Kredits) des Exporteurs an den Importeur.

Zahlungssicherung: Der Exporteur erhält neben der Zahlungsverpflichtung des Importeurs als weitere und maßgebliche Sicherheit das **Zahlungsversprechen einer Bank**, sofern er die Akkreditivbedingungen erfüllt.

In vielen Fällen erfolgt die Akkreditiveröffnung bald nach Abschluß des Kaufvertrags, so daß der Exporteur bereits zu einem frühen Zeitpunkt gesichert ist und auf dieser Grundlage mit dem Einkauf bzw. mit der Produktion der zu exportierenden Güter beginnen kann.

Zahlungsbeschleunigung: Im Vergleich zum Dokumenteninkasso erhält der begünstigte Exporteur aus dem Akkreditiv im allgemeinen eine **frühzeitigere Zahlung** (falls nicht ausdrücklich hinausgeschobene Zahlung bzw. Akzeptleistung mit späterer Fälligkeit vereinbart ist). Dies trifft insbesondere dann zu, wenn das Akkreditiv bei der Hausbank des Exporteurs benutzbar/zahlbar gestellt ist und diese mit der akkreditiveröffnenden Bank in Kontoverbindung steht.

Kreditbeschaffung: Der Exporteur kann sich auf Grundlage des zu seinen Gunsten eröffneten Akkreditivs einen **Kredit beschaffen** bzw. die eingereichten **Dokumente bevorschussen** lassen. Ist im Akkreditiv Wechselziehung vereinbart, dann gestaltet sich für den Exporteur die Kreditbeschaffung noch einfacher und im allgemeinen zinsgünstig.

Sicherstellung des vertragsgemäßen Warenexports: Mittels einer entsprechenden Abfassung der Akkreditivbedingungen kann der Importeur einen kontraktgemäßen Warenexport weitgehend sicherstellen: Der Exporteur erhält erst Zahlung bzw. Zahlungszusage aus dem Akkreditiv, wenn er den kontraktgemäßen Warenexport durch **akkreditivkonforme Dokumente** nachweist. So gesehen umfaßt auch das Dokumentenakkreditiv eine Zug-um-Zug-Abwicklung: Zahlung bzw. Zahlungszusage an den Exporteur gegen Vorlage der im Akkreditiv geforderten Dokumente.

Eine weitere Sicherheit für den Importeur ist darin zu erblicken, daß die Banken die vom Exporteur eingereichten Dokumente laut ERA mit angemessener Sorgfalt dahingehend prüfen müssen, ob sie ihrer äußeren Aufmachung nach den Akkreditivbedingungen zu entsprechen scheinen.

Zahlungsziel: Der Exporteur kann dem Importeur im Rahmen von **Akkreditiven mit hinausgeschobener Zahlung** bzw. **Akzeptakkreditiven** ein Zahlungsziel (einen Kredit) gewähren. Das Zahlungsversprechen der Akkreditivbank bleibt dem akkreditivbegünstigten Exporteur trotz der hinausgeschobenen (späteren) Zahlung erhalten.

Der Importeur schont im übrigen in der Regel während der Laufzeit des Akkreditivs seine sog. Barkreditlinie: Bei Akkreditiveröffnung belastet die akkreditiveröffnende Bank den Importeur im allgemeinen nur auf einem **Avalkreditkonto**. Die Belastung des **Kontokorrentkontos** des Importeurs erfolgt dagegen erst bei Akkreditivbenutzung durch den Exporteur bzw. im Zeitpunkt der (im folgenden angesprochenen) Fälligkeit der hinausgeschobenen Zahlung.

1.1.2 Rechtliche Aspekte, insbesondere Rechtsstellung des Akkreditivbegünstigten in ausgewählten Störfällen

1.1.2.1 Einheitliche Richtlinien und Gebräuche für Dokumenten-Akkreditive (ERA)

In Deutschland ist das Akkreditiv gesetzlich nicht geregelt. Das **Akkreditiv** ist vielmehr als ein **eigenständiges Rechtsinstitut** anzusehen, das sich unabhängig von nationalen Rechten entwickelt hat (vgl. Zahn u.a. 1986: S. 42, Rdn 2/15). Die Allgemeinen Bestimmungen des Bürgerlichen Rechts und des Handelsrechts bilden zwar in Deutschland die Rechtsgrundlage für das Akkreditiv. Dort freilich, wo die ERA anwendbar sind und soweit sich deren Reichweite erstreckt, **gehen die ERA dem jeweiligen nationalen Recht prinzipiell vor** (vgl. Zahn u.a. 1986: S. 6, Rdn 1/10).

Die ERA sind unter der Federführung der **Internationalen Handelskammer Paris (ICC)** zu einem umfassenden Regelwerk für die Eröffnung und Abwicklung von Dokumentenakkreditiven entwickelt worden. Von den Kreditinstituten in wenigen (Klein-)Staaten abgesehen, sind die ERA von den **Banken bzw. Bankenverbänden aller Länder angenommen** worden. Damit ist erreicht, daß praktisch für alle Dokumentenakkreditive die ERA Grundlage und Vertragsinhalt sind.

In der Literatur ist der **Rechtscharakter** der ERA **umstritten**.

Hinweis: Zum Rechtscharakter der ERA finden sich Ausführungen in Kapitel „3.1 Dokumentenakkreditive: Kommentar und Wiedergabe der Einheitlichen Richtlinien und Gebräuche für Dokumenten-Akkreditive (ERA 500)".

Für das praktische Tagesgeschäft stellt sich indessen die Frage nach dem Rechtscharakter der ERA und nach der Form ihrer Anerkennung durch die am Akkreditiv Beteiligten im allgemeinen nicht. Maßgeblich für die Praxis ist vielmehr, ob bzw. daß die ERA ausdrücklich in den Akkreditivtext einbezogen sind: *"Die Einheitlichen Richtlinien und Gebräuche für Dokumenten-Akkreditive, Revision 1993, ICC Publikation Nr. 500, gelten für alle Dokumenten-Akkreditive (einschließlich, so weit anwendbar, Standby Letters of Credit), in deren Akkreditivtext sie einbezogen sind"* (Art. 1 ERA).

Die Praktiker, insbesondere die akkreditivbegünstigten Exporteure, achten somit primär darauf, daß die ERA in den Akkreditivtext tatsächlich einbezogen sind, was im allgemeinen formularmäßig bzw. durch entsprechende Textbausteine geschieht. Die ERA sind dann für alle Beteiligten bindend, sofern im Akkreditiv nicht ausdrücklich etwas anderes vorgeschrieben ist (vgl. Art. 1 ERA).

Hinweis: Die nachstehend genannten Richtlinien sind abgedruckt und kommentiert in den Kapiteln

- 3.1 Einheitliche Richtlinien und Gebräuche für Dokumenten-Akkreditive (ERA 500) mit Kommentar

und

- 3.2 Uniform Rules for Bank-to-Bank Reimbursement under Documentary Credits (ICC-Publ. 525) mit Kommentar.

1.1.2.2 Rechtsstellung des Akkreditivbegünstigten in ausgewählten Ereignissen (Störfällen)

Ereignis: Der Importeur kann das vereinbarte Akkreditiv wegen objektiver Unmöglichkeit (z.B. wegen staatlicher Maßnahmen) nicht stellen

- **Anzuwendendes Recht**: Es gilt diejenige Rechtsordnung, die von den vertragschließenden Parteien im **Kaufvertrag** vereinbart ist. Oder, falls keine ausdrückliche Vereinbarung getroffen ist, als stillschweigende Abrede u.U. der hypothetische Parteiwille.
- **Rechtliche Konsequenzen**, falls die **deutsche Rechtsordnung** vereinbart bzw. anzuwenden ist:

  Fallgruppe 1: Ist die **objektive Unmöglichkeit** zur Stellung des Akkreditivs **erst nach Abschluß des Kaufvertrags eingetreten**, dann ist der Exporteur aus dem Kaufvertrag grundsätzlich nicht mehr verpflichtet zu liefern (§ 323 BGB). Der Exporteur kann -muß aber nicht- auf Grundlage des Kaufvertrags ersatzweise gegen Barzahlung liefern. Der Importeur bleibt aus dem Kaufvertrag zur Abnahme und zur Bezahlung der Ware verpflichtet. Umgekehrt kann aber der Importeur eine Lieferung gegen Barzahlung oder gegen eine andere Zahlung als der Akkreditivstellung vom Exporteur nicht verlangen (vgl. Zahn u.a. 1986: S. 47f., Rdn 2/22).

Fallgruppe 2: Ist die **objektive Unmöglichkeit** zur Stellung des Akkreditivs bereits **vor Abschluß des Kaufvertrags eingetreten**, dann gilt die Akkreditivabrede im Kaufvertrag nach § 306 BGB als von Anfang an nichtig. War die Stellung des Akkreditivs für den gesamten Kaufvertrag von wesentlicher Bedeutung, so verliert der Importeur auch den Anspruch auf Lieferung der Ware (§ 139 BGB). Auch in dieser Situation kann der Exporteur auf Grundlage des Kaufvertrags ersatzweise gegen Barzahlung liefern.

Ereignis: Der Importeur kann das vereinbarte Akkreditiv wegen subjektiver, also vom Importeur zu vertretender Gründe (z.B. wegen mangelnder Kreditwürdigkeit) nicht stellen

- **Anzuwendendes Recht** bei diesem und den folgenden Ereignissen: **wie oben**.
- **Rechtliche Konsequenzen**, falls bei diesem und bei den folgenden Ereignissen die **deutsche Rechtsordnung** vereinbart bzw. anzuwenden ist: Der angesprochene Sachverhalt wird rechtlich dem **Verzug** gleichgesetzt (§§ 284 ff., § 326 BGB). Der Importeur muß durch Mahnung in Verzug gesetzt werden (§ 284 BGB) bzw. er gerät ohne Mahnung in Verzug, wenn sich nach dem Wortlaut des Kaufvertrags ein Zeitpunkt für die noch sinnvolle Akkreditivstellung bestimmen läßt bzw. wenn der Importeur die Stellung des Akkreditivs verweigert. Der Exporteur muß bei Verzug des Importeurs eine Nachfrist setzen. Diese Maßnahmen entfallen bei fester Terminvereinbarung zur Akkreditivstellung im Kaufvertrag, da dann ein Fixgeschäft (§ 376 HGB) vorliegt.
- **Rechte des Exporteurs**: Entweder Rücktritt vom Kaufvertrag bei Fixgeschäften, unabhängig davon, ob den Importeur ein Verschulden trifft. Bei Verschulden des Importeurs: Geltendmachung eines Schadensersatzanspruchs wegen Nichterfüllung (§§ 326 BGB, § 376 HGB; vgl. auch Zahn u.a. 1986: S. 49, Rdn 2/23).

Ereignis: Der Importeur stellt das vereinbarte Akkreditiv verspätet

- **Anzuwendendes Recht** bei diesem Ereignis: **wie oben.**
- **Rechtliche Konsequenzen**, falls die **deutsche Rechtsordnung** vereinbart bzw. anzuwenden ist: Es gelten die gleichen Rechtsfolgen, wie sie für die Nichtstellung des Akkreditivs aus vom Importeur zu vertretenden Gründen (siehe obige Ausführungen) gültig sind. Die **Verzugsvorschriften** sind auf dieses Ereignis direkt anwendbar.

Ereignis: Konkurs des Importeurs nach Akkreditiveröffnung, aber vor Akkreditivbenutzung durch den akkreditivbegünstigten Exporteur

- **Abbildung:** Die **Sicherstellung des Akkreditivbegünstigten bei Konkurs der übrigen Akkreditivbeteiligten** ist in **Abbildung 1.1-02** - stark vereinfacht - dargestellt und nachstehend erläutert.
- **Sicherheit:** Entscheidend für die Sicherheit des Exporteurs ist, daß das zu seinen Gunsten eröffnete **Akkreditiv** - wenn es unwiderruflich ist, was die Regel ist - **bestehen bleibt**. Lediglich beim widerruflichen Akkreditiv kann und wird die Bank von ihrem Widerrufsrecht gem. Art. 8 a. ERA Gebrauch machen. Der Begünstigte eines unwiderruflichen Akkreditivs kann somit von der Akkreditivbank die volle Zahlung verlangen, sofern er die Akkreditivbedingungen (insbesondere die Vorlage der Dokumente) erfüllt. "Das Akkreditiv ist in dieser Situation für den Verkäufer mithin besonders wertvoll, weil

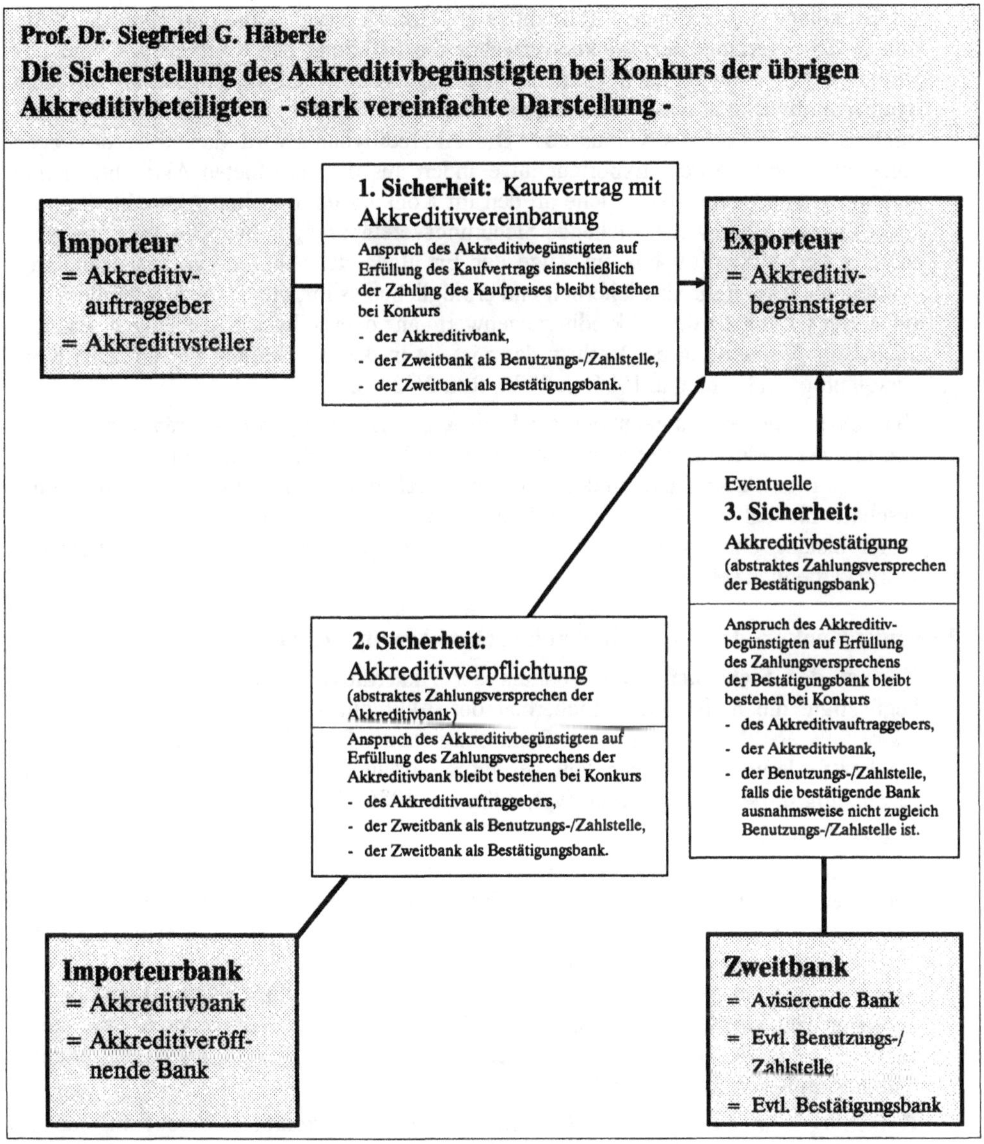

Abbildung 1.1-02

er durch die Akkreditivstellung von den Vermögensverhältnissen des Käufers hinsichtlich der Akkreditivsumme unabhängig wird" (Zahn u.a. 1986: S. 275, Rdn 2/423).

Hinsichtlich der weiteren Abwicklung des Akkreditivs bzw. des Warengeschäfts bei Eintritt des obigen Ereignisses bleiben einige rechtliche und praktische Fragen offen, so daß die folgenden Ausführungen nur eine unverbindliche Linie aufzeigen können und **im Einzelfall die rechtlichen Ansprüche geprüft** werden müssen.

- **Abwicklung des Warengeschäfts:** Wenn der **Konkursverwalter** das Warengeschäft mit dem Exporteur durchzuführen wünscht, hat er das Recht, vom Exporteur Erfüllung auf Grundlage des eröffneten Akkreditivs zu verlangen (vgl. Zahn u.a. 1986: S. 276f., Rdn 2/426). Verlangt der Konkursverwalter die Erfüllung des Kaufvertrags vom Exporteur dagegen nicht, dann kann die **Akkreditivbank** das Warengeschäft mit dem Exporteur abwickeln, was - von einigen Sonderfällen abgesehen - allerdings das Einverständnis des Exporteurs voraussetzt. Die Akkreditivbank wird dies u.U. deswegen vollziehen, weil sie dem Exporteur unverändert aus dem eröffneten Akkreditiv haftet und weil sie, was ihre Ansprüche an den im Konkurs befindlichen Akkreditivauftraggeber anlangt, ohne weiterreichende Sicherungsvereinbarungen nur Konkursgläubigerin ist. Die der Akkreditivbank im Zuge der Erfüllung des Akkreditivs ausgehändigten Dokumente dienen ihr als Sicherheit und ermöglichen es ihr, die Ware zu veräußern und auf dieser Grundlage den Akkreditivgegenwert ganz oder teilweise zu erlangen. Entsteht ihr bei der Verwertung ein Verlust, dann ist sie in diesem Umfang nur einfache Konkursgläubigerin (Zahn u.a. 1986: S. 277f., Rdn 2/427f.).

- **Verzicht:** In der Praxis kann sich ein **Interessengleichklang** von Akkreditivbegünstigtem und Akkreditivbank ergeben, der auf einen Verzicht des Exporteurs auf Erfüllung des gestellten Akkreditivs und auf einen Verzicht der Erfüllung des Warengrundgeschäfts hinausläuft. Allerdings wird der Exporteur von der Akkreditivbank den Ersatz seiner bislang entstandenen Aufwendungen verlangen, die (je nach Produktionsfortschritt) erheblich sein können.

Ereignis: Konkurs der Akkreditivbank nach Akkreditiveröffnung

- **Verlust der Sicherheit:** Bei Konkurs der Akkreditivbank verliert der Akkreditivbegünstigte die maßgebliche Sicherheit des Akkreditivs und sein Zahlungsanspruch wäre, falls er die Dokumente der Bank einreichen würde, lediglich eine gewöhnliche Konkursforderung. Deswegen läßt der Exporteur in dieser Situation das **Akkreditiv** regelmäßig **unbenutzt verfallen** (vgl. Zahn u.a. 1986: S. 282, Rdn 2/438 sowie die dort angegebenen Quellen).
- Entscheidend ist jedoch, daß der **Käufer** auch im Konkurs der Akkreditivbank nach vorherrschender Meinung **verpflichtet** ist, Zug-um-Zug gegen Herausgabe der Dokumente Zahlung auf anderem Wege zu leisten, weil das Akkreditiv lediglich erfüllungshalber eröffnet ist und nicht an Erfüllungs Statt (Zahn u.a. 1986: S. 282, Rdn 2/438 i.V.m. S. 44, Rdn 2/17). Allerdings ist der Käufer - soweit die einschlägige Literatur dies erkennen läßt - nicht verpflichtet, im Konkurs der Akkreditivbank durch eine andere Bank ein neues Akkreditiv zugunsten des Begünstigten eröffnen zu lassen, es sei denn, daß dies im Kaufvertrag vereinbart war.
- **Ratschlag:** Um die skizzierten Risiken zu verringern, kommt es darauf an, daß das Akkreditiv von einer **über jeden Zweifel erhabenen Bank** ("international prime bank" o.ä.) gestellt wird. Im Zweifel sollte der Exporteur den Rat seiner Hausbank einholen und bereits im Kaufvertrag eine geeignete Vorschrift zur Akkreditivbank aufnehmen oder aber vom Importeur die Bestätigung des Akkreditivs durch eine solvente (deutsche) Zweitbank verlangen.

Ereignis: Konkurs der Zweitbank als Benutzungs-/Zahlstelle nach Akkreditiveröffnung

- **Sicherheit:** Im Falle des Konkurses der Zweitbank als Benutzungs-/Zahlstelle bleibt der **Begünstigte** aus dem Akkreditiv **gesichert**. Er kann sich dann direkt an die Akkreditivbank halten, um den Akkreditivbetrag zu erlangen. Nielsen weist darauf hin, daß selbst in den Fällen, in denen die Akkreditivbank der Zweitbank als Zahlstelle den Akkreditivgegenwert bereits zur Verfügung gestellt hat, die Zahlstelle aber vor Weiterleitung des Akkreditivbetrags an den Begünstigten in Konkurs gegangen ist, der Begünstigte den Akkreditivbetrag von der Akkreditivbank verlangen kann (vgl. Nielsen 1985: S. 36).

Anzumerken ist, daß diese Meinung keine ungeteilte Zustimmung findet. Im Zweifel sollte deswegen eine weiterreichende Sicherheit in der Abwicklung gewählt werden.

Ereignis: Konkurs der Bestätigungsbank nach Akkreditivbestätigung

- **Verbleibende Ansprüche**: Handelt es sich um ein bestätigtes Akkreditiv, dann behält der Akkreditivbegünstigte auch im Falle des Konkurses der Bestätigungsbank seine **Ansprüche gegen die Akkreditivbank** und den **Importeur** (vgl. Eisemann/Schütze 1989: S. 145). Denn auch die Bestätigung des Akkreditivs geschieht nach vorherrschender Meinung erfüllungshalber, d.h. nicht an Erfüllungs Statt (vgl. Zahn u.a. 1986: S. 44, Rdn 2/17).

  Ob der Akkreditivbegünstigte bei Konkurs der Bestätigungsbank mit seinen verbleibenden Ansprüchen an die Akkreditivbank bzw. an den Importeur tatsächlich durchdringt, ist eine Frage, deren Beantwortung vom Einzelfall abhängt. Im allgemeinen ist nämlich davon auszugehen, daß der Exporteur gerade dann auf die Bestätigung des Akkreditivs drängen wird, wenn er Bedenken hinsichtlich der Solvenz der Akkreditivbank hat.

Ratschlag

Einem Teil der soeben skizzierten Risiken, die nach Akkreditiveröffnung entstehen, kann der akkreditivbegünstigte Exporteur dadurch vorbeugen, daß er dem Importeur bereits im Kaufvertrag die Verpflichtung zur Stellung eines **bestätigten Akkreditivs** auferlegt. Sofern das eröffnete Akkreditiv tatsächlich von einer solventen deutschen oder ausländischen, in einem politisch stabilen Land ansässigen Bank ("international prime bank" o.ä.) bestätigt wird, sind darüber hinaus auch politische Risiken praktisch ausgeschlossen.

1.1.3 Exkurs: UN/EDIFACT in der Akkreditivabwicklung

UN/EDIFACT ist die Abkürzung für United Nationes/**Electronic Data Interchange for Administration, Commerce and Transport** (Elektronischer Datenaustausch für Verwaltung, Wirtschaft und Transport). Es ist dies ein von den Vereinten Nationen entwickeltes und definiertes Regelwerk für einen **internationalen, branchenübergreifenden Standard** für den elektronischen Datenaustausch.

- **Hinweis:** Eine **umfassendere Darstellung** von UN/EDIFACT findet sich in Kapitel "6 Exportdokumente: Arten ..." in Abschnitt **"6.1.5 Exkurs: UN/EDIFACT"**.
- Mit EDI (Electronic Data Interchange) sowie EDIFACT ist das **Ziel** aufgegriffen, nämlich statt der Erstellung und Übersendung von Papieren, Dokumenten, Belegen, Formularen usw. die Daten eines Geschäftsvorfalls in einem **EDV-System zu erfassen** (z.B. beim Exporteur) und **beleglos**, d.h. elektronisch, in andere Systeme **zu übertragen** (z.B. beim Importeur, bei den Banken, bei den Transportunternehmen usw.) und dort **ohne manuelle Eingriffe weiterzuverarbeiten.**
- **Anwendungsbeispiele:** Im Bereich des Akkreditivverkehrs können auf Grundlage der beim Bankkunden (Exporteur/Importeur) einmal erfaßten Daten eines Geschäfts nicht

nur Angebote abgegeben, Aufträge erteilt und bestätigt sowie Rechnungen beleglos, nämlich im Rahmen einer "Rechner-zu-Rechner-Kommunikation", übermittelt werden, sondern auch **Aufträge zur Eröffnung von Dokumentenakkreditiven elektronisch erteilt** und von den Banken auf elektronischem Weg dem **Begünstigten avisiert** werden: Die beim Bankkunden **einmal erfaßten Daten** erfahren im EDIFACT-System eine auf die **akkreditivrelevanten Daten** ausgerichtete Selektierung und Strukturierung und werden der Bank als Akkreditiveröffnungsauftrag beleglos übermittelt. Die beauftragte Bank übermittelt den Akkreditivauftrag auf Grundlage der elektronisch empfangenen Daten der avisierenden Bank, die ihrerseits das Akkreditiv dem Akkreditivbegünstigten (Exporteur) ebenfalls beleglos avisiert.

- Beispiele akkreditivbezogener **UN/EDIFACT-Nachrichtentypen**:

DOCAPP Antrag zur Eröffnung eines Dokumenten-akkreditivs

Name (engl.): Documentary credit application
Dokument: UN/ECE/TRADE/WP.4/R.1142 Status: 1
Wirtschaftszweig: Finanzwesen

1. Funktionsbeschreibung

Eine Nachricht einer Geschäftspartei, die um die Eröffnung eines Dokumentenakkreditivs durch eine Geschäftspartei, die eine solche Dienstleistung anbietet, nachsucht. In dieser Nachricht werden die Bedingungen, die der Absender der Nachricht für die Eröffnung eines Dokumentenakkreditivs bestimmt, angegeben.

2. Grundsätzliches

Falls nicht anders angegeben, unterliegt die Änderung des Dokumentenakkreditives den am Tag der Eröffnung des Dokumentenakkreditives gültigen Einheitlichen Richtlinien und Gebräuchen für Dokumentenakkreditive der Internationalen Handelskammer, Paris, Frankreich.

DOCADV Avisierung eines Dokumentenakkreditivs

Name (engl.): Documentary credit advice
Dokument: UN/ECE/TRADE/WP.4/R.1142 Status: 1
Wirtschaftszweig: Finanzwesen

1. Funktionsbeschreibung

Die Nachricht "Avisierung eines Dokumentenakkreditivs" wird verwendet, um dem Begünstigten die Akkreditivbedingungen eines Dokumentenakkreditivs anzuzeigen, das von der Eröffnenden Bank eröffnet und von der Avisierenden Bank oder einer zwischengeschalteten Bank empfangen wurde.

2. Grundsätzliches

Falls nicht anders angegeben, unterliegt die Änderung des Dokumentenakkreditives den am Tag der Eröffnung des Dokumentenakkreditives gültigen Einheitlichen Richtlinien und Gebräuchen für Dokumentenakkreditive der Internationalen Handelskammer, Paris, Frankreich.

Quelle: DIN Deutsches Institut für Normung e.V. (Hrsg.), UN/EDIFACT-Nachrichtentypen 1995, S. 75, S. 77.

1.2 Akkreditivarten nach der Sicherheit des Exporteurs

1.2.1 Widerrufliches Dokumentenakkreditiv

1.2.1.1 Definition, Funktionen und Beurteilung

Definition des widerruflichen Dokumentenakkreditivs
Die ERA bestimmen zum widerruflichen Akkreditiv in **Art. 6**:

a. Ein Akkreditiv kann entweder

I. widerruflich oder

II. unwiderruflich

sein.

b. Das Akkreditiv soll daher eindeutig angeben, ob es widerruflich oder unwiderruflich ist.

c. Fehlt eine solche Angabe, gilt das Akkreditiv als unwiderruflich."

In **Art. 8**:

"*a. Ein widerrufliches Akkreditiv kann von der eröffnenden Bank jederzeit und ohne vorherige Nachricht an den Begünstigten geändert oder annulliert werden.*

b. Die eröffnende Bank muß jedoch,

I. eine andere Bank, bei der ein widerrufliches Akkreditiv zur Sichtzahlung, Akzeptleistung oder Negoziierung benutzbar gestellt ist, für jede Zahlung, Akzeptleistung oder Negoziierung remboursieren, die von dieser Bank vor Erhalt einer Nachricht über die Änderung oder Annullierung gegen Dokumente vorgenommen wurde, die ihrer äußeren Aufmachung nach den Akkreditiv-Bedingungen zu entsprechen scheinen;

II. eine andere Bank, bei der ein widerrufliches Akkreditiv zur hinausgeschobenen Zahlung benutzbar gestellt ist, remboursieren, wenn diese Bank vor Erhalt einer Nachricht über die Änderung oder Annullierung Dokumente aufgenommen hat, die ihre äußeren Aufmachungen nach den Akkreditiv-Bedingungen zu entsprechen scheinen."

Zu den **"anderen Banken"** zählen gemäß Art. 2 ERA auch die Filialen einer Bank in unterschiedlichen Ländern.

Ratschlag: Zum besseren Verständnis dieser Bestimmungen der ERA wird dem Leser empfohlen, die schrittweise Erklärung der **Abwicklung widerruflicher Akkreditive**, wie sie in den folgenden Abschnitten 1.2.1.2f. dargestellt ist, heranzuziehen.

Funktionen und Beurteilung des widerruflichen Dokumentenakkreditivs
Das widerrufliche Akkreditiv wird in der Außenhandelspraxis **selten angewandt**, weil es angesichts der jederzeitigen Widerrufmöglichkeit der eröffnenden Bank für den Akkreditivbegünstigten nur eine **geringe Sicherheit** bietet.

Gleichwohl gibt es einige Gründe, die erklären, daß widerrufliche Akkreditive überhaupt noch vorkommen:

1. Eine **gewisse Sicherheit** bewirkt die Vorschrift des Art. 8 b. ERA für den Akkreditivbegünstigten: Sobald die andere Bank, bei der das widerrufliche Akkreditiv benutzbar gestellt ist, die vom begünstigten Exporteur eingereichten Dokumente aufgenommen und die **Akkreditivleistung** (Zahlung, Akzeptleistung, Negoziierung, Zahlungszusage) an den Exporteur erbracht hat, ist die akkreditiveröffnende Bank verpflichtet, diese andere Bank zu remboursieren, d.h. ihr den Akkreditivgegenwert zur Verfügung zu stellen. Mit Entstehung dieses Remboursierungsanspruchs der eingesetzten anderen Bank an die akkreditiveröffnende Bank **erlischt** deren **Recht auf Widerruf** des Akkreditivs, und der Exporteur ist ab diesem Zeitpunkt praktisch gesichert.

   Für den begünstigten Exporteur ist es deswegen entscheidend, wo ein widerrufliches Akkreditiv benutzbar/zahlbar gestellt ist. Fungiert eine **Bank im Exportland** (zweckmäßigerweise die Hausbank des Exporteurs) als **Benutzungs-/Zahlstelle** und wickelt diese die Dokumentenaufnahme einschließlich der Auszahlung bzw. Zahlungszusage aus dem Akkreditiv zügig ab, dann erlangt der Exporteur rasch die Sicherheit, die das widerrufliche Akkreditiv zu bieten vermag. Ist dagegen die (aus Sicht des Exporteurs) ausländische Akkreditivbank selbst als Benutzungs-/Zahlstelle eines widerruflichen Akkreditivs eingesetzt, dann bleibt es letztlich in deren Ermessen gestellt, ob sie die eingereichten Dokumente aufnimmt oder von ihrem Recht auf Widerruf - trotz des Vorliegens akkreditivkonformer Dokumente - Gebrauch macht.

2. Im **Vergleich zum Dokumenteninkasso** kann das widerrufliche Akkreditiv dem Exporteur die **größere Sicherheit** bieten. Hat der Exporteur die Wahl zwischen einem Dokumenteninkasso und einem widerruflichen Akkreditiv als der zu vereinbarenden Zahlungsbedingung, dann kann es für ihn unter bestimmten, im folgenden Abschnitt 1.2.1.2 näher dargestellten Bedingungen zweckmäßig sein, dem widerruflichen Akkreditiv den Vorzug zu geben.

3. Beim widerruflichen Akkreditiv **entfällt** die **Unwiderruflichkeitsprovision** der Kreditinstitute. Diese Einsparung, die zugunsten des Akkreditivauftraggebers (Importeurs) geht, beläuft sich im Vergleich zu den Kosten unwiderruflicher Akkreditive auf ca. 1 bis 2‰ des Akkreditivbetrags (wobei ein Vergleich wegen der zeitlichen Staffelung der Provisionssätze allerdings schwierig ist).

4. Die **Einfuhrbestimmungen**, die **Devisenvorschriften** oder das **Inkassosystem** eines der beteiligten Länder (insbesondere des Importlandes) können Akkreditivstellung vorschreiben oder nahelegen. In dieser Situation kann es unter Umständen tragfähig sein, dieser Vorschrift mit einem widerruflichen Akkreditiv zu genügen.

5. Gemäß den ERA gilt ein Akkreditiv als **unwiderruflich**, wenn die Angabe fehlt, ob es unwiderruflich oder widerruflich ist (vgl. Art. 6 c. ERA).

Wird ein Akkreditiv zugunsten des Exporteurs widerruflich eröffnet, obwohl im **Kaufvertrag** die Stellung eines **unwiderruflichen Akkreditivs** vereinbart ist, dann wird der Exporteur vom Importeur im allgemeinen zunächst die **Änderung** in ein unwiderrufliches Akkreditiv verlangen. Erfolgt die vereinbarungsgemäße Stellung des unwiderruflichen Akkreditivs gleichwohl nicht, dann hat der Exporteur zu entscheiden, ob er auf Grundlage des widerruflichen Akkreditivs zu liefern bereit ist oder vom Kaufvertrag zurücktritt.

1.2.1.2 Grundstruktur - Fall 1: Gültigkeits- und Benutzungs-/Zahlstelle ist eine Bank im Land des Exporteurs

Die **Abbildung 1.2-01** zeigt die **Grundstruktur** des **widerruflichen Dokumentenakkreditivs** und wird anschließend in einzelnen Schritten und unter den folgenden **Annahmen** erläutert und beurteilt:

- **Widerrufliches** unbestätigtes **Akkreditiv**, benutzbar zur Sichtzahlung;
- **Gültigkeits- und Benutzungs-/Zahlstelle**: Bank im Land des Exporteurs (sog. andere Bank, Zweitbank, Exporteurbank);
- **Akkreditivwährung**: Landeswährung des Exporteurs.

Schrittweise Darstellung:
Im folgenden ist die **Abwicklung** des widerruflichen Akkreditivs - korrespondierend mit **Abbildung 1.2-01** - in einzelnen Schritten dargestellt, erläutert und beurteilt.

1. **Akkreditivvereinbarung im Kaufvertrag**
   In den Kaufvertrag ist als Zahlungsbedingung die Stellung eines **widerruflichen Dokumentenakkreditivs** mit den obigen Annahmen zugunsten des Exporteurs aufzunehmen (Akkreditivvereinbarung, Akkreditivklausel).
   Sofern der Exporteur in den Verhandlungen mit dem Importeur ein unwiderrufliches Dokumentenakkreditiv nicht durchsetzen kann, dann sollte er wenigstens darauf zu achten, daß das widerrufliche Akkreditiv bei einer Bank in seinem Land, wenn möglich bei seiner **Hausbank, benutzbar/zahlbar** gestellt ist. Nur mit einer solchen Benutzbarstellung erlangt der Exporteur jene eingangs beschriebene relative Sicherheit, die ihm auch das widerrufliche Akkreditiv gem. Art. 8 b. ERA zu bieten vermag.
   Hinweis: Eine umfassende Darstellung der Akkreditivvereinbarung im Kaufvertrag findet sich in Abschnitt "1.5.1 Akkreditivvereinbarung im Kaufvertrag sowie Akkreditiveröffnungsauftrag des Importeurs".

2. **Akkreditivauftrag**
   Der Akkreditivauftrag (Akkreditiveröffnungsauftrag) des Importeurs (Akkreditivauftraggeber, Akkreditivsteller) umfaßt -nachdem er von der beauftragten Bank angenommen ist- nach deutschem Recht einen **Geschäftsbesorgungsvertrag**.
   Beim widerruflichen Akkreditiv behält sich der Akkreditivauftraggeber vor, der Bank Weisung auf Widerruf des Akkreditivs zu erteilen. Das **Widerrufsrecht** kann der Auftraggeber nicht direkt gegenüber dem Begünstigten ausüben.
   Hinweis: Der **Akkreditivauftrag** des Importeurs an die Akkreditivbank ist umfassend im oben erwähnten Abschnitt 1.5.1 erläutert. In Abschnitt 1.5.1.3 finden sich darüber hinaus **Fallbeispiele.**

3. a. **Widerrufliche Akkreditivverpflichtung**
   Wie jedes Dokumentenakkreditiv umfaßt auch das widerrufliche Akkreditiv ein abstraktes und bedingtes, im vorliegenden Fall allerdings **widerrufliches Zahlungsverspre-**

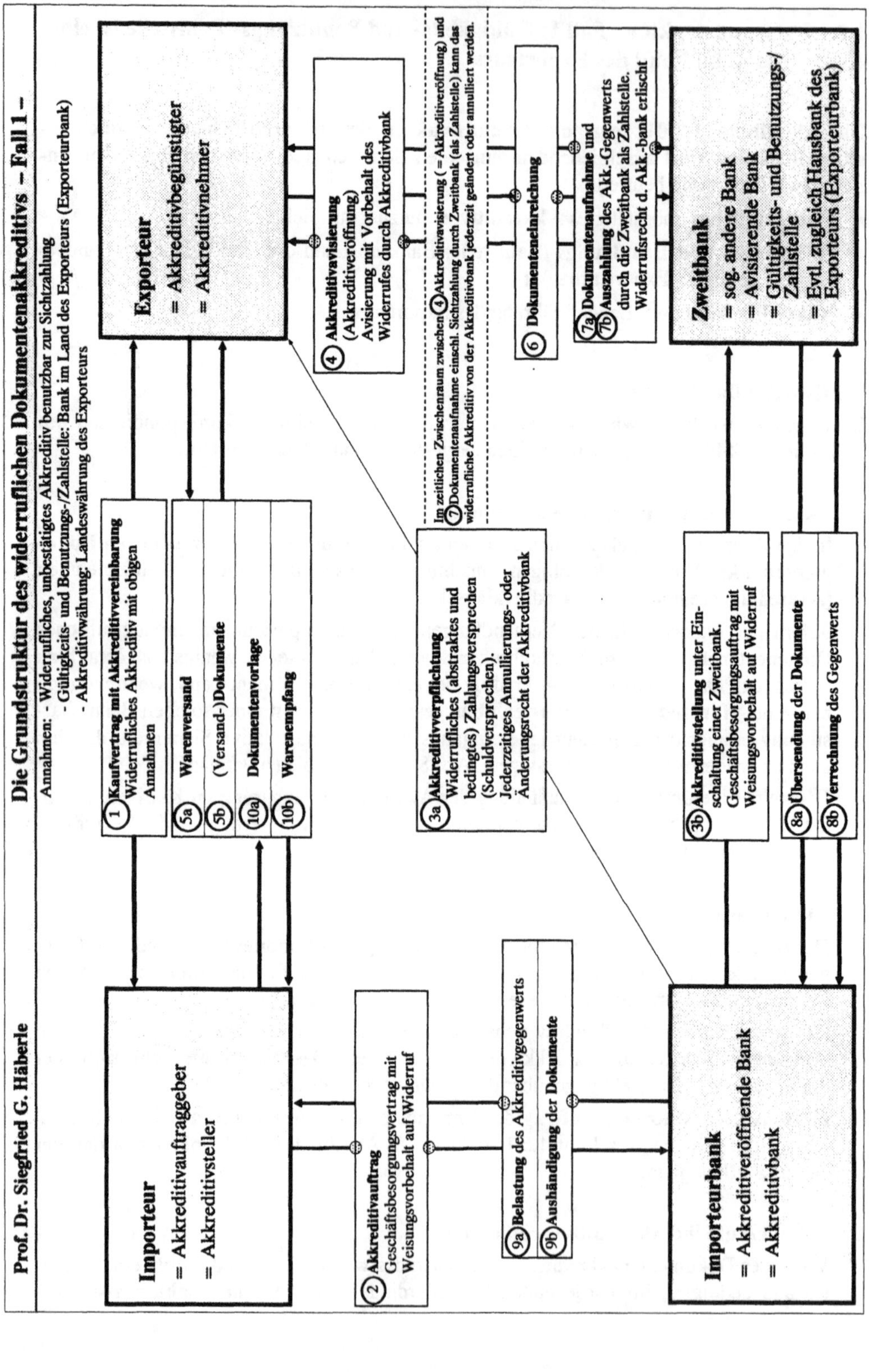

Abbildung 1.2-01

chen (Schuldversprechen) der akkreditiveröffnenden Bank (Akkreditivbank) für den Begünstigten.

Der **Widerruf** des Akkreditivs durch die Akkreditivbank kann -wie oben erwähnt- auf einer Weisung des **Akkreditivauftraggebers** beruhen, beispielsweise wenn dieser an der Erfüllung des Kaufvertrags (an der Abnahme der Waren) kein Interesse mehr hat. Widerrufen kann aber auch die **Akkreditivbank** in eigenem Interesse. Ein Eigeninteresse der Akkreditivbank liegt beispielsweise darin begründet, daß sich die Kreditwürdigkeit des Akkreditivauftraggebers rapide verschlechtert und sich die Akkreditivbank deswegen aus der Akkreditivverpflichtung zu entbinden trachtet.

b. Akkreditivstellung unter Einschaltung einer Zweitbank (einer sog. anderen Bank)

Vorbemerkung: Ein Akkreditiv gilt nach deutschem Recht erst im Zeitpunkt der Mitteilung der Bank an den Begünstigten als eröffnet, wobei unterstellt ist, daß der Begünstigte das angebotene (avisierte) Akkreditiv -stillschweigend- annimmt. Im Gegensatz dazu wird in der Literatur manchmal bereits der Auftrag zur Avisierung der Akkreditivbank an die Zweitbank als Akkreditiveröffnung bezeichnet. Um der Rechtslage Rechnung zu tragen und den Unterschied zur Akkreditiveröffnung (Schritt 4) hervorzuheben, wird der in Schritt 3 b. behandelte Vorgang als Akkreditivstellung (unter Einschaltung einer Zweitbank) bezeichnet.

Als **erste Besonderheit** des zwischen der akkreditiveröffnenden Bank und der Zweitbank abgeschlossenen Geschäftsbesorgungsvertrags ist der Weisungsvorbehalt der Akkreditivbank auf Widerruf des Akkreditivs hervorzuheben. Falls die Akkreditivbank die Zweitbank zur Auszahlung des Akkreditivs ermächtigt, d.h. wenn die Zweitbank als Benutzungs-/Zahlstelle eingesetzt ist, dann ist als **zweite Besonderheit** die Pflicht der Akkreditivbank hervorzuheben, der Benutzungsstelle (gemäß den in Art. 8 b. ERA genannten Voraussetzungen) den Akkreditivgegenwert zur Verfügung zu stellen (diese zu remboursieren).

Bei einem Widerruf (Annullierung oder Änderung) des Akkreditivs muß sich die Akkreditivbank wiederum der avisierenden Bank bedienen, so daß dem Begünstigten der Widerruf auf demselben Weg zugeht wie die Eröffnung des Akkreditivs (vgl. Art. 11 b. ERA).

Hinweis: Die Ausführung des Akkreditiveröffnungsauftrags und die Akkreditivavisierung (Akkreditiveröffnung) durch die Bank(en) ist in Abschnitt 1.5.3 beschrieben.

4. **Akkreditivavisierung (Akkreditiveröffnung)**
   Die Akkreditivavisierung (Akkreditiveröffnung) vollzieht sich beim widerruflichen Akkreditiv wie bei den übrigen Akkreditivarten, nämlich durch eine **Mitteilung (Akkreditiveröffnungsanzeige)** der Zweitbank an den Akkreditivbegünstigten, der eine Kopie (selten das Original) bzw. ein EDV-Ausdruck des Akkreditiveröffnungsschreibens der Akkreditivbank beigefügt ist.

   Hinweis: Die Prüfung des avisierten (eröffneten) Akkreditivs durch den begünstigten Exporteur ist in Abschnitt 1.5.4 - einschließlich einer Prüfliste - umfassend dargestellt.

   Das **besondere Risiko des Exporteurs** beim widerruflichen Akkreditiv liegt darin, daß er auch nach Akkreditiveröffnung jederzeit mit einem Widerruf des Akkreditivs rechnen muß, also bereits während der Phase des Einkaufs, der Produktion bzw. des Versands der zu exportierenden Güter. Erst mit der vorbehaltlosen Aufnahme der Dokumente durch die Benutzungs-/Zahlstelle und der Auszahlung bzw. Zahlungszusage der Benutzungs-/Zahlstelle endet praktisch dieses Risiko des Exporteurs. Der Exporteur muß sich dieses Risikos bei Abschluß des Kaufvertrags bewußt sein. In der Regel wird er deswegen ein **widerrufliches Akkreditiv** als Zahlungsbedingung nur akzeptieren können, wenn folgende **Voraussetzungen** erfüllt sind:

- Die **Seriosität** des Akkreditivauftraggebers (Importeurs) muß in Bankauskünften und/oder durch eigene Erfahrungen uneingeschränkt ausgewiesen sein.
- Die **Kreditwürdigkeit** des Akkreditivauftraggebers (Importeurs) muß über jeden Zweifel erhaben sein (z.B. nachgewiesen durch Bankauskünfte, gewerbliche Auskünfte usw.), so daß die Akkreditivbank keine Veranlassung hat, aus kreditsicherndem Eigeninteresse das Akkreditiv von sich aus zu widerrufen.
- Das **Länderrisiko** (politische Risiko) bezüglich des Sitzes der Akkreditivbank und des Akkreditivauftraggebers muß überschaubar und gering sein.
- Die zu liefernden **Waren** müssen leicht und ohne Abschlag anderweitig verkäuflich sein, falls das Akkreditiv während der Beschaffungs-, Produktions- oder Lieferphase widerrufen wird.
  Die **Verwertungsmöglichkeit** der Waren muß auch nach erfolgtem Versand gegeben sein, und zwar bis zum Zeitpunkt der vorbehaltlosen Aufnahme der Dokumente durch die Benutzungs-/Zahlstelle einschließlich der Zahlung bzw. Zahlungszusage an den Exporteur.

Es liegt auf der Hand, daß alle diese Voraussetzungen nur im Idealfall erfüllt sind. Im übrigen ist zu bedenken, daß die Informationsergiebigkeit über die Seriosität und die Kreditwürdigkeit des Importeurs, über die Zahlungsfähigkeit der Akkreditivbank und über das Länderrisiko häufig begrenzt ist.

5. **Warenversand und Dokumentenempfang**

Grundsätzlich laufen der Warenversand und der Empfang der (Versand-)Dokumente beim widerruflichen Akkreditiv ebenso ab wie bei den anderen Akkreditivarten.

6. **Dokumenteneinreichung**

Ist das widerrufliche Dokumentenakkreditiv - wie im vorliegenden Fall - bei einer Bank im Land des Exporteurs **gültig und benutzbar/zahlbar** gestellt, dann hat der Exporteur die Dokumente bei dieser Bank rechtzeitig vor Verfall des Akkreditivs einzureichen.

Es liegt im **Sicherungsinteresse** des Exporteurs, wenn er die Dokumente möglichst rasch und in der den Akkreditivbedingungen entsprechenden Form bei der Gültigkeits- und Benutzungs-/Zahlstelle einreicht. Sobald die Benutzungs-/Zahlstelle diese Dokumente aufgenommen und den Gegenwert an den Exporteur ausgezahlt hat (Schritt 7), erlischt gem. Art. 8 b. ERA das Recht der Akkreditivbank auf Widerruf des Akkreditivs.

Hinweis: **Gültigkeitstelle** (Ort für die Dokumentenvorlage vor Verfall) und **Benutzungs-/Zahlstelle** eines Akkreditivs können **gleichgesetzt**, aber auch **verschieden** sein. Einzelheiten und Vorkommen in der Praxis siehe Abschnitt “1.5.1.2.4 Begünstigter, Bank des Begünstigten, Benutzungs-/Zahlstelle, Gültigkeitsstelle”.

7. **Dokumentenaufnahme und Auszahlung des Akkreditivgegenwerts**

Vorbemerkung: Der Ausdruck "Dokumentenaufnahme" wird in der betrieblichen Praxis, aber auch in der Literatur, nicht immer mit demselben Vorstellungsinhalt verbunden. Im folgenden wird unter "Dokumentenaufnahme" die Prüfung und die Anerkennung der vom Exporteur eingereichten Dokumente durch die dazu bevollmächtigte Bank (Benutzungs-/Zahlstelle) einschließlich der Auszahlung des Akkreditivbetrags bzw. der Zahlungszusage verstanden. In diesem Sinne gleichbedeutend wird der Ausdruck "Honorierung der Dokumente" verwendet.

Die **maßgebliche Sicherheit** des widerruflichen Akkreditivs für den Exporteur entsteht ab dem Zeitpunkt der vorbehaltlosen Dokumentenaufnahme einschließlich der Zahlung, Akzeptleistung oder Negoziierung bzw. der Zahlungszusage durch die Benutzungs-/Zahlstelle. Ab diesem Zeitpunkt ist die Akkreditivbank gem. Art. 8 b. ERA verpflichtet, die Zweitbank als Benutzungs-/Zahlstelle zu remboursieren, d.h. für alle Leistungen, die die Benutzungs-/Zahlstelle im Namen und für die Rechnung der Akkreditivbank vorgenommen hat, den Gegenwert zur Verfügung zu stellen. Ab dem Zeitpunkt der Dokumentenaufnahme im hier verstanden Sinne erlischt somit praktisch das Recht der Akkreditivbank auf Widerruf des Akkreditivs.

Damit der begünstigte Exporteur rasch in den Genuß der Sicherheit kommt, die das widerrufliche Akkreditiv zu bieten vermag, ist es - wie mehrfach erwähnt - zweckmäßig, das Akkreditiv bei einer Bank in seinem Land, idealerweise bei seiner **Hausbank gültig und benutzbar/zahlbar** stellen zu lassen.

Zu beachten ist, daß die Zweitbank die Auszahlung an den Exporteur im Namen und für Rechnung der Akkreditivbank im allgemeinen erst vornehmen wird, wenn sie selbst über den Gegenwert verfügt. Zahlt die Zweitbank bei unbestätigten Akkreditiven vorher aus, dann trägt diese Auszahlung lediglich den Charakter eines Kredits (einer Bevorschussung) der Zweitbank (Exporteurbank) an den Exporteur.

8. **Übersendung der Dokumente und Verrechnung des Akkreditivgegenwerts**

Diese beiden Vorgänge unterscheiden sich beim widerruflichen Akkreditiv nicht wesentlich von den anderen Akkreditivarten. Die Zweitbank als Benutzungs-/Zahlstelle wird auch bei widerruflichen Akkreditiven darauf achten, daß ihr der Akkreditivgegenwert von der Akkreditivbank spätestens in dem Zeitpunkt gesichert ist, in dem sie dem Begünstigten eine Zahlung, ein Akzept oder die Negoziierung leistet bzw. ein Zahlungsversprechen abgibt.

9. **Belastung des Akkreditivgegenwerts und Aushändigung der Dokumente**

Dieser Vorgang vollzieht sich **Zug-um-Zug**: Die Akkreditivbank händigt dem Importeur die Dokumente nur aus, wenn das Guthaben auf dessen Konto eine Belastung des Akkreditivgegenwerts ermöglicht. Ist dies nicht der Fall, behält die Bank die Dokumente zu ihrer Sicherheit ein.

Anzumerken ist, daß der Importeur das **Recht auf Widerruf** des Akkreditivs - ebenso wie die Akkreditivbank - bereits im Zeitpunkt der Dokumentenaufnahme, einschließlich Auszahlung bzw. Zahlungszusage an den Exporteur, durch die als Zahlstelle eingesetzte Bank **verliert**. Ab diesem Zeitpunkt der vorbehaltlosen Dokumentenaufnahme durch die Zahlstelle (Schritt 7) kann sich der Importeur der Belastung des Akkreditivgegenwerts nicht mehr entziehen.

10. Dokumentenvorlage und Warenempfang

Auf Grundlage der vorgelegten Dokumente weist der Importeur seine Legitimation zum Empfang der Waren nach.

Die ERA schließen die **Bestätigung** des widerruflichen Akkreditivs durch eine Zweitbank nicht aus; ausdrücklich geregelt ist die Bestätigung jedoch nur für unwiderrufliche Akkreditive (vgl. Art. 9 b. und c. ERA). Obwohl die Bestätigung eines widerruflichen Akkreditivs möglich ist, **kommt** sie - nach übereinstimmender Auskunft der Praxis - aus Gründen der Gegensätzlichkeit, nämlich Widerruflichkeit einerseits, Bestätigung andererseits, **nicht vor**.

1.2.1.3 Grundstruktur - Fall 2: Gültigkeits- und Benutzungs-/Zahlstelle ist die Akkreditivbank

In **Abbildung 1.2-02** ist ein widerrufliches Akkreditiv dargestellt, das bei der ausländischen Akkreditivbank zahlbar gestellt ist.

Die Darstellung beruht auf den folgenden Annahmen:

- **Widerrufliches** unbestätigtes **Akkreditiv**, benutzbar zur Sichtzahlung;
- **Gültigkeits- und Benutzungs-/Zahlstelle:** Akkreditivbank (Importeurbank);
- **Akkreditivwährung**: Landeswährung des Importeurs (zugleich Währung der Importeurbank).

Beurteilung

Der maßgebliche **Unterschied** gegenüber Fall 1 liegt in der Festlegung der **Gültigkeits- und Benutzungs-/Zahlstelle**. Im vorliegenden Fall 2 ist aus der Sicht des begünstigten Exporteurs die Gültigkeits- und Benutzungs-/Zahlstelle in das Ausland verlagert, was für den Exporteur - neben der ohnehin geringen Sicherheit des widerruflichen Akkreditivs - weitere Risiken beinhaltet.

Eine Benutzungs-/Zahlbarstellung bei der ausländischen Akkreditivbank birgt für den Exporteur nicht nur die üblichen **Risiken** des rechtzeitigen **Dokumentenversands und –eingangs** bei der ausländischen Akkreditivbank in sich, sondern läßt der Akkreditivbank als Zahlstelle - womöglich im Einvernehmen mit dem Importeur - die Möglichkeit, die **Dokumentenprüfung** und die **Auszahlung** zu **verzögern**, was einschließt, daß die Akkreditivbank in dieser Phase doch noch von ihrem Widerrufsrecht Gebrauch machen kann. Ist dagegen die Hausbank des Exporteurs als Gültigkeits- und Benutzungs-/Zahlstelle eingesetzt (siehe Fall 1), dann wird diese Bank gerade bei einem widerruflichen Akkreditiv die Prüfung der Dokumente im Sicherungsinteresse des Exporteurs regelmäßig rasch vornehmen und - sofern die Dokumente ihrer äußeren Aufmachung nach den Akkreditivbedingungen entsprechen - den Gegenwert auch sofort gutschreiben bzw. eine vorbehaltlose Auszahlungszusage erteilen, um den Exporteur vor einem möglichen Widerruf der Akkreditivbank zu schützen.

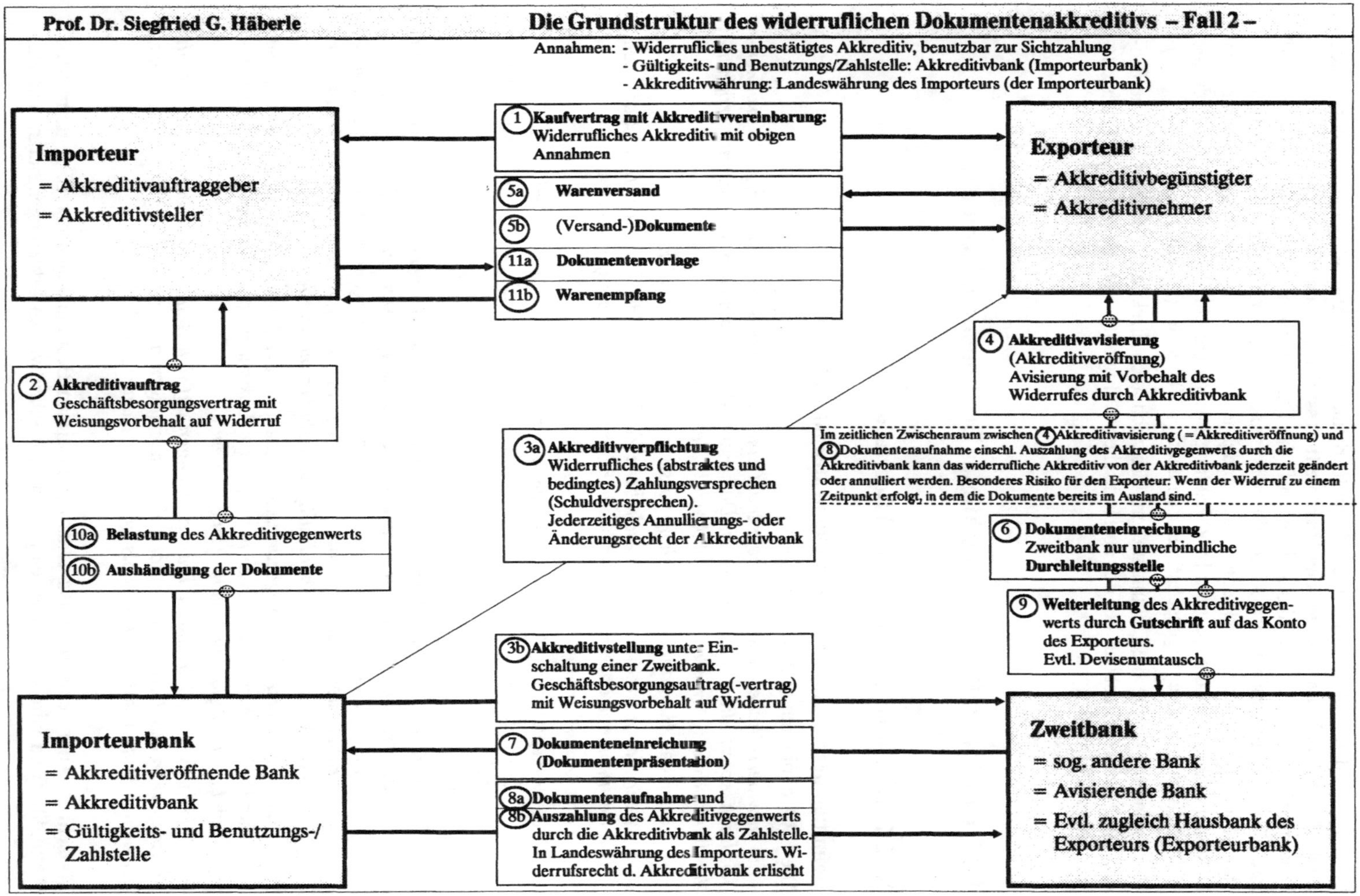

Abbildung 1.2-02

Im vorliegenden Fall 2 fungiert die Exporteurbank (neben ihrer Aufgabe als avisierende Bank) lediglich als **unverbindliche Durchleitungsstelle** der vom Exporteur eingereichten Dokumente (Schritt 6). Im allgemeinen prüft die Exporteurbank die Dokumente zwar auf ihre Übereinstimmung mit den Akkreditivbedingungen, jedoch nur als Serviceleistung und ohne jede eigene oder die Akkreditivbank bindende Verpflichtung. Über die Aufnahme der Dokumente und über die Zahlung bzw. Zahlungszusage entscheidet allein die ausländische Akkreditivbank in ihrer Eigenschaft als Benutzungs-/Zahlstelle (Schritt 8).

Der Exporteur könnte die Dokumente grundsätzlich auch direkt einreichen, d.h. ohne Einschaltung seiner Hausbank bei der ausländischen Gültigkeits- und Benutzungs-/Zahlstelle, was aber **nicht üblich** ist.

1.2.2 Unwiderrufliches unbestätigtes Dokumentenakkreditiv

1.2.2.1 Definition, Funktionen und Beurteilung

Definition des unwiderruflichen Dokumentenakkreditivs

Die **ERA** definieren in **Art. 9 a.**:

"Ein unwiderrufliches Akkreditiv begründet eine feststehende Verpflichtung der eröffnenden Bank, sofern die vorgeschriebenen Dokumente der benannten Bank oder der eröffnenden Bank vorgelegt werden und die Akkreditiv-Bedingungen erfüllt sind,

I. wenn das Akkreditiv Sichtzahlung vorsieht - bei Sicht zu zahlen;

II. wenn das Akkreditiv hinausgeschobene Zahlung vorsieht - an dem (den) nach den Bestimmungen des Akkreditivs bestimmbaren Datum (Daten) zu zahlen;

III. wenn das Akkreditiv

a. Akzeptleistung durch die eröffnende Bank vorsieht - vom Begünstigten auf die eröffnende Bank gezogene Tratten zu akzeptieren und sie bei Fälligkeit zu bezahlen,

oder

b. Akzeptleistung durch eine andere bezogene Bank vorsieht - vom Begünstigten auf die eröffnende Bank gezogene Tratten zu akzeptieren und bei Fälligkeit zu bezahlen, falls die im Akkreditiv vorgeschriebene bezogene Bank auf sie gezogene Tratten nicht akzeptiert, oder Tratten zu bezahlen, falls diese von der bezogenen Bank akzeptiert, aber bei Fälligkeit nicht bezahlt wurden;

IV. wenn das Akkreditiv Negoziierung vorsieht - vom Begünstigten gezogene Tratten und/ oder unter dem Akkreditiv vorgelegte Dokumente ohne Rückgriff auf Aussteller und/oder gutgläubige Inhaber zu bezahlen.

Ein Akkreditiv soll nicht durch Trattenziehungen auf den Auftraggeber benutzbar gestellt werden; wenn das Akkreditiv dennoch Trattenziehungen auf den Auftraggeber vorschreibt, betrachten Banken solche Tratten als zusätzliche Dokumente."

Ratschlag: Zum besseren Verständnis der in diesen Bestimmungen der ERA definierten Akkreditivarten wird dem Leser empfohlen, die schrittweisen Erklärungen heranzuziehen, wie sie sich bei der **Darstellung der Grundstrukturen** der verschiedenen Akkreditivarten nach Zahlungs- bzw. Benutzungsmodalitäten in Kapitel 1.3 finden.

Maßgebliche Merkmale unwiderruflicher Dokumentenakkreditive

- **Feststehende Zahlungsverpflichtung:** Wenn von den verschiedenen Zahlungsmodalitäten (Sichtzahlung, hinausgeschobene Zahlung, Akzeptleistung und Negoziierung, die getrennt und umfassend in den folgenden Hauptabschnitten behandelt sind) abgesehen wird, dann umfaßt das Akkreditiv im Kern die feststehende Verpflichtung einer Bank, an den Begünstigten zu zahlen bzw. - unter Einschaltung einer anderen Bank - zahlen zu lassen. Dieses **Zahlungsversprechen** (Schuldversprechen) ist in der Regel **unwiderruflich** und kann in diesem Fall **weder annulliert noch geändert** werden, es sei denn, daß sich alle Beteiligten, insbesondere der Akkreditivbegünstigte, damit einverstanden erklären.
- **Bedingtes Zahlungsversprechen:** Das unwiderrufliche Zahlungsversprechen der akkreditiveröffnenden Bank (z.B. der Bank eines Importeurs) ist - wie alle Dokumentenakkreditive - bedingt, d.h. an Bedingungen geknüpft. Dies bedeutet, daß der Begünstigte (in der Regel ein Exporteur) die versprochene Zahlung nur erlangen kann, wenn er die vorgeschriebenen **Dokumente** rechtzeitig vorlegt und die übrigen **Akkreditivbedingungen** erfüllt.
- **Abstraktes Zahlungsversprechen:** Das Zahlungsversprechen der Bank ist abstrakt, also **getrennt vom Kaufvertrag** zwischen Importeur und Exporteur (vgl. Art. 3 ERA). Die Akkreditivbank bzw. die beauftragte Zahlstelle entscheidet ausschließlich auf Grundlage der eingereichten Dokumente und der übrigen Akkreditivbedingungen, ob aus dem Akkreditiv Zahlung an den Begünstigten erfolgt. Die eingeschalteten Banken entscheiden über die Zahlung somit nicht im Hinblick auf die Erfüllung bzw. Nichterfüllung des Kaufvertrags oder anderer Verträge zwischen Importeur und Exporteur.

Funktionen und Beurteilung des unwiderruflichen Dokumentenakkreditivs

Die Bedeutung des unwiderruflichen unbestätigten Akkreditivs in der **Praxis** ist sehr groß; es ist die am häufigsten getroffene Akkreditivvereinbarung.

Für das häufige Vorkommen des unwiderruflichen Dokumentenakkreditivs gibt es gewichtige Gründe:

- Der maßgebliche Grund liegt in der **weitreichenden Sicherheit**, die das unwiderrufliche Akkreditiv dem **Exporteur** vermittelt. Nach Akkreditiveröffnung kann dem Exporteur diese Sicherheit -von wenigen Ausnahmerisiken wie z.B. Konkurs der akkreditiveröffnenden Bank, Eintritt des politischen Risikos und ähnlichen Risiken abgesehen- nicht mehr entzogen werden, sofern er die Akkreditivbedingungen erfüllt.
- Außerdem erlangt er aus dem Akkreditiv **rasche Zahlung**, vor allem, wenn das Akkreditiv bei einer Bank in seinem Land (eventuell bei seiner Hausbank) benutzbar/zahlbar gestellt ist.
- Der absehbare bzw. planbare Zahlungseingang des Akkreditivs **vereinfacht die Liquiditätsdisposition** des Exporteurs und kann -je nach vereinbarter Währung und je nach Akkreditivbedingungen- u.U. auch noch das Wechselkursrisiko des Exporteurs mindern.
- Schließlich eignet sich ein eröffnetes unwiderrufliches Akkreditiv als **Kreditsicherheit**, z.B. für eine Kreditaufnahme des Exporteurs bei seiner Hausbank, um damit den Einkauf bzw. die Produktion der Waren zu finanzieren.

- Auch dem **Importeur** vermittelt dieses Akkreditiv -trotz der grundsätzlich zu seinen Lasten wirkenden Unwiderruflichkeit- eine weitreichende Sicherheit hinsichtlich der pünktlichen **Erfüllung des Kaufvertrags** durch den Exporteur. Der Importeur kann die Akkreditivbedingungen im Einklang mit dem Kaufvertrag so stellen, daß der Exporteur -will er das Akkreditiv nicht unbenutzt verfallen lassen- gezwungen ist, die Waren in der vereinbarten Menge, zum vereinbarten Preis, in der vereinbarten Qualität rechtzeitig auf dem vereinbarten Transportweg zu liefern. Insoweit impliziert das Dokumentenakkreditiv ein Zug-um-Zug-Geschäft: Zahlung bzw. Zahlungszusage einer Bank gegen Dokumente des Exporteurs, die den Versand, die Versicherung usw. der Waren beweisen.
- Auch der Importeur **schont** in der Regel während der Laufzeit des Akkreditivs seine sog. **Barkreditlinie**: Die akkreditiveröffnende Bank belastet das Kontokorrentkonto des Importeurs in der Regel nicht bei Akkreditiveröffnung, sondern erst bei Aufnahme der Dokumente.

1.2.2.2 Grundstruktur und Abwicklung

Die **Abbildung 1.2-03** zeigt die **Grundstruktur** des **unwiderruflichen unbestätigten Dokumentenakkreditivs** und wird anschließend in den einzelnen Schritten, wie sie sich in der zeitlichen Abfolge der Abwicklung des Akkreditivs ergeben, unter den folgenden **Annahmen** erläutert:

- **Unwiderrufliches** unbestätigtes **Akkreditiv**, benutzbar zur Sichtzahlung;
- **Gültigkeits- und Benutzungs-/Zahlstelle**: Bank im Land des Exporteurs (sog. andere Bank, Zweitbank, Exporteurbank);
- **Akkreditivwährung**: Landeswährung des Exporteurs.

Schrittweise Darstellung:

Im folgenden ist die **Abwicklung** des unwiderruflichen unbestätigten Akkreditivs – korrespondierend mit **Abbildung 1.2-03** – in einzelnen Schritten dargestellt, erläutert und beurteilt.

1. Akkreditivvereinbarung im Kaufvertrag

Unwiderruflichkeit

Es liegt vor allem im Sicherungsinteresse des Exporteurs, wenn im Kaufvertrag ausdrücklich die Stellung eines unwiderruflichen Akkreditivs festgelegt ist.

Fehlt die Vereinbarung der Art des Akkreditivs im Kaufvertrag, dann ist dem Importeur grundsätzlich die Möglichkeit gegeben, lediglich ein **widerrufliches Akkreditiv** eröffnen zu lassen. In der Literatur findet sich zwar der Hinweis, daß der Exporteur der Eröffnung eines widerruflichen Akkreditivs mit dem Argument eines festen **Handelsbrauchs**, der sich für bestimmte Branchen entwickelt hat und der ein unwiderrufliches Akkreditiv einschließt, oder mit dem Argument gewohnheitsmäßiger Ausgestaltung der

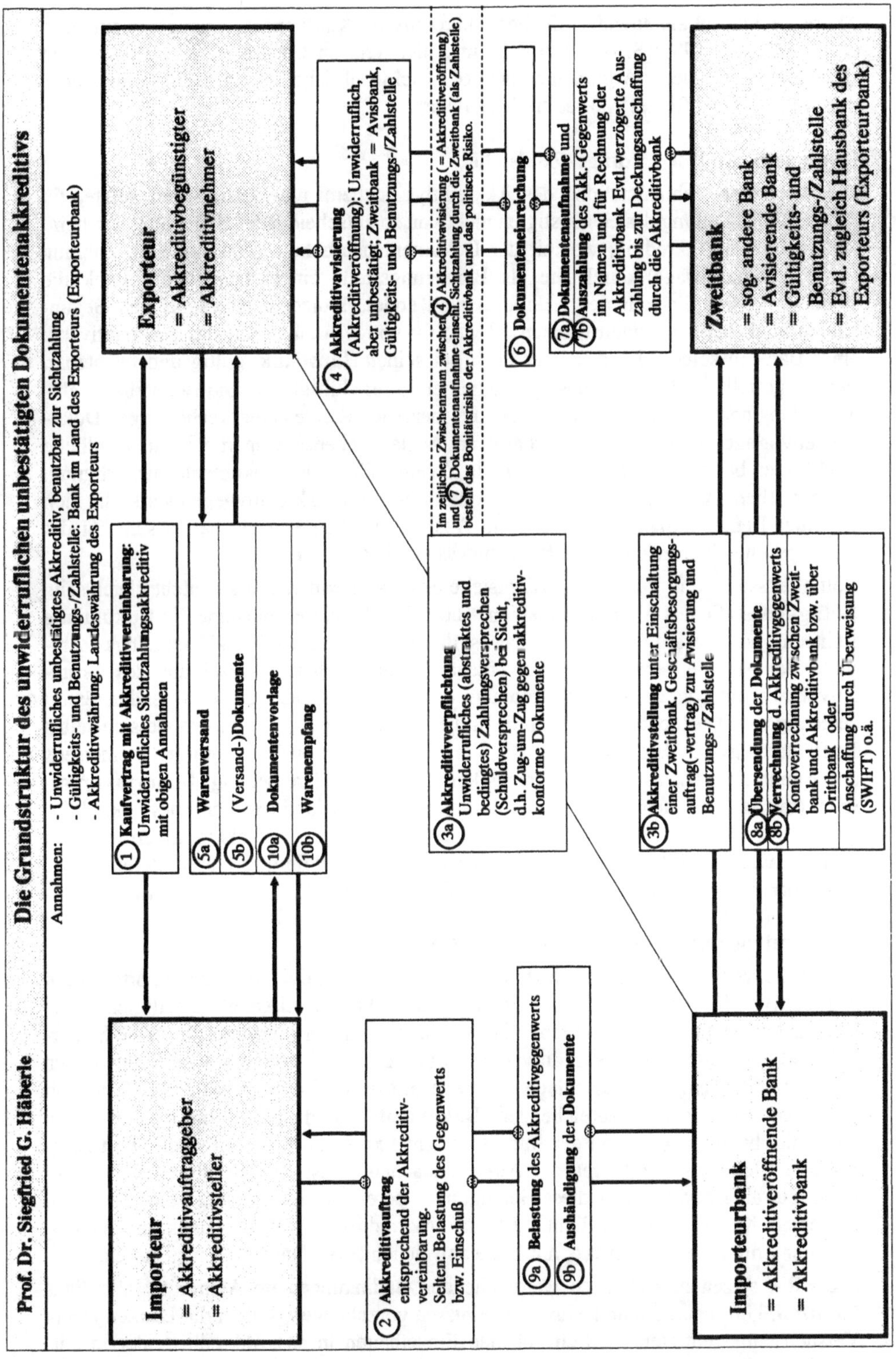

Abbildung 1.2-03

Akkreditivklausel als unwiderrufliches Akkreditiv im Kaufvertrag, entgegentreten kann (vgl. Zahn u.a. 1986: S. 46, Rdn 2/19 in Anlehnung an Canaris). Die verbleibenden Unwägbarkeiten dieser Argumente legen es gleichwohl nahe, im Kaufvertrag ausdrücklich ein unwiderrufliches Akkreditiv festzulegen.

Gültigkeits- und Benutzungs-/Zahlstelle

Die Benutzbar-/Zahlbarstellung des Akkreditivs ist beim unwiderruflichen Akkreditiv für die Sicherstellung des Begünstigten nicht von so entscheidender Bedeutung wie beim widerruflichen Akkreditiv, wo mit der Dokumentenaufnahme (einschließlich Zahlung bzw. Zahlungszusage) durch die als Benutzungsstelle eingesetzte andere Bank die Widerspruchsmöglichkeit der Akkreditivbank endet. Trotzdem ist es für den Begünstigten auch beim unwiderruflichen Akkreditiv von Vorteil, wenn das Akkreditiv bei einer Bank in seinem Land, besser noch bei seiner **Hausbank**, gültig und benutzbar/zahlbar gestellt ist. Dem Begünstigten sind bei dieser Gültigkeits- und Benutzbar-/Zahlbarstellung der besondere Aufwand und die speziellen Risiken einer rechtzeitigen Dokumentenvorlage bei der Akkreditivbank im Ausland ebenso erspart wie umständliche Rückfragen bei der ausländischen Bank in Zweifelsfällen der Dokumentenausfertigung. Auch zeitliche Verzögerungen bei der Auszahlung des Akkreditivgegenwerts, die sich bei einer Benutzbar-/Zahlbarstellung im Ausland ergeben können, halten sich bei der Vereinbarung einer inländischen Benutzungsstelle in Grenzen.

Gültigkeitsstelle und Benutzungs-/Zahlstelle eines Akkreditivs müssen nicht gleich sein. **Gültigkeitsstelle** des Akkreditivs ist jene Bank, bei der der Begünstigte die **Dokumente** rechtzeitig vor Verfall einzureichen hat. Ist diese Bank nicht zugleich Benutzungs-/Zahlstelle, dann ist sie weder zur Dokumentenaufnahme noch zur Auszahlung des Akkreditivbetrags im Namen und für Rechnung der Akkreditivbank (der eröffnenden Bank) berechtigt. Diese Rechte behält sich dann die Akkreditivbank vor, indem sie sich selbst als Benutzungs-/Zahlstelle einsetzt. Die **Verschiedenheit** von Gültigkeitsstelle einerseits und Benutzungs-/Zahlstelle andererseits kommt insbesondere bei **sog. Importakkreditiven** (mit inländischem Importeur) vor, die zwar im Ausland (im Land des akkreditivbegünstigten Exporteurs) gültig gestellt, aber im Inland bei der akkreditiveröffnenden Bank benutzbar/zahlbar gestellt sind. Einzelheiten zur Definition dieser Stellen sowie zum Vorkommen in der Praxis siehe Abschnitt 1.5.1.2.4.

Akkreditivbedingungen im Interesse des Importeurs

Da das Akkreditiv unwiderruflich zu stellen ist, was einschließt, daß der Importeur nach Akkreditiveröffnung ohne die Zustimmung der übrigen Akkreditivbeteiligten keine Möglichkeit mehr hat, die Akkreditivbedingungen zu ändern, erfordert es seine Sicherheit, daß er bereits in der Akkreditivvereinbarung des Kaufvertrags solche Bedingungen durchsetzt, die seiner Interessenlage entsprechen. Mit der **Laufzeit** des Akkreditivs, mit den vom Exporteur einzureichenden **Dokumenten** und mit vielfältigen weiteren Akkreditivbedingungen kann der Importeur dem Exporteur eine weitgehend **kontraktgemäße Lieferung** der Waren zur Auflage machen. Diese Sicherstellung erreicht der Importeur aber nur, wenn er diese Bedingungen bereits im Kaufvertrag vereinbart, weil er gemäß Kaufvertrag verpflichtet ist, das Akkreditiv von seiner Bank in Übereinstimmung mit dem Kaufvertrag, d.h. ohne abweichende Auflagen stellen zu lassen.

Die **ERA** setzen in **Art. 5** zu weitreichenden Bedingungen im Akkreditiv allerdings **Grenzen**: Um Irrtümern und Mißverständnissen vorzubeugen, sollten die Banken jedem Versuch entgegentreten, zu weit gehende Einzelheiten in das Akkreditiv oder in eine

Akkreditivänderung aufzunehmen. Auch stellt sich bei einigen Dokumenten, z.B. bei **Qualitätszertifikaten**, rasch die Frage, ob die damit erreichte Sicherheit des Importeurs die hohen **Kosten** derartiger Zertifikate rechtfertigt.

Eine umfassende Darstellung der **Akkreditivvereinbarung** im Kaufvertrag findet sich in Abschnitt "1.5.1 Akkreditivvereinbarung im Kaufvertrag sowie Akkreditiveröffnungsauftrag des Importeurs".

2. Akkreditivauftrag

Der Akkreditivauftrag (Akkreditiveröffnungsauftrag) an die Akkreditivbank muß vom Importeur (Akkreditivauftraggeber, Akkreditivsteller) in genauer **Übereinstimmung** mit dem Inhalt der **Akkreditivklausel im Kaufvertrag** gestellt werden, will der Importeur nicht Gefahr laufen, daß der Exporteur das eröffnete Akkreditiv als nicht kaufvertragskonform zurückweist.

Zu beachten ist, daß die **Unwiderruflichkeit** eines Akkreditivs **erst im Zeitpunkt seiner Eröffnung** gegenüber dem Begünstigten **wirksam** wird und nicht mit der Erteilung des Akkreditivauftrags des Importeurs an die Akkreditivbank. Nach der deutschen Rechtsordnung ist ein Akkreditiv eröffnet, "... wenn die dahingehende Mitteilung der Bank als Angebot zum Abschluß eines das Schuldversprechen beinhaltenden Vertrags dem Begünstigten zugegangen ist (§§ 130, 145 BGB). Einer ausdrücklichen Annahme dieses Angebotes durch den Begünstigten bedarf es nicht, da dies nicht verkehrsüblich ist (§ 151 BGB)..." (Zahn u.a. 1986: S. 103, Rdn 2/133).

Der Exporteur selbst hat keinen Anspruch an die beteiligten Banken auf Eröffnung des Akkreditivs: *"Ein Begünstigter kann sich keinesfalls auf die vertraglichen Beziehungen berufen, die zwischen den Banken oder zwischen dem Auftraggeber und der eröffnenden Bank bestehen"* (Art. 3 b. ERA).

Im Gegensatz zum widerruflichen Akkreditiv hat die akkreditiveröffnende Bank beim unwiderruflichen Akkreditiv keine Möglichkeit, sich bei abnehmender Kreditwürdigkeit oder gar bei Konkurs des Akkreditivauftraggebers ihrem Zahlungsversprechen durch Widerruf zu entziehen. Aus diesem Grund wird die beauftragte Bank ein unwiderrufliches Akkreditiv nur eröffnen, wenn die **Kreditwürdigkeit des Akkreditivauftraggebers** über jeden Zweifel erhaben ist oder wenn der auftraggebende Importeur zuvor volle oder wenigstens teilweise Deckung (einen sog. Einschuß) angeschafft hat.

Hinweis: Der **Akkreditivauftrag** des Importeurs an die Akkreditivbank ist in Abschnitt 1.5.1 abgebildet und umfassend besprochen. In Abschnitt 1.5.1.3 finden sich darüber hinaus **Fallbeispiele**.

3. a. Unwiderrufliche Akkreditivverpflichtung der akkreditiveröffnenden Bank

Die entscheidende Frage ist, ob sich der Begünstigte mit Gewißheit darauf verlassen kann, daß das Zahlungsversprechen von der akkreditiveröffnenden Bank (Akkreditivbank) weder zurückgezogen noch in irgendeiner anderen Form beeinträchtigt werden kann, sofern er die Akkreditivbedingungen erfüllt.

Grundsätzlich erlangt der Begünstigte diese Gewißheit in der Tat. Es würde die Funktion des unwiderruflichen Dokumentenakkreditivs als weltweit anerkanntes Zahlungs-, Sicherungs- und Kreditinstrument aushöhlen, wenn nicht bei allen Akkreditivbeteiligten ebenso wie in Rechtsprechung und Literatur Übereinstimmung darin bestünde, daß die **Unwiderruflichkeit** des Zahlungsversprechens der Akkreditivbank **in allen Risikosituationen Bestand** haben muß. Die akkreditiveröffnende Bank muß ihr Zahlungsversprechen auch und gerade dann unverändert aufrechterhalten, wenn die Kreditwürdigkeit des Akkreditivauftraggebers abnimmt oder der Akkreditivauftraggeber zahlungsunfähig wird.

Nur in wenigen Ausnahmefällen kann der **Widerruf** des Akkreditivs vollzogen werden, wobei die Rechtfertigungsgründe für den Widerruf vornehmlich beim Begünstigten zu finden sind (vgl. Zahn u.a. 1986: S. 107, Rdn 2/140 sowie ausführlich S. 217ff.).

Die Erfüllung des Zahlungsversprechens der **Akkreditivbank** hängt von deren **Bonität** ab. Außerdem kann die Akkreditivbank - trotz ihres Zahlungswillens und ihrer Zahlungsfähigkeit - durch **staatliche Maßnahmen** an der Erfüllung ihres Zahlungsversprechens gehindert sein. Diese Risiken betreffen jedoch nicht die Unwiderruflichkeit des Akkreditivs an sich, sondern liegen auf anderer, im Rahmen der Akkreditivbestätigung zu untersuchender Ebene (vgl. Hauptabschnitt “1.2.3 Unwiderrufliches bestätigtes Dokumentenakkreditiv”).

b. Akkreditivstellung unter Einschaltung einer Zweitbank (einer sog. anderen Bank)

In der Regel zeigt die Akkreditivbank dem Begünstigten die Eröffnung des Akkreditivs nicht direkt an, sondern sie bedient sich einer Zweitbank (einer sog. anderen Bank), meistens mit Sitz im Land des Exporteurs. Die Akkreditivbank sendet in diesem Fall der **Zweitbank** das **Akkreditiveröffnungsschreiben** (das die Zahlungsverpflichtung/das Zahlungsversprechen der Akkreditivbank enthält) zu, mit der Bitte um Avisierung des Akkreditivs.

Zwischen beiden Kreditinstituten kommt ein **Geschäftsbesorgungsvertrag** zustande, der neben der Avisierung - wie im vorliegenden Fall - auch die Ermächtigung zur Benutzung/Zahlung umfassen kann.

Anmerkung: Ein Akkreditiv gilt nach deutschem Recht - wie oben bei Schritt 2 erwähnt - erst im Zeitpunkt der Mitteilung der (Zweit-)Bank an den Begünstigten als eröffnet. Häufig wird in der Literatur jedoch bereits der Auftrag zur Avisierung der Akkreditivbank an die Zweitbank als Akkreditiveröffnung bezeichnet. Um der Rechtslage Rechnung zu tragen und den **Unterschied zur Akkreditiveröffnung** hervorzuheben, wird der hier zu behandelnde Vorgang als “Akkreditivstellung unter Einschaltung einer Zweitbank” bezeichnet.

Hinweis: In Abschnitt “1.5.3 Ausführung des Akkreditiveröffnungsauftrags ...” finden sich mehrere **Fallbeispiele/Abbildungen** von **Akkreditiveröffnungsschreiben/Akkreditiven**, die die jeweils eröffnenden Banken an die mit der Avisierung usw. beauftragten (Zweit-) Banken (die sog. anderen benannten Banken) richten.

4. Akkreditivavisierung (Akkreditiveröffnung)

Die Akkreditivavisierung ist für den Begünstigten von entscheidender Bedeutung, weil das Akkreditiv - nach deutschem Recht - in dem **Zeitpunkt** als eröffnet gilt, in dem die **Mitteilung der Bank dem Begünstigten zugegangen** ist. Bei der hier behandelten Akkreditivart ist das Akkreditiv ab diesem Zeitpunkt unwiderruflich eröffnet, d.h. die Akkreditivbank ist ab diesem Zeitpunkt an ihr Zahlungsversprechen unwiderruflich gebunden, sofern der begünstigte Exporteur die Akkreditivbedingungen erfüllt.

Im Gegensatz zum widerruflichen Akkreditiv, bei dem der Begünstigte jederzeit und ohne vorherige Nachricht mit einer Annullierung oder Änderung des Akkreditivs rechnen muß, bedeutet das eröffnete unwiderrufliche Akkreditiv für den Exporteur somit eine sichere **Dispositions-** und eventuell **Kreditgrundlage** zum Einkauf bzw. zur Produktion der zu exportierenden Waren.

Der Exporteur sollte die Bedingungen des eröffneten Akkreditivs im eigenen Interesse unverzüglich auf **Übereinstimmung** mit den Vereinbarungen im **Kaufvertrag** überprüfen. In Abschnitt "1.5.4 Prüfung des avisierten/eröffneten Akkreditivs durch den Akkreditivbegünstigten (Exporteur)" findet sich dazu eine umfassende Prüfliste.

Hinweis: In Abschnitt "1.5.3 ... sowie Akkreditivavisierung(-eröffnung) durch die Bank(en)" finden sich mehrere **Fallbeispiele/Abbildungen** von **Akkreditivavisierungs-schreiben/Akkreditiveröffnungsanzeigen** von eingeschalteten Zweitbanken (sog. andere benannte Banken) an die akkreditivbegünstigen Exporteure. Zum Teil haben die Zweitbanken dem Akkreditiv ihre Bestätigung hinzugefügt.

5. Warenversand und Empfang der (Versand-)Dokumente

Bei diesen Vorgängen erlangt der Exporteur die maßgeblichen Dokumente zur Benutzung des Akkreditivs. Er hat darauf zu achten, daß die Dokumente in vollkommener **Übereinstimmung mit den Akkreditivbedingungen** ausgefertigt werden und rechtzeitig vor Verfall des Akkreditivs zur Verfügung stehen.

6. Dokumenteneinreichung

Der begünstigte Exporteur hat die **Dokumente** vor Verfall des Akkreditivs bei der als **Gültigkeitsstelle** eingesetzten Bank **einzureichen**. Ist die avisierende Bank - in Abänderung der Annahmen der vorliegenden Abbildung - nur Gültigkeitsstelle, aber nicht zugleich Benutzungs-/Zahlstelle, dann entscheidet diese Bank weder über die Aufnahme der Dokumente noch über die Auszahlung des Akkreditivgegenwerts. Diese Entscheidung bleibt stets der Benutzungs-/Zahlstelle vorbehalten.

Die **Verschiedenheit** von Gültigkeitsstelle einerseits und Benutzungs-/Zahlstelle andererseits kommt insbesondere bei **sog. Importakkreditiven** (mit inländischem Importeur) vor, die zwar im Ausland (im Land des akkreditivbegünstigten Exporteurs) gültig gestellt, aber im Inland bei der akkreditiveröffnenden Bank benutzbar/zahlbar gestellt sind.

Einzelheiten und Vorkommen in der Praxis siehe Abschnitt "1.5.1.2.4 Begünstigter, Bank des Begünstigten, Benutzungs-/Zahlstelle, Gültigkeitsstelle".

Andere Annahmen: Ist das Akkreditiv entgegen dem in der obigen Abbildung dargestellten Fall bei der **ausländischen Akkreditivbank gültig und benutzbar/zahlbar** gestellt, dann müßte der Begünstigte zwar die Dokumente direkt bei der Akkreditivbank einreichen; in der Praxis bedient sich der Begünstigte jedoch gleichwohl der avisierenden Bank, die dann die Dokumente an die Akkreditivbank weiterleitet. Die **avisierende Bank** ist in diesem Fall nur **Durchleitungsstelle der Dokumente**. Sie prüft die vom Begünstigten eingereichten Dokumente zwar häufig auf ihre Akkreditivkonformität; dies ist jedoch nur eine Serviceleistung gegenüber dem Begünstigten und **nicht bindend** für die Akkreditivbank. Auch hinsichtlich der Wahrung der Akkreditivfristen (Dokumentenvorlagefrist) ist nicht der Zeitpunkt der Einreichung der Dokumente bei der Avisbank maßgeblich, sondern im angesprochenen Fall bei der ausländischen Akkreditivbank. Ebensowenig ist eine eventuelle Bevorschussung des Akkreditivbetrags an den Akkreditivbegünstigten durch die Avisbank im Gegenzug zur Einreichung der Dokumente für die Akkreditivbank bindend. Sie begründet auch keine Remboursierungspflicht der Akkreditivbank an die bevorschussende Avisbank.

7. **Dokumentenaufnahme und Auszahlung des Akkreditivgegenwerts**

Vorbemerkung: Der Ausdruck "Dokumentenaufnahme" wird in der betrieblichen Praxis, aber auch in der Literatur, nicht immer mit denselben Vorstellungsinhalten verbunden. Im folgenden wird unter der "Dokumentenaufnahme" die Prüfung und die **Anerkennung** der vom Exporteur eingereichten **Dokumente** durch die dazu bevollmächtigte Bank (Benutzungs-/Zahlstelle) verstanden, einschließlich der vorbehaltlosen **Auszahlung des Akkreditivbetrags** bzw. einschließlich der vorbehaltlosen Zahlungszusage. In diesem Sinne gleichbedeutend wird der Ausdruck "Honorierung der Dokumente" verwendet. Die Schritte 7 a. und 7 b. bilden insoweit eine Einheit.

Die von der Akkreditivbank (der eröffnenden Bank) im vorliegenden Fall als Gültigkeits- und **Benutzungs-/Zahlstelle** bevollmächtigte Zweitbank (die sog. andere Bank) **prüft** die eingereichten **Dokumente und zahlt** dem Begünstigten im Gegenzug den Akkreditivbetrag aus.

Zu beachten ist allerdings, daß der Begünstigte **keinen Anspruch** an die als Benutzungs-/Zahlstelle eingesetzte Zweitbank auf unverzügliche Auszahlung des Akkreditivbetrags im Gegenzug zu seiner Einreichung akkreditivkonformer Dokumente hat. Die als Benutzungs-/Zahlstelle fungierende Zweitbank stellt dem Akkreditivbegünstigten den Akkreditivgegenwert vielmehr vorbehaltlos erst dann zur Verfügung, wenn ihr eigener Anspruch auf Remboursierung (Deckungsanschaffung) durch die Akkreditivbank gesichert ist. Schreibt die Zweitbank dem begünstigten Exporteur den Akkreditivgegenwert trotzdem sofort, d.h. im Gegenzug zur Einreichung der Dokumente gut, dann ist dies eine **Bevorschussung**, die unter dem Vorbehalt der Deckungsanschaffung durch die Akkreditivbank steht.

Dagegen hat die Zweitbank selbst, sofern sie als Benutzungs-/Zahlstelle eingesetzt ist, einen **unumstößlichen Remboursierungsanspruch** an die Akkreditivbank, der dann entsteht, wenn sie **Dokumente aufnimmt**, die ihrer äußeren Aufmachung nach den Akkreditivbedingungen zu entsprechen scheinen (vgl. Art. 10 d. ERA). Dieser Remboursierungsanspruch der Zweitbank ist jedoch in Frage gestellt, wenn die Zweitbank offenkundige Mängel an den Dokumenten übersieht und die Akkreditivbank ihrerseits diese Dokumente als nicht akkreditivkonform zurückweist. In diesem Fall kann die Zweitbank vom Exporteur im übrigen die Rückzahlung des eventuell bereits ausgezahlten Akkreditivbetrags verlangen (vgl. Zahn u.a. 1986: S. 121, Rdn 2/164).

Andere Annahmen: Ist das Akkreditiv - in Abweichung von dem in der obigen Abbildung dargestellten Fall - unmittelbar bei der **Akkreditivbank**, also **im Ausland, gültig und benutzbar/zahlbar** gestellt, dann trägt der begünstigte Exporteur auch dann, wenn er die avisierende Bank als Durchleitungsstelle einschaltet, zunächst das Risiko der rechtzeitigen Vorlage der Dokumente vor Verfall des Akkreditivs bei der ausländischen Gültigkeitsstelle (Akkreditivbank). Darüber hinaus kann die ausländische Akkreditivbank als Benutzungs-/Zahlstelle u.U. die Dokumentenaufnahme und die Auszahlung des Akkreditivs verzögern, was nicht nur Finanzierungskosten beim Exporteur verursacht, sondern bei Fremdwährungsakkreditiven möglicherweise auch zu Kursverlusten führen kann.

Die Gültigkeits- und Benutzbar-/Zahlbarstellung des unwiderruflichen Akkreditivs bei einer **Filiale der Akkreditivbank** im Land des Exporteurs ist, was den Vorgang der rechtzeitigen Dokumenteneinreichung anlangt, gleichzusetzen mit der Gültigkeits- und Benutzbar-/Zahlbarstellung bei einer inländischen Bank. Probleme können dagegen bei der Auszahlung des Akkreditivbetrags entstehen. Hier kann die Tatsache, daß die Benutzungs-/Zahlstelle nur eine Filiale der ausländischen Akkreditivbank im Inland ist, u.U. zu verzögerter Auszahlung des Akkreditivbetrags und zu weiteren Risiken führen.

8. **Dokumentenversand und Verrechnung des Akkreditivgegenwerts**

   Gem. Art. 10 b. und d. ERA ermächtigt die Akkreditivbank die Zweitbank als Benutzungsstelle nicht nur zur Zahlung bzw. zu den anderen Akkreditivleistungen gegen Dokumente, die ihrer äußeren Aufmachung nach den Akkreditivbedingungen zu entsprechen scheinen, sondern sie verpflichtet sich auch - wie oben erwähnt - die **Benutzungs-/Zahlstelle zu remboursieren**, d.h. den Akkreditivgegenwert zur Verfügung zu stellen.

   Die **Verrechnung** des Akkreditivgegenwerts erfolgt auf Grundlage der im Geschäftsbesorgungsvertrag zwischen der Akkreditivbank und der Zweitbank getroffenen Vereinbarungen. Stehen die beiden Kreditinstitute in gegenseitiger **Korrespondenzbeziehung**, dann erfolgt die Verrechnung in der Regel über die Konten. Fehlt dagegen eine direkte Kontoverbindung, dann erfolgt die Anschaffung des Akkreditivgegenwerts auf einem Konto der Zweitbank bei einem dritten Kreditinstitut.

9. **Belastung des Akkreditivgegenwerts und Aushändigung der Dokumente**

   Sofern die Akkreditivbank den Akkreditivauftraggeber nicht bereits im Zeitpunkt der Akkreditiveröffnung mit dem Gegenwert des Akkreditivs belastet hat, erfolgt die **Akkreditivbelastung** im Gegenzug zur Aushändigung der **Dokumente**. Wurde dem Akkreditivauftraggeber bereits bei Akkreditiveröffnung ein sog. Einschuß in Rechnung gestellt, wird von der Akkreditivbank nunmehr die Differenz zum Akkreditivbetrag eingefordert.

10. Dokumentenvorlage und Warenempfang

Auf Grundlage der vorgelegten Dokumente weist der Importeur seine **Legitimation** zum Empfang der Waren nach.

1.2.3 Unwiderrufliches bestätigtes Dokumentenakkreditiv

1.2.3.1 Definition, Funktionen und Beurteilung

Definition des bestätigten Dokumentenakkreditivs

Die ERA definieren in **Art. 9 b.**:

"Die Bestätigung eines unwiderruflichen Akkreditivs durch eine andere Bank ('bestätigende Bank') aufgrund der Ermächtigung oder des Auftrags der eröffnenden Bank begründet zusätzlich zu derjenigen der eröffnenden Bank eine feststehende Verpflichtung der bestätigenden Bank, sofern die vorgeschriebenen Dokumente der bestätigenden Bank oder einer anderen benannten Bank vorgelegt werden und die Akkreditiv-Bedingungen erfüllt sind,

I. wenn das Akkreditiv Sichtzahlung vorsieht - bei Sicht zu zahlen;

II. wenn das Akkreditiv hinausgeschobene Zahlung vorsieht - an dem (den) nach den Bestimmungen des Akkreditivs bestimmbaren Datum (Daten) zu zahlen;

III. wenn das Akkreditiv

a. Akzeptleistung durch die bestätigende Bank vorsieht - vom Begünstigten auf die bestätigende Bank gezogene Tratten zu akzeptieren und sie bei Fälligkeit zu bezahlen,

oder

b. Akzeptleistung durch eine andere bezogene Bank vorsieht - vom Begünstigten auf die bestätigende Bank gezogene Tratten zu akzeptieren und bei Fälligkeit zu bezahlen, falls die im Akkreditiv vorgeschriebene bezogene Bank auf sie gezogene Tratten nicht akzeptiert, oder Tratten zu bezahlen, falls diese von der bezogenen Bank akzeptiert, aber bei Fälligkeit nicht bezahlt wurden;

IV. wenn das Akkreditiv Negoziierung vorsieht - vom Begünstigten gezogene Tratten und/oder unter dem Akkreditiv vorgelegte Dokumente ohne Rückgriff auf Aussteller und/oder gutgläubige Inhaber zu negoziieren.

Ein Akkreditiv soll nicht durch Trattenziehungen auf den Auftraggeber benutzbar gestellt werden; wenn das Akkreditiv dennoch Trattenziehungen auf den Auftraggeber vorschreibt, betrachten Banken solche Tratten als zusätzliche Dokumente."

Ratschlag: Zum besseren Verständnis der in diesen Bestimmungen der ERA definierten Akkreditivarten wird dem Leser empfohlen, die schrittweisen Erklärungen heranzuziehen, wie sie sich bei der **Darstellung der Grundstrukturen** der verschiedenen Akkreditivarten nach Zahlungs- bzw. Benutzungsmodalitäten in Kapitel 1.3 finden.

Besondere Merkmale bestätigter Akkreditive

Wenn von den verschiedenen Zahlungsmodalitäten des Akkreditivs (Sichtzahlung, hinausgeschobene Zahlung, Akzeptleistung und Negoziierung, die getrennt und umfassend in den folgenden Hauptabschnitten behandelt sind) abgesehen wird, dann sind beim bestätigten Akkreditiv folgende Merkmale hervorzuheben:

- Die **bestätigende Bank** übernimmt **zusätzlich** zur Verpflichtung der Akkreditivbank ein **Zahlungsversprechen** (Schuldversprechen) zugunsten des begünstigten Exporteurs.
- Mit dem Ausdruck "zusätzlich" ist klargestellt, daß die Bestätigung der Zweitbank **selbständig** neben der Verpflichtung der Akkreditivbank steht und **keineswegs nachrangig** ist. Die Verpflichtung der bestätigenden Zweitbank umfaßt die volle Akkreditivverpflichtung, wie sie auch von der Akkreditivbank übernommen ist.
- Bestätigt werden in der Praxis ausschließlich **unwiderrufliche Akkreditive**. Auch die ERA sehen die Bestätigung nur für unwiderrufliche Akkreditive vor. Allerdings schließen sie eine Bestätigung widerruflicher Akkreditive nicht ausdrücklich aus.

Funktionen und Beurteilung bestätigter Akkreditive

Die Bestätigung von unwiderruflichen Akkreditiven kommt in der betrieblichen **Außenhandelspraxis** durchaus vor. Allerdings erreichen bestätigte Akkreditive nicht die große Anzahl unbestätigter Akkreditive.

Sicherstellung des Exporteurs ...

Die Bestätigung des Akkreditivs dient der **zusätzlichen Sicherstellung** des Exporteurs vor Risiken, die das unbestätigte unwiderrufliche Akkreditiv nicht bzw. nicht hinreichend abzudecken vermag. Dies sind insbesondere das Risiko der Zahlungsunfähigkeit der Akkreditivbank sowie das politische Risiko (Länderrisiko), aber auch einige weitere, im folgenden ebenfalls besprochene Risiken.

... vor Insolvenz der Akkreditivbank (Garantendelkredererisiko)

- Die **Bonität der Akkreditivbank** und damit das Risiko deren Zahlungsunfähigkeit kann der begünstigte Exporteur meistens nicht beurteilen, es sei denn, die Akkreditivbank ist eines jener großen weltweit tätigen Kreditinstitute, die internationale Reputation genießen.
- Auch die sog. **Banken-Ratings** helfen dem Begünstigten **nur begrenzt** weiter. Zum einen sind darin nur wenige große Kreditinstitute erfaßt, zum anderen können rasch Ereignisse eintreten, die die Einordnung eines Kreditinstituts in Frage stellen bzw. als falsch erscheinen lassen.
- Zwar steht die Hausbank dem Exporteur mit den Ergebnissen ihrer **internen Recherchen** zur Bonität der Akkreditivbank hilfreich zur Seite. Wenn jedoch Fragen offen bleiben oder gar Zweifel an der Zahlungsfähigkeit der Akkreditivbank bestehen, dann bleibt für den begünstigten Exporteur beim unbestätigten Akkreditiv ein u.U. erhebliches Risiko bestehen. Dieses Risiko wird durch die Bestätigung des Akkreditivs durch eine solvente Bank mit Sitz im Land des Exporteurs ausgeschlossen, sofern von der theoretisch denkbaren, aber praktisch wenig wahrscheinlichen Möglichkeit der Insolvenz dieser Bestätigungsbank abgesehen wird.

... vor politischen Risiken

- Auch das politische Risiko (Länderrisiko), nämlich die Gefahr, daß die ausländische Akkreditivbank trotz ihrer Zahlungsfähigkeit und Zahlungswilligkeit durch **staatliche Maßnahmen** (z.B. Zahlungsverbot, Transferverbot, Moratorium u.ä.) gehindert ist, die Akkreditivverpflichtung gegenüber dem Begünstigten zu erfüllen, kann durch die Bestätigung des Akkreditivs durch eine Bank im Land des Exporteurs vermieden werden. In diesem Fall erübrigt sich in der Regel eine Hermes-Deckung.

  Die Frage für den Exporteur ist indessen, unter welchen Voraussetzungen eine Bestätigung des Akkreditivs wegen politischer Risiken zwingend oder zumindest empfehlenswert erscheint:

- Die **Beurteilung** des politischen Risikos stellt nicht nur den Exporteur vor erhebliche **Probleme**, sondern auch die Experten in den Kreditinstituten bzw. in den einschlägigen Forschungsinstituten. Bei den politisch stabilen und wirtschaftlich prosperierenden Industrienationen kann ein politisches Risiko weitgehend ausgeschlossen werden. Umgekehrt muß für die hochverschuldeten, wirtschaftlich schwachen und politisch instabilen Entwicklungsländer ein ausgeprägtes politisches Risiko angenommen werden. Folglich ist bei der ersten Kategorie eine Bestätigung des Akkreditivs unnötig, dagegen bei der zweiten Kategorie zwingend, falls andere Sicherungsmöglichkeiten nicht verfügbar sind. Die eigentlichen **Unwägbarkeiten** der Beurteilung des politischen Risikos entstehen dem Exporteur bei den vielen Ländern, die weder der einen noch der anderen Kategorie sicher zuzuordnen sind.

  Hinweis: Diese Problematik ist untersucht im "Handbuch der Außenhandelsfinanzierung" (Verf.: S.G. Häberle, Oldenbourg-Verlag München und Wien).

- Die Frage des Exporteurs nach der Notwendigkeit der Bestätigung eines Akkreditivs durch eine Inlandsbank wird bei Ländern, die eine abschließende Beurteilung nicht zulassen, auch von betriebswirtschaftlichen Kriterien beeinflußt. Bei kurzer Laufzeit des Akkreditivs und somit einem - was das politische Risiko anlangt - einigermaßen **überschaubaren Zeitraum** kann auf die Bestätigung des Akkreditivs womöglich eher verzichtet werden als bei längerer Akkreditivlaufzeit. Analoges gilt hinsichtlich der **Höhe des Akkreditivbetrags** und der Bedeutung des Geschäfts für den Exporteur. Auch die Art der zu exportierenden **Waren** beeinflußt die hier erörterte Frage. Das Risiko des Exporteurs bleibt bis zum Zeitpunkt des Versands relativ gering, wenn er die bestellten Waren leicht und ohne größeren Abschlag anderweitig verwerten kann. Bei Spezialgütern mit langen Fabrikationszeiten, die womöglich nach den Plänen des Importeurs gefertigt werden und deswegen anderweitig nicht verwertbar sind, kann sich die Bestätigung des Akkreditivs dagegen zur Sicherstellung des Exporteurs als zwingend erweisen.

... vor verzögerter Dokumentenaufnahme/Zahlung

- Für die Bestätigung sprechen schließlich einige Gründe, die in der technischen Abwicklung des Akkreditivs liegen. Ist das Akkreditiv bei der inländischen Bestätigungsbank auch gültig und benutzbar/ zahlbar gestellt, was die Regel ist, dann beinhaltet dies für den Exporteur zunächst jene Vorzüge, die eine Benutzbar-/Zahlbarstellung im Land des Exporteurs generell mit sich bringt. Beim bestätigten Akkreditiv hat der Begünstigte darüber hinaus einen unmittelbaren **Anspruch** an die Bestätigungsbank auf Prüfung der eingereichten Dokumente und **unverzügliche Zahlung bzw. Zahlungszusage**, falls die Akkreditivbedingungen erfüllt sind. Bestätigte Akkreditive führen im Rahmen der vereinbarten Zahlungsmodalitäten des Akkreditivs zu einer raschen Auszahlung des Akkreditivgegenwerts, was nicht nur die Liquiditätslage des Begünstigten verbessert, sondern bei Fremdwährungsakkreditiven unter Umständen auch sein Wechselkursrisiko mindert.

... vor der Anwendung ausländischen Rechts

- Von Bedeutung ist für den begünstigten Exporteur überdies, daß mangels einer anderweitigen Vereinbarung das **bestätigte Akkreditiv** - zumindest soweit es die Bestätigung anlangt - im allgemeinen dem **Recht des Landes der Bestätigungsbank** unterliegt, sofern diese zugleich die Zahlstelle ist (vgl. auch Zahn u.a. 1986: S. 75, Rdn 2/82 unter Hinweis auf Schütze). Der Exporteur erlangt diese Sicherheit, wenn er mit dem Importeur als Bestätigungs- und Zahlstelle eine Bank in seinem Land im Kaufvertrag vereinbart und das Akkreditiv dementsprechend eröffnet wird.

Kreditsicherheit

Die weitreichende Sicherstellung des Exporteurs durch ein bestätigtes Akkreditiv führt außerdem dazu, daß ein bestätigtes unwiderrufliches Akkreditiv eine **höher zu bewertende (zusätzliche) Sicherheit** für eventuelle Kreditaufnahmen des Exporteurs darstellt als ein unbestätigtes Akkreditiv.

1.2.3.2 Grundstruktur, Abwicklung und besondere Merkmale

Vorbemerkung: In den folgenden Ausführungen sind die technische Abwicklung sowie die rechtlichen und wirtschaftlichen Möglichkeiten einschließlich der Konsequenzen der **Bestätigung** eines Akkreditivs in den **Mittelpunkt** gerückt. Dagegen bleiben die Aspekte der Unwiderruflichkeit des Akkreditivs ebenso im Hintergrund wie die für alle Akkreditivarten allgemeingültigen Merkmale der Akkreditivabwicklung.

Die **allgemeingültigen Merkmale** der Akkreditivabwicklung einschließlich verschiedener Prüflisten sind umfassend in Kapitel "1.5 Abwicklung von Dokumentenakkreditiven" dargestellt.

Die **Grundstruktur** des **bestätigten Dokumentenakkreditivs** ist in der chronologischen Abfolge seiner Abwicklung in **Abbildung 1.2-04** mit folgenden Annahmen schematisch dargestellt:

- Unwiderrufliches **bestätigtes Akkreditiv**, benutzbar zur Sichtzahlung;
- Gültigkeits- und Benutzungs-/Zahlstelle sowie **Bestätigungsbank**: Bank im Land des Exporteurs (sog. andere Bank, Zweitbank, Exporteurbank);
- **Akkreditivwährung**: Landeswährung des Exporteurs.

Schrittweise Darstellung:

Im folgenden ist die **Abwicklung** des unwiderruflichen bestätigten Akkreditivs - korrespondierend mit **Abbildung 1.2-04** - in einzelnen Schritten dargestellt, erläutert und beurteilt.

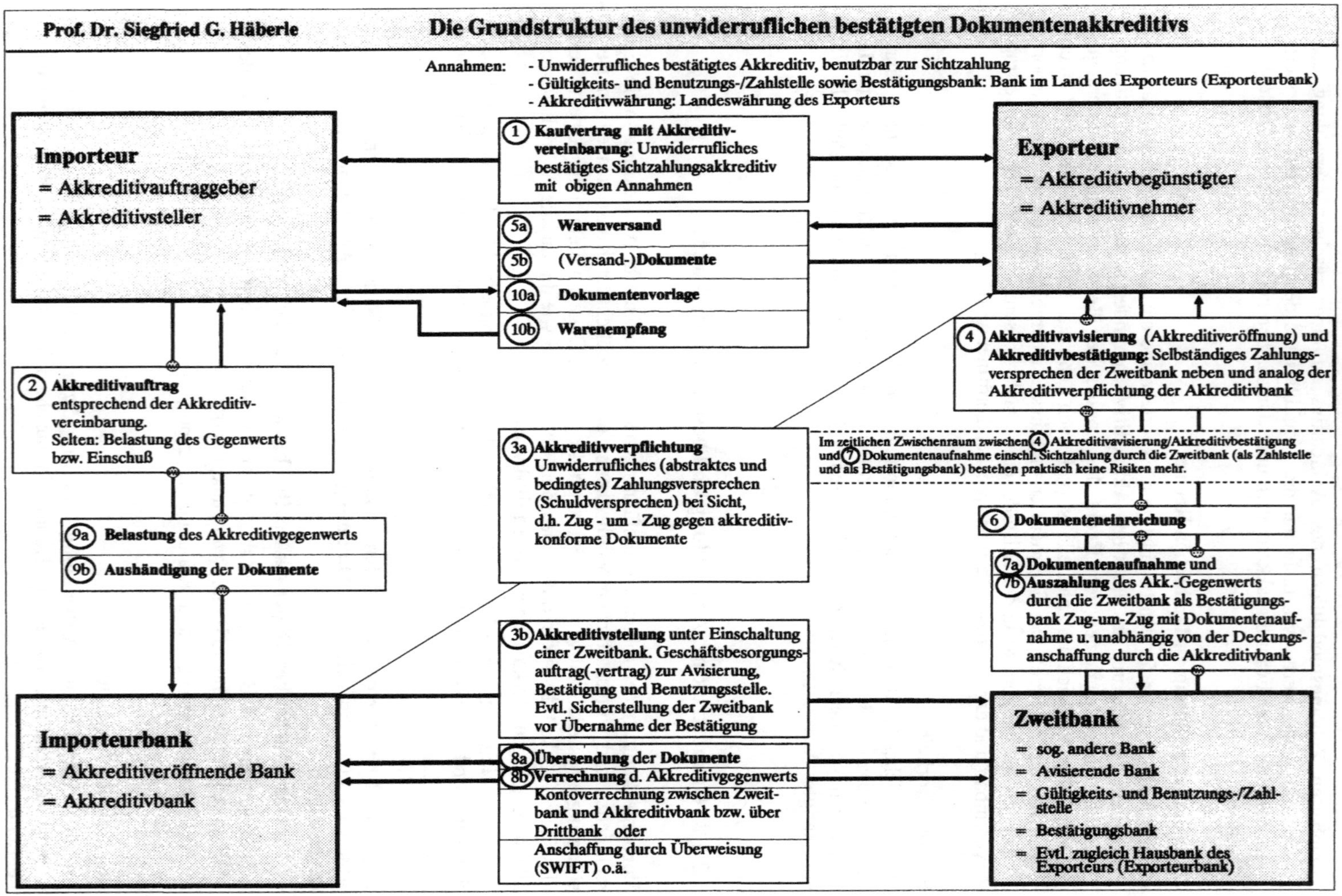

Abbildung 1.2-04

1. Akkreditivvereinbarung im Kaufvertrag

Wünscht der Exporteur zu seiner Sicherheit, daß das vom Importeur zu stellende Akkreditiv von einer (Zweit-)Bank gem. Art. 9 b. ERA bestätigt wird, dann ist dies in die Akkreditivvereinbarung (Akkreditivklausel) des Kaufvertrags ausdrücklich aufzunehmen. Nur auf dieser Grundlage erlangt der Exporteur einen dahingehenden **Rechtsanspruch an den Importeur** und kann das avisierte Akkreditiv, falls es nicht bestätigt sein sollte, als nicht kaufvertragskonform zurückweisen.

Grundsätzlich kann für die **Bestätigung** von Akkreditiven ein enger oder ein weiter **Kreis** von **Banken** vereinbart werden:

- die **Hausbank des Exporteurs** bzw. die **avisierende Bank** ("confirmed by the advising bank");
- jede **erstklassige deutsche Bank** ("first class german bank");
- jede **erstklassige internationale Bank** ("international prime bank").

Hausbank des Exporteurs

Manche Banken empfehlen dem Exporteur in den Kaufvertrag einen Passus aufzunehmen, wonach seine Hausbank Bestätigungsbank sein soll. In jedem Fall **vereinfacht** sich für den Exporteur dadurch gegebenenfalls die **Abwicklung** des Akkreditivs. Die Aufnahme der Hausbank des Exporteurs als Bestätigungsbank in den Kaufvertrag ist aber auch naheliegend oder gar notwendig, wenn diese Bank das Exportgeschäft bevorschußt und deswegen zu ihrer eigenen Sicherheit Wert darauf legt, daß auch das Akkreditiv über sie abgewickelt wird. Würde das Akkreditiv dagegen über eine andere (Bestätigungs-)Bank abgewickelt, dann könnte sich die Exporteurbank allenfalls mit einer Abtretung der Ansprüche des Exporteurs an diese Drittbank behelfen, was aber im Einzelfall mit Problemen behaftet sein kann.

Eine **Bestätigung** des Akkreditivs **durch die Hausbank** des Exporteurs ist grundsätzlich auch dann **möglich**, wenn diese nicht in Korrespondenzbeziehung mit der ausländischen Akkreditivbank steht. Allerdings setzt eine solche Bestätigung voraus, daß die Bonität der ausländischen Akkreditivbank gegeben ist, daß politische Risiken nicht erkennbar sind und daß die Remboursierung möglich ist.

Bestätigungszusage der Hausbank

Zumindest bei größeren und/oder länger laufenden Exportgeschäften sollte der Exporteur **vor Abschluß des Kaufvertrags** mit der im Kaufvertrag zu benennenden Hausbank geklärt haben, ob diese zur Bestätigung des Akkreditivs in Bezug auf die vom Importeur vorgesehene Akkreditivbank und in Bezug auf das politische Risiko tatsächlich bereit ist und dem Exporteur eine (kostenpflichtige) Bestätigungszusage erteilt.

Erstklassige deutsche Bank

Der Kreis möglicher Bestätigungsbanken ist weiter gezogen, wenn in den Kaufvertrag die Formulierung aufgenommen wird, daß die Bestätigung durch eine erstklassige deutsche Bank ("first class german bank"), d.h. ohne ausdrückliche Benennung einer bestimmten Bank, zu erfolgen habe. Die ausländische **Akkreditivbank** kann in diesem Fall den Auftrag zur Akkreditivbestätigung an eine von ihr **auszuwählende** (erstklassige) **deutsche Bank** erteilen, mit der sie in Korrespondenzbeziehung steht und mit der sie bereits entsprechende Kreditlinien (sog. Fazilitäten) vereinbart hat. Gerade bei instabilen, eventuell hochverschuldeten Importländern bzw. bei manchen vorgesehenen Akkreditivbanken erweist es sich, daß Akkreditivbestätigungen nicht ohne weiteres und nicht von jeder eventuell im Kaufvertrag bzw. im Akkreditiv ausdrücklich benannten deutschen Bank zu erlangen sind. Unter diesem Blickwinkel kann es zweckmäßig sein, den Kreis der möglichen Bestätigungsbanken durch obige Formulierung zu erweitern.

Es kommt zwar selten, aber immerhin vor, daß deutschen Exporteuren Akkreditive von deutschen **Tochtergesellschaften** oder Niederlassungen **ausländischer Akkreditivbanken** nicht nur avisiert, sondern auch bestätigt werden, ohne daß die Exporteure mit diesen Kreditinstituten in Geschäftsverbindung stünden. Bei derartig bestätigten Akkreditiven hat der begünstigte Exporteur zu bedenken, daß die Bestätigung der Tochtergesellschaft einer ausländischen Bank **risikobehaftet** ist, weil die Insolvenz der Mutterbank (Akkreditivbank) die Solvenz der Tochtergesellschaft und damit der Bestätigungsbank in Frage stellt. Ob ein derart bestätigtes Akkreditiv noch der Vereinbarung "bestätigt durch eine erstklassige deutsche Bank" ("first class german bank") genügt, muß im Einzelfall geprüft werden. Im Zweifel sollte der Exporteur das Akkreditiv als nicht kaufvertragskonform zurückweisen.

Internationale erstklassige Bank

Der **Kreis möglicher Bestätigungsbanken** ist noch einmal erweitert, wenn im Kaufvertrag die Bestätigung des Akkreditivs durch eine **international tätige, erstklassige Bank** ("international prime bank" o.ä.) festgelegt ist oder wenn in den Kaufvertrag überhaupt **keine Angaben** zum Kreis der möglichen Bestätigungsbank(en) aufgenommen ist.

Ausländische Bestätigungsbank

Der Exporteur muß bei der zuletzt genannten Festlegung auch gegen sich gelten lassen, daß das Akkreditiv von einer **Bank im Ausland bestätigt** wird, was manchmal vorkommt. Akkreditive afrikanischer Akkreditivbanken werden den deutschen Exporteuren im Einzelfall von französischen Banken bestätigt. Desgleichen ist zu beobachten, daß Akkreditive aus Commonwealth-Ländern den deutschen Exporteuren manchmal von britischen Banken bestätigt werden bzw. Akkreditive aus südamerikanischen Ländern von US-amerikanischen Banken. Solche Bestätigungen werden von diesen ausländischen Banken in der Praxis keineswegs nur übernommen, wenn das Akkreditiv auf ihre jeweilige Währung lautet, sondern auch dann, wenn das Akkreditiv auf DM, also aus Sicht der Bestätigungsbank auf Fremdwährung lautet. Der begünstigte Exporteur wird sich bei derartigen Bestätigungen nicht nur Gedanken über das **politische Risiko** des Landes der Bestätigungsbank machen müssen, zumal auch politisch stabile Länder u.U. mit Devisentransferkontrollen bzw. -verboten schnell bei der Hand sind, sondern er wird auch die Konsequenzen der Tatsache bedenken müssen, daß bestätigte Akkreditive im allgemeinen bei der Bestätigungsbank auch zahlbar gestellt sind. Darüber hinaus erhebt sich die Frage, welche Möglichkeiten der Exporteur hat, die **Bonität der ausländischen Bestätigungsbank** zu beurteilen.

Derartige Unwägbarkeiten schließt der deutsche Exporteur aus, wenn er bereits im Kaufvertrag vorschreibt, daß das Akkreditiv von einer **erstklassigen deutschen Bank** zu bestätigen ist. Offen bleibt allerdings die Frage, ob die Akkreditivbank überhaupt eine deutsche Bank findet, die das Akkreditiv bestätigt, oder ob es ihr leichter fallen würde, eine ausländische Bank als Bestätigungsbank zu gewinnen. Es liegt nämlich auch im Interesse des Exporteurs, daß überhaupt eine solvente Bestätigungsbank gefunden wird.

2. **Akkreditivauftrag**

Der Importeur hat den **Auftrag** zur **Eröffnung** und zur **Bestätigung** des Akkreditivs an die Importeurbank (Akkreditivbank) entsprechend den Zahlungsbedingungen des Kaufvertrags zu erteilen.

Zur Frage, ob die Akkreditivbank den Importeur bereits im Zeitpunkt der Akkreditiveröffnung mit dem Akkreditivbetrag belastet, ergeben sich keine Besonderheiten gegenüber unbestätigten Akkreditiven.

Hinweis: Ein **Akkreditiveröffnungsauftrag des Importeurs** an die akkreditiveröffnende Bank ist in Abschnitt 1.5.1 abgebildet und umfassend besprochen. In Abschnitt 1.5.1.3 finden sich darüber hinaus **Fallbeispiele**.

3. **a. Unwiderrufliche Akkreditivverpflichtung**

Das unwiderrufliche (abstrakte und bedingte) Zahlungsversprechen (Schuldversprechen) der **Akkreditivbank entspricht** auch beim bestätigten Akkreditiv dem **Zahlungsversprechen unbestätigter Akkreditive**. Trotz der Bestätigung durch eine Zweitbank bleibt die Akkreditivbank auf Grundlage ihres Zahlungsversprechens selbständig und uneingeschränkt in der akkreditivmäßigen Haftung gegenüber dem Begünstigten. Die Akkreditivbank haftet ebenso wie die Bestätigungsbank als Gesamtschuldnerin. Auch im Falle der Zahlungsunfähigkeit der Bestätigungsbank und/oder des Akkreditivauftraggebers hat die Akkreditivbank an den Begünstigten unwiderrufliche Zahlung zu leisten, sofern dieser die Akkreditivbedingungen erfüllt.

b. Akkreditivstellung unter Einschaltung einer Zweitbank (einer sog. anderen Bank)

Die Akkreditivbank sendet der **Zweitbank** das **Akkreditiveröffnungsschreiben** zu (das die Zahlungsverpflichtung/das Zahlungsversprechen der Akkreditivbank enthält), mit der Bitte um Avisierung und um Bestätigung des Akkreditivs.

Welche Bank die Akkreditivbank mit der Avisierung, der Gültigkeits- und Benutzbar-/Zahlbarstellung sowie der Bestätigung des Akkreditivs beauftragt, hängt zunächst vom **Akkreditivauftrag** des Importeurs, darüber hinaus aber auch von den **Korrespondenzbeziehungen** der Akkreditivbank ab. Sofern die beauftragte Importeurbank Probleme sieht, insbesondere bei der Auswahl bzw. bei der Beauftragung der im Akkreditivauftrag vorgesehenen Bestätigungsbank, wird sie im allgemeinen **Rücksprache beim Importeur** nehmen.

Aus Sicht der mit der Bestätigung des Akkreditivs beauftragten Zweitbank stellt sich die Frage nach der **Deckungsanschaffung** des Gegenwerts durch die Akkreditivbank bzw. nach deren **Kreditwürdigkeit**, weil sich die Zweitbank nach erfolgter Bestätigung dem Zahlungsanspruch des Begünstigten nicht mehr entziehen kann. Sind der Akkreditivbank entsprechende **Kreditlinien** (sog. Fazilitäten) bei der Bestätigungsbank eingeräumt oder unterhält die Akkreditivbank entsprechende Guthaben bei der beauftragten Bank, dann steht deren Bestätigung unter diesem Aspekt nichts im Wege. Sind jedoch die Kreditlinien der Akkreditivbank bei der Zweitbank ausgeschöpft und ist eine Sicherstellung durch eine Drittbank o.ä. nicht möglich, dann kann es vorkommen, daß die Zweitbank die Akkreditivbank zur Anschaffung der Deckung auffordert, bevor sie das Akkreditiv bestätigt. Im übrigen hat die Bestätigungsbank vor Übernahme einer Bestätigung das **Länderrisiko** (politische Risiko) zu bedenken.

Hinweis: In Abschnitt "1.5.3 Ausführung des Akkreditiveröffnungsauftrags durch die Akkreditivbank ..." finden sich mehrere **Fallbeispiele/Abbildungen** von **Akkreditiveröffnungsschreiben/Akkreditiven**, die die jeweils eröffnenden Banken an die mit der Avisierung usw. beauftragten (Zweit-)Banken (die sog. anderen benannten Banken) richten.

4. Akkreditivavisierung (Akkreditiveröffnung) und Akkreditivbestätigung

Feststehender Zahlungsanspruch

Ein unwiderrufliches Akkreditiv gilt nach deutschem Recht in dem Zeitpunkt als eröffnet, in dem die Mitteilung der Bank dem Begünstigten zugegangen ist. Ab diesem Zeitpunkt hat der Begünstigte einen **unwiderruflichen Zahlungsanspruch** an die **Akkreditivbank**, sofern er die Akkreditivbedingungen erfüllt.

Ist das Akkreditiv bestätigt, dann haftet die **bestätigende Bank zusätzlich** zur Akkreditivbank gegenüber dem Begünstigten, und zwar selbständig und in vollem Umfang gemäß den Akkreditivbedingungen, d.h. ebenso wie die Akkreditivbank als **Gesamtschuldnerin**. Nach der deutschen Rechtsordnung ist in der Bestätigung - ebenso wie im Akkreditivversprechen der Akkreditivbank - ein abstraktes Schuldversprechen gegenüber dem Begünstigten zu erblicken (vgl. Eisemann/Eberth 1979, S. 83). Analog zur Avisierung kann ein Akkreditiv nach deutschem Recht ab dem **Zeitpunkt** gegenüber dem Begünstigten als bestätigt angesehen werden, zu dem der Begünstigte die Bestätigungserklärung stillschweigend oder ausdrücklich angenommen hat (vgl. Zahn u.a. 1986: S. 123, Rdn 2/168). Praktisch ist dies der Zeitpunkt, an dem die Akkreditivmitteilung dem Begünstigten zugegangen ist, weil die Annahme der Bestätigungserklärung in der Praxis nicht ausdrücklich mit einer Gegenzeichnung des Begünstigten (z.B. auf der Zweitschrift der Akkreditivmitteilung) erfolgt und er sich deswegen stets darauf berufen kann, er habe bereits stillschweigend angenommen.

Hinweis: In Abschnitt "1.5.3 ... sowie Akkreditivavisierung(-eröffnung) durch die Bank(en)" finden sich mehrere **Fallbeispiele/Abbildungen** von **Akkreditivavisierungsschreiben/Akkreditiveröffnungsanzeigen** von eingeschalteten Zweitbanken (sog. andere benannte Banken) an die akkreditivbegünstigten Exporteure. Zum Teil haben die Zweitbanken dem Akkreditiv ihre Bestätigung hinzugefügt.

Feststehender Bestätigungsauftrag oder sog. Eventualbestätigung

Beauftragt die Akkreditivbank die avisierende Bank (Zweitbank) das Akkreditiv zu bestätigen, und zwar **ohne einen weiteren**, **die Bestätigung betreffenden Zusatz** im Beauftragungsschreiben, dann steht allein die beauftragte Zweitbank vor der folgenden Entscheidung: Sie nimmt diesen Auftrag entweder an, und sie bestätigt das Akkreditiv gegenüber dem Begünstigten, oder sie lehnt den Bestätigungsauftrag der Akkreditivbank ab und avisiert dann dem Begünstigten das Akkreditiv lediglich unbestätigt.

Beauftragt die Akkreditivbank die avisierende Zweitbank im Beauftragungsschreiben dagegen **mit dem Zusatz**, daß das Akkreditiv **"auf Wunsch des Begünstigten"** zu bestätigen ist (sog. Eventualbestätigung), dann ist die Entscheidung des Begünstigten von der Zweitbank einzuholen. Sofern die avisierende Zweitbank zu einer Bestätigung (mit Blick auf die Risiken) grundsätzlich bereit ist, geht sie in der Praxis wie folgt vor: Sie avisiert dem Begünstigten das Akkreditiv zunächst unbestätigt, dokumentiert aber im Avisierungsschreiben zugleich ihre Bereitschaft zur Bestätigung und setzt dem Begünstigten im übrigen eine Frist für dessen Erklärung, ob er die Bestätigung wünscht.

Die Entscheidung des Begünstigten hängt zum einen von seiner Risikoeinschätzung ab und zum anderen davon, welcher der Beteiligten die Bestätigungsprovision der Bank zu tragen hat (bei Eventualbestätigungen häufig der Exporteur).

Nachträgliche (spätere) Bestätigung bzw. Ankaufszusage

Von der soeben beschriebenen Eventualbestätigung ("auf Wunsch des Begünstigten") abgesehen, erfolgt die Bestätigungserklärung der Zweitbank in der Regel zeitgleich mit der Akkreditivavisierung (-eröffnung). Ausnahmsweise kommt jedoch die **Bestätigung** eines bereits avisierten Akkreditivs zu einem **späteren Zeitpunkt** dann vor, wenn die beauftragte Zweitbank - eventuell wegen einer abzuwartenden Deckungsanschaffung der Akkreditivbank - zunächst nicht bereit war, das Akkreditiv zu bestätigen.

Eine weitere Abweichung von der Regel liegt vor, wenn **auf Betreiben des Exporteurs** und entgegen der ursprünglichen Vereinbarung im Kaufvertrag **der Importeur** nachträglich bei der Akkreditivbank die Veranlassung der Bestätigung des bereits eröffneten Akkreditivs beantragt. Dieser Versuch des Exporteurs, den Importeur zu einem Auftrag zur nachträglichen Bestätigung des Akkreditivs zu bewegen, wird allerdings nicht immer Erfolg haben, weil sich der Exporteur nach Abschluß des Kaufvertrags bzw. nach Akkreditiveröffnung in einer schwachen Verhandlungsposition befindet.

In dieser Situation kann der **Exporteur von sich aus** (also ohne Einschaltung und ohne Kenntnis des Importeurs und der Akkreditivbank) an die avisierende Zweitbank oder an jede andere Bank (Drittbank) mit dem Ersuchen herantreten, das Akkreditiv zu "bestätigen". Dieses Ersuchen des Exporteurs kann sich auf eine "Bestätigung" des Akkreditivs zeitgleich mit dessen Eröffnung oder zu jedem späteren Zeitpunkt während der Laufzeit des Akkreditivs beziehen.

"Bestätigt" nunmehr die Zweitbank oder eine Drittbank das Akkreditiv, dann ist dies ein z.B. als **unwiderrufliche Ankaufszusage** gestaltbares **Vertragsverhältnis**, das **ausschließlich zwischen Akkreditivbegünstigtem** und **"Bestätigungsbank"** besteht und weder die Akkreditivbank noch den Akkreditivauftraggeber berührt. Wenn eine anderweitige Vereinbarung nicht getroffen ist, dann gilt das Landesrecht des Sitzes der "bestätigenden" Bank. Die angesprochene Zweitbank ist zu einer derartigen Ankaufszusage nur bereit, wenn sie ihrerseits Möglichkeiten zur Remboursierung sieht, die nicht durch politische Risiken beeinträchtigt sind.

Eingeschränkte Bestätigung (sog. "soft confirmation")

Eine Sonderform der Bestätigung ist die "Eingeschränkte Bestätigung" (soft confirmation), bei der von der Bestätigungsbank beispielsweise die politischen **Risiken** oder die **Wechselkursrisiken ausgeschlossen** werden.

Eine Einschränkung der Bestätigung kann die beauftragte bzw. ermächtigte Bank nur dann vornehmen, wenn sie dazu **von der akkreditiveröffnenden Bank ausdrücklich beauftragt** ist. Ist diese Einschränkung der Bestätigung nicht Inhalt der Beauftragung der Akkreditivbank an die Zweitbank, dann hat die Zweitbank das Akkreditiv entweder uneingeschränkt zu bestätigen oder aber die Bestätigung zu unterlassen und das Akkreditiv gem. Art. 9 c. ERA nur zu avisieren. Es wird dem Begünstigten aber dienlich sein, wenn im Einverständnis mit allen Beteiligten von der Zweitbank eine eingeschränkte Bestätigung statt gar keiner Bestätigung übernommen wird.

Eröffnung als unbestätigtes Akkreditiv

Ist die Zweitbank wegen mangelnder Deckung, wegen politischer Risiken oder aus anderen Gründen nicht bereit, das Akkreditiv zu bestätigen, dann regeln die **ERA in Art. 9 c. I. und II.** das Verfahren:

„Wenn eine andere Bank von der eröffnenden Bank ermächtigt oder beauftragt wird, einem Akkreditiv ihre Bestätigung hinzuzufügen, hierzu aber nicht bereit ist, muß sie die eröffnende Bank davon unverzüglich unterrichten.

Sofern die eröffnende Bank in ihrer Ermächtigung oder ihrem Auftrag zur Hinzufügung einer Bestätigung nichts anderes vorschreibt, kann die avisierende Bank das Akkreditiv dem Begünstigten ohne Hinzufügung ihrer Bestätigung avisieren."

Ein derartiges Akkreditiv ist jedoch -mangels der vereinbarten Bestätigung- **nicht kaufvertragskonform** und kann vom Begünstigten abgelehnt werden. Die **Zurückweisung** eines solchen Akkreditivs liegt deswegen nahe, weil diejenigen Gründe, die die beauftragte Bank gehindert haben, das Akkreditiv zu bestätigen, in der Regel auch den Wert des Akkreditivs für den Begünstigten nachhaltig beeinträchtigen.

Ob es in dieser Situation der Akkreditivbank gelingt, eine andere Bestätigungsbank für das Akkreditiv zu finden oder ob der Importeur das lediglich avisierte Akkreditiv im Einvernehmen mit den Beteiligten zurückzieht und mit einer anderen Akkreditivbank den Versuch unternimmt, eine Bestätigung zu erlangen, muß im Einzelfall geprüft werden.

Ansprüche des Begünstigten bei unbestätigt gebliebenen Akkreditiven

Kommt eine Bestätigung des Akkreditivs nicht zustande, dann sind die rechtlichen Möglichkeiten des Exporteurs auch von der Ursache bestimmt, die zu dieser Situation geführt hat.

Zu den Ereignissen, daß der Importeur das vereinbarte Akkreditiv wegen objektiver **Unmöglichkeit** (z.B. wegen staatlicher Maßnahmen) **oder** wegen von ihm **selbst zu vertretender Gründe** (z.B. wegen mangelnder Kreditwürdigkeit) nicht stellen kann, und zu den mit diesen Ereignissen verbundenen Rechtsfolgen siehe Abschnitt "1.1.2 Rechtliche Aspekte, insbesondere Rechtsstellung des Akkreditivbegünstigten in ausgewählten Störfällen".

5. Warenversand und Dokumentenempfang

Bei diesen Vorgängen erlangt der Exporteur die maßgeblichen Dokumente zur Benutzung des Akkreditivs. Er hat darauf zu achten, daß die Dokumente in vollkommener **Übereinstimmung mit den Akkreditivbedingungen** ausgefertigt werden und rechtzeitig vor Verfall des Akkreditivs zur Verfügung stehen.

6. Dokumenteneinreichung

Der Begünstigte reicht die Dokumente rechtzeitig bei der Bestätigungsbank ein. Für die **Fristwahrung** und die in der Praxis häufig notwendige Klärung von **Zweifelsfragen** bei der **Dokumentenerstellung** im Vorfeld der Einreichung ist es für den Exporteur von Vorteil, wenn dies eine inländische Bank ist. Bei ausländischen Bestätigungsbanken mit Benutzungs-/Zahlstellenfunktion sind diese Vorteile der Dokumentenberatung und Dokumenteneinreichung nicht mehr ohne weiteres gegeben. Hier kann sich der Exporteur allenfalls auf die unverbindliche Beratung seiner Hausbank stützen.

7. Dokumentenaufnahme und Auszahlung des Akkreditivgegenwerts

Die **Bestätigungsbank** hat die Dokumente zu prüfen und im Falle der Übereinstimmung mit den Akkreditivbedingungen die im Akkreditiv versprochene **Leistung** (in der Abbildung Zahlung, in anderen Fällen Akzeptleistung usw.) zu **erbringen**. Sie hat diese Leistung unabhängig von ihren Remboursierungsmöglichkeiten bei der Akkreditivbank, d.h. auch unabhängig von der Zahlungsfähigkeit der Akkreditivbank und unabhängig von eventuell inzwischen eingetretenen politischen Risiken, unverzüglich zu vollziehen.

Ist eine **ausländische Bank** als Bestätigungsbank eingesetzt, dann besteht dieselbe Leistungspflicht dieser Bank. Zeitliche Verzögerungen, allein schon durch die Post- und Verrechnungslaufzeiten, sind allerdings nicht auszuschließen. Zu bedenken ist auch, daß politische Probleme beim Transfer des Akkreditivgegenwerts entstehen können.

8. Dokumentenversand und Verrechnung des Akkreditivgegenwerts

Hinsichtlich des Remboursierungsanspruchs der Bestätigungsbank an die Akkreditivbank und hinsichtlich der Übersendung der Dokumente gibt es **keine Besonderheiten** hervorzuheben, die bei den obigen Positionen nicht schon angesprochen wären.

9. Belastung des Akkreditivgegenwerts und Aushändigung der Dokumente

Sofern die Akkreditivbank den Akkreditivauftraggeber nicht bereits im Zeitpunkt der Akkreditiveröffnung mit dem Gegenwert des Akkreditivs belastet hat, erfolgt die **Akkreditivbelastung** im **Gegenzug** mit der Aushändigung der **Dokumente**.

Wurde dem Akkreditivauftraggeber bei der Akkreditiveröffnung ein sog. Einschuß in Rechnung gestellt, wird von der Akkreditivbank nunmehr die Differenz zum Akkreditivbetrag eingefordert.

10. Dokumentenvorlage und Warenempfang

Auf Grundlage der vorgelegten Dokumente weist der Importeur seine **Legitimation** zum Empfang der Waren nach.

1.3 Akkreditivarten nach den Zahlungs- bzw. Benutzungsmodalitäten

1.3.1 Sichtzahlungsakkreditiv (Sichtakkreditiv)

1.3.1.1 Definition, Funktionen und Beurteilung

Definition des Sichtzahlungsakkreditivs

Die ERA definieren in Art. 9 a. das **unwiderrufliche Sichtzahlungsakkreditiv** (Hervorhebung dch. d. Verf.):

"Ein unwiderrufliches Akkreditiv begründet eine feststehende Verpflichtung der eröffnenden Bank, sofern die vorgeschriebenen Dokumente der benannten Bank oder der eröffnenden Bank vorgelegt werden und die Akkreditiv-Bedingungen erfüllt sind,
...wenn das Akkreditiv Sichtzahlung vorsieht – bei Sicht zu zahlen ...".

In der betrieblichen Praxis werden Sichtzahlungsakkreditive häufig kurzgefaßt als **Sichtakkreditive** bezeichnet. Manchmal werden Sichtzahlungsakkreditive auch mit dem Ausdruck **Zahlungsakkreditive** gleichgesetzt. Dies ist insoweit unzutreffend, als Akkreditive, die durch hinausgeschobene Zahlung benutzbar sind, ebenfalls Zahlungsakkreditive sind. Es ist deswegen zu empfehlen, den Ausdruck Zahlungsakkreditiv allenfalls als Oberbegriff zu verwenden.

Funktionen des Sichtzahlungsakkreditivs

Die Bezeichnung "Sichtzahlungsakkreditiv" hebt auf eine der möglichen Benutzungs- bzw. Zahlungsmodalitäten von Akkreditiven ab: Der Begünstigte erhält den **Akkreditivbetrag bei Sicht**, d.h. **im Gegenzug** zur Aufnahme der von ihm eingereichten **Dokumente** durch die Benutzungs-/Zahlstelle ausbezahlt.

Benutzungs-/Zahlstelle des Sichtzahlungsakkreditivs kann die akkreditiveröffnende Bank selbst sein. Zum Teil beauftragen jedoch die Akkreditivbanken andere Banken mit der Auszahlung der Sichtakkreditive, d.h. diese anderen Banken fungieren dann als Benutzungs-/ Zahlstellen.

Sichtzahlungsakkreditive können von einer anderen Bank (Zweitbank oder Drittbank) **bestätigt** werden; sie können aber auch **unbestätigt** bleiben, was meistens der Fall ist. Auch der **Übertragbarkeit** des Akkreditivs steht diese Zahlungsart nicht im Wege. Schließlich können Sichtzahlungsakkreditive widerruflich eröffnet werden.

Beurteilung durch den Exporteur

Für den Exporteur hat ein Sichtzahlungsakkreditiv gegenüber anderen Akkreditivarten den gewichtigen Vorzug, daß er nach erfolgter Dokumenteneinreichung **rasch Zahlung** erhält. Diese rasche Zahlung kann neben den bekannten Vorteilen eines frühzeitigen Zahlungseingangs weitere akkreditivspezifische Vorzüge einschließen, z.B. eine Verringerung des

Wechselkursrisikos bei Fremdwährungsakkreditiven, eine Verringerung des Risikos der Zahlungsunfähigkeit der Akkreditivbank, eine Verringerung der politischen Risiken usw.

Beurteilung durch den Importeur

Aus dem Blickwinkel des Importeurs ist die Vereinbarung, das Akkreditiv zur Sichtzahlung benutzbar zu stellen, vor allem im Vergleich zu anderen Akkreditivarten, die ihm ein Zahlungsziel belassen, **eher nachteilig**. Auch führt die Zahlungsbedingung "Sichtzahlungsakkreditiv" für den Importeur nicht immer zu einer Zug-um-Zug-Abwicklung im Sinne "Ware gegen Zahlung", weil die Ware im Zeitpunkt der Zahlung noch unterwegs sein kann. In dieser Situation kann der Importeur allenfalls mit den ihm ausgehändigten Dokumenten die behördliche und technische Abwicklung des Warenempfangs frühzeitig in die Wege leiten.

1.3.1.2 Grundstruktur, Abwicklung und besondere Merkmale

Vorbemerkung: In den folgenden Ausführungen steht die **Sichtzahlung** als Zahlungsvereinbarung des Akkreditivs **im Mittelpunkt**. Alle übrigen Kriterien der Ausgestaltung von Akkreditiven und ihre technische Abwicklung bleiben im Hintergrund. Hierzu kann auf Hauptabschnitt "1.2 Akkreditivarten nach der Sicherheit des Exporteurs" verwiesen werden. Die **allgemeingültigen Merkmale** der Akkreditivabwicklung einschließlich verschiedener Prüflisten sind umfassend in Kapitel "1.5 Abwicklung von Dokumentenakkreditiven" dargestellt.

Abbildung/Abwicklung

Die **Grundstruktur** des **Sichtzahlungsakkreditivs** ist in **Abbildung 1.3-01** in den einzelnen Schritten, wie sie sich in der zeitlichen Abfolge der Abwicklung ergeben, und unter folgenden Annahmen erläutert:

- Unwiderrufliches unbestätigtes **Akkreditiv**, benutzbar zur **Sichtzahlung**;
- **Benutzungs-/Zahlstelle**: Bank im Land des Exporteurs (sog. andere Bank, Zweitbank, Exporteurbank);
- **Akkreditivwährung**: Landeswährung des Exporteurs.

Anmerkung: Die **Abbildung 1.3-01** ist **identisch** mit der Abbildung "Die Grundstruktur des unwiderruflichen unbestätigten Dokumentenakkreditivs" in Abschnitt 1.2.2, die ebenfalls Sichtzahlung ausweist, aber dort unter einem anderen Blickwinkel kommentiert ist.

Schrittweise Darstellung:

Im folgenden ist die **Abwicklung** des Sichtzahlungsakkreditivs (als unwiderrufliches und unbestätigtes Akkreditiv) - korrespondierend mit der **Abbildung 1.3-01** - in einzelnen Schritten dargestellt, erläutert und beurteilt.

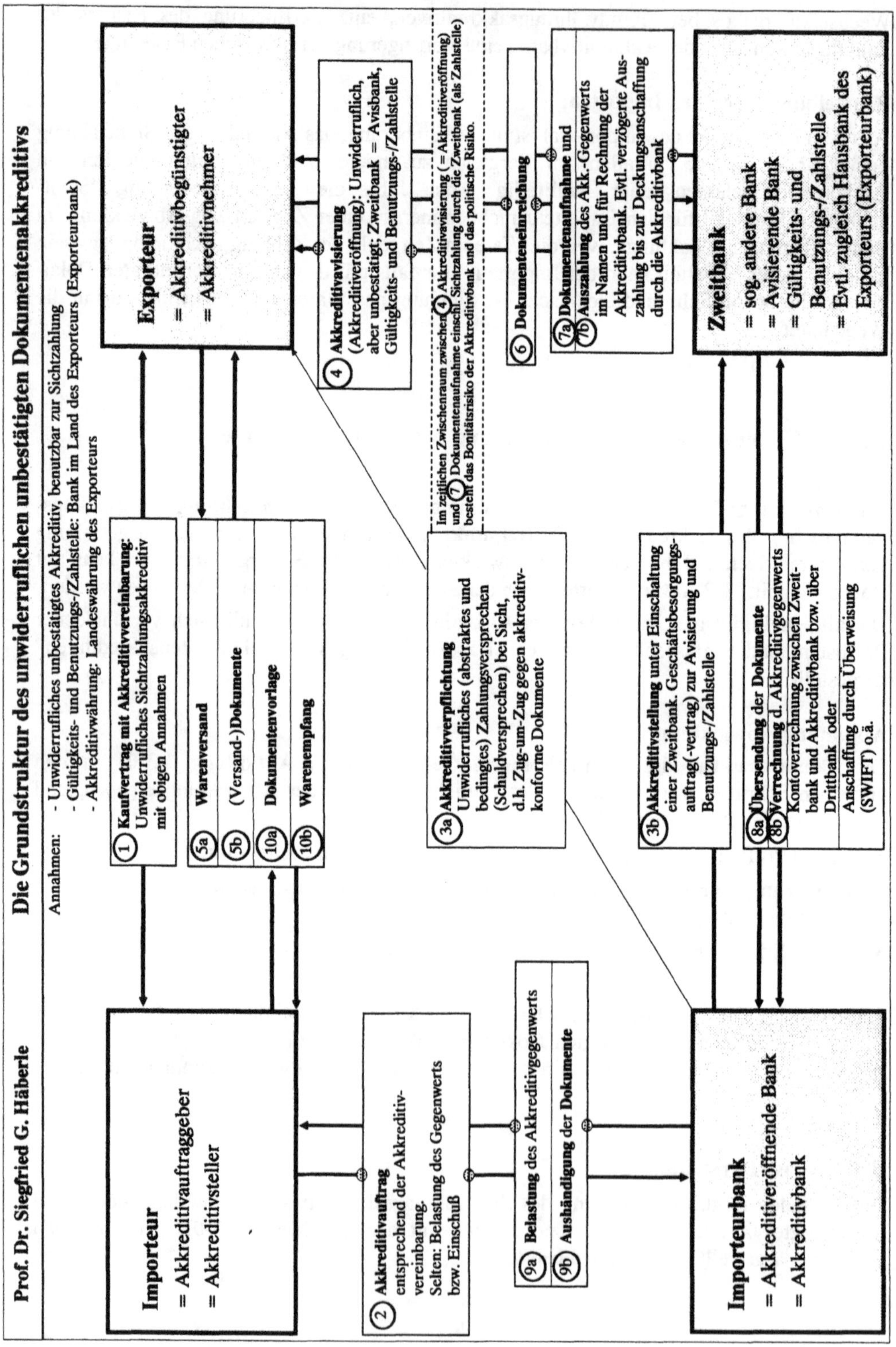

Abbildung 1.3-01

1. **Akkreditivvereinbarung im Kaufvertrag**

   Gem. Art. 10 a. ERA müssen alle Akkreditive die Zahlungsart eindeutig angeben. Folglich haben Importeur und Exporteur eine entsprechende Vereinbarung in die Akkreditivklausel des Kaufvertrags aufzunehmen, die beim Sichtzahlungsakkreditiv **"zahlbar bei Sicht"**, **"payable at sight"** oder ähnlich lauten kann.

   Die Bedeutung der vereinbarten Sichtzahlung für den tatsächlichen Zeitpunkt der Erfüllung des Zahlungsanspruchs des Exporteurs muß in Verbindung mit der **Benutzbar-/Zahlbarstellung** und einer eventuellen Bestätigung eines Sichtzahlungsakkreditivs gesehen werden. Im Regelfall erlangt der Exporteur am schnellsten Zahlung

   - aus einem bestätigten unwiderruflichen Sichtzahlungsakkreditiv, wenn dieses von einer **inländischen Bank** (im Idealfall von der Hausbank des Exporteurs) **bestätigt** ist und bei dieser benutzbar/zahlbar gestellt ist;
   - aus einem unbestätigten unwiderruflichen Sichtzahlungsakkreditiv, wenn dieses bei einer **inländischen Bank** (eventuell der Hausbank des Exporteurs) **benutzbar/zahlbar** gestellt ist.

   Ist das Sichtzahlungsakkreditiv dagegen bei einer **ausländischen Bank** (z.B. bei der Akkreditivbank) gültig und benutzbar/zahlbar gestellt oder von einer ausländischen Bank bestätigt, dann muß der Begünstigte u.U. mit Verzögerungen bei der Auszahlung des Akkreditivs rechnen (Einzelheiten siehe Schritte 6. und 7.).

2. **Akkreditivauftrag**

   Der Importeur hat den Akkreditivauftrag an die als Akkreditivbank vorgesehene Bank (in der Regel seine Hausbank) **entsprechend** der Akkreditivvereinbarung im **Kaufvertrag** als Sichtzahlungsakkreditiv zu stellen.

   Die Konsequenzen der objektiven Unmöglichkeit usw., das Akkreditiv zu eröffnen, sind in Abschnitt "1.1.2 Rechtliche Aspekte, insbesondere Rechtsstellung des Akkreditivbegünstigten in ausgewählten Störfällen" beschrieben.

   Ein **Akkreditiveröffnungsauftrag des Importeurs** an die akkreditiveröffnende Bank ist in Abschnitt 1.5.1 abgebildet und umfassend besprochen. In Abschnitt 1.5.1.3 finden sich darüber hinaus **Fallbeispiele**.

3. **a. Akkreditivverpflichtung**

   Das Zahlungsversprechen der Akkreditivbank gegenüber dem Begünstigten umfaßt bei einem Sichtzahlungsakkreditiv die eingangs beschriebene Zug-um-Zug-Zahlung der Akkreditivbank **"Dokumente gegen Zahlung"**.

   Wie jedes Akkreditiv, das auf Grundlage der ERA eröffnet wird, ist das Zahlungsversprechen der Akkreditivbank auch beim Sichtzahlungsakkreditiv **abstrakt**, also losgelöst vom Kaufvertrag, und **bedingt**, d.h. vom Begünstigten nur benutzbar, wenn er die Akkreditivbedingungen erfüllt.

   In die Avisierung des Sichtzahlungsakkreditivs schaltet die Akkreditivbank regelmäßig eine Zweitbank ein.

b. Akkreditivstellung unter Einschaltung einer Zweitbank (einer sog. anderen Bank)

Die Akkreditivbank sendet der **Zweitbank das Akkreditiveröffnungsschreiben** (das die Zahlungsverpflichtung/das Zahlungsversprechen der Akkreditivbank enthält) zu.

Grundsätzlich kann der Auftrag der Akkreditivbank an die Zweitbank beim Sichtzahlungsakkreditiv folgende Funktionen umfassen:

- Die Zweitbank übernimmt nur die **Avisierung** des Sichtzahlungsakkreditivs gegenüber dem Akkreditivbegünstigten (Avisbank).
- Die Zweitbank ist Avisbank und **Gültigkeitsstelle**, d.h. das Akkreditiv ist am Ort der avisierenden Bank auch gültig gestellt (Datum und Ort des Verfalls des Akkreditivs).
- Die Zweitbank ist Avisbank, Gültigkeits- sowie **Benutzungs-/Zahlstelle**.
- Die Zweitbank ist Avisbank, Gültigkeits- und Benutzungs-/Zahlstelle, und sie übernimmt die **Bestätigung** des Akkreditivs (in die vorliegende Abbildung nicht aufgenommen).

In Ausnahmefällen können diese Funktionen an die Zweitbank auch in anderer Kombination übertragen werden.

Hinweise:

- Die **Verschiedenheit** von Gültigkeitsstelle einerseits und Benutzungs-/Zahlstelle andererseits kommt insbesondere bei **sog. Importakkreditiven** (mit inländischem Importeur) vor, die zwar im Ausland (im Land des akkreditivbegünstigten Exporteurs) gültig gestellt, aber im Inland bei der akkreditiveröffnenden Bank benutzbar/zahlbar gestellt sind.

  Einzelheiten und Vorkommen in der Praxis siehe Abschnitt "1.5.1.2.4 Begünstigter, Bank des Begünstigten, Benutzungs-/Zahlstelle, Gültigkeitsstelle".
- Die Fragen der Auswahl der Zweitbank durch die Akkreditivbank, die Deckungsanschaffung der Akkreditivbank, die Möglichkeit der Ablehnung des Akkreditivauftrags u.a. sind in Hauptabschnitt "1.2 Akkreditivarten nach der Sicherheit des Exporteurs" umfassend dargestellt.
- In Abschnitt "1.5.3 Ausführung des Akkreditiveröffnungsauftrags durch die Akkreditivbank ..." finden sich mehrere **Fallbeispiele/Abbildungen** von **Akkreditiveröffnungsschreiben/Akkreditiven**, die die jeweils eröffnenden Banken an die mit der Avisierung usw. beauftragten (Zweit-)Banken (die sog. anderen benannten Banken) richten.

4. Akkreditivavisierung (Akkreditiveröffnung), eventuell Akkreditivbestätigung

Ein Sichtzahlungsakkreditiv gilt ebenso wie jedes andere Akkreditiv nach deutschem Recht in dem Zeitpunkt als eröffnet, in dem die **Mitteilung** (das Avis) der Bank dem Begünstigten **zugegangen** ist und der Begünstigte -stillschweigend- angenommen hat. Ab diesem Zeitpunkt erlangt der Begünstigte die Sicherheit des Akkreditivs entsprechend den jeweiligen Akkreditivbedingungen.

Ist das Sichtzahlungsakkreditiv - in Abweichung von der vorliegenden Abbildung - von der Zweitbank oder einer Drittbank **bestätigt**, dann hat der Begünstigte darüber hinaus einen **selbständigen Anspruch** auf Zahlung an die Bestätigungsbank, der Zug-um-Zug gegen Aufnahme akkreditivkonformer Dokumente abgewickelt wird.

In Abschnitt "1.5.3 ... sowie Akkreditivavisierung(-eröffnung) durch die Bank(en)" finden sich mehrere **Fallbeispiele/Abbildungen** von **Akkreditivavisierungsschreiben/ Akkreditiveröffnungsanzeigen** von eingeschalteten Zweitbanken (sog. andere benannte Banken) an die akkreditivbegünstigten Exporteure. Zum Teil haben die Zweitbanken dem Akkreditiv ihre Bestätigung hinzugefügt.

5. **Warenversand und Empfang der (Versand-)Dokumente**

Bei diesen Vorgängen erlangt der Exporteur die maßgeblichen Dokumente zur Benutzung des Akkreditivs. Er hat darauf zu achten, daß die Dokumente in vollkommener **Übereinstimmung** mit den **Akkreditivbedingungen** ausgefertigt werden und rechtzeitig vor Verfall des Akkreditivs zur Verfügung stehen.

6. **Dokumenteneinreichung**

Bei welcher Bank der Begünstigte die Dokumente vor Verfall des Akkreditivs einzureichen hat, bestimmt sich nach der sog. Gültigkeitsklausel des Akkreditivs **"Datum und Ort des Verfalls"**, **"date and place of expiry"**. Im vorliegenden Beispiel ist dies die (inländische) Zweitbank.

Bei **sog. Exportakkreditiven** (zugunsten von z.B. deutschen Exporteuren) ist der in der Gültigkeitsklausel angegebene Ort häufig identisch mit dem Ort der Benutzbar-/Zahlbarstellung und - wie im vorliegenden Fall - im Land des (deutschen) Exporteurs gelegen. Jedoch kann ein Akkreditiv auch an einem anderen Ort als dem der Benutzungs-/Zahlstelle zur **fristwahrenden Vorlage der Dokumente** gültig gestellt sein. In der Praxis kommen häufig sog. **Importakkreditive** (im Auftrag von z.B. deutschen Importeuren) vor, die bei der (deutschen) Akkreditivbank benutzbar/zahlbar, aber bei der avisierenden (ausländischen) Zweitbank gültig gestellt sind.

Möglich ist aber auch, daß ein Akkreditiv im **Ausland benutzbar/zahlbar und gültig** gestellt ist, obwohl es von einer inländischen Bank avisiert wird. Die Vorlage der Dokumente vor Verfall des Akkreditivs hat der Begünstigte dann bei der ausländischen Bank zu bewerkstelligen.

Die Problematik einer ausländischen Gültigkeits- und Benutzbar-/Zahlbarstellung liegt auf der Hand. Der Exporteur muß nicht nur den ins Ausland **aufwendigeren Dokumentenversand** sowie die **längeren Postlaufzeiten** und ähnliche Unwägbarkeiten bedenken, sondern er trägt auch das **Verlustrisiko** bis zum Eingang der Dokumente bei der ausländischen Bank. Die inländische Avisbank (eventuell zugleich die Hausbank des Exporteurs) übernimmt zwar auch in diesem Fall als Serviceleistung im allgemeinen die Beratung des Exporteurs bei der Ausfertigung der Dokumente, sie prüft diese Dokumente auch unverbindlich, und sie leitet sie auf Wunsch und Risiko des Exporteurs sowie auf dessen Kosten auch an diejenige Bank weiter, bei der das Akkreditiv gültig gestellt ist. Die Avisbank, die eine derartige unverbindliche Kundendienstleistung erbringt, wird dadurch aber keinesfalls zur Einreichungsstelle der Dokumente im Sinne der Gültigkeits- und Benutzbarkeitsklausel des Akkreditivs.

Die Dokumente kann der Begünstigte zu jedem **beliebigen Zeitpunkt während der Laufzeit** des Akkreditivs einreichen und dadurch das Akkreditiv benutzen, es sei denn, daß durch die Akkreditivbedingungen eine **zeitliche Beschränkung** auferlegt ist, wie z.B. durch die Bedingung, daß das Akkreditiv frühestens ab einem bestimmten Zeitpunkt benutzt werden darf oder durch Festlegung bestimmter (frühester) Verladefristen.

7. Dokumentenaufnahme und Auszahlung des Akkreditivgegenwerts

Rolle der Zweitbank

Ist die Zweitbank lediglich als Gültigkeitsstelle, aber nicht zugleich als Benutzungs-/Zahlstelle eingesetzt, dann übernimmt sie nur die Funktion einer **Weiterleitungsstelle** der bei ihr vom Begünstigten rechtzeitig vor Verfall des Akkreditivs eingereichten **Dokumente**. Dieser Vorgang entspricht nicht einer "Dokumentenaufnahme" im Sinne der verbindlichen Anerkennung der Dokumente und der Auszahlung des Akkreditivgegenwerts im Namen und für Rechnung der Akkreditivbank. Diese Anerkennung sowie die Auszahlung sind der als Benutzungs-/Zahlstelle eingesetzten Bank vorbehalten.

Ist die Zweitbank - wie im vorliegenden Fall - Benutzungs-/Zahlstelle, dann erbringt sie im Namen und für Rechnung der Akkreditivbank die im Akkreditiv verbriefte Leistung. Diese umfaßt beim Sichtzahlungsakkreditiv die **Auszahlung des Akkreditivbetrags** an den Begünstigten im Gegenzug zur Einreichung akkreditivkonformer Dokumente.

Dokumentenprüfung

Indessen erfolgt in der Praxis die Auszahlung des Sichtzahlungsakkreditivs an den Begünstigten keineswegs immer unverzüglich nach erfolgter Dokumenteneinreichung. Dies hängt zunächst mit der **Prüfungszeit** der Dokumente durch die Benutzungs-/Zahlstelle zusammen.

In Art. 13 b. ERA ist zwar von einer "angemessenen Zeit" die Rede, jedoch ergänzt: " ... **sieben Bankarbeitstage** nach dem Tag des Dokumentenerhalts **nicht überschreitend** ...". Die derart definierte Zeit für die Dokumentenprüfung und die Entscheidung, ob die Dokumente aufzunehmen oder zurückzuweisen sind, steht der akkreditiveröffnenden Bank, der etwaigen Bestätigungsbank und einer für diese handelnde benannte Bank jeweils zu.

Auszahlung

Von größerem Gewicht als die Frage des Zeitaufwands zur banktechnischen Prüfung der Dokumente ist die rechtliche Seite: Der Begünstigte hat an die Zweitbank in ihrer Funktion als Benutzungs-/Zahlstelle **keine Ansprüche auf Erfüllung**, es sei denn, die Zweitbank hat das Akkreditiv bestätigt. Bei unwiderruflichen unbestätigten Sichtzahlungsakkreditiven zahlt die Zweitbank als Benutzungs-/Zahlstelle den Akkreditivgegenwert im allgemeinen erst dann an den Begünstigten aus, wenn ihr von der Akkreditivbank der Gegenwert zur Verfügung gestellt ist bzw. wenn die Deckungsanschaffung der Akkreditivbank, z.B. durch Verrechnung auf den gegenseitig bzw. bei einer Drittbank geführten Konten, gesichert ist. Muß dagegen der Akkreditivgegenwert von der Akkreditivbank erst angeschafft werden, dann kann sich die Auszahlung des Akkreditivbetrags an den Begünstigten durch die Zweitbank verzögern, obwohl diese Benutzungs-/Zahlstelle ist.

Vorbehalt

Sofern die Zweitbank in der soeben beschriebenen Situation dem Begünstigten den Gegenwert trotzdem im Gegenzug zur Einreichung der Dokumente gutschreibt, handelt es sich um eine **Bevorschussung der Zweitbank** (die manchmal mit dem Ausdruck **Negoziierung** des Akkreditivs belegt wird), auf die der Begünstigte keinen akkreditivmäßigen Anspruch hat. Sollte die Akkreditivbank die Dokumentenaufnahme berechtigterweise wegen von der Zweitbank übersehener Mängel ablehnen, dann hat der Begünstigte den empfangenen Akkreditivbetrag an die Zweitbank zurückzuerstatten (vgl. Zahn u.a. 1986: S. 121, Rdn 2/164). Der Rückerstattungsanspruch der Zweitbank an den Begünstigten besteht auch, wenn die Akkreditivbank vor erfolgter Remboursierung der Zweitbank zahlungsunfähig wird.

Bestätigte Akkreditive

Bei unwiderruflichen Sichtzahlungsakkreditiven, die von der Zweitbank - im Gegensatz zum abgebildeten Beispiel - auch bestätigt und bei ihr zahlbar gestellt sind, hat der Begünstigte **direkte Ansprüche an die Zweitbank (Bestätigungsbank)** auf Dokumentenprüfung, Dokumentenaufnahme und Auszahlung. Sieht man von der angemessenen Prüfungszeit der eingereichten Dokumente ab, dann hat die Zweitbank als Bestätigungsbank den Akkreditivbetrag Zug-um-Zug mit der Dokumentenaufnahme an den Begünstigten auszukehren, und zwar unabhängig davon, ob die Akkreditivbank den Akkreditivgegenwert bereits angeschafft hat oder nicht.

Ist dagegen ein unwiderrufliches Sichtzahlungsakkreditiv von einer **Bank in einem Drittland bestätigt** und auch bei dieser Bank benutzbar/zahlbar gestellt, dann besteht der Auszahlungsanspruch Zug-um-Zug gegen Einreichung akkreditivkonformer Dokumente gegen diese Bestätigungsbank, und zwar ebenfalls unabhängig von der Deckungsanschaffung durch die Akkreditivbank. Jedoch kann sich die Auszahlung des Akkreditivbetrags verzögern, weil z.B. die ausländische Bestätigungsbank einen verhältnismäßig langen Prüfungszeitraum der Dokumente für sich beansprucht oder wegen der Abwicklung der Zahlung über mehrere Korrespondenzbanken u.ä. Im übrigen sind politische Risiken, z.B. Transferbeschränkungen u.ä., bei Bestätigungsbanken mit Sitz im Ausland nicht gänzlich auszuschließen.

Ausländische Benutzungs-/Zahlstelle

Bei unwiderruflichen unbestätigten Sichtzahlungsakkreditiven, die **bei der Akkreditivbank**, also aus dem Blickwinkel des Exporteurs im Ausland, benutzbar/zahlbar gestellt sind, läuft der Begünstigte durchaus Gefahr, daß sich trotz des Anspruchs auf Zug-um-Zug-Zahlung gegen Einreichung akkreditivkonformer Dokumente die Auszahlung tatsächlich verzögert. Es sind dies dieselben Gründe, die soeben bei der ausländischen Bestätigungsbank beispielhaft angeführt wurden.

Widerrufliche Akkreditive

Wie bei jeder Art des widerruflichen Akkreditivs hat der **Begünstigte** auch beim widerruflichen Sichtzahlungsakkreditiv darauf zu achten, daß das widerrufliche Akkreditiv bei einer **Bank in seinem Land benutzbar/zahlbar und gültig** gestellt ist. Nur so erlangt der Begünstigte jene Sicherheit, die ihm das widerrufliche Akkreditiv überhaupt zu bieten vermag, nämlich faktische Unwiderruflichkeit ab der vorbehaltlosen Dokumentenaufnahme und Auszahlung im Sinne Art. 8 b.

8. Dokumentenversand und Verrechnung des Akkreditivgegenwerts

Ist die Zweitbank als Benutzungs-/Zahlstelle bzw. als Bestätigungsbank eingesetzt und zahlt sie auf Grundlage akkreditivkonformer Dokumente an den Begünstigten aus, dann entsteht ihr ein **Remboursierungsanspruch** an die Akkreditivbank gem. Art. 10 d. ERA. Besonderheiten gegenüber der bei den unwiderruflichen Akkreditiven beschriebenen Abwicklung sind nicht hervorzuheben, so daß auf die Ausführungen in den Abschnitten 1.2.2 und 1.2.3 verwiesen werden kann.

9. Belastung des Akkreditivgegenwerts und Aushändigung der Dokumente

Sofern die Akkreditivbank den Auftraggeber nicht bereits im Zeitpunkt der Akkreditiveröffnung mit dem Gegenwert des Akkreditivs belastet hat, erfolgt die **Akkreditivbelastung** erst im **Gegenzug** mit der Aushändigung der **Dokumente** (was die Regel ist).

Wurde dem Akkreditivauftraggeber bei Akkreditiveröffnung ein sog. Einschuß in Rechnung gestellt, dann wird von der Akkreditivbank nunmehr die Differenz zum Akkreditivbetrag eingefordert.

10. Dokumentenvorlage und Warenempfang

Auf Grundlage der vorgelegten Dokumente weist der Importeur seine **Legitimation** zum Empfang der Waren nach.

1.3.2 Akkreditiv mit hinausgeschobener Zahlung (Deferred-Payment-Akkreditiv)

1.3.2.1 Definition, Funktionen und Beurteilung

Definition des Akkreditivs mit hinausgeschobener Zahlung

In **Art. 9 a. ERA** ist das unwiderrufliche Akkreditiv mit hinausgeschobener Zahlung wie folgt definiert (Hervorhebung dch. d. Verf.):

"Ein unwiderrufliches Akkreditiv begründet eine feststehende Verpflichtung der eröffnenden Bank, sofern die vorgeschriebenen Dokumente der benannten Bank oder der eröffnenden Bank vorgelegt werden und die Akkreditiv-Bedingungen erfüllt sind, ...

> *wenn das Akkreditiv hinausgeschobene Zahlung vorsieht – an dem (den) nach den Bestimmungen des Akkreditivs bestimmbaren Datum (Daten) zu zahlen ...".*

Bezeichnungen

Wenn man den Zeitpunkt der Zahlung als Einteilungskriterium wählt, dann sind Akkreditive mit hinausgeschobener Zahlung (Deferred-Payment-Akkreditive) der Gruppe der **Nachsichtakkreditive** zuzuordnen. Nicht selten wird deswegen das Akkreditiv mit hinausgeschobener Zahlung als Nachsichtakkreditiv schlechthin bezeichnet. Dies ist insoweit falsch, als auch Akzeptakkreditive, bei denen die hinausgeschobene Zahlung in Wechselform gekleidet ist, zur Gruppe der Nachsichtakkreditive gehören. Der Ausdruck Nachsichtakkreditive ist vielmehr der **Oberbegriff** für beide Akkreditivarten.

Rückt man dagegen die Art der Leistung, die die Akkreditivbank bzw. Benutzungs-/Zahlstelle im Gegenzug zur Dokumentenaufnahme erbringt, in den Mittelpunkt, dann gehören Akkreditive mit hinausgeschobener Zahlung - etwa im Gegensatz zu den Akzeptakkreditiven - zur Gruppe der **Zahlungsakkreditive**. Indessen laufen alle Akkreditive letztlich auf Zahlung hinaus, so daß der Ausdruck Zahlungsakkreditiv leicht zu Mißverständnissen, insbesondere zu Verwechslungen mit reinen Sichtzahlungsakkreditiven führt.

Abgrenzungen

Akzeptakkreditive, bei denen nicht eine Zweitbank (nicht die sog. andere Bank, z.B. die Exporteurbank), sondern die akkreditiveröffnende Bank (**Akkreditivbank**, Importeurbank) selbst das **Akzept leistet**, werden in der Praxis im allgemeinen den **Deferred-Payment-Akkreditiven** (Akkreditiven mit hinausgeschobener Zahlung) zugeordnet. Diese Zuordnung findet ihre Rechtfertigung in der Tatsache, daß das Akzept der Akkreditivbank für den Akkreditivbegünstigten praktisch keine zusätzliche Sicherheit einschließt, weil dieser Akzeptant ohnehin aus dem Akkreditiv zur Zahlung verpflichtet ist. Der Vorzug eines solchen Akzeptakkreditivs liegt - im Vergleich zum Akkreditiv mit hinausgeschobener Zahlung - lediglich in der einfacheren und zinsgünstigeren Refinanzierbarkeit des gezogenen und akzeptierten Wechsels.

Leistet dagegen eine **Zweitbank** (die sog. andere Bank, z.B. die Exporteurbank) im Rahmen eines Akzeptakkreditivs das **Akzept**, dann gewinnt der Exporteur ab dem Zeitpunkt der Akzeptleistung eine zusätzliche Sicherheit hinzu, nämlich einen Zahlungsanspruch an die Zweitbank. In der Praxis wird deswegen nur in diesem Fall von einem **Akzeptakkreditiv** (und zugleich von einem **Remboursakkreditiv**) gesprochen.

Hinweise

- Im vorliegenden Buch ist ein Akkreditiv, bei dem die **Akkreditivbank** (Importeurbank) das **Akzept leistet**, in Gliederungspunkt 1.3.3.4 als Sonderfall bei den Akzeptakkreditiven behandelt. Bei dieser Einordnung ist gliederungssystematisch die Tatsache der Akzeptleistung in den Mittelpunkt gerückt. Entsprechend dem Sprachgebrauch der Praxis könnte diese Akkreditivart aber ebenso gut bei den Akkreditiven mit hinausgeschobener Zahlung behandelt werden.
- Am Schluß von Abschnitt 1.3.3.1 sind die **unterschiedlichen Bezeichnungen von Akzeptakkreditiven** in tabellarischer Form zusammengestellt.

Funktionen des Akkreditivs mit hinausgeschobener Zahlung

- Das maßgebliche Merkmal dieser Akkreditivart ist, daß die Auszahlung des Akkreditivbetrags an den Begünstigten nicht im Gegenzug zur Einreichung und Aufnahme der Dokumente erfolgt, so wie dies beim Sichtzahlungsakkreditiv der Fall ist, sondern erst an einem späteren, nach den Akkreditivbedingungen genau bestimmbaren, um eine Nachsichtfrist hinausgeschobenen Fälligkeitstag. Grob umrissen bedeutet diese Akkreditivart für den Exporteur **"Dokumente gegen Zahlungsanspruch"** an die Akkreditivbank, der zu einem **späteren Zeitpunkt** zu erfüllen ist.
- Benutzungs-/Zahlstelle des Akkreditivs mit hinausgeschobener Zahlung kann die **akkreditiveröffnende Bank** selbst oder eine andere, von der akkreditiveröffnenden Bank ermächtigte **Zweitbank** (eventuell zugleich Bestätigungsbank) sein.
- Akkreditive mit hinausgeschobener Zahlung lassen sich auch derart gestalten, daß die Zahlung in Teilbeträgen zu verschiedenen Fälligkeitsterminen erfolgt. In diesem Fall liegt eine akkreditivmäßig abgesicherte **Ratenzahlung** an den Begünstigten vor.

- Akkreditive mit hinausgeschobener Zahlung können widerruflich oder **unwiderruflich** eröffnet werden. Sie können **unbestätigt** bleiben oder von einer Zweitbank **bestätigt** werden. Auch diese Akkreditivart ist **übertragbar**.

Beurteilung durch den Exporteur

Der maßgebliche **Vorzug** des Akkreditivs mit hinausgeschobener Zahlung liegt für den Exporteur darin, daß er

- einerseits dem ausländischen **Importeur** das erwünschte **Zahlungsziel** in Form der hinausgeschobenen Zahlung einräumen kann,
- andererseits aber **akkreditivmäßig abgesichert** ist.

  Wie bei allen Akkreditiven bleibt das Zahlungsversprechen der Akkreditivbank auch dann bestehen, wenn der Importeur an den Waren, die er beim Akkreditiv mit hinausgeschobener Zahlung regelmäßig vor dem Zeitpunkt der Zahlung des Akkreditivbetrags in Empfang nimmt, Mängel feststellt. Grundlage für die Entstehung und den Bestand des Zahlungsanspruchs an die Akkreditivbank sind auch bei dieser Akkreditivart die vom Exporteur eingereichten akkreditivkonformen Dokumente sowie die Erfüllung der weiteren Akkreditivbedingungen und nicht die Eigenschaften der gelieferten Waren und auch nicht der Inhalt des Kaufvertrags zwischen Importeur und Exporteur. Inwieweit der Importeur in Anwendung seines für ihn günstigen Landesrechts im Einzelfall eventuell aber doch eine Möglichkeit findet, die Auszahlung an den Exporteur wegen Mängeln an den gelieferten Waren zu verhindern, bleibt eine der Unwägbarkeiten des Akkreditivs mit hinausgeschobener Zahlung.

Abgesehen von den skizzierten Vorzügen ist das Akkreditiv mit hinausgeschobener Zahlung im Vergleich zu den anderen Akkreditivarten für den **Exporteur** aus mehreren gewichtigen Gründen **nachteilig**:

- Im Gegensatz zum Sichtzahlungsakkreditiv birgt das Akkreditiv mit hinausgeschobener Zahlung einige jener Nachteile in sich, die **Außenstände** für Lieferanten typischerweise mit sich bringen: erhöhten Fremdkapitalbedarf, Zinsaufwand, verschlechterte Eigenkapital-/Fremdkapital-Relation in der Bilanz u.a.m.
- Im Gegensatz zum Akzeptakkreditiv, bei dem die hinausgeschobene Zahlung in Wechselform verbrieft ist, fehlt beim Akkreditiv mit hinausgeschobener Zahlung der Wechsel als zinsgünstiges Refinanzierungsinstrument. Der Exporteur ist deswegen bei der **Refinanzierung** des Akkreditivs mit hinausgeschobener Zahlung auf die Aufnahme von **Buchkrediten** angewiesen, die er zwar auf Grundlage des unwiderruflichen Zahlungsversprechens der Akkreditivbank leicht erhält, die aber in der Regel wesentlich teurer als Wechseldiskontkredite sind.

  Alternativ zur Aufnahme von Buchkrediten besteht für den Exporteur auch die Möglichkeit zur **Forfaitierung** seiner Forderung aus dem Akkreditiv mit hinausgeschobener Zahlung. Einzelheiten zur Forfaitierung siehe "Handbuch der Außenhandelsfinanzierung" (Verf.: S.G. Häberle, Oldenbourg-Verlag München und Wien).
- Im Gegensatz zu Akkreditivarten, die eine Zug-um-Zug-Leistung vorsehen, kann sich bei der vorliegenden Akkreditivart das Hinausschieben der Zahlung nachteilig auf die Sicherheit des Exporteurs auswirken. Je länger die Phase zwischen Dokumenteneinreichung und Fälligkeit der versprochenen Zahlung ist, desto größer - zumindest um so unüberschaubarer - kann bei unbestätigten Akkreditiven das **politische Risiko** für den

Exporteur werden, beispielsweise dann, wenn die Akkreditivbank ihren Sitz in einem Land mit hohen Auslandsschulden und zunehmenden Zahlungsschwierigkeiten hat.

- Ein analoges und womöglich zunehmendes Risiko während der genannten Phase kann für den Exporteur bei unbestätigten Akkreditiven in der Entwicklung der **Bonität der Akkreditivbank** liegen.
- Bei beiden Risiken ist zu bedenken, daß der Exporteur während der genannten Phase bei unbestätigten Akkreditiven nur über das hinausgeschobene Zahlungsversprechen der Akkreditivbank als Sicherheit verfügt, aber nicht mehr über die Dokumente. Beim Sichtzahlungsakkreditiv ist dies anders: Der Begünstigte erhält dann, wenn die Zug-um-Zug-Zahlung nicht zustande kommt, die Dokumente wieder zurück und behält zu seiner Sicherheit das Verfügungsrecht über die Waren. Beim Akkreditiv mit hinausgeschobener Zahlung gelangt dagegen der **Importeur** regelmäßig in den Besitz von **Dokumenten und Waren, bevor Zahlung** an den Begünstigten geleistet ist.
- Zwar ist bei Fremdwährungsakkreditiven generell ein Wechselkursrisiko nicht auszuschließen, doch impliziert eine lange Phase zwischen Dokumenteneinreichung und (hinausgeschobener) Zahlung zumindest das zusätzliche Risiko der schwierigeren Überschaubarkeit der zukünftigen Wechselkursentwicklung, wenn nicht ein erhöhtes **Wechselkursrisiko** schlechthin.

Diese Nachteile bzw. **Risiken** des Akkreditivs mit hinausgeschobener Zahlung kann der Exporteur im Rahmen der **Forfaitierung** seiner Forderung zumindest teilweise auf den Forfaiteur **überwälzen**, und zwar ohne Anrechung auf seine Kreditlinie, wenn der Forfaiteur die Hausbank des Exporteurs ist. Zu beachten ist allerdings, daß der Forfaiteur für die Risikoübernahme eine entsprechende **Risikoprämie** in die Forfaitierungskonditionen einkalkuliert. Einzelheiten siehe "Handbuch der Außenhandelsfinanzierung" (Verf.: S.G. Häberle, Oldenbourg-Verlag München und Wien).

Zu den **Negoziierungskrediten** (Bevorschussungskrediten, Vorschüssen) der Banken in **Verbindung mit Dokumentenakkreditiven** siehe "Handbuch der Außenhandelsfinanzierung" (Verf.: S.G. Häberle, Oldenbourg-Verlag München und Wien).

Beurteilung durch den Importeur

- Für den Importeur weist das Akkreditiv mit hinausgeschobener Zahlung den Vorteil auf, daß er - je nach Ausgestaltung der Akkreditivbedingungen und des Zeitraums der hinausgeschobenen Zahlung - erst zu einem Zeitpunkt Zahlung leisten muß, zu dem er die Waren empfangen und eventuell schon weiterverkauft hat. Wie mit jedem von Lieferanten **eingeräumten Zahlungsziel** verbinden sich mit der hinausgeschobenen Zahlung die bekannten Vorzüge für den Abnehmer: Vermeidung von Darlehensaufnahmen bei Banken, Sicherstellung des Lieferanten durch das Akkreditiv ohne weiterreichende Sicherheiten, u.U. geringerer Finanzierungsaufwand als bei Bankkrediten u.a.
- **Voraussetzung** dafür, daß der Importeur tatsächlich in den Genuß dieser Vorteile des Akkreditivs mit hinausgeschobener Zahlung kommt, ist, daß die Akkreditivbank bei Akkreditiveröffnung weder einen Einschuß verlangt noch gar eine volle Belastung des Akkreditivbetrags auf dem Konto des Importeurs vornimmt (wie es die Devisen- und Inkassovorschriften einiger Importländer vorschreiben), sondern daß die Akkreditivbank den Importeur erst in dem Zeitpunkt belastet, in dem die hinausgeschobene Zahlungszusage fällig wird.

- Grundsätzlich ist es dem Importeur nicht möglich, bei Feststellung von **Mängeln** an den empfangenen **Waren** die (hinausgeschobene) Auszahlung des Akkreditivs an den Exporteur zu verhindern. Daß die Auszahlung des Akkreditivs unter Anwendung eines für den Importeur günstigen Landesrechts im Ausnahmefall doch verhindert werden könnte, spricht - wie oben erwähnt - aus Sicht des Exporteurs nicht gerade für die Vereinbarung von Akkreditiven mit hinausgeschobener Zahlung im Kaufvertrag.
- Lautet das Akkreditiv aus Sicht des Importeurs auf Fremdwährung, dann kann sich mit der Länge der Phase des Hinausschiebens der Zahlung u.U. auch das **Wechselkursrisiko** - oder die Wechselkurschance - des Importeurs erhöhen.

1.3.2.2 Grundstruktur, Abwicklung und besondere Merkmale

Vorbemerkung: In den folgenden Ausführungen steht die **hinausgeschobene Zahlung** als Zahlungsvereinbarung des Akkreditivs im Mittelpunkt. Alle übrigen Kriterien der Ausgestaltung von Akkreditiven und ihre technische Abwicklung bleiben dagegen im Hintergrund. Hierzu kann auf Hauptabschnitt “1.2 Akkreditivarten nach der Sicherheit des Exporteurs” verwiesen werden.

Die allgemeingültigen Merkmale der Akkreditivabwicklung einschließlich verschiedener Prüflisten sind umfassend in den Kapiteln “1.5 Abwicklung von Dokumentenakkreditiven” ff. dargestellt.

Abbildung/Abwicklung

Die Grundstruktur des Akkreditivs mit hinausgeschobener Zahlung ist in **Abbildung 1.3-02** in den einzelnen Schritten seiner Abwicklung unter den nachstehenden **Annahmen** erläutert:

- Unwiderrufliches unbestätigtes Akkreditiv mit hinausgeschobener Zahlung;
- **Gültigkeits- und Benutzungs-/Zahlstelle**: Bank im Land des Exporteurs (sog. andere Bank, Zweitbank, Exporteurbank);
- **Akkreditivwährung**: Landeswährung des Exporteurs.

Schrittweise Darstellung:

Im folgenden ist die **Abwicklung** des Akkreditivs mit hinausgeschobener Zahlung (als unwiderrufliches unbestätigtes Akkreditiv) - korrespondierend mit der **Abbildung 1.3-02** - in einzelnen Schritten dargestellt und beurteilt.

1. **Akkreditivvereinbarung im Kaufvertrag**

   Formulierung im Kaufvertrag

   Die Vereinbarung, daß der Importeur zugunsten des Exporteurs ein Akkreditiv mit hinausgeschobener Zahlung stellen zu lassen hat, wird in die Akkreditivklausel des Kaufvertrags mit Formulierungen wie **“zahlbar ... Tage nach ...”**, “payable ... days after ...” o.ä. aufgenommen.

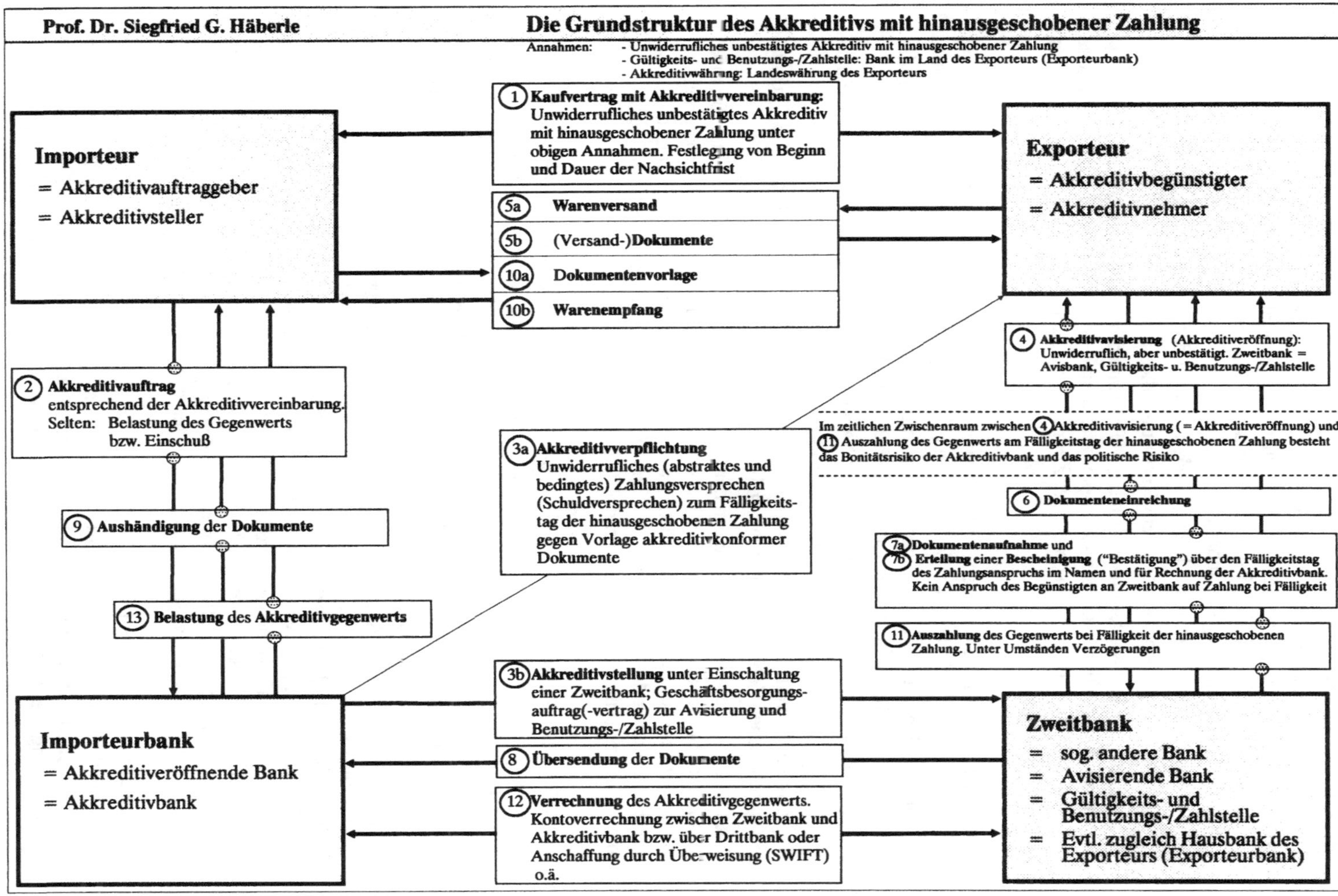

Abbildung 1.3-02

Beginn der Nachsichtfrist

Neben der sog. Nachsichtfrist, die im allgemeinen in Tagen oder in Monaten angegeben wird, ist der Zeitpunkt, ab dem die Frist zu laufen beginnt, festzulegen. Nur auf dieser Grundlage kann der Fälligkeitstag der Zahlung genau bestimmt werden. In der Praxis finden sich u.a. folgende Vereinbarungen:

- Zahlbar ... Tage/Monate nach dem **Verladedatum** des Transportdokuments.
- Zahlbar ... Tage/Monate nach dem **Rechnungsdatum**.
- Zahlbar ... Tage/Monate nach **Vorlage (Präsentation)** oder **Aufnahme der Dokumente** bei der/durch die als **Gültigkeitsstelle** und/oder als **Benutzungs-/Zahlstelle** eingesetzten Bank, wobei sowohl der Zeitpunkt als auch die Stelle genau bestimmbar sein müssen.

Im Gegensatz zu den beiden erstgenannten Alternativen kommt die letztgenannte Möglichkeit zur Definition des Zeitpunkts für den Beginn der Nachsichtfrist selten vor.

Bei der Festlegung des Zeitpunktes, ab dem die Nachsichtfrist zu laufen beginnt, ist der Exporteur im allgemeinen an einem **möglichst frühen Termin** interessiert:

- Erstens, weil er damit - bei festgelegter Nachsichtfrist - den gesamten Finanzierungs- und Risikozeitraum der hinausgeschobenen Zahlung etwas verkürzen kann.
- Zweitens, weil er möglichst frühzeitig den genauen Fälligkeitstag der hinausgeschobenen Zahlung zu bestimmen bzw. zu erfahren wünscht.

Dies ist beispielsweise der Fall, wenn der Zeitpunkt, ab dem die Nachsichtfrist zu laufen beginnt, auf das **Verladedatum des Versanddokuments** bezogen ist. Der Exporteur hat dann nicht nur einen gewissen Gestaltungsspielraum bei der Vornahme und damit bei der Bestimmung des Zeitpunktes des Versands, sondern er kann ab diesem Datum auch die Fälligkeit seines Zahlungsanspruchs sicher fixieren.

Sobald dieser Fälligkeitszeitpunkt der Zahlung feststeht, kann der Exporteur im übrigen nicht nur mit dem Zahlungseingang genauer **disponieren**, sondern eventuell auch eine **laufzeitkongruente Finanzierung**, z.B. am Euromarkt, oder ein laufzeitentsprechendes Kurssicherungsgeschäft vornehmen. Einzelheiten dazu siehe "Handbuch der Außenhandelsfinanzierung" (Verf.: S.G. Häberle, Oldenbourg-Verlag München und Wien).

Wird dagegen in der Akkreditivvereinbarung des Kaufvertrags zur Berechnung der Nachsichtfrist als Basisdatum der **Zeitpunkt der Aufnahme der Dokumente bei der Bank** vereinbart, dann ist dies für den Exporteur (insbesondere wenn diese Bank die ausländische Akkreditivbank ist) eher **nachteilig**. Erstens, weil sich durch die Abwicklung der Dokumenteneinreichung der Zeitpunkt des Beginns der Nachsichtfrist hinausschiebt. Zweitens, weil der Bank bis zur Aufnahme der eingereichten Dokumente (zu deren Prüfung) ein zeitlicher Spielraum von bis zu sieben Bankarbeitstagen (vgl. Art. 13 b. ERA) verbleibt, den sie durchaus zu Lasten des Exporteurs nutzen könnte.

Dauer der Nachsichtfrist

Grundsätzlich ist der **Exporteur** an einer möglichst **kurzen Fristsetzung** der hinausgeschobenen Zahlung interessiert, und zwar nicht nur unter dem Aspekt der Finanzierung dieses Zahlungsziels, sondern auch wegen des eingangs erwähnten politischen Risikos und eventuell wegen des Bonitätsrisikos der Akkreditivbank (Garantendelkredererisiko).

Der **Importeur** wünscht dagegen in der Regel aus den ebenfalls eingangs skizzierten Gründen ein **längeres Zahlungsziel**. Welche Nachsichtfrist tatsächlich vereinbart wird, ist Ergebnis der Verhandlungsstärke der Beteiligten, wobei gleichzeitig zu berücksichtigen ist, daß manche devisenschwache Länder in ihren Einfuhr- und Devisenvorschriften bestimmte Nachsichtfristen festgelegt haben.

Gültigkeits- und Benutzungs-/Zahlstelle

Wie bei anderen Akkreditivarten ist es auch beim Akkreditiv mit hinausgeschobener Zahlung für den Exporteur zweckmäßig, den Ort der Gültigkeit (des Verfalls) des Akkreditivs in seinem Land, besser noch am Sitz seiner **Hausbank**, zu vereinbaren. Dies erleichtert dem Exporteur nicht nur die fristwahrende Einreichung der Dokumente, sondern mindert auch sein Dokumentenverlustrisiko. Analoge Überlegungen gelten für die Benutzbar-/Zahlbarstellung des Akkreditivs im Land des Exporteurs.

Hinweis: Gültigkeitstelle (Ort für die Dokumentenvorlage vor Verfall) und **Benutzungs-/Zahlstelle** eines Akkreditivs können **gleichgesetzt**, aber auch **verschieden** sein. Einzelheiten und Vorkommen in der Praxis siehe Abschnitt "1.5.1.2.4 Begünstigter, Bank des Begünstigten, Benutzungs-/Zahlstelle, Gültigkeitsstelle".

Exkurs: Bestätigung

Die Bestätigung eines Akkreditivs mit hinausgeschobener Zahlung durch eine **Bank im Land des Exporteurs** sollte vom Exporteur dann in der Akkreditivvereinbarung des Kaufvertrags durchgesetzt werden, wenn politische Risiken des Landes, in dem die Akkreditivbank ihren Sitz hat, erkennbar sind und/oder die Bonität der Akkreditivbank nicht sicher beurteilt werden kann. Dies gilt ganz besonders bei langen Nachsichtfristen, weil dann die Überschaubarkeit abnimmt und die Unwägbarkeiten zunehmen.

2. **Akkreditivauftrag**

Der Importeur hat den Akkreditivauftrag an die Akkreditivbank **entsprechend** der Akkreditivvereinbarung im **Kaufvertrag** als Akkreditiv mit hinausgeschobener Zahlung unter Angabe des Festlegungszeitpunktes, ab dem die vereinbarte Nachsichtfrist zu laufen beginnt, sowie in Übereinstimmung mit den übrigen Vereinbarungen der Akkreditivklausel im Kaufvertrag zu stellen.

Die Konsequenzen der **objektiven Unmöglichkeit**, das vereinbarte Akkreditiv zu eröffnen, bzw. die Konsequenzen, daß der Importeur das vereinbarte Akkreditiv wegen subjektiver, also von ihm selbst zu vertretender Gründe (z.B. mangelnde Kreditwürdigkeit) nicht stellen kann, sind in Abschnitt "1.1.2 Rechtliche Aspekte, insbesondere Rechtsstellung des Akkreditivbegünstigten in ausgewählten Störfällen" beschrieben.

Kontobelastung: Die Frage, ob die akkreditiveröffnende Bank den Importeur bereits im Zeitpunkt der Akkreditiveröffnung mit dem Gegenwert belastet oder einen sog. Einschuß verlangt, ist für den Importeur beim Akkreditiv mit hinausgeschobener Zahlung von entscheidender Bedeutung. Eine **Belastung im Zeitpunkt der Akkreditiveröffnung** würde den Importeur aller Vorzüge der hinausgeschobenen Zahlung des Akkreditivs, d.h. seines Zahlungsziels, berauben. Nur die Akkreditivbank und/oder der

Staat bzw. die Notenbank des Importlandes, die die Devisen zu einem späteren Zeitpunkt zur Einlösung des Akkreditivs bereitstellen müssen, nicht aber der Importeur, würden dann von der Nachsichtfrist des Akkreditivs profitieren. Diese für den Importeur ungünstige Konstellation tritt in der Realität in Erscheinung: In manchen **devisenschwachen Ländern** hat der Importeur den Akkreditivbetrag in seiner Landeswährung bereits bei Akkreditiveröffnung bei einer Bank, eventuell bei der Notenbank, zu hinterlegen.

Hinweis: Ein **Akkreditiveröffnungsauftrag des Importeurs** an die akkreditiveröffnende Bank ist in Abschnitt 1.5.1 abgebildet und umfassend besprochen.

3. **a. Akkreditivverpflichtung**

Das Akkreditiv mit hinausgeschobener Zahlung umfaßt ein **Zahlungsversprechen** (Schuldversprechen) der Akkreditivbank gegenüber dem Begünstigten, das nach Vorlage akkreditivkonformer Dokumente und nach Erfüllung der übrigen Akkreditivbedingungen zu einem **späteren (hinausgeschobenen) Zeitpunkt** erfüllt wird.

Wie jedes Akkreditiv, das auf Grundlage der ERA eröffnet wird, ist das Zahlungsversprechen der Akkreditivbank auch beim Akkreditiv mit hinausgeschobener Zahlung abstrakt, also losgelöst vom Kaufvertrag, und bedingt, d.h. vom Begünstigten nur benutzbar, wenn er die Akkreditivbedingungen erfüllt.

b. Akkreditivstellung unter Einschaltung einer Zweitbank (einer sog. anderen Bank)

Der Auftrag der Akkreditivbank an die Zweitbank kann beim Akkreditiv mit hinausgeschobener Zahlung alternativ oder kombiniert folgende **Geschäftsbesorgungen** umfassen:

- Avisierung,
- Gültigkeitsstellung,
- Benutzbar-/Zahlbarstellung,
- Bestätigung (nicht im vorliegenden Beispiel).

Hinweis: Die technische Abwicklung und die Bedeutung dieser Funktionen der Zweitbank sind in Hauptabschnitt "1.2 Akkreditivarten nach der Sicherheit des Exporteurs" näher erläutert.

4. **Akkreditivavisierung (Akkreditiveröffnung), eventuell Akkreditivbestätigung**

Ein Akkreditiv mit hinausgeschobener Zahlung gilt nach deutschem Recht in dem Zeitpunkt als eröffnet, in dem die **Mitteilung (das Avis) der Bank** dem Begünstigten zugegangen ist und der Begünstigte -stillschweigend- **angenommen** hat. Ab diesem Zeitpunkt erlangt der Begünstigte die Sicherheit des Akkreditivs entsprechend den Akkreditivbedingungen.

Ist das Akkreditiv mit hinausgeschobener Zahlung - entgegen den Annahmen in der Abbildung - von der Zweitbank **bestätigt**, dann hat der Begünstigte nicht nur einen Zahlungsanspruch an die Akkreditivbank, sondern daneben einen selbständigen gesamtschuldnerischen **Anspruch auf Zahlung bei Fälligkeit an die Bestätigungsbank**. Im Regelfall ist die Bestätigungsbank zugleich Zahlstelle.

5. **Warenversand und Empfang der (Versand-)Dokumente**

Bei diesen Vorgängen erlangt der Exporteur die maßgeblichen Dokumente zur Benutzung des Akkreditivs. Er hat darauf zu achten, daß die Dokumente in vollkommener **Übereinstimmung mit den Akkreditivbedingungen** ausgefertigt werden und rechtzeitig vor Verfall des Akkreditivs zur Verfügung stehen.

6. **Dokumenteneinreichung**

Bei welcher Bank der Begünstigte die **Dokumente** rechtzeitig vor Verfall des Akkreditivs einzureichen hat, richtet sich nach der Gültigkeitsklausel des Akkreditivs (Datum und Ort des Verfalls). Gültig und/oder benutzbar/zahlbar gestellt sein kann das Akkreditiv mit hinausgeschobener Zahlung bei der Akkreditivbank, bei der **avisierenden Zweitbank** (wie im vorliegenden Fall) oder bei der Bestätigungsbank (in der Regel bei der Zweitbank).

7. **Dokumentenaufnahme und Bescheinigung des Zahlungsanspruchs**

Zweitbank als Benutzungs-/Zahlstelle

Im Gegenzug zur Aufnahme der eingereichten Dokumente erhält der Begünstigte von der als Benutzungs-/Zahlstelle eingesetzten **Zweitbank eine Bescheinigung über den Fälligkeitstag** seines im Akkreditiv verbrieften **Zahlungsanspruchs** an die Akkreditivbank. Die Fälligkeit des hinausgeschobenen Zahlungsanspruchs errechnet die Benutzungs-/Zahlstelle auf Grundlage der Akkreditivbedingungen, z.B. ausgehend von dem im Versanddokument ausgewiesenen Verladedatum, zuzüglich der vereinbarten Nachsichtfrist.

Die als Benutzungs-/Zahlstelle eingesetzte Zweitbank handelt im Namen und für Rechnung der Akkreditivbank. Der Begünstigte erwirbt bei unbestätigten Akkreditiven **keinen Anspruch an die Zweitbank auf Zahlung** bei Fälligkeit (vgl. auch Art. 10 c. ERA). Deswegen ist der manchmal verwendete Ausdruck "Dokumentenaufnahme- und Zahlungsbestätigung" statt "-bescheinigung" mißverständlich und darf keinesfalls mit einer Bestätigung des Akkreditivs im Sinne Art. 9 b. ERA gleichgesetzt werden.

Um einer solchen Fehlinterpretation der "Dokumentenaufnahme- und Zahlungsbescheinigung/-bestätigung" vorzubeugen, bedienen sich die Banken manchmal sehr zurückhaltender Formulierungen gegenüber dem Begünstigten wie beispielsweise: "Am Fälligkeitstag, dem ..., kommen wir auf die Angelegenheit zurück."

Der begünstigte Exporteur trägt somit bis zum (hinausgeschobenen) Zeitpunkt der Einlösung seines Zahlungsanspruchs durch die Akkreditivbank das **Risiko der Insolvenz der Akkreditivbank** ebenso wie das **politische Risiko** (insbesondere das politisch verursachte Zahlungsrisiko).

Exkurs: Zweitbank als Bestätigungsbank

Die Folgen einer möglichen Insolvenz der Akkreditivbank sowie des Eintritts politischer Risiken sind für den Exporteur praktisch ausgeschlossen, wenn das Akkreditiv (in Abweichung zu der in der obigen Abbildung dargestellten Situation) von einer **solventen Bank** mit Sitz in seinem Land bestätigt ist. Der Exporteur erwirbt auf Grundlage der Einreichung akkreditivkonformer Dokumente und durch Erfüllung der übrigen Akkreditivbedingungen einen **selbständigen Anspruch auf Zahlung bei Fälligkeit** der hinausgeschobenen Zahlung an die Bestätigungsbank. Dieser Zahlungsanspruch steht dem Begünstigten unabhängig von den bei Fälligkeit der Zahlung gegebenen Remboursierungsmöglichkeiten der Bestätigungsbank bei der Akkreditivbank zu.

Exkurs: Forfaitierung

Grundsätzlich eröffnet sich dem Exporteur die Möglichkeit der **Forfaitierung seiner Forderung auf hinausgeschobene Zahlung**. Damit erreicht der Exporteur sowohl eine Risikoüberwälzung auf den Forfaiteur als auch eine Refinanzierung. Einzelheiten siehe "Handbuch der Außenhandelsfinanzierung" (Verf.: S.G. Häberle, Oldenbourg-Verlag München und Wien).

8. Dokumentenversand

Hat die Zweitbank als Benutzungs-/Zahlstelle die Dokumente aufgenommen und dem Begünstigten die angesprochene Bescheinigung über die Dokumentenaufnahme und Zahlungsfälligkeit im Namen der Akkreditivbank erteilt (siehe Schritt 7), dann reicht sie die **Dokumente** zusammen mit der **Mitteilung des festgelegten Fälligkeitstages** der (hinausgeschobenen) Zahlung an die Akkreditivbank weiter.

Im Gegenzug erhält die als Benutzungs-/Zahlstelle eingesetzte Zweitbank von der Akkreditivbank eine Bestätigung über den Fälligkeitstag (sog. Fälligkeitsbestätigung; dieser Schritt ist in die Abbildung nicht aufgenommen).

9. Aushändigung der Dokumente

Die Akkreditivbank stellt dem Importeur die Dokumente zur Verfügung.

Nur bei **mangelnder Kreditwürdigkeit** oder wegen einschlägiger **Devisen- und Inkassovorschriften** des Importlandes wird die Akkreditivbank vor oder bei Aushändigung der Dokumente den Akkreditivbetrag auf dem Konto des Importeurs belasten. In allen anderen Fällen erfolgt die Belastung des Importeurs erst am Fälligkeitstag der hinausgeschobenen Zahlung, denn nur bei dieser Handhabung steht dem Importeur das vereinbarte Zahlungsziel zur Verfügung.

10. Dokumentenvorlage und Warenempfang

Auf Grundlage der vorgelegten Dokumente weist der Importeur seine **Legitimation** zum Empfang der Waren nach.

11. Auszahlung des Akkreditivbetrags bei Fälligkeit der hinausgeschobenen Zahlung

Die Abwicklung der Auszahlung des Akkreditivbetrags an den Begünstigten nach Ablauf der Frist, d.h. bei Fälligkeit der hinausgeschobenen Zahlung, ist **abhängig** von der **Benutzbar-/Zahlbarstellung** bzw. der eventuellen **Bestätigung** des Akkreditivs:

Zweitbank als Benutzungs-/Zahlstelle

Handelt es sich um ein unbestätigtes Akkreditiv, das - wie in der obigen Abbildung dargestellt - bei der Zweitbank im Land des Exporteurs benutzbar/zahlbar gestellt ist, dann hängt die Auszahlung des Akkreditivbetrags von der Deckungsanschaffung durch die Akkreditivbank ab.

Hat die Akkreditivbank die Zweitbank ermächtigt, den Akkreditivbetrag bei Fälligkeit von ihrem bei der Zweitbank unterhaltenen Konto abzubuchen oder Rembours bei einer Drittbank zu nehmen, dann erfolgt die **vorbehaltlose Auszahlung** an den Begünstigten am **Fälligkeitstag**, wenn das Konto der Akkreditivbank das entsprechende Guthaben aufweist bzw. die Anschaffung über die Drittbank als Remboursbank erfolgt ist.

Hat die ausländische Akkreditivbank der inländischen Avisbank dagegen keine derartige Zahlungsermächtigung erteilt, dann erfolgt die vorbehaltlose Auszahlung des Akkreditivbetrags an den Begünstigten erst im Zeitpunkt des **Eingangs des Akkreditivbetrags** bei der Zweitbank. Unter Umständen kann dies für den Begünstigten eine **Verzögerung** des Zahlungseingangs um einige Tage über den Fälligkeitstag der hinausgeschobenen Zahlung hinaus bedeuten.

Exkurs: Zweitbank als Bestätigungsbank

Ist das Akkreditiv in Abweichung von der Darstellung in obiger Abbildung von der Zweitbank (oder von einer Drittbank) bestätigt worden, dann hat der Begünstigte einen **vorbehaltlosen Auszahlungsanspruch** an die Bestätigungsbank am Fälligkeitstermin, und zwar unabhängig von der Deckungsanschaffung der Akkreditivbank.

12. **Verrechnung des Akkreditivgegenwerts**

Stehen Zweitbank und Akkreditivbank in direkter Kontoverbindung und hat die Akkreditivbank der Zweitbank eine Ermächtigung zur Kontobelastung am Fälligkeitstag erteilt, dann erfolgt die Vergütung des Akkreditivgegenwerts durch **Kontoverrechnung** der Banken. Dies gilt grundsätzlich auch, wenn eine Drittbank eingeschaltet wird, bei der die Akkreditivbank ein Konto unterhält.

Die Deckungsanschaffung der Akkreditivbank kann jedoch auch durch (SWIFT-angewiesene) **Überweisung** erfolgen, z.B. bei fehlender Korrespondenzbeziehung zwischen den beteiligten Banken bzw. bei fehlendem Guthaben auf dem Konto.

13. **Belastung des Akkreditivgegenwerts**

Die Akkreditivbank belastet den Akkreditivauftraggeber mit dem Akkreditivbetrag im **Zeitpunkt der Fälligkeit der hinausgeschobenen Zahlung**, sofern die Kontobelastung nicht bereits bei Erteilung des Akkreditivauftrags (Schritt 2) erfolgt ist.

Hat die Akkreditivbank vom Importeur im Zeitpunkt der Eröffnung des Akkreditivs einen sog. Einschuß (Vorschuß) verlangt und belastet, dann ist dieser Einschuß bei der Belastung des Akkreditivgegenwerts zu verrechnen.

1.3.3 Akzeptakkreditiv (Remboursakkreditiv)

1.3.3.1 Definition, Funktionen und Rembours

Definition des Akzeptakkreditivs

Das unwiderrufliche Akzeptakkreditiv ist in **Art. 9 a. ERA** wie folgt definiert (Hervorhebung dch. d. Verf.):

"Ein unwiderrufliches Akkreditiv begründet eine feststehende Verpflichtung der eröffnen-

den Bank, sofern die vorgeschriebenen Dokumente der benannten Bank oder der eröffnenden Bank vorgelegt werden und die Akkreditiv-Bedingungen erfüllt sind, ...

wenn das Akkreditiv

a. Akzeptleistung durch die eröffnende Bank vorsieht – vom Begünstigten auf die eröffnende Bank gezogene Tratten zu akzeptieren und sie bei Fälligkeit zu bezahlen,

oder

b. Akzeptleistung durch eine andere bezogene Bank vorsieht – vom Begünstigten auf die eröffnende Bank gezogene Tratten zu akzeptieren und bei Fälligkeit zu bezahlen, falls die im Akkreditiv vorgeschriebene bezogene Bank auf sie gezogene Tratten nicht akzeptiert, oder Tratten zu bezahlen, falls diese von der bezogenen Bank akzeptiert, aber bei Fälligkeit nicht bezahlt wurden; ...".

Funktionen des Akzeptakkreditivs

- Der Begünstigte erhält im Gegenzug zur Aufnahme der eingereichten Dokumente ein **Wechselakzept**, das auf der Tratte des Begünstigten - je nach Akkreditivbedingung - zu leisten ist:
  - von der **Akkreditivbank** (eröffnende Bank) oder
  - von der **Zweitbank** (sog. andere Bank, häufig die avisierende Bank, Exporteurbank).

  Kurzgefaßt bedeutet das Akzeptakkreditiv somit für den Exporteur: "**Dokumente gegen Bankakzept**, das zu einem späteren Zeitpunkt fällig ist".
- **Anmerkung:** In der alten, bis 31.12.1993 gültigen Fassung der ERA war darüber hinaus auch die Akzeptleistung des Akkreditivauftraggebers (des Importeurs) vorgesehen (vgl. Art. 10 a. ERA a.F.). Gemäß den neuen ERA schließt der Ausdruck "Akzeptakkreditiv" nunmehr nur noch die **Akzeptleistung** durch eine - im Akkreditiv benannte - **Bank** ein.
- **Bestand der Akkreditivverpflichtung**

  Ist die Tratte des Exporteurs gemäß den Akkreditivbedingungen auf eine **andere Bank** zu ziehen, dann hat die Akkreditivbank die Verantwortung für die Akzeptierung dieser Tratte und deren Einlösung bei Fälligkeit zu übernehmen. Die Akkreditivverpflichtung der akkreditiveröffnenden Bank bleibt somit unabhängig vom bezeichneten Akzeptanten und unabhängig von dessen Akzeptwilligkeit und Zahlungsfähigkeit als Sicherheit für den begünstigten Exporteur bestehen.
- **Akzept der Zweitbank als Zusatzsicherheit**

  Hat eine andere Bank (Zweitbank) nach den Akkreditivbedingungen die Tratte des Exporteurs zu akzeptieren, dann gewinnt der begünstigte Exporteur ab dem Zeitpunkt der Akzeptleistung dieser Bank eine **weitere Sicherheit** hinzu: Neben den akkreditivrechtlichen Ansprüchen an die Akkreditivbank und neben den Ansprüchen an den Importeur erwirbt der begünstigte Exporteur wechselrechtliche Ansprüche an die das Akzept leistende andere Bank. Sofern der Sitz der akzeptleistenden anderen Bank im Land des Exporteurs ist, entfällt - die Zahlungsfähigkeit der Akzeptbank vorausgesetzt - für den Exporteur sowohl das politische als auch das wirtschaftliche Risiko. Unter den genannten Voraussetzungen wird ein Akzeptakkreditiv ab dem Zeitpunkt der Dokumentenaufnahme und der Akzeptleistung durch die andere Bank **praktisch** zu einem **"bestätigten" Akkreditiv**.

- **Akkreditivbestätigung**

  Akzeptakkreditive können von einer anderen Bank **bestätigt** werden, wobei diese Bank konsequenterweise in der Regel auch die Akzeptleistung übernimmt. Mit einer solchen Bestätigung im Sinne von Art. 9 b. ERA ist der Akkreditivbegünstigte nicht nur ab dem Zeitpunkt der Akzeptleistung durch die andere Bank gesichert, sondern bereits ab dem Zeitpunkt der Akkreditiveröffnung, sofern die Akkreditivbestätigung durch die andere Bank bereits in diesem Zeitpunkt erfolgt, was die Regel ist. Meistens sind Akzeptakkreditive jedoch unbestätigt.

  Auch Akzeptakkreditive können übertragen werden, sofern sie von der eröffnenden Bank ausdrücklich als "**übertragbar**" bezeichnet worden sind (vgl. Art. 48 ERA).

- **Kategorie "Nachsichtakkreditive"**

  Akzeptakkreditive sind der Gruppe der Nachsichtakkreditive zuzuordnen, weil die **Auszahlung** des Akkreditivgegenwerts nicht im Gegenzug zur Dokumentenaufnahme erfolgt, so wie dies bei Sichtzahlungsakkreditiven der Fall ist, sondern erst nach Ablauf der Wechsellaufzeit, also zu einem **späteren Zeitpunkt**. Diese hinausgeschobene Zahlung kann als Nachsichtzahlung, der genannte Zeitraum als Nachsichtfrist, bezeichnet werden.

  Die Ausdrücke "Nachsicht" bzw. "Nachsichtfrist" haben sich allerdings auch für Sachverhalte eingebürgert, die nicht der Definition und Bedeutung dieser Ausdrücke im Wechselrecht entsprechen. Deswegen ist das Gemeinte im Einzelfall zu erheben.

Unterschiedliche Bezeichnungen

- **Akkreditive mit hinausgeschobener Zahlung**

  Akzeptakkreditive, bei denen nicht eine Zweitbank (nicht die sog. andere Bank, z.B. die Exporteurbank), sondern die **akkreditiveröffnende Bank** (Akkreditivbank, Importeurbank) das **Akzept** leistet, werden in der Praxis im allgemeinen den **Deferred-Payment-Akkreditiven** (Akkreditiven mit hinausgeschobener Zahlung) zugeordnet. Diese Zuordnung findet ihre Rechtfertigung in der Tatsache, daß das Akzept der Akkreditivbank für den Akkreditivbegünstigten praktisch keine zusätzliche Sicherheit einschließt, weil dieser Akzeptant ohnehin aus dem Akkreditiv zur Zahlung verpflichtet ist. Der Vorzug dieser Akzeptakkreditive liegt -gegenüber den Akkreditiven mit hinausgeschobener Zahlung- in der einfacheren und zinsgünstigeren Refinanzierbarkeit des gezogenen und akzeptierten Wechsels.

- **Akzeptakkreditive**

  Leistet dagegen eine **Zweitbank** (die sog. andere Bank) im Rahmen eines Akzeptakkreditivs das **Akzept**, dann gewinnt der Exporteur - wie oben dargestellt - ab dem Zeitpunkt der Akzeptleistung eine zusätzliche Sicherheit hinzu, nämlich einen Zahlungsanspruch an die Zweitbank. In der Praxis wird deswegen nur in diesem Fall von einem **Akzeptakkreditiv** (und zugleich von einem **Remboursakkreditiv**) gesprochen.

- **Remboursakkreditive**

  Die Bezeichnung **Remboursakkreditiv**, die sich für Akzeptakkreditive in Literatur und Praxis häufig findet, rührt daher, daß beim Akzeptakkreditiv oft eine andere Bank (Zweitbank) eingeschaltet ist, die die Akzeptleistung und die Auszahlung (Einlösung) des Wechsels bei Fälligkeit übernimmt. Die akkreditiveröffnende Bank haftet der eingeschalteten anderen Bank (Zweitbank) für alle diese Leistungen; insbesondere hat sie ihr bei Fälligkeit des Wechsels den Gegenwert im Rahmen ihrer Akkreditivverpflichtung zur Verfügung zu stellen, was in der Fachsprache mit dem Ausdruck remboursieren (französisch: erstatten) belegt wird.

Im **engeren Sinne** liegt folglich ein **Remboursakkreditiv** nur dann vor, wenn eine andere Bank (Zweitbank) die Akzeptleistung übernimmt. Dagegen kann nicht von einem Remboursakkreditiv gesprochen werden, wenn das Akzept von der Akkreditivbank (Importeurbank) selbst geleistet wird, weil in diesem Fall kein Remboursierungsanspruch des Akzeptanten an die Akkreditivbank entsteht.

- **Unterschiedliche Vorstellungsinhalte**

Die Ausdrücke **Rembours** bzw. **Remboursbank** werden indessen in der Praxis mit unterschiedlichen Sachverhalten in Verbindung gebracht, was damit zusammenhängt, daß die anderen Banken (Zweit- und eventuell Drittbanken) in verschiedenartige Abwicklungen, bei denen sie im Namen und für Rechnung einer (Akkreditiv-)Bank handeln, eingeschaltet sind und dadurch unterschiedlich verursachte Remboursierungs-(Erstattungs-)Ansprüche entstehen. Um Mißverständnissen, die mit dem Ausdruck Rembours bzw. Remboursakkreditiv einhergehen, vorzubeugen, wird in diesem Kapitel überwiegend die Bezeichnung Akzeptakkreditiv verwendet.

- **Zusammenstellung der Bezeichnungen**

Im folgenden sind die unterschiedlichen Bezeichnungen von Akzeptakkreditiven zusammengestellt.

Prof. Dr. Siegfried G. Häberle
Bezeichnungen von Akzeptakkreditiven

Akzeptleistung durch:	Bezeichnung auf Grundlage der ERA	Bezeichnung in der Literatur (uneinheitlich)	Bezeichnung in der Praxis (überwiegend)
• **Akkreditivbank (akkreditiv-eröffnende Bank, Importeurbank)**	Akzeptakkreditiv	Akzeptakkreditiv	Akkreditiv mit hinausgeschobener Zahlung (Deferred-Payment-Akkreditiv)
• **Zweitbank (sog. andere Bank, z.B. Exporteurbank)**	Akzeptakkreditiv	Akzeptakkreditiv zugleich Rembours-akkreditiv	Akzeptakkreditiv zugleich Rembours-akkreditiv
• **Akkreditivauftrag-geber (Importeur)** (gemäß ERA 500 nicht mehr vorgesehen)	Akzeptakkreditiv (nur ERA alte Fassung)	Akzeptakkreditiv	Akkreditiv mit hinausgeschobener Zahlung (Deferred-Payment-Akkreditiv)

Beurteilung aus Sicht von Exporteur und Importeur

Wegen der Komplexität des Akzeptakkreditivs und wegen seiner verschiedenen Erscheinungsformen findet sich die **Beurteilung** dieser Akkkreditivart im Anschluß an die Darstellung der verschiedenen Grundstrukturen in einem gesonderten Abschnitt “1.3.3.5 Beurteilung der Akzeptakkreditive durch Exporteur und Importeur”.

1.3.3.2 Grundstruktur des unbestätigten Akzeptakkreditivs mit Akzeptleistung und Diskontierung durch die Zweitbank (Exporteurbank) [Grundform Nr. 1]

Vorbemerkung: Im **Mittelpunkt** der folgenden Ausführungen stehen die **Besonderheiten des Akzeptakkreditivs**. Alle übrigen Kriterien der Ausgestaltung von Akkreditiven und ihre technische Abwicklung bleiben dagegen im Hintergrund. Hierzu kann auf Hauptabschnitt "1.2 Akkreditivarten nach der Sicherheit des Exporteurs" verwiesen werden.

Hinweis: Die **allgemeingültigen Merkmale** der Akkreditivabwicklung einschließlich verschiedener Prüflisten sind umfassend in Kapitel "1.5 Abwicklung von Dokumentenakkreditiven" dargestellt.

Abbildung/Abwicklung

Die **Grundstruktur** des **Akzeptakkreditivs** ist in **Abbildung 1.3-03** in den einzelnen Schritten seiner Abwicklung unter den nachstehenden Annahmen erläutert:

- Unwiderrufliches unbestätigtes **Akzeptakkreditiv**,
- Avisbank, Gültigkeits- und Benutzungsstelle, **Akzeptbank** und **Diskontbank**: Bank im Land des Exporteurs (sog. andere Bank, Zweitbank, Exporteurbank),
- **Akkreditiv- und Akzeptwährung**: Landeswährung des Exporteurs.

Schrittweise Darstellung

Im folgenden ist die **Abwicklung** des Akzeptakkreditivs (als unwiderrufliches unbestätigtes Akkreditiv) - korrespondierend mit der Abbildung 1.3-03 - in einzelnen Schritten dargestellt.

1. **Akkreditivvereinbarung im Kaufvertrag**

   In die Akkreditivklausel des Kaufvertrags sind sämtliche maßgeblichen Kriterien des Akzeptakkreditivs aufzunehmen. Neben den allgemeingültigen Kriterien für Akkreditive sind dies beim Akzeptakkreditiv insbesondere folgende Kriterien:

   - Währung und **Akkreditiv(Akzept)betrag**.

     Bei Akzeptakkreditiven, die auf Landeswährung des Exporteurs lauten, wird in der Regel vereinbart, daß die Tratte auf eine Bank im Land des Exporteurs zu ziehen ist. Der Exporteur trägt in diesem Fall kein Wechselkursrisiko.

   - Festlegung der **Akzeptbank** (Benutzungsstelle).

     In der vorliegenden Grundform 1 ist die Tratte des Exporteurs auf eine Bank im Land des Exporteurs zu ziehen.

   - Festlegung der Dauer der **Nachsichtfrist** im Wechsel (Bankakzept).

     Zur Festlegung der Laufzeit/Nachsichtfrist gibt es mehrere Möglichkeiten:

     - Die Nachsichtfrist kann **tageweise** definiert werden, z.B. 90 Tage nach Sicht.
     - Die Nachsichtfrist kann **wochenweise** definiert werden. Die Fälligkeit wird dann durch Auszählung der Wochen ausgehend von einem bestimmten Wochentag bestimmt.

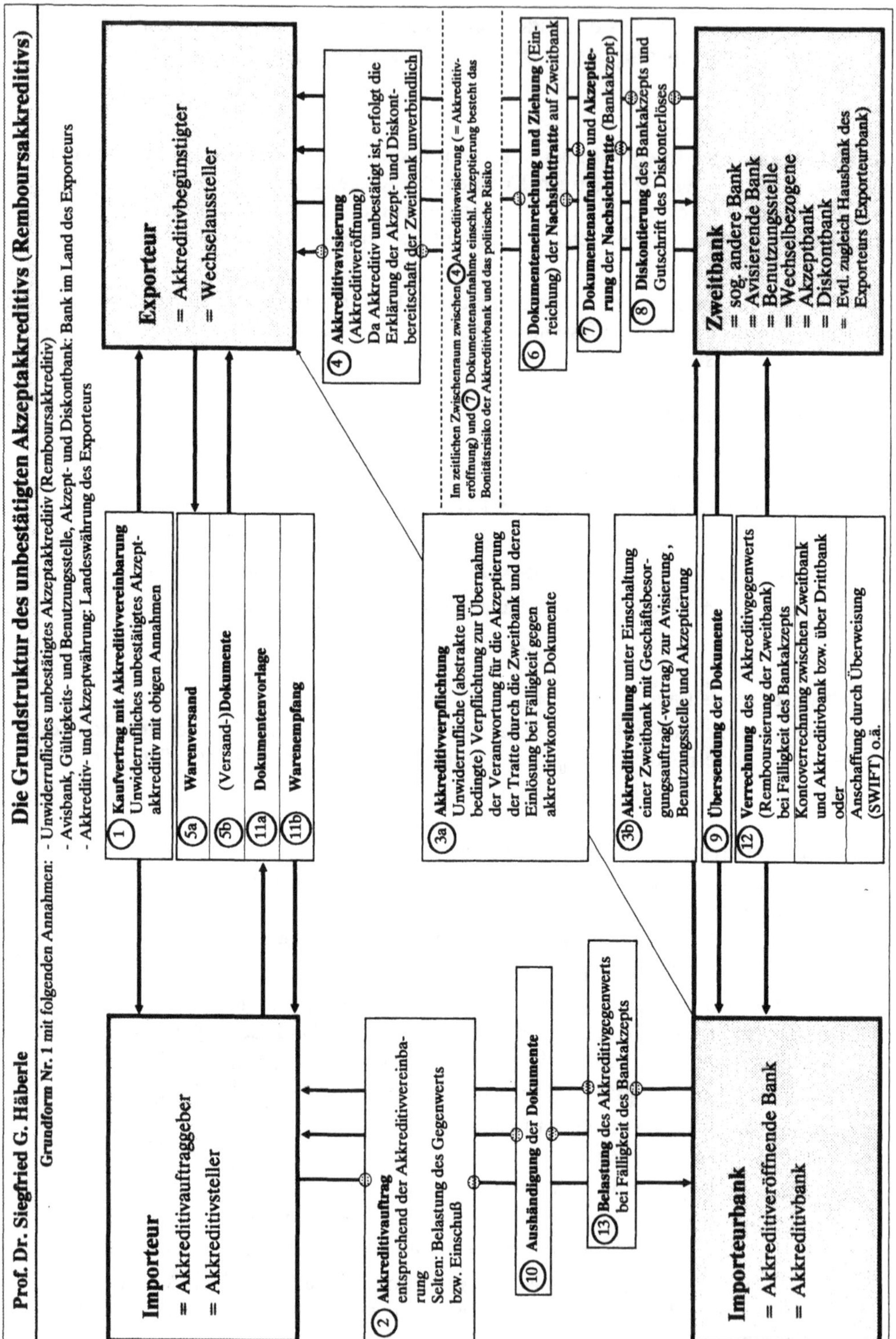

Abbildung 1.3-03

- Die Nachsichtfrist kann **monatweise** definiert werden. Analog zur wochenweisen Festlegung wird die Nachsichtfrist durch Auszählen der Monate ausgehend von einem bestimmten Tag des Monats errechnet.
- Die „Nachsichtfrist“ kann aber auch mit einem absolut **festen Fälligkeitstag** im Wechsel definiert werden (sog. Tagwechsel).

- **Einzelheiten** zur **Definition/Festlegung/Errechnung** von Wechsellaufzeiten siehe Kapitel “Auslandswechsel” im “Handbuch der Außenhandelsfinanzierung” (Verf.: S.G. Häberle, Oldenbourg-Verlag München und Wien).

2. **Akkreditivauftrag**

Der Importeur erteilt in **Übereinstimmung** mit der Akkreditivvereinbarung des **Kaufvertrags** seiner Bank den Auftrag, das Akzeptakkreditiv zugunsten des Exporteurs zu eröffnen.

Da der Akkreditivauftraggeber der akkreditiveröffnenden Bank den Gegenwert in der Regel erst bei Ablauf der Nachsichtfrist zur Verfügung stellen muß, liegt bis zu diesem Zeitpunkt eine **Kreditgewährung (Kreditleihe)** der akkreditiveröffnenden Bank an den Importeur vor.

Der Importeur verbindet den Akkreditivauftrag **eventuell** mit einem **Wechselkurssicherungsgeschäft**, da der Akkreditivbetrag (das Bankakzept) im vorliegenden Fall aus seiner Sicht auf Fremdwährung lautet.

Ein **Akkreditiveröffnungsauftrag des Importeurs** an die akkreditiveröffnende Bank ist in Abschnitt 1.5.1 abgebildet und umfassend besprochen.

3. **a. Akkreditivverpflichtung**

Die akkreditiveröffnende Bank gibt gegenüber dem begünstigten Exporteur ein **unwiderrufliches Schuld-/Zahlungsversprechen** ab. Im vorliegenden Fall umfaßt das Akkreditivversprechen die feststehende Verpflichtung, die **Verantwortung** für die **Akzeptierung** der Nachsichttratte des Exporteurs durch die dazu beauftragte Zweitbank (Exporteurbank) und für die **Einlösung** dieses Wechsels **bei Fälligkeit** zu übernehmen. Die Akkreditiveröffnung erfolgt allerdings in der Regel nicht direkt, sondern unter Einschaltung einer Zweitbank (siehe Schritt 3. b).

b. Akkreditivstellung unter Einschaltung einer Zweitbank (einer sog. anderen Bank)

Der Geschäftsbesorgungsauftrag der Akkreditivbank an die Zweitbank umfaßt die **Avisierung** des Akkreditivs, die Übernahme der **Gültigkeits- und Benutzungsstellenfunktion** sowie die **Akzeptierung** der auf die Zweitbank gezogenen Nachsichttratte des Exporteurs.

Die akkreditiveröffnende Bank hat der Zweitbank mitzuteilen, auf welchem Weg sie bei Fälligkeit des Wechsels den Gegenwert zur Verfügung stellen wird, d.h. den Remboursierungsanspruch der Zweitbank erfüllen wird. Sofern sich die Zweitbank bei einer Drittbank “erholen”, d.h. den Gegenwert von einer Drittbank erlangen soll, wird diese **Drittbank** häufig als **Remboursbank** bezeichnet.

4. **Akkreditivavisierung (Akkreditiveröffnung)**

Die Zweitbank (Exporteurbank) eröffnet das Akzeptakkreditiv im Auftrag der Akkreditivbank gegenüber dem Begünstigten durch **Avisierung (Mitteilung)**.

Da das Akzeptakkreditiv von der Zweitbank **nicht bestätigt** ist, erklärt die Zweitbank ihre Bereitschaft, die Nachsichttratte des Exporteurs zu akzeptieren und zu diskontieren unter dem **Vorbehalt** einer **endgültigen Entscheidung** im Zeitpunkt der Dokumentenvorlage des Exporteurs.

Bei unbestätigten Akzeptakkreditiven sucht die zur Akzeptleistung beauftragte Zweitbank bereits bei der Avisierung des Akkreditivs dem beim Begünstigten eventuell entstehenden Eindruck entgegenzutreten, daß in der Tatsache, daß das Akkreditiv die Ziehung einer Tratte auf die Zweitbank vorsieht, zugleich eine Bestätigung des Akkreditivs im Sinne der ERA zu erblicken sei. Im allgemeinen weist die zur Akzeptierung beauftragte Zweitbank ausdrücklich darauf hin, z.B. mit der Formulierung:

> *"Da wir von der Akkreditivbank nicht zur Bestätigung des Akkreditivs beauftragt sind, behalten wir uns vor, unsere Entscheidung, ob wir die Tratte akzeptieren (eventuell auch diskontieren), erst im Zeitpunkt der Präsentation der Dokumente zu treffen".*

Als Sicherheit steht dem Exporteur bei unbestätigten Akzeptakkreditiven bis zum Zeitpunkt der tatsächlichen Akzeptierung durch die Zweitbank somit **nur das Zahlungsversprechen der Akkreditivbank** bzw. die Zahlungsverpflichtung des Importeurs zur Verfügung.

5. **Warenversand und Empfang der (Versand-)Dokumente**

Auf Grundlage der Sicherheit des eröffneten Akzeptakkreditivs kann der begünstigte Exporteur den Einkauf bzw. die Produktion der Exportgüter bewerkstelligen und die **Waren versenden**.

Im Gegenzug zur Übergabe der Waren an das Transportunternehmen erhält der Exporteur die **Versanddokumente** sowie von anderen Institutionen die weiteren Dokumente.

6. **Dokumenteneinreichung und Ziehung (Einreichung) der Nachsichttratte**

Wie bei den anderen Akkreditivarten reicht der Exporteur die **Dokumente** vor Verfall des Akkreditivs bei der als Benutzungsstelle bestimmten Zweitbank ein. Da es sich um ein Akzeptakkreditiv handelt, fügt der Exporteur einen **Nachsichtwechsel** bei, den er als Aussteller unterzeichnet und - entsprechend den Akkreditivbedingungen - auf die **Zweitbank als Bezogene** zieht. Da dieser Wechsel von der bezogenen Bank zu diesem Zeitpunkt noch nicht unterzeichnet (akzeptiert) ist, spricht man von einer (Nachsicht-) Tratte.

Hinweis: Tratten/Wechsel sind ausführlich in Kapitel "Auslandswechsel", Bankakzepte in Kapitel "Akzeptkredit (Bankakzepte)" im "Handbuch der Außenhandelsfinanzierung" (Verf.: S.G. Häberle, Oldenbourg-Verlag München und Wien) behandelt.

7. Dokumentenaufnahme und Akzeptierung der Nachsichttratte durch die Zweitbank

Sicherstellung des begünstigten Exporteurs

Die von der akkreditiveröffnenden Bank zur Akzeptierung ermächtigte Zweitbank prüft die eingereichten Dokumente auf ihre Übereinstimmung mit den Akkreditivbedingungen. Bei unbestätigten Akzeptakkreditiven hat die Zweitbank erst in diesem Zeitpunkt **endgültig zu entscheiden**, ob sie die vom Exporteur eingereichte **Nachsichttratte** im Gegenzug zur Aufnahme der Dokumente **akzeptiert**. Leistet die Zweitbank das Akzept, dann haftet sie ab diesem Zeitpunkt gegenüber dem Begünstigten und eventuell gegenüber gutgläubigen Dritten vorbehaltlos für die Einlösung dieses Wechsels bei Fälligkeit.

Vorliegendes Beispiel

Im vorliegenden Beispiel ist der Exporteur ab diesem Zeitpunkt in **dreifacher Hinsicht gesichert**:

- durch das Akzept einer Bank in seinem Land;
- durch die **Verantwortung der Akkreditivbank** im Rahmen des Akkreditivversprechens, die Einlösung dieses Akzeptes bei Fälligkeit zu garantieren;
- durch den **Zahlungsanspruch an den Importeur** für den Fall, daß die beteiligten Banken nicht bezahlen (können).

Für den Exporteur sind damit praktisch alle politischen und wirtschaftlichen Risiken ausgeschlossen, sofern von dem unwahrscheinlichen Fall abgesehen wird, daß die Akzeptbank zahlungsunfähig wird und ein gutgläubiger Erwerber des Bankakzeptes wechselrechtlichen Regreß auf den Exporteur als Wechselaussteller nimmt.

8. Diskontierung des Bankakzepts

Refinanzierung:

Der begünstigte Exporteur kann sich das **Bankakzept** aushändigen lassen oder - was die Regel und im vorliegenden Fall auch angenommen ist - von der **Akzeptbank diskontieren** und den Diskonterlös auf seinem Konto gutschreiben lassen. Mit der Diskontierung des Bankakzeptes refinanziert der Exporteur das dem Importeur in Form der Nachsichtfrist eingeräumte Zahlungsziel.

Hinweis: Wechseldiskontkredite sind im "Handbuch der Außenhandelsfinanzierung" (Verf.: S.G. Häberle, Oldenbourg-Verlag München und Wien) beschrieben und beurteilt.

Regreßlose Gutschrift:

Eine **Rückbelastung** des Diskonterlöses bzw. des Wechselbetrags durch die Zweitbank hat der Exporteur **nicht zu befürchten**, da die Zweitbank aufgrund ihrer Akzeptleistung Hauptverpflichtete aus dem Bankakzept ist und ihrerseits Remboursierungsansprüche an die Akkreditivbank hat (die Akzeptverpflichtung der Zweitbank beruht nicht auf einem Kreditverhältnis mit dem Exporteur, sondern auf einem Auftrag der Akkreditivbank an die Zweitbank). Aus Sicht des Exporteurs ist mit der Gutschrift des Diskonterlöses das Akkreditivversprechen der Akkreditivbank erfüllt.

9. Dokumentenversand

Die Zweitbank (Exporteurbank) versendet die Dokumente an die Akkreditivbank.

10. Aushändigung der Dokumente

Die Akkreditivbank händigt die **Dokumente** dem **Importeur** (Akkreditivauftraggeber) aus. In seltenen Fällen erfolgt die Belastung des Importeurs bereits in diesem Zeitpunkt, z.B. bei mangelnder Kreditwürdigkeit des Importeurs oder wegen einschlägiger Devisen- und Inkassovorschriften des Importlandes.

11. Dokumentenvorlage und Warenempfang

Im Gegenzug zur Vorlage der Dokumente erhält der Importeur die **Waren ausgehändigt**. Er kann die Waren während der **Nachsichtfrist** in Betrieb nehmen (Investitionsgüter), verarbeiten (Rohstoffe) oder weiterveräußern (Konsumgüter) und u.U. aus dem Weiterverkaufserlös die Belastung des Akkreditivgegenwerts bei Fälligkeit bestreiten.

12. Verrechnung des Gegenwerts (Remboursierung der Zweitbank)

Bei Fälligkeit des Bankakzeptes hat die Akkreditivbank der Zweitbank den **Gegenwert zu erstatten** (d.h. die Zweitbank - eventuell unter Einschaltung einer Drittbank, der sog. Remboursbank - zu remboursieren).

13. Belastung des Akkreditivgegenwerts

Mit Ablauf der Nachsichtfrist, d.h. zum Zeitpunkt der Fälligkeit des Bankakzepts, belastet die Akkreditivbank das **Konto des Importeurs**.

1.3.3.3 Grundstruktur des bestätigten Akzeptakkreditivs mit Akzeptleistung und Diskontierung durch die bestätigende Zweitbank (Exporteurbank) [Grundform Nr. 2]

Vorbemerkung und Hinweis: Siehe Abschnitt 1.3.3.2

Abbildung/Annahmen

Die **Grundstruktur** des **bestätigten Akzeptakkreditivs** ist in der **Abbildung 1.3-04** in den einzelnen Schritten seiner Abwicklung unter den nachstehenden **Annahmen** erläutert:

- Unwiderrufliches bestätigtes Akzeptakkreditiv;
- Avisbank, Gültigkeits- und Benutzungsstelle, **Bestätigungsbank**, Akzeptbank und Diskontbank: Bank im Land des Exporteurs (sog. andere Bank, Zweitbank, Exporteurbank);
- **Akkreditiv- und Akzeptwährung**: Landeswährung des Exporteurs.

Im **Mittelpunkt** der Ausführungen stehen die Besonderheiten des **bestätigten Akzeptakkreditivs**. Die allgemeingültigen Aspekte von Akzeptakkreditiven sowie von Akkreditiven generell bleiben im Hintergrund.

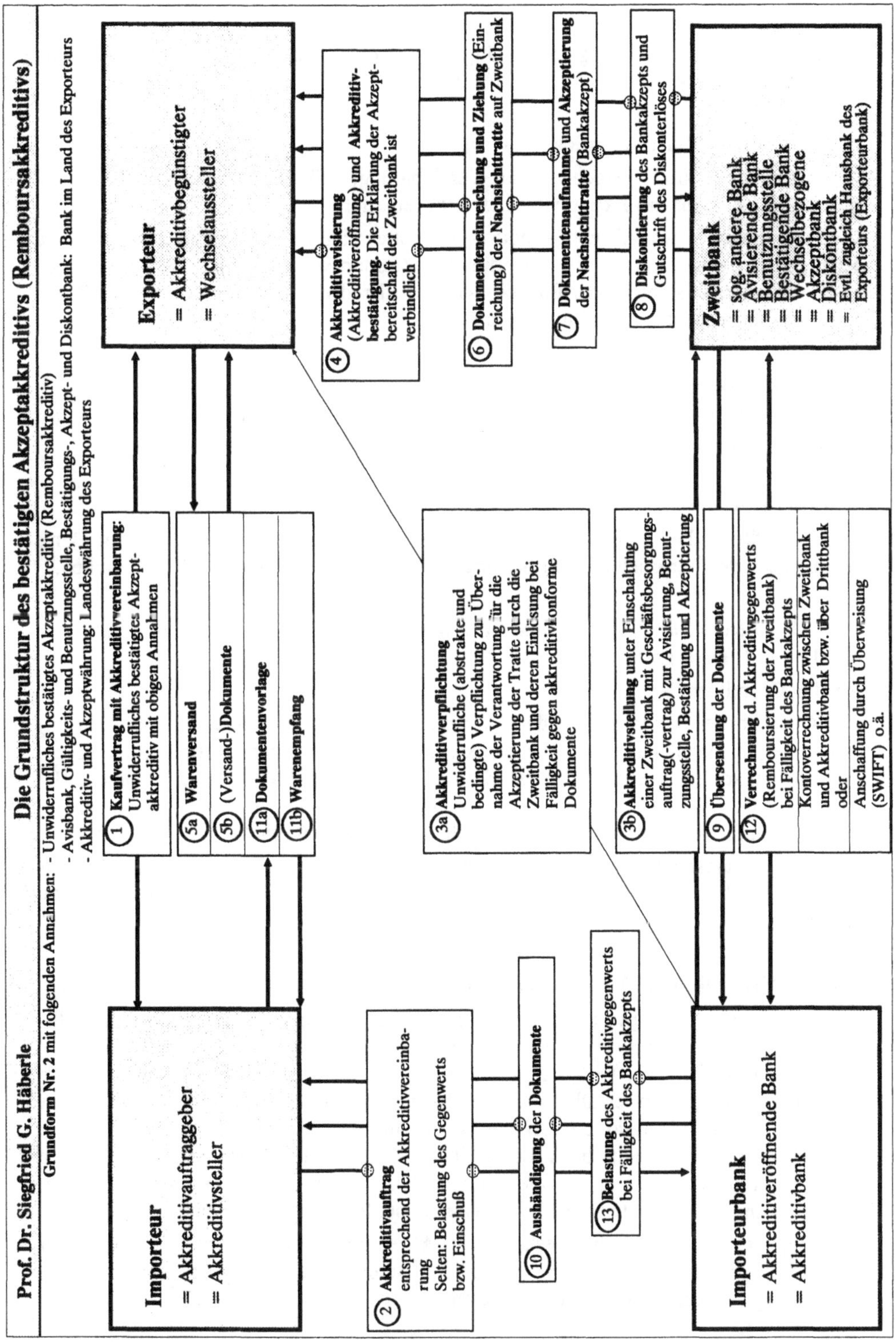

Abbildung 1.3-04

Schrittweise Darstellung

Im folgenden ist die **Abwicklung** des bestätigten Akzeptakkreditivs - korrespondierend mit der Abbildung 1.3-04 - in einzelnen Schritten dargestellt.

1. **Akkreditivvereinbarung im Kaufvertrag**

   Wie Grundform Nr. 1, jedoch mit der Vereinbarung, daß das Akzeptakkreditiv durch eine **Bank im Land des Exporteurs bestätigt** sein muß.

   Eine Bestätigung des Akzeptakkreditivs ist notwendig bei erkennbaren **politischen Risiken** des Landes, in dem die Akkreditivbank (Importeurbank) ihren Sitz hat, oder bei offenen Fragen hinsichtlich der **Bonität** der zur **Akkreditivstellung** vorgesehenen **Bank** bzw. des Bankensystems des Importlandes.

2. **Akkreditivauftrag**

   Wie Grundform Nr. 1. Der Akkreditivauftrag muß jedoch auch die **Beauftragung zur Bestätigung** des Akkreditivs einschließen.

3. **a. Akkreditivverpflichtung**

   Wie Grundform Nr. 1. Die Akkreditivverpflichtung der akkreditiveröffnenden Bank bleibt neben der Verpflichtung der bestätigenden Zweitbank uneingeschränkt bestehen.

   b. Akkreditivstellung unter Einschaltung einer Zweitbank (einer sog. anderen Bank) – mit Bestätigungsauftrag –

   Analog Grundform Nr. 1.

   Der Geschäftsbesorgungsauftrag der Akkreditivbank an die Zweitbank (Exporteurbank) hat neben der **Avisierung** des Akzeptakkreditivs und neben dem Auftrag zur **Akzeptleistung** auch den Auftrag zur **Bestätigung** des Akzeptakkreditivs zu umfassen. Bei einem Bestätigungsauftrag muß für die beauftragte Bank die Erstattung (Remboursierung) durch die Akkreditivbank sichergestellt sein, sonst unterbleibt die Bestätigung.

   Als Bestätigungsbank fungiert regelmäßig dieselbe Zweitbank, bei der das Akzeptakkreditiv gültig und benutzbar gestellt ist und auf die die Tratte des Exporteurs zu ziehen ist.

4. **Akkreditivavisierung (Akkreditiveröffnung) und Akkreditivbestätigung**

   Beim bestätigten Akzeptakkreditiv übernimmt die bestätigende **Zweitbank** die **selbständige Verpflichtung** gegenüber dem begünstigten Exporteur, seine **Nachsichttratte zu akzeptieren** und bei Fälligkeit zu bezahlen, sofern der begünstigte Exporteur die Akkreditivbedingungen erfüllt. Diese Sicherheit erlangt der begünstigte Exporteur bereits ab dem **Zeitpunkt der Akkreditiveröffnung** und zusätzlich zur Akkreditivverpflichtung der Akkreditivbank. Diese Sicherheit hat der Exporteur beim unbestätigten Akzeptakkreditiv nicht: Der Exporteur hat bei dieser Akkreditivart keinen Anspruch auf Akzeptierung seiner Tratte an die als Benutzungsstelle eingesetzte Zweitbank.

   Im allgemeinen erklärt die bestätigende Akzeptbank bereits im Zeitpunkt der Akkreditiveröffnung auch ihre grundsätzliche Bereitschaft, die Tratte des Exporteurs nach erfolgter Akzeptierung zu diskontieren.

5. **Warenversand und Empfang der (Versand-)Dokumente**

Auf Grundlage des **durch zwei Kreditinstitute abgesicherten** eröffneten Akzeptakkreditivs kann der begünstigte Exporteur den Einkauf bzw. die Produktion der Exportgüter bewerkstelligen und die Waren versenden.

Im Gegenzug zur Übergabe der Waren an das Transportunternehmen erhält der Exporteur die Versanddokumente sowie von anderen Institutionen (Versicherungen usw.) weitere Dokumente.

6. **Dokumenteneinreichung und Einreichung der vom Exporteur auf die Zweitbank (Exporteurbank) gezogenen Nachsichttratte**

Abwicklung wie Grundform Nr. 1, da auch bei der vorliegenden Akkreditivart die Zweitbank (hier zugleich Bestätigungsbank) Gültigkeits- und Benutzungsstelle ist.

7. **Dokumentenaufnahme und Akzeptierung der Nachsichttratte**

Weil die **Exporteurbank** das Akzeptakkreditiv bestätigt hat, muß sie die eingereichten Dokumente, sofern diese den Akkreditivbedingungen entsprechen, aufnehmen und im Gegenzug die Nachsichttratte des Exporteurs **akzeptieren**. Dieses Akzept hat die bestätigende Exporteurbank unabhängig von der Durchsetzbarkeit ihrer Remboursierungsansprüche an die Akkreditivbank zu leisten.

Sonst wie Grundform Nr. 1.

8. **Diskontierung des Bankakzepts**

Wie Grundform Nr. 1.

9. **Dokumentenversand**

Wie Grundform Nr. 1.

10. **Aushändigung der Dokumente**

Wie Grundform Nr. 1.

11. **Dokumentenvorlage und Warenempfang**

Wie Grundform Nr. 1.

12. **Verrechnung des Gegenwerts (Remboursierung der Zweitbank)**

Wie Grundform Nr. 1.

13. **Belastung des Akkreditivgegenwerts**

Wie Grundform Nr. 1.

1.3.3.4 Sonderfall: Grundstruktur des unbestätigten Akzeptakkreditivs mit Akzeptleistung und Diskontierung durch die Akkreditivbank (Importeurbank) [Grundform Nr. 3]

Vorbemerkungen und Hinweis: Siehe Abschnitt 1.3.3.2

Abbildung/Annahmen

Die Grundstruktur der vorliegenden Form Nr. 3 des Akzeptakkreditivs - die in der Praxis relativ selten vorkommt und die deswegen als Sonderfall bezeichnet wird - ist in **Abbildung 1.3-05** in den einzelnen Schritten der Abwicklung unter den folgenden **Annahmen** erläutert:

- Unwiderrufliches **unbestätigtes Akzeptakkreditiv**;
- **Avisbank**: Bank im Land des Exporteurs (sog. andere Bank, Zweitbank, Exporteurbank);
- Gültigkeits- und Benutzungsstelle, **Akzept- und Diskontbank: Akkreditivbank** (akkreditiveröffnende Bank, Importeurbank);
- **Akkreditiv- und Akzeptwährung**: Landeswährung des Importeurs (zugleich Landeswährung der akkreditiveröffnenden Bank).
- Dieses Akzeptakkreditiv ist - im Gegensatz zu den Grundformen 1 und 2 - **kein** eigentliches **Remboursakkreditiv**, weil das Akzept nicht von einer Zweitbank (einer sog. anderen Bank), die in diesem Zusammenhang als Remboursbank bezeichnet würde, geleistet wird, sondern von der Akkreditivbank (eröffnenden Bank) selbst. Bei dieser Abwicklung entsteht kein Remboursierungsanspruch einer anderen Bank an die Akkreditivbank.
- Im Mittelpunkt der Ausführungen stehen die Besonderheiten des unbestätigten Akzeptakkreditivs, dessen **Akzeptleistung und Diskontierung durch die Akkreditivbank** (akkreditiveröffnende Bank) erfolgt. Die allgemeingültigen Aspekte der übrigen Erscheinungsformen des Akzeptakkreditivs bleiben ebenso im Hintergrund wie die Aspekte von Akkreditiven generell.

Bezeichnungen

In der Praxis werden Akzeptakkreditive, bei denen die Akkreditivbank (Importeurbank) das Akzept leistet, im allgemeinen den **Akkreditiven mit hinausgeschobener Zahlung** zugeordnet. Diese Zuordnung kann in der Tat damit gerechtfertigt werden, daß der Akkreditivbegünstigte durch die Akzeptleistung der Genannten praktisch keine Sicherheit hinzugewinnt. Aus Gründen der Einheitlichkeit - immerhin liegt eine Akzeptleistung vor - bleibt in diesem Buch diese Akkreditivart gliederungssystematisch den Akzeptakkreditiven zugeordnet.

Hinweis: Am Schluß von Abschnitt 1.3.3.1 sind die **unterschiedlichen Bezeichnungen** von **Akzeptakkreditiven** in tabellarischer Form zusammengestellt.

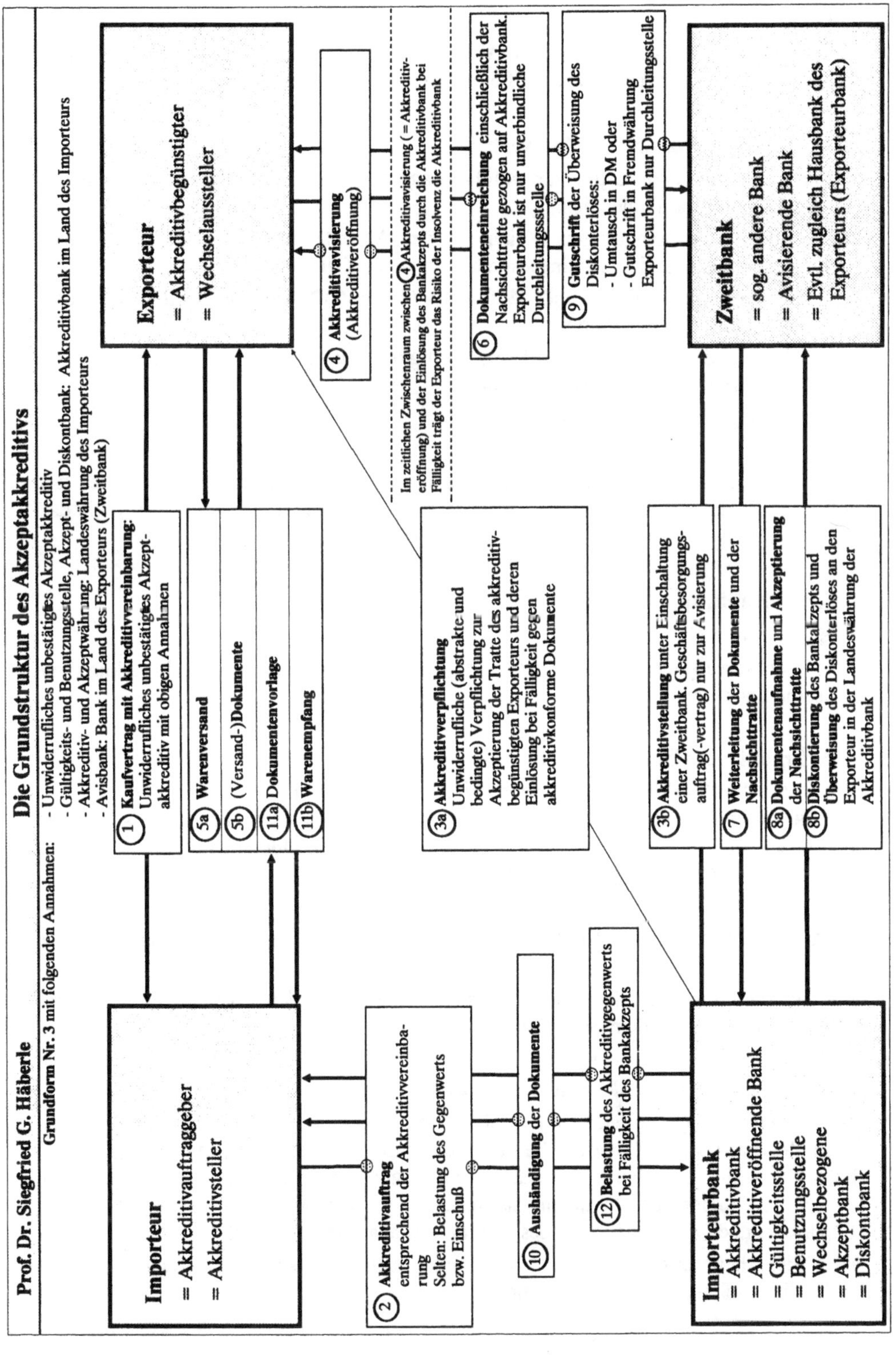

Abbildung 1.3-05

Schrittweise Darstellung

Im folgenden ist die **Abwicklung** des Akzeptakkreditivs unter obigen Annahmen und korrespondierend mit der Abbildung 1.3-05 in einzelnen Schritten dargestellt.

1. **Akkreditivvereinbarung im Kaufvertrag**

   In die Akkreditivvereinbarung des Kaufvertrags sind die maßgeblichen Kriterien des Akzeptakkreditivs aufzunehmen.

   Neben den allgemeingültigen Kriterien für Akzeptakkreditive sind dies beim vorliegenden Akzeptakkreditiv insbesondere folgende Kriterien:

   - Festlegung von Währung und **Akkreditiv-(Akzept-)Betrag**; im vorliegenden Fall Landeswährung des Importeurs;
   - Festlegung der **Akkreditivbank** als Gültigkeits- und Benutzungsstelle sowie als **Akzept- und eventuell Diskontbank**;
   - Festlegung der Dauer der **Nachsichtfrist**.

   Bei dieser Abwicklung trägt der Exporteur bis zum Eingang des Diskonterlöses das politische Risiko, das Garantendelkredererisiko (Bonität der Akkreditivbank) sowie das Wechselkursrisiko.

2. **Akkreditivauftrag**

   Wie Grundform Nr. 1.

   Eine Wechselkurssicherung ist für den Importeur nicht erforderlich, da das Akkreditiv auf seine Landeswährung lautet.

3. **a. Akkreditivverpflichtung**

   Die **Akkreditivbank** übernimmt selbst die unwiderrufliche und abstrakte Verpflichtung zur **Akzeptierung** und zur **Einlösung** der Tratte des Exporteurs bei Fälligkeit, sofern der Exporteur vor Verfall des Akkreditivs akkreditivkonforme Dokumente vorlegt und die weiteren Akkreditivbedingungen erfüllt.

   b. Akkreditivstellung unter Einschaltung einer Zweitbank (einer sog. anderen Bank)

   Die Akkreditivbank **beauftragt** die Zweitbank lediglich mit der **Avisierung** des Akzeptakkreditivs gegenüber dem Begünstigten.

4. **Akkreditivavisierung (Akkreditiveröffnung)**

   Die Zweitbank (Exporteurbank) eröffnet das Akzeptakkreditiv im Auftrag der Akkreditivbank gegenüber dem Begünstigten durch Avisierung (Mitteilung). Darüber hinaus geht die **Zweitbank** gegenüber dem Begünstigten **keinerlei Verpflichtungen** ein. Sie ist weder zur Dokumentenaufnahme noch zur Akzeptierung der Tratte des Exporteurs noch zur Bestätigung des Akkreditivs beauftragt.

   Die Sicherheit des Exporteurs beschränkt sich auf seine Ansprüche an die Akkreditivbank und an den Importeur.

5. **Warenversand und Empfang der (Versand-)Dokumente**
Wie Grundform Nr. 1.

6. **Dokumenteneinreichung**
Weil das Akzeptakkreditiv im vorliegenden Fall die Akkreditivbank als Gültigkeits- und Benutzungsstelle ausweist, könnte der Exporteur die Dokumente und seine auf die Akkreditivbank gezogene Tratte grundsätzlich auch direkt bei der ausländischen Akkreditivbank einreichen. Dieser Weg ist jedoch nicht die Regel. In der Praxis reicht der Exporteur die Dokumente und seine auf die Akkreditivbank gezogene Nachsichttratte bei der avisierenden **Zweitbank** ein, die allerdings nur als **Durchleitungsstelle** fungiert. Die Zweitbank prüft zwar regelmäßig die vom Exporteur eingereichten Dokumente. Diese Prüfung ist jedoch nur eine unverbindliche (Service-)Leistung und entspricht keinesfalls einer Dokumentenaufnahme im Namen und für Rechnung der Akkreditivbank.

7. **Weiterleitung der Dokumente**
Die avisierende Zweitbank reicht die Dokumente und die vom Exporteur auf die Akkreditivbank gezogene Nachsichttratte an die Akkreditivbank weiter. Die avisierende Zweitbank ist - wie erwähnt - lediglich Durchleitungs-(Weiterleitungs-)Stelle. Da die **Zweitbank keine Verpflichtungen** im Namen und für Rechnung der Akkreditivbank eingeht, hat sie auch keine Remboursierungsansprüche an diese. Deswegen kann die vorliegende Form des Akzeptakkreditivs streng genommen auch **nicht als Remboursakkreditiv** bezeichnet werden.

8. **a. Dokumentenaufnahme und Akzeptierung der Nachsichttratte**
Weil das vorliegende Akzeptakkreditiv bei der Akkreditivbank gültig und benutzbar gestellt ist, ist die **rechtzeitige Vorlage** der Dokumente vor Verfall des Akkreditivs bei dieser Bank (und nicht bei der avisierenden Zweitbank) sicherzustellen. Ausschließlich die Akkreditivbank entscheidet in diesem Fall über die Aufnahme der Dokumente, d.h. über die Anerkennung der Dokumente als akkreditivkonform. Im Gegenzug **akzeptiert** die **Akkreditivbank** die vom Begünstigten eingereichte Nachsichttratte.

b. Diskontierung des Bankakzeptes
Im vorliegenden Fall wird das Bankakzept von der **Akkreditivbank** nach erfolgter Akzeptleistung **diskontiert** und der Diskonterlös an den Exporteur überwiesen. Zu beachten ist, daß die ausländische Akkreditivbank bei der Diskontierung das dort gültige Zinsniveau zugrunde legt. Ist mit dem Importeur im Kaufvertrag vereinbart, daß dieser die **Diskontzinsen** sowie die Akzeptprovision der akzeptierenden Bank zu tragen hat und ist diese Vereinbarung auch in die Akkreditivbedingungen aufgenommen, dann erhält der Exporteur den vollen Wechselbetrag überwiesen.

9. **Gutschrift der Überweisung des Diskonterlöses**
Die **Zweitbank** fungiert bei der Überweisung der Gutschrift des Diskonterlöses nur als **Durchleitungsstelle**, da sie das Bankakzept der Akkreditivbank nicht diskontiert hat.
Weil es sich im vorliegenden Fall aus der Sicht des Exporteurs um ein Fremdwährungsakkreditiv handelt, geht auch der Diskonterlös beim Exporteur in **Fremdwährung** ein.

Im allgemeinen wird der Exporteur bei seiner Hausbank den Umtausch der eingegangenen Devisen in seine Landeswährung vollziehen bzw. ein bei Akkreditiveröffnung abgeschlossenes Kurssicherungsgeschäft damit erfüllen. Führt der Exporteur bei seiner Bank ein Fremdwährungskonto in der Währung des Akkreditivs, dann kann er den Diskonterlös auf diesem Konto gutschreiben lassen.

Vor dem Eintritt **politischer Risiken** (insbesondere Zahlungsrisiken) ist der Exporteur bei dieser Akkreditivart ab dem Zeitpunkt **gesichert**, in dem der Diskonterlös bei seiner Bank eingeht und vorbehaltlos auf seinem Konto gutgeschrieben wird. Dagegen ist der Exporteur gegenüber dem **Garantendelkredererisiko** (Zahlungsunfähigkeit der Akkreditivbank) **nicht abgesichert**, sofern ein gutgläubiger Dritter, der das Bankakzept erworben hat, Regreß auf den Exporteur als Wechselaussteller nimmt.

10. Aushändigung der Dokumente
Wie Grundform Nr. 1.

11. Dokumentenvorlage und Warenempfang
Wie Grundform Nr. 1.

12. Belastung des Akkreditivgegenwerts bei Fälligkeit des Bankakzepts
Wie Grundform Nr. 1.

Ratschlag
Es ist naheliegend, die vorliegende Abwicklung des Akzeptakkreditivs zu wählen, wenn im Kaufvertrag die **Währung des Importlandes** vereinbart ist und der **Importeur** gemäß Kaufvertrag ohnehin verpflichtet ist, die **Diskontzinsen** sowie die Akzeptprovision zu tragen. Ein zusätzlicher Anlaß, die Finanzierung in das Ausland zu verlagern, können das **niedrigere Zinsniveau** und der **ergiebigere Kreditmarkt** des Importlandes, aber auch **Sonderkonditionen** des Importeurs bei seiner Bank sein.

1.3.3.5 Beurteilung der Akzeptakkreditive durch Exporteur und Importeur

Neben den für alle Akkreditivarten gültigen Vor- und Nachteilen ergeben sich aus Sicht von Exporteur und Importeur bei Akzeptakkreditiven **spezielle Aspekte** der Beurteilung:

Vorteile des Akzeptakkreditivs für den Exporteur:

- Auf Grundlage des Akzeptakkreditivs ist es dem Exporteur möglich, dem Importeur das erwünschte **Zahlungsziel** einzuräumen.
- Der Exporteur ist während der Laufzeit des Zahlungsziels (der Nachsichtfrist) durch das Zahlungsversprechen der Akkreditivbank **akkreditivmäßig abgesichert**.

- Sobald eine Zweitbank (die sog. andere Bank) im Gegenzug zur Dokumentenaufnahme ihr Akzept erteilt hat, verfügt der Exporteur neben der Akkreditivverpflichtung der Akkreditivbank auch beim unbestätigten Akzeptakkreditiv über eine **weitere Sicherheit** in Form des **Bankakzeptes der Zweitbank**.

  Diese Sicherheit erlangt der Exporteur bei unbestätigten Akkreditiven mit hinausgeschobener Zahlung nicht, weil die Zweitbank bei dieser Akkreditivart im Gegen- zug zur Dokumentenaufnahme lediglich eine Dokumentenaufnahme- und Zahlungsbescheinigung im Namen und für Rechnung der Akkreditivbank abgibt, ohne damit selbst eine Zahlungsverpflichtung einzugehen.
- Das Bankakzept eröffnet dem Exporteur eine im allgemeinen **rasch verfügbare** und überdies **zinsgünstige Refinanzierung**. Bei der Diskontierung des Bankakzeptes ist der Exporteur nicht zwingend auf die Akkreditivbank oder auf die als Benutzungsstelle fungierende Zweitbank (Exporteurbank) angewiesen. Grundsätzlich kann der Exporteur dieses Bankakzept auch bei einer anderen Bank diskontieren lassen, z.B. wenn deren Diskontkonditionen günstiger sind.
- Bei Fremdwährungsakkreditiven kann durch Diskontierung des Bankakzeptes und durch Umtausch des Diskonterlöses in die Landeswährung des Exporteurs das **Wechselkursrisiko ausgeschlossen** werden.
- Fungiert eine Bank in einem **Drittland** als Akzeptbank und als Refinanzierungsstelle, dann können besonders günstige **Refinanzierungsmöglichkeiten** an diesem Remboursplatz (u.U. auch durch geeignete Wahl einer Drittlandwährung) genutzt werden.

Nachteile des Akzeptakkreditivs für den Exporteur:

- Bis zum Zeitpunkt der vorbehaltlosen Dokumentenaufnahme durch die bei einer Zweitbank benutzbar gestellten Akzeptakkreditive läuft der Exporteur bei **unbestätigten Akzeptakkreditiven** Gefahr, daß die **Zweitbank** (die sog. andere Bank) dem Auftrag der Akkreditivbank nicht entspricht und die Tratte des Exporteurs **nicht akzeptiert** und folglich auch nicht diskontiert.
  Erst durch eine Bestätigung des Akzeptakkreditivs ist dieses Risiko ausgeschlossen.
- Ist die **Nachsichttratte** vom Exporteur auf die ausländische **Akkreditivbank** (Akkreditivbank als Benutzungsstelle sowie Akzeptbank) zu ziehen, dann gewinnt der Exporteur keine Zusatzsicherheit in Form des Akzeptes der Zweitbank hinzu. Er trägt bis zur Einlösung des Akzepts das Risiko der Insolvenz der Akkreditivbank und das politische Risiko des Importlandes.
  Im übrigen können im Vergleich zur Benutzbarstellung des Akkreditivs im Exportland bei dieser Abwicklung einige **Probleme** auftreten, z.B. die längere Postlaufzeit, das erhöhte Dokumentenverlustrisiko, die eventuell verzögerte Dokumentenaufnahme durch die ausländische Akkreditivbank und damit u.U. ein weiteres Hinausschieben der Nachsichtfrist (sofern es sich nicht um eine Zeittratte handelt) sowie offene Fragen bezüglich der Refinanzierungsmöglichkeiten und der Finanzierungskosten bis hin zum verzögerten Transfer des Diskonterlöses vom Ausland in das Land des Exporteurs, falls Diskontierung durch die Akkreditivbank vorgesehen ist.

Vorteile des Akzeptakkreditivs für den Importeur:

- Der maßgebliche Vorteil von Akzeptakkreditiven für den Importeur liegt im **Zahlungsziel**, das ihm für die Dauer der Nachsichtfrist zur Verfügung steht. Der Importeur kann die Waren regelmäßig vor Bezahlung in Empfang nehmen, sie gegebenenfalls weiterveräußern und -je nach Dauer der Nachsichtfrist- mit dem Weiterverkaufserlös die spätere Akkreditivbelastung der Akkreditivbank ausgleichen. Mit einem Akzeptakkreditiv sind somit diejenigen Vorteile verbunden, die für Liefervertragskredite typisch sind.
- **Voraussetzung** dafür, daß der Importeur in den Genuß der Nachsichtfrist als Zahlungsziel gelangt, ist, daß ihn diejenige Bank, die er mit der Akkreditiveröffnung beauftragt, nicht bereits im Zeitpunkt der Akkreditiveröffnung mit dem Akkreditivgegenwert oder mit einem Teilbetrag **belastet**, sondern erst bei **Fälligkeit des Akzeptes**.
  Die Belastung des Importeurs erst bei Fälligkeit des Akzepts (Akkreditivs) ist die Regel. Nur bei mangelnder Kreditwürdigkeit oder restriktiven Inkasso- und Devisenvorschriften des Importlandes erfolgt die Belastung oder ein sog. Einschuß bereits bei Akkreditiveröffnung bzw. während der Akkreditivlaufzeit.
- Für den Importeur scheint es auf den ersten Blick gleichgültig zu sein, ob er ein Akkreditiv mit hinausgeschobener Zahlung oder ein Akzeptakkreditiv zu Gunsten des Exporteurs zu stellen hat. Bei beiden Akkreditivarten wird der Importeur im allgemeinen erst bei Fälligkeit belastet. Da jedoch der Exporteur beim **Akzeptakkreditiv (zins-)günstigere** und leichter verfügbare **Refinanzierungsmöglichkeiten** hat, kann der Importeur davon u.U. indirekt profitieren.
  Andererseits erhebt sich beim Akzeptakkreditiv die Frage, wer die im Ausland eventuell anfallende Wechselsteuer sowie die Akzeptprovision der bezogenen Bank trägt; Kosten, die beim Akkreditiv mit hinausgeschobener Zahlung nicht anfallen.
- Fremdwährungsakkreditive implizieren **Wechselkursrisiken** und -chancen, die mit zunehmender Länge der Nachsichtfrist schwieriger prognostizierbar sind und einen erheblichen Umfang annehmen können. Der feststehende Fälligkeitstag der Akkreditivbelastung bei Akzeptakkreditiven erleichtert es dem Importeur jedoch, das Wechselkursrisiko fristgerecht abzudecken.

Nachteile des Akzeptakkreditivs für den Importeur:

Wie beim Akkreditiv mit hinausgeschobener Zahlung ist es dem Importeur auch beim Akzeptakkreditiv grundsätzlich nicht möglich, bei **Mängeln** an den empfangenen **Waren**, die Akzeptierung, die Diskontierung oder gar die Einlösung des Wechsels zu verhindern.

1.4 Sonderformen der Akkreditive

Vorbemerkung

Einige Banken stellen Überlegungen an, ein **vereinfachtes Akkreditiv** zu schaffen, das als **Kurzakkreditiv** o.ä. bezeichnet wird. Die Vereinfachung des Kurzakkreditivs soll in den aufzunehmenden Bedingungen, insbesondere in den geforderten Dokumenten liegen. Grundsätzlich erleichtert eine solche Vereinfachung die Abwicklung der Akkreditive, was im Akkreditivverkehr mit Ländern von Belang ist, deren Bankwesen (noch) nicht dem Standard der westlichen Industrie-/Dienstleistungsnationen entspricht. Im Zeitpunkt der Ausarbeitung des Manuskripts zu diesem Buch war offen, ob die Pläne für ein vereinfachtes Akkreditiv/Kurzakkreditiv überhaupt realisiert werden.

1.4.1 Commercial Letter of Credit/Negoziierbares Akkreditiv

1.4.1.1 Charakterisierung und Funktionen

Charakterisierung

In **Art. 9 a. ERA** wird das negoziierbare Akkreditiv wie folgt definiert (Hervorhebung dch. d. Verf.):

"Ein unwiderrufliches Akkreditiv begründet eine feststehende Verpflichtung der eröffnenden Bank, sofern die vorgeschriebenen Dokumente der benannten Bank oder der eröffnenden Bank vorgelegt werden und die Akkreditiv-Bedingungen erfüllt sind, ...

> *... wenn das Akkreditiv Negoziierung vorsieht – vom Begünstigten gezogene Tratten und/oder unter dem Akkreditiv vorgelegte Dokumente ohne Rückgriff auf Aussteller und/oder gutgläubige Inhaber zu bezahlen.*

Ein Akkreditiv soll nicht durch Trattenziehungen auf den Auftraggeber benutzbar gestellt werden; wenn das Akkreditiv dennoch Trattenziehungen auf den Auftraggeber vorschreibt, betrachten Banken solche Tratten als zusätzliche Dokumente."

Negoziierbare Akkreditive (Negoziierungsakkreditive) kommen in der Praxis vor. Zum Teil sind negoziierbare Akkreditive als **Commercial Letters of Credit** (Dokumentäre Handelskreditbriefe, Letters of Credit oder in ähnlicher Bezeichnung) ausgestaltet.

Probleme der Definition

Beim Versuch, negoziierbare Akkreditive bzw. Commercial Letters of Credit (im folgenden: CLC) gesondert von den anderen Akkreditivarten zu beschreiben, stellen sich mehrere Probleme:

1. Allein schon der Ausdruck "Negoziierung" und damit auch der Ausdruck "Negoziierbare Akkreditive" findet in Praxis und Literatur keine einheitliche Anwendung. Beobachtbar ist allenfalls, daß darunter im allgemeinen die **Bevorschussung**, die **Kreditgewährung**, die **Beleihung**, der **Ankauf** (eines Akkreditivs, eines Wechsels, der

Exportdokumente) verstanden wird. "Negoziierbares" Akkreditiv bedeutet in diesem Sinne "ankauffähiges", "bevorschussungsfähiges", "kreditierbares" Akkreditiv.

2. In der Praxis kann der akkreditivbegünstigte Exporteur bei gegebener Kreditwürdigkeit **jedes** zu seinen Gunsten eröffnete **Akkreditiv** von seiner Hausbank **beleihen bzw. bevorschussen**, also im hier beschriebenen Sinne negoziieren lassen (sobald er akkreditivkonforme Dokumente eingereicht hat). Diese Bevorschussung setzt keineswegs ein Akkreditiv voraus, das ausdrücklich negoziierbar gestellt ist. Dadurch wird der Unterschied zwischen negoziierbaren Akkreditiven und Akkreditiven, die nicht ausdrücklich als negoziierbar bezeichnet sind, praktisch verwischt.
3. Bei der Abwicklung negoziierbarer Akkreditive machen die **Banken oft keinen Unterschied** zu den anderen Akkreditivarten. Beispielsweise stellen die (avisierenden) Banken dem begünstigten Exporteur im allgemeinen weder bei gewöhnlichen Akkreditiven noch bei (frei) negoziierbaren Akkreditiven das Originalakkreditiv zu, sondern nur eine Kopie bzw. einen modifizierten EDV-Ausdruck. Dadurch wird dem Akkreditivbegünstigten die Möglichkeit erschwert, eine beliebige Bank als negoziierende Bank auszuwählen, weil Voraussetzung dafür die Vorlage des Originalakkreditivs ist, das der Begünstigte erst anfordern müßte. Diese Vorgehensweise der Banken mag neben den oben angesprochenen Gründen erklären, daß in der Praxis auch die akkreditivbegünstigten **Exporteure** ein negoziierbares Akkreditiv wie jedes andere Akkreditiv behandeln, zumal die akkreditivbegünstigten Exporteure erfahrungsgemäß die (unten näher beschriebene) Bedeutung der Negoziierbarkeit nicht immer genau kennen.
4. In der Praxis sind unterschiedliche **Formulierungen** der **Zahlungsverpflichtung** der eröffnenden Bank sowie der **Negoziierbarkeit** usw. im Akkreditivtext zu beobachten, was im Einzelfall offene Fragen aufwirft, die nicht einmal in der einschlägigen Literatur eine eindeutige Beantwortung finden.

Hinweis: Zu **Negoziierungskrediten** (Bevorschussungskrediten, Vorschüssen) der Banken in Verbindung mit Dokumentenakkreditiven siehe Kapitel "Negoziierungskredite (Negoziationskredite)" im "Handbuch der Außenhandelsfinanzierung" (Verf.: S.G. Häberle, Oldenbourg-Verlag München und Wien).

Darstellung: Insbesondere die skizzierte Gleichbehandlung (Gleichstellung) negoziierbarer Akkreditive mit den übrigen Akkreditivarten in der Praxis, aber auch die vorkommenden Mischformen erschweren es, negoziierbare Akkreditive als Besonderheit hervorzukehren und eindeutig darzustellen. Am ehesten lassen sich diese **Besonderheiten** negoziierbarer Akkreditive anhand des **Commercial Letter of Credit (CLC)** mit Trattenziehung verdeutlichen, der im folgenden skizziert und dessen Ausgestaltung und Abwicklung prinzipiell auf andere Formen negoziierbarer Akkreditive übertragbar ist.

Hinweis: Abbildung 1.4-01 zeigt einen Commercial Letter of Credit.

Charakterisierung

Commercial Letters of Credit (CLC) entsprechen in den Grundzügen ihres Aufbaus den übrigen Akkreditivarten und verbriefen - wie alle Akkreditivarten - das **Zahlungsversprechen** der akkreditiveröffnenden Bank. Die Akkreditivbank verpflichtet sich im CLC, **Tratten**, die vom Begünstigten auf den im Akkreditiv benannten Bezogenen gezogen sind, ohne Rückgriff auf den Aussteller (Akkreditivbegünstigten) und/oder gutgläubigen

Handelskreditbank AG **HKB** **Irrevocable Commercial Letter of Credit**

P.O. BOX 2004
D-7900 Ulm

< Place, date

No. 25655o1479

Ulm, o3 June 1992

China Engineering Co.
No. 5o Hsing Ku Road
Sec. 2 Kong Chung

Taipei
Taiwan

via airmail through

Bank of Taiwan
Taipei Branch
P.O. Box 17-411

Taipei
Taiwan

Dear Sirs,
By order of Brennerwerk Ulm, Postfach 168o, W-79oo Ulm (Donau)

we hereby establish in your favour an Irrevocable Letter of Credit for DM 35.38o,oo (say: Deutsche Mark thirtyfivethousandthreehundredandeighty only-----------)
available by your drafts at sight on us

for 100 % of the invoice value accompanied by the following documents:

- Signed Commercial Invoice, threefold
- Airwaybill consigned to Spedition Interair, Stuttgart airport notify applicant, marked freight prepaid
- Packing List, threefold

evidencing shipment from Taipei to Stuttgart of:
OIL BURNER PARTS
according to proforma invoice dated March 17, 1992
- cpt Stuttgart -

Insurance buyer´s care

- All bank charges outside the Federal Republic of Germany are for your account.

Muster

Part shipments ~~permitted~~/not permitted. Latest date of shipment: July 31, 1992
Drafts are to be drawn and negotiated not later than August 15, 1992
Drafts are to be presented for negotiation within 15 days after the date of issuance of Airwaybill.

Each draft must state that it is " Drawn under **Handelskreditbank AG** Ulm"
Letter of Credit No. 25655o1479 dated June o3, 1992
and the amount thereof must be endorsed on the back of this Letter of Credit by the negotiating bank.

We hereby engage with drawers and/or bona fide holders that drafts drawn and negotiated in conformity with the terms of this credit will be duly honoured on presentation and that drafts accepted within the terms of this credit will be duly honoured at maturity.

Yours faithfully,

Handelskreditbank AG

Für die Richtigkeit

Documents to be forwarded to us by two subsequent airmails quoting our Credit Number.

This Commercial Letter of Credit is subject to Uniform Customs and Practice for Documentary Credits (1983 Revision), International Chamber of Commerce, Publication No. 400.

Abbildung 1.4-01

Inhaber **zu bezahlen**, sofern die vorgeschriebenen Dokumente vorgelegt werden und die Akkreditivbedingungen erfüllt sind (vgl. auch Art. 9 a. IV ERA). Im abgebildeten CLC ist die Tratte vom Begünstigten auf die akkreditiveröffnende Bank zu ziehen; siehe **Abbildung 1.4-01**.

Im CLC ist diese Akkreditivverpflichtung im allgemeinen als sog. **Bona-fide-holder-Klausel** (Kurzbezeichnung: Bonafide-Klausel) aufgenommen, die beispielsweise lautet:

- *"We hereby agree with the drawers, endorsers and bona fide holders of drafts drawn under and in compliance with the terms of this credit the same shall be duly honored on the presentation to the drawees"* (Dortschy u.a. 1997: S. 469; fast gleichlautend auch bei Zahn u.a. 1986: S. 332f., unter Berufung auf Nielsen).
- *"Hiermit verpflichten wir uns gegenüber den Ausstellern, Indossanten und gutgläubigen Inhabern, daß alle unter diesem Akkreditiv und in Übereinstimmung mit seinen Bedingungen gezogenen Tratten bei Vorlage beim Bezogenen ordnungsgemäß eingelöst werden."* (Übersetzung nach Dortschy u.a. 1997: S. 469 f.).
- Eine analoge Bona-fide-holder-Klausel findet sich im abgebildeten Commercial Letter of Credit; siehe **Abbildung 1.4-01**.
- **Ausprägungen:** Die Möglichkeiten zur Ausgestaltung von CLC entsprechen grundsätzlich jenen der anderen Akkreditivformen. CLC können **unbestätigt** oder **bestätigt**, **übertragbar** oder **nicht übertragbar**, **unwiderruflich** und (theoretisch) widerruflich gestellt werden (vgl. Zahn u.a. 1986: S. 332, Rdn 8/2), wobei die Zweckmäßigkeit bzw. die Tragfähigkeit der Anwendung dieser Merkmale im Einzelfall geprüft werden muß.
- **Zustellung:** Im Gegensatz zu anderen Akkreditivarten ist der CLC unmittelbar **an den Begünstigten adressiert**. Allerdings wird der CLC von der akkreditiveröffnenden Bank dem Akkreditivbegünstigten nur in Ausnahmefällen direkt zugesandt. In der Regel erfolgt die **Zustellung** des Originalkreditbriefs vielmehr **über eine Korrespondenzbank** der akkreditiveröffnenden Bank im Land des begünstigten Exporteurs. Dieser Zustellungsweg ist von Vorteil, weil die Korrespondenzbank - im Gegensatz zum begünstigten Exporteur - in der Lage ist, die Ordnungsmäßigkeit bzw. Echtheit des CLC zu überprüfen.

Negoziierbarkeit

- **Freie Negoziierbarkeit:** Der CLC sieht im allgemeinen vor, daß der begünstigte Exporteur den Originalkreditbrief, seine Tratte sowie die Akkreditivdokumente bei einer **beliebigen**, von ihm selbst auszuwählenden **Bank** fristwahrend **einreichen und negoziieren** (bevorschussen) lassen kann. Diese (freie) Negoziierung ist möglich, weil die akkreditiveröffnende Bank gegenüber jeder vom Akkreditivbegünstigten ausgewählten Bank zur Zahlung (der Tratte) verpflichtet ist, sofern die Dokumente vorgelegt werden und die Akkreditivbedingungen erfüllt sind. Diese Freizügigkeit wird als "freie Negoziierbarkeit" bezeichnet.

  Anmerkung: In der Praxis wird unter dem Ausdruck "freie Negoziierbarkeit" keineswegs nur der Vorgang des Ankaufs der Tratte bzw. der Bevorschussung (die Kreditgewährung) eines Akkreditivs/CLCs verstanden, sondern auch bereits die Möglichkeit, den Kreditbrief (CLC), die Dokumente und die Tratte bei einer beliebigen Bank einreichen zu können. Der Ausdruck (freie) Negoziierung erweist sich somit ein weiteres Mal als mehrdeutig.

- **Beschränkte Negoziierbarkeit:** Es kommt auch vor, daß die Akkreditivbestimmungen die Negoziierungsmöglichkeit auf **bestimmte Banken** (z.B. "any german bank") oder gar auf eine **einzige Bank** beschränken. Solche Akkreditive (CLC) werden als "restricted" bezeichnet (vgl. Holtij/Bach 1988: S. 63). Im übrigen hat der Exporteur stets zu prüfen, wo der CLC benutzbar/zahlbar gestellt ist.
- **Keine Negoziierungsverpflichtung:** Bei **unbestätigten CLC (unbestätigten Negoziierungsakkreditiven)** ist zu beachten, daß die vom begünstigten Exporteur zur Einreichung des CLC, der Dokumente und der Tratte **ausgewählte Bank** trotz der akkreditivrechtlichen Ansprüche an die Akkreditivbank und selbst in den Fällen, in denen der CLC die Möglichkeit der Negoziierung ausdrücklich erwähnt, **nicht verpflichtet** ist, einem Antrag des Akkreditivbegünstigten auf Negoziierung (im Sinne einer Kreditgewährung) zu entsprechen. Die ausgewählte Bank wird bei unbestätigten CLC einen Negoziierungsantrag in der Tat ablehnen, wenn ihr weder die Kreditwürdigkeit des Akkreditivbegünstigten noch die Solvenz der Akkreditivbank gesichert erscheinen oder wenn sie politische Risiken (bezüglich des Landes, in dem die Akkreditivbank ihren Sitz hat) sieht.
- **Haftung des Akkreditivbegünstigten:** Sofern die vom akkreditivbegünstigten Exporteur ausgewählte Bank auf Grundlage des eingereichten unbestätigten CLC, der Dokumente und der Tratte einen Negoziierungskredit tatsächlich gewährt, behält sie sich regelmäßig das **Rückgriffsrecht auf den Akkreditivbegünstigten** für den Fall vor, daß die Akkreditivbank ihrer Zahlungsverpflichtung wider Erwarten nicht nachkommt.
- **Bestätigung:** Wünscht der Akkreditivbegünstigte, daß der Rückgriff auf ihn im Nichtzahlungsfall der Akkreditivbank bzw. bei Eintritt politischer Risiken ausgeschlossen ist, dann ist diese Sicherheit im Rahmen eines **bestätigten CLC (bestätigten Negoziierungsakkreditivs)** zu erlangen. Die **Bestätigungsbank** ist gem. Art. 9 b. IV ERA verpflichtet, "... vom Begünstigten gezogene Tratten und/oder unter dem Akkreditiv vorgelegte Dokumente **ohne Rückgriff** auf Aussteller und/oder gutgläubige Inhaber **zu negoziieren.**"

Tratte des Akkreditivbegünstigten

- **Bezogene:** Die Tratte des akkreditivbegünstigten Exporteurs kann gemäß den jeweiligen Bedingungen des CLC auf die **akkreditiveröffnende Bank** oder auf einen **Dritten** zu ziehen sein. Die Tratte des Akkreditivbegünstigten soll jedoch nicht auf den Akkreditivauftraggeber (Importeur) gezogen werden (vgl. Art. 9 a ERA). Wenn ein Akkreditiv dennoch Trattenziehung auf den Akkreditivauftraggeber vorschreibt, dann betrachten die Banken solche Tratten als zusätzliche Dokumente (vgl. ebenda).

  Die **akkreditiveröffnende Bank garantiert die Bezahlung** der Tratte. Auf der Tratte wird ein Hinweis auf den CLC angebracht.
- **Fälligkeit der Tratte:** Ist nach Maßgabe der Akkreditivbedingungen eine **Sichttratte** auf die akkreditiveröffnende Bank zu ziehen, dann legt die negoziierende Bank diese Sichttratte der Akkreditivbank zusammen mit den vom Exporteur eingereichten Dokumenten unverzüglich zur Zahlung vor. Insoweit unterscheidet sich die Abwicklung des CLC nicht von den anderen Akkreditivarten. Im übrigen unterbleibt die Akzeptierung der Sichttratte in der Praxis im allgemeinen, weil der Zeitpunkt der Auszahlung des CLC und der Zeitpunkt der Akzeptleistung (zumindest in den Fällen, in denen die akkreditiveröffnende Bank auch Bezogene der Sichttratte ist) praktisch zusammenfallen würden. Unter diesem Blickwinkel trägt die Sichttratte lediglich begleitenden Charakter. Zum

Teil wird deswegen bei Negoziierungsakkreditiven (CLC), die bei Sicht fällig sind, auf die Ausstellung einer **Tratte verzichtet**, so daß die Auszahlung auf Grundlage akkreditivkonformer Dokumente (evtl. in Verbindung mit einer Quittung an der Stelle einer Sichttratte) erfolgen kann.

Die Abwicklung eines CLC bzw. eines Negoziierungsakkreditivs, das die Ziehung einer **Nachsichttratte** vorsieht, kommt insbesondere dem Interesse des Importeurs an einem Zahlungsziel entgegen.

Sonstige Merkmale

- **Abschreibungen:** Sofern der CLC in **Teilbeträgen** in Anspruch genommen werden kann, sind die Inanspruchnahmen von der negoziierenden Bank auf der Rückseite des CLC festzuhalten (abzuschreiben). Diese Abschreibungen sind insbesondere dann zwingend, wenn dem Akkreditivbegünstigten der Originalkreditbrief nach erfolgter Teilinanspruchnahme wieder ausgehändigt wird.
- **Kosten:** Zwar entfällt beim Negoziierungsakkreditiv die Provision für die Avisierung, jedoch wird an deren Stelle von den Banken eine **Zustellungs-/Weiterleitungsprovision** in gleicher Höhe berechnet, sofern das Akkreditiv/der CLC von der Akkreditivbank nicht ausnahmsweise direkt an den Begünstigten zugestellt wird.

  Für den Zeitraum der Negoziierung (Bevorschussung) des Akkreditivgegenwerts stellt die negoziierende Bank - wie bei den anderen Akkreditivarten, die sie negoziiert - **Zinsen** (im allgemeinen als sog. **Negoziierungsprovision**) in Rechnung.

  Vollzieht die negoziierende Bank bei Fremdwährungsakkreditiven die Abrechnung der Sichttratte nicht zum Devisengeldkurs, sondern zum sog. Sichtkurs, dann sind darin im allgemeinen die Zinsen der Bevorschussung (die Negoziierungsprovision) bereits mit abgegolten.

1.4.1.2 Grundstruktur und schrittweise Abwicklung

Zur Verdeutlichung der Zusammenhänge ist in **Abbildung 1.4-02** die **Grundstruktur** und die **Abwicklung** eines **Commercial Letter of Credit** (CLC) dargestellt und in einzelnen Schritten erläutert. Dabei sind die folgenden Annahmen zugrundegelegt:

- Unwiderruflicher unbestätigter **CLC**, benutzbar mit **Sichttratte**;
- die Sichttratte des Exporteurs ist auf die **akkreditiveröffnende Bank** zu ziehen;
- der CLC ist frei negoziierbar;
- der CLC lautet auf **DM**.

Erläuterungen:

1. **Kaufvertrag mit Akkreditivvereinbarung**

   In der Regel legen Exporteur und Importeur im Kaufvertrag **nicht ausdrücklich einen CLC**, sondern die Stellung eines Akkreditivs fest, das sodann - weil es im Importland so üblich sein mag - als CLC eröffnet wird.

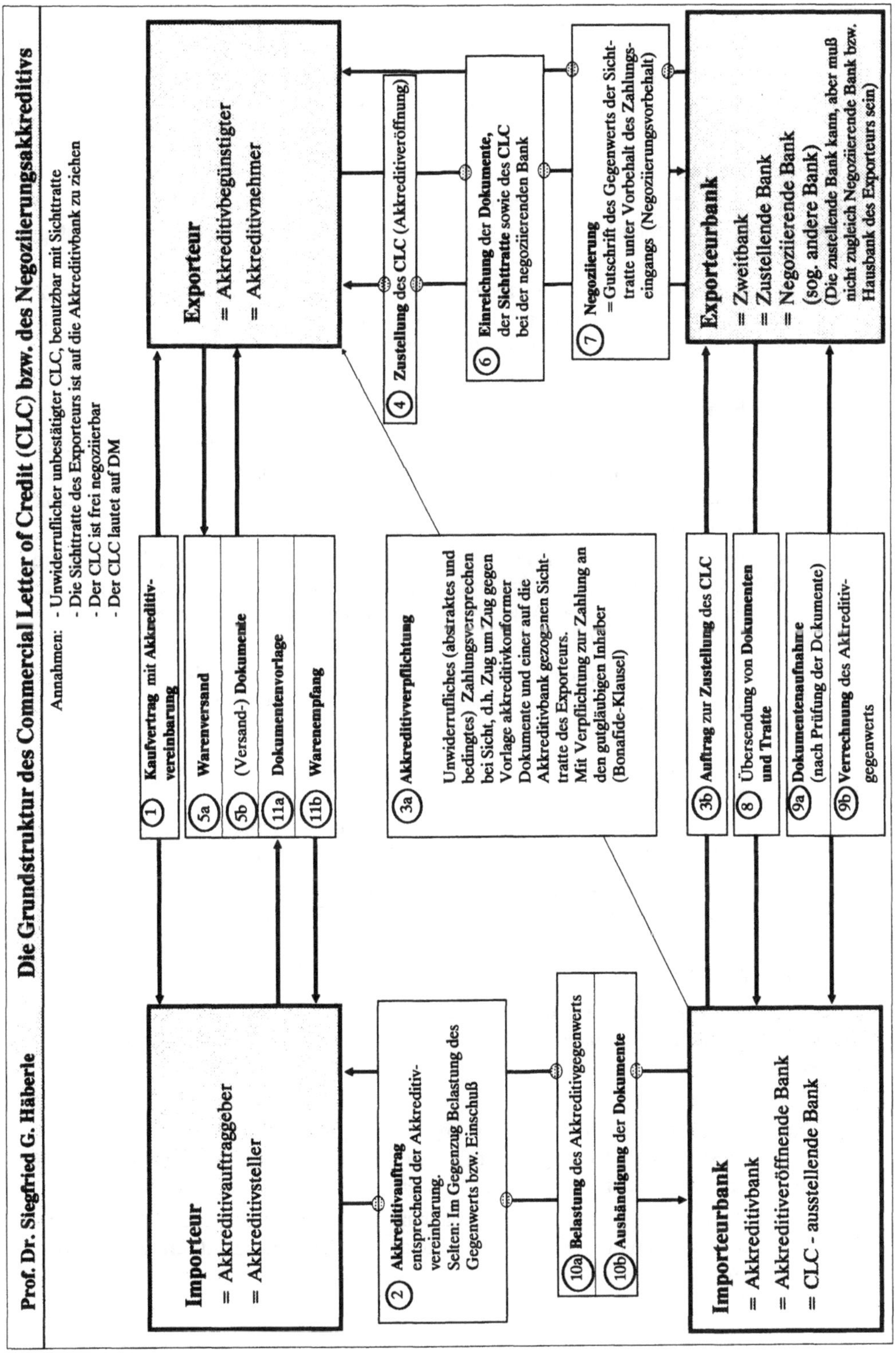

Abbildung 1.4-02

Insoweit entsprechen die in den Kaufvertrag aufzunehmenden Vereinbarungen denjenigen der anderen Akkreditivformen, wie beispielsweise Unwiderruflichkeit, eventuelle Bestätigung, Zahlbarstellung, Zahlungsfälligkeit usw. Auf Wunsch des Exporteurs kann die **freie Negoziierbarkeit** ausdrücklich aufgenommen werden.

2. **Akkreditivauftrag**

Den Akkreditivauftrag muß der Importeur in genauer **Übereinstimmung** mit den im **Kaufvertrag** getroffenen Vereinbarungen stellen und ggf. die freie Negoziierbarkeit in den Auftrag ausdrücklich aufnehmen.

Es hängt von der Kreditwürdigkeit des Akkreditivauftraggebers bzw. von den Inkasso- und Devisenbestimmungen des Importlandes ab, ob der Importeur von der Bank bereits im Gegenzug mit dem Akkreditivgegenwert oder einem Einschuß belastet wird.

3. **a. Akkreditivverpflichtung**

Die Akkreditivverpflichtung der eröffnenden Bank umfaßt ein unwiderrufliches (abstraktes und bedingtes) **Zahlungsversprechen** bei Sicht, d.h. Zug-um-Zug gegen Vorlage akkreditivkonformer Dokumente und einer auf die akkreditiveröffnende Bank gezogenen Sichttratte des Exporteurs.

Im Rahmen der sog. **Bona-fide-holder-Klausel** (Bonafide-Klausel) verpflichtet sich die Akkreditivbank gegenüber den gutgläubigen Inhabern, daß die unter dem Akkreditiv und in Übereinstimmung mit den Akkreditivbedingungen gezogenen Tratten bei Vorlage und Aushändigung der spezifizierten Dokumente bezahlt werden.

Obwohl der CLC an den akkreditivbegünstigten Exporteur adressiert ist, erfolgt dessen Zustellung in aller Regel nicht direkt, sondern über eine Korrespondenzbank der Akkreditivbank im Land des Exporteurs.

b. Auftrag zur Zustellung des CLC

Die akkreditiveröffnende Bank erteilt ihrer **Korrespondenzbank** den Auftrag zur Zustellung/Weiterleitung des CLC an den Akkreditivbegünstigten.

Zur Übernahme weiterreichender Funktionen ist die Korrespondenzbank nur befugt, wenn die akkreditiveröffnende Bank dazu ausdrücklich Weisung erteilt.

4. **Zustellung des CLC**

Dem Exporteur wird der CLC von der beauftragten Korrespondenzbank zugestellt. Mit der (stillschweigenden) Annahme des CLC durch den Akkreditivbegünstigten ist das **Akkreditiv eröffnet**.

Der Exporteur hat **Anspruch** auf Herausgabe des **Original-CLC** (vgl. Zahn u.a. 1986: S. 335, Rdn 8/8), was in der Praxis keineswegs regelmäßig geschieht. Vielmehr erhält der Begünstigte - wie bei anderen Akkreditivarten - allgemeinen lediglich eine Kopie.

Die Zustellung des CLC über eine Korrespondenzbank hat den Vorzug, daß diese Bank - im Gegensatz zum Akkreditivbegünstigten - die augenscheinliche **Echtheit** des Akkreditivs prüfen kann.

5. **Warenversand und (Versand-)Dokumente**

Auf Grundlage des zugestellten CLC, d.h. des eröffneten Akkreditivs, bringt der Exporteur die **Waren** zum Versand und erlangt im Gegenzug die zur Benutzung des CLC erforderlichen **Dokumente**.

6. **Einreichung von CLC, Dokumenten und Tratte**

Sofern dem akkreditivbegünstigten Exporteur der Original-CLC ausgehändigt wurde, hat der Exporteur - bei freier Negoziierbarkeit des CLC - die Möglichkeit, eine **beliebige Bank** (sog. andere Bank) zur Einreichung des CLC, der Dokumente und der (im vorliegenden Fall auf die akkreditiveröffnende Bank gezogene Sicht-)Tratte auszuwählen. Ist im CLC keine anderslautende Bestimmung aufgenommen, dann gilt die **Dokumenteneinreichungsfrist** im allgemeinen als gewahrt, wenn der Begünstigte diese Einreichung vor Verfall des CLC bei der Bank seiner Wahl vollzieht (vgl. Zahn u.a. 1986: S. 335, Rdn 8/9).

Anmerkung: Im **abgebildeten CLC** der Handelskreditbank AG (Abb. 1-12) ist beispielsweise eine anderslautende Bestimmung aufgenommen: "Drafts are to be presented for negotiation 15 days after the date of issuance of Airwaybill".

Es ist in das Ermessen des Akkreditivbegünstigten gestellt, ob er im Zuge der Dokumenteneinreichung auch die **Negoziierung** des CLC bei der Bank seiner Wahl beantragt.

In der Praxis wird dem Akkreditivbegünstigten - wie erwähnt - keineswegs immer der Original-CLC, sondern nur eine Kopie ausgehändigt, was dazu führt, daß er die Dokumenteneinreichung bei der zustellenden Bank vollzieht, entweder unmittelbar oder unter Einschaltung seiner Hausbank.

In der Abbildung ist aus Vereinfachungsgründen angenommen, daß die zustellende Bank zugleich die Hausbank des Exporteurs, d.h. auch die Bank seiner Wahl, ist.

7. **Negoziierung durch die Exporteurbank**

Wie im vorangehenden Abschnitt erwähnt, wird in der Praxis allein schon die Möglichkeit, den CLC, die Dokumente und die Tratte bei einer beliebigen Bank einreichen zu können, als freie Negoziierbarkeit bezeichnet. Im eigentlichen Sinne bedeutet Negoziierung jedoch eine **Kreditgewährung** auf Grundlage des Akkreditivs und der eingereichten Dokumente bzw. den Ankauf der beigefügten Tratte. Sofern der Akkreditivbegünstigte eine Negoziierung beantragt, prüft die vom Exporteur ausgewählte Bank die Solvenz der akkreditiveröffnenden Bank, das politische Risiko (insbesondere bezüglich des Sitzes der Akkreditivbank) sowie die Kreditwürdigkeit des akkreditivbegünstigten Exporteurs.

Achtung Regreß: Im Fall der Negoziierung erwirbt die **negoziierende Bank** einen **Anspruch** auf Zahlung an die **akkreditiveröffnende Bank**. Sie behält aber zugleich das **Rückbelastungsrecht** (den Regreßanspruch) an den akkreditivbegünstigten Exporteur für den Fall, daß sie mit ihrem Zahlungsanspruch bei der akkreditiveröffnenden Bank nicht durchdringt.

Die negoziierende Bank stellt dem Akkreditivbegünstigten für die Bevorschussung **Zinsen** (eine Negoziierungsprovision) in Rechnung (Einzelheiten siehe vorstehenden Abschnitt "1.4.1.1 Charakterisierung und Funktionen").

8. **Übersendung von Dokumenten und Tratte**

   Die negoziierende Bank übersendet die Dokumente und die Tratte an die **akkreditiveröffnende Bank**. Der Original-CLC verbleibt bei der negoziierenden Bank.

9. **Dokumentenaufnahme/Verrechnung des Akkreditivgegenwerts**

   Die akkreditiveröffnende Bank nimmt - nach deren Prüfung - die Dokumente auf. Im Gegenzug wird der Akkreditivgegenwert verrechnet, wobei der Verrechnungsweg (die Remboursierung) im allgemeinen zwischen den beteiligten Banken bereits in Schritt (3. b) festgelegt wird.

   Mit erfolgter Verrechnung (Remboursierung) **erlischt** der **Regreßvorbehalt** der negoziierenden Bank gegenüber dem akkreditivbegünstigten Exporteur.

10. **Belastung des Akkreditivgegenwerts/Aushändigung der Dokumente**

    Abwicklung wie üblich.

11. **Dokumentenvorlage und Warenempfang**

    Abwicklung wie üblich.

1.4.2 Standby Letter of Credit

Charakterisierung

Standby Letters of Credit sind gemäß Art. 2 ERA Akkreditive: Sie umfassen wie jedes Akkreditiv ein Zahlungsversprechen (Schuldversprechen) der eröffnenden Bank. Manchmal werden deswegen Standby Letters of Credit auch als **Standby-Akkreditive** bezeichnet. Ihre Besonderheit ist darin zu erblicken, daß Standby Letters of Credit als **garantieähnliche Instrumente** eingesetzt werden. Mit Standby Letters of Credit können warenbezogene Verpflichtungen (wie z.B. die Erfüllung von Kaufverträgen hinsichtlich der Lieferung, der Bezahlung oder der Gewährleistung) ebenso akkreditivmäßig abgesichert (garantiert) werden wie Verpflichtungen zur Rückzahlung von Krediten.

Grundsätzlich können Standby Letters of Credit **unwiderruflich** bzw. widerruflich, **unbestätigt** bzw. **bestätigt** sowie (theoretisch) übertragbar eröffnet werden.

Ihren Ursprung haben Standby Letters of Credit in den **USA**, wo sie die im Außenhandel üblichen und notwendigen **Garantien ersetzen**. Nach dem Recht einiger US-amerikanischer Bundesstaaten ist es den dortigen Banken nämlich untersagt, Garantien zu übernehmen (vgl. Credit Suisse First Boston 1998: S. 32). Standby Letters of Credit kommen auch außerhalb der USA zum Einsatz.

Im wesentlichen können zwei Erscheinungsformen der Standby Letters of Credit unterschieden werden: Standby Letters of Credit als

- **reine Garantieinstrumente**

  oder als
- **dokumentäre Garantieinstrumente.**

Reines Garantieinstrument

Bei der reinen Form des Standby Letter of Credit wird die Zahlung der eröffnenden Bank nicht durch Vorlage von (Versand-)Dokumenten ausgelöst, wie dies bei den anderen Akkreditivarten der Fall ist. Bei dieser Form des Standby Letter of Credit wird der **Zahlungsanspruch** des Begünstigten vielmehr durch eine **schriftliche Erklärung (written statement)** begründet, die der Begünstigte selbst oder ein (neutraler) Dritter in Übereinstimmung mit den im Standby Letter of Credit definierten Zahlungsvoraussetzungen ausstellt.

Zahlungsvoraussetzung kann beispielsweise die Erklärung eines von einem Standby Letter of Credit begünstigten Importeurs sein, daß der Exporteur seiner - durch den Standby Letter of Credit garantierten - Lieferverpflichtung oder seiner Gewährleistungsverpflichtung o.ä. nicht nachgekommen ist. Ist der Standby Letter of Credit dagegen zugunsten eines Exporteurs eröffnet, dann kann Zahlungsvoraussetzung und damit Inhalt der abzugebenden Erklärung des Begünstigten beispielsweise das Ausbleiben einer fälligen Kredittilgung sein, die durch den Standby Letter of Credit garantiert ist.

Standby Letters of Credit, die reine Garantieinstrumente sind, werden von den deutschen Kreditinstituten dem ausländischen **Begünstigten** häufig **direkt** oder aber über den Auftraggeber (den Kunden) der garantierenden deutschen Bank, also ohne Einschaltung einer Zweitbank, **zugestellt**.

Auch die eventuelle **Inanspruchnahme** solcher Standby Letters of Credit erfolgt **unmittelbar**: Der Begünstigte (oder ein im Standby Letter of Credit benannter Dritter) gibt gegenüber der Akkreditiv-(Garantie-)bank diejenige Erklärung ab, die die Zahlungsverpflichtung der Akkreditivbank auslöst [z.B. die Erklärung, daß der Akkreditiv-(Garantie-)auftraggeber bestimmten, im Standby Letter of Credit genau definierten Verpflichtungen nicht nachgekommen ist].

Wegen dieser direkten Abwicklung berechnen die deutschen Banken bei Standby Letters of Credit, die reine Garantieinstrumente sind, im allgemeinen lediglich eine **Avalprovision** und nicht die differenzierten Provisionssätze für Akkreditive.

Dokumentäres Garantieinstrument

Zunehmend sind Formen des Standby Letter of Credit zu beobachten, die nicht nur reinen Garantiecharakter tragen, sondern die **zugleich** der **Absicherung** der Bezahlung **von Exportgeschäften** dienen und die insoweit - wie die anderen Akkreditivarten - zugleich dokumentären Charakter tragen (sog. dokumentäre Standby Letters of Credit).

Der begünstigte Exporteur erlangt bei solchen Formen Zahlung aus dem Standby Letter of Credit nur, wenn er

1. die im Standby Letter of Credit definierte (von ihm selbst oder von einem Dritten auszustellende) **Erklärung** einreicht und außerdem

```
ZURICH, 29 SEPTEMBER 1997
FROM: CREDIT SUISSE FIRST BOSTON,ZURICH,
TO: LONDON BANK LTD.,GB-LONDON

TEST: 864523 FOR USD 13,500,000.00 ON 25 SEPTEMBER 1997

DOCUMENTARY CREDIT
HT-1530 B21

ATTN. L/C DEPARTMENT
--------------------

WE HEREWITH ISSUE OUR IRREVOCABLE STAND-BY LETTER OF CREDIT NO.
HT-136413 A11 AS FOLLOWS:

APPLICANT      : BERGER + CO. AG
                 HADLAUBSTRASSE 55
                 6300 ZUG / SWITZERLAND

BENEFICIARIES  : BELOIL LTD.
                 28 KINGSWAY
                 GB-LONDON EC2 PHY

AMOUNT         : USD 13,500,000.00 +/- 10 PCT
                 (UNITED STATES DOLLARS THIRTEEN MILLION FIVE
                 HUNDRED THOUSAND 00/100 PLUS MINUS TEN PERCENT)

VALIDITY       : 31 OCTOBER 1997 AT OUR COUNTERS

COVERING       : SHIPMENT OF 900,000 NET U.S. BBLS +/- 10 PCT CRUDE
                 OIL API GRAVITY 26.00 - 26.09 FROM EGYPTIAN
                 PORT TO EUROPEAN PORT PER M/T 'TAMARA' LATEST
                 2 OCTOBER 1997.

AVAILABLE WITH US FOR PAYMENT AT SIGHT AGAINST PRESENTATION OF THE
FOLLOWING DOCUMENTS:

1) COPY OF COMMERCIAL INVOICE
2) NON-NEGOTIABLE COPY OF BILL OF LADING
3) BENEFICIARIES' WRITTEN STATEMENT CERTIFYING THAT BERGER + CO. AG.
   ZUG, HAVE FAILED TO FULFIL THEIR PAYMENT OBLIGATION WITH REGARD
   TO THE ABOVE MENTIONED SHIPMENT.
4) BENEFICIARIES' WRITTEN STATEMENT TO CONTAIN DECLARATION THAT THE
   ORIGINAL SHIPPING DOCUMENTS HAVE BEEN SENT BY THEM DIRECTLY TO
   BERGER + CO. AG, ZUG, IN ACCORDANCE WITH THEIR INSTRUCTIONS.

SPECIAL INSTRUCTIONS:

- DOCUMENTS PRESENTED LATER THAN 21 DAYS AFTER THE DATE OF THE BILL
  OF LADING ARE ACCEPTABLE.
- PLEASE ADVISE BENEFICIARIES WITHOUT ADDING YOUR CONFIRMATION.
- THIS TELEX IS THE OPERATIVE INSTRUMENT. NO MAIL CONFIRMATION WILL
  FOLLOW.

REIMBURSEMENT CLAUSE:

UPON RECEIPT OF CREDIT CONFORM DOUCMENTS WE SHALL COVER YOU IN
ACCORDANCE WITH YOUR INSTRUCTIONS.

THIS STAND-BY L/C IS SUBJECT TO UCP, ICC PUBL. 500, REV. 1993.

REGARDS.
CREDIT SUISSE FIRST BOSTON
```

Abbildung 1.4-03 **Quelle:** Credit Suisse First Boston 1998: S. 33

2. jene (Versand-)**Dokumente** vorlegt, wie sie bei den übrigen Akkreditivarten üblicherweise in Erscheinung treten und wie sie in den Bedingungen des Standby Letter of Credit im Einzelfall festgelegt sind.

Beispiel eines Standby Letter of Credit als Garantieinstrument

Die **Abbildung Nr. 1.4-03** zeigt einen Auftrag der Akkreditivbank (Crédit Suisse, Schweizerische Kreditanstalt) an ihre Korrespondenzbank (London Bank Ltd.) zur Avisierung eines Standby Letter of Credit. Dieser Standby Letter of Credit trägt **Garantiecharakter** und dient der Absicherung der Bezahlung eines Exportgeschäfts.

Der Begünstigte hat bei Eintritt des Garantiefalls insbesondere zwei **schriftliche Erklärungen ("written statements")** (Ziffern 3 u. 4 in der Abbildung) abzugeben, deren Inhalt in den Akkreditivbedingungen genau definiert ist. Nur wenn der Begünstigte diese und weitere Nachweise einreicht, erfolgt die Auszahlung aus dem Standby Letter of Credit.

Noch mehr Sicherheit erhält der Akkreditivauftraggeber, wenn er zur Auflage macht, daß die Erklärungen (statements) von einem unabhängigen Dritten abzugeben sind.

Beurteilung von Standby L/C

Insbesondere im **Vergleich zur Bankgarantie** erweist sich der Standby Letter of Credit **für den Begünstigten** oft als das **bessere Absicherungsinstrument**, weil

- die Sicherstellung des Begünstigten und die Inanspruchnahme auf Grundlage der strengen **Regeln der ERA** erfolgt;
- auch **Dokumente**, wie sie bei Akkreditiven typisch sind, einbezogen werden können;
- der **dokumentäre** Standby Letter of Credit regelmäßig durch eine inländische **Bank avisiert** wird, die mit angemessener Sorgfalt dessen augenscheinliche Echtheit zu prüfen hat (vgl. Art. 7 a. ERA);
- der Standby Letter of Credit wie jedes Akkreditiv durch eine (inländische) Zweitbank **bestätigt** werden kann. Mit einer Bestätigung durch eine inländische Zweitbank entfällt das politische Risiko des Begünstigten ebenso wie (praktisch) sein Garantendelkredererisiko (Bonitätsrisiko der Akkreditivbank).

Abbildung

In **Abbildung 1.4-04** sind die einzelnen Schritte der Abwicklung der Absicherung einer Vorauszahlung des Importeurs durch einen Standby Letter of Credit dargestellt, und zwar mit Inanspruchnahme des Standby Letter of Credit wegen Eintritt des Garantiefalls.

1.4.3 Packing Credit (Anticipatory Credit, Bevorschussungskredit)

- **Charakterisierung:**

  Packing Credits sind **Dokumentenakkreditive**, in denen die akkreditiveröffnende Bank eine Zweitbank (eine sog. andere Bank) durch eine Klausel ermächtigt, dem begünstigten Exporteur aus dem Akkreditiv - abgesichert durch die Akkreditivverpflichtung der eröffnenden Bank - einen **Vorschuß** auszuzahlen. Voraussetzung der Bevorschussung ist regelmäßig, daß der Akkreditivbegünstigte eine **Erklärung** abgibt, in der er sich ver-

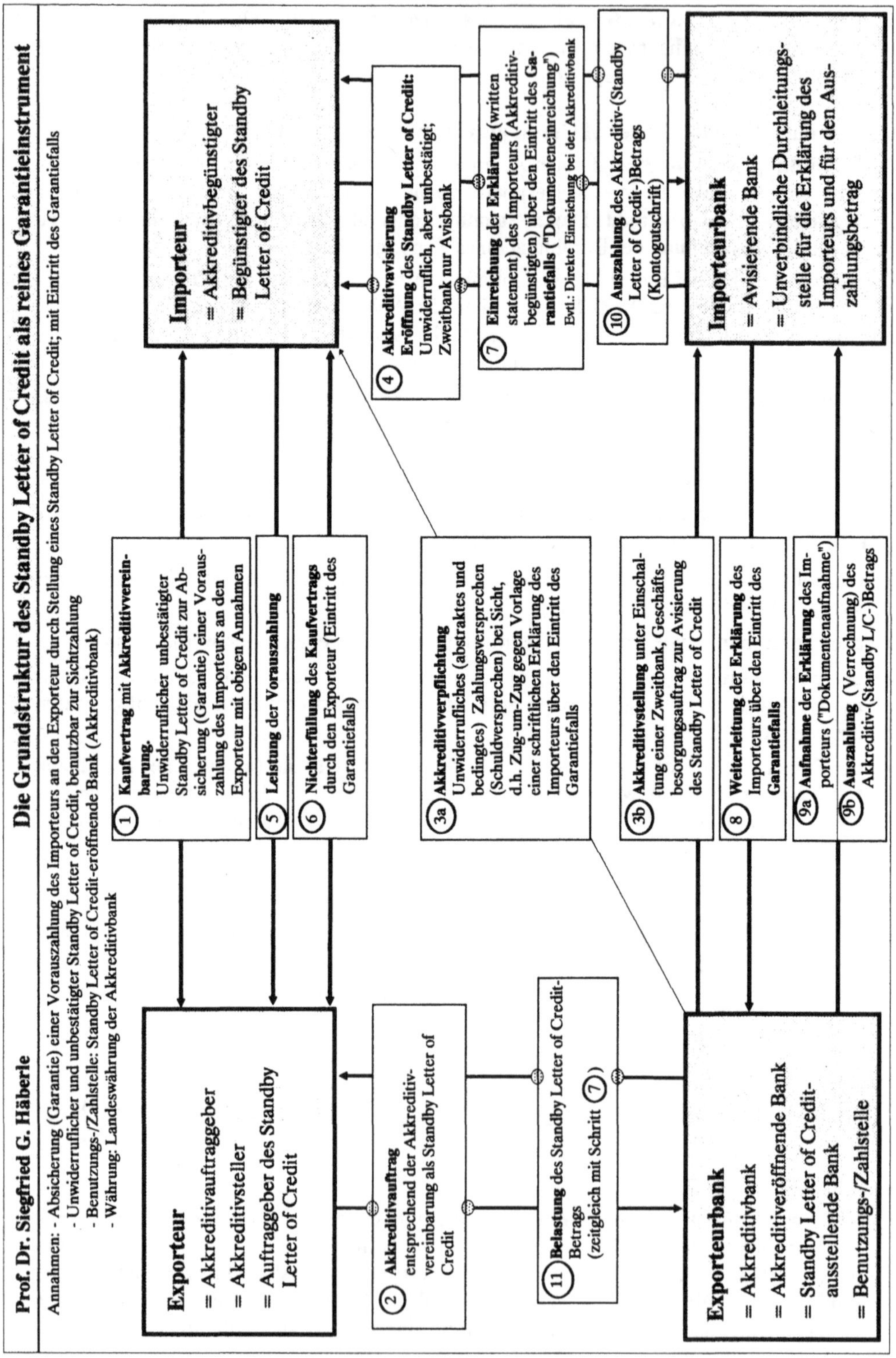

Abbildung 1.4-04

pflichtet, die im Akkreditiv geforderten (Versand-)Dokumente später, aber vor Verfall des Akkreditivs, einzureichen.

Darüber hinaus kann die Bevorschussung an die Bedingung geknüpft sein, daß der Begünstigte **Sicherheiten** zu stellen hat, die sich im allgemeinen auf die zu liefernde Ware beziehen und die durch einzureichende Dokumente (z.B. Lagerscheine, Versicherungsscheine usw.) nachzuweisen sind.

Für den gewährten Vorschuß übernimmt die akkreditiveröffnende Bank gegenüber der Zahlstelle die Haftung (vgl. Zahn u.a. 1986: S. 342f., Rdn 8/23; Klenke 1983: S. 156; Dortschy u.a. 1997: S. 474).

- **Vorkommen:**

  Der Ausdruck "Packing Credit" rührt daher, daß der aus dem Akkreditiv zu leistende Vorschuß weniger dem Einkauf der Waren als vielmehr der **Finanzierung des Versands** dienen soll (vgl. Klenke 1983: S. 156). In der Praxis können die Begünstigten mit den Vorschüssen aber durchaus auch die Phase des **Einkaufs** bzw. der **Herstellung** finanzieren (vgl. Credit Suisse First Boston 1998: S. 31).

  Packing Credits kommen im Rohstoffhandel mit fernöstlichen Ländern, aber auch in den USA vor.

- **Keine Bevorschussungspflicht:**

  Die ermächtigte Zweitbank ist bei unbestätigten Packing Credits nicht verpflichtet, dem begünstigten Exporteur den Vorschuß tatsächlich zu gewähren. Vielmehr macht die Zweitbank ihre Entscheidung von der **Bonität der Akkreditivbank**, die der Zweitbank aufgrund der Akkreditivverpflichtung den Gegenwert des Vorschusses zur Verfügung zu stellen hat, ebenso abhängig wie von ihrer Einschätzung des **politischen Risikos** des Landes, in dem die Akkreditivbank ihren Sitz hat.

- **Remboursierungsanspruch/Rückbelastungsrecht:**

  Leistet eine Zweitbank den Vorschuß an den begünstigten Exporteur bevor sie selbst den Gegenwert von der Akkreditivbank erhalten hat, dann begründet diese Auszahlung ein **Kreditverhältnis** zwischen der auszahlenden Zweitbank und dem begünstigten Exporteur. Die den Vorschuß auszahlende Zweitbank hat zwar - sofern die Akkreditivbedingungen erfüllt sind - stets den im Akkreditiv verbrieften Anspruch auf Remboursierung an die akkreditiveröffnende Bank. Dringt die bevorschussende Bank jedoch mit diesem Remboursierungsanspruch bei der akkreditiveröffnenden Bank nicht durch (z.B. wegen deren Insolvenz oder wegen des Eintritts politischer Risiken), dann macht die bevorschussende Bank von ihrem **Rückbelastungsrecht** auf den vorschußempfangenden Exporteur Gebrauch.

- **Bestätigung:**

  Wünscht der begünstigte Exporteur die Sicherheit, daß er bei Vorlage seiner Verpflichtungserklärung und eventuell weiterer im Akkreditiv geforderter Dokumente (Sicherheiten) einen **Anspruch** auf Auszahlung des Vorschusses **an die Zweitbank** erwirbt, dann muß er mit dem Akkreditivauftraggeber (Importeur) die Eröffnung eines von der Zweitbank bestätigten Bevorschussungs-Akkreditivs vereinbaren.

- **Sicherstellung:**

  In den Akkreditivbedingungen kann der Akkreditivauftraggeber (Importeur) die Auflage erteilen, daß dem begünstigten Exporteur der Vorschuß von der ermächtigten Zweitbank nicht allein gegen Vorlage einer Erklärung über die Verpflichtung zur späteren fristgerechten Einreichung der im Akkreditiv geforderten (Versand-)Dokumente gewährt wird, sondern zusätzlich gegen Stellung von (bestimmten) **Sicherheiten** bzw. gegen Einreichung von **sichernden Dokumenten** (z.B. gegen Einreichung von Lagerscheinen, Versicherungsdokumenten u.ä.).

  Eine solche Sicherstellung liegt vor allem im Interesse des Akkreditivauftraggebers (Importeurs), weil jede Vorschußleistung der Zweitbank lediglich im **Außenverhältnis** von der Akkreditivbank durch deren Akkreditivverpflichtung abgedeckt wird. Im **Innenverhältnis** belastet die Akkreditivbank dagegen stets den Akkreditivauftraggeber weiter. Würde ein Akkreditivbegünstigter den Vorschuß allein auf Grundlage seiner Verpflichtungserklärung zur fristgerechten Nachreichung der (Versand-)Dokumente, also ohne weiterreichende Stellung von Sicherheiten, erlangen und käme der Begünstigte dieser Verpflichtung später nicht nach, dann könnte für den Akkreditivauftraggeber (Importeur) im ungünstigsten Fall der im Rahmen des Packing Credit geleistete Vorschuß verloren sein.

- **Sicherungsklauseln:**

  Zur weiterreichenden Sicherstellung des Akkreditivauftraggebers schlagen Zahn u.a. (Zahn u.a. 1986: S. 344, Rdn 8/25) die folgenden **Weisungen** an die bevorschussende Zweitbank vor (teilweise gekürzte Wiedergabe):

  - "Packing Credit in Höhe von... gegen **Lagerschein** (Warehouse Receipt) und Verpflichtungserklärung, die Dokumente fristgemäß nachzureichen, gestattet;
  - Packing Credit in Höhe von... gegen **Trust Receipt** (oder Banksicherheiten wie Zessionen, Pfandrecht usw.) und Verpflichtungserklärung, die Dokumente fristgerecht nachzureichen, gestattet."

    (Vgl. auch Textbeispiele zum gesicherten und ungesicherten Packing Credit bei Kemmer/Rädlinger 1979: S. 199f.).

- **Red-/Green-Clause:**

  Packing Credits werden in Literatur und Praxis manchmal als "Red-Clause-Akkreditive" bezeichnet (vgl. Credit Suisse First Boston 1998: S. 31). Diese Bezeichnung hängt damit zusammen, daß die Ermächtigung an die Zweitbank zur Leistung eines Vorschusses von der akkreditiveröffnenden Bank zur Hervorhebung früher mit roter Tinte in das Akkreditiv eingetragen wurde. Analog erklärt sich die Bezeichnung "Green-Clause".

  Es ist der Versuch unternommen worden, jene Packing Credits als **"Red-Clause-Akkreditive"** zu definieren, bei denen der begünstigte Exporteur zur Erlangung des Vorschusses neben seiner Verpflichtungserklärung weitere **Sicherheiten** zu stellen hat. Dagegen sollte die Bezeichnung **"Green-Clause-Akkreditive"** solchen Packing Credits vorbehalten sein, die Vorschüsse nur gegen die angesprochene Verpflichtungserklärung, also **ohne weiterreichende Sicherstellung,** ermöglichen. In der betrieblichen Praxis wird diese Trennung jedoch nicht konsequent durchgehalten, so daß bei Verwendung der Bezeichnungen "Red-Clause" bzw. "Green-Clause", sog. **Farbklauselakkreditiven** stets der damit verbundene Vorstellungsinhalt erfragt werden muß (vgl. Zahn u.a. 1986: S. 343f., Rdn 8/24; Dortschy u.a. 1997, S. 473 f.).

1.4.4 Revolvierendes Akkreditiv (Revolving Credit)

Charakterisierung/Vorkommen

Das revolvierende Dokumentenakkreditiv lautet über einen **Akkreditivbetrag**, der innerhalb eines bestimmten Zeitraums vom Begünstigten **mehrmals** (erneut, wieder auflebend, revolvierend) **in Anspruch genommen** werden kann, bis ein festgelegter **Höchstbetrag** erreicht ist.

Die **"Revolving-Klausel"** im Akkreditiv kann den Eigenheiten eines Außenhandelsgeschäfts beliebig angepaßt werden. Sie weist beispielsweise folgenden Inhalt auf:

- Akkreditivbetrag: DM 25.000, siebenmal revolvierend bis zum Höchstbetrag von DM 200.000.

  Nach der ersten Inanspruchnahme steht dem begünstigten Exporteur der Akkreditivbetrag von DM 25.000 sieben weitere Male innerhalb der Laufzeit und bis zum festgelegten Höchstbetrag des Akkreditivs von DM 200.000 zur Verfügung, sofern er jeweils die Akkreditivbedingungen erfüllt, d.h. insbesondere die geforderten (Versand-) Dokumente vorlegt.

Das revolvierende Dokumentenakkreditiv bietet sich als Zahlungsbedingung an, wenn ein Importeur zur Erlangung eines günstigen Einkaufspreises einen **Großabschluß** mit dem Exporteur tätigt, der die Abnahme der Ware sukzessive über einen längeren Zeitraum verteilt vorsieht. Solche **Sukzessivabnahmen** kommen vor allem bei Rohstoffeinkäufen vor.

Zeitliche Gestaltung

Revolvierende Akkreditive können hinsichtlich der **zeitlichen Inanspruchnahme** unterschiedlich gestaltet sein:

- **Ohne Festlegung einer zeitlichen Abfolge der revolvierenden Inanspruchnahmen des Akkreditivbetrags**

  Beispiel:

  Akkreditivbetrag DM 25.000, siebenmal revolvierend bis zum Höchstbetrag von DM 200.000.

  Der Akkreditivbegünstigte ist bei der Inanspruchnahme der jeweiligen Akkreditivbeträge mangels anderer Bedingungen **nicht an bestimmte (Spätest-)Termine** gebunden. Innerhalb der Laufzeit des Akkreditivs kann er die Akkreditivbeträge vielmehr in beliebiger zeitlicher Verteilung in Anspruch nehmen, bis der Höchstbetrag erreicht ist.

- **Mit Festlegung einer zeitlichen Abfolge der revolvierenden Inanspruchnahmen des Akkreditivbetrags**

  Beispiel:

  Akkreditivbetrag DM 25.000, jeden Monat für die gleiche Summe revolvierend, und zwar erstmals im Mai 19.., letztmals im November 19.. . Maximalbetrag auszahlbar unter diesem Akkreditiv: DM 200.000 (Beispiel in Anlehnung an Schweizerische Bankgesellschaft 1994: S. 20).

  Der Akkreditivbegünstigte ist bei der Inanspruchnahme der jeweiligen Akkreditivbeträge **an bestimmte (Spätest-/Monats-) Termine** gebunden. Ist das revolvierende

Akkreditiv beispielsweise am 1.4. eines Jahres eröffnet worden und für die erste Inanspruchnahme bis 30.4. dieses Jahres gültig gestellt, dann hat der Begünstigte im obigen Beispiel die erste Inanspruchnahme des Akkreditivs im April, die revolvierenden Inanspruchnahmen des Akkreditivs in monatlichen Abständen von Mai bis November dieses Jahres zu vollziehen. Der Akkreditivauftraggeber (der Importeur) will durch diese zeitliche Gestaltung des revolvierenden Akkreditivs die pünktliche Sukzessivlieferung der Waren durch den akkreditivbegünstigten Exporteur sichergestellt wissen.

Betragliche Gestaltung

Revolvierende Akkreditive können nicht nur hinsichtlich ihrer zeitlichen, sondern auch hinsichtlich ihrer **betraglichen Inanspruchnahme** unterschiedlich gestaltet sein. Unter diesem Blickwinkel sind "kumulative" und "nichtkumulative" revolvierende Akkreditive zu unterscheiden.

- **Kumulative revolvierende Akkreditive**

  "Kumulativ" bedeutet im Zusammenhang mit revolvierenden Dokumentenakkreditiven, daß ein revolvierender Betrag, den der Akkreditivbegünstigte nicht bzw. nicht vollständig ausgenutzt hat, dem folgenden Betrag zugeschlagen wird. Bei der "kumulativen" Variante revolvierender Dokumentenakkreditive **verfallen** somit **unausgenutzte Beträge nicht**, sondern können nachträglich und unter Beachtung der Rahmenbedingungen des revolvierenden Akkreditivs (Laufzeit, Höchstbetrag usw.) in Anspruch genommen werden.

  Anmerkung: Ist im Akkreditiv die zeitliche Abfolge der revolvierenden Inanspruchnahme des Akkreditivbetrags z.B. in monatlichen Abständen festgelegt, dann würde durch die Klausel "kumulativ" diese zeitliche Festlegung wieder unterlaufen: Einerseits wäre der Begünstigte verpflichtet, monatliche Benutzungen vorzunehmen, andererseits würden nicht beanspruchte Beträge kumuliert. Dies widerspricht sich insoweit, als der Akkreditivauftraggeber durch die Festlegung der zeitlichen Abfolge der revolvierenden Inanspruchnahme den akkreditivbegünstigten Exporteur im allgemeinen zur pünktlichen sukzessiven Auslieferung der Waren zwingen will. Dieses Beispiel zeigt, daß die Revolving-Klausel im Akkreditiv mit großer Umsicht zu definieren ist.

- **Nichtkumulative revolvierende Akkreditive**

  "Nichtkumulativ" ist ein revolvierendes Dokumentenakkreditiv, wenn (revolvierende) **Beträge**, die der Akkreditivbegünstigte **nicht bzw. nicht voll ausgenutzt** hat, **verfallen**. Das "nichtkumulative"-revolvierende Dokumentenakkreditiv bindet somit den Akkreditivbegünstigten streng an die einzelnen revolvierenden Beträge (und gegebenenfalls Termine), was aus Sicht des Akkreditivauftraggebers (des Importeurs), der an einer mengen- und fristgerechten Belieferung interessiert ist, als Vorteil zu bewerten ist.

  Zu **beachten** ist, daß bei einem "nichtkumulativen" revolvierenden Akkreditiv im allgemeinen nur jene Akkreditivbeträge verfallen, die bei ihrer Fälligkeit nicht in Anspruch genommen wurden. Mit der Nichtbenutzung bzw. mit der nur teilweisen Benutzung eines einzelnen oder auch mehrerer revolvierender Akkreditivbeträge verfallen bei dieser Akkreditivart nicht zugleich auch die weiteren (zukünftigen) revolvierenden Inanspruchnahmen.

  Um **Mehrdeutigkeit** auszuschließen, ist es aber von Vorteil, diese Fortdauer (Fortsetzung) des revolvierenden Akkreditivs, die trotz einer eventuell unterlassenen oder nur teilweisen Inanspruchnahme einzelner Akkreditivbeträge erhalten bleiben soll, ausdrücklich in den Kaufvertrag und in die Akkreditivbedingungen aufzunehmen und sich nicht allein auf den Ausdruck "nichtkumulativ" und auf dessen (übliche) Interpretation zu verlassen.

Bestätigung

Revolvierende Akkreditive können widerruflich - was in der Praxis nicht vorkommt - oder **unwiderruflich** eröffnet werden. Wünscht der begünstigte Exporteur bei einer längeren Laufzeit des Außenhandelsgeschäfts und damit des revolvierenden Akkreditivs eine weiterreichende Sicherheit, dann hat er im Kaufvertrag die Stellung eines von einer deutschen Bank **bestätigten** revolvierenden Akkreditivs zu verlangen. Das Garantendelkredererisiko ebenso wie die politischen Risiken sind für den Akkreditivbegünstigten damit praktisch ausgeschlossen.

Fremdwährungsrisiko

Das bei revolvierenden Fremdwährungsakkreditiven entstehende **Wechselkursrisiko** ist für den begünstigten Exporteur wegen der festgelegten oder - durch die Warenlieferung - gestaltbaren Zahlungstermine einigermaßen überschaubar und kann auf die revolvierenden Fälligkeitszeitpunkte hin, z.B. durch Devisentermingeschäfte, abgesichert werden.

Bankprovision

Bei revolvierenden Akkreditiven existieren verschiedene Methoden der Berechnung der sog. Unwiderruflichkeitsprovision (Eröffnungsprovision) der Banken, die zu **unterschiedlichen Ergebnissen** führen. Dies hängt zunächst mit den verschiedenen Bemessungsgrundlagen zusammen, auf die der Provisionssatz angewandt werden kann.

Als **Bemessungsgrundlage** kommen in Frage:

- der im revolvierenden Akkreditiv festgelegte **Höchstbetrag**;
- der zeitlich gestaffelte **Restbetrag** nach jeweils erfolgter Inanspruchnahme;
- die **einzelnen** (revolvierenden) **Akkreditivbeträge**.

Darüber hinaus wird die Höhe des zu zahlenden Provisionsbetrags von der **Definition des Provisionssatzes** bestimmt, und zwar nicht allein von dessen absoluter Höhe, sondern auch von dessen zeitlicher Dimension und einer u.U. kumulierenden Anwendung.
Dem Akkreditivauftraggeber ist zu empfehlen, die für ihn günstigste Methode zu ermitteln und eventuell Vergleichsangebote einzuholen.

Abgrenzungen

Abzugrenzen sind die revolvierenden Akkreditive von solchen **Dokumentenakkreditiven**, die **Inanspruchnahmen und/oder Verladungen in Raten** innerhalb bestimmter Zeiträume vorschreiben. Mangels einer anderslautenden Bedingung im Akkreditiv können die betreffende und jede weitere Rate eines solchen Akkreditivs vom Begünstigten nicht mehr ausgenutzt werden, sofern er auch nur eine Rate innerhalb des für sie vorgeschriebenen Zeitraums nicht in Anspruch genommen hat (vgl. Art. 41 ERA) bzw. eine Rate der Verladung nicht vollzogen wurde. Unterläßt der Begünstigte bei strenger terminlicher Definition der Raten in den Akkreditivbedingungen auch nur eine Teilverschiffung, dann schließt dies folglich die weitere Ausnutzung des Akkreditivs ganz aus, eine Regelung, die vor allem dem Sicherungsinteresse des Akkreditivauftraggebers (des Exporteurs) dient.

Im Gegensatz dazu bleibt dem Begünstigten bei revolvierenden Akkreditiven - wie oben erwähnt - der Anspruch auf den jeweils folgenden revolvierenden Betrag auch dann erhalten, wenn er den vorangehenden Betrag nicht bzw. nicht voll ausgenutzt hat. Bei kumulativen revolvierenden Akkreditiven können sogar mangels anderer Bedingungen die bislang noch nicht ausgenutzten Beträge nachträglich (unter Beachtung der Laufzeit und des Höchstbetrags des Akkreditivs) in Anspruch genommen werden.

1.4.5 Übertragbares Akkreditiv

1.4.5.1 Charakterisierung, Funktionen, besondere Merkmale und Ausprägungen

Hinweis

In Abschnitt „1.4.5.3 **Fallbeispiel zur Abwicklung einer Akkreditivübertragung**" finden sich Abbildungen zu einer Akkreditivübertragung, die von der Abbildung des Originalakkreditivs über dessen Eröffnung und Bestätigung zu Gunsten des Erstbegünstigten und über dessen Auftrag zur Übertragung des Akkreditivs bis zur Abbildung des auf den Zweitbegünstigten übertragenen Akkreditiv reichen.

Charakterisierung

- **Definition:** Ein übertragbares Dokumentenakkreditiv ist ein Akkreditiv, bei dem der Begünstigte berechtigt ist (im Zusammenhang mit übertragbaren Akkreditiven wird vom Erstbegünstigten gesprochen), die - je nach Akkreditivart - zur Zahlung, zur Übernahme einer Verpflichtung zur hinausgeschobenen Zahlung, zur Akzeptleistung bzw. zur Negoziierung ermächtigte Bank zu beauftragen, das Akkreditiv im Ganzen oder zum Teil einem oder mehreren anderen Begünstigten (Zweitbegünstigten) **verfügbar zu stellen**, also **zu übertragen** (vgl. Art. 48 a. ERA).
- **Ausdrückliche Bedingung:** Ein Akkreditiv kann nur übertragen werden, wenn es von der eröffnenden Bank (Akkreditivbank) **ausdrücklich** als **übertragbar** (transferable) bezeichnet worden ist (vgl. Art. 48 b. ERA). Wünscht ein Exporteur die Stellung eines übertragbaren Akkreditivs, dann hat er dies mit dem Importeur bereits im Kaufvertrag zu vereinbaren. Nur dadurch wird der Importeur verpflichtet, bei seiner Bank (der Akkreditivbank) ausdrücklich die Eröffnung eines übertragbaren Akkreditivs zu beantragen.

Funktionen

- **Anwendungsbeispiele:** Übertragbare Akkreditive finden insbesondere im Export- und Transithandel sowie bei Auslandsgeschäften unter Einschaltung von Generalunternehmen Anwendung:
  - Der **Export- bzw. Transithändler** (sog. Zwischenhändler) finanziert den Einkauf der zu exportierenden Güter durch Übertragung desjenigen Akkreditivs auf seinen Vorlieferanten, das ihm sein eigener Abnehmer zur Verfügung gestellt hat.

- Analog überträgt der **Generalunternehmer** das zu seinen Gunsten eröffnete Akkreditiv auf seinen Subunternehmer (Zulieferer). Die Übertragung des Akkreditivs kann in Teilbeträgen auch an verschiedene Subunternehmer (Zulieferer) erfolgen, sofern die Akkreditivbedingungen Teilverladungen/Teilinanspruchnahmen nicht untersagen (vgl. Art. 48 g. ERA).

- **Vorteile:** Durch Übertragung des Akkreditivs **vermeidet** der Zwischenhändler/Exporteur bzw. der Generalunternehmer (der Erstbegünstigte) nicht nur die **Stellung eines eigenen Akkreditivs** an seine Vorlieferanten/Subunternehmer, was ihm bei mangelnder Kreditwürdigkeit womöglich schwer fallen würde, sondern u.U. auch den Einsatz liquider Mittel. Darüber hinaus bindet der Erstbegünstigte durch die (Teil-)Übertragung des Akkreditivs seine Vorlieferanten/Subunternehmer weitgehend in die **Bedingungen des Akkreditivs** - und damit indirekt in die Bedingungen des mit dem Endabnehmer (dem Importeur) abgeschlossenen Kaufvertrags - ein, so z.B. hinsichtlich der Lieferpünktlichkeit, der Warenqualität, der Transportversicherung usw. Auch der Vorlieferant/ Subunternehmer, auf den das Akkreditiv übertragen ist, muß diese Bedingungen durch Vorlage akkreditivkonformer Dokumente nachweisen, wenn er das Akkreditiv benutzen will.

Merkmale bzw. Richtlinien

Hinweis: Vorbemerkungen: Die folgende Darstellung der Merkmale bzw. Richtlinien zur Übertragung von Akkreditiven dient lediglich der **Einführung**. Diese und **weitere Merkmale bzw. Richtlinien** sind im folgenden Abschnitt "1.4.5.2 Grundstruktur und schrittweise Abwicklung der Übertragung eines Akkreditivs" umfassend aufgenommen und in ihrer Bedeutung für die Beteiligten analysiert und interpretiert.

Die **ERA** schreiben zur Übertragung von Dokumentenakkreditiven in **Art. 48** u.a. vor:

- **Einmalige Übertragbarkeit:** Ein übertragbares Akkreditiv kann - sofern nichts anderes angegeben ist - nur **einmal übertragen** werden (vgl. Art. 48 g. ERA). In den Fällen einmaliger Übertragbarkeit stellen die ERA außerdem klar, daß das Akkreditiv auch nicht auf Verlangen des Zweitbegünstigten auf einen Drittbegünstigten übertragen werden kann. Eine Rückübertragung vom Zweitbegünstigten auf den Erstbegünstigten ist allerdings keine verbotene Übertragung im Sinne dieser Norm (vgl. Art. 48 g. ERA).

  Die Richtlinie der nur einmaligen Übertragbarkeit ist sinnvoll, weil dadurch für die Beteiligten die **Abwicklung** des Akkreditivs **überschaubar** bleibt (z.B. wer welche Dokumente zur Benutzung des Akkreditivs wann vorzulegen hat bzw. an wen mit schuldbefreiender Wirkung Zahlung zu leisten ist usw.).

- **Übertragung von Teilen:** Teile eines übertragbaren Akkreditivs können getrennt übertragen werden, sofern Teilverladungen/Teilinanspruchnahmen nicht untersagt sind. Es versteht sich von selbst, daß diese Teilübertragungen im Ganzen den Gesamtbetrag des Akkreditivs nicht überschreiten dürfen (vgl. Art. 48 g. ERA).

  Die Teilübertragbarkeit des Akkreditivs ermöglicht es dem Exporteur (Erstbegünstigten), seine Akkreditivansprüche auf **mehrere (Teil-)Lieferanten** (Zweitbegünstigte) zu übertragen. Überträgt der Erstbegünstigte auf seine(n) Vorlieferanten nur einen Teilbetrag des Akkreditivs, dann bleibt er für den nicht übertragenen Restbetrag selbst berechtigt, Anspruch auf Zahlung an die Akkreditivbank zu erheben.

- **Gleiche Akkreditivbedingungen:** Grundsätzlich gilt, daß ein Akkreditiv nur zu den im **Originalakkreditiv** (Grundakkreditiv, Basisakkreditiv) angegebenen **Bedingungen** (einschließlich der Lieferbedingung) **übertragen** werden kann. Dies bedeutet wiederum, daß das Originalakkreditiv (Basisakkreditiv, Verkaufsakkreditiv) grundsätzlich mit den Dokumenten aus dem übertragenen Akkreditiv benutzt werden können muß.

- **Ausnahmen:** Von diesem Grundsatz lassen die ERA **Ausnahmen** zu. Gegenüber dem Originalakkreditiv können

  - **der Akkreditivbetrag,**
  - **die im Akkreditiv etwa genannten Preise pro Einheit,**
  - **das Verfalldatum,**
  - **das letzte Datum für die Vorlage des (Transport-)Dokuments (gemäß Art. 43 ERA),**
  - **die Verladefrist**

  insgesamt oder einzeln ermäßigt oder verkürzt werden. Zulässig ist gemäß Art. 48 h. ERA auch, daß der Prozentsatz, auf den die **Versicherungsdeckung** lauten muß, in einer Weise erhöht werden kann, daß er den im Originalakkreditiv oder einen anderen gemäß ERA festgesetzten Deckungsbetrag erreicht.

  Schließlich kann der **Erstbegünstigte** - sofern im Akkreditiv nichts anderes verlangt wird - veranlassen, daß bei Übertragung des Akkreditivs gegenüber dem Zweitbegünstigten **sein Name** an der Stelle des Akkreditivauftraggebers eingesetzt wird.

- **Bedeutung der Ausnahmen**

  Insbesondere die zuletzt genannte Möglichkeit erklärt die Bedeutung der Übertragbarkeit von Akkreditiven:

  Der Erstbegünstigte kann das Originalakkreditiv ganz oder teilweise auf einen Vorlieferanten übertragen, ohne daß dieser den **Namen des Endabnehmers** (des Akkreditivauftraggebers) oder die mit diesem vereinbarten **(Preis-)Konditionen** des Warengeschäfts erfährt. Wäre dagegen ein Akkreditiv ausnahmslos nur mit den Originalbedingungen übertragbar, dann würden dem Zweitbegünstigten (dem Vorlieferanten) gegenüber nicht nur die Preiskonditionen, also auch die Handelsspanne des Erstbegünstigten offengelegt, sondern es bestünde auch die Gefahr, daß der Zweitbegünstigte (der Vorlieferant) künftig mit dem im Akkreditiv genannten Auftraggeber des Originalakkreditivs (mit dem Importeur) direkt in Geschäftsverbindung treten würde.

  Aufschluß über den Zweitbegünstigten (Vorlieferanten o.ä.) können u.U. auch die vorzulegenden Dokumente geben. Die Bankpraxis schlägt in diesem Zusammenhang beispielsweise vor, an der Stelle eines Hersteller-Qualitätszertifikats ein „neutrales" Qualitätszertifikat (z.B. einer Experten-/Kontrollgesellschaft) zu vereinbaren.

  Anzumerken ist, daß die Übertragbarkeit bzw. die Übertragung des Akkreditivs - gerade was die (später auszutauschenden) Dokumente anlangt - in der Praxis nicht selten erhebliche **Probleme** bereitet.

Hinweis: Die Bedeutung der Ausnahmen ist umfassend im folgenden Abschnitt "1.4.5.2 Grundstruktur und schrittweise Abwicklung der Übertragung eines Akkreditivs", insbesondere in Schritt "5. Akkreditivübertragungsauftrag" behandelt.

- **Rechnungsaustausch:** Es ist deswegen konsequent, daß die ERA in Art. 48 i. dem Erstbegünstigten das Recht einräumen, bei der Benutzung des Akkreditivs seine eigenen Rechnungen an die Stelle derjenigen des Zweitbegünstigten zu setzen (allerdings nur mit Beträgen, welche den im Akkreditiv angegebenen Originalbetrag nicht übersteigen, und mit den im Akkreditiv gegebenenfalls angegebenen Originalpreisen pro Einheit). Durch einen solchen Rechnungsaustausch kann der Erstbegünstigte aufgrund des Akkreditivs den **Unterschiedsbetrag** (seine **Handelsspanne**) erheben, der gegebenenfalls zwischen seinen Rechnungen und denen der Zweitbegünstigten besteht.
- **Mögliche Zahlbarstellung am Platz des Zweitbegünstigten:** Sofern im Originalakkreditiv nichts anderes vorgeschrieben ist, kann der Erstbegünstigte verlangen, daß auch die Zahlung oder Negoziierung aus dem übertragenen Akkreditiv an dem **Platz** vorgenommen wird, an den das Akkreditiv **übertragen** worden ist (vgl. Art. 48 j. ERA).

  Eine solche Benutzbar-/Zahlbarstellung des übertragenen Akkreditivs bei einer Bank im Land des Zweitbegünstigten kommt vor allem der **Interessenlage des Zweitbegünstigten** entgegen. Bei dieser Bank sind die Dokumente fristwahrend einzureichen, und diese Bank entscheidet im Namen und für Rechnung der Akkreditivbank über die Auszahlung des übertragenen Akkreditivs an den Zweitbegünstigten.

  Für den Erstbegünstigten kann die Verlagerung der Benutzungs-/Zahlstelle auf eine Bank im Land des Zweitbegünstigten dagegen mit Nachteilen verbunden sein, die von der Problematik der Beibringung akkreditivkonformer Dokumente durch den Zweitbegünstigten über Fristversäumnisse bis zum Dokumentenverlustrisiko reichen können.
- **Keine Übertragungspflicht der Banken:** Eine Bank, die ersucht wird, die Übertragung eines Akkreditivs vorzunehmen, ist **nicht verpflichtet**, die Übertragung vorzunehmen, außer in dem Umfang und in der Art, wie sie ausdrücklich zugestimmt hat (vgl. Art. 48 c. ERA).
- **Bankkosten:** Sofern im Akkreditiv nichts anderes bestimmt ist, sind Bankkosten, die im Zusammenhang mit der Übertragung entstehen, **vom Erstbegünstigten zu tragen** (vgl. Art. 48 f. ERA).

Ausprägungen

- Die ERA schließen die Eröffnung widerruflicher übertragbarer Akkreditive nicht aus. Jedoch ist die Sicherheit eines widerruflichen Akkreditivs für einen Zweitbegünstigten ebenso wie für den Erstbegünstigten so gering, daß übertragbare Akkreditive **regelmäßig unwiderruflich** vereinbart und eröffnet werden.
- Wie alle übrigen Akkreditivarten können auch übertragbare Akkreditive unbestätigt oder bestätigt eröffnet werden.

  Bei **unbestätigten** Akkreditiven haben der Erstbegünstigte und der Zweitbegünstigte nur einen Zahlungsanspruch an die Akkreditivbank.

  Ist dagegen das **Originalakkreditiv** von einer **Zweitbank bestätigt** worden, dann haben sowohl der Erstbegünstigte als auch der Zweitbegünstigte Zahlungsansprüche auch an diese Bestätigungsbank. Schließlich kann das **übertragene Akkreditiv** im Ausnahmefall von einer **Drittbank** zugunsten des Zweitbegünstigten **bestätigt** werden.
- **Hinweis:** Die Ansprüche und Verpflichtungen der Beteiligten bei **unbestätigten bzw. bestätigten übertragbaren und übertragenen Akkreditiven** sind umfassend im folgenden Abschnitt “1.4.5.2 Grundstruktur und schrittweise Abwicklung der Über-

tragung eines Akkreditivs", insbesondere in den Schritten "1. Abschluß der Kaufverträge mit Akkreditivvereinbarung (Akkreditivklausel)" sowie "6. Akkreditivverpflichtung der Akkreditivbank/Bestätigungsbank" beschrieben.

1.4.5.2 Grundstruktur und schrittweise Abwicklung der Übertragung eines Akkreditivs

Hinweis

In Abschnitt „1.4.5.3 **Fallbeispiel zur Abwicklung einer Akkreditivübertragung**" finden sich Abbildungen zu einer Akkreditivübertragung, die von der Abbildung des Originalakkreditivs über dessen Eröffnung und Bestätigung zu Gunsten des Erstbegünstigten und über dessen Auftrag zur Übertragung des Akkreditivs bis zur Abbildung des auf den Zweitbegünstigten übertragenen Akkreditiv reichen.

Abbildung/Prämissen

Die **Abbildung 1.4-05** zeigt die **Grundstruktur** eines **übertragbaren Akkreditivs** und die schrittweise **Abwicklung** seiner **Übertragung**. In den anschließenden Erläuterungen sind die einzelnen Schritte der Übertragung des Akkreditivs besprochen und durch **Hinweise an die Beteiligten** ergänzt. Die allgemeingültigen Aspekte der Abwicklung von Akkreditiven bleiben weitgehend im Hintergrund; im Mittelpunkt der Erörterungen stehen vielmehr die Besonderheiten übertragbarer Akkreditive.

Die Abwicklung der Übertragung des Akkreditivs beruht auf den folgenden **Annahmen**:

Beteiligte am Warengeschäft:

- **Exporthändler** (Transithändler, Zwischenhändler) in Land A;
- **Importeur** (Endabnehmer des Exporthändlers) in Land B;
- **Vorlieferant** (Lieferant des Exporthändlers) in Land C.

Warengeschäft und Zahlungsbedingungen:

- Der **Exporthändler verkauft** die Waren an den Importeur gegen Stellung eines unwiderruflichen, bestätigten und **übertragbaren Sichtzahlungsakkreditivs** (Originalakkreditiv, Basisakkreditiv, Grundakkreditiv, Verkaufsakkreditiv).
- Der **Exporthändler kauft** die Waren von seinem Vorlieferanten zu einem niedrigeren Preis gegen **Übertragung** des vom Importeur gestellten unwiderruflichen bestätigten **Sichtzahlungsakkreditivs**. Entsprechend dem niedrigeren Einkaufspreis erfolgt die Übertragung des Akkreditivs mit einem niedrigeren als dem im Originalakkreditiv ausgewiesenen Betrag.
- **Direkter Versand der Waren** vom Vorlieferanten in das Importland (eventuell mit "Notify"-Adresse).

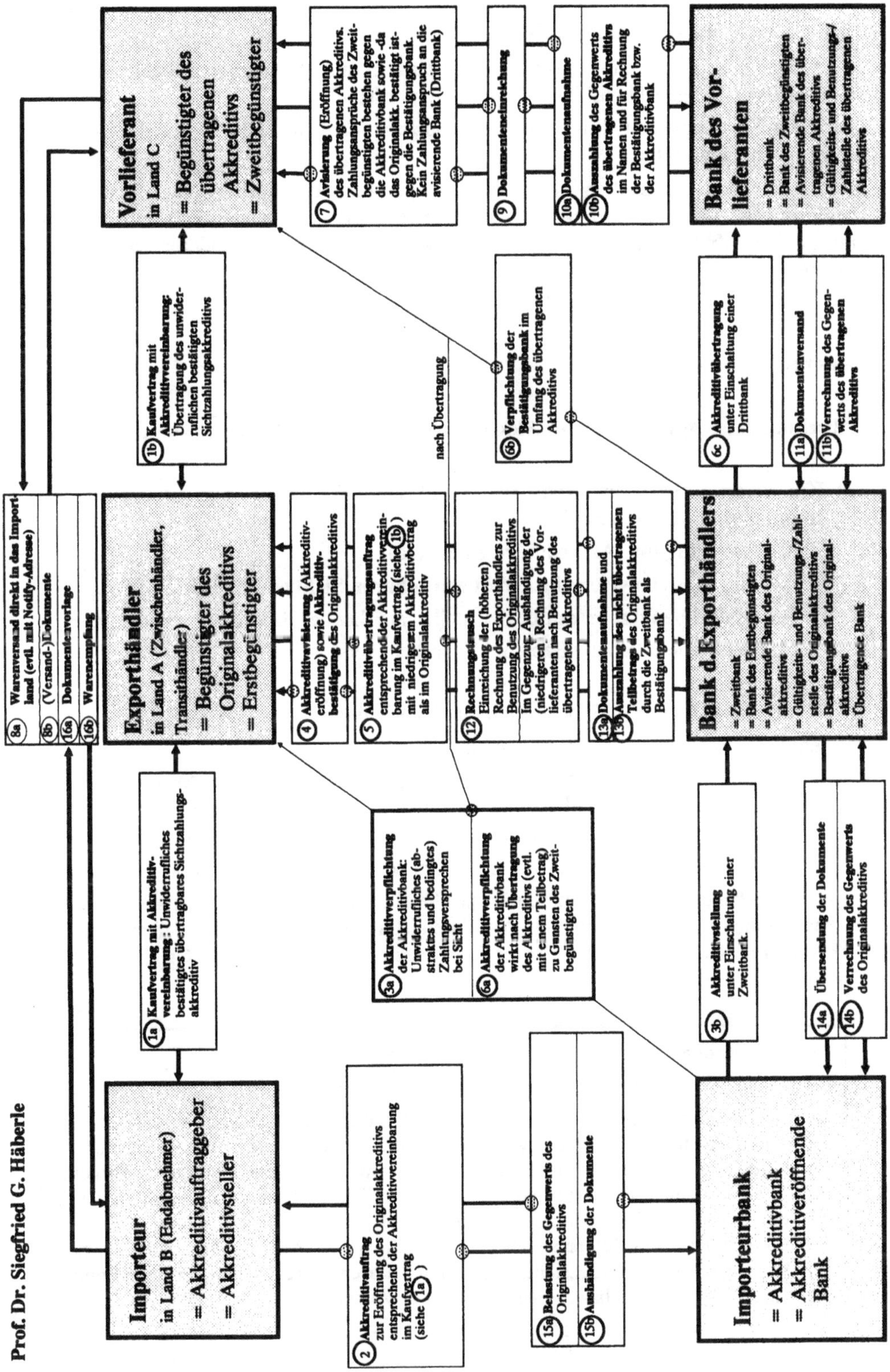

Abbildung 1.4-05

Besondere Merkmale der Akkreditive:

- **Bestätigungsbank** des unwiderruflichen, bestätigten und übertragbaren **Sichtzahlungsakkreditivs** (Originalakkreditivs): Bank des Exporthändlers.

  Diese Bank ist zugleich Gültigkeits- und Benutzungs-/Zahlstelle des Originalakkreditivs sowie übertragende Bank.
- Das **übertragene Akkreditiv** ist bei einer Bank im Land des Vorlieferanten (des Zweitbegünstigten) gültig und benutzbar/zahlbar gestellt. Im vorliegenden Fall ist angenommen, daß der Zweitbegünstigte und seine Bank ihren Sitz in einem anderen Land als der Erstbegünstigte haben.

Erläuterungen:

1. **Abschluß der Kaufverträge mit Akkreditivvereinbarung (Akkreditivklausel)**

   a) **Kaufvertrag zwischen Exporthändler (Transithändler, Zwischenhändler) und Importeur (Endabnehmer)**

   Zahlungsbedingung (Akkreditivvereinbarung):
   - Stellung eines unwiderruflichen **übertragbaren Sichtzahlungsakkreditivs;**
   - **gültig und benutzbar/zahlbar** zu stellen am Sitz der Bank des Exporthändlers;
   - zu **bestätigen** durch die Bank des Exporthändlers.

   b) **Kaufvertrag** zwischen Exporthändler und Vorlieferant

   Zahlungsbedingung (Akkreditivvereinbarung):
   - Stellung eines unwiderruflichen **bestätigten Sichtzahlungsakkreditivs durch Übertragung** des unwiderruflichen, von der Bank des Importeurs eröffneten und von der Bank des Exporthändlers bestätigten Sichtzahlungsakkreditivs;
   - **gültig und benutzbar/zahlbar** zu stellen bei der Hausbank des Vorlieferanten.

   Entsprechend dem zwischen dem Exporthändler und seinem Vorlieferanten vereinbarten niedrigeren Einkaufspreis der Waren ist auch der Betrag des zu übertragenden Akkreditivs entsprechend niedriger festzulegen als der Betrag des Originalakkreditivs.

Hinweise für den Exporthändler (Erstbegünstigten):
Im allgemeinen wünscht der Exporthändler nicht, daß der Importeur (Endabnehmer) den **Vorlieferanten erfährt**, und zwar auch dann nicht, wenn die direkte Auslieferung der Waren vom Vorlieferanten in das Land des Importeurs (Endabnehmers) vorgesehen ist. Ebenso sucht der Exporthändler zu vermeiden, daß der Vorlieferant Kenntnis über den Importeur (Endabnehmer) erlangt. Dieses **Geheimhaltungsinteresse** des Exporthändlers ist bereits bei Abfassung der beiden Kaufverträge zu berücksichtigen, nämlich durch Vereinbarung entsprechender (neutraler) Dokumente bzw. eines geeigneten Versands (z.B. Warenversand an die

Adresse eines treuhänderischen Dritten im Importland, d.h. an eine sog. Notify-Adresse), die den Geschäftspartnern des Exporthändlers keinen Aufschluß über den jeweiligen anderen Beteiligten geben.

Hinweise für den Vorlieferanten (Zweitbegünstigten):

Der Vorlieferant (Zweitbegünstigte) hat bei Übertragung **unbestätigter Akkreditive Ansprüche** auf Zahlung **nur an die Akkreditivbank** (akkreditiveröffnende Bank), nicht dagegen an die avisierende Drittbank und auch nicht an die das Akkreditiv übertragende Zweitbank.
Wünscht der Vorlieferant -so wie im vorliegenden Fall- eine weiterreichende Sicherheit, dann hat er bereits im Kaufvertrag die Übertragung eines **bestätigten** unwiderruflichen **Akkreditivs** zu vereinbaren. Bei Übertragung von Akkreditiven gibt es dazu **zwei Möglichkeiten**:

- Der Vorlieferant begnügt sich mit derjenigen **Bestätigung**, die -wie im vorliegenden Fall- eine **Bank im Land des Exporthändlers** zugunsten des Exporthändlers übernommen hat und die nach Übertragung des Akkreditivs auch zugunsten des Vorlieferanten (des Zweitbegünstigten) wirkt. Hier verbleiben dem Vorlieferanten aber neben dem Garantendelkredererisiko (Risiko der Zahlungsunfähigkeit der Bestätigungsbank) u.U. auch politische Risiken, weil die Bestätigungsbank -zumindest im vorliegenden Fall- ihren Sitz nicht im Land des Vorlieferanten hat.
- Der Vorlieferant verlangt zur Vermeidung derartiger Risiken die **(zusätzliche) Bestätigung** des übertragenen Akkreditivs durch eine Bank mit Sitz in seinem Land.

Im übrigen sollte der Vorlieferant -wie im vorliegenden Fall- bei der Übertragung durchsetzen, daß das übertragene Akkreditiv bei einer Bank in seinem Land gültig und benutzbar/zahlbar gestellt ist. Dies erleichtert ihm zumindest die rechtzeitige Einreichung der Dokumente, verbunden mit den weiteren Vorzügen, die eine Gültigkeits- und Benutzungs-/Zahlstelle im eigenen Land einschließt.

Hinweise für den Importeur (Akkreditivauftraggeber):

Die Übertragbarkeit des vom Importeur zu stellenden Akkreditivs schließt ein, daß der Importeur damit rechnen muß, daß ihm die **Waren** nicht vom Exporthändler selbst, sondern von dessen **Vorlieferanten geliefert** werden. Zwar behält der Importeur zwei wesentliche **Sicherheiten**:

- Erstens behält er trotz Belieferung durch einen Vorlieferanten des Exporthändlers auf Grundlage des **Kaufvertrags** seine Ansprüche gegen den Exporthändler.
- Zweitens sind die **Bedingungen des Originalakkreditivs** bei Übertragung auf Dritte (Vorlieferanten des Exporthändlers) nur in engen Grenzen veränderbar.

Gleichwohl ist der Importeur in mehrfacher Hinsicht darauf angewiesen, daß der Exporthändler den **Vorlieferanten sorgfältig auswählt** (z.B. hinsichtlich der Qualität der zu liefernden Waren). Bestehen hierzu Bedenken, dann sollte der Importeur bereits in das Originalakkreditiv entsprechende Bedingungen aufnehmen lassen, die ihn auch bei einer Übertragung des Akkreditivs auf ihm unbekannte Vorlieferanten sichern (z.B.

ein Qualitätszertifikat, ein spätestes Verladedatum, eine kurze Gültigkeitsdauer des Akkreditivs usw.).

2. **Akkreditivauftrag**

Der Importeur (Akkreditivauftraggeber, Akkreditivsteller) erteilt seiner Bank den Auftrag zur Eröffnung eines unwiderruflichen, bestätigten und übertragbaren Sichtzahlungsakkreditivs zugunsten des Exporthändlers (Begünstigter des Originalakkreditivs, Erstbegünstigter) **nach Maßgabe** der Akkreditivvereinbarung im **Kaufvertrag** (siehe Schritt 1 a.).

Nur in Ausnahmefällen erfolgt die Belastung des Akkreditivgegenwerts bzw. ein sog. Einschuß bereits in diesem Zeitpunkt auf dem Konto des Akkreditivauftraggebers.

3. **a. Akkreditivverpflichtung der Akkreditivbank**

Die Akkreditivverpflichtung der Importeurbank (Akkreditivbank, akkreditiveröffnende Bank) umfaßt gegenüber dem Exporthändler (Begünstigter des Originalakkreditivs, Erstbegünstigter) das **unwiderrufliche**, im vorliegenden Fall **übertragbare Versprechen zur Zahlung bei Sicht**, d.h. Zug-um-Zug gegen Vorlage akkreditivkonformer Dokumente.

Nach erfolgter **Übertragung** des Akkreditivs auf den Zweitbegünstigten wirkt die Akkreditivverpflichtung der Akkreditivbank **zugunsten des Zweitbegünstigten** (siehe Schritt 6 a). Der Erstbegünstigte kann - solange die Übertragung wirksam ist - nur Zahlungsansprüche in Höhe von nicht übertragenen Teilbeträgen geltend machen. Nur in dem Fall, daß der Zweitbegünstigte das übertragene Akkreditiv nicht ausnutzt und das Originalakkreditiv zu diesem Zeitpunkt noch nicht verfallen ist, kann der Erstbegünstigte das Originalakkreditiv uneingeschränkt wieder selbst benutzen.

Analoges gilt für Ansprüche des Erstbegünstigten an die Bestätigungsbank, wenn das Akkreditiv - wie im vorliegenden Beispiel - bestätigt ist.

b. Akkreditivstellung unter Einschaltung einer Zweitbank

In der Regel bedient sich die Akkreditivbank bei der Akkreditiveröffnung und -abwicklung einer Zweitbank. Im vorliegenden Fall umfaßt der Geschäftsbesorgungsauftrag der Akkreditivbank an die Zweitbank die **Avisierung**, die Einsetzung als **Gültigkeits- und Benutzungs/Zahlstelle** sowie die **Bestätigung** des Akkreditivs und - nach einem entsprechenden Auftrag des Erstbegünstigten - die Übertragung des Akkreditivs.

4. **Akkreditivavisierung (Akkreditiveröffnung) und Bestätigung des Akkreditivs**

Der begünstigte **Exporthändler** (Begünstigter des Originalakkreditivs, Erstbegünstigter) erlangt im vorliegenden Fall eine **zweifache Sicherheit**:

- Erstens den unwiderruflichen Anspruch auf Zahlung an die **Akkreditivbank**.
- Zweitens den unwiderruflichen Anspruch auf Zahlung an die **Bestätigungsbank**.

5. **Akkreditivübertragungsauftrag**

Der Exporthändler (Begünstigter des Originalakkreditivs, Erstbegünstigter) erteilt der Zweitbank in ihrer Eigenschaft als Benutzungs-/Zahlstelle des übertragbaren Akkreditivs den Auftrag zur Übertragung auf seinen Vorlieferanten (Begünstigter des übertragenen Akkreditivs, Zweitbegünstigter). Der Exporthändler hat den Auftrag zur Übertragung des Akkreditivs streng nach den mit seinem Vorlieferanten im Kaufvertrag getroffenen Vereinbarungen (siehe Ziffer 1 b) zu erteilen. Darüber hinaus hat der Exporthändler zu beachten, daß das Akkreditiv grundsätzlich nur zu den **Bedingungen des Originalakkreditivs** übertragen werden kann. Allerdings sind folgende **Ausnahmen** im zu übertragenden Akkreditiv möglich:

- **Ermäßigung des Akkreditivbetrags bzw. des im Akkreditiv etwa angegebenen Preises pro Einheit.**

Hinweise für den Exporthändler (Erstbegünstigten):
Der Exporthändler kann somit den Betrag des auf den Vorlieferanten zu übertragenden Akkreditivs **um seine Handelsspanne** (seinen Gewinn) **kürzen**, so daß der Vorlieferant aus dem übertragenen Akkreditiv nicht erfährt, zu welchen Preiskonditionen der Exporthändler die Waren an seinen Abnehmer weiterverkauft hat. Nur in Höhe des nicht übertragenen Akkreditivteilbetrags behält der Erstbegünstigte seine Ansprüche an die Akkreditivbank sowie an die Bestätigungsbank.

- Verkürzung des Verfalldatums des Akkreditivs, des letzten Datums für die Vorlage der (Transport-)Dokumente gemäß Art. 43 ERA und/oder der Verladefrist.

Hinweise für den Exporthändler (Erstbegünstigten):
Die Aufnahme derartiger Fristverkürzungen in das zu übertragende Akkreditiv ist für den Exporthändler zweckmäßig: Erfüllt der **Vorlieferant** -kaufvertragswidrig- seine **Lieferverpflichtung nicht** (rechtzeitig), dann verfällt das zu dessen Gunsten übertragene Akkreditiv unausgenutzt. Weist das Originalakkreditiv eine längere Gültigkeitsdauer auf, dann hat der Exporthändler (der Erstbegünstigte) eventuell noch die Möglichkeit, die Waren anderweitig zu beschaffen und zu liefern (oder liefern zu lassen) und auf dieser Grundlage doch noch Zahlung aus dem Originalakkreditiv zu erlangen.

- Erhöhung des Prozentsatzes, auf den die Versicherungsdeckung lauten muß, insoweit, daß der im Originalakkreditiv oder in den ERA festgesetzte Deckungsbetrag erreicht ist.

Hinweise für den Exporthändler (Erstbegünstigten):
Der Vorlieferant (Zweitbegünstigte) liefert die Waren vertragsgemäß häufig direkt in das Importland. Es ist deswegen zweckmäßig, den Deckungssatz der Versicherung im übertragenen Akkreditiv nicht auf Grundlage des niedrigeren Akkreditivbetrags des übertragenen Akkreditivs, sondern -zur **Mitabdeckung der Handelsspanne** des

Exporthändlers- auf Grundlage des Betrags des Originalakkreditivs festzulegen. Allerdings erlangt der zweitbegünstigte Vorlieferant dadurch indirekt Kenntnis von der Höhe der Handelsspanne des Exporthändlers.

- **Der Name des Erstbegünstigten (des Exporthändlers) kann im zu übertragenden Akkreditiv an die Stelle des Akkreditivauftraggebers (des Importeurs) gesetzt werden.**

Hinweise für den Exporthändler (Erstbegünstigten):

Durch diese Ausnahme wird es dem Exporthändler (Erstbegünstigten) ermöglicht, gegenüber dem Vorlieferanten (Zweitbegünstigten) seinen **Abnehmer** (Importeur, Akkreditivauftraggeber) zu **verschweigen.** Wäre diese Ausnahme nicht gegeben und wäre somit im übertragenen Akkreditiv der Auftraggeber des Originalakkreditivs zu benennen, dann bestünde für den Exporthändler die Gefahr, daß der Vorlieferant künftig unter Umgehung des Exporthändlers direkt mit dem Importeur in Geschäftsverbindung tritt.
Bei direkter Lieferung der Waren vom Vorlieferanten in das Importland wird sodann nicht die Anschrift des Importeurs angegeben, sondern als **"Notify-Adresse"** die Anschrift eines treuhänderischen Dritten, z.B. die Anschrift der Akkreditivbank (im Importland). Insoweit erhält der Vorlieferant keine Information über den Endabnehmer.

- Die Anonymisierung gelingt jedoch dann nicht, wenn im Originalakkreditiv ausdrücklich verlangt wird, daß der Name des Akkreditivauftraggebers (des Importeurs) in irgendeinem (irgendwelchen) anderen Dokument(en) als der Rechnung erscheint. Diese Bedingung muß laut ERA Art. 48 h. ERA auch im Rahmen des übertragenen Akkreditivs erfüllt werden.

Hinweise für den Exporthändler (Erstbegünstigten):

Wenn der Exporthändler darauf Wert legt, daß der Zweitbegünstigte (Vorlieferant) den Namen des Importeurs (Akkreditivauftraggebers) nicht erfährt, hat dies der Exporthändler bereits bei Abschluß des Kaufvertrags mit dem Importeur zu bedenken. Der Exporthändler hat die Zahlungsbedingung (Akkreditivvereinbarung) im Kaufvertrag so zu vereinbaren, daß derart **verfängliche Dokumente nicht in die Akkreditivbedingungen** aufgenommen werden.

Der Erstbegünstigte (Exporthändler) hat zu beachten, daß diejenige Bank (Zweitbank als Benutzungs-/Zahlstelle), die er beauftragt, die **Übertragung** vorzunehmen (übertragende Bank), gemäß Art. 48 c. ERA dazu (außer in dem Umfang und in der Art, wie sie ausdrücklich zugestimmt hat) **nicht verpflichtet** ist.

Im übrigen hat der Erstbegünstigte die **Bankkosten**, die im Zusammenhang mit der Übertragung entstehen, zu tragen, sofern nichts anderes bestimmt ist (vgl. Art. Art. 48 f. ERA).

6. **a. Akkreditivverpflichtung der Akkreditivbank (siehe auch Schritt 3 a.)**

Durch Übertragung des Akkreditivs wirkt die Akkreditivverpflichtung der Akkreditivbank im übertragenen Umfang nunmehr **zugunsten des Zweitbegünstigten.**

b. Akkreditivverpflichtung der Bestätigungsbank

Da es sich im vorliegenden Fall um ein bestätigtes übertragbares Akkreditiv handelt, geht mit der Übertragung des Akkreditivs - im übertragenen Umfang - auch der **Anspruch auf Zahlung** gegen die **Bestätigungsbank** auf den Zweitbegünstigten über.

Hinweise für den Vorlieferanten (Zweitbegünstigten):
Der Zweitbegünstigte verfügt im vorliegenden Fall über eine **zweifache Banksicherheit**: Zum einen über den Zahlungsanspruch an die Akkreditivbank und zum anderen an die Bestätigungsbank. Reicht dem Zweitbegünstigten diese Sicherheit ausnahmsweise und in Abweichung vom vorliegenden Beispiel nicht aus (immerhin haben die Akkreditivbank und die Bestätigungsbank ihren Sitz aus Sicht des Zweitbegünstigten regelmäßig im Ausland, so daß neben den Garantendelkredererisiken auch politische Risiken bestehen können), dann wäre als **weitere Sicherheit die Bestätigung** des übertragenen Akkreditivs durch eine **Drittbank** im Land des Zweitbegünstigten in Erwägung zu ziehen. Die Bestätigung durch eine Drittbank (eventuell durch die Hausbank des Zweitbegünstigten) hat der Zweitbegünstigte mit dem Erstbegünstigten im Kaufvertrag (siehe Schritt 1 b) zu vereinbaren. Bei Übertragung **unbestätigter Akkreditive** hat der Zweitbegünstigte zu bedenken, daß er weder an die Zweitbank noch an die Drittbank, sondern nur an die Akkreditivbank Zahlungsansprüche aus dem übertragenen Akkreditiv erheben kann.

c. Akkreditivübertragung unter Einschaltung einer Drittbank

Die Übertragung eines Akkreditivs auf den Zweitbegünstigten erfolgt regelmäßig unter Einschaltung einer Drittbank. Die übertragende Zweitbank erteilt der Drittbank einen Geschäftsbesorgungsauftrag, der im vorliegenden Fall die **Avisierung** des übertragenen Akkreditivs sowie die Einsetzung als **Gültigkeits- und Benutzungs-/Zahlstelle** für das übertragene Akkreditiv umfaßt.

7. **Avisierung (Eröffnung) des übertragenen Akkreditivs**

Mit der Avisierung (Eröffnung) des übertragenen Akkreditivs erlangt der Zweitbegünstigte den verbrieften **Zahlungsanspruch**, der sich im vorliegenden Fall an die Akkreditivbank sowie an die übertragende und zugleich bestätigende Zweitbank richtet. Keinen Zahlungsanspruch erwirbt der Zweitbegünstigte im vorliegenden Fall dagegen an die Drittbank, da diese das übertragene Akkreditiv nicht zusätzlich bestätigt hat.

Die Nennung der Akkreditivbank gegenüber dem Zweitbegünstigten erfolgt im übertragenen Akkreditiv beispielsweise mit der Formulierung: “Diese Übertragung beruht auf einem unwiderruflichen Dokumentenakkreditiv, eröffnet von der... (es folgt die Akkreditivbank)”. Gegebenenfalls folgt - wie im vorliegenden Beispiel - auch die Nennung der das Originalakkreditiv bestätigenden Zweitbank.

8. Warenversand und Empfang der (Versand-)Dokumente

Der Zweitbegünstigte (Vorlieferant) versendet die Waren entsprechend dem mit dem Exporthändler geschlossenen Kaufvertrag (Schritt 1 b.) **direkt in das Importland**, und zwar entweder an die Adresse des Importeurs oder an die Adresse eines treuhänderischen Dritten (z.B. an die Adresse der akkreditiveröffnenden Bank oder an eine andere, im Kaufvertrag vereinbarte "Notify-Adresse").

Kennt der Zweitbegünstigte den Namen des Importeurs (Akkreditivauftraggebers) nicht, sondern nur eine Notify-Adresse, dann muß in den Akkreditivbedingungen klargestellt sein, daß bei Seeverfrachtung das **Orderkonnossement blanko zu indossieren** und eine Notify-Adresse im Importland anzugeben ist. Im Gegenzug zum Warenversand erhält der Zweitbegünstigte (Vorlieferant) die (Transport-)Dokumente (Schritt 8 b).

9. Dokumenteneinreichung

Nach Zusammenstellung aller im übertragenen Akkreditiv geforderten **Dokumente** reicht der Zweitbegünstigte diese Dokumente bei der für das übertragene Akkreditiv als Gültigkeitsstelle und Benutzungs-/Zahlstelle eingesetzten Drittbank (eventuell zugleich seine Hausbank) ein, rechtzeitig **vor Verfall** des übertragenen Akkreditivs.

10. Dokumentenaufnahme und Auszahlung des Gegenwerts des übertragenen Akkreditivs

Da die **Drittbank** auch als **Benutzungs-/Zahlstelle** des übertragenen Akkreditivs eingesetzt ist, ist sie befugt, die Dokumente auf Übereinstimmung mit den Bedingungen des übertragenen Akkreditivs zu prüfen und im Namen und für Rechnung der Bestätigungsbank (Zweitbank) bzw. der Akkreditivbank den Akkreditivgegenwert **an den Zweitbegünstigten auszuzahlen**. Der Zweitbegünstigte hat jedoch an die Drittbank - da diese das übertragene Akkreditiv nicht bestätigt hat - keinen Anspruch auf Auszahlung. Die tatsächliche Auszahlung an den Zweitbegünstigten kann sich deswegen solange verzögern, bis die Drittbank selbst über den Gegenwert des übertragenen Akkreditivs verfügt.

11. Dokumentenversand und Verrechnung des Gegenwerts des übertragenen Akkreditivs

Da die Drittbank als Benutzungs-/Zahlstelle eingesetzt ist, erwirbt sie einen **Remboursierungsanspruch** an die Bestätigungsbank sowie an die Akkreditivbank. Der Remboursierungsanspruch der Drittbank wird im vorliegenden Fall - im Gegenzug zum Dokumentenversand und nach Prüfung und Aufnahme der Dokumente durch die Zweitbank - durch Verrechnung zwischen Zweitbank und Drittbank erfüllt.

12. Rechnungsaustausch

Sobald die Zweitbank (übertragende Bank) von der Drittbank die Anzeige über die Auszahlung des Gegenwerts des übertragenen Akkreditivs erhält, fordert sie den **Erstbegünstigten** auf, unverzüglich seine eigene, auf den Importeur (Akkreditivauftraggeber) ausgestellte **Rechnung einzureichen**.

Hinweise für den Exporthändler (Erstbegünstigten):
Bei der Ausstellung der Rechnung des erstbegünstigten Exporthändlers ist darauf zu achten, daß die Beträge der Rechnung den im Akkreditiv angegebenen **Originalbetrag nicht übersteigen** bzw. den im Akkreditiv gegebenenfalls angegebenen Originalpreisen pro Einheit entsprechen (vgl. Art. 48 i. ERA).

Die Zweitbank (die übertragende Bank) **tauscht** nunmehr die **Rechnungen** aus: Sie setzt die (höhere) Rechnung des erstbegünstigten Exporthändlers an die Stelle der (niedrigeren) Rechnung des zweitbegünstigten Vorlieferanten.

Die **Rechnung** des zweitbegünstigten **Vorlieferanten** wird dem **Exporthändler** sodann **ausgehändigt.**

Anmerkung: Wenn die Rechnung des Zweitbegünstigten als zahlungsauslösendes Dokument verwendet werden muß, kann eventuell der im Versicherungsdokument angegebene Betrag nicht mehr mit dem Basisakkreditiv konform gehen.

Hinweise für den Exporthändler (Erstbegünstigten):
Kommt der Erstbegünstigte (Exporthändler) der ersten **Aufforderung** der Zweitbank zur Einreichung seiner eigenen Rechnung an den Importeur (Akkreditivauftraggeber) nicht nach, dann hat die Zweitbank das **Recht**, der akkreditiveröffnenden Bank die Dokumente einschließlich der Rechnung des Zweitbegünstigten, also ohne die Rechnung des Erstbegünstigten, auszuhändigen (vgl. Art. 48 i. ERA).

13. Dokumentenaufnahme und Auszahlung des dem Erstbegünstigten zustehenden Teilbetrags aus dem Originalakkreditiv

Die Zweitbank **prüft** die vom erstbegünstigten Exporthändler eingereichte **Rechnung** in Verbindung mit den von der Drittbank zugegangenen **Dokumenten** auf Übereinstimmung mit dem Originalakkreditiv.

Auf dieser Grundlage zahlt die Zweitbank - im vorliegenden Fall in ihrer Eigenschaft als Bestätigungsbank - die **Differenz** zwischen dem höheren Betrag des Originalakkreditivs (bzw. dem Betrag der Rechnung des Erstbegünstigten) und dem niedrigeren Betrag des übertragenen Akkreditivs (bzw. dem Betrag der Rechnung des Zweitbegünstigten) an den Erstbegünstigten (Exporthändler) aus.

Wäre die Zweitbank - im Gegensatz zum vorliegenden Beispiel - nur Benutzungs-/Zahlstelle des Originalakkreditivs, nicht aber zugleich Bestätigungsbank, dann könnte sich die Auszahlung des Akkreditivbetrags bis zur Deckungsanschaffung durch die Akkreditivbank verzögern.

14. Dokumentenversand und Verrechnung des Gegenwerts des Originalakkreditivs

Dieser Schritt beinhaltet keine Besonderheiten gegenüber der üblichen Abwicklung von Akkreditiven.

15. Belastung des Gegenwerts des Originalakkreditivs und Aushändigung der Dokumente

Dieser Schritt beinhaltet keine Besonderheiten gegenüber der üblichen Abwicklung von Akkreditiven.

16. Dokumentenvorlage und Warenempfang

Der Importeur (Akkreditivauftraggeber) legt die Dokumente zum Nachweis seiner Berechtigung den relevanten Stellen vor: Ist der **Importeur** als **Adressat** in den Dokumenten ausgewiesen, vollzieht sich der Warenempfang wie üblich.

Ist dagegen in den Dokumenten lediglich eine **"Notify-Adresse"** angegeben, dann hat der Importeur den Empfang der Waren im Einvernehmen mit der angegebenen "Notify-Adresse" zu bewerkstelligen. Den Namen des Vorlieferanten (des Zweitbegünstigten aus dem Akkreditiv) erfährt der Importeur unter dieser Voraussetzung nicht aus dem Akkreditiv.

1.4.5.3 Fallbeispiel zur Abwicklung einer Akkreditivübertragung

Quelle

Die UBS Schweizerische Bankgesellschaft präsentiert in ihrer Schrift „Akkreditive, Dokumentarinkassi, Bankgarantien" (o.O., 1997, S. 56 ff.) ein Fallbeispiel zur Abwicklung einer Akkreditivübertragung.

Abbildungen / schrittweise Abwicklung der Übertragung

Die folgenden Abbildungen 1.4-06 bis 1.4-09 zeigen in

- **Abbildung 1.4-06** das **Originalakkreditiv;**
- **Abbildung 1.4-07** die **Avisierung / Eröffnung** und **Bestätigung** des **Originalakkreditivs** gegenüber dem **Erstbegünstigten;**
- **Abbildung 1.4-08** den **Auftrag des Erstbegünstigten** an seine Bank **zur Übertragung** des Akkreditivs auf einen Zweitbegünstigten, u.a. unter Ermäßigung des Akkreditivbetrages und des Preises pro Einheit, unter Verkürzung des Verfalldatums und der Dokumentenvorlagefrist (an die Stelle der 21-Tage-Frist gem. Art. 43 ERA tritt eine 15-Tage-Frist ab Verladedatum B/L), jedoch bei unverändertem letztem Verladedatum;
- **Abbildung 1.4-09** das **auf den Zweitbegünstigen übertragene Akkreditiv.**

ISSUE OF A DOCUMENTARY CREDIT
MT: 700 PRIOR: N
SENDER: 15.09.19.. / ..:..
BIC: .... XXX ISN: ....

***** SWIFT NORMAL *****
BATCH FP061L07 PROCESSED:
RECEIVER: 15.09.19.. / ..:..
BIC: UBSWCHZH 80A OSN:

JAPAN COMMERCIAL BANK CORP.
OSAKA / JAPAN

UNION BANK OF SWITZERLAND
CH-8021 ZURICH

UNION BANK
OF SWITZERLAND
999'999-9
ZURICH

:27: * *SEQUENCE OF TOTAL* *
1/2

:40A: * *FORM OF DOCUMENTARY CREDIT* *
IRREVOCABLE, TRANSFERABLE

:20: * *DOCUMENTARY CREDIT NUMBER* *
OS/3/0705/83

:31C: * *DATE OF ISSUE* *
15.09.19..

:31D: * *DATE AND PLACE OF EXPIRY* *
21.11.19.. SWITZERLAND

:50: * *APPLICANT* *
NIPPON COTTON IMPORTERS LTD.
TOKYO / JAPAN

:59: * *BENEFICIARY* *
TRANSIT AG
P.O.BOX
CH-8021 ZURICH / SWITZERLAND

:32B: * *CURRENCY CODE, AMOUNT* *
APPROX. USD 784 380.00

:41A: * *AVAILABLE WITH . . . . BY . . . .* *
UNION BANK OF SWITZERLAND, CH-8021 ZURICH
BY PAYMENT AT SIGHT

:43P: * *PARTIAL SHIPMENTS* *
ALLOWED

:43T: * *TRANSHIPMENT**
PROHIBITED

:44A: * *LOADING ON BOARD/DISPATCH/TAKING IN CHARGE AT /FROM* *
ANY ARGENTINE PORT

:44B * *FOR TRANSPORTATION TO . . .* *
OSAKA / JAPAN

:44C: * *LATEST DATE OF SHIPMENT* *
31.10.19..

:45A: * *DESCRIPTION OF GOODS AND/OR SERVICES* *
APPROX. 600 METRIC TONS NET ARGENTINE RAW COTTON TYPE
VERA CROP 19../.. IN BALES AT USCENTS 130.73 PER KILO NET
CFR OSAKA

:46B: * *DOCUMENTS REQUIRED* *
+ SIGNED COMMERCIAL INVOICE 3-FOLD
+ WEIGHT LIST IN DUPLICATE EVIDENCING GROSS- AND NET-WEIGHT BALE BY BALE
+ CERTIFICATE OF ORIGIN IN DUPLICATE ISSUED OR COUNTERSIGNED BY CHAMBER OF COMMERCE
+ WEIGHT AND QUALITY-CERTIFICATE ISSUED BY SOCIETE GENERALE DE SURVEILLANCE SA GENEVA OR THEIR AGENTS AT LOADING PORT CERTIFYING TOTAL GROSS- AND TOTAL NET-WEIGHT AND THAT COTTON SHIPPED CORRESPONDS TO ARGENTINE RAW COTTON TYPE VERA CROP 19../..
+ FULL SET OF CLEAN ON BOARD MARINE BILL OF LADING, ISSUED TO ORDER, BLANK ENDORSED, NOTIFY OUR BANK AND MARKED FREIGHT PAID

SPECIMEN

Abbildung 1.4-06 (Seite 1)

ISSUE OF A DOCUMENTARY CREDIT **** SWIFT NORMAL ****
MT: 700 PRIOR: N *BATCH FP061L07 PROCESSED:*
SENDER: 15.09.19.. / ..:.. *RECEIVER: 15.09.19.. / ..:..*
BIC: .... XXX ISN: .... *BIC: UBSWCHZH 80A OSN:*

UNION BANK
OF SWITZERLAND
999'999-9
ZURICH

:27:	** SEQUENCE OF TOTAL ** 2/2
:47B:	**ADDITIONAL CONDITIONS** INSURANCE COVERED BY BUYER
:71B:	**CHARGES** FOR ACCOUNT OF BUYER
:49:	** CONFIRMATION INSTRUCTIONS ** CONFIRM
:53A:	** REIMBURSEMENT BANK ** UNION BANK OF SWITZERLAND, CH-8021 ZURICH
:72:	** SENDER TO RECEIVER INFORMATION ** PAYMENT TO THE DEBIT OF OUR USD-CURRENT ACCOUNT UNDER CABLE ADVICE TO US
:78:	**INSTRUCTIONS TO PAYING/ACCEPTING/NEGOTIATING BANK** DOCUMENTS TO BE FORWARDED TO US BY REGISTERED AIRMAIL IN TWO CONSECUTIVE LOTS

SPECIMEN

Abb. 1.4-06 (Seite 2) **Quelle**: UBS Schweizerische Bankgesellschaft 1997: S. 56 f.

UBS
Union de Banques Suisses
Schweizerische Bankgesellschaft
Unione di Banche Svizzere
Union Bank of Switzerland

Dok.-Akkreditiv Nr.: OS/3/0705/83

Bahnhofstrasse 45
Postfach
CH-8021 Zürich

Unsere Referenz: 0230-EA999999X0X

Tel.:	(01) 234 11 11
Fax:	(01) 235 54 59
Telex:	813 811 ubs ch
E-Mail:	dczurich@ubs.ch
SWIFT:	UBSWCHZH80A

Eingeschrieben 000100
TRANSIT AG
POSTFACH

8021 ZURICH

Dok. Abt.:	FHA1-Hans Muster
Direktwahl:	(01) 235 00 00

Datum:	16 September 19..

Betrag:	USD 784'380.00 +10/-10 %
Form:	Unwiderruflich Uebertragbar
Datum und Ort der Gültigkeit:	21 November 19.., Zürich
Benutzbar bei:	SCHWEIZERISCHE BANKGESELLSCHAFT POSTFACH 8021 ZÜRICH
Benutzbar durch:	Zahlung

SPECIMEN

Auftraggeber
NIPPON COTTON IMPORTERS LTD.
TOKYO/JAPAN

Eröffnende Bank
JAPAN COMMERCIAL BANK CORP.
OSAKA/JAPAN

Avisierung eines Dokumentar-Akkreditivs

Dieses Akkreditiv ist von obgenannter Bank zu Ihren Gunsten eröffnet worden; siehe unser Voravis vom 15.09...

Als Beilage erhalten Sie eine Kopie der Eröffnungsanzeige mit allen Bedingungen des Akkreditivs.

Gemäss den Instruktionen der eröffnenden Bank fügen wir diesem Akkreditiv unsere Bestätigung zu den im Artikel 9 der ERA 500 stipulierten Bedingungen bei.

Alle Kommissionen und Spesen gehen zu Lasten des Auftraggebers.

Bitte prüfen Sie die Akkreditiv-Bedingungen sorgfältig. Sollten einzelne Punkte nicht den Abmachungen entsprechen oder nicht erfüllt werden können, wollen Sie bitte von Ihrem Vertragspartner (Akkreditiv-Auftraggeber) eine entsprechende Aenderung verlangen.

Falls nicht ausdrücklich anderweitig vermerkt, gelten für dieses Akkreditiv die "Einheitlichen Richtlinien und Gebräuche für Dokumenten-Akkreditive, Revision 1993, Publikation Nr. 500 der Internationalen Handelskammer, Paris".

Mit freundlichen Grüssen
Schweizerische Bankgesellschaft

Gültig ohne Unterschrift

Abbildung 1.4-07 **Quelle**: UBS Schweizerische Bankgesellschaft 1997: S. 58.

✱ TRANSIT AG

Zurich, 18th September 19..

Union Bank of Switzerland
Documentary Credit Dept.
P.O. Box
8021 Zurich

Re: Documentary Credit No. 0S/3/0705/83 issued by Japan Commercial Bank, Osaka/Japan, UBS ref. 999'999-9

Dear Sirs,

Please transfer the above-mentioned Credit as follows:

To: (2nd beneficiary):	Cooperativa Cotonela Buenos Aires / Argentina
Through:	Banco Plata SA Buenos Aires / Argentina

On the same terms and conditions of above-mentioned Master D/C, except:

1)	amount:	Approx. US$ 760,800.--
2)	unit price:	US-Cents 126.80 per kilo net CFR Osaka
3)	place of availability/ payment:	Buenos Aires
4)	expiry date:	15th November 19.. in Buenos Aires
5)	remarks:	- Documents to be presented within 15 days from Bill of Lading date - your charges and/or expenses to be borne by us, correspondent bank expenses to be charged to the 2nd beneficiary

SPECIMEN

Upon payment by you under the transferred Credit, or prior to the date of this payment, we shall provide you with our commercial invoices drawn in accordance with the Master D/C, in order that these documents may be substituted for the 2nd beneficiary's invoices which shall be delivered to us together with your payment to us of the difference between the two invoices, less any charges due to you.

In view of the fact that we decided to retain our right to disallow the advising of an amendment to the Second Beneficiary, we hereby undertake and agree with you not to accept any amendment towards the issuing bank without your consent as transferring bank, and we have furthermore taken due note that where applicable such amendment(s) would also need the approval of the Second Beneficiary under the transfer credit.

The original Credit mentioned above, as well as your relevant advice are returned to you herewith and are to be kept at your counters in Zurich.

Yours faithfully

TRANSIT AG

Enclosures

Abbildung 1.4-08 **Quelle**: UBS Schweizerische Bankgesellschaft 1997: S. 59.

*TRANSFER OF A DOCUMENTARY CREDIT *** SWIFT NORMAL ****

MT: 720 PRIOR: N	*BATCH FP061L07 PROCESSED:*
SENDER: 20.09.19.. / ..:..	*RECEIVER: 20.09.19.. / .:..*
BIC: .... XXX ISN:	*BIC: ....*
UNION BANK OF SWITZERLAND	*BANCO PLATA S.A.*
ZURICH / SWITZERLAND	*BUENOS AIRES / ARGENTINA*

:27: * *SEQUENCE OF TOTAL* *
1/2

:40A: * *FORM OF DOCUMENTARY CREDIT* *
IRREVOCABLE
ADDING OUR CONFIRMATION

:20: * *TRANSFERRING BANK'S REFERENCE* *
888'888-8

:21: * *DOCUMENTARY CREDIT NUMBER* *
OS/3/0705/83

:31C: * *DATE OF ISSUE* *
15.09.19..

:31D: * *DATE AND PLACE OF EXPIRY* *
15.11.19.. BUENOS AIRES

:52A: * *ISSUING BANK OF THE ORIGINAL D/C* *
JAPAN COMMERCIAL BANK CORP.
OSAKA / JAPAN

:50: * *FIRST BENEFICIARY* *
TRANSIT AG
P.O.BOX
CH-8021 ZURICH / SWITZERLAND

:59: * *SECOND BENEFICIARY* *
COOPERATIVA COTONELA
BUENOS AIRES / ARGENTINA

:32B: * *CURRENCY CODE, AMOUNT* *
APPROX. USD 760 800.00

:41A: * *AVAILABLE WITH .... BY ....* *
BANCO PLATA S.A.
BUENOS AIRES / ARGENTINA
BY PAYMENT AT SIGHT

:43P: * *PARTIAL SHIPMENTS* *
ALLOWED

:43T: * *TRANSHIPMENT* *
PROHIBITED

:44A: * *LOADING ON BOARD/DISPATCH/TAKING IN CHARGE AT /FROM* *
ANY ARGENTINE PORT

:44B * *FOR TRANSPORTATION TO . . .* *
OSAKA / JAPAN

:44C: * *LATEST DATE OF SHIPMENT* *
31.10.19..

:45A: * *DESCRIPTION OF GOODS AND/OR SERVICES* *
APPROX. 600 METRIC TONS NET ARGENTINE RAW COTTON TYPE
VERA CROP 19../.. IN BALES AT USCENTS 126.80 PER KILO NET,
CFR OSAKA

SPECIMEN

Abbildung 1.4-09 (Seite 1)

*TRANSFER OF A DOCUMENTARY CREDIT *** SWIFT NORMAL ****

MT: 720 PRIOR: N	*BATCH FP061L07 PROCESSED:*
SENDER: 20.09.19.. / ..:..	*RECEIVER: 20.09.19.. / ..:..*
BIC: .... XXX ISN:	*BIC: ...:*

:27: ** SEQUENCE OF TOTAL **
2/2

:46B: ** DOCUMENTS REQUIRED **
+ SIGNED COMMERCIAL INVOICE 3-FOLD
+ WEIGHT LIST IN DUPLICATE EVIDENCING GROSS- AND NET-WEIGHT BALE BY BALE
+ CERTIFICATE OF ORIGIN IN DUPLICATE ISSUED OR COUNTERSIGNED BY CHAMBER OF COMMERCE
+ WEIGHT AND QUALITY-CERTIFICATE ISSUED BY SOCIETE GENERALE DE SURVEILLANCE SA GENEVA OR THEIR AGENTS AT LOADING PORT CERTIFYING TOTAL GROSS- AND TOTAL NET-WEIGHT AND THAT COTTON SHIPPED CORRESPONDS TO ARGENTINE RAW COTTON TYPE VERA CROP 19../..
+ FULL SET OF CLEAN ON BOARD MARINE BILL OF LADING, ISSUED TO ORDER, BLANK ENDORSED, NOTIFY: JAPAN COMMERCIAL BANK CORP. , OSAKA, AND MARKED FREIGHT PAID

:71B: **CHARGES**
FOR ACCOUNT OF SECOND BENEFICIARY

:48: ** PERIOD FOR PRESENTATION **
WITHIN 15 DAYS FROM DATE OF B/L

:49: ** CONFIRMATION INSTRUCTIONS **
WITHOUT

:72: ** SENDER TO RECEIVER INFORMATION **
UPON RECEIPT OF YOUR DULY AUTHENTICATED SWIFT/TELEX ADVICE, CONFIRMING THAT DOCUMENTS IN STRICT COMPLIANCE WITH CREDIT TERMS HAVE BEEN DISPOSED OF AS INSTRUCTED, WE SHALL REMIT COVER AS PER INSTRUCTIONS.
THE FIRST BENEFICIARY WISHES TO RETAIN THE RIGHT TO REFUSE TO ALLOW OURSELVES TO ADVISE AMENDMENTS TO THE SECOND BENEFICIARY.

:78: **INSTRUCTIONS TO PAYING/ACCEPTING/NEGOTIATING BANK**
DOCUMENTS TO BE FORWARDED BY REGISTERED AIRMAIL IN TWO CONSECUTIVE LOTS TO OUR FOLLOWING ADDRESS:
UNION BANK OF SWITZERLAND
BAHNHOFSTRASSE 45
CH-8021 ZURICH / SWITZERLAND

SPECIMEN

Abb. 1.4-09 (Seite 2) **Quelle**: UBS Schweizerische Bankgesellschaft 1997: S. 60 f.

1.4.6 Gegenakkreditiv (Back-to-back-Akkreditiv)

Vorbemerkung

Das Gegenakkreditiv kommt in der **Praxis nicht allzu häufig** vor. Dies rechtfertigt es, das Gegenakkredititiv im folgenden nur knapp zu charakterisieren.

Aus demselben Grund ist im Anschluß an die nachstehende Charakterisierung zwar einerseits die **Abbildung** der schrittweisen Abwicklung eines Gegenakkreditivs aufgenommen, jedoch andererseits auf die ausführliche Beschreibung dieser Abbildung verzichtet worden, zumal die einzelnen Schritte und damit die Abwicklung eines Gegenakkreditivs – auf Grundlage der Ziffern in der Abbildung – leicht nachvollziehbar sind.

Charakterisierung

Ein Gegenakkreditiv entsteht, indem ein Exporthändler (Zwischenhändler, Transithändler) bzw. ein Generalunternehmer auf Grundlage eines zu seinen Gunsten eröffneten Akkreditivs seine Bank beauftragt, **back-to-back** (Rücken-an-Rücken) zu diesem Akkreditiv ein **(Gegen-)Akkreditiv** zugunsten seines eigenen Vorlieferanten bzw. zugunsten eines Subunternehmers zu eröffnen.

Zu beachten ist, daß es sich **rechtlich** um **zwei getrennte Akkreditive** handelt: Das von der Bank des Importeurs (des Abnehmers) zugunsten des Exporthändlers/Generalunternehmers eröffnete Akkreditiv (das aus Sicht des Exporthändlers/Generalunternehmers häufig als Verkaufsakkreditiv bzw. - in Anlehnung an übertragbare Akkreditive - als Basisakkreditiv bezeichnet wird) ist (akkreditiv)rechtlich vom Gegenakkreditiv unabhängig, das der Exporthändler/Generalunternehmer von seiner Bank zugunsten seines eigenen Vorlieferanten/ Subunternehmers eröffnen läßt.

Lediglich **intern**, d.h. im Verhältnis zwischen dem Exporthändler/ Generalunternehmer und seiner Bank, bildet das sog. Verkaufsakkreditiv (Basisakkreditiv) eine (gewisse) wirtschaftliche und rechtliche Sicherheit zur Eröffnung des Gegenakkreditivs (Einkaufsakkreditivs).

Arten

Gegenakkreditive können unterteilt werden in kongruente Gegenakkreditive und nichtkongruente Gegenakkreditive

- **Kongruente Gegenakkreditive**

  Als **kongruent (deckungsgleich)** wird ein Gegenakkreditiv bezeichnet, wenn die (maßgeblichen) **Dokumente** (Transportdokument, Versicherungsdokument), die der akkreditivbegünstigte Vorlieferant zur Ausnutzung des Gegenakkreditivs (Einkaufsakkreditivs) vorlegt, vom Exporthändler **unverändert** zur Benutzung des Basisakkreditivs (Verkaufsakkreditivs) herangezogen werden können. Lediglich die Handelsrechnungen (und eventuell die Tratten, falls Wechselziehung vorgesehen ist) werden bei dieser Abwicklung ausgetauscht: Der Exporthändler/Generalunternehmer ersetzt die von seinem Vorlieferanten/Subunternehmer vorgelegte niedrigere Handelsrechnung durch seine eigene, an seinen Abnehmer (Importeur, Besteller) gerichtete höhere Handelsrechnung und benutzt auf dieser Grundlage das einen höheren Betrag ausweisende Basisakkreditiv (Verkaufsakkreditiv).

- **Nichtkongruente Gegenakkreditive**

  Nichtkongruent ist ein Gegenakkreditiv, wenn die vom begünstigten Vorlieferanten/Subunternehmer vorgelegten Dokumente vom Exporthändler/Generalunternehmer nicht zur Benutzung des zu seinen Gunsten eröffneten Verkaufsakkreditivs (Basisakkreditivs) verwendet werden können, sondern wenn die **Vorlage eigenständiger Dokumente** erforderlich ist.

Während das **kongruente Gegenakkreditiv** in seiner Abwicklung weitgehend der Übertragung von Akkreditiven entspricht, tritt beim **nichtkongruenten Gegenakkreditiv** auch abwicklungstechnisch deutlich hervor, daß es sich bei Gegenakkreditiven um rechtlich selbständige, von den sog. Basisakkreditiven losgelöste Akkreditive handelt.

Das Gegenakkreditiv ist in den ERA nicht ausdrücklich geregelt, was angesichts der Tatsache, daß es sich rechtlich um ein **selbständiges Akkreditiv** handelt, konsequent ist.

Vorkommen

Gegenakkreditive kommen vor, wenn Bedarf auf Übertragung eines Akkreditivs besteht, aber das zugrundeliegende Akkreditiv (Verkaufsakkreditiv, Basisakkreditiv) **nicht übertragbar gestellt** ist oder - obwohl übertragbar gestellt - die Vorschriften des Art. 48 ERA zur Übertragung nicht erfüllt werden können. Dies ist beispielsweise der Fall, wenn ein übertragbares Basisakkreditiv in einer **anderen Währung** übertragen werden sollte.

Die Abwicklung mit Gegenakkreditiven ist für einen Exporthändler bzw. Generalunternehmer immer dann von Vorteil, wenn es ihm - mangels eigener Liquidität bzw. Kreditwürdigkeit - schwerfallen würde oder gar unmöglich wäre, seinen Einkauf (seine Zulieferungen) frei zu finanzieren. Hier bietet sich das **Verkaufsakkreditiv** (Basisakkreditiv) als **(Sicherungs-) Grundlage** für das dem Vorlieferanten (Subunternehmer) zu stellende Akkreditiv (Gegenakkreditiv) an.

Abbildung

Die nachstehende **Abbildung 1.4-10** zeigt die Abwicklung eines Gegenakkreditivs mit der folgenden Grundstruktur:

- **Basisakkreditiv** („Verkaufsakkreditiv“ aus dem Blickwinkel des Exporthändlers) als unwiderrufliches und bestätigtes Sichtzahlungsakkreditiv; das Basisakkreditiv wird im Auftrag des Importeurs durch dessen Bank (Importeurbank) zu Gunsten des Exporthändlers eröffnet und von der Bank des Exporthändlers bestätigt.
- Auf der Grundlage des Basisakkreditivs beauftragt der Exporthändler seine Bank ein Gegenakkreditiv (ein sog. Einkaufsakkreditiv, das aber akkreditivrechtlich vom Basisakkreditiv getrennt ist) zu Gunsten seines Vorlieferanten zu eröffnen:
- **Gegenakkreditiv** („Einkaufsakkreditiv“ aus dem Blickwinkel des Exporthändlers) als unwiderrufliches unbestätigtes Sichtzahlungsakkreditiv zu Gunsten des Vorlieferanten.

  Anmerkung: Das Basisakkreditiv kann im Gegensatz zu den Annahmen in der Abbildung auch unbestätigt sein oder eine andere Zahlungsmodalität aufweisen usw.; umgekehrt kann das Gegenakkreditiv entgegen den Annahmen in der Abbildung bestätigt sein und – in Anpassung an ein konkretes Export-/Importgeschäft – andere Modalitäten aufweisen.

Die einzelnen **Schritte der Abwicklung** der beiden Akkreditive (einschließlich des Gegenakkreditivs) können anhand der **Ziffern** in der Abbildung 1.4-10 nachvollzogen werden.

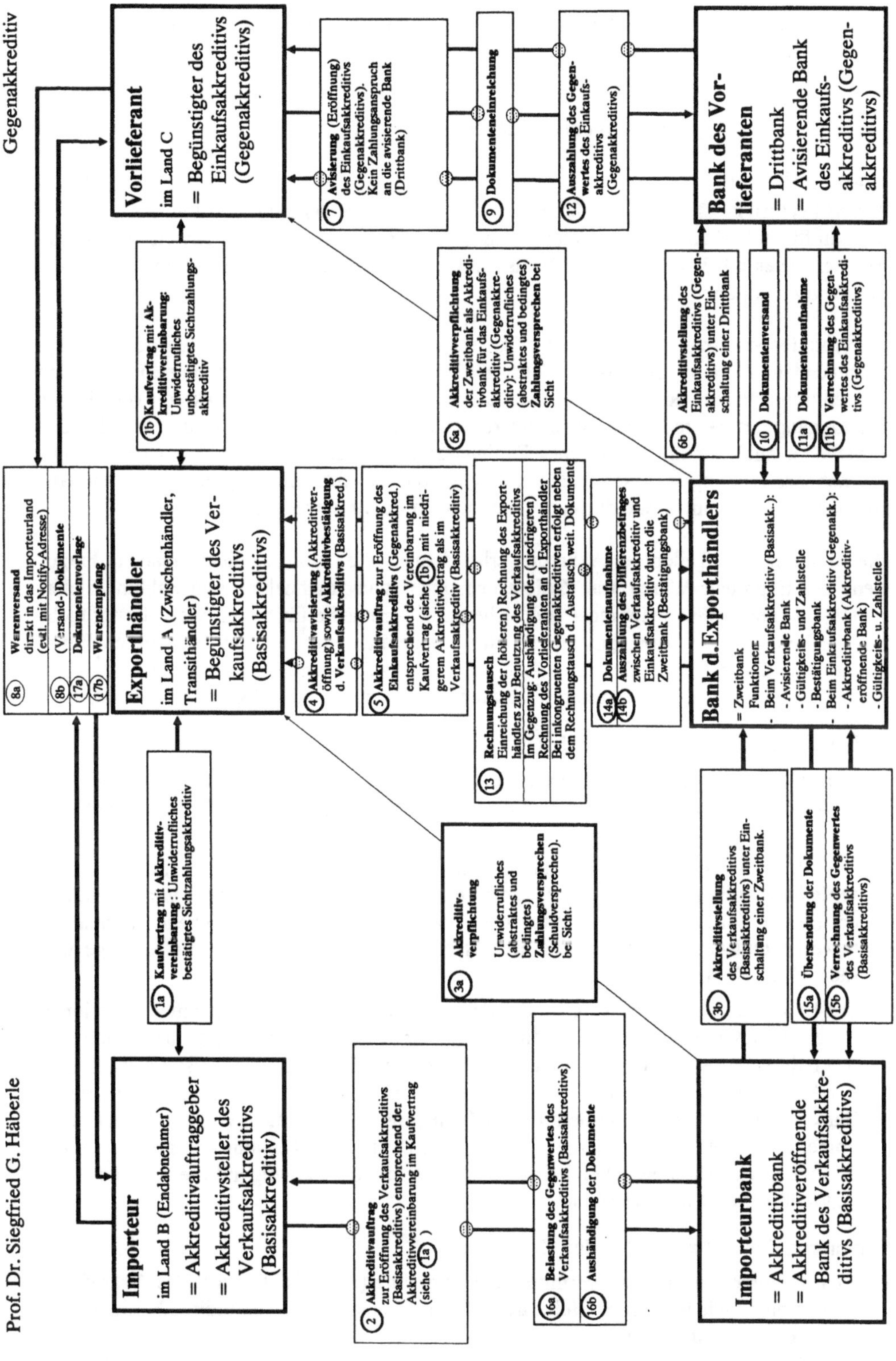

Abbildung 1.4-10

1.4.7 Abtretung des Akkreditiverlöses/Unwiderruflicher Zahlungsauftrag

1.4.7.1 Abtretung des Akkreditiverlöses

Charakterisierung

Der **Akkreditivbegünstigte** (in der Regel also der Exporteur) kann den ihm zustehenden oder künftig entstehenden Anspruch auf den **Akkreditiverlös** ganz oder teilweise **an Dritte abtreten**. Dies gilt laut Art. 49 ERA ausdrücklich auch dann, wenn das zugrundeliegende Akkreditiv nicht übertragbar ist.

Die Abtretbarkeit bzw. die Abtretung des Anspruchs auf einen zustehenden oder künftig entstehenden Akkreditiverlös ist zunächst in allen Situationen von Bedeutung, in denen der Akkreditivbegünstige **Kredite benötigt**, um den Zeitraum zwischen Akkreditiveröffnung und Eingang des Akkreditiverlöses zu überbrücken. Dies gilt vor allem für die Produktionsphase, aber auch für die Phase eines Zahlungsziels, wie es bei Akkreditiven mit hinausgeschobener Zahlung in Erscheinung tritt. Als von der Abtretung begünstigte Zessionare kommen deswegen nicht nur **Banken**, sondern auch **Forfaiteure** usw. in Frage.

Die Abtretung von Teilen des Akkreditiverlöses auf Dritte kommt darüber hinaus in Frage, wenn der Exporteur Waren von **Zulieferern** unter Inanspruchnahme von Zahlungszielen bezieht und andere Finanzierungs- und Sicherungsinstrumente für diesen Warenbezug nicht zur Verfügung stehen. Analoges gilt für einen Generalunternehmer, der **Subunternehmer** mit der Ausführung von Teilen eines Auftrags betraut und diesen entsprechende Teilbeträge des Erlöses eines zu seinen Gunsten eröffneten oder zu eröffnenden Akkreditivs abtritt.

Bedeutung der Abtretung an Zulieferer für den Exporteur:

- Dem Exporteur (dem Zedenten) dient die Abtretung des Anspruchs auf den Erlös eines zu seinen Gunsten eröffneten Akkreditivs dazu, von seinem Zulieferer ein entsprechendes **Zahlungsziel** zu erlangen.
- Der Akkreditiverlös kann vom akkreditivbegünstigten Exporteur in Teilbeträgen **an verschiedene Zulieferer** (Zessionare) abgetreten werden. Es hängt indessen vom Einzelfall ab, ob der Zulieferer die Abtretung des Akkreditiverlöses als hinreichende Sicherheit bewertet und dem Exporteur das erwünschte Zahlungsziel auf dieser Grundlage tatsächlich gewährt.
- Der Exporteur muß damit rechnen, daß der Zulieferer in seiner Eigenschaft als Zessionar die erfolgte **Abtretung** des Akkreditiverlöses der **Akkreditivbank** und - bei bestätigten Akkreditiven - auch der Bestätigungsbank bzw. der Benutzungs-/Zahlstelle (falls ihm die Abtretungserklärung nicht ohnehin von der als Benutzungs-/Zahlstelle eingesetzten Bank zugeht) **anzeigt**. Eine derartige **Offenlegung** der Abtretung (Zession) liegt nicht immer im Interesse des Exporteurs, weil damit Dritten zur Kenntnis kommt, daß er zur Erlangung von Zahlungszielen bei seinen Zulieferern offenkundig auf die Abtretung des Akkreditiverlöses angewiesen ist.

Bedeutung der Abtretung für den Zulieferer:

- Dem Zulieferer (Zessionar) vermittelt die Abtretung (eines Teilbetrags) des Akkreditiverlöses eine weit **geringere Sicherheit** als sie beispielsweise Akkreditivübertragungen oder Gegenakkreditive bieten.

- Der Zulieferer (Zessionar) ist darauf angewiesen, daß der Exporteur die Akkreditivbedingungen pünktlich erfüllt, weil nur auf dieser Grundlage die Auszahlung des abgetretenen Akkreditiverlöses an ihn erfolgen kann. Der **Zulieferer** (Zessionar) selbst hat **keine Möglichkeit**, das zugunsten des Exporteurs eröffnete **Akkreditiv zu benutzen** (vgl. auch Art. 49 ERA). Insoweit bleibt der Zulieferer (Zessionar) trotz der Abtretung in einer gewissen Abhängigkeit zum Exporteur (des Zedenten).
- Wie hoch die Abtretung des Akkreditiverlöses als Sicherheit für den Zulieferer (Zessionar) zu bewerten ist, hängt vom Einzelfall ab. In jedem Fall sollte der Zulieferer (Zessionar) mit dem Exporteur (dem Zedenten) bereits im Kaufvertrag eine umfassende **Information** über das der Abtretung zugrundeliegende **Akkreditiv** vereinbaren und im übrigen einen **spätesten Zeitpunkt** für eine Zahlungsverpflichtung des Exporteurs für den Fall festlegen, daß die Zahlung des abgetretenen Akkreditiverlöses nicht rechtzeitig erfolgt.
- Die **Offenlegung** der Abtretung gegenüber der Akkreditivbank, der Benutzungs-/Zahlstelle bzw. einer eventuellen Bestätigungsbank ist für den Zulieferer (Zessionar) zumindest dann **ratsam**, wenn der Abtretungsvertrag direkt zwischen dem Exporteur (dem Zedenten) und dem Zulieferer (dem Zessionar) - also ohne Beauftragung einer Bank (der Zahlstelle) zur Abgabe der Abtretungserklärung gegenüber dem Zessionar - abgeschlossen wird. Erfolgt die Offenlegung der Zession nicht, dann besteht für den Zulieferer (Zessionar) die Gefahr, daß die zur Zahlung berechtigte Bank mit schuldbefreiender Wirkung an den Exporteur (den Akkreditivbegünstigten, Zedenten) bezahlt und dieser den abgetretenen Betrag nicht an den Zulieferer (Zessionar) weiterleitet.

Offene Rechtsfragen

Im übrigen stellen sich bei **Zessionen**, insbesondere im Verkehr mit dem **Ausland**, weitreichende Form- und Rechtsfragen, die den Sicherungswert einer Abtretung für den Begünstigten (Zulieferer, Zessionar) in Frage zu stellen vermögen.

1.4.7.2 Unwiderruflicher Zahlungsauftrag

Charakterisierung

Eine weitere Möglichkeit des Exporteurs, einem Zulieferer einen Teilbetrag seines Anspruchs auf den Akkreditiverlös zur Verfügung zu stellen, besteht in der Erteilung eines unwiderruflichen Zahlungsauftrags.

In diesem Fall erteilt der Akkreditivbegünstigte (Exporteur) seiner **Bank** (Benutzungs-/Zahlstelle des Akkreditivs, eventuell zugleich Bestätigungsbank) auf Grundlage des eröffneten Akkreditivs einen **unwiderruflichen Zahlungsauftrag zugunsten des Zulieferers**. Die beauftragte Bank benachrichtigt den Zulieferer vom Vorliegen dieses unwiderruflichen Zahlungsauftrags, wobei ausdrücklich auf das zugrundeliegende Akkreditiv, insbesondere auf dessen Verfalldatum, Bezug genommen ist.

Beurteilung

Der **Zulieferer** hat folgende Aspekte zu beachten:

- Es handelt sich nur um einen unwiderruflichen Zahlungsauftrag des Exporteurs und **keinesfalls um ein Zahlungsversprechen derjenigen Bank**, die den Zulieferer vom Vorliegen dieses Zahlungsauftrags des Exporteurs benachrichtigt.

- Die Bank führt den Zahlungsauftrag des Exporteurs an den Zulieferer nur aus, wenn der **Erlös** aus dem zugrundeliegenden Akkreditiv bei ihr **vorbehaltlos**, d.h. zur freien Verfügung des Begünstigten, **eingeht**. Der unwiderrufliche Zahlungsauftrag des Exporteurs gewinnt für den Zulieferer somit nur an Wert, wenn der Exporteur die Bedingungen des Akkreditivs anstandslos und rechtzeitig erfüllt. Insoweit gerät der Zulieferer in Abhängigkeit zum guten Willen und zu den Möglichkeiten des Exporteurs, die Akkreditivbedingungen zu erfüllen.
- Der Zulieferer hat **keine Möglichkeit**, das zugunsten des Exporteurs eröffnete **Akkreditiv ersatzweise selbst zu benutzen**, wenn der Exporteur den Akkreditivbedingungen nicht entspricht.
- An der Stelle der bislang beschriebenen Konstruktion ist es auch möglich, daß der unwiderrufliche Zahlungsauftrag des Exporteurs zugunsten seines Zulieferers vom Akkreditiv insoweit losgelöst wird, als das **Akkreditiv zwar als Sicherheit** dient, bei Nichtbenutzung des Akkreditivs durch den Exporteur der **unwiderrufliche Zahlungsauftrag** aber bei Fälligkeit und bei Erfüllung weiterer Voraussetzungen **trotzdem auszuführen** ist.

1.5 Abwicklung von Dokumentenakkreditiven

1.5.1 Akkreditivvereinbarung im Kaufvertrag sowie Akkreditiveröffnungsauftrag des Importeurs

1.5.1.1 Allgemeine Aspekte

Vorbemerkungen

Der Importeur hat den Auftrag zur Eröffnung des Akkreditivs an seine Bank auf Grundlage und **in Übereinstimmung** mit der Akkreditivvereinbarung im Kaufvertrag zu stellen. Deswegen und um Wiederholungen zu vermeiden, ist es zweckmäßig, die beiden (an sich rechtlich und chronologisch eigenständigen) Abwicklungsstufen

- **Vereinbarung der Akkreditivbedingungen im Kaufvertrag** (Kurzbezeichnungen: Akkreditivvereinbarung, Akkreditivklausel)

  und

- **Auftrag des Importeurs zur Eröffnung des Akkreditivs** an seine Bank (Kurzbezeichnung: Akkreditiveröffnungsauftrag)

in der folgenden Darstellung zusammenzufassen und **gemeinsam zu behandeln.**

Kurzakkreditiv

Einige Banken stellen Überlegungen an, ein **vereinfachtes Akkreditiv** zu schaffen, das als **Kurzakkreditiv** o.ä. bezeichnet wird. Die Vereinfachung soll in den in das Akkreditiv aufzunehmenden Bedingungen, insbesondere in den geforderten Dokumenten, liegen. Grundsätzlich erleichtert eine solche Vereinfachung die Abwicklung der Akkreditive, was im Akkreditivverkehr mit Ländern von Belang ist, deren Bankwesen (noch) nicht dem Standard der westlichen Industrie-/Dienstleistungsnationen entspricht. Im Zeitpunkt der Ausarbeitung des Manuskripts zu diesem Buch war offen, ob die Pläne für ein vereinfachtes Akkreditiv/Kurzakkreditiv überhaupt realisiert werden.

Ratschläge

- Grundsätzlich ist zu empfehlen, daß die Vertragspartner die Ausgestaltung des vom Importeur zu stellenden Akkreditivs bereits **im Kaufvertrag** so **detailliert** festlegen, daß für gegensätzliche Auffassungen bei der Abwicklung des Akkreditivs kein Spielraum bleibt.
- Die maßgeblichen, in die Akkreditivvereinbarung des Kaufvertrags und in den Akkreditiveröffnungsauftrag des Importeurs aufzunehmenden **Merkmale** sind im folgenden Abschnitt 1.5.1.2 dargestellt und interpretiert. Diese Merkmale sind in Abschnitt 1.5.2 in einer tabellarischen Prüfliste zusammengefaßt. Den Exporteuren und Importeuren ist zu empfehlen, diese Merkmale auf ihre Anwendbarkeit und gegebenenfalls auf ihre Ausgestaltung bereits bei Abschluß des Kaufvertrags zu überprüfen.
- **Hilfestellung** bei der Abfassung der Akkreditivklausel im Kaufvertrag vermögen auch die in den **Akkreditiveröffnungsaufträgen** der Banken enthaltenen Merkmale zu geben. Die Bayerische Vereinsbank empfiehlt den Exporteuren ein solches Formular (den Akkreditiveröffnungsauftrag) Punkt für Punkt mit den Importeuren durchzugehen und als Anlage zum Kaufvertrag zu nehmen. Der Importeur hat sodann auf dieser eindeutigen Grundlage den Akkreditiveröffnungsauftrag an seine Bank zu erteilen (vgl. Bayerische Vereinsbank 1989: S. 23). Ein "Auftrag zur Eröffnung eines Dokumentenakkreditivs" (eines deutschen Importeurs) ist im folgenden Abschnitt abgebildet und ausführlich erläutert.

Interessenlagen

Bei den Verhandlungen über die in den Kaufvertrag aufzunehmenden Merkmale des Akkreditivs läßt sich der **Importeur** insbesondere von dem Ziel leiten, den Exporteur zu einer in jeder Hinsicht **vertragsgemäßen Lieferung** der Waren zu zwingen. Dies erreicht der Importeur durch die Aufnahme von geeigneten **Dokumenten** in die Akkreditivbedingung des Kaufvertrags und durch Vereinbarung einer u.U. kurzen Laufzeit des Akkreditivs.

- Dagegen richtet sich das Interesse des **Exporteurs** darauf, das vereinbarte **Akkreditiv** möglichst **rasch eröffnet** zu bekommen und zu gegebener Zeit ohne aufwendige und u.U. kostspielige Nachweise (Dokumente) **benutzen** zu können. Auch für den Exporteur ist eine detaillierte Definition des Akkreditivs und dessen Bedingungen im Kaufvertrag von Bedeutung, weil sich darauf sein Rechtsanspruch an den Importeur gründet, das Akkreditiv exakt mit den vereinbarten Merkmalen eröffnet zu bekommen.

Pflichten

Die Vereinbarung eines Akkreditivs als Zahlungsbedingung im **Kaufvertrag** führt zunächst zu den folgenden Pflichten der Geschäftspartner:

- Der **Importeur** hat die Pflicht, das **Akkreditiv** in genauer Übereinstimmung mit den im Kaufvertrag getroffenen Vereinbarungen **eröffnen zu lassen**. Dieser Pflicht genügt der Importeur nicht mit der bloßen Beauftragung seiner Bank zur Akkreditiveröffnung. Vielmehr ist diese Pflicht des Importeurs erst erfüllt, wenn das Akkreditiv zugunsten des Exporteurs tatsächlich eröffnet ist.

- Der **Exporteur** hat sich an die Vereinbarung eines Akkreditivs als Zahlungsbedingung zu halten. Dies bedeutet insbesondere, daß der Exporteur **nicht** nachträglich und nicht alternativ eine **andere Zahlungsbedingung** (z.B. Vorauszahlung) für sich beanspruchen kann. Der Exporteur muß vielmehr das eröffnete Akkreditiv zur Erlangung des Kaufpreises benutzen, sofern das Akkreditiv den Vereinbarungen des Kaufvertrags entspricht.

  Nur in dem Fall, daß der akkreditivbegünstigte Exporteur - trotz Vorlage akkreditivkonformer Dokumente und trotz der Erfüllung aller übrigen Akkreditivbedingungen - tatsächlich keine Zahlung aus dem eröffneten unwiderruflichen Akkreditiv erhält, hat der Exporteur einen direkten Zahlungsanspruch an den Importeur. Einzelheiten vgl. Abschnitt "1.1.2 Rechtliche Aspekte, insbesondere Rechtsstellung des Akkreditivbegünstigten in ausgewählten Störfällen".

Fristsetzung

Der Exporteur sollte zu seiner Sicherheit **im Kaufvertrag** einen **spätesten Termin** vereinbaren, bis zu dem das Akkreditiv zu seinen Gunsten eröffnet sein muß.

Eventuell kann dies auch mit der Formulierung **"unverzügliche Akkreditivstellung"**, "sofortige Akkreditivstellung" o.ä. geschehen. **Im Gegensatz zu einer absoluten Fristsetzung** lassen solche Formulierungen dem Importeur jedoch (begrenzte) zeitliche Spielräume für die Akkreditivstellung, zumal nicht immer ganz eindeutig zu bestimmen ist, welcher Zeitraum dem Importeur für die "unverzügliche", "sofortige" o.ä. vereinbarte Akkreditivstellung zugebilligt werden muß.

Wird im Kaufvertrag überhaupt **keine zeitliche Vereinbarung** über die Stellung des Akkreditivs zugunsten des Exporteurs getroffen, dann wird man hilfsweise von den für das Warengrundgeschäft vereinbarten Fristen auf jenen Zeitraum schließen müssen, der dem Importeur für die Stellung des Akkreditivs zur Verfügung steht. Bei längerer Geschäftsbeziehung zwischen den Beteiligten könnte dazu u.U. auch die zeitliche Handhabung der Akkreditivstellung in der Vergangenheit herangezogen werden. Um Eindeutigkeit zu schaffen, ist jedoch einer festen Fristvereinbarung für die Akkreditivstellung der Vorzug zu geben.

Nichteröffnung

Bereits bei Abschluß des Kaufvertrags sollten sich die Beteiligten über die **Konsequenzen** im klaren sein, die eintreten, wenn das Akkreditiv zugunsten des Exporteurs nicht oder nicht mit den im Kaufvertrag vereinbarten Merkmalen eröffnet wird.

Grundsätzlich sind bei der Darstellung der rechtlichen Konsequenzen zwei Ereignisse zu unterscheiden:

- Der Importeur kann das vereinbarte Akkreditiv wegen **objektiver Unmöglichkeit** (z.B. wegen staatlicher Maßnahmen) nicht stellen.
- Der Importeur kann das vereinbarte Akkreditiv wegen **subjektiver**, also vom Importeur zu vertretender **Gründe** (z.B. wegen mangelnder Kreditwürdigkeit) nicht stellen.

Die rechtlichen Konsequenzen dieser beiden Ereignisse sind in Abschnitt "1.1.2 Rechtliche Aspekte, insbesondere Rechtsstellung des Akkreditivbegünstigten in ausgewählten Störfällen" beschrieben.

Abweichende/mängelbehaftete Eröffnung

Wird ein Akkreditiv zugunsten des Exporteurs zwar avisiert, weicht das avisierte Akkreditiv jedoch von den Vereinbarungen im Kaufvertrag ab, dann bleibt es dem Exporteur - alternativ zur Geltendmachung seiner in Abschnitt 1.1.2 beschriebenen Rechte - unbenommen, dieses **Akkreditiv gleichwohl** mit den avisierten, nicht den Vereinbarungen im Kaufvertrag entsprechenden Bedingungen **anzunehmen**. Die (stillschweigende) Annahme eines solchen Akkreditivs wird der Exporteur jedoch nur vollziehen, wenn die Akkreditivbedingungen von den Vereinbarungen im Kaufvertrag nur geringfügig abweichen und sein Sicherungsinteresse von den Abweichungen nicht berührt wird.

Sind die **Abweichungen** des avisierten Akkreditivs gegenüber der Akkreditivvereinbarung im Kaufvertrag **erheblich**, dann wird der Exporteur im Interesse der Durchführung des Exportgeschäfts den Importeur - je nach Rechtslage eventuell unter Fristsetzung - zunächst auffordern, das avisierte **Akkreditiv** unverzüglich durch die beteiligten Banken entsprechend den Vereinbarungen im Kaufvertrag **ändern zu lassen**. Gelingt dies nicht, dann bleibt dem Exporteur immer noch die Möglichkeit, eine der in Abschnitt "1.1.2 Rechtliche Aspekte, insbesondere Rechtsstellung des Akkreditivbegünstigten in ausgewählten Störfällen" beschriebenen Alternativen zu ergreifen.

ERA

Für den Akkreditivbegünstigten ist es wichtig zu wissen, daß er sich **in keinem Fall auf die vertraglichen Beziehungen berufen** kann, die zwischen den Banken oder zwischen dem Akkreditivauftraggeber und der eröffnenden Bank bestehen (vgl. Art. 3 b. ERA). Weicht beispielsweise ein zugunsten des Exporteurs avisiertes Akkreditiv von den im Kaufvertrag getroffenen Vereinbarungen ab, dann hat der Exporteur nicht die Möglichkeit, von der akkreditiveröffnenden Bank eine Änderung des Akkreditivs unter Berufung auf die mit dem Importeur im Kaufvertrag getroffenen Vereinbarungen zu verlangen.

1.5.1.2 Merkmale der Akkreditivvereinbarung im Kaufvertrag sowie Merkmale des Akkreditiveröffnungsauftrags des Importeurs

1.5.1.2.1 Vorbemerkungen und Hinweise

Vorbemerkungen

- **Erkenntnisziel** des vorliegenden Abschnitts ist es, den Exporteuren und Importeuren eine Leitlinie zur Abfassung der Akkreditivvereinbarung im Kaufvertrag sowie dem Importeur spezielle Hinweise zum Ausfüllen des Akkreditiveröffnungsauftrags an seine Bank zu geben. Ausgehend vom Akkreditiveröffnungsauftrag einer deutschen Bank werden dessen Merkmale (die zugleich die Merkmale der Akkreditivvereinbarung im Kaufvertrag sind) Schritt für Schritt behandelt.

  Die Ausführungen umfassen nicht nur eine Beschreibung der (zum Teil alternativen) **Merkmale**, sondern jeweils auch deren **Beurteilung** aus Sicht von Importeuren und Exporteuren. Dadurch sollen die Beteiligten in die Lage versetzt werden, auch die Konsequenzen der Festlegung der einzelnen Merkmale im Kaufvertrag bzw. im Akkreditiveröffnungsauftrag abzuschätzen. Diese Vorgehensweise bedingt, daß häufig auf die

Merkmale der verschiedenen Akkreditivarten, die in Kapitel 1.2 ff. dargestellt sind, zurückgegriffen werden muß. Um dem Leser ein andauerndes Zurückblättern zu ersparen, sind diese Merkmale - trotz der damit verbundenen Wiederholungen - im vorliegenden Abschnitt zum Teil erneut - allerdings nur skizzenhaft - aufgenommen.

Anzumerken ist, daß im **Tagesgeschäft** der Praxis manchmal vereinfacht vorgegangen wird (z.B. mit Akkreditivstellungen auf Grundlage von Proformarechnungen) und daß nicht alle Merkmale und deren Konsequenzen von gleicher praktischer Bedeutung sind. Aus Gründen der Vollständigkeit wurden diese aber gleichwohl in den vorliegenden Abschnitt aufgenommen.

- **Fallbeispiele/Abbildungen:** In den Abschnitten "1.5.1.3 Fallbeispiele/Formulare zum Akkreditiveröffnungsauftrag des Importeurs", und "1.5.3 Ausführung des Akkreditiveröffnungsauftrags durch die Akkreditivbank sowie Akkreditivavisierung/-eröffnung durch die Bank(en)" finden sich **Anwendungsbeispiele** und **Abbildungen** zu **Akkreditiveröffnungsaufträgen von Importeuren**, zu **Akkreditiveröffnungsschreiben/ Akkreditiven** sowie **zu Akkreditivavisierungsschreiben**.

Hinweise

- Im anschließenden Abschnitt 1.5.2 sind die nachstehend beschriebenen Merkmale in einer **Prüfliste** tabellarisch dargestellt und jeweils kurz interpretiert.
- In Kapitel **"3.1 Dokumentenakkreditive: Kommentar und Einheitliche Richtlinien ..."** finden sich ausführliche Erläuterungen zu den Merkmalen und zur Abwicklung von Akkreditiven.

Ausdrückliche Bezeichnung der vereinbarten Zahlungsbedingung mit den Worten "Dokumenten-Akkreditiv", "documentary credit", oder falls zutreffend: (dokumentärer) **"Standby Letter of Credit"** o.ä. im Kaufvertrag; vgl. auch Art. 2 ERA

- Damit wird eine **eindeutige Abgrenzung**, insbesondere zum Dokumenteninkasso, das ebenfalls eine Zug-um-Zug-Abwicklung "Dokumente gegen Kasse" bzw. "... gegen Akzept" umfaßt, aber auch zu anderen Zahlungsbedingungen, erreicht.
- Die **Art des Akkreditivs** (z.B. Sichtzahlungsakkreditiv, Akzeptakkreditiv usw.) ergibt sich aus den weiteren, in den Kaufvertrag aufzunehmenden Merkmalen (siehe unten: "Vereinbarung der Zahlungsmodalitäten/zugleich Vereinbarung der Akkreditivart").

Vereinbarung der von der Internationalen Handelskammer festgelegten "Einheitlichen Richtlinien und Gebräuche für Dokumenten-Akkreditive" (ERA) im Kaufvertrag

- Die ERA vermitteln die Sicherheit einer - von Sonderfällen abgesehen - eindeutigen und **international geläufigen Abwicklungsvorschrift** für die Beteiligten, insbesondere auch für die eingeschalteten Kreditinstitute.
- Die Kreditinstitute eröffnen Akkreditive in der Regel ohnehin unter **Zugrundelegung der ERA**. Gleichwohl ist es insbesondere für den begünstigten Exporteur empfehlenswert, durch Vereinbarung der ERA im Kaufvertrag das Risiko der Stellung eines Akkreditivs, das nicht auf dieser Rechtsgrundlage beruht, von vornherein auszuschließen.

1.5.1.2.2 Vordruck: Akkreditiveröffnungsauftrag, Übermittlungsinstrumente/-wege der Akkreditiveröffnung

Erteilung des Akkreditiveröffnungsauftrags durch den Importeur an seine Bank

- **Hinweis:** In Abschnitt **"1.5.1.3 Fallbeispiele/Formulare zum Akkreditiveröffnungsauftrag des Importeurs"** sind mehrere ausgefüllte Akkreditiveröffnungsaufträge abgebildet.
- Siehe **Ziffer (1)** der **Abbildung Nr. 1.5-01** "Auftrag zur Eröffnung eines Dokumentenakkreditivs" (eines deutschen Importeurs an die Deutsche Bank AG).
- Der Importeur erteilt seiner Bank den Akkreditiveröffnungsauftrag auf Grundlage und in Übereinstimmung mit den im Kaufvertrag zum Akkreditiv getroffenen Vereinbarungen. Dazu stellt ihm seine Bank einen Vordruck zur Verfügung, der regelmäßig auf dem **Standardformular**, das die Internationale Handelskammer entwickelt hat, beruht. Der Vordruck der Banken hat den Vorzug, daß die maßgeblichen Merkmale eines Akkreditivs bereits (alternativ) aufgeführt sind.
- Es sind von den an der Akkreditivabwicklung Beteiligten Methoden entwickelt worden, die es den Importeuren ermöglichen, ihren Banken Akkreditiveröffnungsaufträge **auf elektronischem Weg** zu erteilen. Die darin aufzunehmenden (alternativen) Daten sind dieselben, wie im abgebildeten Formular, so daß die folgenden Darstellungen ihre Gültigkeit behalten. Siehe dazu auch Abschnitt "1.1.3 Exkurs: UN/EDIFACT in der Akkreditivabwicklung".
- Die Vordrucke der Banken enthalten regelmäßig einen **Hinweis auf die ERA**: "Das Akkreditiv soll den 'Einheitlichen Richtlinien und Gebräuchen für Dokumenten-Akkreditive' der Internationalen Handelskammer, ICC-Publikation Nr. 500, Revision 1993 unterliegen" oder einen sinngemäßen Text.
- Siehe **Ziffer (2)** der **Abbildung** "Auftrag zur Eröffnung eines Dokumentenakkreditivs". Weitere Abbildungen/**Fallbeispiele** finden sich in Abschnitt 1.5.1.3.
- In Art. 5 ERA ist u.a. ausgeführt: *"Aufträge zur Eröffnung eines Akkreditivs, das Akkreditiv selbst, Aufträge zur Akkreditiv-Änderung und die Änderung selbst müssen vollständig und genau sein. Um Irrtümern und Mißverständnissen vorzubeugen, sollten die Banken jedem Versuch entgegentreten, zu weit gehende Einzelheiten in das Akkreditiv oder in eine Akkreditiv-Änderung aufzunehmen ..."* (Hervorhebungen dch. den Verf.).
- **Hinweis**: Eine weiterführende Erörterung erfahren die Merkmale, die Dokumente und die Abwicklungsmöglichkeiten von Akkreditiven im Rahmen des Kommentars zu den ERA. Siehe dazu Kapitel **"3.1 Dokumentenakkreditive: Kommentar und Einheitliche Richtlinien ..."**.

Festlegung des Übermittlungsinstruments/-wegs zur Akkreditiveröffnung

- Siehe **Ziffer (3)** der **Abbildung** "Auftrag zur Eröffnung eines Dokumentenakkreditivs". Weitere Abbildungen/**Fallbeispiele** finden sich in Abschnitt 1.5.1.3.
- Die Vordrucke der Banken sehen in der Regel **alternative**, vom Auftraggeber anzukreuzende **Übermittlungsinstrumente(-wege)** für die Avisierung/ Eröffnung des Akkreditivs (unter Einschaltung einer Zweitbank) vor.

Auftrag an Deutsche Bank
zur Eröffnung eines Dokumenten-Akkreditivs

Wir bitten Sie, in unserem Auftrag und für unsere Rechnung ein Akkreditiv zu nachstehenden Bedingungen zu eröffnen. (1)

(2) Das Akkreditiv soll den ›Einheitlichen Richtlinien und Gebräuchen für Dokumenten-Akkreditive (Revision 1993), ICC-Publikation Nr. 500‹ unterliegen.

Die **Eröffnung** ist – sofern sie nicht über S.W.I.F.T. erfolgt – vorzunehmen	☐ per Luftpost (3) ☐ mit kurzem Voravis per Telex/Telefax/Telegramm ☐ per Telex/Telefax/Telegramm (notfalls vollbezahlt) im vollen Wortlaut, d.h., das Akkreditiv soll aufgrund dieser Telekommunikation benutzbar sein
Das Akkreditiv soll sein	☐ unwiderruflich (4) ☐ widerruflich ☐ übertragbar (5) ☐ bestätigt durch Ihre Korrespondenzbank (6)
Begünstigter *Name und Anschrift*	(7)
Bank des Begünstigten *sofern bekannt*	(8) Sie sind berechtigt, das Akkreditiv dem Begünstigten auch über eine Korrespondenzbank Ihrer Wahl zuzuleiten.
Akkreditivbetrag	(9) in Worten Ein Akkreditivbetrag auf eine EWU-Teilnehmerwährung umfaßt auch den Euro-Gegenwert zum offiziellen Umrechnungskurs. *)
Das Akkreditiv soll **benutzbar** sein bei	☐ Ihnen (8) ☐ Ihrer Korrespondenzbank ☐ jeder beliebigen Bank **)
durch	☐ Sichtzahlung (10) ☐ hinausgeschobene Zahlung ☐ Akzeptierung einer Tratte des Begünstigten ☐ Negoziierung einer Tratte des Begünstigten und/oder vorgelegter Dokumente fällig — gezogen auf (Bank)
Verfalldatum/ Vorlagefrist	Dokumentenvorlage spätestens am (11) — und zwar innerhalb von Tagen nach dem Verladedatum. (12)
Verladung/ letztes Verladedatum	von (13) — nach — spätestens am (14)
Teilverladungen/ Umladung	☐ Teilverladungen gestattet (15) ☐ Teilverladungen nicht gestattet ☐ Umladung gestattet (16) ☐ Umladung nicht gestattet ***)
Dokumente *Bei Lieferung per Bahn, Lkw, Luftfracht oder Post mit Angabe des auf dem Transportdokument auszuweisenden Empfängers.* *Falls Platz nicht ausreicht, bitte sämtliche Angaben auf separatem Blatt als Anlage beifügen.*	(17)
Ware *Kurze Beschreibung, gegebenenfalls Menge, Einzelpreis, Lieferbedingungen wie CIF, FOB, FAS, CFR, CIP usw. auf Basis der INCOTERMS 1990.*	(18) (19) (20)
Versicherung/ Fremde Kosten	☐ Versicherung wird durch uns gedeckt ☐ Versicherung ist vom Verkäufer zu decken ☐ Fremde Kosten zu unseren Lasten (21) ☐ Fremde Kosten zu Lasten des Begünstigten
Zusätzliche Angaben	Datum — Tel. — Referenz, Ansprechpartner bei Rückfragen — Gegenwert zu Lasten Konto-Nr.

Sollten Ihnen außer den unter dem Akkreditiv beizubringenden Dokumenten zusätzliche Dokumente oder Schriftstücke zugehen, sind Sie ermächtigt, diese ungeprüft – und ohne von ihrem Inhalt Kenntnis zu nehmen – an uns weiterzuleiten, ohne daß dadurch eine Verantwortung für Sie begründet wird.

Auftraggeber (Firmenstempel)

Rechtsverbindliche Unterschrift(en)

*) *Soweit unter "Dokumente" keine ausdrücklich abweichende Weisung gegeben ist, gilt die uns bekannte ICC Decision (ICC Dokument Nr. 470/822 Rev. vom 6. April 1998).*

**) *Nur ankreuzen, wenn der Begünstigte die Möglichkeit haben soll, ein durch Negoziierung benutzbares Akkreditiv bei jeder beliebigen Bank in Anspruch zu nehmen.*

***) *Hinsichtlich Ausnahmen bitte Artikel 23-24 und 26-28 ERA 500 beachten*

18-094 9 98

Abbildung 1.5-01

Es gibt mehrere **Gründe**, die den Akkreditivauftraggeber dazu bewegen können, einen schnellen Übermittlungsweg für die Eröffnung des Akkreditivs zu wählen, so z.B.

- die Verpflichtung im Kaufvertrag, das Akkreditiv sofort oder innerhalb bestimmter (kurzer) Frist zu stellen;
- das Interesse an einer raschen Warenlieferung.

- Die **schnellste und häufigste Übermittlung** erfolgt über **SWIFT** bzw. manchmal über Telex. Innerhalb kurzer Zeit ist der Akkreditivbegünstigte - unter Einschaltung einer Zweitbank - im Besitz des Avises des Akkreditivs.
- Die Übermittlung der Akkreditivavisierung (Akkreditiveröffnung) kann aber - in Fällen, in denen SWIFT nicht möglich ist - auch über die **Luftpost (by airmail)** abgewickelt werden. Entsprechend der jeweiligen Flugverbindungen können sich bei dieser Abwicklung jedoch Verzögerungen einstellen.
- Um diesen Verzögerungen zu begegnen, kann der Auftraggeber Weisung erteilen, die Abwicklung zwar über die Luftpost, aber mit **telegraphischer Voranzeige/Voravis** (airmail with telegrafic pre-advice) vorzunehmen, was inzwischen aber selten vorkommt.

  Die zur Akkreditiveröffnung beauftragte Bank (Importeurbank) stellt sodann der eingeschalteten Zweitbank eine telegraphische Voranzeige (ein Voravis) zu, die ihrerseits per Voranzeige (Voravis) den Akkreditivbegünstigten informiert.
- Um **Eindeutigkeit** zu schaffen, ob lediglich eine unverbindliche oder bereits eine verbindliche **Voranzeige** oder aber eine verbindliche **Akkreditivavisierung** (Akkreditiveröffnung) vorliegt, sind in Art. 11 ERA Regeln aufgenommen, die in Abschnitt "1.5.3 Akkreditivavisierung ... " abgedruckt sind.

Haftungsausschluß

- *"Die Banken übernehmen keine Haftung oder Verantwortung für die Folgen von Verzögerungen und/oder Verlusten bei Übermittlung von Nachrichten, Briefen oder Dokumenten, sowie für Verzögerung, Verstümmelung oder sonstige Irrtümer, die aus der Übermittlung einer Telekommunikation resultieren. Die Banken übernehmen keine Haftung oder Verantwortung für Irrtümer bei der Übersetzung und/oder Auslegung von technischen Ausdrücken und behalten sich das Recht vor, Akkreditiv-Bedingungen unübersetzt weiterzugeben"* (Art. 16 ERA, Hervorhebungen dch. d. Verf.).
- *"Die Banken übernehmen keine Haftung oder Verantwortung für die Folgen der Unterbrechung ihrer Geschäftstätigkeit durch Fälle höherer Gewalt, Unruhen, Aufruhr, Aufstand, Kriege oder irgendwelche anderen Ursachen, die außerhalb ihrer Kontrolle liegen, sowie durch irgendwelche Streiks oder Aussperrungen. Sofern sie hierzu nicht ausdrücklich ermächtigt sind, werden die Banken bei Wiederaufnahme ihrer Geschäftstätigkeit unter Akkreditiven, die während einer solchen Unterbrechung ihrer Geschäftstätigkeit verfallen sind, nicht zahlen, keine Verpflichtung zur hinausgeschobenen Zahlung übernehmen, keine Tratten akzeptieren bzw. nicht negoziieren"* (Art. 17 ERA, Hervorhebungen dch. d. Verf.).
- **Hinweis**: Eine weiterführende Erörterung erfahren die Merkmale, die Dokumente und die Abwicklungsmöglichkeiten von Akkreditiven im Rahmen des Kommentars zu den ERA. Siehe dazu Kapitel **"3.1 Dokumentenakkreditive: Kommentar und Einheitliche Richtlinien ..."**.

1.5.1.2.3 Unwiderruflichkeit, Übertragbarkeit, Bestätigung

Unwiderruflichkeit bzw. Widerruflichkeit

- Siehe auch **Ziffer (4)** der **Abbildung** "Auftrag zur Eröffnung eines Dokumentenakkreditivs". Weitere Abbildungen/**Fallbeispiele** finden sich in Abschnitt 1.5.1.3.
- Widerrufliche Akkreditive bieten für den begünstigten Exporteur nur eine **geringe Sicherheit** und treten deswegen in der Praxis nur sehr selten in Erscheinung.
- Zu seiner **Sicherheit** sollte der **Exporteur** bereits im Kaufvertrag Eindeutigkeit schaffen und die Stellung eines unwiderruflichen Akkreditivs festlegen ("irrevocable documentary credit" o.ä.).

  Zu beachten ist, daß Akkreditive, in denen die Angabe, ob sie widerruflich oder unwiderruflich sind, fehlt, gemäß den (neuen) ERA stets als unwiderruflich gelten (vgl. Art. 6 c. ERA).
- Zur **Abwicklung** und **Beurteilung** widerruflicher und unwiderruflicher Akkreditive siehe Kapitel "1.2 Akkreditivarten nach der Sicherheit des Exporteurs".
- **Hinweis**: Eine weiterführende Erörterung erfahren die Merkmale, die Dokumente und die Abwicklungsmöglichkeiten von Akkreditiven im Rahmen des Kommentars zu den ERA. Siehe dazu Kapitel **"3.1 Dokumentenakkreditive: Kommentar und Einheitliche Richtlinien ..."**.

Vereinbarung der Übertragbarkeit des Akkreditivs

- Siehe auch **Ziffer (5)** der **Abbildung** "Auftrag zur Eröffnung eines Dokumentenakkreditivs". Weitere Abbildungen/**Fallbeispiele** finden sich in Abschnitt 1.5.1.3.
- Die Vereinbarung der Übertragbarkeit des Akkreditivs ist für den **Begünstigten** insbesondere dann zweckmäßig, wenn er
  - **Transithändler** (Zwischenhändler, Exporthändler) ist und sich somit eines oder mehreren Vorlieferanten bedient;
  - **Generalunternehmer** ist und somit Subunternehmer mit der (Teil-)Ausführung des Auftrags betraut;
  - **Exporteur** ist und die Waren bzw. Rohteile von **Zulieferern einkauft**.

  In allen diesen Fällen kann für den Erstbegünstigten (Exporteur, Transithändler o.ä.) - z.B. mangels anderer Finanzierungsmittel - die **ganze oder teilweise Übertragung** des Akkreditivs auf den oder die Vorlieferanten, Subunternehmer, Zulieferer usw. in Frage kommen.
- Ein Akkreditiv kann gemäß Art. 48 b. ERA nur übertragen werden, wenn es von der eröffnenden Bank **ausdrücklich als "übertragbar"** ("transferable") bezeichnet worden ist. Folglich hat der Akkreditivbegünstigte (Exporteur, Transithändler, Generalunternehmer), sofern er ein übertragbares Akkreditiv wünscht, dafür Sorge zu tragen, daß die Übertragbarkeit des Akkreditivs in die Akkreditivklausel des Kaufvertrags ausdrücklich aufgenommen wird. Der Importeur hat sodann die Verpflichtung, die Übertragbarkeit des Akkreditivs auch in den Akkreditiveröffnungsauftrag aufzunehmen.
- Zur **Abtretung** des Anspruchs auf den Akkreditiverlös durch den Begünstigten an einen Dritten (z.B. an eine Bank oder an einen Lieferanten) ist die **Übertragbarkeit** des Akkreditivs **nicht erforderlich** (vgl. Art. 49 ERA). Einzelheiten zur Abtretung siehe Abschnitt 1.4.7.

- Ein übertragbares Akkreditiv kann **nur einmal** und - von einigen in Art. 48 h. ERA dargestellten Ausnahmen abgesehen- nur zu den **Bedingungen des Originalakkreditivs** übertragen werden.

  Die Einmaligkeit der Übertragbarkeit gilt nur, sofern im Akkreditiv nichts anderes festgelegt ist (vgl. Art. 48 g. ERA).

- Für den **Akkreditivauftraggeber** (Importeur) kann die Übertragung des Akkreditivs mit gewissen **Unwägbarkeiten** verbunden sein. Beispielsweise hinsichtlich der **Zuverlässigkeit des Vorlieferanten**, auf den das Akkreditiv vom Exporteur (teilweise) übertragen wird, weil dieser die Güter nunmehr an der Stelle des Exporteurs ausliefert.

- Auch der **Zweitbegünstigte** (Vorlieferant o.ä.) des übertragenen Akkreditivs hat einige Besonderheiten zu beachten, so insbesondere die Tatsache, daß sich sein **Zahlungsanspruch** bei Übertragung **unbestätigter** Akkreditive **nur auf die Akkreditivbank**, nicht aber auf die übertragende Bank, richtet.

- **Hinweise:**
  - Die Grundstruktur, die Abwicklung sowie die Vor- und Nachteile übertragbarer Akkreditive sind umfassend in Abschnitt **"1.4.5 Übertragbares Akkreditiv"** dargestellt.
  - Eine weiterführende Erörterung erfahren die Merkmale, die Dokumente und die Abwicklungsmöglichkeiten von Akkreditiven im Rahmen des Kommentars zu den ERA. Siehe dazu Kapitel **„3.1 Dokumentenakkreditive: Kommentar und Einheitliche Richtlinien ...“**.

Vereinbarung der Bestätigung des Akkreditivs

- Siehe auch **Ziffer (6)** der **Abbildung** "Auftrag zur Eröffnung eines Dokumentenakkreditivs". Weitere Abbildungen/**Fallbeispiele** finden sich in Abschnitt 1.5.1.3.

- Erachtet es der Exporteur im Hinblick auf das **politische Risiko** und/oder das **Garantendelkredererisiko** (z.B. das Risiko der Zahlungsunfähigkeit der Akkreditivbank) für notwendig, das Akkreditiv durch das Zahlungsversprechen einer weiteren Bank, d.h. durch eine Bestätigung, abzusichern, dann ist dies in die Akkreditivvereinbarung des Kaufvertrags ausdrücklich (z.B. mit den Worten "confirmed irrevocable documentary credit") aufzunehmen.

- **Hinweis:** Das **bestätigte Dokumentenakkreditiv** ist umfassend in Abschnitt "1.2.3 Unwiderrufliches bestätigtes Dokumentenakkreditiv" dargestellt.

- Grundsätzlich kann für die **Bestätigung von Akkreditiven** ein enger oder weiter **Kreis von Banken** vereinbart werden:
  - die Hausbank des Exporteurs bzw. die avisierende Bank ("confirmed by the advising bank");
  - jede beliebige erstklassige Bank im Land des Exporteurs (z.B. "first class german bank");
  - jede erstklassige internationale Bank ("international prime bank").

- Die möglichen Bestätigungsbanken sind in Abschnitt "1.2.3.2 Grundstruktur, Abwicklung und besondere Merkmale (bestätigter Akkreditive)" in Schritt 1 ausführlich dargestellt und auf ihre **Eignung** untersucht.

  Für die vom Importeur mit der Akkreditiveröffnung beauftragten Bank ist es von Vorteil, wenn sie eine Zweitbank ihrer Wahl, d.h. auf Grundlage der eingespielten **Korres-**

pondenzbeziehungen, mit der Bestätigung beauftragen kann. Der vorliegende Akkreditiveröffnungsauftrag sieht diese Möglichkeit mit der Formulierung “bestätigt durch Ihre Korrespondenzbank” vor.

- Findet sich die zur Bestätigung des Akkreditivs beauftragte oder ermächtigte **Zweitbank** angesichts der damit verbundenen Risiken **nicht bereit**, dem Akkreditiv ihre **Bestätigung** hinzuzufügen, dann bestimmen die ERA, daß diese Zweitbank dem Begünstigten das Akkreditiv **ohne** Hinzufügung ihrer **Bestätigung avisieren kann**, sofern im Akkreditiv andere Weisungen nicht erteilt sind (vgl. Art. 9 c. ERA).

  Der begünstigte Exporteur hat sodann zu entscheiden, ob er sich mit dem unbestätigten Akkreditiv begnügt oder aber dieses Akkreditiv als nicht kaufvertragskonform zurückweist.

- **Ratschlag:** Um die Situation zu vermeiden, daß ein im Kaufvertrag vereinbartes bestätigtes Akkreditiv bei Akkreditiveröffnung keine Bestätigung findet, ist dem akkreditivbegünstigten Exporteur zu empfehlen, vor Abschluß des Kaufvertrag **Kontakt mit seiner Bank** aufzunehmen. Er sollte dabei nicht nur die mit dem Importland verbundenen politischen Risiken zu erheben suchen, sondern auch klären, ob seine Hausbank bereit ist, eine Akkreditivbestätigung bezüglich der beabsichtigten Akkreditivbank und des betreffenden Landes abzugeben.

- **Hinweis:** Die folgenden **Aspekte zur Bestätigung** von Akkreditiven sind ausführlich in Abschnitt “1.2.3.2 Grundstruktur, Abwicklung und besondere Merkmale (bestätigter Akkreditive), Schritt 4: Akkreditivavisierung (Akkreditiveröffnung) und Akkreditivbestätigung” dargestellt und beurteilt:

- **Nachträgliche (spätere) Bestätigung bzw. Ankaufszusage;**

- **eingeschränkte Bestätigung;**
  - **Eröffnung als unbestätigtes Akkreditiv;**
  - **Ansprüche des Begünstigten bei unbestätigt gebliebenen Akkreditiven.**

- **Hinweis**: Eine weiterführende Erörterung erfahren die Merkmale, die Dokumente und die Abwicklungsmöglichkeiten von Akkreditiven im Rahmen des Kommentars zu den ERA. Siehe dazu Kapitel **“3.1 Dokumentenakkreditive: Kommentar und Einheitliche Richtlinien ...“**.

1.5.1.2.4 Begünstigter, Bank des Begünstigten, Benutzungs-/Zahlstelle, Gültigkeitsstelle

Angabe des Begünstigten im Akkreditiveröffnungsauftrag

- Siehe **Ziffer (7)** der **Abbildung** “Auftrag zur Eröffnung eines Dokumentenakkreditivs”. Weitere Abbildungen/**Fallbeispiele** finden sich in Abschnitt 1.5.1.3.
- Es versteht sich von selbst, daß die Angabe (Anschrift) des Begünstigten **vollständig** und **zutreffend** sein muß, damit die beauftragten Banken das Akkreditiv korrekt abwickeln können.

Vereinbarung der Gültigkeits- und Benutzbar-/Zahlbarstellung des Akkreditivs

- Siehe auch **Ziffern (8) an zwei Stellen** der **Abbildung** “Auftrag zur Eröffnung eines Dokumentenakkreditivs”.

- **Gültigkeitsstelle** (Ort für die Dokumentenvorlage vor Verfall) und **Benutzungs-/Zahlstelle** eines Akkreditivs können **gleichgesetzt**, aber auch **verschieden** sein.

  Die **Verschiedenheit** von Gültigkeitsstelle einerseits und Benutzungs-/Zahlstelle andererseits kommt insbesondere bei **sog. Importakkreditiven** (mit inländischem Importeur) vor, die zwar im Ausland (im Land des akkreditivbegünstigten Exporteurs) gültig gestellt sind, aber im Inland bei der akkreditiveröffnenden Bank benutzbar/zahlbar gestellt sind.

  Einzelheiten siehe folgenden Abschnitt **"Abgrenzung von Benutzungs-/Zahlstelle und Gültigkeitsstelle"**.

- Ein Akkreditiv kann bei der **akkreditiveröffnenden Bank (Akkreditivbank) gültig und benutzbar/zahlbar** gestellt werden.

  Der Akkreditivbegünstigte (Exporteur) hat die **Dokumente** in diesem Fall vor Verfall des Akkreditivs bei der - aus seiner Sicht **ausländischen** - **Akkreditivbank einzureichen**. Die ausländische Akkreditivbank prüft die Dokumente, nimmt sie - sofern sie akkreditivkonform sind - auf und **zahlt im Gegenzug** den Akkreditivgegenwert an den Akkreditivbegünstigten aus.

  Im Vergleich zur Gültig- und Benutzbar-/Zahlbarstellung des Akkreditivs bei einer - aus Sicht des Exporteurs - inländischen Bank (eventuell sogar seiner Hausbank) ist die Gültig- und Benutzbar-/Zahlbarstellung des Akkreditivs bei der ausländischen Bank für den akkreditivbegünstigten Exporteur **eher nachteilig**: Zweifelsfragen zu den Dokumenten und zu den Akkreditivbedingungen sind mit einer ausländischen Gültigkeits- und Benutzungs-/Zahlstelle zumindest organisatorisch schwieriger zu lösen als mit einer inländischen Bank. Außerdem sind das Postlaufrisiko sowie das Dokumentenverlustrisiko zu bedenken, die bei dieser Gültig- und Benutzbar-/Zahlbarstellung zu Lasten des Akkreditivbegünstigten gehen. Schließlich kann sich die Auszahlung des Akkreditivgegenwerts an den Begünstigten bei einer Benutzbar-/Zahlbarstellung im Ausland etwas verzögern.

  Anzumerken ist, daß der Exporteur in der Praxis auch in den Fällen, in denen ein Akkreditiv bei der ausländischen Akkreditivbank gültig und benutzbar/zahlbar gestellt ist, die Dokumente regelmäßig bei seiner Hausbank bzw. bei der avisierenden Bank einreicht. Im Rahmen einer **unverbindlichen Serviceleistung** prüft dann diese Bank die Dokumente und leitet sie - gegen Entgelt und auf Risiko des akkreditivbegünstigten Exporteurs - an die ausländische Akkreditivbank weiter.

- Ein Akkreditiv kann bei einer sog. **anderen Bank**, insbesondere bei einer **Bank im Land des Exporteurs gültig und benutzbar/zahlbar** gestellt werden ("benannte Bank", "Nominated Bank"). Im - für den Exporteur - günstigsten Fall ist die als Gültigkeits- und Benutzungs-/Zahlstelle eingesetzte Bank zugleich seine Hausbank (die sog. Exporteurbank).

  Wird zwischen den Beteiligten **im Kaufvertrag** lediglich der Ort bzw. lediglich das Land der Gültig- und Benutzbar-/Zahlbarstellung des zu stellenden Akkreditivs vereinbart und wird diese Vereinbarung vom Importeur in den **Akkreditiveröffnungsauftrag** übernommen, dann bleibt auch die mit der Akkreditiveröffnung beauftragte Bank in der **Auswahl der Gültigkeits- und Benutzungs-/Zahlstelle** am vereinbarten Ort bzw. im vereinbarten Land frei. Der Exporteur muß in diesem Fall damit rechnen, daß das Akkreditiv bei einer Bank gültig und benutzbar/zahlbar gestellt ist, mit der er nicht in Geschäftsverbindung steht (z.B. bei einer Niederlassung der Akkreditivbank im Land des Exporteurs oder bei deren Korrespondenzbank im Exportland).

Es entspricht deswegen häufig dem Wunsch des Exporteurs, daß in die Akkreditivvereinbarung des Kaufvertrags als Avisierungs-, Gültigkeits- und Benutzungs-/Zahlstelle des Akkreditivs die eigene **Hausbank** aufgenommen wird. Auch im Vordruck der Banken "Auftrag zur Eröffnung eines Dokumentenakkreditivs" ist diesem Wunsch mit der Rubrik "Bank des Begünstigten" Rechnung getragen. Allerdings behalten sich die beauftragten Banken - trotz Angabe der Bank des Begünstigten - im allgemeinen vor, den Akkreditivauftrag über eine ihrer Korrespondenzbanken abzuwickeln. Dies kommt z.B. in der Fußnote im vorliegenden Akkreditiveröffnungsauftrag zum Ausdruck: "Sie sind berechtigt, das Akkreditiv dem Begünstigten auch über eine Korrespondenzbank Ihrer Wahl zuzuleiten".

Für den akkreditivbegünstigten Exporteur ist bei Vereinbarung einer inländischen Gültigkeits- und Benutzungs-/Zahlstelle zunächst von Vorteil, daß er die **Dokumente** fristwahrend vor Verfall des Akkreditivs bei einer aus seiner Sicht **inländischen Bank einzureichen hat**. Ebenso liegt der Vorzug auf der Hand, daß Zweifelsfragen des Exporteurs zu den Akkreditivbedingungen sowie zu den Dokumenten mit einer inländischen Gültigkeits- und Benutzungs-/Zahlstelle leichter zu klären sind als mit einer ausländischen Bank. Entscheidend ist jedoch, daß die von der Akkreditivbank als Benutzungs-/ Zahlstelle eingesetzte Zweitbank die vom Exporteur eingereichten Dokumente sowie die Erfüllung der weiteren Akkreditivbedingungen prüft und den Akkreditivgegenwert im Namen und für Rechnung der Akkreditivbank an den Begünstigten auszahlen kann. Im allgemeinen kann der Akkreditivbegünstigte deswegen bei einer Benutzbar-/Zahlbarstellung des Akkreditivs in seinem Land mit einer **rascheren Auszahlung** rechnen als sie bei einer Benutzbar-/Zahlbarstellung des Akkreditivs im Ausland erfolgt. In der Literatur wird schließlich als ein weiterer Vorzug der Benutzbar-/Zahlbarstellung des Akkreditivs im Land des Exporteurs hervorgehoben, daß -mangels anderer Vereinbarungen bzw. eines erkennbar anderen Parteiwillens- in der Regel davon auszugehen ist, daß für die dahingehende Akkreditivabwicklung ergänzend zu den ERA das Recht des Exportlandes als vereinbart gilt (vgl. Zahn u.a. 1986: S. 79, Rdn 2/92).

- Ist das Akkreditiv bestätigt, dann wird es im allgemeinen bei der **Bestätigungsbank auch gültig und benutzbar/zahlbar** gestellt. Bestätigungsbank und damit im Regelfall auch Gültigkeits- und Benutzungs-/Zahlstelle ist meistens eine **Bank im Land des Exporteurs** (oft sogar seine Hausbank).

  Im Einzelfall kann jedoch ein Akkreditiv auch von einer **Bank in einem Drittland** bestätigt und bei dieser Bank gültig und benutzbar/zahlbar gestellt sein. Die von dieser Gültig- und Benutzbar-/Zahlbarstellung ausgehenden Nachteile des Exporteurs entsprechen im wesentlichen jenen Nachteilen, wie sie auch aus einer Gültig- und Benutzbar-/ Zahlbarstellung bei der ausländischen Akkreditivbank folgen.

Abgrenzung von Benutzungs-/Zahlstelle und Gültigkeitsstelle

- **Benutzungs-/Zahlstelle**

  Alle Akkreditive müssen zunächst angeben, bei welcher Bank das Akkreditiv **benutzbar (available) zur Zahlung** bzw. - je nach Akkreditivart - zur Übernahme einer Verpflichtung zur hinausgeschobenen Zahlung, zur Akzeptierung von Tratten oder zur Negoziierung ist (vgl. Art. 10 b. ERA):

  - Dies kann die **akkreditiveröffnende Bank** selbst sein.
  - Dies kann aber auch eine **andere** (die sog. benannte) **Bank** sein, die von der akkreditiveröffnenden Bank **ermächtigt** ist, **zu zahlen** - bzw. bei anderen Akkreditivarten

-, eine Verpflichtung zur hinausgeschobenen Zahlung zu übernehmen, Tratten zu akzeptieren oder zu negoziieren.

In diesem Buch wird diejenige Bank, bei der das Akkreditiv im oben genannten Sinne benutzbar (available) ist, als **Benutzungs-/Zahlstelle** bzw. manchmal nur als Benutzungsstelle oder nur als Zahlstelle bezeichnet. Analoges gilt für die Ausdrücke "Benutzung", "benutzen", "benutzbar" bzw. "zahlbar" usw. In den SWIFT-eröffneten Akkreditiven ist die Benutzungs-/Zahlstelle mit der Formulierung: **"available with ... (es folgt die Angabe der Bank)"** aufgenommen.

- **Gültigkeitsstelle (Ort/Bank für die Dokumentenvorlage vor Verfall)**

  Alle Akkreditive müssen darüber hinaus ein **Verfalldatum und einen Ort für die Dokumentenvorlage** vorschreiben (expiry date and place for presentation of documents, vgl. Art. 42 a. ERA), wobei die Dokumentenvorlage bei der **eröffnenden Bank** oder der **etwaigen bestätigenden Bank** oder einer **anderen Bank** erfolgen muß (vgl. Art. 10 b. ERA).

  Diejenige Bank, bei der der Akkreditivbegünstigte die Dokumente vor Verfall des Akkreditivs einzureichen hat, ist zwar **häufig mit der** oben definierten **Benutzungs-/Zahlstelle identisch**. Es kommen aber auch Akkreditive vor, die **bei einer anderen Bank gültig** gestellt sind, im Sinne des **Verfalldatums** und des **Orts für die Dokumentenvorlage**, ohne bei dieser Bank zugleich benutzbar/zahlbar zu sein.

  Um eine Sprachregelung zu treffen, wird in diesem Buch diejenige Bank, bei der der Akkreditivbegünstigte die Dokumente rechtzeitig vor Verfall des Akkreditivs vorzulegen hat, als **Gültigkeitsstelle** bezeichnet. Analog werden die Ausdrücke Gültigstellung", "gültigstellen", "gültig" u.ä. verwendet.

- Zu beachten ist jedoch, daß weder in der Literatur noch in der Praxis die **Ausdrücke** "Gültigkeitsstelle", "Benutzungsstelle" sowie die verwandten Ausdrücke "gültig", "benutzbar", "zahlbar" usw. mit dem gleichen **Vorstellungsinhalt** verbunden werden. Dies mag auch damit zusammenhängen, daß - wie erwähnt - bei den Akkreditiven häufig ein und dieselbe Bank Gültigkeitsstelle sowie Benutzungs-/Zahlstelle ist.

- Auch in den Formularen der Banken "Auftrag zur Akkreditiveröffnung" ist der beschriebene Unterschied nur zum Teil ausdrücklich hervorgehoben. Dies ist beispielsweise der Fall in Abbildung 1.5-07 in Abschnitt **"1.5.1.3.3 Fallbeispiel zum Akkreditiveröffnungsauftrag eines schweizerischen Importeurs"**:

  - Die Rubrik „Validity" bzw. „Gültigkeit" (mit Angabe des Datums), sodann alternativ "with the advising bank" bzw. "bei der avisierenden Bank" oder "with CSFB (Credit Suisse First Boston)" bzw. "bei Ihnen", bestimmt die **Gültigkeitsstelle**.
  - Die Rubrik "Payabel /Available with" bzw. "Zahlbar/benützbar", sodann alternativ "CSFB" bzw. "bei Ihnen" oder "the correspondent bank" bzw. "bei der avisierenden Bank" oder "any bank" bzw. "bei irgendeiner Bank" bestimmt dagegen die **Benutzungs-/Zahlstelle**.
  - Analoges gilt für das Formular der Commerzbank AG; siehe Abbildung 1.5-05 in Abschnitt "**1.5.1.3.1 Fallbeispiel zum Akkreditiveröffnungsauftrag eines deutschen Importeurs**".
  - Dagegen ist im vorliegenden/besprochenen Formular (Abbildung 1.5-01) eine von der Benutzungs-/Zahlstelle eventuell abweichende Gültigkeitsstelle aus der Verbindung der Ziffern (8) "Bank des Begünstigten bzw. Benutzungs-/Zahlstelle" und einem bei Ziffer (11) "Dokumentenvorlage spätestens am ..." angegebenen Ort abzuleiten.

- Ist die als **Gültigkeitsstelle** eingesetzte andere Bank nicht zugleich auch als Benutzungs-/Zahlstelle eingesetzt, dann ist sie zur **Auszahlung** des Akkreditivgegenwerts an den Akkreditivbegünstigten im Namen und für Rechnung der Akkreditivbank auch **nicht berechtigt**. Diese Funktion behält sich in diesem Fall die Akkreditivbank selbst vor (vgl. auch Schweizerische Bankgesellschaft 1984: S. 15).
- Das **Verfalldatum** eines Akkreditivs, das in Verbindung mit dem Ort/der Bank für die Dokumentenvorlage, d.h. in Verbindung mit der Gültigkeitsstelle, zu sehen ist, ist in Abschnitt "1.5.1.2.7 Verfalldatum, Vorlagefrist ..." dargestellt.
- **Hinweis**: Eine weiterführende Erörterung erfahren die Merkmale, die Dokumente und die Abwicklungsmöglichkeiten von Akkreditiven im Rahmen des Kommentars zu den ERA. Siehe dazu Kapitel **„3.1 Dokumentenakkreditive: Kommentar und Einheitliche Richtlinien ...“**.
- Die folgende **Abbildung 1.5-02** umfaßt die **maßgeblichen Konstellationen für die Gültigkeitsstelle (Gültigkeitsort) für die Dokumentenvorlage vor Verfall** ("expiry date and place for presentation of documents") einerseits **und für die Benutzungs-/ Zahlstelle** ("available with ...") andererseits.

Vorkommen

- Bei den sog. **Importakkreditiven** (das sind aus deutscher Sicht Akkreditive, bei denen **deutsche Importeure** ihre (deutschen) Hausbanken zur Akkreditiveröffnung beauftragen) überwiegt inzwischen die 2. Konstellation (siehe obige Tabelle): Als **Gültigkeitsstelle/Ort** für die Dokumentenvorlage vor Verfall ist bei solchen Akkreditiven eine sog. andere (ausländische) **Bank** eingesetzt (im allgemeinen eine Bank im Land des akkreditivbegünstigten Exporteurs, avisierende Bank). Dagegen bleibt die akkreditiveröffnende (deutsche) Bank (Importeurbank) die **Benutzungs-/ Zahlstelle**.
- Bei den sog. **Exportakkreditiven** (das sind aus deutscher Sicht Akkreditive, die von ausländischen Banken zugunsten **deutscher Exporteure** eröffnet werden) überwiegt inzwischen die 3. Konstellation (siehe obige Tabelle): Die avisierende bzw. eventuell bestätigende (andere benannte, deutsche) Bank (häufig die Hausbank des akkreditivbegünstigten Exporteurs) ist **Gültigkeitsstelle/Ort** für die Vorlage der Dokumente vor Verfall **und zugleich Benutzungs-/Zahlstelle**. D.h. die benannte andere (deutsche) Bank ist von der akkreditiveröffnenden Bank auch ermächtigt, in deren Namen und für deren Rechnung - je nach Akkreditivart - an den akkreditivbegünstigten deutschen Exporteur zu zahlen, eine Verpflichtung zur hinausgeschobenen Zahlung zu übernehmen, Tratten zu akzeptieren oder zu negoziieren.
- In der Regel ist bei bestätigten Akkreditiven die **Bestätigungsbank** zugleich Gültigkeitsstelle und Benutzungs-/Zahlstelle.
- Die im vorliegenden Akkreditiveröffnungsauftrag vorgesehene Möglichkeit, daß das Akkreditiv **bei jeder beliebigen Bank benutzbar** sein soll, kommt bei Negoziierungsakkreditiven/Commercial Letters of Credit vor und stellt insoweit eine Besonderheit dar.

  Hinsichtlich der freien oder beschränkten Negoziierbarkeit ebenso wie zur Abwicklung von Negoziierungsakkreditiven/ Commercial Letters of Credit wird auf die Ausführungen in Kapitel "1.4.1 Commercial Letter of Credit/Negoziierbares Akkreditiv" verwiesen.

Prof. Dr. Siegfried G. Häberle

Konstellationen für Gültigkeitsstelle/Ort für die Dokumentenvorlage bzw. Benutzungs-/Zahlstelle bei Akkreditiven

	Gültigkeitsstelle/Ort für die Dokumentenvorlage vor Verfall des Akkreditivs (expiry date and place of presentation of documents), vgl. Art. 42 a. ERA ↓	**Benutzungs-/Zahlstelle** zur Zahlung/zur Übernahme der Verpflichtung zur hinausgeschobenen Zahlung/ zur Akzeptierung von Tratten/ zur Negoziierung (available with ...), vgl. Art. 10 b. ERA ↓
1. Konstellation:	**Akkreditiveröffnende Bank** (Akkreditivbank, Importeurbank)	**Akkreditiveröffnende Bank** (Akkreditivbank, Importeurbank)
2. Konstellation:	**Andere benannte Bank** (z.B. avisierende Bank, Zweitbank, Exporteurbank). Diese Bank ist **nur Vorlagestelle für die Dokumente** vor Verfall. Sie ist von der akkreditiveröffnenden Bank **zur Zahlung usw. nicht ermächtigt**.	**Akkreditiveröffnende Bank** (Akkreditivbank, Importeurbank)
3. Konstellation:	**Andere benannte Bank** (z.B. avisierende Bank, etwaige bestätigende Bank, Zweitbank, Exporteurbank).	**Andere benannte Bank** (z.B. avisierende Bank, etwaige bestätigende Bank, Zweitbank, Exporteurbank). Diese andere benannte Bank ist von der akkreditiveröffnenden Bank ermächtigt, zu zahlen usw. (siehe oben). Für alle Zahlungen usw. der anderen begünstigten Bank ist die akkreditiveröffnende Bank verpflichetet, diese zu rembour-sieren (den Gegenwert zu er-setzen).

Abbildung 1.5-02

1.5.1.2.5 Betrag und Währung

Festlegung des Akkreditivbetrags

- Siehe auch **Ziffer (9)** der **Abbildung** "Auftrag zur Eröffnung eines Dokumentenakkreditivs". Weitere Abbildungen/**Fallbeispiele** finden sich in Abschnitt 1.5.1.3.
- **Festbetrag:** Der Akkreditivbetrag kann als **feststehender Betrag** (fester Totalbetrag) vereinbart werden (manchmal ausdrücklich mit dem Zusatz "fest", "fix" o.ä.).
- **Höchstbetrag:** Der Akkreditivbetrag kann aber auch als Höchstbetrag (Maximalbetrag) festgelegt werden. Der Akkreditivbetrag wird dann mit einem **Zusatz** wie **"maximal"**, "höchstens" o.ä. verbunden. Der Importeur hat bei einem derartigen Zusatz zum Akkreditivbetrag einerseits zu bedenken, daß er dem Exporteur dadurch die Möglichkeit zu einer Minderlieferung eröffnet. Andererseits kann der Importeur den Spielraum zur Minderlieferung aber auch durch Festlegung der Menge, des Preises pro Einheit und/ oder des Verbots von Teilverladungen/Teilinanspruchnahmen begrenzen.
- **Festgelegte Toleranz:** Der Akkreditivbetrag kann mit einem **festen Abweichungsprozentsatz** definiert werden, und zwar mit dem Zusatz "+/-...%".
- **Circa-Betrag:** Die ERA lassen es schließlich auch zu, daß der Akkreditivbetrag mit den Ausdrücken **"etwa", ("about"), "ungefähr" ("approximately"), "circa" o.ä.** versehen werden kann. Man spricht in diesem Zusammenhang auch von einem **Richtbetrag**. Circa-Akkreditive sind beispielsweise dann zweckmäßig, wenn der Exporteur die Frachtkosten noch nicht genau kalkulieren kann (vgl. Bayerische Vereinsbank 1989: S. 21).
- Die in den **ERA definierten Toleranzen** bezüglich **Akkreditivbetrag, Menge** und **Preis pro Einheit** stellen sich wie folgt dar (Hervorhebungen dch. d. Verf.):

  "Die Worte 'etwa', 'ungefähr', 'circa' oder ähnliche Ausdrücke, die in Verbindung mit dem Akkreditivbetrag oder der im Akkreditiv angegebenen Menge oder dem angegebenen Preis pro Einheit verwendet werden, sind dahin auszulegen, daß eine Abweichung bis zu 10% nach oben oder bis zu 10% nach unten von dem Betrag oder der Menge oder dem Preis pro Einheit, auf die sie sich beziehen, statthaft ist" (Art. 39 a. ERA).

  "Sofern ein Akkreditiv nicht vorschreibt, daß die angegebene Warenmenge nicht über- oder unterschritten werden darf, ist eine Abweichung bis zu 5% nach oben oder bis zu 5% nach unten statthaft, immer vorausgesetzt, daß der Betrag der Inanspruchnahme nicht den Akkreditivbetrag überschreitet. Diese Abweichung ist nicht zulässig, wenn im Akkreditiv die Menge in einer bestimmten Anzahl von Verpackungseinheiten oder Stücken angegeben ist" (Art. 39 b. ERA).

  "Sofern ein Akkreditiv, das Teilverladungen untersagt, nicht etwas anderes vorschreibt oder der vorstehende Absatz (b) nicht anwendbar ist, ist eine Minderinanspruchnahme um bis zu 5% zulässig, vorausgesetzt, daß bei im Akkreditiv vorgeschriebener Warenmenge diese Warenmenge in vollem Umfang geliefert und bei einem im Akkreditiv vorgeschriebenen Preis pro Einheit dieser Preis nicht unterschritten wird. Diese Bestimmung gilt nicht, wenn im Akkreditiv Ausdrücke der im vorstehenden Absatz (a) genannten Art verwendet werden" (Art. 39 c. ERA).
- Die **Abweichungen vom Akkreditivbetrag** sind notwendigerweise dann zuzulassen, wenn bezüglich der zu liefernden **Warenmenge** und/oder des **Preises pro Einheit ebenfalls Toleranzen** vereinbart sind.

- **Hinweis**: Eine weiterführende Erörterung erfahren die Merkmale, die Dokumente und die Abwicklungsmöglichkeiten von Akkreditiven im Rahmen des Kommentars zu den ERA. Siehe dazu Kapitel **"3.1 Dokumentenakkreditive: Kommentar und Einheitliche Richtlinien ...".**

Festlegung der Währung

- Das Akkreditiv ist mangels anderslautender Vereinbarung in **derselben Währung** zu eröffnen, in der der Kaufvertrag abgeschlossen ist. Für einen der Beteiligten stellt diese Währung eine Fremdwährung dar bzw. für beide Beteiligten, wenn im Kaufvertrag/ Akkreditiv eine Drittlandwährung festgelegt ist. Insoweit stellt sich für den bzw. die Betroffenen die Frage einer Absicherung des **Wechselkursrisikos** und die Berücksichtigung der Kurssicherungskosten in der Kalkulation.

1.5.1.2.6 Zahlungsmodalitäten, Akkreditivarten (Sichtzahlung, hinausgeschobene Zahlung, Akzeptleistung usw.)

Festlegung der Zahlungsmodalitäten/zugleich Festlegung der Akkreditivart

- Siehe auch **Ziffer (10)** der **Abbildung** "Auftrag zur Eröffnung eines Dokumentenakkreditivs". Weitere Abbildungen/**Fallbeispiele** finden sich in Abschnitt 1.5.1.3.
- Die **Zahlungsmodalitäten** eines Akkreditivs bestimmen nach herkömmlicher Einteilung **zugleich die Art eines Akkreditivs**:
  - Zahlung bei **Sicht**: **Sichtzahlungsakkreditiv** (Sichtakkreditiv);
  - **Hinausgeschobene Zahlung**: **Akkreditiv mit hinausgeschobener Zahlung** (Deferred-Payment-Akkreditiv);
  - **Akzeptleistung** durch eine Bank und Einlösung (Zahlung) des Wechsels bei Fälligkeit: **Akzeptakkreditiv**;
  - **Wiederholte Zahlung** des Akkreditivbetrags innerhalb eines bestimmten Zeitraums und bis zu einem bestimmten Höchstbetrag: **Revolvierendes Akkreditiv**;
  - usw.
- Die im Kaufvertrag zu vereinbarenden Zahlungsmodalitäten des Akkreditivs werden im Einzelfall von den Eigenarten des Warengrundgeschäfts, von den Devisen- und Inkassovorschriften der beteiligten Länder, von den für die Beteiligten erkennbaren Risiken (politische Risiken, wirtschaftliche Risiken, Wechselkursrisiken usw.), von den Refinanzierungsmöglichkeiten und -konditionen sowie von vielen weiteren Einflußfaktoren bestimmt.
- **Hinweis:** Im folgenden sind die drei gängigsten, in den Kaufvertrag bzw. in den Akkreditiveröffnungsauftrag aufzunehmenden Zahlungsmodalitäten der Akkreditive skizziert und knapp kommentiert. Eine jeweils ausführliche Darstellung und Analyse dieser Akkreditivarten sowie der Sonderformen der Akkreditive findet sich in den Kapiteln **"1.3 Akkreditivarten nach den Zahlungs- bzw. Benutzungsmodalitäten"** und **"1.4 Sonderformen"**.
- **Hinweis:** Die im vorliegenden Vordruck "Akkreditiveröffnungsauftrag" aufgeführte Rubrik "Negoziierung einer Tratte des Begünstigten" bezieht sich auf die Negozi-

ierungsakkreditive/Commercial Letters of Credit, die eine Sonderform der Akkreditive darstellen und hier nicht weiter behandelt werden. Siehe dazu Kapitel **"1.4.1 Commercial Letter of Credit/Negoziierbares Akkreditiv"**.

Vereinbarung der Zahlung bei Sicht

- Sofern die Beteiligten im Kaufvertrag ein Akkreditiv vereinbaren, das Sichtzahlung ("sight payment") vorsieht, dann erfolgt die **Auszahlung** des Akkreditivgegenwerts an den Akkreditivbegünstigten grundsätzlich **Zug-um-Zug** gegen Vorlage akkreditivkonformer **Dokumente** und bei Erfüllung der weiteren Akkreditivbedingungen.
- Die Sichtzahlung, d.h. die darin eingeschlossene Zug-um-Zug-Abwicklung, entspricht vor allem dem **Interesse des Exporteurs** nach **rascher Verfügbarkeit des Akkreditivgegenwerts**.

  Der Exporteur verringert bei dieser Zahlungsfälligkeit nicht nur eventuelle politische Risiken (die im ausländischen Sitz der Akkreditivbank begründet liegen) und das Garantendelkredererisiko, sondern bei Fremdwährungsakkreditiven auch das damit verbundene Wechselkursrisiko. Vor allem aber vermeidet der Exporteur jenen Refinanzierungsaufwand, der bei Einräumung von Zahlungszielen anfällt.
- Für den **Importeur** schließt die Sichtzahlung eines Akkreditivs **eher Nachteile** ein: Er kann über die Ware in der Regel erst verfügen, nachdem er die Dokumente vorliegen hat, d.h. nachdem die Zug-um-Zug-Abwicklung, also die Zahlung des Akkreditivgegenwerts, vollzogen ist. Auch die Qualität der Güter kann der Importeur bei dieser Abwicklung erst nach erfolgter Zahlung selbst prüfen.

  Darüber hinaus hat der Importeur die Finanzierungslasten des Geschäfts zu einem frühen Zeitpunkt zu tragen, weil ihm der Erlös aus Weiterverkauf der importierten Waren in der Regel erst in einem späteren Zeitpunkt zur Verfügung steht.
- **Hinweis:** Umfassend ist das Sichtzahlungsakkreditiv in **Abschnitt 1.3.1** dargestellt und beurteilt.
- **Hinweis**: Eine weiterführende Erörterung erfahren die Merkmale, die Dokumente und die Abwicklungsmöglichkeiten von Akkreditiven im Rahmen des Kommentars zu den ERA. Siehe dazu Kapitel "**3.1 Dokumentenakkreditive: Kommentar und Einheitliche Richtlinien ...**".

Vereinbarung einer hinausgeschobenen Zahlung

- Die Zahlungsmodalitäten eines unbestätigten Akkreditivs mit hinausgeschobener Zahlung (Deferred-Payment-Akkreditiv) umfassen in zeitlicher Hinsicht **zwei Stufen**:
  - Der Akkreditivbegünstigte erhält im Gegenzug zur **Dokumenteneinreichung** (Dokumentenaufnahme) und bei Erfüllung der weiteren Akkreditivbedingungen lediglich die unwiderrufliche Zusage der Akkreditivbank auf Auszahlung des Akkreditivgegenwerts zu einem späteren Zeitpunkt.

    Anmerkung: Diese unwiderrufliche Zahlungszusage erhält der Akkreditivbegünstigte zwar von der als Benutzungs-/Zahlstelle eingeschalteten Zweitbank. Die Zweitbank handelt jedoch bei unbestätigten Deferred-Payment-Akkreditiven ausschließlich im Namen und für Rechnung der Akkreditivbank und übernimmt keinerlei eigene Verpflichtungen gegenüber dem Akkreditivbegünstigten.
  - Erst im Zeitpunkt der **hinausgeschobenen** Fälligkeit erhält der Akkreditivbegünstigte die **Zahlung** tatsächlich.

- Im Kaufvertrag haben die Beteiligten bei dieser Zahlungsart nicht nur die **Länge** des **Zeitraums**, also die Dauer des Hinausschiebens der Zahlung, festzulegen, sondern auch den **Beginn** dieses Zeitraums. Diese Festlegungen hat der Importeur in den Akkreditiveröffnungsauftrag zu übernehmen. In den vorliegenden Vordruck kann dies z.B. mit der Formulierung "fällig 90 Tage nach dem Verladedatum des Transportdokuments" aufgenommen werden.
- Der dem Importeur als **Zahlungsziel** einzuräumende Zeitraum ist vor allem von der Art und von der Abwicklung des Warengrundgeschäfts sowie von den branchenüblichen Konditionen bestimmt. Die Länge dieses Zeitraums hängt aber auch vom Sicherungsinteresse des Exporteurs und - bei devisenknappen Importländern - von deren Importbedingungen ab. Häufig wird der Zeitraum der hinausgeschobenen Zahlung als **Nachsichtfrist** bezeichnet.
- Als **Bezugspunkte für den Beginn des Zeitraums** der hinausgeschobenen Zahlung kommen unterschiedliche Daten in Frage. So können beispielsweise folgende Vereinbarungen getroffen werden:
- Zahlbar ... Tage/Monate nach dem **Verladedatum des Transportdokuments**. Zu beachten ist, daß in der Praxis unterschiedliche Daten in den Transportdokumenten (z.B. Ausstellungsdatum, Abflugdatum, Daten von Eingangsstempeln sowie von anderen Vermerken) eine Rolle spielen und daß deswegen der Bezugspunkt für den Beginn der hinausgeschobenen Zahlung eindeutig zu definieren ist.
  - Zahlbar ... Tage/Monate nach **Datum der Handelsrechnung** des Exporteurs.
  - Zahlbar ... Tage/Monate nach **Präsentation oder Aufnahme der Dokumente** bei der als Gültigkeits- und/oder Benutzungs-/Zahlstelle eingesetzten Bank, wobei sowohl der Zeitpunkt als auch die Stelle genau bestimmbar sein müssen. Diese Alternative kommt selten vor.
- u.a.
- Bei Vereinbarung von Akkreditiven mit hinausgeschobener Zahlung ist im Kaufvertrag auch die Frage der **Übernahme** der für das eingeräumte Zahlungsziel anfallenden **Finanzierungskosten** (Zinsaufwand u.ä.) zu klären. Sofern der Finanzierungsaufwand nicht vom Exporteur, sondern vom Importeur zu übernehmen ist, dann ist im Kaufvertrag der dem Importeur in Rechnung zu stellende Zinssatz (der sog. **Abnehmerzins**) ebenso festzulegen wie der Beginn und das Ende der Zinsberechnung und eventuell die Zinsberechnungsmethode.
- Hinausgeschobene Zahlung ist für den **Exporteur** im Vergleich zur Zahlung bei Sicht mit einer Anzahl von besonderen **Risiken** und **Nachteilen** verbunden:
  - **Politische Risiken**, insbesondere Transfer- und Konvertierungsrisiken bis zum Zeitpunkt des definitiven Zahlungseingangs (bei unbestätigten Akkreditiven);
  - **Garantendelkredererisiko**, d.h. insbesondere die Gefahr der Zahlungsunfähigkeit der ausländischen Akkreditivbank bis zum Zeitpunkt der hinausgeschobenen Zahlungsfälligkeit (bei unbestätigten Akkreditiven);
  - **Wechselkursrisiko** während des Zeitraums der hinausgeschobenen Zahlung, falls es sich für den Akkreditivbegünstigten um ein Fremdwährungsakkreditiv handelt;
  - **Kreditaufnahme** und Aufwendungen (Zinsen u.ä.) zur Finanzierung des dem Importeur eingeräumten Zahlungsziels.

- Für den **Importeur** führt ein Akkreditiv mit hinausgeschobener Zahlung im Vergleich zum Sichtzahlungsakkreditiv zu **Vorteilen**:
  - Wie jedes **Zahlungsziel** eröffnet die hinausgeschobene Zahlung dem Importeur die Chance, die importierten Waren zu nutzen bzw. weiterzuverkaufen, bevor er Zahlung leisten muß.

    Dieser Vorteil setzt allerdings voraus, daß der Importeur von der Akkreditivbank nicht bereits im Zeitpunkt der Akkreditiveröffnung bzw. nicht bereits im Zeitpunkt der Dokumentenaufnahme mit dem Gegenwert belastet wird und daß auch die Einfuhrbestimmungen des Importlandes eine solche Belastung nicht vorschreiben.
  - Der Importeur vermeidet die Aufnahme eines Bankkredits und nutzt die u.U. **günstigeren Finanzierungsbedingungen** des Exporteurs (z.B. ein niedrigeres Zinsniveau im Exportland). Allerdings ist zu bedenken, daß erfahrungsgemäß das Wechselkursrisiko bei Kreditaufnahmen in Niedrigzinsländern für den Kreditnehmer besonders hoch zu veranschlagen ist (Aufwertungsgefahr niedrigverzinslicher Währungen).
- **Hinweis:** Umfassend ist das Akkreditiv mit hinausgeschobener Zahlung in **Abschnitt 1.3.2** dargestellt und beurteilt.
- **Hinweis**: Eine weiterführende Erörterung erfahren die Merkmale, die Dokumente und die Abwicklungsmöglichkeiten von Akkreditiven im Rahmen des Kommentars zu den ERA. Siehe dazu Kapitel **"3.1 Dokumentenakkreditive: Kommentar und Einheitliche Richtlinien ..."**.

Vereinbarung einer Akzeptleistung mit hinausgeschobener Fälligkeit des Wechsels

- **Bezeichnungen:** In den seit 1. Jan. 1994 gültigen ERA werden als **Akzeptakkreditive** (Remboursakkreditive) nur solche Akkreditive bezeichnet, bei denen eine **Bank** die Tratte des akkreditivbegünstigten Exporteurs akzeptiert. Dagegen werden Akkreditive, bei denen der Importeur (dieser nur nach den früher gültigen, "alten" ERA) das Akzept zu leisten hat, im Sprachgebrauch der Praxis den **Akkreditiven mit hinausgeschobener Zahlung** zugeordnet.
- Die Zahlungsmodalitäten eines Akzeptakkreditivs mit hinausgeschobener Fälligkeit (mit sog. Nachsichtfrist) des Wechsels umfassen **zwei Stufen**:
  - Der Akkreditivbegünstigte zieht eine Tratte auf die im Akkreditiv benannte Bank. Die bezogene Bank **akzeptiert** die **Tratte** des Exporteurs im **Gegenzug** zur Einreichung (Aufnahme) der **Dokumente** und bei Erfüllung der übrigen Akkreditivbedingungen.
  - Die **Bezahlung** (Einlösung) des (Bank-)Akzepts erfolgt bei dessen **Fälligkeit**, d.h. nach Ablauf der Wechsellaufzeit unter der akkreditivmäßigen Haftung der Akkreditivbank.
- Im Kaufvertrag haben die Beteiligten zunächst festzulegen, **auf wen die Tratte des Exporteurs zu ziehen** bzw. von wem sie zu **akzeptieren** ist. Dementsprechend sind vom Importeur die Rubriken "Akzeptierung einer Tratte des Begünstigten" sowie "gezogen auf" im Akkreditiveröffnungsauftrag auszufüllen.

  In den seit 1.1.1994 gültigen ERA ist bei den Akzeptakkreditiven die Wechselziehung des Akkreditivbegünstigten (des Exporteurs) nur noch auf die Akkreditivbank selbst oder auf eine andere Bank vorgesehen, nicht mehr dagegen auf den Akkreditivauftraggeber (Importeur). Im Fall der Wechselziehung auf eine andere Bank trägt die Akkreditivbank die Verantwortung für die Akzeptleistung und die Einlösung bei Fälligkeit durch die andere Bank (vgl. Art. 9 a. ERA).

Für den **Exporteur** ist es die günstigste Alternative, wenn eine **Bank in seinem Land** (im Idealfall seine Hausbank) als Benutzungsstelle sowie als Akzeptbank fungiert. Dieses Argument bezieht sich nicht allein auf die einfachere technische Abwicklung bei der Akkreditivbenutzung, sondern vor allem darauf, daß der Exporteur in Form der Akzeptleistung einer in seinem Land ansässigen Bank auch bei unbestätigten Akzeptakkreditiven eine **weitere Sicherheit** erhält. Neben der Akkreditivbank ist die Akzeptbank ab dem Zeitpunkt ihrer Akzeptleistung zur Einlösung ihres Akzeptes bei Fälligkeit verpflichtet, so daß der Exporteur ab diesem Zeitpunkt vor politischen Risiken ebenso wie vor dem Risiko der Zahlungsunfähigkeit der Akkreditivbank gesichert ist.

Dagegen gewinnt der Akkreditivbegünstigte keine gewichtige Sicherheit hinzu, wenn das Akzept von der Akkreditivbank geleistet wird, weil ihm diese ohnehin aus dem Akkreditiv haftet.

- Festzulegen haben die Beteiligten im Kaufvertrag die **Laufzeit des Wechsels** und den **Beginn** dieser Laufzeit. Entsprechend erfolgt die Aufnahme in den Akkreditiveröffnungsauftrag des Importeurs in der Rubrik “fällig”, z.B. mit der Formulierung “fällig 90 Tage nach Sicht”.

  Im allgemeinen wird bei Akzeptakkreditiven die Ziehung von **Nachsichttratten** vereinbart. Die Nachsichtfrist beginnt in diesem Fall ab dem Zeitpunkt der Akzeptleistung des Bezogenen zu laufen, der bei seinem Akzept den sog. Sichtvermerk, das ist der Tag der Akzeptleistung, anbringt. Die Dauer der Nachsichtfrist wird von der Interessenlage der Beteiligten bzw. von den Devisen- und Inkassovorschriften des Importlandes bestimmt, aber auch von den Refinanzierungsmöglichkeiten der Beteiligten und von anderen Faktoren.

  Zur Formulierung sowie zur **Berechnung** der Fälligkeit von Nachsichtwechseln und anderer Wechsel vgl. Abschnitt “1.3.3.2 Grundstruktur des unbestätigten Akzeptakkreditivs...”, Schritt “1. Akkreditivvereinbarung im Kaufvertrag” sowie Hauptabschnitt “7.11 Auslandswechsel".

  Von Bedeutung ist, daß bei Nachsichtwechseln die **Akzeptleistung** (der Sichtvermerk) des Bezogenen und damit der Beginn der Laufzeit des Wechsels letztlich in **Abhängigkeit** von der Abwicklung des **Warengeschäfts** erfolgt: Erst im Zeitpunkt der Präsentation der Dokumente und bei Erfüllung der übrigen Akkreditivbedingungen akzeptiert der Bezogene die Tratte des Exporteurs und erst ab diesem Zeitpunkt beginnt die vereinbarte Nachsichtfrist zu laufen.

  Grundsätzlich können der Exporteur und der Importeur auch die Ziehung eines sog. **Tagwechsels** (der auf einen bestimmten Verfalltag lautet; manchmal auch als Zeitwechsel bezeichnet) oder eines sog. **Datowechsels** (der auf einen bestimmten Zeitraum ab dem Tag der Ausstellung lautet) vereinbaren. Bei diesen Wechselarten liegt es im Interesse des Importeurs, daß der Ausstellungstag und die Laufzeit des Wechsels im Kaufvertrag so festgelegt werden, daß dem Importeur das vereinbarte Zahlungsziel in Form der Wechsellaufzeit auch bei verzögerter Abwicklung des Warengeschäfts erhalten bleibt.

- Ebenso wie beim Akkreditiv mit hinausgeschobener Zahlung ist im Kaufvertrag eine Vereinbarung darüber zu treffen, welcher der Beteiligten die **Diskontzinsen** der Refinanzierung dieses in Wechselform gekleideten Zahlungsziels zu tragen hat. Sofern die Diskontzinsen nicht vom Exporteur, sondern vom Importeur zu tragen sind, dann ist die Höhe des sog. **Abnehmerzinses** und auch der **Verzinsungszeitraum** festzulegen, falls dieser länger als die Wechsellaufzeit ist.

- In der Regel läßt der Exporteur den akzeptierten Wechsel bei seiner Hausbank diskontieren. Ist die **Diskontierung** des akzeptierten Wechsels dagegen **ausnahmsweise** bei einer **Bank im Land des Importeurs** vorgesehen (dies kann sich anbieten, wenn der Wechsel auf die Währung des Importlandes lautet und der Importeur laut Kaufvertrag ohnehin verpflichtet ist, die Diskontzinsen zu bezahlen), dann ist dies im Kaufvertrag mit der Maßgabe festzulegen, daß die diskontierende Bank dem Exporteur (Akkreditivbegünstigten) den **Diskonterlös** bzw. den Wechselbetrag (falls der Importeur die Diskontzinsen zu zahlen hat) zur Verfügung stellen muß.
- Die **Beurteilung** des Akzeptakkreditivs entspricht über weite Teile dem Akkreditiv mit hinausgeschobener Zahlung. Der maßgebliche Unterschied liegt in der **größeren Sicherheit** des Exporteurs, sofern und sobald seine Tratte von einer **Zweitbank** (anderen Bank) **akzeptiert** ist, und in der **zinsgünstigen** und leicht zu bewerkstelligenden **Refinanzierung** mittels des akzeptierten Wechsels.
- **Hinweis:** Eine umfassende Darstellung und Beurteilung des Akzeptakkreditivs findet sich in Abschnitt 1.3.3.
- **Hinweis**: Eine weiterführende Erörterung erfahren die Merkmale, die Dokumente und die Abwicklungsmöglichkeiten von Akkreditiven im Rahmen des Kommentars zu den ERA. Siehe dazu Kapitel **"3.1 Dokumentenakkreditive: Kommentar und Einheitliche Richtlinien ..."**.

1.5.1.2.7 Verfalldatum des Akkreditivs, Vorlagefrist für die Dokumente ab Verladedatum

Festlegung des Verfalldatums des Akkreditivs

- Siehe auch **Ziffer (11)** der **Abbildung** "Auftrag zur Eröffnung eines Dokumentenakkreditivs". Weitere Abbildungen/**Fallbeispiele** finden sich in Abschnitt 1.5.1.3.

  "Alle Akkreditive müssen ein Verfalldatum und einen Ort für die Dokumentenvorlage zwecks Zahlung, Akzeptleistung oder - mit Ausnahme frei negoziierbarer Akkreditive - einen Ort für die Dokumentenvorlage zwecks Negoziierung vorschreiben. Ein für Zahlung, Akzeptleistung oder Negoziierung vorgeschriebenes Verfalldatum wird als Verfalldatum für die Dokumentenvorlage ausgelegt" (Art. 42 a. ERA, Hervorhebungen dch. d. Verf.).
- **Hinweis: Gültigkeitsstelle** (Ort für die Dokumentenvorlage vor Verfall) und **Benutzungs-/Zahlstelle** eines Akkreditivs können **gleichgesetzt**, aber auch **verschieden** sein. Einzelheiten und Vorkommen in der Praxis siehe Abschnitt "1.5.1.2.4 Begünstigter, Bank des Begünstigten, Benutzungs-/Zahlstelle, Gültigkeitsstelle".
- Einem unmittelbar **festgelegten Verfalldatum** ist im Interesse einer reibungslosen Abwicklung des Akkreditivs der Vorzug zu geben. Wird von den Parteien statt dessen ein **Gültigkeitszeitraum** des Akkreditivs im Kaufvertrag vereinbart und vom Importeur in den Akkreditiveröffnungsauftrag eingetragen, dann stellt sich die Frage nach dem

Zeitpunkt des Beginns des vereinbarten Gültigkeitszeitraums. Die ERA führen dazu aus: *"Wenn die eröffnende Bank angibt, daß das Akkreditiv 'für einen Monat', 'für sechs Monate' oder ähnlich benutzbar sein soll, aber nicht festlegt, wann diese Frist beginnen soll, wird das Datum der Eröffnung des Akkreditivs durch die eröffnende Bank als der erste Tag angesehen, an dem diese Frist beginnt"* (Art. 42 c. ERA).

- Das Verfalldatum des Akkreditivs ist für den **Importeur** ein Instrument, den Exporteur zu **fristgerechter** und rascher **Lieferung der Waren** anzuhalten. Der Importeur wird deswegen - eventuell in Verbindung mit dem Verladedatum des Transportdokuments - häufig auf ein frühes Verfalldatum, d.h. auf eine kurze Laufzeit (Gültigkeitsdauer) des Akkreditivs, drängen.

  Eine kurze Akkreditivlaufzeit ist für den Importeur auch unter dem Blickwinkel der laufzeitabhängigen **Eröffnungsprovision** der Bank von Interesse.

- Der **Exporteur** sollte bei Abschluß des Kaufvertrags prüfen, ob er das in den Kaufvertrag aufzunehmende Verfalldatum des Akkreditivs voraussichtlich auch dann einhalten kann, wenn sich Verzögerungen bei der Abwicklung des Exportgeschäfts bzw. bei der Dokumentenbeschaffung ergeben. Im Interesse des Exporteurs liegt im allgemeinen ein spätes Verfalldatum, d.h. eine **lange Laufzeit des Akkreditivs**.

  Dieses grundsätzliche Interesse wir allerdings relativiert, wenn der Exporteur die laufzeitabhängige **Bestätigungsprovision** der Bestätigungsbank zu tragen hat.

- Der **Importeur** kann in seiner Eigenschaft als Akkreditivauftraggeber die Akkreditivbank beauftragen, das eröffnete **Akkreditiv zu verlängern**, d.h. ein neues Verfalldatum festzulegen. Insoweit ist eine **Anpassung** des Akkreditivs an eine verzögerte Abwicklung des Exportgeschäfts grundsätzlich **möglich**. Eine solche Laufzeitänderung setzt jedoch - wie jede Akkreditivänderung - bei unwiderruflichen Akkreditiven die **Zustimmung** der Akkreditivbank ebenso voraus wie die des Begünstigten und - falls das Akkreditiv bestätigt ist - auch der Bestätigungsbank (vgl. Art. 9 d. ERA).

  Die beteiligten Banken haben indessen dann wenig Neigung, ein Akkreditiv zu verlängern, wenn sie in dem zu verlängernden Akkreditiv inzwischen ein Risiko sehen. Dies ist beispielsweise der Fall, wenn die Akkreditivbank die Kreditwürdigkeit des Importeurs (des Akkreditivauftraggebers) geringer einschätzt oder wenn die Bestätigungsbank inzwischen ein politisches Risiko oder ein Bonitätsrisiko in der Akkreditivbank erkennt.

- **Anmerkung**: Bei Deferred-Payment-Akkreditiven bzw. bei Akzeptakkreditiven (Nachsichtakkreditiven) schließt die Vorlagefrist für die Dokumente normalerweise die Fälligkeit der späteren Deferred-Payment-Rate(n) bzw. das Akzeptverfalldatum **nicht** mit ein.

- **Hinweis:** Eine **Gegenüberstellung der maßgeblichen Fristen** in Dokumentenakkreditiven findet sich im folgenden Abschnitt 1.5.1.2.8 "Zeitachsen maßgeblicher (maximaler) Fristen bei Dokumentenakkreditiven" (Abbildung 1.5-03).

Vorlagefrist für die Dokumente ab Verladedatum des Transportdokuments

- Siehe auch **Ziffer (12)** der **Abbildung** "Auftrag zur Eröffnung eines Dokumentenakkreditivs". Weitere Abbildungen/**Fallbeispiele** finden sich in Abschnitt 1.5.1.3.

- Zur Vermeidung der Situation, daß die Waren im Bestimmungsland zu einem Zeitpunkt ankommen, in dem dem Importeur die Dokumente noch nicht zur Verfügung stehen und womöglich deswegen (längere Zeit) eingelagert werden müssen, sehen die **ERA** in Art.

43 a. vor (Hervorhebungen dch. d. Verf.): *"Außer einem Verfalldatum für die Dokumentenvorlage sollte jedes Akkreditiv, das ein Transportdokument verlangt, auch eine genau bestimmte Frist nach dem Verladedatum vorschreiben, innerhalb welcher die Vorlage in Übereinstimmung mit den Akkreditiv-Bedingungen zu erfolgen hat. Ist eine derartige Frist nicht vorgeschrieben, nehmen die Banken Dokumente nicht an, die ihnen später als 21 Tage nach dem Verladedatum vorgelegt werden".*

- Zu beachten ist, daß je nach Art des Transportdokuments zur **Definition des Verladedatums unterschiedliche Daten** in Frage kommen: Das angegebene Ausstellungsdatum unmittelbar, das Datum eines darauf befindlichen Eingangsstempels, das tatsächliche Abflugdatum, das Datum eines An-Bord-Vermerks usw. (siehe auch Art. 23ff. ERA).
- Ist in einem Akkreditiv ausgehend vom Verladedatum des Transportdokuments eine Vorlagefrist für die Dokumente festgelegt, die bei einer im Einzelfall spät vorgenommenen Verladung über das Verfalldatum des Akkreditivs hinausreichen würde, dann wird dadurch das **Verfalldatum** des Akkreditivs **nicht hinausgeschoben**. Analoges gilt bezüglich der zitierten 21-Tage-Frist. Die ERA bestimmen dazu eindeutig: "In jedem Fall dürfen die Dokumente **nicht später als am Verfalldatum des Akkreditivs** vorgelegt werden" (Art. 43 a. ERA).

  Die **Verfallfrist** eines Akkreditivs kann sich somit durch die Vorlagefrist für die Dokumente ab Verladedatum des Transportdokuments zwar **verkürzen, aber nicht verlängern**.
- **Hinweis:** Eine **Gegenüberstellung der maßgeblichen Fristen** in Dokumentenakkreditiven findet sich im folgenden Abschnitt 1.5.1.2.8 "Zeitachsen maßgeblicher (maximaler) Fristen bei Dokumentenakkreditiven" (Abbildung 1.5-03).
- **Hinweis**: Eine weiterführende Erörterung erfahren die Merkmale, die Dokumente und die Abwicklungsmöglichkeiten von Akkreditiven im Rahmen des Kommentars zu den ERA. Siehe dazu Kapitel **"3.1 Dokumentenakkreditive: Kommentar und Einheitliche Richtlinien ...".**

1.5.1.2.8 Verladehafen/-ort usw., letztes Verladedatum, Zeitachsen maßgeblicher (maximaler) Fristen bei Dokumentenakkreditiven

Vereinbarung von Verladehafen (Abladeort, Versandort), Transportweg/Transportmittel, Löschungshafen (Bestimmungshafen, Bestimmungsort)

- Siehe auch **Ziffer (13)** der **Abbildung** "Auftrag zur Eröffnung eines Dokumentenakkreditivs". Weitere Abbildungen/**Fallbeispiele** finden sich in Abschnitt 1.5.1.3.
- Im **Kaufvertrag** sind Vereinbarungen über
- den **Verladehafen** (Abladeort, Versandort),
  - den **Bestimmungshafen** (Bestimmungsort),
  - den **Transportweg**/das **Transportmittel**

  zu treffen und vom Importeur entsprechend in den **Akkreditiveröffnungsauftrag** zu übernehmen.
- Es ist im Einzelfall zu prüfen, welche Vereinbarungen aus Sicht der Vertragspartner zweckmäßig sind. Dies gilt auch für die Frage, inwieweit eine spezielle Festlegung der genannten Merkmale im Kaufvertrag überhaupt sinnvoll ist. Damit die **kostengünstigste**

Abwicklung möglich bleibt, finden sich in Kaufverträgen und damit auch in Akkreditiven statt detaillierten Festlegungen durchaus auch generalisierende Bedingungen wie beispielsweise diese: "...shipped from any german port...".

- **Ratschlag:** Weichen bei der Akkreditivbenutzung die in den vorgelegten Dokumenten ausgewiesenen Orte von den in den Akkreditivbedingungen bezeichneten Orten ab, dann haben die an der Akkreditivabwicklung beteiligten Banken diese **Dokumente** mangels anderweitiger Vereinbarung oder mangels der in den ERA definierten Toleranzen **zurückzuweisen**. Deswegen ist den Vertragspartnern, insbesondere aber dem Exporteur, zu empfehlen, bereits bei Abschluß des Kaufvertrags auf Vereinbarungen zu achten, die zu akkreditivkonformen (Transport-)Dokumenten führen.

Letztes/spätestes Verladedatum

- Siehe auch **Ziffer (14)** der **Abbildung** "Auftrag zur Eröffnung eines Dokumentenakkreditivs".
- Neben der Verladung wird in den Kaufvertrag auf Betreiben des Importeurs häufig ein Zeitpunkt für die **späteste** und manchmal auch für die **früheste Verladung** der Güter aufgenommen, der dann auch in den Akkreditivbedingungen in Erscheinung tritt. *"Sofern im Akkreditiv nichts anderes vorgeschrieben ist, ist der zur Bestimmung eines frühesten und/oder eines letzten Verladedatums verwendete Ausdruck 'Verladung' so zu verstehen, daß er Ausdrücke wie 'Verladung an Bord', 'Versendung', 'angenommen zur Beförderung', 'Posteinlieferungsdatum', 'Abholdatum' und ähnliche und bei einem Akkreditiv, das ein multimodales Transportdokument verlangt, den Ausdruck 'Übernahme' einschließt"* (Art. 46 a. ERA).
- In den ERA ist darauf hingewiesen, daß Ausdrücke wie **"prompt"**, **"unverzüglich"**, **"baldmöglichst"** u.ä. bezüglich der Verladung nicht verwendet werden sollten. *"Wenn sie verwendet werden, werden die Banken sie nicht beachten"* (Art. 46 b. ERA).
- *"Wenn der Ausdruck **'am oder um den'** und ähnliche Ausdrücke verwendet werden, legen die Banken sie als eine Bestimmung aus, daß die Verladung innerhalb des Zeitraums von 5 Tagen vor bis 5 Tage nach dem angegebenen Datum durchzuführen ist, wobei der erste und letzte Tag eingeschlossen sind"* (Art. 46 c. ERA, Hervorhebung dch. d. Verf.).
- **Hinweis**: Eine weiterführende Erörterung erfahren die Merkmale, die Dokumente und die Abwicklungsmöglichkeiten von Akkreditiven im Rahmen des Kommentars zu den ERA. Siehe dazu Kapitel **"3.1 Dokumentenakkreditive: Kommentar und Einheitliche Richtlinien ..."**.

Zeitachsen maßgeblicher (maximaler) Fristen bei Dokumentenakkreditiven

- Die Festlegung des (spätesten) **Verladedatums** hat in **Abstimmung** mit dem **Verfalltag des Akkreditivs** sowie mit der **Vorlagefrist für die Dokumente ab Verladedatum des Transportdokuments** zu erfolgen. Dem Exporteur muß nicht nur hinreichend Zeit bis zum spätesten Verladedatum, z.B. für die Produktion der Waren, belassen werden, sondern es muß davon ausgehend auch eine hinreichende Verfallfrist des Akkreditivs festgelegt werden.
- **Abbildung Nr. 1.5-03 "Zeitachsen maßgeblicher Fristen bei Dokumentenakkreditiven"** gibt Auskunft über die alternativen Auswirkungen der diversen Fristen auf die Verfallfrist des Akkreditivs.

Prof. Dr. Siegfried G. Häberle

Zeitachsen maßgeblicher (maximaler) Fristen bei Dokumentenakkreditiven

1. Verfallfrist/Verfalldatum des Akkreditivs gemäß Art. 42 a. ERA

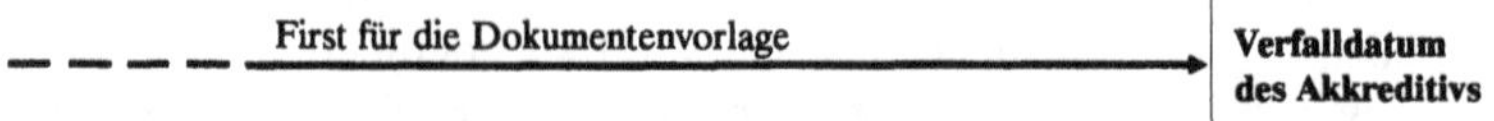

2. Alternative Auswirkungen der maximalen Dokumentenvorlagefrist ab Verladedatum des Transportdokuments gemäß Art. 43 a. ERA auf die Verfallfrist des Akkreditivs

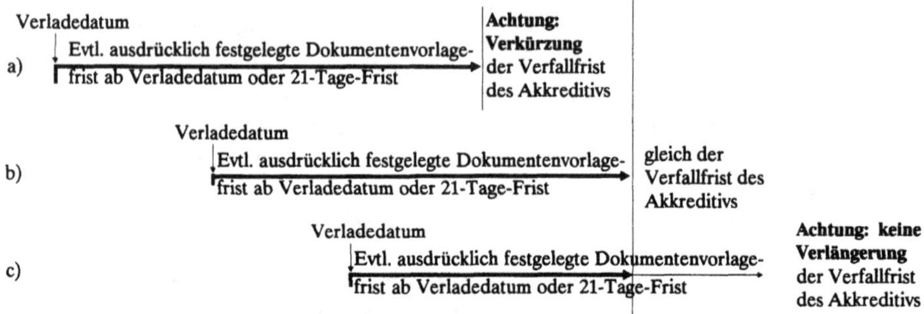

3. Alternative Auswirkungen eines im Akkreditiv eventuell vorgeschriebenen letzten/spätesten Verladedatums auf die Verfallfrist des Akkreditivs

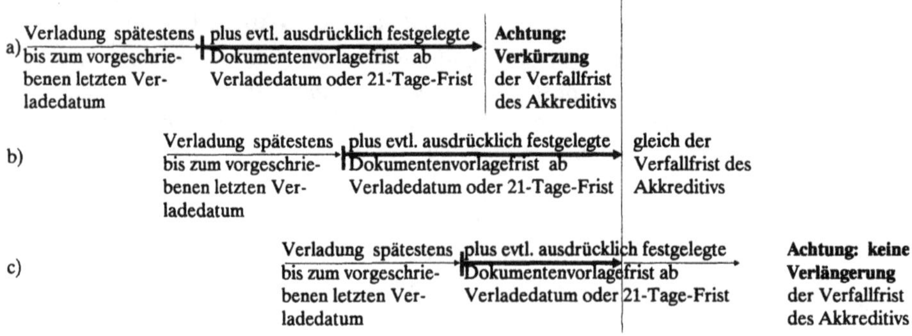

4. Sonderfälle

- Ist im Akkreditiv ist **kein letztes Verladedatum vorgeschrieben**, nehmen die Banken Transportdokumente **nicht an**, die ein späteres Verladedatum als das im Akkreditiv vorgeschriebene Verfalldatum ausweisen (vgl. Art. 44 b. ERA).
- Bei **Unterbrechung der Geschäftstätigkeit der Banken** durch Fälle höherer Gewalt, Unruhen, Streiks, Aussperrungen usw. sowie anderen Ursachen, die außerhalb ihrer Kontrolle liegen, werden die Banken - sofern sie hierzu nicht ausdrücklich ermächtigt sind- bei Wiederaufnahme ihrer Geschäftstätigkeit unter **Akkreditiven**, die während einer solchen Unterbrechung **verfallen sind, nicht zahlen**, keine Verpflichtung zur hinausgeschobenen Zahlung übernehmen, keine Tratten akzeptieren bzw. nicht negoziieren (vgl. Art. 17 ERA).
- Zur Verlängerung des Verfalldatums/der Verfallfrist wegen **Samstagen, Sonntagen, Feiertagen usw.** siehe Art. 44 ERA sowie Prüfliste des Exporteurs für avisierte/eröffnete Akkreditive ... (Abschnitt 4.3.5.3.2).

Abbildung 1.5-03

Beurteilung

- Insbesondere durch die Festlegung des spätesten Verladedatums eröffnet sich dem **Importeur** die Möglichkeit, den Exporteur zu einer fristgerechten Lieferung der Waren zu zwingen, sofern der Exporteur das Akkreditiv nicht unbenutzt verfallen lassen will.
- Der **Exporteur** hat vor der Festlegung des spätesten Verladedatums im Kaufvertrag zu prüfen, ob ihm die Einhaltung möglich sein wird. Zeichnen sich für den Exporteur Unwägbarkeiten ab, dann sollte der Exporteur bereits im Kaufvertrag eine entsprechend lange Verladefrist vereinbaren.

1.5.1.2.9 Teilverladungen, Teilinanspruchnahmen u.ä., Umladung(en)

Vereinbarung von Teilverladungen und/oder Teilinanspruchnahmen

- Siehe auch **Ziffer (15)** der **Abbildung** "Auftrag zur Eröffnung eines Dokumentenakkreditivs". Weitere Abbildungen/**Fallbeispiele** finden sich in Abschnitt 1.5.1.3.
- Aus Sicht der Beteiligten kann es zweckmäßig sein, an der Stelle des Warenversands in einem einzigen Transport, Teilverladungen der Waren (eventuell innerhalb bestimmter Fristen) zuzulassen. Gemäß Art. 40 a. ERA sind **Teilinanspruchnahmen und/oder Teilverladungen zulässig**, sofern im Akkreditiv nicht etwas anderes vorgeschrieben ist. Insoweit erübrigt sich eine ausdrückliche Vereinbarung in der Akkreditivklausel des Kaufvertrags.
- Es trägt zur Klarstellung des **Begriffs "Teilverladung"** bei, daß in den **ERA** diverse **Transportarten** bzw. Transportwege aufgeführt sind, die nicht als Teilverladung gelten (vgl. Art. 40 b. und c. ERA).
- Der Importeur muß sich im klaren sein, daß der **Exporteur** mangels ausdrücklicher Vereinbarung **freie Hand** hinsichtlich von Teilinanspruchnahmen/Teilverladungen hat. Wünscht der Importeur dies nicht, dann hat er das in der Akkreditivklausel des Kaufvertrags und im Akkreditiv **ausdrücklich auszuschließen**. Damit sind bei übertragbaren Akkreditiven zugleich getrennte Teilübertragungen an verschiedene Zweitbegünstigte (Zulieferer, Subunternehmer u.ä.) ausgeschlossen (vgl. Art. 48 g. ERA).
- Das **Risiko** für den **Importeur** besteht u.a. darin, daß der Exporteur nach einer oder mehreren Teilverladungen die Verladung der restlichen Teile unterläßt. Zwar kann der Exporteur dann den Restbetrag des Akkreditivs auch nicht in Anspruch nehmen, gleichwohl ist die **Minderlieferung** für den Importeur im allgemeinen nachteilig. Inwieweit der Exporteur durch dieses Unterlassen gegen den Kaufvertrag verstößt, hängt von dessen individuellen Bestimmungen ab.

Vereinbarung von Verladungen und/oder Inanspruchnahmen in Raten (sog. Sukzessivverladungen und/oder -inanspruchnahmen)

- Im Kaufvertrag kann die Verladung und damit die Inanspruchnahme des Akkreditivs **in Raten** über einen **längeren Zeitraum** vereinbart werden. Beispielsweise kann im Kaufvertrag eine Lieferung pro Monat über den Zeitraum eines halben Jahres vorgesehen sein.
- **Folgen der Nichterfüllung:** *"Sind im Akkreditiv Inanspruchnahmen und/oder Verladungen in Raten innerhalb bestimmter Zeiträume vorgeschrieben und ist irgendeine Rate nicht innerhalb des für sie vorgeschriebenen Zeitraums in Anspruch genommen*

und/oder verladen worden, kann das Akkreditiv für diese betreffende und jede weitere Rate nicht mehr benutzt werden, sofern im Akkreditiv nichts anderes vorgeschrieben ist. " (Art. 41 ERA).

- **Ratschlag:** Glaubt der **Exporteur** im Zeitpunkt des Abschlusses des Kaufvertrags Risiken zu erkennen, die einen derartigen chronologischen Ablauf in Frage stellen könnten, dann ist es für den Exporteur empfehlenswert, entsprechende **zeitliche Toleranzen** in der Akkreditivklausel des Kaufvertrags durchzusetzen oder vom Importeur die Stellung eines revolvierenden Akkreditivs zu verlangen.
- **Hinweis: Revolvierende Akkreditive** sowie deren Abgrenzung zu Akkreditiven, die eine Inanspruchnahme in Raten vorsehen, sind in **Abschnitt 1.4.4** umfassend dargestellt.

Vereinbarung der Zulässigkeit bzw. des Verbots von Umladung(en)

- Siehe auch **Ziffer (16)** der **Abbildung** "Auftrag zur Eröffnung eines Dokumentenakkreditivs". Weitere Abbildungen/**Fallbeispiele** finden sich in Abschnitt 1.5.1.3.
- In den **ERA** ist der **Begriff "Umladung"** bei den verschiedenen Transportdokumenten und jeweils spezifisch auf die einzelnen Transportdokumente/Transportarten hin definiert. (vgl. z.B. Art. 23 b., 24 b., 27 b., 28 c. ERA).
- Wegen der Vielfalt der Transportmittel und Transportdokumente umfassen die ERA **differenzierte, auf die einzelnen Transportdokumente zugeschnittene Bestimmungen** bezüglich der Aufnahmefähigkeit der Transportdokumente im Rahmen der Akkreditivabwicklung.

  Grundsätzlich sind hinsichtlich der **Zulässigkeit bzw. des Verbots von Umladungen in den Akkreditivbedingungen** die folgenden Konstellationen gegeben:

  - **Umladung in den Akkreditivbedingungen gestattet**:
    - **Aufnahme von solchen Transportdokumenten**, die Umladung der Ware vorsehen, zulassen o.ä., **ohne weitere** von diesen Transportdokumenten zu erfüllende **Voraussetzungen.**
    - **Aufnahme von solchen Transportdokumenten**, die Umladung der Ware vorsehen, zulassen o.ä., jedoch **mit weiteren** von diesen Transportdokumenten zu erfüllenden **Voraussetzungen.**

      Beispiel: Der gesamte Transport muß durch ein und dasselbe Transportdokument gedeckt sein (Seekonnossement, nichtbegebbarer Seefrachtbrief).
  - **Umladung in den Akkreditivbedingungen <u>nicht</u> gestattet**:
    - **Keine Aufnahme von Transportdokumenten**, die Umladung der Ware vorsehen, zulassen o.ä.
    - **Aufnahme von Transportdokumenten**, die Umladung der Ware vorsehen, zulassen o.ä., **trotz Umladeverbot im Akkreditiv**, sofern **bestimmte Voraussetzungen** erfüllt sind. Diese Voraussetzungen sind in den ERA bei den einzelnen Transportdokumenten definiert (vgl. z.B. Art. 23 d. Seekonnossement; Art. 24 d. Nichtbegebbarer Seefrachtbrief; Art. 26 b. Multimodales Transportdokument; Art. 27 c. Lufttransportdokument; Art. 28 d. Dokumente des Straßen-, Eisenbahn- oder Binnenschiffstransports).
- **Hinweis:** In der **"Prüfliste..." (Abschnitt 1.5.2)** sind maßgebliche, bei der Akkreditivabwicklung zu beachtende Aspekte bezüglich der Umladung enthalten.

- **Hinweis**: Eine weiterführende Erörterung erfahren die Merkmale, die Dokumente und die Abwicklungsmöglichkeiten von Akkreditiven im Rahmen des Kommentars zu den ERA. Siehe dazu Kapitel **"3.1 Dokumentenakkreditive: Kommentar und Einheitliche Richtlinien ...**".
- **Beurteilung:** Eine Umladung kann für die Beteiligten Vor- und Nachteile haben. Der maßgebliche **Vorteil** einer Umladung liegt in den eventuell dadurch bewirkten Transportkostenvorteilen. Gewichtige **Nachteile** sind die u.U. verzögerte Ankunft am Bestimmungsort und das erhöhte Beschädigungsrisiko.

1.5.1.2.10 Akkreditivdokumente im Kaufvertrag und im Akkreditiveröffnungsauftrag

Hinweis

Ausführlich sind die bei Dokumentenakkreditiven vorkommenden Dokumente in Kapitel "**7 Exportdokumente: Arten, Rechtscharakter, Merkmale, mit Exkurs ‚Auslandswechsel'**" beschrieben und zum Teil auch abgebildet.

Vereinbarung der Akkreditivdokumente

- Siehe auch **Ziffer (17)** in der **Abbildung** "Auftrag zur Eröffnung eines Dokumentenakkreditivs". Weitere Abbildungen/**Fallbeispiele** finden sich in Abschnitt 1.5.1.3.
- Die ERA bestimmen, daß die Akkreditive genau angeben müssen, gegen welches/welche Dokument(e) Zahlung, Akzeptleistung oder Negoziierung vorgenommen werden soll (vgl. Art. 5 b. ERA). Die Vertragspartner sollten folglich in einer **detaillierten Aufstellung** bereits im Kaufvertrag und damit zugleich für den Akkreditiveröffnungsauftrag des Importeurs festlegen, gegen welche Dokumente das Akkreditiv vom Exporteur benutzt werden kann. Unterbleibt eine eindeutige Festlegung der Art der Dokumente und -falls von der handelsüblichen Ausgestaltung abgewichen wird- des Inhalts der Dokumente im Kaufvertrag, dann läuft der Exporteur **Gefahr**, daß ihm der Importeur im Akkreditiveröffnungsauftrag und damit letztlich im Akkreditiv Dokumente bzw. Dokumenteninhalte auferlegt, die er nicht oder nur schwer beschaffen kann.
- Grundsätzlich eröffnet die Festlegung geeigneter Dokumente in der Akkreditivklausel des Kaufvertrags dem Importeur die Möglichkeit, den Exporteur zur **kaufvertragskonformen Lieferung** der Waren zu zwingen, wenn dieser den Akkreditivgegenwert erlangen will. Allerdings findet dieses Sicherheitsstreben des Importeurs in der Praxis eine Grenze in den Kosten. Insbesondere jene Dokumente, die die Qualität, das Funktionieren oder bestimmte Eigenschaften der Waren zum Inhalt haben, sind zum Teil sehr kostspielig.

Ratschläge an den Exporteur

- Der Exporteur hat bei Abschluß des Kaufvertrags grundsätzlich darauf zu achten, daß vom Importeur keine Dokumente bzw. Inhalte in Dokumenten gefordert werden, deren **Beschaffung** ihm unmöglich oder nur mit erheblichen Schwierigkeiten möglich ist.
- Vor allem aber hat der Exporteur sein Augenmerk darauf zu richten, daß keine Dokumente in die Akkreditivklausel des Kaufvertrags aufgenommen werden, durch die er bei Benutzung des Akkreditivs direkt oder indirekt in **Abhängigkeit** zum Importeur oder zu

einem von diesem beauftragten Dritten gerät. Dies ist beispielsweise der Fall, wenn der Exporteur zur Akkreditivbenutzung eine Warenempfangsbestätigung eines Spediteurs im Importland vorzulegen hat oder ein Dokument, das von der Importeurbank gegenzuzeichnen ist (vgl. Bach o.J.: S. 46).

- Diese Abhängigkeit ist erst recht gegeben, wenn der akkreditivbegünstigte Exporteur zur Benutzung des Akkreditivs gemäß den Akkreditivbedingungen einen **vom Importeur auszustellenden Nachweis** über den Baufortschritt oder über den Arbeitsfortschritt (z.B. ein "work progress certificate") vorzulegen hat. Weigert sich der Importeur, dieses Dokument auszustellen, dann kann der begünstigte Exporteur (z.B. eine Bauunternehmung) keine Zahlung aus dem Akkreditiv erlangen.
- Um dieses Risiko zu vermeiden, ist es in dieser Situation und im Sicherungsinteresse des Exporteurs notwendig, einen **spätesten Zeitpunkt** in die Akkreditivklausel des Kaufvertrags und damit auch in das Akkreditiv aufzunehmen, zu dem die **Zahlung ohne** die **Vorlage** eines vom Importeur auszustellenden oder zu unterzeichnenden Dokuments erfolgen kann (sog. Spätestens-Klausel). Diese "Spätestens-Klausel" birgt jedoch für den Importeur das Risiko, daß der Exporteur seinen vertraglichen Verpflichtungen nicht nachkommt und gleichwohl - zum spätesten Zeitpunkt - Zahlung aus dem Akkreditiv erlangt.
- Zum Ausgleich beider Interessen bietet sich an, einen unabhängigen Dritten mit der Ausstellung der oben angesprochenen Dokumente zu beauftragen.

Bestimmungen der ERA

- Bereits bei der Vereinbarung der Dokumente im Kaufvertrag sollten die Beteiligten auch Art. 20 a. ERA beachten (Hervorhebungen dch. d. Verf.): "*Ausdrücke wie **'erstklassig'**, **'gut bekannt'**, **'qualifiziert'**, **'unabhängig'**, **'offiziell'**, **'kompetent'**, **'örtlich'** u.ä. sollen zur Klassifizierung der Aussteller irgendwelcher Dokumente, die unter einem Akkreditiv vorzulegen sind, **nicht verwendet werden**. Wenn solche Ausdrücke im Akkreditiv enthalten sind, nehmen die Banken die betreffenden Dokumente so an, wie sie vorgelegt werden, vorausgesetzt, daß sie ihrer äußerer Aufmachung nach den anderen Akkreditiv-Bedingungen zu entsprechen und nicht durch den Begünstigten ausgestellt zu sein scheinen.*"
- Exporteur und Importeur haben bei Abschluß des Kaufvertrags stets zu bedenken, daß sich die beteiligten **Kreditinstitute** bei der Abwicklung eines Akkreditivs **nur mit Dokumenten** und nicht mit Waren, Dienstleistungen und/oder anderen Leistungen, auf die sich die Dokumente möglicherweise beziehen, befassen (vgl. Art. 4 ERA). Eine Bank kann beispielsweise nicht nachprüfen, ob ein Sachverständiger, der ein Qualitätszertifikat erstellt hat, qualifiziert und unabhängig ist. Will der Importeur dahingehend Sicherheit erlangen, dann hat er im Kaufvertrag und in dessen Gefolge im Akkreditiv die Vorlage des Qualitätszertifikats eines genau definierten Sachverständigen (einer Sachverständigengesellschaft) zu vereinbaren.
- **Hinweis**: Eine weiterführende Erörterung erfahren die Merkmale, die Dokumente und die Abwicklungsmöglichkeiten von Akkreditiven im Rahmen des Kommentars zu den ERA. Siehe dazu Kapitel **"3.1 Dokumentenakkreditive: Kommentar und Einheitliche Richtlinien ..."**.

Arten der Dokumente

- Folgt man der Systematik der **ERA**, dann können die Dokumente in **vier Gruppen** unterteilt werden:
  - **Handelsrechnungen,**
  - **Transportdokumente,**
  - **Versicherungsdokumente,**
  - **sonstige (andere) Dokumente.**
- Form und inhaltlicher Rahmen von **Handelsrechnungen**, **Transportdokumenten** und **Versicherungsdokumenten** sind in den ERA im wesentlichen entsprechend der Handelsüblichkeit dieser Dokumente geregelt (vgl. Art. 20ff. ERA sowie Zahn u.a. 1986: S. 63, Rdn 2/48). Insoweit bedarf es in der Akkreditivklausel des Kaufvertrags zu diesen Dokumenten im allgemeinen nur dann ergänzender bzw. modifizierender Vereinbarungen, wenn von der Handelsüblichkeit abgewichen wird.
- Dagegen treten die **sonstigen/anderen Dokumente** in sehr unterschiedlichen Formen und Inhalten in Erscheinung. Sonstige/andere Dokumente umfassen Qualitäts- und Quantitätsnachweise (z.B. Qualitätszertifikate, Gewichtsbescheinigungen, Packlisten u.ä.), aber auch amtliche Bescheinigungen (wie Ursprungszeugnisse, Warenverkehrsbescheinigungen usw.) und vielfältige weitere Dokumente.

  Zur Gruppe der sonstigen/anderen Dokumente führen die ERA aus: *"Wenn andere Dokumente als Transportdokumente, Versicherungsdokumente und Handelsrechnungen verlangt werden, sollten **Aussteller** sowie **Wortlaut** oder **Inhaltsmerkmale** solcher Dokumente im Akkreditiv bestimmt werden"* (Art. 21 ERA, Hervorhebungen dch. d. Verf.). Es ist keine Frage, daß die Geschäftspartner diese Merkmale der sonstigen Dokumente bereits bei Abschluß des Kaufvertrags bedenken und in den Vertragstext aufnehmen sollten. Nur so ist allen Beteiligten, also auch den eingeschalteten Banken, eine eindeutige Grundlage bei der Geschäftsabwicklung und bei der Akkreditivabwicklung an die Hand gegeben. Wenn im Akkreditiv derartige Bestimmungen zu den sonstigen/anderen Dokumenten nicht enthalten sind, dann legen die **ERA in Art. 21** fest, daß die Banken solche Dokumente so annehmen, *"... wie sie vorgelegt werden, vorausgesetzt, ihre Inhaltsmerkmale stehen nicht im Widerspruch zu irgendeinem anderen vorgeschriebenen Dokument, das vorgelegt wurde."*

  Eine nur vage Bestimmung der sonstigen/anderen Dokumente im Kaufvertrag beinhaltet **Risiken** für beide Geschäftspartner: Der Importeur könnte geneigt sein, in den Akkreditiveröffnungsauftrag Detailbestimmungen zu den sonstigen/anderen Dokumenten aufzunehmen, die nicht dem vom Exporteur Gewollten entsprechen. Der Exporteur könnte geneigt sein, eine vage Formulierung sonstiger/anderer Dokumente im Akkreditiv zu seinen Gunsten zu nutzen, indem er lediglich das Minimum des Inhalts erfüllt, den die sonstigen/anderen Dokumente üblicherweise umfassen, zumal sich für ihn dadurch u.U. auch noch Kosten einsparen lassen.
- In den Formularen "Aufträge zur Eröffnung von Dokumentenakkreditiven" mancher Banken sind diejenigen **Dokumente**, die in der Praxis häufig vorkommen, bereits **eingedruckt**. Siehe dazu: **"Fallbeispiele/Formulare zum Akkreditiveröffnungsauftrag des Importeurs"** in Abschnitt 1.5.1.3.

  Der Akkreditivauftraggeber hat in den derart vorbereiteten Akkreditiveröffnungsaufträgen nur noch die zutreffenden **Dokumente anzukreuzen** und in Bezug auf das konkrete Außenhandelsgeschäft zu **ergänzen**, so z.B. hinsichtlich der Anzahl der Ausfertigungen, des Umfangs des Versicherungsschutzes, des Ausstellers des Dokuments, des im Dokument auszuweisenden Adressaten bzw. Begünstigten (Remittenten), der eventuellen Angabe einer Notadresse usw.

Folgende Beispiele verdeutlichen dies:

Handelsrechnung

- Sofern im Akkreditiv nichts anderes vorgeschrieben ist, muß die Handelsrechnung vom **Akkreditivbegünstigten** ausgestellt sein (Ausnahme bei übertragenen Akkreditiven) (vgl. Art. 37 a. ERA).
- Auf das Erfordernis, daß die Handelsrechnung vom Exporteur zu **unterschreiben** ist, wird im Akkreditiveröffnungsauftrag der Banken manchmal noch hingewiesen; die ERA verlangen die Unterzeichnung jedoch nicht mehr (vgl. Art. 37 a. ERA).
- Die Handelsrechnung ist vom Exporteur (vom Akkreditivbegünstigten) auf den **Namen des Akkreditivauftraggebers** auszustellen, falls nichts anderes vorgeschrieben ist (bezüglich von Akkreditivübertragungen vgl. jedoch Art. 37 a. in Verbindung mit Art. 48 h. ERA).
- Einzutragen hat der Akkreditivauftraggeber schließlich die Anzahl der **Ausfertigungen** (Originale), die der akkreditivbegünstigte Exporteur vorzulegen hat. Diese Anzahl ist insbesondere abhängig von den bei den verschiedenen Importbehörden vorzulegenden Exemplaren.
- **Hinweis:** Die **verschiedenen Rechnungen** sind in Abschnitt 7.9 (Kapitel "7 Exportdokumente ...") beschrieben. Außerdem sind in Kapitel "2 Dokumentenakkreditive: Erläuterungen zur Kontrolle der Dokumente bei der Akkreditivabwicklung" Prüflisten zur Kontrolle von Rechnungen bei der Akkreditivabwicklung aufgenommen.

Transportdokument

- In den **Auftragsformularen** sind die wichtigsten Transportdokumente und deren maßgeblichen Merkmale bereits aufgeführt, so daß der Auftraggeber (Importeur) entsprechend den Vereinbarungen im Kaufvertrag das Zutreffende nur anzukreuzen bzw. zu ergänzen hat.
- Beim **Konnossement** ist häufig bereits die (übliche) Vorlage eines **vollen Satzes** sowie der Zusatz **"rein"** im Auftragsformular eingedruckt. Ebenso ist im Vordruck das meistens vorkommende Orderkonnossement eingedruckt, zu dem noch auszufüllen ist, ob es **blanko zu indossieren** oder ob ein Remittent (im allgemeinen der Importeur) einzutragen ist. Lediglich anzukreuzen hat der Auftraggeber in solchen Vordrucken auch die zutreffende Alternative zum **Frachtvermerk** ("Fracht bezahlt" bzw. "freight prepaid" oder "Fracht einzuziehen" bzw. "freight collect"). Der Importeur kann verlangen, daß in das Konnossement eine **Notadresse** (Notify, Meldeadresse o.ä.) aufzunehmen ist. Der Notadressat wird von der bevorstehenden Ankunft des Schiffs und von eventuellen Vorkommnissen, die den Versand/Transport betreffen, informiert.
- **Hinweis:** Die **verschiedenen Transportdokumente** sind in den Abschnitten 7.2 ff. (Kapitel "7 Exportdokumente ...") beschrieben und abgebildet. Außerdem sind in Kapitel "2 Dokumentenakkreditive: Erläuterungen zur Kontrolle der Dokumente bei der Akkreditivabwicklung" Prüflisten zur Kontrolle von Transportdokumenten bei der Akkreditivabwicklung aufgenommen.

Versicherungsdokument

- Diese Position im Akkreditiveröffnungsauftrag hat der Importeur dann anzukreuzen, wenn laut Kaufvertrag nicht er selbst, sondern der Exporteur zur Beschaffung der Versicherungsdeckung verpflichtet ist (was allerdings die Regel ist). Im allgemeinen werden **Police oder Zertifikat** akzeptiert. Sie sind deswegen bereits im Akkreditiveröffnungsauftrag als gleichwertige Nachweise aufgeführt.

- Einzutragen hat der Auftraggeber, welche **Risiken** entsprechend den Vereinbarungen im Kaufvertrag durch die Versicherung gedeckt sein müssen. Ebenso hat der Importeur im Akkreditiveröffnungsauftrag den **Betrag/Wert** anzugeben, auf den die im Versicherungsdokument angegebene Versicherungsdeckung lauten muß (den sog. Versicherungswert). Weil die ERA - mangels anderslautender Bedingungen im Akkreditiv - als Mindestbetrag der Deckung den CIF-Wert bzw. den CIP-Wert der Waren zuzüglich 10% vorschreiben (Einzelheiten vgl. Art. 34 f. ERA), findet sich in manchen Auftragsformularen dieser Deckungsumfang bereits vorgedruckt.
- Im **Formular** "Auftrag zur Eröffnung eines Dokumenten-Akkreditivs" (Abb. 1.5-01) ist die Versicherungsdeckung in der Rubrik "Versicherung/Fremde Kosten" angesprochen.
- **Hinweis:** Die **Versicherungsdokumente** sind in Abschnitt 7.8 (Kapitel "7 Exportdokumente ...") beschrieben. Außerdem ist in Kapitel "2 Dokumentenakkreditive: Erläuterungen zur Kontrolle der Dokumente bei der Akkreditivabwicklung" eine Prüfliste zur Kontrolle von Transportversicherungsdokumenten bei der Akkreditivabwicklung aufgenommen.

Andere Dokumente

- Bei einer Reihe von anderen Dokumenten haben sich Form und inhaltlicher Rahmen im Lauf der Zeit ebenfalls uniformiert. Dies gilt beispielsweise für **Ursprungszeugnisse**, so daß es genügt, wenn der Auftraggeber diese Position sowie das zugrundezulegende Formblatt lediglich ankreuzt und die Anzahl der Ausfertigungen vermerkt.
- Darüber hinaus gibt es Dokumente, die auf die Eigenheiten des abzuwickelnden Außenhandelsgeschäfts zugeschnittene Besonderheiten aufweisen und die deswegen im Kaufvertrag und demzufolge auch im Akkreditiveröffnungsauftrag hinreichend genau zu definieren sind, so z.B. **Qualitätszertifikate**. Fehlen in den Akkreditivbedingungen die Angabe des Ausstellers sowie der Wortlaut oder die Inhaltsmerkmale eines solchen Dokuments, dann nehmen die Banken dieses Dokument so an, wie es vorgelegt wird, vorausgesetzt, seine Inhaltsmerkmale stehen nicht im Widerspruch zu irgendeinem anderen vorgeschriebenen Dokument, das vorgelegt wurde (vgl. Art. 21 ERA). Es dient folglich insbesondere der Sicherheit des Importeurs, wenn er im Akkreditiveröffnungsauftrag die sog. anderen/sonstigen Dokumente - in Übereinstimmung mit den im Kaufvertrag getroffenen Vereinbarungen - genau bestimmt.
- **Hinweis:** Die **anderen/sonstigen Dokumente** sind in Abschnitt 7.8 (Kapitel „ 7 Exportdokumente ...") beschrieben. Außerdem ist in Kapitel „2 Dokumentenakkreditive: Erläuterungen zur Kontrolle der Dokumente bei der Akkreditivabwicklung" eine Prüfliste zur Kontrolle der sonstigen Exportdokumente bei der Akkreditivabwicklung aufgenommen.

Nicht vorgeschriebene Dokumente

- Werden den Banken **Dokumente/Schriftstücke** eingereicht, die **nicht** im Akkreditiveröffnungsauftrag bzw. nicht **in den Akkreditivbedingungen** aufgeführt sind, dann leiten die Banken diese Dokumente/Schriftstücke ungeprüft - und ohne vom Inhalt Kenntnis zu nehmen bzw. ohne Verantwortung zu übernehmen - an den Akkreditivauftraggeber weiter oder an den Einreicher zurück (siehe Fußnote im nicht ausgefüllten Formular, Abb. 1.5-01; vgl. auch Art. 13 a. ERA).

Ratschläge an den Importeur

- In der Regel hat der **Importeur** ein **Interesse** daran, nach erfolgter Akkreditivbenutzung durch den Exporteur möglichst schnell in den Besitz der Dokumente zu gelangen; sei es, um damit in seinem Land die Importabfertigung in die Wege leiten zu können, sei es, um eine kostspielige Einlagerung der Waren zu vermeiden (was in dem Fall eintreten würde, wenn die Waren vor den Dokumenten im Importland ankommen).
- Im Akkreditiveröffnungsauftrag kann der Importeur die Weisung erteilen, daß die **Dokumente per Luftpost, per Kurier** usw. (statt mit gewöhnlicher Post) zu versenden sind. Diese Weisung leitet die Akkreditivbank sodann an die als Benutzungs-/Zahlstelle eingesetzte Zweitbank (eventuell zugleich Bestätigungsbank) weiter.

1.5.1.2.11 Warenbeschreibung, Warenmenge, Preis pro Einheit, Lieferbedingungen

Warenbeschreibung

- Siehe auch **Ziffer (18)** der **Abbildung** "Auftrag zur Eröffnung eines Dokumentenakkreditivs". Weitere Abbildungen/**Fallbeispiele** finden sich in Abschnitt 1.5.1.3.
- Die Warenbeschreibung im Kaufvertrag und auf dessen Grundlage auch im Akkreditiveröffnungsauftrag soll einerseits **vollständig und genau** sein. Denn die Banken müssen anhand der Warenbeschreibung im Akkreditiv nicht nur die Übereinstimmung der Beschreibung der Waren in der Handelsrechnung überprüfen, sondern auch, ob die Warenbeschreibung in den anderen Dokumenten (in denen die Waren allerdings mit allgemein gehaltenen Ausdrücken beschrieben sein können) dazu nicht im Widerspruch steht (vgl. Art. 37 c. ERA). Um den beteiligten Banken die Akkreditivabwicklung zu erleichtern, wird im übrigen empfohlen, die Warenbeschreibung im Akkreditiveröffnungsauftrag in derselben **Sprache** abzufassen, in der später voraussichtlich die Handelsrechnung ausgestellt werden wird (vgl. Brüggemann 1981: S. 138f.).

  Andererseits sollen die Banken gemäß Art. 5 ERA jedem Versuch entgegentreten, **zu weit gehende Einzelheiten** in das Akkreditiv aufzunehmen. Dadurch sollen Irrtümer und Mißverständnisse vermieden werden. Im Zweifel sollte der Akkreditivauftraggeber den Rat seiner Bank einholen.
- Eine detaillierte Warenbeschreibung im Akkreditiveröffnungsauftrag bzw. im Akkreditiv schützt für sich genommen im übrigen den Importeur keineswegs vor mängelbehafteter Warenlieferung: Sofern der Exporteur dieselbe detaillierte Warenbeschreibung in seine Handelsrechnung aufnimmt und Widersprüche zu den anderen Dokumenten nicht erkennbar sind, haben die Banken keine Veranlassung, diese Dokumente bei der Benutzung des Akkreditivs zurückzuweisen. Denn die **Banken** befassen sich bei der Akkreditivabwicklung **ausschließlich mit Dokumenten** und nicht mit den Waren, auf die sich die Dokumente möglicherweise beziehen (vgl. Art. 4 ERA).

Alternativen der Festlegung der Warenmenge/des Preises pro Einheit

- Siehe auch **Ziffer (19)** der **Abbildung** "Auftrag zur Eröffnung eines Dokumentenakkreditivs". Weitere Abbildungen/**Fallbeispiele** finden sich in Abschnitt 1.5.1.3.

- Im Kaufvertrag und damit im zu eröffnenden Akkreditiv kann eine **feste Warenmenge** festgelegt werden, für die eine Überschreitung oder eine Unterschreitung ausdrücklich untersagt ist.
- Die Beteiligten können im Kaufvertrag eine **ungefähre Warenmenge** vereinbaren, die dann auch in das vom Importeur zu stellende Akkreditiv mit dem Zusatz "etwa" ("about"), "ungefähr" ("approximately"), "circa" o.ä. aufzunehmen ist. Ein solcher Zusatz läßt bei der Benutzung des Akkreditivs **Abweichungen** der Warenmenge **bis zu 10% nach oben** oder **bis zu 10% nach unten** von der Menge, auf den sich der Zusatz bezieht, zu (vgl. Art. 39 a. ERA).

  Analoge Abweichungen gelten, wenn solche Zusätze/Ausdrücke in Verbindung mit dem angegebenen **Preis pro Einheit** verwendet werden (vgl. ebenda).
- Legen die Beteiligten **nicht ausdrücklich fest**, daß die **Warenmenge** nicht über- oder unterschritten werden darf, und ist dies ebenso in den Akkreditivbedingungen ausgewiesen, dann ist bei der Benutzung des Akkreditivs eine Abweichung **bis zu 5% nach oben** oder **bis zu 5% nach unten** statthaft. Dies gilt allerdings nur, wenn der Betrag der Inanspruchnahme den Akkreditivbetrag nicht überschreitet. Außerdem ist diese Abweichung nicht zulässig, wenn im Akkreditiv die Menge in einer bestimmten Anzahl von Verpackungseinheiten oder Stücken angegeben ist (vgl. Art. 39 b. ERA).
- In Art. 39 c. ERA ist schließlich unter Bezugnahme auf vorstehend zitierte Art. 39 a und 39 b. ERA folgendes geregelt (Hervorhebungen dch. d. Verf.): *"Sofern ein Akkreditiv, das Teilverladungen untersagt, nicht etwas anderes vorschreibt oder der vorstehende Absatz (b) nicht anwendbar ist, ist eine Minderinanspruchnahme um bis zu 5% zulässig, vorausgesetzt, daß bei im Akkreditiv vorgeschriebener Warenmenge diese Warenmenge in vollem Umfang geliefert und bei einem im Akkreditiv vorgeschriebenen Preis pro Einheit dieser Preis nicht unterschritten wird. Diese Bestimmung gilt nicht, wenn im Akkreditiv Ausdrücke der im vorstehenden Absatz (a) genannten Art verwendet werden."*
- **Hinweis**: Eine weiterführende Erörterung erfahren die Merkmale, die Dokumente und die Abwicklungsmöglichkeiten von Akkreditiven im Rahmen des Kommentars zu den ERA. Siehe dazu Kapitel **"3.1 Dokumentenakkreditive: Kommentar und Einheitliche Richtlinien ..."**.

Festlegung der Lieferbedingungen

- Siehe auch **Ziffer (20)** der **Abbildung** "Antrag auf Eröffnung eines Dokumentenakkreditivs". Weitere Abbildungen/**Fallbeispiele** finden sich in Abschnitt 1.5.1.3.
- In den Kaufvertrag und in dessen Gefolge auch in das zu eröffnende Akkreditiv sind die Bedingungen aufzunehmen, zu denen die Lieferung der Waren zu erfolgen hat.

  Im allgemeinen werden von den Vertragspartnern **Lieferklauseln** auf Grundlage der sog. **Incoterms**, das sind die "Internationalen Regeln für die Auslegung der handelsüblichen Vertragsformeln" (International rules for the interpretation of trade terms, International commercial terms), in den Kaufvertrag aufgenommen. Diese Vertragsklauseln, die von der Internationalen Handelskammer aufgestellt und veröffentlicht sind, umfassen in Kurzbezeichnungen die Verteilung der Rechte und der Pflichten sowie der Risiken und Kosten auf Exporteur und Importeur. So sind z.B. geregelt: der Abschluß des Frachtvertrags und die Frachtzahlung, der Abschluß des Transportversicherungsvertrags und die Prämienzahlung, die ordnungsgemäße Verladung der Waren, die

Beschaffung der relevanten Dokumente, die Gefahrentragung für die Ware und der Gefahrenübergang bis hin zur Zahlung der Löschkosten, der Zölle, der Einfuhrabgaben und der Lagerkosten.

1.5.1.2.12 Akkreditivkosten, Verteilung, Tabelle maßgeblicher Bankprovisionen

Festlegung der Verteilung der Akkreditivkosten

- Siehe auch **Ziffer (21)** der **Abbildung** "Auftrag zur Eröffnung eines Dokumentenakkreditivs". Weitere Abbildungen/**Fallbeispiele** finden sich in Abschnitt 1.5.1.3.
- **Provisionsarten:** Für ihre Dienste bei der Abwicklung von Akkreditiven stellen die Banken verschiedene Provisionen (Kommissionen u.ä.) in Rechnung, deren Ansatz u.a. von der Art des Akkreditivs abhängt. Beispiele:
  - **Eröffnungsprovision**; im allgemeinen quartalsweise gestaffelt nach der Laufzeit des Akkreditivs;
  - **Avisierungsprovision**; ohne Laufzeitbezug;
  - **Bestätigungsprovision**; im allgemeinen quartalsweise gestaffelt nach der Laufzeit des Akkreditivs und nach Länderrisiken;
  - **Dokumentenaufnahmeprovision**; ohne Laufzeitbezug.

  Bei kurzer Akkreditivlaufzeit ist - ohne Bestätigungsprovision - mit Kosten in Höhe von etwa 1% des Akkreditivbetrags zu rechnen.

  Darüber hinaus stellen die Banken im Einzelfall bzw. bei entsprechender **Akkreditivart** weitere Provisionen in Rechnung, wie z.B. Deferred-Payment-Provision, Akzeptprovision, Änderungsprovision, Vorausavisierungsprovision u.a.

  Die maßgeblichen Provisionssätze der Banken sind in der unten stehenden Tabelle differenziert dargestellt. Diese Sätze vermitteln lediglich einen groben Anhaltspunkt; die tatsächlich berechneten Provisionen können im Einzelfall erheblich abweichen.
- **Aufteilung:** Im Kaufvertrag und - in dessen Gefolge - im Akkreditiveröffnungsauftrag sollte die **Verteilung** der anfallenden Bankprovisionen **geregelt** werden. In der **Praxis** wird häufig die Vereinbarung getroffen, daß der akkreditivbegünstigte Exporteur lediglich die bei der Bank in seinem Land anfallende Dokumentenaufnahmeprovision zu tragen hat. Dagegen hat der Akkreditivauftraggeber (Importeur) bei dieser Vereinbarung alle übrigen Bankprovisionen zu tragen, und zwar auch jene Provisionen, die über die Dokumentenaufnahmeprovision hinaus bei der - aus Sicht des Importeurs - ausländischen Bank anfallen. Andere Verteilungen der anfallenden Bankprovisionen sind jedoch möglich, so beispielsweise, daß die bei der Akkreditivbank anfallenden Bankprovisionen zu Lasten des Akkreditivauftraggebers gehen, die fremden Bankprovisionen dagegen zu Lasten des Akkreditivbegünstigten. Erteilt der Akkreditivauftraggeber (Importeur) **keine gegenteilige Weisung** im Akkreditiveröffnungsauftrag, dann geht die beauftragte Bank üblicherweise davon aus, daß der Akkreditivauftraggeber **alle Bankprovisionen** trägt.
- Die **Abbildung 1.5-04** vermittelt eine differenzierte Übersicht über die **maßgeblichen Bankprovisionen**, die bei der Akkreditivabwicklung üblicherweise anfallen.

Prof. Dr. Siegfried G. Häberle

Maßgebliche Provisionen der Akkreditivbank (Importeurbank) für Akkreditiveröffnungen usw.

Kostenträger:
- **Akkreditivauftraggeber (Importeur) = Regelfall**
  oder
- **Akkreditivbegünstigter (Exporteur) = Ausnahmefall**

Provisionsart	Berechnungsmethode	Beispiel
• **Eröffnungsprovision** (Unwid. Akkreditive)	pro Quartal	3,0 ‰ bis zu 3 Mon., 6,0 ‰ bis zu 6 Mon., 1,5 ‰ für jeden weiteren Monat; Min. 50 - 100 DM pro Quartal
• **Eröffnungsprovision** (Wid. Akkreditive)	einmalig	2,0 ‰; Min. 50 - 100 DM
• **Dokumentenaufnahme-/ Abwicklungsprovision**	einmalig	3,0 ‰; Min. 50 - 100 DM
• **Deferred-Payment-Provision**	pro Monat	1,5‰ pro Monat; Min. 50 - 100 DM pro Quartal
• **Akzeptprovision**	pro Monat	1,5‰ pro Monat; Min. 50 - 100 DM pro Quartal
• **Akkreditivänderungen**	einmalig	50 - 100 DM neben den Provisionen aus eventuellen Betragserhöhungen und Laufzeitverlängerungen

• Je nach Vereinbarung im Kaufvertrag/Akkreditiveröffnungsauftrag hat der Akkreditivauftraggeber (Importeur) u.U. darüber hinaus auch Teile der bzw. alle Provisionen der Auslandsbank(en) (sog. fremde Spesen) zu tragen, die ihm dann über die Akkreditivbank in Rechnung gestellt werden.

Maßgebliche Provisionen der Zweitbank (Exporteurbank) für Avisierung, Bestätigung, Dokumentenaufnahme usw.

Kostenträger (entsprechend den Akkreditivbedingungen):
- **Akkreditivbegünstigter (Exporteur)**
  oder
- **Akkreditivauftraggeber (Importeur) durch Verrechnung mit der Akkreditivbank**

Provisionsart	Berechnungsmethode	Beispiel
• **Avisierungsprovision**	einmalig	1,0 ‰; Min. 50 - 100 DM, Max. 300 - 500 DM
• **Bestätigungsprovision**	pro Quartal	1,5 ‰ bis zu 3 Mon., 3,0 ‰ bis zu 6 Mon., 1,5 ‰ für jeden weiteren Monat; Min. 100 - 200 DM pro Quartal
• **Dokumentenaufnahme-/ Abwicklungsprovision**	einmalig	3,0 ‰; Min. 100 - 200 DM
• **Deferred-Payment-Provision**	z.T. einmalig, z.T. pro Monat (ab Dokumentenaufnahme)	u.a. abhängig, ob bestätigt oder unbestätigt; Anhaltspunkt: 1,5‰ pro Monat; Min. 100 - 200 DM pro Quartal
• **Akzeptprovision** (Remboursakkreditiv)	pro Monat	1,5 ‰ pro Monat; Min. 100 - 200 DM pro Quartal
• **Übertragungsprovision**	einmalig	2,0 ‰; Min. 100 - 200 DM, stets z.L. des Akkreditivbegünstigten
• **Akkreditivänderungen**	einmalig	50 - 100 DM neben den Provisionen aus eventuellen Betragserhöhungen und Laufzeitverlängerungen

Abbildung 1.5-04

1.5.1.3 Fallbeispiele/Formulare zum Akkreditiveröffnungsauftrag des Importeurs

1.5.1.3.1 Fallbeispiel: Akkreditiveröffnungsauftrag eines deutschen Importeurs

- **Abbildung 1.5-05** zeigt den **Akkreditiveröffnungsauftrag** eines deutschen Importeurs an seine Bank (an die Commerbank AG). Eröffnet werden soll - aus deutscher Sicht - ein **sog. Importakkreditiv**, das im Sinne des Verfalldatums und des Orts für die Dokumentenvorlage in Shanghai **gültig** gestellt ist. Dagegen ist das beantragte Akkreditiv in Deutschland bei der Hausbank des Importeurs (Commerzbank AG) **benutzbar/zahlbar** gestellt.
- **Hinweis:** In Abschnitt **"1.5.3.1.2 Fallbeispiel: Ausführungsanzeige der akkreditiveröffnenden Bank für den Auftraggeber"** ist in **Abbildung 1.5-08** die Ausführungsanzeige der akkreditiveröffnenden Bank (Commerzbank AG) für den Akkreditivauftraggeber (Import GmbH) abgebildet.

Auftrag zur Akkreditiv-Eröffnung

Bitte zweifach einreichen

An die

COMMERZBANK
AKTIENGESELLSCHAFT
Filiale Stuttgart

Ich / Wir bitte(n) Sie, **für meine / unsere Rechnung** nachfolgendes Akkreditiv zu eröffnen:

[x] unwiderruflich [ ] widerruflich [ ] übertragbar
[ ] brieflich [x] per Telekommunikation [ ] mit Voravis per Telekommunikation

Datum und Ort des Verfalls: **30.09.20.. Shanghai**

Name und Anschrift des Auftraggebers:
Import GmbH
Koenigstr. 34
70173 Stuttgart

Konto-Nr. **9302035** Telefon-Nr. **123467** Sachb./Ref. **Herr Müller**

Name und Anschrift des Begünstigten:
Shanghai Trading Co. Ltd.
No. 23 Zhongshan Dong Yi Road
Shanghai/China

Bankverbindung des **Begünstigten (falls bekannt):**
Bank of China
Shanghai

Akkreditiv-Betrag [x] über [ ] über circa (Gewünschtes ankreuzen)
USD 58.100,00

Sie sind berechtigt, das Akkreditiv dem Begünstigten auch über eine Korrespondenzbank Ihrer Wahl zuzuleiten.

Akkreditiv benutzbar bei
[ ] Ihrer Korrespondenzbank [x] Ihnen
durch
[x] Sichtzahlung [ ] hinausgeschobene Zahlung per
[ ] Akzeptleistung [ ] Negoziierung
gegen Einreichung der nachstehend genannten Dokumente
[ ] und der Tratte(n) des Begünstigten per ....
gezogen auf
(Name der Bank)

Teilverladung: [x] gestattet [ ] nicht gestattet
Umladung: [ ] gestattet [x] nicht gestattet

Verladung an Bord / Versendung / Übernahme
in / von: **Shanghai** nach: **Hamburg**
nicht später als: **15.09.20..**

Ergänzen Sie bitte die folgenden Positionen durch weitere Einzelheiten (gewünschte Dokumente ankreuzen):

[x] Handelsrechnung ..**3**.... fach

[x] voller Satz reiner An-Bord-Seekonnossemente ausgestellt an Order und blanko indossiert

Notifyadresse: **Import GmbH, Koenigstr. 34, 70173 Stuttgart**
[ ] mit dem Vermerk „Fracht bezahlt" [x] mit dem Vermerk „Fracht zahlbar am Bestimmungsort"

[ ] Eisenbahn-Duplikatfrachtbrief
[ ] Internationaler Frachtbrief CMR (Exemplar für Absender)
[ ] Posteinlieferungsschein/ Postversandbescheinigung

adressiert an uns / adressiert an ....

[ ] Luftfrachtbrief (Original for shipper)
[ ] Multimodales Transportdokument (voller Satz)
[ ] Kurierempfangsbestätigung

adressiert an uns / adressiert an ....

[ ] anderes Transportdokument (zu spezifizieren)
[ ] Spediteur-Übernahmebescheinigung (FCR) ausweisend die Übernahme der Ware zum unwiderruflichen Versand

[ ] Versicherungs-Police oder -Zertifikat (voller Satz) folgende Risiken deckend:
(Risiken oder Klauseln bitte genau angeben)

adressiert an uns / adressiert an .....

[ ] Ursprungszeugnis, beglaubigt von Ursprungsland.

[x] Packliste .**3**..... fach

[ ] andere Dokumente (zu spezifizieren, insbesondere Aussteller und Inhalt)

Warenart und -Menge, evtl. Einzelpreise: **FOB Shanghai** Lieferbedingungen (z.B. CIF, CFR, FOB, DAF usw.)

Goods as per Proforma Invoice GTX 790ZI

Die Dokumente sind innerhalb von **15** ..... Tagen nach dem Verladedatum des Transportdokuments vorzulegen, jedoch innerhalb der Gültigkeitsdauer des Akkreditivs.

Fremde Bankspesen gehen [ ] zu meinen / unseren Lasten [x] zu Lasten des Begünstigten; falls das Akkreditiv nicht ausgenutzt wird, zu meinen / unseren Lasten.

Das Akkreditiv ist durch Ihre Korrespondenzbank zu avisieren [ ] per Telekommunikation [ ] brieflich

[x] ohne Bestätigung [ ] mit Bestätigung [ ] mit Bestätigung auf Wunsch des Begünstigten

[ ] Zusätzliche Anweisungen oder Bedingungen (ggf. unter Angabe des vorzulegenden Dokuments) sind auf der Rückseite vermerkt.

Die Einlösung der Dokumente ist zu Lasten [ ] DM-Konto [x] Währungskonto Nr. ...... **9302035** .... vorzunehmen.

Ich / Wir erkläre(n) mich/uns damit einverstanden, daß die Behandlung des vorstehenden Akkreditivauftrages aufgrund der seitens der Internationalen Handelskammer veröffentlichten „Einheitlichen Richtlinien und Gebräuche für Dokumenten-Akkreditive" (Revision 1993) ICC Publikation Nr. 500 erfolgt, soweit für den Zahlungsort nicht anderes ausländisches Recht oder andere Usancen maßgebend sind. Ergänzend gelten die Allgemeinen Geschäftsbedingungen Ihrer Bank, die in jeder Filiale eingesehen werden können und die auf Wunsch zugesandt werden.

Die gem. § 59 AWV notwendige Meldung wird von uns erstattet.

Stuttgart, 12.02.20.. (Ort / Datum)

Import GmbH (Stempel und Unterschrift)

Der Umwelt zuliebe auf chlorfrei gebleichtem Papier

503/00/28
HD0997

Abbildung 1.5-05

1.5.1.3.2 Fallbeispiel: Akkreditiveröffnungsauftrag eines japanischen Importeurs

- **Abbildung 1.5-06** zeigt den **Akkreditiveröffnungsauftrag** eines japanischen Importeurs an seine Bank (Industrial Bank of Asia, Tokyo).
- **Hinweis:** In Abschnitt "1.5.3.1 Ausführung des Akkreditiveröffnungsauftrags durch die beauftragte Bank" ist in Abschnitt **„1.5.3.1.4 Fallbeispiel: Akkreditiveröffnungsauftrag/** Akkreditiv einer akkreditiveröffnenden japanischen Bank (gerichtet an die beauftragte **schweizerische Bank)"** in **Abbildung 1.5-09** das Akkreditiveröffnungsschreiben/Akkreditiv der akkreditiveröffnenden japanischen Bank, das mittels SWIFT-System an die schweizerische Bank (Exporteurbank) gerichtet ist, abgebildet.
- **Hinweis:** In Abschnitt **"1.5.3.2 Akkreditivavisierung/-eröffnung..."** ist in **Abbildung 1.5-11** die Akkreditivavisierungs-/-eröffnungsanzeige der schweizerischen Bank einschließlich der Bestätigung zugunsten des schweizerischen Exporteurs abgebildet.

IBA **Irrevocable Documentary Credit Application**

To INDUSTRIAL BANK OF ASIA
TOKYO

☐ mark where applicable

We request you to issue on our behalf and for our account your Irrevocable Documentary Credit in accordance with the instructions below. The credit is to be subject to the "Uniform Customs and Practice for Documentary Credits" of the International Chamber of Commerce, Paris, issued for the first time in 1933 and including subsequent amendments.

☒ by teletransmission (full text) ☐ by (air) mail ☐ with brief teletransmission (preadvice)	☐ transferable
Bankers of the Beneficiary UNION BANK OF SWITZERLAND 8021 ZURICH	**Valid until** 21ST JUNE 19.. ☒ with the Bankers of the Beneficiary ☐ with you
Beneficiary GENERATOR AG POSTFACH 642, 8045 ZURICH	**Currency and amount** SFR *378'000.--* ☐ approx. (+/-10%) ☒ max. ☐

Credit available ☒ by sight payment ☐ by deferred payment at ____ days after ____
☐ ____
against the documents detailed herein

Partial shipments ☐ allowed ☒ prohibited Transshipments ☐ allowed ☒ prohibited	**Shipment** From ROTTERDAM For transportation to OSAKA Not later than 31ST MAY 19..	☐ FCA ☐ CPT ☐ FOB ☐ CIP ☒ CFR ☐ CIF ☐ ____ port or place OSAKA

Goods (Brief description without excessive details)

1 COMPLETE GENERATOR UNIT AS PER ORDER NO. 6348 OF 4TH MARCH 19..

SPECIMEN

Documents required

☒ Commercial invoice ☒ signed, original and 2 copies
☐ Air Waybill (original for the Consignor/Shipper), consigned to ____
☐ Full set Multimodal Transport Document (covering at least two different modes of transport)
☒ Full set Marine/Ocean Bill of Lading (covering a port-to-port shipment)
☐ ____
☒ to the order ~~of~~ -- ☒ and endorsed in blank
☒ marked freight ☒ prepaid ☐ payable at destination
☒ notify ELECTRICITY SUPPLY LTD., P.O.BOX 1539, OSAKA
☐ Insurance ☐ Policy ☐ Certificate, covering the following risks ____
☒ Certificate of origin ☐ Packing list ☒ WORK CERTIFICATE, WEIGHT LIST

Additional Terms

CERTIFICATE OF ORIGIN TO BE ISSUED IN DUPLICATE, EVIDENCING SWISS ORIGIN AND LEGALIZED BY THE CHAMBER OF COMMERCE.

Commissions and Charges
☒ all commissions and charges to be borne by us
☐ your commissions and charges to be borne by us, those of the correspondent bank to be charged to Beneficiary
☐ ____

Period for presentation Documents to be presented within ____ days after the date of shipment but within the validity of the Credit

Confirmation instructions
☒ to be confirmed (only possible if Credit is valid with the Bankers of the Beneficiary)
☐ not to be confirmed

Debit account No. 999.999.XX X Purchase of foreign exchange cover ☐ immediately ☐ on availment of the Credit ☐ Foreign exchange contract No. ____	Place and date OSAKA, 16TH MARCH 19.. Person in charge/Phone No. ____ Name and signature(s) of the applicant ELECTRICITY SUPPLY LTD.

Consult the UBS office concerned for guidance if the completion of this form should raise any question

Abbildung 1.5-06 **Quelle:** UBS Schweizerische Bankgesellschaft 1997: S. 25

1.5.1.3.3 Fallbeispiel: Akkreditiveröffnungsauftrag eines schweizerischen Importeurs

- **Abbildung 1.5-07** zeigt den **Akkreditiveröffnungsauftrag** eines schweizerischen Importeurs (Elektro-Import AG) an seine Bank (Credit Suisse First Boston).

Applicant

Elektro-Import AG
Voltastrasse 10

8000 Zurich

Date: 1 April 1997 Ref.: AB
Our contact: A. Berner Tel.: 01/55 66 00

CREDIT SUISSE FIRST BOSTON
Trade Finance Service Center
P. O. Box 900
CH-8070 Zurich/Switzerland

Application for Letter of Credit

We request you to open the following irrevocable Documentary Credit through the respective Trade Finance Service Center of **CREDIT SUISSE FIRST BOSTON (CSFB)**:

☒ Mark applicable items ☐ transferable

Beneficiary (name and full address)

Nipponexport
20 Hakarucho 2-chome
Naniwa-ku

Osaka 530 / Japan

Payable / Available with ☐ CSFB ☒ the correspondent bank ☐ any bank

☒ at sight
☐ days from
☐

To be advised through ☐ a correspondent of CSFB ☒ the bank indicated below

☐ by telex entirely ☒ by airmail

Amount USD 30,000.00

☒ fixed ☐ max. ☐ +/- %

Validity 20 May 1997

☒ with the advising bank ☐ with CSFB

Correspondent bank

Mitsuro Bank
P.O. Box 1202
Osaka 532 / Japan

Correspondent bank ☒ to add ☐ not to add their confirmation

Documents

☒ commercial invoice, signed, 5 -fold
☐ certificate of origin, -fold, issued / visaed by a chamber of commerce
☐ GSP c.o. Form A
☒ insurance policy or certificate for 110% of CIF value covering following risks:
all risks incl. war, strikes, riots and civil commotions.
☒ full set of clean on board marine (ocean) bills of lading, issued: ☐ Multi Modal Transport Document issued:
☐ to order, blank endorsed
☒ to order of Elektro-Import AG ☐
marked ☐ 'freight collect' ☒ 'freight prepaid' ☐
notify Expeditio AG, Frachtstr. 100, 8000 Zurich
☐ air consignment note (original for shipper)* ☐ truck consignment note (CMR)*
☐ rail consignment note* ☐
☐ forwarding agents certificate of receipt*
*addressed to *addressed to
notify: notify:
marked ☐ 'freight collect' ☐ 'freight prepaid'
☒ packing list 2-fold
☐ confirmation that EUR 1 travels with goods
☐

Goods description (concise description–extraneous documents e. g. proforma invoices should not be attached although reference may be made to them in the description):

120 Television Sets "Brilliant Colours 2000" at a unit price of USD 250.00

Delivery terms: ☐ FCA / FOB ☐ CPT / CFR ☒ CIP / CIF ☐
☐ insurance cover taken care of by ourselves
Shipment / Despatch / taking over for despatch
from Kobe to Hamburg
latest 30 April 1997

Partial deliveries / utilizations ☐ allowed ☒ not allowed

Transshipment ☒ allowed ☐ not allowed

Charge our account no. 400700-02
Foreign exchange to be purchased ☐ now ☐ on availment
☐ Foreign exchange contract no.
☒ Your and foreign bank charges for our account
☐ Your charges for our account, foreign bank charges for beneficiary's account

CREDIT SUISSE FIRST BOSTON is authorised to debit our account with you directly.

ELEKTRO-IMPORT AG
A. Zaugg P. Kuhle

STAMP AND SIGNATURE(S)

This credit to be subject to the "Uniform Customs and Practice for Documentary Credits" published by the International Chamber of Commerce, ICC publication 500, Rev. 1993

1 No. 420123 1.97 30

Abbildung 1.5-07 **Quelle:** Credit Suisse First Boston 1998 ff.: S. 46

1.5.2 Prüfliste zu den Merkmalen der Akkreditivvereinbarung im Kaufvertrag und zu den Merkmalen des Akkreditiveröffnungsauftrags des Importeurs

Prof. Dr. Siegfried G. Häberle

Prüfliste und Ratschläge für Exporteure, Importeure und Banken
- **zu den Merkmalen der Akkreditivvereinbarung im Kaufvertrag**

und zugleich
- **zu den Merkmalen des Akkreditiveröffnungsauftrags des Importeurs an die Bank**

Vorbemerkungen:

- Die folgende Prüfliste ist sowohl bei der Vereinbarung eines Akkreditivs im **Kaufvertrag** anwendbar als auch bei der Erteilung des **Akkreditiveröffnungsauftrags** des Importeurs an seine Bank.
- Als Prüfliste kommt im übrigen auch das **Bankformular "Akkreditiveröffnungsauftrag des Importeurs"** in Frage, weil in diesem Formular im allgemeinen die maßgeblichen, alternativ anzukreuzenden Merkmale eines Akkreditivs vorgedruckt sind. Deswegen empfehlen manche Banken den Exporteuren und Importeuren, in dieses Formular die Merkmale des im Kaufvertrag zu vereinbarenden Akkreditivs einzutragen und sodann das ausgefüllte Formular dem Kaufvertrag als verbindliche Anlage beizufügen.
- Nicht alle der folgenden Merkmale werden stets und ausdrücklich in die Akkreditivvereinbarung des Kaufvertrags aufgenommen. Einige dieser Merkmale sind vielmehr im **allgemeinen Teil des Kaufvertrags** geregelt. Gleichwohl betreffen alle Merkmale die Ausgestaltung eines Akkreditivs.
- Die Anmerkungen zu den in dieser Prüfliste enthaltenen Merkmale sind -dem Zweck einer Prüfliste entsprechend- überwiegend kurz gefaßt. Ausführlicher sind diese Merkmale im vorangehenden Abschnitt "**Merkmale der Akkreditivvereinbarung im Kaufvertrag sowie Merkmale des Akkreditiveröffnungsauftrags des Importeurs**" kommentiert. Umfassend sind die folgenden Merkmale überdies in den ihnen ausdrücklich gewidmeten Abschnitten bzw. Kapiteln dieses Handbuchs dargestellt und beurteilt (siehe dazu Inhaltsverzeichnis bzw. Stichwortverzeichnis).
- Die Hinweise "**Siehe Ziffer ( )** des Akkreditiveröffnungsauftrags" beziehen sich auf den in Abschnitt 1.5.1.2.2 abgebildeten "**Auftrag zur Eröffnung eines Dokumenten-Akkreditivs**" der Deutschen Bank AG.
- Diese Prüfliste beruht auf der im Zeitpunkt der Drucklegung gültigen **Fassung der ERA** (Revision 1993, ICC-Publ. Nr. 500, anwendbar ab 1.1.1994).
- Im Einzelfall können sowohl die Merkmale als auch die in den Anmerkungen enthaltenen Informationen von den individuellen Bedingungen eines Akkreditivs abweichen. Insoweit ist diese Prüfliste nur auf die am meisten vorkommenden Fälle abgestellt; **abweichende Akkreditivbedingungen** sind ebenso zu beachten wie die **Detailbestimmungen der ERA.** Außerdem bestehen zum Teil Interpretations- und Ermessensspielräume, die sich überdies im Lauf der Zeit verändern können, so daß es im Zweifel notwendig ist, den Rat einer auslandserfahrenen Bank einzuholen.

Prüfkriterien:	Anmerkungen:
Ausdrückliche Bezeichnung der Zahlungsbedingung im Kaufvertrag als "(Dokumenten-)Akkreditiv gemäß ERA"	• Dadurch wird eine eindeutige **Abgrenzung** zu anderen Zahlungsbedingungen, insbesondere zum Dokumenteninkasso, bewirkt. • Zur Sicherheit der Beteiligten ist die Gültigkeit der **aktuellen ERA** bereits im Kaufvertrag zu vereinbaren (seit 1.1.1994 anzuwenden: "Einheitliche Richtlinien und Gebräuche für Dokumenten-Akkreditive, Revision 1993, ICC-Publikation Nr. 500", kurz: "ERA 500"; "Uniform Customs and Practice for Documentary Credits, 1993 Revision, ICC Publication No. 500", kurz: "UCP 500").

Fristvereinbarung im Kaufvertrag für die Stellung/Eröffnung des Akkreditivs	● Folgende **Alternativen** kommen in Betracht: - Vereinbarung eines **spätesten Zeitpunkts** für die Akkreditivstellung/-eröffnung. Vorzug: Eindeutige Bestimmbarkeit. - Vereinbarung einer "**unverzüglichen** Akkreditivstellung/-eröffnung", "**sofortigen** Akkreditivstellung/-eröffnung" o.ä. Nachteil: Die Definition der Ausdrücke "unverzüglich" o.ä. und damit die Definition des Verzugs des Importeurs ist u.U. schwierig. - **Keine Fristvereinbarung** für die Stellung/Eröffnung des Akkreditivs. Nachteil: Wie oben, jedoch ausgeprägter. **Hilfsweise Fristbestimmung**: Vereinbarte zeitliche Abwicklung des Warengrundgeschäfts o.ä. ● Zur Möglichkeit und zu den Konsequenzen der **Nichteröffnung** bzw. der **verspäteten Eröffnung** des vereinbarten Akkreditivs siehe Abschnitt "Rechtliche Aspekte, insbesondere Rechtsstellung des Akkreditivbegünstigten in ausgewählten Ereignissen (Störfällen)".
Akkreditiveröffnungsauftrag	● Siehe **Ziffern (1) und (2)** des abgebildeten Akkreditiveröffungsauftrags. ● Der Akkreditiveröffnungsauftrag an die Bank ist vom Importeur in **Übereinstimmung** mit den im **Kaufvertrag** getroffenen Vereinbarungen zu stellen. ● Zu den Konsequenzen einer vom Kaufvertrag **abweichenden** bzw. **mängelbehafteten Eröffnung** des Akkreditivs siehe Abschnitt "Rechtliche Aspekte, insbesondere Rechtsstellung des Akkreditivbegünstigten in ausgewählten Störfällen". ● Die Akkreditiveröffnungsaufträge (Vordrucke) der Banken enthalten regelmäßig einen Hinweis auf die **Anwendung der ERA**, siehe Ziffer (2).
Übermittlung der Akkreditiveröffnung	● Siehe **Ziffer (3)** des abgebildeten Akkreditiveröffnungsauftrags. ● Den Banken stehen **alternative**, vom Auftraggeber (Importeur) eventuell ausdrücklich anzuweisende **Übermittlungsinstrumente(-wege)** wie z.B. SWIFT, Luftpost usw. zur Verfügung. ● Eventuell (selten): **Voranzeige (sog. Voravis)**. Eine Voranzeige (Voravis) über die Eröffnung eines unwiderruflichen Akkreditivs soll von einer eröffnenden Bank nur erteilt werden, wenn diese Bank bereit ist, das Instrument für die Inanspruchnahme des Akkreditivs auszustellen. Sofern die eröffnende Bank **in dieser Voranzeige nichts anderes angibt**, ist die **eröffnende Bank**, die ein solches Voravis erteilt hat, **unwiderruflich verpflichtet**, das **Akkreditiv unverzüglich zu eröffnen**, und zwar zu Bedingungen, die nicht im Widerspruch zum Voravis stehen (vgl. Art. 11 c. ERA). ● **Achtung**: Es ist somit eine eindeutige **Abgrenzung** zwischen einer **verbindlichen** Akkreditiveröffnung bzw. einer **verbindlichen** Voranzeige (Voravis) und einer **unverbindlichen** Voranzeige (Voravis) erforderlich.
Unwiderruflichkeit/Widerruflichkeit	● Siehe **Ziffer (4)** des abgebildeten Akkreditiveröffnungsauftrags. ● Die ausdrückliche Festlegung der **Unwiderruflichkeit** des Akkreditivs im Kaufvertrag versperrt dem Importeur die Möglichkeit, ein lediglich widerrufliches Akkreditiv eröffnen zu lassen, das für den Exporteur nachteilig wäre. ● Im übrigen gilt ein Akkreditiv, in dem die **Angabe fehlt**, ob es widerruflich oder unwiderruflich ist, als **unwiderrufliches Akkreditiv** (vgl. Art. 6 c. ERA).

Übertragbarkeit

- Siehe **Ziffer (5)** des abgebildeten Akkreditiveröffnungsauftrags.
- Ein Akkreditiv kann nur übertragen werden, wenn es von der eröffnenden Bank **ausdrücklich als "übertragbar"** ("transferable") bezeichnet worden ist (vgl. Art. 48 b. ERA).
- Sofern im Akkreditiv nichts anderes angegeben ist, kann ein übertragbares Akkreditiv **nur einmal** und – von einigen Ausnahmen abgesehen – nur zu den **Bedingungen des Originalakkreditivs** übertragen werden (vgl. Art. 48 g. und h. ERA).
- Ein übertragbares Akkreditiv kann **im Ganzen** oder **zum Teil** einem oder mehreren anderen Begünstigten (Zweitbegünstigten) zur Verfügung gestellt werden (vgl. Art. 48 a. ERA). Teile eines übertragbaren Akkreditivs können getrennt übertragen werden, sofern Teilverladungen/Teilinanspruchnahmen nicht untersagt sind und der Akkreditivbetrag im Ganzen dadurch nicht überschritten wird (vgl. Art. 48 g. ERA).
- Die Übertragbarkeit des Akkreditivs ist zweckmäßig für Akkreditivbegünstigte (Erstbegünstigte), die **Transithändler**, **Generalunternehmer** o.ä. sind.
- Für den **Akkreditivauftraggeber (Importeur)** ist von **Nachteil**, daß er die (Liefer-)Zuverlässigkeit des Zweitbegünstigen (auf den das Akkreditiv übertragen wird) nicht beurteilen kann.
- Einzelheiten zur Übertragbarkeit/Übertragung von Akkreditiven siehe Abschnitt "**Übertragbares Akkreditiv**".

Bestätigung

- Siehe **Ziffer (6)** des abgebildeten Akkreditiveröffnungsauftrags.
- Folgende **alternativen Vereinbarungen** kommen in Betracht:
  - Bestätigung durch die **Hausbank des Exporteurs**.
    Sofern diese Bank zugleich Benutzungs-/Zahlstelle ist, beinhaltet diese Alternative ein Höchstmaß an Sicherheit für den Exporteur und an Vereinfachung der Akkreditivabwicklung.
    Im Einzelfall kann es zweckmäßig oder gar notwendig sein, daß der Exporteur vor Abschluß des Kaufvertrags mit seiner Hausbank klärt, ob diese zur Bestätigung des Akkreditivs (z.B. wegen des für sie entstehenden Garantendelkredererisikos bzw. wegen des politischen Risikos) überhaupt bereit ist.
  - Bestätigung durch eine **andere erstklassige deutsche Bank** (first class german bank).
    Beurteilung: Grundsätzlich wie oben.
  - Bestätigung durch eine **erstklassige internationale Bank** (international prime bank).
    Sofern die Bestätigung nicht durch eine deutsche international tätige Bank, sondern durch eine Bank in einem Drittland vorgenommen wird, beinhaltet dies für den Exporteur evtl. ein politisches Risiko bzw. ein u.U. höheres Garantendelkredererisiko als es bei inländischen Banken gegeben ist.

Akkreditivbegünstigter

- Siehe **Ziffer (7)** des abgebildeten Akkreditiveröffnungsauftrags.
- Im Akkreditveröffnungsauftrag ist die vollständige und zutreffende **Anschrift des Begünstigten** erforderlich. Eventuelle Folgen von Mängeln trägt der Akkreditivauftraggeber.

Benutzbar-/Zahlbarstellung/ Bank des Begünstigten

- Siehe **Ziffern (8)** des abgebildeten Akkreditiveröffnungsauftrags.
- Folgende **alternativen Vereinbarungen** kommen in Betracht:
  - Benutzbar-/Zahlbarstellung bei der **Akkreditivbank.**
    Eventuelle Probleme für den Exporteur: Verspätete Einreichung der Dokumente bei der ausländichen Akkreditivbank, Dokumentenverlustrisiko und verspätete Auszahlung des Akkreditivgegenwerts.

- Benutzbar-/Zahlbarstellung bei einer **Bank im Land des Exporteurs**, im günstigsten Fall bei der **Hausbank des Exporteurs**.
  In der Regel ist dies für den Exporteur die zweckmäßigste Alternative. Er vermeidet damit die oben angesprochenen Probleme weitgehend.
- Benutzbarkeit des Akkreditivs bei jeder **beliebigen Bank** (siehe Abschnitt "Negoziierungsakkreditive" bzw. "Commercial Letters of Credit").
- Kommen die Parteien überein, daß das Akkreditiv zu bestätigen ist, dann wird dieses Akkreditiv regelmäßig auch bei der **Bestätigungsbank** benutzbar/zahlbar gestellt.
  Problemvermeidung wie oben.

Akkreditivbetrag und Akkreditivwährung/Preis pro Einheit

- Siehe **Ziffer (9)** des abgebildeten Akkreditiveröffnungsauftrags.
- Der Akkreditivbetrag kann **alternativ**
  - als **Festbetrag** (manchmal ausdrücklich mit dem Zusatz "fest", "fix" o.ä.);
  - als **Höchstbetrag** (mit dem Ausdruck "maximal" o.ä);
  - als Betrag mit **festgelegter Toleranz** (" + /- ...%");
  - als **ungefährer** Betrag (mit den Ausdrücken "etwa", "ungefähr", "circa" o.ä.)

  im Kaufvertrag vereinbart und entsprechend in das Akkreditiv aufgenommen werden.
- Die Ausdrücke "**etwa**" ("about"), "ungefähr" ("approximately"), "circa" o.ä., die in Verbindung mit dem **Akkreditivbetrag** oder der im Akkreditiv angegebenen **Menge** oder dem angegebenen **Preis pro Einheit** verwendet werden, sind dahin auszulegen, daß eine Abweichung **bis zu 10% nach oben oder bis zu 10% nach unten** von dem Betrag oder der Menge oder dem Preis pro Einheit, auf die sie sich beziehen, statthaft ist (vgl. Art 39 a. ERA).
- Sofern ein Akkreditiv, das Teilverladung untersagt, nicht etwas anderes vorschreibt oder Art. 39 b. ERA (Abweichung der Warenmenge bis zu 5% nach oben oder bis zu 5% nach unten unter bestimmten Voraussetzungen) nicht anwendbar ist, ist eine **Minderinanspruchnahme** um bis zu 5% zulässig, vorausgesetzt, daß bei im Akkreditiv vorgeschriebener Warenmenge diese Warenmenge in vollem Umfang geliefert und bei einem im Akkreditiv vorgeschriebenen Preis pro Einheit dieser Preis nicht unterschritten wird. Diese Bestimmung gilt nicht, wenn im Akkreditiv Ausdrücke der im vorstehenden Absatz genannten Art ("etwa", "ungefähr", "circa" o.ä.) verwendet werden (vgl. Art. 39 c. ERA).
- Das Akkreditiv ist mangels anderer Vereinbarung in der im Kaufvertrag **vereinbarten Währung** zu eröffnen.
- Fremdwährungsakkreditive können für einen der Beteiligten (bei Drittlandwährung für beide Parteien) zu **Wechselkursrisiken** führen. Die Absicherungsmöglichkeiten sind zweckmäßigerweise bereits vor Abschluß des Kaufvertrags zu prüfen.

Zahlungsmodalitäten/Art des Akkreditivs

- Siehe **Ziffer (10)** des abgebildeten Akkreditiveröffnungsauftrags.
- Die zu vereinbarenden **Zahlungsmodalitäten** bestimmen nach herkömmlicher Einteilung zugleich die Art eines Akkreditivs.
- **Zahlung bei Sicht** (Sichtzahlungsakkreditiv):
  Auszahlung Zug-um-Zug gegen Vorlage akkreditivkonformer Dokumente. Diese Auszahlung entspricht vor allem der Interessenlage des Exporteurs.

- **Hinausgeschobene Zahlung** (Akkreditiv mit hinausgeschobener Zahlung, Deferred-Payment-Akkreditiv): Die Auszahlung zu einem späteren Zeitpunkt entspricht insbesondere dem Interesse des Importeurs an einem Zahlungsziel.

  Im **Kaufvertrag** sind festzulegen:

  - **Länge des Zeitraums** der hinausgeschobenen Zahlung;
  - Zeitpunkt für den **Beginn dieses Zeitraums** (z. B. das Verladedatum laut Transportdokument, das Datum der Handelsrechnung u.a.);
  - **Übernahme** (Verteilung) der **Zinsen** (evtl. Vereinbarung eines Abnehmerzinssatzes).

- **Akzeptleistung durch eine Bank** und Einlösung (Zahlung) des Wechsels zu einem späteren Zeitpunkt (Akzeptakkreditiv): Diese Zahlungsmodalität des Akkreditivs entpricht insbesondere dem Interesse des Importeurs an der Erlangung eines Zahlungsziels.
  U.U. zinsgünstigte Refinanzierung für den Exporteur durch Wechseldiskont.

  Im Kaufvertrag sind festzulegen:

  - **Akzeptant (Bezogene Bank)** der Tratte des Exporteurs (dies kann sein die Akkreditivbank, eine Bank im Land des Exporteurs, evtl. dessen Hausbank oder eine Drittbank).
    Dem Sicherungsinteresse des Exporteurs entspricht insbesondere eine solvente Bank im eigenen Land als Akzeptbank, im Idealfall seine Hausbank.
    Im Einzelfall kann es zweckmäßig oder gar notwendig sein, daß der Exporteur vor Abschluß des Kaufvertrags mit seiner Hausbank klärt, ob diese grundsätzlich zu einer Akzeptleistung (wegen des für sie ab dem Zeitpunkt der Akzeptleistung entstehenden Garantendelkredererisikos bzw. wegen des politischen Risikos) überhaupt bereit ist.
  - **Laufzeit** des Wechsels (z. B. als sog. Nachsichtfrist definiert); Einzelheiten siehe Abschnitt "Rechtliche Merkmale ..., 4. Verfallzeit".
  - **Beginn** der Laufzeit des Wechsels (z. B. Beginn mit Akzeptleistung durch Sichtvermerk); Einzelheiten siehe Abschnitt "Rechtliche Merkmale ..., 4. Verfallzeit".
  - **Übernahme** der Refinanzierung und Verteilung der **Diskontzinsen** (evtl. Vereinbarung eines Abnehmerzinssatzes).

- Sonderform "**Revolvierendes Akkreditiv**": Wiederholte Zahlung des Akkreditivbetrags innerhalb eines bestimmten Zeitraums und bis zu einem Höchstbetrag.

Verfalldatum des Akkreditivs

- Siehe **Ziffer (11)** des abgebildeten Akkreditiveröffnungsauftrags.
- Die Definition des Verfalldatums des Akkreditivs (Verfalldatum für die Dokumentenvorlage) ist möglich durch einen festzulegenden **Verfalltag** oder durch einen festzulegenden **Gültigkeitszeitraum** (z.B. benutzbar für drei Monate). Der Beginn eines Gültigkeitszeitraumes sollte eindeutig definiert sein (sonst gilt Art. 42 c. ERA, wonach das Datum der Eröffnung des Akkreditivs durch die eröffnende Bank als der erste Tag angesehen wird, an dem diese Frist beginnt).

- Neben dem Verfalldatum des Akkreditivs ist die im Akkreditiv eventuell vorgeschriebene **Frist für die Dokumentenvorlage nach dem Verladedatum des Transportdokuments** zu beachten. Ist eine derartige Frist nicht vorgeschrieben, nehmen die Banken Dokumente nicht an, die ihnen später als 21 Tage nach dem Verladedatum vorgelegt werden. Zu beachten ist, daß die Dokumente in jedem Fall nicht später als am Verfalldatum des Akkreditivs vorgelegt werden dürfen (vgl. Art. 43 a. ERA und siehe auch Anmerkungen zu Ziffer (12)). Dies bedeutet, daß sich durch die Frist für die Dokumentenvorlage nach dem Verladedatum des Transportdokuments die **Verfallfrist des Akkreditivs** zwar **verkürzen**, aber nicht verlängern kann.
- Eventuelles Interesse des **Importeurs**: **Kurze Laufzeit** des Akkreditivs, um den Exporteur zur raschen Warenlieferung anzuhalten.
- Eventuelles Interesse des **Exporteurs**: **Lange Laufzeit** des Akkreditivs.
- Eine **Verlängerung** der Laufzeit (Festlegung eines neuen Verfalldatums) durch **Änderung des Akkreditivs** ist auf Antrag des Akkreditivauftraggebers (Importeurs) mit Zustimmung aller Beteiligten, also auch der Akkreditivbank und einer evtl. Bestätigungsbank, grundsätzlich möglich.

Vorlagefrist für die Dokumente ab Verladedatum des Transportdokuments

- Siehe **Ziffer (12)** des abgebildeten Akkreditiveröffnungsauftrags.
- Außer dem Verfalldatum des Akkreditivs sollte im Akkreditiv, das ein Transportdokument verlangt, auch eine genau bestimmte **Frist nach dem Verladedatum** vorgeschrieben werden, innerhalb welcher die Vorlage der Dokumente in Übereinstimmung mit den Akkreditivbedingungen zu erfolgen hat (vgl. Art. 43 a. ERA).
- Falls keine derartige Frist im Akkreditiv festgelegt ist, nehmen die Banken Dokumente nicht an, die ihnen später als **21 Tage nach dem Verladedatum** des Transportdokuments vorgelegt werden (vgl. Artikel 43 a. ERA).
- In beiden Fällen kann sich durch diese, auf das Verladedatum des Transportdokuments bezogene Vorlagefrist die **Verfallfrist des Akkreditivs verkürzen.**
  Eine Verlängerung der Verfallfrist des Akkreditivs wird dagegen durch die beschriebene Vorlagefrist keinesfalls bewirkt: In jedem Fall dürfen die Dokumente **nicht später als am Verfalldatum des Akkreditivs** vorgelegt werden (vgl. Art. 43 a. ERA).
- Grundsätzlich gilt somit: Die auf das Verladedatum des Transportdokuments bezogene Vorlagefrist ist mit dem Verfalldatum des Akkreditivs (siehe Anmerkungen zu Ziffer 11) und dem (letzten) Verladedatum (siehe Anmerkungen zu Ziffer 14) **abzustimmen.**
- Ziel der auf das Verladedatum des Transportdokuments bezogenen Vorlagefrist für die Dokumente ist es, die kostspielige **Einlagerung der Waren** im Bestimmungsland, die wegen fehlender Dokumente nicht abgefertigt und vom Importeur nicht in Empfang genommen werden können, **zu vermeiden.** Der Importeur hat folglich im allgemeinen ein Interesse an einer kurzen Frist.

Verladung usw.

- Siehe **Ziffer (13)** des abgebildeten Akkreditiveröffnungsauftrags.
- Im Kaufvertrag und im Akkreditiveröffnungsauftrag sind **Festlegungen über die Verladung** (Verladehafen/-ort, Bestimmungshafen/-ort, Transportweg/-mittel) zu treffen. Neben der Festlegung bestimmter Orte sind generalisierende Bedingungen wie z.B. "shipped from any german port" möglich.

	• Bei der Benutzung des Akkreditivs haben die Banken die in den vorgelegten Dokumenten ausgewiesenen **Orte** auf Übereinstimmung mit den Akkreditivbedingungen zu überprüfen (siehe auch "Prüfliste des Exporteurs für avisierte/eröffnete Akkreditive ...").
Letztes (spätestes) Verladedatum	• Siehe **Ziffer (14)** des abgebildeten Akkreditiveröffnungsauftrags.
	• Die Aufnahme eines letzten (spätesten) Verladedatums in den Kaufvertrag bzw. in den Akkreditiveröffnungsauftrag erfolgt im allgemeinen auf Betreiben des Importeurs, um den Exporteur zu einer **fristgerechten Lieferung** der Waren anzuhalten. Auch ein **frühestes Verladedatum** kann im Kaufvertrag bzw. im Akkreditiveröffnungsauftrag festgesetzt werden.
	• **Achtung**: Sofern im Akkreditiv ein **letztes Verladedatum** vorgeschrieben ist, kann auch dieses letzte Verladedatum **in Verbindung** mit einer eventuell vorgeschriebenen, auf das Verladedatum des Transportdokuments bezogenen Frist für die Dokumentenvorlage bzw. der 21-Tage-Frist gemäß Art. 43 a. ERA eine **Verkürzung der Verfallfrist des Akkreditivs bewirken** (siehe auch Anmerkungen zu Ziffer 12).
	• Zu beachten: Ist im Akkreditiv **kein letztes Verladedatum** vorgeschrieben, nehmen die Banken Transportdokumente nicht an, die ein späteres Verladedatum als das im Akkreditiv vorgeschriebene Verfalldatum ausweisen (vgl. Art. 44 b. ERA).
	• Hinsichtlich der Definition der "Verladung" und des "Verladedatums" (der "Verladefristen") stellen sich **Probleme**, die in der "Prüfliste des Exporteurs für avisierte/eröffnete Akkreditive ..." dargestellt sind (vgl. auch Art. 46 f. ERA).
	• Das späteste Verladedatum und das Verfalldatum des Akkreditivs sind mit der auf das Verladedatum des Transportdokuments bezogenen Vorlagefrist für die Dokumente **abzustimmen** (siehe auch Anmerkungen zu Ziffern 11 und 12).
	• Eine **graphische Darstellung alternativer Auswirkungen der verschiedenenen Fristen** auf die Verfallfrist des Akkreditivs findet sich im Textteil dieses Buches (Abschnitt 1.5.1.2.8).
Teilverladungen und/oder Teilinanspruchnahmen	• Siehe **Ziffer (15)** des abgebildeten Akkreditiveröffnungsauftrags.
	• Die ERA bestimmen in Artikel 40 a., daß Teilinanspruchnahmen und/oder Teilverladungen **zulässig** sind, sofern im Akkreditiv nicht etwas anderes vorgeschrieben ist. Im Kaufvertrag bzw. im Akkreditiv sind deswegen nur dann ausdrückliche Vereinbarungen zu treffen, wenn Teilinanspruchnahmen bzw. Teilverladungen (vor allem im Interesse des Importeurs) ausgeschlossen werden sollen.
	• Ob ein solcher **Ausschluß zweckmäßig** ist, hängt u.a. von den Eigenarten des abzusichernden Außenhandelsgeschäftes ab und von der Gefahr für den Importeur, daß der Exporteur bei zulässigen Teilverladungen die Belieferung des Importeurs (kaufvertragswidrig) insgesamt nur teilweise vollzieht (und damit allerdings auch auf die weitere Inanspruchnahme des Akkreditivs verzichtet).
Verladungen und/oder Inanspruchnahmen in Raten (sog. Sukzessivverladungen und/oder -inanpruchnahmen)	• Bei bestimmten Auslandsgeschäften sind Verladungen in Raten über einen (längeren) Zeitraum zweckmäßig, deren jeweiligen Gegenwert der Akkreditivbegünstigte durch eine analoge ratenweise Inanspruchnahme des Akkreditivs erlangt. Gegebenenfalls ist eine entsprechende Vereinbarung in den Kaufvertrag und in dessen Gefolge in den Akkreditiveröffnungsauftrag des Importeurs an die Bank aufzunehmen. Darin sind insbesondere die **quantitative und die zeitliche Dimension** der Verladungen und Inanspruchnahmen in Raten festzulegen.

- Risiko des Exporteurs: Ist irgendeine Rate nicht innerhalb des für sie vorgeschriebenen Zeitraums in Anspruch genommen und/oder verladen worden, dann **verliert** er den **Zahlungsanspruch** aus dem Akkreditiv für diese und die folgenden Raten (vgl. Art. 41 ERA). Diese Klausel sichert insbesondere den Importeur, weil damit der Exporteur zur fristgerechten Verladung in Raten angehalten werden kann. Diese für den Exporteur u.U. nachteilige Klausel kann jedoch im Kaufvertrag und damit letztlich im Akkreditiv abgeändert bzw. ausgeschlossen werden.

- Der Exporteur sollte prüfen, ob seinem Interesse ein **revolvierendes Akkreditiv** besser entspricht als die Vereinbarung der Verladungen und/oder Inanspruchnahmen des Akkreditivs in Raten (Einzelheiten zum revolvierenden Akkreditiv siehe Abschnitt "Revolvierendes Akkreditiv (Revolving Credit)").

Umladung(en)

- Siehe **Ziffer (16)** des abgebildeten Akkreditveröffnungsauftrags.

- Bei Umladungsverboten ebenso wie bei zulässigen Umladungen in Akkreditiven ist zunächst zu beachten, wie in den **ERA Umladungen definiert** werden:
  - **Seekonnossemente und nichtbegebbare Seefrachtbriefe**: Umladung bedeutet das Ausladen und Wiederverladen von einem Schiff auf ein anderes Schiff im Verlauf des Seetransports vom Verladehafen zum Löschungshafen, wie sie im Akkreditiv vorgeschrieben sind (vgl. Art. 23 b. und 24 b. ERA);
  - **Multimodale Transportdokumente**: Umladung ist bei diesen Dokumenten wesensbestimmend und bedarf keiner weiteren Definition (vgl. Art. 26 ERA).
  - **Lufttransportdokumente**: Umladung bedeutet das Ausladen und Wiederverladen von einem Flugzeug in ein anderes Flugzeug im Verlauf des Transports vom Abflughafen zum Bestimmungsflughafen, wie sie im Akkreditiv vorgeschrieben sind (vgl. Art. 27 b. ERA);
  - **Dokumente des Straßen-, Eisenbahn- oder Binnenschiffstransports**: Umladung bedeutet das Ausladen und Wiederverladen von einem Beförderungsmittel auf ein anderes Beförderungsmittel unterschiedlicher Transportarten im Verlauf des Transports vom Verladeort zum Bestimmungsort, wie sie im Akkreditiv vorgeschrieben sind (vgl. Art. 28 c. ERA).

- **Achtung:** Selbst wenn **im Akkreditiv Umladung nicht verboten** ist, nehmen die Banken bestimmte Transportdokumente, die Umladung der Ware vorsehen, mangels anderer Weisungen nur an, wenn die **Voraussetzung** erfüllt ist, daß der gesamte Transport durch ein und dasselbe Transportdokument gedeckt ist. Beispiele:
  - Seekonnossement (vgl. Art. 23 c. ERA),
  - Nichtbegebbarer Seefrachtbrief (vgl. Art. 24 c. ERA).

- Wünscht der Importeur keine Umladung (z. B. wegen befürchteter Verzögerungen oder wegen Beschädigungsrisiken usw.), dann ist das **Umladeverbot** in den Kaufvertrag und in dessen Gefolge ausdrücklich auch **in das Akkreditiv** aufzunehmen.

- **Achtung:** Selbst wenn **im Akkreditiv Umladung verboten** ist, nehmen die Banken bei der Akkreditivabwicklung mangels anderer Weisungen
  - **Multimodale Transportdokumente an,** die vorsehen, daß Umladung stattfinden wird oder kann, vorausgesetzt, daß der gesamte Transport durch ein und dasselbe multimodale Transportdokument gedeckt ist (vgl. Art. 26 b. ERA);

- **Lufttransportdokumente** an, die vorsehen, daß Umladung stattfinden wird oder kann, vorausgesetzt, daß der gesamte Transport durch ein und dasselbe Lufttransportdokument gedeckt ist (vgl. Art. 27 c. ERA).
- **Dokumente des Straßen-, Eisenbahn- oder Binnenschiffstransports** an, die vorsehen, daß Umladung stattfinden wird oder kann, vorausgesetzt, daß der gesamte Transport durch ein und dasselbe Transportdokument gedeckt ist und innerhalb derselben Transportart stattfindet (vgl. Art. 28 d. ERA);
- **Konnossemente und nichtbegebbare Seefrachtbriefe an**, die
  a) vorsehen, daß Umladung stattfinden wird, sofern gemäß Angabe im Konnossement bzw. im nichtbegebbaren Seefrachtbrief das betreffende Frachtgut in Containern, Anhängern und/oder "LASH"-Leichtern verladen ist und der gesamte Seetransport durch ein und dasselbe Konnossement bzw. durch ein und denselben nichtbegebbaren Seefrachtbrief gedeckt ist,

  und/oder

  b) Klauseln enthalten, mit denen sich der Frachtführer das Recht zur Umladung vorbehält (vgl. Art. 23 d. und 24 d. ERA).

Dokumente

- Siehe **Ziffer (17)** des abgebildeten Akkreditiveröffnungsauftrags.
- Zur Sicherheit der Parteien ist es zweckmäßig, bereits im Kaufvertrag die bei der Akkreditivbenutzung vom Begünstigten vorzulegenden **Dokumente detailliert festzulegen.**
- **Achtung**: Der Exporteur sollte besonders darauf achten, daß ihm keine Dokumente auferlegt werden, die er nur **schwer beschaffen** kann oder die womöglich eine **Mitwirkung (Unterschrift) des Akkreditivauftraggebers** (des Importeurs) oder eines von diesem abhängigen/weisungsgebundenen Dritten bei der Akkreditivbenutzung voraussetzen.
- Form und inhaltlicher Rahmen von Handelsrechnungen, Transportdokumenten und Versicherungsdokumenten beruhen auf der **Handelsüblichkeit** bzw. auf den Bestimmungen der ERA (vgl. Art. 20 ff.). Insoweit konzentrieren sich die Festlegungen der Parteien auf evtl. ergänzende bzw. modifizierende Vereinbarungen.
- Dagegen treten die **sonstigen/anderen Dokumente** in unterschiedlichen Formen und Inhalten in Erscheinung, was empfiehlt, diese Dokumente bereits im Kaufvertrag – und in dessen Gefolge auch im Akkreditiv – hinsichtlich Aussteller sowie Wortlaut oder Inhaltsmerkmale genau zu definieren.
- Einzelheiten zu den Dokumenten im Kaufvertrag bzw. im Akkreditiveröffnungsauftrag sowie zu den Interessen der Beteiligten siehe vorangehenden Abschnitt sowie Kapitel "Exportdokumente".

Warenbezeichnung

- Siehe **Ziffer (18)** des abgebildeten Akkreditiveröffnungsauftrags.
- Aus dem Kaufvertrag sollte eine **kurze und präzise Warenbezeichnung** (Warenbeschreibung) in den Akkreditiveröffnungsauftrag übernommen werden. Dies dient einer zügigen Akkreditivabwicklung, weil die Banken die Übereinstimmung der Warenbeschreibung im Akkreditiv mit jener in der Handelsrechnung überprüfen müssen (vgl. Art. 37 c. ERA). In den anderen Dokumenten kann die Ware in allgemein gehaltenen Ausdrücken beschrieben sein, die nicht im Widerspruch zur Warenbeschreibung im Akkreditiv stehen (vgl. ebenda).

Warenmenge/Preis pro Einheit

- Siehe **Ziffer (19)** des abgebildeten Akkreditiveröffnungsauftrags.

	• Die in das Akkreditiv aufzunehmende Warenmenge kann **alternativ** definiert werden: - Angabe einer (**absolut festen**) **Warenmenge**, für die Über- oder Unterschreitung ausdrücklich untersagt ist. - Angabe einer **ungefähren Warenmenge** mit dem Zusatz "etwa" ("about"), "ungefähr" ("approximately"), "circa" o.ä. Bei Benutzung des Akkreditivs sind Abweichungen der Warenmenge bis zu 10% nach oben oder bis zu 10% nach unten von der Menge, auf die sich die Zusätze "etwa" usw. beziehen, statthaft (vgl. Art. 39 a. ERA). - Analoge Abweichungen gelten, wenn solche Zusätze/Ausdrücke in Verbindung mit dem angegebenen **Preis pro Einheit** verwendet werden (vgl. ebenda). - Angabe einer **Warenmenge ohne ausdrückliche Festlegung, daß die Warenmenge nicht über- oder unterschritten werden darf.** Bei Akkreditivbenutzung ist eine Abweichung bis zu 5% nach oben oder bis zu 5% nach unten statthaft, immer vorausgesetzt, daß der Betrag der Inanspruchnahme nicht den Akkreditivbetrag überschreitet. Diese Abweichung ist nicht zulässig, wenn im Akkreditiv die Menge in einer bestimmten Anzahl von Verpackungseinheiten oder Stükken angegeben ist (vgl. Art. 39 b. ERA). • Die Angabe der Warenmenge muß mit der Angabe des Akkreditivbetrags und evtl. mit dem Preis pro Einheit plausibel **abgestimmt** werden.
Lieferbedingungen	• Siehe **Ziffer (20)** des abgebildeten Akkreditiveröffnungsauftrags. • Die Vereinbarung der Lieferklausel im Kaufvertrag erfolgt im allgemeinen auf Grundlage der **Incoterms**. • Die vereinbarte Lieferklausel ist vom Importeur in den **Akkreditiveröffnungsauftrag** aufzunehmen, so daß diese Klausel auch in den Bedingungen des eröffneten Akkreditivs erscheint und vom Exporteur bei Benutzung des Akkreditivs in den vorgelegten **Dokumenten** nachgewiesen werden muß.
Akkreditivkosten (Bankprovisionen)	• Siehe **Ziffer (21)** des abgebildeten Akkreditiveröffnungsauftrags. • Die Banken stellen für ihre Dienstleistungen **verschiedene Provisionen** in Rechnung, wie beispielsweise Eröffnungsprovision, Avisierungsprovision, Dokumentenaufnahmeprovision sowie - je nach Akkreditivart und Akkreditivabwicklung - Bestätigungsprovision, Deferred-payment-Provision, Akzeptprovision usw. • Bei der **Verteilung** der Bankprovisionen wird im Kaufvertrag häufig die Regelung getroffen, wonach der Akkreditivauftraggeber (Importeur) alle Bankprovisionen mit Ausnahme der Dokumentenaufnahmeprovision der Bank im Land des Exporteurs übernimmt. Andere Verteilungen sind jedoch möglich, beispielsweise derart, daß die bei der Akkreditivbank anfallenden Bankprovisionen zu Lasten des Akkreditivauftraggebers gehen, die fremden Bankprovisionen dagegen zu Lasten des Akkreditivbegünstigten. • Sofern der **Akkreditivauftraggeber** im Akkreditiveröffnungsauftrag keine bzw. keine gegenteilige Weisung zur Verteilung der Bankprovisionen erteilt, wird er **üblicherweise mit allen anfallenden Bankprovisionen** belastet.

1.5.3 Ausführung des Akkreditiveröffnungsauftrags durch die Akkreditivbank sowie Akkreditivavisierung(-eröffnung) durch die Bank(en)

1.5.3.1 Ausführung des Akkreditiveröffnungsauftrags durch die beauftragte eröffnende Bank

1.5.3.1.1 Abwicklung des Akkreditiveröffnungsauftrags

Prüfung des Akkreditiveröffnungsauftrags

- Die mit der Akkreditiveröffnung **beauftragte Bank** prüft den Akkreditiveröffnungsauftrag des Importeurs im Rahmen einer **unverbindlichen Serviceleistung** zunächst auf Vollständigkeit aller zur Akkreditiveröffnung notwendigen Daten sowie auf Genauigkeit, Eindeutigkeit und Durchführbarkeit. Die Bank bringt dabei ihre Erfahrungen in der Abwicklung von Akkreditiven ebenso ein wie ihren aktuellen Kenntnisstand.
- Im Zweifel wird die Bank beim Auftraggeber **rückfragen** und - falls erforderlich - Änderungen des Akkreditiveröffnungsauftrags empfehlen.

Kreditleihe/Kontobelastung

- Der Importeur erteilt seiner Bank im Akkreditiveröffnungsauftrag zwar Weisung, welches Konto mit dem Akkreditivgegenwert zu belasten ist. Bei gegebener Kreditwürdigkeit des Importeurs erfolgt die **Belastung** des Akkreditivgegenwerts jedoch im allgemeinen **erst nach erfolgter Benutzung des Akkreditivs** durch den Exporteur. Bis zu diesem Zeitpunkt liegt eine Kreditleihe (ein Avalkredit) der akkreditiveröffnenden Bank an den Importeur vor.
- Nur in Fällen, in denen die Kreditwürdigkeit des Importeurs nicht über jeden Zweifel erhaben ist, kann es vorkommen, daß die beauftragte Bank vom Importeur vor Akkreditiveröffnung einen **sog. Einschuß** (d.h. einen Teilbetrag) oder gar den vollen Akkreditivbetrag einfordert. Zu beachten ist darüber hinaus, daß die **Allgemeinen Geschäftsbedingungen** der akkreditiveröffnenden Bank die Möglichkeit einräumen, vom Akkreditivauftraggeber jederzeit, also auch während der Laufzeit eines Akkreditivs, einen Einschuß bzw. die Einzahlung des vollen Akkreditivbetrags zu verlangen.
- In den **Einfuhrbestimmungen** einiger (devisenknapper) Länder ist festgelegt, daß die Importeure bereits im Zeitpunkt der Akkreditiveröffnung (bzw. Auftragserteilung) den Akkreditivgegenwert aufbringen bzw. hinterlegen müssen.

Wechselkursrisiko/Kurssicherung

- Handelt es sich aus Sicht des Importeurs um ein **Fremdwährungsakkreditiv**, das er zu stellen hat, dann kann dies für ihn zu einem Wechselkursrisiko führen.

- Grundsätzlich hat der Importeur die Möglichkeit, die **Position offen** zu lassen, d.h. keine Wechselkurssicherung vorzunehmen. Seine Bank kauft in diesem Fall die erforderlichen Devisen erst nach Benutzung des Akkreditivs durch den Exporteur und belastet den Gegenwert erst zu diesem Zeitpunkt auf dem Konto des Importeurs.
- Der Importeur kann aber auch ein **Devisentermingeschäft** mit seiner Bank bereits im Zeitpunkt der Akkreditiveröffnung (oder später) auf den voraussichtlichen Benutzungstermin des Akkreditivs hin abschließen. Auch diese Absicherung bindet zunächst kein Kapital, jedoch fallen Kurssicherungskosten an.
- Unterhält der Importeur bei seiner Bank Guthaben auf einem **Fremdwährungskonto**, dann bietet sich an, daß er seiner Bank Weisung erteilt, den Akkreditivgegenwert bei Fälligkeit diesem Konto zu belasten.

Ausführungsanzeige

- Der Akkreditivauftraggeber (Importeur) erhält von der beauftragten Bank (akkreditiveröffnende Bank, Akkreditivbank) eine Kopie des Akkreditiveröffnungsschreibens (einen EDV-Ausdruck) als Nachweis über die Ausführung seines Auftrags (sog. Ausführungsanzeige).

1.5.3.1.2 Fallbeispiel: Ausführungsanzeige der akkreditiveröffnenden Bank für den Auftraggeber (deutscher Importeur)

- **Abbildung 1.5-08** zeigt die **Ausführungsanzeige** der akkreditiveröffnenden Bank für den Akkreditivauftraggeber (Copy for Applicant). Diese Ausführungsanzeige wird von der eröffnenden Bank auf Grundlage des Auftrags zur Akkreditiveröffnung des Importeurs erstellt (siehe Abbildung 1.5-05 in Abschnitt 1.5.1.3.1 "Fallbeispiel..."), und zwar - im vorliegenden Beispiel - mittels des SWIFT-Schemas.
- Anhand **derselben Daten**/Textbausteine wird das **Akkreditiveröffnungsschreiben/das Akkreditiv** von der eröffnenden Bank (Commerzbank AG) erstellt und sodann mittels SWIFT der avisierenden Bank (Bank of China) zugestellt.

COMMERZBANK

SWIFT700 – ISSUE OF A DOCUMENTARY CREDIT
VERSION CONTROL NUMBER: 0725

February 13, 20..

"Copy for Applicant"

Muster
======

```
:TO : RECEIVING PARTY NAME AND ADDRESS
:   : 1987715758 BKCHCNBJ300
:   : Bank of China
:   : Shanghai Branch
:   : 23 Zhongshan Road (East 1)
:   : Shanghai 200002 / VR China
:   :
:   :
: 27 : SEQUENCE OF TOTAL
:   : 1/1
:   :
:40A: FORM OF THE DOCUMENTARY CREDIT
:   : IRREVOCABLE
:   :
: 20 : DOCUMENTARY CREDIT NUMBER
:   : STKIA436550260
:   :
:31C: DATE OF ISSUE
:   : ..0213
:   :
:31D: DATE AND PLACE OF EXPIRY
:   : ..0930 Shanghai
:   :
: 50 : APPLICANT
:   : Import GmbH
:   : Koenigstr. 34
:   : 70173 Stuttgart
:   :
: 59 : BENEFICIARY
:   : Shanghai Trading Co. Ltd.
:   : No. 23 Zhongshan Dong Yi Road
:   : Shanghai/P.R.China
:   :
:32B: CURRENCY CODE, AMOUNT
:   : USD 58.100,00
:   :
:41A: AVAILABLE WITH...BY...
:   : COBADEFF600
:   : BY PAYMENT
:   :
:43T : TRANSHIPMENT
:   : not allowed
:   :
:44A: LOADING ON BOARD/DISPATCH/TAKING IN CHARGE AT/FROM...
:   : Shanghai
:   :
:44B: FOR TRANSPORTATION TO...
:   : HAMBURG
:   :
:44C: LATEST DATE OF SHIPMENT
:   : ..0915
:   :
:45A: DESCRIPTION OF GOODS AND/OR SERVICES
:   : GOODS AS PER PROFORMA INVOICE GTX 790ZI
:   : FOB SHANGHAI
:   :
:46A: DOCUMENTS REQUIRED
:   : +1 Original (s) and 2 copy (ies) of signed Commercial Invoice
:   :
:   : +Full set of clean on board Marine Bills of Lading made out to
:   : order and blank endorsed and notify Import GmbH, Koenigstr. 34,
:   : 70173 Stuttgart marked freight collect
:   :
:   : +1 Original(s) and 2 copy (ies) of Packing List
:   :
:47A: ADDITIONAL CONDITIONS
:   : +Any set of documents containing discrepancies and presented to
:   : us under this documentary credit, will be charged with a fee of
:   : DEM 125,00 or equivalent at final payment to cover the extra work
:   : involved. This charge is for account of beneficiary and will be
:   : deducted from any amounts to be paid.
:   :
:71B : CHARGES
:   : All bank charges outside Germany
:   : are for beneficiary's account
:   :
:48 : PERIOD FOR PRESENTATION
:   : 15 days after date of shipment but
:   : within the validity of the credit
:   :
:49 : CONFIRMATION INSTRUCTIONS
:   : without
:   :
:78 : INSTRUCTIONS TO THE PAYING/ACCEPTING/NEGOTIATING BANK
:   : Please forward documents to Commerzbank AG, Koenigstr. 34,
:   : D-70173 Stuttgart by first and second registered airmail, quoting
:   : our credit-number.
:   :
:   : On receipt of full set of documents in compliance with the terms
:   : of this credit we shall remit proceeds as requested by you.
:   :
:   :
```

Abbildung 1.5-08

1.5.3.1.3 Erstellung des Akkreditiveröffnungsschreibens/des Akkreditivs durch die eröffnende Bank und Beauftragung einer Zweitbank (einer sog. anderen Bank)

Reicht die Kreditwürdigkeit des Importeurs aus oder hat dieser die erforderliche Deckung bereits angeschafft, dann **eröffnet** die beauftragte Bank das **Akkreditiv**, und zwar in der Regel **unter Einschaltung einer Zweitbank** im Land des akkreditivbegünstigten Exporteurs.

- Die Importeurbank (akkreditiveröffnende Bank) **überträgt alle relevanten Daten** des Akkreditiveröffnungsauftrags des Importeurs - je nach dem gewählten Übermittlungsweg(-instrument) -:
  - in ein vorgedrucktes **Akkreditiveröffnungsschreiben**,
  - in ein **Telex-Schreiben** (bzw. in ein anderes Telekommunikationssystem),
  - in das **SWIFT-System**

  und **beauftragt** damit die ausgewählte **Zweitbank** zur Akkreditivavisierung und - je nach Akkreditivart - eventuell zur Akkreditivbestätigung u.ä.
- **Anmerkung:** Siehe in diesem Zusammenhang auch "1.1.3 Exkurs: **UN-EDIFACT** in der Akkreditivabwicklung".
- Insbesondere bei Übermittlung des Auftrags zur Akkreditiveröffnung mittels Telekommunikation bzw. SWIFT muß für die Zweitbank eindeutig erkennbar sein, daß es sich nicht nur um eine (unverbindliche) Voranzeige (Voravis) handelt, sondern um das **Instrument für die Inanspruchnahme des Akkreditivs** (Einzelheiten siehe Abschnitt 1.5.3.2.1 sowie Art. 11 ERA).
- Die Akkreditivbank hat der Zweitbank eindeutig mitzuteilen, zur **Besorgung welcher Geschäfte** sie beauftragt, ermächtigt bzw. ersucht ist (z.B. zur Avisierung, Zahlung, Akzeptleistung, Bestätigung usw.).
- Schließlich hat die akkreditiveröffnende Bank der Zweitbank den **Verrechnungsweg** anzugeben, auf dem diese den Akkreditivgegenwert erhält, sofern die Zweitbank als zahlende, akzeptleistende, negoziierende und/oder bestätigende Bank fungiert.
- **Hinweis:** Siehe auch Kapitel **"3.2 Dokumentenakkreditive: Kommentar und Einheitliche Richtlinien für Rembourse zwischen Banken unter Dokumenten-Akkreditiven".**

1.5.3.1.4 Fallbeispiel: Akkreditiveröffnungsschreiben/Akkreditiv einer akkreditiveröffnenden japanischen Bank (gerichtet an die beauftragte schweizerische Bank)

- Die **Abbildung 1.5-09** zeigt das **Akkreditiveröffnungsschreiben/Akkreditiv** der akkreditiveröffnenden **japanischen** Bank, das an die mit der Akkreditivavisierung sowie -bestätigung beauftragte schweizerische Bank gerichtet ist, und zwar mittels **SWIFT**.
- **Hinweis:** Dieses Akkreditiveröffnungsschreiben/Akkreditiv beruht auf jenem **Akkreditiveröffnungsauftrag** des japanischen **Importeurs**, der in Abschnitt "1.5.1.3.2 Fallbeispiel ..." abgebildet ist (Abbildung 1.5-06).

ISSUE OF A DOCUMENTARY CREDIT **** SWIFT NORMAL ****
MT: 700 PRIOR: N *BATCH FP061L07 PROCESSED:*
SENDER: 19.03.19.. / ..:.. *RECEIVER: 19.03.19.. / ..:..*
BIC: .... XXX ISN: .... *BIC: UBSWCHZH 80A OSN: ...*

INDUSTRIAL BANK OF ASIA
TOKYO / JAPAN

UNION BANK OF SWITZERLAND
CH-8021 ZUERICH

UNION BANK
OF SWITZERLAND
000'000-0
ZURICH

SPECIMEN

:40A: ** FORM OF DOCUMENTARY CREDIT **
IRREVOCABLE

:20: ** DOCUMENTARY CREDIT NUMBER **
9303222/8888

:31C: ** DATE OF ISSUE **
19.03.19..

:31D: ** DATE AND PLACE OF EXPIRY **
21.06.19.. SWITZERLAND

:50: ** APPLICANT **
ELECTRICITY SUPPLY LTD.
P.O.BOX 1593
OSAKA / JAPAN

:59: ** BENEFICIARY **
GENERATOR AG
P.O.BOX
CH-8045 ZURICH / SWITZERLAND

:32B: ** CURRENCY CODE, AMOUNT **
Max. SFR 378 000.00

:41A: ** AVAILABLE WITH . . . BY . . . . **
UNION BANK OF SWITZERLAND, CH-8021 ZURICH
BY PAYMENT AT SIGHT

:43P: ** PARTIAL SHIPMENTS **
PROHIBITED

:43T: ** TRANSHIPMENT**
PROHIBITED

:44A: ** LOADING ON BOARD/DISPATCH/TAKING IN CHARGE AT /FROM **
ROTTERDAM / THE NETHERLANDS

:44B ** FOR TRANSPORTATION TO . . . **
OSAKA / JAPAN

:44C: ** LATEST DATE OF SHIPMENT **
31.05.19..

:45A: ** DESCRIPTION OF GOODS AND/OR SERVICES **
1 COMPLETE GENERATOR UNIT AS PER ORDER NO. 6348 OF 4TH MARCH 19..
CFR OSAKA

:46B: ** DOCUMENTS REQUIRED **
+ SIGNED COMMERCIAL INVOICE, 3 FOLD
+ FULL SET OF CLEAN ON BOARD MARINE BILL OF LADING, ISSUED TO ORDER, BLANK ENDORSED, NOTIFY: ELECTRICITY SUPPLY LTD., P.O.BOX 1593, OSAKA AND MARKED "FREIGHT PREPAID"
+ CERTIFICATE OF ORIGIN IN DUPLICATE, EVIDENCING SWISS ORIGIN AND LEGALIZED BY THE CHAMBER OF COMMERCE
+ WORK CERTIFICATE
+ WEIGHT LIST

:49: ** CONFIRMATION INSTRUCTIONS **
CONFIRM

:53A: ** REIMBURSEMENT BANK **
UNION BANK OF SWITZERLAND, CH-8021 ZURICH

:72: ** SENDER TO RECEIVER INFORMATION **
PAYMENT TO THE DEBIT OF OUR SWISS FRANCS CURRENT ACCOUNT

Abbildung 1.5-09 **Quelle:** UBS Schweizerische Bankgesellschaft 1997: S. 26

1.5.3.1.5 Fallbeispiel: Akkreditiveröffnungsschreiben/Akkreditiv einer akkreditiveröffnenden deutschen Bank (gerichtet an die beauftragte schweizerische Bank)

- Die **Abbildung 1.5-10** zeigt das **Akkreditiveröffnungsschreiben/Akkreditiv** der akkreditiveröffnenden Bank (Creditbank München), das an die mit der Akkreditivavisierung sowie -bestätigung beauftragte schweizerische Bank (Credit Suisse First Boston) gerichtet ist.
- Dieses Akkreditiv ist in Zürich sowohl **gültig** (Verfall und Ort für die Dokumentenvorlage) als auch **benutzbar/zahlbar** gestellt. Das Akkreditiv ist - auf Antrag des Begünstigten (Transit-Handel AG) - **übertragbar**.

Creditbank München

Postfach 4004
81545 München

Ort und Datum der Ausstellung
Lieu d'émission et date
Place and date of issue: 1 March 1997

Unwiderrufliches Dokumentar-Akkreditiv **Crédit documentaire irrévocable** **Irrevocable documentary credit**	L/C No. Z-26-400
Avisierende Bank/Banque notificatrice/Advising bank Credit Suisse First Boston Trade Finance Service Center P.O. Box 900 8070 Zurich	Begünstigter/Bénéficiaire/Beneficiary Transit-Handel AG Frachtstrasse 15 CH-8000 Zurich
Betrag/Montant/Amount USD 100,000.00 Zahlbar/payable at sight with you gültig bis / valable jusqu'au / Expiry date: 15 April 1997 bei / chez / with: you in Zurich	Auftraggeber/Donneur d'ordre/Applicant Karl Müller KG Lindenweg 2 D-81545 Munich

Wir eröffnen hiermit dieses Dokumentar-Akkreditiv zu Ihren Gunsten, benutzbar gegen Einreichung folgender Dokumente:
Nous émettons en votre faveur ce crédit documentaire qui est utilisable contre remise des documents suivants:
We hereby issue in your favour this documentary credit which is available against presentation of the following documents:

- Signed commercial invoice, 4-fold
- Air waybill (shipper's copy), consigned to Karl Müller KG, Lindenweg 2, D-81545 Munich and marked "freight prepaid". Forwarder's house air waybill acceptable.
- Insurance policy or certificate, covering all risks for 110% of the CIF invoice amount.

Covering the delivery of:

100 ABX measuring instruments at a unit price of USD 1,000.00 CIF from Atlanta, Georgia, to CIF Munich Airport, latest 27 March 1997.

- Partial deliveries are allowed; transhipment is prohibited.
- All commissions and charges outside Germany are for beneficiary's account.

Instructions to the advising bank:

Your payment must be advised to us by telex.
We shall cover you according to your instructions.

Besondere Bedingungen/Conditions spéciales/Special conditions

This credit is transferable and is to be confirmed by you.

Wir verpflichten uns hiermit, dass Zahlung geleistet wird gegen Einreichung von Dokumenten in Übereinstimmung mit den Bedingungen dieses Akkreditivs. Nous garantissons que le paiement sera dûment effectué contre les documents présentés en conformité avec les termes de ce crédit. We hereby engage that payment will be duly made against documents presented in conformity with the terms of this credit.	**Creditbank München**

Für dieses Akkreditiv gelten die von der Internationalen Handelskammer festgelegten »Einheitlichen Richtlinien und Gebräuche für Dokumenten-Akkreditive«. IHK Publikationen 500, Rev. 1993.
Cette ouverture de crédit est réglée par les «Règles et usances uniformes relatives aux crédits documentaires» publiées par la Chambre de Commerce Internationale. CCI publication 500. Rev. 1993.
This credit is subject to the «Uniform Customs and Practice for Documentary Credits» published by the International Chamber of Commerce. ICC publication 500. Rev. 1993.

Abbildung 1.5-10 **Quelle:** Credit Suisse First Boston 1998 ff.: S. 38

1.5.3.2 Akkreditivavisierung/-eröffnung und eventuelle Akkreditivbestätigung durch die eingeschaltete Zweitbank (die sog. andere Bank)

1.5.3.2.1 Prüfungen der Zweitbank (der avisierenden "anderen" Bank)

Telekommunikation/Voravis

- Die von der Akkreditivbank beauftragte Zweitbank hat zunächst zu prüfen, ob es sich bei der ihr zugegangenen Mitteilung lediglich um eine (unverbindliche) **Voranzeige** (Voravis) handelt, z.B. gekennzeichnet durch den Vermerk "Vollständige Einzelheiten folgen".
- Die **ERA** führen dazu in **Art. 11** aus (mit Hervorhebungen und ergänzenden Anmerkungen durch den Verf.):
  - *a. Wenn eine eröffnende Bank eine avisierende Bank durch eine authentisierte Telekommunikation beauftragt, ein Akkreditiv oder eine Akkreditiv-Änderung zu avisieren, gilt die Telekommunikation als das Instrument für die Inanspruchnahme des Akkreditivs oder als die maßgebliche Änderungsmitteilung; eine briefliche Bestätigung sollte dann nicht erfolgen. Sollte eine briefliche Bestätigung dennoch erfolgen, ist sie ohne Wirkung, und die avisierende Bank ist nicht verpflichtet, diese briefliche Bestätigung mit dem durch Telekommunikation erhaltenen Instrument für die Inanspruchnahme des Akkreditivs oder der durch Telekommunikation erhaltenen maßgeblichen Änderungsmitteilung zu vergleichen. Wenn die Telekommunikation den Hinweis "vollständige Einzelheiten folgen" ("full details to follow" oder Worte ähnlicher Bedeutung) enthält oder angibt, daß die briefliche Bestätigung das Instrument für die Inanspruchnahme des Akkreditivs oder die maßgebliche Änderungsmitteilung sein soll, dann wird die Telekommunikation nicht als das Instrument für die Inanspruchnahme des Akkreditivs oder als die maßgebliche Änderungsmitteilung angesehen. Die eröffnende Bank muß das Instrument für die Inanspruchnahme des Akkreditivs oder die maßgebliche Änderungsmitteilung der avisierenden Bank unverzüglich übersenden.*
  - *b. Bedient sich eine Bank zur Avisierung eines Akkreditivs an den Begünstigten der Dienste einer avisierenden Bank, so muß sie sich auch der Dienste dieser Bank für die Avisierung von Änderungen bedienen.*
  - *c. Eine Voranzeige (Voravis)/preliminary advice (pre-advice) über die Eröffnung oder Änderung eines unwiderruflichen Akkreditivs soll von einer eröffnenden Bank nur erteilt werden, wenn diese Bank bereit ist, das Instrument für die Inanspruchnahme des Akkreditivs oder die maßgebliche Änderungsmitteilung auszustellen. Sofern die eröffnende Bank in dieser Voranzeige nichts anderes angibt, ist eine eröffnende Bank, die ein solches Voravis erteilt hat, unwiderruflich verpflichtet, das Akkreditiv unverzüglich zu eröffnen oder zu ändern, und zwar zu Bedingungen, die nicht im Widerspruch zum Voravis stehen.*
- Kommt die von der Akkreditivbank in die Akkreditivabwicklung eingeschaltete Zweitbank dagegen zu dem Ergebnis, daß der ihr zugegangene Auftrag vollständig ist und das **Instrument für die Inanspruchnahme des Akkreditivs** darstellt, dann kann die beauftragte Zweitbank dem Begünstigten grundsätzlich das Akkreditiv avisieren/eröffnen.

Echtheit

- Vor dem Vollzug der Avisierung/Eröffnung des Akkreditivs prüft die eingeschaltete

Zweitbank zunächst die **augenscheinliche Echtheit** des zu avisierenden Akkreditivs mit angemessener Sorgfalt (vgl. Art. 7 a. ERA).

- In den **ERA** ist in Art. 7 b. auch der Fall, daß die beauftragte (avisierende) Bank die augenscheinliche **Echtheit** des zu avisierenden Akkreditivs nicht feststellen kann, ausdrücklich geregelt. Danach muß die beauftragte Bank die eröffnende Bank von diesem Sachverhalt unverzüglich informieren und - sofern sie das Akkreditiv trotzdem gegenüber dem Begünstigten avisiert - diesem mitteilen, daß sie nicht in der Lage war, die augenscheinliche Echtheit des Akkreditivs festzustellen.

Regeln bei unvollständigen oder unklaren Weisungen

Zum Fall, daß eine (andere) Bank **unvollständige oder unklare Weisungen** zur Avisierung, Bestätigung oder Änderung eines Akkreditivs erhält, ist in den ERA folgendes geregelt:

- *"Eine Bank, die unvollständige oder unklare Weisungen zur Avisierung, Bestätigung oder Änderung eines Akkreditivs erhält, ist berechtigt, dem Begünstigten hiervon nur zu seiner vorläufigen Unterrichtung unverbindlich Kenntnis zu geben. Diese vorläufige Unterrichtung sollte eindeutig besagen, daß die Unterrichtung nur informationshalber und ohne Verbindlichkeit für die avisierende Bank erfolgt.*
- *In jedem Fall muß die avisierende Bank die eröffnende Bank über unternommene Schritte unterrichten und sie ersuchen, erforderliche Informationen zu übermitteln. Die eröffnende Bank muß die erforderlichen Informationen unverzüglich nachliefern.*
- *Das Akkreditiv wird erst nach Erhalt vollständiger und klarer Weisungen avisiert, bestätigt oder geändert, falls die avisierende Bank dann bereit ist, weisungsgemäß zu handeln"* (Art. 12 ERA, Hervorhebungen dch. d. Verf.).

Bestätigung

Ist die Zweitbank von der Akkreditivbank beauftragt bzw. ermächtigt, dem Akkreditiv die **Bestätigung** hinzuzufügen, dann prüft die Zweitbank vor der Übernahme der Bestätigung überdies die **Kreditwürdigkeit der Akkreditivbank** bzw. deren Deckungsanschaffung.

Zeitpunkt der Akkreditiveröffnung

Die ERA regeln nicht, zu welchem Zeitpunkt ein Akkreditiv als eröffnet gilt. Diese Frage ist vielmehr anhand des jeweiligen nationalen Rechts zu lösen.

- Ist **deutsches Recht** anzuwenden, dann gilt ein Akkreditiv in dem Zeitpunkt als eröffnet, in dem dem Begünstigten die **Mitteilung** (das Avis) **zugegangen** ist. Einer formellen Annahmeerklärung seitens des Begünstigten bedarf es nach herrschender Meinung nicht (vgl. Eisemann/Eberth 1979: S. 125f. und Eisemann/Schütze 1989: S. 131). Im Sprachgebrauch der Praxis wird deswegen zwischen der Avisierung eines Akkreditivs (also der Mitteilung der Bank an den Begünstigten) und der Eröffnung eines Akkreditivs (die die stillschweigende Annahme durch den Begünstigten voraussetzt) nicht unterschieden, sondern Akkreditivavisierung mit Akkreditiveröffnung gleichgesetzt.
- **Ausländische Rechtsordnungen** führen hinsichtlich des Zeitpunkts der Eröffnung eines Akkreditivs überwiegend zum gleichen Ergebnis wie die deutsche Rechtsordnung (vgl. Eisemann/Eberth 1979: S. 126). Es gibt jedoch auch Rechtsordnungen im Ausland, die die Auffassung nahelegen, daß ein Akkreditiv bereits im Zeitpunkt der Absendung der Mitteilung durch die Bank, also ohne Empfangsbedürftigkeit seitens des Akkreditivbegünstigten, als eröffnet anzusehen ist (vgl. ebenda S. 126).

Durchführung der Akkreditivavisierung/-eröffnung

Die mit der Avisierung/Eröffnung des Akkreditivs beauftragte Zweitbank hat mehrere **Möglichkeiten**, die Avisierung/Eröffnung gegenüber dem Begünstigten **abwicklungstechnisch** durchzuführen:

- **Übertragung** sämtlicher Daten und Bedingungen des von der Akkreditivbank zugegangenen Auftrags zur Avisierung/Eröffnung des Akkreditivs auf einen **eigenen Vordruck der Zweitbank**, der sodann dem Akkreditivbegünstigten zugestellt wird.

  Diese Übertragung ist zeitaufwendig und beinhaltet das Risiko von Übertragungsfehlern. Sie wird nur noch selten praktiziert.

- **Zusendung einer Kopie bzw. eines (modifizierten) EDV-Ausdrucks des Akkreditiveröffnungsschreibens/Akkreditivs der Akkreditivbank** zusammen **mit einem Begleitschreiben (Avisierungsvordruck, Akkreditiveröffnungsanzeige) der Zweitbank** an den Akkreditivbegünstigten .

  Dieses Begleitschreiben (der Avisierungsvordruck) der Zweitbank enthält lediglich einige maßgebliche Merkmale des Akkreditivs und verweist im übrigen auf die detaillierten Bedingungen der als Anlage beigelegten Kopie bzw. des beigelegten (modifizierten) EDV-Ausdrucks des Akkreditiveröffnungsschreibens (der Eröffnungsanzeige) der Akkreditivbank.

  Hinweis: Die Akkreditiveröffnungsanzeigen, die unten abgebildet sind, beruhen auf dem soeben beschriebenen Verfahren.

- **Zusendung des Originalakkreditivs** (des Akkreditiveröffnungsschreibens, der Akkreditiveröffnungsanzeige, des Commercial Letter of Credit) **der Akkreditivbank** an den Akkreditivbegünstigten zusammen mit einem Begleitschreiben (Avisierungsvordruck) der Zweitbank. Dieses Begleitschreiben (der Avisierungsvordruck) enthält wiederum nur die maßgeblichen Merkmale des Akkreditivs und verweist im übrigen auf die Bedingungen des beigelegten Originals. Im allgemeinen findet sich in diesem Fall im Begleitschreiben (im Avisierungsvordruck) der Zweitbank der ergänzende Hinweis, daß der Begünstigte das Originalakkreditiv zusammen mit den Dokumenten bei Benutzung einzureichen hat. Die Zustellung des Originalakkreditivs (des Akkreditiveröffnungsschreibens der Akkreditivbank) an den Begünstigten erfolgt in der Praxis allerdings nur noch ausnahmsweise und nicht einmal regelmäßig bei Commercial Letters of Credit.

Bestätigung des Akkreditivs

In das Begleitschreiben (Akkreditiveröffnungsanzeige, Avisierungsvordruck) der Zweitbank ist -falls zutreffend- auch die Bestätigung des Akkreditivs durch die Zweitbank aufgenommen, z.B. mit der Formulierung: "Dieses Akkreditiv ist **unsererseits bestätigt**".

1.5.3.2.2 Fallbeispiel: Akkreditiveröffnungsanzeige/Avisierung mit Bestätigung einer schweizerischen Bank

- Die **Abbildung 1.5-11** zeigt die **Akkreditiveröffnungsanzeige/Avisierung** einer schweizerischen Bank, die dieser **Akkreditivavisierung** zugleich ihre **Bestätigung** hinzugefügt hat.
- **Hinweis**: Diese Akkreditivavisierung/-eröffnung an den Begünstigten beruht auf dem in Abschnitt 1.5.3.1.4 abgebildeten **Akkreditiveröffnungsschreiben/Akkreditiv** der **japanischen** Bank (Abbildung 1.5-09).

UBS

Union de Banques Suisses
Schweizerische Bankgesellschaft
Unione di Banche Svizzere
Union Bank of Switzerland

Dok.-Akkreditiv Nr.: 9303222/8888

Bahnhofstrasse 45
Postfach
CH-8021 Zürich

Unsere Referenz: 0230-EA000000X0X

Tel.:	(01) 234 11 11
Fax:	(01) 235 54 59
Telex:	813 811 ubs ch
E-Mail:	dczurich@ubs.ch
SWIFT:	UBSWCHZH80A

Eingeschrieben 000100
GENERATOR AG
POSTFACH 642

8045 ZURICH

Dok. Abt.:	FHA1-Hans Muster
Direktwahl:	(01) 235 00 00

Datum:	19 März 19..

Betrag:	CHF 378'000.00 Maximum
Form:	Unwiderruflich
Datum und Ort der Gültigkeit:	21 Juni 19..., Zürich
Benutzbar bei:	SCHWEIZERISCHE BANKGESELLSCHAFT POSTFACH 8021 ZÜRICH
Benutzbar durch:	Zahlung

SPECIMEN

Auftraggeber
ELECTRICITY SUPPLY LTD.
OSAKA / JAPAN

Eröffnende Bank
INDUSTRIAL BANK OF ASIA
P.O. BOX 100
TOKYO / JAPAN

Avisierung eines Dokumentar-Akkreditivs

Dieses Akkreditiv ist von obgenannter Bank zu Ihren Gunsten eröffnet worden; siehe unser Voravis vom 19.03...

Als Beilage erhalten Sie eine Kopie der Eröffnungsanzeige mit allen Bedingungen des Akkreditivs.

Gemäss den Instruktionen der eröffnenden Bank fügen wir diesem Akkreditiv unsere Bestätigung zu den im Artikel 9 der ERA 500 stipulierten Bedingungen bei.

Alle Kommissionen und Spesen gehen zu Lasten des Auftraggebers.

Bitte prüfen Sie die Akkreditiv-Bedingungen sorgfältig. Sollten einzelne Punkte nicht den Abmachungen entsprechen oder nicht erfüllt werden können, wollen Sie bitte von Ihrem Vertragspartner (Akkreditiv-Auftraggeber) eine entsprechende Aenderung verlangen.

Falls nicht ausdrücklich anderweitig vermerkt, gelten für dieses Akkreditiv die "Einheitlichen Richtlinien und Gebräuche für Dokumenten-Akkreditive, Revision 1993, Publikation Nr. 500 der Internationalen Handelskammer, Paris".

Mit freundlichen Grüssen
Schweizerische Bankgesellschaft

Gültig ohne Unterschrift

Abbildung 1.5-11 **Quelle:** UBS Schweizerische Bankgesellschaft 1997: S. 27

1.5.3.2.3 Fallbeispiel: Akkreditiveröffnungsanzeige/Avisierung mit Bestätigung einer deutschen Bank

- Die **Abbildung 1.5-12** zeigt die **Akkreditiveröffnungsanzeige/Avisierung** einer deutschen Bank, die ihrer **Akkreditivavisierung** auch ihre **Bestätigung** hinzugefügt hat.

COMMERZBANK

AFK / AUSLAND
Filiale Stuttgart

Koenigstr. 34
D-70173 Stuttgart
S.W.I.F.T. : COBADEFF600
9609

Export GmbH
Koenigstr. 34

70173 Stuttgart

Sachbearbeiter:
Frau Alten
Telefon: 0711/2002-341

Datum: 05. August 20..

Avisierung eines unwiderruflichen Akkreditives

Muster
======

Akkreditiv Nummer:	279/88/IST
Unsere Ref.	: STKEA436565150
Eröffnende Bank	: TUERKIYE VAKIFLAR BANKASI T.A.O. HEAD OFFICE FOREIGN EX.DEP. P.O.Box 48, KAVAKLIDERE ANKARA 06692 TURKEY
Auftraggeber	: Turkiye Sanayi ve Ticaret A.S. 515 Sokak No: 26 Istanbul/Turkey
Gültig bis / in	: 20. August 20.. in Stuttgart
Akkreditivbetrag	: EUR 123.000,00

Sehr geehrte Damen und Herren,

die vorgenannte Bank hat das oben bezeichnete Akkreditiv zu Ihren Gunsten eröffnet. Die Bedingungen bitten wir im einzelnen der Anlage zu entnehmen.

Auftragsgemäß bestätigen wir hiermit das vorgenannte Akkreditiv.

Das Akkreditiv sieht Zahlung 4 Bankarbeitstage nach SWIFT an die eröffnende Bank vor.
Unter der ausdrücklichen Bedingung, daß die Zahlung erst an dem im Akkreditiv genannten Termin fällig wird, geben wir unsere Bestätigung ab.

Bitte prüfen Sie die Bedingungen des Akkreditivs schon jetzt sorgfältig und seien Sie um die genaueste Beachtung dieser Bestimmungen bemüht, da selbst unbedeutende Abweichungen die Aufnahme der Dokumente in Frage stellen können. Falls Sie mit den Akkreditivbedingungen nicht einverstanden sind oder glauben, sie nicht erfüllen zu können, bitten wir Sie, rechtzeitig eine Änderung durch Ihren Kontrahenten zu veranlassen.

Dieses Akkreditiv unterliegt den 'Einheitlichen Richtlinien und Gebräuchen für Dokumenten-Akkreditive (Revision 1993, Publikation Nr. 500)' der Internationalen Handelskammer.

Der Einreichung Ihrer Dokumente sehen wir gerne entgegen.

Mit freundlichen Grüßen

COMMERZBANK
Aktiengesellschaft
Filiale Stuttgart Edelmann

Dieses Schreiben bedarf bis DEM 200.000,00 oder Gegenwert nur einer Unterschrift.

Abbildung 1.5-12

1.5.3.2.4 Fallbeispiel: Akkreditiveröffnungsanzeige/Avisierung ohne Bestätigung einer deutschen Bank

- An und für sich bedürfen Akkreditive, die unbestätigt sind, keines ausdrücklichen Hinweises, daß das Akkreditiv unbestätigt ist. In den Begleitschreiben (Avisierungsvordrucken) einiger Banken finden sich zur Klarstellung gleichwohl Hinweise wie beispielsweise dieser: "Durch Übermittlung dieser Akkreditiveröffnung erwächst unserer Bank **keinerlei Verbindlichkeit**" oder "Dieses Akkreditiv ist unsererseits nicht bestätigt, deshalb ohne Verbindlichkeit für uns".
- Die **Abbildung 1.5-13** zeigt die Akkreditiveröffnungsanzeige einer deutschen Bank, die ausdrücklich darauf hinweist, daß das Akkreditiv ohne Bestätigung avisiert wird.
- **Anmerkung**: Obwohl die Kopie des Akkreditiveröffnungsschreibens bzw. das Originalakkreditiv für den Akkreditivbegünstigten erkennen läßt, von wem die **Bankprovisionen** mit welchen Anteilen zu tragen sind, ist in den Begleitschreiben (Avisierungsvordrucken) der Zweitbanken manchmal diese **Verteilung** erneut aufgenommen.

COMMERZBANK

AFK / AUSLAND
Filiale Stuttgart

Koenigstr. 34
D-70173 Stuttgart
S.W.I.F.T. : COBADEFF600
5009

Export GmbH
Koenigstr. 34

70173 Stuttgart

Sachbearbeiter:
Frau Alten
Telefon: 0711/2002-341

Datum: 05. August 20..

Avisierung eines unwiderruflichen Akkreditives

Muster
======

Akkreditiv Nummer:	1007021474
Unsere Ref.	: STKEA436573250
Eröffnende Bank	: UNITED OVERSEAS BANK LTD. P.O.Box 628 SINGAPORE
Auftraggeber	: Singapore Trading Company 6, Shenton Way Singapore 0106
Gültig bis / in	: 20. Oktober 20.. in Stuttgart
Akkreditivbetrag	: EUR 75.836,70

Sehr geehrte Damen und Herren,

die vorgenannte Bank hat das oben bezeichnete Akkreditiv zu Ihren Gunsten eröffnet. Die Bedingungen bitten wir im einzelnen der Anlage zu entnehmen.

Wir sind nicht beauftragt, dieses Akkreditiv unsererseits zu bestätigen. Die Avisierung erfolgt daher ohne Verbindlichkeit für uns.

Die Dokumente müssen innerhalb von 10 Tagen nach dem Versanddatum vorgelegt werden.

Das Akkreditiv sieht vor, daß alle unsere Provisionen und Spesen zu Lasten des Begünstigten gehen, d.h., daß die in diesem Zusammenhang bei uns anfallenden Provisionen und Spesen von Ihnen zu tragen sind.

Bitte prüfen Sie die Bedingungen des Akkreditivs schon jetzt sorgfältig und seien Sie um die genaueste Beachtung dieser Bestimmungen bemüht, da selbst unbedeutende Abweichungen die Aufnahme der Dokumente in Frage stellen können. Falls Sie mit den Akkreditivbedingungen nicht einverstanden sind oder glauben, sie nicht erfüllen zu können, bitten wir Sie, rechtzeitig eine Änderung durch Ihren Kontrahenten zu veranlassen.

Dieses Akkreditiv unterliegt den 'Einheitlichen Richtlinien und Gebräuchen für Dokumenten-Akkreditive (Revision 1993, Publikation Nr. 500)' der Internationalen Handelskammer.

Der Einreichung Ihrer Dokumente sehen wir gerne entgegen.

Mit freundlichen Grüßen

COMMERZBANK
Aktiengesellschaft
Filiale Stuttgart

Dieses Schreiben bedarf nur einer Unterschrift.

Abbildung 1.5-13

1.5.3.2.5 Rechtsbeziehungen

Die zwischen dem **Akkreditivbegünstigten** und den beteiligten **Banken** wichtigsten Rechtsverhältnisse stellen sich wie folgt dar:

- **Zur akkreditiveröffnenden Bank (Akkreditivbank):**

  Die Rechtsbeziehung zwischen der akkreditiveröffnenden Bank (Akkreditivbank) und dem Begünstigten umfaßt ein abstraktes **Schuldversprechen der akkreditiveröffnenden Bank** gegenüber dem Begünstigten, das an die Bedingung geknüpft ist, daß der Begünstigte die Akkreditivbedingungen erfüllt. Dieses Schuldversprechen der akkreditiveröffnenden Bank ist rechtlich vom Kaufvertrag ebenso losgelöst wie vom Vertragsverhältnis zwischen dem Akkreditivauftraggeber (Importeur) und der akkreditiveröffnenden Bank.

- **Zur Zweitbank als Avisstelle bzw. Benutzungs-/Zahlstelle:**

  Zwischen dem Akkreditivbegünstigten und der als Avisstelle und/oder als Benutzungs-/ Zahlstelle eingesetzten Zweitbank entstehen bei unbestätigten Akkreditiven keine vertraglichen Beziehungen im engeren Sinne.

  Die das Akkreditiv **avisierende Zweitbank** ist primär nur Mitteilungsstelle (Durchleitungsstelle). Sie übernimmt gegenüber dem Akkreditivbegünstigten **keine akkreditivmäßige Haftung** (vgl. Art. 7 ERA). Die avisierende Bank hat lediglich mit angemessener Sorgfalt die augenscheinliche Echtheit des zu avisierenden Akkreditivs zu überprüfen (Einzelheiten siehe Art. 7 ERA, der oben wiedergegeben ist).

  Ist die **Zweitbank** von der Akkreditivbank als **Benutzungs-/Zahlstelle** eingesetzt, begründet dies gleichwohl **keine akkreditivmäßige Haftung** gegenüber dem Begünstigten (vgl. Art. 10 c. ERA), d.h. der Akkreditivbegünstigte hat auch in diesem Fall **keinen Anspruch** an die Zweitbank auf Zahlung, Übernahme einer Verpflichtung zur hinausgeschobenen Zahlung, Akzeptierung von Tratten oder Negoziierung.

- **Zur Zweitbank als Bestätigungsbank:**

  Die Rechtsbeziehung zwischen der bestätigenden Bank und dem Akkreditivbegünstigten umfaßt ein abstraktes **Schuldversprechen der Bestätigungsbank** gegenüber dem Akkreditivbegünstigten. Die bestätigende Bank verpflichtet sich **zusätzlich** zum Schuldversprechen der akkreditiveröffnenden Bank zur Zahlung des Akkreditivbetrags - bzw. je nach Akkreditivart -, zur Übernahme einer Verpflichtung zur hinausgeschobenen Zahlung, zur Akzeptierung von Tratten oder zur Negoziierung, sofern der Begünstigte die Akkreditivbedingungen erfüllt (vgl. Art. 9 b. ERA).

  Ist die Zweitbank z.B. wegen mangelnder Bonität der Akkreditivbank oder wegen politischer Risiken **nicht bereit,** dem Akkreditiv ihre **Bestätigung** hinzuzufügen, dann kann sie -mangels anderer Weisung der akkreditiveröffnenden Bank- das Akkreditiv **dem Begünstigten unbestätigt avisieren** (vgl. Art. 9 c. ERA).

  Die Zweitbank muß die akkreditiveröffnende Bank unverzüglich davon **unterrichten,** daß sie zur Bestätigung nicht bereit ist. Gegenüber dem Importeur kann der akkreditivbegünstigte Exporteur dieses unbestätigte Akkreditiv als nicht kaufvertragskonform zurückweisen.

- **Hinweis**: Eine weiterführende Erörterung erfahren die Merkmale, die Dokumente und die Abwicklungsmöglichkeiten von Akkreditiven im Rahmen des Kommentars zu den ERA. Siehe dazu Kapitel **"3.1 Dokumentenakkreditive: Kommentar und Einheitliche Richtlinien ...".**

Im übrigen hat der Akkreditivbegünstigte stets zu bedenken, daß er sich **in keinem Fall auf die vertraglichen Beziehungen berufen** kann, die zwischen den Banken oder zwischen dem Akkreditivauftraggeber und der eröffnenden Bank bestehen (vgl. Art. 3 b. ERA).

1.5.4 Prüfung des avisierten/eröffneten Akkreditivs durch den Akkreditivbegünstigten (Exporteur) - mit Prüfliste

1.5.4.1 Grundsätzliche Aspekte

Erfüllbarkeit der Akkreditivbedingungen

Will der Exporteur nicht Gefahr laufen, daß er die Sicherheit, die ihm das Akkreditiv bietet, verliert, dann hat er die **Akkreditivbedingungen** genauestens zu erfüllen, insbesondere die **Dokumente** in der **Form** und mit dem **Inhalt** beizubringen, wie sie im Akkreditiv gefordert sind. Die Banken entscheiden über die Auszahlung aus dem Akkreditiv ausschließlich auf Grundlage der vorgelegten Dokumente und den darin enthaltenen Angaben. Sie müssen deswegen höchste Anforderungen an die Übereinstimmung der Dokumente mit den Akkreditivbedingungen stellen.

Akkreditiv nicht kaufvertragskonform

Wird ein Akkreditiv zugunsten des Exporteurs mit Bedingungen eröffnet, die nicht den im Kaufvertrag getroffenen Vereinbarungen entsprechen, dann hat der Exporteur grundsätzlich drei Möglichkeiten:

- **Zurückweisung des Akkreditivs** und Rücktritt vom Kaufvertrag; eventuell unter Geltendmachung von Schadensersatz.

  Inwieweit der akkreditivbegünstigte Exporteur berechtigt ist, diese Alternative zu ergreifen, hängt u.a. vom Grad der Abweichung des Akkreditivs von den Vereinbarungen im Kaufvertrag ab, von der objektiven oder der subjektiven Unmöglichkeit des Importeurs, das Akkreditiv kaufvertragskonform eröffnen zu lassen, von der anzuwendenden Rechtsordnung sowie von anderen Aspekten.

  Siehe dazu auch Abschnitt "1.1.2 Rechtliche Aspekte, insbesondere Rechtsstellung des Akkreditivbegünstigten in ausgewählten Störfällen".
- Verlangen an den Importeur, das eröffnete **Akkreditiv** entsprechend den Vereinbarungen im Kaufvertrag unverzüglich (unter Fristsetzung) durch die Akkreditivbank **abändern zu lassen**. Erfolgt diese Änderung nicht (rechtzeitig), dann kann vom Exporteur die erstgenannte Alternative ergriffen werden.
- **Annahme des Akkreditivs** trotz (kleinerer) Abweichungen der Akkreditivbedingungen von den Vereinbarungen des Kaufvertrags.

Akkreditivänderung auf Wunsch des Exporteurs

Erkennt der Exporteur, daß er die Bedingungen eines in Übereinstimmung zum Kaufvertrag eröffneten Akkreditivs nicht erfüllen kann, sollte er den **Importeur veranlassen**, das Akkreditiv durch die Akkreditivbank entsprechend seinen Wünschen ändern zu lassen. Mit diesem Wunsch wird der Exporteur beim Importeur jedoch nur durchdringen, wenn dieser unverändert ein Interesse an der Erfüllung des Kaufvertrags hat bzw. seine Sicherheit durch die Akkreditivänderung nicht in Frage gestellt sieht. Ebenso ist der Exporteur darauf angewiesen, daß nicht nur der Importeur seinen Wünschen zur Änderung des Akkreditivs entspricht, sondern auch die akkreditiveröffnende Bank und eine eventuelle Bestätigungsbank.

Nichtbenutzung des Akkreditivs

Es bleibt dem **Exporteur** grundsätzlich unbenommen, ein zu seinen Gunsten (kaufvertragskonform) eröffnetes **Akkreditiv unbenutzt verfallen** zu lassen. Der Exporteur hat dann allerdings die Rechtsfolgen zu bedenken, die sich für ihn aus der damit regelmäßig verbundenen Nichterfüllung des Kaufvertrags ergeben.

1.5.4.2 Prüfliste des Exporteurs für avisierte/eröffnete Akkreditive

Prof. Dr. Siegfried G. Häberle

Prüfliste des Exporteurs für avisierte/eröffnete Akkreditive

Vorbemerkungen:

- Die **Anmerkungen** zu den in dieser Prüfliste enthaltenen Merkmalen sind – dem Zweck einer Prüfliste entsprechend – überwiegend **kurz gefaßt.**
- Umfassend sind die folgenden Merkmale in den ihnen ausdrücklich gewidmeten **Abschnitten bzw. Kapiteln** dieses **Handbuchs** dargestellt und beurteilt (siehe dazu Inhaltsverzeichnis bzw. Stichwortverzeichnis).
- Die meisten der in der nachstehenden Prüfliste enthaltenen Merkmale sind überdies in Abschnitt "**Merkmale der Akkreditivvereinbarung im Kaufvertrag sowie Merkmale des Akkreditiveröffnungsauftrags des Importeurs**" kommentiert.
- Diese Prüfliste beruht auf der im Zeitpunkt der Drucklegung gültigen **Fassung der ERA** (Revision 1993, ICC-Publ. Nr. 500, anwendbar ab 1.1.1994).
- Im Einzelfall können sowohl die Merkmale als auch die in den Anmerkungen enthaltenen Informationen von den individuellen Bedingungen eines Akkreditivs abweichen. Insoweit ist diese Prüfliste nur auf die am meisten vorkommenden Fälle abgestellt; **abweichende Akkreditivbedingungen** sind ebenso zu beachten wie die **Detailbestimmungen der ERA.** Außerdem bestehen zum Teil Interpretations- und Ermessensspielräume, die sich überdies im Lauf der Zeit verändern können, so daß es im Zweifel notwendig ist, den Rat einer auslandserfahrenen Bank einzuholen.

Prüfkriterien:	Anmerkungen:
Akkreditive per Telekommunikation	• Wenn eine eröffnende Bank eine avisierende Bank durch eine authentisierte Telekommunikation (SWIFT, geschlüsseltes Telex o.ä.) beauftragt, ein Akkreditiv zu avisieren, dann gilt diese **Telekommunikation** als das **Instrument für die Inanspruchnahme des Akkreditivs.** Eventuell brieflich eingehende Bestätigungen solcher Akkreditive sind wirkungslos; im übrigen sollten diese unterlassen werden (vgl. Art. 11 a. I. ERA). • Wenn die Telekommunikation - den Hinweis "**vollständige Einzelheiten folgen**" ("full details to follow") oder Worte ähnlicher Bedeutung enthält - oder angibt, daß die **briefliche Bestätigung** das Instrument für die Inanspruchnahme des Akkreditivs sein soll,

dann wird die **Telekommunikation nicht** als das **Instrument für die Inanspruchnahme des Akkreditivs** angesehen.
Die eröffnende Bank muß in diesen Fällen das Instrument für die Inanspruchnahme des Akkreditivs der avisierenden Bank unverzüglich übersenden (vgl. Art. 11 a. II. ERA).

- Die vorstehenden Richtlinien finden bei **Änderungen von Akkreditiven** eine analoge Anwendung.

Voranzeige (Voravis), preliminary advice (pre-advice)

- Es ist auf Grundlage des zugegangenen Textes zunächst zu klären, ob
  - eine **verbindliche Akkreditiveröffnung** (Instrument für die Inanspruchnahme des Akkreditivs)
    oder
  - eine **verbindliche Voranzeige (Voravis, preliminary advice, pre-advice)**
    oder
  - eine **unverbindliche Voranzeige** (durch ausdrückliche Angabe der Unverbindlichkeit in der Voranzeige seitens der eröffnenden Bank)

  vorliegt.

- Sofern die eröffnende Bank in einer **Voranzeige nichts anderes angibt**, ist die eröffnende Bank, die ein solches Voravis über die Eröffnung eines unwiderruflichen Akkreditivs erteilt hat, **unwiderruflich verpflichtet**, das **Akkreditiv unverzüglich zu eröffnen**, und zwar zu Bedingungen, die nicht im Widerspruch zum Voravis stehen (vgl. Art. 11 c. ERA). **Mangels anderer Angabe** trägt eine solche Voranzeige (Voravis) somit einen **verbindlichen Charakter**.
  Ob bzw. inwieweit die angesprochene **Unverzüglichkeit** der eröffnenden Bank bis zur Akkreditiveröffnung zeitliche Spielräume beläßt, ist bislang nicht eindeutig zu erheben. In der Praxis findet sich die Auffassung, daß "unverzüglich" in jedem Fall kürzer als die 7-Tage-Frist gemäß Art. 13 und 14 ERA ist, die lediglich als "angemessene" Frist gilt.

- Im übrigen **soll** eine **Voranzeige** (Voravis) über die Eröffnung eines unwiderruflichen Akkreditivs von einer eröffnenden Bank nur erteilt werden, wenn diese Bank **bereit** ist, das **Instrument für die Inanspruchnahme des Akkreditivs auszustellen** (vgl. Art. 11 c. ERA). Damit soll offenkundig die Erteilung unverbindlicher Voranzeigen (Voravise) eingeschränkt werden.

- Die vorstehenden Richtlinien der ERA finden bei **Akkreditivänderungen** eine analoge Anwendung (vgl. Art. 11 ERA).

Unvollständige oder unklare Weisungen/Vorläufige, unverbindliche Information des Begünstigten

- Eine Bank, die **unvollständige oder unklare Weisungen** zur Avisierung, Bestätigung oder Änderung eines Akkreditivs erhält, ist berechtigt, dem Begünstigten hiervon nur zu seiner **vorläufigen Unterrichtung** unverbindlich Kenntnis zu geben.
  Diese vorläufige Unterrichtung sollte eindeutig besagen, daß die Unterrichtung nur informationshalber und **ohne Verbindlichkeit** für die avisierende Bank erfolgt (vgl. Art. 12 ERA).

- **Betrifft die Banken**: In jedem Fall muß die avisierende Bank die eröffnende Bank über unternommene Schritte unterrichten und sie ersuchen, erforderliche Informationen zu übermitteln (vgl. Art. 12 ERA).

- Die eröffnende Bank muß die erforderlichen **Informationen** unverzüglich **nachliefern**.
  Das Akkreditiv wird **erst nach Erhalt** vollständiger und **klarer Weisungen avisiert, bestätigt oder geändert**, falls die avisierende Bank dann bereit ist, weisungsgemäß zu handeln (vgl. Art. 12 ERA).

Generell: Übereinstimmung mit den Vereinbarungen im Kaufvertrag/Fristgerechte Eröffnung des Akkreditivs

- Maßgebliche Grundlage der Prüfung des Exporteurs sind alle im **Kaufvertrag** getroffenen Vereinbarungen. Dies gilt auch für die Frage, ob das Akkreditiv vom Importeur **fristgerecht** zu Gunsten des Exporteurs gestellt worden ist.

- Zur Möglichkeit und zu den Konsequenzen der **Nichteröffnung** des vereinbarten Akkreditivs siehe Abschnitt "Rechtliche Aspekte, insbesondere Rechtsstellung des Akkreditivbegünstigten in ausgewählten Ereignissen (Störfällen)".

Einheitliche Richtlinien und Gebräuche für Dokumenten-Akkreditive (ERA)

- Die Geltung der ERA für das eröffnete Akkreditiv erhöht die **Sicherheit des Exporteurs** und der Zweitbank, insbesondere bei der Abwicklung des Akkreditivs.

Namen und Adressen der Beteiligten

- Die genaue und zutreffende Angabe von Name und Adresse des Akkreditivauftraggebers und des Akkreditivbegünstigten ist wichtig, weil die zur Benutzung des Akkreditivs einzureichenden **Dokumente** diesen Angaben **entsprechen** müssen.

Akkreditivbank

- Entspricht die **Bonität** der Akkreditivbank (der evtl. im Kaufvertrag getroffenen Vereinbarung) einer "international prime bank", "first class bank"?
- Erscheint es notwendig, wegen der (minderen) Bonität der Akkreditivbank und/oder wegen politischer Risiken des Sitzlandes (Domizillandes) der Akkreditivbank (im allgemeinen das Importland) vom Importeur eine **nachträgliche Bestätigung** durch eine solvente Zweitbank zu verlangen bzw. die eigene Bank um eine **Ankaufszusage** zu ersuchen?

Bestätigungsbank

- Erfüllt – sofern das Akkreditiv bestätigt ist – die Bestätigungsbank die Kriterien einer "**international prime bank**", "first class (german) bank"?
  Dieses Merkmal ist insbesondere von Belang, wenn ausnahmsweise die deutsche Niederlassung/Tochtergesellschaft der ausländischen Akkreditivbank als Bestätigungsbank eingesetzt ist oder wenn die Bestätigungsbank ihren Sitz im Ausland (in einem Drittland) hat.
  Evtl. ist in diesem Fall neben dem Garantendelkredererisiko ein politisches Risiko zu bedenken.
- **Einzelheiten zur Bestätigung** siehe Abschnitte "Unwiderrufliches bestätigtes Dokumentenakkreditiv" und "Unwiderruflichkeit, Übertragbarkeit, Bestätigung".

Unwiderruflichkeit

- Obwohl ein Akkreditiv, in dem die Angabe fehlt, ob es widerruflich oder unwiderruflich ist, gemäß Art. 6 c. ERA als unwiderruflich gilt, sollte der Exporteur prüfen, ob sich der Ausdruck "**unwiderruflich**" ("**irrevocable**") – entsprechend der Vereinbarung im Kaufvertrag – im eröffneten Akkreditiv findet.

Übertragbarkeit

- Das eröffnete Akkreditiv kann vom Exporteur nur übertragen werden, wenn es von der eröffnenden Bank **ausdrücklich als "übertragbar"** ("**transferable**") bezeichnet ist (vgl. Art. 48 b. ERA).
- Ein übertragbares Akkreditiv kann (sofern im Akkreditiv nichts anderes angegeben ist) **nur einmal** und – von einigen Ausnahmen abgesehen – nur zu den Bedingungen des Originalakkreditivs übertragen werden (vgl. Art. 48 g. ERA).
  Eine Rückübertragung an den Erstbegünstigten stellt keine unzulässige Übertragung dar.
- Der Exporteur kann **Teile** eines übertragbaren Akkreditivs **getrennt übertragen**, sofern Teilverladungen/Teilinanspruchnahmen nicht untersagt sind und der Akkreditivbetrag im Ganzen dadurch nicht überschritten wird (vgl. Art 48 g. ERA).
- Einzelheiten zur Akkreditivübertragung siehe Abschnitt "**Übertragbares Akkreditiv**".

Zahlungsmodalitäten (zugleich Art des Akkreditivs):	● Der Exporteur sollte die im eröffneten Akkreditiv ausgewiesenen Zahlungsmodalitäten sofort auf **Übereinstimmung mit dem Kaufvertrag** prüfen:
- Sichtzahlung (Sichtzahlungsakkreditiv, Sichtakkreditiv, Zahlungsakkreditiv)	- Ist das Akkreditiv ausdrücklich zur **Zahlung bei Sicht** (sight payment, payable at sight o.ä.) gestellt?
- Hinausgeschobene Zahlung (Akkreditiv mit hinausgeschobener Zahlung, Deferred-Payment-Akkreditiv)	- Ist im Akkreditiv ausdrücklich **hinausgeschobene Zahlung** (deferred payment) durch Angabe des Zeitraums und des Beginns dieses Zeitraums ausgewiesen (z.B. "payable after... days from...")? - Stimmt die **Länge des Zeitraums** der hinausgeschobenen Zahlung mit der Vereinbarung im Kaufvertrag überein? - Stimmt der **Zeitpunkt für den Beginn** der hinausgeschobenen Zahlung (z. B. Datum der Verladung gemäß Transportdokument) mit der Vereinbarung im Kaufvertrag überein?
- Akzeptleistung (Akzeptakkreditiv, Remboursakkreditiv)	- Ist im eröffneten Akkreditiv ausdrücklich die **Ziehung von Tratten** des Exporteurs sowie die vereinbarte **Akzeptleistung** (acceptance, to accept) ausgewiesen, z. B. durch die Formulierung "... your draft(s) at ... drawn on ..."? - Ist der im Kaufvertrag vereinbarte **Akzeptant** richtig angegeben ("...gezogen auf...", "... drawn on...", z. B. auf die avisierende Bank, die Akkreditivbank oder eine Drittbank)? - Stimmen die im Akkreditiv angegebene **Wechsellaufzeit** und der Zeitpunkt des **Beginns dieser Laufzeit** (z. B. Sichtvermerk bei Akzeptleistung) mit den Vereinbarungen des Kaufvertrags überein? ● **Einzelheiten zu den Akkreditivarten** siehe vorangehende Kapitel.
Akkreditivbetrag und Währung/ Preis pro Einheit	● Neben der Prüfung auf **Übereinstimmung** mit dem **Kaufvertrag** ist zu prüfen, - ob der Akkreditivbetrag ausreicht, um evtl. zusätzlich entstehende **Nebenkosten** zu decken, sofern deren Zahlung durch das Akkreditiv statthaft ist; - ob der **Akkreditivbetrag** mit der bei der Warenbeschreibung angegebenen **Menge** (Stückzahl usw.) und dem **Preis pro Einheit korrespondiert**; - ob bei Fremdwährungsakkreditiven zur Absicherung des **Wechselkursrisikos** ein Devisentermingeschäft o.ä. notwendig erscheint. ● Die Ausdrücke "**etwa**" ("about"), "ungefähr" ("approximately"), "circa" o.ä. in Verbindung mit dem **Akkreditivbetrag** bewirken, daß eine **Abweichung bis zu 10 % nach oben oder bis zu 10 % nach unten** von dem Betrag, auf den sich diese Zusätze beziehen, statthaft ist (vgl. Art. 39 a. ERA). Analoges gilt, wenn beim **Preis pro Einheit** das Wort "etwa", "ungefähr", "circa" o.ä. steht (vgl. ebenda). ● Sofern ein Akkreditiv, das Teilverladung untersagt, nicht etwas anderes vorschreibt oder Absatz 39 b. ERA (Abweichung der Warenmenge bis zu 5% nach oben oder bis zu 5% nach unten unter bestimmten Voraussetzungen) nicht anwendbar ist, ist eine **Minderinanspruchnahme** um bis zu 5% zulässig, vorausgesetzt, daß bei im Akkreditiv vorgeschriebener Warenmenge diese Warenmenge in vollem Umfang geliefert und bei einem im Akkreditiv vorgeschriebenen Preis pro Einheit dieser Preis nicht unterschritten wird. Diese Bestimmung gilt nicht, wenn im Akkreditiv Ausdrücke der im vorstehenden Absatz genannten Art ("etwa" usw.) verwendet werden (vgl. Art. 39 c. ERA).

Warenbeschreibung, Menge	• Neben der Prüfung auf **Übereinstimmung** mit dem **Kaufvertrag** ist zu prüfen, - ob die **Warenbeschreibung** des Akkreditivs in die **Handelsrechnung** und – falls erforderlich – in die **übrigen Dokumente** übernommen werden kann. Gemäß Art. 37 c. ERA muß die Beschreibung der Ware in der Handelsrechnung mit der Beschreibung im Akkreditiv übereinstimmen. In allen anderen Dokumenten kann die Ware in allgemein gehaltenen Ausdrücken, die nicht im Widerspruch zur Warenbeschreibung im Akkreditiv stehen, beschrieben sein; - ob die angegebene **Menge** (Stückzahl, Verpackungseinheiten u.ä.) mit dem evtl. angegebenen **Preis pro Einheit** und mit dem **Akkreditivbetrag** korrespondiert. • Die Ausdrücke "**etwa**" ("about"), "ungefähr" ("approximately"), "circa" o.ä. in Verbindung mit der im Akkreditiv angegebenen Warenmenge bewirken, daß eine **Abweichung bis zu 10% nach oben oder bis zu 10% nach unten** von der Menge, auf die sich diese Ausdrücke beziehen, statthaft ist (vgl. Art. 39 a. ERA). • Sofern ein Akkreditiv **nicht vorschreibt**, daß die angegebene Warenmenge nicht über- oder unterschritten werden darf, ist eine **Abweichung bis zu 5% nach oben oder bis zu 5% nach unten** statthaft, immer vorausgesetzt, daß der Betrag der Inanspruchnahme nicht den Akkreditivbetrag überschreitet. Diese Abweichung ist nicht zulässig, wenn im Akkreditiv die Menge in einer bestimmten Anzahl von Verpackungseinheiten oder Stücken angegeben ist (vgl. Art. 39 b. ERA).
Gültigkeits- bzw. Benutzbar-/ Zahlbarstellung	• Entspricht die Gültigkeits- bzw. Benutzbar-/Zahlbarstellung des Akkreditivs dem **Kaufvertrag**? Sofern das Akkreditiv bei einer **ausländischen Bank** gültig bzw. benutzbar/ zahlbar gestellt ist, sind die längeren Postlaufzeiten beim Dokumentenversand und das eventuell erhöhte Dokumentenverlustrisiko zu bedenken. • **Gültigkeitsstelle** (Ort für die Dokumentenvorlage vor Verfall) und **Benutzungs-/Zahlstelle** eines Akkreditivs können **gleichgesetzt**, aber auch **verschieden** sein. Einzelheiten und Vorkommen in der Praxis siehe Abschnitt "Begünstigter, Bank des Begünstigten, Benutzungs-/Zahlstelle, Gültigkeitsstelle".
Verfalldatum des Akkreditivs	**Allgemeine Bestimmungen und Ratschläge:** • Stimmt das Verfalldatum des Akkreditivs mit den **Vereinbarungen** im **Kaufvertrag** überein? • Ein für Zahlung, Akzeptleistung oder Negoziierung vorgeschriebenes Verfalldatum wird als **Verfalldatum für die Dokumentenvorlage** ausgelegt (vgl. Art. 42 a. ERA). • Reicht der **Zeitraum** bis zum Verfall des Akkreditivs aus, um die Warenlieferung zu bewerkstelligen und die **Dokumente fristgerecht** bei der Gültigkeitsstelle einzureichen? • Falls der zeitliche Spielraum zu eng erscheint, sollte der Akkreditivsteller (Importeur) frühzeitig veranlaßt werden, die Akkreditbank mit der **Verlängerung des Akkreditivs** zu beauftragen; evtl. auch mit der Verlängerung des letzten Verladedatums und der Vorlagefrist für die Dokumente. • Wenn die eröffnende Bank angibt, daß das Akkreditiv "**für einen Monat**", "für sechs Monate" **oder ähnlich** benutzbar sein soll, aber nicht festlegt, wann diese Frist beginnen soll, wird das Datum der Eröffnung des Akkreditivs durch die eröffnende Bank als der erste Tag angesehen, an dem diese Frist beginnt (vgl. Art. 42 c. ERA).

- Es ist zu beachten, daß die Banken nicht verpflichtet sind, Dokumente außerhalb ihrer **Öffnungszeiten** entgegenzunehmen (vgl. Art. 45 ERA).

- **Achtung**: Sofern die **Banken** hierzu nicht ausdrücklich ermächtigt sind, werden sie bei Wiederaufnahme ihrer Geschäftstätigkeit unter Akkreditiven, die während der **Unterbrechung ihrer Geschäftstätigkeit** durch

    - Fälle höherer Gewalt, Unruhen, Aufruhr, Aufstand, Kriege oder
    - irgendwelche andere Ursachen, die außerhalb ihrer Kontrolle liegen, sowie
    - durch irgendwelche Streiks oder Aussperrungen

  verfallen sind, **nicht zahlen**, keine Verpflichtung zur hinausgeschobenen Zahlung übernehmen, keine Tratten akzeptieren bzw. nicht negoziieren (vgl. Art. 17 ERA).

Verkürzung der Verfallfrist des Akkreditivs:

- Ist im Akkreditiv eine bestimmte **Frist nach dem Verladedatum des Transportdokuments** vorgeschrieben, innerhalb welcher die Dokumentenvorlage zu erfolgen hat (vgl. Art. 43 a. und b. in Verbindung mit 40 b.)?
  Sofern diese Frist vor dem im Akkreditiv enthaltenen Verfalldatum endet, bewirkt diese Frist eine **Verkürzung der Verfallfrist des Akkreditivs.**

- Ist im Akkreditiv eine derartige Frist nicht vorgeschrieben, nehmen die Banken **Dokumente nicht an**, die ihnen **später als 21 Tage nach dem Verladedatum** vorgelegt werden (vgl. Art. 43 a. ERA).
  Sofern die auf das Verladedatum des Transportdokuments bezogene 21-Tage-Frist vor dem im Akkreditiv enthaltenen Verfalldatum endet, bewirkt die 21-Tage-Frist auch in diesem Fall eine **Verkürzung der Verfallfrist des Akkreditivs.**

- Reichen die obigen, auf das Verladedatum des Transportdokuments bezogenen Fristen dagegen über das Verfalldatum des Akkreditivs hinaus, dann bewirkt dies **keinesfalls eine Verlängerung** der Verfallfrist des Akkreditivs. Die ERA bestimmen eindeutig: "In jedem Fall dürfen die Dokumente nicht später als am Verfalldatum des Akkreditivs vorgelegt werden" (Art. 43 a. ERA).

- **Achtung**: Sofern im Akkreditiv ein **letztes Verladedatum** vorgeschrieben ist, kann auch dieses letzte Verladedatum in Verbindung mit der auf das Verladedatum des Transportdokuments bezogenen Frist für die Dokumentenvorlage eine **Verkürzung der Verfallfrist des Akkreditivs** bewirken.

- **Hinweis:** Eine graphische Darstellung **alternativer Auswirkungen der verschiedenene Fristen** auf die Verfallfrist des Akkreditivs findet sich in Abschnitt 1.5.1.2.8.

Verlängerung der Verfallfrist des Akkreditivs:

- Fällt das Verfalldatum des Akkreditivs auf einen Tag, an dem die **Bank**, der die Dokumente vorzulegen sind, **geschlossen** ist, dann wird das Verfalldatum auf den nächstfolgenden Tag, an dem diese Bank geöffnet ist, hinausgeschoben (vgl. Art. 44 a. ERA). Zu beachten sind jedoch die Vorbehalte bezüglich Art. 17 ERA; siehe unten.

- Diese Verlängerung gilt auch hinsichtlich des letzten Tages der im Akkreditiv vorgeschriebenen **Dokumentenvorlagefrist** (vorgeschriebene Frist nach dem Verladedatum des Transportdokuments, vgl. Art. 43 ERA) bzw. hinsichtlich des letzten Tages der nach Art. 43 ERA anwendbaren Dokumentenvorlagefrist ("21-Tage-Frist" nach dem Verladedatum des Transportdokuments). Zu beachten sind jedoch die Vorbehalte bezüglich Art. 17 ERA; siehe unten.

	• **Betrifft die Banken**: Diejenige Bank, der die Dokumente an einem solchen nächstfolgenden Arbeitstag vorgelegt werden, muß eine Erklärung abgeben, daß die Dokumente innerhalb der gemäß Art. 44 a. ERA, Revision 1993, ICC-Publikation Nr. 500, hinausgeschobenen Fristen vorgelegt wurden (vgl. Art. 44 c. ERA). • Diese **Fristverlängerungen gelten nicht**, wenn die Geschäftstätigkeit der Bank durch Fälle höherer Gewalt, Unruhen, Aufruhr, Aufstand, Kriege oder irgendwelche anderen Ursachen, die außerhalb ihrer Kontrolle liegen, sowie durch irgendwelche Streiks oder Aussperrungen unterbrochen ist (vgl. Art. 44 a. in Verbindung mit Art. 17 ERA). • **Achtung**: Durch das oben beschriebene Hinausschieben des Verfalldatums des Akkreditivs und/oder der Frist nach dem Verladedatum für die Dokumentenvorlage wird das **letzte Verladedatum nicht hinausgeschoben** (vgl. Art. 44 b. ERA). • **Achtung**: Sofern im Akkreditiv kein letztes Verladedatum vorgeschrieben ist, nehmen die Banken Transportdokumente nicht an, die ein **späteres Verladedatum als** das im Akkreditiv vorgeschriebene **Verfalldatum** ausweisen (vgl. Art. 44 b. ERA).
Letztes (evtl. frühestes) Verladedatum	**Prüfpunkte sowie allgemeine Ausdrücke für Verladung bzw. Verladetermine:** • Stimmt das letzte (evtl. früheste) Verladedatum im Akkreditiv mit den **Vereinbarungen des Kaufvertrags** überein? • Kann das **letzte Verladedatum** voraussichtlich **eingehalten** werden? Falls nicht, ist der Importeur zu veranlassen, der Akkreditivbank einen entsprechenden Änderungsauftrag zu erteilen. • **Achtung**: Ist im Akkreditiv kein letztes Verladedatum vorgeschrieben, nehmen die Banken **Transportdokumente nicht an**, die ein **späteres Verladedatum als** das im Akkreditiv vorgeschriebene **Verfalldatum** ausweisen (vgl. Art. 44 b. ERA). Siehe auch Prüfpunkte zur Verfallfrist des Akkreditivs. • Sofern im Akkreditiv nichts anderes vorgeschrieben ist, ist der zur Bestimmung eines frühesten und/oder eines letzten Verladedatums verwendete Ausdruck **"Verladung" ("shipment"**) so zu verstehen, daß er die folgenden und ähnliche Ausdrücke einschließt: - "Verladung an Bord" ("loading on board"), - "Versendung" ("dispatch"), - "angenommen zur Beförderung" ("accepted for carriage"), - "Posteinlieferungsdatum" ("date of post receipt"), - "Abholdatum" ("date of pick-up"), - bei Akkreditiven, die ein multimodales Transportdokument verlangen: "Übernahme" ("taking in charge"); (vgl. Art. 46 a. ERA). • Der Ausdruck "**am oder um den**" ("on or about") oder ähnliche Ausdrücke im Akkreditiv bedeuten, daß die Verladung **innerhalb des Zeitraums von 5 Tagen vor bis 5 Tage nach dem angegebenen Datum** durchzuführen ist, wobei der erste und letzte Tag eingeschlossen sind (vgl. Art. 46 c. ERA). • Ausdrücke wie "**prompt**" ("prompt"), "unverzüglich" ("immediately"), "baldmöglichst" ("as soon as possible") und ähnliche Ausdrücke werden von den Banken **nicht beachtet** (vgl. Art. 46 b. ERA).

- Zeitterminologie für **Verladefristen:**
  - Die Worte "bis", "bis zum", "ab" ("to", "until", "till", "from") und Ausdrücke ähnlicher Bedeutung, die sich im Akkreditiv auf irgendein Datum oder irgendeinen Zeitraum der Verladung beziehen, schließen das angegebene Datum ein (vgl. Art. 47 a. ERA).
  - Das Wort "nach" ("after") ist so zu verstehen, daß es das angegebene Datum ausschließt (vgl. Art. 47 b. ERA).
  - Die Ausdrücke "erste Hälfte" ("first half") und "zweite Hälfte" ("second half") eines Monats bedeuten "1. bis 15. einschließlich" bzw. "16. bis letzter Tag des Monats einschließlich" (vgl. Art. 47 c. ERA).
  - Die Ausdrücke "Anfang" ("beginning"), "Mitte" ("middle") oder "Ende" ("end") eines Monats bedeuten "1. bis 10. einschließlich", "11. bis 20. einschließlich" bzw. "21. bis letzter Tag des Monats einschließlich" (vgl. Art. 47 d. ERA).

Spezielle Ausdrücke für Verladung bzw. Verladetermine:

- **Seekonnossement, nichtbegebbarer Seefrachtbrief** und **Charterpartie-Konnossement:**
  - Das **Ausstellungsdatum** dieser Transportdokumente gilt als Datum der Verladung an Bord und als Verladedatum, sofern durch einen vorgedruckten Wortlaut auf dem Transportdokument ausgewiesen wird, daß die Ware an Bord eines namentlich genannten Schiffes verladen oder auf einem namentlich genannten Schiff verschifft worden ist.
  - Das **Datum des An-Bord-Vermerks** auf diesen Transportdokumenten gilt in allen anderen Fällen als Verladedatum, wobei die Verladung an Bord eines namentlich genannten Schiffes durch einen Vermerk auf dem Transportdokument nachgewiesen werden muß, der das Datum angibt, an dem die Ware an Bord verladen worden ist.
  - Vgl. Art. 23 a. II., 24 a. II. und 25 a. IV. ERA.
- **Multimodales Transportdokument:**
  - Weist das multimodale Transportdokument durch Stempel oder auf andere Weise ein **Datum der Versendung, Übernahme** oder **Verladung an Bord** aus, gilt dieses Datum als Verladedatum.
  - In den anderen Fällen gilt das **Ausstellungsdatum** des multimodalen Transportdokuments als Datum der Versendung, Übernahme oder Verladung an Bord und als Verladedatum, vorausgesetzt, daß die Versendung, Übernahme oder Verladung an Bord durch einen entsprechenden Wortlaut auf dem multimodalen Transportdokument ausgewiesen ist.
  - Vgl. Art. 26 a. II. ERA.
- **Lufttransportdokument:**
  - Falls das Akkreditiv ein tatsächliches Abflugdatum (actual date of dispatch) verlangt, nehmen die Banken ein Lufttransportdokument an, das dieses Datum durch einen speziellen Vermerk ausweist, wobei das so auf dem Lufttransportdokument ausgewiesene **Abflugdatum** als **Verladedatum** gilt.
    Hinweis: Im Sinne der ERA gelten Angaben, die auf dem Lufttransportdokument in der mit "For Carrier Use Only" oder ähnlicher Bezeichnung versehenen Rubrik für Flugnummer und Flugdatum erscheinen, nicht als ein spezieller Vermerk dieses Abflugdatums.
  - In allen anderen Fällen gilt das **Ausstellungsdatum** des Lufttransportdokuments als Verladedatum.
  - Vgl. Art. 27 a. III. ERA.

- **Dokumente des Straßen-, Eisenbahn- oder Binnenschiffstransports**:
  - Sofern diese Transportdokumente einen Empfangsstempel enthalten, gilt das **Datum des Empfangsstempels** als **Verladedatum**.
  - In allen anderen Fällen gilt das **Ausstellungsdatum** dieser Transportdokumente als Verladedatum.
  - Vgl. Art. 28 a. II. ERA.
- **Posteinlieferungsschein, Postversandbescheinigung**:
  - Als Verladedatum oder Versanddatum gilt dasjenige **Datum** im Postdokument, das an dem Ort, der im Akkreditiv als **Verladeort oder Versandort** der Ware vorgeschrieben ist, **gestempelt** oder in anderer Weise authentisiert und datiert zu sein scheint.
  - Vgl. Art. 29 a. I. ERA
- **Dokumente der Kuriere oder Expressdienste**:
  - Das im Dokument ausgewiesene **Abhol-** oder **Empfangsdatum** oder etwas **Entsprechendes** gilt als Verladedatum oder Versanddatum.

    Vgl. Art. 29 b. II. ERA.

Vorlagefrist für die Dokumente

- Kann die im Akkreditiv vorgeschriebene, **auf das Verladedatum des Transportdokuments bezogene Vorlagefrist für die Dokumente** eingehalten werden?
- Falls eine solche Vorlagefrist im Akkreditiv nicht vorgeschrieben ist: Kann die in den ERA (vgl. Art. 43 a.) festgelegte **21-Tage-(Spätest)Frist** nach dem Verladedatum des Transportdokuments für die Vorlage der Dokumente eingehalten werden?
- **Achtung**: Unabhängig von den derart definierten spätesten Vorlagezeitpunkten für die Dokumente dürfen die Dokumente **in keinem Fall später als am Verfalldatum** des Akkreditivs vorgelegt werden (vgl. Art. 43 a. ERA).
- **Achtung**: Die obigen, auf das Verladedatum des Transportdokuments bezogenen Fristen für die Dokumentenvorlage können zu einer **Verkürzung der Verfallfrist** des Akkreditivs führen. Einzelheiten siehe Position "Verfalldatum des Akkreditivs".
- Fällt der **letzte Tag der Vorlagefrist** für die Dokumente auf einen Tag, an dem die **Bank**, der die Dokumente vorzulegen sind, **geschlossen** ist, dann wird der letzte Tag der Frist nach dem Verladedatum für die Dokumentenvorlage auf den nächstfolgenden Tag, an dem diese Bank geöffnet ist, hinausgeschoben. Analoges gilt für das Verfalldatum des Akkreditivs (vgl. Art. 44 a. ERA). Diese Fristverlängerung gilt allerdings nicht, wenn die Geschäftstätigkeit der Bank durch Fälle höherer Gewalt, Unruhen, Aufruhr, Aufstand, Kriege, Streiks, Aussperrungen o.ä. unterbrochen ist (Einzelheiten vgl. Art. 44 a. in Verbindung mit Art. 17 ERA).
  Der akkreditivbegünstigte Exporteur hat zu beachten, daß durch dieses Hinausschieben der Vorlagefrist für die Dokumente und/oder des Verfalldatums des Akkreditivs **nicht zugleich das letzte Verladedatum hinausgeschoben** wird (vgl. Art. 44 b. ERA) .
- **Achtung**: Sofern im Akkreditiv kein letztes Verladedatum vorgeschrieben ist, nehmen die Banken **Transportdokumente nicht an**, die ein **späteres Verladedatum** als das im Akkreditiv vorgeschriebene **Verfalldatum** ausweisen (vgl. Art. 44 b. ERA).

- Für alle vorgelegten Dokumente gilt im übrigen: Sofern im Akkreditiv nichts anderes vorgeschrieben ist, **nehmen die Banken ein Dokument an**, welches ein **Ausstellungsdatum** trägt, das **vor dem des Akkreditivs** liegt, wenn dieses Dokument innerhalb der im Akkreditiv und in den ERA festgesetzten Fristen vorgelegt wird (vgl. Art. 22 ERA).
- **Hinweis**: Die Banken sind **nicht** verpflichtet, Dokumente **außerhalb** ihrer **Öffnungszeiten** entgegenzunehmen (vgl. Art. 45 ERA).

Teilverladungen und/oder Teilinanspruchnahmen

- Sofern im Akkreditiv **nicht etwas anderes vorgeschrieben** ist, sind Teilinanspruchnahmen und/oder Teilverladungen **zulässig** (vgl. Art. 40 a. ERA).
- Transportdokumente, die ihrer äußeren Aufmachung nach auszuweisen scheinen, daß Verladung auf **demselben Beförderungsmittel** und für **dieselbe Reise** mit **demselben Ziel** erfolgte, gelten **nicht als Teilverladungen** abdeckend, selbst wenn die Transportdokumente ein unterschiedliches Verladedatum und/oder unterschiedliche Verladehäfen, Übernahme- oder Versandorte ausweisen (Art. 40 b. ERA).
- Versendungen per **Post** oder **Kurier** gelten nicht als Teilverladungen, wenn die Posteinlieferungsscheine oder Postversandbescheinigungen oder Kurierempfangsbestätigungen oder Kurierversandnachweise an dem Ort, der im Akkreditiv als Versandort der Ware vorgeschrieben ist, und an demselben Tag gestempelt, unterzeichnet oder in anderer Weise authentisiert zu sein scheinen (Art. 40 c. ERA).
- Bei **übertragbaren Akkreditiven** ist von Bedeutung, daß der Exporteur nur dann Teile eines übertragbaren Akkreditivs getrennt übertragen kann, sofern Teilverladungen/Teilinanspruchnahmen nicht untersagt sind (vgl. Art. 48 g. ERA).

Verladungen/Inanspruchnahmen in Raten (sog. Sukzessivverladungen und/oder -inanspruchnahmen)

- Wenn im Akkreditiv Inanspruchnahmen und/oder Verladungen in Raten innerhalb bestimmter Zeiträume vorgeschrieben sind, ist zunächst deren **zeitliche, mengenmäßige und betragliche Übereinstimmung** mit den Vereinbarungen des Kaufvertrags zu überprüfen.
- Der Exporteur hat ferner zu prüfen, ob er den Akkreditivbedingungen in jeder Hinsicht, insbesondere dem **zeitlichen Ablauf der ratenweisen Lieferungen**, entsprechen kann. Zu beachten hat der Exporteur nämlich Art. 41 ERA: Ist irgendeine Rate nicht innerhalb des für sie vorgeschriebenen Zeitraums in Anspruch genommen und/oder verladen worden, kann das Akkreditiv für diese betreffende und jede weitere **Rate nicht mehr benutzt** werden, sofern im Akkreditiv nichts anderes vorgeschrieben ist.
- Zu den Gestaltungsmöglichkeiten **revolvierender Akkreditive** siehe Abschnitt "Revolvierendes Akkreditiv (Revolving Credit)".
- Bei Umladungsverboten ebenso wie bei zulässigen Umladungen in Akkreditiven ist zunächst zu beachten, wie in den **ERA Umladungen definiert** werden:
    - **Konnossemente und nichtbegebbare Seefrachtbriefe**: Umladung bedeutet das Ausladen und Wiederverladen von einem Schiff auf ein anderes Schiff im Verlauf des Seetransports vom Verladehafen zum Löschungshafen, wie sie im Akkreditiv vorgeschrieben sind (vgl. Art. 23 b. und 24 b. ERA).
    - **Multimodale Transportdokumente**: Umladung ist bei diesen Dokumenten wesensbestimmend und bedarf keiner weiteren Definition (vgl. Art. 26 ERA).
    - **Lufttransportdokumente**: Umladung bedeutet das Ausladen und Wiederverladen von einem Flugzeug in ein anderes Flugzeug im Verlauf des Transports vom Abflughafen zum Bestimmungsflughafen, wie sie im Akkreditiv vorgeschrieben sind (vgl. Art. 27 b. ERA).

- **Dokumente des Straßen-, Eisenbahn- oder Binnenschiffstransports**: Umladung bedeutet das Ausladen und Wiederverladen von einem Beförderungsmittel auf ein anderes Beförderungsmittel unterschiedlicher Transportarten im Verlauf des Transports vom Verladeort zum Bestimmungsort, wie sie im Akkreditiv vorgeschrieben sind (vgl. Art. 28 c. ERA).

● **Achtung:** Selbst wenn **im Akkreditiv Umladung nicht verboten** ist, nehmen die Banken bestimmte Transportdokumente, die Umladung der Ware vorsehen, mangels anderer Weisungen nur an, wenn die **Voraussetzung** erfüllt ist, daß der gesamte Transport durch ein und dasselbe Transportdokument gedeckt ist. Beispiele:

- Seekonnossement (vgl. Art. 23 c. ERA).
- Nichtbegebbarer Seefrachtbrief (vgl. Art. 24 c. ERA)

● **Achtung**: Selbst wenn **im Akkreditiv Umladung verboten** ist, **nehmen die Banken** bei der Akkreditivabwicklung mangels anderer Weisungen

- **multimodale Transportdokumente an**, die vorsehen, daß Umladung stattfinden wird oder kann, vorausgesetzt, daß der gesamte Transport durch ein und dasselbe multimodale Transportdokument gedeckt ist (vgl. Art. 26 b. ERA);
- **Lufttransportdokumente an**, die vorsehen, daß Umladung stattfinden wird oder kann, vorausgesetzt, daß der gesamte Transport durch ein und dasselbe Lufttransportdokument gedeckt ist (vgl. Art. 27 c. ERA);
- **Dokumente des Straßen-, Eisenbahn- oder Binnenschiffstransports an**, die vorsehen, daß Umladung stattfinden wird oder kann, vorausgesetzt, daß der gesamte Transport durch ein und dasselbe Transportdokument gedeckt ist und innerhalb derselben Transportart stattfindet (vgl. Art. 28 d. ERA);
- **Konnossemente und nichtbegebbare Seefrachtbriefe an**, die

  a) vorsehen, daß Umladung stattfinden wird, sofern gemäß Angabe im Konnossement bzw. im nichtbegebbaren Seefrachtbrief das betreffende Frachtgut in Containern, Anhängern und/oder "LASH"-Leichtern verladen ist und der gesamte Seetransport durch ein und dasselbe Konnossement bzw. durch ein und denselben nichtbegebbaren Seefrachtbrief gedeckt ist,

  und/oder

  b) Klauseln enthält, mit denen sich der Frachtführer das Recht zur Umladung vorbehält (vgl. Art. 23 d. und 24 d. ERA).

Lieferbedingungen

● Stimmen die im Akkreditiv ausgewiesenen Lieferbedingungen mit den **Vereinbarungen des Kaufvertrages** überein?

● Können die Lieferbedingungen exakt **erfüllt** und in den relevanten Dokumenten **ausgewiesen** werden?

Transportweg/Transportmittel

● Sind die im Akkreditiv vorgeschriebenen **Transportbedingungen** erfüllbar? (Im Zweifel frühzeitige Kontaktaufnahme mit dem Frachtführer empfehlenswert).

Verladehafen/Abflughafen/Übernahmeort/Verladeort/Versandort

Löschungshafen/Löschungsflughafen/Bestimmungsflughafen/Löschungsort/Bestimmungsort Bestimmungshafen (Bestimmungsort)

● Welche **Freiheiten** belassen die Akkreditivbedingungen dem Exporteur bei der Auswahl von Verladehafen (z. B. "shipped from any german port"), Transportweg, Bestimmungshafen usw. unter Zeit- und Kostenaspekten?

● Sind die im Akkreditiv festgelegten **Termine** (letztes Verladedatum, Verfalldatum des Akkreditivs, Vorlagefrist für die Dokumente) mit der vereinbarten bzw. ausgewählten Transportart bzw. dem Transportweg einzuhalten?

- Grundsätzlich: Ist die **Übereinstimmung** der im Akkreditiv vorgeschriebenen Orte mit den Vereinbarungen des **Kaufvertrags** gegeben?

- **Seekonnossement oder nicht begebbarer Seefrachtbrief**:
Sofern im Akkreditiv nichts anderes vorgeschrieben ist, nehmen die Banken diese Dokumente an, wenn sie den im Akkreditiv vorgeschriebenen **Verladehafen** und **Löschungshafen** ausweisen, unabhängig davon, ob sie

  a) einen vom Verladehafen unterschiedlichen Übernahmeort und/oder einen vom Löschungshafen unterschiedlichen endgültigen Bestimmungsort ausweisen
  und/oder

  b) den Hinweis "intended" oder einen ähnlichen Vorbehalt in bezug auf den Verladehafen und/oder den Löschungshafen enthalten, sofern diese Dokumente auch den im Akkreditiv vorgeschriebenen Verladehafen und/oder Löschungshafen angeben.

  Weist das Konnossement bzw. der nichtbegebbare Seefrachtbrief einen vom **Verladehafen unterschiedlichen Empfangsort** oder Übernahmeort aus, dann muß der An-Bord-Vermerk auch den im Akkreditiv vorgeschriebenen Verladehafen und den Namen des Schiffes enthalten, auf dem die Ware verladen worden ist, und zwar auch dann, wenn sie auf dem im Konnossement bzw. auf dem im nichtbegebbaren Seefrachtbrief namentlich genannten Schiff verladen worden ist. Diese Bestimmung gilt auch, wenn die Verladung an Bord des Schiffes durch einen auf dem Konnossement bzw. auf dem nicht begebbaren Seefrachtbrief vorgedruckten Wortlaut ausgewiesen ist.
  Vgl. Art. 23 a. und 24 a. ERA.

- **Charterpartie-Konnossement, Lufttransportdokument, Dokumente des Straßen-, Eisenbahn- oder Binnenschiffstransports**:
Sofern im Akkreditiv nichts anderes vorgeschrieben ist, nehmen die Banken diese Dokumente an, wenn sie den im Akkreditiv vorgeschriebenen

  - **Verladehafen / Abflughafen / Verladeort**

  und

  - **Löschungshafen / Bestimmungsflughafen / Bestimmungsort**

  ausweisen.

  Vgl. Art. 25, 27 und 28 ERA.

- **Posteinlieferungsschein, Postversandbescheinigung**:
Sofern im Akkreditiv nichts anderes vorgeschrieben ist, nehmen die Banken solche Dokumente an, die ihrer äußeren Aufmachung nach an dem **Ort**, der im Akkreditiv als Verladeort oder Versandort der Ware vorgeschrieben ist, **gestempelt** oder in anderer Weise authentisiert und datiert zu sein scheinen.
Vgl. Art. 29 a. ERA.

- **Dokumente der Kuriere oder Expressdienste**:
Sofern im Akkreditiv nichts anderes vorgeschrieben ist, nehmen die Banken solche Dokumente, die den Empfang der Ware zur Beförderung ausweisen, an, wenn sie ihrer äußeren Aufmachung nach den **Namen** des Kuriers/Dienstes auszuweisen scheinen und von diesem namentlich genannten Kurier/Dienst **gestempelt**, unterzeichnet oder in anderer Weise authentisiert zu sein scheinen.
Sofern das Akkreditiv nicht ausdrücklich ein von einem bestimmten Kurier/Dienst ausgestelltes Dokument verlangt, nehmen die Banken ein Dokument an, das von **irgendeinem** Kurier/Dienst ausgestellt ist.
Vgl. Art. 29 b. ERA.

- **Multimodales Transportdokument**:
Sofern im Akkreditiv nichts anderes vorgeschrieben ist, nehmen die Banken ein solches Transportdokument an, wenn es den im Akkreditiv vorgeschriebenen **Übernahmeort** ausweist, der ein anderer als der Verladehafen, Verladeflughafen oder Verladeort sein kann, und den im Akkreditiv vorgeschriebenen **endgültigen Bestimmungsort** ausweist, der ein anderer als der Löschungshafen, Löschungsflughafen oder Löschungsort sein kann, und/oder
den Hinweis "intended" oder einen ähnlichen Vorbehalt in bezug auf das Schiff und/oder den Verladehafen und/oder den Löschungshafen enthält.
Vgl. Art. 26 a. ERA.

Akkreditivkosten

- Entspricht die Übernahme/Verteilung der Akkreditivkosten (Bankspesen usw.) den **Vereinbarungen im Kaufvertrag**?
- Zur **(üblichen) Verteilung** der Akkreditivkosten siehe Abschnitt 1.5.1.2.12.
- Bei **Akkreditivübertragungen** gilt: Mit Übertragungen in Zusammenhang stehende Spesen der übertragenden Bank einschließlich Provisionen, Gebühren, Kosten und Auslagen sind vom Erstbegünstigten zu zahlen, sofern nichts anderes vereinbart ist. Stimmt die übertragende Bank der Akkreditivübertragung zu, ist sie nicht verpflichtet, die Übertragung vorzunehmen, bevor diese Spesen bezahlt sind (vgl. Art. 48 f. ERA).

Dokumente

- **Vorbemerkung**: Die im Auslandsgeschäft tätigen **Banken** stellen dem Exporteur sog. Checklisten zur Verfügung, anhand derer eine umfassende Prüfung der Dokumente möglich ist.
- Entsprechen die in den Akkreditivbedingungen genannten Dokumente nach Art und Inhalt den **Vereinbarungen im Kaufvertrag**?
- Können alle Dokumente entsprechend den Akkreditivbedingungen bzw. den ERA in der vorgeschriebenen **Form (Bezeichnung)** beschafft werden?
- Können alle Dokumente **inhaltlich** den Akkreditivbedingungen entsprechend erlangt werden?
Z. B. muß das Versicherungsdokument die Deckung der in den Akkreditivbedingungen angegebenen Risiken im festgelegten Umfang ausweisen.
- Steht ein in den Akkreditivbedingungen gefordertes Dokument in **Widerspruch zu den Lieferbedingungen**?
- Können alle Dokumente **fristgerecht** (bezüglich des Verfalldatums des Akkreditivs, des letzten Verladedatums, der Vorlagefrist für die Dokumente; Einzelheiten siehe bei den obigen Stichworten) beschafft werden?
- Werden in den Dokumenten vom Exporteur oder von Dritten **Erklärungen** verlangt, die der Exporteur nicht abgeben kann oder will bzw. die der Exporteur von Dritten nicht bzw. nicht in der verlangten Formulierung bzw. nicht rechtzeitig erlangen kann? Dies gilt auch für **Beglaubigungen** und **Legalisierungen** durch die Industrie- und Handelskammern bzw. durch die Konsulate.
- **Achtung:** Sofern im Akkreditiv Dokumente verlangt werden, die durch den **Importeur**, durch die **Akkreditivbank** oder durch einen diesen **weisungsgebundenen Dritten** ausgestellt oder gegengezeichnet sein müssen, gerät der akkreditivbegünstigte Exporteur in **Abhängigkeit**: Wenn der Importeur, dessen Bank oder der weisungsgebundene Dritte nicht bereit ist, das erforderliche Dokument auszustellen bzw. gegenzuzeichnen, dann kann der Exporteur das Akkreditiv nicht benutzen.
Beispiele für solche Dokumente sind die Warenempfangsbescheinigung eines Spediteurs im Lande des Importeurs, der vom Akkreditivauftraggeber (Importeur) oder seinem Bauleiter zu bestätigenden Nachweis über den Baufortschritt bzw. über den Arbeitsfortschritt usw.

	• **Empfehlung der Banken**: Für die Erstellung der erforderlichen Versicherungs- bzw. Transportdokumente ist es am günstigsten, eine **Kopie** des Akkreditivs **an die Versicherung** bzw. an den Frachtführer zu geben, damit von dieser Seite alle Bedingungen beachtet werden können. Zu bedenken ist allerdings, daß damit u.U. die Versicherungsgesellschaft, das Transportunternehmen oder deren Agenten einen tieferen Einblick in die Einzelheiten des Außenhandelsgeschäftes bekommen (z. B. über den Preis pro Einheit) als es dem Exporteur im Einzelfall wünschenswert erscheint. • Können die Dokumente in der im Akkreditiv vorgeschriebenen **Anzahl** bzw. als **Original(e)** beschafft werden?

1.5.4.3 Prüfung der Dokumente vor/bei Akkreditivbenutzung durch den Akkreditivbegünstigten und durch die Banken sowie Akkreditivauszahlung

1.5.4.3.1 Dokumente als Auszahlungsgrundlage

Hinweis

Ausführlich sind die bei Dokumentenakkreditiven vorkommenden Dokumente in Kapitel "7 **Exportdokumente: Arten, Rechtscharakter, Merkmale, mit Exkurs ‚Auslandswechsel'**" beschrieben und zum Teil auch abgebildet.

Abbildung

Die Banken stellen den akkreditivbegünstigten Exporteuren (häufig bereits in Verbindung mit der Akkreditivavisierung) Formulare zur Einreichung der Dokumente zur Verfügung, in denen die wichtigsten Dokumente bereits vorgedruckt sind.

Abbildung 1.5-14 zeigt das **Formular zur Dokumenteneinreichung** der Commerzbank AG mit vorgedruckten, häufig vorkommenden Dokumenten.

Genaueste Übereinstimmung

- Die Banken stellen **höchste Anforderungen** an die vom akkreditivbegünstigten Exporteur eingereichten Dokumente, weil sie auf dieser Grundlage über die Auszahlung (bzw. Akzeptleistung usw.) aus dem Akkreditiv zu entscheiden haben (vgl. ERA Art. 4 sowie Art. 14 ERA).
- Der Akkreditivbegünstigte muß die hohen Anforderungen an die Dokumente in jeder Phase der Geschäftsabwicklung im Auge behalten: Der Exporteur hat beispielsweise dem Transportunternehmen den Transportauftrag ebenso in **Übereinstimmung mit den Akkreditivbedingungen** zu erteilen wie der Versicherungsgesellschaft den Versicherungsauftrag. Nur durch diese Handlungsweise ist gewährleistet, daß das Transportdokument und das Versicherungsdokument von den Banken bei Benutzung des Akkreditivs anstandslos aufgenommen werden kann. Um die genaue Übereinstimmung

COMMERZBANK

Export GmbH
Koenigstr. 34

70173 Stuttgart

Datum : ....
Unsere Ref. : ....
Sachbearbeiter : ....

Telefon : ....

zurückerbeten an:
=============

Muster
======

COMMERZBANK AG
AFK / Ausland
Koenigstr. 34

70173 Stuttgart

Ihre Referenz	:	STKEA436565150
Akkreditiv-Nr.	:	279/88/IST
Eröffende Bank	:	TUERKIYE VAKIFLAR BANKASI T.A.O. HEAD OFFICE FOREIGN EX.DEP. P.O.Box 48, KAVAKLIDERE ANKARA 06692 TURKEY
Akkreditivbetrag	:	EUR 123.000,00
Gültig bis	:	20.08.20..

Anbei erhalten Sie folgende Dokumente mit der Bitte, diese gemäß den Bedingungen des obigen Akkreditivs zu verwenden:

Dokumentenbetrag...

( ) Wechsel	( ) Quittung	( ) Spezifikation
( ) Rechnung	( ) Packliste	( ) Zollfaktura
( ) Konnossement	( ) Luftfrachtbrief	( ) Spediteurbesch.
( ) Konnossements-Kopie	( ) Warenverkehrsbesch.	( ) Dupl.-Frachtbrief
( ) Postquittung	( ) Versicherungspolice	( ) Ursprungszeugnis
( )	( )	( )
( )	( )	( )

( ) Die Akkreditivspitze wird nicht in Anspruch genommen.
( ) Es handelt sich um eine Teillieferung.

Sonstige Weisungen:

Wir bitten um Gutschrift nach Eingang des Erlöses auf unser Konto ....

( ) DEM ( ) EUR

Dieses Akkreditiv unterliegt den 'Einheitlichen Richtlinien und Gebräuchen für Dokumenten-Akkreditive (Revision 1993, Publikation 500)' der Internationalen Handelskammer.

....
(Ort und Datum) (Stempel und Unterschriften)

Abbildung 1.5-14

sicherzustellen, übergeben manche Exporteure dem beauftragten Transportunternehmen (seltener: auch der Versicherungsgesellschaft) eine Fotokopie des Akkreditivs bzw. der relevanten Akkreditivbedingungen.

Handelsüblichkeit bzw. individueller Inhalt

- Sind im Akkreditiv die Dokumente ohne weitreichende Einzelheiten und ohne Besonderheiten benannt, wie es für die Handelsrechnung, das Transport- und das Versicherungsdokument regelmäßig der Fall ist, dann muß der Exporteur lediglich die **einschlägigen Bestimmungen der ERA** zu diesen Dokumenten (vgl. Art. 20-37 ERA) sowie diejenigen Kriterien beachten, die bei diesen Dokumenten als **handelsüblich** gelten.
- Dies trifft auch für einen Teil der sog. anderen/sonstigen Dokumente (z.B. für die Quantitäts- und Ursprungsnachweise) zu, die zwar im allgemeinen eine **bestimmte Form und einen üblichen Inhalt** aufweisen, deren Beschaffung dem Exporteur aber in der Regel nicht schwer fällt (z.B. werden zur Ausstellung von Ursprungszeugnissen Formvordrucke verwendet, deren Art im Akkreditiv im allgemeinen mit einer Kurzbezeichnung vorgeschrieben ist und deren Inhalt standardisiert ist).
- Zu manchen der sog. anderen/sonstigen Dokumente, insbesondere zu Qualitätsnachweisen, finden sich dagegen in den Akkreditivbedingungen **detaillierte Angaben** zum **Aussteller** und zum **Inhalt**, bis hin zu **vorgegebenen Formulierungen**, die wörtlich in das entsprechende Zertifikat aufzunehmen sind

Bezeichnung, Erklärungen, Nachweise u.ä.

- Die Dokumente müssen nicht nur in Form und Inhalt den Akkreditivbedingungen entsprechen, sondern in der Regel auch **exakt** so **bezeichnet** (überschrieben) sein, wie es in den Akkreditivbedingungen festgelegt ist.
- Werden im Akkreditiv Erklärungen, Nachweise u.ä. gefordert, die gemäß den Akkreditivbedingungen **in einem gesonderten Dokument abzugeben** sind bzw. die üblicherweise in einem gesonderten Dokument abgegeben werden, dann weisen die Banken im allgemeinen solche Dokumente zurück, in denen die geforderte Erklärung zusammen mit anderen Erklärungen, Nachweisen usw. aufgeführt ist. Dies gilt auch dann, wenn die abgegebene Erklärung inhaltlich voll den Akkreditivbedingungen entspricht.

Einhaltung der Termine

- Bei der Abwicklung des Außenhandelsgeschäfts, insbesondere in der Phase zwischen Akkreditiveröffnung und Dokumenteneinreichung, hat der Exporteur stets die im Akkreditiv festgelegten Termine zu beachten und die Beschaffung der Dokumente danach zu planen:
  - **Verfall** des Akkreditivs;
  - Frühestes bzw. letztes **Verladedatum**;
  - **Vorlagefrist der Dokumente** (u.U. ist die 21-Tage-Frist gemäß Art. 43 a. ERA zu beachten).
- **Einzelheiten zu diesen Terminen** siehe "Prüfliste des Exporteurs für avisierte/eröffnete Akkreditive ..." in Abschnitt 1.5.4.2 sowie Abschnitte 1.5.1.2.7 und 1.5.1.2.8 mit einer

Darstellung der Daten/Fristen in Zeitachsen: **Abbildung 1.5-03 „Zeitachsen maßgeblicher (maximaler) Fristen bei Dokumentenakkreditiven“.**

- **Verspätet eingereichte Dokumente** bzw. Dokumente, die ausweisen, daß das (früheste bzw. letzte) Versanddatum nicht eingehalten wurde, müssen die Banken zurückweisen und somit die **Auszahlung** aus dem Akkreditiv **verweigern**.

Grundsätzliche Prüfkriterien

- Die **Prüfung der Dokumente** umfaßt die folgenden grundsätzlichen Kriterien:
  - Übereinstimmung der Dokumente mit den **Akkreditivbedingungen**;
  - Übereinstimmung der Dokumente mit den **ERA**, falls die Akkreditivbedingungen keine ausdrücklichen bzw. abweichenden Weisungen enthalten;
  - **Widerspruchsfreiheit** der Dokumente untereinander (vgl. Art. Art. 13 a. ERA);
  - **Vollständigkeit** - nach Art und Anzahl - der Dokumente in Übereinstimmung mit den Akkreditivbedingungen.
- In den **ERA** ist überdies aufgenommen, daß die Banken eingereichte Dokumente, die im Akkreditiv nicht vorgeschrieben sind, nicht prüfen werden. Sie geben solche Dokumente an den Einreicher zurück, oder sie leiten sie unverbindlich weiter (vgl. Art. 13 a. ERA).

Beratung durch die Banken

- Ist der akkreditivbegünstigte Exporteur im Zweifel über die **Auslegung** einzelner **Akkreditivbedingungen**, insbesondere über Inhalt und Form der vorzulegenden Dokumente, dann sollte er frühzeitig den Rat einer auslandserfahrenen Bank einholen.

Prüfungszeit der Banken

- Den Banken steht eine **angemessene Zeit** zu, die Dokumente zu prüfen und zu entscheiden, ob sie die Dokumente aufnehmen oder zurückweisen wollen:
- *"Der eröffnenden Bank, der etwaigen bestätigenden Bank oder einer für sie handelnden benannten Bank steht jeweils eine angemessene, sieben Bankarbeitstage nach dem Tag des Dokumentenerhalts nicht überschreitende Zeit zu, die Dokumente zu prüfen und zu entscheiden, ob sie die Dokumente aufnehmen oder zurückweisen will, und denjenigen entsprechend zu unterrichten, von dem sie die Dokumente erhielt."* (Art. 13 b. ERA, Hervorhebungen dch. d. Verf.).

Beschreibung und Abbildung von Exportdokumenten, Kommentar und Prüflisten

- **Hinweis:** In **Kapitel 7** sind die maßgeblichen Exportdokumente beschrieben und abgebildet.
- **Hinweis:** In Kapitel „2 Dokumentenakkreditive: **Erläuterungen zur Kontrolle der Dokumente bei der Akkreditivabwicklung**“ finden sich auch Listen zur Prüfung der verschiedenen Exportdokumente.
- **Hinweis**: Eine weiterführende Erörterung erfahren die Merkmale, die Dokumente und die Abwicklungsmöglichkeiten von Akkreditiven im Rahmen des Kommentars zu den ERA. Siehe dazu Kapitel “**3.1 Dokumentenakkreditive: Kommentar und Einheitliche Richtlinien ...**“.

1.5.4.3.2 Einreichung mängelbehafteter Dokumente; eventuelle Honorierung/ Auszahlung unter Vorbehalt

Reicht der Exporteur bei einer als Gültigkeits- und Benutzungs-/Zahlstelle eingesetzten Zweitbank **Dokumente** ein, die **nicht den Akkreditivbedingungen entsprechen**, dann bleiben grundsätzlich die folgenden **Möglichkeiten:**

Berichtigung der Dokumente

- Die als Gültigkeits- und Benutzungs-/Zahlstelle eingesetzte Zweitbank empfiehlt dem akkreditivbegünstigten Exporteur, die mängelbehafteten Dokumente **schnellstmöglich zu berichtigen** bzw. berichtigen zu lassen. Das Akkreditiv erlischt nicht, wenn der Akkreditivbegünstigte zunächst mängelbehaftete Dokumente einreicht und die Bank diese Dokumente zunächst zurückweist.
- Diese Möglichkeit kann jedoch nur ergriffen werden, wenn ein hinreichender **zeitlicher Spielraum** bis zum Verfall des Akkreditivs (unter Beachtung der Vorlagefrist für die Dokumente) besteht bzw. wenn die Mängel überhaupt noch zu beseitigen sind. Die Mängelbeseitigung ist beispielsweise nicht mehr möglich, wenn der Exporteur ein Transportdokument vorlegt, in dem das im Akkreditiv festgelegte letzte Verladedatum überschritten ist oder wenn eine andere Versandart gewählt wurde, als sie in den Akkreditivbedingungen festgelegt ist.

Akkreditivänderung

- Die als Gültigkeits- und Benutzungs-/Zahlstelle eingesetzte Zweitbank empfiehlt dem akkreditivbegünstigten Exporteur, den **Akkreditivauftraggeber (Importeur)** zu **veranlassen**, die Akkreditivbedingungen durch die Akkreditivbank entsprechend den vorgelegten Dokumenten ändern zu lassen.
- Die Realisierung dieser Möglichkeit erfordert neben dem entsprechenden zeitlichen Spielraum bis zum Verfall des Akkreditivs bzw. bis zum Ablauf der weiteren im Akkreditiv festgelegten Termine auch das **Einverständnis** des Importeurs, der akkreditiveröffnenden Bank (Akkreditivbank) sowie -falls das Akkreditiv bestätigt ist- der Bestätigungsbank. Diese Möglichkeit sollte deswegen nicht erst nach erfolgter Dokumenteneinreichung, sondern schon in dem Zeitpunkt ergriffen werden, in dem vom Exporteur erkannt wird, daß ein Dokument nicht akkreditivkonform beigebracht werden kann.

Aufnahme unter Vorbehalt

- Die als Gültigkeits- und Benutzungs-/Zahlstelle eingesetzte Zweitbank nimmt die Dokumente vom Exporteur unter dem ausdrücklich erklärten **Vorbehalt** auf, daß auch die **Akkreditivbank** diese **Dokumente**, so wie sie vorgelegt werden, **aufnimmt** (sog. Honorierung der Dokumente unter Vorbehalt, d.h. Auszahlung an den Exporteur unter Vorbehalt; auch "interner Vorbehalt" genannt; eine derartige Auszahlung unter Vorbehalt ist im übrigen stets auch eine Frage der Kreditwürdigkeit des akkreditivbegünstigten Exporteurs).
- Diese Möglichkeit wird von der Zweitbank im allgemeinen nur ergriffen, wenn sie im Zweifel ist, ob die Abweichungen der Dokumente von der handelsüblichen Ausgestaltung überhaupt als Mängel zu bewerten sind bzw. wenn ihr die **Mängel** an den Dokumenten als **nicht gravierend** erscheinen.

- Nimmt die Akkreditivbank (in der Regel nach Rücksprache mit dem Akkreditivauftraggeber) die Dokumente wider Erwarten nicht auf, dann wird der Exporteur mit dem unter Vorbehalt **ausgezahlten Akkreditivbetrag** zuzüglich der angefallenen Bankspesen und eventueller Zinsen **zurückbelastet**.

Information der Akkreditivbank (der akkreditiveröffnenden Bank)

- Die als Gültigkeits- und Benutzungs-/Zahlstelle eingesetzte Zweitbank informiert die Akkreditivbank über die Mängel der Dokumente per Telekommunikation und erbittet **Weisung** bezüglich der **Aufnahme oder** der **Zurückweisung** der Dokumente (sog. externer Vorbehalt). Diese Alternative ergreift die Zweitbank dann, wenn die Mängel an den eingereichten Dokumenten offenkundig bzw. erheblich sind.
- Die Akkreditivbank wird im Regelfall ihrerseits **Rücksprache mit dem Akkreditivauftraggeber** nehmen und sodann der Zweitbank die getroffene Entscheidung mitteilen.

Ersatzweises Dokumenteninkasso

- Die als Gültigkeits- und Benutzungs-/Zahlstelle eingesetzte Zweitbank empfiehlt dem akkreditivbegünstigten Exporteur die Dokumente unter Bezugnahme auf das Akkreditiv ersatzweise mittels Inkassoauftrag an die Akkreditivbank zu senden.
- Die Zweitbank wird eine derart schwerwiegende Empfehlung nur aussprechen, wenn alle übrigen Möglichkeiten zur Bereinigung der Mängel in den Dokumenten bzw. zur Erlangung der Zusage der Akkreditivbank bzw. des Akkreditivauftraggebers, die Dokumente mängelbehaftet aufzunehmen, fehlschlagen, aussichtslos oder nicht mehr möglich sind. Der **Exporteur verliert** in diesem Fall die **Sicherheit** des Akkreditivs.

Zurückweisung

- Schließlich kann die als **Benutzungs-/Zahlstelle** eingesetzte Zweitbank die **Dokumente** ohne Rücksprache mit der Akkreditivbank **von sich aus zurückweisen**.
- Diese Möglichkeit wird die Zweitbank nur ergreifen, wenn die **Mängel** in den Dokumenten **gravierend** sind und weder eine rechtzeitige Bereinigung der Mängel möglich noch eine Zustimmung der Akkreditivbank zur Aufnahme der mängelbehafteten Dokumente erlangbar erscheint.

Funktionen der Akkreditivbank (der akkreditiveröffnenden Bank)

- Sofern das Akkreditiv nicht bei einer Zweitbank im Land des akkreditivbegünstigten Exporteurs, sondern bei der - aus Sicht des Exporteurs ausländischen - Akkreditivbank selbst gültig und benutzbar-/zahlbar gestellt ist, kann die **Rückgabe** und die **Berichtigung** eingereichter mängelbehafteter Dokumente innerhalb der verbleibenden Akkreditivlaufzeit unter Umständen **kaum mehr vollzogen** werden. Auch unter diesem Blickwinkel erweist es sich für den Exporteur als vorteilhaft, wenn das Akkreditiv bei einer Bank in seinem Land bzw. bei seiner Hausbank benutzbar/zahlbar gestellt ist.
- Die **ERA** sehen im übrigen vor: *"Wenn die eröffnende Bank entscheidet, daß die Dokumente ihrer äußeren Aufmachung nach nicht den Akkreditiv-Bedingungen zu entsprechen scheinen, kann sie sich wegen eines Verzichts auf Geltendmachung der Unstimmigkeit(en) nach eigenem Ermessen an den Auftraggeber wenden. Dadurch verlängert sich jedoch nicht der in Artikel 13(b) erwähnte Zeitraum."* (Art. 14 c. ERA, Hervorhebung dch. d. Verf.).

Zurückweisung gemäß ERA

"Wenn sich die eröffnende Bank und/oder die etwaige bestätigende Bank oder eine für sie handelnde benannte Bank zur Zurückweisung der Dokumente entscheidet,

- *muß sie eine entsprechende Mitteilung unverzüglich, jedoch nicht später als am Ende des siebten Bankarbeitstages nach dem Tag des Dokumentenerhalts durch Telekommunikation oder, wenn dies nicht möglich ist, auf anderem schnellen Weg geben.*
- *Diese Mitteilung ist an die Bank zu richten, von der sie die Dokumente erhalten hat, oder an den Begünstigten, wenn sie die Dokumente unmittelbar von diesem erhalten hat.*
- *Diese Mitteilung muß alle Unstimmigkeiten nennen, aufgrund derer die Bank die Dokumente zurückweist und muß auch besagen, ob die Dokumente zur Verfügung des Einreichers gehalten oder ihm zurückgesandt werden"* (Art. 14 d. ERA, Hervorhebungen dch. d. Verf.).
- **Hinweis**: Eine weiterführende Erörterung erfahren die Merkmale, die Dokumente und die Abwicklungsmöglichkeiten von Akkreditiven im Rahmen des Kommentars zu den ERA. Siehe dazu Kapitel **"3.1 Dokumentenakkreditive: Kommentar und Einheitliche Richtlinien ...".**

1.5.4.3.3 Akkreditivbenutzung/Akkreditivauszahlung

Zweitbank (sog. andere Bank): Avisbank

- Ist die **Zweitbank lediglich avisierende Bank**, die akkreditiveröffnende Bank (Akkreditivbank) dagegen selbst Gültigkeits- und Benutzungs-/Zahlstelle des Akkreditivs, dann muß der akkreditivbegünstigte Exporteur die **Dokumente fristwahrend** bei der - aus seiner Sicht - ausländischen **Akkreditivbank** einreichen.
- Wenn der Exporteur die Dokumente trotzdem der avisierenden Bank vorlegt, was die Regel ist, dann übernimmt diese Zweitbank lediglich die Funktion einer **unverbindlichen Durchleitungs-/Weiterleitungsstelle**. Auch die Prüfung der Dokumente auf Übereinstimmung mit den Akkreditivbedingungen ist nur eine unverbindliche Serviceleistung der Zweitbank für den Exporteur, die die Akkreditivbank nicht bindet. Einen Zahlungsanspruch an die Zweitbank erwirbt der Exporteur durch die Einreichung der Dokumente nicht.

Zweitbank: Gültigkeitsstelle

- Ist die avisierende **Zweitbank** von der Akkreditivbank als **Gültigkeitsstelle**, nicht aber als Benutzungs-/Zahlstelle eingesetzt worden, nimmt sie die **Dokumente** vom Exporteur in Empfang, bescheinigt die **fristgerechte Einreichung** und leitet die Dokumente sodann an die als Benutzungs-/Zahlstelle fungierende Akkreditivbank weiter.
- Die Zweitbank ist in ihrer Eigenschaft als bloße Gültigkeitsstelle **nicht berechtigt**, die Dokumente im Namen und für Rechnung der Akkreditivbank förmlich aufzunehmen und - je nach Akkreditivart - Zahlung bzw. Akzept usw. zu leisten.
- **Hinweis: Gültigkeitstelle** (Ort für die Dokumentenvorlage vor Verfall) und **Benutzungs-/Zahlstelle** eines Akkreditivs können **gleichgesetzt**, aber auch **verschieden** sein. Einzelheiten und Vorkommen in der Praxis siehe Abschnitt "1.5.1.2.4 Begünstigter,

Bank des Begünstigten, Benutzungs-/Zahlstelle, Gültigkeitsstelle", mit einer tabellarischen Zusammenstellung der verschiedenen Funktionen/Stellen.

Zweitbank: Gültigkeits- und Benutzungs-/Zahlstelle

- Ist die avisierende **Zweitbank** von der Akkreditivbank als **Gültigkeits- und Benutzungs-/Zahlstelle** eingesetzt worden, dann ist die Zweitbank ermächtigt - je nach Akkreditivart - die **Auszahlung des Akkreditivgegenwerts** bzw. die Akzeptleistung usw. gegen Vorlage akkreditivkonformer Dokumente und bei Erfüllung der übrigen Akkreditivbedingungen an den akkreditivbegünstigten Exporteur im Namen und für Rechnung der Akkreditivbank vorzunehmen.
- Der akkreditivbegünstigte **Exporteur** hat jedoch zwei wesentliche Aspekte zu **beachten**:
  - Bei unbestätigten Akkreditiven hat der akkreditivbegünstigte Exporteur **keinen unmittelbaren Anspruch** an die als Benutzungs-/Zahlstelle eingesetzte Zweitbank auf Auszahlung bzw. Akzeptleistung usw. Sein Anspruch richtet sich stets gegen die Akkreditivbank (die akkreditiveröffnende Bank).
  - Die als Benutzungs-/Zahlstelle eingesetzte Zweitbank schreibt dem Akkreditivbegünstigten den Akkreditivgegenwert erst dann vorbehaltlos gut, wenn sie selbst den **Akkreditivgegenwert erlangt hat** bzw. wenn ihr Remboursierungsanspruch gesichert ist.

Zweitbank: Bestätigungsbank

- Nur wenn die **Zweitbank** das Akkreditiv **bestätigt** hat, kann der akkreditivbegünstigte Exporteur **unmittelbar Ansprüche** - je nach Akkreditivart - auf Auszahlung, Akzeptleistung usw. gegen die Zweitbank als Bestätigungsbank geltend machen, sofern er die Akkreditivbedingungen erfüllt, d.h. insbesondere akkreditivkonforme Dokumente eingereicht hat.

Vordrucke

- Die Banken stellen den Exporteuren Vordrucke zur **Dokumenteneinreichung** zur Verfügung, in denen die wesentlichen Arten der Dokumente aufgeführt sind.

Haftungsausschlüsse der Banken

- **Haftungsauschluß für Wirksamkeit von Dokumenten**
  "Die Banken übernehmen keine Haftung oder Verantwortung für Form, Vollständigkeit, Genauigkeit, Echtheit, Verfälschung oder Rechtswirksamkeit von Dokumenten oder für die allgemeinen und/oder besonderen Bedingungen, die in den Dokumenten angegeben oder denselben hinzugefügt sind. Sie übernehmen auch keine Haftung oder Verantwortung für Bezeichnung, Menge, Gewicht, Qualität, Beschaffenheit, Verpackung, Lieferung, Wert oder Vorhandensein der durch Dokumente vertretenen Waren, oder für Treu und Glauben oder Handlungen und/oder Unterlassungen sowie für Zahlungsfähigkeit, Leistungsvermögen oder Ruf der Absender, Frachtführer, Spediteure, Empfänger oder Versicherer der Waren oder irgendwelcher anderer Personen" (Art. 15 ERA, Hervorhebungen dch. d. Verf.).

- **Haftungsausschluß für Nachrichtenübermittlung**

  "Die Banken übernehmen keine Haftung oder Verantwortung für die Folgen von Verzögerungen und/oder Verlusten bei Übermittlung von Nachrichten, Briefen oder Dokumenten, sowie für Verzögerung, Verstümmelung oder sonstige Irrtümer, die aus der Übermittlung einer Telekommunikation resultieren. Die Banken übernehmen keine Haftung oder Verantwortung für Irrtümer bei der Übersetzung und/oder Auslegung von technischen Ausdrücken und behalten sich das Recht vor, Akkreditiv-Bedingungen unübersetzt weiterzugeben" (Art. 16 ERA, Hervorhebungen dch. d. Verf.).

- **Höhere Gewalt**

  "Die Banken übernehmen keine Haftung oder Verantwortung für die Folgen der Unterbrechung ihrer Geschäftstätigkeit durch Fälle höherer Gewalt, Unruhen, Aufruhr, Aufstand, Kriege oder irgendwelche anderen Ursachen, die außerhalb ihrer Kontrolle liegen, sowie durch irgendwelche Streiks oder Aussperrungen. Sofern sie hierzu nicht ausdrücklich ermächtigt sind, werden die Banken bei Wiederaufnahme ihrer Geschäftstätigkeit unter Akkreditiven, die während einer solchen Unterbrechung ihrer Geschäftstätigkeit verfallen sind, nicht zahlen, keine Verpflichtung zur hinausgeschobenen Zahlung übernehmen, keine Tratten akzeptieren bzw. nicht negoziieren" (Art. 17 ERA, Hervorhebungen dch. d. Verf.).

- **Weitere Haftungsausschlüsse** finden sich in Art. 18 ERA u.a.

- **Hinweis**: Eine weiterführende Erörterung erfahren die Merkmale, die Dokumente und die Abwicklungsmöglichkeiten von Akkreditiven im Rahmen des Kommentars zu den ERA. Siehe dazu Kapitel **"3.1 Dokumentenakkreditive: Kommentar und Einheitliche Richtlinien ...".**

Hinweise:

- Zur Abwicklung einer **Negoziierung** siehe auch Kapitel „2 Dokumentenakkreditive: Erläuterungen ...", Abschnitt 2.10.

- Zu **Negoziierungskrediten** (Bevorschussungskredite, Vorschüsse) der Banken in Verbindung mit Dokumentenakkreditiven siehe "Handbuch der Außenhandelsfinanzierung" (Verf.: S.G. Häberle, Oldenbourg-Verlag München und Wien).

2 Dokumentenakkreditive: Erläuterungen zur Kontrolle der Dokumente bei der Abwicklung

2 Dokumentenakkreditive: Erläuterungen zur Kontrolle der Dokumente bei der Abwicklung

Team Kommerzielles Auslandsgeschäft
der Vereins- und Westbank AG, Hamburg

2.1 Erläuterungen zur Kontrolle der Dokumente nach allgemeingültigen Kriterien sowie Haftungsausschlüsse der Banken u.a. bei der Akkreditivabwicklung

Erläuterungen zur Kontrolle der Dokumente nach allgemeingültigen Kriterien sowie Haftungsausschlüsse der Banken u.a. bei der Akkreditivabwicklung

Vorbemerkungen:

- **Voraussetzung und Grundlage** für die Akkreditivabwicklung sind die **ERA** (Revision 1993, ICC, Paris, Publ. Nr. 500, anwendbar ab 1.1.1994).
- Die folgenden Erläuterungen enthalten deswegen **Hinweise** auf die jeweils relevanten Artikel der **ERA**. Die **ERA** sind **im Beitrag** "3.1 Dokumentenakkreditive: Kommentar mit Wiedergabe der Einheitlichen Richtlinien und Gebräuche für Dokumenten-Akkreditive (ERA 500)" **abgedruckt.**
- Es sind grundsätzlich geltende **Incoterms** -sofern vereinbart-, **Embargo- und Boykottbestimmungen** und die **Außenwirtschaftsverordnung (AWV)** zu beachten.
- Die **Erläuterungen** zu den **weiteren Dokumenten,** die bei Akkreditivabwicklungen üblicherweise vorkommen, finden sich in den folgenden Abschnitten.
- Die Erläuterungen dienen lediglich der **stichwortartigen** und der **allgemeinen Information.** Die verschiedenen **Arten** der Dokumente und ihre **Funktionen** sind im **Textteil** (siehe Kap.7 "Exportdokumente ...") umfassend beschrieben.
- Zu beachten ist, daß in Akkreditiven eine **andere** als die nachstehende **Handhabung** vorgeschrieben sein kann bzw. von den Banken angewandt wird.

Allgemeingültige Prüfkriterien	Hinweis auf ERA Art.	Anmerkungen
Dokumentenzwang	**4 und 9 a**	• Eine Akkreditiveröffnung darf **keine** Zahlungsbedingung beinhalten wie: > Zahlung erfolgt nach Warenankunft oder > Zahlung erfolgt nach Weiterverkauf. **Allein die Dokumentenvorlage muß die Zahlung auslösen.** (Quelle: Publ.535 ICC, Paris)
	5 a und 12	• Für **ungenaue und nicht präzise genannte Akkreditivbedingungen** trägt die eröffnende Bank das Risiko, wenn die präsentierten Dokumente nicht den Vorstellungen entsprechen. z.B.: *Schreibt ein Akkreditiv eine Markierung der Ware vor, so sollte es auch angeben, ob* ***nur*** *diese Markierung zulässig ist. Wenn dem nicht so ist, dann werden Dokumente auch aufgenommen, wenn sie Zusätze zu den geforderten Markierungsangaben enthalten.* (Quelle: Publ.535 ICC, Paris) Unvollständige oder unklare Weisungen zur Avisierung, Bestätigung oder Änderung eines Akkreditives erfordern die Rücksprache der Akkreditivstelle bei der Akkreditivbank
	5 b	Die im Kontrakt vereinbarten Dokumente sollten auch unter einem Akkreditiv angefordert werden. • Unter einem Dokumentenakkreditiv müssen grundsätzlich Dokumente eindeutig vorgeschrieben und beschrieben werden, dieses in Anzahl, Aufmachung und Inhalt einschließlich der eventuellen Beibringung eines gezogenen Wechsels. z.B.: *Wenn im Akkreditiv vorgeschrieben ist: "Die Ware muß frei von Pestiziden sein", dann muß auch ein Attest (Dokument) darüber in den Akkreditivbedingungen verlangt sein.* *Wenn* ***kein*** *separater Nachweis gefordert ist, dürfen die geforderten Dokumente allerdings nicht im Widerspruch zu dieser Angabe stehen.*

Stand-by-Akkreditive	1	• Der Hinweis in Art.1, daß die ERA 500 einschließlich soweit anwendbar auch für Stand-by-Akkreditive gelten, schließt jedoch eine weitergehende Dokumentation nicht aus, die dann ensprechend den Regularien der ERA 500 unterliegen. Stand-by-Akkreditive können auch der ab 01.01.1999 gültigen ISP 98 (International Standby-Practices) der ICC Publ. 590 an Stelle der ERA 500 unterliegen.
	9 a und 13 a	• Bei Stand-by-Akkreditiven sollten keine Transportdokumente verlangt werden, **ein Stand-by-Akkreditiv ist eine Garantieform und verlangt daher zur Inanspruchnahme nur eine entsprechende Erklärung.**
Unstimmige Dokumente unter einem bestätigten Akkreditiv	**9 b**	• Werden der **bestätigenden** Bank unstimmige Dokumente vorgelegt, für die eine Zahlungsermächtigung angefordert und eingegangen ist, muß die bestätigende Bank Zahlung leisten. Sie kann nicht vorgeben, ihre Bestätigung sei unwirksam, weil unstimmige Dokumente vorgelegt worden sind (auch wenn die Gültigkeit bereits abgelaufen wäre), es sei denn, **die bestätigende Bank hat bei Vorlage der Dokumente dem Begünstigten die Unwirksamkeit der Bestätigung schriftlich erklärt;** **d.h.:** *Werden einer bestätigenden Bank Dokumente mit Unstimmigkeiten präsentiert, so muß sie folgendes beachten: - sollten die dann auf "approval-Basis" ausgesandten Dokumente von der eröffnenden Bank akzeptiert werden, kommt dieses einer Akkreditivänderung gleich, der sie durch Vorlage der Dokumente bereits zustimmt, und die bestätigende Bank steht wieder im Obligo! Sollte sie dies nicht wollen, so muß sie bei Dokumentenversand sowohl dem Begünstigten als auch der eröffnenden Bank mitteilen, daß sie sich aufgrund der Unstimmigkeiten unter ihrer Bestätigung nicht mehr in ihrer Zahlungsverpflichtung sieht.* (Quelle: Publ.535 ICC, Paris)

Nachrichtenübermittlung	**11 a und 16**	• Die bloße Anmerkung in einer vollinhaltlichen Akkreditiveröffnung per Telekommunikation, es würde eine **briefliche Bestätigung folgen, ändert nichts an der Tatsache, daß die Telekommunikation das Instrument für die Inanspruchnahme des Akkreditives darstellt.** **Die briefliche Bestätigung wird von den Banken nicht geprüft.** (Quelle: Publ.535 ICC, Paris)
Grundsatz der Dokumentenprüfung	**13 a**	• Die Feststellung, ob vorgeschriebene Dokumente der äußeren Aufmachung nach den Akkreditivbedingungen entsprechen, richtet sich nach dem **Standard internationaler Bankenpraxis**, wie er sich in den ERA widerspiegelt. • Die Banken müssen alle im Akkreditiv vorgeschriebenen Dokumente mit angemessener **Sorgfalt prüfen**, um festzustellen, ob sie ihrer **äußeren Aufmachung** nach den Akkreditivbedingungen zu entsprechen scheinen. • Die Echtheit der Dokumente, einschließlich der Verlade- und Versicherungspapiere, wird unterstellt. • **Urkunden** und **Zertifikate** müssen grundsätzlich mit **Unterschriften** versehen sein. Das Handeln im **guten Glauben** ist nur im Rahmen einer Beweisführung zu widerlegen. • Dokumente, die sich ihrer äußeren Aufmachung nach untereinander widersprechen, werden als nicht akkreditivgemäß betrachtet.
	13 c	• Im Akkreditiv nicht vorgeschriebene Dokumente werden von den Banken nicht geprüft und gehen vorzugsweise an den Einreicher zurück. **Begründung:** *Diese Dokumente könnten widersprüchliche Angaben zu den Akkreditivdokumenten/ -bedingungen beinhalten und den Zahlungsanspruch **(Treu und Glauben)** gefährden.*

		• Banken beachten keine Akkreditivbedingungen, wenn hierfür keine Dokumente vorgelegt werden müssen wie z.B. *"Die Ware muß für den menschlichen Verzehr geeignet sein".* Es sei denn, die Akkreditivbedingung ist klar einem geforderten Dokument zuzuordnen: z.B. *"Goods to be of German origin", dann ist der Ausweis im Ursprungszeugnis erforderlich.* **Die Banken entscheiden über die Aufnahmefähigkeit der Dokumente!** (Quelle: Publ.535 ICC, Paris)
Frist zur Dokumentenprüfung, d.h. die Sachbearbeitung bei den abwickelnden Stellen, sie beträgt:	**13 b und 14 d**	• Bei Import-Akkreditivabwicklungen (im Ausland negoziierbar) beginnt die Frist (7 Bankarbeitstage) erst **nach Präsentation des vollständigen Dokumentensatzes** bei der eröffnenden Bank. • Wird in einem Akkreditiv verlangt, daß die Dokumente bei einer anderen Bank als der eröffnenden Bank einzureichen sind, beginnt die **Prüfzeit von 7 Bankarbeitstagen nach dem Erhalt der Dokumente bei der anderen Bank** (Quelle: Publ.535 ICC, Paris)
	17	• Dokumentenablehnung kann nach Ablauf dieser Frist von der eröffnenden Bank nicht mehr vorgenommen werden. **Ausnahme**: höhere Gewalt/force majeur
Präsentationsfrist	**13 b**	• Mit dem Anerkenntnis der ERA für die Dokumentenabwicklung gelten deren Auflagen und Bearbeitungen vollinhaltlich, auch wenn diese in dazu geeigneten Passagen nicht ausdrücklich zitiert werden, z. B. *Präsentationsfrist der Dokumente innerhalb von 21 Tagen nach Verschiffung/Versendung/Übernahme etc.*

Ergänzende Kriterien		• Keine widersprüchliche **Warenbeschreibung** innerhalb der Dokumente, vollständig und übereinstimmend in der Rechnung, global in den restlichen Dokumenten. • Dokumente müssen jedoch eindeutig zugeordnet werden können (**Markierung**). z.B.: *Ein Ursprungszeugnis hat den Ursprung der Ware zu bestätigen, ergänzende Hinweise wie Gewicht können fehlen.* • **Original-Dokumente** müssen als Original gekennzeichnet sein, auch wenn sie mit Original-Unterschrift versehen sind. (Ausnahme: siehe Erläuterung ERA Art. 20) • Formular-Dokumente mit Leerfeldern können aufgenommen werden, sofern diese keine wesentlichen Bestandteile des Dokumentes darstellen und das Akkreditiv hierüber keine Vorgaben beinhaltet.
Unstimmige Dokumente / Benachrichtigungen	14	**Grundsätzliche Handlungsalternativen bei Einreichung unstimmiger (mangelhafter) Dokumente:** • **Rückweisung der Dokumente an den Einreicher mit Benennung sämtlicher Unstimmigkeiten:** - Jede Nachbesserung gilt als neue Dokumenteneinreichung und muß sich im Rahmen der Präsentationsfrist / Akkrediv-gültigkeit bewegen. - Außerdem muß es sich um Unstimmigkeiten in den Dokumenten handeln, die sich nachträglich bereinigen lassen (guter Glaube). ***Die Nachbesserung von Unstimmigkeiten ist nicht mehr möglich, wenn nachweislich Vorausdokumente versandt wurden.***
	14	• **Änderung des Akkreditives / der Akkreditivbedingungen**: - Der **Akkreditivbegünstigte** (Exporteur) kann beim **Akkreditivauftraggeber** (Importeur) eine Änderung beantragen, der seinerseits den **Änderungsauftrag** der eröffnenden Bank erteilen muß.

- Eine Änderung bedarf der Zustimmung aller Beteiligten, also auch der eröffnenden und der etwaigen bestätigenden Bank.

- Auch wenn sich die Akkreditiv**stelle** mit in die Einholung einer Änderung einschaltet, ist eine Dokumentenaufnahme, die diese Änderung vorausschauend bereits berücksichtigt, nicht möglich.

• **Verzicht auf Geltendmachung der Unstimmigkeiten**:

- Diese Alternative setzt die Genehmigung des Akkreditivauftraggebers (Importeurs) und der Akkreditivbank zur Dokumentenaufnahme trotz Unstimmigkeit(en) voraus. -schriftlich über die eröffnende Bank-.

- Nebenabsprachen, die eine Dokumentenaufnahme trotz Unstimmigkeiten zum Inhalt haben, sind **nicht** akkreditivwirksam.

- Honoriert die Akkreditivbank Dokumente mit Abweichungen, begründet dies kein Gewohnheitsrecht für künftige (Teil-) Ausnutzungen.

Es wird daher empfohlen bei Teilziehungen mit Unstimmigkeiten in den Dokumenten bei der Aufnahme derselben darauf hinzuweisen, daß die **Aufnahme nur für die Zahlung** erfolgt und **keine Änderung der Akkreditivbedingungen** darstellt.

(Quelle: Publ.535 ICC, Paris)

14

• **Dokumentenaufnahme unter Vorbehalt:**

Die Aufnahme von Dokumenten unter **Vorbehalt** obliegt der negoziierenden Bank/Akkreditivstelle, sofern dies im Akkreditivtext nicht eingeschränkt wurde. Sie ist mit einer Kreditgewährung gleichzusetzen und sollte einer ensprechenden Bonitätsprüfung standhalten. **Rückzahlungs**verpflichteter gegenüber der Akkreditivbank ist die aufnehmende Bank.

Die Einreicherbank hat **alle** Unstimmigkeiten zu nennen und nicht nur allgemein auf unstimmige Dokumente hinzuweisen als Begründung der Dokumentenaufnahme **unter Vorbehalt** gegenüber dem Begünstigten.

- **Nachschieben von Unstimmigkeiten ist nicht möglich.** Alle Unstimmigkeiten müssen bei der **1. Zurückweisung** seitens der mit der Prüfung der Dokumente beauftragten Bank genannt werden.

(Quelle: Publ.535 ICC, Paris)

- Der **Vorbehalt** beinhaltet die Verpflichtung der Akkreditivstelle/negoziierenden Bank sowie des Akkreditivbegünstigten zur **Rückzahlung** des Dokumenten-Gegenwertes zuzüglich Zinsen, Auslagen und eventuelle Refinanzierungskosten/Kursdifferenzen im Falle einer Dokumentenablehnung durch die Akkreditivbank.

  Die Laufzeit dieser **Rückzahlung**sverpflichtung, sofern keine schriftliche Rückweisung erfolgt, läßt sich eingrenzen in Postlauf- und Bearbeitungszeit (Erfahrungswert 4 Wochen).

  Die Akkreditivbank hat sich bei der Erstellung von Akkreditiven oder frei negoziierbaren Handelskreditbriefen mit Rembourswelsungen darüber klar zu sein, daß diese **Rückzahlungs**verpflichtung u.U. ins Leere gehen kann (Devisentransferbeschränkungen, Negoziierung durch dritte nicht bekannte Adressen).

- Das **Ausfallrisiko** verbleibt beim Auftraggeber sofern dieser die Bank und Akkreditivform vorgibt und auf das Risiko hingewiesen wurde.

- Eine eröffnende Bank ist **nicht verantwortlich** bei Rückgabe von Dokumenten an den Einreicher **etwaige Indossamente auf den Konnossementen** anzubringen.

(Quelle: Publ.535 ICC, Paris)

		• Sollte die Akkreditivstelle / negoziierende Bank der Dokumentenaufnahme unter Vorbehalt **nicht** zustimmen, wird empfohlen, unstimmige Dokumente nur auf **"Ermächtigungsbasis" (approval-basis)** unter dem Akkreditiv und **nicht** auf "Inkassobasis" an die eröffnende Bank zu senden wegen etwaiger Importlizenzen. (Quelle: Publ.535 ICC, Paris) • *Es gilt grundsätzliche die 7-Tage Frist zur Zurückweisung der Dokumente für alle beteiligten Banken.* (Quelle: Publ.535 ICC, Paris)
Mitteilung von Unstimmigkeiten unter Banken	**14 d**	• Ist die einreichende Bank per Telekommunikation nicht erreichbar, ist auch die **Zurückweisung** der Dokumente **mittels Kuriersendung** zulässig. (Quelle: Publ.535 ICC, Paris)
Unterschriftenprüfung	**15**	• Banken übernehmen **keine Haftung** für die Richtigkeit von Unterschriften auf Dokumenten, **selbst wenn Unterschriftenproben dem Akkreditiv beigefügt wurden.** (Quelle: Publ.535 ICC, Paris)
Haftungsausschluß für die Nachrichtenübermittlung	**16**	• Die Warenbeschreibung muß vom Akkreditivauftraggeber so vorgegeben werden wie diese im Akkreditiv selbst und in den Dokumenten ausgewiesen werden soll (keine Übersetzung). Es werden nur Bedingungen übernommen, die der Akkreditivbank plausibel erscheinen und im üblichen Geschäftsumfang prüfbar sind (z.B. Frachtbriefe im Russlandverkehr in kyrillischer Sprache werden nicht akzeptiert).

Höhere Gewalt / unausgenutzt verfallene Akkreditive	17	• Im Ausland gültige Akkreditive gelten erst nach Rückbestätigung durch die Akkreditivstelle als unausgenutzt verfallen. • Frei negoziierbare CLC (Handelskreditbriefe) können erst nach Rückgabe der Originalurkunde endgültig als erledigt betrachtet werden.
Haftungsausschluß für Handlungen einer beauftragten Partei	18	• In der Praxis wird es jedes Kreditinstitut vorziehen, Akkreditiveröffnungen über eine ihr bekannte Korrespondenzbank avisieren zu lassen, da hier eine erprobte, reibungslose Abwicklung unterstellt werden kann. Insbesondere ist dies wichtig, wenn an dieses Institut eine Zahlstellenfunktion übertragen wird (Treuhandfunktion für den Auftraggeber) und gegebenenfalls ein Bestätigungsauftrag erteilt wird (setzt eine Kreditvereinbarung voraus). Da die avisierende Stelle für die Authentizität des Akkreditives garantiert, ist eine vorhandene Infrastruktur unter Banken erforderlich. Der Haftungsausschluß wie in Art. 18 ERA vorgesehen, läßt sich im Bedarfsfall ohne Belastung der Kundenverbindung wohl nicht immer durchsetzen (Fehlverhalten der eigenen Favoritenbank siehe Ausfallrisiko). • In der Akkreditivabwicklung werden die **Spesen**, sofern weitere Vorgaben fehlen, nach dem Verursacherprinzip berechnet. Sofern unabdingbar sichergestellt werden soll, daß die Spesen und Auslagen von Dritten zu übernehmen sind, ist die entsprechende Dienstleistung von der Kostenübernahme ausdrücklich abhängig zu machen. z.B.: *Bestätigungskosten zu Lasten des Begünstigten: "You are authorized to add your confirmation provided beneficiaries bear the confirmation commission."* • Der Auftraggeber verpflichtet sich ebenfalls, auch die Rechtsberatungs-, Gerichts- sowie Prozeßkosten zu zahlen, die z.B. entstehen könnten bei einer mißbräuchlichen Inanspruchnahme des Akkreditives.

Unklarkeit über Aussteller von Dokumenten	20	• Ist ein Dokument unterzeichnet vorzulegen, ist es nur aufnehmbar, wenn die Unterzeichnung auf dem **Original** erscheint. **Faxkopien, die Unterschriften tragen, gelten nicht als unterzeichnet.** (Quelle: Publ.535 ICC, Paris) • Wenn ein Akkreditiv 3/3 Original-Konnossemente verlangt, sind 1/3 **Original**, 1/3 **Duplicate** und 1/3 **Triplicate** Konnossemente akzeptabel (siehe auch Abschnitt 2.2). (Quelle: Publ.535 ICC, Paris) • Ein im Original vorgelegtes Dokument (augenscheinlich maschinengeschrieben oder handschriftlich) muß nicht zusätzlich mit "**Original**" gekennzeichnet sein. (Quelle: Publ.535 ICC, Paris)
Unbestimmte Aussteller oder Inhalte von Dokumenten	21	• Inspektionszertifikate müssen datiert sein und ausweisen, daß die Inspektion vor Verschiffung erfolgte (siehe auch Abschnitt 2.8). (Quelle: Publ.535 ICC, Paris) • Packlisten müssen nicht vom Begünstigten ausgestellt und unterzeichnet sein, sie benötigen kein Datum (siehe auch Abschnitt 2.8). (Quelle: Publ.535 ICC, Paris) • **Ein FCR (Spediteur-Übernahme-Bescheinigung) ist kein Transportdokument im Sinne der ERA.** • Wenn ein Konnossement an die Order der eröffnenden Bank ausgestellt werden soll, kann nicht erwartet werden, daß das Ursprungszeugnis ebenso aufgemacht ist, sondern den Endempfänger der Ware ausweist. Dieses Ursprungszeugnis ist aufnahmefähig. (Quelle: Publ.535 ICC, Paris)

Ausstellungsdatum von Dokumenten	22	• Ein Ursprungszeugnis kann auch vom Begünstigten und nach Verschiffung ausgestellt sein. (Quelle: Publ.535 ICC, Paris) • Generell können Dokumente vor Akkreditiveröffnung ausgestellt sein. Jedoch sollte auf die Vorlagefrist geachtet werden. (Quelle: Publ.535 ICC, Paris) • Der Begriff "stale documents acceptable" würde z.B. die 21 Tage Präsentationsfrist außer Kraft setzen.
Stand-by Akkreditive	41	• Bei Stand-by-Akkreditiven mit Teilinanspruchnahme zu bestimmten Terminen sollte unbedingt der Hinweis **"Art. 41 nicht anwendbar"** erscheinen. (Quelle: Publ.535 ICC, Paris)
Verfall des Akkreditives	42	• Ist ein Akkreditiv negoziierbar bei einer Bank, gilt die **Negoziierung** von Dokumenten **fristwahrend**.
Termine im Akkreditiv	42 43 44	• Der Exporteur hat folgende Termin zu beachten: - Verfall des Akkreditives, - Letztes (evtl.frühestes) Verladedatum (sofern im Akkreditiv vorgeschrieben), - Vorlagefrist gemäß Art. 43a ERA, sofern nicht anders bestimmt. Das letzte Datum der Verladung und die benannte Akkreditivgültigkeit kann differieren. Die Vorlagefrist kann eine Akkreditivgültigkeit **verkürzen.** • Sofern das Akkreditiv **keine** Weisungen vorgibt: Differenz zwischen letztem Verladedatum und Akkreditivgültigkeit **weniger** 21 Tage = **unschädlich** für die Akkreditivwirksamkeit. Einreichungsfrist verkürzt sich zum Ende der Laufzeit.

		• Differenz zwischen letztem Verladedatum und Akkreditivgültigkeit **mehr** als 21 Tage = **schädlich** für die Akkreditivwirksamkeit, Klärungsbedarf mit der Akkreditivbank. • Sollte die Präsentationsfrist (21 Tage) auf einen Bankfeiertag fallen, **verlängert** sich die Vorlagefrist auf den folgenden Bankarbeitstag nach Akkreditivgültigkeit. Gilt **nicht** für das **letzte Verladedatum.** • Hinweis für die Banken: Bei Verlängerung der Verfallfrist gem. Art. 44 a muß eine entsprechende **Erklärung** seitens der aufnehmenden Bank sowohl gegenüber der Akkreditivbank als auch der Remboursstelle abgegeben werden. • Die Einzelheiten zu den verschiedenen Terminen in Akkreditiven sind in die "Prüfliste des Exporteurs für avisierte/ eröffnete Akkreditive ..." detailliert aufgenommen. Siehe dazu Kap. 1 "Dokumentenakkreditive: Arten, Abwicklungen, Fallbeispiele, Prüflisten".

2.2 Erläuterungen zur Kontrolle der Konnossemente bei der Akkreditivabwicklung – mit Exkursen zu den Besonderheiten von nichtbegebbaren Seefrachtbriefen und Charterpartie-Konnossementen

Erläuterungen zur Kontrolle der Konnossemente bei der Akkreditivabwicklung – mit Exkursen zu den Besonderheiten von nichtbegebbaren Seefrachtbriefen und Charterpartie-Konnossementen

Vorbemerkungen:

- **Voraussetzung und Grundlage** für die Akkreditivabwicklung sind die **ERA** (Revision 1993, ICC, Paris, Publ. Nr. 500, anwendbar ab 1.1.1994).
- Die folgenden Erläuterungen enthalten deswegen **Hinweise** auf die jeweils relevanten Artikel der **ERA**. Die **ERA** sind **im Beitrag** "3.1 Dokumentenakkreditive: Kommentar mit Wiedergabe der Einheitlichen Richtlinien und Gebräuche für Dokumenten-Akkreditive (ERA 500)" **abgedruckt.**
- Es sind grundsätzlich geltende **Incoterms** -sofern vereinbart-, **Embargo- und Boykottbestimmungen** und die **Außenwirtschaftsverordnung (AWV)** zu beachten.
- Die **Erläuterungen** zu den **weiteren Dokumenten,** die bei Akkreditivabwicklungen üblicherweise vorkommen, finden sich in den folgenden Abschnitten.
- Die Erläuterungen dienen lediglich der **stichwortartigen** und der **allgemeinen Information**. Die verschiedenen **Arten** der **Konnossemente** und ihre **Funktionen** sind im **Textteil** (siehe Kap. 7 "Exportdokumente ...") umfassend beschrieben.
- Zu beachten ist, daß in Akkreditiven eine **andere** als die nachstehende **Handhabung** vorgeschrieben sein kann bzw. von den Banken angewandt wird.

Kriterien	Hinweis auf ERA Art.	Anmerkungen
Allgemeine Kriterien		• Neben den vorliegenden, speziell auf Transportdokumente bezogenen Erläuterungen, sind die für alle Dokumente gültigen **"Erläuterungen zur Kontrolle der Dokumente nach allgemeingültigen Kriterien ..."** (siehe Abschnitt 2.1) heranzuziehen.

		• Die Bedingungen des Frachtvertrages (Seite 1 des Konnossements, d.h.= Rückseite) sowie die Einzelheiten des Versicherungsvertrages werden nicht geprüft. • Versicherungs-, Transportdokuments- und Konnossementsweisungen sind klar und nachvollziehbar in den Urkunden zu dokumentieren. • Orderpapiere müssen begebbar sein mittels Blankoindossamenten. • Weist ein Konnossement zur im Akkreditiv geforderten Ware zusätzliche Verladungen aus, ist es **nicht aufnahmefähig**. Dies gilt auch für kostenfreien Beipack.
Aussteller / Unterschrift	**23 a**	
An-Bord-Vermerk	**23 a**	
Übernahmekonnossement / nachträglicher An-Bord-Vermerk	**23 a**	• Die Banken nehmen ein Übernahmekonnossement (Empfangen zur Verschiffung: Received for Shipment Bill of Lading), welches ausweist, daß die Ware übernommen oder zur Verladung in Empfang genommen worden ist, nur an, wenn es im **Akkreditiv ausdrücklich zugelassen** ist. • Ein Übernahmekonnossement kann jedoch durch einen Vermerk, welcher ausweist, daß die Ware **an Bord eines namentlich genannten Schiffes (mit Datum)** verladen wurde, zum "An Bord-Konnossement" gemacht werden. In diesem Fall gilt das Datum des **An-Bord-Vermerks** als **Verladedatum (Date of Shipment)**. Eine Unterschrift oder ein Handzeichen beim "An-Bord-Vermerk" verlangen die ERA nicht.
Verladehafen / Löschungshafen	**23**	• Ist ein **Hafen-zu-Hafen**-Konnossement verlangt, muß das Konnossement den im Akkreditiv genannten **Beladehafen als "port of loading"** und **Ausladehafen als "port of discharge"** und nicht als "place of final destination" ausweisen.
	23 a III a	• Eine Be- bzw. Entladung im Container-Yard/ Freight Station des Verschiffungs- bzw. Bestimmungshafens wird nicht als abweichender Verladeort und / oder Umladung angesehen.

	23 a III b	• Weist ein Konnossement z.B. folgenden Transportweg aus: place of receipt: Frankfurt/Main **intended** port of loading: Hamburg **intended** port of discharge: Hongkong, ist dieses **unschädlich**, vorausgesetzt 1. das Konnossement weist zusätzlich zum datierten "on board"- Vermerk den Namen des die Ware tragenden Schiffes und den tatsächlichen Verlade- und Löschhafen aus; 2. Verlade- und Bestimmungshafen sind definitiv genannt. • Im Rahmen von Charterverträgen ist der Hinweis z.B. "North Sea Port at buyers option" üblich, der dann auch wörtlich im Akkreditiv vorgegeben sein muß.
Originale / voller Satz Konnossemente	**23 a IV**	
Beförderungsbedingungen	**23 a V**	
Charterpartie u.ä.	**23 a VI**	• siehe auch Erläuterungen Charterpartie
Umladung	**23 b, c, d**	
"An-Deck-Verladung"	**31**	
shipper's load and count" u.ä.	**31**	
Adressat / Absender	**31**	
Notify-Adresse		• Schreiben die Akkreditivbedingungen eine Notify-Adresse (Benachrichtigungsadresse, Meldeadresse) im Konnossement vor, dann muß diese übereinstimmen.
Ordervermerk und Indossament		• Zu beachten ist, daß ein Konnossement nur durch ausdrücklichen Ordervermerk zum (gekorenen) **Orderpapier** wird. Mangels ausdrücklichen Ordervermerks ist ein Konnossement stets ein Namens-(Rekta-) Papier. • Schreiben die Akkreditivbedingungen ein Order-Konnossement vor, muß das Konnossement einen Ordervermerk, z.B. "to the order of ...", ausweisen.

		• Das Orderkonnossement ist vom Berechtigten (Remittenten) ordnungsgemäß **(evtl. blanko)** zu **indossieren.**
Warenbeschreibung	37 c	• Im Konnossement kann die Warenbeschreibung global enthalten sein. Es empfiehlt sich jedoch, in sämtlichen Dokumenten die **gleiche Warenbezeichnung** zu verwenden, will man Ermessensentscheidungen bei den Banken ausschließen.
"Reines" Konnossement	32 a	• Die ICC, Paris, hat unter der Broschüre Nr. 473 "Clean Transportdocuments" warentypische Konnossementsklauseln veröffentlicht, die schädlich bzw. unschädlich sind. • Mängel an der Verpackung machen ein Konnossement "**unclean**".
"claused" Konnossement		• Mängel an der Ware machen ein Konnossement "**claused**", aber nicht unbedingt "unclean". • **"Unclean" und "claused " ist nicht aufnahmefähig unter Akkreditiven.** • Wenn in einem Transportdokument in Bezug auf die Verpackung z.B. "Paper/plastic Bags" eine sogenannte "Disclaimer Clause", also Haftungsauschluß angebracht wird, so ist das Dokument dennoch als "clean" anzusehen und kann nicht abgelehnt werden.
Änderungen im Konnossement		• Evtl. **Änderungen** im Konnossement sind vom Frachtführer oder dessen Agent abzuzeichnen, z.B. mit dem Vermerk"alteration approved" sowie Handzeichen bzw. Unterschrift mit Firmenstempel.
Fracht- bzw. Transportkosten (Kurzbezeichnung: Fracht)	33	• Die Frankatur im Transportdokument muß mit den Akkreditivbedingungen übereinstimmen. Übereinstimmung mit den **Lieferbedingungen.** Übereinstimmung mit der **Rechnung.**

Teilverladung / Teilinanspruchnahme	**40**	
Verladedatum		• Zur **Definition des Verladedatums** siehe Erläuterungen "Verladung an Bord/On-Board-Vermerk".

Nicht begebbarer Seefrachtbrief **non-negotiable sea waybill (Express Bill)**		
	24	• Der nicht begebbare Seefrachtbrief - ist eine **Empfangsbescheinigung** des Frachtführers über den Erhalt der Güter; - ist eine **Beweisurkunde** über den Abschluß eines Beförderungsvertrages; - ist ein **Legitimationspapier**. Die Ware wird gegen Legitimation ausgehändigt. Eine Rückgabe des Frachtbriefes ist nicht erforderlich; - ist **kein Warenwertpapier / Traditionspapier**, kein nachträgliches Warenverfügungsrecht; - ist nicht handelbar, und/oder übertragbar. - Nachträgliche Änderungen können nicht vorgenommen werden. • Die Mindestanforderungen für das Seekonnossement gelten auch hier (gleiche Bestandteile nach HGB Buch 5 § 643). • Die sonstigen Anforderungen für das Seekonnossement gelten auch hier.

Charterpartie-Konnossement (Charter Party Bill of Lading)		
	25	• In der Praxis trägt ein vom Master (Kapitän) gezeichnetes Charterpartie-Konnossement zusätzlich zur Unterschrift den Schiffsstempel.
		• Der Name des Frachtführer ist nicht zwingend anzugeben (ergibt sich aus dem Charter-Vertrag).
		• Üblicherweise wird der Frankaturvermerk "freight as per charter party" ausgewiesen.
		• Das Charterpartie-Konnossement enthält in der Regel keine Konnossementsbedingungen.
"Intended" Vermerk		• Ein "intended"-Vermerk hinsichtlich des Schiffes und/oder des Verlade- und Löschungshafen ist nicht zulässig.
Umladung		• Umladungen sind nicht möglich.
Originale / voller Satz		• Charterpartie-Konnossemente können als 1/1 Originale vorkommen.
Vom Spediteur ausgestelltes Transportdokument		
	30	• Wenn das Akkreditiv jedoch **ausdrücklich** zuläßt, daß das Transportdokument vom **Spediteur in seiner Eigenschaft als Frachtvermittler** ausgestellt und unterzeichnet sein kann, z.B.: *bills of lading issued and signed by.....* (Name des Spediteurs) *as Forwarding Agent,* dann ist das Dokument aufnahmefähig, auch wenn es keinen Frachtführer ausweist und nur die Spediteurunterschrift ohne Frachtführereigenschaft oder Agentenhinweis trägt.

2.3 Erläuterungen zur Kontrolle des multimodalen Transportdokuments bei der Akkreditivabwicklung

Erläuterungen zur Kontrolle des multimodalen Transportdokuments bei der Akkreditivabwicklung

Vorbemerkungen:

- **Voraussetzung und Grundlage** für die Akkreditivabwicklung sind die **ERA** (Revision 1993, ICC, Paris, Publ. Nr. 500, anwendbar ab 1.1.1994).
- Die folgenden Erläuterungen enthalten deswegen **Hinweise** auf die jeweils relevanten Artikel der **ERA**. Die **ERA** sind **im Beitrag** "3.1 Dokumentenakkreditive: Kommentar mit Wiedergabe der Einheitlichen Richtlinien und Gebräuche für Dokumenten-Akkreditive (ERA 500)" **abgedruckt.**
- Es sind grundsätzlich geltende **Incoterms** -sofern vereinbart-, **Embargo- und Boykottbestimmungen** und die **Außenwirtschaftsverordnung (AWV)** zu beachten.
- Die **Erläuterungen** zu den **weiteren Dokumenten,** die bei Akkreditivabwicklungen üblicherweise vorkommen, finden sich in den vorangehenden und folgenden Abschnitten.
- Die Erläuterungen dienen lediglich der **stichwortartigen** und der **allgemeinen Information**. Das **multimodale Transportdokument** und dessen **Funktionen** sind im **Textteil** (siehe Kap.7 "Exportdokumente ...") umfassend beschrieben.
- **Hinweis**: Siehe auch Abschnitt 2.2 "Erläuterungen zur Kontrolle der Konnossemente bei der Akkreditivabwicklung ...".
- Zu beachten ist, daß in Akkreditiven eine **andere** als die nachstehende **Handhabung** vorgeschrieben sein kann bzw. von den Banken angewandt wird.

Kriterien	Hinweis auf ERA Art.	Anmerkungen
Allgemeine Kriterien	**26**	• Neben den vorliegenden, speziell auf Transportdokumente bezogenen Erläuterungen, sind die für alle Dokumente gültigen **"Erläuterungen zur Kontrolle der Dokumente nach allgemeingültigen Kriterien ..."** (siehe Abschnitt 2.1) heranzuziehen. • Bei Dokumenten des sog. kombinierten Transports (**multimodales** Transportdokument) handelt es sich um solche, die den Transport von Gütern über die Gesamstrecke vom Empfangsort bis zum endgültigen Bestimmungsort durch **mindestens zwei verschiedene Transportarten** abdecken.

- Wenn Seeverladung eingeschlossen ist, tragen die Dokumente Bezeichnungen wie
  - Combined Transport BILL OF LADING,
  - CONTAINER BILL OF LADING,
  - BILL OF LADING for Combined Shipment or Port to Port Shipment oder ähnliches.

  Vergleich zum klassischen Seekonnossement ergänzende Inhaltsangaben:
  Neben den üblichen Angaben über "Port of Loading "und "Port of discharge", enthält das multimodale Transportdokument zwei zusätzliche Ortsangaben, nämlich "Place of receipt" (Empfangsort) und den "Place of delivery" (endgültiger Bestimmungsort),

  z.B.:
  *Verlangt das Akkreditiv eine Verladung von Frankfurt nach Johannesburg, so kann das Transportdokument als Verlade**hafen** Hamburg und als Löschungs**hafen** Durban ausweisen. Es kommt darauf an, daß der **Übernahmeort Frankfurt** und der **endgültige Bestimmungsort Johannesburg** mit den Akkreditivbedingungen übereinstimmt.*

- Ein **multimodales Transportdokument** ist
  - eine **Empfangsbescheinigung** des Frachtführers über den Erhalt der Güter,
  - eine **Beweisurkunde** über den Abschluß eines Beförderungsvertrages,
  - (wenn Seeverladung eingeschlossen ist) ein **Warenwertpapier / Traditionspapier,** denn es verkörpert die Ware (siehe Seekonnossement),
  - (wenn Seeverladung eingeschlossen ist) ein **Legitimationspapier**. Die Ware wird nur an den legitimierten Inhaber der Urkunde ausgehändigt,
  - (wenn Seeverladung eingeschlossen ist) ein **Präsentationspapier**. Der Herausgabeanspruch besteht unabhängig vom Grundgeschäft und unterliegt nur den aus der Urkunde selbst ersichtlichen Bedingungen. Daher besteht ein Vorlegungszwang.

23

- Verlangt eine Akkreditivbedingung das klassische Seekonnossement, kann ein multimodales Transportdokument mit entsprechenden Angaben zum Be- und Entladehafen Aufnahme finden, sofern die Anforderungen des Seekonnossements erfüllt sind.

2.4 Erläuterungen zur Kontrolle des Luftfrachtbriefes bei der Akkreditivabwicklung

Erläuterungen zur Kontrolle des Luftfrachtbriefes bei der Akkreditivabwicklung

Vorbemerkungen:

- **Voraussetzung und Grundlage** für die Akkreditivabwicklung sind die **ERA** (Revision 1993, ICC, Paris, Publ. Nr. 500, anwendbar ab 1.1.1994).
- Die folgenden Erläuterungen enthalten deswegen **Hinweise** auf die jeweils relevanten Artikel der **ERA**. Die **ERA** sind **im Beitrag** "3.1 Dokumentenakkreditive: Kommentar mit Wiedergabe der Einheitlichen Richtlinien und Gebräuche für Dokumenten-Akkreditive (ERA 500)" **abgedruckt.**
- Es sind grundsätzlich geltende **Incoterms** -sofern vereinbart-, **Embargo- und Boykottbestimmungen** und die **Außenwirtschaftsverordnung (AWV)** zu beachten.
- Die **Erläuterungen** zu den **weiteren Dokumenten,** die bei Akkreditivabwicklungen üblicherweise vorkommen, finden sich in den vorangehenden und folgenden Abschnitten.
- Die Erläuterungen dienen lediglich der **stichwortartigen** und der **allgemeinen Information**. Die Frachtbriefe generell sowie der **Luftfrachtbrief** speziell und ihre **Funktionen** sind im **Textteil** (siehe Kap.7 "Exportdokumente ...") umfassend beschrieben.
- Zu beachten ist, daß in Akkreditiven eine **andere** als die nachstehende **Handhabung** vorgeschrieben sein kann bzw. von den Banken angewandt wird.

Prüfkriterien	Hinweis auf ERA Art.	Anmerkungen
Allgemeine Kriterien	**27**	• Neben den vorliegenden, speziell auf Transportdokumente bezogenen Erläuterungen, sind die für alle Dokumente gültigen **"Erläuterungen zur Kontrolle der Dokumente nach allgemeingültigen Kriterien ..."** (siehe Abschnitt 2.1) heranzuziehen.

3. Original (Original Nr. 3 for shipper) o.ä.		• Das dem Exporteur vom Frachtführer ausgehändigte Exemplar (Nr.3-Original for shipper, shipper's copy oder eine gleichbedeutende Bezeichnung) des Luftfrachtbriefes sollte der Bank ausgereicht werden, es sei denn, die Akkreditivbedingungen schreiben etwas anderes vor. Anmerkungen: Die **1. Originalausfertigung** eines Luftfrachtbriefes verbleibt beim Luftfrachtführer. Die **2. Originalausfertigung** reist mit den Gütern und wird dem Warenempfänger zur Verfügung gestellt.
Empfänger, Absender bzw. Notify (Benachrichtigungsadresse)	31	• Name und Adresse des Empfängers (consignee) bzw. des Absenders (consignor, shipper, Ablader, Verschiffer) bzw. die Notify müssen mit den Akkreditivbedingungen übereinstimmen. • Eilige Luftfrachtsendungen werden häufig an die Bank des Importeurs consigniert. Im Falle der Freistellung, d.h. die Ware wird dem Importeur zur Verfügung gestellt, übernimmt die Bank nicht nur **alle auf der Ware ruhenden Kosten**, sondern ebenfalls die **Verpflichtung zur Einlösung** später folgender Dokumente wie präsentiert.
Textvorschlag für Freistellung		• Der Antragsteller (i.d.R. der Warenempfänger = Bezogener) verpflichtet sich, die zu erwartenden Akkreditivdokumente für die betreffende Warenpartie sofort bei Vorkommen vorbehaltlos aufzunehmen, sowie für alle Folgen aufzukommen, die aus der vorzeitigen Freistellung der Ware entstehen könnten. **Es bedarf der Schriftform.**
Abflughafen bzw. Bestimmungsflughafen		• Diese müssen klar in den Akkreditivbedingungen definiert sein.
Warenbeschreibung	37 c	
Reiner Luftfrachtbrief	27 a	
Fracht und Transportkosten	33	
Teilverladung und Teilinanspruchnahme	40	

Umladung	27	• Sollte eine Umladung definitiv nicht akzeptabel sein, ist in den Akkreditivbedingungen neben dem Umladungsverbot die Streichung des Art. 27 c ERA erforderlich. Die Frage ist, ob die Akkreditivstelle die teilweise Aussetzung der ERA akzeptieren wird.
Verladedatum	27 a	• Sofern in den Akkreditivbedingungen ausdrücklich vorgeschrieben ist, daß das Lufttransportdokument das **tatsächliche Abflugdatum (actual date of dispatch/flight date)** auszuweisen hat, dann ist das tatsächliche Abflugdatum durch einen **speziellen Vermerk** im Luftfrachtbrief nachzuweisen.
	46	• Verlangt ein Akkreditiv **kein aktuelles Abflugdatum** auf dem Luftfrachtbrief, gilt das Ausstellungsdatum des Luftfrachtbriefes entsprechend. (Quelle: Publ. 535 ICC, Paris)
Vorlagefrist der Dokumente	43 a	
Beförderungsbedingungen	27 a	

2.5 Erläuterungen zur Kontrolle der Dokumente des Straßen- oder Eisenbahntransports mit Ergänzungen zum Warenversand durch die Post bzw. durch Kurier-/Expreßdienste bei der Akkreditivabwicklung

Erläuterungen zur Kontrolle der Dokumente des Straßen- oder Eisenbahntransports mit Ergänzungen zum Warenversand durch die Post bzw. durch Kurier-/Expreßdienste bei der Akkreditivabwicklung

Vorbemerkungen:

- **Voraussetzung und Grundlage** für die Akkreditivabwicklung sind die **ERA** (Revision 1993, ICC, Paris, Publ. Nr. 500, anwendbar ab 1.1.1994).
- Die folgenden Erläuterungen enthalten deswegen **Hinweise** auf die jeweils relevanten Artikel der **ERA**. Die **ERA** sind **im Beitrag** "3.1 Dokumentenakkreditive: Kommentar mit Wiedergabe der Einheitlichen Richtlinien und Gebräuche für Dokumenten-Akkreditive (ERA 500)" **abgedruckt.**
- Es sind grundsätzlich geltende **Incoterms** -sofern vereinbart-, **Embargo- und Boykottbestimmungen** und die **Außenwirtschaftsverordnung (AWV)** zu beachten.
- Die **Erläuterungen** zu den **weiteren Dokumenten,** die bei Akkreditivabwicklungen üblicherweise vorkommen, finden sich in den vorangehenden und folgenden Abschnitten.
- Die Erläuterungen dienen lediglich der **stichwortartigen** und der **allgemeinen Information.** Die verschiedenen Arten der Dokumente und ihre **Funktionen** sind im **Textteil** (siehe Kap. 7 "Exportdokumente ...") umfassend beschrieben.
- Zu beachten ist, daß in Akkreditiven eine **andere** als die nachstehende **Handhabung** vorgeschrieben sein kann bzw. von den Banken angewandt wird.

Kriterien	Hinweis auf ERA Art.	Anmerkungen
Allgemeine Kriterien	**28, 31, 32, 33, 40, 43**	• Neben den vorliegenden, speziell auf Transportdokumente bezogenen Erläuterungen sind die für alle Dokumente gültigen **"Erläuterungen zur Kontrolle der Dokumente nach allgemeingültigen Kriterien..."** (siehe Abschnitt 2.1) heranzuziehen.

		• Die **Posteinlieferungsscheine** bzw. **Kurierempfangsbestätigungen** müssen den anderen Dokumenten / dem Akkreditiv einwandfrei zuzuordnen sein. • **Sammelpostquittungen in Fotokopie** sind unter Akkreditiv **nicht** aufnahmefähig.
	28	• Bahnamtlich abgestempelte **Eisenbahnfrachtbriefe** sind üblicherweise aufnahmefähig, **obwohl** sich die Deutsche Bahn AG nicht ausdrücklich als Frachtführer bezeichnet.
Posteinlieferungsschein	**29 a**	
Kurierempfangsbestätigung	**29 b**	
Teilverladungen	**40 b**	• **LKW mit Hänger** sowie die **diversen Waggons** eines Zuges gelten als **Teilverladung**, unabhängig davon, ob > **ein** Transportdokument ausgestellt wird mit Hängernummer bzw. Waggonnummern oder > **mehrere** Transportdokumente (für jeden Waggon eines) ausgestellt sind, weil die Beförderung "auf dem selben Beförderungsmittel ... " nicht gegeben ist.
	40 c	• **Mehrere Versendungen per Post/Kurier** gelten **nicht** als Teilverladung, wenn die Posteinlieferungsscheine/ Kurierempfangsbestätigungen am gleichen Ort und am gleichen Tag abgestempelt oder unterzeichnet sind.

2.6 Erläuterungen zur Kontrolle der Transportversicherungsdokumente bei der Akkreditivabwicklung

Erläuterungen zur Kontrolle der Transportversicherungsdokumente bei der Akkreditivabwicklung

Vorbemerkungen:

- **Voraussetzung und Grundlage** für die Akkreditivabwicklung sind die **ERA** (Revision 1993, ICC, Paris, Publ. Nr. 500, anwendbar ab 1.1.1994).
- Die folgenden Erläuterungen enthalten deswegen **Hinweise** auf die jeweils relevanten Artikel der **ERA**. Die **ERA** sind **im Beitrag** "3.1 Dokumentenakkreditive: Kommentar mit Wiedergabe der Einheitlichen Richtlinien und Gebräuche für Dokumenten-Akkreditive (ERA 500)" **abgedruckt.**
- Es sind grundsätzlich geltende **Incoterms** -sofern vereinbart-, **Embargo- und Boykottbestimmungen** und die **Außenwirtschaftsverordnung (AWV)** zu beachten.
- Die **Erläuterungen** zu den **weiteren Dokumenten,** die bei Akkreditivabwicklungen üblicherweise vorkommen, finden sich in den vorangehenden und folgenden Abschnitten.
- Die Erläuterungen dienen lediglich der **stichwortartigen** und der **allgemeinen Information.** Das Transportversicherungsdokument und dessen **Funktionen** sind im **Textteil** (siehe Kap. 7 "Exportdokumente ...") umfassend beschrieben.
- Zu beachten ist, daß in Akkreditiven eine **andere** als die nachstehende **Handhabung** vorgeschrieben sein kann bzw. von den Banken angewandt wird.

Kriterien	Hinweis auf ERA Art.	Anmerkungen
Allgemeine Kriterien	**34**	• Neben den vorliegenden, speziell auf Transportversicherungsdokumente bezogenen Erläuterungen sind die für alle Dokumente gültigen **"Erläuterungen zur Kontrolle der Dokumente nach allgemeingültigen Kriterien ..."(siehe Abschnitt 2.1)** heranzuziehen. • Das Transportversicherungsdokument erfüllt zunächst eine **Beweisfunktion** über den Abschluß und den Inhalt des Versicherungsvertrages, insbesondere über den Umfang des Versicherungsschutzes in seinem inhaltlichen und zeitlichen Umfang.

		• Es ist für den Exporteur empfehlenswert, die Versicherungsbedingungen gemäß Akkreditiv der Versicherungsgesellschaft frühzeitig zur Kenntnis zu geben, um gegebenenfalls erforderliche Änderungen der Akkreditivbedingungen fristgerecht zu erwirken. • Schreibt ein Akkreditiv Versicherung "für 110 % des Rechnungsbetrages" vor, darf die Versicherungssumme nicht höher als **exakt 110%** sein.
Einzelpolice		• Sie dokumentiert den Versicherungsschutz für einen bestimmten (einmaligen) Warentransport auf Grundlage eines für diesen (einmaligen) Warentransport abgeschlossenen Versicherungsvertrages.
Generalpolice		• Sie umfaßt einen Globalversicherungsvertrag (Rahmenversicherungsvertrag), der den Versicherungsschutz mehrerer / laufender Warentransporte gegen gleichartige Risiken dokumentiert. Für einzelne Transporte stellt die Versicherungsgesellschaft – auf Grundlage der Generalpolice – **Versicherungszertifikate** aus. • Wird unter dem Akkreditiv eine **Police** verlangt, ist ein **Zertifikat nicht aufnahmefähig**.
Wertpapierfunktion		• Das Versicherungsdokument hat eine **Wertpapierfunktion**: Derjenige, der Ansprüche an die Versicherung geltend machen will, muß sich durch die Vorlage des Versicherungsdokuments und als Berechtigter legitimieren. • Wird ein Schaden durch Vorlage einer Ausfertigung geltend gemacht, dann verlieren die übrigen Ausfertigungen ihre Gültigkeit ("if a claim is paid against one of them the other will be void").
Namens-(Rekta-)Papiere		• Sie lauten -ohne jeglichen zusätzlichen Ordervermerk- auf den Namen des Versicherungsnehmers. Die Übertragung der Rechte erfolgt durch **Abtretung** der Rechte (Zession).

Orderpapiere		• Der durch Ordervermerk Berechtigte überträgt seine Rechte durch (Blanko-) **Indossament** und Übergabe des Dokuments an den neuen Berechtigten.
Inhaberpapiere		• Durch Vermerk wie "für Rechnung wen es angeht" (to whom it may concern), sowie "Schäden zahlbar an den Inhaber dieses Versicherungsdokuments"(claims payable to the owner/holder) o.ä. ist das Versicherungsdokument ein **Inhaberpapier**. Die Übertragung der Rechte erfolgt durch **Übergabe** des Versicherungsdokuments.
Mindestbetrag/Währung	34 f I	• Wenn nichts anderes vorgeschrieben, muß das Versicherungsdokument in der **Akkreditivwährung** ausgestellt sein und **mindestens 110%** des Bruttorechnungsbetrages decken.
Art der Versicherungsdeckung	35	• Das Versicherungsdokument muß die gesamte Reiseroute auf den benannten Transportmitteln (See: Schiffsname) abdecken. • Aus einem Versicherungsdokument muß explizit der Deckungsbeginn ersichtlich sein, d.h. das entsprechende Datum muß erscheinen. So wäre z.B. ein Vermerk in der Art: "... insurance cover from sailing date ..." nicht akzeptabel.
Franchise/Abzugsfranchise	35 c	• Der Versicherungsnehmer kann bei kleineren Schäden zur Prämienreduzierung eine Selbstbeteiligung (Selbstbehalt) mit der Versicherungsgesellschaft vereinbaren, die als **Franchise** bezeichnet wird. Gegebenenfalls muß das Akkreditiv dies erlauben.
Prämienzahlung		• Ein Versicherungsdokument sollte den Vermerk "Prämien bezahlt" oder "premium paid" ausweisen.
Agenten für Schadensbegutachtung/ Schadenregulierung		• Sofern im Akkreditiv vorgeschrieben ist, daß die **Schäden im Importland zahlbar** sein sollen ("Schäden zahlbar in ... Importland) muß das Versicherungsdokument dieses ausweisen.

2.7 Erläuterungen zur Kontrolle der Handelsrechnung sowie der Konsulats-/Zollfaktura bei der Akkreditivabwicklung

Erläuterungen zur Kontrolle der Handelsrechnung sowie der Konsulats- / Zollfaktura bei der Akkreditivabwicklung

Vorbemerkungen:

- **Voraussetzung und Grundlage** für die Akkreditivabwicklung sind die **ERA** (Revision 1993, ICC, Paris, Publ. Nr. 500, anwendbar ab 1.1.1994).
- Die folgenden Erläuterungen enthalten deswegen **Hinweise** auf die jeweils relevanten Artikel der **ERA**. Die **ERA** sind **im Beitrag** "3.1 Dokumentenakkreditive: Kommentar mit Wiedergabe der Einheitlichen Richtlinien und Gebräuche für Dokumenten-Akkreditive (ERA 500)" **abgedruckt.**
- Es sind grundsätzlich geltende **Incoterms** -sofern vereinbart-, **Embargo- und Boykottbestimmungen** und die **Außenwirtschaftsverordnung (AWV)** zu beachten.
- Die **Erläuterungen** zu den **weiteren Dokumenten,** die bei Akkreditivabwicklungen üblicherweise vorkommen, finden sich in den vorangehenden und folgenden Abschnitten.
- Die Erläuterungen dienen lediglich der **stichwortartigen** und der **allgemeinen Information**. Die Handelsrechnung und deren **Funktionen** sind im **Textteil** (siehe Kap. 7 "Exportdokumente ...") umfassend beschrieben.
- Zu beachten ist, daß in Akkreditiven eine **andere** als die nachstehende **Handhabung** vorgeschrieben sein kann bzw. von den Banken angewandt wird.

Kriterien	Hinweis auf ERA Art.	Anmerkungen
Allgemeine Kriterien	37	• Achtung: bei Übertragung eines Akkreditivs gelten die abweichenden Regeln gem. Artikel 48 ERA. • Sofern das Akkreditiv es nicht ausdrücklich zuläßt, darf die Handelsrechnung **keinerlei Einschränkungen der Warenqualität** enthalten.

		• **Unzulässig** ist die Aufnahme von Zusätzen wie - Eigenschaften, sofern diese Einschränkungen bedeuten könnten. z.B.: *Die Warenbeschreibung lautet auf "ZUCKER" und in der Rechnung wird zusätzlich der Feuchtigkeitsgehalt und die Farbe aufgenommen.* *Dieses sind Eigenschaften, die von den Banken nicht zu beurteilen sind.* - Angaben von weiteren Waren in der Warenbeschreibung der Handelsrechnung, sofern diese im Akkreditiv nicht aufgeführt sind.
Warenbeschreibung	**37 c**	
Unterschrift	**37 a III**	
Markierung		• Markierungs- und Verpackungsangaben müssen in allen Dokumenten übereinstimmen.
Toleranzen	**39**	
Lieferungs- und Zahlungsbedingungen		• Diese müssen plausibel und akkreditivgemäß ausgewiesen sein. Nicht plausibel ist bei Luftfracht: z.B. fob (free on board) statt fca (frei Frachtführer)
Erklärungen u.ä.		• Im Akkreditiv geforderte Negativerklärungen sind im Rahmen der für Deutschland geltenden Embargo/Boykottbestimmungen zu prüfen und können gegebenenfalls die Akkreditivabwicklung verhindern.
Hinweis auf die Proformarechnung o.ä.		• Sofern die Akkreditivbedingung dies vorschreibt, ist die Handelsrechnung z.B. mit der Formulierung "gemäß Proformarechnung ..." oder mit dem Hinweis auf Lizenznummern zu versehen.

Hinweis auf Akkreditivnummer		• Es ist empfehlenswert und üblich, in der Handelsrechnung einen Hinweis auf die Akkreditivnummer anzubringen.
Anzahl der Ausfertigungen	**20 b, c**	• Originale sind als solche zu kennzeichnen, es genügt nicht die Originalunterschrift.
Legalisierung	**20 d**	

Konsulats- / Zollfaktura

Bemerkungen zur **Konsulatsfaktura:**

- Einige Länder verlangen für die Wareneinfuhr die Vorlage einer **Konsulatsfaktura**. Dieses ist nachzuschlagen in den "K und M" Konsulats- und Mustervorschriften Export-Nachschlagewerk der Handelskammer, Hamburg. Das Formblatt "**Konsulatsfaktura**" ist erhältlich bei den Konsulaten.
- Die Konsulatsfaktura ist den Formvorschriften des jeweiligen Importlandes unterworfen. I. d. R. hat der Exporteur diese auf vorgefertigten Formularen auszustellen und von dem Konsulat des Einfuhrlandes beglaubigen zu lassen. Sie muß zur Verzollung der Ware zwingend im Importland vorgelegt werden.
- Deshalb spricht man auch oft davon, daß es sich hierbei um eine Vorprüfung der Einhaltung der Zollbestimmungen handelt.
- Sie verfolgt ferner den Zweck, Devisenmanipulationen zu Lasten des Importlandes durch überhöhte bzw. fingierte Rechnungen und fiktive Preisstellungen zu verhindern.

Bemerkungen zur **Zollfaktura:**

- Die **Zollfaktura** ist auf einem Formular der Zollbehörde des Importlandes zu erstellen. Sie beinhaltet eine Erklärung, daß es sich um handelsübliche Preise handelt und weist den Ursprung der Ware aus.
- Die Zollfakturen werden nur noch von wenigen Importländern verlangt.
- Beide Dokumente sind gegebenfalls in der Sprache des Importlandes zu erstellen.

2.8 Erläuterungen zur Kontrolle der sonstigen Exportdokumente bei der Akkreditivabwicklung

Erläuterungen zur Kontrolle der sonstigen Exportdokumente bei der Akkreditivabwicklung

Vorbemerkungen:

- **Voraussetzung und Grundlage** für die Akkreditivabwicklung sind die **ERA** (Revision 1993, ICC, Paris, Publ. Nr. 500, anwendbar ab 1.1.1994).
- Die folgenden Erläuterungen enthalten deswegen **Hinweise** auf die jeweils relevanten Artikel der **ERA**. Die **ERA** sind **im Beitrag** "3.1 Dokumentenakkreditive: Kommentar mit Wiedergabe der Einheitlichen Richtlinien und Gebräuche für Dokumenten-Akkreditive (ERA 500)" **abgedruckt.**
- Es sind grundsätzlich geltende **Incoterms** -sofern vereinbart-, **Embargo- und Boykottbestimmungen** und die **Außenwirtschaftsverordnung (AWV)** zu beachten.
- Die **Erläuterungen** zu den **weiteren Dokumenten,** die bei Akkreditivabwicklungen üblicherweise vorkommen, finden sich in den vorangehenden Abschnitten.
- Die Erläuterungen dienen lediglich der **stichwortartigen** und der **allgemeinen Information**. Die verschiedenen Arten der Dokumente und ihre **Funktionen** sind im **Textteil** (siehe Kap.7 "Exportdokumente ...") umfassend beschrieben.
- Zu beachten ist, daß in Akkreditiven eine **andere** als die nachstehende **Handhabung** vorgeschrieben sein kann bzw. von den Banken angewandt wird.
- Die sonstigen Dokumente, die der Akkreditivbegünstigte bei der Benutzung des Akkreditives vorzulegen hat, treten in vielerlei Gestalt und Inhalt in Erscheinung: **Ursprungszeugnis, Gewichtsliste/-zertifikate, Packlisten, Qualitätszertifikate**, die ihrerseits wiederum in **Analysenzertifikate, Inspektionszertifikate** und **Gesundheitszertifikate** unterteilt werden können, **Arbeitsfortschrittsnachweise** u.v.a.m.
- Die erforderlichen Dokumente sollten im **Kontrakt vereinbart** werden, insbesondere in Hinblick auf die Erfordernisse bei der Wareneinfuhr.

Kriterien	Hinweis auf ERA Art.	Anmerkungen
Allgemeine Kriterien	**21**	• Neben den vorliegenden, speziell auf alle sonstigen Exportdokumente bezogenen Erläuterungen, sind die für alle Dokumente gültigen **"Erläuterungen zur Kontrolle der Dokumente nach allgemeingültigen Kriterien ..."** (siehe Abschnitt 2.1) heranzuziehen.

		• In Zertifikaten soll ein bestimmter Sachverhalt bestätigt werden. Zertifikate mit negativen Bemerkungen / eingeschränkten Bestätigungen sind **nicht** aufnahmefähig. • Zertifikate müssen unterschrieben sein. • Unter Importakkreditiven werden Dokumente aus China beispielsweise wie folgt präsentiert: > kombinierte Zertifikate, d.h. Ursprungszeugnis/Analaysenzertifkat in einem Dokument. Es wir empfohlen, bei Eröffnung des Import-Akkreditives die Präsentation von "combined documents" zu gestatten. • Nachträgliche Vermerke und Änderungen in Transport-/Versicherungs- und Inspektionszertifikaten sowie anderen **Urkunden** müssen ordnungsgemäß vom Aussteller des Dokumentes gegengezeichnet sein.
Ursprungszeugnis		• Das Ursprungszeugnis dient der Zollbehörde des Bestimmungslandes als Nachweis für die tatsächliche Herkunft der Ware. Es wird von solchen Importländern verlangt, die für Waren aus bestimmten Ländern Vorzugszölle erheben. • Das Ursprungszeugnis bescheinigt, in welchem Land die betreffende Ware ihren Ursprung hat. Man sieht das Land als Ursprungsland an, in dem die Ware vollständig gewonnen und hergestellt wurde. Falls an der Herstellung der Ware mehrere Länder beteiligt sind, ist es das Land, in dem die letzte, wesentliche und wirtschaftlich gerechtfertigte Be- oder Verarbeitung stattgefunden hat. • In den meisten Ländern wird das Ursprungszeugnis von der zuständigen Handelskammer beglaubigt. Darüber hinaus kann für manche Einfuhren noch eine Legalisierung durch die konsularische Vertretung des Käuferlandes vorgeschrieben sein. Sofern nichts Gegenteiliges vorgeschrieben ist, kann der Verkäufer das Ursprungszeugnis auch selbst ausstellen (Eigenausstellung).

		• In bestimmten Fällen und unter bestimmten Voraussetzungen beglaubigen Handelskammern auch Ursprungszeugnisse für Waren ausländischen Ursprungs, vorausgesetzt, ein entsprechender Nachweis kann vorgelegt werden. • Ist das Ursprungszeugnis von der Handelskammer ausgestellt und werden aus Platzgründen auf der Rückseite noch Angaben gemacht, müssen auch diese von der Handelskammer **unterzeichnet** sein. Andernfalls gelten solche Zusätze als nicht authentisiert vorgenommen. • **EU Ursprungszeugnis**: Für alle Ausfuhren aus EU-Mitgliedsländern sind einheitliche Formulare von Ursprungszeugnissen zu verwenden. Von den Handelskammern wird nur noch ein Original dieses Ursprungszeugnisses ausgefertigt, wenn verlangt mit einfacher Durchschrift.
Warenverkehrsbescheinigung		• Die Warenverkehrsbescheinigung ist ein EU-Präferenznachweis. Sie dient der Erlangung von Zollfreiheit bzw. Vorzugszöllen und ist erforderlich für den Warenverkehr mit Staaten, mit denen die Europäische Union Freihandels-, Präferenz- oder Kooperationsabkommen geschlossen hat sowie mit Staaten und Gebieten, die der EU assoziiert sind. • Die Warenverkehrsbescheinigung ist stets auf dem hierfür vorgesehenen Vordruck zu erstellen. Sie wird vom Ausfuhr-Zollamt abgestempelt und damit bestätigt. Das Original begleitet i. d. R. die Ware, so daß unter Inkassi bzw. Akkreditiven meist nur die Kopie vorgeschrieben ist.
Pack-/Gewichtsliste/ Gewichtszertifikat		• Pack-/Gewichtslisten enthalten detaillierte Angaben über die Verpackung der Ware (z. B. Markierungen, Anzahl, Maße, Gewichte, Einzelinhalte der Packstücke/Kolli/Container usw.). • Die Gewichtsangaben müssen rechnerisch richtig sein.

Qualitätszertifkat		• Qualitätszertifikate werden entweder vom Hersteller der Ware selbst oder auch von neutralen Kontrollinstitutionen ausgestellt, um die Einhaltung bestimmter vorgeschriebener oder vereinbarter Qualitätsnormen nachzuweisen.
Gesundheitszertifikat		• Gesundheitszertifikate werden von vielen Ländern bei der Einfuhr tierischer und pflanzlicher Produkte bzw. lebender Tiere und Pflanzen zum Schutz vor Einschleppung von Krankheiten und Schädlingen verlangt. Teilweise ist ein solches Zertifikat auch erforderlich, wenn pflanzliche Materialien (z.B. Heu, Stroh, Moos usw.) zur Verpackung verwandt werden.
Analysenzertifikat		• Analysenzertifikate verfolgen denselben Zweck wie Qualitätszertifikate und werden häufig bei der Einfuhr chemischer Produkte und von Grundstoffen verlangt.
Clean Report of Findings		• Der Clean Report of Findings ist ein Zertifikat, in dem eine unabhängige Prüfgesellschaft (z.B. Bureau Veritas, SGS) unter anderem den FOB-Preis der Ware als z. Z. marktüblich bestätigt. • Die prüfende Gesellschaft erhält ihren Auftrag zur Erstellung des "Clean Report of Finding" direkt von dem Importland. Bei der Zahlungssicherung ist abzuwägen, ob dieser Auftrag erteilt wurde, bzw. im Interessenkonflikt zur Akkreditivsicherung steht. • Benötigt wird ein Clean Report of Findings bei Exporten in Länder mit Devisenbewirtschaftung. So sollen Devisenmanipulationen zu Lasten des Importlandes durch überhöhte Preisstellungen verhindert werden. • Für die Ausstellung eines Clean Report of Findings werden einheitliche Formulare verwendet. Es handelt sich hierbei um eine Urkunde. • Ein Clean Report of Findings mit **negativen** Bemerkungen (Remarks) ist **nicht aufnahmefähig.**

2.9 Erläuterungen zur Kontrolle der Tratten des Exporteurs bei der Akkreditivabwicklung

Erläuterungen zur Kontrolle der Tratten des Exporteurs bei der Akkreditivabwicklung

Vorbemerkungen:

- **Voraussetzung und Grundlage** für die Akkreditivabwicklung sind die **ERA** (Revision 1993, ICC, Paris, Publ. Nr. 500, anwendbar ab 1.1.1994).
- Die folgenden Erläuterungen enthalten deswegen **Hinweise** auf die jeweils relevanten Artikel der **ERA**. Die **ERA** sind **im Beitrag** "3.1 Dokumentenakkreditive: Kommentar mit Wiedergabe der Einheitlichen Richtlinien und Gebräuche für Dokumenten-Akkreditive (ERA 500)" **abgedruckt.**
- Es sind grundsätzlich geltende **Incoterms** -sofern vereinbart-, **Embargo- und Boykottbestimmungen** und die **Außenwirtschaftsverordnung (AWV)** zu beachten.
- Die **Erläuterungen** zu den **weiteren Dokumenten,** die bei Akkreditivabwicklungen üblicherweise vorkommen, finden sich in den vorangehenden Abschnitten.
- Die Erläuterungen dienen lediglich der **stichwortartigen** und der **allgemeinen Information**. Die Tratten und deren **Funktionen** sind im **Textteil** (siehe Kap. 7 "Exportdokumente", Abschnitt **"Auslandswechsel"**) umfassend beschrieben.
- Zu beachten ist, daß in Akkreditiven eine **andere** als die nachstehende **Handhabung** vorgeschrieben sein kann bzw. von den Banken angewandt wird.

Kriterien	Hinweis auf ERA Art.	Anmerkungen
Allgemeine Kriterien		• Das Wechselrecht und die Abwicklung des Wechselverkehrs weisen von Land zu Land teilweise erhebliche Unterschiede aus. Der Exporteur sollte deswegen vor Vereinbarung einer Zahlungsbedingung, die Wechselziehung einschließt, den Rat einer auslandserfahrenen Bank einholen. Unter Akkreditiven gezogene Wechsel gelten für den Aussteller international als "without recourse" (ohne Regreß) gezogen, obwohl dies bekanntlich nach dem deutschen Wechselgesetz widerrechtlich ist.

Akkreditive gegen Akzept	**9**	
Commercial Letter of Credit (CLC)	**9 a IV**	• Die unter einem CLC auszustellende Tratte (Sicht oder Nachsicht) ist auf die **eröffnende Bank** zu ziehen. Sind diese Tratten auf den **Aussteller (Importeur)** gezogen, werden diese als zusätzliches Dokument betrachtet. Es wird empfohlen, die Tratten mit einem der Ausstellung entsprechenden Indossament zu versehen. • Das Original des CLC ist zwingend bei jeder Dokumenteneinreichung der Akkreditivbank bzw. der negoziierenden Bank zwecks Absetzung des Dokumentengegenwertes einzureichen. Wird das Original der negoziierenden Stelle eingereicht, muß diese zum Zeitpunkt des Dokumentenversandes der Akkreditivbank bestätigen, daß der Dokumentengegenwert vom Original-CLC abgesetzt worden ist.

2.10 Ergänzungen zu dem Begriff der Negoziierung und deren Zahlungsabwicklung bei Dokumentenakkreditiven

Ergänzungen zu dem Begriff der Negoziierung und deren Zahlungsabwicklung bei Dokumentenakkreditiven

Begriff	Erläuterungen
Negoziierung	• Umstritten ist, inwieweit eine **Negoziierung** von Dokumenten mit oder ohne Vorbehalt vorzunehmen ist. I. d. R. beinhaltet eine Negoziierung das Rückgriffsrecht auf den Begünstigten bei Nichteingang des Dokumentengegenwertes. • In der Praxis gibt es Akkreditive, die am Schalter der dokumentenaufnehmenden Bank negoziierbar sind, wobei sich jedoch die **Akkreditivbank** eine **Zahlung erst nach Erhalt der Dokumente** vorbehält. Dies bedeutet: *Daß das Akkreditiv durch Negoziierung zwar fristwahrend in Anspruch genommen werden kann, die befreiende Dokumentenaufnahme jedoch erst durch die Akkreditivbank erfolgt.* • Im Falle des **Dokumentenverlustes** ist eine Zahlung aus dem Akkreditiv nur durch Ersatzbeschaffung gleichwertiger Dokumente möglich. • Fehlt der einschränkende Hinweis "**Zahlung erst nach Erhalt der Dokumente"** im Akkreditiv, würde die dokumentenaufnehmende Bank nach Negoziierung den Gegenwert der Dokumente sofort abrufen und prompte Remboursierung erwarten. Anspruch gem. Art. 10d ERA. • Akkreditive zur **Negoziierung mit Rembourskiausel** werden wie bei der dokumentenaufnehmenden Bank zahlbar gestellte Akkreditive behandelt.

	• **Negoziierungszinsen** kann nur die **negoziierende Bank**, niemals die eröffnende Bank in Rechnung stellen. Sie sind zeitabhängig (Valuta der Gutschrift für den Begünstigten bis Valuta des Einganges des Dokumentengegenwertes bei der negoziierenden Stelle). • **Postlaufzinsen** im Zusammenhang mit Remboursweisungen / Abforderung des Dokumentengegenwertes bei der Remboursstelle gehen zu Lasten der **Akkreditivbank**. Sie sind zeitabhängig (Valuta der Gutschrift für den Begünstigten bis Valuta des Einganges des Dokumentengegenwertes bei der Akkreditivstelle).

3 Dokumentenakkreditive: Kommentare und Einheitliche Richtlinien

3.1 Dokumentenakkreditive: Kommentar mit Wiedergabe der Einheitlichen Richtlinien und Gebräuche für Dokumenten-Akkreditive (ERA 500)

von Dr. jur. Thomas Ingelmann, Rechtsanwalt,
und Joachim Schmitt, Syndikus

3.1.1 Allgemeine Regeln und Begriffsbestimmungen

3.1.1.1 Artikel 1: Anwendbarkeit der ERA

Richtlinie

Artikel 1: Anwendbarkeit der ERA

Die Einheitlichen Richtlinien und Gebräuche für Dokumenten-Akkreditive, Revision 1993, ICC Publication Nr. 500, gelten für alle Dokumenten-Akkreditive (einschließlich, soweit anwendbar, Standby Letters of Credit), in deren Akkreditivtext sie einbezogen sind. Sie sind für alle Beteiligten bindend, sofern im Akkreditiv nicht ausdrücklich etwas anderes vorgeschrieben ist.

Kommentar

Rechtsnatur

Die Rechtsnatur der ERA (Einheitliche Richtlinien und Gebräuche für Dokumentenakkreditive) ist heftig umstritten. Dies liegt vor allem an der Entstehungsgeschichte der einheitlichen Richtlinien.

Das Akkreditiv hat erst mit der Entwicklung des Welthandels in diesem Jahrhundert seine volle Bedeutung erlangt, weswegen es auch kaum Berücksichtigung im Gesetzesrecht der einzelnen Länder gefunden hat. Aus diesem Grunde wird das Recht der Akkreditive heute weitgehend durch die ERA bestimmt. Diese werden von der Internationalen Handelskammer (ICC) mit Sitz in Paris aufgestellt.

Da die ICC, als privatrechtliche Organisation, keine staatlichen Rechtsetzungskompetenzen besitzt, besteht zumindest Einigkeit darüber, daß die ERA nicht als objektives Gesetzesrecht zu qualifizieren sind (vgl. Schimansky/Bunte/Lwowski-Nielsen, 1997: § 120, Rn. 19; Schütze, R.A., 1996: S. 50).

Die in den einzelnen Ausschüssen erarbeiteten und vom Rat der ICC verabschiedeten ERA werden dem Außenhandel zur Verwendung in der Praxis lediglich "empfohlen".

Im Anschluß daran werden sie förmlich von den nationalen Bankverbänden und Einzelbanken angenommen und verwendet (Wälzholz, E., WM 1994: S. 1457).

- Da der ICC keine Gesetzgebungsbefugnis zukommt, ist die Ansicht abzulehnen, die die einheitlichen Richtlinien als transnationales autonomes Normengefüge eigener Art (lex mercatoria) ansehen (so z.B. Grundmann, S., 1991: S. 43 ff.).

  Diese Ansicht verkennt, daß die ERA sich auf Eröffnung und Abwicklung von Akkreditiven beschränken und insbesondere die Auftrags- und Haftungsverhältnisse der Beteiligten nicht regeln. Für die nicht geregelten Teile des Rechts der Dokumentenakkreditive muß daher auf das jeweilige innerstaatliche Recht zurückgegriffen werden (vgl. Schütze, R.A., 1996: Rn. 33).

- Die h.M. geht davon aus, daß die einheitlichen Richtlinien als AGB zu behandeln seien (so z.B. Canaris, C.W., 1995: Rn. 1072; Liesecke, R., WM 1966: S. 458 ff.; Reithmann/ Martiny, 1988: Rn. 535; Stapel B., 1998: S. 29 ff.; Ulmer/Brandner/Hensen, 1993). § 1 AGBG sei erfüllt, da die ERA für eine Vielzahl von Verträgen vorformulierte Vertragsbedingungen enthalten und von der Bank der anderen Partei einseitig gestellt werden.

  Gegen diese Ansicht spricht jedoch, daß die einheitlichen Richtlinien gerade nicht im Sinne von § 1 AGBG von einem Verwender gestellt werden, sondern ihre Anwendung auf dem Willen beider Vertragspartner beruht und es somit keinen "Verwender" im Sinne von § 1 AGBG gibt (Schütze, R.A., 1996: S. 50; Nielsen, J., BuB, 1993: Rn. 5/499). Der Schutzzweck der AGB, d.h. die einseitige Ausnutzung der vom Verwender allein in Anspruch genommenen Vertragsgestaltungsfreiheit zu verhindern, trifft auf die ERA nicht zu. Sie sind regelmäßig Teamwork.

- Ein Teil der staatlichen Gerichte (z.B. der französische Cour de Cassation am 10.10.1981, Handelsgericht Brüssel am 16.11.1978) und ein Großteil der Literatur sehen zumindest den überwiegenden Teil der ERA als Handelsbrauch an (Nielsen, J., Neue Richtlinien, 1994: S. 15).

  Gegen eine Anerkennung der einheitlichen Richtlinien als Handelsbrauch in ihrer Gesamtheit spricht, daß die verschiedenen Revisionen der ERA (letzte Revision 1993, ERA "500") zahlreiche Bestimmungen enthalten, die nicht tatsächliche und anerkannte Übungen wiedergeben, sondern in der Hoffnung aufgenommen wurden, daß erst für die Zukunft eine gleichmäßige Verhaltensweise der Beteiligten eintritt (Schütze, R.A., 1996: Rn. 36).

  Auch verhindern abweichende Übungen in der Praxis sowie die Möglichkeit divergierender Handelsbräuche in der Zukunft bzw. unterschiedliche Interpretationen, die Richtlinien im ganzen als Handelsbräuche zu qualifizieren (Schönle, H., NJW 1968: S. 726, 728; Schimansky/Bunte/Lwowski-Nielsen, 1994: Rn. 21).

  Soweit jedoch feststeht, daß die Richtlinie in der Praxis allgemein anerkannt wird, ist sie als Handelsbrauch anzusehen.

  Aber selbst von den Richtlinien, die den Anforderungen an einen Handelsbrauch nicht genügen, geht eine Signalwirkung aus (Nielsen, J., BuB, 1993: Rn. 5/502).

  Angesichts der unbefriedigenden Einordnungsmöglichkeiten der ERA in Begriffskategorien des Deutschen Rechtes spricht alles dafür, die einheitlichen Richtlinien im Zweifel im Hinblick auf ihre weltweite Anerkennung wie "Gewohnheitsrecht" zu behandeln. Der Zweck der Revisionen der ERA ist es gerade, mit der Aufnahme dieser neuen

Regeln eine Vereinheitlichung der Praxis sicherzustellen (Nielsen, J., Neue Richtlinien, 1994: S. 16).

Der Streit über die Rechtsnatur der ERA ist jedoch von untergeordneter Bedeutung, da sie für ihre Anwendbarkeit nach Art. 1 ERA ausdrücklich in den Akkreditivtext einbezogen werden müssen.

Häufig wird in Sonderbedingungen eines Akkreditivs die Geltung der ERA partiell abbedungen, was insbesondere bei Auseinandersetzungen gelegentlich übersehen wird, bei denen ausschließlich auf die ERA Bezug genommen wird (vgl. auch Art. 21 ERA).

3.1.1.2 Artikel 2: Wesen des Akkreditivs

Richtlinie

Artikel 2: Wesen des Akkreditivs

Im Sinne dieser Richtlinien bedeuten die Ausdrücke "Dokumenten-Akkreditiv(e)" und "Standby Letter(s) of Credit" (im folgenden "Akkreditiv(e)" genannt) jede wie auch immer benannte oder bezeichnete Vereinbarung, wonach eine im Auftrag und nach den Weisungen eines Kunden ("Auftraggeber") oder im eigenen Interesse handelnde Bank ("eröffnende Bank") gegen vorgeschriebene Dokumente

i. eine Zahlung an einen Dritten ("Begünstigter") oder dessen Order zu leisten oder vom Begünstigten gezogene Wechsel (Tratten) zu akzeptieren und zu bezahlen hat

   oder

ii. eine andere Bank zur Ausführung einer solchen Zahlung oder zur Akzeptierung und Bezahlung derartiger Wechsel (Tratten) ermächtigt

   oder

iii. eine andere Bank zur Negoziierung ermächtigt,

sofern die Akkreditiv-Bedingungen erfüllt sind.

Im Sinne dieser Richtlinien gelten Filialen einer Bank in unterschiedlichen Ländern als andere Bank.

Kommentar

Leistungsinhalt der Verpflichtung

Akkreditiv im Sinne der ERA ist der Oberbegriff für dokumentäre Leistungsversprechen aller Art. Nach Art. 2 ERA fallen unter den Begriff des Akkreditivs sowohl das Dokumentenakkreditiv als auch der Standby Letter of Credit als Bezeichnung für jede wie auch immer benannte oder bezeichnete Vereinbarung, wonach eine im Kundenauftrag oder im eigenen Interesse handelnde Bank (eröffnende Bank) verpflichtet ist, gegen vorgeschriebene

Dokumente an einen Dritten entweder selbst oder über eine andere Bank Zahlung zu leisten oder Tratten zu akzeptieren und zu bezahlen bzw. durch eine andere Bank für Negoziierung zu sorgen. Die Zahlung wird im Sinne von Art. 2 ERA ganz allgemein durch die Vorlage der im Akkreditiv genannten Dokumente ausgelöst. Es kommt nicht auf die Art der Dokumente an. Somit ist unerheblich, ob das Akkreditiv Warendokumente oder andere Dokumente vorschreibt. Auf diesem Wege ist das Akkreditiv nicht nur zur Absicherung von Forderungen aus Waren-/Dienstleistungsgeschäften, sondern insbesondere in der Form des Standby Letter of Credit auch als Garantie einsetzbar, sofern nur die Zahlungsklausel zusätzlich zum „ersten Anfordern“ die Ausstellung irgendeines Dokumentes durch den Begünstigen (z.B. Formalbestätigung über Nichterfüllung, Trattenziehung) verlangt.

In der Regel setzt jedes Akkreditivgeschäft daher drei Parteien voraus: Den Akkreditivauftraggeber (Käufer/Importeur), die Akkreditivbank (Bank des Käufers) und den Akkreditivbegünstigten (Verkäufer/Exporteur) (v.Bar, Ch., 1988: S. 40; Eisemann/Schütze, 1989: S. 63; Plett/Welling, DB 1987: S. 925; Sandkühler, G., 1993: S. 138; Wolf/Horn/Lindacher, 1994: Rn. A 91; Zahn/Eberding/Ehrlich, 1986: Rn. 2/3). Oft tritt als vierte Partei eine Bank im Land des Begünstigten (Korrespondenzbank) hinzu (v.Bar, Ch., 1988: S. 40; Eisemann/Schütze, 1989: S. 63; Plett/Welling, DB 1987: S. 925; Sandkühler, G., 1993: S. 138, 139; Zahn/Eberding/Ehrlich, 1986: Rn. 2/6). Gegenstand der nachfolgenden Artikel sind jedoch nicht alle vier Rechtsbeziehungen, denn die ERA enthalten keine Bestimmungen, die das Verhältnis zwischen dem Verkäufer und dem Käufer regeln (Stapel, B., 1998: S. 85).

Alternativen

Die Variante Art. 2 (i) ERA betrifft die Verpflichtung der eröffnenden Bank, wenn das Akkreditiv bei ihr zahlbar ist, d.h. keine Einschaltung einer Zweitbank als Zahlstelle erfolgt.

Die Variante Art. 2 (ii) ERA betrifft die Einschaltung einer Zweitbank, bei welcher das Akkreditiv entweder zur Zahlung oder zur Akzeptierung benutzbar gestellt wird; damit wird klargestellt, daß die Eröffnungsbank bei Akzeptierungsakkreditiven nicht nur für die Akzepterteilung, sondern auch für dessen Bezahlung verantwortlich ist.

Art. 2 (iii) ERA weist der Negoziierung eine eigenständige Regelung zu, da diese nicht mehr zwingend die Ziehung von Sicht- und/oder Nachsichttratten voraussetzt, sondern auch nur gegen die Vorlage von Dokumenten möglich sein soll. Dies hat seinen Grund darin, daß Art. 10 (b) (ii) ERA den Begriff der Negoziierung erstmals definiert.

Funktion der Filialen als selbständige Bank

In Art. 2 letzter Satz ERA wird zur Klarstellung geregelt, daß Filialen einer Bank in verschiedenen Ländern jeweils als "andere Bank" gelten.

Wird bei der Eröffnung und Abwicklung eines Akkreditivs die ausländische Filiale der Akkreditivbank insoweit eingeschaltet, als diese ihren Bestätigungsvermerk beifügt, bestimmt sich die vertragstypische Leistung im Sinne von Art. 28 EGBGB nach der Rechtsordnung des Sitzes der ausländischen Filiale. Dies zumindest in dem Umfang, als sich Rechtsfragen im Zusammenhang mit der Bestätigung ergeben. Auch insoweit ist Art. 2 ERA heranzuziehen.

Daraus folgt,

- wenn das Akkreditiv bei der im Inland ansässigen Hauptfiliale zahlbar gestellt und gültig ist, ist die Einreichung von Dokumenten bei der ausländischen Filiale nicht fristwahrend (etwas anderes gilt, wenn die Auslandsfiliale ausdrücklich von der inländischen Zahl-

stelle mit der Abwicklung des Akkreditivs betraut und im Verhältnis zum Begünstigten erkennbar als Beauftragte der Inlandsbank tätig wird);
- die rügelose Aufnahme der Dokumente durch die als Zahlstelle fungierende ausländische Niederlassung bindet die Akkreditivbank nicht und schließt deren Dokumentenbeanstandung nicht aus.

Die ERA verzichten nach wie vor darauf, den Begriff "Bank" zu definieren (Nielsen, J., Neue Richtlinien, 1994: Rn. 9). Für den Fall, daß sich in einem Akkreditiv, das von einer Nicht-Bank ausgestellt worden ist, ein Hinweis auf die Geltung der ERA befindet, hat der Aussteller sich daher selbst als "Bank" zu bezeichnen, um Mißverständnisse zu vermeiden. Das gilt auch, wenn sich die eröffnende Bank eines Instituts bedient, das streng genommen keine Bank darstellt (Vgl. Sarna, L., 1994: S. 2 - 26).

3.1.1.3 Artikel 3: Akkreditive und Verträge

Richtlinie

Artikel 3: Akkreditive und Verträge

(a) Akkreditive sind ihrer Natur nach von den Kauf- oder anderen Verträgen, auf denen sie möglicherweise beruhen, getrennte Geschäfte, und die Banken haben in keiner Hinsicht etwas mit solchen Verträgen zu tun und sind nicht durch sie gebunden, selbst wenn im Akkreditiv auf solche Verträge in irgendeiner Weise Bezug genommen wird. Folglich ist die Verpflichtung einer Bank zu zahlen, Tratten zu akzeptieren und zu bezahlen oder zu negoziieren und/oder irgendeine andere Verpflichtung unter dem Akkreditiv zu erfüllen, nicht abhängig von Gegenansprüchen oder Einreden des Auftraggebers, die sich aus seinen Beziehungen zur eröffnenden Bank oder zum Begünstigten ergeben.

(b) Ein Begünstigter kann sich keinesfalls auf die vertraglichen Beziehungen berufen, die zwischen den Banken oder zwischen dem Auftraggeber und der eröffnenden Bank bestehen.

Kommentar

Unabhängigkeit vom Grundgeschäft

Das Akkreditiv ist ein vom Grundgeschäft unabhängiges Leistungsversprechen einer Bank mit einem durch ERA und Handelsbrauch typisierten Inhalt (Zahn/Eberding/Ehrlich, 1986: Rn. 2/15; del Busto C., ICC-Publ. Nr. 515 E: S. 36). Die ERA beschreiben den für die Akkreditivverpflichtung typischen Verzicht auf Einreden und Einwendungen rein pragmatisch dahin, daß Akkreditive "ihrer Natur nach" (by their nature) von den etwa zugrunde liegenden Kauf oder anderen Verträgen als "getrennte Geschäfte" anzusehen sind; wie es in zusätzlicher Klarstellung in Art. 4 ERA heißt, "befassen sich alle Beteiligten mit Dokumenten und nicht mit Waren, Dienstleistungen und/oder anderen Leistungen, auf die sich die Dokumente möglicherweise beziehen".

Qualifizierung als abstraktes Zahlungsversprechen

Obwohl der für das Akkreditiv wesentliche Einrede- und Einwendungsverzicht nach Auffassung maßgebender Autoren als weltweites Gewohnheitsrecht oder internationaler Handelsbrauch gilt (Schlegelberger/Hefermehl, 1976: Anh. § 365, Rn. 215: "Der Einwendungsausschluß beim Dokumenten-Akkreditiv gilt im übrigen kraft Handelsbrauch"; Liesecke, R., 1966: S. 467; Nielsen, J., BuB, 1993: Rn. 5/487; Schinnerer/Avancini, 1976: S. 140), ist das Akkreditiv selbst nicht als supra-nationales Rechtsinstitut anerkannt (vgl. insbesondere Canaris, C.W., 1988: Rn. 1005) unter Ablehnung der Anerkennung eines internationalen Gewohnheitsrechtes. Nach h.L. handelt es sich beim Akkreditiv um ein abstraktes Schuldversprechen i.S.v. § 780 BGB (Baumbach/Hopt, 1995: (7), Bank.gesch., K 8; Canaris, C.W., 1988: Rn. 985; Zahn/Eberding/Ehrlich, 1986: Rn. 2/132; ferner Avancini/Iro/Koziol, 1993: Rn. 4/15; BGHZ 66: S. 262, 264 = WM 1973: S. 483, 484; BGHZ 108: S. 348; BGH WM 1992: S. 928). Der Umfang des Verzichts auf Einwendungen und Einreden aus dem Grundgeschäft wird aus den Vorschriften des BGB für die Anweisung aus §§ 783 ff. BGB und insbesondere aus § 784 Abs. 1 Halbsatz 2 BGB hergeleitet (Baumbach/Hopt, 1995: (6), Bank.gesch., K 1; Canaris, C.W., 1988: Rn. 921, 1010). Auch das österreichische Recht orientiert sich für die Abgrenzung zwischen zulässigen und unzulässigen Einwendungen an der Anweisungsannahme des § 1402 BGB (Avancini/Iro/Koziol, 1993: Rn. 4/119). Unzulässig sind alle Einwendungen aus Deckungs- und Valutaverhältnis, zulässig dagegen alle Gültigkeits- und Inhaltseinwendungen, die der Akkreditivbank aus eigenem Recht zustehen.

Deckungsverhältnis

Aufgrund der Unzulässigkeit von Einwendungen aus dem Verhältnis zum Akkreditivauftraggeber kann die Akkreditivbank eine Zahlungsverweigerung nicht darauf stützen, daß sie keine Deckung erhalten habe (Baumbach/Hopt, 1995: (7), Bank.gesch., K 16; vgl. auch BGH WM 1958: S. 292 für das Verhältnis zwischen Eröffnungs- und Bestätigungsbank). Irrelevant sind auch der Konkurs des Auftraggebers oder gegen ihn veranlaßte Pfändungsmaßnahmen (Canaris, C.W., Einwendungsausschluß und Einwendungsdurchgriff bei Dokumentenakkreditiven und Außenhandelsgarantien, ÖBA 1987: S. 776; Ulmer, P.: S. 288; v.Westphalen, F., 1987: S. 140). Bei Akkreditiveröffnung abweichend vom Akkreditivauftrag kann der Begünstigte nach den Regeln für Fehlüberweisungen zum Verzicht verpflichtet sein, wenn er mit einem Akkreditiv des ihm übermittelten Inhalts nicht rechnen durfte (Canaris, C.W., 1988: Rn. 1027; vgl. BGH WM 1986: S. 1381). Gegebenenfalls kann ein Akkreditiv wegen Irrtums in der Person des Begünstigten angefochten werden. Umstritten ist die Behandlung von ohne Vertretungsmacht erteilten bzw. sogar gefälschten Akkreditivaufträgen (vgl. dazu Avancini/Iro/Koziol, 1993: Rn. 4/117).

Ungültigkeit des Akkreditivs

Gültigkeitseinwendungen z.B. wegen Irrtum oder Fälschung sind grundsätzlich zulässig, spielen in der Praxis jedoch keine Rolle. Umstritten ist jedoch, wann die etwaige Nichtigkeit des Grundgeschäftes zwischen Akkreditivauftraggeber und Begünstigten z.B. wegen Verstoß gegen Außenwirtschaftsgesetze, Kriegswaffenkontrollgesetz usw. auf das Akkreditiv durchschlägt. Die Literatur zu dieser Frage bietet kein einheitliches Bild (vgl. Canaris, C.W., 1988: Rn. 1019). Für das deutsche Recht hat der BGH jedoch bei Beurteilung eines

Falles, in welchem einem übertragbaren Akkreditiv ein Kauf über sog. Piraterieware zugrunde lag, klare Kriterien herausgearbeitet. Danach führt nicht schon jeder beliebige Verstoß gegen ein Verbotsgesetz i.S.v. § 134 BGB zur Nichtigkeit selbst des Grundgeschäftes. Es muß sich vielmehr um ein strafbewährtes Verbot handeln. Ein Verstoß dagegen macht ein Rechtsgeschäft nichtig, wenn der Straftatbestand von beiden Vertragsparteien objektiv und subjektiv verwirklicht wird (BGH WM 1996: S. 995; Nielsen, J., WuB, IVE I.96: § 365 HGB). Nur bei Vorliegen dieser Voraussetzungen kann auch die Inanspruchnahme des Akkreditivs mißbräuchlich sein. Bei einseitigem Gesetzesverstoß durch nur eine Partei kommt dies ausnahmsweise nur dann in Betracht, wenn der Gesetzeszweck nicht anders zu erreichen ist (BGHZ 89: S. 369, 373 = WM 1984: S. 405 m.w.N.).

Umstritten ist die **Zulässigkeit der Aufrechnung** mit Gegenforderungen. Nach allgemeiner Auffassung kann die Akkreditivbank den Aufrechnungseinwand erheben (vgl. Avancini/Iro/Koziol, 1993: Rn. 4/129 unter Hinweis auf § 1438 AGBG und Übersicht über das Schrifttum; ebenso Canaris, C.W., 1988: Rn. 1009; Liesecke, R., WM 1966: S. 469; a.A. Zahn/Eberding/Ehrlich, 1986: Rn. 2/333). Im Interesse der Liquiditätsfunktion sollte die Aufrechnung jedoch, ebenso wie bei Bankgarantien, nur zugelassen werden, wenn die Gegenforderungen liquide nachgewiesen werden können (vgl. BGH ZIP 1985: S. 729, 731; Nielsen, J., Bankgarantien, 1986: S. 34).

3.1.1.4 Artikel 4: Dokumente und Waren/Dienstleistungen/Leistungen

Richtlinie

Artikel 4: Dokumente und Waren/Dienstleistungen/Leistungen

Im Akkreditiv-Geschäft befassen sich alle Beteiligten mit Dokumenten und nicht mit Waren, Dienstleistungen und/oder anderen Leistungen, auf die sich die Dokumente möglicherweise beziehen.

Kommentar

Art. 4 ERA enthält als Konsequenz des in Art. 3 ERA statuierten Abstraktheitsprinzips die Klarstellung, daß sich im Akkreditivgeschäft alle Beteiligten mit Dokumenten und nicht mit Waren, Dienstleistungen oder Leistungen befassen, auf die sich die Dokumente beziehen (können) (Eberth, R., WM-Sonderbeilage Nr. 4/1984: S. 9; Nielsen, J., ZIP 1984: S. 230 (233); Nielsen, J., WM-Sonderbeilage Nr. 2/1994: S. 4; Peters, K., WM 1978: S. 1030 (1034); Vorpeil K., IWB 1993: S. 1125 (1128); Wessely, W., 1975: Rn. 46). Aus diesem Grundsatz folgt erstens, daß es allein auf die Akkreditivfähigkeit der Dokumente ankommt, d.h. der Zustand der Waren irrelevant ist, und zweitens, daß die Bank, wenn fehlerhafte Dokumente angedient werden, keinen Anspruch auf Aufwendungsersatz hat, selbst wenn sie nachweisen kann, daß die Ware mit der Beschreibung im Akkreditiv übereinstimmt (Stapel, B., 1998, S. 99).

3.1.1.5 Artikel 5: Aufträge zur Eröffnung/Änderung von Akkreditiven

Richtlinie

Artikel 5: Aufträge zur Eröffnung/Änderung von Akkreditiven

(a) Aufträge zur Eröffnung eines Akkreditivs, das Akkreditiv selbst, Aufträge zur Akkreditiv-Änderung und die Änderung selbst müssen vollständig und genau sein.

Um Irrtümern und Mißverständnissen vorzubeugen, sollten die Banken jedem Versuch entgegentreten,

i. zu weit gehende Einzelheiten in das Akkreditiv oder in eine Akkreditiv-Änderung aufzunehmen;

ii. Aufträge zur Eröffnung, Avisierung oder Bestätigung eines Akkreditivs durch Bezugnahme auf ein früher eröffnetes Akkreditiv (gleiches Akkreditiv) zu erteilen, wenn dieses frühere Akkreditiv Gegenstand angenommener und/oder nicht angenommener Änderungen war.

(b) Alle Aufträge zur Akkreditiv-Eröffnung und das Akkreditiv selbst sowie gegebenenfalls alle Aufträge zur Akkreditiv-Änderung und die Änderung selbst müssen genau das (die) Dokument(e) angeben, gegen das (die) Zahlung, Akzeptleistung oder Negoziierung vorgenommen werden soll.

Kommentar

Erteilung:

Vollständigkeit und Genauigkeit

Nach Art. 5 (a) ERA sollen Akkreditivaufträge "vollständig und genau" sein; "zu weitgehende Einzelheiten (exessive details) sind zu vermeiden, um das Akkreditiv nicht mit Bedingungen zu überlasten, die für den eigentlichen Akkreditivzweck nicht erforderlich sind" (Zahn/Eberding/Ehrlich, 1986: Rn. 3/36). Bezugnahmen auf früher mit gleichen Bedingungen eröffnete Akkreditive (Similar Credit) sind zu vermeiden (Art. 5 (a) (ii) ERA), weil sie sich insbesondere dann als Quelle von Mißverständnissen erwiesen haben, wenn das in Bezug genommene Akkreditiv mehrfach geändert wurde (vgl. del Busto, C., ICC-Publ. Nr. 511: S. 11; ferner Nielsen, J., Neue Richtlinien, 1994: Rn. 16 zum Auslegungsrisiko, wenn eine Bank gleichwohl einen similar credit eröffnet). Geschieht dies trotzdem, so ist im Zweifelsfall die Ursprungsfassung des früheren Akkreditivs gemeint, d.h. ohne etwaige spätere Änderungen.

Auftragsinhalt

Unverzichtbar ist die präzise Angabe der Dokumente, gegen die Zahlung, Akzeptleistung oder Negoziierung vorgenommen werden soll (Art. 5 (b) ERA). Das gleiche gilt für

Bezeichnung des Begünstigten nach Adresse, Firma, Gesellschaftszusatz, Akkreditivbetrag (Höhe, Währung, Nebenkosten), Verfallort/Verfallzeit (Art. 42 ERA), Bestätigung Zahlbarstellung, Übertragbarkeit (Transport: Art, Weg, Teilverladung, Umladung) (ausführlich zum Auftragsinhalt: Avancini/Iro/Koziol, 1993: Rn. 4/35 sowie Schimansky/Bunte/Lwowski-Nielsen, 1997: § 120, Rn. 70 ff.).

3.1.2 Form und Anzeige von Akkreditiven

3.1.2.1 Artikel 6: Widerrufliche und unwiderrufliche Akkreditive

Richtlinie

Artikel 6: Widerrufliche und unwiderrufliche Akkreditive

(a) Ein Akkreditiv kann entweder
i. widerruflich
oder
ii. unwiderruflich
sein.

(b) Das Akkreditiv soll daher eindeutig angeben, ob es widerruflich oder unwiderruflich ist.

(c) Fehlt eine solche Angabe, gilt das Akkreditiv als unwiderruflich.

Kommentar

Gemäß Art. 6 (b) ERA soll in jedem Akkreditiv eindeutig angegeben werden, ob es widerruflich oder unwiderruflich ist. Fehlt eine solche Angabe, gilt gemäß Art. 6 (c) ERA das Akkreditiv als unwiderruflich. Die Bezeichnung des Akkreditivs als "unwiderruflich" ist daher nicht erforderlich. Vielmehr muß nur noch die Ausnahme, nämlich der Vorbehalt des Widerrufs, ausdrücklich kenntlich gemacht werden.

Das widerrufliche Akkreditiv begründet bis zur Ausübung des Widerrufs für die Eröffnungsbank die gleiche Verpflichtung wie ein unwiderrufliches Akkreditiv. Jedoch hat der Widerruf den Charakter einer auflösenden Bedingung. Deshalb spielen widerrufliche Akkreditive in der Praxis keine Rolle. Ihre Eröffnung erfolgt - wenn überhaupt - nur noch aufgrund etwaiger Importbestimmungen einiger Länder mit Devisenbewirtschaftung, um auf diesem Wege über die Eröffnung von widerruflichen Akkreditiven eine bessere Einflußnahme auf etwaige Zahlungsverpflichtungen zu erhalten.

3.1.2.2 Artikel 7: Haftung der avisierenden Bank

Richtlinie

Artikel 7: Haftung der avisierenden Bank

(a) Ein Akkreditiv kann dem Begünstigten durch eine andere Bank ("avisierende Bank") ohne Verbindlichkeit für die avisierende Bank avisiert werden; diese Bank hat jedoch, wenn sie sich zur Avisierung des Akkreditivs entschließt, mit angemessener Sorgfalt die augenscheinliche Echtheit des zu avisierenden Akkreditivs zu überprüfen. Wenn die Bank sich dazu entschließt, das Akkreditiv nicht zu avisieren, muß sie die eröffnende Bank davon unverzüglich unterrichten.

(b) Wenn die avisierende Bank diese augenscheinliche Echtheit nicht feststellen kann, muß sie die Bank, von der sie den Auftrag erhalten zu haben scheint, unverzüglich davon unterrichten, daß sie die Echtheit des Akkreditivs nicht feststellen konnte. Wenn sie sich trotzdem dazu entschließt, das Akkreditiv zu avisieren, muß sie den Begünstigten davon unterrichten, daß sie die Echtheit des Akkreditivs nicht feststellen konnte.

Kommentar

Art. 7 (a) ERA

Nach **Art. 7 (a) Satz 1 ERA** kann ein Akkreditiv den Begünstigten durch eine andere Bank (avisierende Bank) ohne Verbindlichkeit für die avisierende Bank angezeigt werden. Der Inhalt des der Avisbank erteilten Geschäftsbesorgungsauftrages gilt auf Vermittlung des Vertragsschlusses zwischen der Akkreditivbank und dem Begünstigten. Verpflichteter aus dem Akkreditiv bleibt allein die Akkreditivbank. Legt der Begünstigte der Avisbank die Dokumente vor, kann sie die Dokumente zurückweisen. Darin ist keine Rüge der Dokumente zu sehen. Die Avisbank ist grundsätzlich nicht verpflichtet, die Dokumente aufzunehmen. Insoweit wird wegen ihrer Funktion die Avisbank auch als "technische Durchleitungsstelle" bezeichnet. Dies wird jedoch dem Aufgabenkreis der Avisbank nicht voll gerecht, da ihr Aufgabenkreis über die reine Botentätigkeit hinausgeht.

Die Avisbank ist gemäß **Art. 7 (a) Satz 2 ERA** verpflichtet, vor Unterrichtung des Begünstigten "mit angemessener Sorgfalt die augenscheinliche Echtheit des zu avisierenden Akkreditivs zu überprüfen".

Dabei besteht die Überprüfungspflicht primär darin, sich zu vergewissern, daß die Akkreditivbank überhaupt existiert. Dabei ist die Prüfung der Wirksamkeit des Akkreditivauftrages anhand geeigneter Kriterien vorzunehmen. Hierzu gehört neben der Überprüfung des Gesamterscheinungsbildes insbesondere die Ordnungsmäßigkeit der Unterschriften, die Einhaltung von Schlüsselzahlen und Code-Vereinbarungen. Diese Pflicht zur Prüfung setzt jedoch voraus, daß die Avisbank sich entschließt, dem Begünstigten das Akkreditiv anzuzeigen.

Beabsichtigt die Avisbank, das Akkreditiv nicht zu avisieren, hat sie gemäß Art. 7 (a) ERA die Akkreditivbank davon unverzüglich zu unterrichten. Die Ablehnung eines solchen Geschäftsbesorgungsvertrages ist an sich eine Selbstverständlichkeit. Dabei spielt es keine Rolle, ob zwischen der Akkreditivbank und der Avisbank eine ständige Geschäftsverbindung besteht. Insoweit entspricht die Vorschrift des Art. 7 (a) Satz 2 ERA dem Rechtsgedanken des § 362 HGB, wonach ein Kaufmann auf einen Antrag über die Besorgung von Geschäften unverzüglich zu antworten hat, anderenfalls sein Schweigen als Annahme gilt.

Unabhängig davon ist die Akkreditivbank gut beraten, den Eingang der Ausführungsanzeige der Zweitbank bzw. deren Ablehnung zu kontrollieren. Nach h.L. wird die Avisbank als Erfüllungsgehilfin der Akkreditivbank angesehen. Diese haftet, wenn es durch Verschulden der Avisbank nicht zur rechtzeitigen Akkreditiveröffnung kommt, für einen dem Auftraggeber hierdurch etwa entstehenden Schaden.

Die Avisbank selbst ist wegen einer etwaigen Nicht-, Falsch- oder Zuspätavisierung keinem direkten Schadenersatzanspruch des Begünstigten aus dem Akkreditiv ausgesetzt.

Art. 7 (b) ERA

Kann die Avisbank die augenscheinliche Echtheit des Akkreditivs nicht feststellen, hat sie gemäß Art. 7 (b) Satz 1 ERA die Akkreditivbank, von der sie den Auftrag zwecks Avisierung erhalten zu haben scheint, unverzüglich davon zu unterrichten.

Entschließt sich die Avisbank trotz nicht erfolgter Aufklärung hinsichtlich der Echtheit des Akkreditivauftrages zur Avisierung, so muß sie gemäß Art. 7 (b) Satz 2 ERA den Begünstigten ausdrücklich darüber informieren, daß die Echtheit des Akkreditivs für sie nicht feststellbar war. In der Praxis dürfte es jedoch nahezu ausgeschlossen sein, daß eine Avisbank ein von ihr nicht als echt erkanntes Akkreditiv avisiert. Die Unterrichtung des Begünstigten von der Unmöglichkeit der Echtheitsprüfung befreit die Avisbank jedoch nicht davon, die vermeintlich auftraggebende Bank über die Unmöglichkeit der Echtheitsprüfung sowie über die von ihr unternommenen Schritte zu unterrichten, gleichgültig, ob sie eine Avisierung vornimmt oder nicht (Nielsen, J., Neue Richtlinien, 1994: Rn. 23).

3.1.2.3 Artikel 8: Widerruf eines Akkreditivs

Richtlinie

Artikel 8: Widerruf eines Akkreditivs

(a) Ein widerrufliches Akkreditiv kann von der eröffnenden Bank jederzeit und ohne vorherige Nachricht an den Begünstigten geändert oder annulliert werden.

(b) Die eröffnende Bank muß jedoch

i. eine andere Bank, bei der ein widerrufliches Akkreditiv zur Sichtzahlung, Akzeptleistung oder Negoziierung benutzbar gestellt ist, für jede Zahlung, Akzeptleistung oder Negoziierung remboursieren, die von dieser Bank vor

Erhalt einer Nachricht über die Änderung oder Annullierung gegen Dokumente vorgenommen wurde, die ihrer äußeren Aufmachung nach den Akkreditiv-Bedingungen zu entsprechen scheinen;

ii. eine andere Bank, bei der ein widerrufliches Akkreditiv zur hinausgeschobenen Zahlung benutzbar gestellt ist, remboursieren, wenn diese Bank vor Erhalt einer Nachricht über die Änderung oder Annullierung Dokumente aufgenommen hat, die ihrer äußeren Aufmachung nach den Akkreditiv-Bedingungen zu entsprechen scheinen.

Kommentar

Art. 8 (a) ERA

Das widerrufliche Akkreditiv steht unter dem Vorbehalt der jederzeitigen Änderung oder Annullierung seitens der eröffnenden Bank. Unabhängig davon, ob das Akkreditiv widerruflich oder unwiderruflich ist, begründet es seitens der eröffnenden Bank eine selbständige Verpflichtung, die - beim widerruflichen Akkreditiv - jedoch noch nicht endgültig bindend ist (Schütze, R.A., 1996: Rn. 69).

Art. 8 (b) ERA

Auch im Falle der Widerruflichkeit ergibt sich die verpflichende Wirkung des Akkreditivs aus den in Art. 8 (b) (i) und (ii) ERA genannten Fällen zwanglos: Hat die eröffnende Bank darauf vertraut, aus ihrer akkreditivmäßigen Verpflichtung durch Annullierung freizukommen und deshalb der Bontität ihres Kunden, des Auftraggebers, keine Beachtung geschenkt, hat sie nun die finanziellen Folgen ihrer Unachtsamkeit zu tragen. Dies ist charakteristisch für die rechtliche Einordnung des widerruflichen Akkreditivs als abstraktes Schuldversprechen i.S.v. § 780 BGB (Schütze, R.A., 1996: Rn. 71).

Da der Widerruf des widerruflichen Akkreditivs nur von der Akkreditivbank erklärt werden kann, kann der Akkreditivauftraggeber nur indirekt Einfluß auf den Stand des Akkreditivs nehmen. Erhält die Akkreditivbank jedoch die Weisung zum Widerruf, hat sie diesem Auftrag unverzüglich zu folgen, um die Folgen des **Art. 8 (b) ERA** zu vermeiden. Dabei ist es ihr aufgrund der Trennung vom Grundgeschäft versagt, den Widerruf unter Hinweis auf das Grundgeschäft zurückzuweisen. Widerruft die Akkreditivbank ohne Weisung ihres Auftraggebers das widerrufliche Akkreditiv, ist dieser Widerruf zwar wirksam, könnte jedoch im Verhältnis zwischen ihr und ihrem Auftraggeber Schadenersatzansprüche auslösen. Unheilvoll kann sich für den Begünstigten eines widerruflichen Akkreditivs auswirken, daß der Widerruf seitens der akkreditiveröffnenden Bank erst bis zur Zahlung bzw. Akzeptierung oder Negoziierung der aufgrund des Dokumentenakkreditivs gezogenen Tratten möglich ist. Selbst nach Versand der Ware oder sogar Dokumentenandienung kann der Widerruf noch erfolgen (Schütze, R.A., 1996: Rn. 74). Dies gilt allerdings nicht beim Akkreditiv mit hinausgeschobener Zahlung, wo die Dokumentenaufnahme bereits zum Erlöschen des Widerrufsrechts führt (Art. 8 (b) (ii) ERA).

3.1.2.4 Artikel 9: Haftung der eröffnenden und der bestätigenden Bank

Richtlinie

Artikel 9: Haftung der eröffnenden und der bestätigenden Bank

(a) Ein unwiderrufliches Akkreditiv begründet eine feststehende Verpflichtung der eröffnenden Bank, sofern die vorgeschriebenen Dokumente der benannten Bank oder der eröffnenden Bank vorgelegt werden und die Akkreditiv-Bedingungen erfüllt sind,

i. wenn das Akkreditiv Sichtzahlung vorsieht - bei Sicht zu zahlen;

ii. wenn das Akkreditiv hinausgeschobene Zahlung vorsieht - an dem (den) nach den Bestimmungen des Akkreditivs bestimmbaren Datum (Daten) zu zahlen;

iii. wenn das Akkreditiv

a. Akzeptleistung durch die eröffnende Bank vorsieht - vom Begünstigten auf die eröffnende Bank gezogene Tratten zu akzeptieren und sie bei Fälligkeit zu bezahlen,

oder

b. Akzeptleistung durch eine andere bezogene Bank vorsieht - vom Begünstigten auf die eröffnende Bank gezogene Tratten zu akzeptieren und bei Fälligkeit zu bezahlen, falls die im Akkreditiv vorgeschriebene bezogene Bank auf sie gezogene Tratten nicht akzeptiert, oder Tratten zu bezahlen, falls diese von der bezogenen Bank akzeptiert, aber bei Fälligkeit nicht bezahlt wurden;

iv. wenn das Akkreditiv Negoziierung vorsieht - vom Begünstigten gezogene Tratten und/oder unter dem Akkreditiv vorgelegte Dokumente ohne Rückgriff auf Aussteller und/oder gutgläubige Inhaber zu bezahlen. Ein Akkreditiv soll nicht durch Trattenziehungen auf den Auftraggeber benutzbar gestellt werden; wenn das Akkreditiv dennoch Trattenziehungen auf den Auftraggeber vorschreibt, betrachten Banken solche Tratten als zusätzliche Dokumente.

(b) Die Bestätigung eines unwiderruflichen Akkreditivs durch eine andere Bank ("bestätigende Bank") aufgrund der Ermächtigung oder des Auftrags der eröffnenden Bank begründet zusätzlich zu derjenigen der eröffnenden Bank eine feststehende Verpflichtung der bestätigenden Bank, sofern die vorgeschriebenen Dokumente der bestätigenden Bank oder einer anderen benannten Bank vorgelegt werden und die Akkreditiv-Bedingungen erfüllt sind,

i. wenn das Akkreditiv Sichtzahlung vorsieht - bei Sicht zu zahlen;

ii. wenn das Akkreditiv hinausgeschobene Zahlung vorsieht - an dem (den) nach den Bestimmungen des Akkreditivs bestimmbaren Datum (Daten) zu zahlen;

iii. wenn das Akkreditiv

a. Akzeptleistung durch die bestätigende Bank vorsieht - vom Begünstigten auf die bestätigende Bank gezogene Tratten zu akzeptieren und sie bei Fälligkeit zu bezahlen,

oder

b. Akzeptleistung durch eine andere bezogene Bank vorsieht - vom Begünstigten auf die bestätigende Bank gezogene Tratten zu akzeptieren und bei Fälligkeit zu bezahlen, falls die im Akkreditiv vorgeschriebene bezogene Bank auf sie gezogene Tratten nicht akzeptiert, oder Tratten zu bezahlen, falls diese von der bezogenen Bank akzeptiert, aber bei Fälligkeit nicht bezahlt wurden;

iv. wenn das Akkreditiv Negoziierung vorsieht - vom Begünstigten gezogene Tratten und/oder unter dem Akkreditiv vorgelegte Dokumente ohne Rückgriff auf Aussteller und/oder gutgläubige Inhaber zu negoziieren. Ein Akkreditiv soll nicht durch Trattenziehungen auf den Auftraggeber benutzbar gestellt werden; wenn das Akkreditiv dennoch Trattenziehungen auf den Auftraggeber vorschreibt, betrachten Banken solche Tratten als zusätzliche Dokumente.

(c) i. Wenn eine andere Bank von der eröffnenden Bank ermächtigt oder beauftragt wird, einem Akkreditiv ihre Bestätigung hinzuzufügen, hierzu aber nicht bereit ist, muß sie die eröffnende Bank davon unverzüglich unterrichten.

ii. Sofern die eröffnende Bank in ihrer Ermächtigung oder ihrem Auftrag zur Hinzufügung einer Bestätigung nichts anderes vorschreibt, kann die avisierende Bank das Akkreditiv dem Begünstigten ohne Hinzufügung ihrer Bestätigung avisieren.

(d) i. Soweit Artikel 48 nichts anderes vorsieht, kann ein unwiderrufliches Akkreditiv ohne die Zustimmung der eröffnenden Bank, der etwaigen bestätigenden Bank und des Begünstigten weder geändert noch annulliert werden.

ii. Die eröffnende Bank ist an von ihr erstellte Änderungen vom Zeitpunkt der Erstellung dieser Änderungen unwiderruflich gebunden. Eine bestätigende Bank kann ihre Bestätigung auf eine Änderung erstrecken und ist vom Zeitpunkt ihrer Änderungsanzeige entsprechend unwiderruflich verpflichtet. Eine bestätigende Bank kann jedoch dem Begünstigten eine Änderung auch ohne ihre Bestätigung darauf zu erstrecken anzeigen; sie muß dann allerdings die eröffnende Bank und den Begünstigten davon unverzüglich unterrichten.

iii. Die Bedingungen des ursprünglichen Akkreditivs (oder eines Akkreditivs mit vorher angenommenen Änderungen) bleiben für den Begünstigten in Kraft, bis der Begünstigte seine Annahme der Änderung der Bank mitteilt, die ihm diese Änderung anzeigte. Der Begünstigte soll die Annahme oder Zurückweisung von Änderungen mitteilen. Wenn der Begünstigte diese Mitteilung unterläßt, gilt die Vorlage von Dokumenten bei der benannten oder eröffnenden Bank, die dem Akkreditiv und noch nicht angenommenen Änderungen entsprechen, als Mitteilung der Annahme dieser Änderungen durch den Begünstigten, und das Akkreditiv ist von diesem Zeitpunkt an geändert.

iv. Die teilweise Annahme von Änderungen, die in ein und derselben Änderungsanzeige enthalten sind, ist nicht gestattet und daher unwirksam.

Kommentar

Einleitung

Nur ein unwiderrufliches Akkreditiv vermag den Begünstigten in die Position zu versetzen, die er aus der Sicherungsfunktion des Dokumentenakkreditivs herleiten will, nämlich eine feststehende Verpflichtung der eröffnenden Bank zur Erbringung der im Akkreditiv versprochenen Leistung. Nur so wird die nahezu völlige Gewißheit geschaffen, bei Einreichung der vorgeschriebenen Dokumente und Erfüllung aller übrigen Akkreditivbedingungen Zahlung zu erhalten. Denn ein unwiderrufliches Akkreditiv kann gemäß Art. 9 (d) ERA ohne Zustimmung aller Beteiligten weder geändert noch annulliert werden. Auch die nur teilweise Änderung bedarf der ausdrücklichen Zustimmung aller Beteiligten. Voraussetzung hierfür ist, daß der Akkreditivvertrag zwischen den Beteiligten (Akkreditivbank und Begünstigter) wirksam zustande gekommen ist. Die Form der Annahme richtet sich nach dem Aufenthaltsrecht des Begünstigten (vgl. Art. 31 EGBGB). Aber auch nach ausländischen Rechtsordnungen ist entsprechend § 151 BGB eine ausdrückliche Annahmeerklärung nicht notwendig. Demgemäß folgt aus der international üblichen stillschweigenden Annahme des Akkreditivs für den Begünstigten die Notwendigkeit des alsbaldigen Widerspruchs, wenn er mit dem Inhalt des übermittelten Akkreditivs aufgrund der im Grundgeschäft getroffenen Vereinbarungen nicht einverstanden ist. Nach Schütze (Schütze, R.A., 1996: Rn. 266) steht dem Begünstigten für die Prüfung und einen etwaigen Widerspruch eine Frist von drei Tagen zur Verfügung. Zwar handelt es sich hierbei um keinen international verbindlichen Maßstab, weshalb der Zeitpunkt der Wirksamkeit eines Akkreditivvertrages somit ein Unsicherheitsfaktor bleibt; gleichwohl hat sich noch keine Praxis herausgebildet, für die Annahme bzw. Ablehnung von Akkreditiven bestimmte Fristen vorzuschreiben (Eisemann-Schinnerer, F., 1978: S. 165 ff. (171)). Selbstverständlich bedürfen im Gegensatz zur stillschweigenden Annahme des Akkreditivversprechens nachträgliche Änderungen der ausdrücklichen Zustimmung des Begünstigten, weil diese in die durch die wirksame Akkreditiveröffnung begründete Rechtstellung des Begünstigten eingreifen (Art. 9 (d) (iii) ERA). Schweigt der Begünstigte nach Zugang einer Änderungsmitteilung, entsteht ein Schwebezustand bis zur Inanspruchnahme des Akkreditivs, da Schweigen weder im In- noch im Ausland als Zustimmung fingiert wird. Erst bei Einreichung der Dokumente braucht sich der Begünstigte zu entscheiden, ob er das Akkreditiv in der ursprünglichen oder in der modifizierten Fassung bedienen will. Bei verschiedenen Änderungsverlangen hat der Begünstigte die freie Wahl. Sind solche Änderungsmitteilungen in einer Änderungsanzeige enthalten, kann der Begünstigte sie nur im ganzen annehmen oder aber ablehnen (Art. 9 (d) (iv) ERA).

Schweigt der Begünstigte auch bei der Dokumenteneinreichung sich noch darüber aus, ob er die angebotene Änderung akzeptiert oder nicht, wird gemäß Art. 9 (d) (iii) letzter Satz ERA die Einreichung von Dokumenten, die noch nicht angenommenen Änderungen entsprechen, als Annahme dieser Änderungen behandelt. Damit ist die mit der Prüfung betraute Bank verpflichtet, die vorgelegten Dokumente daraufhin zu prüfen, ob sie den noch nicht angenommenen Änderungen entsprechen. Ist dies der Fall, gelten diese Änderungen als angenommen.

Kein Entzug der Zahlstellenfunktion (Art. 9 (d) (i) ERA)

Im Regelfall wird das Akkreditiv in der Praxis bei der Bestätigungsbank zahlbar gestellt.

Konkretisierung der Verpflichtungen von Eröffnungs- und/oder Bestätigungsbank

Je nachdem, ob das Akkreditiv durch Zahlung, hinausgeschobene Zahlung (Deferred Payment), Akzeptierung oder Negoziierung bei der Eröffnungsbank selbst, der Bestätigungsbank oder einer anderen Bank benutzbar ist, kann der Leistungsinhalt eines Akkreditivversprechens unterschiedlich sein.

Dabei ist das Akkreditiv dort gültig, wo die Dokumente vor Verfalldatum fristwahrend eingereicht werden können, und benutzbar bei der Bank, die gemäß Art. 10 (b) (i) ERA ermächtigt ist, die Dokumente durch Zahlung, Eingehung einer Verpflichtung zur hinausgeschobenen Zahlung, Akzeptierung von Tratten oder Negoziierung zu honorieren. Wenngleich eine Synchronisierung von Gültigkeit und Benutzbarkeit in der Praxis anzustreben ist, ist diese jedoch nicht zwingend (vgl. Nielsen, J., Neue Richtlinien, 1994: Rn. 33).

Verpflichtung der Akkreditivbank bei Vorliegen eines (unbestätigten) Zahlungsakkreditivs und eines (unbestätigten) Deferred-Payment-Akkreditivs

Das unwiderrufliche Akkreditiv begründet die feststehende Verpflichtung der eröffnenden Bank, bei ordnungsgemäßer Vorlage der Dokumente bei der Zahlstelle (benannte Bank oder eröffnende Bank) zu zahlen, wenn das Akkreditiv Sichtzahlung vorsieht. Entsprechendes gilt bei Deferred-Payment-Akkreditiven mit der Maßgabe, zu einem bestimmten Datum zu zahlen. Dabei soll die Fälligkeit aus den Akkreditivbedigungen selbst abzuleiten sein.

Verpflichtung der Akkreditivbank bei Vorliegen eines unbestätigten Akzeptierungsakkreditivs

Bei einem Akzeptierungsakkreditiv hat die eröffnende Bank die vom Begünstigten auf sie gezogenen Tratten zu akzeptieren und am Fälligkeitstag zu honorieren. Ist das Akzept nach den Akkreditivbedingungen nicht von der eröffnenden, sondern einer anderen Bank geleistet, übernimmt die Akkreditivbank gleichfalls die Verpflichtung, die vom Begünstigten gezogenen Tratten zu akzeptieren und am Fälligkeitstag zu zahlen, wenn die andere Bank die Tratten nicht akzeptiert, oder akzeptiert, aber bei Fälligkeit nicht bezahlt hat. Damit ist die Akkreditivbank nicht nur zur Akzeptierung der Tratten verpflichtet, vielmehr hat sie auch für deren Einlösung einzustehen. In diesem Fall muß der Begünstigte neue Tratten auf die Akkreditivbank ausstellen. Hier ist es unerheblich, daß das Akkreditiv ausdrücklich die Vorlage von Tratten verlangt, die auf die Zahlstelle gezogen sind (Stapel, B., 1998: S. 132). Ein Akzept der Eröffnungsbank anstelle der ursprünglich vorgesehenen Zahlstelle ist nicht unproblematisch, denn der Zahlungsort des Akkreditivs wird vom Land der Zahlstelle zur Eröffnungsbank verlegt, wodurch der Begünstigte mit etwaigen Devisen- oder Transferrestriktionen im Land der Akkreditivbank rechnen muß.

Das Akkreditiv darf nicht durch Trattenziehung auf den Auftraggeber benutzbar gestellt werden. Schreibt das Akkreditiv dennoch die Trattenziehung auf den Auftraggeber vor, haben die Banken solche Tratten als zusätzliche Dokumente zu betrachten. Bei einem Akzeptierungsakkreditiv, das Zahlung von Nachsichttratten auf den Auftraggeber vorsieht, hat die Akkreditivbank nämlich von vornherein nur Garantiefunktion, da sie selbst das Akzept eines Dritten nicht geben, sondern nur garantieren kann (Nielsen, J., Neue Richtlinien, 1994: Rn. 38). Die Übernahme einer Garantiefunktion macht nur Sinn, wenn der Bezogene eine von der Akkreditivbank eingesetzte Zweitbank ist, nicht aber, wenn es sich um den Akkreditivauftraggeber selbst handelt, da dieser in einem solchen Fall, etwa durch die Verweigerung der Akzeptleistung, unerwünschten Einfluß auf das Leistungsversprechen der Bank hätte, das jedoch zwingend abstrakt vom Grundgeschäft sein muß (Graffe/Weichbrodt/Xuereff, 1993: S. 28; Nielsen, J., Neue Richtlinien, 1994: Rn. 38).

Verpflichtung der Akkreditivbank bei Vorliegen eines unbestätigten Negoziierungsakkreditivs

Die sekundäre Zahlpflicht der Eröffnungsbank kommt erst zum Zuge, wenn die Zweitbank keine Negoziierung vornimmt.

Bestätigungsauftrag/Bestätigungsermächtigung (Art. 9 (b) ERA)

Das Rechtsverhältnis zwischen Eröffnungsbank und Bestätigungsbank ist - wie generell die Rechtsbeziehungen der Banken im mehrgliedrigen Akkreditivverkehr - ein auf Geschäftsbesorgung gerichteter Werkvertrag. Ein Ersuchen ist ein Geschäftsbesorgungsauftrag, eine Ermächtigung zur Akkreditivbestätigung ist ein unbefristetes Vertragsangebot zum Abschluß eines Geschäftsbesorgungsvertrages. Die Annahme des Bestätigungsauftrages bzw. einer Bestätigungsermächtigung erfolgt regelmäßig konkludent durch Unterrichtung des Begünstigten. Nach fehlender Bereitschaft zur Bestätigung bzw. zur Ausübung einer Ermächtigung ist die Eröffnungsbank unverzüglich zu unterrichten (Art. 9 (c) (i) ERA). Dies wird regelmäßig nur dann der Fall sein, wenn aus Sicht der Zweitbank der Rembours nicht als gesichert erscheint. Verletzt die Zweitbank die Verpflichtung zur unverzüglichen Ablehnung eines Bestätigungsauftrages, so kommt der Vertrag zwar nicht zustande, die Zweitbank wird aber schadensersatzpflichtig. Im Falle der Ermächtigung kann die Zweitbank bis zum Ablauf der Gültigkeitsdauer des Akkreditivs annehmen, ohne an die Annahmefrist § 147 BGB gebunden zu sein. Im Falle der Ablehnung ist auch der Begünstigte von der fehlenden Bereitschaft zur Bestätigung zu unterrichten, damit er sieht, daß die Nichtbestätigung des Akkreditivs nicht auf einem Verschulden seines Auftraggebers beruht. Sofern die eröffnende Bank in ihrer Ermächtigung oder ihrem Ersuchen für die Bestätigung nicht etwas anderes vorschreibt, kann die avisierende Bank das Akkreditiv dem Begünstigten ohne Hinzufügung ihrer Bestätigung avisieren; insoweit gehen die ERA davon aus, daß die Zweitbank, die nicht bestätigen will, mangels Sonderweisung wenigstens eine Avisierung vornimmt. Fehlt auch die Bereitschaft zur Avisierung, so ist die Akkreditivbank ebenfalls unverzüglich zu unterrichten (Stapel, B., 1998: S. 136). Die Prüfungspflichten der Bestätigungsbank ergeben sich i.ü. zwanglos aus Art. 12 Abs. 1 ERA.

Zahlstellenvereinbarung als Teil des Bestätigungsauftrages

Die Einsetzung einer Zahlstelle ist eine wesentliche Akkreditivbedingung, deren Änderung sowohl der Zustimmung der Akkreditivbank als auch der des Begünstigten bedarf. Dem Begünstigten bleibt es zwar unbenommen, seine Dokumente bei der Akkreditivbank und/ oder der Bestätigungsbank direkt einzureichen. Wegen der Auszahlung des Akkreditivs muß sich der Begünstigte jedoch an die Zahlstelle verweisen lassen. Dies gilt selbst dann, wenn der Begünstigte an einer unmittelbaren Leistung der Eröffnungsbank deswegen interessiert ist, weil bei der Zahlstelle gegen ihn Pfändungs- oder Beschlagnahmebeschlüsse vorliegen oder gar der Zahlstelle infolge staatlicher Restriktionen die Zahlung nicht möglich ist. Eine direkte Inanspruchnahme der Akkreditivbank ist nur dann zulässig, wenn eine Leistung durch die Zahlstelle unmöglich ist (Schließung der Zahlstelle, faktischer Fortfall infolge Enteignung).

Direkteinreichung

Auch wenn das Akkreditiv bei einer bestimmten Bank zahlbar gestellt ist, kann der Begünstigte bei bestätigten Akkreditiven - unabhängig davon, ob eine solche Handhabung zweckmäßig ist - die Dokumente zwecks Fristwahrung sowohl bei der Eröffnungs- als auch bei der Bestätigungsbank einreichen. Denn ihrer Vorlage bei einem Hauptschuldner kommt zwingend fristwahrende Wirkung zu.

Wirkung der Bestätigungszusage

Ist das Akkreditiv bei der Bestätigungsbank benutzbar, so hat der Begünstigte gegen diese einen unmittelbaren Leistungsanspruch. Ist das Akkreditiv bei der Akkreditiv- oder einer Drittbank benutzbar, ist für die Inanspruchnahme der Bestätigungsbank der Nachweis erforderlich, daß der Begünstigte trotz Präsentation ordnungsgemäßer Dokumente bei der Zahlstellenbank den Gegenwert für ordnungsgemäß präsentierte Dokumente nicht erhalten hat. Darüber hinaus haftet die Bestätigungsbank bei Akzeptierungsakkreditiven auch für die Einlösung eines von einer Drittbank gegebenen Akzepts. Bei Negoziierungsakkreditiven ist die Bestätigungsbank im Gegensatz zur Zahlstelle bei unbestätigten Akkreditiven zum regreßlosen Ankauf der Dokumente und/oder der im Akkreditiv etwa vorgeschriebenen Tratten verpflichtet.

3.1.2.5 Artikel 10: Akkreditivformen

Richtlinie

Artikel 10: Akkreditivformen

(a) Alle Akkreditive müssen eindeutig angeben, ob sie durch Sichtzahlung, durch hinausgeschobene Zahlung, durch Akzeptleistung oder durch Negoziierung benutzbar sind.

(b) i. Sofern das Akkreditiv nicht vorschreibt, daß es nur bei der eröffnenden Bank benutzbar ist, müssen alle Akkreditive die Bank benennen ("benannte Bank"), die ermächtigt ist, zu zahlen, eine Verpflichtung zur hinausgeschobenen Zahlung zu übernehmen, Tratten zu akzeptieren oder zu negoziieren. Bei einem frei negoziierbaren Akkreditiv ist jede Bank eine benannte Bank.

Dokumentenvorlage muß bei der eröffnenden Bank oder der etwaigen bestätigenden Bank oder einer anderen benannten Bank erfolgen.

ii. Negoziierung bedeutet die Zahlung von Geld gegen Tratten und/oder Dokumente durch die zur Negoziierung ermächtigte Bank. Die alleinige Prüfung der Dokumente ohne Zahlung von Geld stellt keine Negoziierung dar.

(c) Sofern die benannte Bank nicht die bestätigende Bank ist, begründet die Benennung durch die eröffnende Bank keine Verpflichtung der benannten Bank zur Zahlung, Übernahme einer Verpflichtung zur hinausgeschobenen Zahlung, Akzeptierung von Tratten oder Negoziierung. Ohne ausdrückliche Erklärung der benannten Bank und deren Übermittlung an den Begünstigten verpflichtet die Entgegennahme und/oder Prüfung und/oder Weiterleitung von Dokumenten durch die benannte Bank diese Bank nicht zur Zahlung, Übernahme einer Verpflichtung zur hinausgeschobenen Zahlung, Akzeptierung von Tratten oder Negoziierung.

(d) Durch die Benennung einer anderen Bank oder die Zulassung der Negoziierung durch jede Bank oder die Ermächtigung oder Beauftragung einer anderen Bank, ihre Bestätigung hinzuzufügen, ermächtigt die eröffnende Bank diese Bank zur Zahlung, Akzeptierung von Tratten beziehungsweise Negoziierung gegen Dokumente, die ihrer äußeren Aufmachung nach den Akkreditiv-Bedingungen zu entsprechen scheinen, und verpflichtet sich, diese Bank gemäß den Bestimmungen dieser Richtlinien zu remboursieren.

Kommentar

Art. 10 (a) ERA

Nach Art. 10 (a) ERA müssen alle Akkreditive angeben, "ob sie durch Sichtzahlung, durch hinausgeschobene Zahlung, durch Akzeptleistung oder durch Negoziierung benutzbar sind". Nach ihrem unterschiedlichen Verpflichtungsinhalt sind demnach folgende Akkreditive zu unterscheiden:

- **Zahlungsakkreditive**: Anspruch auf sofortige Zahlung (Art. 9 (a) (i), Art. 9 (b) (i) ERA)
- **Zahlungsakkreditive mit hinausgeschobener Fälligkeit**: Zahlung zu einem späteren, nach den Akkreditivbedingungen bestimmbaren Datum (Art. 9 (a) (ii), Art. 9 (b) (ii) ERA)
- **Akzeptierungsakkreditive**: Anspruch auf Akzeptleistung und Bezahlung bei Fälligkeit (Art. 9 (a) (iii), Art. 9 (b) (iii) ERA)
- **Negoziierungsakkreditive**: Anspruch auf Ankauf von „Tratten und/oder Dokumente“ unter Abzug eines in den ERA nicht festgelegten Zinsabschlages (Art. 9 (a) (iv), Art. 9 (b) (iv), Art. 10 (b) (ii) ERA)

Eine Kombination der vorstehenden Abwicklungsformen ist nicht zulässig. Akkreditivauftraggeber bzw. Akkreditivbank müssen sich für eine entscheiden.

Die eindeutige Angabe ist deswegen erforderlich, weil die einzelnen Abwicklungsformen alternativ nebeneinander stehen, d.h. einander ausschließen (Nielsen, J., Neue Richtlinien, 1994: Rn. 69). Zulässig ist jedoch ein Akkreditiv, das durch Sichtzahlung und durch Nachsichtzahlung benutzbar gestellt ist, da ein Akkreditiv mit hinausgeschobener Zahlung nur eine Variante des Zahlungsakkreditivs darstellt (Stapel, B., 1998: S. 122).

Art. 10 (b) ERA - Angabe der Zahlstelle ("benannte Bank"/"Nominated Bank")

Neben der Abwicklungsform muß das Akkreditiv ausweisen, bei welcher Bank es benutzbar ist. Das Akkreditiv kann sowohl bei der Eröffnungsbank selbst, aber auch bei einer Zweitbank benutzbar gestellt werden. In den ERA wird diese Bank als "Nominated Bank" bezeichnet. In der deutschsprachigen Literatur hat sich hierfür der Begriff "Zahlstelle" eingebürgert, obwohl dieser Ausdruck insofern zu eng ist, als die betreffende Zweitbank von der eröffnenden Bank nicht nur ermächtigt wird, Zahlung zu leisten, sondern auch Akzeptierung oder Negoziierung gegenüber dem Begünstigten vorzunehmen (OLG Frankfurt RIW 1986: 905-909 (906 f.); del Busto, C., ICC-Publ. Nr. 511: S. 28; Canaris, C.W., 1988: Rn. 971, 986; Eisemann/Schütze, 1989: S. 147 ff.; Graffe/Weichbrodt/Xueref, 1993: S. 31; Nielsen, J., Grundlagen, 1985: S. 60; Nielsen, J., Neue Richtlinien, 1994: Rn. 67; Nielsen, J., WM 1994: S. 9; Schütze, A., RIW 1988: S. 343 ff.; Stapel, B., 1998: S. 122). Trotz Einschaltung einer Zweitbank kann ein Akkreditiv weiterhin bei der Eröffnungsbank selbst benutzbar gestellt werden. Diese gilt jedoch nicht mehr als "Nominated Bank". Dies wird u.a. damit begründet, daß sich die Verpflichtung der eröffnenden Bank aus Art. 9 (a) ERA ergibt (del Busto, C., ICC-Publ. Nr. 511: S. 29). Unter den Begriff der "Nominated Bank" fallen demnach nur die Bestätigungsbank, sofern das Akkreditiv bei ihr benutzbar gestellt ist, bzw. die bei einem unbestätigten Akkreditiv als Zahlstelle genannte Zweitbank. Gleichwohl ist die Eingrenzung des Begriffs der "Nominated Bank" auf die Bestätigungsbank und/oder eine andere als Zahlstelle eingesetzte Zweitbank in der Sache nicht gerechtfertigt, da auch die Eröffnungsbank, bei der das Akkreditiv zahlbar gestellt ist, die Rechte und Pflichten einer Zahlstelle hat. Die Frage, ob die eröffnende Bank unter den Begriff der "Nominated Bank" fällt oder nicht, dürfte jedoch in der praktischen Abwicklung keine Bedeutung haben. Unabhängig von der Zahlbarstellung hat die Direkteinreichung der Dokumente bei der Eröffnungsbank fristwahrende Wirkung und führt nicht zu einer Befreiung der Bestätigungsbank (Nielsen, J., Neue Richtlinien, 1994: Rn. 53; Stapel, B., 1998: S. 123 f.). Zum gleichen Ergebnis gelangt auch das US-amerikanische Gericht in dem Rechtsstreit Northern Trust Co. v. Community Bank (Northern Trust Co. v. Community Bank, 873 F. (2d) 227-229 (227, 228) v. 25.04.1989).

Die Angabe einer Abwicklungsstelle bei einem frei negoziierbaren Akkreditiv entfällt. Mit der Stellung eines frei negoziierbaren Akkreditivs soll der Begünstigte sich die Bank aussuchen können, bei welcher er die Dokumente einreichen will. Die Angabe einer Abwicklungsstelle würde dem Charakter des frei negoziierbaren Akkreditivs widersprechen. Damit ist bei einem freien Negoziierungsakkreditiv jede Bank eine "benannte Bank" (Nominated Bank).

Mit der Bestimmung einer "Nominated Bank" bei einem nicht bestätigten Akkreditiv erhält der Begünstigte zwar keinen zusätzlichen Schuldner. Gleichwohl hat dies für ihn den Vorteil, daß die Einreichung der Dokumente bei der Zahlstelle innerhalb der Laufzeit des Akkreditivs fristwahrend i.S.d. Art. 44 (a) ERA ist. Aufgrund der fristwahrenden Wirkung geht gleichzeitig mit der Einreichung der Dokumente das Risiko des Verlustes der Dokumente an die Akkreditivbank auf diese über. Da die Nominated Bank die Funktion als Zahlstelle in der Praxis nur übernimmt, wenn sie entweder von der akkreditiveröffnenden Bank

Deckung erhält bzw. ihr eine Rembourslinie eingeräumt wird, kann trotz fehlender Zahlungsverpflichtung der Zahlstelle bei Anerkennung der Dokumente der Begünstigte mit sofortiger Honorierung rechnen.

Bei einem frei negoziierbaren Akkreditiv führt die Einreichung der Dokumente bei jeder Bank zur Wahrung der Frist i.S.v. Art. 44 (a) ERA. Die Frist ist auch dann gewahrt, wenn die Bank zur Negoziierung nicht bereit ist. Dies wird damit begründet, daß zwar die Präsentation der Dokumente bei einer Bank im Einflußbereich des Begünstigten liegt, nicht dagegen jedoch die Entscheidung der Negoziierung durch die Bank selbst (del Busto, C., ICC-Publ. Nr. 511: S. 110). Es ist dem Begünstigten jedoch zu empfehlen, in diesem Fall nicht die Dokumente zurückzunehmen. Dadurch läuft er Gefahr, daß die fristwahrende Wirkung entfällt. Vielmehr sollte er die von ihm angesprochene, jedoch zur Negoziierung nicht bereite Bank veranlassen, die Dokumente an die Eröffnungsbank zwecks deren Direktinanspruchnahme zu übersenden. Dies hat unabhängig von der Fristwahrung zusätzlich den Vorteil, daß auf diese Weise das Verlustrisiko der Dokumente ihn nicht trifft.

Art. 10 (b) (ii) ERA - Begriff der Negoziierung

Unter "Negoziierung" wird sowohl der Ankauf von Tratten, verbunden mit der Vorlage akkreditivgemäßer Dokumente, als auch allein der Ankauf von Dokumenten ohne gezogenen Wechsel verstanden. Der Ankauf von Tratten bei gleichzeitiger Vorlage von Dokumenten erfolgt unter Abzug eines Zinsabschlags bei Nachsichttratten bis zur Fälligkeit bzw. bei Sichttratten zum erwarteten Eingang des Gegenwertes (Nielsen, J., Neue Richtlinien, 1994: Rn. 72). Da die Negoziierung auch den Tatbestand des Ankaufs allein von Dokumenten ohne Vorlage einer Tratte erfaßt, besteht letztendlich kein Unterschied mehr zu einem Sichtakkreditiv. Die Unterscheidung zwischen einem Zahlungsakkreditiv und einem Negoziierungsakkreditiv wird damit hinfällig. Hintergrund hierfür ist, daß damit der im ostasiatischen Raum verbreiteten Praxis, Zahlungsakkreditive als Negoziierungsakkreditive zu bezeichnen, Rechnung getragen werden sollte.

Die Ausstellung einer Tratte ist u.U. für den Begünstigten mit dem theoretischen Risiko der wechselrechtlichen Ausstellerhaftung verbunden, wenn die von ihm ausgestellte Tratte ggf. unzulässigerweise in Umlauf gesetzt wurde. Richtigerweise verzichten jedoch die ERA auf eine Regelung, wonach der Begünstigte seine wechselrechtliche Ausstellerhaftung durch den Vermerk "without resourse" ausschließen kann. Dies liegt darin begründet, daß der Ausschluß der Ausstellerhaftung eine Frage des jeweiligen nationalen Wechselrechts ist und somit nicht zum Regelungsbereich der ERA gehören (Vorpeil, K., 1993: S. 1125 (1130); Nielsen, J., Neue Richtlinien, 1994: Rn. 73). So läßt das deutsche Wechselrecht den Ausschluß der Haftung für die Zahlung nicht zu (vgl. Art. 9 Abs. 2 WG). Der Begünstigte muß insoweit darauf vertrauen, daß die Eröffnungs- und/oder Bestätigungsbank den von ihm zwecks Inanspruchnahme des Dokumentenakkreditivs gezeichneten Wechsel nicht in Umlauf setzt. Insoweit ist in Art. 9 (a) (iv) und (b) (iv) ERA geregelt, daß bei einem Negoziierungsakkreditiv die vom Begünstigten gezogenen Tratten ohne Rückgriff auf den Aussteller und/oder gutgläubigen Inhaber von der Bank zu bezahlen bzw. zu negoziieren sind.

Art. 10 (c) ERA - Kein Obligo der Zahlstelle ("benannte Bank"/"Nominated Bank")

Bei unbestätigten Akkreditiven hat der Begünstigte einen Anspruch auf Erfüllung nur gegen die Eröffnungsbank, während die eingeschalteten Zweitbanken lediglich als Avisbank und/oder Zahlstelle fungieren (Nielsen, J., Neue Richtlinien, 1994: Rn. 74). Sofern daher die Zahlstelle aufgrund einer Weisung der eröffnenden Bank nicht ihre Bestätigung dem

Akkreditiv hinzufügt, begründet ihre Ernennung durch die eröffnende Bank keine Verpflichtung zur Zahlung, Akzeptierung oder Negoziierung (Stapel, B., 1998: S. 124).

Die praktischen Vorteile der Benennung einer Zweitbank, die nicht zugleich bestätigende Bank ist, bestehen darin, daß die Einreichung der Dokumente bei der Nominated Bank innerhalb der Laufzeit des Dokumentenakkreditivs fristwahrend ist und damit gleichzeitig das Dokumentenverlustrisiko auf die Akkreditivbank übergeht.

Die Zahlstelle haftet auch selbst dann nicht, wenn sie nach Entgegennahme der Dokumente und Prüfung diese als akkreditivkonform gebilligt hat. Denn die benannte Bank handelt nicht im eigenen Namen, sondern in Vollmacht für die Akkreditivbank. Durch die Entgegennahme der Dokumente ändert sich auch nicht der Erfüllungsort. Dieser ist nach wie vor der Sitz der Eröffnungsbank (Canaris, C.W., 1988: Rn. 979; Zahn/Eberding/Ehrlich, 1986: S. 77). Der Erfüllungsanspruch des Begünstigten unterliegt dem Sitzrecht der Akkreditivbank und nicht dem Sitzrecht der Zahlstelle (Schütze, R.A., 1996: Rn. 51 ff. mit ausführlichen Hinweisen auf Rechtsprechung und Literatur; ebenso Avancini/Iro/Koziol, 1993: Rn. 4/217; Schefold, D., IPrax 1990: 20 ff. (23); a.A. LG Frankfurt AG 1976: S. 47 mit Anmerkung Mertens; unentschieden v.Caemmerer, JZ 1959: 362 ff.; ferner Schmidt-Kegel, 1966: S. 215 ff. (240)). Dies ist auch praxisgerecht, da die Zahlstelle ggf. erst nach Akkreditiveröffnung bestimmt und auch nachträglich wieder verlegt werden kann. Daraus würde sich ein ständiger Wechsel des anwendbaren Rechts ergeben.

Ist die Zahlstelle gleichwohl bereit, die Dokumente zu honorieren, so kann sie eine erfolgte Zahlung bzw. ein gegebenes Akzept nicht mehr im Hinblick auf ihr fehlendes Obligo zurückfordern. Etwas anderes gilt jedoch bei Negoziierungsakkreditiven. Hier war und ist umstritten, ob die Zahlstelle, die das Akkreditiv nicht bestätigt hat, gehalten ist, eine Negoziierung mit oder ohne Vorbehalt vorzunehmen. Nachdem Art. 10 (b) (ii) ERA unter Negoziierung jedoch nicht nur den Ankauf von Tratten, sondern auch den Ankauf allein von Dokumenten versteht, macht die Abrechnung gegenüber dem Begünstigten unter Vorbehalt keinen Sinn mehr.

Die Abwicklungsstelle handelt als Unterbeauftragte gemäß § 664 Abs. 2 BGB für die Eröffnungsbank. Soweit die Zahlstelle kein eigenes Obligo gegenüber dem Begünstigten übernommen hat, ist sie verpflichtet, allen Weisungen der Eröffnungsbank zu folgen. Ohne Einfluß ist dabei, ob ggf. diese Weisungen ohne Zustimmung des Begünstigten ergehen und deshalb ihm gegenüber unwirksam sind (z.B. unzulässiger Widerruf oder Änderungen des Akkreditivs) (Nielsen, J., Neue Richtlinien, 1994: Rn. 76; Eisemann/Schütze, 1989: S. 150; Eberth, R., 1984: S. 10 f.; Nielsen, J., ZIP 1984: S. 230 ff.; Zahn/Eberding/Ehrlich, 1986: S. 79). Einen Rechtsanspruch auf Beibehaltung ihrer Funktion hat die Zahlstelle nicht. Dies sollte die Zahlstelle insbesondere dann beachten, wenn sie dem Begünstigten den Akkreditiverlös in der Erwartung vorfinanziert hat, daß dieser aus dem Gegenwert der bei ihr einzureichenden akkreditivkonformen Dokumente zurückgeführt wird. Auf der anderen Seite sollte sich die Eröffnungsbank bei direkter Einreichung der Dokumente vom Begünstigten bei ihr durch Rückfrage bei der Zahlstelle vergewissern, ob die Nominated Bank bereits einen zweiten Satz von Dokumenten erhalten und aufgenommen hat. Anderenfalls läuft sie bei Zahlung an den Begünstigten Gefahr, im Rahmen eines Rembours doppelt Zahlung leisten zu müssen (Nielsen, J., Neue Richtlinien, 1994: Rn. 76).

Die Zahlstellenvereinbarung ist eine der wesentlichen Akkreditivbedingungen. Eine Änderung kann nur im gegenseitigen Einvernehmen erfolgen. Ohne Zustimmung des Begünstigten kann sie nicht geändert werden. Auf der anderen Seite hat der Begünstigte auch keinen

Anspruch gegen die Eröffnungsbank auf Verlegung der Abwicklungsstelle zu einer anderen Bank. Ein Interesse des Begünstigten könnte deswegen bestehen, die Zahlstelle zu ändern, weil dort Pfändungen vorliegen bzw. mit devisenrechtlichen Transferschwierigkeiten zu rechnen ist. Zwar bleibt es dem Begünstigten unbenommen, Dokumente direkt bei der Akkreditivbank einzureichen. Gleichwohl kann die Akkreditivbank auf die Zahlstellenvereinbarung verweisen und den Akkreditivgegenwert darüber anschaffen (Zahn/Eberding/Ehrlich, 1986: Rn. 2/93). Auf die Abwicklung über die Zahlstelle kann sich die Eröffnungsbank nach § 242 BGB nur dann nicht mehr berufen, wenn die Leistung über die Zahlstelle nicht mehr möglich ist, z.B. weil über das Vermögen der Nominated Bank ein Insolvenzverfahren eröffnet worden ist (Nielsen, J., Neue Richtlinien, 1994: Rn. 77; Zahn/Eberding/Ehrlich, 1986: Rn. 2/94).

Art. 10 (d) ERA - Verpflichtung der Eröffnungsbank zum Aufwendungsersatz gegenüber der Zahlstelle

Zwischen der Eröffnungsbank und der benannten/bestätigenden Bank besteht ein Geschäftsbesorgungsvertrag i.S.v. § 675 BGB. Somit ist die Akkreditivbank gegenüber der Zahlstelle gemäß §§ 675, 669 f. BGB zur Vorauszahlung bzw. Erstattung des Akkreditivbetrages verpflichtet (Canaris, C.W., 1988: Rn. 972; Liesecke, R., 1966: S. 462 f.; Eisemann/Eberth, 1979: S. 77). Der Anspruch auf Erstattung der verauslagten Akkreditivsumme besteht jedoch nur, wenn die von dem Begünstigten eingereichten Dokumente akkreditivkonform sind. Unerheblich ist, welche Funktion die Zweitbank ausübt (Canaris, C.W., 1988: Rn. 972; Stapel, B., 1998: S. 128). Entweder wird die Akkreditivbank den von ihr geschuldeten Aufwendungsersatz direkt an die Zahlstelle leisten oder - wie bei Währungsakkreditiven üblich - über eine Drittbank remboursieren. Zum Aufwendungsersatz gehören neben der Akkreditivsumme alle Beträge, deren Verausgabung die beauftragte Bank nach pflichtgemäßem Ermessen für erforderlich halten durfte und darüber hinaus der Ausfall von Zufallschäden, wie beispielsweise Prozeßabwehrkosten oder Beschlagnahmerisiken (WM 1997: S. 258 = WuB IH2.-2.97; BGH-Urteil vom 23.06.1998 - IX ZR 294/97 - (ZIP 1998: S. 1436)).

Der Erstattungsanspruch nach Art. 10 ERA steht nur der Zweitbank zu, bei der das Akkreditiv benutzbar gestellt ist. Bevorschußt oder negoziiert eine im Akkreditiv nicht benannte Bank dem Begünstigten die Akkreditivdokumente, die der äußeren Aufmachung nach den Akkreditivbedingungen zu entsprechen scheinen, kann diese sich nicht auf die Verpflichtung der Akkreditiveröffnungsbank zur Leistung des Rembours gemäß Art. 10 (d) ERA berufen. Als sogenannte "Presenting Bank" stehen ihr nicht mehr Rechte zu als dem Begünstigten selbst. Stellt sich bei Vorlage der Dokumente bei der Nominated Bank bzw. bei der Eröffnungsbank liquide nachweisbar heraus, daß ein offensichtlicher Rechtsmißbrauch vorliegt, kann sich die auf eigenes Risiko handelnde Bank nicht auf die Freizeichnungsklauseln der Art. 15 ff. ERA berufen (Nielsen, J., Neue Richtlinien, 1994: Rn. 78).

3.1.2.6 Artikel 11: Akkreditive per Telekommunikation und Voravise

Richtlinie

Artikel 11: Akkreditive per Telekommunikation und Voravise

(a) i. Wenn eine eröffnende Bank eine avisierende Bank duch eine authentisierte Telekommunikation beauftragt, ein Akkreditiv oder eine Akkreditiv-Änderung zu avisieren, gilt die Telekommunikation als das Instrument für die Inanspruchnahme des Akkreditivs oder als die maßgebliche Änderungsmitteilung; eine briefliche Bestätigung sollte dann nicht erfolgen. Sollte eine briefliche Bestätigung dennoch erfolgen, ist sie ohne Wirkung, und die avisierende Bank ist nicht verpflichtet, diese briefliche Bestätigung mit dem durch Telekommunikation erhaltenen Instrument für die Inanspruchnahme des Akkreditivs oder der durch Telekommunikation erhaltenen maßgeblichen Änderungsmitteilung zu vergleichen.

ii. Wenn die Telekommunikation den Hinweis "vollständige Einzelheiten folgen" (oder Worte ähnlicher Bedeutung) enthält oder angibt, daß die briefliche Bestätigung das Instrument für die Inanspruchnahme des Akkreditivs oder die maßgebliche Änderungsmitteilung sein soll, dann wird die Telekommunikation nicht als das Instrument für die Inanspruchnahme des Akkreditivs oder als die maßgebliche Änderungsmitteilung angesehen. Die eröffnende Bank muß das Instrument für die Inanspruchnahme des Akkreditivs oder die maßgebliche Änderungsmitteilung der avisierenden Bank unverzüglich übersenden.

(b) Bedient sich eine Bank zur Avisierung eines Akkreditivs an den Begünstigten der Dienste einer avisierenden Bank, so muß sie sich auch der Dienste dieser Bank für die Avisierung von Änderungen bedienen.

(c) Eine Voranzeige (Voravis) über die Eröffnung oder Änderung eines unwiderruflichen Akkreditivs soll von einer eröffnenden Bank nur erteilt werden, wenn diese Bank bereit ist, das Instrument für die Inanspruchnahme des Akkreditivs oder die maßgebliche Änderungsmitteilung auszustellen. Sofern die eröffnende Bank in dieser Voranzeige nichts anderes angibt, ist eine eröffnende Bank, die ein solches Voravis erteilt hat, unwiderruflich verpflichtet, das Akkreditiv unverzüglich zu eröffnen oder zu ändern, und zwar zu Bedingungen, die nicht im Widerspruch zum Voravis stehen.

Kommentar

Art. 11 ERA postuliert den Grundsatz der sofortigen Wirksamkeit der Telekommunikation. Gleichgültig, ob das einer Korrespondenzbank zwecks Avisierung übermittelte Akkreditiv per Kabel, Telegramm, Fernschreiben, Swift oder E-Mail zugeht, handelt es sich bereits um das rechtswirksame Instrument für die Inanspruchnahme des Akkreditivs bzw. die maßgebliche Änderungsmitteilung. Allerdings entspricht es gängiger Bankpraxis, nur ordnungsgemäß geschlüsselte bzw. mit einem Code versehene Übermittlungen als wirksame Akkreditiveröffnungs- bzw. -änderungsmitteilung anzusehen. Nur so kann das Risiko einer Fälschung vermieden werden. Folgerichtig soll eine spätere, briefliche Bestätigung vermieden werden, ihr kommt sogar keine Wirkung zu, und die avisierende Bank ist nicht verpflichtet, den Inhalt des Briefes mit dem Inhalt des ihr zuvor übermittelten Akkreditivs zu vergleichen.

Die eröffnende Bank hat allerdings die Möglichkeit, entsprechend **Art. 11 (a) (ii) ERA** zu vermeiden, daß das vorab übersandte Akkreditiv als wirksame Akkreditiveröffnung oder verbindliche Änderungsmitteilung angesehen wird, wenn sie hierauf ausdrücklich hinweist. In diesem Fall ist sie verpflichtet, ohne Zögern den verbindlichen Wortlaut des Akkreditivs oder der Akkreditivänderung der avisierenden Bank nachzureichen.

Um eine Konfusion des Begünstigten zu vermeiden, ist die akkreditiveröffnende Bank verpflichtet, sich der avisierenden Bank auch dann zu bedienen, wenn es um die spätere Avisierung von Änderungen des Akkreditivs geht (**Art. 11 (b) ERA**).

Im Interesse des Begünstigten ist die Akkreditivbank an ein von ihr erteiltes Voravis gebunden. Da ein Voravis regelmäßig nur die Eckdaten eines künftigen Akkreditivs aufweist, kann die eröffnende Bank bei Ausgestaltung ihres Akkreditivs durchaus solche Bedingungen in das Akkreditiv aufnehmen, die eine Ausnutzung seitens des Begünstigten faktisch unmöglich machen. Darüber hinaus nützt dem Begünstigten die Verpflichtung der das Voravis veranlassenden Bank zur Übernahme eines dem Inhalt des Voravises nicht widerlaufenden Akkreditivs insoweit wenig, als der Begünstigte seinen Anspruch bei eben dieser Bank durchsetzen müßte. Entsprechendes gilt auch für etwaige Schadenersatzansprüche des Begünstigten gegen die das Voravis veranlassende Bank, wenn diese durch exotische Bedingungen ein Akkreditiv faktisch unbrauchbar macht.

Will sich die das Voravis veranlassende Bank von einer solchen Haftung freizeichnen, muß sie klarstellen, daß das Avis kein solches i.S.v. **Art. 11 (c) ERA** ist.

3.1.2.7 Artikel 12: Unvollständige oder unklare Weisungen

Richtlinie

Artikel 12: Unvollständige oder unklare Weisungen

Eine Bank, die unvollständige oder unklare Weisungen zur Avisierung, Bestätigung oder Änderung eines Akkreditivs erhält, ist berechtigt, dem Begünstigten hiervon nur zu seiner vorläufigen Unterrichtung unverbindlich Kenntnis zu geben. Diese vorläufige Unterrichtung sollte eindeutig besagen, daß die Unterrichtung nur informationshalber und ohne Verbindlichkeit für die avisierende Bank erfolgt. In jedem Fall muß die avisierende Bank die eröffnende Bank über unternommene Schritte unterrichten und sie ersuchen, erforderliche Informationen zu übermitteln.

Die eröffnende Bank muß die erforderlichen Informationen unverzüglich nachliefern. Das Akkreditiv wird erst nach Erhalt vollständiger und klarer Weisungen avisiert, bestätigt oder geändert, falls die avisierende Bank dann bereit ist, weisungsgemäß zu handeln.

Kommentar

Pflichten

Gemäß Art. 12 Abs. 1 ERA ist eine Bank, der unvollständige oder unklare Weisungen zugegangen sind, nur berechtigt, dem Begünstigten das Akkreditiv unverbindlich zu avisieren. Dies setzt eine Schlüssigkeitsprüfung des Akkreditivtextes und ggf. eine Rückfrage beim Begünstigten wegen erkannter offensichtlicher Fehler oder Widersprüche voraus. Unzulässig wäre jedweder Eingriff in den der avisierenden Bank zugegangenen Text.

Da die avisierende Bank Einzelheiten des Grundgeschäfts nicht kennt, ist sie nicht verpflichtet, den Begünstigten über die Zweckmäßigkeit der Akkreditivbedingungen zu beraten. Eine Schadenersatzpflicht wegen übersehener Mängel ist jedoch abzulehnen.

Die Avisbank muß - wie jede andere Zweitbank auch - feststellen, ob die von der Eröffnungsbank erteilten Weisungen unvollständig und unklar sind. Wenn dies der Fall ist, so ist die Avisbank zur Rückfrage bei der Eröffnungsbank gehalten und darf den Begünstigten das Akkreditiv nur vorläufig, d.h. ohne Verbindlichkeit avisieren. Holt die Avisbank nach entsprechender Unterrichtung des Begünstigten keine klarstellenden Weisungen von der Eröffnungsbank ein, so kann sie sich wegen verspäteter Akkreditiveröffnung schadenersatzpflichtig machen. Wegen vollständig übermittelter, aber widersprüchlicher und nicht erfüllbarer Akkreditivbedingungen trifft die Avisbank dagegen keine Schadenersatzverpflichtung.

Im Rahmen der augenscheinlichen Echtheitsprüfung soll der Begünstigte vor Fälschungen geschützt werden. Ist sie hierzu nicht in der Lage, hat sie hierauf hinzuweisen. Im Rahmen des Art. 7 ERA haftet die Avisbank auf Ersatz aller Schäden, die dem Begünstigten etwa durch die Avisierung eines unwirksamen Akkreditivs entstehen, wenn die Avisbank dies verschuldet, was jedoch regelmäßig dann nicht der Fall ist, wenn die Avisbank auf ihr bekannte Unterschriften bzw. Verschlüsselungen bzw. Codevereinbarungen vertraut (Schütze, R.A., 1996: Rn. 289).

Entsprechend der seit Jahren gängigen Praxis ist die avisierende Bank verpflichtet, der Eröffnungsbank in jedem Fall Informationen über die von ihr unternommenen Schritte zuzuleiten und ggf. um weitere Informationen nachzusuchen. Dies gilt selbst dann, wenn die avisierende Bank nicht von der Möglichkeit einer vorläufigen Unterrichtung des Begünstigten Gebrauch gemacht hat.

Korrespondierend hierzu ist die eröffnende Bank verpflichtet, aufgrund der Rückfrage seitens der Avisbank die erforderlichen Informationen nachzuliefern. Falls die Zweitbank dann hierzu noch bereit ist, wird diese sodann das Akkreditiv avisieren oder ggf. auch bestätigen.

3.1.3 Haftung und Verantwortlichkeit

3.1.3.1 Artikel 13: Grundsatz der Dokumentenprüfung

Richtlinie

Artikel 13: Grundsatz der Dokumentenprüfung

(a) Die Banken müssen alle im Akkreditiv vorgeschriebenen Dokumente mit angemessener Sorgfalt prüfen, um festzustellen, ob sie ihrer äußeren Aufmachung nach den Akkreditiv-Bedingungen zu entsprechen scheinen. Die Feststellung, ob vorgeschriebene Dokumente der äußeren Aufmachung nach den Akkreditiv-Bedingungen entsprechen, richtet sich nach dem Standard internationaler Bankpraxis, wie er sich in diesen Richtlinien widerspiegelt. Dokumente, die sich ihrer äußeren Aufmachung nach untereinander widersprechen, werden als ihrer äußeren Aufmachung nach nicht den Akkreditivbedingungen entsprechend angesehen.

Im Akkreditiv nicht vorgeschriebene Dokumente werden von den Banken nicht geprüft. Wenn sie solche Dokumente erhalten, geben sie diese dem Einreicher zurück oder leiten diese unverbindlich weiter.

(b) Der eröffnenden Bank, der etwaigen bestätigenden Bank oder einer für sie handelnden benannten Bank steht jeweils eine angemessene, sieben Bankarbeitstage nach dem Tag des Dokumentenerhalts nicht überschreitende Zeit zu, die Dokumente zu prüfen und zu entscheiden, ob sie die Dokumente aufnehmen oder zurückweisen will, und denjenigen entsprechend zu unterrichten, von dem sie die Dokumente erhielt.

(c) Wenn ein Akkreditiv Bedingungen enthält, ohne das (die) zum Erfüllungsnachweis vorzulegende(n) Dokument(e) anzugeben, betrachten die Banken solche Bedingungen als nicht vorhanden und schenken ihnen keine Beachtung.

Kommentar

Pflichten

Nach **Art. 13 (a) Satz 1 ERA** haben die Banken alle unter dem Akkreditiv präsentierten Dokumente daraufhin zu prüfen, ob sie ihrer äußeren Aufmachung nach den Akkreditivbedingungen entsprechen. Prüfungsmaßstab ist dabei die Vollständigkeit und äußerliche Ordnungsmäßigkeit der Dokumente und darüber hinaus die Prüfung, ob die Dokumente inhaltlich nicht zueinander im Widerspruch stehen. Prüfungsmaßstab ist dabei der Standard internationaler Bankpraxis.

Art. 13 ERA postuliert damit die Kardinalpflichten der beteiligten Banken, die Dokumente nahezu im Buchstabensinne darauf zu prüfen, ob sie ihrer äußeren Aufmachung nach mit den Akkreditivbedingungen übereinstimmen. Dieser häufig von den Kaufleuten als purer Formalismus kritisierte Ansatz erklärt sich aus der Funktion des Akkreditivs als einem Instrument der rein dokumentären Zahlungsabwicklung. Im übrigen sind die Banken mangels Branchenkenntnis nicht in der Lage, die Bedeutung scheinbar nur minimaler Abweichungen zu beurteilen (BGH WM 1994: S. 1063). Dabei verträgt sich der weltweit anerkannte Grundsatz der Dokumentenstrenge nicht mit Billigkeitserwägungen.

Vollständigkeit der Dokumente

Die Zahlenangaben im Akkreditiv sind einer Auslegung nicht zugänglich, d.h. die nach den Akkreditivbedingungen geforderten Dokumente müssen sowohl den inhaltlichen Anforderungen entsprechen als auch in der verlangten Anzahl angedient werden (Nielsen, J., Neue Richtlinien, 1994: Rn. 86). Die Dokumente sind insgesamt als nicht akkreditivgerecht zurückzuweisen, wenn nur ein einziges Dokument fehlt, sei es auch nur eine zweite Ausfertigung eines einfach vorgelegten Dokumentes. Damit ist es nicht Sache der Bank, darüber zu befinden, ob es notwendig war, eine bestimmte Anzahl eines bestimmten Dokumentes im Akkreditiv vorzuschreiben. Ist beispielsweise auf dem Postweg eine Konnossementsausfertigung verlorengegangen, liegt es im Ermessen der Bank, ob sie statt des fehlenden Dokuments eine Konnossementsgarantie einer Bank akzeptiert.

Äußerliche Ordnungsmäßigkeit der Dokumente

Das eigentliche Wesen der Dokumentenstrenge kommt in der Beschränkung der Dokumentenprüfung auf die formale Übereinstimmung der präsentierten Dokumente mit den Akkreditivbedingungen zum Ausdruck. Rechtsprechung und Literatur in Deutschland stimmen darin überein, daß sich die Bank streng innerhalb der Grenzen des ihr erteilten formalen Auftrages zu halten hat (Nielsen, J., Neue Richtlinien, 1994: Rn. 86, 88; BGH WM 1984: S. 1214 (1215)). Die Dokumente müssen, ohne daß es eines Rückgriffs auf spezielle Waren- und Branchenkenntnisse bedarf, vom Horizont der Bank her akkreditivkonform sein. Ein Zertifikat über das spezifische Gewicht von Dieselkraftstoff bei 20°C ist selbst dann nicht mit einem Testat für 15°C akzeptabel, wenn ein Ölfachmann eine mindestens gleichwertige Qualität und Quantität bestätigt (BGH WM 1958: S. 291). Demgemäß ist es auch nicht Aufgabe der Banken, darüber zu entscheiden, ob es sich bei den Abweichungen der Dokumente um wesentliche oder unwesentliche Mängel handelt (Stapel, B., 1998: S. 115). Die Beschränkung der Banken auf die formale Dokumentenprüfung trägt dem Umstand Rechnung, daß den Banken in aller Regel die erforderliche Sach- und Branchenkenntnis nicht zur Verfügung steht und sie darüber hinaus keinen Einblick in die Beziehung zwischen Akkreditivauftraggeber (Käufer) und Akkreditivbegünstigten (Verkäufer) haben. Deshalb hat auch das Warengeschäft selbst keinen Einfluß auf die Dokumentenprüfung, ebensowenig die Eignung der Dokumente für die Abwicklung des Grundgeschäfts oder aber die inhaltliche Richtigkeit der Dokumente (vgl. Nielsen, J., Neue Richtlinien, 1994: Rn. 95; Stapel, B., 1998: S. 151 f.).

Übereinstimmung der Dokumente nach Art und Inhalt

Die unter einem Akkreditiv präsentierten Dokumente dürfen untereinander nicht im Widerspruch stehen, d.h. die Angaben in einem Dokument dürfen nicht die eines anderen Dokumentes inhaltlich aufheben oder einschränken (Beispiele: unterschiedliche Gewichte, unterschiedliche Währungsangaben, so daß im Ergebnis jeweils unklar ist, ob sich die vorgelegten Dokumente auf ein und denselben Geschäftsvorfall beziehen).

Prüfungsmaßstab

Die Dokumentenprüfung hat sich am Standard internationaler Bankpraxis auszurichten. Dieser Begriff ist schwer erfaßbar, da schon die Feststellung, was internationale Praxis ist, schwer zu führen sein dürfte. Allerdings schließt dieser Hinweis die Bezugnahme auf Ortsusancen aus (Nielsen, J., Neue Richtlinien, 1994: Rn. 94). Sinnvoll erscheint eine dahingehende Auslegung des Art. 13 (a) Satz 2 ERA, daß die Einhaltung der in den ERA enthaltenen internationalen Standards zwingende Voraussetzung für die Akkreditivfähigkeit der Dokumente ist (Stapel, B., 1998: S. 155 f.). Da es der Begünstigte in der Hand hat, welche Dokumente er unter dem Akkreditiv einreicht, dürfte die Beachtung dieser Standards unproblematisch sein.

Geringfügige Abweichungen

Der Bank ist es grundsätzlich versagt, Zweckmäßigkeitserwägungen anzustellen. Allerdings verlangt der Grundsatz der Dokumentenstrenge nicht, daß sich die Bank an den Buchstaben klammern muß (BGH WM 1994: S. 1063). Erscheint aber ein Berufen der Bank auf geringfügige Mängel als rechtsmißbräuchlich, so hat es der Auftraggeber nach Treu und Glauben hinzunehmen, wenn die Bank die Dokumente als akkreditivkonform aufnimmt (vgl. OLG München WM 1998: S. 554 - Der Leitsatz des Gerichts lautet: "*Die Zahlung durch die eröffnende Bank im Rahmen eines Akkreditivs ist vom Auftraggeber nach Treu und Glauben hinzunehmen, wenn die vom Begünstigten einzureichenden Transportpapiere als Empfängerin statt des Auftraggebers die eröffnende Bank selbst ausweisen und Letztere willens und in der Lage ist, die Waren zugunsten ihres Auftraggebers freizugeben. Dies gilt auch dann, wenn der Auftraggeber ohne vorherige Freigabe durch seine Bank die in den Transportpapieren genannte Ware im übrigen akkreditivkonform erhalten hat.*").

Nach wie vor umstritten ist die Behandlung von Flüchtigkeits-, Schreib- und Zeichenfehlern, die jedoch irrelevant sein dürften, wenn sie offensichtlich sind (z.B. orthographisch falsch geschriebene Ortsnamen).

Prüfungsfrist

Der eröffnenden, der bestätigenden und der benannten Bank steht ein angemessener, jeweils auf sieben Bankarbeitstage nach dem Tag des Dokumentenerhalts beschränkter Zeitraum zu, die Dokumente zu prüfen und zu entscheiden, ob sie die Dokumente aufnehmen oder zurückweisen will und denjenigen entsprechend zu unterrichten, von dem sie die Dokumente erhalten hat. Das Zeitlimit von jeweils sieben Bankarbeitstagen gilt sowohl gegenüber dem Begünstigten als auch im Verhältnis der Banken untereinander (Nielsen, J., Neue Richtlinien, 1994: Rn. 97). Dabei ist diese Regelung nicht als Gebot auszulegen, in jedem Fall diese Frist voll auszuschöpfen. Das Überschreiten der Sieben-Tage-Frist ist für die Zahlstelle sanktionslos, führt hingegen bei der eröffnenden und bestätigenden Bank zum Wegfall der Möglichkeit, Dokumente als nicht akkreditivgerecht zurückzuweisen (vgl. Art. 14 (e) ERA; kritisch hierzu Nielsen, J., Neue Richtlinien, 1994: Rn. 97, wo Nielsen auf die Möglichkeit der Anfechtung der Dokumentenaufnahme seitens der Bestätigungsbank im Falle der Nichtaufnahme durch die Akkreditivbank hinweist).

Unbeachtlichkeit nichtdokumentärer Zahlungsbedingungen

Solche Akkreditivbedingungen, für die das Akkreditiv selbst kein Dokument vorschreibt, sind nicht zu prüfen. Ziel dieser Regelung ist es, zu verhindern, daß der Akkreditivauftraggeber in das Akkreditiv Bedingungen aufnehmen läßt, ohne zugleich deren Erfüllung durch dokumentären Nachweis zu fordern (Stapel, B., 1998: S. 160). Demgemäß empfiehlt es sich, Akkreditive mit derartigem Inhalt gar nicht zu eröffnen, da anderenfalls die Problematik entstehen könnte, ob die Individualabreden im konkreten Akkreditiv den Regeln der ERA vorgehen und die eröffnende Bank sich möglicherweise gegenüber dem Akkreditivauftraggeber schadenersatzpflichtig macht, wenn sie auf die Unbeachtlichkeit von nichtdokumentären Zahlungsbedingungen nicht hinweist (Nielsen, J. Neue Richtlinien, 1994: Rn. 100). Hinzuweisen ist allerdings darauf, daß sogenannte "terms" auch dann zu beachten sind, wenn für sie kein Dokument vorgeschrieben ist (z.B. Bedingungen wie Verfalldatum, Verladedatum, Incoterms; vgl. Nielsen, J., Neue Richtlinien, 1994: Rn. 99).

3.1.3.2 Artikel 14: Unstimmige Dokumente und Benachrichtigung

Richtlinie

Artikel 14: Unstimmige Dokumente und Benachrichtigung

(a) Wenn eine eröffnende Bank eine andere Bank ermächtigt, gegen Dokumente, die ihrer äußeren Aufmachung nach den Akkreditiv-Bedingungen zu entsprechen scheinen, zu zahlen, eine Verpflichtung zur hinausgeschobenen Zahlung zu übernehmen, Tratten zu akzeptieren oder zu negoziieren, sind die eröffnende Bank und die etwaige bestätigende Bank verpflichtet,

i. die benannte Bank, die gezahlt, eine Verpflichtung zur hinausgeschobenen Zahlung übernommen, Tratten akzeptiert oder negoziiert hat, zu remboursieren,
ii. die Dokumente aufzunehmen.

(b) Bei Erhalt der Dokumente muß die eröffnende Bank und/oder die etwaige bestätigende Bank oder eine für sie handelnde benannte Bank allein aufgrund der Dokumente entscheiden, ob sie ihrer äußeren Aufmachung nach den Akkreditiv-Bedingungen zu entsprechen scheinen. Wenn die Dokumente ihrer äußeren Aufmachung nach nicht den Akkreditiv-Bedingungen zu entsprechen scheinen, können diese Banken die Aufnahme der Dokumente verweigern.

(c) Wenn die eröffnende Bank entscheidet, daß die Dokumente ihrer äußeren Aufmachung nach nicht den Akkreditiv-Bedingungen zu entsprechen scheinen, kann sie sich wegen eines Verzichts auf Geltendmachung der Unstimmigkeit(en) nach eigenem Ermessen an den Auftraggeber wenden. Dadurch verlängert sich jedoch nicht der in Artikel 13 (b) erwähnte Zeitraum.

(d) i. Wenn sich die eröffnende Bank und/oder die etwaige bestätigende Bank oder eine für sie handelnde benannte Bank zur Zurückweisung der Dokumente entscheidet, muß sie eine entsprechende Mitteilung unverzüglich, jedoch nicht später als am Ende des siebten Bankarbeitstages nach dem Tag des Dokumentenerhalts durch Telekommunikation oder, wenn dies nicht möglich ist, auf anderem schnellen Weg geben. Diese Mitteilung ist an die Bank zu richten, von der sie die Dokumente erhalten hat, oder an den Begünstigten, wenn sie die Dokumente unmittelbar von diesem erhalten hat.

ii. Diese Mitteilung muß alle Unstimmigkeiten nennen, aufgrund derer die Bank die Dokumente zurückweist, und muß auch besagen, ob die Dokumente zur Verfügung des Einreichers gehalten oder ihm zurückgesandt werden.

iii. Die eröffnende Bank und/oder die etwaige bestätigende Bank ist dann berechtigt, von der übersendenden Bank Rückerstattung des an diese Bank geleisteten Rembours mit Zinsen zu verlangen.

(e) Wenn die eröffnende Bank und/oder die etwaige bestätigende Bank nicht gemäß den Bestimmungen dieses Artikels handelt und/oder wenn sie die Dokumente weder zur Verfügung des Einreichers hält noch diesem zurücksendet, kann die eröffnende Bank und/oder die etwaige bestätigende Bank nicht geltend machen, daß die Dokumente nicht den Akkreditiv-Bedingungen entsprechen.

(f) Wenn die übersendende Bank die eröffnende Bank und/oder die etwaige bestätigende Bank auf irgendeine (irgendwelche) Unstimmigkeit(en) in den Dokumenten hinweist oder diese Bank(en) davon benachrichtigt, daß sie aufgrund dieser Unstimmigkeit(en) unter Vorbehalt oder gegen eine Garantie gezahlt, eine Verpflichtung zur hinausgeschobenen Zahlung übernommen, Tratten akzeptiert oder negoziiert hat, wird die eröffnende Bank und/oder die etwaige bestätigende Bank dadurch von keiner ihrer Verpflichtungen aus den Bestimmungen dieses Artikels befreit. Ein solcher Vorbehalt oder eine solche Garantie betrifft allein das Verhältnis zwischen der übersendenden Bank und dem Beteiligten, dem gegenüber der Vorbehalt ausgesprochen oder von dem oder für den die Garantie gestellt ist.

Kommentar

Alle am Akkreditivgeschäft Beteiligten haben ein Interesse an einer schnellen Entscheidung über die Aufnahme der unter dem Akkreditiv eingereichten Dokumente. Vor allem der Begünstigte hat ein erhebliches Interesse daran, zu erfahren, ob die von ihm vorgelegten Dokumente akkreditivgerecht sind, um im Falle der Beanstandung innerhalb der Akkreditivfrist noch eine Nachbesserung oder aber eine anderweitige Disposition über Dokumente und Ware vornehmen zu können. Der Art. 14 ERA ist in zwei Abschnitte aufgeteilt:

- Art. 14 (a) bis (c) ERA regeln das Verfahren bis zur Entscheidung über die Aufnahme oder Ablehnung der Dokumente;
- Art. 14 (d) bis (e) ERA haben das eigentliche Rügeverfahren zum Gegenstand.

Art. 14 (a) ERA - Verpflichtung zum Aufwendungsersatz

Art. 14 (a) (i) ERA wiederholt die bereits in Art. 10 (d) ERA festgelegte Verpflichtung der Akkreditivbank zur Leistung von Aufwendungsersatz bei Einschaltung einer Zweitbank. Die ERA regeln nur die Erstattung der Akkreditivsumme selbst. Gleichwohl ist die Akkreditivbank nach allgemeinem Auftragsrecht verpflichtet, der von ihr zur Dokumentenaufnahme und Bezahlung beauftragten Zweitbank alle im Zusammenhang mit der Auftragsdurchführung anfallenden Aufwendungen zu erstatten (Schimansky/Bunte/Lwowski-Nielsen, 1997: § 120, Rn. 320). Hierzu gehören nicht nur die Akkreditivsumme, sondern auch Zufallsschäden, denen sich die beauftragte Bank bei Durchführung des Akkreditivauftrags nicht entziehen konnte (wie z.B. Prozeßabwehrkosten oder Beschlagnahmerisiken) (Stapel, B., 1998: S. 128; Schimansky/Bunte/Lwowski-Nielsen, 1997: § 120, Rn. 320).

Art. 14 ERA setzt für die Verpflichtung zur Erstattung der Akkreditivsumme voraus, daß zuvor die Dokumente von der Zweitbank aufgenommen worden sind. Wird von der Zweitbank eine Bevorschussung gewünscht, so muß sie dies mit der Akkreditivbank zuvor vereinbaren. Art. 14 ERA stellt klar, daß auch die bestätigende Bank für den Aufwendungsersatz haftet. Diese Haftung hat jedoch nur dann Bedeutung, wenn das Akkreditiv nicht bei ihr benutzbar gestellt ist. Im Innenverhältnis hat die bestätigte Bank einen ungeschmälerten Ausgleichsanspruch gegen die Eröffnungsbank.

Die Aufwendungserstattung erfolgt entweder unmittelbar durch die Akkreditivbank an die eingeschaltete Zweitbank oder im Rahmen des Rembours durch Leistung des Aufwendungsersatzes über eine eingeschaltete Drittbank. Diese wird in der Regel bei Währungsakkreditiven sowie dann eingeschaltet, wenn die Akkreditivbank und die zum Rembours berechtigte Zweitbank nicht in unmittelbarer Kontoverbindung stehen.

Art. 14 (b) ERA - Prüfungsgrundlage für die Dokumentenaufnahme

Die Entscheidung über die Akkreditivpräsentation der Dokumente unter dem Akkreditiv hat allein aufgrund der Dokumente zu erfolgen. Bei der Entscheidung dürfen weder andere Unterlagen noch Weisungen des Auftraggebers des Akkreditivs berücksichtigt werden. Dies gilt sowohl für die eröffnende, die bestätigende als auch für die für sie handelnde benannte Bank (Stapel, B., 1998: S. 168; Nielsen, J., Neue Richtlinien, 1994: Rn. 104). Entsprechen die Dokumente ihrer äußeren Aufmachung nach nicht den Akkreditivbedingungen, können die Banken ihre Aufnahme ablehnen. Die Möglichkeit der Ablehnung reduziert sich jedoch auf ein Muß, sofern der Auftraggeber die Unstimmigkeit nicht billigt (Nielsen, J., Neue Richtlinien, 1994: Rn. 104).

Art. 14 (c) ERA - Kontaktaufnahme mit dem Auftraggeber

Grundsätzlich ist die akkreditiveröffnende Bank berechtigt, mit ihrem Kunden Kontakt aufzunehmen wegen eines etwaigen Verzichts auf die Geltendmachung der festgestellten Dokumentenmängel. Etwaige Rückfragen beim Auftraggeber verlängern jedoch nicht die durch die ERA vorgeschriebene Prüfungsdauer von sieben Bankarbeitstagen. Dies ändert jedoch nichts daran, daß die Eröffnungsbank die Entscheidung über die Aufnahme bzw. Nichtaufnahme der Dokumente allein und eigenverantwortlich zu treffen hat (del Busto, C., Publ. Nr. 511: S. 46; Schimansky/Bunte/Lwowski-Nielsen, 1997: § 120, Rn. 303). Die Kontaktaufnahme zum Auftraggeber berechtigt die Eröffnungsbank jedoch nicht, diesem die Dokumente "zu treuen Händen" zu überlassen. Dies stellt einen Verstoß gegen die Grundregeln des Akkreditivgeschäfts dar und führt dazu, daß die Dokumente als aufgenommen gelten (Nielsen, J., Neue Richtlinien, 1994: Rn. 106; Schimansky/Bunte/Lwowski-Nielsen, 1997: § 120, Rn. 304). Die Kontaktaufnahme zum Kunden entspricht allgemeiner Übung und auch den sich aus dem Vertragsverhältnis ergebenden Pflichten, den Auftraggeber von der Präsentation der Dokumente unter dem Akkreditiv und einer bevorstehenden Zahlung bzw. Zahlungsverweigerung zu unterrichten.

Art. 14 (d) ERA - Formalien der Rüge

Die Dokumentenrüge ist formal nur wirksam, wenn alle drei Voraussetzungen des Art. 14 (d) (i) bis (iii) ERA vorliegen:

- Unverzüglichkeit der Rüge durch Telekommunikationsmittel, hilfsweise auf anderem schnellen Wege durch Einschaltung einer angemessenen Prüfungszeit;
- vollständige Aufzählung aller Mängel; ein Nachschieben von Gründen ist unzulässig (BGH WM 1984: S. 1214 ff.);
- Erklärung der rügenden Bank, daß sie die Dokumente entweder zur Verfügung des Einreichers oder der übersendenden Zweitbank hält bzw. zurücksendet.

Die Verpflichtung zur unverzüglichen Dokumentenrüge trifft alle mit der Prüfung befaßten Banken, somit Eröffnungsbank und/oder Bestätigungsbank und/oder Nominated Bank. Der Adressat der Rüge ist immer der Absender der Dokumente, d.h. entweder der Begünstigte selbst oder die übersendende Bank, wenn die Dokumente von dieser unmittelbar übersandt wurden. Die Rüge muß spätestens sieben Arbeitstage nach Eingang der Dokumente erhoben sein und alle Unstimmigkeiten enthalten, derentwegen die Zurückweisung erfolgt. Zum anderen setzt die erfolgreiche Dokumentenrüge voraus, daß die Dokumente zur Verfügung des Einreichers gehalten oder an diesen zurückgesandt werden.

Die **Nichtbeachtung vorstehender Formalien** hat zur Folge, daß die Eröffnungs- und/oder Bestätigungsbank ihr Rügerecht verlieren. Die Konsequenz ist, daß sie zur Dokumentenaufnahme und Bezahlung verpflichtet sind. Das gilt unabhängig davon, ob die siebentägige Prüfungsfrist überschritten ist oder die Erklärung fehlt, daß die Dokumente zurückgesandt oder zur Verfügung des Einreichers gehalten werden (Schütze, R.A., 1996: Rn. 416; Werner-Nielsen, 1984: S. 573 ff.). Das verspätete Nachschieben von weiteren Rügen wird nicht sanktioniert (Schütze, R.A., 1996: Rn. 415).

Soweit das Akkreditiv **Teilinanspruchnahmen** zuläßt, ist die Eröffnungs-/Bestätigungsbank nicht gehindert, auch dann eine Dokumentenrüge vorzunehmen, wenn sie bei vorherigen Inanspruchnahmen zunächst fehlerhafte Dokumente honoriert hat. Jede Dokumentensendung ist unabhängig von vorangegangenen Entscheidungen isoliert zu beurteilen. Es gibt keine Bindung an fehlerhaftes Verhalten. Etwas anderes gilt jedoch dann, wenn die Bank bei einer Teilinanspruchnahme die Mangelhaftigkeit erkannt, nach Rücksprache mit dem Auftraggeber jedoch auf eine Rüge verzichtet hat, ohne den Begünstigten hierauf hinzuweisen (del Busto, C., ICC-Publ. Nr. 535 E: Case Nr. 9). Die Verletzung der Rügepflicht lediglich durch die Zahlstellenbank ist sanktionslos (del Busto, C., ICC-Publ. Nr. 511: S. 47; Nielsen, J., Neue Richtlinien, 1994: Rn. 110). Die Rügepflicht wird durch Überspringen der Zahlstelle nicht in Gang gesetzt. In diesem Fall sind Eröffnungs- und/oder Bestätigungsbank bei Direkteinreichung der Dokumente dem Einreicher gegenüber nicht zur Rüge verpflichtet, wenn das Akkreditiv bei einer dritten Bank zahlbar gestellt ist, an welche die Dokumente weitergeleitet werden (LG Frankfurt WM 1994: S. 944).

Eine **zunächst ordnungsgemäß erhobene Rüge** kann nicht einseitig zurückgenommen werden. Die nachträgliche Aufnahme setzt die Zustimmung des Akkreditivbegünstigten voraus (Wheble, ICC-Publ. Nr. 459: S. 57, Case 54). Dies ist dadurch gerechtfertigt, daß eine wirksame Reklamation mit der Erklärung verbunden sein muß, daß die Dokumente zurückgesandt oder zur Verfügung des Einreichers gehalten werden. Somit ist nicht auszuschließen, daß der Einreicher auf Grundlage dieser Erklärung bereits anderweitig über Dokumente und Ware disponiert hat (Schimansky/Bunte/Lwowski-Nielsen, 1997: § 120, Rn. 310).

Die rechtzeitig erfolgte Rüge hat zur Konsequenz, daß der Anspruch der Zahlstellenbank (Nominated Bank) auf Aufwendungsersatz gegen die Eröffnungs- und/oder Bestätigungsbank entfällt. Die Zahlstellenbank ist somit verpflichtet, soweit sie den Gegenwert im Rahmen eines Vorschusses oder über eine Remboursbank bereits erhalten hat, diesen zurückzuerstatten. Im Verhältnis zum Begünstigten hat sie nur die Möglichkeit, die fehlerhafte Dokumentenaufnahme anzufechten und von diesem die Akkreditivsumme zurückzuholen (Werner-Nielsen, 1984: S. 574 ff.).

Art. 14 (e) ERA - Folgen nicht form- und fristgerechter Rüge

Die eröffnende und/oder die etwaige bestätigende Bank, die die Modalitäten einer frist- und formgerechten Rüge nicht beachtet, kann sich nicht auf festgestellte Dokumentenmängel berufen. In diesem Fall gelten die Dokumente als aufgenommen und müssen honoriert werden (Nielsen, Neue Richtlinien, 1994: Rn. 110). Die Ausschlußwirkung gilt jedoch nicht für eine Zweitbank, die lediglich Zahlstellenfunktion hat. Ihr Verhalten wird der Eröffnungsbank bzw. der Bestätigungsbank nicht angerechnet. Insoweit kann sich der Begünstigte auf ein Versäumnis der Sieben-Tages-Frist nicht gegenüber der Eröffnungsbank berufen. Die ICC Banking Commission begründet dies mit der fehlenden Zahlungsverpflichtung der Zahlstelle (del Busto, C., ICC-Publ. Nr. 535 E: Case 9). Die Rechtfertigung liegt jedoch vielmehr darin, daß die Zahlstelle nicht Erfüllungsgehilfe der Eröffnungsbank i.S.d. § 278 BGB ist, sondern lediglich selbständige Unterbeauftragte i.S.d. § 664 Abs. 1 BGB, so daß Eröffnungs- bzw. Bestätigungsbank grundsätzlich nicht für das Fehlverhalten der Zahlstelle haften (Schimansky/Bunte/Lwowski-Nielsen, 1997: § 120, Rn. 310).

Art. 14 (f) ERA - Leistung unter Vorbehalt

Die Aufnahme und Honorierung mangelhafter Dokumente unter Vorbehalt steht im Ermessen der Zweitbank und stellt in der Sache eine Kreditgewährung an den Akkreditivbegünstigten dar. Hält der Akkreditivbegünstigte die festgestellten Mängel und die Aufnahme unter Vorbehalt für nicht gerechtfertigt, muß er ggf. den Anspruch auf unbedingte Dokumentenaufnahme gerichtlich geltend machen. Ist er jedoch mit der Aufnahme der Dokumente unter Vorbehalt einverstanden, ist darin eine (Vorbehalts-)Vereinbarung zwischen Zweitbank und Begünstigten zu sehen. Deren wesentlicher Inhalt ist die Erwähnung der festgestellten Mängel sowie die Verpflichtung des Begünstigten, den Akkreditivbetrag einschließlich Zinsen und Kosten auf erstes Anfordern zurückzuzahlen, sofern die Dokumente von der eröffnenden Bank nicht akzeptiert werden (Nielsen, J., Neue Richtlinien, 1994: Rn. 116).

Die Zahlstelle ist nicht verpflichtet, die Akkreditivbank auf die festgestellten Mängel und die Aufnahme der Dokumente unter Vorbehalt hinzuweisen. So sieht auch die ICC Banking Commission keine ungeschriebene Verpflichtung zur Mitteilung von Dokumentenmängeln (Wheble, B., ICC-Publ. Nr. 459, S. 58, Case 56). Um zu vermeiden, daß die Vorbehaltsmitteilung zu einer "schikanösen Ausnutzung der Dokumentenstrenge mißbraucht wird" (Schinnerer/Avancini, 1976: S. 132, dort in FN 416), hat sich die Praxis eingebürgert, einen Vorbehalt lediglich intern mit dem Begünstigten zu vereinbaren und nach außen hin zu unterlassen. Gleichwohl sollte eine Unterrichtung der Akkreditivbank nur bei ganz geringfügigen oder solchen Mängeln unterbleiben, deren Auslegung unstrittig ist. Keinesfalls verträgt es sich mit dem Ansehen einer im Auslandsgeschäft tätigen Bank, einen Hinweis auf eindeutige und gravierende Mängel in der Erwartung zu unterlassen, die Akkreditivbank könnte diese möglicherweise übersehen (Schimansky/Bunte/Lwowski-Nielsen, 1997: § 120, Rn. 316).

Erfolgt ein **offener Vorbehalt** gegenüber der Akkreditivbank, so hat dieser im Verhältnis der Banken untereinander keinerlei Wirkung. Sowohl Eröffnungs- und/oder Bestätigungsbank müssen das Reklamationsverfahren des Art. 14 (a) bis (c) ERA einhalten. Eine nicht form- und fristgerecht vorgenommene Rüge führt auch bei einem externen Vorbehalt anderenfalls zur Aufnahme der Dokumente.

3.1.3.3 Artikel 15: Haftungsausschluß für Wirksamkeit von Dokumenten

Richtlinie

Artikel 15: Haftungsausschluß für Wirksamkeit von Dokumenten

Die Banken übernehmen keine Haftung oder Verantwortung für Form, Vollständigkeit, Genauigkeit, Echtheit, Verfälschung oder Rechtswirksamkeit von Dokumenten oder für dic allgemeinen und/oder besonderen Bedingungen, die in den Dokumenten angegeben oder denselben hinzugefügt sind. Sie übernehmen auch keine Haftung oder Verantwortung für Bezeichnung, Menge, Gewicht, Qualität, Beschaffenheit, Verpackung, Lieferung, Wert oder Vorhandensein der durch Dokumente vertretenen Waren, oder für Treu und Glauben oder Handlungen und/oder Unterlassungen sowie für Zahlungsfähigkeit, Leistungsvermögen oder Ruf der Absender, Frachtführer, Spediteure, Empfänger oder Versicherer der Waren oder irgendwelcher anderer Personen.

Kommentar

Da sich die Dokumentenprüfung auf die Feststellung der formalen Ordnungsmäßigkeit beschränkt, haftet die Bank gemäß Art. 15 ERA in den dort genannten Fällen nicht. Diese Freizeichnungen halten auch einer Prüfung gemäß § 9 AGBG stand, da nur die zielgerichtete Prüfung der Dokumente selbst Hauptpflicht i.S.v. § 9 Abs. 2 Nr. 2 AGBG ist (BGH WM 1989: S. 1713). Die Regelungen des Art. 15 ERA fügen sich nahtlos in die Charakteristik des Dokumentengeschäfts ein und resultieren aus deren Funktion, die in der zügigen Abwicklung von dokumentären Zahlungsvorgängen besteht. Insoweit handelt es sich bei dem Katalog des Art. 15 ERA um gerade nicht von der Bank im Rahmen ihres Prüfungsauftrags zu erbringende Leistungen (Nielsen, J., Neue Richtlinien, 1994: Rn. 119). Verschließt die Bank jedoch ihre Augen vor offenkundigen Mängeln, Mängeln also, die für jeden auf ersten Anblick ersichtlich sind, steht dies einer Dokumentenaufnahme entgegen (Nielsen, J., Neue Richtlinien, 1994: Rn. 120).

3.1.3.4 Artikel 16: Haftungsausschluß für Nachrichtenübermittlung

Richtlinie

> **Artikel 16: Haftungsausschluß für Nachrichtenübermittlung**
>
> Die Banken übernehmen keine Haftung oder Verantwortung für die Folgen von Verzögerungen und/oder Verlusten bei Übermittlung von Nachrichten, Briefen oder Dokumenten, sowie für Verzögerung, Verstümmelung oder sonstige Irrtümer, die aus der Übermittlung einer Telekommunikation resultieren. Die Banken übernehmen keine Haftung oder Verantwortung für Irrtümer bei der Übersetzung und/oder Auslegung von technischen Ausdrücken und behalten sich das Recht vor, Akkreditiv-Bedingungen unübersetzt weiterzugeben.

Kommentar

Der Umfang der Freizeichnungsklausel gemäß Art. 16 ERA spricht für sich. Da ohne Verstoß gegen § 9 Abs. 1 und Abs. 2 Nr. 1 AGBG auch unter Kaufleuten das Einstehen für eigenes vorsätzliches oder grob fahrlässiges Handeln nicht abbedungen werden kann, beschränkt sich die Freizeichnung auf fahrlässige Vertragsverletzungen der Banken. Eine Endhaftung der Banken für die Übermittlungsfehler können insoweit nicht greifen, soweit hierdurch auch die Haftung für grob vorsätzliches Handeln entgegen der zwingenden Regelung in § 276 Abs. 2 BGB ausgeschlossen werden soll.

Dagegen stellt die Regelung in Art. 16 Satz 2 ERA keine unangemessene Benachteiligung des Vertragspartners i.S.v. § 9 Abs. 2 Nr. 1 AGBG dar, wenn sich Banken für einfache Fahrlässigkeit bei der Übersetzung und Auslegung von technischen Ausdrücken freizeichnen (Stapel, B., 1998: S. 186).

3.1.3.5 Artikel 17: Höhere Gewalt

Richtlinie

> **Artikel 17: Höhere Gewalt**
>
> Die Banken übernehmen keine Haftung oder Verantwortung für die Folgen der Unterbrechung ihrer Geschäftstätigkeit durch Fälle höherer Gewalt, Unruhen, Aufruhr, Aufstand, Kriege oder irgendwelche anderen Ursachen, die außerhalb ihrer Kontrolle liegen, sowie durch irgendwelche Streiks oder Aussperrungen. Sofern sie hierzu nicht ausdrücklich ermächtigt sind, werden die Banken bei Wiederaufnahme ihrer Geschäftstätigkeit

unter Akkreditiven, die während einer solchen Unterbrechung ihrer Geschäftstätigkeit verfallen sind, nicht zahlen, keine Verpflichtungen zur hinausgeschobenen Zahlung übernehmen, keine Tratten akzeptieren bzw. nicht negoziieren.

Kommentar

Unter höherer Gewalt wird ein betriebsfremdes, von außen durch elementare Naturkräfte oder durch Handlungen dritter Personen herbeigeführtes Ereignis, das nach menschlicher Einsicht und Erfahrung unvorhersehbar ist, mit wirtschaftlich erträglichen Mitteln auch durch die äußerste, nach Sachlage vernünftigerweise zu erwartende Sorgfalt nicht verhütet oder unschädlich gemacht werden kann und auch nicht wegen seiner Häufigkeit vom Betriebsunternehmer in Kauf zu nehmen ist, verstanden (BGH BB 1970: S. 466). Da sich die Haftungsfreizeichnung für derartige Tatbestände in den Grenzen der §§ 275, 276 BGB bewegt, hat sie rein deklaratorische Wirkung und ist demgemäß der Inhaltskontrolle gemäß § 8 AGBG entzogen. Soweit Akkreditive während einer Störung der Geschäftstätigkeit der Bank i.S.v. Art. 17 ERA verfallen, erfolgt dann keine Zahlung bzw. werden keine Tratten akzeptiert oder negoziiert, wenn die Dokumente wegen der Betriebsunterbrechung erst nach deren Eintritt sowie nach dem Ablauf der Verfallfrist eingereicht werden (Nielsen, J., Grundlagen, 1985: Rn. 123). Dies geht jedoch dann nicht, wenn der Begünstigte ordnungsgemäße Dokumente noch vor Eintritt der Betriebsunterbrechung vorgelegt hat, die Bank aber aufgrund eines Ereignisses i.S.v. Art. 17 ERA nicht leisten konnte (BGH WM 1960: S. 38 (40 f.)).

3.1.3.6 Artikel 18: Haftungsausschluß für Handlungen einer beauftragten Partei

Richtlinie

Artikel 18: Haftungsausschluß für Handlungen einer beauftragten Partei

(a) Bedienen sich Banken einer oder mehrerer Banken, um die Weisungen des Auftraggebers auszuführen, tun sie dies für Rechnung und Gefahr dieses Auftraggebers.

(b) Die Banken übernehmen keine Haftung oder Verantwortung, wenn die von ihnen erteilten Weisungen nicht ausgeführt werden, auch wenn sie selbst die Auswahl dieser anderen Bank(en) getroffen haben.

(c) i. Eine Partei, die eine andere Partei beauftragt, Leistungen zu erbringen, haftet für alle Spesen einschließlich Provisionen, Gebühren, Kosten oder Auslagen, die bei der beauftragten Partei im Zusammenhang mit den Weisungen entstanden sind.

ii. Schreibt ein Akkreditiv vor, daß diese Spesen für Rechnung einer anderen als der auftraggebenden Partei gehen, und können die Spesen nicht eingezogen werden, haftet die auftraggebende Partei letztlich für deren Bezahlung.

(d) Der Auftraggeber muß alle Verpflichtungen und Verantwortlichkeiten übernehmen, die auf ausländischen Gesetzen und Gebräuchen beruhen, und er muß die Banken für alle hieraus resultierenden Folgen schadlos halten.

Kommentar

Art. 18 (a) und (b) ERA - Auswahlverschulden

Ein Haftungsausschluß für Auswahlverschulden ist nur wirksam, wenn der Akkreditivauftraggeber die Einbindung einer ganz bestimmten Bank vorgeschrieben hat, jedoch dann nicht, wenn deren Auswahl im freien Ermessen der Akkreditivbank lag (Nielsen, J., Neue Richtlinien, 1994: Rn. 128; Stapel, B., 1998: S. 193). Dies folgt zwanglos aus der Rechtsprechung des BGH, nach der sich eine Bank auch im kaufmännischen Verkehr bei der Wahrnehmung eigener Pflichten nicht von Vorsatz und grober Fahrlässigkeit freizeichnen kann. Dabei ist streitig, ob die Auswahl der Korrespondenzbank zu den vertragswesentlichen Nebenpflichten zählt mit der Folge, daß in diesem Fall mit Blick auf § 9 Abs. 2 Nr. 2 AGBG ein Freizeichnungsverbot auch für fahrlässige Vertragsverletzungen unwirksam wäre (so offenbar Stapel, B., 1998: S. 193) oder aber es sich bei der Auswahl um eine reine - nicht wesentliche - Nebenpflicht handelt (so offenbar Nielsen, J., Neue Richtlinien, 1994: Rn. 128).

Art. 18 (b) ERA - Nichtausführung von Weisungen durch die Korrespondenzbank

Gemäß § 11 Nr. 7 AGBG ist im nichtkaufmännischen Verkehr ein Haftungsausschluß für Vorsatz und grobe Fahrlässigkeit unwirksam, wenn der eingeschaltete Dritte Erfüllungsgehilfe i.S.v. § 278 BGB ist. Die Regelung des § 11 Nr. 7 AGBG findet im kaufmännischen Verkehr mittelbar Berücksichtigung über § 9 Abs. 1 AGBG (Palandt-Heinrichs, 1998: § 11 AGBG, Rn. 38). Damit kommt es maßgeblich darauf an, ob es sich bei der Korrespondenzbank um einen Erfüllungsgehilfen der Akkreditivbank handelt oder nicht. In der Literatur ist streitig, ob die Avisbank Erfüllungsgehilfin (so Schütze, R.A., 1996: Rn. 279) oder aber Unterbeauftragte (so Stapel, B., 1998: S. 195) ist. Da die Avisbank über die Avisierung hinaus die Vermittlung des Vertragsschlusses sowie die Prüfung der Echtheit des Akkreditivs vorzunehmen hat, ist sie als selbständige Unterbeauftragte zu qualifizieren, zumal nach inzwischen h.M. für die Annahme einer Unterbeauftragung nicht notwendig die volle Übertragung der Geschäftsführung erforderlich ist (Münchener Kommentar-Seiler, 1986: § 664, Rn. 4).

Zahlstelle/Abwicklungsstelle

Da der Zahlstelle nicht nur die technische Abwicklung des Akkreditivs, sondern auch die selbständige Prüfung der Dokumente obliegt, ist sie gleichfalls als Unterbeauftragte i.S.v. § 664 BGB zu qualifizieren.

Bestätigungsbank

Da die Bestätigungsbank Aufgaben erfüllt, die die erstbeauftragte Bank nicht wahrnehmen kann, liegt auch Substitution i.S.d. § 664 BGB vor (Schütze, R.A., 1996: Rn. 292). Damit können sich die Banken von der Verantwortung oder Haftung für die Folgen von unausgeführten Weisungen durch eingeschaltete Zweitbanken freizeichnen.

Art. 18 (c) ERA - Verantwortlichkeit für Spesenzahlungen

Die Einführung des Begriffs "Partei" überrascht zunächst, stellt jedoch nur klar, daß diese Regelung auch im Falle der Einbeziehung der ERA in das Auftragsverhältnis für Nicht-Banken gilt. Von Bedeutung ist Art. 18 (c) ERA insbesondere dann, wenn der Begünstigte das Akkreditiv unausgenutzt verfallen läßt (Nielsen, J., Neue Richtlinien, 1994: Rn. 129) oder der Begünstigte die Spesen nicht zahlt.

Art. 18 (d) ERA

Gegen die Freihalteverpflichtung gemäß Art. 18 (d) ERA bestehen vor dem Hintergrund des AGBG keine Bedenken, ob dieses Risiko auf der freien Entscheidung des Akkreditivauftraggebers beruht, mit dem Begünstigten einen Auslandskontrakt zu schließen (Stapel, B., 1998: S. 197). Maßgeblich für die Beantwortung der Frage, welches Recht bei Auslandsaufträgen bzw. grenzüberschreitenden Transaktionen anwendbar ist, ist das jeweils anwendbare internationale Privatrecht. Gemäß Art. 28 Abs. 2 EGBGB ist für einen Vertrag das Recht des Staates anwendbar, mit dem es die engsten Verbindungen aufweist. Im Akkreditivgeschäft hat sich das Recht der beauftragten Bank als Akkreditivstatut durchgesetzt (Nielsen, Neue Richtlinien, 1994: Rn. 132). Dies bedeutet im Verhältnis der inländischen Akkreditivbank zur ausländischen Zweitbank, daß stets das Recht der ausländischen Zweitbank anwendbar ist, gleichgültig, ob diese nur zur Avisierung oder Auszahlung oder gar zur Bestätigung des Akkreditivs beauftragt ist. Im Verhältnis Akkreditivbank/Begünstigter findet das Recht am Sitz der Akkreditivbank Anwendung (Nielsen, J., Neue Richtlinien, 1994: Rn. 134). Hieran ändert sich auch dann nichts, wenn eine Zweitbank eingeschaltet wird. Eine Differenzierung danach, ob eine Zweitbank eingeschaltet wird oder nicht (so aber LG Frankfurt Aktiengesetz 1976: S. 47), verbietet sich auch aus rein pragmatischen Erwägungen: Denn häufig wird die Zweitbank erst nach entstehender Verpflichtung aus dem Akkreditiv eingeschaltet, das Akkreditiv bestätigt oder z.B. die Zahlstelle geändert. Schütze bringt das mit seiner Frage auf den Punkt: "Soll sich in diesen Fällen die Verpflichtung der Akkreditivbank wie ein Chamäleon ändern, indem sie in die Haut einer anderen Rechtsordnung schlüpft?" (Schütze, R.A., 1996: Rn. 455).

Bestätigungsbank

Aufgrund der gesamtschuldnerischen Haftung der Akkreditiv- und Bestätigungsbank ergibt sich, daß die Ansprüche unterschiedlichen Rechtsordnungen unterfallen (Nielsen, J., Neue Richtlinien, 1994: Rn. 136).

Der Begriff des Aufwendungsersatzes umfaßt i.S.v. §§ 675, 670 BGB alle Aufwendungen, die im Zusammenhang mit der Ausführung des Akkreditivauftrags zwangsläufig verbunden sind oder die die Bank den Umständen nach für erforderlich halten dürfte. In Betracht kommen damit Rechtsberatungs-, Gerichts- sowie ganz allgemeine Prozeßabwehrkosten, die dann anfallen können, wenn die Akkreditivbank in eine rechtliche Auseinandersetzung verwickelt wird.

3.1.3.7 Artikel 19: Remboursvereinbarungen zwischen Banken

Richtlinie

Artikel 19: Remboursvereinbarungen zwischen Banken

(a) Wenn die eröffnende Bank bestimmt, daß eine zahlende, akzeptierende oder negoziierende ("Rembours beanspruchende Bank") den ihr zustehenden Rembours von einer anderen Stelle ("Remboursbank") erhalten soll, hat die eröffnende Bank dieser Remobursbank rechtzeitig die ordnungsgemäße Weisung oder Ermächtigung zur Honorierung solcher Remboursansprüche zu erteilen.

(b) Eröffnende Banken sollen von einer Rembours beanspruchenden Bank nicht verlangen, daß diese der Remboursbank die Erfüllung der Akkreditiv-Bedingungen bestätigt.

(c) Eine eröffnende Bank wird von ihren Verpflichtungen zur Remboursleistung nicht befreit, wenn die Rembours beanspruchende Bank von der Remboursbank keinen Rembours erhält.

(d) Die eröffende Bank haftet der Rembours beanspruchenden Bank für jeglichen Verlust von Zinsen, wenn die Remboursbank den Rembours nicht auf erstes Anfordern beziehungsweise nicht in anderer Weise gemäß den Bestimmungen des Akkreditivs oder gegenseitiger Vereinbarung leistet.

(e) Die Spesen der Remboursbank sollten zu Lasten der eröffnenden Bank gehen. Wenn jedoch die Spesen zu Lasten einer anderen Stelle gehen, liegt es in der Verantwortung der eröffnenden Bank, einen entsprechenden Hinweis in das Originalakkreditiv und in die Remboursermächtigung aufzunehmen. Wenn die Spesen der Remboursbank zu Lasten einer anderen Stelle gehen, müssen sie bei Inanspruchnahme des Akkreditivs bei der Rembours beanspruchenden Bank eingezogen werden. Wird das Akkreditiv nicht in Anspruch genommen, haftet die eröffnende Bank für die Spesen der Remboursbank.

Kommentar

Art. 19 (a) ERA - Leistung des Rembours durch Drittbank

Die Einschaltung einer Zweitbank erfolgt stets im Rahmen eines Geschäftsbesorgungsvertrages, gleichgültig, welche Funktion die Zweitbank ausübt (Canaris, C.W., 1988: Rn. 972; Eisemann/Schütze, 1989: S. 136). Somit hat die Akkreditivbank der von ihr zur Dokumentenaufnahme und Bezahlung eingeschalteten Zweitbank sämtliche im Zusammenhang mit der Auftragsausführung anfallenden Aufwendungen zu erstatten. Hierzu gehören nicht nur die Akkreditivsumme, sondern auch alle Beträge, deren Verauslagung die beauftragte Bank nach pflichtgemäßem Ermessen für erforderlich halten durfte, und darüber hinaus der Ausgleich von Zufallschäden wie beispielsweise Prozeßabwehrkosten (BGH-Urteil vom 23.06.1998 - XI ZR 294/97 - ZIP 1998: S. 1436; Stapel, B.: 1998: Rn. 128; Schimansky/Bunte/Lwowski-Nielsen, 1997: § 120, Rn. 320). Ihrer Verpflichtung zum Aufwendungsersatz kann die Akkreditivbank entweder durch direkte Leistung an die Zweitbank (Art. 14 (a) (i) ERA) nachkommen oder den geschuldeten Rembours über eine dritte Bank zur Verfügung stellen. Diese Art der Abwicklung des Erstattungsanspruchs wird durch Art. 19 ERA geregelt. Art. 19 ERA stellt somit eine Ergänzung der die Verpflichtung zur Leistung von Aufwendungsersatz bereits regelnden Vorschriften in Art. 10 (d) und Art. 14 (a) (i) ERA dar. Die Einschaltung der Remboursbank ist insbesondere bei Währungsakkreditiven die Regel und auch dann üblich, wenn die Akkreditivbank und die zum Aufwendungsersatz berechtigte Zweitbank keine unmittelbare Kontoverbindung haben. Art. 19 (a) ERA spricht nicht von Remboursbank, sondern von einer Remboursstelle. Somit können in die Abwicklung neben Banken auch sonstige Stellen wie z.B. die Weltbank oder die Inneramerikanische Entwicklungsbank eingeschaltet werden. Die akkreditiveröffnende Bank ist verpflichtet, der Remboursbank rechtzeitig die ordnungsgemäße Weisung oder Ermächtigung zur Honorierung von Ansprüchen der zum Rembours berechtigten Bank zu erteilen. Etwa daraus resultierende Zahlungsverzögerungen gehen zu Lasten der Akkreditivbank.

Art. 19 (b) ERA

Die Remboursbank hat allein die Funktion der Zahlungsabwicklung zwischen Zweitbank und Akkreditivbank. Sie ist in keiner Weise mit der Dokumentenprüfung befaßt. Die Akkreditivbank soll noch nicht einmal zur Bedingung machen, daß die zum Aufwendungsersatz berechtigte Zweitbank der Remboursbank eine Bestätigung der Übereinstimmung der Dokumente mit den Akkreditivbedingungen beizubringen hat. Die remboursberechtigte Bank kann somit folglich Aufwendungsersatz mit der einfachen Behauptung verlangen, daß sie Leistungen unter dem Akkreditiv erbracht hat (Stapel, B., 1998: S. 200; Nielsen, J., Neue Richtlinien, 1994: Rn. 141; Schimansky/Bunte/Lwowski-Nielsen, 1997: § 120, Rn. 126). Jedoch kann zwischen Akkreditivbank und Remboursbank eine anderslautende Regelung getroffen werden, da es sich bei Art. 19 (b) ERA um eine Sollvorschrift handelt. Die Remboursbank hat die Zahlung des Aufwendungsersatzes zu verweigern, wenn die eröffnende Bank von der aufwendungsersatzbeanspruchenden Bank die Bestätigung, daß die Akkreditivbedingungen erfüllt sind, verlangt und diese eine entsprechende Bestätigung nicht erbringt (Stapel, B., 1998: S. 200; del Busto, C., ICC-Publ. Nr. 511: S. 55). Der Remboursauftrag der Akkreditivbank an die Remboursbank führt in keinem Fall zu einem eigenständigen Anspruch der Zweitbank gegen die eingeschaltete Remboursbank.

Art. 19 (c) ERA

Die Einschaltung der Remboursbank erfolgt nur erfüllungshalber. Die Eröffnungsbank hat ihre Verpflichtung gegenüber der von ihr eingeschalteten Zweitbank erst dann erfüllt, wenn die remboursbeanspruchende Bank von der Remboursbank Zahlung erhalten hat. Somit geht ein etwaiges Transferrisiko zu Lasten der Akkreditivbank.

Art. 19 (d) ERA

Die Akkreditivbank haftet für einen etwaigen Zinsschaden, der der remboursbeanspruchenden Bank dadurch entsteht, daß die Remboursbank nicht rechtzeitig auf Anforderung hin leistet.

Art. 19 (e) ERA

Die Haftung der Akkreditivbank erstreckt sich zusätzlich auf die Spesen der Remboursbank. Dies entspricht auch dem Grundsatz, daß die eröffnende Bank der Remboursbank aufgrund des Auftrages zur Zahlung derer Spesen verpflichtet ist. Sollen die Spesen einem anderen Beteiligten in Rechnung gestellt werden, liegt es in der Verantwortung der eröffnenden Bank, einen entsprechenden Hinweis in das Akkreditiv und in den Remboursauftrag aufzunehmen. In diesem Fall wird die Remboursbank ihre Remboursleistung entsprechend kürzen. Kommt es jedoch nicht zur Ausnutzung des Akkreditivs und entfällt infolgedessen die Möglichkeit des Spesenabzugs, muß die Akkreditivbank für die Spesen aufkommen.

Hinweis

Ausführlich behandeln die Autoren die Rembourse zwischen Banken in Kapitel "**3.2 Dokumentenakkreditive: Kommentar mit Wiedergabe der Einheitlichen Richtlinien für Rembourse zwischen Banken unter Dokumenten-Akkreditiven (ERR 525)**".

3.1.4 Dokumente

3.1.4.1 Artikel 20: Unklarheit über Aussteller von Dokumenten

Richtlinie

Artikel 20: Unklarheit über Aussteller von Dokumenten

a) Ausdrücke wie "erstklassig", "gut bekannt", "qualifiziert", "unabhängig", "offiziell", "kompetent", "örtlich" u.ä. sollen zur Klassifizierung der Aussteller irgendwelcher Dokumente, die unter einem Akkreditiv vorzulegen sind, nicht verwendet werden. Wenn solche Ausdrücke im Akkreditiv enthalten sind, nehmen die Banken die betreffenden Dokumente so an, wie sie vorgelegt werden, vorausgesetzt, daß sie ihrer äußeren Aufmachung nach den anderen Akkreditiv-Bedingungen zu entsprechen und nicht durch den Begünstigten ausgestellt zu sein scheinen.

b) Sofern im Akkreditiv nichts anderes vorgeschrieben ist, nehmen die Banken als Orginaldokumente auch Dokumente an, die

i. durch reprographische, automatisierte oder computerisierte Systeme,

ii. als Durchschläge

erstellt sind oder zu sein scheinen, sofern sie als Originale gekennzeichnet sind und, soweit erforderlich, unterzeichnet zu sein scheinen.

Die Unterzeichnung eines Dokuments kann handschriftlich, durch Faksimile-Unterschrift, durch perforierte Unterschrift, durch Stempel, durch Symbol oder durch irgendeine andere mechanische oder elektronische Authentisierungsmethode erfolgen.

c) i. Sofern im Akkreditiv nichts anderes vorgeschrieben ist, nehmen die Banken als Kopien Dokumente an, die entweder als Kopien bezeichnet oder nicht als Originale gekennzeichnet sind, wobei Kopien keiner Unterzeichnung bedürfen.

ii. Akkreditive, die mehrfache Ausfertigungen von Dokumenten durch Ausdrücke wie "doppelt", "zweifach", "zwei Ausfertigungen" u.ä. verlangen, gelten als erfüllt, wenn ein Original und in verbleibender Anzahl Kopien vorgelegt werden, es sei denn, das Dokument gibt selbst etwas anderes an.

d) Sofern im Akkreditiv nichts anderes vorgeschrieben ist, gilt eine Akkreditiv-Bedingung, wonach ein verlangtes Dokument authentisiert, für gültig erklärt, legalisiert, mit Sichtvermerk versehen, beglaubigt sein oder ein ähnliches Erfordernis ausweisen soll, als erfüllt, wenn irgendein(e) Unterschrift, Zeichen, Stempel oder Aufkleber auf dem Dokument der äußeren Aufmachung nach die vorgenannte Bedingung zu erfüllen scheint.

Kommentar

Art. 20 (a) ERA - Keine Kategorisierung des Dokumentenaustellers

Die in Art. 20 (a) ERA nur beispielhaft aufgeführten Bezeichnungen sollen nicht zur Klassifizierung des Dokumentenausstellers verwendet werden (Nielsen, J., Neue Richtlinien, 1994: Rn. 145). Nur so kann eine Auseinandersetzung über die Frage, ob der Aussteller den geforderten Standard erfüllt, vermieden werden (Stapel, B., 1998: S. 202).

Um andererseits "Selbstbedienung" des Begünstigten zu verhindern, ist die Ausstellung solcher Dokumente durch diesen nicht mehr zulässig. Danach könnte nunmehr jedoch jeder beliebige Dritte als Aussteller fungieren, was einer "Selbstbedienung" dann sehr nahekäme, wenn dieser Dritte nicht vom Akkreditivauftraggeber spezifiziert wird (Nielsen, J., Neue Richtlinien, 1994: Rn. 146). Im Kontext von Art. 20 (a) und Art. 21 ERA ist jedoch zu berücksichtigen, daß bei Dokumenten, bei denen es sich nicht um Transport-, Versicherungsdokumente oder Handelsrechnungen handelt, mangels Sonderweisung nach wie vor eine Ausstellung durch den Begünstigten zulässig ist, sofern dies nicht durch die Verwendung von Bezeichnungen i.S.d. Art. 20 (a) ERA ausgeschlossen ist. Bezogen auf Handelsrechnungen kann dies jedoch nicht gelten, da diese zwingend vom Begünstigten auszustellen sind (Nielsen, J., Neue Richtlinien, 1994: Rn. 146, Fn. 3).

Art. 20 (b) (i) ERA

Art. 20 (b) (i) ERA trägt der rasanten Entwicklung im Rahmen der Bürokommunikation Rechnung, erklärt demgemäß auch solche Dokumente als Originale aufnahmefähig, die durch reprographische, automatisierte oder computerisierte Systeme erstellt sind. Allerdings müssen diese Dokumente in jedem Fall als Original gekennzeichnet und - falls erforderlich - unterzeichnet sein (Nielsen, J., Neue Richtlinien, 1994: Rn. 147 f.). *Wann* eine Unterschrift erforderlich ist, ergibt sich aus den zwingenden Formvorschriften der jeweiligen Landesrechte.

Wenngleich die Förderung einer elektronischen Unterschrift an sich Beifall verdient, kann der weite Unterschriftsbegriff der ICC Banking Commission, wie er in Art. 20 (b) letzter

Satz ERA durch die Zulassung auch von Faksimile-Unterschriften, perforierten Unterschriften, Stempeln, durch Symbole oder irgend eine andere mechanische oder elektronische Authentisierungsmethode zum Ausdruck kommt, zwingende Formvorschriften des jeweils anzuwendenden Rechts nicht ändern. Insbesondere kann sich diese Regelung nicht über zwingende Formvorschriften hinwegsetzen (Nielsen, J., Neue Richtlinien, 1994: Rn. 148; Stapel., B., 1998: S. 203 f.). Gleichwohl läßt sich nicht nur nach deutschem Recht an verschiedenen Plätzen ein Handelsbrauch feststellen, wonach Faksimile-Konnossemente weitgehend bei den im Auslandgeschäft tätigen Banken Anerkennung finden (Nielsen, J., Neue Richtlinien, 1994: Rn. 149). Nach Auffassung der ICC Banking Commission ist auch die Korrektur oder Ergänzung eines Transportdokuments durch Stempel und Unterschrift oder Initialien zu authentisieren (Wheble, B., Publ. Nr. 469: R 174). Wer als Akkreditivauftraggeber sicherstellen will, ein eigenhändig unterschriebenes Dokument zu erhalten, sollte vorsorglich in den Akkreditivbedingungen ein eigenhändig unterschriebenes Dokument vorschreiben (Nielsen, J., Neue Richtlinien, 1994: Rn. 151).

Art. 20 (c) ERA

Art. 20 (c) ERA beschreibt, *wie* Dokumente beschaffen sein müssen, wenn im Akkreditiv die Einreichung einer Kopie bzw. die mehrfache Ausfertigung eines Dokuments vorgeschrieben ist. Als Kopien werden demgemäß Dokumente aufgenommen, die entweder als solche bezeichnet oder nicht als Originale gekennzeichnet sind, wobei die Kopien keiner Unterzeichnung bedürfen (Nielsen, J., Neue Richtlinien, 1994: Rn. 153). Werden Dokumente *mehrfach* angefordert, genügt die Vorlage eines einzigen Originals und i.ü. von Kopien. Verlangt der Akkreditivauftraggeber dagegen mehrere Originale, muß er dies ausdrücklich vorschreiben.

Art. 20 (d) ERA

Art. 20 (d) ERA bedarf über seinen Wortlaut hinaus keiner ergänzenden Erläuterung.

3.1.4.2 Artikel 21: Unbestimmte Aussteller oder Inhalte von Dokumenten

Richtlinie

Artikel 21: Unbestimmte Aussteller oder Inhalte von Dokumenten

Wenn andere Dokumente als Transportdokumente, Versicherungsdokumente und Handelsrechnungen verlangt werden, sollten Aussteller sowie Wortlaut oder Inhaltsmerkmale solcher Dokumente im Akkreditiv bestimmt werden. Wenn im Akkreditiv derartige Bestimmungen nicht enthalten sind, nehmen die Banken solche Dokumente so an, wie sie vorgelegt werden, vorausgesetzt, ihre Inhaltsmerkmale stehen nicht im Widerspruch zu irgendeinem anderen vorgeschriebenen Dokument, das vorgelegt wurde.

Kommentar

Anwendungsbereich

Art. 21 ERA regelt die Aufnahmefähigkeit von Dokumenten, bei denen es sich nicht um die in den ERA geregelten Standardformen (Transportdokumente, Versicherungsdokumente, Handelsrechnungen) handelt. Damit gehören zur Gruppe der sonstigen Dokumente insbesondere Inspektions-, Analyse-, Gewichts-, Gesundheits- und Qualifikationszertifikate, darüber hinaus Konsularfakturen, Import- und Exportlizenzen, packinglists und Ursprungszeugnisse. In Anbetracht der unbegrenzten Möglichkeit, im Akkreditiv die Vorlage von sonstigen Dokumenten vorzuschreiben, ist es nicht möglich, für solche Dokumente einen eigenen Anforderungskatalog an deren Aussteller und/oder den Inhalt aufzustellen. Demgemäß sind die Banken befugt, solche Dokumente in der Form aufzunehmen, wie sie präsentiert werden, wenn sie nicht im Widerspruch zu anderen Dokumenten stehen. Damit können die Banken nicht auf jegliche Prüfung verzichten (Nielsen, J., Neue Richtlinien, 1994: Rn. 155). Diese Regelung des Art. 21 ERA korrespondiert i.ü. mit Art. 13 (a) (iii) ERA.

Benennung des Ausstellers

Sofern das Akkreditiv nicht ausdrücklich einen bestimmten Aussteller vorschreibt, können sonstige Dokumente grundsätzlich auch von Begünstigten selbst ausgestellt werden. Dies gilt nur dann nicht, wenn an den Aussteller Anforderungen i.S.v. Art. 20 (a) ERA gestellt werden, da diese dann entsprechend Art. 20 ERA eben nicht vom Begünstigten als ausgestellt erscheinen dürfen.

Wird ein Dritter als Aussteller ausdrücklich benannt, ist dieses mit der notwendigen Klarheit vorzunehmen. So ist beispielsweise der Begriff "Shipping Company" kein Synonym für eine Reederei, sondern eine Gattungsbezeichnung für Frachtführer aller Art (Nielsen, J., Neue Richtlinien, 1994: Rn. 158). Schreibt das Akkreditiv die Beibringung eines Ursprungszeugnisses, ausgestellt durch "goverment authorities", vor, ist zweifelhaft, ob die Ausstellung eines solchen Dokuments durch eine Industrie- und Handelskammer akzeptabel ist, da es sich eben bei dieser Kammer nicht um eine Regierungsbehörde handelt.

Präzisierung inhaltlicher Anforderungen

Aufgrund der geringen Anforderungen, die Art. 21 ERA an die Ausstellung sonstiger Dokumente stellt, ist neben einer Konkretisierung des Ausstellers vom Akkreditivauftraggeber auch darauf zu achten, daß er den von ihm gewünschten Inhalt des Dokuments so genau wie möglich vorgibt. Sind derartige inhaltliche Anforderungen nicht vorgegeben, muß das vorgelegte Dokument jedenfalls auch Aussagen treffen, die im Einklang mit seiner Bezeichnung stehen: Ein Qualitätszertifikat muß demgemäß etwas zur Qualität der Ware feststellen, ein Analysezertifikat muß jedenfalls beinhalten, daß eine Analyse vorgenommen wurde und ein Inspektionszertifikat muß jedenfalls aufweisen, daß die Ware besichtigt wurde (vgl. hierzu: Nielsen, J., Neue Richtlinien, 1994: Rn. 163 f.).

3.1.4.3 Artikel 22: Ausstellungsdatum von Dokumenten und Akkreditivdatum

Richtlinie

Artikel 22: Ausstellungsdatum von Dokumenten und Akkreditivdatum

Sofern im Akkreditiv nichts anderes vorgeschrieben ist, nehmen die Banken ein Dokument an, welches ein Ausstellungsdatum trägt, das vor dem des Akkreditivs liegt, wenn dieses Dokument innerhalb der im Akkreditiv und in diesen Richtlinien festgesetzten Fristen vorgelegt wird.

Kommentar

Die wirtschaftliche Rechtfertigung dieser Regelung basiert auf der Erwägung, daß der Verkäufer der Ware in Erwartung des verabredeten Akkreditivs bereits frühzeitig beginnen wird, die zu dessen Bedienung notwendigen Dokumente zu beschaffen. Werden allerdings Dokumente, insbesondere Gesundheitstestate, Analysezertifikate u.ä. unangemessen lange Zeit vor Akkreditiveröffnung ausgestellt, ergeben sich regelmäßig Bedenken gegen deren Aufnahmefähigkeit (Nielsen, J., Neue Richtlinien, 1994: Rn. 166).

3.1.4.4 Artikel 23: Seekonnossement

Richtlinie

Artikel 23: Seekonnossement

(a) Wenn ein Akkreditiv ein Konnossement für eine Hafen-zu-Hafen-Verladung verlangt, nehmen die Banken, sofern im Akkreditiv nichts anderes vorgeschrieben ist, ein wie auch immer bezeichnetes Dokument an, das

i. seiner äußeren Aufmachung nach den Namen des Frachtführers auszuweisen scheint und vom
- Frachtführer oder von einem namentlich genannten Agenten für den Frachtführer oder vom
- Master oder von einem namentlich genannten Agenten für den Master

unterzeichnet oder in anderer Weise authentisiert zu sein scheint;

die Unterschrift oder Authentisierung des Frachtführers oder Masters muß als diejenige des Frachtführers beziehungsweise Masters gekennzeichnet sein; ein für den Frachtführer oder Master unterzeichnender oder authentisierender Agent muß auch den Namen und die Eigenschaft desjenigen, d.h. des Frachtführers oder Masters, angeben, für den dieser Agent handelt;

und

ii. ausweist, daß die Ware an Bord eines namentlich genannten Schiffes verladen oder auf einem namentlich genannten Schiff verschifft worden ist;

die Verladung an Bord eines namentlich genannten Schiffes oder die Verschiffung auf einem namentlich genannten Schiff kann durch einen vorgedruckten Wortlaut auf dem Konnossement ausgewiesen werden, wonach die Ware an Bord eines namentlich genannten Schiffes verladen oder auf einem namentlich genannten Schiff verschifft worden ist; in diesem Fall gilt das Ausstellungsdatum des Konnossements als Datum der Verladung an Bord und als Verladedatum;

in allen anderen Fällen muß die Verladung an Bord eines namentlich genannten Schiffes durch einen Vermerk auf dem Konnossement nachgewiesen werden, der das Datum angibt, an dem die Ware an Bord verladen worden ist; in diesem Fall gilt das Datum des An-Bord-Vermerks als Verladedatum;

enthält das Konnossement den Vermerk "intended vessel" oder einen ähnlichen Vorbehalt in bezug auf das Schiff, muß die Verladung an Bord eines namentlich genannten Schiffes durch einen An-Bord-Vermerk auf dem Konnossement nachgewiesen werden, der zusätzlich zum Datum, an dem die Ware an Bord verladen worden ist, auch den Namen des Schiffes enthält, auf dem die Ware verladen worden ist, und zwar auch dann, wenn sie auf dem als "intended vessel" bezeichneten Schiff verladen worden ist;

weist das Konnossement einen vom Verladehafen unterschiedlichen Empfangsort oder Übernahmeort aus, muß der An-Bord-Vermerk auch den im Akkreditiv vorgeschriebenen Verladehafen und den Namen des Schiffes enthalten, auf dem die Ware verladen worden ist, und zwar auch dann, wenn sie auf dem im Konnossement namentlich genannten Schiff verladen worden ist; diese Bestimmung gilt auch, wenn die Verladung an Bord des Schiffes durch einen auf dem Konnossement vorgedruckten Wortlaut ausgewiesen ist;

und

iii. den im Akkreditiv vorgeschriebenen Verladehafen und Löschungshafen ausweist, unabhängig davon, ob es

a. einen vom Verladehafen unterschiedlichen Übernahmeort und/oder einen vom Löschunghafen unterschiedlichen endgültigen Bestimmungsort ausweist

und/oder

b. den Hinweis "intended" oder einen ähnlichen Vorbehalt in bezug auf den Verladehafen und/oder den Löschungshafen enthält, sofern das Dokument auch den im Akkreditiv vorgeschriebenen Verladehafen und/oder Löschungshafen angibt,

und

iv. aus einem einzigen Original-Konnossement oder, wenn es in mehr als einem Original ausgestellt ist, aus dem so ausgestellten vollen Satz besteht

und

v. sämtliche Beförderungsbedingungen oder einige dieser Bedingungen durch Hinweis auf eine andere Quelle oder ein anderes Dokument als das Konnossement (Kurzform-/Blanko-Rückseite-Konnossement) zu enthalten scheint, wobei die Banken den Inhalt dieser Bedingungen nicht prüfen,

und

vi. keinen Hinweis enthält, daß es einer Charterpartie unterworfen ist und/oder das befördernde Schiff nur durch Segel angetrieben wird,

und

vii. in jeder anderen Hinsicht den Akkreditiv-Bedingungen entspricht.

(b) Im Sinne dieses Artikels bedeutet Umladung das Ausladen und Wiederverladen von einem Schiff auf ein anderes Schiff im Verlauf des Seetransports vom Verladehafen zum Löschungshafen, wie sie im Akkreditiv vorgeschrieben sind.

(c) Sofern Umladung nach den Akkreditiv-Bedingungen nicht verboten ist, nehmen die Banken ein Konnossement an, das Umladung der Ware vorsieht, vorausgesetzt, daß der gesamte Seetransport durch ein und dasselbe Konnossement gedeckt ist.

(d) Selbst wenn im Akkreditiv Umladung verboten ist, nehmen die Banken ein Konnossement an, das

i. vorsieht, daß Umladung stattfinden wird, sofern gemäß Angabe im Konnossement das betreffende Frachtgut in Containern, Anhängern und/oder "LASH"-Leichtern verladen ist und der gesamte Seetransport durch ein und dasselbe Konnossement gedeckt ist,

und/oder

ii Klauseln enthält, mit denen sich der Frachtführer das Recht zur Umladung vorbehält.

Kommentar

Anwendungsbereich

Art. 23 ERA regelt die Voraussetzungen für die formelle Akkreditivfähigkeit des Seekonnossements und sieht demgemäß nur die reine Hafen-zu-Hafen-Verladung vor. Dabei ist jedoch unschädlich, wenn das Konnossement einen vom Verladehafen unterschiedlichen Übernahmeort und/oder einen vom Löschungshafen unterschiedlichen endgültigen Bestimmungsort ausweist (vgl. Art. 23 (a) (iii) ERA). Im zuletzt genannten Fall kann das Konnossement auch im Rahmen eines kombinierten Transportes eingesetzt werden. Wichtig ist nur, daß im Konnossement der beginnenden Seereise unter der Rubrik "port of loading" und das Ende der Seereise unter der Rubrik "port of discharge" ausgewiesen werden

(Nielsen, J., Neue Richtlinien, 1994: Rn. 192; Schütze, R.A., 1996: Rn. 174). Soweit Reeder die Beförderungspflicht für die gesamte Reiseroute einschließlich etwaiger Transporte per Lkw, Eisenbahn oder Flugzeug übernehmen, sind die von ihnen ausgestellten Konnossemente letztlich Dokumente des kombinierten Transports. Im Akkreditiv wird das Seekonnossement regelmäßig als "Marine bill of lading, Ocean bill of lading oder on board ocean bill of lading" verlangt.

Unterzeichnung

Das Konnossement ist formell akkreditivfähig, wenn es - zumindest seiner äußeren Aufmachung nach - den Namen des Frachtführers (Verfrachters) ausweist und vom Frachtführer, Kapitän oder einem für sie handelnden Agenten unterzeichnet oder in anderer Weise vom Verfrachter authentisiert ist. Dabei hat allerdings der für den Verfrachter bzw. Kapitän agierende Agent zusätzlich den Namen und die Eigenschaft desjenigen anzugeben, für den er handelt (Stapel, B., 1998: S. 210).

An-Bord-Vermerk

Wesentliches Kennzeichen und gleichzeitig Unterscheidungsmerkmal gegenüber einem multimodalen Transportdokument i.S.v. Art. 26 ERA ist der Ausweis der An-Bord-Verladung der Ware auf einem namentlich genannten Schiff. Dieser Nachweis kann bei einem reinen Seekonnossement ohne Vor- und Nachreise durch Verwendung eines entsprechend zuvor eingedruckten An-Bord-Vermerks, in allen anderen Fällen durch Anbringung eines datierten An-Bord-Vermerks ausgewiesen werden, der zwar nicht mehr unterzeichnet zu werden braucht, gemäß Art. 23 (a) (ii) ERA jedoch zusätzlich zum Verladedatum den im Akkreditiv vorgeschriebenen Verladehafen enthalten muß (Nielsen, J., Neue Richtlinien, 1994: Rn. 188 f.).

Reiseroute

Die gesamte nach dem Akkreditiv vorgeschriebene Reiseroute muß durch *ein* Transportdokument umfaßt sein, im Falle des Seekonnossements also die Route vom Verlade- zum Entladehafen.

Auseinanderfallen von Übernahmeort und Verladehafen

Gemäß Art. 23 (a) (iii) a. ERA können Übernahmeort (z.B. Köln) und Verladehafen (z.B. Hamburg) beim Seekonnossement durchaus auseinanderfallen, wenn beispielsweise das Seekonnossement eine Route von Hamburg nach New York vorschreibt. Demgemäß ist unerheblich, wo die Vorreise beginnt und auf welcher Art und Weise der Transport von Köln nach Hamburg erfolgt.

Verlangt das Akkreditiv ein Seekonnossement, darf als Beginn der Reise demgemäß nicht Hamburg angegeben werden, sondern vielmehr Köln. Hamburg wäre ausschließlich als "port of loading" zu bezeichnen.

Schreibt das Akkreditiv einen bestimmten Verladehafen vor oder postuliert es, daß dieser Verladehafen in einem bestimmten Staat liegt, so muß ein solcher Hafen als "port of loading" ausgewiesen werden, anderenfalls ist das Konnossement nicht akkreditivgerecht (vgl. hierzu ausführlich: Nielsen, J., Neue Richtlinien, 1994: Rn. 191 f.). Dies gilt selbstverständlich nicht, wenn das Akkreditiv ein reines "port-to-port shipment" vorschreibt.

Zulässigkeit des vom Löschungshafen unterschiedlichen endgültigen Bestimmungsorts

Sofern das Akkreditiv kein reines port-to-port-Konnossement vorschreibt, ist auch eine Abweichung vom Löschungshafen und endgültigem Bestimmungsort zulässig. Ein Weitertransport ist demgemäß unzulässig.

Weist das Konnossement bezüglich des Schiffes und/oder des Verlade-/Löschhafens einen sogenannten "intended"-Vermerk auf, muß das Konnossement den An-Bord-Vermerk über die Verladung an Bord eines namentlich genannten Schiffes und/oder den akkreditivkonformen Verlade-/Löschhafen angeben (Schütze, R.A. 1996: Rn. 173, 174).

Nur ein Original-Konnossement (bei Ausstellung von mehr als einem Original der volle Satz) ist akkreditivkonform. Kopien und nicht als negoziierbar bezeichnete Originale bleiben unberücksichtigt (Nielsen, J., Neue Richtlinien, 1994: Rn. 195).

Die Beförderungsbedingungen muß das Konnossement insgesamt direkt oder durch Verweisung enthalten. Damit können auch sogenannte "short form bills of lading" akkreditivkonform sein, es sei denn, das Akkreditiv läßt diese - entgegen den Bemühungen der ICC Banking Commission (Schütze, R.A., 1996: Rn. 176) - aus.

Des weiteren darf das Konnossement keinen Hinweis enthalten, daß es einer Charterpartie unterworfen ist. Im übrigen konnte sich die ICC Banking Commission nicht zur Förderung alternativer Energien durchringen, indem ein Konnossement für nicht aufnahmefähig erklärt wird, aus dem sich die Verladung auf ein Segelschiff ergibt.

Der Vollständigkeit halber sei erwähnt, daß das Akkreditiv durchaus weitere, über den Katalog des Art. 23 ERA hinausgehende Anforderungen an das Konnossement vorschreiben kann.

Art. 23 (b) ERA

Gemäß Art. 23 (b) ERA sind Umladungen zulässig, wenn sie nicht im Akkreditiv ausdrücklich verboten werden. Ein solches Umladeverbot ist jedoch unbeachtlich bei Verladung in Containern, Anhängern oder LASH-Leichtern, sofern der gesamte Seetransport durch ein und dasselbe Konnossement gedeckt ist (Art. 23 (d) (i) ERA). In den Fällen, in denen sich der Frachtführer das Recht zur Umladung lediglich als Notfallregelung i.S.d. § 565 HGB vorbehält, ist das Konnossement aufnahmefähig (Art. 23 (d) (ii) ERA).

Will der Akkreditivauftraggeber gleichwohl die danach zulässige Umladung verhindern, muß er ausdrücklich die Regelung in Art. 23 (d) ERA ausschließen.

Hinweis

In Kapitel "7 Exportdokumente: Arten, Rechtscharakter, Merkmale ..." ist das **Seekonnossement** abgebildet, beschrieben und beurteilt.

3.1.4.5 Artikel 24: Nichtbegebbarer Seefrachtbrief

Richtlinie

Artikel 24: Nichtbegebbarer Seefrachtbrief

(a) Wenn ein Akkreditiv einen nichtbegebbaren Seefrachtbrief für eine Hafen-zu-Hafen-Verladung verlangt, nehmen die Banken, sofern im Akkreditiv nichts anderes vorgeschrieben ist, ein wie auch immer bezeichnetes Dokument an, das

i. seiner äußeren Aufmachung nach den Namen des Frachtführers auszuweisen scheint und vom

- Frachtführer oder von einem namentlich genannten Agenten für den Frachtführer oder vom
- Master oder von einem namentlich genannten Agenten für den Master

unterzeichnet oder in anderer Weise authentisiert zu sein scheint;

die Unterschrift oder Authentisierung des Frachtführers oder Masters muß als diejenige des Frachtführers beziehungsweise Masters gekennzeichnet sein; ein für den Frachtführer oder Master unterzeichnender oder authentisierender Agent muß auch den Namen und die Eigenschaft desjenigen, d.h. des Frachtführers oder Masters, angeben, für den dieser Agent handelt;

und

ii. ausweist, daß die Ware an Bord eines namentlich genannten Schiffes verladen oder auf einem namentlich genannten Schiff verschifft worden ist;

die Verladung an Bord eines namentlich genannten Schiffes oder die Verschiffung auf einem namentlich genannten Schiff kann durch einen vorgedruckten Wortlaut auf dem nichtbegebbaren Seefrachtbrief ausgewiesen werden, wonach die Ware an Bord eines namentlich genannten Schiffes verladen oder auf einem namentlich genannten Schiff verschifft worden ist; in diesem Fall gilt das Ausstellungsdatum des nichtbegebbaren Seefrachtbriefs als Datum der Verladung an Bord und als Verladedatum;

in allen anderen Fällen muß die Verladung an Bord eines namentlich genannten Schiffes durch einen Vermerk auf dem nichtbegebbaren Seefrachtbrief nachgewiesen werden, der das Datum angibt, an dem die Ware an Bord verladen worden ist; in diesem Fall gilt das Datum des An-Bord-Vermerks als Verladedatum;

enthält der nichtbegebbare Seefrachtbrief den Vermerk "intended vessel" oder einen ähnlichen Vorbehalt in bezug auf das Schiff, muß die Verladung an Bord eines namentlich genannten Schiffes durch einen An-Bord-Vermerk auf dem nichtbegebbaren Seefrachtbrief nachgewiesen werden, der zusätzlich zum Datum, an dem die Ware an Bord verladen worden ist, auch den Namen des Schiffes enthält, auf dem die Ware verladen worden ist, und zwar auch dann, wenn sie auf dem als "intended vessel" bezeichneten Schiff verladen worden ist;

weist der nichtbegebbare Seefrachtbrief einen vom Verladehafen unterschiedlichen Empfangsort oder Übernahmeort aus, muß der An-Bord-Vermerk auch den im Akkreditiv vorgeschriebenen Verladehafen und den Namen des Schiffes enthalten, auf dem die Ware verladen worden ist, und zwar auch dann, wenn sie auf dem im nichtbegebbaren Seefrachtbrief namentlich genannten Schiff verladen worden ist; diese Bestimmung gilt auch, wenn die Verladung an Bord des Schiffes durch einen auf dem nichtbegebbaren Seefrachtbrief vorgedruckten Wortlaut ausgewiesen ist;

und

iii. den im Akkreditiv vorgeschriebenen Verladehafen und Löschungshafen ausweist, unabhängig davon, ob es

a. einen vom Verladehafen unterschiedlichen Übernahmeort und/oder einen vom Löschungshafen unterschiedlichen endgültigen Bestimmungsort ausweist

und/oder

b. den Hinweis "intended" oder einen ähnlichen Vorbehalt in bezug auf den Verladehafen und/oder den Löschungshafen enthält, sofern das Dokument auch den im Akkreditiv vorgeschriebenen Verladehafen und/oder Löschungshafen angibt,

und

iv. aus einem einzigen nichtbegebbaren Seefrachtbrief im Original oder, wenn es in mehr als einem Original ausgestellt ist, aus dem so ausgestellten vollen Satz besteht

und

v. sämtliche Beförderungsbedingungen oder einige dieser Bedingungen durch Hinweis auf eine andere Quelle oder ein anderes Dokument als den nichtbegebbaren Seefrachtbrief (Kurzform-/Blanko-Rückseite-nichtbegebbarer Seefrachtbrief) zu enthalten scheint, wobei die Banken den Inhalt dieser Bedingungen nicht prüfen,

und

vi. keinen Hinweis enthält, daß es einer Charterpartie unterworfen ist und/oder das befördernde Schiff nur durch Segel angetrieben wird,

und

vii. in jeder anderen Hinsicht den Akkreditiv-Bedingungen entspricht.

(b) Im Sinne dieses Artikels bedeutet Umladung das Ausladen und Wiederverladen von einem Schiff auf ein anderes Schiff im Verlauf des Seetransports vom Verladehafen zum Löschungshafen, wie sie im Akkreditiv vorgeschrieben sind.

(c) Sofern Umladung nach den Akkreditiv-Bedingungen nicht verboten ist, nehmen die Banken einen nichtbegebbaren Seefrachtbrief an, der Umladung der Ware vorsieht, vorausgesetzt, daß der gesamte Seetransport durch ein und denselben nichtbegebbaren Seefrachtbrief gedeckt ist.

(d) Selbst wenn im Akkreditiv Umladung verboten ist, nehmen die Banken einen nichtbegebbaren Seefrachtbrief an, der

i. vorsieht, daß Umladung stattfinden wird, sofern gemäß Angabe im nichtbegebbaren Seefrachtbrief das betreffende Frachtgut in Containern, Anhängern und/oder "LASH"-Leichtern verladen ist und der gesamte Seetransport durch ein und denselben nichtbegebbaren Seefrachtbrief gedeckt ist,

und/oder

ii. Klauseln enthält, mit denen sich der Frachtführer das Recht zur Umladung vorbehält.

Kommentar

Im Akkreditivgeschäft hat der Seefrachtbrief - Sea-way-bill bzw. Frachtempfangsbescheinigung - keine Bedeutung erlangt. Wenngleich es aufgrund verkürzter Aufenthalte in den Häfen zu erheblich verkürzten Fahrtzeiten kam, hat sich die ursprüngliche Problematik, daß das Konnossement nicht rechtzeitig beim Empfänger war, durch Kurierservicedienste, die weltweit innerhalb kürzester Frist Dokumente zustellen, weitestgehend erledigt. Seefrachtbriefe finden nach wie vor meist nur bei Käufen und Verkäufen innerhalb eines Konzernes Verwendung. Seefrachtbriefe stehen rechtlich den Duplikatfrachtbriefen des Eisenbahnverkehrs gleich (Nielsen, J., Neue Richtlinien, 1994: Rn. 201).

Da die Regelungen des Art. 24 (a) - (d) ERA wörtlich mit den Regelungen für das Seekonnossement übereinstimmen, kann insoweit auf die vorstehenden Erläuterungen zu Art. 23 ERA verwiesen werden.

Hinweis

In Kapitel "7 Exportdokumente: Arten, Rechtscharakter, Merkmale ..." ist ein **Seefrachtbrief (Sea Waybill)** abgebildet, beschrieben und beurteilt.

3.1.4.6 Artikel 25: Charterpartie-Konnossement

Richtlinie

Artikel 25: Charterpartie-Konnossement

(a) Wenn ein Akkreditiv ein Charterpartie-Konnossement verlangt oder gestattet, nehmen die Banken, sofern im Akkreditiv nichts anderes vorgeschrieben ist, ein wie auch immer bezeichnetes Dokument an, das

i. einen Hinweis enthält, daß es einer Charterpartie unterworfen ist,

und

ii. seiner äußeren Aufmachung nach vom

- Master oder von einem namentlich genannten Agenten für den Master oder vom
- Schiffseigner oder von einem namentlich genannten Agenten für den Schiffseigner

unterzeichnet oder in anderer Weise authentisiert zu sein scheint;

die Unterschrift oder Authentisierung des Masters oder Schiffseigners muß als diejenige des Masters beziehungsweise Schiffseigners gekennzeichnet sein; ein für den Master oder Schiffseigner unterzeichnender oder authentisierender Agent muß auch den Namen und die Eigenschaft desjenigen, d.h. des Masters oder Schiffseigners, angeben, für den dieser Agent handelt;

und

iii. den Namen des Frachtführers ausweist oder nicht ausweist

und

iv. ausweist, daß die Ware an Bord eines namentlich genannten Schiffes verladen oder auf einem namentlich genannten Schiff verschifft worden ist;

die Verladung an Bord eines namentlich genannten Schiffes oder die Verschiffung auf einem namentlich genannten Schiff kann durch einen vorgedruckten Wortlaut auf dem Konnossement ausgewiesen werden, wonach die Ware an Bord eines namentlich genannten Schiffes verladen oder auf einem namentlich genannten Schiff verschifft worden ist; in diesem Fall gilt das Ausstellungsdatum des Konnossements als Datum der Verladung an Bord und als Verladedatum;

in allen anderen Fällen muß die Verladung an Bord eines namentlich genannten Schiffes durch einen Vermerk auf dem Konnossement nachgewiesen werden, der das Datum angibt, an dem die Ware an Bord verladen worden ist; in diesem Fall gilt das Datum des An-Bord-Vermerks als Verladedatum;

und

v. den im Akkreditiv vorgeschriebenen Verladehafen und Löschungshafen ausweist

und

vi. aus einem einzigen Original-Konnossement oder, wenn es in mehr als einem Original ausgestellt ist, aus dem so ausgestellten vollen Satz besteht

und

vii. keinen Hinweis enthält, daß das befördernde Schiff nur durch Segel angetrieben wird

und

viii. in jeder anderen Hinsicht den Akkreditiv-Bedingungen entspricht.

(b) Selbst wenn das Akkreditiv im Zusammenhang mit einem Charterpartie-Konnossement die Vorlage eines Chartervertrags verlangt, prüfen die Banken den Chartervertrag nicht, sondern leiten ihn ohne eigene Verantwortung weiter.

Kommentar

Grundsätzlich sind sogenannte "Charterpartie-Konnossemente" nicht aufnahmefähig (Art. 23 (a) (iv) ERA). Da die Charterreise regelmäßig kostengünstiger ist als der Transport im Linienverkehr, spielen Charterpartie-Konnossemente zunehmend eine bedeutendere Rolle. Sie sind aufnahmefähig, wenn das Akkreditiv ein Charterpartie-Konnossement ausdrücklich zuläßt. Die restriktive Haltung der ICC basiert auf der Tatsache, daß durch die im Charterpartie-Konnossement enthaltene Inkooperationsklausel die zwischen dem Verfrachter und dem Verkäufer vereinbarten Bedingungen (Charterpartie) auch gegenüber dem Empfänger (Akkreditivauftraggeber/Bank) zum Tragen kommen und diese Bedingungen für den Erwerber aus dem Konnossement nicht ersichtliche, nachteilige Klauseln enthalten.

Im übrigen unterscheidet sich Art. 25 ERA von Art. 23 ERA nur in zwei Punkten. Einerseits ist gemäß Art. 25 (a) (i) ERA entsprechend dem Charakter des Charterpartie-Konnossements der Ausweis der Beförderungsbedingungen entbehrlich, vielmehr genügt der Verweis auf die Charterpartie (all times and conditions as per charterpartie). Darüber hinaus ist ein Charterpartie-Konnossement nicht durch den Frachtführer oder seinen Agenten auszustellen. Charterpartie-Konnossemente werden regelmäßig durch den Kapitän oder dessen Agenten unterzeichnet.

Selbst wenn das Akkreditiv die Vorlage eines Chartervertrages vorsieht, haben die Banken diesen nicht zu prüfen (Stapel, B., 1998: S. 213).

3.1.4.7 Artikel 26: Multimodales Transportdokument

Richtlinie

Artikel 26: Multimodales Transportdokument

(a) Wenn ein Akkreditiv ein Transportdokument verlangt, das sich auf mindestens zwei verschiedene Beförderungsarten erstreckt (multimodaler Transport), nehmen die Banken, sofern im Akkreditiv nichts anderes vorgeschrieben ist, ein wie auch immer bezeichnetes Dokument an, das

i. seiner äußeren Aufmachung nach den Namen des Frachtführers oder Multimodal Transport Operators auszuweisen scheint und vom

- Frachtführer oder Multimodal Transport Operator oder von einem namentlich genannten Agenten für den Frachtführer oder Multimodal Transport Operator oder vom
- Master oder von einem namentlich genannten Agenten für den Master

unterzeichnet oder in anderer Weise authentisiert zu sein scheint;

die Unterschrift oder Authentisierung des Frachtführers, Multimodal Transport Operators oder Masters muß als diejenige des Frachtführers beziehungsweise Multimodal Transport Operators oder Masters gekennzeichnet sein; ein für den Frachtführer, Multimodal Transport Operator oder

Master unterzeichnender oder authentisierender Agent muß auch den Namen und die Eigenschaft desjenigen, d.h. des Frachtführers, Multimodal Transport Operators oder Masters, angeben, für den dieser Agent handelt;

und

ii. ausweist, daß die Ware versandt, übernommen oder an Bord verladen worden ist;

die Versendung, Übernahme oder Verladung an Bord kann durch einen entsprechenden Wortlaut auf dem multimodalen Transportdokument ausgewiesen werden, wobei das Ausstellungsdatum als Datum der Versendung, Übernahme oder Verladung an Bord und als Verladedatum gilt; weist das Dokument jedoch durch Stempel oder auf andere Weise ein Datum der Versendung, Übernahme oder Verladung an Bord aus, gilt dieses Datum als Verladedatum;

und

iii. a. den im Akkreditiv vorgeschriebenen Übernahmeort ausweist, der ein anderer als der Verladehafen, Verladeflughafen oder Verladeort sein kann, und den im Akkreditiv vorgeschriebenen endgültigen Bestimmungsort ausweist, der ein anderer als der Löschungshafen, Löschungsflughafen oder Lösungsort sein kann,

und/oder

b. den Hinweis "intended" oder einen ähnlichen Vorbehalt in bezug auf das Schiff und/oder den Verladehafen und/oder den Löschungshafen enthält

und

iv. aus einem einzigen multimodalen Transportdokument im Original oder, wenn es in mehr als einem Original ausgestellt ist, aus dem so ausgestellten vollen Satz besteht

und

v. sämtliche Beförderungsbedingungen oder einige dieser Bedingungen durch Hinweis auf eine andere Quelle oder ein anderes Dokument als das multimodale Transportdokument (Kurzform-/Blanko-Rückseite-multimodales Transportdokument) zu enthalten scheint, wobei die Banken den Inhalt dieser Bedingungen nicht prüfen,

und

vi. keinen Hinweis enthält, daß es einer Charterpartie unterworfen ist und/oder das befördernde Schiff nur durch Segel angetrieben wird,

und

vii. in jeder anderen Hinsicht den Akkreditiv-Bedingungen entspricht.

(b) Selbst wenn im Akkreditiv Umladung verboten ist, nehmen die Banken ein multimodales Transportdokument an, das vorsieht, daß Umladung stattfinden wird oder kann, vorausgesetzt, daß der gesamte Transport durch ein und dasselbe multimodale Transportdokument gedeckt ist.

Kommentar

Einführung

In der Literatur wird zwischen gleichartiger Durchfracht, der Einschaltung gleicher Transportmittel, und ungleichartiger Durchfracht, der Einbindung unterschiedlicher Transportmittel, in einem Transportvorgang differenziert. Dabei ist die Durchfracht als *echt* zu bezeichnen, wenn der Transportunternehmer die Beförderungspflicht für die gesamte Reise bis zum endgültigen Bestimmungsort trifft, auch wenn (ggf. zusätzlich) Dritte als Verfrachter/ Frachtführer in den Transportvorgang eingeschaltet werden (Ingelmann, Th., 1992: S. 5 m.w.N.). Bei der unechten Durchfracht wird *kein* einheitlicher Vertrag über diese gesamte Transportstrecke geschlossen, vielmehr treffen den Verfrachter/Frachtführer Spediteurspflichten hinsichtlich der anschließenden Teilstrecke (Ingelmann, Th., 1992: S. 6).

Art. 26 ERA geht unter Bezugnahme auf das UNCTAD-Übereinkommen über die internationale multimodale Güterbeförderung vom 24.05.1980 und damit von echter ungleichartiger Durchfracht aus und beschränkt den kombinierten Transport hierauf (Ingelmann, Th., 1992: S. 7).

Gemäß Art. 26 ERA muß sich ein multimodales Transportdokument demgemäß auf zwei oder mehr Beförderungsarten beziehen und seiner äußeren Aufmachung nach durch einen Frachtführer/multimodal transport operator (auch "combined transport operator" genannt) gezeichnet sein. Prototyp des MT-Dokuments ist das FIATA Bill of Lading (FBL).

Ein MT-Dokument, das der Frachtführer aufgrund eines Vertrages ausstellt, in dem er die alleinige Pflicht zum Transport von Gütern ohne Festlegung auf bestimmte Transportmittel übernimmt und den Transporterfolg durch Einschaltung von Transportmitteln herbeiführt, die in seinem Ermessen steht, wäre demgemäß allenfalls über sogenannte "intended"-Vermerke (vgl. hierzu Art. 26 (a) (iii) b. ERA) möglich.

Abgrenzung zum Seekonnossement

Das MT-Dokument unterscheidet sich vom Seekonnossement dadurch, daß gemäß Art. 26 (a) (iii) a. ERA der Ausweis von Übernahme und Bestimmungsort ausreichend ist, der Aussteller i.ü. in der Bestimmung der Reiseroute frei ist, daß weiterhin intended-Vermerke und ein An-Bord-Vermerk nicht zwingend notwendig sind (Art. 26 (a) (ii) ERA).

Wer das Dokument unterzeichnen darf, ist in Art. 26 (a) (i) ERA geregelt. Das Dokument *muß* ausweisen, daß das Gut versandt, übernommen oder an Bord verladen worden ist, ohne daß es insoweit eines ausdrücklichen Zusatzes wie beim An-Bord-Vermerk bedarf (Art. 26 (a) (ii) ERA). Wie beim Seekonnossement muß das Transportdokument ein Versende-/Verladedatum enthalten.

Da der kombinierte Transport begrifflich bereits die Umladung zwingend voraussetzt, sind etwaige, gleichwohl im Akkreditiv ausgesprochene Umladeverbote widersinnig und demgemäß nach Art. 26 (b) ERA für die Bank unbeachtlich (Schütze, R.A., 1996: Rn. 195; Nielsen, J., Neue Richtlinien, 1994: Rn. 215).

Durchkonnossemente werden nach Art. 26 ERA als MT-Dokumente behandelt (Nielsen, J., Neue Richtlinien, 1994: Rn. 208; Schütze, R.A., 1996: Rn. 196). Unabhängig davon, ob es sich um ein echtes oder unechtes Durchkonnossement handelt, ist dieses unter Art. 26 ERA aufnahmefähig, wenn es den Erfordernissen dieses Artikels genügt (Schütze, R.A., 1996: Rn. 196).

Bezüglich Art. 26 (a) (iv) - (vii) ERA kann auf die Ausführungen zu Art. 23 (a) (iv) - (vii) ERA Bezug genommen werden.

Geringe Bedeutung

Art. 26 ERA hat aufgrund der engen Anlehnung an die UNCTAD-Regeln eine vergleichsweise geringe Bedeutung erlangt, da nur in Ausnahmefällen sich aus der vorgegebenen Reiseroute schließen läßt, ob ein Konnossement oder tatsächlich ein MT-Dokument gefordert ist. Umgekehrt kann ein MT-Dokument als Seekonnossement aufgenommen werden, wenn es den Anforderungen des Art. 23 ERA entspricht (vgl. hierzu auch Ingelmann, Th., 1992: S. 78 ff.).

Hinweis

In Kapitel "7 Exportdokumente: Arten, Rechtscharakter, Merkmale ..." sind zwei **Kombinierte/Multimodale Transportdokumente** abgebildet, beschrieben und beurteilt.

3.1.4.8 Artikel 27: Lufttransportdokument

Richtlinie

Artikel 27: Lufttransportdokument

(a) Wenn ein Akkreditiv ein Lufttransportdokument verlangt, nehmen die Banken, sofern im Akkreditiv nichts anderes vorgeschrieben ist, ein wie auch immer bezeichnetes Dokument an, das

i. seiner äußeren Aufmachung nach den Namen des Frachtführers auszuweisen scheint und vom

- Frachtführer oder von
- einem namentlich genannten Agenten für den Frachtführer

unterzeichnet oder in anderer Weise authentisiert zu sein scheint;

die Unterschrift oder Authentisierung des Frachtführers muß als diejenige des Frachtführers gekennzeichnet sein; ein für den Frachtführer unterzeichnender oder authentisierender Agent muß auch den Namen und die Eigenschaft desjenigen, d.h. des Frachtführers, angeben, für den dieser Agent handelt;

und

ii. ausweist, daß die Ware zur Beförderung angenommen worden ist,

und,

iii. falls das Akkreditiv ein tatsächliches Abflugdatum verlangt, dieses Datum durch einen speziellen Vermerk ausweist, wobei das so auf dem Lufttransportdokument ausgewiesene Abflugdatum als Verladedatum gilt;

im Sinne dieses Artikels gelten die Angaben, die auf den Lufttransportdokument in der mit "For Carrier Use Only" oder ähnlicher Bezeichnung versehenen Rubrik für Flugnummer und Flugdatum erscheinen, nicht als ein spezieller Vermerk dieses Abflugdatums;

in allen anderen Fällen gilt das Ausstellungsdatum des Lufttransportdokuments als Verladedatum;

und

iv. den im Akkreditiv vorgeschriebenen Abflughafen und Bestimmungshafen ausweist

und

v. das für den Absender bestimmte Original zu sein scheint, selbst wenn das Akkreditiv einen vollen Satz Originale oder ähnliches vorschreibt,

und

vi. sämtliche Beförderungsbedingungen oder einige dieser Bedingungen durch Hinweis auf eine andere Quelle oder ein anderes Dokument als das Lufttransportdokument zu enthalten scheint, wobei die Banken den Inhalt dieser Bedingungen nicht prüfen,

und

vii. in jeder anderen Hinsicht den Akkreditiv-Bedingungen entspricht.

(b) Im Sinne dieses Artikels bedeutet Umladung das Ausladen und Wiederverladen von einem Flugzeug in ein anderes Flugzeug im Verlauf des Transports vom Abflughafen zum Bestimmungshafen, wie sie im Akkreditiv vorgeschrieben sind.

(c) Selbst wenn im Akkreditiv Umladung verboten ist, nehmen die Banken ein Lufttransportdokument an, das vorsieht, daß Umladung stattfinden wird oder kann, vorausgesetzt, daß der gesamte Transport durch ein und dasselbe Lufttransportdokument gedeckt ist.

Kommentar

Einleitung

Art. 27 ERA ist nur dann anwendbar, wenn das Akkreditiv ausdrücklich ein Lufttransportdokument mit dem Ausweis von Abflughafen und Bestimmungsflughafen verlangt, nicht aber, wenn die Luftstrecke Teil eines kombinierten Transportes ist.

Eine Bezeichnung oder gar eine bestimmte Bezeichnung des unter Art. 27 ERA vorgelegten Dokuments ist nicht vorgeschrieben, allerdings ist die Benennung als airway bill üblich (Nielsen, J., Neue Richtlinien, 1994: Rn. 216). Von Art. 23 ERA unterscheidet sich Art. 27 ERA nur dadurch, daß es sich bei dem vorgelegten Dokument um das für den Absender bestimmte Original handeln muß.

Ein Spediteur darf ein airway bill nur dann als Transportdokument ausstellen, sofern er Frachtführer ist oder als Agent für einen Frachtführer handelt. Ob er als Carrier oder Agent eines Carriers handelt, muß er jedoch im Dokument klar zum Ausdruck bringen. Im übrigen ist die Ausstellung durch einen Spediteur wie auch bei allen anderen Transportdokumenten unzulässig (vgl. Art. 30 ERA).

Die Unterzeichnung als IATA-Agent ist dagegen nicht ausreichend, weil ein solcher Agent auch die Funktion eines Frachtführers wahrnehmen kann. Demgemäß muß auch der IATA-Agent ausdrücklich bestätigen, daß er als Vertreter für einen Frachtführer oder aber eben als Frachtführer selbst handeln will. Der Aussteller kann dabei nicht zugleich Carrier *und* Agent sein (Nielsen, J., Neue Richtlinien, 1994: Rn. 217).

Art. 27 (a) (ii) ERA

Als reines Übernahmedokument muß der Luftfrachtbrief nur ausweisen, daß die Ware zur Beförderung angenommen worden ist. "An-Bord-Vermerke" sind weder üblich noch zweckmäßig (Nielsen, J., Neue Richtlinien, 1994: Rn. 218).

Art. 27 (a) (iii) ERA

Grundsätzlich gilt entsprechend der Praxis das Ausstellungsdatum gleichzeitig als Verladedatum. Allerdings kann das Akkreditiv ausnahmsweise ein tatsächliches Abflugdatum verlangen, dann gilt dieses als Verladedatum (Nielsen, J., Neue Richtlinien, 1994: Rn. 219). Das Akkreditiv kann jedoch auch den Transport auf einem ganz bestimmten Flug vorschreiben. Die Erfüllung dieser Bedingung muß dann durch das Lufttransportdokument nachgewiesen werden, wobei die hierfür erforderliche Angabe nicht unter der Rubrik "For Carrier Use Only" angebracht sein darf, da es sich insoweit nur um das geplante Reisedatum handelt (Schütze, R.A., 1996: Rn. 200; Nielsen, J., Neue Richtlinien, 1994: Rn. 219).

Art. 27 (a) (v) ERA

Gemäß Art. 27 ERA muß es sich bei dem vorgelegten Dokument um das für den Absender bestimmte Original handeln. Dagegen ist es nicht nötig, daß ein voller Satz vorgelegt wird, selbst wenn das Akkreditiv dieses oder etwas ähnliches bestimmt (Stapel, B., 1998: S. 215). Dieses für den Absender bestimmte Dokument ("Luftfrachtbriefdritt", Drittes Stück oder Original Nr. 3) ist nämlich das einzige Dokument, welches dem Absender ausgehändigt wird. Die erste Ausfertigung ist für den Luftfrachtführer selbst und die zweite Ausfertigung für den Empfänger gedacht. Umladeverbote sind - ebenso wie beim multimodalen Transportdokument - unbeachtlich, wenn der Transport durch ein und dasselbe Lufttransportdokument gedeckt wird.

Soweit der Akkreditivauftraggeber aus welchen Gründen auch immer Wert auf ein Umladeverbot legt, ist es notwendig und zulässig, die Anwendbarkeit des Art. 27 (c) ERA auszuschließen, wobei Schütze annimmt, die Banken seien im Rahmen ihrer Beratungspflicht verpflichtet, die Beteiligten ggf. auf diese Möglichkeit ausdrücklich hinzuweisen (Schütze, R.A., 1996: Rn. 199; Nielsen, J., Neue Richtlinien, 1994: Rn. 224).

Hinweis

In Kapitel "7 Exportdokumente: Arten, Rechtscharakter, Merkmale ..." ist ein **Luftfrachtbrief (Air Waybill)** abgebildet, beschrieben und beurteilt.

3.1.4.9 Artikel 28: Dokumente des Straßen-, Eisenbahn- oder Binnenschiffstransports

Richtlinie

Artikel 28: Dokumente des Straßen-, Eisenbahn- oder Binnenschiffstransports

(a) Wenn ein Akkreditiv ein Dokument des Straßen-, Eisenbahn- oder Binnenschiffstransports verlangt, nehmen die Banken, sofern im Akkreditiv nichts anderes vorgeschrieben ist, ein wie auch immer bezeichnetes Dokument des verlangten Typs an, das

i. seiner äußeren Aufmachung nach den Namen des Frachtführers auszuweisen scheint und vom Frachtführer oder von einem namentlich genannten Agenten für den Frachtführer unterzeichnet oder in anderer Weise authentisiert zu sein scheint und/oder einen Empfangsstempel oder einen anderen Empfangsnachweis des Frachtführers oder eines namentlich genannten Agenten für den Frachtführer zu tragen scheint;

die Unterschrift, die Authentisierung, der Empfangsstempel oder andere Empfangsnachweis des Frachtführers muß ihrer (seiner) äußeren Aufmachung nach als solche(r) des Frachtführers gekennzeichnet sein; ein für den Frachtführer unterzeichnender oder authentisierender Agent muß auch den Namen und die Eigenschaft desjenigen, d.h. des Frachtführers, angeben, für den dieser Agent handelt;

und

ii. ausweist, daß die Ware zur Verladung, Versendung oder Beförderung in Empfang genommen worden ist, oder einen entsprechenden Wortlaut enthält; das Ausstellungsdatum gilt als Verladedatum, sofern das Transportdokument nicht einen Empfangsstempel enthält, in welchem Fall das Datum des Empfangsstempels als Verladedatum gilt;

und

iii. den im Akkreditiv vorgeschriebenen Verladeort und Bestimmungsort ausweist

und

iv. in jeder anderen Hinsicht den Akkreditiv-Bedingungen entspricht.

(b) Fehlt auf dem Transportdokument eine Angabe zur ausgestellten Anzahl, nehmen die Banken das (die) vorgelegte(n) Transportdokument(e) als vollen Satz an. Die Banken nehmen das (die) Transportdokument(e) als Orignal(e) unabhängig davon an, ob es (sie) als Original(e) gekennzeichnet ist (sind) oder nicht.

(c) Im Sinne dieses Artikels bedeutet Umladung das Ausladen und Wiederverladen von einem Beförderungsmittel auf ein anderes Beförderungsmittel unterschiedlicher Transportarten im Verlauf des Transports vom Verladeort zum Bestimmungsort, wie sie im Akkreditiv vorgeschrieben sind.

(d) Selbst wenn im Akkreditiv Umladung verboten ist, nehmen die Banken ein Dokument des Straßen-, Eisenbahn- oder Binnenschiffstransports an, das vorsieht, daß Umladung stattfinden wird oder kann, vorausgesetzt, daß der gesamte Transport durch ein und dasselbe Transportdokument gedeckt ist und innerhalb derselben Transportart stattfindet.

Kommentar

Art. 28 ERA regelt die **Aufnahmefähigkeit unterschiedlicher Transportpapiere**. Danach sind aufnahmefähig im Straßentransport der CMR-Frachtbrief gemäß Art. 4 des Übereinkommens über den Beförderungsvertrag im Internationalen Straßengüterverkehr sowie der Frachtbrief gemäß §§ 10 ff. KVO, im Eisenbahntransport der CIM-Frachtbrief und das Frachtbrief-Doppel sowie im Binnenschiffahrtstransport der Ladeschein (sogenannter Flußladeschein).

Es ist erforderlich, daß das Dokument auch nach seiner äußeren Aufmachung den Namen des jeweiligen Frachtführers ausweist, das Dokument muß vom Frachtführer oder einem namentlich genannten Agenten für ihn unterzeichnet oder in anderer Weise authentisiert sein und einen Empfangsnachweis (Empfangsstempel entsprechend der Praxis bei der Bahn, durch Empfangsstempel Unterschriften zu ersetzen) enthalten. Darüber hinaus muß das Dokument den Nachweis dafür erbringen, daß das Gut zur Verladung, Versendung oder Beförderung in Empfang genommen worden ist, wobei das Ausstellungsdatum des Dokuments als Verladedatum gilt, sofern nicht ein Empfangsstempel auf dem Dokument angebracht ist, der ein abweichendes Datum ausweist.

Gemäß **Art. 28 (b) ERA** ist ein voller Satz der Originaldokumente vorzulegen, wobei die Banken die vorgelegten Dokumente als vollen Satz annehmen, sofern aus dem Transportdokument durch Angabe über die Anzahl der ausgestellten Originale Angaben nicht ersichtlich sind. Die Kennzeichnung als Original ist aber nicht erforderlich.

Art. 28 (d) ERA läßt die Umladung innerhalb einer Transportart zu, falls der Gesamttransport durch ein und dasselbe Dokument gedeckt ist. Will der Akkreditivauftraggeber auch in einem solchen Fall der gleichartigen Durchfracht die Umladung ausschließen, muß er im Akkreditiv die Einbeziehung des Art. 28 (d) ERA abbedingen (Schütze, R.A., 1996: Rn. 203).

Hinweis

In Kapitel "7 Exportdokumente: Arten, Rechtscharakter, Merkmale ..." sind die **Dokumente des Straßen-, Eisenbahn- und Binnenschiffstransports** abgebildet, beschrieben und beurteilt.

3.1.4.10 Artikel 29: Kurierempfangsbestätigung und Posteinlieferungsschein

Richtlinie

Artikel 29: Kurierempfangsbestätigung und Posteinlieferungsschein

(a) Wenn ein Akkreditiv einen Posteinlieferungsschein oder eine Postversandbescheinigung verlangt, nehmen die Banken, sofern im Akkreditiv nichts anderes vorgeschrieben ist, einen Posteinlieferungsschein oder eine Postversandbescheinigung an, der (die)

i. seiner (ihrer) äußeren Aufmachung nach an dem Ort, der im Akkreditiv als Verladeort oder Versandort der Ware vorgeschrieben ist, gestempelt oder in anderer Weise authentisiert ist und datiert zu sein scheint, wobei dieses Datum als Verladedatum oder Versanddatum gilt,

und

ii. in jeder anderen Hinsicht den Akkreditiv-Bedingungen entspricht.

(b) Wenn ein Akkreditiv ein von einem Kurier oder Expreßdienst ausgestelltes Dokument verlangt, das den Empfang der Ware zur Beförderung ausweist, nehmen die Banken, sofern im Akkreditiv nichts anderes vorgeschrieben ist, ein wie auch immer bezeichnetes Dokument an, das

i. seiner äußeren Aufmachung nach den Namen des Kuriers/Dienstes auszuweisen scheint und von diesem namentlich genannten Kurier/Dienst gestempelt, unterzeichnet oder in anderer Weise authentisiert zu sein scheint (sofern das Akkreditiv nicht ausdrücklich ein von einem bestimmten Kurier/Dienst ausgestelltes Dokument verlangt, nehmen die Banken ein Dokument an, das von irgendeinem Kurier/Dienst ausgestellt ist)

und

ii. ein Abhol- oder Empfangsdatum oder etwas Entsprechendes ausweist, wobei dieses Datum als Verladedatum oder Versanddatum gilt,

und

iii. in jeder anderen Hinsicht den Akkreditiv-Bedingungen entspricht.

Kommentar

Art. 29 (a) ERA

Posteinlieferungsschein oder Postversandbescheinigung sind dann aufnahmefähig, wenn diese an dem Ort, der im Akkreditiv als Versandort des Gutes vorgeschrieben ist, gestempelt oder anderweitig authentisiert und datiert sind, wobei die Stempelung durch dasselbe Postamt nicht erforderlich ist (Nielsen, J., Neue Richtlinien, 1994: Rn. 231; Schütze, R.A., 1996: Rn. 204). Darüber hinaus muß das Dokument naturgemäß in jeder Hinsicht den übrigen Akkreditivbedingungen entsprechen.

Selbstausstellung von Postdokumenten

Die in einigen Ländern für möglich gehaltene Selbstausstellung von Postdokumenten kann durch eine Sonderweisung im Akkreditiv ausgeschlossen werden (vgl. im einzelnen hierzu: Nielsen, J., Neue Richtlinien, 1994: Rn. 231).

Entsprechend ihrer wirtschaftlichen Entwicklung als Konkurrenten der Post sind nunmehr auch Kurier- und Expreßdienste/Paketdienste im Rahmen der ERA zur Dokumentenausstellung befugt. Diese Dokumente müssen den Empfang der Ware ausweisen und von einem solchen Dienst ausgestellt sein. Auf ihre Bezeichnung kommt es nicht an, allerdings muß der Kurier- oder Expreßdienst namentlich bezeichnet sein (Schütze, R.A., 1996: Rn. 206 f.). Das Dokument muß ein Abhol- oder Empfangsdatum ausweisen, wobei dieses wiederum als Versand- bzw. Verladedatum gilt.

Bei der Prüfung der Aufnahmefähigkeit der von privaten Kurier- und Expreßdiensten ausgestellten Dokumente hat die Bank mangels Sonderweisung nicht zu prüfen, wer der Aussteller ist, so daß jeder beliebige Kurier- oder Expreßdienst in Betracht kommt. Etwas anderes gilt selbstverständlich dann, wenn das Akkreditiv einem *bestimmten* Kurier- oder Expreßdienst vorschreibt. Auch wenn das Akkreditiv einen Bezahlt- oder Vorauszahlungsvermerk wegen der Kurierkosten verlangt, nehmen Banken aufgrund der neuen Spezialregelung Dokumente mit der Angabe, daß die Kosten für Rechnung eines anderen als des Empfängers der Ware gehen (Art. 33 (b) Satz 2 ERA), auf. Selbstverständlich müssen die geforderten Dokumente den übrigen Akkreditivbedingungen stets entsprechen.

Hinweis

In Kapitel "7 Exportdokumente: Arten, Rechtscharakter, Merkmale ..." sind **verschiedene Dokumente der Kuriere und Expreßdienste** abgebildet, beschrieben und beurteilt.

3.1.4.11 Artikel 30: Von Spediteuren ausgestellte Transportdokumente

Richtlinie

Artikel 30: Von Spediteuren ausgestellte Transportdokumente

Sofern im Akkreditiv nichts anderes zugelassen ist, nehmen die Banken ein Transportdokument, das von einem Spediteur ausgestellt ist, nur dann an, wenn es seiner äußeren Aufmachung nach

i. den Namen des Spediteurs als Frachtführer oder Multimodal Transport Operator auszuweisen und vom Spediteur als Frachtführer oder Multimodal Transport Operator unterzeichnet oder in anderer Weise authentisiert zu sein scheint

oder

ii. den Namen des Frachtführers oder Multimodal Transport Operators auszuweisen und vom Spediteur als namentlich genannter Agent für den Frachtführer oder den Multimodal Transport Operator unterzeichnet oder in anderer Weise authentisiert zu sein scheint.

Kommentar

Art. 30 ERA konkretisiert den **Grundsatz der Nichtaufnahmefähigkeit von Speditionspapieren**, der das gesamte Dokumentengeschäft beherrscht. Aufnahmefähig sind nämlich nur solche Dokumente, in denen der Aussteller als Frachtführer (Carrier) die uneingeschränkte Verantwortung für die Durchführung des Transports übernimmt. Eine solche Verpflichtung übernimmt der nur als Spediteur tätige Aussteller eines Dokuments nicht, da sich seine Verpflichtung auf die Vermittlung des Abschlusses von Transportverträgen mit Dritten beschränkt. Etwas anderes gilt nur dann, wenn der Spediteur ein Dokument des kombinierten Transports (vgl. Art. 26 ERA) ausstellt, da er dann eine eigene Transportverpflichtung übernimmt.

Aufnahmefähig ist demgemäß das FIATA Combined Transport Bill of Lading als Prototyp eines Dokuments des kombinierten Transports (Nielsen, J., Neue Richtlinien, 1994: Rn. 173; Stapel, B., 1998: S. 219; Schütze, R.A., 1996: Rn. 209 f.; zum FBL vgl. ausführlich: Ingelmann, Th., 1992: S. 11 ff.).

Reine Speditionspapiere wie beispielsweise das FIATA-FCR (Forwarders Certificate of Receipt) und der Spediteurtransportbescheinigung FIATA-FCT (Forwarders Certificate of Transport) sind dagegen als reine Spediteurpapiere nicht aufnahmefähig (Nielsen, J., Neue Richtlinien, 1994: Rn. 173; Schütze, R.A., 1996: Rn. 210; Stapel, B., 1998: S. 219).

Etwas anderes gilt selbstverständlich dann, wenn der Akkreditivauftraggeber im Akkreditiv ein bestimmtes Speditionspapier verlangt.

Hinweis

In Kapitel "7 Exportdokumente: Arten, Rechtscharakter, Merkmale ..." sind **verschiedene andere Dokumente (u.a. ein Ursprungszeugnis und ein Qualitätszertifikat)** abgebildet, beschrieben und beurteilt.

3.1.4.12 Artikel 31: "An Deck", "Shipper's Load and Count", Absenderangabe

Richtlinie

Artikel 31: "An Deck", "Shipper's Load and Count", Absenderangabe

Sofern im Akkreditiv nichts anderes vorgeschrieben ist, nehmen die Banken ein Transportdokument an, das

i. im Fall des Seetransports oder des Transports durch mehrere, jedoch Seetransport einschließende Beförderungsmittel nicht ausweist, daß die Ware an Deck verladen ist oder verladen wird; die Banken nehmen jedoch ein Transportdokument an, das eine Klausel enthält, welche die Beförderung der Ware an Deck gestattet, vorausgesetzt, daß das Transportdokument nicht ausdrücklich ausweist, daß die Ware an Deck verladen ist oder verladen wird,

und/oder

ii. eine Klausel wie "shipper's load and count" oder "said by shipper to contain" oder Worte ähnlicher Bedeutung enthält

und/oder

iii. als Absender der Ware einen anderen als den Begünstigten des Akkreditivs ausweist.

Kommentar

Keine An Deck-Verladung

Das historisch gewachsene Verbot der An Deck-Verladung gilt weiterhin, somit sind Transportdokumente dann nicht anlehnungsfähig, wenn sie im Fall des Seetransports oder auch nur teilweise des Seetransports ausweisen, daß die Güter an Deck verladen sind (Nielsen, J., Neue Richtlinien, 1994: Rn. 273; Stapel, B., 1998: S. 221; Schütze, R.A., 1996: Rn. 219). Für die Verladung von Containern ist diese Regelung insoweit überholt, als diese ausreichend Schutz vor Wind und Wetter bieten. Praktisch wirkt sich diese Regelung jedoch nicht aus, weil das Verbot von den Banken nur dann zu beachten ist, wenn das Transportdokument tatsächlich eine An Deck-Verladung ausweist. Allgemeine Klauseln, die die Beförderung der Ware an Deck lediglich gestatten, sind unschädlich, soweit das Akkreditiv ausnahmsweise nicht ausdrücklich Gegenteiliges vorschreibt (Nielsen, J., Neue Richtlinien, 1994: Rn. 237; Stapel, B., 1998: S. 221; Schütze, R.A., 1996: Rn. 219).

"Shipper's Load and Count" o.ä.

Sofern im Akkreditiv nicht etwas anderes vorgeschrieben ist, dürfen Banken gemäß Art. 31 (ii) ERA Transportdokumente aufnehmen, die Klauseln wie "shipper's load count" oder "said by shipper to contain" oder entsprechendes enthalten. Diese Bestimmung, die i.ü. nicht nur für Seekonnossemente oder Seefrachtbriefe gilt, zielt insbesondere auf den Containerverkehr ab, denn dem Verfrachter/Frachtführer ist es regelmäßig unmöglich, den Inhalt der Container zu prüfen (Stapel, B., 1998: S. 222).

Absenderangabe

Soweit das Akkreditiv keine gegenteilige Weisung enthält, sind auch solche Transportdokumente aufnahmefähig, die als Absender der Ware einen anderen als den Akkreditivbegünstigten ausweisen. Durch diese Regelung wird den Forderungen der Praxis entsprochen, nach der Akkreditivauftraggeber häufig einen Spediteur mit dem Vortransport der Ware sowie deren Versendung beauftragen mit der Folge, daß der Spediteur dann als Absender oder Ablader aufgeführt wird (Nielsen, J., Neue Richtlinien, 1994: Rn. 239; Schütze, R.A., 1996: Rn. 217).

3.1.4.13 Artikel 32: Reine Transportdokumente

Richtlinie

Artikel 32: Reine Transportdokumente

(a) Reine Transportdokumente sind solche, die keine Klauseln oder Vermerke enthalten, die ausdrücklich einen mangelhaften Zustand der Ware und/oder der Verpackung vermerken.

(b) Die Banken nehmen Transportdokumente nicht an, die solche Klauseln oder Vermerke enthalten, sofern im Akkreditiv nicht ausdrücklich die Klauseln oder Vermerke bezeichnet sind, die angenommen werden dürfen.

(c) Die Banken sehen eine Akkreditiv-Bedingung, nach der ein Transportdokument die Klausel "clean on board" enthalten soll, als erfüllt an, wenn ein solches Transportdokument den Anforderungen dieses Artikels und der Artikel 23, 24, 25, 26, 27, 28 oder 30 genügt.

Kommentar

Reine Dokumente

Das dokumentäre Reinheitsgebot i.S.d. Art. 32 ERA (clean documents) besagt, daß die Dokumente keine Klauseln oder Vermerke enthalten dürfen, die ausdrücklich einen mangelhaften Zustand der Ware und/oder der Verpackung ausweisen. Schädlich in diesem Sinne ist nur ein ausdrücklicher Vermerk, aus dem sich ein entsprechender Mangel ergibt (Nielsen, J., Neue Richtlinien, 1994: Rn. 241; Schütze, R.A., 1996: Rn. 211; Stapel, B., 1998: S. 223).

Schädlich sind etwa folgende Vermerke (Beispiele in Anlehnung an Nielsen, J., Neue Richtlinien, 1994: Rn. 242 und Stapel, B., 1998: S. 222):

- Marginalklauseln, die dokumentieren, daß die Güter schon bei der Verladung Beschädigungen aufweisen;
- Klausel, mit der der Frachtführer auf die seiner Auffassung nach ungenügende Verpackung der Ware hinweist.

Unschädlich:

- Verladung in einem "open top Container", da dieser keine mangelhafte Verpackung darstellt (Beispiel bei Schütze, R.A., 1996: Rn. 211);
- Unbekanntklausel (Stapel, B., 1998: S. 223).

Ein Positivvermerk wird in den ERA ausdrücklich nicht gefordert.

Selbst wenn das Akkreditiv die Bedingung "clean on board" postuliert, ist dieser Anforderung genügt, wenn das Transportdokument den Anforderungen der ERA - bei Fehlen schädlicher Vermerke - genügt (Schütze, R.A., 1996: Rn. 212; Nielsen, J., Neue Richtlinien, 1994: Rn. 245).

Die Entscheidung, ob ein Dokument rein ist oder nicht, kann nur im Einzelfall getroffen werden. Dokumentiert wird die hierin liegende Problematik durch die Vielzahl der Zweifelsfragen, zu denen die ICC durch ihre Kommissionen bzw. Experten Stellung genommen hat (vgl. hierzu nur Wheble, B., Publ. Nr. 459: z.B. S. 124 - 126).

Selbstverständlich steht es dem Akkreditivauftraggeber frei, an sich als unrein zu bezeichnende Dokumente für aufnahmefähig zu erachten. Art. 32 (c) ERA will der in einzelnen Regionen nach wie vor anzutreffenden Praxis entgegenwirken, wonach ein "clean on board Transport Document" verlangt wird. Hierzu werden sich Frachtführer schon aus Haftungsgründen kaum bereit erklären, da sie im Regelfall gar nicht beurteilen können, ob sie die Ware im einwandfreien Zustand übernommen haben. Demgemäß ist die Streichung des Wortes "clean" in einem gestempelten "clean on board"-Testat unschädlich (Nielsen, J., Neue Richtlinien, 1994: Rn. 245 m.w.N.).

Einschränkung des Herausgabeanspruchs

Auch soweit der Herausgabeanspruch in einem Konnossement eingeschränkt wird, ist diese Einschränkung schädlich und führt damit zur mangelnden Aufnahmefähigkeit des Dokuments, wenn diese Einschränkung nicht vom Akkreditivauftraggeber sanktioniert wird.

3.1.4.14 Artikel 33: Transportdokumente mit Fracht(voraus)zahlungsvermerk

Richtlinie

Artikel 33: Transportdokumente mit Fracht(voraus)zahlungsvermerk

(a) Sofern im Akkreditiv nichts anderes vorgeschrieben ist oder keine Unvereinbarkeit mit irgendeinem der unter dem Akkreditiv vorgelegten Dokumente besteht, nehmen die Banken Transportdokumente an, die den Vermerk tragen, daß Fracht- oder Transportkosten (im folgenden "Fracht" genannt) noch zu zahlen sind.

(b) Wenn ein Akkreditiv vorschreibt, daß das Transportdokument auszuweisen hat, daß die Fracht bezahlt oder vorausbezahlt worden ist, nehmen die Banken ein Transportdokument an, auf dem Worte, die eindeutig die Zahlung oder Vorauszahlung der Fracht ausweisen, durch Stempel oder auf andere Weise erscheinen oder auf dem die Zahlung oder Vorauszahlung der Fracht anderweitig ausgewiesen ist. Verlangt das Akkreditiv, daß Kurierkosten zu bezahlen oder vorauszubezahlen sind, nehmen die Banken auch ein von einem Kurier oder Expreßdienst ausgestelltes Transportdokument an, aus dem hervorgeht, daß die Kurierkosten für Rechnung eines anderen als des Empfängers der Ware gehen.

(c) Erscheinen die Worte "Fracht vorauszahlbar" oder "Fracht im voraus zu zahlen" oder Worte ähnlicher Bedeutung auf Transportdokumenten, werden sie nicht als Nachweis der erfolgten Frachtzahlung anerkannt.

(d) Die Banken nehmen Transportdokumente an, die durch Stempel oder auf andere Weise auf zusätzlich zur Fracht anfallende Kosten hinweisen, wie Kosten der Beladung, Entladung oder ähnlicher Vorgänge oder damit im Zusammenhang stehende Auslagen, sofern die Akkreditiv-Bedingungen solche Hinweise nicht ausdrücklich verbieten.

Kommentar

Art. 33 (a) ERA

Selbstverständlich muß ein vorgelegtes Transportdokument hinsichtlich der Bezahlung der Frachtkosten den im Akkreditiv enthaltenen Bedingungen entsprechen. Falls solche konkreten Weisungen fehlen, sind Transportdokumente auch dann aufnahmefähig, wenn diese Kosten noch zu zahlen sind.

Art. 33 (b) ERA

Verlangt das Akkreditiv ausdrücklich den Nachweis der Zahlung oder Vorauszahlung der Fracht im Transportdokument, so ist nur ein solches Dokument aufnahmefähig, welches die Zahlung oder Vorauszahlung der Fracht ausdrücklich bestätigt. Notwendig ist insoweit eine ausdrückliche positive Bestätigung (Stapel, B., 1998: S. 226; vgl. auch Art. 33 (c) ERA).

Eine Sonderregelung gilt gemäß Art. 33 (b) ERA für die Frachtzahlung bei Kurier- oder Expreßdiensten, da hier ein Vorauszahlungsvermerk des Inhalts genügt, nach dem deren Kosten für Rechnung eines anderen als des Empfängers der Ware gehen.

Art. 33 (d) ERA

Art. 33 (d) ERA betrifft Nebenkosten, die neben den Frachtkosten anfallen, z.B. solche für Beladung/Entladung u.ä. In Ermangelung einer Gegenweisung werden Transportdokumente, die auf solche zusätzlich zu den Frachtkosten anfallenden Kosten hinweisen, aufgenommen (Stapel, B., 1998: S. 226).

3.1.4.15 Artikel 34: Versicherungsdokumente

Richtlinie

Artikel 34: Versicherungsdokumente

(a) Versicherungsdokumente müssen ihrer äußeren Aufmachung nach von Versicherungsgesellschaften oder Versicherern (underwriters) oder deren Agenten ausgestellt und unterzeichnet zu sein scheinen.

(b) Wenn das Versicherungsdokument ausweist, daß es in mehr als einem Original ausgestellt ist, müssen alle Originale vorgelegt werden, sofern im Akkreditiv nichts anderes zugelassen ist.

(c) Von Maklern ausgestellte Deckungsbestätigungen (cover notes) werden nicht angenommen, sofern dies im Akkreditiv nicht ausdrücklich zugelassen ist.

(d) Sofern im Akkreditiv nichts anderes vorgeschrieben ist, nehmen die Banken ein Versicherungszertifikat oder eine "declaration" unter einem Open Cover (laufende Police) an, das (die) von Versicherungsgesellschaften oder Versicherern (underwriters) oder deren Agenten im voraus unterzeichnet ist. Schreibt ein Akkreditiv ausdrücklich ein Versicherungszertifikat oder eine "declaration" unter einem Open Cover (laufende Police) vor, nehmen die Banken an dessen (deren) Stelle eine Versicherungspolice an.

(e) Sofern im Akkreditiv nichts anderes vorgeschrieben ist oder aus dem Versicherungsdokument nicht hervorgeht, daß die Deckung spätestens am Tag der Verladung an Bord oder der Versendung oder der Übernahme der Ware wirksam wird, nehmen die Banken ein Versicherungsdokument nicht an, das ein späteres Ausstellungsdatum trägt als das Datum der Verladung an Bord oder der Versendung oder der Übernahme, wie es das Transportdokument ausweist.

(f) i. Sofern im Akkreditiv nichts anderes vorgeschrieben ist, muß das Versicherungsdokument in derselben Währung ausgestellt sein wie das Akkreditiv,

ii. Sofern im Akkreditiv nichts anderes vorgeschrieben ist, ist der Mindestbetrag, auf den die im Versicherungsdokument angegebene Versicherungsdeckung lauten muß, der CIF-Wert (Kosten, Versicherung, Fracht (... benannter Bestimmungshafen)) beziehungsweise der CIP-Wert (Frachtfrei versichert (... benannter Bestimmungsort)) der Ware zuzüglich 10 %, vorausgesetzt, der CIF- oder CIP-Wert kann aus der äußeren Aufmachung der Dokumente bestimmt werden. Andernfalls nehmen die Banken als Mindestbetrag 110 % des Betrages an, in dessen Höhe unter dem Akkreditiv Zahlung, Akzeptleistung oder Negoziierung verlangt wird, oder 110 % des Bruttobetrags der Handelsrechnung, je nachdem, welcher Betrag höher ist.

Kommentar

Mangels gegenteiliger Weisung im Akkreditiv sind Versicherungsdokumente in der im Akkreditiv beschriebenen Form aufzunehmen, ohne daß die aufnehmende Bank eine Nachprüfungsverpflichtung oder Befugnis hinsichtlich der Zweckmäßigkeit der geforderten Versicherungsdokumente hat. Dies korrespondiert i.ü. auch mit der Regelung in Art. 25 (a) ERA (vgl. hierzu Schütze, R.A., 1996: Rn. 222 f.).

Art. 34 (a) ERA

Versicherungsdokumente müssen ihrer äußeren Aufmachung nach entweder von Versicherungsgesellschaften oder von Versicherern oder deren Agenten ausgestellt oder unterzeichnet werden. Bei Abschluß der Versicherung durch mehrere Versicherungsgesellschaften reicht die Unterzeichnung durch einen Konsorten aus (Nielsen, J., Neue Richtlinien, 1994: Rn. 254, der zu Recht darauf hinweist, daß, selbst wenn die quotale Haftungsbegrenzung auf einen Konsorten sich aus der Versicherungspolice ergibt, die übrigen Versicherer über den Konsorten namhaft gemacht werden können).

Art. 34 (b) ERA

Art. 34 (b) ERA verlangt die Vorlage aller Originale, sofern sich aus dem Versicherungsdokument die Existenz mehrerer Originale ergibt.

Art. 34 (c) ERA

Von Maklern ausgestellte Deckungsbestätigungen (sogenannte "cover notes") sind nicht aufnahmefähig. Makler können demgemäß Versicherungsdokumente nur als Vertreter aufgrund einer Spezialvollmacht für Versicherer oder Versicherungsgesellschaften ausstellen (Schütze, R.A., 1996: Rn. 224).

Art. 34 (d) ERA

Bei fehlenden Sonderweisungen im Akkreditiv nehmen die Banken anstelle einer Police auch ein Versicherungszertifikat oder eine "Declaration" unter dem open cover (laufende Police) an, die von Versicherungsgesellschaften bzw. Versicherern oder deren Agenten im voraus unterzeichnet sind. Da einer Versicherungspolice ein höherer Stellenwert als einem Versicherungszertifikat zukommt, ist die Police nach Art. 34 (d) ERA auch dann aufnahmefähig, wenn das Akkreditiv lediglich ein Zertifikat oder eine "declaration unter einem open cover" verlangt. Dabei müssen alle Versicherungsdokumente in übertragbarer Form, d.h. entweder als Order- oder aber Inhaberpapier ausgestellt werden.

Art. 34 (e) ERA

Versicherungsdokumente sind dann nicht aufnahmefähig, wenn sie ein späteres Ausstellungsdatum tragen als das Datum der Verladung an Bord oder der Versendung oder der Übernahme, wie es sich aus dem Transportdokument ergibt. Dies gilt allerdings dann nicht, wenn trotz des späteren Ausstellungsdatums die Deckung spätestens am Tag der Verladung an Bord oder der Versendung oder der Übernahme der Ware gegeben war (Stapel, B., 1998: S. 229). Die in einem Versicherungsdokument enthaltene Klausel "warehouse to warehouse" wird allgemein dahin ausgelegt, daß sie in ausreichender Weise den rechtzeitigen Versicherungsbeginn bestätigt (Nielsen, J., Neue Richtlinien, 1994: Rn. 259).

Art. 34 (f) ERA

Gemäß dessen Absatz (i) müssen Versicherungsdokumente in derselben Währung ausgestellt sein wie das Akkreditiv. Ist die freie Kompatibilität der Währung jedoch unstreitig, z.B. innerhalb der EU, so kann eine Divergenz nicht schaden (ebenso Schütze, R.A., 1996: Rn. 224).

Gleichwohl ist hier Vorsicht geboten, insbesondere erscheint ein interner Vorbehalt der aufnehmenden Bank gegenüber dem Einreicher als gerechtfertigt.

Falls sich aus dem Akkreditiv nichts anderes ergibt und die Banken den CIF- oder CIP-Wert aus der äußeren Aufmachung der Dokumente entnehmen können, muß sich die mindeste Versicherungsdeckung laut Versicherungsdokument auf den CIF-Wert bzw. den CIP-Wert der Ware zuzüglich 10 % belaufen. Ist der CIF-Wert bzw. der CIP-Wert den vorgelegten Dokumenten nicht zu entnehmen, nehmen Banken als Mindestbetrag 110 % des Betrages an, in dessen Höhe unter dem Akkreditiv Zahlung, Akzepterlaß oder Negoziierung verlangt wird (Stapel, B., 1998: S. 229 f.).

Hinweis

In Kapitel "7 Exportdokumente: Arten, Rechtscharakter, Merkmale ..." ist ein **Transportversicherungsdokument** abgebildet, beschrieben und beurteilt.

3.1.4.16 Artikel 35: Art der Versicherungsdeckung

Richtlinie

Artikel 35: Art der Versicherungsdeckung

(a) In den Akkreditiven sollte vorgeschrieben werden, welche Art von Versicherung verlangt wird, und gegebenenfalls, welche zusätzlichen Risiken zu decken sind. Ungenaue Ausdrücke, wie "übliche Risiken" oder "handelsübliche Risiken", sollen nicht verwendet werden; werden sie jedoch verwendet, nehmen die Banken die Versicherungsdokumente so an, wie sie vorgelegt werden, und zwar ohne Verantwortung für irgendwelche nicht gedeckten Risiken.

(b) Fehlen im Akkreditiv besondere Bestimmungen, nehmen die Banken die Versicherungsdokumente so an, wie sie vorgelegt werden, und zwar ohne Verantwortung für irgendwelche nicht gedeckten Risiken.

(c) Sofern im Akkreditiv nichts anderes vorgeschrieben ist, nehmen die Banken ein Versicherungsdokument an, in dem angegeben ist, daß die Deckung einer Franchise oder einer Abzugsfranchise unterworfen ist.

Kommentar

Art. 35 (a) ERA

Die in Art. 35 (a) ERA enthaltene Freizeichnung für die Fälle, daß das Akkreditiv keine Risikospezifizierung enthält, sondern sich nur mit Pauschalangaben zufrieden gibt, soll den Akkreditivauftraggeber dazu veranlassen, genau die Risiken aufzuzählen, die er versichert haben will (Stapel, B., 1998: S. 231 f.).

Art. 35 (b) ERA

Konsequenterweise wiederholt Art. 35 (b) ERA den soeben geschilderten Grundsatz mit der Konsequenz, daß bei Fehlen besonderer Weisungen Versicherungsdokumente aufgenommen werden in der Form, wie sie präsentiert werden.

Art. 35 (c) ERA

In Ermangelung einer Sonderweisung nehmen Banken solche Versicherungsdokumente auf, aus denen sich ergibt, daß der Versicherte einen Selbstbehalt tragen muß oder aber die Versicherung für den gesamten Schaden erst dann eintritt, wenn eine bestimmte Schadensgröße überschritten ist (Stapel, B., 1998: S. 231).

3.1.4.17 Artikel 36: Versicherungsdeckung für alle Risiken

Richtlinie

Artikel 36: Versicherungsdeckung für alle Risiken

Wenn ein Akkreditiv "Versicherung gegen alle Risiken" vorschreibt, nehmen die Banken ein Versicherungsdokument an, das irgendeinen Vermerk oder irgendeine Klausel über "alle Risiken" enthält - gleichgültig, ob mit der Überschrift "alle Risiken" versehen oder nicht -, selbst wenn das Versicherungsdokument ausweist, daß bestimmte Risiken ausgeschlossen sind, und zwar ohne Verantwortung für irgendwelche nicht gedeckten Risiken.

Kommentar

Da es keine Versicherung gibt, die alle erdenkbaren Risiken abdeckt, ist eine Akkreditivbedingung, die trotzdem ein "all risks insurance cover" verlangt, gemäß Art. 36 ERA dann als erfüllt anzusehen, wenn ein Versicherungsdokument präsentiert wird, das irgendeinen Vermerk oder irgendeine Klausel betreffend die Übernahme "aller Risiken" enthält, dies sogar dann, wenn bestimmte Risiken vom Versicherungsschutz ausgeschlossen sind. Dies soll selbst dann nach Auffassung der ICC Banking Commission gelten, wenn in den allgemeinen Versicherungsbedingungen bestimmte Waren von der Versicherung ausgenommen sind, sofern sich ein entsprechender Ausschluß nicht als Individualabrede in der Versicherungspolice findet (Nielsen, J., Neue Richtlinien, 1994: Rn. 267 unter Hinweis auf Dekker, J., Publ. Nr. 489: S. 91).

3.1.4.18 Artikel 37: Handelsrechnungen

Richtlinie

Artikel 37: Handelsrechnungen

(a) Sofern im Akkreditiv nichts anderes vorgeschrieben ist, müssen Handelsrechnungen

i. der äußeren Aufmachung nach von dem im Akkreditiv benannten Begünstigten (vorbehaltlich der Bestimmungen des Artikels 48) ausgestellt zu sein scheinen
und
ii. auf den Namen des Auftraggebers (vorbehaltlich der Bestimmungen des Artikels 48 (h)) lauten
und
iii. nicht unterzeichnet sein.

(b) Sofern im Akkreditiv nichts anderes vorgeschrieben ist, können die Banken Handelsrechnungen, die auf einen die Akkreditivsumme übersteigenden Betrag lauten, zurückweisen. Wenn jedoch eine Bank, die ermächtigt ist, unter einem Akkreditiv zu zahlen, eine Verpflichtung zur hinausgeschobenen Zahlung zu übernehmen, Tratten zu akzeptieren oder zu negoziieren, solche Rechnungen annimmt, bindet deren Entscheidung alle Beteiligten, vorausgesetzt, daß diese Bank nicht in Höhe eines die Akkreditivsumme übersteigenden Betrags gezahlt, eine Verpflichtung zur hinausgeschobenen Zahlung übernommen, Tratten akzeptiert oder negoziiert hat.

(c) Die Beschreibung der Ware in der Handelsrechnung muß mit der Beschreibung im Akkreditiv übereinstimmen. In allen anderen Dokumenten kann die Ware in allgemein gehaltenen Ausdrücken, die nicht im Widerspruch zur Warenbeschreibung im Akkreditiv stehen, beschrieben sein.

Kommentar

Art. 37 (a) ERA - Ausstellung nur durch den Begünstigten

Die Rechnung/Faktura als persönliche Bestätigung ordnungsgemäßer Lieferung kann nur vom Begünstigten selbst ausgestellt werden, wenngleich die Notwendigkeit der Unterschrift entfallen ist. Im Regelfall verlangt das Akkreditiv eine Unterzeichnung der Rechnung, die in diesem Fall auch angedient werden muß. Allerdings muß die Rechnung den Briefkopf des Begünstigten ausweisen.

Art. 37 (b) ERA - Handelsrechnung und Akkreditivsumme

In das Ermessen der die Dokumente aufnehmenden Bank ist es gestellt, ob sie eine Handelsrechnung aufnimmt, deren Rechnungsbetrag die Akkreditivsumme übersteigt. Ihr freies, pflichtgemäßes Ermessen muß die Bank im mutmaßlichen Willen und Interesse des Auftraggebers ausüben (Schütze, R.A., 1996: Rn. 230). Die Entscheidung der aufnehmenden Bank bindet alle anderen Beteiligten, sofern sie nicht in Höhe eines die Akkreditivsumme übersteigenden Betrages gezahlt hat (Nielsen, J., Neue Richtlinien, 1994: Rn. 270). Dem Akkreditivbegünstigten kann nur angeraten werden, Rechnungen in Höhe der Akkreditivsumme auszustellen, da im mutmaßlichen Interesse des Begünstigten eine Aufnahme einer die Akkreditivsumme übersteigenden Rechnung nur dann liegt, wenn sich aus der Rechnung wiederum Mehrlieferungen ergeben (Schütze, R.A., 1996: Rn. 230).

Eine Handelsrechnung über einen geringeren Betrag als die Akkreditivsumme ist nicht aufnahmefähig, wenn das Akkreditiv selbst keine Gleitklausel (bis zu ..., höchstens... u.ä.) ausweist. Insoweit kann die aufnehmende Bank kein Ermessen ausüben (Schütze, R.A., 1996: Rn. 232). Etwas anderes gilt selbstverständlich in den Fällen, in denen Teilverladungen zulässig sind und sich die Faktura nur auf eine solche Teilverladung erstreckt (Schütze, R.A., 1996: Rn. 232). Da die Rechnung regelmäßig auch den Vermerk über die Liefermodalitäten (Incoterms) enthält, ist es für den Begünstigten tunlich, den Inhalt des Akkreditivs mit den ausgehandelten Lieferbedingungen zu vergleichen.

Art. 37 (c) ERA - Buchstabengetreue Warenbeschreibung

Für die Wiedergabe der Warenbezeichnung in der Handelsrechnung gilt der Grundsatz der Dokumentenstrenge mit äußerster Schärfe. Zwar kann in allen anderen Dokumenten die Warenbeschreibung in allgemein gehaltenen Ausdrücken erfolgen, in der Handelsrechnung muß jedoch eine buchstabengetreue Wiedergabe insbesondere auch von fremdsprachlichen Ausdrücken erfolgen. Vermeintlich kleine Abweichungen führen regelmäßig zur Nichtaufnahme der Dokumente, da die aufnehmende Bank nicht prüfen kann, ob und inwieweit derartige Abweichungen für den Akkreditivauftraggeber relevant sind und eine Abweichung im Produkt darstellen (vgl. hierzu Schütze, R.A., 1996: Rn. 228; Nielsen, J., Neue Richtlinien, 1994: Rn. 271 f.).

Obwohl der Begünstigte bei Ausstellung der Handelsrechnung nur die Warenbeschreibung laut Akkreditiv zu wiederholen braucht, ist die Fehlerquote unverhältnismäßig hoch. Auch die Gremien der ICC sind ständig mit Anfragen wegen fehlerhafter Warenbezeichnung befaßt. Im Ergebnis gilt: *In der Handelsrechnung muß Buchstabe für Buchstabe die Warenbezeichnung wiedergegeben werden, wie sie im Akkreditiv Verwendung gefunden hat. Liegen Schreibfehler im Akkreditiv vor, ist dieses zurückzuweisen und auf Berichtigung zu drängen. Im Akkreditiv nicht geforderte Zusätze zur Warenbeschreibung führen ebenso zur Zurückweisung der Dokumente wie fehlende, im Akkreditiv verlangte Zusätze.*

Hinweis

In Kapitel 7 "Exportdokumente: Arten, Rechtscharakter, Merkmale ..." sind die **verschiedenen Rechnungen (Fakturen)** einschließlich eines Exkurses zu den **EDIFACT-Standards** abgebildet, beschrieben und beurteilt.

3.1.4.19 Artikel 38: Andere Dokumente

Richtlinie

> **Artikel 38: Andere Dokumente**
>
> Wenn ein Akkreditiv bei anderen als Seetransporten einen Nachweis oder eine Bescheinigung des Gewichts verlangt, erkennen die Banken einen Wiegestempel oder einen Gewichtsvermerk an, der durch den Frachtführer oder dessen Agenten auf dem Transportdokument angebracht zu sein scheint, sofern das Akkreditiv nicht ausdrücklich vorschreibt, daß der Nachweis oder die Bescheinigung des Gewichts mittels eines separaten Dokuments erbracht werden muß.

Kommentar

Sonstige Dokumente müssen im Akkreditiv gesondert gefordert werden. Dies wird für eine gesondert geforderte Gewichtsbescheinigung in Art. 38 ERA geregelt, gilt aber selbstverständlich auch für alle anderen Dokumente.

Hinweis

In Kapitel 7 "Exportdokumente: Arten, Rechtscharakter, Merkmale ..." sind **verschiedene andere Dokumente (u.a. ein Ursprungszeugnis und ein Qualitätszertifikat)** abgebildet, beschrieben und beurteilt.

3.1.5 Verschiedene Regeln

3.1.5.1 Artikel 39: Toleranzen bezüglich Akkreditivbetrag, Menge und Preis pro Einheit

Richtlinie

> **Artikel 39: Toleranzen bezüglich Akkreditivbetrag, Menge und Preis pro Einheit**
>
> (a) Die Worte "etwa", "ungefähr", "circa" oder ähnliche Ausdrücke, die in Verbindung mit dem Akkreditivbetrag oder der im Akkreditiv angegebenen Menge oder dem angegebenen Preis pro Einheit verwendet werden, sind dahin auszulegen, daß eine Abweichung bis zu 10 % nach oben oder bis zu 10 % nach unten von dem Betrag oder der Menge oder dem Preis pro Einheit, auf die sie sich beziehen, statthaft ist.

(b) Sofern ein Akkreditiv nicht vorschreibt, daß die angegebene Warenmenge nicht über- oder unterschritten werden darf, ist eine Abweichung bis zu 5 % nach oben oder bis zu 5 % nach unten statthaft, immer vorausgesetzt, daß der Betrag der Inanspruchnahme nicht den Akkreditivbetrag überschreitet. Diese Abweichung ist nicht zulässig, wenn im Akkreditiv die Menge in einer bestimmten Anzahl von Verpackungseinheiten oder Stücken angegeben ist.

(c) Sofern ein Akkreditiv, das Teilverladungen untersagt, nicht etwas anderes vorschreibt oder der vorstehende Absatz (b) nicht anwendbar ist, ist eine Minderinanspruchnahme um bis zu 5 % zulässig, vorausgesetzt, daß bei im Akkreditiv vorgeschriebener Warenmenge diese Warenmenge in vollem Umfang geliefert und bei einem im Akkreditiv vorgeschriebenen Preis pro Einheit dieser Preis nicht unterschritten wird. Diese Bestimmung gilt nicht, wenn im Akkreditiv Ausdrücke der im vorstehenden Absatz (a) genannten Art verwendet werden.

Kommentar

Art. 39 (a) ERA

Vom Grundsatz her sind im Akkreditiv genaue Angaben über Betrag und Währung aufzunehmen. Der Akkreditivauftraggeber wird dabei in der Regel eine aus dem Einzelpreis, der Warenmenge und aus den zu begleichenden Kosten (Verpackung, Fracht, Versicherung usw.) sich ergebende Summe angeben (Schütze, R.A., 1996: Rn. 145). Die ERA bieten jedoch die Möglichkeit der Vorgabe eines Pauschal-Akkreditivhöchstbetrages bzw. der pauschalen Angabe der Warenmenge. Davon wird dann Gebrauch gemacht, wenn eine genaue Festlegung der Akkreditivsumme oder der Warenmenge oder des Preises pro Einheit nicht möglich ist, weil beispielsweise der Umfang der zu verschiffenden Ware nicht genau feststeht (Stapel, B., 1998: S. 239; Schütze, R.A., 1996: Rn. 146). Durch Verwendung der Ausdrücke wie "etwa", "ungefähr", "circa", "about", "approximately" oder ähnliche Worte wird erreicht, daß Abweichungen bis zu 10 % nach oben oder unten von dem Betrag oder der Menge oder dem Preis pro Einheit, auf die sie sich beziehen, zulässig sind (Nielsen, J., BuB, 1993: Rn. 5/516). Ausschlaggebend ist jedoch allein, auf welche Angaben sich die entsprechenden circa-Ausdrücke beziehen. Sind dem Auftraggeber die nach Art. 39 (a) ERA zulässigen Toleranzen im Hinblick auf die Besonderheiten des dem Akkreditiv zugrunde liegenden Geschäfts nicht akzeptabel, so muß er ausdrücklich eine andere Weisung geben.

Art. 39 (b) ERA

Auch wenn das Dokumentenakkreditiv keine circa-Angabe zur Warenmenge enthält, läßt Art. 39 (b) ERA ein Überschreiten bzw. Unterschreiten der Warenmenge von bis zu 5 % zu. Diese Toleranzregelung kommt jedoch nur bei pauschalen Mengenangaben (Kilogramm, Liter, Tonne) in Betracht. Abweichungen werden nicht toleriert, wenn im Akkreditiv die Warenmenge in einer bestimmten Anzahl von Verpackungseinheiten oder Stücken angegeben oder im Akkreditiv vorgeschrieben ist, daß die angegebene Warenmenge nicht über- oder unterschritten werden darf. Der Spielraum darf nicht zu einer entsprechenden

Erhöhung des Akkreditivbetrages führen, jedoch kann bei Unterschreiten der Warenmenge innerhalb der 5 %-Grenze der volle Akkreditivbetrag gezogen werden (Schütze, R.A., 1996: Rn. 147; Stapel, B., 1998: S. 240).

Art. 39 (c) ERA

Danach ist eine Minderinanspruchnahme um bis zu 5 % zulässig, sofern in dem Akkreditiv, das die Teilverladung untersagt, nichts anderes vorgeschrieben ist oder Art. 39 (b) ERA keine Anwendung findet. Voraussetzung ist jedoch, daß die Lieferung der vorgeschriebenen Warenmenge in vollem Umfang erfolgt und der im Akkreditiv festgesetzte Preis pro Einheit nicht unterschritten wird. Mit dieser Regelung wird erreicht, daß Exporteure damit die Möglichkeit erhalten, eingesparte Fracht- und Versicherungskosten an den Käufer weiterzugeben (del Busto, C., Publ. Nr. 511: S. 105; Nielsen, J., Neue Richtlinien, 1994: Rn. 278; Stapel, B., 1998: S. 241). Ohne diese Regelung wären Handelsrechnungen, die unter einem Akkreditiv, das Teilverladungen verbietet, als nicht akkreditivgemäß abzulehnen, wenn diese eine Summe ausweisen, die unter dem Akkreditivbetrag liegt.

3.1.5.2 Artikel 40: Teilverladungen/Teilinanspruchnahmen

Richtlinie

Artikel 40: Teilverladungen/Teilinanspruchnahmen

(a) Teilinanspruchnahmen und/oder Teilverladungen sind zulässig, sofern das Akkreditiv nicht etwas anderes vorschreibt.

(b) Transportdokumente, die ihrer äußeren Aufmachung nach auszuweisen scheinen, daß Verladung auf demselben Beförderungsmittel und für dieselbe Reise mit demselben Ziel erfolgte, gelten nicht als Teilverladungen abdeckend, selbst wenn die Transportdokumente ein unterschiedliches Verladedatum und/oder unterschiedliche Verladehäfen, Übernahme- oder Versandorte ausweisen.

(c) Versendungen per Post oder Kurier gelten nicht als Teilverladungen, wenn die Posteinlieferungsscheine oder Postversandbescheinigungen oder Kurierempfangsbestätigungen oder Kurierversandnachweise an dem Ort, der im Akkreditiv als Versandort der Ware vorgeschrieben ist, und an demselben Tag gestempelt, unterzeichnet oder in anderer Weise authentisiert zu sein scheinen.

Kommentar

Art. 40 (a) ERA

Teilverladungen sind grundsätzlich zulässig. Sollen Teilverladungen ausgeschlossen sein, muß dies im Akkreditiv ausdrücklich ausgewiesen werden. Die Problematik zulässiger Teilverladungen besteht darin, daß sie dem Begünstigten bis zum letzten Gültigkeitstag des Akkreditivs dessen Teilausnutzung gestatten, auch wenn zu diesem Zeitpunkt ersichtlich ist, daß eine vollständige Lieferung nicht mehr erfolgen kann (Nielsen, J., Neue Richtlinien, 1994: Rn. 279; Stapel, B., 1998: S. 243; Schütze, R.A., 1996: Rn. 153). Gleichwohl ist die Bank bis zur Höhe des Akkreditivbetrages verpflichtet, alle Dokumente aus Teillieferungen aufzunehmen und zu honorieren, da sie sich mit einem Vertragsbruch des Begünstigten wegen unvollständiger Lieferung nicht zu befassen hat (Nielsen, J., BuB, 1993: Rn. 5/595; Stapel, B., 1998: S. 243). Neben Teilverladungen sind auch Teilinanspruchnahmen zulässig. Damit wird dem Umstand Rechnung getragen, daß auch die teilweise Erbringung von Dienstleistungen, bei denen Verladungen nicht vorkommen, durch ein Akkreditiv abgesichert werden können.

Art. 40 (b) ERA

Der Begriff der Teilverladung wird durch Art. 40 (b) und (c) ERA eingeschränkt. Danach gilt für alle Beförderungsarten mit Ausnahme von Post- und Kurierdiensten ein einheitlicher Ausnahmetatbestand. Bei See-/LKW-/Eisenbahn-/Lufttransporten gilt es nicht als Teilverladung, wenn die Verladung auf demselben Beförderungsmittel für dieselbe Reise mit demselben Ziel erfolgt. Dabei ist unschädlich, wenn die Transportdokumente ein unterschiedliches Verladedatum und/oder unterschiedliche Verladehäfen, Übernahme- und/oder Versandorte ausweisen. Damit wird den Fällen Rechnung getragen, in denen die Ware zu unterschiedlichen Zeitpunkten in mehreren Partien, u.U. von unterschiedlichen Verschiffungshäfen aus, zur Beförderung auf demselben Schiff verladen werden, wodurch beispielsweise die Konnossemente notwendigerweise unterschiedliche Verladedaten tragen (Stapel, B., 1998: S. 242). Die Verladung muß jedoch auf demselben Transportmittel erfolgen. Danach ist eine Verladung der Ware z.B. auf mehrere LKW bzw. mehrere Eisenbahnwaggons nicht mehr zulässig. Dies gilt auf jeden Fall dann, wenn für jeden LKW bzw. jeden Waggon gesonderte Transportdokumente ausgestellt werden. Ob dies auch noch dann gilt, wenn nur ein einziges Transportdokument begeben wird, z.B. ein CIM-Frachtbrief, ist noch nicht geklärt (Nielsen, J., Neue Richtlinien, 1994: Rn. 281).

Art. 40 (c) ERA

Auch die Versendung durch Post oder Kurier gilt nicht als Teilverladung, wenn die dort anfallenden Transportdokumente (Posteinlieferungsscheine, Postversandbescheinigungen, Kurierempfangsbestätigungen oder Kurierversandnachweise) an den im Akkreditiv vorgeschriebenen Versandort ausgestellt, am selben Tag gestempelt, unterzeichnet oder in anderer Weise authentisiert sind. Somit ist die Aufgabe von Sendungen bei verschiedenen Postämtern, verschiedenen Kurieren am selben Ort möglich.

Obwohl begrifflich Teilverladungen vorliegen, werden diese durch die negative Abgrenzung als einheitlicher Transport fingiert.

3.1.5.3 Artikel 41: Verladungen/Inanspruchnahmen in Raten

Richtlinie

> **Artikel 41: Verladungen/Inanspruchnahmen in Raten**
>
> Sind im Akkreditiv Inanspruchnahmen und/oder Verladungen in Raten innerhalb bestimmter Zeiträume vorgeschrieben und ist irgendeine Rate nicht innerhalb des für sie vorgeschriebenen Zeitraums in Anspruch genommen und/oder verladen worden, kann das Akkreditiv für diese betreffende und jede weitere Rate nicht mehr benutzt werden, sofern im Akkreditiv nichts anders vorgeschrieben ist.

Kommentar

Schreibt ein Akkreditiv die Verladung einer Ware in Raten innerhalb bestimmter Zeiträume vor, und ist irgendeine Rate nicht innerhalb des für sie vorgeschriebenen Zeitraums verladen worden, so kann das Akkreditiv für diese betreffende und jede weitere Rate nicht mehr benutzt werden, sofern im Akkreditiv nichts anderes vorgeschrieben ist. Art. 41 ERA ist jedoch nur dann anwendbar, wenn im Dokumentenakkreditiv tatsächlich fest einzuhaltende Termine festgelegt sind. Das ist nicht der Fall, wenn das Akkreditiv lediglich die Anzahl der Teillieferung vorsieht, ohne bestimmte Termine festzulegen, wie z.B. bei der Akkreditivbedingung "fünf Teillieferungen in der Zeit von Januar bis Ende Mai" (Nielsen, J., Neue Richtlinien, 1994: Rn. 282).

Je nachdem, ob Raten (instalments) in Teilen verladen werden dürfen oder nicht, ist im Hinblick auf die Regelung des Art. 41 ERA noch folgendes zu beachten, sofern die jeweiligen Akkreditivbedingungen keine gegenteilige oder andere Bestimmung vorsehen:

- *Teilverladungen (partial shipments) von Raten (instalments) zulässig:* Wird eine Rate nicht innerhalb des für sie vorgeschriebenen Zeitraums vollständig verladen (d.h. wenn eine etwaige Teilverladung insgesamt nicht die volle Rate ergeben), so kann das Akkreditiv für jede weitere Rate nicht mehr in Anspruch genommen werden.
- *Teilverladungen (partial shipments) von Raten (instalments) nicht zulässig:* Erfolgt für eine Rate eine Teilverladung, kann das Akkreditiv sowohl für die betreffende Teilverladung/Rate als auch für jede weitere Rate nicht bzw. nicht mehr in Anspruch genommen werden.

Zur Vermeidung von Unklarheiten empfiehlt es sich daher, durch eindeutige Formulierungen von vornherein klarzustellen, ob eine Teilverladung in Raten (instalments) erlaubt sein soll oder nicht (z.B. partial shipments permitted; partial shipments within the monthly lots permitted/not permitted).

Art. 41 ERA gilt nicht nur für Teillieferungen (Teilverladungen), sondern auch für Teilinanspruchnahmen.

3.1.5.4 Artikel 42: Verfalldatum und Ort für Dokumentenvorlage

Richtlinie

Artikel 42: Verfalldatum und Ort für Dokumentenvorlage

(a) Alle Akkreditive müssen ein Verfalldatum und einen Ort für die Dokumentenvorlage zwecks Zahlung, Akzeptleistung oder - mit Ausnahme frei negoziierbarer Akkreditive - einen Ort für die Dokumentenvorlage zwecks Negoziierung vorschreiben. Ein für Zahlung, Akzeptleistung oder Negoziierung vorgeschriebenes Verfalldatum wird als Verfalldatum für die Dokumentenvorlage ausgelegt.

(b) Vorbehaltlich der Bestimmungen des Artikels 44 (a) müssen Dokumente am oder vor dem Verfalldatum vorgelegt werden.

(c) Wenn die eröffnende Bank angibt, daß das Akkreditiv "für einen Monat", "für sechs Monate" oder ähnlich benutzbar sein soll, aber nicht festlegt, wann diese Frist beginnen soll, wird das Datum der Eröffnung des Akkreditivs durch die eröffnende Bank als der erste Tag angesehen, an dem diese Frist beginnt. Die Banken sollten zu verhindern suchen, daß das Verfalldatum des Akkreditivs auf diese Weise angegeben wird.

Kommentar

Art. 42 (a) ERA - Zwingende Angabe des Verfalldatums

Das Verfalldatum bezieht sich auf die Frist für die Vorlage der Dokumente zwecks Zahlung, Akzeptierung oder Negoziierung. Akkreditive müssen ein Verfalldatum für die Vorlage der Dokumente haben. Fehlt ein solches Vorlagedatum, sind Akkreditive aus deutscher Sicht nichtig (Stapel, B., 1998: S. 246; Nielsen, J., Neue Richtlinien, 1994: Rn. 283; Canaris, C.W., 1988: Rn. 954, 990; v.Westphalen, F., 1987: S. 234). Das Verfalldatum benennt ausschießlich die Frist für die Vorlage der Dokumente zwecks Zahlung, Akzeptierung oder Negoziierung. Das Verfalldatum ist ausschließlich maßgeblich für die rechtzeitige Präsentation der Dokumente. Nur diese müssen innerhalb der Gültigkeitsdauer vorgelegt werden. Bei dem Verfalldatum handelt es sich nicht um das Datum für die Geltendmachung der Leistungsansprüche aus dem Akkreditiv. Dieser Unterschied wird besonders deutlich bei Akkreditiven mit hinausgeschobener Zahlung. Die Dokumente müssen innerhalb der Gültigkeitsdauer des Akkreditivs vorgelegt werden; die Ansprüche selbst können erst bei Fälligkeit der hinausgeschobenen Zahlung geltend gemacht werden (Schütze, R.A., 1996: Rn. 130). Dies wird auch durch die Auslegungsregel des Satzes 2 klargestellt, daß die fristwahrende Inanspruchnahme des Akkreditivs allein von der Vorlage akkreditivkonformer Dokumente abhängig ist. Keine Rolle spielt, daß bis zum Verfalldatum auch tatsächlich gezahlt, akzeptiert oder negoziiert wird. Dies ist auch folgerichtig, denn es liegt nicht in dem Einflußbereich des Begünstigten, ob die mit der Abwicklung befaßte Bank auch effektiv innerhalb der Laufzeit die unter dem Akkreditiv zugesagte Leistung erbringt (del Busto, C., ICC-Publ. Nr. 511: S. 110; Nielsen, J., Neue Richtlinien, 1994: Rn. 285). Die Bemessung der Gültigkeitsdauer des Akkreditivs sollte mit der Frist für die Verladung der Ware koordiniert werden. Um dem Begünstigten die Möglichkeit zu geben, die Verladefrist voll auszuschöpfen, empfiehlt sich, die Laufzeit des Akkreditivs so zu wählen, daß es die Versandfrist geringfügig überschreitet. Neben dem Verfalldatum ist im Akkreditiv auch ausdrücklich anzugeben, wo die Dokumentenvorlage zu erfolgen hat, sofern es sich nicht um ein frei negoziierbares Akkreditiv handelt. Nicht entschieden ist jedoch bisher, ob das Fehlen der Angabe des Ortes für die Dokumentenvorlage ebenfalls die Nichtigkeit des Akkreditivs zur Folge hat. Dies wird allgemein verneint, da eine fristwahrende Dokumenteneinreichung immer bei der Eröffnungsbank bzw. bei der Stelle erfolgen kann, bei der ein Akkreditiv benutzbar gestellt ist (Nielsen, J., Neue Richtlinien, 1994: Rn. 283; Stapel, B., 1998: S. 248).

Art. 42 (b) ERA

Zur Klarstellung wird festgelegt, daß die Dokumente am oder vor dem Verfalldatum vorgelegt werden müssen. Endet die Gültigkeitsdauer des Akkreditivs an einem Tag, an dem die Banken nicht wegen höherer Gewalt (Art. 17 ERA), sondern aus anderen Gründen (Feiertage) geschlossen sind, verschiebt sich das Verfalldatum gemäß Art. 44 (a) ERA auf den nächstfolgenden Arbeitstag.

Art. 42 (c) ERA

Wird die Gültigkeitsdauer des Dokumentenakkreditivs nicht durch eine bestimmte Datumsangabe begrenzt, sondern die Laufzeit durch Begriffe wie "für einen Monat", "für sechs Monate" oder dergleichen bestimmt, so wird - sofern nichts anderweitiges geregelt ist - im Zweifel durch das Datum der Akkreditiveröffnung die Frist in Lauf gesetzt. Diese vordergründig klare Regelung ist jedoch insoweit problematisch, als daß zur Eröffnung des Dokumentenakkreditivs der Zugang - gegebenenfalls unter Einschaltung einer Avisbank - sowie die stillschweigende Annahme durch den Begünstigten gehört (Nielsen, J., Neue Richtlinien, 1994: Rn. 287; Schütze, R.A., 1996: Rn. 135).

3.1.5.5 Artikel 43: Verkürzung der Verfallfrist

Richtlinie

Artikel 43: Verkürzung der Verfallfrist

(a) Außer einem Verfalldatum für die Dokumentenvorlage sollte jedes Akkreditiv, das ein Transportdokument verlangt, auch eine genau bestimmte Frist nach dem Verladedatum vorschreiben, innerhalb welcher die Vorlage in Übereinstimmung mit den Akkreditiv-Bedingungen zu erfolgen hat. Ist eine derartige Frist nicht vorgeschrieben, nehmen die Banken Dokumente nicht an, die ihnen später als

21 Tage nach dem Verladedatum vorgelegt werden. In jedem Fall dürfen die Dokumente nicht später als am Verfalldatum des Akkreditivs vorgelegt werden.

(b) In Fällen, in denen Artikel 40 (b) Anwendung findet, gilt als Verladedatum das letzte Verladedatum auf einem der vorgelegten Transportdokumente.

Kommentar

Art. 43 (a) ERA

Jedes Akkreditiv, das ein Transportdokument verlangt, sollte zusätzlich zum Verfalldatum eine genau bestimmte Frist nach dem Verladedatum vorschreiben, innerhalb welcher die Vorlage der Dokumente in Übereinstimmung mit den Akkreditiv-Bedingungen zu erfolgen hat. Ist eine derartige Frist nicht vorgeschrieben, nehmen die Banken Dokumente nicht an, die ihnen später als 21 Tage nach dem Verladedatum vorgelegt werden. In jedem Fall dürfen Dokumente jedoch nicht später als am Verfalldatum des Akkreditivs vorgelegt werden. Welches auf einem Transportdokument ausgewiesene Datum als Verladedatum gilt, ergibt sich aus den Bestimmungen zu den einzelnen Transportdokumenten in den Artikeln 23 bis 29 ERA. Ist in einem Akkreditiv neben dem Verfalldatum auch ein letztes Verladedatum angegeben, jedoch keine "genau bestimmte Frist" für die Dokumentenvorlage festgesetzt, so ist zu beachten, daß auch die Zeitspanne zwischen dem letzten Verladedatum um dem Verfalldatum nicht als festgesetzte Frist i.S.d. Art. 43 (a) Satz 1 ERA anzusehen ist. In einem solchen Fall kommt vielmehr die 21-Tage-Frist zum Tragen, und zwar insoweit, als die Gültigkeit des Akkreditivs nicht innerhalb dieser Frist endet. Ist in einem Akkreditiv, das neben dem Verfalldatum auch ein letztes Verladedatum enthält, eine "genau bestimmte Frist" für die Dokumenteneinreichung ausdrücklich festgelegt, so ist diese - allerdings begrenzt durch das Verfalldatum des Akkreditivs - selbstverständlich maßgebend, auch wenn sie mit dem Zeitraum zwischen dem letzten Verladedatum und dem Verfalldatum nicht kongruent sein sollte.

Durch Weisung des Auftraggebers bei Akkreditiveröffnung kann und sollte je nach Bedarf und Reiseroute die 21-Tage-Frist gekürzt oder verlängert werden. Der Sinn der Präsentationsfrist für Transportdokumente besteht nämlich darin, daß der Auftraggeber vor Ankunft des Schiffes bzw. des sonst in Frage kommenden Transportmittels in die Lage versetzt werden soll, die Ware abzuholen, ohne daß eine Einlagerung durch den Frachtführer wegen Nichtabholung erfolgt (Nielsen, J., Neue Richtlinien, 1994: Rn. 288).

Art. 43 (b) ERA

Bei Teilverladungen i.S.v. Art. 40 (b) ERA ist für die Berechnung der Präsentationsfrist als Verladedatum das letzte Verladedatum auf einem der vorgelegten Transportdokumente maßgeblich.

3.1.5.6 Artikel 44: Verlängerung der Verfallfrist

Richtlinie

Artikel 44: Verlängerung der Verfallfrist

(a) Wenn das Verfalldatum des Akkreditivs und/oder der letzte Tag der im Akkreditiv vorgeschriebenen oder aufgrund des Artikels 43 anwendbaren Dokumentenvorlagefrist auf einen Tag fällt, an dem die Bank, der die Dokumente vorzulegen sind, aus anderen als den unter Artikel 17 genannten Gründen geschlossen ist, wird das vorgeschriebene Verfalldatum und/oder der letzte Tag der Frist nach dem Verladedatum für die Dokumentenvorlage auf den nächstfolgenden Tag, an dem diese Bank geöffnet ist, hinausgeschoben.

(b) Durch das aufgrund des vorstehenden Absatzes (a) erfolgte Hinausschieben des Verfalldatums und/oder der Frist nach dem Verladedatum für die Dokumentenvorlage wird das letzte Verladedatum nicht hinausgeschoben. Ist im Akkreditiv oder in dazu erfolgten Änderungen kein letztes Verladedatum vorgeschrieben, nehmen die Banken Transportdokumente nicht an, die ein späteres Verladedatum als das im Akkreditiv oder in dazu erfolgten Änderungen vorgeschriebene Verfalldatum ausweisen.

(c) Die Bank, der die Dokumente an einem solchen nächstfolgenden Arbeitstag vorgelegt werden, muß eine Erklärung abgeben, daß die Dokumente innerhalb der gemäß Artikel 44 (a) der Einheitlichen Richtlinien und Gebräuche für Dokumenten-Akkreditive, Revision 1993, ICC-Publikation Nr. 500, hinausgeschobenen Fristen vorgelegt wurden.

Kommentar

Art. 44 (a) ERA

Das Verfalldatum und/oder die Präsentationsfrist wird auf den nächsten Arbeitstag hinausgeschoben, wenn die Vorlagefrist an einem Tag endet, an dem die Bank aus anderen als den in Art. 17 ERA erwähnten Gründen aufgrund höherer Gewalt, Streik, Aussperrung etc. ihre Geschäftsräume geschlossen hat. Zu Verschiebungen kommt es somit nur bei Schließung der Bank an Sonntagen, an Feiertagen und arbeitsfreien Sonnabenden (Stapel, B., 1998: S. 252; Nielsen, J., Neue Richtlinien, 1994: Rn. 291). Die Verlängerung der Laufzeit des Akkreditivs hat keine Auswirkungen auf die Präsentationsfrist und umgekehrt (Nielsen, J., Neue Richtlinien, 1994: Rn. 291). Können die Dokumente der Bank wegen höherer Gewalt nicht rechtzeitig vorgelegt werden, geht dieses Risiko allein zu Lasten des Begünstigten (Canaris, C.W., 1988: Rn. 992). Die Bank wird jedoch von ihrer Leistungspflicht nicht befreit, wenn die Vorlage akkreditivgemäßer Dokumente vor der Betriebsunterbrechung erfolgte (BGH WM 1990: S. 38).

Art. 44 (b) ERA

Die Verschiebung des Verfalldatums bzw. der Präsentationsfrist hat bei Ausstellung von Transportdokumenten auf den nächsten Arbeitstag gemäß Art. 44 (a) ERA keinen Einfluß auf ein im Akkreditiv festgesetztes Verladedatum. Dieses muß stets beachtet werden. Das ergibt sich schon daraus, daß das Verladedatum im Gegensatz zu den zwei zuvor genannten Fristen unabhängig von den Bankfeiertagen ist (Stapel, B., 1998: S. 253; Nielsen, J., Neue Richtlinien, 1994: Rn. 292). Unterläßt es der Auftraggeber, daß letzte Datum für die Verladung der Ware anzugeben, so nehmen die Banken Transportdokumente, die ein späteres Datum als das im Akkreditivauftrag oder in dazu erfolgten Änderungen festgesetzte Datum tragen, nicht an. Das gilt nicht für andere Dokumente; diese können bis zu dem unter den Voraussetzungen des Art. 44 (a) ERA hinausgeschobenen Verfalldatum ausgestellt sein (Schütze, R.A., 1996: Rn. 141).

Art. 44 (c) ERA

Die Bank, der die Dokumente am nächsten Arbeitstag fristgerecht gemäß Art. 44 (a) ERA vorgelegt worden sind, muß eine Erklärung über die rechtzeitige Vorlage abgeben. Dabei muß es sich nicht um eine rechtsverbindlich unterschriebene Erklärung ("certificate") handeln, denn es reicht schon aus, wenn die Mitteilung auf dem Dokumentenversandschreiben angebracht wird, das in der Regel nicht unterschrieben wird (Nielsen, J., Neue Richtlinien, 1994: Rn. 292).

3.1.5.7 Artikel 45: Vorlegungszeiten

Richtlinie

Artikel 45: Vorlegungszeiten

Die Banken sind nicht verpflichtet, Dokumente außerhalb ihrer Öffnungszeiten entgegenzunehmen.

Kommentar

Gemäß Art. 45 ERA sind die Banken nur verpflichtet, Dokumente innerhalb ihrer Öffnungszeiten entgegenzunehmen. Dabei handelt es sich in der Regel um die regulären Schalteröffnungszeiten. Außerhalb dieser Zeiten eingereichte Dokumente sind als verspätet zurückzuweisen (Nielsen, J., Neue Richtlinien, 1994: Rn. 293). Es bleibt der Bank jedoch unbenommen, im Akkreditiv eine von den allgemeinen Öffnungszeiten abweichende Zeit für die fristwahrende Einreichung der Dokumente vorzugeben (del Busto, C., ICC-Publ. Nr. 511: S. 115).

3.1.5.8 Artikel 46: Allgemeine Ausdrücke für Verladetermine

Richtlinie

Artikel 46: Allgemeine Ausdrücke für Verladetermine

(a) Sofern im Akkreditiv nichts anderes vorgeschrieben ist, ist der zur Bestimmung eines frühesten und/oder eines letzten Verladedatums verwendete Ausdruck "Verladung" so zu verstehen, daß er Ausdrücke wie "Verladung an Bord", "Versendung", "angenommen zur Beförderung", "Posteinlieferungsdatum", "Abholdatum" und ähnliche und bei einem Akkreditiv, das ein multimodales Transportdokument verlangt, den Ausdruck "Übernahme" einschließt.

(b) Ausdrücke wie "prompt", "unverzüglich", "baldmöglichst" und ähnliche sollten nicht verwendet werden. Wenn sie verwendet werden, werden die Banken sie nicht beachten.

(c) Wenn der Ausdruck "am oder um den" oder ähnliche Audrücke verwendet werden, legen die Banken sie als eine Bestimmung aus, daß die Verladung innerhalb des Zeitraums von 5 Tagen vor bis 5 Tage nach dem angegebenen Datum durchzuführen ist, wobei der erste und letzte Tag eingeschlossen sind.

Kommentar

Art. 46 (a) ERA

Die Festlegung eines Verladedatums ist gemäß ERA nicht erforderlich; sie kann aber zweckmäßig sein, wenn der Auftraggeber damit sicherstellen will, daß der Begünstigte die Ware nicht erst unmittelbar vor Ablauf des Akkreditivs, sondern in einem für ihn voraussehbaren Zeitpunkt verlädt (Nielsen, J., BuB, 1993: Rn. 5/515; Stapel, B., 1998: S. 255). Es ist jedoch angebracht, die Gültigkeitsdauer des Akkreditivs so zu bestimmen, daß sie die Versandfrist geringfügig überschreitet, um dem Begünstigten die Möglichkeit zu geben, die Versandfrist voll auszuschöpfen und die Dokumente noch rechtzeitig vor Verfall des Akkreditivs bei der Bank einzureichen (Schütze, R.A., 1996: Rn. 129; Nielsen, J., BuB, 1993: Rn. 5/515). Sowohl die Bestimmung eines letzten Verladedatums als auch eines frühesten Verladedatums ist so vorzunehmen, daß der Akkreditivbank die Nachprüfung aus dem Dokumentenakkreditiv allein auf Basis der Dokumente ohne Bezugnahme auf außerhalb des Akkreditivs liegende Umstände möglich ist. Anderenfalls sind die Dokumente wegen fehlender Möglichkeit zur Nachprüfung von der Bank als nicht akkreditivkonform zurückzuweisen (Stapel, B., 1998: S. 255). Dem Begriff der Verladung sind Formulierungen wie "Verladung an Bord", "Versendung", "angenommen zur Beförderung", "Posteinlieferungsdatum" und "nur bei Anforderung" eines multimodalen Transportdokuments dem Begriff "Übernahme" gleichzusetzen. Welcher Tag letztendlich als Erfüllung des Verladetatbestandes gilt (Ausstellung des Transportdokuments, An-Bord-Vermerk oder Dispatch-

Vermerk), ist den einzelnen Transportartikeln (Art. 23 bis 29 ERA) zu entnehmen (Schimansky/Bunte/Lwowski-Nielsen, 1997: § 120, Rn. 167). Danach gilt bei Seekonnossementen als Verladedatum das Ausstellungsdatum oder das spätere Datum des An-Bord-Vermerkes. Die Mehrzahl der für den Begriff "Verladung" genannten Begriffe sagen nichts über den Beginn des tatsächlichen Transports aus. Hierin besteht das Risiko einer Begriffsverwirrung. So umfaßt der An-Bord-Vermerk die Verbringung der Ware an Bord und ein Dispatch-Vermerk den Beginn des Transports (Nielsen, J., Neue Richtlinien, 1994: Rn. 294). Sofern es dem Auftraggeber auf das tatsächliche Versanddatum ankommt, sind Sonderweisungen erforderlich.

Art. 46 (b) ERA

Ausdrücke wie "prompt", "unverzüglich" und "baldmöglichst" sind wegen mangelnder Präzision von den Banken nicht zu beachten. Da somit das Verladedatum kalendermäßig nicht bestimmt ist, werden solche Transportdokumente aufgenommen, sofern sie innerhalb der 21-Tage-Frist nach dem Verladedatum gemäß Art. 43 ERA vorgelegt werden.

Art. 46 (c) ERA

Ausdrücke "am" oder "um den" oder ähnliche Begriffe geben den Banken einen gewissen Auslegungsspielraum. Die Verladung ist fristgerecht, wenn sie innerhalb des Zeitraums von fünf Tagen vor oder bis fünf Tage nach dem angegebenen Datum durchgeführt ist, wobei der erste und der letzte Tag eingeschlossen sind.

3.1.5.9 Artikel 47: Zeitterminologie für Verladefristen

Richtlinie

Artikel 47: Zeitterminologie für Verladefristen

(a) Die Worte "bis", "bis zum", "ab" und Ausdrücke ähnlicher Bedeutung, die sich im Akkreditiv auf irgendein Datum oder irgendeinen Zeitraum der Verladung beziehen, sind so zu verstehen, daß sie das angegebene Datum einschließen.

(b) Das Wort "nach" ist so zu verstehen, daß es das angegebene Datum ausschließt.

(c) Die Ausdrücke "erste Hälfte" und "zweite Hälfte" eines Monats bedeuten "1. bis 15. einschließlich" beziehungsweise "16. bis letzter Tag des Monats einschließlich".

(d) Die Ausdrücke "Anfang", "Mitte" oder "Ende" eines Monats bedeuten "1. bis 10. einschließlich", "11. bis 20. einschließlich" beziehungsweise "21. bis letzter Tag des Monats einschließlich."

Kommentar

Art. 47 (a) ERA

Die Auslegungsregelung für unklare Zeitbestimmungen gilt nur für Verladefristen (del Busto, C., ICC-Publ. Nr. 511: S. 118). Ausdrücke "bis", "bis zum", "ab" oder ähnliche Ausdrücke schließen bei der Berechnung der Verladefrist das angegebene Datum mit ein.

Art. 47 (b) ERA

Das Wort "nach" ist so zu verstehen, daß bei der Fristberechnung das angegebene Verladedatum nicht angerechnet wird. Lautet somit die Akkreditivbedingung "Verladung zehn Tage nach Akkreditiveröffnung", wird der Tag der Eröffnung des Akkreditivs im Gegensatz zu der Bedingung "Verladung zehn Tage ab Eröffnung des Akkreditivs" nicht mit einbezogen.

Art. 47 (c) ERA

Die Begriffe "erste Hälfte" und "zweite Hälfte" eines Monats stehen für die Tage vom 1. bis 15. bzw. vom 16. bis zum letzten Tag des Monats einschließlich.

Art. 47 (d) ERA

Die Ausdrücke "Anfang", "Mitte" oder "Ende" eines Monats bedeuten, daß die Verladung während des 1. bis 10., 11. bis 20. bzw. 21. bis letzten Tages des Monats jeweils einschließlich zu erfolgen hat.

3.1.6 Übertragbares Akkreditiv und Abtretung von Akkreditiverlösen

3.1.6.1 Artikel 48: Übertragbares Akkreditiv

Richtlinie

Artikel 48: Übertragbares Akkreditiv

(a) Ein übertragbares Akkreditiv ist ein Akkreditiv, bei dem der Begünstigte (Erstbegünstigte) die zur Zahlung, Übernahme einer Verpflichtung zur hinausgeschobenen Zahlung, Akzeptleistung oder Negoziierung ermächtigte Bank ("übertragende Bank") oder bei einem frei negoziierbaren Akkreditiv die im Akkreditiv ausdrücklich als übertragende Bank ermächtigte Bank beauftragen kann, das Akkreditiv im Ganzen oder zum Teil einem oder mehreren anderen Begünstigten (Zweitbegünstigten) verfügbar zu stellen.

(b) Ein Akkreditiv kann nur übertragen werden, wenn es von der eröffnenden Bank ausdrücklich als "übertragbar" bezeichnet worden ist. Ausdrücke wie "divisible", "fractionable", "assignable" und "transmissible" machen das Akkreditiv nicht übertragbar. Werden solche Ausdrücke verwendet, sind sie nicht zu beachten.

(c) Die übertragende Bank ist nicht verpflichtet, eine Übertragung vorzunehmen, außer in dem Umfang und in der Art, wie sie ausdrücklich zugestimmt hat.

(d) Bei einem Übertragungsauftrag und vor Akkreditivübertragung muß der Erstbegünstigte die übertragende Bank unwiderruflich davon unterrichten, ob er sich das Recht vorbehält, der übertragenden Bank die Erlaubnis zu verweigern, dem (den) Zweitbegünstigten Änderungen anzuzeigen. Stimmt die übertragende Bank unter diesen Bedingungen der Übertragung zu, muß sie bei Übertragung den (die) Zweitbegünstigten über die Weisungen des Erstbegünstigten hinsichtlich Änderungen unterrichten.

(e) Wird ein Akkreditiv an mehrere Zweitbegünstigte übertragen, läßt die Ablehnung einer Änderung durch einen oder mehrere Zweitbegünstigte(n) die Annahme durch den (die) anderen Zweitbegünstigten nicht hinfällig werden, dem (denen) gegenüber das Akkreditiv entsprechend geändert wird. Für den (die) Zweitbegünstigten, der (die) die Änderung ablehnte(n), bleibt das Akkreditiv ungeändert.

(f) Mit Übertragungen im Zusammenhang stehende Spesen der übertragenden Bank einschließlich Provisionen, Gebühren, Kosten und Auslagen sind vom Erstbegünstigten zu zahlen, sofern nichts anderes vereinbart ist. Stimmt die übertragende Bank der Akkreditivübertragung zu, ist sie nicht verpflichtet, die Übertragung vorzunehmen, bevor diese Spesen bezahlt sind.

(g) Sofern im Akkreditiv nichts anderes angegeben ist, kann ein übertragbares Akkreditiv nur einmal übertragen werden. Folglich kann das Akkreditiv im Auftrag des Zweitbegünstigten nicht an einen nachfolgenden Drittbegünstigten übertragen werden. Im Sinne dieses Artikels stellt eine Rückübertragung an den Erstbegünstigten keine unzulässige Übertragung dar.

Teile eines übertragbaren Akkreditivs (die im Ganzen den Gesamtbetrag des Akkreditivs nicht überschreiten) können getrennt übertragen werden, sofern Teilverladungen/Teilinanspruchnahmen nicht untersagt sind; die Gesamtheit derartiger Übertragungen gilt als nur eine Übertragung des Akkreditivs.

(h) Das Akkreditiv kann nur zu den im Originalakkreditiv angegebenen Bedingungen übertragen werden mit der Ausnahme, daß

- der Akkreditivbetrag,
- der im Akkreditiv etwa angegebene Preis pro Einheit,
- das Verfalldatum,
- das letzte Datum für die Vorlage der Dokumente gemäß Artikel 43,
- die Verladefrist

insgesamt oder einzeln ermäßigt oder verkürzt werden können.

Der Prozentsatz, auf den die Versicherungsdeckung lauten muß, kann in einer Weise erhöht werden, daß er den im Originalakkreditiv oder in diesen Richtlinien festgesetzten Deckungsbetrag erreicht.

Außerdem kann der Name des Erstbegünstigten an die Stelle des Auftraggebers gesetzt werden. Wenn jedoch im Originalakkreditiv ausdrücklich verlangt wird, daß der Name des Auftraggebers in irgendeinem (irgendwelchen) anderen Dokument(en) als der Rechnung erscheint, muß diese Bedingung erfüllt werden.

(i) Der Erstbegünstigte hat das Recht, seine eigenen Rechnungen (und Tratten) an die Stelle derjenigen des (der) Zweitbegünstigten zu setzen, und zwar mit Beträgen, die den im Akkreditiv angegebenen Originalbetrag nicht übersteigen, und mit den im Akkreditiv gegebenenfalls angegebenen Originalpreisen pro Einheit. Bei einem solchen Rechnungs- (und Tratten-)Austausch kann der Erstbegünstigte unter dem Akkreditiv den Unterschiedsbetrag erheben, der gegebenenfalls zwischen seinen Rechnungen und denen des (der) Zweitbegünstigten besteht.

Wenn ein Akkreditiv übertragen worden ist und der Erstbegünstigte seine eigenen Rechnungen (und Tratten) an die Stelle der Rechnungen (und Tratten) des (der) Zweitbegünstigten setzen soll, der ersten Aufforderung hierzu aber nicht nachkommt, dann hat die übertragende Bank das Recht, der eröffnenden Bank die unter dem übertragenen Akkreditiv erhaltenen Dokumente auszuliefern, einschließlich der Rechnungen (und Tratten) des (der) Zweitbegünstigten, und zwar ohne weitere Verantwortlichkeit gegenüber dem Erstbegünstigten.

(j) Der Erstbegünstigte kann verlangen, daß die Zahlung oder Negoziierung an den Zweitbegünstigten an dem Ort vorgenommen wird, an den das Akkreditiv übertragen worden ist, und zwar bis zum Verladedatum des Akkreditivs, sofern das Originalakkreditiv nicht ausdrücklich angibt, daß es an keinem anderen als dem im Akkreditiv vorgeschriebenen Ort zur Zahlung oder Negoziierung benutzbar gestellt werden darf. Dies gilt unbeschadet des Rechts des Erstbegünstigten, nachträglich seine eigenen Rechnungen (und Tratten) an die Stelle der Rechnungen (und Tratten) des (der) Zweitbegünstigten zu setzen und einen etwaigen, ihm zustehenden Unterschiedsbetrag zu fordern.

Kommentar

Art. 48 (a) ERA

Die ERA definieren das übertragbare Akkreditiv als ein Akkreditiv, bei dem der als Erstbegünstigte genannte Begünstigte die zur Zahlung, zur Übernahme einer Verpflichtung zur hinausgeschobenen Zahlung, Akzeptleistung oder Negoziierung ermächtigte Bank ("übertragende Bank") oder bei einem frei negoziierbaren Akkreditiv die im Akkreditiv ausdrücklich als übertragende Bank ermächtigte Bank beauftragen kann, das Akkreditiv im Ganzen oder zum Teil einem oder mehreren anderen Begünstigten ("Zweitbegünstigten") verfügbar zu stellen. Die Übertragung des Akkreditivs soll die Voraussetzung dafür schaffen, daß der Zweitbegünstigte gegen Vorlage eigener Dokumente eine eigene Rechtstellung erhält, die ihm die selbständige Inanspruchnahme des Akkreditivs erlaubt (Schütze, R.A., 1996: Rn. 342; Nielsen, J., BuB, 1993: Rn. 5/685). Sofern nichts anderes vereinbart ist, kann das Akkreditiv nur einmal übertragen werden. Der Zweitbegünstigte kann somit das auf ihn übertragene Akkreditiv selbst nicht noch einmal zur Sicherung seines Unterlieferanten einsetzen. Dies ist sachgerecht, denn die vom Käufer bewirkte Sicherstellung der Kaufpreiszahlung durch das Akkreditiv, bei der die Leistung gegen Vorlage der Dokumente erfolgt, basiert im wesentlichen auf dem Vertrauen in die Erfüllung der vertraglichen Pflichten eines bestimmten Vertragspartners. Mit der einmaligen Übertragungsmöglichkeit kann sich der Verkäufer zumindest darauf verlassen, daß das Akkreditiv nur solchen Personen als Zweitbegünstigten verfügbar gemacht wird, deren Vertrauenswürdigkeit zumindest sein Vertragspartner zu beurteilen vermag (Schütze, R.A., 1996: Rn. 339).

In wirtschaftlicher Hinsicht entspricht die Übertragung eines Akkreditivs einer neuen Akkreditiveröffnung im Auftrag des Erstbegünstigten zugunsten des Zweitbegünstigten (Schütze, R.A., 1996: Rn. 352). In dem daraus resultierenden neuen Schuldverhältnis wird ein abstraktes Schuldversprechen i.S.v. § 780 BGB gesehen, wodurch der Zweitbegünstigte einen eigenständigen Anspruch gegen die aus dem Akkreditiv verpflichtete Bank erhält. Weder die Akkreditivbank noch die bestätigende Bank können sich auf Einwendungen aus ihrem Verhältnis zum Erstbegünstigten berufen (Schütze, R.A., 1996: Rn. 352; Schimansky/Bunte/Lwowski-Nielsen, 1997: § 120, Rn. 349). An der Qualifikation der Übertragung des Akkreditivs als abstraktes Schuldversprechen ändert sich nichts dadurch, daß der Erstbegünstigte nicht vollständig aus dem Akkreditiv ausscheidet. Dies wird auch nicht durch den Umstand in Rechnung gestellt, daß der Erstbegünstigte aufgrund der von ihm gewährten Möglichkeit zum Rechnungsaustausch berechtigt ist und ggf. seine Rechte wiederaufleben, sofern der Zweitbegünstigte nicht rechtzeitig akkreditivgemäße Dokumente vorlegt.

Übertragende Bank ist das Institut, bei dem das Akkreditiv benutzbar gestellt ist. In einem frei negoziierbaren Akkreditiv ist die zur Übertragung berechtigte Bank ausdrücklich im Akkreditiv zu benennen. Nicht zuständig für die Übertragung ist die lediglich mit der Avisierung des Akkreditivs beauftragte Bank, diese hat lediglich Botenfunktion (Schimansky/Bunte/Lwowski-Nielsen, 1997: § 120, Rn. 350). Bei Übertragung tritt die übertragende Bank in Stellvertretung für die Eröffnungsbank auf. Durch Übertragung wird zugunsten des Zweitbegünstigten ein eigenständiger Anspruch auf Erfüllung des Akkreditivs gegen die Eröffnungsbank begründet.

Art. 48 (b) ERA

Im Hinblick darauf, daß die Übertragung eines Akkreditivs auf einen Zweitbegünstigten für den Akkreditivauftraggeber Belieferung durch einen für ihn nicht bekannten Vertragspartner bedeutet, ist die Übertragung nur zulässig, wenn die eröffnende Bank das Akkreditiv ausdrücklich als "transferable" ("übertragbar") bezeichnet. Andere Ausdrücke wie "divisible", "fractionable", "assignable" und "transmissible" sind unbeachtlich und nicht ausreichend. Die Formstrenge erklärt sich aus dem Risiko der Übertragbarkeit, denn die Erfüllung gegen Dokumente durch einen unbekannten Dritten setzt ein besonderes Vertrauen voraus.

Art. 48 (c) ERA

Es wird klargestellt, daß für eine volle Übertragung des Akkreditivs, die einen vereinbarten Gläubigerwechsel darstellt, bei dem anstelle des Erstbegünstigten ein Zweitbegünstigter tritt, nicht allein die Vereinbarung zwischen Erstbegünstigten und Zweitbegünstigten genügt, sondern die Mitwirkung der übertragenden Bank erforderlich ist. Allein diese kann dem Zweitbegünstigten mitteilen, zu welchen Bedingungen die Übertragung erfolgt. Es liegt somit eine doppelte Zustimmung vor; zum einen die allgemeine Erklärung der Akkreditivbank zur Übertragbarkeit des Akkreditivs selbst, zum anderen die besondere

Zustimmung, wenn die Bank später vom Begünstigten konkret ersucht wird, die Übertragung tatsächlich vorzunehmen (Schütze, R.A., 1996: Rn. 343). Gleichwohl steht die Erteilung der Zustimmung nicht im freien Ermessen der übertragenden Bank. Aufgrund der Bestellung eines übertragbaren Akkreditivs besteht für den Erstbegünstigten ein schutzwürdiges Interesse an der Ausführung des Übertragungsauftrags. Die Zustimmung kann daher nur dann verweigert werden, wenn der übertragenden Bank ein ihr nicht genehmer Zweitbegünstigter aufgedrängt wird. Dies ist dann der Fall, wenn der Zweitbegünstigte wegen unseriöser Geschäftspraktiken einschlägig bekannt ist (Nielsen, J., Neue Richtlinien, 1994: Rn. 306). Die übertragende Bank sollte die Akkreditivbank/Bestätigungsbank von der Übertragung des Akkreditivs unterrichten, um zu verhindern, daß der Erstbegünstigte ggf. bei der Akkreditivbank/bestätigenden Bank Dokumente präsentieren kann.

Art. 48 (d) ERA

Mit dieser Vorschrift wird indirekt die Frage geregelt, wer die erforderliche Zustimmung für eine Akkreditivänderung bei einem übertragbaren Akkreditiv zu erteilen hat (del Busto, C., ICC-Publ. Nr. 511: S. 126). Untersagt der Erstbegünstigte der übertragenden Bank, dem Zweitbegünstigten Akkreditivänderungen anzuzeigen, ist allein seine Zustimmung entscheidend für die Akkreditivänderung. Der Zweitbegünstigte muß dann die mit dem Erstbegünstigten vereinbarten Änderungen gegen sich gelten lassen, auch wenn dies zur Folge hat, daß er dadurch nicht mehr in der Lage ist, das Akkreditiv ordnungsgemäß zu bedienen. Um den Zweitbegünstigten nicht einseitig zu benachteiligen, besteht für die übertragende Bank die Verpflichtung, sofern sie diesen Bedingungen der Übertragung zustimmt, den Zweitbegünstigten über die Weisungen des Erstbegünstigten hinsichtlich der Änderungen zu unterrichten. Diese Mitteilung hat Warnfunktion, denn der Zweitbegünstigte muß sich darüber im klaren sein, daß Akkreditivänderungen ohne seine Zustimmung vorgenommen werden können (Nielsen, J., Neue Richtlinien, 1994: Rn. 308). Da die Mitteilung noch vor Akkreditivübertragung geschehen muß, hat es der Zweitbegünstigte in der Hand zu entscheiden, ob er sich unter diesen Bedingungen das Akkreditiv übertragen läßt.

Erklärt sich dagegen der Erstbegünstigte bei Übertragung des Dokumentenakkreditivs mit der Weiterleitung von Änderungen an den Zweitbegünstigten einverstanden, so besitzt dieser allein das Zustimmungs- und Ablehnungsrecht bezüglich der Akkreditivänderungen. Dies ergibt sich aus Art. 48 (c) ERA (Nielsen, J., Neue Richtlinien, 1994: Rn. 309; Stapel, B., 1998: S. 267).

Art. 48 (e) ERA

Das Akkreditiv ist auch an mehrere Zweitbegünstigte übertragbar. Es wird klargestellt, daß sich mehrere Zweitbegünstigte unabhängig voneinander unterschiedlich entscheiden können, ob sie einer Änderung des Akkreditivs zustimmen oder diese ablehnen. Der Zweitbegünstigte wird durch die Entscheidung des anderen nicht gebunden mit der Folge, daß im Verhältnis zum ablehnenden Zweitbegünstigten das Original-Akkreditiv, und im Verhältnis zum annehmenden Zweitbegünstigten das geänderte Akkreditiv gilt.

Art. 48 (f) ERA

Die übertragende Bank kann die Übertragung des Akkreditivs von der Zahlung ihrer Spesen abhängig machen. Diese sind mangels Sonderweisung vom Erstbegünstigten zu zahlen. Sie braucht die Übertragung nur vorzunehmen, sofern ihre Spesen im voraus bezahlt werden.

Art. 48 (g) ERA

Da die Übertragbarkeit eines Akkreditivs Ausnahmecharakter hat, kann ein übertragbar gestelltes Akkreditiv nur einmal übertragen werden, sofern im Akkreditiv nichts anderes angegeben ist. Der Zweitbegünstigte kann also nicht erneut eine Übertragung an Dritte bewirken. Die Rückübertragung an den Erstbegünstigten stellt jedoch keine unzulässige Übertragung dar. Dies ist deswegen gerechtfertigt, weil durch die Rückübertragung wieder der ursprüngliche Vertragspartner des Auftraggebers Begünstigter wird. Sofern das Akkreditiv mehrfach übertragen werden soll, ist dies ausdrücklich anzugeben.

Im Gegensatz dazu, daß Akkreditive in der Regel nur einmal übertragen werden können, bedarf die "Teilbarkeit" des "übertragbar" eröffneten Akkreditivs keiner besonderen Ermächtigung (Schütze, R.A., 1996: Rn. 340). Sind Teilverladungen nicht untersagt, so können mehrere Zweitbegünstigte mit Teilen des Akkreditivs bedacht werden. Die Gesamtheit derartiger Übertragungen gilt nur als eine Übertragung, die den Gesamtbetrag des Akkreditivs nicht überschreiten darf (Schütze, R.A., 1996: Rn. 340; Stapel, B., 1998: S. 265).

Art. 48 (h) ERA

Die Durchführung der Übertragung an den Zweitbegünstigten nur zu Original-Bedingungen ist Kernstück der Übertragungstechnik. Abweichungen von den Original-Bedingungen ergeben sich aus dem Interesse des Erstbegünstigten, die Gewinnmarge gegenüber dem Zweitbegünstigten geheimzuhalten. Außerdem soll dem Akkreditivauftraggeber der Unterlieferant des Erstbegünstigten nicht bekanntgemacht werden. Letztendlich sind lediglich solche Änderungen der ursprünglichen Akkreditivbedingungen erlaubt, die nicht zu Lasten des Akkreditivauftraggebers gehen und die mit der wirtschaftlichen Funktion der Übertragung im Einklang stehen. Aus diesem Grunde sind folgende Ausnahmen zulässig:

- Der Akkreditivbetrag sowie der im Akkreditiv etwa angegebene Preis pro Einheit können ermäßigt werden. Dadurch wird für den Zweitbegünstigten die Gewinnmarge nicht ersichtlich.
- Die Gültigkeitsdauer, das letzte Datum der Vorlage der Dokumente gemäß Art. 43 ERA sowie die Verladefrist können verkürzt werden. Bei nicht fristgerechter Ausnutzung des Dokumentenakkreditivs durch den Zweitbegünstigten besteht für den Erstbegünstigten noch die Möglichkeit, selbst noch fristwahrend tätig zu werden.
- Der Versicherungsschutz kann in der Weise erhöht werden, daß er den im Original-Akkreditiv oder in diesen Richtlinien festgesetzten Deckungsbetrag erreicht. Bei einem über US-$ 100.000 lautenden Original-Akkreditiv, das eine Versicherungsdeckung von 110 % vorschreibt, kann bei Übertragung des Dokumentenakkreditivs mit US-$ 90.000 die zu fordernde Versicherungsdeckung auf 122,222 % (= US-$ 110.000) erhöht werden (Whebel, B., Publ. Nr. 411: S. 84).
- Der Erstbegünstigte kann zur Wahrung wettbewerblicher Geheimhaltung als Auftraggeber anstelle des ursprünglichen Auftraggebers genannt werden, sofern nicht die Original-Bedingungen des Akkreditivs ausdrücklich die Benennung des Auftraggebers in irgendeinem anderen Dokument vorschreiben. Hierauf ist bei der Übertragung besonders zu achten.

Art. 48 (i) ERA

Durch das Recht zum Rechnungs- und Trattentausch wird es dem Erstbegünstigten ermöglicht, seine Gewinnmarge, die sich aus der Differenz zwischen seiner und der Rechnung des Zweitbegünstigten ergibt, zu realisieren. Die Rechnung des Erstbegünstigten darf jedoch den Betrag der Original-Akkreditivsumme nicht übersteigen. Fordert die übertragende Bank den Erstbegünstigten zur Vornahme des Rechnungs- und Trattenaustauschs auf und kommt dieser der Aufforderung nicht nach, ist die Bank ohne weitere Verantwortlichkeit gegenüber dem Erstbegünstigten berechtigt, die unter dem Akkreditiv erhaltenen Dokumente des Zweitbegünstigten weiterzuleiten. Dadurch wird erreicht, daß der Erstbegünstigte die Inanspruchnahme des übertragenden Akkreditivs nicht blockieren kann (Schimansky/Bunte/Lwowski-Nielsen, 1997: § 120, Rn. 363). Der Erstbegünstigte läuft dann Gefahr, daß er nicht nur seine Marge nicht realisieren kann, sondern dem Akkreditivauftraggeber auch der Name des Unterlieferanten und damit auch die in der Regel billigere Bezugsquelle bekannt wird. Aber auch in diesem Fall hat der Erstbegünstigte noch die Möglichkeit, den Differenzbetrag durch Nachreichung seiner Faktura innerhalb der Gültigkeitsdauer des Akkreditivs geltend zu machen.

Wird dagegen vom Zweitbegünstigten das Dokumentenakkreditiv innerhalb der für ihn verkürzten Gültigkeitsdauer nicht in Anspruch genommen, so besteht die Möglichkeit der Inanspruchnahme für den Erstbegünstigten innerhalb des im Original-Akkreditiv genannten Verfalldatums.

Art. 48 (j) ERA

Der Erstbegünstigte kann bei fehlender Gegenweisung im Akkreditiv verlangen, daß die Zahlung oder Negoziierung an den Zweitbegünstigten an dem Ort vorgenommen wird, an dem das Akkreditiv übertragen worden ist. Dies kann für den Akkreditivauftraggeber problematisch sein, weil damit der Erstbegünstigte das Recht behält, nachträglich einen Rechnungs- und Trattentausch vorzunehmen. Praktisch wird dem Erstbegünstigten dadurch gestattet, die Gültigkeitsdauer des Akkreditivs nicht unwesentlich zu überschreiten (Schütze, R.A., 1996: Rn. 946).

3.1.6.2 Artikel 49: Abtretung von Akkreditiverlösen

Richtlinie

> **Artikel 49: Abtretung von Akkreditiverlösen**
>
> Die Tatsache, daß ein Akkreditiv nicht als übertragbar bezeichnet ist, berührt nicht die Rechte des Begünstigten, seinen unter einem solchen Akkreditiv bestehenden oder künftig entstehenden Anspruch auf den Erlös gemäß den Bestimmungen des anzuwendenden Rechts abzutreten. Dieser Artikel bezieht sich nur auf die Abtretung des Akkreditiverlöses und nicht auf die Abtretung des Rechts auf Inanspruchnahme des Akkreditivs.

Kommentar

Auch wenn das Akkreditiv nicht übertragbar gestellt ist, stellt die Regelung des Art. 49 ERA klar, daß der **Anspruch auf Auskehrung des Akkreditiverlöses** abtretbar ist. Die Abtretung führt nicht zu einer Veränderung des Inhalts der Forderung. Es liegt kein Fall der Unabtretbarkeit nach § 399 BGB vor (Schütze, R.A., 1996: Rn. 357). Durch eine Abtretung werden die Interessen des Akkreditivauftraggebers nicht tangiert. Die Zession ändert nichts daran, daß nach wie vor der im Akkreditiv genannte Begünstigte zur Vorlage akkreditivgemäßer Dokumente verpflichtet ist. Durch die Klarstellung, daß auch bei einem nicht übertragbaren Akkreditiv der Anspruch auf Auskehrung des Akkreditiverlöses abgetreten werden kann, sind endgültig jegliche Zweifelsfragen beseitigt, die aus der Entscheidung des BGH vom 09.04.1959 (BGH WM 1959: S. 970 f.) etwa bestanden.

Die Abtretung des Anspruchs auf Auszahlung des künftigen Akkreditiverlöses kann ein **Sicherungsmittel** darstellen, um die Finanzierung des dem Akkreditiv zugrunde liegenden Geschäfts zu gewährleisten. Gleichwohl ist sie zur Übertragung des Akkreditivs ein schwächeres Sicherungsmittel. Der Zessionar hat keinen Einfluß darauf, ob und inwieweit der Begünstigte in der Lage ist, ordnungsgemäße Dokumente unter dem Akkreditiv zu stellen. Im übrigen ist der Abtretungsempfänger allen Einreden und Einwendungen ausgesetzt, die der Akkreditiv- und/oder Bestätigungsbank gegen den Begünstigten zustehen (Schimansky/Bunte/Lwowski-Nielsen, 1997: § 120, Rn. 368; Stapel, B., 1998: S. 269).

Sowohl die Abtretung des gesamten Anspruches auf Auskehrung des Akkreditiverlöses als auch die **Zession von Teilansprüchen** ist möglich. Wie bei jeder Abtretung hängt die Wirksamkeit von der Bestimmbarkeit der Teilansprüche ab (Nielsen, J., IPrax 1982: S. 91 ff.). Soweit Zahlungsansprüche aus Akkreditiven im Wege der Forfaitierung abgetreten werden, handelt es sich um Deferred-Payment-Akkreditive; sofern diese zusätzlich bestätigt werden, empfiehlt sich der Ankauf und die Abtretung der Ansprüche sowohl gegen die Akkreditiv- als auch gegen die Bestätigungsbank. Die gleichzeitige Abtretung der Ansprüche aus dem Grundgeschäft sollte nicht verlangt werden. Sie bringt keine Verstärkung, vielmehr besteht die Gefahr, daß damit dem Schuldner ermöglicht wird, nach einigen ausländischen Rechten Einwendungen aus dem Grundgeschäft geltend zu machen (Schütze, R.A., 1996: Rn. 363; Schütze, R.A., WM 1979: S. 962 ff.; v.Westphalen, F., 1987: S. 489 ff.)

Die Abtretung erfolgt nach den **Bestimmungen des anwendbaren nationalen Rechts**. Für das deutsche Recht ist maßgeblich der Art. 28 EGBGB. Nach dem Grundsatz von der Maßgeblichkeit der berufs- bzw. vertragstypischen Leistung kommt es auf das geltende Recht am Sitz der Akkreditivbank an. Daran ändert sich auch - nach nicht unbestrittener Auffassung - nichts bei einem unbestätigten Akkreditiv durch die Einschaltung einer Zweitbank ("Nominated Bank"). Die Abtretung der Ansprüche auf Auskehrung des Erlöses aus einem Akkreditiv, das von einer deutschen Bank eröffnet oder bestätigt worden ist, können, auch wenn eine Zweitbank zur Zahlungsabwicklung eingeschaltet worden ist, in stiller Form abgetreten werden (Schimansky/Bunte/Lwowski-Nielsen, 1997: § 120, Rn. 369; Nielsen, J., BuB, 1993: Rn. 5/683). Zu beachten ist jedoch, daß andere Rechtsordnungen größere Anforderungen in materieller und formeller Hinsicht an die Gültigkeit der Abtretung als das deutsche Recht stellen. So ist nach französischem Recht erforderlich, daß die Abtretung durch einen Gerichtsvollzieher angezeigt wird (Schütze, R.A., 1996: Rn. 384).

Unabhängig davon, ob die jeweilige Abtretung eine stille Zession zuläßt, empfiehlt es sich, die Abtretung auf jeden Fall der Zahlstelle anzuzeigen, um eine Auszahlung an den

Begünstigten zu verhindern. In der Praxis wird daher die **Anzeige der Zession** auch dann an die Zahlstelle gerichtet, wenn diese mit der Akkreditivbank nicht identisch ist. Die Zahlstelle sollte jedoch im Fall der Anzeige durch den Begünstigten zur Klarstellung erklären, daß sie die Abtretung bei Abrechnung des Akkreditivs beachten wird, sofern ihr von der Akkreditivbank keine gegenteiligen Weisungen zugehen und die Auszahlung des Betrages nicht durch anderweitige Verfügungen oder Maßnahmen ausgeschlossen ist, die Vorrang gegenüber der Zession zugunsten des Zessionars haben (Schimansky/Bunte/Lwowski-Nielsen, 1997: § 120, Rn. 370).

Hinweis:

Das **Literaturverzeichnis** zum vorliegenden Kommentar ist am Schluß von Kapitel 3.2 abgedruckt.

3.2 Dokumentenakkreditive: Kommentar mit Wiedergabe der Einheitlichen Richtlinien für Rembourse zwischen Banken unter Dokumenten-Akkreditiven (ERR 525)

von Dr. jur. Thomas Ingelmann, Rechtsanwalt,
und Joachim Schmitt, Syndikus

Vorbemerkungen

Vor Inkrafttreten der ERA 500 hatte sich herausgestellt, daß die ERA bei Geschäften mit Dokumentenakkreditiven weltweit einen internationalen Standard gesetzt hatten, jedoch im stark gewachsenen Volumen des Remboursgeschäftes zwischen den Banken noch die örtlichen Usancen der jeweiligen Finanzzentren galten. Ziel der ERR 525 ist es, auch im Bereich der Rembourse zur notwendigen Vereinheitlichung der Handelspraxis und damit zur Erleichterung des Handelsverkehrs beizutragen. Die Richtlinien traten am 1. Juli 1996 in Kraft.

Keine Usance

Die ERR 525 haben sich, anders als die ERA 500, in der Praxis nicht durchgesetzt. Nach ursprünglich abwartender Haltung der Banken stellt die Einbeziehung der ERR 525 nunmehr eher die Ausnahme dar. Dies entspricht der ganz überwiegenden Praxis der akkreditiveröffnenden Banken, den etwa entstandenen Aufwendungsersatzanspruch aufgrund einer SWIFT-Anforderung oder aber eines tested telex direkt auszugleichen.

3.2.1 Allgemeine Regeln und Begriffsbestimmungen

3.2.1.1 Artikel 1: Anwendbarkeit der ERR

<u>**Richtlinie**</u>

Artikel 1: Anwendbarkeit der ERR

Die Einheitlichen Richtlinien für Rembourse zwischen Banken unter Dokumenten-Akkreditiven ("Richtlinien"), ICC-Publikation Nr. 525, gelten für alle Rembourse zwischen Banken, sofern sie in den Text der Remboursermächtigung einbezogen sind. Sie sind für alle Beteiligten bindend, sofern in der Remboursermächtigung nicht ausdrücklich etwas anderes vorgeschrieben ist. Es liegt in der Verantwortlichkeit der eröffnenden Bank, im Dokumenten-Akkreditiv ("Akkreditiv") darauf hinzuweisen, daß Remboursanforderungen diesen Richtlinien unterliegen.

Beim Rembours zwischen Banken, der diesen Richtlinien unterliegt, handelt die Remboursbank nach den Weisungen und/oder aufgrund einer Ermächtigung der eröffnenden Bank.

Diese Richtlinien sollen weder den Bestimmungen der Einheitlichen Richtlinien und Gebräuche für Dokumenten-Akkreditive vorgehen noch diese ändern.

Kommentar

Voraussetzung für die Geltung der ERR ist, daß diese nur dann für alle Rembourse zwischen Banken gelten, sofern bei Eröffnung eines Akkreditivs von der Akkreditivbank darauf hingewiesen wird, daß Remboursanforderungen diesen Richtlinien unterliegen.

Verhältnis ERR/ERA

Die ERR ergänzen Art. 19 ERA, verdrängen diese Vorschrift jedoch nicht (Art. 1 Abs. 3 ERR). Die in Art. 19 (a) ERA vorgesehene Möglichkeit, neben Banken auch andere Institutionen mit dem Rembours zu beauftragen, ist bewußt nicht vorgesehen worden.

ERR/AGB

Die ERR sind als AGB zu qualifizieren und finden entsprechend Art. 1 ERR nur dann Anwendung, wenn sie in den Text der Remboursermächtigung einbezogen sind. Auch wenn die ICC Banking Commission davon ausgeht, daß alle Akkreditivbanken, die ein Akkreditiv unter Einbeziehung der ERA eröffnen, auch die ERR bereits bei Akkreditiveröffnung einbeziehen, ist es auch weiterhin möglich, die Einbeziehung der ERR erst im Rahmen der Ermächtigung gegenüber der Remboursbank vorzunehmen (Schimansky/Bunte/Lwowski-Nielsen, 1997: § 120, Rn. 330). Gleichwohl sollte hiervon abgesehen werden, da es anderenfalls zu Unklarheiten kommt, wenn die Remboursbank an die Richtlinien gebunden ist, dagegen die remboursfordernde Bank die Richtlinien mangels Kenntnis ihrer Einbeziehung weder beachten kann noch beachten muß.

3.2.1.2 Artikel 2: Begriffsbestimmungen

Richtlinie

Artikel 2: Begriffsbestimmungen

Für Zwecke dieser Richtlinien haben die nachstehenden Begriffe die in diesem Artikel angegebene Bedeutung und können je nach Zusammenhang in der Einzahl oder Mehrzahl verwendet werden:

(a) "Eröffnende Bank" ist die Bank, die ein Akkreditiv eröffnet und die Rembours-ermächtigung unter diesem Akkreditiv erteilt hat.

(b) "Remboursbank" ist die Bank, die angewiesen und/oder ermächtigt wurde, nach Maßgabe einer von der eröffnenden Bank erteilten Rembourseermächtigung Rembours zu leisten.

(c) "Remboursermächtigung" ist eine vom Akkreditiv unabhängige Weisung und/oder Ermächtigung einer eröffnenden Bank an eine Remboursbank, eine anfordernde Bank zu remboursieren, oder im Fall eines entsprechenden Auftrags der eröffnenden Bank eine auf die Remboursbank gezogene Zieltratte(n) zu akzeptieren und zu bezahlen.

(d) "Remboursänderung" ist eine Mitteilung der eröffnenden Bank an die Remboursbank mit Angabe von Änderungen zu einer Remboursermächtigung.

(e) "Anfordernde Bank" (gleichbedeutend mit "Rembours beanspruchende Bank" in Art. 19 ERA 500) ist eine Bank, die unter einem Akkreditiv zahlt, eine Verpflichtung zur hinausgeschobenen Zahlung übernimmt, Tratten akzeptiert oder negoziiert und der Remboursbank eine Remboursanforderung vorlegt. Unter einer "anfordernden Bank" ist auch eine Bank zu verstehen, die ermächtigt ist, der Remboursbank eine Remboursanforderung im Namen der Bank vorzulegen, die zahlt, eine Verpflichtung zur hinausgeschobenen Zahlung übernimmt, Tratten akzeptiert oder negoziiert.

(f) "Remboursanforderung" ist eine Aufforderung der anfordernden Bank an die Remboursbank zur Remboursleistung.

(g) "Remboursverpflichtung" ist eine aufgrund der Ermächtigung oder des Auftrags der eröffnenden Bank von der Remboursbank abgegebene selbständige und unwiderrufliche Verpflichtung gegenüber der in der Remboursermächtigung benannten anfordernden Bank, deren Remboursanforderung zu honorieren, sofern die Bedingungen der Remboursverpflichtung erfüllt sind.

(h) "Remboursverpflichtungsänderung" ist eine Mitteilung der Remboursbank an die in der Remboursermächtigung benannte anfordernde Bank mit Angabe von Änderungen zu einer Remboursverpflichtung.

(i) Im Sinne dieser Richtlinien gelten Filialen einer Bank in unterschiedlichen Ländern als andere Banken.

Kommentar

Die Begriffsbestimmungen sind erschöpfend. Klarzustellen ist allenfalls, daß die Remboursbank als dritte Bank nicht zu den Beteiligten des Akkreditivs gehört. Die anfordernde Bank im Sinne von Art. 2 ERR (gleichbedeutend mit remboursbeanspruchende Bank gemäß Art. 19 ERA) kann sowohl die Bank sein, die das Akkreditiv honoriert hat, als auch eine Bank, die von der honorierenden Bank mit dem Einzug des Rembourses beauftragt ist (Schimansky/Bunte/Lwowski-Nielsen, 1997: § 120, Rn. 331).

Remboursermächtigung/Akkreditivverpflichtung

Die Remboursermächtigung und das Akkreditiv sind strikt voneinander zu trennende Rechtsverhältnisse, die jeweils völlig unabhängig voneinander sind. Gegenstand des Rembourses kann neben der Zahlung auch die Akzeptierung von Nachsichttratten einschließlich ihrer Bezahlung bei Fälligkeit sein. An der strikten Trennung von Akkreditiv und Rembours ändert sich selbst dann nichts, wenn die Remboursbank eine sogenannte Remboursverpflichtung im Sinne von Art. 2 (g) ERR eingeht.

3.2.1.3 Artikel 3: Remboursermächtigungen und Akkreditive

Richtlinie

> **Artikel 3: Remboursermächtigungen und Akkreditive**
>
> Eine Remboursermächtigung ist unabhängig von dem Akkreditiv, auf das sie sich bezieht, und eine Remboursbank hat nichts mit den Akkreditiv-Bedingungen zu tun und ist nicht durch sie gebunden, selbst wenn in der Remboursermächtigung auf die Akkreditiv-Bedingungen in irgendeiner Weise Bezug genommen wird.

Kommentar

Art. 3 ERR schreibt die strikte Trennung zwischen Remboursermächtigungen und Akkreditiven nochmals fest. Deshalb sieht Art. 6 (b) Abs. 1 ERR vor, daß der Remboursbank von der Eröffnungsbank keine Kopie des Akkreditivs zugesandt wird, entsprechend soll die Eröffnungsbank von der Remboursbank auch keine Bestätigung über die Erfüllung der Akkreditivbedingungen verlangen (Art. 6 (c) ERR, vgl. auch Art. 19 (b) ERA). Die Remboursbank ist grundsätzlich nicht verpflichtet, die Remboursanforderung einer anderen Bank zu honorieren. Ausnahmsweise gilt etwas anderes nur dann, wenn es insoweit eine andere Vereinbarung gibt. Von ihrer Stellung im Außenverhältnis zur remboursanfordernden Bank ist das Innenverhältnis zwischen Remboursbank und Eröffnungsbank zu unterscheiden: Hat die Remboursbank den Remboursauftrag bzw. die Remboursermächtigung akzeptiert, ist sie der Eröffnungsbank gegenüber verpflichtet, den insoweit übernommenen Geschäftsbesorgungsauftrag zu erfüllen (Schimansky/Bunte/Lwowski-Nielsen, 1997: § 120, Rn. 333).

3.2.2 Haftung und Verantwortlichkeit

3.2.2.1 Artikel 4: Honorierung einer Remboursanforderung

Richtlinie

> **Artikel 4: Honorierung einer Remboursanforderung**
>
> Eine Remboursbank ist zur Honorierung einer Remboursanforderung nicht verpflichtet, es sei denn nach Maßgabe ihrer Remboursverpflichtung.

Kommentar

Als Konsequenz der Tatsache, daß die Remboursbank außerhalb des Akkreditivs steht und handelt, ist sie - vorbehaltlich einer zulässigen, anderweitigen Vereinbarung - gegenüber der remboursanfordernden Bank nicht verpflichtet, deren Forderung zu honorieren.

3.2.2.2 Artikel 5: Verantwortlichkeit der eröffnenden Bank

Richtlinie

Artikel 5: Verantwortlichkeit der eröffnenden Bank

Die eröffnende Bank ist für die Übermittlung der Angaben verantwortlich, die gemäß diesen Richtlinien für die Rembourserмächtigung und das Akkreditiv erforderlich sind; sie haftet für irgendwelche Folgen, die sich aus der Nichtbeachtung dieser Bestimmung ergeben.

Kommentar

Art. 5 ERR formuliert eine Selbstverständlichkeit. Problematisch ist es, wenn die Bedingungen, unter denen die remboursanfordernde Bank von der Remboursbank Aufwendungsersatz erhält, von den Zahlungsverpflichtungen aus dem Akkreditiv gegenüber dem Begünstigten abweichen. Dies gilt jedenfalls dann, wenn die bankeninterne Remboursvereinbarung Bedingungen enthält, nach denen die remboursanfordernde Bank nicht in dem Moment ihren Aufwendungsersatzanspruch erhält, in dem der Begünstigte Anspruch auf Zahlung unter dem Akkreditiv hat. Der Begünstigte aus dem Akkreditiv braucht sich diese bankinternen Hemmnisse nicht zurechnen zu lassen. Sein originärer Anspruch ergibt sich aus dem Akkreditiv (vgl. Schimansky/Bunte/Lwowski-Nielsen, 1997: § 120, Rn. 334).

3.2.3 Form und Anzeige von Ermächtigungen, Änderungen und Anforderungen

3.2.3.1 Artikel 6: Erteilung und Erhalt einer Remboursermächtigung oder Remboursänderung

Richtlinie

Artikel 6: Erteilung und Erhalt einer Remboursermächtigung oder Remboursänderung

(a) Alle Remboursermächtigungen und Remboursänderungen müssen durch authentisierte Telekommunikation oder ein unterzeichnetes Schreiben erfolgen.

Wenn eine Akkreditiveröffnung oder eine Akkreditivänderung, die sich auf eine Remboursermächtigung auswirkt, durch Telekommunikation erfolgt, sollte die eröffnende Bank ihre Remboursermächtigung oder Remboursänderung der Remboursbank durch authentisierte Telekommunikation anzeigen. Die Telekommunikation gilt als die maßgebliche Remboursermächtigung oder maßgebliche Remboursänderung; eine briefliche Bestätigung sollte dann nicht erfolgen. Sollte eine briefliche Bestätigung dennoch erfolgen, ist sie ohne Wirkung, und die Remboursbank ist nicht verpflichtet, diese briefliche Bestätigung mit der durch Telekommunikation erhaltenen maßgeblichen Remboursermächtigung oder maßgeblichen Remboursänderung zu vergleichen.

(b) Remboursermächtigungen und Remboursänderungen müssen vollständig und genau sein. Um Irrtümern und Mißverständnissen vorzubeugen, dürfen eröffnende Banken den Remboursbanken

i. keine Kopie des Akkreditivs oder eines Akkreditivteils oder keine Kopie einer Akkreditivänderung anstelle der oder zusätzlich zu der Remboursermächtigung oder Remboursänderung übersenden. Falls die Remboursbank solche Kopien erhält, sind sie nicht zu beachten;

ii. nicht mehrere Remboursermächtigungen in einer Telekommunikation oder einem Schreiben übersenden, sofern die Remboursbank einer solchen Vorgehensweise nicht ausdrücklich zugestimmt hat.

(c) Eröffnende Banken sollen in der Remboursermächtigung keine Bestätigung über die Erfüllung der Akkreditiv-Bedingungen verlangen.

(d) Alle Remboursermächtigungen müssen (zusätzlich zu der gemäß Artikel 1 erforderlichen Aufnahme eines Hinweises auf diese Richtlinien) folgende Angaben enthalten:

i. Akkreditivnummer;

ii. Währung und Betrag;

iii. etwaige zusätzlich zu zahlende Beträge und Toleranzen;

iv. anfordernde Bank oder, bei frei negoziierbaren Akkreditiven, Hinweis, daß Anforderungen von jeder Bank erfolgen können. Fehlt ein solcher Hinweis, ist die Remboursbank ermächtigt, an jede anfordernde Bank zu zahlen;

v. Beteiligte, die gemäß Artikel 16 dieser Richtlinien für Spesen (Spesen der anfordernden Bank und der Remboursbank) verantwortlich sind.

Remboursänderungen dürfen nur Änderungen der vorstehenden Angaben und die Akkreditivnummer enthalten.

(e) Falls die Remboursbank beauftragt wird, eine Zieltratte(n) zu akzeptieren und zu bezahlen, muß die Remboursermächtigung zusätzlich zu den in vorstehendem Absatz (d) genannten Angaben folgende Angaben enthalten:

i. Laufzeit der zu ziehenden Tratte(n);

ii. Aussteller;

iii. Beteiligter, der für etwaige Akzeptprovisionen und Diskontspesen verantwortlich ist.

Remboursänderungen dürfen nur Änderungen der vorstehenden Angaben enthalten.

Die eröffnenden Banken sollen keine Ziehung von Sichttratten auf die Remboursbank verlangen.

(f) Eine Forderung nach

i. einer vorherigen Unterrichtung der eröffnenden Bank über eine Remboursanforderung muß im Akkreditiv und darf nicht in der Remboursermächtigung enthalten sein;

ii. einer vorherigen Unterrichtung der eröffnenden Bank über eine Kontobelastung muß im Akkreditiv angegeben sein.

(g) Wenn die Remboursbank aus irgendeinem Grund nicht bereit ist, unter einer Remboursermächtigung oder Remboursänderung tätig zu werden, muß sie die eröffnende Bank davon unverzüglich unterrichten.

(h) Neben den Bestimmungen von Artikel 3 und 4 gilt, daß Remboursbanken nicht für die Folgen der Nichthonorierung oder verzögerten Honorierung von Remboursanforderungen verantwortlich sind, wenn eine in diesem Artikel enthaltene Bestimmung von der eröffnenden Bank und/oder der anfordernden Bank nicht beachtet wird.

Kommentar

Art. 6 ERR enthält stark formalisierte Regelungen für die Abwicklung des Rembourses. Die für sich sprechenden Vorschriften sind strikt zu beachten.

3.2.3.2 Artikel 7: Verfall einer Rembourserмächtigung

Richtlinie

Artikel 7: Verfall einer Rembourserмächtigung

Die Rembourserмächtigung darf, außer in den Fällen von Artikel 9, kein Verfalldatum oder letztes Datum für die Vorlage einer Anforderung haben, soweit die Remboursbank nicht ausdrücklich zugestimmt hat.

Remboursbanken übernehmen keine Verantwortung für das Verfalldatum eines Akkreditivs und beachten es nicht, wenn es in der Rembourserмächtigung angegeben ist.

Die eröffnende Bank muß ihre Rembourserмächtigung für jeden nicht benutzten Teil des Akkreditivs, auf das sie sich bezieht, unter unverzüglicher Benachrichtigung der Remboursbank annullieren.

Kommentar

Im Gegensatz zur Remboursverpflichtung im Sinne des Art. 9 ERR braucht eine Rembourserмächtigung kein Ablaufdatum zu haben. Eine solche Befristung der Rembourserмächtigung machte auch keinen Sinn, da die Ermächtigung keine Verpflichtung gegenüber der remboursanfordernden Bank auslöst. Auch der in Abs. 2 zum Ausdruck kommende Grundsatz der Trennung zwischen Rembours und Akkreditiv führt dazu, daß Verfalldaten im Akkreditiv im Rahmen der Rembourserмächtigung unbeachtlich sind. Das Fehlen einer solchen Befristung der Rembourserмächtigung hat notwendigerweise zur Folge, daß die akkreditiveröffnende Bank eine etwa erteilte Rembourserмächtigung für nicht ausgenutzte Teile des Akkreditivs durch unverzügliche Benachrichtigung der Remboursbank widerrufen muß (Art. 7 Abs. 3 ERR).

3.2.3.3 Artikel 8: Änderung oder Annullierung von Rembourserмächtigungen

Richtlinie

Artikel 8: Änderung oder Annullierung von Rembourserмächtigungen

Mit Ausnahme der Fälle, in denen die Remboursbank von der eröffnenden Bank ermächtigt oder beauftragt worden ist, eine Remboursverpflichtung gemäß Artikel 9 abzugeben, und eine Remboursverpflichtung abgegeben hat,

(a) kann die eröffnende Bank jederzeit durch entsprechende Mitteilung an die Remboursbank eine Remboursänderung vornehmen oder eine Remboursermächtigung annullieren.

(b) muß die eröffnende Bank der benannten Bank oder, bei einem frei negoziierbaren Akkreditiv, der avisierenden Bank alle Änderungen einer Remboursermächtigung mitteilen, die sich auf die im Akkreditiv enthaltenen Remboursweisungen auswirken. Bei Annullierung der Remboursermächtigung vor Verfall des Akkreditivs muß die eröffnende Bank der benannten Bank oder der avisierenden Bank neue Remboursweisungen erteilen.

(c) muß die eröffnende Bank die Remboursbank für alle von der Remboursbank vor Erhalt einer Annullierungsmitteilung oder einer Remboursänderung honorierten Remboursanforderungen oder akzeptierten Tratten remboursieren.

Kommentar

Im Falle der Änderung oder Annullierung von Remboursermächtigungen ist im Sinne der Regelungen des Art. 8 (a) und (b) ERR vorzugehen. Für die akkreditiveröffnende Bank ergibt sich die Notwendigkeit, schnellstmöglich zu handeln, will sie nicht das sich aus Art. 8 (c) ERR ergebende Risiko laufen.

3.2.3.4 Artikel 9: Remboursverpflichtungen

Richtlinie

Artikel 9: Remboursverpflichtungen

(a) Zusätzlich zu den Erfordernissen in Artikel 6 (a), (b) und (c) dieser Richtlinien müssen alle Remboursermächtigungen, die zur Abgabe einer Remboursverpflichtung ermächtigen oder beauftragen, die Bestimmungen dieses Artikels erfüllen.

(b) Eine Ermächtigung oder ein Auftrag der eröffnenden Bank an die Remboursbank zur Abgabe einer Remboursverpflichtung ist unwiderruflich ("unwiderrufliche Remboursermächtigung") und muß (zusätzlich zu der gemäß Artikel 1 erforderlichen Aufnahme eines Hinweises auf diese Richtlinien) folgende Angaben enthalten:

i. Akkreditivnummer;
ii. Währung und Betrag;
iii. etwaige zusätzlich zu zahlende Beträge und Toleranzen;

iv. vollständiger Name und vollständige Anschrift der anfordernden Bank, gegenüber der die Remboursverpflichtung abzugeben ist;

v. letztes Datum für die Vorlage einer Anforderung unter Einschluß irgendeiner Nachfrist;

vi. Beteiligte, die gemäß Artikel 16 dieser Richtlinien für Spesen (Spesen der anfordernden Bank und der Remboursbank sowie Provision für die Remboursverpflichtung) verantwortlich sind.

(c) Falls die Remboursbank beauftragt wird, eine Zieltratte(n) zu akzeptieren und zu bezahlen, muß die unwiderrufliche Rembourseermächtigung zusätzlich zu den in vorstehendem Absatz (b) genannten Angaben folgende Angaben enthalten:

i. Laufzeit der zu ziehenden Tratte(n);

ii. Aussteller;

iii. Beteiligter, der für etwaige Akzeptprovisionen und Diskontspesen verantwortlich ist.

Die eröffnenden Banken sollen keine Ziehung von Sichttratten auf die Remboursbank verlangen.

(d) Wenn die Remboursbank von der eröffnenden Bank ermächtigt oder beauftragt wird, gegenüber der anfordernden Bank ihre Remboursverpflichtung abzugeben, hierzu aber nicht bereit ist, muß sie die eröffnende Bank davon unverzüglich unterrichten.

(e) Eine Remboursverpflichtung muß die Bedingungen der Verpflichtung sowie folgende Angaben enthalten:

i. Akkreditivnummer und eröffnende Bank;

ii. Währung und Betrag der Rembourseermächtigung;

iii. etwaige zusätzlich zu zahlende Beträge und Toleranzen;

iv. Währung und Betrag der Remboursverpflichtung;

v. letztes Datum für die Vorlage einer Anforderung unter Einschluß irgendeiner Nachfrist;

vi. Beteiligter, der die Provision für die Remboursverpflichtung zu zahlen hat, falls es sich dabei nicht um die eröffnende Bank handelt. Die Remboursbank muß auch ihre eigenen Spesen angeben, die vom angeforderten Betrag abgezogen werden.

(f) Wenn das letzte Datum für die Vorlage einer Anforderung auf einen Tag fällt, an dem die Remboursbank aus anderen als den in Artikel 15 genannten Gründen geschlossen ist, wird das letzte Datum für die Vorlage einer Anforderung auf den nächstfolgenden Tag, an dem die Remboursbank geöffnet ist, hinausgeschoben.

(g) i. Eine unwiderrufliche Rembourseermächtigung kann ohne die Zustimmung der Remboursbank nicht geändert oder annulliert werden.

ii. Wenn eine eröffnende Bank ihre unwiderrufliche Remboursermächtigung geändert hat, kann die Remboursbank, die ihre Remboursverpflichtung abgegeben hat, ihre Verpflichtung entsprechend dieser Änderung ändern. Wenn sich die Remboursbank dafür entscheidet, ihre Remboursverpflichtungsänderung nicht abzugeben, muß sie die eröffnende Bank davon unverzüglich unterrichten.

iii. Eine eröffnende Bank, die ihre unwiderrufliche Remboursermächtigung geändert hat, ist daran ab dem Zeitpunkt ihrer Mitteilung der Änderung der unwiderruflichen Remboursermächtigung unwiderruflich gebunden.

iv. Die Bedingungen der ursprünglichen unwiderruflichen Remboursermächtigung (oder einer Ermächtigung mit vorher angenommenen Änderungen der unwiderruflichen Remboursermächtigung) bleiben für die Remboursbank in Kraft, bis sie der eröffnenden Bank ihre Annahme der Änderung mitteilt.

v. Eine Remboursbank muß der eröffnenden Bank ihre Annahme oder Zurückweisung einer Änderung der unwiderruflichen Remboursermächtigung mitteilen. Eine Remboursbank braucht eine Änderung der unwiderruflichen Remboursermächtigung solange nicht anzunehmen oder zurückzuweisen, bis sie von der anfordernden Bank eine Annahme oder Zurückweisung ihrer Remboursverpflichtungsänderung erhalten hat.

(h) i. Eine Remboursverpflichtung kann ohne die Zustimmung der anfordernden Bank nicht geändert oder annulliert werden.

ii. Eine Remboursbank, die eine Remboursverpflichtungsänderung abgegeben hat, ist daran ab dem Zeitpunkt ihrer Mitteilung der Remboursverpflichtungsänderung unwiderruflich gebunden.

iii. Die Bedingungen der ursprünglichen Remboursverpflichtung (oder einer Remboursverpflichtung mit vorher angenommenen Remboursänderungen) bleiben für die anfordernde Bank in Kraft, bis sie der Remboursbank ihre Annahme der Remboursverpflichtungsänderung mitteilt.

iv. Eine anfordernde Bank muß der Remboursbank ihre Annahme oder Zurückweisung einer Remboursverpflichtungsänderung mitteilen.

Kommentar

Art. 9 ERR enthält wiederum stark formalisierte Erfordernisse, die über die Anforderungen des Art. 6 (a) bis (c) ERR hinaus erfüllt sein müssen, wenn die Remboursbank gegenüber der remboursfordernden Bank eine eigenständige Zahlungsverpflichtung übernehmen soll. Selbstverständlich kann eine unwiderrufliche Remboursermächtigung ohne Zustimmung der Remboursbank weder geändert noch widerrufen werden.

3.2.3.5 Artikel 10: Grundsätze für Remboursanforderungen

Richtlinie

Artikel 10: Grundsätze für Remboursanforderungen

(a) Die Remboursanforderung der anfordernden Bank

i. muß durch Telekommunikation erfolgen, sofern dies seitens der eröffnenden Bank nicht ausdrücklich untersagt ist, oder durch ein Originalschreiben. Eine Remboursbank ist berechtigt, die Authentisierung einer Remboursanforderung zu verlangen; in einem solchen Fall haftet die Remboursbank nicht für irgendwelche Folgen aus einer eingetretenen Verzögerung. Falls eine Remboursanforderung durch Telekommunikation erfolgt, ist keine briefliche Bestätigung zu senden. Sollte dennoch eine briefliche Bestätigung erfolgen, ist die anfordernde Bank für irgendwelche Folgen verantwortlich, die sich aus einem zweifachen Rembours ergeben können;

ii. muß die Akkreditivnummer und die eröffnende Bank (sowie die Referenznummer der Remboursbank, falls bekannt) eindeutig angeben;

iii. muß getrennt den angeforderten Hauptbetrag sowie alle zusätzlichen Beträge und Spesen ausweisen;

iv. darf keine Kopie eines Avises der Zahlung, der hinausgeschobenen Zahlung, der Akzeptleistung oder der Negoziierung seitens der anfordernden Bank an die eröffnende Bank sein;

v. darf in einer Telekommunikation oder einem Schreiben nicht mehrere Remboursanforderungen enthalten;

vi. muß bei Vorliegen einer Remboursverpflichtung den Bedingungen der Remboursverpflichtung entsprechen.

(b) In Fällen, in denen eine Zieltratte auf die Remboursbank zu ziehen ist, muß die anfordernde Bank die Tratte zusammen mit der Remboursanforderung an die Remboursbank zur Bearbeitung senden und ihrer Anforderung folgende Angaben hinzufügen, falls dies im Akkreditiv und/oder in der Remboursverpflichtung verlangt ist:

i. allgemeine Beschreibung der Waren und/oder Dienstleistungen;

ii. Ursprungsland;

iii. Bestimmungsort/Erfüllungsort;

und, sofern dem Geschäft die Verladung von Waren zugrunde liegt,

iv. Verladedatum;

v. Verladeort.

(c) Anfordernde Banken dürfen in der Remboursanforderung nicht angeben, daß eine Zahlung, Akzeptleistung oder Negoziierung unter Vorbehalt oder gegen eine Garantie erfolgt ist.

(d) Remboursbanken übernehmen keine Haftung oder Verantwortung für irgendwelche Folgen der Nichtakzeptierung oder von Verzögerungen bei der Bearbeitung, falls die anfordernde Bank die Bestimmungen dieses Artikels nicht beachtet.

Kommentar

Die Formalien der Remboursanforderung sind sehr eingehend geregelt und sprechen für sich. Hervorzuheben ist, daß in dem Fall, in dem die remboursfordernde Bank in der Remboursermächtigung nicht namentlich erwähnt ist, die Remboursbank berechtigt ist, bei einer Bank, die als Vertreter einer anderen Bank agiert, deren Berechtigung zu hinterfragen. In diesem Fall haftet die Remboursbank ebensowenig (Art. 10 (a) Abs. 1 ERR) wie für die Folgen der Nichtakzeptierung oder von Verzögerungen bei der Bearbeitung, falls die anfordernde Bank den Bestimmungen des Art. 10 ERR zuwider handelt.

Grundsätzlich muß die Anforderung (Art. 10 (a) Abs. 1 ERR) durch Telekommunikation erfolgen, wenn dies nicht ausdrücklich untersagt wird, wobei im Falle der Anforderung durch Telekommunikation eine zusätzliche briefliche Bestätigung zu unterbleiben hat. Erfolgt dennoch eine briefliche Bestätigung und kommt es deshalb zur Doppelzahlung, haftet die anfordernde Bank insoweit originär.

3.2.3.6 Artikel 11: Bearbeitung von Remboursanforderungen

Richtlinie

Artikel 11: Bearbeitung von Remboursanforderungen

(a) i. Den Remboursbanken steht für die Bearbeitung von Anforderungen eine angemessene, drei Bankarbeitstage nach dem Tag des Erhalts der Remboursanforderung nicht zu überschreitende Zeit zu. Außerhalb der Bankgeschäftszeit eingegangene Remboursanforderungen gelten als am nächsten Bankarbeitstag eingegangen.

Wenn die eröffnende Bank eine vorherige Unterrichtung über eine Kontobelastung verlangt, verlängert sich die vorgenannte Bearbeitungszeit um die Zeit der vorherigen Unterrichtung.

ii. Wenn die Remboursbank entscheidet, keinen Rembours zu leisten, sei es wegen einer nicht den Bedingungen einer Remboursverpflichtung entsprechenden Anforderung oder bei einer Remboursermächtigung aus irgendeinem anderen Grund, hat sie eine entsprechende Mitteilung unverzüglich, jedoch nicht später als am Ende des dritten Bankarbeitstages nach Erhalt der Anforderung (zuzüglich der etwaigen Zeit gemäß vorstehendem Absatz (i)), durch Telekommunikation oder, falls dies nicht möglich ist, auf anderem schnellen Weg zu geben. Diese Mitteilung ist an die anfordernde Bank und an die eröffnende Bank zu senden; bei einer Remboursverpflichtung sind die Gründe für die Nichtbezahlung der Anforderung zu nennen.

(b) Die Rembоursbanken lehnen Aufforderungen der anfordernden Bank zur Rückvalutierung (Wertstellung vor dem Datum einer Remboursanforderung) ab.

(c) Wenn eine Remboursbank keine Remboursverpflichtung abgegeben hat und der Rembours zu einem späteren Zeitpunkt fällig wird, gilt folgendes:

i. Die Remboursanforderung muß das vorher bestimmte Remboursdatum angeben.

ii. Die Remboursanforderung sollte der Remboursbank nicht früher als zehn (10) Bankarbeitstage vor diesem vorher bestimmten Datum vorgelegt werden. Wenn eine Remboursanforderung mehr als zehn (10) Bankarbeitstage vor dem vorher bestimmten Datum vorgelegt wird, kann die Remboursbank die Remboursanforderung unbeachtet lassen. Will die Remboursbank die Remboursanforderung unbeachtet lassen, muß sie die anfordernde Bank davon unverzüglich durch Telekommunikation oder auf anderem schnellen Weg unterrichten.

iii. Wenn das vorher bestimmte Remboursdatum mehr als drei Bankarbeitstage nach dem Eingangstag der Remboursanforderung liegt, ist die Remboursbank nicht verpflichtet, früher als an diesem vorher bestimmten Datum oder früher als am Ende des dritten Bankarbeitstages nach Erhalt der Remboursanforderung zuzüglich der etwaigen Zeit gemäß vorstehendem Absatz (a) (i), je nachdem, welcher Zeitpunkt später liegt, mitzuteilen, daß sie keinen Rembours leisten wird.

(d) Sofern zwischen der Remboursbank und der anfordernden Bank nicht ausdrücklich etwas anderes vereinbart ist, leistet die Remboursbank den Rembours unter einer Remboursanforderung nur an die anfordernde Bank.

(e) Remboursbanken übernehmen keine Haftung oder Verantwortung, wenn sie eine Remboursanforderung honorieren, aus der hervorgeht, daß eine Zahlung, Akzeptleistung oder Negoziierung unter Vorbehalt oder gegen eine Garantie erfolgt ist, und sollen einen solchen Hinweis nicht beachten. Ein solcher Vorbehalt oder eine solche Garantie betrifft allein das Verhältnis zwischen der anfordernden Bank und dem Beteiligten, demgegenüber der Vorbehalt ausgesprochen oder von dem oder für den die Garantie gestellt ist.

Kommentar

Auch die Bearbeitung von Remboursanforderungen ist sehr detailliert geregelt. Hervorzuheben sind die Festlegung einer angemessenen Bearbeitungsdauer der Remboursbank auf drei Bankarbeitstage nach dem Erhalt der Anforderung (Art. 11 (a) Abs. 1 ERR), die unverzüglich innerhalb der Bearbeitungszeit erforderliche Mitteilung, Rembours gegebenenfalls nicht zu leisten (Art. 11 (a) Abs. 2 ERR), die Ablehnung des Wunsches der Remboursbank auf Rückvalutierung (Art. 11 (b) ERR), die Regelungen des Art. 11 (c) ERR, falls keine Remboursverpflichtung abgegeben wurde und der Rembours zu einem späteren Zeitpunkt fällig wird, die grundsätzliche Regelung über die Remboursleistung zugunsten der anfordernden Bank (Art. 11 (d) ERR) und die Haftungsbeschränkung gemäß Art. 11 (e) ERR.

3.2.3.7 Artikel 12: Zweifacherteilung von Remboursermächtigungen

Richtlinie

Artikel 12: Zweifacherteilung von Remboursermächtigungen

Eine eröffnende Bank darf bei Erhalt der Dokumente keine erneute Remboursermächtigung oder weitere Anweisungen erteilen, es sei denn, es handelt sich dabei um eine Änderung oder eine Annullierung einer bestehenden Remboursermächtigung. Wenn die eröffnende Bank sich nicht an diese Regelung hält und ein zweifacher Rembours erfolgt, liegt es in der Verantwortung der eröffnenden Bank, die Rückzahlung des doppelt gezahlten Remboursbetrages zu erlangen. Die Remboursbank übernimmt keine Haftung oder Verantwortung für irgendwelche Folgen, die sich aus einer solchen Zweifacherteilung ergeben können.

Kommentar

Art. 12 ERR berücksichtigt konsequent die "Herrschaft" der eröffnenden Bank über eine mehrfache Remboursermächtigung. Konsequenterweise obliegt es der eröffnenden Bank im Falle mehrfacher Remboursermächtigung, einen entsprechenden Ausgleich zu erlangen. Die Remboursbank übernimmt insoweit keine Haftung und Verantwortung. Davon zu unterscheiden ist selbstverständlich die Frage, ob und inwieweit die Remboursbank ihrerseits der eröffnenden Bank hilfreich zur Seite steht, wozu sie konsequenterweise nicht unentgeltlich verpflichtet ist. Da es sich nach deutschem Recht insoweit um die Besorgung fremder Rechtsangelegenheiten handelt, dürfte sich die Unterstützung der Remboursbank nur auf die Vermittlung von Anwälten erstrecken, wenn zuvor Gespräche mit dem Zahlungsempfänger, der möglicherweise Kunde der Remboursbank ist, gescheitert sind.

3.2.4 Verschiedene Regeln

3.2.4.1 Artikel 13: Ausländische Gesetze und Gebräuche

Richtlinie

> **Artikel 13: Ausländische Gesetze und Gebräuche**
>
> Die eröffnende Bank muß alle Verpflichtungen und Verantwortlichkeiten übernehmen, die auf ausländischen Gesetzen und Gebräuchen beruhen, und muß die Remboursbank für alle hieraus resultierenden Folgen schadlos halten.

Kommentar

Art. 13 ERR begründet Unwägbarkeiten für die eröffnende Bank mit Blick auf die Remboursbank und wird rein faktisch zu einer sorgfältigen Auswahl der Remboursbanken führen, da anderenfalls die Regelung des Art. 13 ERR zu unschönen Auseinandersetzungen führen kann.

3.2.4.2 Artikel 14: Haftungsausschluß für Nachrichtenübermittlung

Richtlinie

> **Artikel 14: Haftungsausschluß für Nachrichtenübermittlung**
>
> Die Remboursbanken übernehmen keine Haftung oder Verantwortung für die Folgen von Verzögerungen und/oder Verlusten bei der Übermittlung von Nachrichten, Briefen oder Dokumenten sowie für Verzögerung, Verstümmelung oder sonstige Irrtümer, die aus der Übermittlung einer Telekommunikation resultieren. Die Remboursbanken übernehmen keine Haftung oder Verantwortung für Irrtümer bei der Übersetzung.

Kommentar

Die Regelung des Art. 14 ERR spricht für sich. Allerdings erscheint der letzte Satz dieser Regelung mit Blick auf die Internationalisierung der Märkte dann wenig hilfreich, wenn sich ein Irrtum aufgrund fehlerhafter Übersetzung vom Englischen in eine Heimatsprache ergibt.

3.2.4.3 Artikel 15: Höhere Gewalt

Richtlinie

> **Artikel 15: Höhere Gewalt**
>
> Die Remboursbanken übernehmen keine Haftung oder Verantwortung für die Folgen der Unterbrechung ihrer Geschäftstätigkeit durch Fälle höherer Gewalt, Unruhen, Aufruhr, Aufstand, Kriege oder irgendwelche anderen Ursachen, die außerhalb ihrer Kontrolle liegen, sowie durch irgendwelche Streiks oder Aussperrungen.

Kommentar

Art. 15 ERR weist keine Besonderheiten auf.

3.2.4.4 Artikel 16: Spesen

Richtlinie

> **Artikel 16: Spesen**
>
> (a) Die Spesen der Remboursbank sollten zu Lasten der eröffnenden Bank gehen. Wenn jedoch die Spesen zu Lasten einer anderen Stelle gehen, liegt es in der Verantwortung der eröffnenden Bank, einen entsprechenden Hinweis in das Originalakkreditiv und in die Remboursermächtigung aufzunehmen.
>
> (b) Wenn eine Remboursbank eine Remboursanforderung honoriert, ist sie verpflichtet, hinsichtlich der Spesen den in der Remboursermächtigung enthaltenen Weisungen zu folgen.
>
> (c) Wenn die Spesen der Remboursbank zu Lasten einer anderen Stelle gehen, müssen sie bei Honorierung der Remboursanforderung abgegeben werden. Folgt eine Remboursbank den Spesenweisungen (einschließlich Provisionen, Gebühren, Kosten oder Auslagen) der eröffnenden Bank, und werden diese Spesen nicht bezahlt oder wird der Remboursbank keine Remboursanforderung unter der Remboursermächtigung vorgelegt, haftet die eröffnende Bank weiterhin für diese Spesen.

(d) Sofern in der Rembourseermächtigung nichts anderes angegeben ist, verstehen sich alle von der Remboursbank bezahlten Spesen zusätzlich zum Betrag der Rembourseermächtigung, vorausgesetzt, die anfordernde Bank weist den Betrag dieser Spesen aus.

(e) Wenn die eröffnende Bank es versäumt, der Remboursbank Spesenweisungen zu erteilen, gehen sämtliche Spesen zu Lasten der eröffnenden Bank.

Kommentar

Die Spesenregelung ist pragmatisch. Allerdings beinhaltet sie keine Regelungen über die Höhe der Spesen, so daß insoweit im Vorfeld Klärungsbedarf jedenfalls dann besteht, wenn die eröffnende Bank eine bestimmte Remboursbank erstmals einbindet und deren Usancen nicht bekannt sind.

3.2.4.5 Artikel 17: Zinsansprüche/Kursverlust

Richtlinie

Artikel 17: Zinsansprüche/Kursverlust

Sämtliche Ansprüche wegen Zinsverlusten, Kursverlusten aufgrund von Wechselkursschwankungen, Aufwertungen oder Abwertungen bestehen nur zwischen der anfordernden Bank und der eröffnenden Bank, es sei denn, solche Verluste resultieren aus der Nichterfüllung einer Verpflichtung der Remboursbank unter einer Remboursverpflichtung.

Kommentar

Art. 17 ERR hat mit der an sich verständlichen Regelung nur klarstellenden Charakter.

3.2.5 Literaturverzeichnis zu den ERA und zu den ERR

Avancini, P./Iro, G.M./Koziol, H. — Österreichisches Bankvertragsrecht II, Wien, 1993

v.Bar, Ch. — Kollisionsrechtliche Aspekte der Vereinbarung und Inanspruchnahme von Dokumentenakkreditiven, ZHR 152 (1988)

Baumbach, A./Hopt, K.J. — HGB, 29. Aufl., München, 1995

del Busto, C. — Documentary Credits UCP 500 & 400 Compared, ICC-Publ. Nr. 511, Paris, 1993

del Busto, C. — Guide to Documentary Credit Operations, International Chamber of Commerce, ICC-Publ. Nr. 515 E, Paris, 1994

del Busto, C. — Case Studies on Documentary Credits under UCP 500, ICC-Publ. Nr. 535 E, Paris, 1995

Canaris, C.-W. — Bankvertragsrecht, Berlin, New York, 1988

Dekker, J. — More Case Studies on Documentary Credits, Publ. Nr. 489, Paris

Eberth, R. — Die Revision von 1983 der Einheitlichen Richtlinien und Gebräuche für Dokumenten-Akkreditive, WM-Sonderbeilage Nr. 4/1984

Eisemann, F. — The Importance of Dating on Documentary Credits, liber amicorum Eisemann, 1978

Eisemann, F./Eberth, R. — Das Dokumenten-Akkreditiv im Internationalen Handelsverkehr, 2. Aufl., Heidelberg, 1979

Eisemann, F./Schütze, R.A. — Das Dokumentenakkreditiv im Internationalen Handelsverkehr, 3. Aufl., 1989

Graffe, F./Weichbrodt, J./Xueref, C. — Erläuterungen zu den wichtigsten Änderungen der "Einheitlichen Richtlinien und Gebräuche für Dokumenten-Akkreditive (Revision 1993)", Bonn, 1993

Grundmann, S. — lex mercatoria und Rechtsquellenlehre, 1991

Ingelmann, Th. — Dokumentäre Sicherungsübereignung bei kombinierten Transporten, Diss., Hamburg, 1992

Liesecke, R. — Die neuere Rechtsprechung, insbesondere des Bundesgerichtshofes, zum Dokumentenakkreditiv, WM 1966, S. 458 ff.

Münchener Kommentar zum BGB — Münchener Kommentar zum BGB, Band 3, 2. Halbband, 2. Aufl., § 664, München, 1986

Nielsen, J. — Abtretung von Teilansprüchen aus Akkreditiven an mehrere Kreditgeber des Begünstigten, IPRax 1982, S. 91 ff.

Nielsen, J. — Bankrecht und Bankpraxis, Band III, Teil 5 (Auslandsgeschäft), Stand: 1993 (BuB), Köln, 1993

Nielsen, J. — Neue Richtlinien für Dokumenten-Akkreditive, Heidelberg, 1994

Nielsen, J. — Grundlagen des Akkreditivgeschäfts (Revision 1983), Köln, 1985

Nielsen, J. — Bankgarantien bei Außenhandelsgeschäften, Köln, 1986

Nielsen, J. — Die Revision 1983 der "Einheitlichen Richtlinien und Gebräuche für Dokumenten-Akkreditive" (ERA) - Publ. der ICC Nr. 400, ZIP 1984, S. 230 ff.

Nielsen, J. — Die Revision der Einheitlichen Richtlinien und Gebräuche für Dokumenten-Akkreditive (ERA 500) zum 1. Januar 1994, WM-Sonderbeilage Nr. 2/1994

Palandt — Bürgerliches Gesetzbuch, 57. Aufl., München, 1998

Peters, K. — Rechtsprobleme des Akkreditivgeschäfts, WM 1978, S. 1030 ff.

Plett, M./Welling, T. — Überblick über die Abwicklung des Dokumenten-Akkreditivs und Rechtsstellung der beteiligten Parteien, DB 1987, S. 925 ff.

Reithmann, Ch./Martiny, D. — Internationales Vertragsrecht, 5. Aufl., Köln, 1997

Sandkühler, G. — Bankrecht, 2. Aufl., Köln, Berlin, Bonn, 1993

Sarna, L. — Letters of Credit. The Law and Current Practice, 3. Aufl., Loseblattsammlung, Stand: 1994, Toronto

Schefold, D. — Zum IPR des Dokumenten-Akkreditivs, IPrax 1990, S. 20 ff.

Schimanski, H./Bunte, H.J./ Lwowski, H.J. — Bankrechts-Handbuch, Band III, München, 1997

Schinnerer, E./Avancini, P. — Bankverträge, III. Teil, 3. Aufl., 1976

Schlegelberger, F./Hefermehl, W. — Kommentar zum Handelsgesetzbuch, 5. Aufl., München, 1976

Schmidt, R. — Gedächtnisschrift 1966

Schönle, H. — Die Rechtsnatur der Einheitlichen Richtlinien und Gebräuche für Dokumentenakkreditive, NJW 1968, S. 726 ff.

Schütze, R.A. — Kollisionsrechtliche Probleme der Forfaitierung von Exportforderungen, WM 1979, S. 962 ff.

Schütze, R.A. — Das Dokumentenakkreditiv im Internationalen Handelsverkehr, 4. Aufl., Heidelberg, 1996

Schütze, R.A. — Rechtsfragen zur Zahlstelle bei Akkreditiv-Geschäften, RIW 1988, S. 343 ff.

Stapel, B. — Die Einheitlichen Richtlinien und Gebräuche für Dokumentenakkreditive der Internationalen Handelskammer in der Fassung von 1993, Diss., Berlin, 1998

Ulmer, P. — Akkreditiv und Anweisung, AcP 126

Ulmer, P./Brandner, H.E./Hensen, H.D. — AGBG, 7. Aufl., Köln, 1993

Vorpeil, K. — Einheitliche Richtlinien und Gebräuche für Dokumenten-Akkreditive - Revision 1993, IWB 1993, Fach 10, Gruppe 8, S. 147 ff.

Wälzholz, E. — Zur Anwendbarkeit des AGBG auf die Einheitlichen Richtlinien der ICC - Insbesondere bei Akkreditiven und Demand Guarantees -, WM 1994, S. 1457 ff.

Werner, W. — Dokumentärer und wechselrechtlicher Regreß im Akkreditivgeschäft unter Berücksichtigung der verschiedenen Abwicklungsformen, Festschrift, Walter de Gryter, 1984

Wessely, W. — Die Unabhängigkeit der Akkreditivverpflichtung von Deckungsbeziehung und Kaufvertrag, München, 1975

v.Westphalen, F. — Rechtsprobleme der Exportfinanzierung, 3. Aufl., Heidelberg, 1987

Wheble, B. — Case Studies on Documentary Credits, Publ. Nr. 459, Paris

Wheble, B. — Opinions of the ICC Banking Commission 1987 - 1988, International Chamber of Commerce, Publ. Nr. 469, Paris, 1989

Wolf, M./Horn, N./Lindacher, W.F. — AGB-Gesetz, 3. Aufl., München, 1994

Zahn, J.C.D./Eberding, E./Ehrlich, D. — Zahlung und Zahlungssicherung im Außenhandel, 6. Aufl. 1986, Berlin, New York, 1986

3.3 Dokumentenakkreditive (sowie Inkassi und Garantien): Regeln und Probleme bei der Einführung des Euro (EUR)

von Dr. jur. Thomas Ingelmann, Rechtsanwalt,
und Joachim Schmitt, Syndikus

Vorbemerkung

Die nachfolgenden Ausführungen basieren ausschließlich auf in Deutschland anwendbarem Recht.

3.3.1 Phasen der Währungsumstellung

Die Grundzüge des Übergangs der nationalen Währungen zum EUR wurden auf dem EU-Gipfel in Madrid Ende 1995 ("Madrid-Szenario") beschlossen. Dieser verbindliche Zeitplan gliedert sich in die unten näher beschriebenen Phasen A, B und C.

bis 31.12.1998 "Vorbereitungsphase"	1.1.1999 - 31.12.2001 "Übergangsphase"	ab 1.1.2002 "Abschlußphase"
• Bestätigung des Starttermins 1999	• Fixierung der Umrechnungskurse zum Euro	• sofortige Umstellung aller noch nicht auf Euro lautenden Forderungen
• Teilnehmerkreis	• Geldpolitik geht auf EZB über	• Bargeldaustausch über maximal sechs Monate
• Errichtung der Europäischen Zentralbank (EZB)	• Großteil der Umstellung im Finanz- und Bankensektor	
• Verabschiedung der EG-Verordnungen zur Einführung des Euro	• Beginn der Umstellung im Privatsektor	
• Anpassung nationaler Gesetze (EURO-EinführungsG etc.)		
Bargeld: DEM Buchgeld: DEM	Bargeld: DEM Buchgeld: EUR sowie DEM als Untereinheit des EUR	Bargeld: EUR, DEM als Untereinheit des EUR bis Ende Bargeldumstellung Buchgeld: EUR
Phase A	Phase B	Phase C

Die endgültige Entscheidung des Europäischen Rates über den Teilnehmerkreis fiel im Mai 1998. Am 01.01.1999 wurden die EWU-Teilnehmerwährungen durch den EUR (= 100 Cent) ersetzt. Das Interbanken-Clearing wurde vollständig auf EUR umgestellt. Mit Abschluß der Währungsumstellung in der Phase C, die in den Teilnehmerländern unterschiedlich geregelt sein kann, verlieren die jeweiligen EWU-Teilnehmerwährungen ihren Status als gesetzliche Zahlungsmittel.

Entsprechend der Empfehlung der EU-Kommission hat sich die EWU am 01.01.1999 aus elf Ländern konstituiert, nämlich Belgien, Deutschland, Finnland, Frankreich, Irland, Italien, Luxemburg, die Niederlande, Österreich, Portugal und Spanien.

Mit Wirkung zum 01.01.1999 wurde der unwiderrufliche Umrechnungskurs zwischen dem EUR und den nationalen Währungen festgesetzt (vgl. EG-VO Nr. 2866/98 vom 31.12.1998). Die offizielle ECU geht 1 : 1 in den EUR über (Art. 2 EG-VO 1103/97 vom 17.06.1997).

3.3.2 Umrechnung

Die endgültige Festsetzung der offiziellen Umrechnungskurse zum 01.01.1999 ergibt folgendes Bild:

Land	**1 EUR in Währung alt**	
Belgien	BEF	40,3399
Deutschland	DEM	1,95583
Finnland	FIM	5,94573
Frankreich	FRF	6,55957
Irland	IEP	0,787564
Italien	ITL	1936,27
Luxemburg	LUF	40,3399
Niederlande	NLG	2,20371
Österreich	ATS	13,7603
Portugal	PTE	200,482
Spanien	ESP	166,386

Die Kursdarstellung erfolgt in der Mengennotierung, also 1 EUR = x Währungsdenomination. Die jeweilige Denomination muß mit sechs signifikanten Stellen dargestellt werden. Das heißt, der fixierte Kurs muß über sechs Stellen verfügen, die von links nach rechts gezählt werden, ohne Berücksichtigung eines Kommas und einer vorangehenden Null. Seit dem 1. Januar 1999 ist demgemäß bei der Umrechnung von EUR-Beträgen in DEM der Ausgangsbetrag mit dem sechsstelligen Umrechnungskurs (1,95583) zu multiplizieren. Bei Umrechnung von DEM-Beträgen in EUR ist der Ausgangsbetrag durch diesen sechsstelligen Umrechnungskurs zu dividieren.

Von den Umrechnungskursen abgeleitete inverse Kurse (1 DEM = x EUR) oder cross rates (1 FRF = x DEM) sind nicht zulässig, wenn sie zu anderen Ergebnissen als nach der offiziellen Berechnungsmethode führen (vgl. Art. 4 EG-VO 1103/97).

Die Umrechnungskurse zwischen zwei Teilnehmerwährungen werden in zwei Rechenschritten ermittelt. Zunächst ist der Betrag der einen Teilnehmerwährung in einen auf EUR lautenden Betrag umzurechnen. Um die Genauigkeit der Umrechnungen zu sichern, darf dieser EUR-Betrag auf nicht weniger als drei Nachkommastellen gerundet werden (vgl. Art. 4 Abs. 4). Es finden die kaufmännischen Rundungsregeln Anwendung. Dieser EUR-Betrag ist dann in die andere Teilnehmerwährung umzurechnen.

Beispiel:

Umrechnung 280 FRF in DEM, Kurs: 1,95583 DEM = 1 EUR = 6,55957 FRF
280 / 6,55957 = 42,68572 EUR
42,686 EUR x 1,95583 = 83,48655 DEM = 83,49 DEM

Trotz dieser Umrechnungsregeln lassen sich durch die Rundung verursachte Abweichungen nicht vermeiden. Insbesondere wenn mehrere Einzelpreise einzeln umgerechnet und dann addiert werden, kann die Abweichung zu einem einmalig umgerechneten Gesamtbetrag evident werden.

Beispiel Handelsrechnung:

Kurs: 1 EUR = 1,95583 DEM, Einzelpreis 13,99 DEM = 7,15297 EUR

100 Stück kosten DEM 1.399,00	=	715,30 EUR
Einzelpreis 7,15 EUR => 100 Stück	=	715,00 EUR
=> Differenz	=	0,30 EUR

3.3.3 ICC-Entscheidung

3.3.3.1 Erläuterung

Die ICC-Kommission für Banktechnik und -praxis hat am 06.04.1998 eine Entscheidung zu den möglichen Auswirkungen der Euro-Einführung auf die den ICC-Richtlinien unterliegenden Inkassi, Akkreditive, Rembourse und Garantien, die auf eine EWU-Teilnehmerwährung lauten, getroffen.

Grundlage für diese Entscheidung bilden die folgenden Überlegungen:

In den EG-Verordnungen sind u.a. Bestimmungen über Übergangszeitraum, Vertragskontinuität und Zahlungsverpflichtungen niedergelegt. Jedoch besitzen diese Verordnungen nur einen räumlich beschränkten Geltungsbereich und wirken nicht automatisch auf Drittstaaten, es sei denn, deren Währungsrecht sieht das Währungsrecht des entsprechenden

Staates für die Währungsersetzung als maßgeblich an ("Lex-monetae-Grundsatz"). Es ist damit zu rechnen, daß Unternehmen nach und nach auf EUR umstellen und Dokumente somit in EUR erstellen. Das kann dazu führen, daß beispielsweise einige oder alle Dokumente unter einem in DEM eröffneten Akkreditiv in EUR präsentiert werden. Ob dies dem Grundsatz der Dokumentenstrenge entspricht, ist fraglich.

Nach Erörterung dieser Fragen hinsichtlich der Auswirkungen der Euro-Einführung hat die ICC-Kommission für Banktechnik und -praxis die ICC-Entscheidung **"The impact of the European single currency (euro) on monetary obligations related to transactions involving ICC Rules"** (Document no. 470/822 Rev. 6 April 1998) veröffentlicht, die sich im wesentlichen auf die Übergangszeit vom 01.01.1999 bis 31.12.2001 bezieht und deren Inhalte sich wie folgt zusammenfassen lassen:

1. Durch die Einführung des Euro werden weder Zahlungsverpflichtungen, die den ICC-Richtlinien unterliegen, geändert noch wird das Recht begründet, sich auf die Unmöglichkeit der Zahlung zu berufen.
2. Durch den "Lex-monetae-Grundsatz", der weltweit allgemein anerkannt ist, sind die sich aus den EG-Verordnungen ergebenden Regeln nicht nur für die EWU-Teilnehmerstaaten relevant, sondern auch für Zahlungsverpflichtungen in einer EWU-Teilnehmerwährung eines in einem Drittstaat ansässigen Schuldners.
3. Zahlungen unter einem in einer EWU-Teilnehmerwährung eröffneten Akkreditiv sind auch während der Übergangszeit in Akkreditivwährung zu leisten. Wenn jedoch das Konto des Zahlungsempfängers in einem EWU-Teilnehmerstaat geführt wird, kann die Zahlung auch in EUR zum offiziellen Umrechnungskurs geleistet werden. Nach Ende der Übergangszeit sind sämtliche Zahlungen in EUR zu leisten.
4. Dokumente, die unter einem in einer EWU-Teilnehmerwährung eröffneten Akkreditiv vorzulegen sind, können während der Übergangszeit auf die Akkreditivwährung oder auf EUR oder auf Währung des EWU-Teilnehmerstaates, in dem der Begünstigte seinen Sitz hat, lauten, sofern sie während der Übergangszeit erstellt wurden. Dokumente, die vor dem 01.01.1999 erstellt wurden, müssen stets in Akkreditivwährung aufgemacht sein und Dokumente, die nach dem 31.12.2001 erstellt wurden, müssen auf EUR lauten.
5. Für ein auf EUR lautendes Dokumenten-Akkreditiv gilt das oben gesagte analog.
6. Dokumente in unterschiedlichen Währungseinheiten, die unter demselben Akkreditiv in einem Satz präsentiert werden, werden nicht als einander widersprechend angesehen.
7. Obige Grundsätze gelten gleichermaßen für übertragbare Akkreditive, die während der Übergangszeit auch in EUR übertragen werden dürfen, wenn sie in einer EWU-Teilnehmerwährung eröffnet wurden.
8. Die obengenannten Zahlungsmodalitäten gelten ebenfalls für Inkassi, Garantien und Rembourse zwischen Banken, soweit sie den jeweiligen ICC-Richtlinien unterliegen.

3.3.3.2 Wortlaut

Die Entscheidung der ICC-Commission wird wegen ihrer Bedeutung nachstehend im vollen Wortlaut wiedergegeben:

The impact of the European single currency (euro) on monetary obligations related to transactions involving ICC Rules

Prepared by the Commission on Banking Technique and Practice

The International Chamber of Commerce (ICC) is the world business organization, based in Paris. The ICC Commissions on Banking Technique & Practice, International Commercial Practice, and Insurance, develop and maintain uniform rules for international trade, including the Uniform Rules for Contract Guarantees (URCG 325), Uniform Rules for Demand Guarantees (URDG 458), Uniform Customs and Practice for Documentary Credits (UCP 500), Uniform Rules for Collections (URC 522), Uniform Rules for Contract Bonds (URCB 524), and Uniform Rules for Bank to Bank Reimbursements (URR 525) (hereinafter referred to collectively as "ICC Rules").

The Introduction of the European single currency (euro), shall not have the effect of altering, discharging or excusing performance under any instrument subject to ICC Rules. This Decision emphasizes the need to correctly interpret and apply ICC Rules. Consequently, ICC National Committees and associated organizations are strongly urged to distribute this Decision as widely as possible to help ensure the future smooth running of the instruments issued under ICC Rules. This Decision does not amend any articles of ICC Rules in any way, but merely indicates the correct interpretation thereof which has been adopted unanimously by the ICC Commission on Banking Technique and Practice, on 6 April 1998.

1. General

1.1 As of 1 January 1999, the euro will be substituted for the national currency of those European Union member states participating in European Economic and Monetary Union (hereinafter, "EMU-Participating States") which are to be designated in May 1998. During the transitional period running from 1 January 1999 to 31 December 2001, the euro (1 euro = 100 cents) will also be divided into the national currency unit of the EMU-Participating States according to conversion rates which are to be irrevocably fixed by the Council of the European Union as of 1 January 1999 ("conversion rates"). The term "national currency unit" as used below refers to the currency of any EMU-Participating State before 1 January 1999.

During the transition period persons are free to use either the euro or the national currency unit, but will not (unless otherwise agreed) be obliged to receive or make payment in euro. However, any amount denominated either in euro or in a national currency unit of a given EMU-Participating State and payable within that state by crediting an account of the creditor, may be paid by the debtor either in euro or in that national currency unit, with any necessary conversion being effected at the conversion rate.

As of 1 January 1999 the ECU will be replaced by the euro at the rate of one euro to one ECU.

1.2 As from 1 January 2002 the national currency unit will cease to exist and the euro will be the only legal currency in the EMU-Participating States; all payments must be in euro.

1.3 Continuity of contract will not be affected by the introduction of the euro.

1.4 The above principles affecting national currency unit are legally binding in all EMU-Participating States, and apply equally to payment to be made in a national currency unit by persons located outside the European Union, due to the generally accepted legal principle that the definition of what constitutes legal tender is governed by the law of the country whose currency is involved (sometimes referred to as the *lex monetae* principle).

2. Consequences of the introduction of the euro on practice under various ICC rules:

2.1 UCP 500 for Documentary Credits (including standby letters of credit)

Below are the different possible cases and the relevant rules of interpretation:

		1 January 1999	1 January 2002
2.1.1	I P		
2.1.2	I	P	
2.1.3	I		P
2.1.4		I P	
2.1.5		I	P
2.1.7			I P

I = Date of Issuance of the credit   P = Date of Payment

2.1.1 Documentary credits issued and payable before 1 January 1999 in a national currency unit

Payment must be made and documents denominated in the currency of the credit.

2.1.2 Documentary credits issued before 1 January 1999 and payable between 1 January 1999 and 1 January 2002 in a national currency unit.

Payment must be made in the currency of the credit, but documents may be presented either in the currency of the credit or in the euro equivalent or in the equivalent cross-value in the national currency unit of the beneficiary's place of business; however, where payment is to be made in the currency of an EMU-Participating State and by crediting an account located in such member state, payment may at the debtor's (e.g. issuing bank's) option be effected in the euro equivalent.

2.1.3 Documentary credits issued in a national currency unit before 1 January 1999 and payable on or after 1 January 2002.

Payment must be made in euro, but documents issued between 1 January 1999 and 1 January 2002 may be presented either in the currency of the credit or in the euro equivalent or in the equivalent cross-value in the national currency unit of the beneficiary's place of business; documents issued on or after 1 January 2002 must be denominated in euro.

2.1.4 Documentary Credits issued and payable on or after 1 January 1999 and before 1 January 2002 in a national currency unit or in euro

Payment must be made in the currency of the credit, but documents may be presented in the currency of the credit or in the euro equivalent or in the equivalent cross value in the national currency unit at the beneficiary's place of business; however, where the currency of the credit is a national currency unit and payment is to be made in the currency of a particular EMU-Participating State by crediting an account located in such member state, payment may at the debtor's (e.g. issuing bank's) option be effected in euro.

2.1.5 Documentary credits issued on or after 1 January 1999 but before 1 January 2002 in a national currency unit or in euro and payable on or after 1 January 2002

Payment must be made in euro, but documents may be presented either in the currency of the credit or, as the case may be, in euro or in the national currency unit of the beneficiary's place of business, provided always that documents issued on or after 1 January 2002 must be denominated in euro.

2.1.6 For purposes of examples 2.1.2, 2.1.3, 2.1.4 and 2.1.5 above, documents (including insurance documents mentioned in UCP Art. 34 f) are not considered as being inconsistent with one another, if, within a single presentation of documents, any documents are denominated in the currency of the credit and/or in euro and/or the national currency unit of the place of business of the beneficiary.

2.1.7 Documentary credits issued and payable on or after 1 January 2002

Credits cannot be issued in a national currency unit and must be issued in euro and payment must be made and documents (issued on or after 1 January 2002) denominated in euro.

2.1.8 The guidelines set forth in this Decision apply equally to transferable credits. With regard to transferable credits issued in a national currency unit and to be transferred during the transitional period, the transferring bank may convert the currency and amount of the credit into the euro equivalent.

2.2 URCG 325 / URDG 458 / URCB 524 - Guarantees and bonds

The principles set forth above also apply to guarantees and bonds.

2.3 URC 522 Collections

Collections must be made in the currency stipulated in the collection instructions. However, if a collection instruction stipulates a national currency unit of an EMU-Participating State, as of 1 January 1999 payment may be made in the euro equivalent and as of 1 January 2002, payment must be made and accepted in the euro equivalent.

2.4 URR 525 Bank to Bank Reimbursements

Reimbursement claims must be made and honoured in the currency of the reimbursement authorization or reimbursement undertaking. However, if such currency is the national currency unit of an EMU-Participating State, from 1 January 1999 they may be made and honoured in the euro equivalent, and as from 1 January 2002 they must be made and honoured in the euro equivalent.

Fazit: Die Entscheidung der ICC-Commission dient lediglich der richtigen Anwendung und Auslegung der ICC-Richtlinien. Sie bewirkt weder eine Änderung noch stellt sie einen Bestandteil der ICC-Richtlinien dar, sondern versucht nur deren sachgerechte Auslegung. Die

Qualifizierung als Handelsbrauch oder Usance und die damit verbundene stillschweigende Anerkennung ist fraglich. Ihre Verbindlichkeit ist zu beurteilen, wie die der bisher veröffentlichten "Position Papers". Ihr Einfluß auf gerichtliche Entscheidungen ist offen.

Demgemäß ist den trotz und durch diese ICC-Entscheidung noch vorhandenen Risiken Rechnung zu tragen. Einzelhinweise sind den nachfolgenden Kapiteln zu entnehmen.

3.3.4 Inkasso

Die ICC-Entscheidung bezieht sich auf Inkassi, die den ERI unterliegen. In der Übergangszeit kann Zahlung unter einem auf DEM oder auf EUR lautenden Inkasso in DEM oder in EUR oder in der Währungseinheit des EWU-Teilnehmerlandes, in dem der Bezogene seinen Sitz hat, geleistet werden.

Die nachstehenden Hinweise für DEM gelten gleichermaßen für die anderen EWU-Teilnehmerwährungen und betreffen Zahlungsfälligkeiten nach dem 31.12.1998 und vor dem 01.01.2002.

3.3.4.1 Import-Inkasso

Für die Übergangszeit ist kein Handlungsbedarf erkennbar.

3.3.4.2 Export-Inkasso

Für Export-Inkassi mit Zahlungsort und/oder Schuldnersitz **innerhalb der EU** ist für die Übergangszeit kein Handlungsbedarf erkennbar.

Für Export-Inkassi mit Zahlungsort und/oder Schuldnersitz **außerhalb der EU** ist, soweit Zahlung erst in der Übergangszeit zu erwarten ist, mit dem Auftraggeber abzuklären, ob im Inkassoauftrag die Aushändigung der Inkasso-Dokumente alternativ gegen DEM- oder (auf Basis des offiziellen Umrechnungskurses) EUR-Zahlung vorgeschrieben werden soll. Dadurch können beispielsweise Rückfragen der Auslandsbank und damit verbundene Kosten vermieden werden.

Bei DEM-Wechseln mit Zahlungsort und/oder Schuldnersitz **außerhalb der EU** gilt das jeweilige Landesrecht. Abhängig vom zugrunde liegenden Landesrecht ist nicht auszuschließen, daß bei Wechselprotestweisung eine Begleichung der Wechselschuld durch den Bezogenen in der jeweiligen Landeswährung zugelassen wird. Eine Zahlung in DEM könnte als nicht mehr möglich bzw. zulässig angesehen werden. Der Auftraggeber (Kunde) hätte in einem solchen Fall das Währungs- und Transferrisiko zu tragen.

Daher sollte der Auftraggeber **vor Auftragsannahme** darauf hingewiesen werden, daß er das Risiko trägt, daß die Inkassobank die Zahlungspapiere gegen Zahlung in Landeswährung freigibt. Folgende individuelle Lösungsansätze sind denkbar, die jedoch vom Auftraggeber rechtlich geprüft werden müßten:

- Aufnahme ergänzender Weisungen in den Inkassoauftrag (gemäß entsprechendem Kundenauftrag), daß alternativ zur DEM- auch EUR-Zahlung akzeptiert wird.

- Gegebenenfalls auf Protestweisung verzichten, sofern Konsequenzen aus dem Landesrecht nicht einschätzbar sind und Risiken vertretbar erscheinen, damit zumindest die Forderung aus dem Grundgeschäft existent bleibt, soweit eine entsprechende Weisung des Auftraggebers erfolgt. Demnach wäre der Wechsel bei Nichtbezahlung lediglich mit einem "unbezahlt"-Vermerk zurückzufordern.

Angesichts der unter Umständen komplexen Rechtslage ist eine einheitliche Beurteilung nicht möglich. Es ist nicht eindeutig, welche Maßnahmen die geschilderten Risiken minimieren könnten. Daher ist stets eine Einzelfallbetrachtung erforderlich.

Wünscht der Auftraggeber die Aufnahme besonderer Weisungen in den Inkassoauftrag, ist darauf zu achten, daß diese unmißverständlich und vollständig sind.

Im Fall von besonderen Weisungen sind diese im Inkassoauftrag deutlich hervorzuheben und die Inkassobank ist vorsorglich um Rückfrage zu bitten, falls sie sich nicht in der Lage sieht, diese Weisungen auszuführen.

3.3.5 Akkreditiv

Die besondere Behandlung von Akkreditiven während der Übergangsphase (01.01.1999 bis 31.12.2001) beschränkt sich nicht nur auf die Anpassung der technischen Anforderungen. Die Grundproblematik für die praktische Umsetzung liegt in dem Grundsatz der Dokumentenstrenge gemäß ERA 500, der auch Dokumentenvorlage in Akkreditivwährung verlangt, und der Ungewißheit, wann die Dokumentenaussteller während der Übergangsphase endgültig auf EUR umstellen und Dokumente in der ersetzten nationalen Währung nicht mehr ausstellen. Hinzu kommt, daß die rechtlichen Auswirkungen der für die EU-Staaten bindenden Regeln, wonach die DEM bzw. andere EWU-Teilnehmerwährungen als Untereinheiten des EUR zu betrachten sind, und die sich daraus ergebenden Folgen bei der Geschäftsabwicklung mit Partnern in Nicht-EU-Ländern sich nicht abschätzen lassen.

Die ICC-Entscheidung zu den möglichen Auswirkungen der Euro-Einführung auf den UCP 500 unterliegende Akkreditive bietet praxisgerechte Lösungen, jedoch stellt sie keine Änderung der ICC-Richtlinien dar, sondern gibt lediglich Anhaltspunkte für deren richtige Anwendung und Auslegung. Daher ist nicht gesichert, daß alle Banken, insbesondere solche außerhalb der EU, sich dieser Anwendung und Auslegung anschließen, zumal die ICC-Entscheidung den Grundsatz der Dokumentenstrenge einschränkt.

Demgemäß sollte die ICC-Entscheidung grundsätzlich bei Importakkreditiven angewandt und bei der Akkreditivausgestaltung bedacht werden. Bei Exportakkreditiven sollte vorsichtshalber berücksichtigt werden, daß die eröffnende Bank die ICC-Entscheidung nicht anwenden muß oder vom Auftraggeber zur Nichtanwendung gezwungen werden könnte. Auch bei Unterstützung der ICC-Entscheidung in Deutschland kann das Risiko von Zahlungsverzögerungen oder - letztendlich vielleicht sogar gerichtlich bestätigter - Nichtzahlung einzelner eröffnender Banken in Einzelfällen nicht ausgeschlossen werden.

Diese Hinweise zu DEM-Akkreditiven gelten im übrigen gleichermaßen für Akkreditive in EWU-Teilnehmerwährungen oder in EUR.

3.3.5.1 Import-Akkreditiv

Die folgenden Hinweise für die Eröffnung bzw. Verlängerung von DEM-Akkreditiven gelten wiederum analog für Akkreditive in EWU-Teilnehmerwährungen oder in EUR.

DEM-Akkreditiveröffnungen/-änderungen, **sollten** zusätzlich zur nationalen Währungsbezeichnung die Klausel

"oder Euro gemäß offiziellem Umrechnungskurs"
("or official Euro-countervalue")

enthalten. Eine entsprechende Weisung im Eröffnungs-/Änderungsauftrag ist erforderlich.

Aufgrund der ICC-Entscheidung werden inländische Banken EUR-Dokumente unter einem DEM-Akkreditiv aufnehmen. Die zusätzliche Klausel dient vor allem der Klarstellung gegenüber der Auslandsbank und dem Begünstigten. Sie ermöglicht eine größere Flexibilität bei der Dokumentenerstellung und -aufnahme. Das Akkreditiv sollte keine besondere Währungsbezeichnung in einer EWU-Teilnehmerwährung für einzelne Dokumente vorschreiben, zumal außerhalb des Geltungsbereichs einer EWU-Teilnehmerwährung ab 01.01.1999 für diesen Staat nur noch der EUR quotiert werden wird.

Auf die Konsequenzen der zusätzlichen "Euro-Klausel" sollte der Auftraggeber hingewiesen werden:

- Auch wenn keine Euro-Klausel in das Akkreditiv aufgenommen werden soll, sind aufgrund der ICC-Entscheidung auch Dokumente in EUR aufzunehmen, vorausgesetzt, sie entsprechen in jeder anderen Hinsicht den Akkreditivbedingungen. Auch mit Euro-Klausel können weitere Bedingungen bezüglich der Dokumentenaufmachung gestellt werden.
- Es können neben DEM-Dokumenten auch alternativ EUR-Dokumente präsentiert werden.
- In einzelnen Dokumentensätzen können Einzeldokumente in der Währungsbezeichnung (DEM und/oder EUR) untereinander abweichen.
- Sollte der Kunde unter vor dem 31.12.2001 verfallenden Akkreditiven jedoch keine EUR-Dokumente wünschen, muß er dies ausdrücklich im Akkreditiv als Bedingung stellen, dabei aber berücksichtigen, ob die Aussteller der Dokumente DEM-Werte in der Übergangszeit noch ermitteln können oder festlegen wollen.

Wenn die Warenbeschreibung DEM-Preise pro Einheit oder Teilmenge enthält, gibt es folgende Möglichkeiten:

Die alternative Verwendung von DEM/EUR-Preisen in der Warenbeschreibung ist grundsätzlich möglich. Allerdings erscheint zunächst eine Festlegung auf DEM empfehlenswert, da bei der Umrechnung vieler Einzelpreise Rundungsdifferenzen entstehen können. Vorbeugend ist daher ein zusätzlicher Hinweis zur Warenbeschreibung empfehlenswert.

(z.B. "All the unit prices have to be quoted as stated in the description of the goods and only the total invoice amount may be alternatively quoted in Euro calculated at official conversion-rate.")

Für die Dokumentenvorlage gilt:

- Vor dem 01.01.1999 ausgestellte Dokumente: Währungsbezeichnung nur in DEM
- Vom 01.01.1999 bis 31.12.2001 ausgestellte Dokumente: Währungsbezeichnung entweder DEM oder EUR gemäß offiziellem Umrechnungskurs oder Währungseinheit des EWU-Teilnehmerstaates, in dem der Begünstigte seinen Sitz hat
- Nach 31.12.2001 ausgestellte Dokumente: Währungsbezeichnung nur noch in EUR gemäß offiziellem Umrechnungskurs

Bei bereits eröffneten DEM-Akkreditiven ohne "Euro-Klausel" werden Dokumente gemäß den in der ICC-Entscheidung genannten Bedingungen aufgenommen, vorausgesetzt, sie entsprechen in jeder anderen Hinsicht den Akkreditivbedingungen.

3.3.5.2 Export-Akkreditiv

Da nicht gewährleistet ist, daß eröffnende Banken, insbesondere solche außerhalb der EU, die ICC-Entscheidung als für sich und/oder ihre Auftraggeber verbindlich ansehen, sollten Banken den Begünstigten in ihrem eigenen Interesse bereits bei Avisierung/Bestätigung darauf hinweisen:

> "Wir weisen vorsorglich darauf hin, daß wir nur Dokumente, die in Akkreditivwährungsdenomination aufgemacht sind, als zweifelsfrei akkreditivkonform aufnehmen werden, da nicht gewährleistet ist, daß eröffnende Banken, insbesondere solche außerhalb der EU, die ICC-Entscheidung als für sich und/oder ihre Auftraggeber verbindlich ansehen. Sollte Ihnen die Vorlage solcher Dokumente nicht möglich sein, veranlassen Sie bitte rechtzeitig eine entsprechende Akkreditivänderung über den Akkreditivauftraggeber."

Sollte die Bestätigung erst nach erfolgter Avisierung hinzugefügt werden, ist der obengenannte Hinweis in der Bestätigung zu wiederholen. Die Akkreditivbestätigung erstreckt sich somit auch nur auf die Akzeptierung von Dokumenten, die in Akkreditivwährungsdenomination aufgemacht sind. Sollte das Akkreditiv jedoch statt einer Euro-Klausel einen Hinweis tragen, daß es auch dieser ICC-Entscheidung unterliegt, ist der obige Hinweis nicht notwendig. Für eingehende Akkreditivänderungen (Laufzeitverlängerungen etc.) gilt das Obengenannte analog.

Die Entscheidung, ob das Akkreditiv geändert werden muß, liegt jedoch beim Begünstigten, da die Banken weder das Grundgeschäft (Export-Vertrag) noch die Möglichkeiten der Dokumentenerstellung beurteilen können. Denkbar wäre, daß beispielsweise Versicherungen sehr schnell dazu übergehen, Policen/Zertifikate nur noch in EUR auszufertigen.

Sofern Änderungsbedarf in bezug auf die Währungsbezeichnung besteht, empfiehlt es sich, daß der Begünstigte eine Akkreditivänderung veranlaßt: ("L/C amount is DEM ... or official Euro-countervalue")

Sollte diese Akkreditivänderung von der eröffnenden Bank abgelehnt werden, bleibt noch offen, ob sie sich gemäß der ICC-Entscheidung verhalten wird. Würde der Akkreditivbegünstigte eine Änderung dahingehend suchen, daß für das Akkreditiv auch die ICC-Entscheidung gelten soll, und würde eine entsprechende Änderung abgelehnt, wäre die Anwendung der ICC-Entscheidung auf dieses Akkreditiv endgültig ausgeschlossen.

Sollte die Dokumentenvorlage unter DEM-Akkreditiven nach dem 31.12.2001 erfolgen, ist eine vorherige entsprechende Akkreditivänderung jedenfalls außerhalb der EWU als zwingend erforderlich anzusehen, da nach diesem Zeitpunkt zu erstellende Dokumente nicht mehr auf DEM lautend ausgestellt werden können.

Bei übertragbaren Akkreditiven sollten Banken den Erstbegünstigten bei DEM-Akkreditiven ohne "Euro-Klausel" mit Dokumentenvorlage über den 31.12.1998 hinaus besonders auf die Einhaltung der Währungsbezeichnung in den Dokumenten hinweisen. Damit vom Zweitbegünstigten akkreditivkonforme Dokumente eingereicht werden können, ist eine entsprechende Weitergabe dieses Hinweises bei der Übertragung an den Zweitbegünstigten erforderlich. Dieser Hinweis könnte wie folgt lauten:

> "Wir weisen vorsorglich darauf hin, daß wir nur Dokumente, die in Akkreditivwährungsdenomination aufgemacht sind, als zweifelsfrei akkreditivkonform aufnehmen werden, da nicht gewährleistet ist, daß eröffnende Banken, insbesondere solche außerhalb der EU, die ICC-Entscheidung als für sich und/oder ihre Auftraggeber verbindlich ansehen. Sollte Ihnen die Vorlage solcher Dokumente nicht möglich sein, veranlassen Sie bitte rechtzeitig eine entsprechende Akkreditiv-Änderung über den Akkreditivauftraggeber."

Hierzu wird ein ausdrücklicher Auftrag des Erstbegünstigten benötigt.

Sofern keine "Euro-Klausel" in einem DEM-Akkreditiv enthalten ist, müssen auch nach dem 31.12.1998 ausgestellte Dokumente auf DEM lauten, um über jeden Zweifel erhaben aufnahmefähig zu sein.

Aufgrund der ICC-Entscheidung ist jedoch die Zulässigkeit der Präsentation von EUR-Dokumenten wahrscheinlich. Eine Aufnahme von EUR-Dokumenten unter einem nur "internen Vorbehalt" erscheint somit sachgerecht. Akzeptiert der Begünstigte den "internen Vorbehalt" nicht, sind die Dokumente zurückzuweisen und das weitere Vorgehen - wie bisher - mit dem Begünstigten abzustimmen.

Remboursanforderungen müssen über die Währung der Remboursermächtigung oder der Remboursverpflichtung lauten und in dieser Währung bedient werden. Handelt es sich bei der Währung jedoch um die Währung eines EWU-Teilnehmerlandes, so **kann** ab 01.01.1999 und **muß** ab 01.01.2002 die Abwicklung im EUR-Gegenwert erfolgen.

4 Dokumenteninkassi: Arten, Abwicklungen, Fallbeispiele, Prüflisten

4 Dokumenteninkassi: Arten, Abwicklungen, Fallbeispiele, Prüflisten

von Professor Dr. Siegfried Georg Häberle

4.1 Arten und Grundstruktur der Dokumenteninkassi

4.1.1 Charakterisierung der Dokumenteninkassi und Übersicht über die Bezeichnungen/Funktionen der Inkassobeteiligten

Zug-um-Zug-Abwicklung

Im Rahmen eines Inkassoauftrags übergibt der Exporteur seiner Bank die **Dokumente** (Transportdokument, Versicherungsdokument, Handelsrechnung usw.) mit der Maßgabe, diese Dokumente (im allgemeinen unter Einschaltung einer Bank im Importland) dem Importeur nur auszuhändigen, wenn dieser - je nach den getroffenen Vereinbarungen - **im Gegenzug bezahlt, einen Wechsel akzeptiert** oder einen **unwiderruflichen Zahlungsauftrag** mit späterer Fälligkeit **unterzeichnet**.

Arten

Gegenüber dem Importeur vollzieht sich das Dokumenteninkasso somit unter dem Merkmal der Gegenleistung für die Aushändigung der Dokumente als ein **Zug-um-Zug-Geschäft**:

- **Dokumente gegen Zahlung**

  (Dokumente gegen Kasse, documents against payment d/p, cash against documents)

  oder

- **Dokumente gegen Akzept**

  (Dokumente gegen Akzept eines - in der Regel - später fälligen Wechsels, documents against acceptance d/a)

  oder

- **Dokumente gegen unwiderruflichen Zahlungsauftrag**

  (Dokumente gegen Erteilung eines unwiderruflichen Zahlungsauftrags mit späterer Fälligkeit, documents against irrevocable payment order).

Zahlungsfälligkeit

Unter dem **Merkmal der Zahlungsfälligkeit** werden die Dokumenteninkassi manchmal in zwei Kategorien untergliedert:

- **Sichtinkassi**

  Dazu zählen Inkassi, die "**bei Sicht**" bzw. "**bei erster Präsentation**" zahlbar sind. Im allgemeinen werden zu den Sichtinkassi jedoch auch Inkassi gezählt, bei denen die

Dokumentenaufnahme des Importeurs auf einen späteren Zeitpunkt verlagert ist, z.B. Inkassi "**zahlbar ... Tage nach Präsentation**" oder "**zahlbar bei Ankunft der Ware/ des Schiffs**".

Diese Einordnung ist deswegen tragfähig, weil sich an der zu einem späteren Zeitpunkt vollzogenen Zug-um-Zug-Abwicklung "**Dokumente gegen Zahlung**" nichts ändert. Einzelheiten siehe Abschnitt "4.6.3 Abwicklung von 'Dokumente gegen Zahlung'-Sichtinkassi bei alternativen Fälligkeiten für die Dokumentenaufnahme".

- **Nachsichtinkassi**

  Zu den Nachsichtinkassi (die manchmal auch als "**Deferred Payment-Inkassi**" bezeichnet werden) zählen jene Inkassi, bei denen zwischen der Aushändigung der Dokumente an den Importeur und der (endgültigen) Zahlung eine Nachsichtfrist eingeschoben ist.

  Dies ist der Fall bei

  - "**Dokumente gegen Akzept einer Nachsichttratte**"-Inkassi

    und bei

  - "**Dokumente gegen unwiderruflichen Zahlungsauftrag mit späterer Fälligkeit**"-Inkassi.

Beteiligte/Funktionen

In der folgenden **Tabelle** sind die Bezeichnungen sowie die Funktionen der Beteiligten am Dokumenteninkasso zusammengestellt.

Prof. Dr. Siegfried G. Häberle

Übersicht über die Bezeichnungen (Funktionen) der Inkassobeteiligten

Exporteur	= **Auftraggeber** Der Exporteur erteilt einer Bank (im allgemeinen der Exporteurbank) den Inkassoauftrag. = **Aussteller, drawer** In Anlehnung an das Wechselrecht wird der Exporteur nicht nur bei Dokumenteninkassi gegen Akzept als (Wechsel-)Aussteller bezeichnet, sondern auch bei Dokumenteninkassi gegen Zahlung. = **Einreicher** Der Exporteur reicht die Dokumente (und gegebenenfalls die Tratte) bei der Exporteurbank ein.
Importeur	= **Bezogener, drawee** In Anlehnung an das Wechselrecht wird der Importeur nicht nur bei Dokumenteninkassi gegen Akzept als (Wechsel-)Bezogener bezeichnet, sondern auch bei Dokumenteninkassi gegen Zahlung. = **Akzeptant** Nach erfolgter Akzeptleistung kann der Bezogene als Akzeptant bezeichnet werden (nur bei Dokumenteninkassi gegen Akzept). = **Zahlungspflichtiger** Dies ist ein umfassender Ausdruck für den zahlungspflichtigen Importeur, unabhängig davon, in welcher Form die Zahlung erfolgt.

Exporteurbank	= **Einreicherbank** Dieser Bank erteilt der Exporteur den Inkassoauftrag und bei dieser Bank reicht er die Dokumente, gegebenenfalls mit der Tratte, ein. = **Diskontbank** Wenn die Exporteurbank (oder eine andere Bank) den vom Exporteur ausgestellten Wechsel diskontiert, wird diese Bank als Diskontbank bezeichnet.
Auslandsbank	= **Inkassobank** Als Inkassobank wird grundsätzlich jede Bank - außer der Einreicherbank - bezeichnet, die in das Inkasso eingeschaltet ist. Je nach Korrespondenzbeziehungen der Einreicherbank können dies mehrere Banken sein. Ist nur eine Bank im Ausland eingeschaltet, dann wird diese Bank manchmal als Zweitbank bezeichnet. = **Vorlegende Inkassobank** Vorlegende Inkassobank ist diejenige Inkassobank, die gegenüber dem Importeur die Vorlegung der Dokumente (einschließlich der Aufforderung zur Zahlung bzw. zur Akzeptleistung) vornimmt. = **Importeurbank** Dies ist die Hausbank des Importeurs. Ist die Importeurbank vom Exporteur im Inkassoauftrag ausdrücklich benannt, dann ist sie zugleich die vorlegende Inkassobank. Ist dagegen im Inkassoauftrag keine Bank als vorlegende Bank benannt, dann betraut die Exporteurbank im allgemeinen ihre Korrespondenzbank im Importland mit dem Inkasso. = **Domizilstelle** Dies ist diejenige Bank, bei der ein Wechsel zahlbar gestellt ist. Im allgemeinen ist dies die Hausbank des Importeurs.

4.1.2 Wirtschaftliche Grundstruktur von "Dokumente gegen Zahlung"-Inkassi - mit schrittweisen Erläuterungen und graphischer Darstellung -

Vorbemerkungen/Abbildung:

- Die Grundstruktur der Abwicklung von "Dokumente gegen Zahlung"-Inkassi ist in **Abbildung 4-01** dargestellt und im folgenden Textteil schrittweise erläutert.
- Die Darstellung ist stark **vereinfacht** und dient lediglich der Einführung. Vertiefende Ausführungen zur Gestaltung und zur Abwicklung von "Dokumente gegen Zahlung"-Inkassi finden sich in den Abschnitten 4.3 ff.
- Die **„Einheitlichen Richtlinien für Inkassi (ERI 522)"** sowie der **Kommentar** finden sich in Kapitel 6.
- Die Darstellung von **„Inkassi auf Konsignationsbasis (Collections on Consignment Basis) mit Darstellung der Wareneinlagerung"** findet sich in Kapitel 5.1.
- Ausführungen zu „notleidenden" Dokumenteninkassi finden sich in diesem Kapitel unter **„4.7 Notleidende Dokumenteninkassi"** sowie in Kapitel 5 (Dokumenteninkassi: Sonderformen/Besonderheiten der Abwicklung) ebenfalls unter der Überschrift **„5.2 Notleidende Dokumenteninkassi"**.

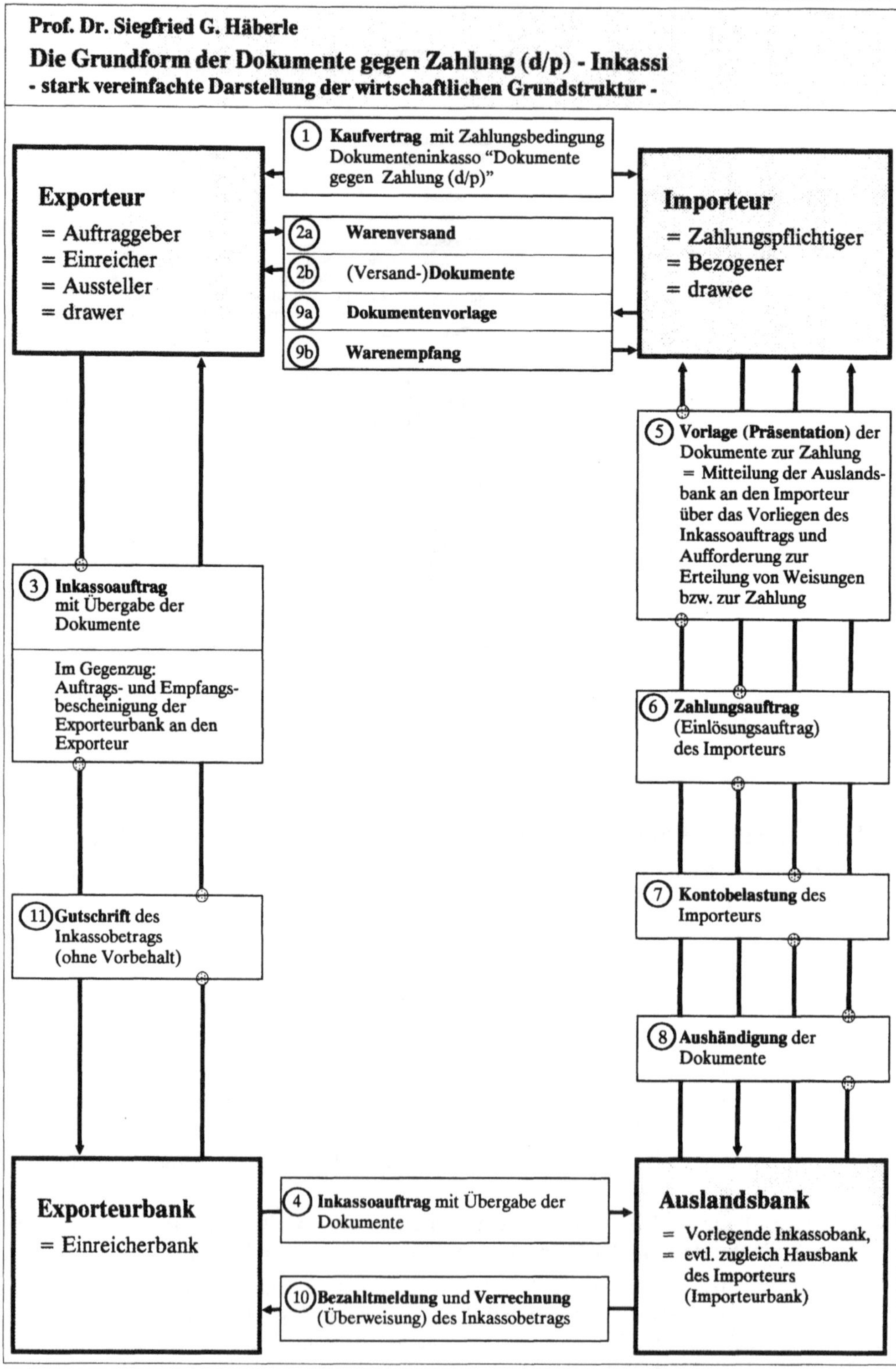

Abbildung 4-01

Schrittweise Darstellung der Grundstruktur:

1. **Kaufvertrag zwischen Exporteur und Importeur mit der Zahlungsbedingung: "Dokumente gegen Zahlung (d/p)"**

Festlegungen im Kaufvertrag:

Wichtige Festlegungen sind u.a.:

- Art und Anzahl der **Dokumente** einschließlich der darin festzulegenden Termine (z.B. Verladedatum).
- Zeitpunkt der Verpflichtung zur Aufnahme der Dokumente durch den Importeur, d.h. **Zeitpunkt** der Verpflichtung zur **Zahlung** im Rahmen des Dokumenteninkassos (z.B. bei erster Präsentation oder bei Ankunft der Ware).
- Verteilung der **Inkassokosten** (Bankspesen).
- Eventuell: Benennung einer bestimmten Bank als **vorlegende Inkassobank** (häufig Hausbank des Importeurs).

Einzelheiten siehe Abschnitt "4.3 Gestaltungsmerkmale von Dokumenteninkassi".

2. **Warenversand durch den Exporteur und im Gegenzug Empfang der (Versand-) Dokumente**

Unter anderem ist **zu beachten**:

- Einhaltung der im Kaufvertrag vereinbarten **(Verlade-)Termine**.
- **Inhalt und Form der Dokumente** in Übereinstimmung mit dem Kaufvertrag.

  Die (Versand-)Dokumente der Reederei, der Spedition usw. ermöglichen dem Exporteur den Nachweis des (rechtzeitig) vollzogenen Warenversands, das Versicherungsdokument den Nachweis des Versicherungsschutzes usw.

3. **Inkassoauftrag des Exporteurs an seine Hausbank (Exporteurbank, Einreicherbank) mit Übergabe der Dokumente**

Kern des Inkassoauftrags: Die Dokumente sind dem Importeur nur auszuhändigen, wenn dieser dem Inkassoauftrag entspricht, d.h. Zahlung leistet.

Festlegungen im Inkassoauftrag:

Wichtige Festlegungen sind u.a.:

- **Zeitpunkt der Aufnahme der Dokumente** durch den Importeur (entsprechend den Vereinbarungen im Kaufvertrag, z.B. bei erster Präsentation oder bei Ankunft der Ware).
- Weisungen hinsichtlich der Verteilung der **Inkassokosten** (Bankspesen) sowie eventuell die Zahlung von Zinsen durch den Importeur (entsprechend den Vereinbarungen im Kaufvertrag).

- Eventuell: spezielle Weisungen (Instruktionen) bei **Nichtaufnahme der Dokumente** durch den Importeur (z.B. Angabe einer Notadresse).

Einzelheiten und weitere Festlegungen siehe Hauptabschnitt "4.4 Inkassoauftrag des Exporteurs an die Einreicherbank".

Die Exporteurbank (Einreicherbank) erteilt dem Exporteur eine **Auftragsbestätigung** bezüglich des Inkassoauftrags und eine **Empfangsbestätigung** bezüglich der Dokumente.

4. Inkassoauftrag der Exporteurbank an die Auslandsbank (vorlegende Inkassobank) mit Übergabe der Dokumente

Sofern im Inkassoauftrag des Exporteurs eine bestimmte Bank (z.B. die Hausbank des Importeurs) nicht genannt ist, beauftragt die Exporteurbank ihre **Korrespondenzbank** im entsprechenden Ausland mit dem Inkasso.

Die Festlegungen und **Weisungen** des Inkassoauftrags des Exporteurs sind von der Exporteurbank bei der Beauftragung einer ausländischen Bank strengstens zu beachten und in diesen Inkassoauftrag zu übernehmen. Erachtet die Exporteurbank Weisungen des Exporteurs als undurchführbar oder als wenig praktikabel, nimmt sie vor Weiterleitung des Inkassoauftrags Rücksprache beim Exporteur.

Bei "Dokumente gegen Zahlung"-Inkassi ist eine Weisung über die **Verrechnung** (den Verrechnungsweg) des Inkassobetrags nach Zahlung durch den Importeur erforderlich.

Im Gegenzug zum erteilten Inkassoauftrag sollte die Exporteurbank von der Auslandsbank (von der vorlegenden Inkassobank) eine **Auftrags- und Empfangsbestätigung** (z.B. über SWIFT) erhalten. Diese Bestätigung wird bei "Dokumente gegen Zahlung"-Inkassi jedoch manchmal durch die Gutschriftsanzeige ersetzt, die die vorlegende Inkassobank der Exporteurbank nach erfolgter Zahlung des Importeurs erteilt. Analoges gilt hinsichtlich der Bezahltmeldung der vorlegenden Inkassobank an die Einreicherbank.

5. Vorlage (Präsentation) der Dokumente gegenüber dem Importeur durch die vorlegende Inkassobank

Die Vorlage (Präsentation) der Dokumente ist die **Mitteilung** der Auslandsbank an den Importeur über das Vorliegen des Inkassoauftrags unter Nennung aller relevanten Einzelheiten und unter eventueller Beifügung von Fotokopien der Dokumente.

Dem Importeur ist -falls keine weiterreichende Weisung erteilt ist- die Möglichkeit gegeben, die **Originaldokumente** in den Räumen der Inkassobank **einzusehen**.

Sofern im Inkassoauftrag keine anderslautende Weisung aufgenommen ist, hat der Importeur unverzüglich über die **Aufnahme der Dokumente**, d.h. über Zahlung bzw. Nichtzahlung zu **entscheiden**.

Einzelheiten und weitere Aspekte siehe Hauptabschnitt "4.6 Vorlage (Präsentation) der Dokumente..." sowie Abschnitt "4.6.3 Abwicklung von 'Dokumente gegen Zahlung'-Sichtinkassi bei alternativen Fälligkeiten für die Dokumentenaufnahme".

6. **Zahlungsauftrag (Einlösungsauftrag) des Importeurs**
   Nach **Prüfung** des vorgelegten Inkassos und nach eventueller Prüfung der bei der vorlegenden Inkassobank verbliebenen **Originaldokumente** auf Übereinstimmung mit den im Kaufvertrag getroffenen Vereinbarungen, erteilt der Importeur den Auftrag zur Zahlung (Einlösungsauftrag).

7. **Kontobelastung des Importeurs**
   Sofern das Konto des Importeurs das erforderliche Guthaben aufweist, bucht die vorlegende Bank den **Inkassobetrag** ab.
   Anmerkung (graphisch nicht dargestellt): Läßt dagegen der Kontostand des Importeurs die Abbuchung nicht zu, dann hat die vorlegende Bank unverzüglich **Meldung über Nichtzahlung** an die ihr vorgeschaltete Bank zu erstatten. Diese Nichtbezahltmeldung gelangt letztlich zum Exporteur, der sodann über die weitere Behandlung des Inkassoauftrags Weisung erteilen muß.
   Einzelheiten zum Nichtzahlungsfall siehe Abschnitt "4.7.1 Notleidende Inkassi 'Dokumente gegen Zahlung'".

8. **Aushändigung der Dokumente an den Importeur**
   Im Gegenzug zur Zahlung des Inkassobetrags (Kontobelastung) erhält der Importeur die Dokumente ausgehändigt. Damit ist das Dokumenteninkasso im Kern, nämlich die **Zug-um-Zug-Abwicklung,** abgeschlossen.

9. **a) + b) Dokumentenvorlage und Warenempfang**
   Durch Vorlage der Dokumente kann sich der Importeur als **Berechtigter** zum Warenempfang ausweisen (Legitimationsfunktion der Dokumente) und damit den Besitz der Waren erlangen.

10. **Bezahltmeldung und Verrechnung (Überweisung) des Inkassobetrags**
    Die vorlegende Inkassobank muß der vorgeschalteten Bank (Einreicherbank) unverzüglich eine **Bezahltmeldung** zusenden. Außerdem leitet die vorlegende **Inkassobank** den Inkassobetrag an die Exporteurbank (Einreicherbank) weiter.
    Anmerkung: In der Praxis ersetzt die Weiterleitung des Inkassobetrags manchmal eine ausdrückliche Bezahltmeldung.

11. **Gutschrift des Inkassobetrags auf dem Konto des Exporteurs**
    Die Gutschrift erfolgt in der Regel **ohne Vorbehalt.**

4.1.3 Wirtschaftliche Grundstruktur von "Dokumente gegen Akzept"-Inkassi - jeweils mit schrittweisen Erläuterungen und graphischen Darstellungen -

Vorbemerkungen:

- Inkassi "Dokumente gegen Akzept einer Nachsichttratte" sowie Inkassi "Dokumente gegen unwiderruflichen Zahlungsauftrag mit späterer Fälligkeit" werden manchmal unter den Oberbegriffen **“Nachsicht-Inkassi”** bzw. **“Deferred Payment-Inkassi”** zusammengefaßt. Bei beiden Inkassoarten ist zwischen der Aushändigung der Dokumente an den Importeur und der Zahlung des Akzepts bzw. des unwiderruflichen Zahlungsauftrags eine Nachsichtfrist eingeschoben.

- Die folgenden Abbildungen und Erläuterungen haben zum Ziel, den **Überblick** über die **Grundstruktur** von “Dokumente gegen Akzept”-Inkassi zu vermitteln. Es sind deswegen nur wenige Merkmale bzw. Besonderheiten bei den einzelnen Schritten aufgenommen.
- Die in den folgenden Abschnitten dargestellten Formen der “Dokumente gegen Akzept”-Inkassi unterscheiden sich im wesentlichen in der **Verwendung** des vom Importeur (Bezogenen) **akzeptierten Wechsels**. Deswegen sind die Erläuterungen zu den einzelnen Schritten bei den Fällen 2 und 3 nur insoweit ausführlich dargestellt als sie gegenüber Fall 1 wesentliche Unterschiede aufweisen.
- Die **„Einheitlichen Richtlinien für Inkassi (ERI 522)“** sowie der **Kommentar** finden sich in Kapitel 6.
- Die Darstellung von **„Inkassi auf Konsignationsbasis (Collections on Consignment Basis) mit Darstellung der Wareneinlagerung“** findet sich in Kapitel 5.1.
- Ausführungen zu „notleidenden“ Dokumenteninkassi finden sich in diesem Kapitel unter **„4.7 Notleidende Dokumenteninkassi“** sowie in Kapitel 5 (Dokumenteninkassi: Sonderformen/Besonderheiten der Abwicklung) ebenfalls unter der Überschrift **„5.2 Notleidende Dokumenteninkassi“**.

Hinweise:

- Weiterreichende **Einzelheiten** zur Gestaltung und Abwicklung von “Dokumente gegen Akzept”-Inkassi sowie die Darstellung **spezieller Abwicklungen** finden sich in den Abschnitten 2.3ff..
- Die rechtlichen und wirtschaftlichen Merkmale von **(Auslands-)Wechseln** sind in Kapitel „7 Exportdokumente ...“, Hauptabschnitt 7.10 beschrieben.

4.1.3.1 “Dokumente gegen Akzept”-Inkassi mit Aushändigung des akzeptierten Wechsels an den Exporteur - Fall 1 -

Annahmen:

- Dokumente gegen **Akzeptierung einer Nachsichttratte**.
- **Verwendung des Wechsels** nach Akzeptleistung des Importeurs: **Rücksendung** und Aushändigung an den Exporteur.
- **Vor Verfall des Wechsels:** Übergabe des Wechsels an die Exporteurbank zum **Einzug des Wechselgegenwerts**.

Abbildung:

Die einzelnen Schritte der Abwicklung sind in **Abbildung 4-02** dargestellt und danach erläutert.

Prof. Dr. Siegfried G. Häberle

Die Grundstruktur von "Dokumente gegen Akzept" - Inkassi - Fall 1 -

Annahmen:
- Dokumente gegen Akzeptierung einer Nachsichttratte
- Verwendung des Wechsels nach Akzeptleistung des Importeurs: Rücksendung und Aushändigung an den Exporteur
- Vor Verfall des akzeptierten Wechsels: Übergabe des Wechsels an die Exporteurbank zum Einzug des Wechselgegenwerts

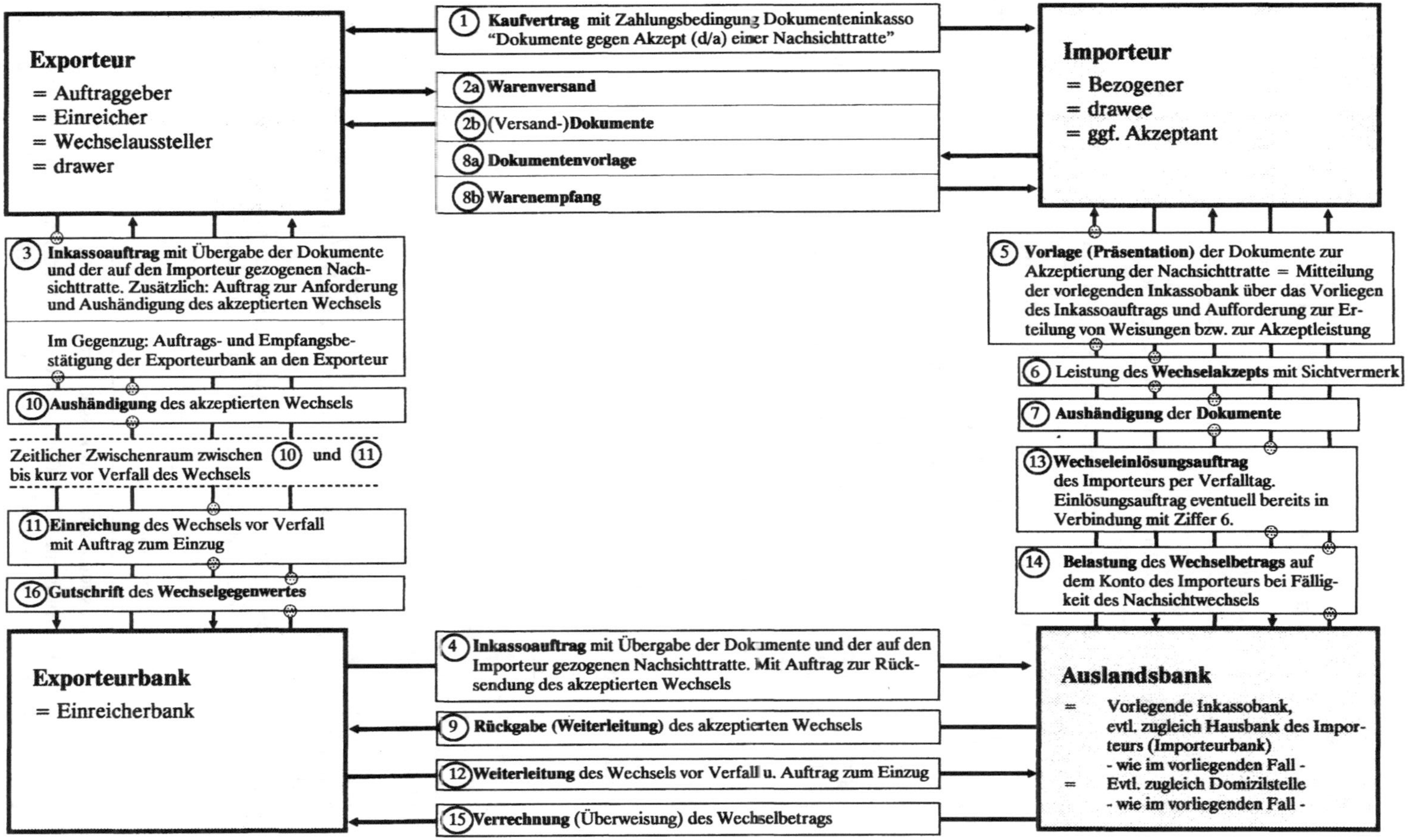

Abbildung 4-02

Schrittweise Darstellung:

1. **Kaufvertrag zwischen Exporteur und Importeur mit der Zahlungsbedingung "Dokumente gegen Akzeptierung einer Nachsichttratte"**

Festlegungen im Kaufvertrag:

Wichtige Festlegungen sind u.a.:

- Art und Anzahl der **Dokumente** einschließlich der darin festzulegenden Termine (z.B. des Verladedatums).
- Dauer der **Frist ab dem Zeitpunkt der Akzeptleistung** durch den Importeur (sog. Nachsichtfrist), z.B. 90 Tage nach Sicht, d.h. 90 Tage nach Akzeptleistung.
- Zeitpunkt der Verpflichtung zur **Aufnahme der Dokumente** (zur Erfüllung des Dokumenteninkassos, d.h. zur Akzeptleistung) durch den Importeur (z.B. bei erster Präsentation oder bei Ankunft der Ware).
- Verteilung der **Inkassokosten** (Bankspesen).
- Eventuell: Verteilung/Übernahme der **Zinsen** (Diskontzinsen) mit Festlegung des Zinssatzes, des Berechnungszeitraums und der Art der Zinsberechnung.
- Eventuell: Benennung einer bestimmten Bank als **vorlegende Inkassobank** bzw. als Domizilstelle des Wechsels (häufig Hausbank des Importeurs).

Einzelheiten siehe Abschnitt "4.3.3 Spezielle Gestaltungsmerkmale bei 'Dokumente gegen Akzept'-Inkassi".

2. **a) + b) Warenversand durch den Exporteur und im Gegenzug Empfang der (Versand-)Dokumente**

Unter anderem ist vom Exporteur **zu beachten**:

- Einhaltung der im Kaufvertrag vereinbarten **(Verlade-)Termine**.
- **Inhalt und Form der Dokumente** in Übereinstimmung mit dem Kaufvertrag.

Die (Versand-)Dokumente der Reederei, der Spedition usw. ermöglichen dem Exporteur den Nachweis des (rechtzeitig) vollzogenen Warenversands, das Versicherungsdokument den Nachweis des Versicherungsschutzes usw.

3. **Inkassoauftrag des Exporteurs an seine Hausbank (Exporteurbank, Einreicherbank) mit Übergabe der Dokumente und der auf den Importeur gezogenen Nachsichttratte**

Kern des Inkassoauftrags: Die Dokumente sind dem Importeur nur auszuhändigen, wenn dieser dem Inkassoauftrag entspricht, d.h. die beigefügte Nachsichttratte akzeptiert.

Festlegungen im Inkassoauftrag:

Weitere wichtige Festlegungen im Inkassoauftrag:

- **Zeitpunkt der Aufnahme der Dokumente** durch den Importeur (entsprechend der Vereinbarung im Kaufvertrag, z.B. bei erster Präsentation oder bei Ankunft der Ware).

- **Weisung** hinsichtlich **Protesterhebung** oder Protestverzicht bei Nichtakzeptierung des Wechsels durch den Importeur. Festlegung des Informationsweges im Falle der Nichtakzeptierung des Wechsels durch den Importeur.
- Auftrag des Exporteurs an die Exporteurbank zur **Anforderung** und Aushändigung des **akzeptierten Wechsels**.
- Weisungen hinsichtlich der Verteilung der **Inkassokosten** (Bankspesen) sowie eventuell hinsichtlich der Zahlung von **Zinsen** durch den Importeur (entsprechend den Vereinbarungen im Kaufvertrag).
- Eventuell: spezielle **Weisungen** (Instruktionen) bei **Nichtaufnahme der Dokumente** durch den Importeur (z.B. Angabe einer Notadresse).

Einzelheiten und weitere Festlegungen siehe Hauptabschnitt "4.4 Inkassoauftrag des Exporteurs an die Einreicherbank".

Im Gegenzug zum erteilten Inkassoauftrag erhält der Exporteur von seiner Bank eine **Auftrags- und Empfangsbestätigung**.

4. **Inkassoauftrag der Exporteurbank (Einreicherbank) an die Auslandsbank (Inkassobank) mit Übergabe der Dokumente und der auf den Importeur gezogenen Nachsichttratte**

   Sofern im Inkassoauftrag des Exporteurs eine bestimmte Bank (z.B. die Hausbank des Importeurs) nicht genannt ist, beauftragt die Exporteurbank ihre **Korrespondenzbank** im entsprechenden Ausland mit dem Inkasso.

   Die Festlegungen und **Weisungen** des Inkassoauftrags des Exporteurs sind von der Exporteurbank bei der Beauftragung der ausländischen Bank zum weiteren Inkasso strengstens zu beachten und in den Inkassoauftrag zu übernehmen. Erachtet die Exporteurbank Weisungen des Exporteurs als undurchführbar oder als wenig praktikabel, dann nimmt sie vor Weiterleitung des Inkassoauftrags Rücksprache mit dem Exporteur.

   Im Gegenzug zum erteilten Inkassoauftrag erhält die Exporteurbank im allgemeinen von der Auslandsbank (von der vorlegenden Inkassobank) eine **Auftrags- und Empfangsbestätigung** (z.B. über SWIFT).

5. **Vorlage (Präsentation) der Dokumente gegenüber dem Importeur durch die Auslandsbank**

   Die Vorlage (Präsentation) der Dokumente ist die **Mitteilung** der Auslandsbank (der vorlegenden Inkassobank) an den Importeur über das Vorliegen des Inkassoauftrags unter Nennung aller relevanten Einzelheiten. Dem Importeur ist - falls eine weiter reichende Weisung nicht erteilt ist - die Möglichkeit gegeben, die Dokumente in den Räumen der Inkassobank einzusehen.

   Die Akzeptierung der Nachsichttratte kann - falls der Inkassoauftrag dies ausdrücklich ausweist - bis zur **Ankunft der Ware** oder gemäß einer anders definierten Frist **zurückgestellt** werden. Ansonsten gilt, daß der Importeur die Nachsichttratte bei erster Präsentation (bei Sicht), d.h. ohne weiteren (ohne größeren) zeitlichen Spielraum zu akzeptieren hat.

   Einzelheiten und weitere Aspekte siehe Hauptabschnitt "4.6 Vorlage (Präsentation) der Dokumente...".

6. **Leistung des Akzeptes durch den Importeur**

Der Importeur akzeptiert die auf ihn gezogene Nachsichttratte durch seine **Unterschrift** (sein Akzept) auf dem Wechsel. Dadurch hat sich der Importeur zur Zahlung des Wechselbetrags bei Fälligkeit unwiderruflich verpflichtet.

Bei **Nachsichtwechseln** hat der Akzeptant neben seiner Unterschrift den **Tag der Akzeptierung** zu vermerken (sog. Sichtvermerk), weil ab diesem Tag die Nachsichtfrist zu laufen beginnt und auf dieser Grundlage die Fälligkeit des Wechsels zu errechnen ist.

Einzelheiten siehe Abschnitt "4.3.3 Spezielle Gestaltungsmerkmale bei 'Dokumente gegen Akzept-Inkassi", Unterabschnitt "4.3.3.2 Alternative Wechsellaufzeiten".

Falls auf der zu akzeptierenden Tratte eine **Domizilstelle** noch nicht eingetragen ist, trägt der Importeur diejenige Bank (und damit auch den Zahlungsort) auf dem Wechsel ein, bei der der Wechsel bei Fälligkeit zur Zahlung vorgelegt werden soll.

Häufig erteilt der Importeur (Bezogener und Akzeptant) bereits im Zeitpunkt der Akzeptleistung den Auftrag zur Einlösung des Wechsels bei Fälligkeit an die Domizilstelle.

Hinweis: Zur **Verweigerung der Akzeptleistung** siehe Abschnitt "4.7.2 Notleidende Inkassi 'Dokumente gegen Akzept'".

7. **Aushändigung der Dokumente an den Importeur**

Im Gegenzug zu seiner Akzeptleistung erhält der Importeur die Dokumente von der vorlegenden Inkassobank ausgehändigt. Damit ist das Dokumenteninkasso in seinem Kern, nämlich die **Zug-um-Zug-Abwicklung "Dokumente gegen Akzept"**, abgeschlossen.

Risiko des Exporteurs: Der Exporteur gibt mit Aushändigung der Dokumente an den Importeur die Verfügungsgewalt über die Waren auf. Er hält - von Eigentumsvorbehalten u.ä. abgesehen - **lediglich den akzeptierten Wechsel** in Händen. Der Exporteur ist - was seine Sicherheit anlangt - im wesentlichen darauf angewiesen, daß der Importeur den Wechsel bei Fälligkeit tatsächlich einlösen wird, sofern die Wechselzahlung nicht ausnahmsweise durch die Wechselbürgschaft einer Bank (durch ein Bankaval) abgesichert wird.

8. **a) + b) Dokumentenvorlage und Warenempfang**

Durch Vorlage der Dokumente kann sich der Importeur als Berechtigter zum Warenempfang ausweisen (Legitimationsfunktion der Dokumente) und damit den Besitz der Waren erlangen.

9. **Rückgabe (Weiterleitung) des akzeptierten Wechsels**

Die vorlegende Inkassobank gibt den Wechsel nach Akzeptleistung des Importeurs – entsprechend den Weisungen im Inkassoauftrag (siehe Schritt 4) - unverzüglich **an die Exporteurbank** zurück.

Die Rückgabe des akzeptierten Wechsels ersetzt in der Praxis häufig die **Mitteilung** über die erfolgte Akzeptleistung des Importeurs gemäß Art. 26 c. II ERI.

10. Aushändigung des akzeptierten Wechsels an den Exporteur

Die Exporteurbank leitet den akzeptierten Wechsel - entsprechend den Weisungen im Inkassoauftrag des Exporteurs (siehe Schritt 3) - unverzüglich an den Exporteur weiter.

Das **Dokumenteninkasso** im Sinne der ERI ist mit diesem Schritt **abgeschlossen.**

Zeitlicher Zwischenraum zwischen den Schritten 10 und 11:

Der Exporteur beläßt den Wechsel bis kurze Zeit vor Verfall in seinem Bestand (Fachsprache: in seinem Portefeuille).

Wechselinkasso:

11. Einreichung des Wechsels vor Verfall bei der Exporteurbank

Der Exporteur übergibt der Exporteurbank den Wechsel hinreichende Zeit vor dem Verfalltag zum Einzug des Wechselbetrags.

In diesen **Wechseleinzugsauftrag** kann der Exporteur auch die Weisung aufnehmen, daß im Nichtzahlungsfall kein Protest gegen den bezogenen Importeur zu erheben ist.

Grundsätzlich ist der Exporteur beim Einzug des Wechsels nicht an diejenige Einreicherbank gebunden, der er den Inkassoauftrag "Dokumente gegen Akzept" erteilt hatte. Er kann vielmehr jede andere Bank, zu der er Kontoverbindung unterhält, mit dem Wechseleinzug beauftragen, weil dieser **Wechseleinzug vom Dokumenteninkasso** losgelöst ist.

12. Weiterleitung des Wechsels vor Verfall und Auftrag zum Einzug

Die vom Exporteur mit dem Wechseleinzug beauftragte Bank leitet den Wechsel kurze Zeit vor Verfall **an eine Auslandsbank** weiter mit dem Auftrag, den Wechsel der Domizilstelle bei Verfall vorzulegen und nach Einlösung des Wechsels den Gegenwert zu verrechnen (zu überweisen). Eventuelle Weisungen des Exporteurs sind von der Exporteurbank auch in diesen Wechseleinzugsauftrag aufzunehmen.

Die vom Exporteur mit dem Wechseleinzug beauftragte Bank kann - falls der Exporteur keine ausdrückliche Weisung erteilt - jede beliebige Bank im Ausland, also auch die **Domizilstelle**, mit dem Wechseleinzug betrauen. In der Regel wird die Exporteurbank, wenn sie zuvor mit dem Dokumenteninkasso betraut war, jedoch die vorlegende Inkassobank im Ausland auch mit dem Wechseleinzug beauftragen.

13. Wechseleinlösungsauftrag des Importeurs per Verfalltag

In der Regel erteilt der Importeur der Domizilstelle (also jener Bank, bei der er den Wechsel zahlbar gestellt hat) den Auftrag, den Wechsel bei Fälligkeit zu Lasten seines Kontos einzulösen. Diesen Wechseleinlösungsauftrag kann der Importeur der Domizilstelle bereits im Zeitpunkt der Akzeptierung (siehe Schritt 6) oder erst bei Verfall des Wechsels erteilen.

Im Zweifel kann die Domizilstelle auf den Wechseleinlösungsauftrag des Importeurs verzichten und den Wechsel bei Fälligkeit gleichwohl einlösen, sofern die Unterschriften des Akzeptes mit den Unterschriften, die bei der Bank für die Verfügungsberechtigung über das Konto des Importeurs hinterlegt sind, übereinstimmen.

14. Belastung des Wechselbetrags auf dem Konto des Importeurs per Verfalltag

Läßt der Kontostand des Importeurs die Einlösung zu, dann belastet die Domizilstelle den Importeur mit dem Wechselbetrag zuzüglich einer Einlösungsgebühr (sog. Domizilprovision).

Weist das Konto des Importeurs ein entsprechendes Guthaben nicht auf, dann läßt die mit dem Wechseleinzug beauftragte Bank **Protest mangels Zahlung** erheben, sofern andere Weisungen nicht vorliegen.

Einzelheiten zu den notleidenden "Dokumente gegen Akzept"-Inkassi siehe Abschnitt 4.7.2.

15. Verrechnung (Überweisung) des Wechselbetrags

Die mit dem Wechseleinzug beauftragte Auslandsbank verrechnet oder überweist den Wechselbetrag nach Wechseleinlösung durch den Importeur an die Hausbank des Exporteurs.

16. Gutschrift des Wechselgegenwerts

Die Exporteurbank schreibt dem Exporteur den Wechselgegenwert auf seinem Konto - nach Abzug der Wechseleinzugsprovision - gut.

Anwendung:

Die vorstehende Abwicklung mit **Rücksendung des akzeptierten Wechsels** und Aushändigung an den Exporteur - Fall 1 - wird von Exporteuren unter folgenden Voraussetzungen gewählt:

- Der **Wechsel** ist **nicht refinanzierungsfähig** im Rahmen der Offenmarktgeschäfte des Europäischen Systems der Zentralbanken (ESZB) und würde deswegen von den Banken nur zu hohen Diskontzinsen abgerechnet.
- Der **Exporteur** ist sehr **liquide** und verzichtet deswegen auf die Diskontierung des Wechsels.

Einzelheiten siehe Abschnitt "4.4.7 Verwendung des akzeptierten Wechsels...".

4.1.3.2 "Dokumente gegen Akzept"-Inkassi mit Verwahrung des akzeptierten Wechsels bei der vorlegenden Bank und Auftrag zum Einzug bei Fälligkeit - Fall 2 -

Annahmen und Anmerkungen:

- Dokumente gegen **Akzeptierung einer Nachsichttratte.**
- **Verwendung des Wechsels** nach Akzeptleistung des Importeurs: **Verwahrung bei der Auslandsbank.**
- Bei Verfall: **Einzug des Wechselgegenwerts durch die Auslandsbank.**
- In die folgende schrittweise Darstellung sind lediglich solche Merkmale aufgenommen,

in denen sich die Abwicklung des vorliegenden Falles 2 von der Abwicklung des Falles 1 (Gliederungspunkt 4.1.3.1) unterscheidet.

Abbildung:
Die einzelnen Schritte der Abwicklung sind in **Abbildung 4-03** dargestellt und im folgenden erläutert.

Schrittweise Darstellung:

1. **Kaufvertrag zwischen Exporteur und Importeur mit der Zahlungsbedingung: "Dokumente gegen Akzeptierung einer Nachsichttratte"**
   - analog Fall 1 -

2. **a) + b) Warenversand durch den Exporteur und im Gegenzug Empfang der (Versand-)Dokumente**
   - analog Fall 1 -

3. **Inkassoauftrag des Exporteurs an seine Hausbank (Exporteurbank, Einreicherbank) mit Übergabe der Dokumente und der auf den Importeur gezogenen Nachsichttratte**
   - grundsätzlich analog Fall 1 -

   Besonderheiten:

   - **Weisung** des Exporteurs an die Exporteurbank, die vorlegende Inkassobank (Auslandsbank) zu beauftragen, den **Wechsel** nach Akzeptleistung des Importeurs zu **verwahren** und den Wechselgegenwert bei Fälligkeit des **Wechsels einzuziehen.**
   - Auftrag des Exporteurs an die Exporteurbank, die vorlegende Inkassobank anzuweisen, nach erfolgter Akzeptleistung des Importeurs das **Verfalldatum des Nachsichtwechsels mitzuteilen.**
   - Weisung hinsichtlich **Protesterhebung oder Protestverzicht** bei Nichtakzeptierung bzw. Nichtzahlung des Wechsels durch den Importeur. Festlegung des Informationweges im Fall der Nichtakzeptierung bzw. Nichteinlösung des Wechsels durch den Importeur.

4. **Inkassoauftrag der Exporteurbank an die Auslandsbank (Inkassobank) mit Übergabe der Dokumente und der auf den Importeur gezogenen Nachsichttratte**
   - grundsätzlich analog Fall 1 -

   Besonderheit:

   - Die Weisung des Exporteurs kann in den Inkassoauftrag der Exporteurbank an die Auslandsbank beispielsweise mit folgendem Text übernommen werden: "**Verwahren** Sie das Akzept zum Einzug bei Fälligkeit und teilen Sie uns den **Verfalltag** per Luftpost/per SWIFT mit".

Prof. Dr. Siegfried G. Häberle

Die Grundstruktur von "Dokumente gegen Akzept" - Inkassi - Fall 2 -

Annahmen:
- Dokumente gegen Akzeptierung einer Nachsichttratte
- Verwendung des Wechsels nach Akzeptleistung des Importeurs: Verwahrung bei der Auslandsbank
- Bei Verfall des akzeptierten Wechsels: Einzug des Wechselgegenwerts durch die Auslandsbank

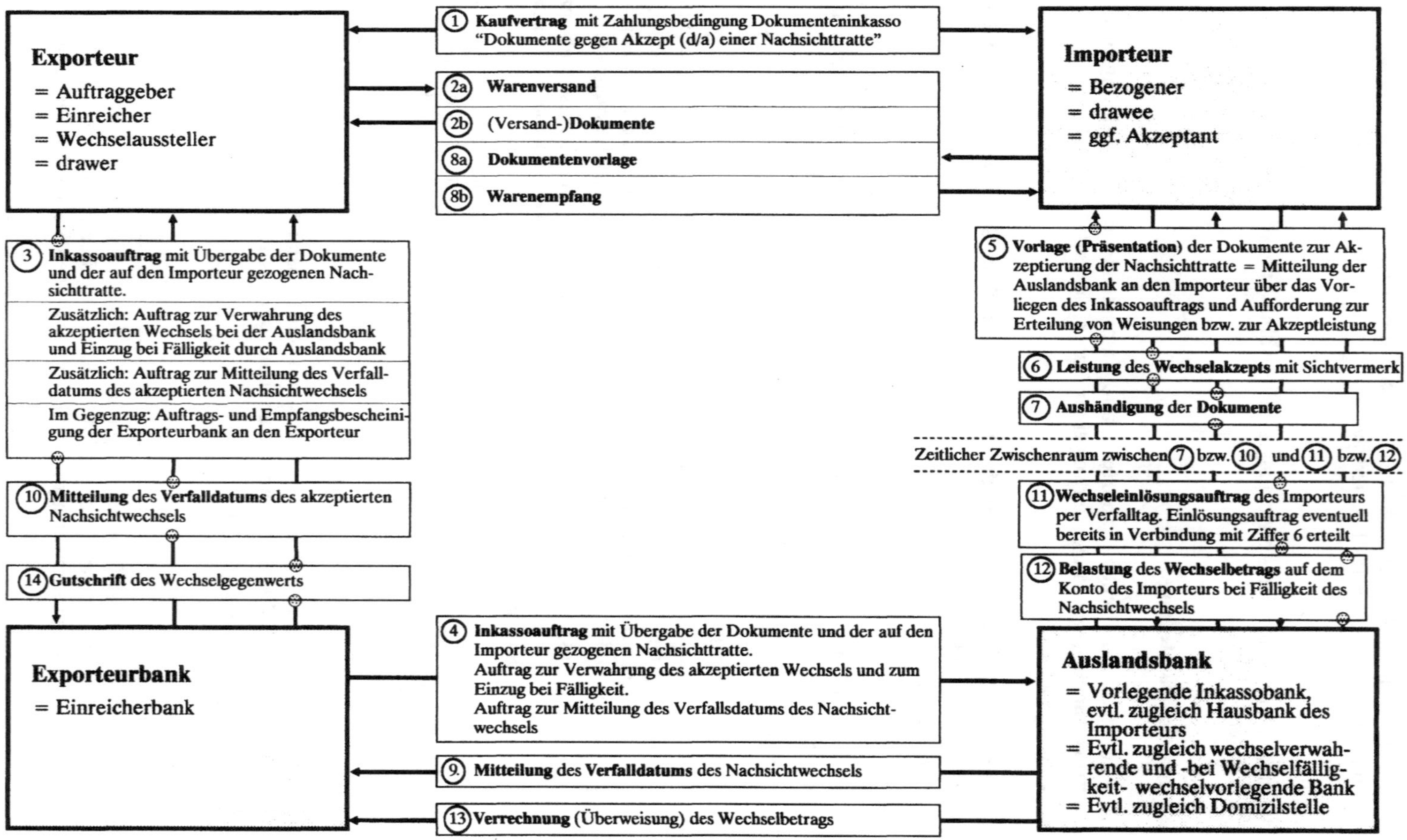

Abbildung 4-03

5. **Vorlage (Präsentation) der Dokumente gegenüber dem Importeur durch die Auslandsbank**
   - analog Fall 1 -

6. **Leistung des Akzepts durch den Importeur**
   - analog Fall 1 -

7. **Aushändigung der Dokumente an den Importeur**
   - analog Fall 1 -

8. **a) + b) Dokumentenvorlage und Warenempfang**
   - analog Fall 1 -

9. **Mitteilung des Verfalldatums des Nachsichtwechsels**

   Besonderheiten:

   - Entsprechend dem Inkassoauftrag (siehe Schritt 4) teilt die vorlegende Inkassobank der Exporteurbank die Tatsache der erfolgten **Akzeptleistung** des Importeurs (gemäß Art. 26 c. II ERI) sowie das **Verfalldatum** des Nachsichtwechsels mit.
   - Der akzeptierte **Nachsichtwechsel verbleibt** vereinbarungsgemäß bei der **vorlegenden Inkassobank** zur Verwahrung bis zur Fälligkeit.

10. **Mitteilung des Verfalldatums des Nachsichtwechsels**

    Besonderheit:

    - Die Exporteurbank (Einreicherbank) teilt dem Exporteur die **vollzogene Akzeptleistung** des Importeurs sowie das **Verfalldatum des Nachsichtwechsels** mit.

11. **Wechseleinlösungsauftrag des Importeurs per Verfalltag**
    - analog Fall 1, Schritt 13 -

Zeitlicher Zwischenraum zwischen den Schritten 7 bzw. 10 und 11 bzw. 12

Besonderheit:

- **Verwahrung** des akzeptierten Wechsels bei der Auslandsbank und **Einzug/Vorlage** des Wechsels bei Verfall.

12. **Belastung des Wechselbetrags auf dem Konto des Importeurs bei Fälligkeit des Nachsichtwechsels**
    - analog Fall 1, Schritt 14 -

13. Verrechnung (Überweisung) des Wechselbetrags
- analog Fall 1, Schritt 15 -

14. Gutschrift des Wechselgegenwerts
- analog Fall 1, Schritt 16 -

Anwendung:

Die vorstehende Abwicklung mit **Verwahrung des akzeptierten Wechsels** bei der vorlegenden Bank und Auftrag zum **Einzug bei Fälligkeit** -Fall 2- wird vom Exporteur unter folgenden Voraussetzungen gewählt:

- Der Wechsel hat nur eine **kurze Laufzeit** oder der **Wechselbetrag** ist **niedrig**, so daß die Rücksendung in das Exporteurland nicht lohnend erscheint, selbst wenn der Wechsel rediskontfähig ist und der Exporteur grundsätzlich Kapitalbedarf hat.
- Der **Wechsel** ist **nicht refinanzierungsfähig** im Rahmen der Offenmarktgeschäfte des Europäischen Systems der Zentralbanken (ESZB) und würde deswegen von den Banken nur zu hohen Diskontzinsen angekauft.
- Der **Exporteur** ist sehr **liquide** und verzichtet deswegen auf die Diskontierung des Wechsels.

Einzelheiten siehe Abschnitt "4.4.7 Verwendung des akzeptierten Wechsels...".

4.1.3.3 "Dokumente gegen Akzept"-Inkassi mit Diskontierung des akzeptierten Wechsels durch die Exporteurbank - Fall 3 –

Annahmen und Anmerkungen:

- Dokumente gegen **Akzeptierung einer Nachsichttratte.**
- **Verwendung des Wechsels** nach Akzeptleistung des Importeurs: **Rücksendung** an den Exporteur; praktisch verbleibt der Wechsel jedoch bei der Exporteurbank, wenn die Diskontierung durch diese Bank (und nicht durch eine Drittbank) vorgesehen ist.
- **Diskontierung** des Wechsels durch die Exporteurbank.
- In die folgende schrittweise Darstellung sind lediglich solche **Merkmale** aufgenommen, in denen sich die Abwicklung des vorliegenden Falls 3 von der Abwicklung des Falls 1 (Gliederungspunkt 4.1.3.1) **unterscheidet.**
- Die **Diskontierung von Auslandswechseln**, einschließlich von Fremdwährungswechseln, ist in Häberle, S.G., Handbuch der Außenhandelsfinanzierung, München und Wien (Oldenbourg-Verlag) beschrieben und beurteilt.

Abbildung:

Die einzelnen Schritte der Abwicklung sind in **Abbildung 4-04** dargestellt und danach erläutert.

Prof. Dr. Siegfried G. Häberle **Die Grundstruktur von "Dokumente gegen Akzept" - Inkassi - Fall 3 -**

Annahmen: -Dokumente gegen Akzeptierung einer Nachsichttratte
-Verwendung des Wechsels nach Akzeptleistung des Importeurs: Rücksendung und Aushändigung an den Exporteur; praktisch verbleibt der Wechsel jedoch bei der Exporteurbank, wenn die Diskontierung durch diese Bank (und nicht durch eine Drittbank) vorgesehen ist
-Diskontierung des Wechsels durch die Exporteurbank

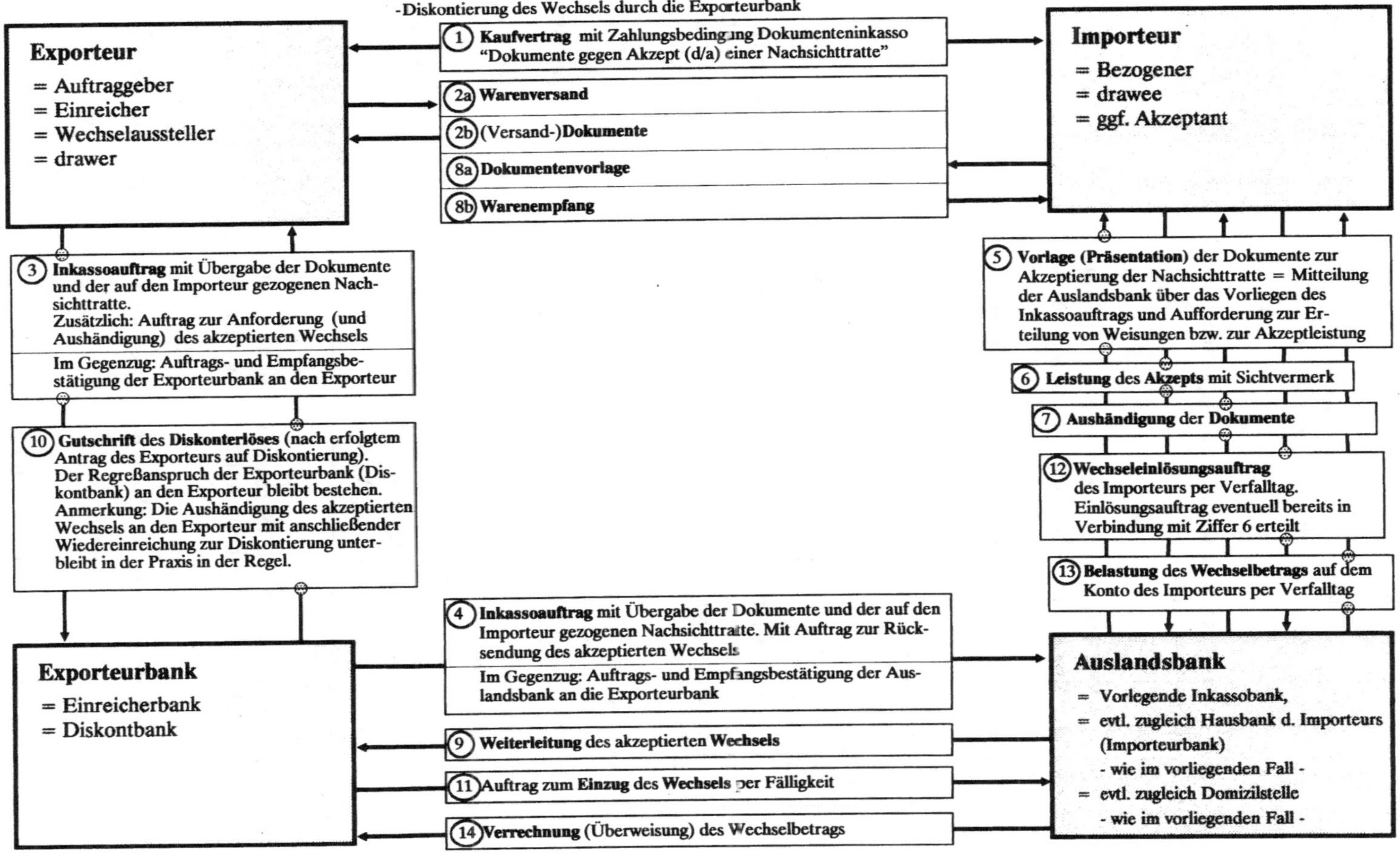

Abbildung 4-04

Schrittweise Darstellung:

1. **Kaufvertrag zwischen Exporteur und Importeur mit der Zahlungsbedingung: "Dokumente gegen Akzeptierung einer Nachsichttratte"**
   - analog Fall 1 -

2. **a) + b) Warenversand durch den Exporteur und im Gegenzug Empfang der (Versand-)Dokumente**
   - analog Fall 1 –

3. **Inkassoauftrag des Exporteurs an seine Hausbank (Exporteurbank, Einreicherbank) mit Übergabe der Dokumente und der auf den Importeur gezogenen Nachsichttratte**
   - analog Fall 1 -, insbesondere hinsichtlich des Auftrags des Exporteurs an die Exporteurbank zur Anforderung des akzeptierten Wechsels.

   Besonderheiten:

   - Eventuell stellt der Exporteur bei der Exporteurbank bereits mit Übergabe des Inkassoauftrages den **Antrag auf Diskontierung** des akzeptierten Wechsels nach dessen Eingang aus dem Ausland.
   - Gibt die Exporteurbank diesem Diskontierungsantrag statt oder hat der Exporteur bei der Exporteurbank ohnehin einen bislang nicht voll ausgeschöpften Diskontkredit eingeräumt bekommen, dann verbleibt der akzeptierte Wechsel nach Eingang aus dem Ausland bei der Exporteurbank, d.h. die Aushändigung an den Exporteur unterbleibt.
   - Beabsichtigt der Exporteur dagegen den akzeptierten Wechsel nicht bei der Einreicherbank (über die er das Dokumenteninkasso abwickelt), sondern bei einer **anderen Bank** zu diskontieren, was zwar die Ausnahme, aber grundsätzlich möglich ist, dann wird er sich den akzeptierten Wechsel aushändigen lassen. Bei größeren Wechselbeträgen kann es für den Exporteur durchaus lohnend sein, bei seinen anderen Bankverbindungen die Ankaufskonditionen zu erfragen.
   - Im übrigen kann an der Stelle einer Diskontierung auch eine Forfaitierung (mit Überwälzung der Risiken auf den Forfaiteur) erwägenswert sein. Einzelheiten zur Forfaitierung siehe Häberle, S. G., Handbuch der Außenhandelsfinanzierung, München und Wien (Oldenbourg-Verlag)

4. **Inkassoauftrag der Exporteurbank an die Auslandsbank (Inkassobank) mit Übergabe der Dokumente und der auf den Importeur gezogenen Nachsichttratte**
   - analog Fall 1 -

5. **Vorlage (Präsentation) der Dokumente gegenüber dem Importeur durch die Auslandsbank**
   - analog Fall 1 -

6. **Leistung des Akzeptes durch den Importeur**
   - analog Fall 1 -

7. **Aushändigung der Dokumente an den Importeur**
- analog Fall 1 -

8. **Dokumentenvorlage und Warenempfang**
- analog Fall 1 -

9. **Weiterleitung des akzeptierten Wechsels**
- analog Fall 1 -

10. **Gutschrift des Diskonterlöses**

Besonderheiten:

- Ist der Antrag auf Diskontierung bei der Exporteurbank bereits gestellt und ein unausgeschöpftes **Diskontkontingent** bereits vorhanden, dann erfolgt die Diskontierung des akzeptierten Wechsels unmittelbar nach Eingang aus dem Ausland.
- Hinsichtlich einer eventuellen Aushändigung des akzeptierten Wechsels an den Exporteur und der Diskontierung des Wechsels bei einer anderen Bank wird auf die Ausführungen zu Schritt 3 verwiesen.
- Trotz Gutschrift des Diskonterlöses bleibt der **Exporteur** in seiner Eigenschaft als Wechselaussteller und als Indossant in der **wechselrechtlichen Haftung**: Löst der bezogene Importeur den Wechsel bei Fälligkeit nicht ein, dann wird Rückgriff (Regreß) auf den Exporteur genommen.

11. **Auftrag der Diskontbank an die Auslandsbank zum Einzug des Wechsels per Fälligkeit unter Beifügung des Wechsels**

Besonderheiten:

- Sofern die Exporteurbank (Diskontbank) den angekauften Wechsel nicht bei einer Drittbank (eventuell beim Europäischen System der Zentralbanken) refinanziert, erteilt sie selbst (ansonsten die Refinanzierungsstelle) kurz vor Fälligkeit des Wechsels einen **Wechseleinzugsauftrag** unter Beifügung des Wechsels an eine **Bank im Land des Importeurs**. Dies kann eine Korrespondenzbank oder die vorlegende (Dokumenten-)Inkassobank (die eventuell zugleich Domizilstelle ist) oder aber die Domizilstelle direkt sein.
- Der Wechseleinzugsauftrag umfaßt die **Vorlage des Wechsels per Verfall** bei der Domizilstelle und die Weisung hinsichtlich der Verrechnung (Überweisung) des Wechselgegenwertes sowie eventuelle Weisungen hinsichtlich Protesterhebung bzw. Protestverzicht u. ä.

12. **Wechseleinlösungsauftrag des Importeurs per Verfalltag**
- analog Fall 1, Schritt 13 -

13. **Belastung des Wechselbetrags auf dem Konto des Importeurs per Verfalltag**
    - analog Fall 1, Schritt 14 -

14. **Verrechnung (Überweisung) des Wechselbetrags**
    - analog Fall 1, Schritt 15 -

Anwendung:

Die vorstehende Abwicklung mit Rücksendung des akzeptierten Wechsels und **Diskontierung durch die Exporteurbank** (oder eine Drittbank) - Fall 3 - wird vom Exporteur unter folgenden Voraussetzungen gewählt:

- Der Exporteur hat **Kapitalbedarf** und sucht eine **zinsgünstige Refinanzierungsmöglichkeit.**
- Voraussetzung ist allerdings, daß der Wechsel **refinanzierungsfähig** im Rahmen der Offenmarktgeschäfte des Europäischen Systems der Zentralbanken (ESZB) ist, weil die ankaufenden Banken sonst hohe Diskontsätze in Rechnung stellen.
- Die Laufzeit des Wechsels ist hinreichend lang und der **Wechselbetrag** hinreichend **hoch**, so daß eine Diskontierung lohnend erscheint.
- Bei **Fremdwährungswechseln** überwälzt der Exporteur das **Wechselkursrisiko** auf die diskontierende Bank. Der Exporteur profitiert zwar vom eventuell niedrigeren deutschen Zinsniveau, er muß aber bei der Umrechnung des Fremdwährungsbetrages in DM den sog. Wechselankaufskurs (Devisenterminkurs) gegen sich gelten lassen.
- Zu beachten ist, daß bei einem **Wechselprotest** und anschließendem Regreß auf den Exporteur das Wechselkursrisiko wegen der Rückbelastung des protestierten Wechsels auf den Exporteur nicht endgültig auf die diskontierende Bank überwälzt ist.

Hinweis: Eine umfassende Darstellung der Entscheidungskriterien des Exporteurs zur Frage der **Diskontierung von Auslandswechseln** findet sich in Abschnitt 4.4.7 Verwendung des akzeptierten Wechsels...".

4.1.4 Wirtschaftliche Grundstruktur von "Dokumente gegen unwiderruflichen Zahlungsauftrag"-Inkassi – mit graphischer Darstellung –

Begriffe

Inkassi "Dokumente gegen unwiderruflichen Zahlungsauftrag mit späterer Fälligkeit" sowie Inkassi "Dokumente gegen Akzept einer Nachsichttratte" werden manchmal unter den Oberbegriffen **"Nachsicht-Inkassi"** bzw. **"Deferred Payment-Inkassi"** zusammengefaßt. Bei beiden Inkassoarten ist zwischen der Aushändigung der Dokumente an den Importeur und der Zahlung des Akzepts bzw. des unwiderruflichen Zahlungsauftrags eine Nachsichtfrist eingeschoben.

Grundstruktur

Bei Dokumente gegen unwiderruflichen Zahlungsauftrag"- Inkassi (documents against irrevocable payment order) erhält der Importeur die Dokumente nur ausgehändigt, wenn er der vorlegenden Inkassobank einen **handschriftlich unterzeichneten unwiderruflichen Zahlungsauftrag per späterer Fälligkeit** erteilt.

Deutsche Inkassobanken verwenden in der Regel das Formular "Zahlungsauftrag im Außenwirtschaftsverkehr".

Der Ausgangspunkt für die **spätere Fälligkeit** des unwiderruflichen Zahlungsauftrags kann beispielsweise **bezogen** sein

- auf das **Datum der Handelsrechnung,**
- auf das **Verladedatum** bzw. Ausstellungsdatum des Transportdokuments,
- auf ein anderes **eindeutig bestimmbares Datum.**

Ebenso wie "Dokumente gegen Akzept"-Inkassi umfassen "Dokumente gegen unwiderruflichen Zahlungsauftrag"-Inkassi somit ein **Zahlungsziel für den Importeur**. Die Länge des Zahlungsziels kann grundsätzlich dem jeweiligen Exportgeschäft angepaßt werden, wobei jedoch mit zunehmender Länge auch die Risiken des Exporteurs zunehmen (können).

Keine Bankgarantie

Es ist ausdrücklich hervorzuheben, daß "Dokumente gegen unwiderruflichen Zahlungsauftrag"-Inkassi mangels einer anderslautenden Vereinbarung **keine Zahlungsgarantie der beteiligten Banken** einschließen. Entsprechendes gilt für "Dokumente gegen Akzept"-Inkassi. Bei beiden Inkassoarten ist der Exporteur vielmehr darauf angewiesen, daß der Importeur bei Fälligkeit des unwiderruflichen Zahlungsauftrags bzw. des Wechsels zur Zahlung in der Lage sein wird.

Nur ausnahmsweise kommt es vor, daß eine Bank auf Antrag eines Beteiligten das (Wechsel-)Aval übernimmt.

Abgrenzung

Die beiden Inkassoarten "Dokumente gegen unwiderruflichen Zahlungsauftrag"-Inkassi und "Dokumente gegen Akzept"-Inkassi weisen nicht nur eine **gleichartige Grundstruktur** auf, sondern sie werden auch **gleichartig abgewickelt**.

Anzumerken ist jedoch, daß "Dokumente gegen unwiderruflichen Zahlungsauftrag"-Inkassi eine geringere Bedeutung haben als "Dokumente gegen Akzept"-Inkassi.

Maßgebliche Unterschiede zwischen den beiden Inkassoarten liegen

- in den alternativen **Verwendungsmöglichkeiten des akzeptierten Wechsels**, die sich bei "Dokumente gegen unwiderruflichen Zahlungsauftrag"-Inkassi definitionsgemäß nicht eröffnen, und
- in der **Wechselstrenge** (Wechselprotest, Wechselprozeß usw.), die bei unwiderruflichen Zahlungsaufträgen fehlt.

Hinweise

- Die Darstellung von **„Inkassi auf Konsignationsbasis (Collections on Consignment Basis) mit Darstellung der Wareneinlagerung“** findet sich in Kapitel 5.1.

Prof. Dr. Siegfried G. Häberle **Die Grundstruktur von "Dokumente gegen unwiderruflichen Zahlungsauftrag" - Inkassi**
("documents against irrevocable payment order")

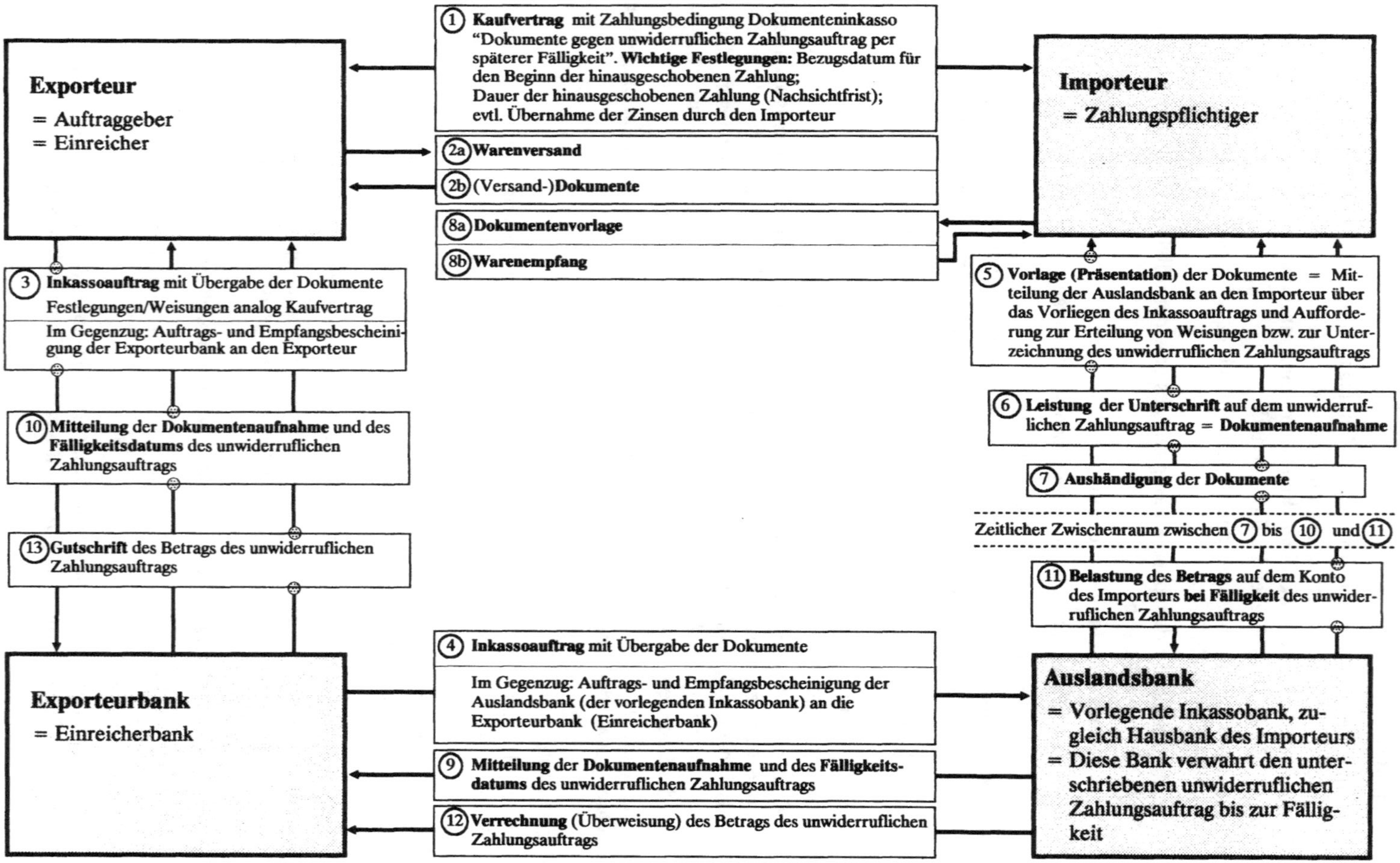

Abbildung 4-05

- Ausführungen zu „notleidenden“ Dokumenteninkassi finden sich in diesem Kapitel unter **„4.7 Notleidende Dokumenteninkassi“** sowie in Kapitel 5 (Dokumenteninkassi: Sonderformen/Besonderheiten der Abwicklung) ebenfalls unter der Überschrift **„5.2 Notleidende Dokumenteninkassi**“.

Abbildung
Die Einzelheiten der **Abwicklung von “Dokumente gegen unwiderruflichen Zahlungsauftrag”-Inkassi** sind in **Abbildung 4-05** dargestellt.

4.1.5 Kurzbeurteilungen der Dokumenteninkassi

Hinweis: Die nachstehenden Beurteilungen tragen **thesenartigen Charakter** und dienen lediglich der Kurzinformation. Umfassende Beurteilungen und deren Begründungen finden sich in den folgenden Abschnitten “4.2.1 Risikoanalyse des Exporteurs...” sowie “4.2.2 Risikoanalyse des Importeurs”.

4.1.5.1 Kurzbeurteilung der Dokumenteninkassi aus Sicht des Exporteurs

- **Zug-um-Zug-Abwicklung:** Das Dokumenteninkasso gewährleistet dem Exporteur, daß gegenüber dem Importeur eine Zug-um-Zug-Abwicklung vollzogen wird. Der Importeur erhält die Dokumente nur ausgehändigt, wenn er im Gegenzug die vereinbarte Leistung (Zahlung, Wechselakzept bzw. Zahlungsversprechen in Form eines unwiderruflichen Zahlungsauftrags) erbringt.
- **Rasche Zahlung:** Im Vergleich zu einer Lieferung gegen einfache Rechnung kann das Dokumenteninkasso zu einer rascheren Zahlung des Importeurs führen. Immerhin erhält der Importeur bei “Dokumente gegen Zahlung”-Inkassi eine Zahlungsaufforderung der Auslandsbank. Beim “Dokumente gegen Akzept”-Inkasso ist der Importeur an den Fälligkeitstermin des akzeptierten Wechsels gebunden. Analoges gilt für “Dokumente gegen unwiderruflichen Zahlungsauftrag”-Inkassi.
- **Art der Dokumente/Sicherheit:** Es hängt von der Art der Dokumente ab, welche Sicherheit der Exporteur durch das Dokumenteninkasso tatsächlich erlangt. Benötigt der zahlungspflichtige Importeur die Inkassodokumente nicht, um seine Berechtigung zum Empfang der Ware nachzuweisen, dann ist das Risiko nicht auszuschließen, daß der Importeur in den Besitz der Waren gelangt, ohne dem Inkassoauftrag entsprochen zu haben.
- **Treuhänderische Dritte:** Mehr Sicherheit bietet in solchen Situationen der Versand der Ware an die Adresse treuhänderischer Dritter (z.B. an Kreditinstitute) oder die Weisung an den Spediteur, die Ware nur gegen Vorlage einer Bezahltbestätigung der Importeurbank auszuhändigen. Jedoch sind auch derartige Abwicklungen mit einigen Risiken belastet (siehe Abschnitt “4.8 Warenversand an die Adresse treuhänderischer Dritter”).
- **Dokumentenaufnahmerisiko/Warenabnahmerisiko:** Von erheblicher Bedeutung ist das sog. Dokumentenaufnahmerisiko des Exporteurs, nämlich die Gefahr, daß der Importeur die Ware nicht abnimmt und (deswegen) auch dem Dokumenteninkasso-

auftrag nicht entspricht. Die Folgelasten des Exporteurs können hoch sein: Veranlassung des Rücktransports der Ware oder Verwertung der Ware im Importland, u.U. zu Schleuderpreisen u.a. (Einzelheiten siehe folgenden Abschnitt 4.2).

- **Verzögerungen:** In der Praxis erweist es sich nicht selten, daß die Dokumente -trotz der eindeutigen Regelungen der Einheitlichen Richtlinien für Inkassi (ERI)- verzögert aufgenommen werden bzw. der Inkassogegenwert aus dem Ausland verspätet eingeht. Dies bedeutet für den Exporteur zusätzliche Finanzierungslasten und - bei Fremdwährungsinkassi - u.U. Wechselkursrisiken.
- **Politisches Risiko:** Ausgeprägt kann auch das politische Risiko in Erscheinung treten, insbesondere dann, wenn zum Zeitpunkt des Risikoeintritts sowohl die Ware als auch die Dokumente für den Exporteur nicht mehr verfügbar sind und auch nicht mehr zurückbeordert werden können (Einzelheiten siehe folgenden Abschnitt 4.2).
- **Besondere Risiken bei „Nachsicht"-Inkassi:** Dokumenteninkassi gegen Akzept bzw. gegen unwiderruflichen Zahlungsauftrag mit späterer Fälligkeit beinhalten für den Exporteur erhebliche Risiken, weil der Importeur in den Besitz der Dokumente und damit der Waren gelangt, ohne Zahlung, sondern nur sein Akzept geleistet bzw. nur ein Zahlungsversprechen abgegeben zu haben. Ob der Importeur den von ihm akzeptierten Wechsel bzw. sein Zahlungsversprechen tatsächlich bei Fälligkeit einlöst, ist offen. Die dem Exporteur bei Nichteinlösung des Wechsels bzw. bei Nichtausführung des unwiderruflichen Zahlungsauftrags dann noch verbleibende Sicherheit ist gering.

Ratschlag

Die Zahlungsbedingung "Dokumente gegen Zahlung", insbesondere aber die Zahlungsbedingungen "Dokumente gegen Akzept" bzw. "Dokumente gegen unwiderruflichen Zahlungsauftrag", sollte der Exporteur aus den genannten Gründen nur **Importeuren** zugestehen, deren **Kreditwürdigkeit** und Seriosität er aus eigener Erfahrung kennt oder die in fundierten Auskünften mit diesen Eigenschaften ausgewiesen sind und die im übrigen ihren Sitz in Ländern **ohne** erkennbare **politische Risiken** haben.

4.1.5.2 Kurzbeurteilung der Dokumenteninkassi aus Sicht des Importeurs

- **Sicherung des Warenversands:** Das Dokumenteninkasso vermittelt dem Importeur die Sicherheit, daß die Waren vom Exporteur - nachgewiesen durch die Dokumente - im Zeitpunkt der Zahlung bzw. der Akzeptleistung bzw. der Erteilung eines unwiderruflichen Zahlungsauftrags zum Versand gebracht sind.

  Sind die Waren zum Zeitpunkt der Dokumentenaufnahme bereits am Bestimmungsort angelangt, kann der Importeur über die Ware unverzüglich verfügen.
- **Einräumung von Zahlungszielen:** Dokumenteninkassi gegen Akzept bzw. gegen unwiderruflichen Zahlungsauftrag eröffnen grundsätzlich die Möglichkeit der Einräumung eines beliebig zu gestaltenden Zahlungsziels an den Importeur in Form der (Wechsel-) Laufzeit. Wirtschaftlich gesehen kann der Weiterverkaufserlös der importierten Waren zur Einlösung des Wechsels bzw. zur Erfüllung des unwiderruflichen Zahlungsauftrags bei Fälligkeit dienen.

- **Refinanzierung:** Bei geeigneten Refinanzierungsmöglichkeiten für den (akzeptierten) Wechsel ist die Zahlungsbedingung "Dokumente gegen Akzept" für die Beteiligten - und damit letztlich für den Importeur - etwas zinsgünstiger als die Refinanzierung offener Zahlungsziele.
- **Risiko der mängelbehafteter Ware:** Das maßgebliche Risiko des Importeurs liegt bei Dokumenteninkassi darin begründet, daß er - mangels anderweitiger Vereinbarungen - die Ware erst nach Aufnahme der Inkassodokumente, d.h. nach Zahlung bzw. nach Akzeptleistung bzw. nach Abgabe seines unwiderruflichen Zahlungsversprechens in Empfang nehmen und deren Qualität prüfen kann.

  Aus diesem Grund hat auch der Importeur hohe Anforderungen an die Seriosität des Exporteurs zu stellen (Einzelheiten siehe Abschnitt "4.2.2 Risikoanalyse des Importeurs").
- **Qualitätszertifikate:** Qualitätszertifikate, die der Importeur dem Exporteur bereits im Kaufvertrag zur Auflage macht und die dem Importeur im Rahmen des Dokumenteninkassos vorzulegen sind, vermögen das Risiko der Lieferung mängelbehafteter Waren zwar zu mindern, sind aber kostspielig.

4.2 Risikoanalyse vor Festlegung der Zahlungsbedingung "Dokumenteninkasso" im Angebot bzw. im Kaufvertrag

4.2.1 Risikoanalyse des Exporteurs – mit Prüflisten –

Hinweise

- Die Darstellung von **„Inkassi auf Konsignationsbasis (Collections on Consignment Basis) mit Darstellung der Wareneinlagerung“** findet sich in Kapitel 5.1.
- Ausführungen zu „notleidenden“ Dokumenteninkassi finden sich in diesem Kapitel unter **„4.7 Notleidende Dokumenteninkassi“** sowie in Kapitel 5 (Dokumenteninkassi: Sonderformen/Besonderheiten der Abwicklung) ebenfalls unter der Überschrift **„5.2 Notleidende Dokumenteninkassi“**.
- Die **„Einheitlichen Richtlinien für Inkassi (ERI 522)“** sowie der **Kommentar** finden sich in Kapitel 6.

4.2.1.1 Wirtschaftliches Risiko

Dokumentenaufnahmerisiko/Warenabnahmerisiko

Bei der Zahlungsbedingung "**Dokumente gegen Zahlung**" verbleibt dem Exporteur insbesondere das Dokumentenaufnahmerisiko, nämlich die Gefahr, daß der **Importeur** dem **Inkassoauftrag nicht entspricht**, d.h. der Aufforderung zur Zahlung des Inkassobetrags nicht nachkommt.

Der Exporteur behält zwar in dieser Situation die Sicherheit, daß der Importeur nicht in den Besitz der Dokumente und - bei geeigneten Dokumenten - auch nicht in den Besitz der Ware gelangt. Zu bedenken und zu analysieren hat der Exporteur jedoch die **Folgerisiken**, die mit den folgenden Prüfpunkten angesprochen sind.

Grundsätzlich kann das Dokumentenaufnahmerisiko auch bei der Zahlungsbedingung "**Dokumente gegen Akzept**" bzw. "**Dokumente gegen unwiderruflichen Zahlungsauftrag**" in Erscheinung treten. Der **Grund** für die Weigerung des Importeurs zur Dokumentenaufnahme liegt dann allerdings weniger in eventuellen Zahlungsschwierigkeiten (immerhin erhält der Importeur in Form der Wechsellaufzeit bzw. in Form der hinausgeschobenen Fälligkeit seines unwiderruflichen Zahlungsauftrags ein Zahlungsziel eingeräumt, das seine eventuellen Zahlungsschwierigkeiten eher mindert bzw. verdeckt). Der Grund liegt vielmehr in der Tatsache, daß der Importeur die **Ware** kaufvertragswidrig **nicht mehr abnehmen** will und deswegen auch die Dokumente nicht aufnimmt.

Die Konsequenzen für den Exporteur sind dieselben wie sie bei der Zahlungsbedingung "Dokumente gegen Zahlung" dargestellt sind.

Prüfliste des Exporteurs zum Dokumentenaufnahmerisiko

- Bestehen notfalls geeignete **Verwertungsmöglichkeiten** für die Ware im Ausland?
- Können die eventuell anfallenden **Verwertungskosten** bzw. die eventuellen Verwertungserlöse abgeschätzt werden, m.a.W., mit welchen Verwertungsverlusten ist ungefähr zu rechnen?
- Muß statt der Verwertung im Importland der **Rücktransport** der Waren veranlaßt werden?
- Welche **Formalitäten** sind beim Rücktransport zu beachten (z.B. Zollformalitäten) und welche Kosten (z.B. Kosten einer zwischenzeitlichen Einlagerung, Transport- und Versicherungsaufwendungen) fallen an?
- Muß mit **Kursverlusten** bei anderweitiger Verwertung im Ausland (Verkauf an Dritte gegen Landeswährung) gerechnet werden?
- Welche **Zeiträume** sind für eine Verwertung im Ausland bzw. für den Rücktransport zu veranschlagen und welche betrieblichen Konsequenzen haben diese Verzögerungen bis zum Zeitpunkt der Wiederverfügbarkeit der Waren bzw. der Verfügbarkeit der Verwertungserlöse?

Risiko der Zahlungsunfähigkeit

Von größerem Gewicht als das Dokumentenaufnahmerisiko ist bei den Zahlungsbedingungen "**Dokumente gegen Akzept**" bzw. "**Dokumente gegen unwiderruflichen Zahlungsauftrag**" das Risiko der Zahlungsunfähigkeit des Importeurs. Nach erfolgter Aushändigung der Dokumente an den Importeur im Gegenzug zu dessen Akzeptleistung **verliert** der Exporteur die faktische **Verfügungsmacht** über die gelieferten Waren und behält lediglich den Anspruch an den Importeur auf Zahlung bei Fälligkeit des Wechsels bzw. des unwiderruflichen Zahlungsauftrags.

Prüfliste zur Zahlungsfähigkeit des Importeurs

Der Exporteur hat zur Analyse dieses bei Dokumenteninkassi verbleibenden wirtschaftlichen Risikos insbesondere den folgenden Fragen nachzugehen:

- Welche **Erfahrungen** sind bei bestehender Geschäftsbeziehung mit dem Importeur hinsichtlich seiner Seriosität und seiner Zahlungsfähigkeit gemacht worden?
- Sind die eingeholten **Bankauskünfte** bzw. die Auskünfte gewerblicher Auskunfteien zur Beurteilung des Importeurs hinreichend fundiert und weisen diese Auskünfte den Importeur als vertrauens- und kreditwürdig aus?
- Bestätigen die -bei Großaufträgen u.U. angegebenen- **Referenzen** die eigene Beurteilung des Importeurs bzw. die eingeholten Auskünfte?

Ratschläge für den Exporteur

- Bleiben **Zweifel an der Kreditwürdigkeit** des Importeurs oder lassen sich fundierte Informationen nicht erlangen, dann sollte der Exporteur die Zahlungsbedingung "**Dokumente gegen Zahlung**" -wenn überhaupt- nur in Erwägung ziehen, sofern zwei Voraussetzungen erfüllt sind:
  1. Dem Importeur darf sich **keine Möglichkeit** eröffnen, in den **Besitz der Ware** zu gelangen, ohne zuvor dem Inkassoauftrag, d.h. ohne zuvor der Auslösung der Dokumente durch Zahlung, entsprochen zu haben.
  2. Für den Fall des Eintritts des Dokumentenaufnahmerisikos müssen die **Folgerisiken** aus anderweitiger Verwertung oder Rücksendung der Ware überschaubar und eng begrenzt sein.
- Von der Einräumung von "**Dokumente gegen Akzept**"-Inkassi bzw. "**Dokumente gegen unwiderruflichen Zahlungsauftrag**"-Inkassi ist beim skizzierten Informationsstand **abzuraten**, es sei denn, der Importeur kann eine weiterreichende Sicherheit bieten. Solche **weiterreichenden Sicherheiten** sind beispielsweise im Akzept der Hausbank des Importeurs (Bankakzept) an der Stelle des Akzeptes des Importeurs oder in einem Wechselaval der Impoteurbank zu erblicken. Die noch weiterreichende und auch übliche Sicherheit bietet in dieser Situation jedoch ein Akzeptakkreditiv.
- Die **Einheitlichen Richtlinien für Inkassi (ERI)** gewähren dem Exporteur die Sicherheit für eine gewissenhafte Abwicklung seines Inkassoauftrages durch die Kreditinstitute. Von Belang ist deswegen die Frage, ob die vorlegende Inkassobank im Importland die ERI verbindlich anerkannt hat. Dies trifft zwar in der Regel zu; gleichwohl sollte der Exporteur im Zweifel seine **Bank befragen**.
- Sofern der Exporteur das verbleibende wirtschaftliche **Risiko** bei Dokumenteninkassi auf Dritte **überwälzen** will (z.B. in Form einer Ausfuhrgewährleistung oder einer Warenkreditversicherung), hat er mit den geeigneten Einrichtungen **frühzeitig** (laut deren Bedingungen regelmäßig sogar vor Abschluß des Kaufvertrags) **Kontakt** aufzunehmen. Insbesondere ist zu beachten, daß das Dokumentenaufnahmerisiko im allgemeinen nicht ohne weiteres auf Dritte überwälzt werden kann. Folglich ist auch von Fall zu Fall zu prüfen, ob überhaupt und gegebenenfalls inwieweit Schadensersatzforderungen an den Importeur, die während der Fabrikations- sowie Liefer-/Versandphase entstehen, in eine (beantragte) Deckung einbezogen sind.

4.2.1.2 Politisches Risiko

Erscheinungsformen

- Bei Zahlungsbedingungen auf Basis von Dokumenteninkassi verbleiben dem Exporteur erhebliche politische Risiken, die sich auf die **Versandphase** (z.B. Beschlagnahme der Ware, Beschädigung oder Zerstörung durch staatliche Maßnahmen) ebenso wie auf die **Inkassophase** (z.B. Verlust oder Beschlagnahme der Dokumente) und insbesondere auf die **Zahlungsphase** (z.B. Zahlungsverbote, Transferverbote bzw. -verzögerungen) beziehen können.
- Es ist keine Frage, daß die politisch bedingten Zahlungsrisiken bei "Dokumente gegen Akzept"-Inkassi und bei "Dokumente gegen unwiderruflichen Zahlungsauftrag"-Inkassi, die ein **längeres Zahlungsziel** umfassen, für den Exporteur noch schwieriger abzuschätzen sind als bei einer Zug-um-Zug-Zahlung im Rahmen von "Dokumente gegen Zahlung"-Inkassi.

Prüfliste des Exporteurs zum politischen Risiko

Der Exporteur hat vor Vereinbarung von Dokumenteninkassi im Kaufvertrag die Art und den Umfang der damit verbundenen politischen Risiken zu ermitteln und insbesondere den folgenden Fragen nachzugehen:

- Dürfen die zu exportierenden Waren in das **Importland** unbeschränkt oder nur unter Erfüllung von Bedingungen des Importlandes oder aber überhaupt nicht eingeführt werden?
- Welche **Auflagen** erteilt das Importland hinsichtlich der Zahlungsbedingung "Dokumenteninkasso" (z.B. zur Wechsellaufzeit, zur Verteilung der Bankspesen, zur Inrechnungstellung und zur Berechnung von Zinsen u.v.a.m.) und welche **Dokumente** sind -gegebenenfalls in welcher Form- vorgeschrieben?
- Besteht **Rechtssicherheit** (Gesetzgebung, Rechtsprechung) im Importland zur Durchsetzung von Ansprüchen des Exporteurs (z.B. bezüglich der Warenabnahmeverpflichtung des Importeurs oder der Geltendmachung des Eigentumsvorbehaltes und der Forderung)?
- Hat das Importland **Vorschriften** für die Behandlung von Importwaren nach Eintritt des **Dokumentenaufnahmerisikos** erlassen (z.B. zollrechtliche Bestimmungen zur Versteigerung nicht abgefertigter Waren nach Ablauf bestimmter Fristen)?
- Sind Anzeichen verzögerter **Devisenzuteilung** oder gar eines drohenden Zahlungsverbotes, eines Moratoriums oder von Konvertierungs- oder Transferbeschränkungen bzw. -verboten des Importlandes erkennbar?

Informationsquellen

- Auskünfte zu den jeweiligen Importbestimmungen sowie zu den Devisen- und Inkassovorschriften des Importlandes erhält der Exporteur u.a. von der **Bundesstelle für Außenhandelsinformation (BfAI)**, von den **Industrie- und Handelskammern**, von den Botschaften bzw. Konsulaten und von den Kreditinstituten.
- Informationen über die aktuelle Zahlungssituation und das erwartete Zahlungsverhalten des Importlandes erlangt der Importeur insbesondere von den **deutschen Banken**.

Ratschläge

- Es hängt vom **Umfang** und von der **Eigenart des politischen Risikos** ab, ob Dokumenteninkassi als Zahlungsbedingung für den Exporteur noch tragfähig erscheinen oder abzulehnen sind.
- Im übrigen hängt dies auch davon ab, ob der Exporteur eine **staatliche Risikoabsicherung** (sog. Hermes-Deckung) zur Abdeckung des politischen Risikos erlangen kann und will.
- Grundsätzlich sollte der Exporteur jedoch bei erkennbarem politischem Risiko eine **Zahlungsbedingung** durchzusetzen versuchen, die ihm **mehr Sicherheit** bietet als Dokumenteninkassi.

4.2.1.3 Wechselkursrisiken

Erscheinungsformen

- Ist das Dokumenteninkasso in **Fremdwährung** zu **fakturieren**, dann bestehen zunächst die bei Fremdwährungsforderungen generell in Erscheinung tretenden **Wechselkursrisiken**. Hinzu tritt das Risiko des verzögernden Zahlungseingangs, das trotz der eindeutigen Bestimmungen der ERI bei einigen Ländern zu beobachten ist und in dessen Gefolge sich auch die Wechselkursrisiken verstärken können. Besonders ausgeprägt sind die Wechselkursrisiken schließlich bei langen Zahlungszielen, die im Rahmen von "Dokumente gegen Akzept"-Inkassi bzw. von "Dokumente gegen unwiderruflichen Zahlungsauftrag"-Inkassi eingeräumt werden.
- Bei **Euro-Fakturierung** des Dokumenteninkassos entsteht dem Exporteur vordergründig gesehen kein Wechselkursrisiko. Jedoch besteht bei hochverschuldeten bzw. devisenknappen Ländern die Gefahr, daß die **Devisenzuteilung verspätet** erfolgt und sich deswegen der Transfer der Euro-Zahlung und damit der Zahlungseingang beim Exporteur verzögert, was im Endeffekt ein politisches Risiko ist. Wechselkursverluste können trotz Euro-Fakturierung entstehen, wenn der Importeur den Inkassobetrag mangels Devisenzuteilung ersatzweise und ausnahmsweise (mit Zustimmung des Exporteurs) in seiner Landeswährung bezahlt und bei einer Bank im Importland hinterlegt und diese Währung sodann in Relation zum Euro einem Kursverfall ausgesetzt ist. Einzelheiten siehe Abschnitt "4.4.2 Inkassobetrag (einschließlich Währung) ...".

Ratschläge

- Zur Abdeckung von Wechselkursrisiken stehen dem Exporteur **verschiedene Instrumente** zur Verfügung (z.B. Devisentermingeschäfte, Diskontierung von Fremdwährungswechseln usw.).
- Neben der Analyse des Wechselkursrisikos sollte der Exporteur auch frühzeitig Informationen über die **Verfügbarkeit** dieser Absicherungsinstrumente, über deren **Ausgestaltung** und über deren **Kosten** einholen.

4.2.2 Risikoanalyse des Importeurs

4.2.2.1 Wirtschaftliches Risiko

Risikobegrenzung durch Zug-um-Zug-Abwicklung

- Grundsätzlich ist das Dokumenteninkasso wegen seiner **Zug-um-Zug-Abwicklung** eine Zahlungsbedingung, die auch dem Sicherungsinteresse des Importeurs entgegen kommt. Durch **geeignete Dokumente**, deren Vorlage der Importeur dem Exporteur im Kaufvertrag auferlegt, kann sichergestellt werden, daß die Ware im Zeitpunkt der Zahlung bzw. im Zeitpunkt der Akzeptleistung unwiderruflich auf den Importeur zukommt oder bereits im Importland angekommen ist.
- Der **Zahlungszeitpunkt** kann zwischen den Beteiligten im Rahmen des Dokumenteninkassos so vereinbart werden, daß der Importeur zeitlich praktisch nicht in Vorlage tritt, sondern unmittelbar nach Zahlung bzw. Akzeptleistung über die Ware verfügen kann. Schließlich belassen "Dokumente gegen Akzept"-Inkassi sowie "Dokumente gegen unwiderruflichen Zahlungsauftrag"-Inkassi individuell zu vereinbarende Spielräume zur Ausgestaltung der (Wechsel-)Laufzeit und damit zur **Kreditgewährung** an den Importeur.

Maßgebliche wirtschaftliche Risiken

- Das wirtschaftliche Risiko des Importeurs konkretisiert sich bei der Zahlungsbedingung "Dokumenteninkasso" im wesentlichen in den Möglichkeiten der **Nichtlieferung**, der **verspäteten Lieferung** oder der **mängelbehafteten Lieferung** durch den Exporteur.
- Insbesondere das Risiko der Lieferung mängelbehafteter Waren stellt sich für den Importeur als Problem dar, weil er bei der Zahlungsbedingung "Dokumente gegen Zahlung" bereits **Zahlung** zu leisten hat, **bevor** er über die Waren verfügen und deren **Qualität überprüfen** kann. Grundsätzlich gilt dies auch bei der Zahlungsbedingung "Dokumente gegen Akzept", da ein gutgläubiger Wechselinhaber Mängeleinreden des Importeurs nicht gegen sich gelten lassen muß, sondern seine Wechselrechte davon losgelöst geltend machen kann.
- Vordergründig gesehen ist es keine Frage, daß diese Risiken des Importeurs Verstöße des Exporteurs gegen den Kaufvertrag darstellen und der Importeur daraus die entsprechenden Ansprüche ableiten kann. Im Hintergrund erhebt sich aber rasch das Problem, ob und gegebenenfalls in welcher Zeit diese **Ansprüche** des Importeurs gegen den Exporteur **überhaupt durchgesetzt** werden können. Ebenso erhebt sich die Frage, welche Sicherungsmöglichkeiten sich dem Importeur hinsichtlich der angesprochenen Risiken im Rahmen der Zahlungsbedingung "Dokumenteninkasso" eröffnen.

Informationsquellen

- Der erste Schritt des Importeurs ist es deswegen, Informationen über die Seriosität und - eng verbunden damit - über die Kreditwürdigkeit des Exporteurs zu gewinnen.
- Der Importeur benutzt dazu dieselben Informationsquellen wie sie auch der Exporteur heranzieht, nämlich **Bankauskünfte**, Auskünfte gewerblicher Auskunfteien u.ä. Bei größeren Aufträgen kann es darüber hinaus zweckmäßig sein, sich vom Exporteur **Referenzen** geben zu lassen, um auf dieser Grundlage weitere Informationen über die

Zuverlässigkeit und die Leistungsfähigkeit des Exporteurs zu gewinnen. Bestehen mit dem Exporteur bereits Geschäftsbeziehungen, dann ist die daraus abzuleitende **Erfahrung** häufig die maßgebliche Informationsquelle des Importeurs.

Sicherungsinstrumente

- Im Rahmen der Zahlungsbedingung "Dokumenteninkasso" eröffnen sich dem Importeur durchaus Möglichkeiten zur Sicherstellung seiner Ansprüche an den Exporteur. Im Kaufvertrag kann der Importeur die Vereinbarung durchsetzen, daß der Exporteur beim Dokumenteninkasso solche **Dokumente** vorzulegen hat, die die **Qualität der Ware** nachweisen. Zu bedenken ist jedoch zweierlei: Erstens sind Qualitätszertifikate meistens kostspielig, so daß sich rasch die Frage stellt, welcher der Beteiligten diese Kosten übernimmt. Zweitens stellt sich die Frage nach der Qualifikation des mit der Erstellung des Zertifikates zu betrauenden Gutachters.
- Eine andere Möglichkeit, dem berechtigten Interesse des Importeurs an einer Qualitätsprüfung Rechnung zu tragen, besteht in der **Weisung des Exporteurs** im Inkassoauftrag, dem Importeur die Dokumente zum Zweck der Entnahme einer **Probe** aus den angelandeten Waren kurzzeitig zu treuen Händen eventuell gegen Akzeptierung eines Sichtwechsels zur Verfügung zu stellen. Allerdings sind die Risiken des Exporteurs bei dieser Aushändigung der Dokumente zu bedenken. Zu den Absicherungsmöglichkeiten des Exporteurs in dieser Situation siehe auch Abschnitt 4.6.2.

4.2.2.2 Politisches Risiko

Warenbezogene politische Risiken

- Das politische Risiko des Importeurs bezieht sich zunächst auf die Ware bzw. auf den Warenversand, nämlich auf die Gefahr von staatlich verordneten **Lieferverboten**, von staatlich verursachten **Lieferverzögerungen**, von **Beschädigungen** der Ware durch militärische Auseinandersetzungen, von **Beschlagnahmen** durch staatliche Organe u.ä. Welchen Umfang diese Risiken für den Importeur annehmen können, hängt u.a. auch von den im Kaufvertrag getroffenen Vereinbarungen zum Risikoübergang ab.
- Das **speziell bei Dokumenteninkassi** in Erscheinung tretende politische Risiko kann darin liegen, daß der Importeur einerseits dem Inkassoauftrag durch Zahlung oder Akzeptleistung oder unwiderruflichen Zahlungsauftrag bereits entsprochen hat, andererseits über die Ware nicht verfügen kann, weil sie beispielsweise inzwischen von staatlichen Stellen beschlagnahmt wurde. Durch die Vereinbarung eines geeigneten Termins für die Vorlage (Präsentation) der Dokumente, z.B. "bei Ankunft der Ware", kann der Importeur dieses Risiko zwar zeitlich begrenzen, aber nicht ganz ausschließen.

Zahlungsbezogene politische Risiken

- Aber auch hinsichtlich seiner Zahlungspflicht können sich im Rahmen des Dokumenteninkassos indirekt politische Risiken für den Importeur ergeben. Handelt es sich beispielsweise um eine Fremdwährungszahlung und die Zentralbank des Importlandes stellt die **Devisen nicht rechtzeitig** zur Verfügung, dann wird der Importeur - zumindest bei entsprechender Vereinbarung im Kaufvertrag - für Zinsausfälle und eventuelle Kursverluste des Exporteurs aufkommen müssen, und dies u.U. trotz Hinterlegung des Inkassobetrags in Importlandwährung bei der Zentralbank des Importlandes.

Informationsquellen

- Die Informationsquellen des Importeurs über das politische Risiko sind dieselben wie für den Exporteur.

4.2.2.3 Wechselkursrisiken

Erscheinungsformen

- Hat der Importeur in einer anderen Währung als derjenigen seines Landes zu zahlen, dann entsteht für ihn - wie bei jeder Fremdwährungsverbindlichkeit - u.U. ein Wechselkursrisiko.
- Die Besonderheit des Wechselkursrisikos der "Dokumente gegen Zahlung"-Inkassi liegt für den Importeur im **ungewissen Zahlungszeitpunkt** (der vom Warenversand und von der Abwicklung des Inkassos abhängt), so daß ein zeitpunktfälliges Wechselkurssicherungsgeschäft den Risikozeitraum u.U. nicht voll abdeckt oder aber überlappt.
- Analog ist das Wechselkursrisiko bei "Dokumente gegen Akzept"-Inkassi zu beurteilen, sofern der Importeur einen Fremdwährungswechsel mit einer **Nachsichtfrist** zu akzeptieren hat, denn auch bei dieser Abwicklung hängt der Zeitpunkt der Akzeptleistung vom Eingang des Inkassoauftrags bei der vorlegenden Bank ab. Erst ab dem Zeitpunkt der Akzeptleistung kennt der Importeur den genauen Fälligkeitszeitpunkt des Nachsichtwechsels, so daß er erst ab diesem Zeitpunkt ein vollkommen synchron laufendes Wechselkurssicherungsgeschäft abschließen kann. Entsprechendes gilt bei "Dokumente gegen unwiderruflichen Zahlungsauftrag"-Inkassi.

4.3 Gestaltungsmerkmale von Dokumenteninkassi

4.3.1 Allgemeingültige Merkmale

4.3.1.1 Grundlegende Vereinbarungen zwischen Exporteur und Importeur sowie zu beachtende Vorschriften

Detaillierte Vereinbarungen

- Grundsätzlich gilt, daß die zwischen Importeur und Exporteur vereinbarte Zahlungsbedingung "Dokumenteninkasso" mit allen für die Abwicklung des Inkassos **maßgeblichen Merkmalen** in den Kaufvertrag bzw. in die eventuell auszustellende Proformarechnung aufgenommen werden sollte. Dies gilt für die Art des Inkassos ebenso wie beispielsweise für dessen Fälligkeit (bzw. für die Wechsellaufzeit bei "Dokumente gegen Akzept"-Inkassi), für die Verteilung der Inkassospesen, für eventuell zu zahlende Zinsen und für weitere im folgenden dargestellte Merkmale. Durch eine solche Festlegung bleibt die Sicherheit, die das Dokumenteninkasso den Beteiligten zu bieten vermag, in vollem Umfang erhalten.

- Der **Exporteur** erlangt durch eine detaillierte Formulierung der Inkassovereinbarung im Kaufvertrag die Sicherheit, daß der Importeur keinen Anlaß hat, die Dokumentenaufnahme mit (u.U. vorgeschobenen) Argumenten zu verweigern, die auf Interpretationsspielräumen einer unvollständig oder vage gehaltenen Inkassovereinbarung beruhen.
- Der **Importeur** kann auf dieser Grundlage sicher sein, daß seine Interessen auch bei der Abwicklung des Dokumenteninkassos gewahrt bleiben, weil der Exporteur gehalten ist, den Inkassoauftrag an seine Bank in exakter Übereinstimmung mit der Zahlungsvereinbarung des Kaufvertrags zu erteilen. Bei Abweichungen kann der Importeur das Inkasso als nicht kaufvertragskonform zurückweisen.

Beachtung von Inkasso- und Devisenvorschriften

- In der Praxis stellen die Inkasso- und Devisenvorschriften der beteiligten Länder, insbesondere des **Importlandes**, nicht selten gewichtige Restriktionen bei der Gestaltung der Zahlungsvereinbarung im Kaufvertrag dar.
- Ein wichtiger Schritt der Vertragspartner ist es deswegen, die aktuellen Einfuhr- und Ausfuhrbestimmungen einschließlich der Devisen- und Inkassovorschriften der beteiligten Länder auf mögliche Beschränkungen der zu vereinbarenden Zahlungsbedingungen zu prüfen.

Beachtung der Auflagen von Versicherern u.a.

- Beabsichtigt der Exporteur die Risiken des Ausfuhrgeschäfts durch die **staatliche oder eine privatwirtschaftliche Exportversicherung** abzudecken, dann hat er vor Angebotsabgabe, spätestens aber vor Vertragsabschluß, die Bestimmungen bzw. Auflagen dieser Einrichtungen zu erheben und - soll das Geschäft versicherbar bleiben - in den zu vereinbarenden Zahlungsbedingungen auch zu berücksichtigen.
- Analog hat der Exporteur vorzugehen, wenn er das Ausfuhrgeschäft bei einer Bank refinanzieren will. Insbesondere bei beabsichtigten Dokumenteninkassi gegen Akzept sollte der Exporteur über seine Hausbank klären, ob Wechsel des Importlandes - und gegebenenfalls in welcher Währung - **zinsgünstig refinanzierbar** sind.

Einheitliche Richtlinien für Inkassi (ERI)

- In der Regel kann der Exporteur davon ausgehen, daß das Dokumenteninkasso von den Banken auf Grundlage der "Einheitlichen Richtlinien für Inkassi (ERI)" der Internationalen Handelskammer Paris abgewickelt wird, weil weltweit die **meisten Banken** bzw. Bankenverbände die ERI **anerkannt** haben. Fehlt diese Anerkennung jedoch ausnahmsweise (Auskunft erteilen die Banken), dann sollte sich der Exporteur von seiner Hausbank über die Risiken bzw. über alternative Zahlungs- und Sicherungsinstrumente beraten lassen.
- Die **„Einheitlichen Richtlinien für Inkassi (ERI 522)“** sowie der **Kommentar** finden sich in Kapitel 6.

Vereinbarung der Dokumente

- Im Kaufvertrag und damit einbezogen auch in die Zahlungsbedingung "Dokumenteninkasso" sind die **Art** und die jeweilige **Anzahl** der vom Exporteur vorzulegenden Dokumente sowie deren **Inhalt** aufzunehmen und - soweit nicht auf die im Welthandel übliche Form abgehoben werden kann - inhaltlich hinreichend genau zu spezifizieren.

- Durch diese Vorgehensweise gewinnt insbesondere der **Importeur** an Sicherheit hinzu, weil der Exporteur mittels der vereinbarten Dokumente den fristgerechten und beschädigungsfreien Versand der Waren, den Versicherungsumfang, die Einhaltung der Zollvorschriften, die Ursprungsvereinbarung, die Warenqualität usw. nachzuweisen hat. Werden dem Importeur beim Inkasso diese Dokumente nicht oder nicht in der vereinbarten bzw. üblichen Form oder nicht fristgerecht vorgelegt, dann kann der Importeur die Aufnahme der Dokumente, d.h. die Zahlung bzw. die Akzeptleistung verweigern.
- Der **Exporteur** hat bei der Vereinbarung der Dokumente im Kaufvertrag darauf zu achten, daß diese Dokumente von ihm rechtzeitig, genau in der vereinbarten Form und ohne allzu große Aufwendungen beigebracht werden können.

4.3.1.2 Vereinbarungen über die Verteilung der Inkassospesen sowie über eventuell anfallende Zinsen

Möglichkeiten der Verteilung

Eine **eindeutige Regelung** über die Verteilung der Inkassospesen (Inkassogebühren, Bankspesen, Auslagen o.ä.) sollte von den Beteiligten bereits im Kaufvertrag getroffen werden.

Grundsätzlich sind folgende **Möglichkeiten** gegeben:

- Die Inkassospesen der Exporteurbank werden vom **Exporteur**, die Inkassospesen der ausländischen Inkassobank(en) werden vom **Importeur** getragen.
- Die gesamten Inkassospesen der in- und ausländischen Banken werden vom **Exporteur** getragen.
- Die gesamten Inkassospesen der in- und ausländischen Banken werden vom **Importeur** übernommen.

Bei der Vereinbarung über die Verteilung der Inkassospesen haben die Beteiligten jedoch - ebenso wie bei der Vereinbarung der Zahlungsbedingungen generell - wiederum die aktuellen **Inkassovorschriften** bzw. die Usancen der beteiligten Länder, insbesondere des Importlandes zu berücksichtigen. In manchen Ländern sind die Inkassospesen von den eingeschalteten Banken nicht dem Importeur, sondern dem Auftraggeber (Exporteur) zu belasten.

Regelungen der ERI

Auch die ERI enthalten Regelungen zur Behandlung der Inkassospesen:

"Wenn der Inkassoauftrag angibt, daß Inkassogebühren und/oder Auslagen zu Lasten des Bezogenen gehen und der Bezogene deren Zahlung verweigert, kann die vorlegende Bank das (die) Dokument(e) je nach Lage des Falles gegen Zahlung oder Akzeptierung oder unter anderen Bedingungen ohne Einzug der Inkassogebühren und/oder Auslagen aushändigen, sofern nicht Artikel 21 (b) Anwendung findet (dieser Text ist unten abgedruckt; Anm. des Verf.). *Wird so auf Inkassogebühren und/oder Auslagen verzichtet, gehen diese zu Lasten des Beteiligten, von dem das Inkasso zuging und dürfen vom Erlös abgezogen werden."* (Art. 21 a. ERI).

Hinweis: Die **„Einheitlichen Richtlinien für Inkassi (ERI 522)"** sowie der **Kommentar** finden sich in Kapitel 6.

Vorrangiger Einzug des Inkassobetrags

Mit dieser Norm geben die ERI offenkundig dem Einzug des Inkassobetrags den Vorrang vor dem Einzug der Inkassospesen. Dies entspricht grundsätzlich auch der **Interessenlage des Exporteurs**, weil das Scheitern des Dokumenteninkassos als Ganzes in der Regel weit mehr Aufwendungen verursacht als die Spesen des Inkassos ausmachen und weil dieses Scheitern des Inkassos mit vielen Unwägbarkeiten belastet ist. Vor allem aber ist diese Norm der ERI dann von praktischer Bedeutung, wenn unsicher ist, ob das Recht bzw. die Usancen des Importlandes die Belastung des Importeurs mit Inkassospesen überhaupt zulassen.

Untersagung des Verzichts auf Einzug der Inkassospesen

Hält der Exporteur den Einzug der Inkassospesen beim Importeur für unverzichtbar, dann kann er dies im Rahmen des Inkassoauftrags festlegen. Der Exporteur sollte sich allerdings die **Konsequenzen** vor Augen führen, wie sie auch in den ERI dargestellt sind:

"In Fällen, in denen der Inkassoauftrag ausdrücklich vorschreibt, daß auf die Gebühren und/oder Auslagen nicht verzichtet werden darf und der Bezogene sich weigert, solche Gebühren und/oder Auslagen zu zahlen, wird die vorlegende Bank die Dokumente nicht aushändigen und keine Verantwortung für Folgen von Verzögerungen in der Aushändigung der Dokumente tragen. Wenn die Zahlung von Gebühren und/oder Auslagen verweigert worden ist, muß die vorlegende Bank unverzüglich die Bank, von der der Inkassoauftrag zuging, durch Telekommunikation oder, wenn dies nicht möglich ist, auf anderem schnellen Wege unterrichten" (Art. 21 b. ERI).

Hinweis: Die **„Einheitlichen Richtlinien für Inkassi (ERI 522)"** sowie der **Kommentar** finden sich in Kapitel 6.

Zeichnet sich ein **Konfliktpotential** zwischen Exporteur und Importeur über die Verteilung der Inkassospesen ab, dann sollte der Exporteur überlegen, ob es opportun ist, die Inkassospesen für unverzichtbar zu erklären und damit die Gefahr des Scheitern des Inkassos als Ganzes heraufzubeschwören. Ist eine derartige Situation bereits bei den Vertragsverhandlungen erkennbar, dann sollte der Exporteur den Versuch unternehmen, die anfallenden Inkassospesen in die Warenpreiskalkulation einzubeziehen und auf den gesonderten Einzug der Inkassospesen beim Importeur von Anfang an zu verzichten.

Hinweis

Die von den **deutschen Banken** bei ein- und ausgehenden Dokumenteninkassi üblicherweise in Rechnung gestellten **Inkassospesen** sind in Abschnitt "4.4.6 Inkassospesen einschließlich der üblichen Spesensätze" differenziert dargestellt.

Zinsen

Sind vom Importeur Zinsen an den Exporteur zu zahlen, dann haben die Beteiligten, insbesondere aber der Exporteur die Vorschriften des Art. 20 ERI zu beachten. Danach eröffnet sich für den Importeur unter den unten im Wortlaut wiedergegebenen Voraussetzungen die Möglichkeit, in den Besitz der Dokumente zu gelangen, **ohne** die geforderten **Zinsen** gezahlt zu haben:

"Wenn der Inkassoauftrag angibt, daß Zinsen einzuziehen sind und der Bezogene deren Bezahlung verweigert, kann die vorlegende Bank das (die) Dokument(e) je nach Lage des Falles gegen Zahlung oder Akzeptierung oder unter anderen Bedingungen ohne Einzug solcher Zinsen aushändigen, sofern nicht Artikel 20 (c) Anwendung findet" (Art. 20 a. ERI).

"In Fällen, in denen solche Zinsen eingezogen werden sollen, muß der Inkassoauftrag den Zinssatz, den Berechnungszeitraum und die Art der Zinsberechnung angeben" (Art. 20 b. ERI).

"In Fällen, in denen der Inkassoauftrag ausdrücklich vorschreibt, daß auf die Zinsen nicht verzichtet werden darf und der Bezogene sich weigert, solche Zinsen zu zahlen, wird die vorlegende Bank die Dokumente nicht aushändigen und keine Verantwortung für Folgen von Verzögerungen in der Aushändigung der Dokumente tragen. Wenn die Zahlung von Zinsen verweigert wurde, muß die vorlegende Bank unverzüglich die Bank, von der der Inkassoauftrag zuging, durch Telekommunikation oder, wenn dies nicht möglich ist, auf anderem schnellen Wege unterrichten" (Art. 20 c. ERI).

Hinweis: Die **„Einheitlichen Richtlinien für Inkassi (ERI 522)"** sowie der **Kommentar** finden sich in Kapitel 6.

Im Einzelfall haben die Beteiligten darüber hinaus zur Behandlung der Zinsen die einschlägigen **Inkassovorschriften** der beteiligten Länder zu beachten.

4.3.2 Spezielle Gestaltungsmerkmale bei "Dokumente gegen Zahlung"-Inkassi

4.3.2.1 Grundlegende Merkmale

Vereinbarung der ERI

Sofern die Vereinbarung der ERI als Rechtsgrundlage nicht bereits an anderer Stelle der Zahlungsvereinbarung des Kaufvertrags festgelegt ist, dann ist es angebracht, hinter der gewählten Inkassovereinbarung die **Ergänzung** anzubringen: "...gemäß den Einheitlichen Richtlinien für Inkassi der Internationalen Handelskammer (ICC) Paris" (Uniform Rules for Collections issued by the International Chamber of Commerce Paris).

Benennung der vorlegenden Bank

Es ist zwar nicht zwingend, aus Sicht des Importeurs aber zweckmäßig, dem Exporteur diejenige Bank zu benennen, die dem Importeur die Dokumente (den Inkassoauftrag) vorzulegen hat. Es vereinfacht dem **Importeur** die Abwicklung des Inkassos, wenn die vorlegende Bank seine **Hausbank** ist.

Ist die vorlegende Bank nicht ausdrücklich benannt, dann ist die Einreicherbank, die den Inkassoauftrag vom Exporteur erhält, gemäß Art. 5 f. ERI frei in der Auswahl der vorlegenden Bank, was praktisch auf eine Abwicklung über die bestehenden Korrespondenzbeziehungen der Einreicherbank zum Importland hinausläuft.

4.3.2.2 Alternative Fälligkeiten für die Dokumentenaufnahme bei Sichtinkassi

Vorbemerkung

In der betrieblichen Praxis wird von **Sichtinkassi** auch dann gesprochen, wenn der Zeitpunkt für die Dokumentenaufnahme hinausgeschoben ist. Diese Sprachregelung ist tragfähig, weil sich an der Zug-um-Zug-Abwicklung "Dokumente gegen Zahlung" auch bei späterer Dokumentenaufnahme nichts ändert.

Festlegung des Zahlungszeitpunkts

- "Dokumente gegen Zahlung"-Sichtinkassi belassen den Beteiligten durchaus **zeitliche Gestaltungsmöglichkeiten** für den Vollzug der Zug-um-Zug-Abwicklung, also für den Zeitpunkt der Aushändigung der Dokumente gegen die Zahlung des Importeurs. Allerdings sind die **Interessenlagen** der Beteiligten oft gegensätzlich:

  Es entspricht in der Regel der Interessenlage des Importeurs, wenn er die Dokumente erst in dem Zeitpunkt aufnehmen und bezahlen muß, in dem er die Dokumente zur Abfertigung der Einfuhrformalitäten benötigt. Dagegen ist es das Interesse des Exporteurs, die Zahlung möglichst frühzeitig und unabhängig vom Eintreffen der Waren im Importland zu erhalten.
- Folgende alternative **Bedingungen** für die Fälligkeit der Dokumentenaufnahme kommen in der Praxis vor:
  - **Regelfall:** "Zahlbar bei erster Präsentation" (der Dokumente) bzw. "zahlbar bei Sicht".
  - **Selten:** "Zahlbar ... Tage nach erster Präsentation" (der Dokumente); nicht zu verwechseln mit der späteren Zahlungsfälligkeit von "Dokumente gegen unwiderruflichen Zahlungsauftrag"-Inkassi.
  - **Manchmal:** "Zahlbar bei Ankunft der Ware".

Vereinbarung der Inkassofälligkeit "zahlbar bei erster Präsentation" bzw. "zahlbar bei Sicht"

- **Abwicklung**: Bei dieser Bedingung erfolgt die Zug-um-Zug-Abwicklung des Dokumenteninkassos **unmittelbar nach Eingang des Inkassoauftrags** bei der vorlegenden Bank. Diese Bank präsentiert dem Importeur die Dokumente, d.h. sie stellt ihm die Mitteilung zu, daß zu seinen Lasten ein Inkassoauftrag vorliegt. Dazu teilt sie dem Importeur die Einzelheiten des Inkassoauftrags mit und eröffnet ihm die Möglichkeit, die Dokumente in den Räumen der Bank einzusehen. Maßgeblich für die Bedingung "zahlbar bei erster Präsentation" bzw. "zahlbar bei Sicht" ist, daß diese Mitteilung (Präsentation) der vorlegenden Bank zugleich die Aufforderung an den Importeur einschließt, unverzüglich Weisung darüber zu erteilen, ob sein Konto mit dem Inkassobetrag zu belasten ist, d.h. - in der Fachsprache ausgedrückt -, ob er die Dokumente aufnimmt.
- Nach den Recherchen des Verfassers unterscheiden die Banken bei der **Bedenkzeit des Importeurs** zwischen Inkassi, die **"bei erster Präsentation"** zahlbar sind und Inkassi, die **"bei Sicht"** zahlbar sind. Bei der erstgenannten Kategorie erfolgt die Mahnung des Importeurs im Falle ausbleibender Weisungen sowie die Benachrichtigung der vorgeschalteten Inkassobank (Einreicherbank) bereits nach wenigen Tagen. Dagegen ist die Bedenkzeit des Importeurs bei Inkassi, die "bei Sicht" zahlbar sind, länger, d.h. die Mahnung des Importeurs bzw. die Benachrichtigung der vorgeschalteten Inkassobank erfolgen später.
- **Hinweis**: Die **Vorlage (Präsentation) der Dokumente** durch die vorlegende Bank ist in Hauptabschnitt "4.6 Vorlage (Präsentation) der Dokumente sowie Dokumentenaufnahme durch den Importeur", die Abwicklung von "Zahlbar bei erster Präsentation"/

"Zahlbar bei Sicht"-Inkassi ist - einschließlich der Darstellung des Ablaufs mit einer Zeitachse - in Abschnitt 4.6.3 behandelt.

Vereinbarung der Inkassofälligkeit "zahlbar ... Tage nach erster Präsentation"

- **Abwicklung**: Diese Bedingung ermöglicht es, zwischen dem Zeitpunkt der ersten Präsentation der Dokumente und dem Zeitpunkt der Dokumentenaufnahme eine vom Importeur und Exporteur **zu vereinbarende Frist** zu legen.
- Eine solche Frist kommt grundsätzlich der **Interessenlage des Importeurs** entgegen, insbesondere dann, wenn ihm der Inkassoauftrag früher präsentiert wird als die Ware im Importland eintrifft. Durch eine geeignet gewählte Frist kann **vermieden** werden, daß der Importeur längere Zeit **vor der Verfügbarkeit der Waren Zahlung zu leisten** hat. Ein echtes Zahlungsziel ist dem Importeur durch diese Bedingung aber nicht eingeräumt, es wird damit lediglich eine Vorauszahlung vor Verfügbarkeit der Waren vermieden. Der Exporteur hat somit bei dieser Bedingung die Transportphase und - je nach Dauer der vereinbarten Frist - u.U. eine (kurze) Lagerphase im Importland zu finanzieren.
- Mit Deutlichkeit ist hervorzuheben, daß die **Zug-um-Zug-Abwicklung** des Dokumenteninkassos auch bei dieser Bedingung unverändert **bestehen** bleibt. Bei der ersten Präsentation werden dem Importeur die Dokumente keineswegs ausgehändigt, er kann sie allenfalls in den Räumen der Bank einsehen. Über die **Dokumente** kann der Importeur auch bei dieser Bedingung - wie bei jedem Inkasso, das "Dokumente gegen Zahlung" zum Gegenstand hat - **erst nach erfolgter Zahlung** verfügen.
- In der **Praxis** findet sich diese Bedingung sehr **selten**. Wenn die Beteiligten überhaupt den Zeitpunkt der Dokumentenaufnahme hinauszuschieben wünschen, dann wird dies im allgemeinen mit der Bedingung "zahlbar bei Ankunft der Ware" o.ä. vollzogen (siehe folgenden Abschnitt).

Vereinbarung der Inkassofälligkeit "zahlbar bei Ankunft der Ware"

- **Abwicklung**: Mit dieser Bedingung (deren Fälligkeit manchmal auch mit den Worten "bei Ankunft des Dampfers" definiert wird und die sich in den Inkassoaufträgen beispielsweise mit der Formulierung findet: "Die Aufnahme der Dokumente kann bis zur Ankunft des Schiffs/der Ware zurückgestellt werden") soll **vermieden** werden, daß der Importeur in einem Zeitpunkt **Zahlung leisten** muß, in dem er über die **Ware noch nicht verfügen** kann. Der Importeur wird von der vorlegenden Bank zwar (entsprechend gängiger Praxis) in der Regel unmittelbar nach Eingang des Inkassoauftrags vom Vorliegen des Inkassoauftrags informiert und der Importeur kann die Dokumente in den Räumen der vorlegenden Bank auch einsehen. Diese Mitteilung der vorlegenden Bank enthält jedoch keine Aufforderung zur unverzüglichen Aufnahme der Dokumente; die Bezahlung ist vielmehr auf den Zeitpunkt der Ankunft der Ware hinausgeschoben. Die Zug-um-Zug-Abwicklung des Dokumenteninkassos "Dokumente gegen Zahlung" bleibt bei dieser Bedingung uneingeschränkt erhalten, sie wird lediglich in Abhängigkeit zur Warenankunft vollzogen.
- **Dokumentenaufnahmen <u>vor</u> Ankunft der Ware**: Zumindest in der **Praxis** werden bei der Fälligstellung "zahlbar bei Ankunft der Ware" **keine Bedenken** gegen eine **vorzeitige Dokumentenaufnahme** durch den Importeur, d.h. keine Bedenken gegen eine Dokumentenaushändigung im Gegenzug zur Zahlung des Inkassobetrags vor dem Zeitpunkt der Warenankunft, erhoben. Diese Auffassung ist zunächst damit zu rechtfertigen, daß die vorzeitige Abwicklung des Dokumenteninkassos auch dem Interesse des Exporteurs an einem frühzeitigen Zahlungseingang entspricht. Darüber hinaus eröff-

net diese vorzeitige Abwicklung dem Importeur einen gewissen Dispositionsspielraum in Anpassung an seine aktuelle Liquidität. Schließlich kann der Importeur die Dokumente durch Zahlung vor Ankunft der Ware auslösen, damit er die Einfuhrformalitäten frühzeitig erledigen kann, mit dem Ziel, über die Ware unmittelbar nach Ankunft verfügen zu können.

Deutlicher als in der Formulierung "zahlbar bei Ankunft der Ware" kommt die Berechtigung zur vorzeitigen Dokumentenaufnahme in den Formulierungen "zahlbar **spätestens** bei Ankunft der Ware/des Schiffs" bzw. "die Aufnahme der Dokumente **kann** bis zur Ankunft des Schiffs/der Ware zurückgestellt werden" zum Ausdruck.

- **Verpflichtung des Importeurs**: Zu beachten ist bei der Bedingung "zahlbar (spätestens) bei Ankunft der Ware", daß die vorlegende Bank nicht verpflichtet ist, von sich aus Informationen über die **Ankunft der Ware** einzuziehen. Vielmehr schließt die Vereinbarung der Bedingung "zahlbar bei Ankunft der Ware" im Kaufvertrag die Verpflichtung des Importeurs ein, daß dieser nach Warenankunft die Dokumente bei der vorlegenden Bank unverzüglich aufnimmt, d.h. Zahlung leistet.
- **Probleme**: Problematisch erscheint bei dieser Bedingung, daß die **Feststellung des Zahlungszeitpunktes** des Dokumenteninkassos praktisch dem **Importeur** übertragen ist. Es ist nicht auszuschließen, daß sich die Dokumentenaufnahme in diesem Fall wegen Nachlässigkeit oder wegen Zahlungsschwierigkeiten des Importeurs verzögert, obwohl die Ware bereits angekommen ist und der Importeur ab diesem Zeitpunkt gegen die Vereinbarungen des Kaufvertrags verstößt.

  Wenn die Banken solche Bedenken hegen, ergreifen sie manchmal die Initiative und nehmen von sich aus Kontakt mit dem Transportunternehmen bzw. mit der Schiffsmeldestelle auf, um Erkundigungen über die Ankunft der Ware einzuziehen.
  Anmerkung: Im Einzelfall ist zu prüfen, ob das skizzierte Problem dadurch gelöst werden kann, daß die vorlegende **Inkassobank im Transportdokument als Adresse für die Benachrichtigung** von der Ankunft der Ware aufgenommen wird.
- **Ratschlag**: Die Bedingung "Zahlbar bei Ankunft der Ware" bzw. "Die Aufnahme der Dokumente kann bis zur Ankunft des Schiffs/der Ware zurückgestellt werden" sollte der Exporteur aus den genannten Gründen nur **vertrauenswürdigen und solventen Importeuren** einräumen, von denen er im übrigen annehmen darf, daß sie an einer schnellstmöglichen Abnahme der Ware von sich aus interessiert sind.
- **Hinweis**: Die Abwicklung von "Zahlbar bei Ankunft der Ware"-Inkassi bei der vorlegenden Bank ist in Abschnitt "4.6.3 Abwicklung von 'Dokumente gegen Zahlung'-Sichtinkassi bei alternativen Fälligkeiten für die Dokumentenaufnahme" behandelt.

4.3.3 Spezielle Gestaltungsmerkmale bei "Dokumente gegen Akzept"-Inkassi

4.3.3.1 Grundlegende Merkmale

Vorbemerkungen

- Die folgenden Ausführungen sind bei "**Dokumente gegen unwiderruflichen Zahlungsauftrag** (mit späterer Fälligkeit)"-Inkassi analog anwendbar.

- Sofern die Vereinbarung der **ERI als Rechtsgrundlage** nicht an anderer Stelle der Zahlungsvereinbarung des Kaufvertrags festgelegt ist, dann ist es angebracht, hinter der gewählten Inkassovereinbarung die Ergänzung anzubringen: "... gemäß den Einheitlichen Richtlinien für Inkassi der Internationalen Handelskammer (ICC) Paris" (Uniform Rules for Collections issued by the International Chamber of Commerce Paris).

Risiken des Exporteurs

- Mit der Zahlungsbedingung "Dokumente gegen Akzept" kann dem Importeur grundsätzlich ein beliebiges **Zahlungsziel** in Form der Wechsellaufzeit eingeräumt werden. Es versteht sich von selbst, daß ein solches Zahlungsziel insbesondere der Interessenlage des Importeurs entgegenkommt. Dagegen erhöht sich das Risiko des Exporteurs stark, weil dem Importeur die Dokumente (die ihm die Verfügung über die Waren ermöglichen) lediglich gegen Akzeptleistung, also lediglich gegen ein Zahlungsversprechen, ausgehändigt werden.
- Die Frage der tatsächlichen Zahlung (Einlösung) des Wechsels ist auf einen späteren Fälligkeitstag verlagert, was das ganze **Spektrum der Risiken** für den Exporteur, nämlich wirtschaftliches Risiko, politisches Risiko und eventuell Wechselkursrisiko, einschließt. Lediglich das Dokumentenaufnahmerisiko (Warenabnahmerisiko) und die warenbezogenen politischen Risiken sind nach Akzeptierung des Wechsels praktisch erloschen.
- Eine - allerdings selten ergriffene - Möglichkeit des Exporteurs, die aus der Wechselziehung folgenden Risiken zumindest teilweise zu begrenzen, besteht im **Wechselaval** für den Bezogenen, das von der Importeurbank oder von einer anderen Bank übernommen wird. Die Verpflichtung des Importeurs, ein solches Wechselaval seiner Bank beizubringen, ist in den Kaufvertrag aufzunehmen. Das Aval kann von der Bank auf der Vorderseite des Wechsels (Regelfall), auf dessen Rückseite oder in einer gesonderten Erklärung übernommen werden. Beim gezogenen Wechsel ist beim Aval bzw. in der gesonderten Erklärung der Bank der Zusatz aufzunehmen "per Aval für den Bezogenen", um eindeutig klarzustellen, für wen das Wechselaval gilt (siehe auch Kapitel „7.10 Auslandswechsel").

  Zahlt der Bezogene bei Fälligkeit des Wechsels nicht, dann kann der Exporteur die bürgende Bank in Anspruch nehmen. Allerdings ist bei einer derartigen Abwicklung des Dokumenteninkassos der Schritt zum Dokumentenakkreditiv nicht mehr weit, so daß u.U. von vornherein an die Vereinbarung eines Dokumentenakkreditivs im Kaufvertrag zu denken ist.

Verteilung der Finanzierungskosten

- Bei der Zahlungsbedingung "Dokumente gegen Akzept" ist zu klären, welcher der Beteiligten die Finanzierungskosten, insbesondere die **(Diskont-)Zinsen** sowie die im Ausland eventuell anfallende Wechselsteuer, zu tragen hat. Fehlt eine solche Vereinbarung im Kaufvertrag, dann ist in der Regel anzunehmen, daß die Zinsen für das dem Importeur in Wechselform gewährte Zahlungsziel vom Exporteur getragen werden.
- Sofern der Importeur die Finanzierungskosten zu tragen hat (z.B. bei längerfristigen Zahlungszielen), können die sog. **Abnehmerzinsen** in den Wechselbetrag einbezogen werden, so daß eine gesonderte Verrechnung der Zinsen zwischen Importeur und Exporteur entfällt.

4.3.3.2 Alternative Wechsellaufzeiten

Das zwischen Exporteur und Importeur im Rahmen der Zahlungsbedingung "Dokumente gegen Akzept" vereinbarte **Zahlungsziel** kann grundsätzlich mit folgenden **Alternativen** in Wechselform gekleidet werden:

- Als **Nachsichttratte**, die eine bestimmte, im Kaufvertrag festzulegende **Frist zwischen dem Zeitpunkt der Akzeptierung** der Tratte durch den Importeur, also zwischen dem Zeitpunkt der Dokumentenaufnahme **und dem Zeitpunkt der Wechselfälligkeit**, umfaßt (z.B. die Fristvereinbarung "90 Tage nach Sicht"). Der Importeur hat bei der Dokumentenaufnahme auf der Tratte neben seinem Akzept das Datum der Akzeptleistung zu vermerken (sog. Sichtvermerk). Ab diesem Zeitpunkt läuft sodann die vereinbarte Nachsichtfrist und bestimmt das Datum der Fälligkeit des Nachsichtwechsels (Einzelheiten zur Bestimmung des Verfalltags siehe Kapitel "7.10 Auslandswechsel").

  Die in Abschnitt "4.6.4 Abwicklung von 'Dokumente gegen Akzept einer Nachsichttratte'-Inkassi" dargestellte Zeitachse verdeutlicht den Ablauf.
- Als **Zeittratte (Tagtratte)**, die einen **bestimmten Tag als Verfalltag** aufweist. Der Vorzug der Zeittratte liegt für den Exporteur in der Festlegung des vom Verlauf des Dokumenteninkassos unabhängigen Fälligkeitsdatums. Dagegen kommt der Importeur häufig nicht in den vollen Genuß der Wechsellaufzeit, weil diese - im Gegensatz zu Nachsichttratten - oft vor dem Zeitpunkt der Akzeptierung, d.h. vor dem Zeitpunkt der Dokumentenaufnahme und damit vor der Verfügbarkeit über die Waren, beginnt. Deswegen wird der Importeur im Kaufvertrag nicht nur auf eine eindeutige Vereinbarung über die Laufzeit des Wechsels drängen, sondern auch über den Beginn dieser Laufzeit, so z.B. ab dem Versanddatum der Ware.
- Als **Datotratte (Datowechsel)**, die eine **Fristvereinbarung**, gerechnet **ab dem Tag der Wechselausstellung** (z.B. 180 Tage dato), umfaßt. Die Fälligkeit eines Datowechsels wird - wie bei der Zeittratte - unabhängig vom Zeitpunkt der Akzeptierung durch den Importeur, d.h. unabhängig vom Zeitpunkt der Dokumentenaufnahme, errechnet.

  Einzelheiten zum Datowechsel siehe Kapitel "7.10 Auslandswechsel".
  Folgt man dem Interesse des Importeurs, dann sollte auch für den Datowechsel in der Zahlungsbedingung des Kaufvertrags ein auf den Verlauf des Warengeschäfts bezogenes Ausstellungsdatum des Datowechsels festgelegt werden. Dadurch kann sich der Importeur vor der Überraschung eines vom Exporteur frühzeitig gelegten Wechselausstellungsdatums und damit vor einer kurzen (Rest-)Laufzeit des Wechsels bewahren.

In der betrieblichen **Außenhandelspraxis** finden vor allem Zeittratten, aber auch Nachsichttratten, weniger dagegen Datotratten Verwendung.

4.3.4 Sonderformen: Wechselziehungen bei "Dokumente gegen Zahlung-Inkassi"

4.3.4.1 Wechselziehung zur Sicherung der Dokumentenaufnahme und der Zahlung bei "Dokumente gegen Zahlung"-Inkassi

Vorkommen

Wechsel treten nicht nur bei "Dokumente gegen Akzept"-Inkassi in Erscheinung, sondern manchmal auch bei "Dokumente gegen Zahlung"-Inkassi. Im Rahmen von "Dokumente gegen Zahlung"-Inkassi erfüllt der Wechsel jedoch nur die begleitende Rolle eines **Sicherungsinstruments**, wobei sowohl Nachsichttratten als auch Sichttratten Anwendung finden.

Nachsichttratten

- Wird vom Exporteur im Rahmen einer "Dokumente gegen Zahlung"-Vereinbarung dem Importeur zugestanden, daß dieser die **Dokumente** nicht bei erster Präsentation, sondern beispielsweise erst bei Dampferankunft oder zu einem anderen **späteren Zeitpunkt** aufzunehmen und zu zahlen hat, dann kann diese dem Importeur zugestandene Frist wechselmäßig mit einer Nachsichttratte abgesichert werden. Auf Grundlage einer vom Importeur akzeptierten Nachsichttratte erlangt der Exporteur wechselrechtliche Ansprüche an den Importeur, die sein Dokumentenaufnahmerisiko verringern.
- Der Exporteur fügt seinem Inkassoauftrag eine Nachsichttratte bei, die auf den Importeur gezogen ist. Im Zuge der weiteren Abwicklung des Dokumenteninkassos werden die Dokumente dem Importeur von der Inkassobank zwar mit der Maßgabe vorgelegt, die beigefügte Nachsichttratte des Exporteurs zu akzeptieren. Die **Dokumente** werden dem Importeur aber trotz vollzogener Akzeptleistung nicht ausgehändigt, sondern erst im **Gegenzug zur Einlösung des fälligen Nachsichtwechsels** zur Verfügung gestellt. Der Charakter des "Dokumente gegen Zahlung"-Inkassos bleibt also voll erhalten.
- Für den Exporteur hat diese Wechselziehung im Rahmen einer "Dokumente gegen Zahlung"-Vereinbarung den Vorteil, daß dadurch das **Dokumentenaufnahmerisiko reduziert** ist und der Importeur geneigt sein wird, die Abwicklung der Einfuhrformalitäten rechtzeitig in die Wege zu leiten. Nach vollzogener Akzeptleistung ist der Importeur nämlich nicht nur aus dem Kaufvertrag zur Vornahme dieser Handlungen verpflichtet, sondern er steht auch unter dem Druck der wechselrechtlichen Verpflichtung zur Zahlung des akzeptierten Nachsichtwechsels bei Fälligkeit.

Sichttratten

- Neben Nachsichttratten treten auch Sichttratten als **Sicherungsinstrument** bei "Dokumente gegen Zahlung"-Inkassi in Erscheinung.
- In manchen (Einfuhr-)Ländern ist vorgeschrieben, daß "Dokumente gegen Zahlung"-Inkassi eine Sichttratte, gezogen vom Exporteur auf den Importeur, beigefügt sein muß. Das soeben mit Nachsichttratten beschriebene Sicherungsverfahren hat grundsätzlich auch bei einer **Sichttratte** des Exporteurs, die der Importeur zu akzeptieren hat, eine **analoge Gültigkeit**. Auch bei dieser Abwicklung verbleiben die Dokumente trotz Akzeptierung der Sichttratte durch den Importeur bei der vorlegenden Bank.
- Der akzeptierte Sichtwechsel soll auch bei diesem Verfahren als zusätzliche wechselrechtliche **Sicherheit** für die **Dokumentenaufnahme** bei Fälligkeit des Inkassos und für die pünktliche Erledigung der Einfuhrformalitäten durch den Importeur dienen. Immerhin kann dem Importeur der akzeptierte Sichtwechsel, da dieser bei Sicht, d.h. sofort fällig ist, - im Gegensatz zum Nachsichtwechsel - jederzeit zur Zahlung vorgelegt werden.

4.3.4.2 Wechselziehung bei Aushändigung der Dokumente an Importeure "zu treuen Händen"

Vorbemerkung

Die folgende Abwicklung stellt einen **Ausnahmefall** dar und ist lediglich aus Gründen der Vollständigkeit aufgenommen worden. In der Praxis erfolgt die Aushändigung der Dokumente zu treuen Händen an den Importeur - wenn überhaupt - auf dessen ausdrücklichen Wunsch und auf Risiko der vorlegenden Inkassobank (Importeurbank) und nicht auf Risiko des Exporteurs. Einzelheiten siehe Abschnitt "4.6.2 Möglichkeiten zur Aushändigung der Dokumente...".

Abwicklung

In devisenknappen Importländern kann es vorkommen, daß der Importeur Devisen zur Erfüllung seiner Zahlungsverpflichtung nur zugeteilt bekommt, wenn er nachweist, daß er zuvor die **Einfuhrmodalitäten** (z.B. die Verzollung der Einfuhrgüter) erfüllt hat. Dazu benötigt der Importeur die **Inkassodokumente**.

Um dieser Notwendigkeit Rechnung zu tragen, kann im Kaufvertrag und - in dessen Gefolge - im Inkassoauftrag folgende Abwicklung festgelegt werden: Der Exporteur zieht auf den Importeur eine Sichttratte und fügt diese dem Inkassoauftrag bei. In den Inkassoauftrag ist sodann die Weisung aufzunehmen, daß die vorlegende Bank dem Importeur die **Dokumente zu treuen Händen** überlassen darf, wenn dieser im Gegenzug die **Sichttratte** des Exporteurs **akzeptiert**. Diese treuhänderische Aushändigung der Dokumente ist dann allerdings an die Bedingung geknüpft, daß der Importeur die Dokumente nach Erledigung der Einfuhrformalitäten unverzüglich der vorlegenden Bank zurückzugeben hat.

Risiken

Kommt der Importeur dieser **Rückgabeverpflichtung** nicht nach, dann hält die vorlegende Bank und damit indirekt der Exporteur immerhin den akzeptierten Sichtwechsel des Importeurs als Sicherheit in Händen, der dem Importeur dann - da bei Sicht fällig gestellt - sofort zur Zahlung vorgelegt werden kann. Allerdings wird bei diesem vertragswidrigen Verhalten des Importeurs ein "Dokumente gegen Zahlung"-Inkasso praktisch zu einem "Dokumente gegen Akzept"-Inkasso mit allen damit für den Exporteur verbundenen **Risiken**. Lediglich die sofortige Fälligkeit des vom Importeur akzeptierten Sichtwechsels mag diese Risiken im Gegensatz zu den bei "Dokumente gegen Akzept"-Inkassi üblichen Nachsichtwechseln etwas mildern. Schließlich ist zu bedenken, daß der Durchsetzung wechselrechtlicher Ansprüche keineswegs in allen Ländern gleichermaßen Erfolg beschieden ist.

Ratschlag

Die treuhänderische Aushändigung der Dokumente gegen Akzeptierung einer Sichttratte kann der Exporteur deswegen im Kaufvertrag nur **vertrauenswürdigen und solventen Importeuren** zugestehen. Bestehen dahingehend oder auch zum politischen Risiko Bedenken, dann sollte der Exporteur unbedingt eine andere, ihn hinreichend sichernde Zahlungsbedingung vereinbaren.

Anmerkung

Eine gänzlich andere Abwicklung liegt vor, wenn die **vorlegende Bank**, ohne dazu im Inkassoauftrag vom Exporteur ausdrücklich ermächtigt zu sein, die Dokumente dem

Importeur **"zu treuen Händen"** überläßt. Die vorlegende Bank handelt hier ausschließlich auf eigenes Risiko und nicht auf Risiko des Exporteurs (vgl. auch Abschnitt "4.6 Möglichkeiten zur Aushändigung der Dokumente...").

4.4 Inkassoauftrag des Exporteurs an die Einreicherbank

Vorbemerkungen:

- Grundsätzlich gilt, daß der Exporteur alle **Vereinbarungen des Kaufvertrags**, soweit sie die **Zahlungsbedingung** betreffen, in seinen **Inkassoauftrag** an die Exporteurbank aufzunehmen hat. Der Exporteur läuft sonst Gefahr, daß der Importeur die Aufnahme der Dokumente mit dem Argument verweigert, daß der Inkassoauftrag nicht dem Kaufvertrag entspricht.
- Über die Vereinbarungen im Kaufvertrag hinaus kann der Exporteur in seinen Inkassoauftrag verschiedenartige **Weisungen** an die Einreicherbank bzw. an die Inkassobank(en) aufnehmen. Solche Weisungen können beispielsweise den Auftrag des Exporteurs an die vorlegende Bank umfassen, einen **Teilbetrag** des Inkassoerlöses an den **Vertreter** des Exporteurs im Importland als Provision abzuzweigen und diesem zu überweisen. Häufig erteilen Exporteure auch Weisungen für den Fall, daß der Importeur die **Dokumente nicht aufnimmt**.
- Zur Erteilung von Inkassoaufträgen stellen die Kreditinstitute den Exporteuren **Vordrucke** bzw. eine EDV-Software zur Verfügung, in die die maßgeblichen, im Rahmen von Inkassoaufträgen normalerweise vorkommenden **Angaben** und **Weisungen** aufgenommen sind. In diesen schematisierten Inkassoaufträgen hat der beauftragende Exporteur häufig nur noch das Zutreffende anzukreuzen bzw. die Daten ergänzend einzutragen. Insoweit haben die Inkassoaufträge zugleich den Charakter einer **Prüfliste (Checkliste)**.
- Inhalt und Systematik der üblicherweise verwendeten Inkassoaufträge bestimmen auch den Inhalt und den Aufbau dieses Kapitels. Insoweit sind die Ausführungen dieses Kapitels zugleich **Anleitung und Prüfliste** für den Exporteur bei der Erteilung des Inkassoauftrags an seine Bank.

  Zu beachten ist, daß manche deutschen Kreditinstitute ihren Kunden Vordrucke - wie in Abbildung 4-06 - zur Verfügung stellen, die sich sowohl zur Dokumenteneinreichung (zur Benutzung) für eröffnete Akkreditive als auch zur Beauftragung zum Dokumenteninkasso eignen. Nicht alle Positionen, die in diesen Vordrucken angekreuzt werden können, sind somit für Dokumenteninkassi relevant.
- **Hinweis:** Die **„Einheitlichen Richtlinien für Inkassi (ERI 522)"** sowie der **Kommentar** finden sich in Kapitel 6.

Abbildung

Die **Ziffern** in den Überschriften der folgenden Abschnitte beziehen sich auf die Angaben im abgebildeten **Inkassoauftrag**; siehe **Abbildung 4-06**. Bei dem abgebildeten Inkassoauftrag handelt es sich um ein Inkasso "Dokumente gegen Akzept einer Nachsichttratte". Diese Nachsichttratte ist unten ebenfalls abgebildet (siehe Abbildung 4-07).

4

An
BANK FÜR HANDEL UND INDUSTRIE AG ①

Dokumenten-Einreichung

Einreicher
Firma
Alfred Mustermann GmbH
Postfach 1774

72764 Reutlingen

Die Dokumente sind

Datum: 22.11.1996 | Tel.: -0 | Ref.: Re. Nr. 1637560 | Gegenwert zu Gunsten Konto-Nr.: 0599936 00 | x = Währungs-Kto.

Sie erhalten anbei folgende Wechsel und/oder Dokumente mit der Bitte, gemäß den angekreuzten Weisungen zu verfahren:

A [ ] zu verwenden zur Inanspruchnahme des **Akkreditivs** Nr. der (Bank) [ ] Die Akkreditivspitze wird nicht mehr in Anspruch genommen.

B [X] **zum Einzug bestimmt** ②

Für Vermerke der Bank
Referenz-Nummer:

Ihre Akkreditiv-Nummer | Betrag ③: DEM 80.000,-- | Fälligkeit ④: 90 Tage nach Sicht

Wechsel/ Quittung	Faktura	Konsulats-Faktura	Zoll-Faktura	Spezifikation	Ursprungs-Zeugnis	Versich.-Pol./Zert.	Konnossement	Luftfrachtbrief	Duplikat-Frachtbr.	Spediteur-Beschein.	Post-quittung	Warenverkehrs-Bescheinig.
2/2	4/4			2/2	⑤		3/3					

Über die Verladung von: Werkzeugteile ⑥ Empfänger: Romero do Santos, Rio de Janeiro

per: Seefracht ⑦ am: 15.11.1996 von: Hamburg nach: Rio de Janeiro, Brasilien

Nur bei Inkassoaufträgen ausfüllen!

Bezogener
Fabrica Romero do Santos S.A., P.O. Box 1007, 20091 Rio de Janeiro, Brasilien ⑧

Inkassobank
Banco do Brasil S.A., 328 Avda. Presidente Vargas, 20000 Rio de Janeiro, Brasilien ⑨

⑩ Inkassospesen
Ihre Kosten bzw. Spesen [X] zu unseren Lasten [ ] zu Lasten des Bezogenen
Fremde Kosten bzw. Spesen [ ] zu unseren Lasten [X] zu Lasten des Bezogenen
[X] Die Dokumente dürfen nur ausgeliefert werden, wenn der Bezogene auch die Spesen bezahlt

Die Dokumente sind zu versenden
[ ] mit einfacher Post[1]) (Luftpost) [ ] per Einschreiben (Luftpost) [X] per Kurierdienst

und auszuliefern
[ ] gegen Zahlung ② [X] gegen Akzept

[ ] Aufnahme der Dokumente kann bis zur Ankunft des Schiffs/der Ware zurückgestellt werden. ④

[X] Das Akzept soll bei der Inkassobank zum Einzug bei Fälligkeit verbleiben. Verfalldatum des Akzeptes ist uns mitzuteilen.
[ ] Das Akzept ist zurückzurufen. ⑪

Protestanweisungen:
[ ] Kein Protest
[ ] Protest bei Nichtakzeptierung
[X] Protest bei Nichtbezahlung des Akzeptes ⑫

ZAHLUNG erbeten per
[ ] Luftpost [X] S.W.I.F.T./Telex/Telegramm
Bei Schwierigkeiten Nachricht erbeten
[ ] per Luftpost [X] per S.W.I.F.T./Telex/Telegramm ⑬

Vertreter:
Francisco Rabat, Rua General Sampaio 77, Rio de Janeiro, Brasilien
Befugnisse (mangels anderer Weisungen nur zur Intervention berechtigt): ⑭

Sonstige Weisungen:
⑮

Mustermann
Unterschrift des Einreichers

[1]) Sofern kein Konnossement/Orderlagerschein vorhanden

Der Ausführung dieses Auftrags sind die „Einheitlichen Richtlinien und Gebräuche für Dokumenten-Akkreditive (Revision 1993), ICC-Publikation Nr. 500" bzw. „Einheitlichen Richtlinien für Inkassi (Revision 1995), ICC-Publikation Nr. 522" zugrunde zu legen.

Abbildung 4-06

4.4.1 Beauftragte Bank und Art des Inkassos

Beauftragte Bank (1)

- Der **Exporteur** kann statt seiner **Bank** (Exporteurbank) prinzipiell auch unmittelbar die **Hausbank des Importeurs** oder eine andere Bank im Importland mit der Durchführung des Inkassos beauftragen. Unter diesem Blickwinkel ist die beauftragte Auslandsbank dann Einreicherbank und vorlegende Bank zugleich.
- Dieser **direkte Inkassoweg** ist indessen **die Ausnahme.** Zum Ersten, weil dadurch maßgebliche Vorzüge der eingespielten und rechtlich abgesicherten Inkassowege verloren gehen (z.B. bei Rückfragen beim Exporteur oder bei Änderungen des Inkassoauftrags). Zum Zweiten, weil sich mit diesem Verfahren in der Regel Bankspesen nicht einsparen lassen, da die ausländische Bank sowohl die Spesen für die Entgegennahme des Inkassoauftrags (für die Einreichung) als auch für die Vorlage (Präsentation) der Dokumente in Rechnung stellen wird. Zum Dritten, weil die von der Einreicherbank erbrachten Serviceleistungen, wie beispielsweise die unverbindliche Dokumentenprüfung und die Beratung in abwicklungstechnischen Fragen, entfallen.

Art des Inkassos (2)

- Aus dem Inkassoauftrag muß eindeutig hervorgehen, ob es sich um ein Inkasso **"Dokumente gegen Zahlung"** oder um ein Inkasso **"Dokumente gegen Akzept"** oder um ein Inkasso "**Dokumente gegen unwiderruflichen Zahlungsauftrag** (mit späterer Fälligkeit)" handelt. In der Praxis ist zwar Eindeutigkeit regelmäßig gegeben bzw. wird durch Rückfragen der Bank beim Auftraggeber hergestellt.
- Gleichwohl können ausnahmsweise Fragen dann auftreten, wenn beispielsweise dem Inkassoauftrag eine vom Exporteur auf den Importeur gezogene **Sicht- oder Nachsichttratte beigefügt** ist und lediglich ein allgemeiner Inkassoauftrag, nicht aber ein spezieller "Dokumente gegen Akzept"-Auftrag erteilt ist. Eine derartige Tratte muß nicht zwingend zu einem "Dokumente gegen Akzept"-Auftrag führen, sondern eine Tratte des Exporteurs kann auch einem "Dokumente gegen Zahlung"-Auftrag als Sicherungsinstrument beigefügt sein, z.B. zur Akzeptierung durch den Importeur bei Vorlage der Dokumente oder bei Aushändigung der Dokumente "zu treuen Händen" (Einzelheiten siehe Abschnitt "4.3.4 Sonderformen: Wechselziehungen bei 'Dokumente gegen Zahlung'-Inkassi").
- Sofern sich auch in der Rubrik "Sonstige Weisungen" keine (näheren) Angaben zur Vorlage einer beigefügten, später fälligen Tratte und damit zur eindeutigen Beantwortung der Frage finden, **welcher Art das Inkasso** ist, dann behandeln die Banken ein solches Inkasso entsprechend Art. 7 ERI als "Dokumente gegen Zahlung"-Inkasso.
- Falls entsprechend ausgefüllt, definiert im **abgebildeten Vordruck** die im unteren Teil stehende Formulierung "Die Dokumente sind ... auszuliefern **... gegen Zahlung**" den Inkassoauftrag in Verbindung mit der im Vordruck oben stehenden Formulierung "Die Dokumente sind zum Einzug bestimmt" eindeutig als "Dokumente gegen Zahlung"-Inkasso.

  Falls entsprechend angekreuzt, bestimmt die Formulierung "**... gegen Akzept**" das Inkasso eindeutig als "Dokumente gegen Akzept"-Inkasso.

- Ein "Dokumente gegen unwiderruflichen Zahlungsauftrag"-Inkasso muß die Weisung **"gegen unwiderruflichen Zahlungsauftrag"** ("against irrevocable payment order" bzw. eine sinngemäße Weisung) enthalten, wobei - ebenso wie bei Wechselakzepten - die Fälligkeit (siehe Ziffer 4 des Vordrucks) festzulegen ist.

4.4.2 Inkassobetrag (einschließlich Währung) und Fälligkeit

Inkassobetrag (einschließlich Währung) (3)

- Inkassobetrag, Währung und Fälligkeit sind im **Kaufvertrag** festgelegt und vom Exporteur in den Inkassoauftrag genauestens zu übernehmen.
- **Eventuell Teilzahlung**: Der Importeur hat den **vollen Inkassobetrag** ohne jeden Abzug zu leisten. Sofern der Exporteur im Inkassoauftrag ausdrücklich eine Ermächtigung erteilt hat, kann die vorlegende Bank vom Importeur **Teilzahlungen** annehmen. Gemäß Art. 19 ERI werden dem Importeur die Dokumente jedoch erst dann ausgehändigt, wenn er den vollen Inkassobetrag gezahlt hat.

  Der Exporteur kann jedoch im Inkassoauftrag auch **Weisung** erteilen, daß dem Importeur die Dokumente bereits nach Teilzahlung(en) in bestimmter Höhe von der vorlegenden Bank ausgehändigt werden dürfen. Die Risiken des Exporteurs, die in der Aushändigung der Dokumente an den Importeur vor der vollen Bezahlung liegen, sind offenkundig.

  Im übrigen ist die vorlegende Bank gemäß den ERI (vgl. Art. 19 in Verbindung mit Art. 16) gehalten, **Teilzahlungen** unverzüglich auf dem Inkassoweg der Einreicherbank und damit dem Exporteur **zur Verfügung zu stellen**.

  Weitere Aspekte von Teilzahlungen sind in Abschnitt "4.7.1 Notleidende Inkassi 'Dokumente gegen Zahlung'" dargestellt und beurteilt.
- **Währung:** Gemäß Art. 17 und 18 der ERI darf die vorlegende Bank mangels anderer Weisungen im Inkassoauftrag die Dokumente nur gegen Zahlung in der im Inkassoauftrag **ausgewiesenen Währung** freigeben, und zwar muß diese Währung sofort verfügbar sein.

  Diese Vorschrift trägt zwar grundsätzlich dem Sicherungsinteresse des Exporteurs Rechnung. Es ist jedoch die Frage naheliegend, ob diese kategorische Norm dem Interesse des Exporteurs tatsächlich in allen Situationen gerecht wird, zumal rasch die Gefahr entsteht, daß der Importeur beispielsweise mangels Devisenzuteilung die Dokumente nicht aufnehmen kann und deswegen das Inkasso als Ganzes zu scheitern droht.
- **Zahlung bzw. Hinterlegung in nicht vereinbarter Währung**: Unter diesem Blickwinkel kann es für den Exporteur im Ausnahmefall erwägenswert sein, eine **Weisung zur Währung** zu erteilen. Eine solche Weisung kann zu einem späteren Zeitpunkt zweckmäßig sein, z.B. wenn der Exporteur eine Mitteilung der vorlegenden Bank über die augenblickliche Unerfüllbarkeit des Inkassoauftrags in der vereinbarten Währung erhält.

  Ist beispielsweise die Situation gegeben, daß der Importeur einerseits zahlungswillig, zahlungsfähig und zur Dokumentenaufnahme bereit ist, und daß er andererseits die Fremdwährung, auf die der Inkassoauftrag lautet, zur Honorierung der Dokumente augenblicklich wegen **Devisenknappheit des Importlandes** nicht zugeteilt bekommt, dann kann folgendes Zugeständnis des Exporteurs im Inkassoauftrag die Rückgabe des Inkassos verhindern:

"Dem Importeur sind die Dokumente gegen Zahlung in Landeswährung auszuhändigen."

Zweckmäßigerweise ist in diesem Ausnahmefall ergänzend die Weisung zu erteilen, wonach der Importeur den Landeswährungsbetrag bei der Notenbank des Importlandes mit der Maßgabe zu deponieren hat, daß der Betrag nach Devisenzuteilung unverzüglich über den Inkassoweg an den Exporteur zu transferieren ist.

- **Devisentransfergarantie**: Wünschenswert wäre bei dieser Abwicklung, daß die Notenbank des Importlandes eine **Devisentransfergarantie** mit einer sog. **Zinsklausel** stellt, die den Exporteur für die Zahlungsverzögerung entschädigt. Solche Zinsklauseln sind jedoch in der Praxis nur sehr selten durchzusetzen. Im übrigen sollte vor den obigen Zugeständnissen für den Exporteur erkennbar sein, daß die Transferprobleme des Importlandes voraussichtlich nicht in eine Zahlungsunfähigkeit einmünden werden.
- **Wechselkursverluste**: Überdies sollte sich der **Importeur** in den beschriebenen Situationen bereiterklären, eventuell entstehende Wechselkursverluste, die bei **ersatzweiser Zahlung in der Importlandwährung** wahrscheinlich sind, zu übernehmen. Eine dahingehende Vereinbarung sollte der Exporteur vor seiner Einwilligung zu der oben beschriebenen Abwicklung mit dem Importeur treffen. In jedem Fall sollte der Exporteur in der beschriebenen Situation den Rat einer auslandserfahrenen Bank einholen.

Fälligkeit (4)

- Die Fälligkeit des Dokumenteninkassos ist eindeutig und auf Grundlage der im Kaufvertrag getroffenen Vereinbarungen zu formulieren. Die Möglichkeiten zur Fälligstellung von "Dokumente gegen Zahlung"-Inkassi sind in Abschnitt **"4.3.2.2 Alternative Fälligkeiten für die Dokumentenaufnahme bei Sichtinkassi"**, die Möglichkeiten zur Festlegung der Wechsellaufzeit bei "Dokumente gegen Akzept"-Inkassi sind in Abschnitt **"4.3.3.2 Alternative Wechsellaufzeiten"** dargestellt.
- Die Fälligkeit des unwiderruflichen Zahlungsauftrags und damit das Zahlungsziel für den Importeur kann bei **"Dokumente gegen unwiderruflichen Zahlungsauftrag"**-Inkassi beispielsweise ausgehend vom Datum der Handelsrechnung oder vom Verladedatum bzw. vom Ausstellungstag des Transportdokuments definiert werden.
- Die Interpretation zu der im unteren Teil des Inkassoauftrags vorgesehenen Möglichkeit: "Aufnahme der Dokumente kann **bis zur Ankunft des Schiffs/der Ware zurückgestellt** werden", findet sich in Abschnitt "4.3.2.2 Alternative Fälligkeiten...".

4.4.3 Dokumente (eventuell einschließlich Tratte) mit Prüfliste für den Exporteur

Dokumente (5)

Die dem Inkassoauftrag beizufügenden Dokumente sind einzeln und mit der jeweiligen **Anzahl** ihrer **Ausfertigungen** aufzuführen. Bei einigen Banken erfolgt die Zusammenstellung der Dokumente außerhalb des Inkassoauftrags auf einem gesonderten Vordruck, der sog. **"Dokumentenspezifikation"**.

Prüfliste zu den Dokumenten

Die Kreditinstitute haben zur Dokumenteneinreichung bei Akkreditiven Prüflisten (sog. Checklisten) für den Exporteur zusammengestellt, die bei der **Dokumentenzusammenstellung** von Inkassi eine analoge Anwendung erfahren können.
Vom Exporteur sind danach insbesondere die folgenden Punkte zu beachten:

- Ausgehend vom Kaufvertrag: Sind die einzureichenden Dokumente **vollständig** und stimmen sie **inhaltlich** (bezüglich Warenbeschreibung, Einzelpreis, Lieferbedingungen usw.) mit den im Kaufvertrag getroffenen Vereinbarungen überein? Sind die Dokumente -laut Kaufvertrag- auf den Importeur ausgestellt?
- Verlangen die **Einfuhrbestimmungen** des Importlandes darüber hinaus Dokumente, die im Kaufvertrag nicht aufgenommen sind, und liegen die Dokumente in der geforderten Form vor? (Siehe auch "K und M" Konsulats- und Mustervorschriften, hrsg. v. d. Handelskammer Hamburg, in der jeweils aktuellen Fassung).
- Sind alle Dokumente von den jeweils Berechtigten **unterzeichnet**?
- Sind eventuell geforderte **Erklärungen**, **Bestätigungen**, **Beglaubigungen**, **Legalisierungen** usw. in der richtigen (üblichen) Form und auf den entsprechenden Dokumenten ausgewiesen?
- Sind die **Zeichen und Nummern** in allen Dokumenten gleich und stimmen sie mit der Verpackungsmarkierung überein?
- Lauten in allen Dokumenten der **Abgangs- und Ankunftshafen** sowie der Dampfername gleich?
- Sind die Dokumente (z.B. Konnossement, Versicherungspolice o. ä.) mit den **Indossamenten** versehen, falls diese vorgeschrieben sind?

Prüfliste zur Tratte

Sofern dem Inkassoauftrag eine Sichttratte oder eine Nachsichttratte beigefügt ist, hat der Exporteur zu beachten, daß diese Tratte in **formeller und inhaltlicher Hinsicht** entsprechend den Vereinbarungen des Kaufvertrags ausgestellt ist, insbesondere hinsichtlich

- Betrag und Währung,
- Laufzeit bzw. Fälligkeit,
- Ordervermerk (Remittent),
- Bezogener,
- Domizilstelle,
- Unterschrift des Exporteurs als Wechselaussteller,
- Unterschrift des Exporteurs als Indossant (falls die Tratte an eigene Order gestellt ist).

Die eventuell nach ausländischem Recht erforderliche Versteuerung der Tratte nimmt in der Praxis häufig die ausländische Inkassobank (zu Lasten der Exporteurbank bzw. des Exporteurs) vor.

Abbildung

Die **Abbildung 4-07** zeigt die **Nachsichttratte(n)** des deutschen Exporteurs.

Anmerkungen: Im vorliegenden Beispiel hat der Exporteur die Nachsichttratte in zweifacher Ausfertigung ausgestellt. Dies ist dann zweckmäßig, wenn die Einreicherbank den Versand der Dokumente (z.B. die Ausfertigungen eines Konnossements) wegen des Dokumentenverlustrisikos in zwei Postsendungen aufteilt. Bei Kurierpost bzw. bei Versand von Dokumenten, die nicht Wertpapiere sind, erfolgt eine solche Aufteilung heute üblicherweise nicht mehr. Die Ausstellung von zwei Ausfertigungen einer Tratte ist in diesen Fällen primär im Sinne einer überlieferten Handhabung zu sehen.

Formularverlag CW Niemeyer, Werkstr. 7, 3250 Hameln, (0 51 51) 20 03 24, FS 9 24 745, Fax 6 77 06
Wuppertal (02 02) 50 20 31, Offenbach (0 69) 86 26 82, Weil der Stadt (0 70 33) 3 49 40

Reutlingen, the 22nd November 1996 For DEM 80.000,00

At 90 days sight

pay this first Bill of Exchange (second unpaid) to the order of ourselves

Deutsche Mark Eightythousand only

To Fabrica Romero do Santos S.A.
P.O. Box 1007
20091 Rio de Janeiro

payable at Banco do Brasil S.A.
20000 Rio de Janeiro

Alfred Mustermann GmbH
Postfach 1774
72764 Reutlingen

Mustermann

CWN eW.

Formularverlag CW Niemeyer, Werkstr. 7, 3250 Hameln, (0 51 51) 20 03 24, FS 9 24 745, Fax 6 77 06
Wuppertal (02 02) 50 20 31, Offenbach (0 69) 86 26 82, Weil der Stadt (0 70 33) 3 49 40

Reutlingen, the 22nd November 1996 For DEM 80.000,00

At 90 days sight

pay this second Bill of Exchange (first unpaid) to the order of ourselves

Deutsche Mark Eightythousand only

To Fabrica Romero do Santos S.A.
P.O. Box 1007
20091 Rio de Janeiro

payable at Banco do Brasil S.A.
20000 Rio de Janeiro

Alfred Mustermann GmbH
Postfach 1774
72764 Reutlingen

Mustermann

CWN eW.

Abbildung 4-07

Prüfungsumfang der Banken

- **Art. 12 a ERI** schreibt vor:

  "Die Banken müssen prüfen, ob die erhaltenen Dokumente den im Inkassoauftrag aufgelisteten Dokumenten zu entsprechen scheinen und vom Fehlen irgendwelcher Dokumente, oder, wenn andere als die aufgelisteten festgestellt wurden, denjenigen Beteiligten, von dem ihnen der Inkassoauftrag zuging, unverzüglich durch

Telekommunikation oder, wenn dies nicht möglich ist, auf anderem schnellen Wege benachrichtigen.

Banken haben in dieser Hinsicht keine weitere Verpflichtung."

Hinweis: Die **„Einheitlichen Richtlinien für Inkassi (ERI 522)“** sowie der **Kommentar** finden sich in Kapitel 6.

- Die Verpflichtung der Banken zur Prüfung der Dokumente ist somit begrenzt. Deutsche Kreditinstitute prüfen die eingereichten Dokumente jedoch inhaltlich und auf ihre Entsprechung zum Inkassoauftrag - im Rahmen einer **unverbindlichen Serviceleistung** - umfassender als die ERI dies vorschreiben. Stellen sich für den Exporteur Fragen zu den Dokumenten, dann sollte er ohnehin frühzeitig, d.h. vor der Dokumenteneinreichung, mit der Einreicherbank Kontakt aufnehmen. Die Banken verfügen über umfassende Erfahrungen mit Dokumenten, insbesondere aus dem Akkreditivgeschäft.

4.4.4 Ware und (eventuell treuhänderischer) Warenempfänger, Transportmittel, Versanddatum und Transportweg

Ware und (eventuell treuhänderischer) Warenempfänger (6)

- Es ist nicht erforderlich und aus Platzgründen oft auch nicht möglich, alle Details der **Warenbeschreibung**, so wie sie beispielsweise in der Rechnung aufgeführt sind, in den Inkassoauftrag zu übernehmen. Es genügt an dieser Stelle eine **Kurzbezeichnung** der Ware und ihrer Verpackung (z.B. Anzahl und Merkmale der Kisten, Fässer usw.), die es der Einreicherbank und den eingeschalteten Inkassobanken ermöglicht, die Dokumente eindeutig dem Inkassoauftrag zuzuordnen. Darüber hinaus muß die Kurzbezeichnung der Ware dem zahlungspflichtigen Importeur (Bezogenen) ausreichen, um die von der vorlegenden Bank zugehende Mitteilung über das Vorliegen des Dokumenteninkassos richtig einordnen zu können.
- Sind der Bezogene (der zahlungspflichtige Importeur) des Dokumenteninkassos und derjenige, an den die Warensendung adressiert ist (Warenempfänger) identisch, dann genügt es, an dieser Stelle des Inkassoauftrags entweder die **Kurzadresse des Importeurs** zu wiederholen oder vereinfacht “Importeur” oder “Bezogener” einzutragen.
- Erfolgt dagegen der Versand der Ware an die **Adresse eines treuhänderischen Dritten**, z.B. an die Adresse einer Bank im Importland (was allerdings nur nach vorheriger Zustimmung der betreffenden Bank erfolgen sollte; vgl. Art. 10 ERI), dann ist im Inkassoauftrag die **Anschrift dieses treuhänderischen Warenempfängers** einzutragen.

  Zu beachten ist, daß der Bezogene, d.h. der Zahlungspflichtige aus dem Inkassoauftrag, stets der Importeur bleibt, nicht dagegen der treuhänderische Warenempfänger. Erst wenn der zahlungspflichtige Importeur (der Bezogene) dem Inkassoauftrag entsprochen hat, d.h. Zahlung (oder - bei dieser Abwicklung seltener - das Akzept) geleistet hat, werden ihm die Waren vom treuhänderischen Dritten (also vom treuhänderischen Warenempfänger) freigegeben (Einzelheiten zum Warenversand an die Adresse treuhänderischer Dritter siehe Abschnitt “4.8 Warenversand an die Adresse treuhänderischer Dritter”).

Transportmittel, Versanddatum und Transportweg (7)

- Die Angaben zum Transportmittel, Versanddatum und Transportweg sind insbesondere für den zahlungspflichtigen **Importeur** von Belang. Er kann auf Grundlage dieser Daten, die in der ihm von der vorlegenden Bank zugehenden Mitteilung enthalten sind, feststellen, ob der Kaufvertrag vom Exporteur hinsichtlich des Transportmittels, des Transportweges und des Versanddatums eingehalten wurde und er kann u.U. bereits auf dieser Grundlage über die Aufnahme der Dokumente (durch Zahlung bzw. Akzeptleistung) entscheiden.
- Für die am Inkasso beteiligten **Banken** sind die Angaben über Transportmittel, Transportweg und Versanddatum dagegen nur Informationen, die ihnen die Zuordnung von Inkassoauftrag einerseits und Dokumenten andererseits ermöglichen. Der informative Charakter dieser Angaben gilt allerdings nur solange, als keine der Inkassobanken treuhänderisch als Warenempfänger fungiert. Erfolgt der Warenversand tatsächlich an die Adresse einer treuhänderischen Bank, dann muß diese Bank dem Inkassoauftrag die versandbezogenen Daten (Transportmittel, Transportweg, Versanddatum) eindeutig entnehmen können.

4.4.5 Zahlungspflichtiger (Bezogener) und Inkassobank

Zahlungspflichtiger (Bezogener) (8)

- Es versteht sich von selbst, daß die **Anschrift** des zahlungspflichtigen Importeurs (Bezogenen) in den Inkassoauftrag **genauestens aufzunehmen** ist. Eine unvollständige Anschrift des zahlungspflichtigen Importeurs führt im allgemeinen nur dann zu keinen Abwicklungsschwierigkeiten, wenn die vorlegende Bank zugleich die Hausbank des Importeurs ist.
- Laut ERI können die Banken - ohne eigene Haftung und Verantwortlichkeit - versuchen, die richtige Anschrift des Zahlungspflichtigen festzustellen (vgl. Art. 4 c).
- Zu beachten ist, daß der Zahlungspflichtige und der Warenempfänger (der Adressat der Waren; siehe Textziffer (6)) nicht identisch sein müssen. Es kommt durchaus vor, daß der **Warenversand** an die Adresse **treuhänderischer Dritter** (z.B. an Banken) erfolgt, während sich der Inkassoauftrag unverändert auf den Importeur als Zahlungspflichtigen (Bezogenen) richtet.

  Einzelheiten siehe Abschnitt "4.8 Warenversand an die Adresse treuhänderischer Dritter" sowie Abschnitt "4.4.4 Ware und (eventuell treuhänderischer) Warenempfänger...".

Inkassobank (9)

- Ist im Kaufvertrag eine **vom Importeur benannte Bank** als vorlegende Inkassobank festgelegt worden, dann ist der Exporteur verpflichtet, diese Bank in den Inkassoauftrag als Inkassobank aufzunehmen.

  Die Benennung einer Inkassobank, die zugleich Hausbank des Importeurs ist, entspricht nicht nur dem Interesse des Importeurs, sondern durchaus auch dem Interesse des Exporteurs an einer zügigen Abwicklung des Dokumenteninkassos. Allerdings sollte sichergestellt sein, daß die vorlegende Inkassobank die ERI anerkannt hat und daß es sich um eine seriöse und solvente Bank handelt, die das Zug-um-Zug-Geschäft des Dokumenteninkassos präzise und vertrauensschützend abwickelt.

- Sofern im Kaufvertrag keine Vereinbarung zur Inkassobank getroffen ist, läßt der Exporteur die Angabe der Inkassobank im Inkassoauftrag im allgemeinen offen. Die Einreicherbank wickelt den Inkassoauftrag unter dieser Voraussetzung über die eigenen **Korrespondenzbeziehungen** in das Importland (seltener über ein Drittland) ab und wählt im Einklang mit Art. 5 f. ERI diejenige Korrespondenzbank aus, die ihr im konkreten Fall für das Inkasso am geeignetsten erscheint. Dabei muß die Einreicherbank keineswegs selbst mit der vorlegenden Bank in Kontakt treten, sondern die Einreicherbank kann eine andere Bank zwischenschalten, die dann ihrerseits die vorlegende Bank auswählt.
- Gemäß **Art. 11 ERI** handeln die Banken, wenn sie Inkassodienste anderer Banken in Anspruch nehmen, für Rechnung und Gefahr des Exporteurs als Auftraggeber.

  In den **Art. 11, 13 bis 15 der ERI schließen die Banken** darüber hinaus **die Haftung** für weitere Risiken weitgehend **aus**, die beispielsweise von Irrtümern bei der Übersetzung über die Wirksamkeit bzw. den Verlust der Dokumente bis hin zur Unterbrechung ihrer Geschäftstätigkeit durch Streik oder durch politische Unruhen reichen.

4.4.6 Inkassospesen einschließlich der üblichen Spesensätze

Inkassospesen (10)

- Ist die **Aufteilung** der Inkassospesen (Inkassogebühren) der Banken auf den Importeur bzw. auf den Exporteur bereits im Kaufvertrag geregelt worden, dann sind in den Inkassoauftrag einfach die entsprechenden Vereinbarungen des Kaufvertrags zu übernehmen (siehe auch Abschnitt "2.3.1.2 Vereinbarung über die Verteilung der Inkassospesen...").
- Fehlt eine derartige Vereinbarung im Kaufvertrag, dann hat sich als Usance herausgebildet, daß jeder Beteiligte die **in seinem Land anfallenden Inkassospesen** trägt. Strittig könnte dann allerdings sein, ob dem Importeur auch jene zusätzlichen Inkassospesen anzulasten sind, die mangels geeigneter Korrespondenzverbindungen der Exporteurbank (Einreicherbank) durch Zwischenschaltung mehrerer Inkassobanken anfallen.
- Grundsätzlich hat der Exporteur die Möglichkeit, die **Weisung** zu erteilen:

  > *"Die Dokumente dürfen nur ausgeliefert werden, wenn der Bezogene auch die Spesen bezahlt."*

  Ist die Übernahme der Inkassospesen durch den Importeur ohnehin im Kaufvertrag vereinbart worden und lassen die Inkassovorschriften des Importlandes diese Belastung des Importeurs zu und sieht der Exporteur überdies keine Gefahr, daß wegen dieser Weisung das Inkasso als Ganzes scheitern könnte, dann spricht nichts gegen die Aufnahme dieser Weisung in den Inkassoauftrag.
- Ist dagegen im Kaufvertrag über die Spesenverteilung keine Vereinbarung getroffen worden und versucht der Exporteur, durch diese Weisung gleichwohl dem Importeur die (vollen) Inkassokosten aufzubürden, dann läuft der Exporteur Gefahr, daß das **Inkasso** deswegen **scheitert**. Die Konsequenzen dieses Scheiterns können für den Exporteur im Einzelfall gewichtiger sein als die (anteilige) Übernahme der Inkassospesen auf eigene Rechnung. Wird vom Exporteur auf die zitierte Weisung dagegen verzichtet, dann sehen

die **ERI eine pragmatische Lösung** vor: Die vorlegende Bank kann dann gemäß Art. 21 a. ERI *"... das (die) Dokument(e) je nach Lage des Falles gegen Zahlung oder Akzeptierung oder unter anderen Bedingungen ohne Einzug der Inkassogebühren und/oder Auslagen aushändigen ... .*

Wird so auf Inkassogebühren und/oder Auslagen verzichtet, gehen diese zu Lasten des Beteiligten, von dem das Inkasso zuging und dürfen vom Erlös abgezogen werden."

Hinweis: Die **„Einheitlichen Richtlinien für Inkassi (ERI 522)"** sowie der **Kommentar** finden sich in Kapitel 6.

Übliche Spesensätze

- **Ausgehende Inkassoaufträge**
  - Bei Inkassoaufträgen **deutscher Exporteure** (sog. Inkassoaufträge auf das Ausland) berechnen die **deutschen Banken** ihrem **Auftraggeber** (Exporteur) im allgemeinen folgende Inkassospesen (Inkassogebühren): 3‰ vom Inkassobetrag, mindestens jedoch DM 60.

    Die Berechnung dieser Inkassospesen erfolgt regelmäßig auch in den Fällen, in denen das Inkasso unbezahlt bleibt oder vom Exporteur vor Fälligkeit zurückgerufen wird oder vom Exporteur der Inkassoauftrag auf Aushändigung der Dokumente an den Importeur ohne Einzug des Inkassobetrags (sog. wertfreie Auslieferung) abgeändert wird.
  - Im allgemeinen schließen die o.g. Inkassospesen bei "Dokumente gegen Akzept"-Inkassi den Einzug des Wechselbetrags ein, sofern der akzeptierte Wechsel bis zur Fälligkeit bei der vorlegenden Inkassobank (Auslandsbank) verbleibt.
  - Bei **Änderungen** der Inkassobedingungen stellen die Banken gesonderte Spesen in Rechnung, die sich auf etwa DM 30 belaufen.
  - Zu beachten ist, daß mit den genannten Spesensätzen nur die Leistungen der **deutschen Bank** abgegolten sind, nicht jedoch die Aufwendungen der in das Inkasso eingeschalteten **ausländischen Bank(en)**.
- Eingehende Inkassoaufträge
  - Für Inkassoaufträge, die vom Ausland bei den deutschen Banken eingehen, berechnen die deutschen Banken **dem ausländischen Auftraggeber** etwa die folgenden Inkassospesen:
    - 1,5‰ vom Inkassobetrag, mindestens jedoch DM 60 zu Lasten des **ausländischen Auftraggebers**, sofern der Inkassoauftrag von einer ausländischen Bank zugeht;
    - 3,0‰ vom Inkassobetrag, mindestens jedoch DM 60 zu Lasten des **ausländischen Auftraggebers**, sofern der Inkassoauftrag ausnahmsweise von einer sog. **Nichtbank** zugeht.
  - Die Berechnung dieser Inkassospesen erfolgt regelmäßig auch dann, wenn das Inkasso unbezahlt bleibt oder vom ausländischen Auftraggeber (der ausländischen Bank) vor Fälligkeit zurückgerufen wird oder vom ausländischen Auftraggeber auf Aushändigung der Dokumente an den deutschen Importeur ohne Einzug des Inkassobetrags (sog. wertfreie Auslieferung) abgeändert wird.

- Dem **inländischen Zahlungspflichtigen** (dem deutschen Importeur) stellt die deutsche Bank etwa in Rechnung:
  - 1,5‰ vom Inkassobetrag, mindestens jedoch DM 50

    und -falls weisungsgemäß **alle Inkassospesen der deutschen Bank zu Lasten des deutschen Importeurs** gehen- **zusätzlich**
  - 1,5‰ vom Inkassobetrag, mindestens jedoch DM 60.

- **Abweichungen**
  - Zu beachten ist wiederum, daß die obigen Konditionen nur die Leistung der **deutschen Banken** abgelten, **nicht** jedoch die **Aufwendungen der ausländischen**, in das Inkasso eingeschalteten **Kreditinstitute**, die dafür Inkassospesen gesondert in Rechnung stellen.
  - Die genannten Konditionen bieten **nur Anhaltspunkte**, von denen im Einzelfall abgewichen werden kann.

4.4.7 Verwendung des akzeptierten Wechsels sowie Protestanweisungen

Verwendung des akzeptierten Wechsels (11)

Anweisung zum Verbleib des Akzeptes bei der vorlegenden Inkassobank und zum Einzug bei Fälligkeit

- Die Anweisung: **"Das Akzept soll bei der Inkassobank zum Einzug bei Fälligkeit verbleiben"**, erteilt der Exporteur in der Regel dann,
  - wenn das Akzept nur eine **kurze Laufzeit** aufweist,
  - wenn der **Wechselbetrag niedrig** ist,
  - wenn der Wechsel nicht **diskontfähig** ist,
  - wenn der Exporteur **sehr liquide** ist.
- Bei **kurzer Wechsellaufzeit** (z.B. bei kurzer Nachsichtfrist) ist die Rücksendung mit anschließender Diskontierung des Wechsels im Exportland im allgemeinen nicht lohnend, zumal beim Wechseldiskont Mindestzinstage gerechnet werden.

  Analoges gilt bei **niedrigen Wechselbeträgen** mit Blick auf die bei einem Rückruf anfallenden Versandkosten und den im Exportland beim Wechseleinzug zusätzlich berechneten Inkassokosten.
- Ein weiterer Grund, den akzeptierten Wechsel der Inkassobank zum Einzug zu überlassen, liegt vor, wenn dieser Wechsel bei der Deutschen Bundesbank/beim ESZB ohnehin **nicht refinanzierungsfähig** wäre. Dies trifft auf bestimmte Länder bzw. bestimmte Währungen generell zu. Auskünfte dazu erteilen die Landeszentralbanken bzw. die Hausbank des Exporteurs.
- Schließlich mag auch zutreffen, daß der Exporteur **sehr liquide** ist und deswegen ein Liquiditätszufluß durch Diskontierung für ihn nicht erforderlich ist.
- Erteilt der Exporteur die genannte Anweisung, dann legt die Inkassobank dem Akzeptanten (Bezogenen) den Wechsel **bei Verfall zur Zahlung** vor und stellt nach Einlösung

den Gegenwert auf dem Inkassoweg zu Gunsten des Exporteurs zur Verfügung. Diese Abwicklung ist in Abschnitt "4.1.3.2 'Dokumente gegen Akzept'-Inkassi mit Verwahrung des akzeptierten Wechsels bei der vorlegenden Bank und Auftrag zum Einzug bei Fälligkeit - Fall 2 -" dargestellt und in einzelnen Schritten beschrieben.

In Abschnitt "4.6.4 Abwicklung von 'Dokumente gegen Akzept einer Nachsichttratte'-Inkassi" ist die Gutschrift des Inkassogegenwerts (Abrechnung) zugunsten des deutschen Exporteurs abgebildet.

- Die Weisung: "**Verfalldatum des Akzeptes ist uns mitzuteilen**" bezieht sich auf **Nachsichtwechsel**, weil deren Fälligkeitsdatum erst im Zeitpunkt der Akzeptleistung des Bezogenen auf Grundlage des sog. Sichtvermerks zuzüglich der vereinbarten Nachsichtfrist feststeht.

  Verbleibt nun der akzeptierte Wechsel bei der Inkassobank im Importland zum Einzug, dann hätte der Exporteur ohne die genannte Weisung keine Information über den Verfalltag des Wechsels.

- Ein **Benachrichtigungsschreiben** an den Einreicher (Exporteur) über die erfolgte Dokumentenaufnahme und über das Verfalldatum des akzeptierten Wechsels ist in Abschnitt 4.4 abgebildet.

Anweisung zur Rücksendung des akzeptierten Wechsels an den Exporteur

- Die Weisung: **"Das Akzept ist zurückzurufen"** erteilt der Exporteur im Inkassoauftrag dann, wenn er im eigenen Land günstige Verwendungs- und Absicherungsmöglichkeiten hat:
  - **Diskontierung** und - bei Fremdwährungswechseln - zugleich Absicherung des Wechselkursrisikos,
  - **Weitergabe** des Wechsels an einen Lieferanten,
  - Übernahme des Wechsels in den **eigenen Bestand** (Portefeuille).
- Der **gewichtigste Grund**, den akzeptierten Wechsel aus dem Ausland zurückzurufen, ist für den Exporteur die Liquiditätsbeschaffung durch Diskontierung bei seiner Hausbank.

  In Abschnitt "4.1.3.3 'Dokumente gegen Akzept'-Inkassi mit Diskontierung des akzeptierten Wechsels durch die Exporteurbank - Fall 3 -" ist diese Abwicklung dargestellt und in einzelnen Schritten beschrieben.
- Lohnend ist dieser Weg jedoch nur, wenn folgende **Voraussetzungen** erfüllt sind:
  - Eine nicht zu kurze **Laufzeit** des Wechsels und ein relativ hoher **Wechselbetrag**. Es ist im Einzelfall zu prüfen, ob es mit Blick auf die Versandzeiten bzw. Versandkosten zweckmäßig ist, den Wechsel zurückzurufen oder aber der Inkassobank im Ausland zum Einzug bei Fälligkeit zu überlassen.
  - Der Wechsel muß den Anforderungen der Deutschen Bundesbank bzw. des ESZB entsprechen, d.h. **refinanzierungsfähig** sein. Die Kriterien sind aktuell bei den Landeszentralbanken bzw. bei der Hausbank des Exporteurs zu erfragen (eine Darstellung der bei der Diskontierung von Auslandswechseln relevanten Aspekte findet sich in Kapitel "7.10 Auslandswechsel").
  - Bei Wechseln, die bei der Bundesbank bzw. beim ESZB **nicht refinanzierungsfähig** sind, ist vom Exporteur durchaus zu erwägen, statt eine Anweisung zur Rücksendung des Akzeptes zu erteilen, den Wechsel bei der Inkassobank zum Einzug bei Fälligkeit zu belassen.

- Handelt es sich um einen **Fremdwährungswechsel**, dann ist mit der Diskontierung dieses Wechsels zugleich eine Absicherung des Wechselkursrisikos verbunden. Allerdings kaufen die Kreditinstitute Fremdwährungswechsel nicht zum Devisenkassakurs einer Währung, sondern zum sog. Wechselankaufskurs an, der praktisch dem Devisenterminkurs einer Währung entspricht.
- Auch nach erfolgter Diskontierung des Auslandswechsels bleibt der Exporteur (Wechselaussteller) bis zum Zeitpunkt der Einlösung des Wechsels durch den Akzeptanten (Importeur) in der **wechselrechtlichen Haftung**. Im Gefolge einer Nichteinlösung des Wechsels kann sich deswegen für den Exporteur bei Rückbelastung des Wechsels das Wechselkursrisiko erneut stellen.

- Die **Weitergabe des akzeptierten Wechsels an einen Lieferanten** kommt bei Auslandswechseln sehr **selten** vor. Der Exporteur würde zwar bei einer solchen Weitergabe das eigene Einreicherobligo bei seiner Bank schonen und der Lieferant würde an der Stelle eines bloßen Wechselakzeptes des Exporteurs als Sicherheit sowohl über die Ausstellerhaftung des Exporteurs als auch über die Akzeptantenhaftung des Importeurs verfügen. Bei Auslandswechseln treten jedoch Unwägbarkeiten in Erscheinung, die die Bereitschaft der Lieferanten, Auslandswechsel zahlungshalber anzunehmen, hemmt, so z.B. das politische Risiko, eventuell das Wechselkursrisiko, das Problem der Beurteilung der Kreditwürdigkeit des ausländischen Akzeptanten, das Problem der Durchsetzbarkeit wechselrechtlicher Ansprüche im Ausland u.a.
- Die **Übernahme** des vom Importeur akzeptierten Wechsels **in den eigenen Bestand** (Fachsprache: Portefeuille) des Exporteurs kommt im allgemeinen nur in Frage, wenn sich eine beabsichtigte Diskontierung des Wechsels nicht lohnt bzw. aus anderen Gründen scheitert oder wenn der **Exporteur sehr liquide** ist. Handelt es sich um Fremdwährungswechsel, dann trägt der Exporteur bei dieser Abwicklung - im Gegensatz zur Diskontierung - während der Laufzeit des Wechsels das Wechselkursrisiko, sofern er eine andere Absicherung nicht ergreift.

  Vor Verfall übergibt der Exporteur seiner Bank diesen Wechsel **zum Einzug** des Gegenwerts beim Akzeptanten. Diese Abwicklung ist in Abschnitt "4.1.3.1 'Dokumente gegen Akzept'-Inkassi mit Aushändigung des akzeptierten Wechsels an den Exporteur - Fall 1 -" dargestellt und in einzelnen Schritten beschrieben.

Protestanweisungen (12)

- Gemäß Art. 24 ERI sollte der Inkassoauftrag spezielle Weisungen hinsichtlich des Protestes (oder eines entsprechenden rechtlichen Verfahrens) im Falle der **Nichtakzeptierung** oder **Nichtzahlung** enthalten.
- Bei Fehlen solcher spezieller Weisungen sind die mit dem Inkasso beauftragten Banken nicht verpflichtet, die Dokumente wegen Nichtzahlung oder wegen Nichtakzeptierung protestieren (oder einem entsprechenden rechtlichen Verfahren unterwerfen) zu lassen (vgl. ebenda).

Protest bei Nichtakzeptierung

- Ein **Protest bei Nichtakzeptierung** kommt in Frage bei Nichtaufnahme der Dokumente, d.h. in dem Zeitpunkt, in dem es sich erweist, daß das Zug-um-Zug-Geschäft **"Dokumente gegen Akzept" scheitert**. Dem Exporteur verbleibt in dieser Situation die Sicherheit der Dokumente und - bei entsprechenden Dokumenten - die Verfügungsgewalt über die Waren.

- **Entscheidungskriterien des Exporteurs**: Ob ein **Protest wegen Nichtakzeptierung** der Tratte des Exporteurs zweckmäßig ist, hängt von **verschiedenen Faktoren** und damit vom Einzelfall ab:
  - Zunächst ist festzuhalten, daß der Exporteur in jedem Fall auf Grundlage des Kaufvertrags den **Anspruch** an den Importeur auf **Abnahme der Waren** hat und bei Nichtabnahme Anspruch auf Schadensersatz grundsätzlich auch ohne Protest wegen Nichtakzeptierung des Wechsels geltend machen kann (vorausgesetzt, daß im Kaufvertrag Schadensersatz für diesen Fall vereinbart ist).
  - Ob eine Protesterhebung wegen Nichtakzeptierung die Durchsetzung dieser Ansprüche, insbesondere der **Schadensersatzansprüche** des Exporteurs verbessert, muß im Einzelfall geprüft werden.
  - Handelt es sich um **Exportgüter**, die der Exporteur im Importland ohne (größere) Verluste **anderweitig verwerten** kann, dann dürfte auch unter diesem Blickwinkel "Protest wegen Nichtakzeptierung" nicht zwingend sein.
  - Wenig wahrscheinlich ist es bei Dokumenteninkassi gegen Akzept einer **Nachsichttratte**, daß der Importeur die Akzeptierung wegen **Zahlungsschwierigkeiten** verweigert. Im Gegensatz zu Dokumenteninkassi gegen Zahlung erhält der Importeur bei "Dokumente gegen Akzept"-Inkassi in Form der Nachsichtfrist ein Zahlungsziel eingeräumt, das es ihm grundsätzlich ermöglicht, den zu akzeptierenden Wechsel mit dem Weiterverkaufserlös der Waren bei Fälligkeit einzulösen.
  - Zu bedenken hat der Exporteur schließlich, daß alle **Gebühren** und/oder **Auslagen**, die den Banken im Zusammenhang mit einem solchen Protest oder einem entsprechenden rechtlichen Verfahren entstehen, gemäß Art. 24 ERI zu seinen Lasten gehen.

Protest bei Nichtbezahlung des Akzepts

- Bezüglich der folgenden Ausführung ist zunächst klarzustellen, daß der Einzug und der eventuelle **Protest des akzeptierten Wechsels** vom eigentlichen Dokumenteninkasso "Dokumente gegen Akzept" losgelöst ist. Dies gilt selbst dann, wenn der Exporteur im Dokumenteninkassoauftrag Weisung erteilt, daß der - im Rahmen des Dokumenteninkassos - akzeptierte Wechsel bei der vorlegenden Inkassobank zum Einzug bei Fälligkeit verbleiben soll.
- Im Gegensatz zur Nichtakzeptierung trifft den **Exporteur** die Nichtbezahlung des Akzeptes in einer viel **schwächeren Position**. Das Dokumenteninkasso ist zu diesem Zeitpunkt längst abgeschlossen, d.h. der Importeur hat im Zeitpunkt der Nichtbezahlung des Akzeptes längst über die Dokumente und damit über die Waren verfügt. Auch erweist sich die Anerkennung und die Durchsetzbarkeit von Eigentumsvorbehalten in vielen Ländern als problembehaftet.
- So gesehen verbleibt dem Exporteur insbesondere der in Form des akzeptierten Wechsels verbriefte Anspruch, seine Forderung durchzusetzen. Inwieweit auf Grundlage eines wegen Nichtbezahlung protestierten Akzeptes **Forderungsansprüche** zeitlich schneller als gewöhnliche Forderungen durchgesetzt werden können, ist länderweise verschieden. Auch die Frage, welche weiter reichenden Sanktionen sich durch den Wechselprotest gegen den Akzeptanten richten (z.B. Veröffentlichung des Protestes) und damit die Frage, welche Anstrengungen der Importeur zur Vermeidung des Protestes unternehmen wird, ist nur von Land zu Land zu beantworten. Ob zur Durchsetzung der Ansprüche des Exporteurs der Wechsel protestiert sein muß oder ob der

Exporteur seine Ansprüche in seiner Eigenschaft als Aussteller des Wechsels auch ohne förmliche Protesterhebung durchsetzen kann, hängt ebenfalls vom jeweiligen Landesrecht ab.

- Zur Frage der Protesterhebung bzw. zum Protesterlaß siehe auch Kapitel "7.10 Auslandswechsel" sowie Abschnitt "4.7.2 Notleidende Inkassi 'Dokumente gegen Akzept'" und in Kapitel 5 (Dokumenteninkassi: Sonderformen/Besonderheiten bei der Abwicklung) in Abschnitt "5.2 Notleidende Dokumenteninkassi".

Ratschläge

- Alle diese Aspekte zeigen, daß der Exporteur dem Importeur die Zahlungsbedingung "Dokumente gegen Akzept" grundsätzlich nur zugestehen sollte, wenn **weder wirtschaftliche noch politische Risiken** erkennbar sind.
- Selbst wenn die Erfüllung dieser Kriterien gewährleistet scheint, sollte der Exporteur weiterreichende **Informationen** bei seiner Hausbank über die (rechtliche) Notwendigkeit der Protesterhebung und vor allem über die rechtliche Durchsetzungsmöglichkeit von Forderungen auf Grundlage protestierter bzw. nicht protestierter Wechsel einholen.
- Auf dieser Grundlage ist sodann die Position "Protest bei Nichtbezahlung des Akzeptes" im Inkassoauftrag zu behandeln.

4.4.8 Zahlungsweg, Notadresse (Vertreter), Sonstige Weisungen u.a.

Zahlungsweg, Benachrichtigung (13)

- **Zahlungsweg**: Der Exporteur hat ein Interesse daran, schnellstmöglich in den Besitz der Zahlung zu gelangen, und zwar nicht nur wegen der Aufwendungen, die mit der Finanzierung von Außenständen stets verbunden sind, sondern bei Fremdwährungsforderungen auch wegen des Wechselkursrisikos und eventuell wegen des politischen Risikos.

  Viele Argumente sprechen für eine Zahlung, die über **SWIFT** angewiesen wird, sofern die vorlegende Bank diesem System angeschlossen ist. Ansonsten ist es empfehlenswert, daß der Exporteur den Zahlungsweg auf Grundlage der **Erfahrungen** seiner Hausbank mit den jeweiligen Inkassobanken in den diversen Ländern festlegt.

- **Benachrichtigung bei Schwierigkeiten**: Gemäß Art. 26 ERI ist eine Inkassobank verpflichtet, diejenige Bank, von der ihr der Inkassoauftrag zuging, unverzüglich über **Nichtzahlung** oder **Nichtakzeptierung** zu informieren.

  Die ERI schreiben darüber hinaus vor:

  Die vorlegende Bank sollte versuchen, die Gründe einer solchen Nichtzahlung und/oder Nichtakzeptierung festzustellen, und diejenige Bank unverzüglich entsprechend benachrichtigen, von der ihr der Inkassoauftrag zuging" (Art. 26 c. ERI).

  Hinweis: Die **„Einheitlichen Richtlinien für Inkassi (ERI 522)"** sowie der **Kommentar** finden sich in Kapitel 6.

  Der in den Inkassoauftrag aufgenommene Ausdruck **"Schwierigkeiten"** reicht jedoch weit über die Nichtzahlung bzw. Nichtakzeptierung hinaus und umfaßt auch alle Begehren, die der Importeur an die vorlegende Bank richtet, z.B. hinsichtlich seiner Einwendungen wegen mängelbehafteter Dokumente, wegen treuhänderischer Aushändigung von Dokumenten bzw. wegen der Entnahme von Proben oder - bei Transferproblemen des Importlandes - wegen seiner Zahlungsbereitschaft in nicht vereinbarter Währung.

Es ist keine Frage, daß es im Interesse des Exporteurs liegt, bei allen derartigen Schwierigkeiten schnellstmöglich informiert zu werden.

Notadresse (Vertreter) (14)

- Angesichts der häufig großen räumlichen Distanz zwischen Export- und Importland und der damit verbundenen Kommunikationsprobleme kann es manchmal vorteilhaft sein, **im Falle der Nichtzahlung bzw. Nichtakzeptierung** seitens des Importeurs eine Notadresse (im Importland) zu benennen. In der Praxis wird dazu häufig der **Vertreter des Exporteurs** im Importland gewählt, der nicht nur mit den Eigenheiten des Importlandes vertraut ist, sondern meistens auch die individuellen Verhältnisse des Importeurs kennt, insbesondere dann, wenn er das vorliegende Exportgeschäft angebahnt oder vermittelt hat.
- Aus dem Inkassoauftrag sollten für die Banken, insbesondere für die vorlegende Bank, die **Befugnisse** einer solchen Notadresse **klar und vollständig** hervorgehen. Fehlen derartige Angaben, dann nehmen die Banken keinerlei Weisungen der Notadresse entgegen (vgl. Art. 25 ERI).
- Praktisch sind es **zwei Extreme**, zwischen denen sich die Befugnisse der Notadresse (des Vertreters) bewegen können:
  - Zum einen die Maßgabe, daß der Vertreter nicht bevollmächtigt ist, irgendwelche Änderungen an den Bedingungen des Inkassoauftrags vorzunehmen, sondern **nur zur Intervention** berechtigt ist. Dies bedeutet, daß der Vertreter seinerseits lediglich die Gründe für die Schwierigkeiten (Nichtaufnahme der Dokumente) zu ermitteln hat und eventuell im Rahmen seiner Möglichkeiten versuchen wird, die aufgetretenen Probleme zu bereinigen, so z.B. durch Einwirken auf den Importeur zur Aufnahme der Dokumente. Ansonsten sollte der Vertreter angewiesen werden, unverzüglich mit dem Exporteur Kontakt aufzunehmen und dessen Weisungen bzw. dessen eventuell veranlaßte Änderung des Inkassoauftrags abzuwarten.
  - Zum anderen die Maßgabe im Inkassoauftrag, daß die Notadresse (der Vertreter) bevollmächtigt ist, die Bedingungen des Inkassoauftrags abzuändern bzw. die Dokumente und damit die Waren selbst in Empfang zu nehmen. Dies ist eine sehr **weitreichende Bevollmächtigung** des Vertreters. Er kann beispielsweise dem Importeur Zugeständnisse machen und dahingehend den Inkassoauftrag abändern. Weigert sich der Importeur endgültig, die Dokumente aufzunehmen, dann kann der Vertreter entsprechend seiner weitreichenden Bevollmächtigung die Waren einlagern, die Waren verwerten oder den Rücktransport der Waren veranlassen. Es ist offenkundig, daß der Exporteur eine derart weitreichende Vollmacht nur bewährten Vertretern erteilen kann.
  - In den Inkassoauftrag können viele, den Eigenheiten des jeweiligen Exportgeschäfts **angepaßte Weisungen** an die Notadresse aufgenommen werden, die zwischen den soeben dargestellten Extremen liegen.

- Steht dem als Notadresse eingetragenen **Vertreter** des Exporteurs im Importland **Provision** aus dem Exportgeschäft zu, dann kann diese Provisionszahlung **im Rahmen des Inkassoauftrags** abgewickelt werden; siehe auch Ausführungen zu Ziffer 15 "Sonstige Weisungen".

  Aus Sicht des Exporteurs entfällt der Transfer dieses Teilbetrags in das Inland mit anschließendem Rücktransfer in das Ausland, was nicht nur Überweisungsprovisionen der Kreditinstitute einspart, sondern bei Fremdwährungszahlungen auch die Spanne zwischen Devisengeld- und Devisenbriefkurs. Allerdings hat der deutsche Exporteur die Meldebestimmungen gemäß AWV auch bei dieser Abwicklung zu beachten.

  Aus Sicht des Vertreters ist die Provision frühzeitiger verfügbar als bei dem soeben skizzierten Transfer.

Sonstige Weisungen (15)

- Grundsätzlich können vom Exporteur im Rahmen von Inkassoaufträgen vielfältige, auf das einzelne Exportgeschäft zugeschnittene Weisungen erteilt werden. Vor Eintragung von solchen sonstigen Weisungen in den Inkassoauftrag sollte der Exporteur jedoch Erkundigungen bei seiner Bank über deren **Durchführbarkeit** bzw. über die damit verbundenen, letztlich den Exporteur treffenden **Risiken** einziehen.
- Die folgenden **Beispiele** umfassen Weisungen, wie sie manchmal vorkommen:
  - Der Exporteur kann die Weisung erteilen, daß dem Importeur einzelne **Dokumente zu treuen Händen**, z.B. zum Zwecke der Einfuhrabfertigung ausgehändigt werden dürfen; eventuell gegen Sicherheitsleistung, z.B. der Akzeptierung eines Sichtwechsels.
  - Der Exporteur kann Weisung erteilen, wonach der Importeur die **Waren besichtigen** oder - bei entsprechender Warenart - Proben entnehmen darf; eventuell gegen Sicherheitsleistung, z.B. der Akzeptierung eines Sichtwechsels.
  - Der Exporteur kann im Rahmen der Position "Sonstige Weisungen" auch veranlassen, daß **vom Inkassobetrag Teilbeträge abgezweigt** und an den Vertreter bzw. an Dritte gezahlt werden; siehe auch Ausführungen zu Ziffer 14 "Notadresse (Vertreter)".
  - In den Inkassoauftrag kann die Weisung aufgenommen werden, daß beim Importeur **Zinsen** einzuziehen sind, z.B. bei Inkassi "Dokumente gegen unwiderruflichen Zahlungsauftrag mit späterer Fälligkeit". In den Inkassoauftrag muß der Zinssatz, der Berechnungszeitraum und die Art der Zinsberechnung aufgenommen werden. Einzelheiten siehe Abschnitt 4.3.1.2.

Hinweise:

- Die Darstellung von **„Inkassi Konsignationsbasis (Collections on Consignment Basis) mit Darstellung der Wareneinlagerung"** findet sich in Kapitel 5.1.
- Ausführungen zu „notleidenden" Dokumenteninkassi finden sich in diesem Kapitel unter **„4.7 Notleidende Dokumenteninkassi"** sowie in Kapitel 5 (Dokumenteninkassi: Sonderformen/Besonderheiten der Abwicklung) ebenfalls unter der Überschrift **„5.2 Notleidende Dokumenteninkassi"**.

4.4.9 Prüfung des Inkassoauftrags durch die Einreicherbank und Haftungsausschlüsse

Prüfungsumfang, Haftungsausschlüsse

- Die Einreicherbank prüft im Inkassoauftrag zunächst, ob die **Weisungen** des Einreichers genau und vollständig sind. Außerdem muß die Bank prüfen, ob die erhaltenen **Dokumente** den im Inkassoauftrag aufgelisteten Dokumenten zu entsprechen scheinen (vgl. Art. 12 ERI). Stellt die Einreicherbank das Fehlen irgendwelcher Dokumente oder andere als die aufgelisteten fest, dann hat sie den Einreicher unverzüglich zu verständigen (vgl. Art. 12 ERI).
- Obwohl die Banken in Art. 13 ERI die Haftung oder Verantwortung für Form, Vollständigkeit, Genauigkeit, Echtheit, Verfälschung oder Rechtswirksamkeit von Dokumenten u.a. ausschließen, prüfen zumindest deutsche Einreicherbanken im allgemeinen im Rahmen einer **unverbindlichen Serviceleistung** auch die Inhalte der Dokumente und des Inkassoauftrags in einer Gesamtbetrachtung. Auf Grund ihrer - insbesondere auch länderbezogenen - Erfahrungen in der Abwicklung von Dokumentengeschäften vermögen die Kreditinstitute den Einreichern vielfältige Empfehlungen, die deren Sicherheit dienen, zu vermitteln.
- Sowohl die Einreicherbank als auch die weiteren mit dem Inkasso betrauten Kreditinstitute **schließen** die **Haftung** weitgehend **aus**. Einzelheiten siehe Art. 9 bis 15 ERI.

Empfangsanzeige, Abbildung

- Die Einreicherbank erteilt dem Einreicher (Exporteur) eine **Empfangs- und Ausführungsanzeige**, in die alle maßgeblichen Daten - so wie sie von der Einreicherbank an die vorlegende Inkassobank weitergeleitet werden - eingetragen sind.
- Die **Abbildung 4-08** zeigt die Empfangs- und Ausführungsanzeige der Einreicherbank mit den Daten des in Abschnitt 4.4 vorgestellten Beispiels.

Hinweis:

Zu den **Negoziierungskrediten** (Bevorschussungskrediten, Vorschüssen) der Banken in Verbindung mit Dokumenteninkassi siehe Häberle, S.G., Handbuch der Außenhandelsfinanzierung, München und Wien (Oldenbourg-Verlag).

BANK FÜR HANDEL UND INDUSTRIE

INKASSO-EXPORT
EMPFANGSANZEIGE

Filiale Reutlingen

Telex : 783150
SWIFT : BHIADESS290
Telefon : 07121/271

22.11.96

Ihre Nr./Your No	RE.NR. 1637560
Unsere Nr./Our No	2534034193EI

	Währung/Currency	Betrag/Amount
	DEM	80.000,00

FAELLIG 90 TAGE NACH SICHT.

ALFRED MUSTERMANN GMBH
POSTFACH 1774

72764 REUTLINGEN

BEZOGENER:
FABRICA ROMERO DO SANTOS S.A.
P.O. BOX 1007
20091 RIO DE JANEIRO

WIR ERHIELTEN IHREN INKASSO-/AKZEPTEINHOLUNGSAUFTRAG, DEN WIR WIE FOLGT AUSGEFUEHRT HABEN:
INKASSO-BANK: BANCO DO BRASIL S.A.
CAIXA POSTAL 380-ZC-00
20000 RIO DE JANEIRO (RJ)
BRASILIEN

DELIVER DOCUMENTS SPECIFIED IN THE ENCLOSURE AGAINST ACCEPTANCE OF ENCLOSED DRAFT(S). IN CASE OF DIFFICULTIES PLEASE INFORM SELLERS AGENT MESSRS. FRANCISCO RABAT, RUA GENERAL SAMPAIO 77, RIO DE JANEIRO WHO IS ENTITLED TO ACT IN ADVISORY CAPACITY.

KEEP ACCEPTED BILL(S) OF EXCHANGE FOR COLLECTION AT MATURITY AND INFORM US OF ACCEPTANCE/MATURITY BY AIRMAIL.
PROTEST FOR NON-PAYMENT OF ACCEPTED BILL OF EXCHANGE.
YOUR CHARGES ARE FOR DRAWEE'S ACCOUNT.
IN CASE OF NON-PAYMENT OF THE COLLECTION CHARGES AND/OR EXPENSES THE DOCUMENTS MUST NOT BE DELIVERED.
IN CASE OF DISHONOUR PLEASE ADVISE US BY SWIFT/CABLE/TELEX.
PLEASE ACKNOWLEDGE RECEIPT OF THE DOCUMENTS QUOTING OUR REFERENCE NUMBER.
PLEASE PAY THE PROCEEDS IN OUR FAVOUR BY SWIFT/CABLE/TELEX QUOTING OUR REFERENCE NUMBER 2534034193EI. .

DIE DOKUMENTE HABEN WIR WEISUNGSGEMÄSS AUF IHRE KOSTEN UND GEFAHREN PER KURIER AN DIE AUSLANDSBANK WEITERGELEITET.

BANK FÜR HANDEL UND INDUSTRIE AG

Abbildung 4-08

4.5 Weiterleitung des Inkassoauftrags von der Einreicherbank an die (vorlegende) Inkassobank

Funktionen der Einreicherbank

- Die Exporteurbank (Einreicherbank) überträgt alle relevanten Daten und Weisungen des Inkassoauftrags des Exporteurs auf den der **Auslandsbank** zu **erteilenden Inkassoauftrag**. Außerdem wird der beauftragten Auslandsbank Weisung darüber erteilt, auf welchem Weg der Inkassobetrag zu verrechnen bzw. wie ein akzeptierter Wechsel zu verwenden ist.
- **Abbildung**: Die **Abbildung 4-09** zeigt den von der Exporteurbank an die vorlegende Inkassobank erteilten Inkassoauftrag.
- **Festlegung der vorlegenden Bank**: Ist im Inkassoauftrag des Exporteurs eine **bestimmte Bank** als vorlegende Inkassobank benannt (in der Regel die Hausbank des Importeurs), dann kann die Einreicherbank den Inkassoauftrag dieser Bank entweder direkt - oder unter Einschaltung ihrer Korrespondenzbank im Importland - indirekt übermitteln.

  Weist dagegen der Inkassoauftrag des Exporteurs keine vorlegende Inkassobank aus, dann ist die Einreicherbank gemäß Art. 5 ERI in der Wahl der Inkassobank frei. Im allgemeinen betraut die Einreicherbank in diesem Fall ihre **Korrespondenzbank** mit dem Inkasso, die allerdings ihrerseits eine weitere Bank beauftragen kann.
- **Haftungsausschluß**: Der **Exporteur** als Auftraggeber des Inkassoauftrags **trägt** gemäß Art. 11 ERI die **Risiken** der Abwicklung:

  "Bedienen sich Banken einer oder mehrerer anderer Banken, um die Weisungen des Auftraggebers auszuführen, tun sie dies für Rechnung und Gefahr dieses Auftraggebers. Die Banken übernehmen keine Haftung oder Verantwortung, wenn die von ihnen übermittelten Weisungen nicht ausgeführt werden sollten, auch wenn sie selbst die Auswahl dieser anderen Bank(en) getroffen haben."

  Hinweis: Die „Einheitlichen Richtlinien für Inkassi (ERI 522)“ sowie der Kommentar finden sich in Kapitel 6.
- **Dokumentenversand**: Die Zusendung des Inkassoauftrags an die Auslandsbank erfolgt je nach Weisung im Inkassoauftrag des Exporteurs (siehe Abbildung in Abschnitt 4.4) per Einschreiben und je nach Dringlichkeit per Eilpost bzw. per Kurierdienst. Sicherheitshalber werden die Dokumente - bei Inkassi von Konnossementen und anderen Wertpapieren - manchmal aufgeteilt in **Erstpost** und **Zweitpost**, damit im Falle des Verlustes der Erstsendung die weitere Abwicklung des Inkassos auf Grundlage der Zweitsendung (der zweiten Ausfertigung der Dokumente) vollzogen werden kann. Diese Vorsichtsmaßnahme - auf die bei Kurierpost allerdings häufig verzichtet wird - dient vor allem dem Interesse des Exporteurs als Auftraggeber des Inkassos, weil die beteiligten Kreditinstitute gemäß Art. 14 ERI keine Haftung oder Verantwortung für die Folgen von Verlusten von Dokumenten übernehmen, sondern derartige Risiken beim Exporteur belassen.

Funktionen der vorlegenden Bank

- **Eingangsprüfung**: Die beauftragte Inkassobank (Auslandsbank) prüft den eingegangenen Inkassoauftrag gemäß den Einheitlichen Richtlinien auf genaue und

BANK FÜR HANDEL UND INDUSTRIE COLLECTION ORDER FIRST MAIL

Filiale Reutlingen

Telex : 783150
SWIFT : BHIADESS290
Telefon : 07121/271

Ihre Nr./Your No.	
Unsere Nr./Our No.	2534034193EI

22.11.96 059993600

	Währung/Currency	Betrag/Amount
	DEM	80.000,00
MATURITY 90 DAYS AFTER SIGHT.		

AIRMAIL REGISTERED

BANCO DO BRASIL S.A.
CAIXA POSTAL 380-ZC-00

20000 RIO DE JANEIRO (RJ)

BRASILIEN

DRAWEE:
FABRICA ROMERO DO SANTOS S.A.
P.O. BOX 1007
20091 RIO DE JANEIRO

DELIVER DOCUMENTS SPECIFIED IN THE ENCLOSURE AGAINST ACCEPTANCE OF ENCLOSED DRAFT(S). IN CASE OF DIFFICULTIES PLEASE INFORM SELLERS AGENT MESSRS. FRANCISCO RABAT, RUA GENERAL SAMPAIO 77, RIO DE JANEIRO WHO IS ENTITLED TO ACT IN ADVISORY CAPACITY.

KEEP ACCEPTED BILL(S) OF EXCHANGE FOR COLLECTION AT MATURITY AND INFORM US OF ACCEPTANCE/MATURITY BY AIRMAIL.
PROTEST FOR NON-PAYMENT OF ACCEPTED BILL OF EXCHANGE.
YOUR CHARGES ARE FOR DRAWEE'S ACCOUNT.
IN CASE OF NON-PAYMENT OF THE COLLECTION CHARGES AND/OR EXPENSES THE DOCUMENTS MUST NOT BE DELIVERED.
IN CASE OF DISHONOUR PLEASE ADVISE US BY SWIFT/CABLE/TELEX.
PLEASE ACKNOWLEDGE RECEIPT OF THE DOCUMENTS QUOTING OUR REFERENCE NUMBER.
PLEASE PAY THE PROCEEDS IN OUR FAVOUR BY SWIFT/CABLE/TELEX QUOTING OUR REFERENCE NUMBER 2534034193EI. BY AUTHORIZING US TO DEBIT THE ACCOUNT OF YOUR 20000 RIO DE JANEIRO (RJ) OFFICE WITH ... ... BANK AG, FRANKFURT BRANCH.

BANK FÜR HANDEL UND INDUSTRIE AG

FILIALE REUTLINGEN

Abbildung 4-09

vollständige **Weisungen** und dahingehend, ob die erhaltenen **Dokumente** den im Inkassoauftrag aufgelisteten Dokumenten zu entsprechen scheinen.

Die Banken müssen ... vom Fehlen irgendwelcher Dokumente, oder, wenn andere als die aufgelisteten festgestellt wurden, denjenigen Beteiligten, von dem ihnen der Inkassoauftrag zuging, unverzüglich ... benachrichtigen (Art. 12 a. ERI).

Hinweis: Die **„Einheitlichen Richtlinien für Inkassi (ERI 522)"** sowie der **Kommentar** finden sich in Kapitel 6.

- **Empfangsbestätigung**: Grundsätzlich erteilt die beauftragte Inkassobank der jeweils vorgeschalteten Bank, von der sie den Auftrag erhalten hat, eine Empfangsbestätigung, die **auch über SWIFT** erfolgen kann. Bei "Dokumente gegen Zahlung"-Inkassi unterbleibt die Empfangsbestätigung manchmal, weil ohnehin mit einer raschen Abwicklung gerechnet wird und insoweit die Überweisung des Inkassobetrags an die Stelle der Empfangsbestätigung tritt.

4.6 Vorlage (Präsentation) der Dokumente sowie Dokumentenaufnahme durch den Importeur

4.6.1 Vorlage (Präsentation) der Dokumente, Bedenkzeit des Importeurs und Dokumentenprüfung

Vorlage (Präsentation) der Dokumente

Die Vorlage (Präsentation, Andienung) der Dokumente umfaßt die **Mitteilung der vorlegenden Bank an den Importeur** über den Inkassoauftrag. In dieser Mitteilung, die in der Regel per Einschreiben zugestellt wird, sind die **Einzelheiten des Inkassos** (Auftraggeber, Einreicherbank, Betrag, Spesen, Fälligkeit, Bezeichnung und Anzahl der Dokumente usw.) aufgeführt sowie im allgemeinen Fotokopien der Dokumente beigefügt.

Der Importeur kann auf Grundlage dieser Mitteilung

- den Auftrag zur **Belastung seines Kontos** (Einlösungsauftrag, bei "Dokumente gegen Zahlung"-Inkassi) erteilen

  bzw.
- die **Tratte des Exporteurs akzeptieren** (bei "Dokumente gegen Akzept"-Inkassi)

  bzw.
- den **unwiderruflichen Zahlungsauftrag** mit späterer Fälligkeit erteilen (bei "Dokumente gegen unwiderruflichen Zahlungsauftrag"-Inkassi)

oder aber erklären, daß er nicht bereit ist, dem Inkassoauftrag zu entsprechen.

Abbildung

Die **Abbildung 4-10** zeigt die Mitteilung über einen **Inkassoauftrag** der vorlegenden Inkassobank an den Importeur (Bezogenen).

Anmerkungen:

- Der abgebildete "Inkassoauftrag" (Documentary Collection; Mitteilung an den Importeur) bezieht sich nicht auf das bislang einbezogene Inkassobeispiel.
- Der abgebildete "Inkassoauftrag" (Documentary Collection; Mitteilung an den Importeur) ist der Broschüre "Akkreditive..." der Credit Suisse First Boston, Zürich 1998, S. 90, entnommen.

Bedenkzeit des Importeurs

- **Dauer**: Die Frage, welche (Bedenk-)Zeit dem Importeur zwischen dem Tag der Vorlage (Präsentation, Andienung) der Dokumente (Tag des Zugangs der Mitteilung der vor-

CREDIT SUISSE | FIRST BOSTON

CREDIT SUISSE FIRST BOSTON
Trade Finance Service Center

Postfach 900
CH-8070 Zürich

Telefon	01 333 55 55
Telefax	01 332 29 40
Telex	812412 CSCH
SWIFT	CRESCHZZ80A

TRADE FINANCE SERVICE CENTER

Registered

Hugentobler AG
Waldhüsliweg 67

8987 Wiesenkirch

Documentary Collection
HT-632745 C12 MJ

Zurich 16 January 1997
Tel no (01) 332 8849

For account of	:	Zenga, Rimini
Amount	:	**CHF 12,318.00**
Payment terms	:	at sight

Gentlemen,

We have the pleasure to inform you that we received the following documents for collection:

- Invoice	6-fold
- Packing list	6-fold
- Certificate of origin	2-fold
- Forwarder's certificate of receipt	1 Original + 1 Copy

We are authorized to deliver these documents against payment of :

Amount	:	CHF 12,318.00
plus claimed charges	:	CHF 75.00
plus our comm./charges	:	CHF 125.00
Total		CHF 12,518.00

Remarks:
In case of refusal, please inform us immediately giving your reasons, so that we may advise our correspondent accordingly.

The execution of this order is subject to "Uniform Rules for Collections" Publication no. 522 issued by the International Chamber of Commerce, Paris.

Yours faithfully,

Credit Suisse First Boston

- Photocopies of documents

Abbildung 4-10

legenden Bank) und dem Tag seiner Weisung (Zahlung bzw. Akzeptleistung oder Verweigerung) einzuräumen ist, beantwortet die **Literatur** im allgemeinen mit 24 bis 48 Stunden. In der **Praxis** sind dagegen Fristen zu beobachten, die mehrere Tage umfassen oder übersteigen. In manchen Importländern kommen Verzögerungen vor, die den Zeitraum einer Woche übersteigen.

Einzelheiten siehe Abschnitt "4.6.3 Abwicklung von 'Dokumente gegen Zahlung'-Sichtinkassi bei alternativen Fälligkeiten für die Dokumentenaufnahme".

- **Zugeständnisse**: Vor Erteilung einer Nichtzahlungsmeldung an die Einreicherbank versucht die vorlegende Inkassobank im allgemeinen Kontakt mit dem Importeur aufzunehmen, um die **Gründe** seines Stillschweigens bzw. des **Ausbleibens des Einlösungsauftrags bzw. des Akzepts bzw. des unwiderruflichen Zahlungsauftrags** zu erfahren. Ist der Grund ein (erkennbar vorübergehender) Liquiditätsengpaß, dann führt dies in der Praxis nicht selten zu kurzfristigen Zugeständnissen der vorlegenden Bank an den Importeur, ohne daß die Einreicherbank davon benachrichtigt würde.

Prüfung der Dokumente

- **Einsichtnahme**: Dem Importeur ist im Rahmen des Dokumenteninkassos die Möglichkeit eingeräumt, die **Dokumente** in den Räumen der vorlegenden Inkassobank **einzusehen** sofern ihm dazu die von der vorlegenden Inkassobank im allgemeinen zugesandten Fotokopien nicht ausreichen. Der Importeur kann sich dadurch vor Erteilung des Zahlungs-(Einlösungs-)Auftrages bzw. vor Leistung seines Akzeptes vergewissern, daß der Exporteur den Kaufvertrag - soweit dies anhand der Dokumente nachvollziehbar ist - vereinbarungsgemäß erfüllt hat.
- **Beratung**: Die vorlegende **Bank** kann den Importeur bei der Prüfung der Dokumente **beraten**, zumal die Banken über große Erfahrungen mit Dokumenten bei Dokumentenakkreditiven verfügen. Eine solche Beratung der vorlegenden Bank ist aber bei Dokumenteninkassi stets unverbindlich und nicht mit einer verbindlichen Dokumentenprüfung gleichzusetzen, wie sie z.B. bei bestätigten Akkreditiven vorkommt.

4.6.2 Möglichkeiten zur Aushändigung der Dokumente "zu treuen Händen" an den Importeur vor Zahlung des Inkassobetrags

4.6.2.1 Aushändigung der Dokumente an den Importeur "zu treuen Händen" nach Weisung und auf Risiko des Exporteurs

Interessenlage des Importeurs und Abwicklung

- Im Kern der Abwicklung umfassen Dokumenteninkassi gegenüber dem Importeur ein **Zug-um-Zug-Geschäft**: Dokumente gegen Zahlung bzw. gegen Akzeptleistung bzw. gegen unwiderruflichen Zahlungsauftrag. Eine Aushändigung der Dokumente an den Importeur vor Erbringung der im Inkasso geforderten Leistung (Zahlung, Akzeptleistung, unwiderruflicher Zahlungsauftrag) sehen die ERI deswegen nicht vor.
- Diese Regelung der ERI läuft jedoch dem Interesse des Importeurs zuwider: Der Importeur hat keine Möglichkeit, die **Ware** vor Zahlung bzw. vor Akzeptleistung zu besichti-

gen, um ihre **Mängelfreiheit** feststellen zu können (z.B. durch Entnahme von Proben). Zwar können im Kaufvertrag zur Sicherung des Importeurs Qualitätszertifikate vereinbart werden, die dann vom Exporteur im Rahmen des Inkassoauftrags auch vorzulegen sind, jedoch sind derartige Zertifikate (Gutachten) kostspielig.

- Eine **ausnahmsweise** ergriffene Möglichkeit, dem Interesse des Importeurs entgegenzukommen, besteht darin, daß ihm auf Grundlage ausdrücklicher Weisung des Exporteurs im Inkassoauftrag zugestanden wird, **einzelne Dokumente "zu treuen Händen"** in Empfang zu nehmen. Auf dieser Grundlage kann der Importeur - je nach Weisung im Einzelfall - die Ware besichtigen, ihre Funktionstüchtigkeit überprüfen, Proben entnehmen oder ähnliche Handlungen vornehmen.
- In manchen Importländern ist der Nachweis über die erfolgte **Einfuhrabfertigung** Voraussetzung für die **Devisenzuteilung**. Der Importeur benötigt in diesem Fall die **Dokumente**, um die **Einfuhrformalitäten** in die Wege leiten zu können, und zwar zu einem Zeitpunkt, in dem er das Inkasso wegen der noch nicht zugeteilten Devisen noch nicht erfüllen kann. Die erforderliche Überlassung der Dokumente an den Importeur "zu treuen Händen" wird von der vorlegenden Bank nur zugestanden, wenn der Inkassoauftrag eine derartige Weisung ausdrücklich enthält oder vom Exporteur nachträglich - in Abänderung der bisherigen Inkassobedingungen und unter Einschaltung der am Inkasso beteiligten Banken - gebilligt wird.
- Die Aushändigung der Dokumente "zu treuen Händen" verpflichtet den Importeur zur unverzüglichen Rückgabe der Dokumente nach Vornahme der zugestandenen Handlungen.

Sicherstellung des Exporteurs

- Das **Risiko des Exporteurs** bei derartigen Zugeständnissen liegt auf der Hand: mißbräuchliche Verwendung der Dokumente, insbesondere Verfügung über die Ware durch den Importeur, ohne daß dieser dem Inkassoauftrag (durch Zahlung bzw. Akzeptleistung) entspricht.
- Zur Sicherstellung des Exporteurs wurden zwar **Instrumente** geschaffen, die jedoch nicht allen Situationen gerecht zu werden vermögen:
  - So kann beispielsweise der Exporteur die Auflage erteilen, daß dem Importeur die Dokumente "zu treuen Händen" nur **gegen Akzeptleistung** einer vom Exporteur auf den Importeur gezogenen **Sichttratte** überlassen werden. Reicht der Importeur die Dokumente vereinbarungsgemäß zurück, dann gilt der Wechselanspruch als erledigt. Der Wechsel dient hier ausschließlich der Sicherheit des Exporteurs und ist hier kein Finanzierungsinstrument.

    Verfügt der Importeur dagegen vertragswidrig über die Waren, dann kann ihm der akzeptierte Sichtwechsel unverzüglich zur Zahlung vorgelegt werden und - bei Nichtzahlung - Wechselprotest erhoben werden. Ob allerdings die Ansprüche des Exporteurs auf Grundlage des protestierten Wechsels rasch durchgesetzt werden können, ist keineswegs sicher und im übrigen auch länderweise verschieden.

    Weitere Ausführungen zur Wechselziehung bei Aushändigung der Dokumente zu treuen Händen finden sich in Abschnitt 4.3.4.2.
  - Eine etwas größere Sicherheit erlangt der Exporteur, wenn er zur Auflage macht, daß der Importeur die Dokumente "zu treuen Händen" nur erhält, wenn er den Betrag **in Landeswährung** bei der vorlegenden Bank oder - je nach Vereinbarung - bei einer

anderen Bank **hinterlegt**. Nach erfolgter **Devisenzuteilung** und in Verbindung mit dem Transfer des Inkassobetrags an die Einreicherbank zugunsten des Exporteurs, kann sodann der hinterlegte Landeswährungsbetrag dem Importeur wieder zur Verfügung gestellt bzw. aufgerechnet werden.

- **Hinweis**: Zur Problematik verzögerter Devisenzuteilung und - in deren Gefolge - zur Problematik eventuell entstehender Wechselkursverluste und Zinsverluste vgl. Abschnitt "4.4.2 Inkassobetrag (einschließlich Währung)...".

4.6.2.2 Aushändigung der Dokumente "zu treuen Händen" an den Importeur auf Risiko der vorlegenden Bank

Abwicklung

Es kommt in der Praxis ausnahmsweise vor, daß die vorlegende Inkassobank dem Importeur die Originaldokumente (und nicht nur Fotokopien) zu deren Prüfung **"zu treuen Händen"** überläßt, ohne daß der Exporteur im Inkassoauftrag dazu ausdrücklich Weisung erteilt hat.

Risiken der vorlegenden Bank

Die **vorlegende Bank** handelt damit ausschließlich auf **eigenes Risiko**. Verfügt der Importeur mit den Dokumenten über die Ware oder gehen die Dokumente verloren, dann haftet die vorlegende Bank gegenüber der vorgeschalteten Bank (Einreicherbank) und damit letztlich gegenüber dem Exporteur für die dadurch entstehenden Schäden. Diese weitreichende Haftung der vorlegenden Bank ist gerechtfertigt, denn diese Bank durchbricht durch ihr Zugeständnis den fundamentalen Grundsatz des Dokumenteninkassos, nämlich die Zug-um-Zug-Abwicklung. Wegen dieser Risiken überlassen die vorlegenden Banken den zahlungspflichtigen Importeuren die Dokumente nur in **Ausnahmefällen** zur Prüfung und nur wenn eine - meist langjährig gewachsene - **Vertrauensbasis** dies rechtfertigt.

4.6.3 Abwicklung von "Dokumente gegen Zahlung"-Sichtinkassi bei alternativen Fälligkeiten für die Dokumentenaufnahme

Vorbemerkung, Hinweis

- In der betrieblichen Praxis wird von **Sichtinkassi** auch dann gesprochen, wenn der Zeitpunkt für die Dokumentenaufnahme hinausgeschoben ist. Diese Sprachregelung ist tragfähig, weil sich an der Zug-um-Zug-Abwicklung "Dokumente gegen Zahlung" auch bei späterer Dokumentenaufnahme nichts ändert.
- Die verschiedenen Fälligkeiten von "Dokumente gegen Zahlung"-Sichtinkassi sind in Abschnitt **"4.3.2.2 Alternative Fälligkeiten für die Dokumentenaufnahme bei Sichtinkassi"** beschrieben und beurteilt.

4.6.3.1 Regelfall: "Zahlbar bei Sicht"-Inkassi/"Zahlbar bei erster Präsentation"-Inkassi

Unverzügliche Vorlage, Abbildung, Zeitachse

- **Art. 6 ERI** schreibt vor: *"Bei Sicht zahlbare Dokumente muß die vorlegende Bank unverzüglich zur Zahlung vorlegen"* (sog. "Zahlbar bei Sicht"-Inkassi; "Zahlbar bei erster Präsentation"-Inkassi).

  Hinweis: Die **„Einheitlichen Richtlinien für Inkassi (ERI 522)"** sowie der **Kommentar** finden sich in Kapitel 6.
- Die ERI lassen offen, ob und gegebenenfalls welche **Toleranz** die Formulierung "unverzügliche" Vorlage der vorlegenden Bank beläßt. In der Praxis ist durchaus zu beobachten, daß insbesondere ausländische Banken dem Importeur die Dokumente nicht am Tag des Eingangs des Inkassoauftrags, sondern erst (kurze Zeit) später präsentieren.
- In **Abbildung 4-11** ist deswegen bei der Darstellung der Abwicklung mittels Zeitachse ein Abstand zwischen dem **Tag des Eingangs** des Inkassoauftrags bei der vorlegenden

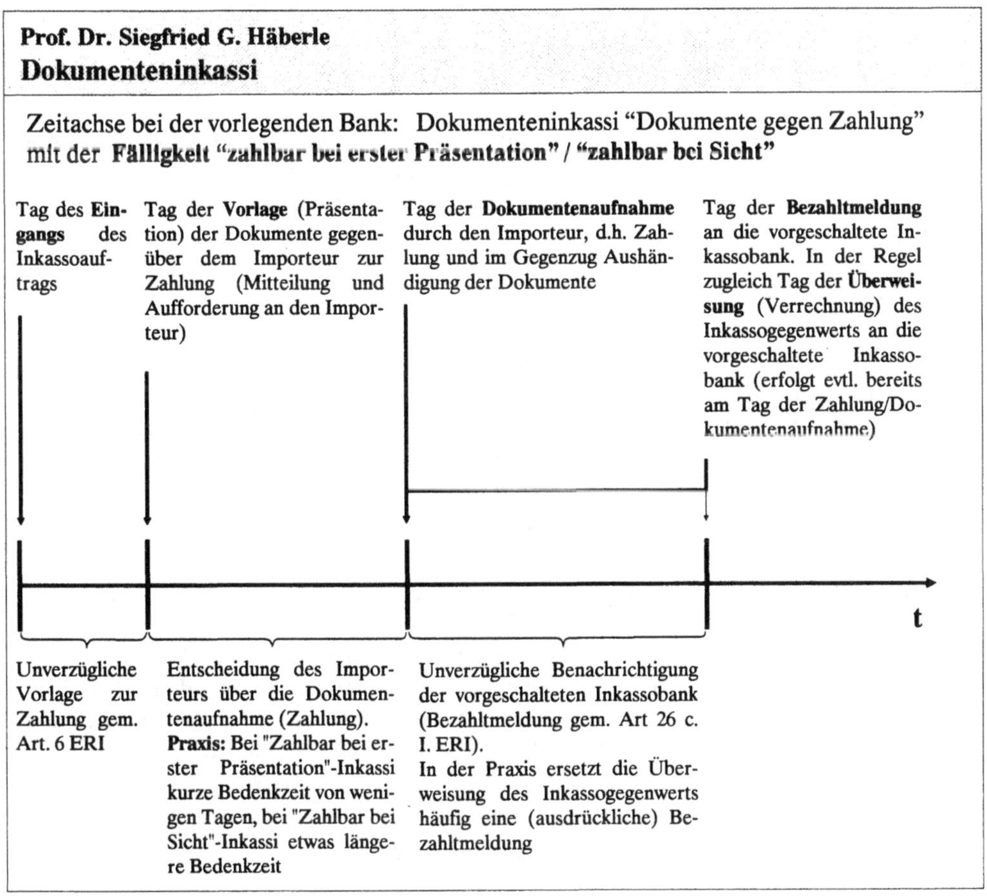

Abbildung 4-11

Bank und dem **Tag der Vorlage** (Präsentation) der Dokumente gegenüber dem Importeur aufgenommen.

Bedenkzeit des Importeurs, Dokumentenaufnahme

- Ein anderer zeitlicher Aspekt liegt - wie oben erwähnt - in der Frage, welcher Zeitraum dem Importeur nach Präsentation der Dokumente, d.h. nach Zugang der Mitteilung der vorlegenden Bank als Bedenkzeit über die Aufnahme bzw. Nichtaufnahme der Dokumente zur Verfügung steht. Die Literatur spricht zwar überwiegend von 24 Stunden (vgl. Dortschy u.a. 1997: S. 421; Blomeyer 1986: S. 37), wogegen in der Praxis Fristen von mehreren Tagen und länger zu beobachten sind.
- Nach den Recherchen des Verfassers unterscheiden die Banken bei der **Bedenkzeit des Importeurs** zwischen Inkassi, die **"bei erster Präsentation"** zahlbar sind, und Inkassi, die **"bei Sicht"** zahlbar sind. Bei der erstgenannten Kategorie erfolgt die Mahnung des Importeurs im Falle ausbleibender Weisungen sowie die Benachrichtigung der vorgeschalteten Inkassobank (Einreicherbank) bereits nach wenigen Tagen. Dagegen ist die Bedenkzeit des Importeurs bei Inkassi, die "bei Sicht" zahlbar sind, länger, d.h. die Mahnung des Importeurs bzw. die Benachrichtigung der vorgeschalteten Inkassobank erfolgen später. In die Zeitachse ist aus diesen Gründen eine **zeitliche Spanne** zwischen dem Tag der Vorlage (Präsentation) der Dokumente und dem Tag der Dokumentenaufnahme eingezeichnet im Bewußtsein, daß "unverzüglich" im Einzelfall durchaus eine längere Frist umfassen kann.
- Nimmt der Importeur die Dokumente auf, d.h. erteilt er Weisung, sein Konto mit dem Inkassobetrag zu belasten, dann händigt die vorlegende Bank dem Importeur die **Dokumente im Gegenzug** aus. Damit kann der Importeur seine Berechtigung zum Empfang der Waren nachweisen und über die Waren verfügen.

Bezahltmeldung der vorlegenden Bank

- In **Art. 26 c. I ERI** ist der vorlegenden Bank vorgeschrieben, daß sie *"... derjenigen Bank, von der ihr der Inkassoauftrag zuging, unverzüglich eine Bezahltmeldung zusenden [muß] mit detaillierter Angabe des eingezogenen Betrags oder der eingezogenen Beträge, der gegebenenfalls abgezogenen Gebühren und/oder Aufwendungen und/oder Auslagen sowie der Art der Verfügbarstellung des Erlöses."* Dieses Avis über die Zahlung kann mit SWIFT übermittelt werden.

  Hinweis: Die **„Einheitlichen Richtlinien für Inkassi (ERI 522)"** sowie der **Kommentar** finden sich in Kapitel 6.
- In der **Praxis** erstattet die vorlegende Bank bei Inkassi, die bei Sicht zahlbar sind, häufig keine ausdrückliche Bezahltmeldung. Die vorlegende Bank überweist vielmehr den Inkassobetrag nach Dokumentenaufnahme durch den Importeur - gegebenenfalls unter vereinbarungsgemäßem Abzug der Bankspesen usw. - an die vorgeschaltete Bank bzw. ermächtigt diese, über ein Kontoguthaben zu verfügen. Diese Handlungen der vorlegenden Bank ersetzen eine ausdrückliche Bezahltmeldung der vorlegenden Bank.
- Weil diese, die Bezahltmeldung ersetzenden Handlungen eventuell erst nach dem Tag der Dokumentenaufnahme vollzogen werden, ist auf der **Zeitachse** der Tag der Bezahltmeldung später eingezeichnet als der Tag der Dokumentenaufnahme.

4.6.3.2 Selten: "Zahlbar ... Tage nach Präsentation"-Inkassi

Fristeinschub

- Die zeitliche Abwicklung dieser Bedingung unterscheidet sich von der Bedingung "zahlbar bei Sicht" durch den **Einschub einer festzulegenden Frist** zwischen dem **Tag der Präsentation** (Vorlage) der Dokumente durch die vorlegende Bank (d.h. dem Tag der Mitteilung der vorlegenden Inkassobank an den Importeur) einerseits und dem **Tag der Aufnahme** der Dokumente (d.h. dem Tag der Zahlungsfälligkeit des Inkassos) andererseits.
- Die Frage der Länge der dem Importeur einzuräumenden Bedenkzeit zwischen dem Zeitpunkt der Präsentation der Dokumente und dem Zeitpunkt der Aufnahme bzw. Nichtaufnahme, die sich bei der Bedingung "zahlbar bei Sicht" stellt, erübrigt sich bei der vorliegenden Bedingung im wesentlichen, weil diese **"Bedenkzeit"** hier im formalen Rahmen ausgebildet ist.

Bedeutung

- Diese Bedingung ist ein **Entgegenkommen** an den Importeur zur Vermeidung der Zahlung zu einem Zeitpunkt, zu dem die Ware im Importland noch nicht angelandet ist. Allerdings handelt es sich bei dieser Bedingung nicht um ein echtes Zahlungsziel an den Importeur, weil an der Zug-um-Zug-Abwicklung des Dokumenteninkassos nicht gerüttelt wird: Der Importeur erhält die Dokumente erst ausgehändigt, wenn er (zum späteren Zeitpunkt) Zahlung geleistet hat.
- In der **Praxis** kommen Inkassi mit der Bedingung "zahlbar ... Tage nach Präsentation" selten vor.
- **Anmerkung**: Diese Bedingung darf nicht mit den Bedingungen von "Dokumente gegen unwiderruflichen Zahlungsauftrag (mit späterer Fälligkeit)"-Inkassi gleichgesetzt werden. Die letztgenannte Zahlungsbedingung gewährt dem Importeur ein Zahlungsziel.

4.6.3.3 Manchmal: "Zahlbar bei Ankunft der Ware (des Schiffs)"-Inkassi

Zahlungsfälligkeit

- Bei der Bedingung "zahlbar bei Ankunft der Ware (des Schiffs)" ist die Dokumentenaufnahme, d.h. die Zahlungsfälligkeit des Inkassos variabel auf dieses Ereignis ausgerichtet. Diese Bedingung entspricht insbesondere der Interessenlage des Importeurs, weil er dadurch in der Regel erst zu einem Zeitpunkt Zahlung leisten muß, in dem er auch über die Waren verfügen kann.
- Nach **Auffassung der Bankpraktiker** steht einer vorzeitigen, also vor Warenankunft vollzogenen Dokumentenaufnahme seitens des Importeurs nichts im Wege, und zwar auch dann nicht, wenn die Fälligkeit lediglich mit "zahlbar bei Ankunft der Ware (des Schiffs)" statt mit "**spätestens** zahlbar bei Ankunft der Ware (des Schiffs)" festgelegt ist. Deutlich kommt die Möglichkeit zur vorzeitigen Aufnahme der Dokumente in der Formulierung zum Ausdruck: "Aufnahme der Dokumente **kann** bis zur Ankunft des Schiffs/der Ware zurückgestellt werden", wie sie sich in den Inkassoaufträgen der Banken findet.

Probleme

- Wie bereits in Abschnitt "4.3.2.2 Alternative Fälligkeiten für die Dokumentenaufnahme bei Sichtinkassi" erörtert wurde, ist die vorlegende Bank (Importeurbank) nicht verpflichtet, von sich aus die **Ankunft der Waren** und damit die Zahlungsfälligkeit **festzustellen**. In Erfüllung des Kaufvertrags obliegt es vielmehr dem **Importeur**, die Dokumente unmittelbar nach Warenankunft bei der vorlegenden Bank aufzunehmen, d.h. Zahlung zu leisten. Es ist keine Frage, daß die Übertragung der Feststellung der Zahlungsfälligkeit in die Hände des Importeurs zu Risiken für den Exporteur, insbesondere zu einer verzögerten Zahlung (Dokumentenaufnahme) führen kann. Zwar hat der Importeur in der Regel ein Interesse an der raschen Verfügung über die Waren. Gleichwohl ist im Einzelfall nicht auszuschließen, daß der Importeur beispielsweise bei angespannter Liquidität -trotz der bereits im Importland angekommenen Waren (bzw. des Schiffs) und entgegen seinen Verpflichtungen im Kaufvertrag- die Dokumentenaufnahme und damit die Zahlung hinauszuzögern trachtet.
- Wenn die Banken solche Bedenken hegen, ergreifen sie manchmal die Initiative und nehmen von sich aus Kontakt mit dem Transportunternehmen bzw. mit der **Schiffsmeldestelle** auf, um Erkundigungen über die Ankunft der Ware anzustellen.
- **Anmerkung:** Im Einzelfall ist zu prüfen, ob das skizzierte Problem dadurch gelöst werden kann, daß die **vorlegende Inkassobank in das Transportdokument** als Adressat zur **Benachrichtigung** von der Warenankunft aufgenommen wird.
- Die **technische Abwicklung** der Dokumentenaufnahme (Dokumente gegen Zahlung), die Bezahltmeldung der vorlegenden Bank usw. entspricht im wesentlichen der Abwicklung der anderen Fälligkeiten von "Dokumente gegen Zahlung"-Inkassi.

4.6.4 Abwicklung von "Dokumente gegen Akzept einer Nachsichttratte"-Inkassi

Vorbemerkungen, Hinweis

- Maßgebliche Aspekte der folgenden Ausführungen (z.B. der zeitliche Ablauf gemäß Zeitachse, siehe Abb. 4-12) sind auch für **"Dokumente gegen unwiderruflichen Zahlungsauftrag"-Inkassi** sinngemäß anwendbar.
- Bei "Dokumente gegen unwiderruflichen Zahlungsauftrag"-Inkassi (documents against irrevocable payment order) erhält der Importeur die Dokumente nur ausgehändigt, wenn er der vorlegenden Inkassobank einen **handschriftlich unterzeichneten unwiderruflichen Zahlungsauftrag per späterer Fälligkeit** erteilt.

  Deutsche Inkassobanken verwenden in der Regel das Formular "Zahlungsauftrag im Außenwirtschaftsverkehr".
- Die **spätere Fälligkeit** des unwiderruflichen Zahlungsauftrags kann beispielsweise **bezogen** sein
  - auf das Datum der Handelsrechnung,
  - auf das Verladedatum bzw. Ausstellungsdatum des Transportdokuments,
  - auf ein anderes eindeutig bestimmbares Datum.
- **Hinweis**: Die **alternativen Wechsellaufzeiten** sind in Abschnitt 4.3.3.2 beschrieben und beurteilt.

Unverzügliche Vorlage, Abbildung Zeitachse

- In **Art. 6 ERI** ist festgelegt, daß die vorlegende Bank "nicht bei Sicht zahlbare Dokumente" im Falle verlangter Akzeptierung unverzüglich zur Akzeptierung vorlegen muß. Bei einem Inkassoauftrag "Dokumente gegen Akzept einer Nachsichttratte" bedeutet dies, daß die vorlegende Bank dem bezogenen Importeur die dem Inkassoauftrag beiliegende Tratte unverzüglich zur Akzeptierung vorzulegen hat.
- In der **Praxis** erfolgt die Vorlage mittels der bei den anderen Inkassoformen beschriebenen Mitteilung der vorlegenden Bank an den Importeur und der Aufforderung, die Nachsichttratte oder -falls zutreffend- die in der Praxis häufiger verwendete Zeittratte des Exporteurs zu akzeptieren, d.h. die Dokumente aufzunehmen.
- Auch hinsichtlich der dem Importeur einzuräumenden **Bedenkzeit**, der Möglichkeit des Importeurs, die Originaldokumente in den Räumen der vorlegenden Bank einzusehen bzw. den Möglichkeiten der Aushändigung der Dokumente "zu treuen Händen" unterscheidet sich das Inkasso "Dokumente gegen Akzept einer Nachsichttratte" nicht von den übrigen Inkassoformen.
- **Abbildung**: Die **Zeitachse** in **Abbildung 4-12** informiert über den **chronologischen Ablauf** von "Dokumente gegen Akzept einer Nachsichttratte"-Inkassi.

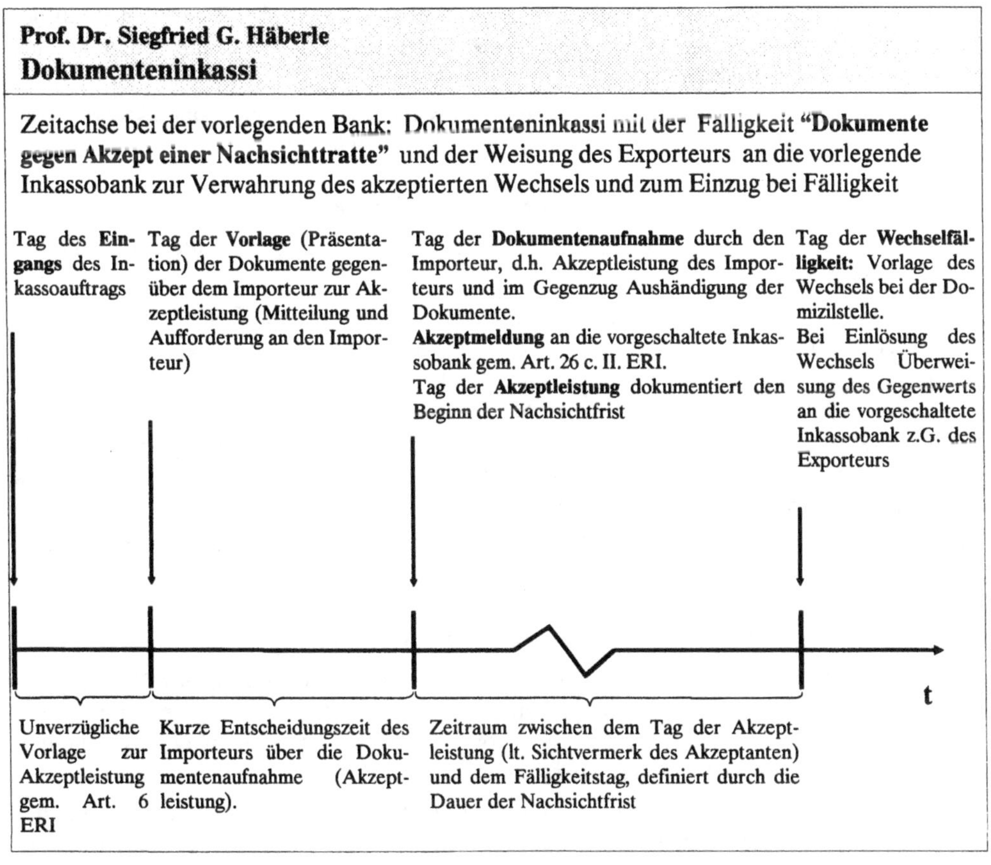

Abbildung 4-12

Akzeptleistung mit Sichtvermerk

- Entspricht der Importeur einem Inkassoauftrag "Dokumente gegen Akzept einer Nachsichttratte", dann hat er die Tratte des Exporteurs zu akzeptieren, wobei er neben seinem Akzept den **Tag der Akzeptleistung** zu vermerken hat (sog. Sichtvermerk). Ab diesem Tag der Akzeptleistung beginnt die Nachsichtfrist des Wechsels zu laufen. Ausgehend vom Zeitpunkt der Akzeptierung kann unter Hinzurechnung der Nachsichtfrist der Fälligkeitstag des Wechsels errechnet werden. Die Berechnungsmethoden sind in Kapitel „7.10 Auslandswechsel" dargestellt.

  Anmerkung: Sofern der Exporteur eine **Zeittratte** vorlegt, erübrigt sich der Sichtvermerk beim Akzept.

- Die vorlegende Bank hat laut **Art. 22 ERI** darauf zu achten, *" ... daß die Form der Akzeptierung eines Wechsels vollständig und richtig erscheint, jedoch ist sie für die Echtheit von Unterschriften oder für die Zeichnungsberechtigung irgendeines Unterzeichners des Akzeptes nicht verantwortlich."*

  Hinweis: Die „Einheitlichen Richtlinien für Inkassi (ERI 522)" sowie der Kommentar finden sich in Kapitel 6.

- Ist die vorlegende Bank zugleich Hausbank des Importeurs, dann ist sie in der Lage, die augenscheinliche **Echtheit** der Unterschriften des Importeurs und die Zeichnungsberechtigung - zwar ohne Obligo, aber doch tatsächlich - zu überprüfen. Unterhält der Importeur dagegen zur vorlegenden Bank keine Geschäftsbeziehung, dann können daraus durchaus Risiken entstehen.

- Unter diesem Blickwinkel ist es auch im Interesse des Exporteurs, wenn als vorlegende Bank eine Bank fungiert, bei der der Importeur Konto unterhält.

Dokumentenaushändigung, Benachrichtigung, Abbildung

- Dem Importeur sind im **Gegenzug** zu seiner Akzeptleistung die **Inkassodokumente** auszuhändigen.

- Art. 26 c. II ERI bestimmt, daß die vorlegende Bank derjenigen Bank, von der ihr der Inkassoauftrag zuging, unverzüglich eine **Akzeptmeldung** zusenden muß.

  Die Einreicherbank benachrichtigt ihrerseits den Einreicher (Exporteur) von der Tatsache, daß der Bezogene (Importeur) die Dokumente aufgenommen und den Nachsichtwechsel akzeptiert hat. Dabei wird dem Exporteur auch der Verfalltag des Wechsels mitgeteilt (der bei Nachsichtwechseln erst ab dem Zeitpunkt der Akzeptleistung/des Sichtvermerks bestimmt werden kann).

- Die **Abbildung 4-13** zeigt die **Akzeptmitteilung** der deutschen Einreicherbank an den deutschen Exporteur.

Verwendung und Einzug des akzeptierten Wechsels, Abbildung

- Über die **Verwendung** des akzeptierten Wechsels erteilt der **Exporteur Weisung** im Inkassoauftrag. Die maßgeblichen Alternativen sind in Abschnitt 4.4.7 beschrieben und beurteilt. Darüber hinaus sind diese Verwendungsmöglichkeiten in den Abschnitten 4.1.3.1 ff. jeweils auch graphisch dargestellt.

- Im vorliegenden Beispiel lautet die Weisung des Exporteurs: "Das Akzept soll bei der Inkassobank **zum Einzug** verbleiben" (siehe Abbildung des Inkassoauftrags in Abschnitt 4.4).

BANK FÜR HANDEL UND INDUSTRIE

INKASSO-EXPORT
AKZEPTMITTEILUNG

Filiale Reutlingen

Telex : 783150
SWIFT : BHIADESS290
Telefon : 07121/271

Ihre Nr./Your No.	RE.NR. 1637560
Unsere Nr./Our No.	2534034193EI

09.12.96 059993600

	Währung/Currency	Betrag/Amount
	DEM	80.000,00

ALFRED MUSTERMANN GMBH
POSTFACH 1774

72764 REUTLINGEN

BEZOGENER:
FABRICA ROMERO DO SANTOS S.A.
P.O. BOX 1007
20091 RIO DE JANEIRO

BETRAG DEM 80.000,00 FAELLIG: 09.03.97

DIE INKASSOBANK TEILT UNS MIT, DASS DIE DOKUMENTE AUFGENOMMEN UND DER/DIE WECHSEL WIE ERWAEHNT AKZEPTIERT WURDE(N).

BANK FÜR HANDEL UND INDUSTRIE AG

FILIALE REUTLINGEN

Abbildung 4-13

- Die vorlegende Inkassobank legt dem Bezogenen bzw. der Domizilstelle (häufig ist die vorlegende Inkassobank zugleich Domizilstelle) den **Wechsel bei Fälligkeit zur Zahlung vor**. Sofern Einlösung erfolgt, verrechnet die vorlegende Inkassobank den Inkassogegenwert mit der Einreicherbank, die ihrerseits dem Einreicher (Exporteur) eine Gutschrift erteilt.
- In der **Abbildung 4-14** ist die **Gutschrift/Abrechnung der Einreicherbank** - bezogen auf das in Abschnitt 4.4 eingeführte Beispiel - dargestellt.

Modifikation

- Bei **"Dokumente gegen unwiderruflichen Zahlungsauftrag"-Inkassi** belastet die Inkassobank am Fälligkeitstag des unwiderruflichen Zahlungsauftrags das Konto des Importeurs, sofern auf dessen Konto Deckung vorhanden ist.
- Die **Verrechnung des Inkassogegenwerts** zwischen den Banken und die Gutschrift des Inkassogegenwerts auf dem Konto des Exporteurs erfolgt bei "Dokumente gegen unwiderruflichen Zahlungsauftrag"-Inkassi wie sie oben bei "Dokumente gegen Akzept"-Inkassi beschrieben ist.

BANK FÜR HANDEL UND INDUSTRIE
FILIALE REUTLINGEN

EXPORT-INKASSO ABRECHNUNG

TELEX : 783150
SWIFT : BHIADESS290
TELEFON : 07121/271

Ihre Nr./Your No.	RE.NR. 1637560
Unsere Nr./Our No.	2534034193EI

14.03.97 059993600

	Währung/Currency	Betrag/Amount
	DEM	80.000,00
FÄLLIG: 09.03.97		

ALFRED MUSTERMANN GMBH
POSTFACH 1774

72764 REUTLINGEN

BEZOGENER:
FABRICA ROMERO DO SANTOS S.A.
P.O. BOX 1007
20091 RIO DE JANEIRO

ABRECHNUNGSBETRAG			DEM	80.000,00
Währung/Currency	Abzurechnender Betrag/Amount to be settled	Kurs/Rate	Währung/Currency	Kurswert/Countervalue

Gebühren/Charges		Betrag/Amount
INK.PROV.	DEM	240,00
KURIER KOSTEN	DEM	75,00

	Konto-Nr./Account No.	Wert/Value	Währung/Currency	Betrag/Amount
WIR ERKENNEN SIE	059993600		DEM	79.685,00

1 000 000 000	100 000 000	10 000 000	1 000 000	100 000	10 000	1 000	100	10	1
******	******	******	******	******	SIEBEN*	NEUN***	SECHS**	ACHT****	FÜNF***

BANK FÜR HANDEL UND INDUSTRIE AG ____________ R

Abbildung 4-14

4.7 Notleidende Dokumenteninkassi

4.7.1 Notleidende Inkassi "Dokumente gegen Zahlung"

Hinweis

Weitere Ausführungen zu „notleidenden“ Dokumenteninkassi finden sich in Kapitel 5 (Dokumenteninkassi: Sonderformen/Besonderheiten der Abwicklung) ebenfalls unter der Überschrift **"5.2 Notleidende Dokumenteninkassi**“.

Meldung des Nichtzahlungsfalls

Nimmt der Importeur die Dokumente nicht auf, d.h. leistet er keine Zahlung, dann hat die vorlegende Bank unverzüglich eine Meldung über die Nichtzahlung an die ihr vorgeschaltete Inkassobank zu senden (vgl. Art. 26 c. ERI). Soweit möglich übermitteln die Banken derartige Nachrichten **heute über SWIFT**.

Bedenkzeit des Importeurs

- Die in diesem Zusammenhang bedeutsame Frage ist, in welchem Zeitpunkt nach Zusendung der Inkassomitteilung an den Importeur der **Tatbestand der Nichtzahlung** bei Sichtinkassi erfüllt ist. Wie an anderer Stelle ausgeführt, findet sich in der Literatur der Hinweis auf eine lediglich 24-stündige, manchmal auch 48-stündige Bedenkzeit des Importeurs zwischen dem Zeitpunkt der Präsentation der Dokumente und dem Zeitpunkt der Aufnahme bzw. Nichtaufnahme (Einzelheiten siehe Abschnitt "4.6.3 Abwicklung von Dokumente gegen Zahlung-Sichtinkassi bei alternativen Fälligkeiten für die Dokumentenaufnahme").
- In der Praxis sind dagegen im Einzelfall auch **längere Fristen** (Bedenkzeiten) zu beobachten. Zumindest deutsche Banken fragen beim Importeur, zu dessen Lasten ein Inkassoauftrag aus dem Ausland vorliegt, einige Tage nach Absendung der Inkassomitteilung im allgemeinen telefonisch nach und erbitten definitive Weisung. Wird vom Importeur ein schriftlicher Einlösungsauftrag danach nicht unverzüglich erteilt, dann gilt das Inkasso als nicht bezahlt und die vorlegende Bank erstattet die angesprochene Meldung über Nichtzahlung an die vorgeschaltete Inkassobank.
- Nach den Recherchen des Verfassers unterscheiden die Banken bei der **Bedenkzeit des Importeurs** zwischen Inkassi, die **"bei erster Präsentation"** zahlbar sind, und Inkassi, die **"bei Sicht"** zahlbar sind. Bei der erstgenannten Kategorie erfolgt die Mahnung des Importeurs im Falle ausbleibender Weisungen sowie die Benachrichtigung der vorgeschalteten Inkassobank (Einreicherbank) bereits nach wenigen Tagen. Dagegen ist die Bedenkzeit des Importeurs bei Inkassi, die "bei Sicht" zahlbar sind, länger, d.h. die Mahnung des Importeurs bzw. die Benachrichtigung der vorgeschalteten Inkassobank erfolgen später.
- Zwar entspricht diese im Einzelfall eingeräumte Frist vor allem der **Interessenlage des Importeurs**, der die Dokumente z.B. wegen eines kurzfristigen Liquiditätsengpasses im Augenblick nicht aufnehmen kann oder der sie noch nicht aufnehmen will, weil die Ware noch nicht angekommen ist. Gleichwohl kann diese Fristeinräumung auch im Interesse des Exporteurs liegen, wenn dadurch ein Scheitern des Dokumenteninkassos vermieden wird.

Gründe der Nichtzahlung, Weisungen, Konsequenzen

- Von praktischer Bedeutung ist Art. 26 c. ERI, wonach die vorlegende Bank versuchen sollte, *"... die Gründe einer solchen Nichtzahlung ... festzustellen, und diejenige Bank unverzüglich entsprechend benachrichtigen, von der ihr der Inkassoauftrag zuging."* Anhand des Grundes der Nichtzahlung kann der Exporteur - eventuell nach Beratung mit seiner Bank - fundierter entscheiden, ob es vertretbar ist, Weisung an die vorlegende Bank zu erteilen, dem Importeur eine bestimmte Frist bis zur späteren Dokumentenaufnahme (Zahlung) einzuräumen.
- Im übrigen ist die Einreicherbank (Exporteurbank) gemäß Art. 26 c. ERI ohnehin verpflichtet, der vorlegenden Bank nach Erhalt der Nachricht über die Nichtzahlung **Weisungen** hinsichtlich der weiteren Behandlung der Dokumente zu erteilen. Die ERI tragen aber auch der Situation Rechnung, daß solche Weisungen unterbleiben:
- *"Falls die vorlegende Bank solche Weisungen nicht innerhalb von 60 Tagen nach ihrer Meldung über Nichtzahlung ... erhält, können die Dokumente ohne eine weitere Verantwortlichkeit seitens der vorlegenden Bank derjenigen Bank zurückgesandt werden, von der ihr der Inkassoauftrag zuging."*

  Hinweis: Die **„Einheitlichen Richtlinien für Inkassi (ERI 522)"** sowie der **Kommentar** finden sich in Kapitel 6.
- Die **Konsequenzen** der endgültigen Nichtzahlung des Importeurs (Nichtaufnahme der Dokumente) können für den Exporteur erheblich sein. Zwar lassen sich diese Konsequenzen durch Angabe und Bevollmächtigung eines **Notadressaten** im Inkassoauftrag (vgl. Abschnitt "4.4.8 Zahlungsweg, Notadresse (Vertreter)...") u.U. etwas mildern, jedoch im allgemeinen nicht völlig vermeiden.
- Der Exporteur bzw. der Notadressat hat die **Waren** entweder im Importland zu **verwerten** oder den **Rücktransport** zu veranlassen. Bei beiden Maßnahmen können erhebliche Aufwendungen entstehen (Einlagerung, Abschläge bei der Verwertung, Verzollung, Rücktransport u.v.a.; Einzelheiten vgl. Abschnitt "4.2.1.1 Risikoanalyse des Exporteurs - Wirtschaftliches Risiko -").

Teilzahlungen des Importeurs

- Sofern der Inkassoauftrag keine ausdrückliche Ermächtigung des Exporteurs enthält, darf die vorlegende Bank bei dokumentären Inkassi vom Importeur **Teilzahlungen nicht annehmen** (vgl. Art. 19 ERI). Vielmehr gilt ein solches Inkasso trotz des Teilzahlungsangebotes des Importeurs als nicht bezahlt und die Dokumente werden dem Importeur auch nicht ausgehändigt.
- Nicht in allen Fällen entspricht die Ablehnung von Teilzahlungen des Importeurs der Interessenlage des Exporteurs. Bevor ein Inkassoauftrag in Gänze unbezahlt bleibt und sich dadurch das Problem der Verwertung der Waren oder des Rücktransports stellt, dürfte es in vielen Fällen zweckmäßig sein, ein **Teilzahlungsangebot** des Importeurs mit der Maßgabe **anzunehmen**, daß dem Importeur die Dokumente erst nach vollständiger Bezahlung des Inkassobetrags auszuhändigen sind. Dazu bedarf es allerdings der ausdrücklichen Weisung des Exporteurs, die entweder bereits im Inkassoauftrag enthalten sein kann, weil Teilzahlung mit dem Importeur im Kaufvertrag vereinbart ist, oder die vom Exporteur erst nachträglich über die eingeschalteten Inkassobanken erteilt

wird, weil sich bei Vorlage der Dokumente herausstellt, daß der Importeur nur in der Lage oder nur willens ist, Teilzahlungen zu leisten.

- Trotz der Einbehaltung der Dokumente durch die vorlegende Bank und trotz Fristsetzung für die weiteren Teilzahlungen ist nicht zu übersehen, daß für den **Exporteur Risiken** verbleiben, die zum einen in der **zeitlichen Verzögerung** bis zur endgültigen Bezahlung liegen (z.B. Zinsverluste, Wechselkursrisiken, Wertentwicklung der exportierten Waren u.a.) und zum anderen im **endgültigen Scheitern** des Inkassos wegen Ausbleibens fälliger Teil- bzw. Restzahlungen zu erblicken sind.
- Noch ausgeprägter ist das Risiko des Exporteurs, wenn er im Inkassoauftrag die Weisung oder über die eingeschalteten Inkassobanken nachträglich die Zustimmung erteilt, daß dem Importeur die Dokumente bereits nach Leistung einer **Anzahlung** in bestimmter Höhe auszuhändigen sind. Der nach diesem Zeitpunkt noch ausstehende (gestundete) Inkassoteilbetrag ist dem Zahlungsausfallrisiko und dem politischen Risiko sowie eventuell dem Wechselkursrisiko ausgesetzt.

Währung

- Hinsichtlich der Währung, in der der Importeur zu zahlen hat, bestimmen die **ERI** in Art. 17: *"Dokumente, die in der Währung des Zahlungslandes (inländische Währung) zahlbar sind, darf die vorlegende Bank, sofern im Inkassoauftrag keine andere Weisungen erteilt worden sind, dem Bezogenen nur dann gegen Zahlung in inländischer Währung freigeben, wenn diese Währung gemäß der im Inkassoauftrag vorgeschriebenen Art sofort verfügbar ist."*
- In Art. 18 ist festgelegt: *"Dokumente, die in einer anderen Währung als der des Zahlungslandes (ausländische Währung) zahlbar sind, darf die vorlegende Bank, sofern im Inkassoauftrag keine anderen Weisungen erteilt worden sind, dem Bezogenen nur dann gegen Zahlung in der betreffenden ausländischen Währung freigeben, wenn diese ausländische Währung gemäß der im Inkassoauftrag erteilten Weisungen sofort verfügbar ist."*

  Hinweis: Die **„Einheitlichen Richtlinien für Inkassi (ERI 522)"** sowie der **Kommentar** finden sich in Kapitel 6.
- Grundsätzlich werden dem Importeur die Dokumente auch dann nicht ausgehändigt, wenn er bei Fremdwährungsvereinbarung bereit ist, **ersatzweise Zahlung** in seiner **heimischen Währung** zu leisten oder den Inkassobetrag in seiner Landeswährung bei einer Bank (z.B. der Notenbank seines Landes) zugunsten des Exporteurs bzw. zugunsten der vorgeschalteten Inkassobank zu hinterlegen.
- Etwas anderes gilt, wenn der **Exporteur** zu diesem Ausnahmeverfahren durch nachträgliche Weisung sein **Einverständnis** ausdrücklich erklärt. Die vorlegende Bank ist in diesen Fällen und nach erfolgter Hinterlegung des Inkassobetrags in der Währung des Importlandes berechtigt, dem Importeur die Dokumente auszuhändigen. Allerdings hat der Exporteur die Risiken dieser Abwicklung zu bedenken [vgl. Abschnitt "4.4.2 Inkassobetrag (einschließlich Währung) ..."].

4.7.2 Notleidende Inkassi "Dokumente gegen Akzept" bzw. "Dokumente gegen unwiderruflichen Zahlungsauftrag"

Hinweis

Weitere Ausführungen zu „notleidenden" Dokumenteninkassi finden sich in Kapitel 5 (Dokumenteninkassi: Sonderformen/Besonderheiten der Abwicklung) ebenfalls unter der Überschrift **„5.2 Notleidende Dokumenteninkassi"**.

Nichtakzeptierung

- Es kommt in der Praxis relativ **selten** vor, daß sich der Importeur bei "Dokumente gegen Akzept"-Inkassi weigert, die Tratte des Exporteurs zu akzeptieren. Dies hängt damit zusammen, daß der Importeur **im Zeitpunkt der Akzeptleistung keine liquiden Mittel** benötigt, sondern damit rechnet, daß er aus dem Weiterverkaufserlös der importierten Waren den zu akzeptierenden Wechsel bei Fälligkeit wird einlösen können. Der tiefere Grund für eine Akzeptverweigerung liegt - wenn sie tatsächlich vorkommt - eher darin, daß der Importeur an der Abnahme der Waren nicht mehr interessiert ist, so daß die Nichtakzeptierung der Tratte für den Exporteur in das gewöhnliche Dokumentenaufnahmerisiko einmündet.
- Analog ist die **Weigerung des Importeurs** zu beurteilen, bei "Dokumente gegen unwiderruflichen Zahlungsauftrag"-Inkassi den **unwiderruflichen Zahlungsauftrag** beizubringen bzw. **zu unterzeichnen**.
- Die Frage der dem Importeur einzuräumenden Bedenkzeit zwischen Zugang der Inkassomitteilung und dem Zeitpunkt der Akzeptleistung bzw. Nichtakzeptierung ist **analog** zur **"Dokumente gegen Zahlung"**-Abwicklung zu beantworten (siehe oben).

Protesterhebung wegen Nichtakzeptierung

- Erweist es sich, daß sich der Importeur definitiv weigert, die Tratte des Exporteurs zu akzeptieren, dann hat die vorlegende Bank - falls der Exporteur im Inkassoauftrag ausdrücklich eine **Protestanweisung** (eine sog. spezielle Weisung) erteilt hat - Protest wegen Nichtakzeptierung erheben zu lassen. Enthält der Inkassoauftrag dagegen **keine spezielle Weisung** hinsichtlich des Protestes (oder eines entsprechenden rechtlichen Verfahrens) für den Fall der Nichtakzeptierung, dann sind die mit dem Inkasso befaßten Banken nicht verpflichtet, Protest erheben oder ein entsprechendes rechtliches Verfahren einleiten zu lassen (vgl. Art. 24 ERI).
- Ein Protest wegen Nichtakzeptierung bringt dem Exporteur in seiner Eigenschaft als Wechselaussteller im allg. **keine besonderen Vorteile**, sondern allenfalls den wechselrechtlichen Nachweis, daß der Importeur neben der Warenabnahmeverpflichtung auch diesen Teil des Kaufvertrags nicht erfüllt hat. In den Inkassoaufträgen findet sich deswegen häufig die Weisung des Exporteurs, keinen Protest bei Nichtakzeptierung erheben zu lassen. Es sind jedoch **länderweise Unterschiede** zu beachten, so daß im Einzelfall die Weisung zur Protesterhebung wegen Nichtakzeptierung doch angebracht ist. Die Banken erteilen den Exporteuren dahingehenden Rat.
- Ebenso wie im Falle der Nichtzahlung hat die vorlegende Bank gemäß Art. 26 c. III ERI bei Nichtakzeptierung unverzügliche **Meldung an die vorgeschaltete Inkassobank** und damit indirekt an den Exporteur zu erstatten. Auch in dieser Situation sollte die vorlegende Bank die **Gründe der Nichtakzeptierung** erheben und der vorgeschalteten

Bank mitteilen. Die Einreicherbank, d.h. letztlich der Exporteur, hat sodann innerhalb angemessener Frist über die weitere Behandlung des Inkassoauftrags zu entscheiden und entsprechende **Weisungen** zu erteilen. Erfolgen solche Weisungen nicht innerhalb von 60 Tagen nach Meldung der Nichtakzeptierung, dann kann die vorlegende Bank den Inkassoauftrag an die vorgeschaltete Bank zurücksenden.

Unterschied zwischen Dokumenteninkasso und Wechselinkasso

- Es ist zunächst zu beachten, daß das eigentliche Dokumenteninkasso im Sinne der **Zug-um-Zug-Abwicklung** "Dokumente gegen Akzept" mit der Akzeptleistung des Importeurs endet. Wird die vorlegende Bank mit der Verwahrung und dem **Einzug des akzeptierten Wechsels** bei Fälligkeit betraut, dann wird diese Weisung zwar häufig im Rahmen des Dokumenteninkassoauftrags erteilt, gleichwohl ist dieser Vorgang **losgelöst** vom eigentlichen Dokumenteninkasso zu sehen und stellt eine gesonderte Beauftragung zum Wechseleinzug (Wechselinkasso) dar.
- Diese Trennung von **Dokumenteninkasso** (Dokumente gegen Akzept) einerseits und **Einzug des akzeptierten Wechsels** andererseits wird noch deutlicher, wenn der Exporteur den Auftrag gibt, daß der akzeptierte Wechsel zurückzurufen und ihm auszuhändigen ist: Für die vorlegende Bank ist der Dokumenteninkassoauftrag mit der Rücksendung des akzeptierten Wechsels abgeschlossen. Zwar kann es sein, daß die vorlegende Bank in das Einzugsverfahren des fälligen Wechsels wiederum eingeschaltet wird, z.B. weil sie als Domizilstelle fungiert, jedoch ist dieser Vorgang des Wechselinkassos losgelöst vom Dokumenteninkasso zu sehen.
- Nur in den Fällen, in denen die Wechselziehung im Rahmen von "Dokumente gegen Zahlung"-Inkassi erfolgt und deren Sicherheit dient, sind Dokumenteninkasso und Wechselinkasso verbunden. Einzelheiten siehe Abschnitt "4.3.4 Sonderformen: Wechselziehungen bei 'Dokumente gegen Zahlung'-Inkassi".

Protesterhebung mangels Zahlung

- Verweigert der Akzeptant bzw. die Domizilstelle die Zahlung, dann wird – beispielsweise nach deutschem Wechselrecht - an einem der beiden auf den Zahlungstag folgenden Werktage Protest mangels Zahlung erhoben (vgl. Art. 44, Abs. 3 WechselG). Durch diese Protesterhebung sichert sich der Wechselinhaber das **Rückgriffs-(Regreß-)Recht** auf alle Indossanten, die den Rückgriff nicht ausdrücklich ausgeschlossen haben, und auf den Wechselaussteller.
- Zu beachten ist, daß im **Ausland** sowohl hinsichtlich des Zeitraums der Protesterhebung als auch hinsichtlich der Form des Protestes und bezüglich der Rechtswirkungen (Rückgriff u.a.) zum Teil erhebliche **Unterschiede** zum deutschen Recht bestehen (Einzelheiten siehe Kapitel "7.10 Auslandswechsel").

Protestverzicht

- Ein Protestverzicht des Exporteurs ist erwägenswert, weil zumindest nach deutschem Recht ein Wechselinhaber seine **Ansprüche an den Akzeptanten** auch dann nicht verliert, wenn er es versäumt, rechtzeitig Protest mangels Zahlung erheben zu lassen (vgl. Art. 53, Abs. 1 WechselG). Da ein nichteingelöster Wechsel im Zuge des Regreß letztlich dem Wechselaussteller (der seine Haftung für die Zahlung nicht ausschließen kann; siehe folgende Anmerkung) zurückbelastet wird und diesem ohnehin nur noch ein Anspruchsgegner, nämlich der Akzeptant, verbleibt, kann der Exporteur (in seiner

Eigenschaft als Wechselaussteller) auf die Protesterhebung von vornherein verzichten, weil er seine Ansprüche gegen den Akzeptanten auch ohne Protesterhebung durchsetzen kann.

- **Anmerkung:** Nach deutschem Wechselrecht kann der Aussteller eines gezogenen Wechsels seine Haftung für die Zahlung nicht ausschließen, d.h. sich einem Regreß nicht entziehen. Ein Haftungsausschlußvermerk des Ausstellers auf dem Wechsel gilt als nicht geschrieben (vgl. Art. 9, Abs. 2 WechselG).
- Bei Dokumenteninkassi "Dokumente gegen Akzept" in **Importländer**, deren Rechtsordnung in **Analogie zum deutschen Recht** die Geltendmachung der Wechselansprüche des Ausstellers an den Akzeptanten von der Protesterhebung nicht abhängig macht, kann der Exporteur deswegen bereits im Dokumenteninkassoauftrag Weisung erteilen, daß bei Nichtbezahlung des Akzeptes auf die Protesterhebung verzichtet wird. Im Zweifel sollte der Exporteur vor Aufnahme des Protestverzichts fundierten Rat bei den Banken bzw. den Industrie- und Handelskammern einholen.

Konsequenzen der Nichtzahlung

- Es ist keine Frage, daß die Nichteinlösung des Akzepts durch den Importeur für den Exporteur ein **erhebliches Risiko** bedeutet, weil zu diesem Zeitpunkt die Dokumente längst an den Importeur ausgehändigt sind und dieser somit über die Waren verfügt hat. Inwieweit in dieser Situation der Durchsetzung (wechselrechtlicher) Ansprüche gegen den Importeur Erfolg beschieden ist, hängt vom Einzelfall ab.
- Festzuhalten ist, daß die Zahlungsbedingung "Dokumente gegen Akzept einer Nachsichttratte" ohne zusätzliche Sicherheit (wie sie beispielsweise in einem Wechselaval der Importeurbank zu erblicken wäre) nur Importeuren eingeräumt werden kann, deren **Seriosität und Solvenz** über jeden Zweifel erhaben ist und die ihren Sitz in einem Land **ohne** erkennbare **politische Risiken** und mit einer Rechtsordnung haben, die die Durchsetzung der Ansprüche des Exporteurs ermöglicht.
- Entsprechend sind **"Dokumente gegen unwiderruflichen Zahlungsauftrag"-Inkassi** zu beurteilen, weil der Exporteur auch bei dieser Inkassoart damit rechnen muß, daß der Importeur das abgegebene unwiderrufliche Zahlungsversprechen (den unwiderruflichen Zahlungsauftrag) bei (späterer) Fälligkeit nicht erfüllt.

4.8 Warenversand an die Adresse treuhänderischer Dritter

Hinweis

Eine Darstellung von **„Inkassi auf Konsignationsbasis (Collections on Consignment Basis) mit Darstellung der Wareneinlagerung"** findet sich in Kapitel 5.1.

Problem: Warenauslieferung ohne vorherige Dokumentenaufnahme

Nicht bei allen Versandarten benötigt der Importeur die Versanddokumente als Nachweis seiner Berechtigung zum Empfang der Waren. Beim **Festlandverkehr** bzw. beim **Luftverkehr** werden dem Importeur die Waren vielmehr in der Regel **ohne Legitimations-**

nachweis ausgeliefert, d.h. der Importeur muß bei diesen Versandarten keine Ausfertigung des Transportdokuments vorlegen. Dadurch verliert das Dokumenteninkasso praktisch die den Exporteur sichernde Funktion der Zug-um-Zug-Abwicklung, mit anderen Worten es besteht die Gefahr, daß der Importeur in den Besitz der Waren gelangt, ohne dem Inkasso entsprochen zu haben.

In der betrieblichen Praxis sind deswegen Verfahren entwickelt worden, die dem Sicherungsinteresse des Exporteurs Rechnung zu tragen vermögen.

Warenversand an die Adresse treuhänderischer Banken

- Das den Exporteur sichernde Element dieser Abwicklung ist darin zu erblicken, daß die Ware nicht an die Adresse des Importeurs versandt wird, sondern an die Adresse eines treuhänderischen Dritten. Als ein solcher Treuhänder fungiert häufig eine Bank, und zwar eine **Bank im Land des Importeurs.**
- In die **Versanddokumente** trägt der Exporteur sodann als Warenempfänger die treuhänderische Bank ein. Im **Inkassoauftrag**, den der Exporteur seiner Bank unter Beifügung der Dokumente erteilt, ist dagegen unverändert der Importeur als Zahlungspflichtiger eingetragen.
- Sofern der Inkassoauftrag im Importland vor der Warensendung eintrifft und der Importeur dem Inkassoauftrag - je nach Art des Inkassos - durch **Zahlung** bzw. durch Akzeptleistung bzw. durch unwiderruflichen Zahlungsauftrag entspricht, dann kann der Importeur auf Grundlage der ihm im Gegenzug ausgehändigten Dokumente über die Waren bei deren Eintreffen **sofort verfügen.**
- Kommt dagegen die Ware vor der Abwicklung des Inkassoauftrags im Importland an, dann werden die Waren nicht tatsächlich der treuhänderischen Bank ausgeliefert, sondern eingelagert. Entspricht der Importeur zu gegebener Zeit dem Inkassoauftrag durch Zahlung bzw. Akzeptleistung bzw. durch unwiderruflichen Zahlungsauftrag, dann erteilt ihm die treuhänderische Bank eine **Freigabeerklärung**, auf deren Grundlage er über die eingelagerten Waren verfügen kann.

Vorzeitige Freigabe der Ware

- Zumindest deutsche Banken sind im allgemeinen dazu bereit, bonitätsmäßig einwandfreien Importeuren die **Waren sofort** zu **überlassen**, wenn die Ware zur Verfügung der treuhänderischen Bank zeitlich vor dem Inkassoauftrag ankommt.
- Der Importeur muß sich im Gegenzug gegenüber der treuhänderischen Bank dann allerdings zur unwiderruflichen Dokumentenaufnahme bei Vorkommen des Dokumenteninkassos verpflichten und für alle Risiken und eventuelle Schäden aus der vorzeitigen Freigabe aufkommen. Eine solche Verpflichtungserklärung wird als **Freistellungserklärung** bezeichnet.

Sonderform

- Eine etwas modifizierte Abwicklung liegt dann vor, wenn die Ware zwar an einen **Spediteur adressiert** ist, einer **Bank** im Importland aber das **Verfügungsrecht** über die Waren vorbehalten bleibt. Auch bei diesem Verfahren erteilt die treuhänderische Bank die Freigabe der Waren nur, wenn der Importeur zuvor dem Inkassoauftrag entsprochen hat, d.h. gezahlt bzw. Akzeptleistung vollzogen hat.

Risiken und Abwicklungsprobleme

- In der Praxis verbleiben dem Exporteur indessen auch beim Warenversand an die Adresse treuhänderischer Dritter manchmal Risiken. So kommt es beispielsweise vor, daß die **Waren** von den Transportunternehmen trotz anderer Weisungen **direkt an den Importeur ausgeliefert** werden.
- In **Art. 10 ERI** ist ausgeführt, daß ohne **vorherige Zustimmung der Banken** Waren nicht direkt an die Adresse einer Bank oder zu deren Verfügung versandt werden sollten. In manchen Inkassoländern lehnen es die Banken in der Tat ab, ohne vorherige Absprache treuhänderisch für Exporteure tätig zu werden. Dagegen sind deutsche Kreditinstitute im allgemeinen bereit, die skizzierte Treuhandfunktion auch ohne vorherige Zustimmung zu übernehmen.
- **Probleme** dieser Abwicklung können sich insbesondere dann ergeben, wenn die **Ware im Importland vor dem Inkassoauftrag** ankommt. Die Bank kennt den Inhalt des Inkassoauftrags noch nicht und sie hat -falls dies mit dem Exporteur nicht ausdrücklich vereinbart ist- überdies keine Verpflichtung, für die Einlagerung und die eventuell erforderlich erscheinende Versicherung der eingelagerten Waren zu sorgen. Ergreift die Bank gleichwohl **Maßnahmen** zum Schutz der Waren, dann übernimmt sie dafür keine Haftung. Dies gilt im übrigen auch, wenn sie zu diesen Maßnahmen vom Exporteur ausdrücklich beauftragt wurde. Die eigenen Aufwendungen ebenso wie die Aufwendungen Dritter stellt die Bank - mangels anderer Weisung im Inkassoauftrag - dem Exporteur in Rechnung.

Versand an die Adresse treuhänderischer Spediteure

- An der Stelle einer Bank kann die Treuhänderfunktion auch von einem **Spediteur** im Land des Importeurs wahrgenommen werden. Die Waren werden bei dieser Abwicklung an die Spedition adressiert mit der Maßgabe, diese dem Importeur nur auszuhändigen, wenn dieser eine **unwiderrufliche Bankbestätigung** über die erfolgte Zahlung des Gegenwerts vorlegt.
- Dies ist jedoch **keine Abwicklung** auf Grundlage der **ERI**, so daß die Sicherheit, wie sie die Banken beim Dokumenteninkasso zu bieten vermögen, bei dieser Abwicklung nicht in jedem Fall gegeben sein muß.

5 Dokumenteninkassi: Sonderformen/Besonderheiten der Abwicklung

5 Dokumenteninkassi: Sonderformen/Besonderheiten der Abwicklung

5.1 Inkassi auf Konsignationsbasis (Collections on Consignment Basis) mit Darstellung der Wareneinlagerung

**Team Kommerzielles Auslandsgeschäft
der Vereins- und Westbank AG, Hamburg**

5.1.1 Grundstruktur von Inkassoaufträgen auf Konsignationsbasis

Charakterisierung

Bei Inkassoaufträgen auf Konsignationsbasis (collections on consignment basis) werden die Waren **an die Adresse von Banken konsigniert.** Bei Versand der Ware stehen die endgültigen Käufer noch nicht in jedem Fall fest. Die Kaufabschlüsse kommen im Gegensatz zum üblichen Import-Inkassogeschäft überwiegend erst zustande, nachdem die Ware am Bestimmungsort eingelagert wurde.

In der Regel werden nach erfolgter **Einlagerung** und Kaufabschluß **Inkassoaufträge für Teilpartien** erteilt. Hierzu erhält die mit der Konsignation beauftragte Bank Rechnungen, die mit den jeweiligen Lieferscheinen den verschiedenen Käufern zur Zahlung präsentiert werden. Nach erfolgtem Inkasso werden die Erlöse an die auftraggebende Bank abgeführt.

Vorteil

Der Vorteil für den ausländischen Verkäufer und die auftraggebende Bank besteht darin, daß die **Sicherungsfunktion** über die Ware nicht aufgegeben wird. Gleichzeitig können die Produkte entsprechend den Marktbedingungen prompt **ab Lager** Bestimmungsort **verkauft** werden.

Einlagerungsort

Als Einlagerungsort bietet das **Zollausland im Hamburger Freihafen** mit der Speicherstadt folgende **ideale Voraussetzungen**:

- Hervorragende klimatische Bedingungen für das Lagergut,
- zollfreie Lagerung,
- prompte Warendisposition,
- Kontrolle und Überwachung des Gutes durch spezialisierte Lagerbetriebe.

Lagerschein

Die Handelskammer Hamburg hat einen einheitlichen **Namens**-Lagerschein herausgegeben, der auch bei den hiesigen Lagerhaltern nach einer Bonitätsprüfung seitens der Kammer

Verwendung findet. Er verweist ausdrücklich auf die Hamburger Lagerungsbedingungen in ihrer neuesten Fassung. Die Ausgabe und Verwendung dieser Lagerscheine erfolgt unter der Kontrolle des "Vereins Hamburgischer Quartiersleute von 1886 e.V.", die heute noch eine alte Tradition am Hamburger Platz pflegen.

Kosten für den Auftraggeber

- Treuhandprovision plus Lagerkosten und eventuelle Versicherungsprämien,
- eventuelle Umfuhrkosten, d.h. Kosten für die Verbringung der Ware vom Bestimmungsort in das Lagerhaus,
- Inkassoprovisionen.

5.1.2 Wareneinlagerung: Rechtsgrundlagen, Ablauf, Dokumente, Mustertexte

5.1.2.1 Lagervertrag und Lagerhalter – mit Abbildung eines Einlagerungsauftrags –

Themen	Erläuterungen
Hinweis:	• Am Schluß dieses Abschnitts ist das **Muster eines Einlagerungsauftrags** einer Bank an den Lagerhalter abgebildet.
Lagervertrag:	• Durch den Lagervertrag wird der Lagerhalter verpflichtet, das Gut zu lagern und aufzubewahren. • Der .Einlagerer wird verpflichtet, die vereinbarte Vergütung zu zahlen. (Quelle: HGB 4.Buch, 6 Abschnitt § 467)
Aufgaben des Lagerhalters:	• Der Lagerhalter hat dem Einlagerer unverzüglich nach Feststellung von Beschädigungen oder mangelhaftem Zustand der Ware Kenntnis zu geben zwecks Wahrung eventueller Regreßansprüche. (Quelle: HGB 4.Buch, 6 Abschnitt § 470) • Der Lagerhalter hat die ihm anvertraute Ware ordnungsgemäß, d.h. ohne Qualitäts- und Quantitätsverlust zu lagern.

- Der Lagerhalter übernimmt alle erforderlichen Maßnahmen wie Transport der Ware vom Bestimmungshafen/ Flughafen, Meldungen im Rahmen der **Außenwirtschaftsverordnung**, Abschluß einer Versicherung, die Verwiegung der Ware etc. falls erforderlich und stellt etwaige äußere Mängel fest.
- Der Lagerhalter fertigt den Lagerschein aus und übergibt ihn dem Auftraggeber.

Haftung des Lagerhalters:

- Der Lagerhalter haftet für die Schäden, die durch Verlust oder Beschädigung des Gutes in der Zeit von der Übernahme zur Lagerung bis zur Auslieferung entsteht, es sei denn, daß der Schaden durch die Sorgfalt eines ordentlichen Kaufmannes nicht abgewendet werden konnte.

  (Quelle: HGB 4.Buch, 6 Abschnitt § 475)

- Der Lagerhalter haftet dem rechtmäßigen Besitzer des Lagerscheins für den Schaden, der daraus entsteht, daß er das Gut ausgeliefert hat, ohne sich den Lagerschein zurückgeben zu lassen oder ohne einen Abschreibungsvermerk einzutragen.

  (Quelle: HGB 4.Buch, 6 Abschnitt § 475e)

Pfandrecht des Lagerhaltes:

- Der Lagerhalter hat wegen aller durch den Lagervertrag begründeten Forderungen sowie wegen unbestrittener Forderungen aus anderen mit dem Einlagerer abgeschlossenen Lager-, Fracht- und Speditionsverträgen ein Pfandrecht an dem Gut.
- Das Pfandrecht erstreckt sich auch auf die Forderung aus einer Versicherung sowie auf die Begleitpapiere.

  (Quelle: HGB 4.Buch, 6 Abschnitt § 475b)

Abbildung:

- **Abbildung 5.1-01** zeigt den Mustertext eines **Einlagerungsauftrags** der Vereins- und Westbank AG an den **Lagerhalter.**

Vereins-und Westbank
Aktiengesellschaft

20454 Hamburg

Muster

" **Einlagerungsauftrag**

Unsere Ref.......................................

Einlagerungsauftrag für:

per/ex:... in......................................ca:

Wir übersenden Ihnen beifolgend zu getreuen Händen zum Zwecke der Einlagerung der obigen Partie auf den Namen unserer Bank die am Fuße dieses Schreibens aufgeführten Dokumente und bitten Sie, gemäß den nachstehenden Weisungen und Angaben zu handeln:

1. **Warenfreistellung**
   Besorgung der Warenfreistellung und ggfs. Verauslagung der Fracht

2. **Warenabnahme vom Kai/Flugplatz**
   a) Im Falle von Beschädigungen Anforderung einer amtlichen Schadensfestellung bzw. bei zu wenig empfangenen Waren Ausfertigung von Restscheinen.
   b) Amtliche Verwiegung bzw. Inhaltsfeststellung bei schadhaften/schlappen Kolli bzw. Inhaltsmanko sowie Haftbarmachung des Lagerbetriebes bzw. Transportträgers.

3. **Schaden an der Ware**
   a) Anzeige des Schadens beim Transportträger und dessen Haftbarmachung in unserem Namen,
   b) Ggfs. Schadensfeststellung durch den Havariekommissar und Ausfertigung eines Schadensattestes aufgrund beifolgender Versicherungspolice/-zertifikat.

4. **Einlagerung**
   Die Annahme unseres Auftrages gilt als Ihre Bestätigung, daß die Ware sachgemäß eingelagert wird.
   Lagerscheine sind auszustellen auf den Namen unserer Bank
   a) pro Transportpapier
   b) mit unserer Referenz
   c) unter Angabe der Güter gemäß Transportpapier sowie den An/Bemerkungen in englischer Sprache,
   Statistische Anmeldung der Einlagerung für ausländischen Rechnung. Die für die Meldung zusätzlichen Einzelheiten sind den beifolgenden Papieren zu entnehmen.

5. **Lagerungversicherung -nur bei Vorliegen unserer speziellen Weisungen:**
   gegen sämtliche üblichen Risiken.
   Bestätigung der Versicherung in englischer Sprache durch ein auf den Inhaber lautendendes Zertifkat.

Abbildung 5.1-01 (Seite 1)

6. **Abrechnung Ihrer Kosten**
   mit uns, sofern keine Sonderregelung getroffen wurde.
   Ihre Rechnung über die Kosten der Warenabnahme, Umfuhr / Inlandstransport, Übernahme und ggfs. verauslagte Frachten sind uns zusammen mit dem Lagerschein einzusenden.
   Die Kosten für die Lagermiete und ggfs. Versicherung sind uns jeweils nach Ablauf von 3 Monaten zu berechnen.

7. Sämtliche Rechnungen und Noten erbitten wir in zweifach, von evtl. Reklamation Durchschriften!

Besondere Instruktionen:

Bestätigung des Empfangs der Dokumente auf der Kopie dieses Auftrages.

Anlagen:

Abbildung 5.1-01 (Seite 2)

5.1.2.2 Lagerschein und Auslieferung – mit Abbildung von Namenslagerschein und Musterlieferschein –

Themen	Erläuterungen
Hinweise:	• Am Schluß dieses Abschnitts ist ein **Namenslagerschein** abgebildet. • Am Schluß dieses Abschnitts ist das Muster eines **Lieferscheins** nebst **Avis** abgebildet.
Inhalt des Lagerscheins:	• Die wesentlichen Angaben im Lagerschein sind im HBG 4. Buch, Abschnitt 6 § 475c geregelt.
Wirkung des Lagerscheins:	• Der Lagerschein ist für das Rechtsverhältnis zwischen dem Lagerhalter und dem legitimierten Besitzer des Lagerscheins maßgebend. 1. Der Lagerschein begründet insbesondere die widerlegliche Vermutung, daß das Gut und seine Verpackung in bezug auf den äußerlichen Zustand sowie auf Anzahl, Zeichen und Nummern der Packstücke wie im Lagerschein beschrieben, übernommen worden sind. 2. Ist das Rohgewicht oder die anders angegebene Menge des Gutes oder der Inhalt vom Lagerhalter überprüft und das Ergebnis der Überprüfung in den Lagerschein eingetragen worden, so begründet dieser auch die widerlegliche Vermutung, daß Gewicht, Menge oder Inhalt mit den Angaben im Lagerschein übereinstimmt. 3. Ist der Lagerschein einem gutgläubigen Dritten übertragen worden, so ist die Vermutung nach den Sätzen 1 und 2 unwiderleglich.

- Für die Rechtsverhältnisse zwischen dem Lagerhalter und dem Einlagerer bleiben die Bestimmungen des Lagervertrages maßgebend.

(Quelle: HGB 4.Buch, 6 Abschnitt § 475d)

Auslieferung gegen Rückgabe des Lagerscheins:

- Ist ein Lagerschein ausgestellt, so ist der Lagerhalter zur Auslieferung des Gutes nur gegen Rückgabe des Lagerscheins, auf dem die Auslieferung bescheinigt ist, verpflichtet.

(Quelle: HGB 4.Buch, 6 Abschnitt § 475e)

Teilauslieferung:

- Die Auslieferung eines Teils des Gutes erfolgt gegen Abschreibung auf dem Lagerschein. Der Abschreibungsvermerk ist vom Lagerhalter zu unterschreiben.

(Quelle: HGB 4.Buch, 6 Abschnitt § 475e)

Legitimation durch Lagerschein:

- Zum Empfang des Gutes legitimiert ist derjenige, an den das Gut nach dem Lagerschein ausgeliefert werden soll **(Namenslagerschein)** oder auf den der Lagerschein, wenn er an Order lautet **(Orderlagerschein)**, durch Indossament übertragen ist.
- Der Lagerhalter ist nicht verpflichtet, die Echtheit der Indossamente zu prüfen.

(Quelle: HGB 4.Buch, 6 Abschnitt § 475f)

Namenslagerschein:

- Namenslagerscheine dürfen nur von dazu berechtigten Lagerhaltern ausgestellt werden. Der Lagerhalter muß bestimmte Bedingungen erfüllen. Die Genehmigung wird i.d.R. von den zuständigen Handelskammern bzw. Industrie- und Handelskammern erteilt.
- Ferner wird ein verbrieftes Recht am Eigentum der Ware bestätigt.

Verfügung aus Lagerschein:

- Die Übertragung des Eigentums an der im **Namens**lagerschein bezeichneten Ware kann durch **Zession** erfolgen.

  In Hamburg ist es üblich, Verfügungen unter Namenslagerscheinen mittels **Lieferscheinen** vorzunehmen.

- Bei einem **Order**lagerschein (Traditionspapier) erfolgt die Übertragung durch einfaches Indossament.

Lieferschein:

- Lieferscheine sind bloße Anweisungen an den Lagerhalter. Sie übertragen keine Rechte an der Ware.

  Eine Auslieferung aufgrund des ausgefertigten Lieferscheins ist nur zulässig, wenn dem Lagerhalter gleichzeitig ein Avis zusammen mit dem Lagerschein vorliegt.

- Der Lagerschein wird um die ausgelieferte Ware reduziert bzw. entwertet.

Gründe für eine Einlagerung:

- Käufer steht noch nicht fest; siehe **Warenkonsignation.**
- Ware soll im Bestimmungsland sofort verfügbar sein, z.B. **zollfreie** Einlagerung und nach Bedarf erfolgt die Verzollung und Verbringung der Ware ins Zollinland.
- Notleidende Partie wegen nicht aufgenommener Inkasso-Dokumente oder abgelehnter Akkreditiv-Dokumente.

Abbildungen:

- **Abbildung 5.1-02** zeigt einen **Namenslagerschein**, in dem formularmäßig die Auslieferung sowie die Möglichkeit zur Verpfändung bzw. zur Eigentumsübertragung vorgesehen sind.
- **Hinweis:** In Kapitel "7 Exportdokumente" findet sich die Abbildung und Beschreibung eines weiteren Lagerscheins.
- **Abbildung 5.1-03** zeigt das Muster eines **Lieferscheins** nebst zugehörigem **Avis**.

Lagerbuch Seite .... **Lagerschein Nr.**

Rehse & Cons. GmbH Muster

Quartiersleute und Lagerungsgeschäft
Brook 8, 2000 Hamburg 11
Telefon: (040) 36 60 55 · Telex: 2 14 526 · Fax: (040) 36 71 20

Namenslagerschein

gemäß **Bekanntmachung der Handelskammer Hamburg**
vom November 1927. (In der Fassung vom Dezember 1930.)

Ich / Wir lagerte / n ein aufgrund der Hamburger Lagerungsbedingungen in der jeweils neuesten Fassung die auch gegen jeden Erwerber dieses Lagerscheins gelten, für Rechnung und Gefahr der ....

....

....

auf meinem / unserem eigenen Lager *)
die nachstehend verzeichneten Güter:

Marke u. Nummer	Zahl u. Art der Kolli	Inhalt **)	Bruttogewicht
		Muster	

*) Nicht auf fremdem Lager!
**) Anmerkung: Der Inhalt ist angegeben vom .... Nicht Zutreffendes durchstreichen.
Der Inhalt ist von mir / uns festgestellt.

....
(Unterschrift des Lagerhalters)

Ich / Wir erkenne / n insbesondere an, daß es zur Verfügung über die Waren der Vorlegung des Lagerscheins bedarf, und daß ich / wir ohne Vorlegung des Lagerscheins nicht berechtigt bin / sind, die eingelagerte Ware oder einen Teil derselben gegen einen Lieferschein, Auslieferungsschein oder dergl. herauszugeben. Die Bearbeitung der Ware darf nur von dem laut Lagerschein Berechtigten vorgenommen oder veranlaßt werden, soweit es sich nicht um Bearbeitungen handelt, die im Interesse der Erhaltung der Ware notwendig sind oder deren Vornahme im Lagerschein gestattet ist.

Ich / Wir erkenne / n weiter an, daß ich / wir dem aus dem Lagerschein legitimierten Erwerber des Lagerscheins (Eigentümer oder Pfandgläubiger) nur solche Einwendungen oder Einreden entgegenhalten kann / können, die sich aus dem Lagerschein ergeben oder die mir / uns gegen den Erwerber unmittelbar zustehen.

Versicherungen besorge / n ich / wir nur, soweit es besonders vereinbart ist.

Bemerkung:

Hamburg, den .... 19 ....
(Unterschrift des Lagerhalters)

Kontroll- № 246806

Die Ausgabe und Verwendung dieser Lagerscheine erfolgt unter Kontrolle des Vereins Hamburgischer Quartiersleute von 1886 e.V.
Geschäftsstelle: Mattentwiete 2, 2 Hamburg 11, Hafenhaus (36 28 11)

Abbildung 5.1-02 (Seite 1)

Auslieferung

Tag	Marke und Nummer	Zahl u. Art der Kolli	Ware	Bruttogewicht	Unterschrift des Lagerhalters

Im Falle der Verpfändung ist der nachstehende Vordruck auszufüllen:

Die Firma ....

begründet hiermit ein Pfandrecht an den in diesem Lagerschein bezeichneten Waren für die Firma

.... und überträgt den Anspruch auf Herausgabe der Ware

auf die Firma .... (als Pfandgläubigerin).

Datum: ....

(Unterschrift)

Von dieser Verpfändung hat mir / uns die Firma ....

.... Mitteilung gemacht.

Datum: ....

(Unterschrift des Lagerhalters, obligatorisch)
(nicht in blanko unterzeichnen)

Abbildung 5.1-02 (Seite 2)

Zur gefl. Beachtung! Zur rechtsgültigen Übertragung des Eigentums und zur rechtsgültigen Verpfändung der auf diesem Lagerschein bezeichneten Waren sind die nachstehend vorgedruckten Spalten auszufüllen. Im Falle des Verlustes dieses Lagerscheines verjähren alle Ansprüche gegen den Lagerhalter wegen des in diesem Schein näher bezeichneten Gutes in einem Jahre, gerechnet vom Tage der Auslieferung des Gutes (siehe § 25 unserer Lagerungsbedingungen).

Im Falle der Eigentumsübertragung ist jeweils einer der nachstehenden Vordrucke auszufüllen:

Keine Blankozession!

Die Firma .... (Einlagerer)
überträgt hiermit das Eigentum an den in diesem Lagerschein bezeichneten Waren auf die Firma

....

und tritt den Anspruch auf Herausgabe der Waren gegen den Lagerhalter an die bezeichnete Firma ab.

Datum: ....
(Unterschrift)

Die Firma ....
überträgt hiermit das Eigentum an den in diesem Lagerschein bezeichneten Waren auf die Firma

....

und tritt den Anspruch auf Herausgabe der Waren gegen den Lagerhalter an die bezeichnete Firma ab.

Datum: ....
(Unterschrift)

Die Firma ....
überträgt hiermit das Eigentum an den in diesem Lagerschein bezeichneten Waren auf die Firma

....

und tritt den Anspruch auf Herausgabe der Waren gegen den Lagerhalter an die bezeichnete Firma ab.

Datum: ....
(Unterschrift)

Abbildung 5.1-02 (Seite 3)

Muster eines Lieferscheines

Lagerhalter: Firma	**Die Auslieferung ist erst dann zulässig, wenn dem Lagerhalter der Lagerschein vorliegt. Der Lieferschein allein genügt nicht. Den Lagerschein haben wir gleichzeitig dem Lagerhalter zugesandt.** **Unsere Referenz**:

Hierdurch ersuchen wir Sie wie nachstehend um Auslieferung von den zu unserer Verfügung bei Ihnen lagernden Waren, sobald Ihnen unten genanntes Lagerdokument nebst unserem Avis vom gleichen Tag zugegangen sind.

Post an: Firma:

Lieferschein (nicht übertragbar)

Gültig bis einschließlich:	Lagerschein Nr.:	Lagerbestätigungsscheiben vom:

Marke und Nummer	Anzahl und Art der Kolli	Warenart	Gewicht
Für Inhalt und Packung der Kolli sowie Beschaffenheit der Ware übernehmen wir keine Gewähr.			

Absetzkosten zu Lasten Empfänger.
Beim Absetzen: zu wiegen / nicht zu wiegen (nicht zutreffendes bitte streichen)

Abbildung 5.1-03 (Seite 1)

Muster eines Lieferscheines

Durch Boten gegen Quittung Firma	**AVIS** **Unsere Referenz**:

Wir stellen einen Lieferschein unter gleichem Datum wie nachstehend aus. Sie wollen den Lieferschein bei Vorkommen anerkennen und nach erfolgter Abschreibung das anliegende Lagerdokument, wenn dadurch nicht erledigt, an uns zurückgeben.

an: Firma:

Lieferschein (nicht übertragbar)

Gültig bis einschließlich:	Lagerschein Nr.:	Lagerbestätigungsscheiben vom:

Marke und Nummer	Anzahl und Art der Kolli	Warenart	Gewicht
Für Inhalt und Packung der Kolli sowie Beschaffenheit der Ware übernehmen wir keine Gewähr.			

Absetzkosten zu Lasten Empfänger.
Beim Absetzen: zu wiegen / nicht zu wiegen (nicht zutreffendes bitte streichen)
Anlage: Lagerdokumente

Abbildung 5.1-03 (Seite 2)

5.1.2.3 Funktionen der Banken bei Dokumenteninkassi mit Wareneinlagerung – mit englischem Mustertext "Einlagerungsauftragsschreiben an auftraggebende Bank" –

Themen	Erläuterungen
Hinweis:	• Am Schluß dieses Abschnitts ist der englische Mustertext **"Einlagerungsauftragsschreiben an auftraggebende Bank"** abgebildet.
Widerspruchspflicht der Banken im Inkassogeschäft:	• Wenn eine Bank sich aus irgendeinem Grund entschließt, ein erhaltenes Inkasso oder sich darauf beziehende Weisungen nicht zu bearbeiten, muß sie unverzüglich denjenigen Beteiligten, von dem sie das Inkasso oder die Weisungen erhalten hat, durch Telekommunikation oder, wenn dies nicht möglich ist, auf anderem schnellen Wege davon unterrichten. (Quelle: Einheitliche Richtlinien für Inkassi der ICC, Paris, -ERI- Publ.522 Art. 1c)
Haftung der Banken bei notleidenden Partien:	• Banken sind nicht verpflichtet, irgendwelche Maßnahmen hinsichtlich der Waren zu ergreifen, auf die sich das dokumentäre Inkasso bezieht, einschließlich ihrer Einlagerung und Versicherung, selbst wenn spezielle Weisungen, dies zu tun, erteilt wurden. • Banken werden derartige Maßnahmen nur ergreifen, wenn und in dem Ausmaß, in dem sie dazu im Einzelfall bereit sind. • Ungeachtet der Bestimmungen des Art. 1 c der ERI 522 findet diese Regelung auch bei Fehlen einer diesbezüglichen Benachrichtigung durch die Inkassobank Anwendung. (Quelle: Einheitliche Richtlinien für Inkassi der ICC, Paris, -ERI- Publ.522 Art. 10b)

Aufgaben der Banken bei notleidenden Partien:

- Insbesondere sollte die Kostenübernahme und die **Versicherung**sfrage mit dem Auftraggeber geklärt werden.
- Banken übernehmen **nicht** die Aufgabe, einen geeigneten Käufer zu finden.
- Der Zugriff auf die Ware muß sichergestellt werden.
  - Bei Seeverladungen muß das Konnossement ausgestellt sein:

    an Order und blanko indossiert
    oder
    an die Inkassobank als Empfänger.
  - Bei Luftfrachtverladungen muß als Empfänger die Inkassobank ausgewiesen sein.
  - Alle anderen Transportdokumente sind wie oben ausgeführt analog zu erstellen.

Versicherung:

- Die Ware sollte **versichert** sein gegen alle Risiken während des Zeitraumes der Einlagerung für mindestens 110% des Inkassobetrages ohne Abzug von Vorauszahlungen, Diskonten, Rabatten etc.

Zusätzliche Risiken bei Einlagerung:

- Bei gefährlichen Gütern besteht eine besondere Deklarationspflicht dem Lagerhalter gegenüber.
- Es sollte eine der Warenart gerechte Lagerung möglich sein.
- Die Lagerkosten sollten nicht den Wert der Ware übersteigen, da im Falle einer **Zwangsversteigerung** unter Umständen keine Kostendeckung gewährleistet ist.

Abwicklung einer Einlagerung:

- Die Inkassobank benennt einen Lagerhalter, der bereit ist, die in Frage kommende Ware zu übernehmen und erteilt dann den **Lagerauftrag**.
- Die Versanddokumente, versehen mit entsprechendem Indosso oder begleitet von einer Freistellung zur Verfügung des Lagerhaltes sind auszuhändigen. Der Lagerhalter übernimmt die Ware und stellt seinerseits einen **Namens**lagerschein (üblich am Hamburger Platz) unter der Verpflichtung der Kostenübernahme durch die Inkassobank aus.

Außenwirtschaftsverordnung:

- Das Verbringen der Ware aus dem Ausland in ein zollfreies Lagerhaus bedeutet eine Wareneinfuhr und muß als solche gemeldet werden. In der Regel erfolgt die Meldung mit Vordruck T 1 (Transithandelsgenehmigung).

  Diese Aufgabe übernimmt in Hamburg der beauftragte Lagerhalter.

Besichtigung und Bemusterung der Ware:

- Liegen der Inkassobank entsprechende Weisungen vor, kann diese schriftlich den Berechtigten ermächtigten, eine Besichtigung und/oder Bemusterung der eingelagerten Partie vorzunehmen.

  Die daraus resultierenden Kosten gehen zu Lasten der Ware.

Zahlung des Inkassoerlöses:

- Nach Erhalt neuer Inkassoweisungen übergibt die Inkassobank die Dokumente wie von der auftraggebenden Bank gewünscht nebst Lieferschein an den alten/neuen Bezogenen gegen Zahlung.

- Eine Zahlung erfolgt unter Abzug sämtlicher auf der Ware ruhenden Kosten nebst Bankspesen.

Rücksendung von Waren:

- Eine Rücksendung der Ware erfolgt grundsätzlich gemäß Weisungen des Auftraggebers über die auftraggebende Bank.

Zwangsversteigerung:

- Eine Versteigerung der Ware kann über einen Auktionator erfolgen:
  - gemäß Weisungen der Auftraggeber über die auftraggebende Bank, oder
  - im Auftrage der Inkassobank, wenn die auf der Ware ruhenden Kosten nicht beglichen werden und der Schätzwert der Ware diese nicht decken, oder
  - nach Ablauf des vereinbarten Einlagerungszeitraumes.

Abbildung:

- **Abbildung 5.1-04** zeigt einen englischen Mustertext zum "**Einlagerungsauftragsschreiben an auftraggebende Bank**".

Mustertext des Einlagerungsauftragsschreiben an auftraggebene Bank

"Attention!

to whom it may concern:

Storage of goods as per instructions of our principals

We attend to the storage of goods and their insurance only on the following conditions :

1. The period of storage will be limited to a maximum of 360 days and principals commit themselves to dispose of the goods within this time.
2. The storage of goods will be effected in the Hamburg Freeport Zone only.
3. Goods arriving at other destinations in the Federal Republic of Germany have to be transported to the Hamburg Freeport Zone.
4. The storage will be effected in the name of VEREINS- UND WESTBANK but for account and risk of their principals.
5. As far as an insurance of the goods is to be provided for the time of storage, same will be arranged as per principal's original instructions.
6. Principals commit themselves to cover all costs and charges in connection with this storage and insurance as debtors on their own account and to care for a prompt settlement.
7. VEREINS-UND WESTBANK is entitled to arrange for the sale or auction of the goods in case principals do not dispose of them within the limited period of storage and do not cover the due costs and charges in connection with the storage and insurance.

Our attendance to the storage of goods is subject to confirmation of the above conditions by our principals. Without this confirmation we shall undertake no activities whatsoever concerning storage of the goods.

To: ***Vereins- und Westbank***
Aktiengesellschaft
Auslandsabteilung
Alter Wall 2-8

D-20457 Hamburg
Federal Republic of Germany

Your Ref. :
Our Ref. :

We confirm our instructions
on your above conditions :

....
(authorised signatures)

Abbildung 5.1-04

5.2 Notleidende Dokumenteninkassi

**Team Kommerzielles Auslandsgeschäft
der Vereins- und Westbank AG, Hamburg**

Definition notleidender Dokumenteninkassi

Grundsätzlich ist die Inkassobank zur Aushändigung der Dokumente an den Bezogenen nur Zug um Zug gegen Erbringung der geforderten Leistung ermächtigt (z.B. Zahlung oder Akzeptierung eines Wechsels). Wird diese **Leistung** innerhalb einer bestimmten Zeit **nicht erbracht** oder wird die **Aufnahme** der Dokumente, aus welchem Grunde auch immer, vom **Bezogenen** abgelehnt, spricht man spätestens bei Ankunft der Ware am Bestimmungsort von einem "notleidenden Dokumenteninkasso".

Häufig genannte **Gründe des Bezogenen**, die einer **zügigen Abwicklung** zwar **entgegen stehen**, aber nicht unbedingt zu einem "notleidenden Inkasso" führen müssen, sind z.B.:

1. Wiedervorlage der Dokumente bei Warenankunft,
2. Wiedervorlage der Dokumente bei Eintreffen von Warenmustern gemäß Kontrakt,
3. Wiedervorlage der Dokumente bei Eintreffen von zusätzlichen Dokumenten,
4. Wunsch zur Besichtigung und/oder Bemusterung der Ware.

Themen	Erläuterungen
Verpflichtung der Inkassobank:	• Werden Dokumente vom Bezogenen nicht gemäß den Weisungen der auftraggebenden Bank aufgenommen, ist umgehend eine Meldung an die auftraggebende Bank vorzunehmen mit der Bitte um weitere Weisungen (ERI Art. 26). • Die Dokumente werden in der ursprünglichen Form und Anzahl von der Inkassobank treuhänderisch für die auftraggebende Bank verwahrt.
Rechte des Exporteurs:	• Der Exporteur muß dem Wunsch auf Änderung der Weisung nicht entsprechen, er kann die Dokumente auch einem anderen Käufer andienen lassen. Bei Seeverladungen i.d.R. unproblematisch, bei Luftfracht- bzw. LKW-Verladungen muß sichergestellt werden, daß auch die Ware an den **neuen** Bezogenen ausgeliefert werden kann.

Rechte der Inkassobank:

- Erhält die Inkassobank keine Weisungen innerhalb von 60 Tagen nach Information der auftraggebenden Bank, ist die Inkassobank berechtigt, die Dokumente zur Entlastung zurückzusenden. (ERI Art. 26)

Begründungen:

- Bei den Begründungen 1 bis 3 handelt es sich um einen zeitlichen Aufschub, dem i.d.R. seitens des Exporteurs über die auftraggebende Bank entsprochen wird, da es in vielen Fällen entsprechende kontraktliche Vereinbarung gibt.

- Um eine Besichtigung und/oder Bemusterung (siehe 4) vornehmen zu können, ist das Einverständnis des Exporteurs erforderlich:

  - **bei Seeverladung** ist das Einverständnis über die auftraggebende Bank ausreichend.

    Für die Reederei ist von Bedeutung, daß die Inkassobank ihr bestätigt, im Besitz der Original-Konnossemente zu sein und somit Mißbrauch ausgeschlossen ist; ferner das Einverständnis der Auftraggeber zur Warenprüfung vorliegt und die Inkassobank für alle Folgen haftet, die aus der Besichtigung und/oder Bemusterung der jeweiligen Partie ohne Vorlage des Orginal-Konnossements entstehen können.

  - **bei Luftfrachtverladung** muß das **schriftliche** Einverständnis des Exporteurs am Bestimmungsort der Luftfrachtgesellschaft i.d.R. mit der entsprechenden Besichtigungs- und/ oder Bemusterungsermächtigung der Inkassobank vorgelegt werden.

Einlagerungsweisung:

- siehe Abschnitt "**5.1 Inkassi auf Konsignationsbasis (Collections on Consignment Basis) mit Darstellung der Wareneinlagerung**" (Rechtsgrundlagen, Ablauf, Dokumente und Mustertexte).

Abzüge vom Inkassobetrag:

- Abzüge vom Inkassobetrag bedürfen grundsätzlich des Einverständnisses der auftraggebenden Bank vor Aushändigung der Dokumente. In Ausnahmefällen und abhängig von der Bonität des Bezogenen kann es auch zu Abzügen unter Vorbehalt unter dem Obligo der Inkassobank kommen, sofern sich der Bezogene verpflichtet auf erstes Anfordern des Differenzbetrages diesen nachzuzahlen zuzüglich aller eventuellen Kosten und Zinsen.
- Bei höheren Abzügen ist jedoch zu bedenken, daß die Vorbehalte im ungünstigsten Fall erst nach 30 Jahren verjähren.

Spesenübernahme abhängig:

- Ist die Aushändigung der Dokumente an den Bezogenen abhängig von der Übernahme sämtlicher auf dem Inkasso ruhender Bankspesen und der Bezogene übernimmt diese nicht, bedarf es des Einverständnisses des Exporteurs und einer Änderung der Inkassoweisungen, die Dokumente ohne Zahlung der entsprechenden Bankspesen auszuhändigen.
- In der Praxis kann es auch hier zu Zahlungen mit Vorbehalten für nicht übernommene Spesen analog zu denen bei **Abzüge vom Inkassobetrag** kommen.

Notadresse:

- Für den Fall von Verzögerung in der Abwicklung sollte der Exporteur einen Vertreter oder Agenten seines Vertrauens im Bestimmungsland im Inkassoauftrag benennen, der zum Schutz der Ware weisungsberechtigt ist.

  Auch sollte der Umfang der Weisungsbefugnis definiert sein.

6 Dokumenteninkassi: Kommentar mit Wiedergabe der Einheitlichen Richtlinien für Inkassi (ERI 522)

6 Dokumenteninkassi: Kommentar mit Wiedergabe der Einheitlichen Richtlinien für Inkassi (ERI 522)

von Dr. jur. Thomas Ingelmann, Rechtsanwalt
und Joachim Schmitt, Syndikus

Hinweis

Die Regeln und Probleme bei der **Einführung des Euro** (einschließlich der ICC-Entscheidung) sind – auch für Inkassi – in Kapitel "3.3 Dokumentenakkreditive (sowie Inkassi und Garantien): Regeln und Probleme bei der Einführung des Euro (EUR)" dargestellt und kommentiert.

6.1 Allgemeine Regeln und Begriffsbestimmungen

6.1.1 Artikel 1: Anwendbarkeit der ERI 522

Richtlinie

Artikel 1: Anwendbarkeit der ERI 522

(a) Die Einheitlichen Richtlinien für Inkassi, Revision 1995, ICC-Publikation 522, gelten für alle Inkassi wie in Artikel 2 definiert, soweit sie in den Text eines "Inkassoauftrags" gemäß Artikel 4 einbezogen sind und sind für alle Beteiligten bindend, sofern nicht ausdrücklich anderweitige Vereinbarungen getroffen worden sind oder nicht nationale, staatliche oder örtliche Gesetze und/oder Verordnungen entgegenstehen, von denen nicht abgewichen werden darf.

(b) Banken sind nicht verpflichtet, ein Inkasso oder irgendeine Inkassoweisung oder spätere sich darauf beziehende Weisungen zu bearbeiten.

(c) Wenn eine Bank sich aus irgendeinem Grund entschließt, ein erhaltenes Inkasso oder sich darauf beziehende Weisungen nicht zu bearbeiten, muß sie unverzüglich denjenigen Beteiligten, von dem sie das Inkasso oder die Weisungen erhalten hat, durch Telekommunikation oder, wenn dies nicht möglich ist, auf anderem schnellen Wege davon unterrichten.

Kommentar

Die Rechtsnatur der ERI 522 ist ebenso wie die der ERA 500 umstritten. Das Spektrum der vertretenen Auffassungen reicht von AGB (vgl. Ingelmann/Reinecke/Schmitt-v.Westphalen, 1996: S. 141 ff.) bis Gewohnheitsrecht (Nielsen, J., BuB, 1996: Rn. 5/746). Der Streit, dem im wesentlichen nur rein dogmatische Bedeutung zukommt, wird dadurch entschärft, daß die ERI gemäß ihrem Artikel 1 ausdrücklich in den Inkassoauftrag einbezogen werden müssen (Art. 1 (a) ERI).

Der Geltungsumfang der ERI findet seine Grenzen in nationalen, staatlichen oder örtlichen Gesetzen und/oder Verordnungen, sofern von den dort enthaltenen Regelungen nicht abgewichen werden darf.

Auftragsübernahme freiwillig

Art. 1 (b) ERI stellt klar, daß Banken nicht verpflichtet sind, ein Inkasso oder irgendeine Inkassoweisung oder spätere, darauf abzielende Weisungen zu bearbeiten.

Reaktionspflicht

Gemäß Art. 1 (c) ERI ist die Bank, die aus irgendeinem Grunde sich dazu entschließt, ein erhaltenes Inkasso oder sich darauf beziehende Weisungen nicht zu bearbeiten, verpflichtet, dies unverzüglich demjenigen Beteiligten, von dem sie das Inkasso oder die Weisungen erhalten hat, durch Telekommunikation oder, wenn dies nicht möglich ist, auf anderem schnellen Wege mitzuteilen. Diese Postulat drückt letztlich eine Selbstverständlichkeit im Geschäftsverkehr aus.

6.1.2 Artikel 2: Definition des Inkassos

Richtlinie

Artikel 2: Definition des Inkassos

Im Sinne dieser Richtlinien bedeuten:

(a) "Inkasso" die Bearbeitung von nachstehend unter Artikel 2 (b) definierten Dokumenten durch Banken in Übereinstimmung mit erhaltenen Weisungen, um:
   i. Zahlung und/oder Akzeptierung zu erhalten
   oder
   ii. Dokumente gegen Zahlung und/oder Akzeptierung auszuhändigen
   oder
   iii. Dokumente unter anderen Bedingungen auszuhändigen.

(b) "Dokumente" Zahlungspapiere und/oder Handelspapiere:
   i. "Zahlungspapiere" Wechsel, Solawechsel, Schecks oder andere ähnliche zum Erlangen von Zahlungen dienende Dokumente;
   ii. "Handelspapiere" Rechnungen, Transportdokumente, Dispositions- oder andere ähnliche Dokumente sowie irgendwelche andere Dokumente, die keine Zahlungspapiere darstellen.

(c) "Einfaches Inkasso" das Inkasso von Zahlungspapieren, die nicht von Handelspapieren begleitet sind.

(d) "Dokumentäres Inkasso" das Inkasso von:
   i. Zahlungspapieren, die von Handelspapieren begleitet sind;
   ii. Handelspapieren, die nicht von Zahlungspapieren begleitet sind.

Kommentar

Inkassi unter Banken

Aus den Artikeln 2 und 3 ERI ergibt sich, daß die ERI weiterhin nur für Inkassi unter Banken gelten. Vom Gläubiger veranlaßte Direktinkassi ohne Einschaltung einer Einreicherbank sind nicht vorgesehen, gleichwohl möglich: In diesem Fall muß der Inkassoauftrag unter Einbeziehung der ERI regeln, daß der Inkassoauftrag so zu behandeln sei, als wenn er der Inkassobank über eine Einreicherbank vorgelegt worden wäre.

Während Art. 2 (a) ERI den möglichen Inhalt eines Inkassoauftrages definiert (Art. 2 (a) (i) - (iii) ERI), unterscheidet Art. 2 (b) ERI zwischen Zahlungspapieren und Handelspapieren, korrespondierend zu der in Art. 2 (c) ERI enthaltenen Definition des einfachen Inkassos gegenüber der in Art. 2 (d) ERI enthaltenen Beschreibung des dokumentären Inkassos.

6.1.3 Artikel 3: Beteiligte an einem Inkasso

Richtlinie

Artikel 3: Beteiligte an einem Inkasso

(a) Im Sinne dieser Richtlinien sind die "Beteiligten":
   i. der "Auftraggeber", das ist derjenige, der eine Bank mit der Bearbeitung eines Inkassos betraut;
   ii. die "Einreicherbank", das ist die vom Auftraggeber mit der Bearbeitung des Inkassos betraute Bank;
   iii. die "Inkassobank", das ist jede mit der Durchführung des Inkassos befaßte Bank mit Ausnahme der Einreicherbank;
   iv. die "vorlegende Bank", das ist diejenige Inkassobank, die gegenüber dem Bezogenen die Vorlegung vornimmt.

(b) Der "Bezogene" ist derjenige, demgegenüber in Übereinstimmung mit dem Inkassoauftrag die Vorlegung zu erfolgen hat.

Kommentar

Art. 3 (a) ERI definiert die Beteiligten des Inkassos, wobei in der Praxis Inkassobank und vorlegende Bank meist identisch sind, da üblicherweise die Inkassodokumente an die Hausbank des Bezogenen übersandt werden. Da sich einige der folgenden Vorschriften nur an die Bank richten, die die Dokumente unmittelbar vorlegt, mußte eine Differenzierung geschaffen werden, da es nicht ausgeschlossen ist, daß die Inkassobank noch eine vorlegende Bank einschaltet.

Der Bezogene im Sinne des Art. 3 (b) ERI wird nicht zu den Beteiligten des Inkassovorganges gerechnet, denn zwischen ihm und den in die Ausführung des Inkassoauftrages eingeschalteten Banken bestehen insoweit keine Rechtsbeziehungen.

6.2 Form und Gliederung von Inkassi

6.2.1 Artikel 4: Inkassoauftrag

Richtlinie

Artikel 4: Inkassoauftrag

(a) i. Alle zum Inkasso übersandten Dokumente müssen von einem Inkassoauftrag begleitet sein, der angibt, daß das Inkasso den ERI 522 unterliegt und in dem vollständige und genaue Weisungen erteilt werden. Banken sind nur berechtigt, gemäß den in einem solchen Inkassoauftrag erteilten Weisungen sowie in Übereinstimmung mit diesen Richtlinien zu verfahren.

ii. Banken werden Dokumente nicht auf darin enthaltene Weisungen prüfen.

iii. Sofern im Inkassoauftrag nicht anderweitig ermächtigt, werden Banken Weisungen von einem anderen Beteiligten/einer anderen Bank als dem Beteiligten/der Bank, von welchem/welcher sie das Inkasso erhalten haben, keine Beachtung schenken.

(b) Ein Inkassoauftrag sollte die folgenden Informationen, soweit anwendbar, enthalten:

i. Einzelheiten über die Bank, von der das Inkasso zuging einschließlich des vollständigen Namens, Postanschrift, SWIFT Adresse, Telex-, Telefon-, Telefax-Nummern und Referenz.

ii. Einzelheiten über den Auftraggeber einschließlich des vollständigen Namens, Postanschrift und gegebenenfalls Telex-, Telefon-, Telefax-Nummern.

iii. Einzelheiten über den Bezogenen einschließlich des vollständigen Namens, Postanschrift oder der Domizilstelle, bei der die Vorlegung zu erfolgen hat und gegebenenfalls Telex-, Telefon-, Telefax-Nummern.

iv. Einzelheiten über die etwaige vorlegende Bank einschließlich des vollständigen Namens, Postanschrift und gegebenenfalls Telex-, Telefon-, Telefax-Nummern.

v. Einzuziehende(r) Beträge (Betrag) und Währung(en).

vi. Auflistung der beigefügten Dokumente und Angabe der Anzahl jedes einzelnen Dokumentes.

vii. a. Bedingungen, unter denen Zahlung und/oder Akzeptierung zu erhalten ist.
b. Bedingungen für die Aushändigung von Dokumenten gegen:
1. Zahlung und/oder Akzeptierung
2. andere Bedingungen

Der Beteiligte, der den Inkassoauftrag erstellt, ist verantwortlich dafür, daß die Bedingungen für die Aushändigung von Dokumenten klar und eindeutig angegeben sind, andernfalls übernehmen Banken für daraus resultierende Folgen keine Verantwortung.

viii. Einzuziehende Gebühren mit der Angabe, ob oder ob nicht auf sie verzichtet werden kann.

ix. Falls zutreffend, einzuziehende Zinsen mit der Angabe, ob oder ob nicht auf sie verzichtet werden kann, einschließlich:
a. Zinssatz
b. Berechnungszeitraum
c. Art der anzuwendenden Zinsberechnung (z.B. das Jahr zu 360 oder 365 Tagen).

x. Art der Zahlung und Form des Zahlungsavises.

xi. Weisungen für den Fall von Nichtzahlung, Nichtąkzeptierung und/oder Nichterfüllung anderer Weisungen.

(c) i. Inkassoweisungen sollen die vollständige Anschrift des Bezogenen enthalten oder die Domizilstelle, bei der die Vorlage zu erfolgen hat. Wenn die Anschrift unvollständig oder unrichtig ist, kann die Inkassobank ohne eigene Haftung und Verantwortlichkeit versuchen, die richtige Anschrift festzustellen.

ii. Die Inkassobank ist nicht haftbar oder verantwortlich für Verzögerungen aufgrund unvollständiger/unrichtiger Adresse.

Kommentar

Rechtliche Einordnung

Im Gegensatz zum Akkreditivauftrag ist der Inkassoauftrag nicht auf eine Werkleistung, sondern auf eine Dienstleistung gerichtet, denn die beauftragte Bank übernimmt keine Gewähr dafür, daß die vorgelegten Dokumente auch tatsächlich bezahlt bzw. akzeptiert werden. Insoweit handelt es sich beim Inkassoauftrag um eine Geschäftsbesorgung im

Sinne der §§ 675, 611 BGB. Wesentlicher Vertragsinhalt ist die Verpflichtung der Einreicherbank, für die Vorlage der Dokumente beim Bezogenen sowie für die Abfühung des Erlöses nach §§ 675, 677 BGB zu sorgen (BGH WM 1958, 222 (224)). Da für den Inkassoauftrag der Grundsatz der formalen Auftragsstrenge gilt, haben insbesondere Auftraggeber und Einreicherbank vollständige und genaue Weisungen zu erteilen, die die Inkassobank und ggf. auch die vorlegende Bank in die Lage versetzen, den Inkassoauftrag samt den darin enthaltenen Weisungen in Übereinstimmung mit den ERI zu bearbeiten. Dies kommt auch in der in Art. 4 (a) (ii) ERI enthaltenen Regelung zum Ausdruck, nach der die Banken ihnen überlassene Dokumente nicht auf etwa darin enthaltene Weisungen prüfen. Im Interesse einer Bearbeitung im jeweiligen Auftragsverhältnis normiert Art. 4 (a) (iii) ERI, daß die Bank Weisungen von anderen Beteiligten bzw. einer anderen Bank als dem Beteiligten/der Bank, von dem/der sie den Inkassoauftrag erhalten hat, nicht beachten muß.

Da in der Vergangenheit Probleme bei der Bearbeitung eines Inkassos sich regelmäßig aus unzureichenden, oft auch mißverständlichen Weisungen der Beteiligten ergaben, hat die ICC Banking Commission in Art. 4 (b) ERI entschieden, die Vorgaben zum Inhalt eines Inkassoauftrages exzessiv zu regeln. Beispielhaft erwähnt sei die Frage einzuziehender Gebühren mit der Angabe, ob oder ob nicht auf deren Einzug verzichtet werden kann, Bestimmungen über einzuziehende Zinsen (Zinssatz, Berechnungszeitraum und die Art der anzuwendenden Zinsberechnung) sowie u.a. genaue Angaben über den Auftraggeber, den Bezogenen und die unter Umständen vorlegende Bank.

Auftragsstrenge

Da die Banken nur berechtigt sind, gemäß den ihnen im Inkassoauftrag erteilten Weisungen zu agieren, steht ihnen keinerlei Ermessen zu (BGH WM 1980, 587 (588)). Selbst im Rahmen von § 665 BGB besteht keine Berechtigung, von den erteilten Weisungen abzugehen. Wird beispielsweise im Auftragsschreiben die Auszahlung eines Betrages vom Vorliegen bestimmter Erklärungen eines Dritten abhängig gemacht, so muß die Bank förmlich auf deren genaue Abgabe achten (vgl. BGH NJW 1971, 558 f.). Unklarheiten in diesem Zusammenhang oder aber gar das Fehlen von Weisungen müssen zur Nachfrage oder aber Rückgabe des Inkassoauftrages führen. Dann jedoch ist der Beteiligte, von dem der zurückgebende Beteiligte den Inkassoauftrag erhalten hat, unverzüglich durch Telekommunikation oder auf anderem schnellen Wege zu informieren.

Keine Beratungspflicht

Grundsätzlich trifft die in das Inkasso eingeschalteten Banken, insbesondere auch die Einreicherbank, keinerlei Pflicht, den Auftraggeber über die Zweckmäßigkeit der von ihm erteilten Weisungen zu beraten. Demgemäß haben sie keine Pflicht zur Prüfung, ob andere Weisungen besser geeignet wären, den Inkassoerfolg sicherzustellen (BGH WM 1960, 1321 (1322)). Etwas anderes gilt selbstverständlich dann, wenn der Einreicher die Bank um eine Beratung gebeten hat und der Inkassoauftrag die Folge einer solchen Beratung ist. Hier käme eine Schadensersatzpflicht aus positiver Forderungsverletzung des Beratungsvertrages sehr wohl in Betracht. Die fehlende Fürsorgepflicht der Beteiligten führt andererseits nicht dazu, daß hierdurch offenbar schadensbringende Handlungen sanktioniert werden. So darf die Inkassobank Dokumente nicht mehr gegen Akzept aushändigen, wenn mit an Sicherheit grenzender Wahrscheinlichkeit feststeht, daß das Akzept bei Fälligkeit nicht mehr bezahlt werden kann, da sie von der bevorstehenden Insolvenz des Bezogenen weiß.

6.3 Form der Vorlegung

6.3.1 Artikel 5: Vorlegung

Richtlinie

Artikel 5: Vorlegung

(a) Im Sinne dieser Richtlinien bedeutet Vorlegung das Verfahren, mit dem die vorlegende Bank die Dokumente dem Bezogenen weisungsgemäß verfügbar macht.

(b) Der Inkassoauftrag sollte die genaue Frist angeben, innerhalb derer der Bezogene Maßnahmen zu ergreifen hat.

Ausdrücke wie "erster", "prompt", "unverzüglich" und ähnliche sollten nicht im Zusammenhang mit der Vorlegung oder in bezug auf eine Frist verwendet werden, innerhalb der die Dokumente aufzunehmen sind oder der Bezogene anderweitige Maßnahmen zu ergreifen hat. Wenn solche Ausdrücke verwendet werden, werden die Banken sie nicht beachten.

(c) Dokumente müssen dem Bezogenen in der Form vorgelegt werden, in der sie empfangen worden sind. Banken sind jedoch berechtigt, etwa notwendige Stempelmarken anzubringen, und zwar, sofern keine anderen Weisungen erteilt worden sind, auf Kosten des Beteiligten, von dem ihnen das Inkasso zugegangen ist, und etwa erforderliche Indossamente vorzunehmen oder irgendwelche Stempel oder andere Erkennungszeichen oder -symbole anzubringen, die für den Inkassovorgang üblich oder erforderlich sind.

(d) Um die Weisungen des Auftraggebers auszuführen, betraut die Einreicherbank als Inkassobank die vom Auftraggeber benannte Bank. Mangels einer solchen Benennung wird die Einreicherbank eine Bank nach eigener Wahl oder Wahl einer anderen Bank im Lande der Zahlung oder Akzeptierung oder in dem Land, in dem andere Bedingungen zu erfüllen sind, betrauen.

(e) Dokumente und Inkassoauftrag können von der Einreicherbank direkt oder über eine zwischengeschaltete andere Bank der Inkassobank übersandt werden.

(f) Falls die Einreicherbank keine spezielle vorlegende Bank benennt, kann sich die Inkassobank einer vorlegenden Bank nach eigener Wahl bedienen.

Kommentar

Einschaltung einer Drittbank

Der Inkassoauftrag wird regelmäßig nur durch Einschaltung einer Bank im Land des Bezogenen durchzuführen sein. Dabei beschränkt sich die Pflicht der Einreicherbank auf die Weiterleitung des Inkassoauftrages an die ihr aufgegebene bzw. die von ihr ausgewählte Inkassobank, die dann als Unterbeauftragte i.S.d. § 664 Abs. 1 Satz 2 BGB tätig wird. Der Inkassoauftrag ist nicht so angelegt, daß die Einreicherbank das gesamte Inkasso selbst durchzuführen hat (Nielsen, J., BuB, 1996: 5/754). Selbst wenn der Inkassoauftrag keine Ermächtigung zur Einschaltung einer Bank im Lande des Bezogenen enthält, ist deshalb die Einschaltung einer Drittbank zulässig. Ungeachtet dessen bleiben Einreicherbank oder Inkassobank, die einen Unterbeauftragten ausgewählt haben, verpflichtet, sich nach dem Schicksal des Inkassoauftrages, also der Durchführung des Inkassos sowie dem Verbleib des Inkassoerlöses, zu erkundigen.

Auswahl der Inkassobank

Soweit der Auftraggeber der Einreicherbank die Inkassobank im Lande des Bezogenen benannt hat, besteht für die Einreicherbank kein Auswahlermessen. Ist die benannte Bank im Lande des Bezogenen nicht vertreten, obliegt es der Einreicherbank gleichwohl, den Inkassoauftrag an die benannte Inkassobank weiterzuleiten. Weist die benannte Inkassobank den Inkassoauftrag zurück, ist die Einreicherbank - nach Information des Auftraggebers - befugt und gehalten, eine Inkassobank im Land des Bezogenen auszuwählen:

In der Ermessensausübung ist die Einreicherbank regelmäßig frei, es sei denn, ihr liegen Erkenntnisse vor, nach der die zunächst ausgewählte Bank zur Realisierung des Inkassoauftrages nicht imstande ist.

Weitere Inkassobank

Die Regelung in Art. 5 (f) ERI will dem Umstand Rechnung tragen, daß die Inkassobank möglicherweise nicht die Hausbank des Bezogenen ist, was u.U. zu einer Komplizierung der Ausführung des Inkassoauftrages führen könnte. Deshalb steht es dieser Inkassobank frei, die Hausbank des Bezogenen ggf. als weitere Inkassobank, nämlich dann vorlegende Bank, einzuschalten.

Versandweg

Ungeachtet der Frage, welche Bank die Einreicherbank als Inkassobank einschaltet, stellt sich die Frage des Versandweges. Insbesondere in den Fällen, in denen die Einreicherbank die benannte Inkassobank nicht kennt, wird sie den Versand regelmäßig in das Land des Bezogenen dergestalt vornehmen, daß sie die Dokumente an eine ihr bekannte Bank übersendet, die dann ihrerseits verpflichtet ist, dafür Sorge zu tragen, daß die Dokumente der benannten Bank zugehen. Diesem Umstand trägt Art. 5 (e) ERI Rechnung.

Vorlegung

Erstmals Eingang gefunden hat eine Definition des Begriffs "Vorlegung". Im Sinne der Richtlinien ist darunter das Verfahren zu verstehen, mit dem die vorlegende Bank die Dokumente dem Bezogenen weisungsgemäß verfügbar macht. Ungeachtet der unterschiedlichen

Praktiken in den verschiedenen Ländern ist die Aushändigung der Dokumente an den Bezogenen ohne sofortige Bezahlung und/oder Akzeptierung in keinem Fall zulässig.

Frist für Maßnahmen des Bezogenen

Nach Vorlegung der Dokumente zur Zahlung bzw. Akzeptierung oder anderen Maßnahmen wird der Bezogene auf die eine oder andere Art und Weise reagieren. Grundsätzlich soll deshalb der Inkassoauftrag eine genaue Frist angeben, innerhalb derer der Bezogene Maßnahmen zu ergreifen hat. Falls dies nicht der Fall ist, hat die vorlegende Bank insoweit keine Überwachungsaufgaben. Dies gilt selbst dann, wenn gemäß Art. 5 (b) Satz 2 ERI unpräzise Weisungen erteilt werden. Ungeachtet dessen bleibt jedoch die vorlegende Bank gemäß Art. 26 (c) Abs. 3 ERI verpflichtet, unverzüglich eine Meldung über Nichtzahlung und/oder Nichtakzeptierung zu machen.

Unveränderte Weitergabe

Grundsätzlich sind die in das Inkasso involvierten Banken gehalten, die Dokumente unverändert, also in der Form vorzulegen, wie sie diese erhalten haben (Art. 5 (c) ERI). Etwa notwendige Stempelmarken oder ggf. erforderliche Indossamente sind jedoch anzubringen bzw. vorzunehmen. Gleiches gilt für sonstige Stempel und Erkennungszeichen oder Symbole, falls diese üblich oder erforderlich sind.

Ort der Andienung

Eine ausdrückliche Regelung der Frage, wo die Dokumente dem Bezogenen zu präsentieren sind, enthalten die ERI nicht. Grundsätzlich hat die Vorlage jedoch in den Geschäftsräumen der Inkassobank/vorlegenden Bank zu erfolgen, da nur so der Zug-um-Zug-Charakter des Inkassos gewährleistet ist, nämlich die Beachtung der Klausel "documents against payment" bzw. "documents against acceptance".

Andienung zu getreuen Händen

Da die ERI für Platzusancen keinen Raum lassen, ist die insbesondere in Hamburg übliche Platzusance zur Dokumentenandienung zu getreuen Händen unzulässig. Eine solche Treuhandandienung ist deshalb nur mit ausdrücklicher Ermächtigung im Inkassoauftrag zulässig. Erfolgt die Treuhandandienung dennoch, ist die andienende Bank für die damit verbundenen Risiken allein verantwortlich. Demgemäß kommt die Andienung von Dokumenten zu getreuen Händen nur gegenüber solchen Bezogenen in Betracht, die in ihrer Bonität über jeden Zweifel erhaben sind. Der Bezogene erhält in diesem Fall die Dokumente nur zum Zwecke der Prüfung der Dokumente selbst, nicht jedoch zum Zwecke der Untersuchung der Ware. In der Folge hat der Bezogene nur die Möglichkeit, die gemäß Inkassoauftrag geforderte Gegenleistung zu erbringen oder aber die Dokumente zurückzugeben. Aufgrund des Treuhandverhältnisses ist er nicht befugt, die Dokumente weiterzugeben, dies selbst dann nicht, wenn es sich um durchgehandelte Ware handelt. Ein kaufmännisches Zurückbehaltungsrecht oder ein anderes dingliches Sicherungsrecht steht dem Bezogenen aufgrund der treuhänderischen Andienung nicht zu (vgl. Nielsen, J., BuB, 1996: Rn. 5/773).

6.3.2 Artikel 6: Sicht/Akzeptierung

Richtlinie

Artikel 6: Sicht/Akzeptierung

Bei Sicht zahlbare Dokumente muß die vorlegende Bank unverzüglich zur Zahlung vorlegen.

Nicht bei Sicht zahlbare Dokumente muß die vorlegende Bank im Falle verlangter Akzeptierung unverzüglich zur Akzeptierung und im Falle verlangter Zahlung nicht später als am betreffenden Fälligkeitsdatum zur Zahlung vorlegen.

Kommentar

Vorlagepflicht der Bank

Anders als Art. 5 (b) ERI, der sich mit der Reaktion des Bezogenen befaßt, regelt Art. 6 ERI, daß bei Sicht zahlbarer Dokumente seitens der vorlegenden Bank unverzüglich zur Zahlung, nicht bei Sicht zahlbarer Dokumente unverzüglich zur Akzeptierung und im Falle verlangter Zahlung nicht später als bei Fälligkeit vorzulegen sind.

6.3.3 Artikel 7: Freigabe von Handelspapieren

Richtlinie

Artikel 7: Freigabe von Handelspapieren

Dokumente gegen Akzept (D/A) und Dokumente gegen Zahlung (D/P)

(a) Inkassi sollten keine erst später fälligen Wechsel mit Weisungen enthalten, daß die Handelspapiere gegen Zahlung auszuhändigen sind.

(b) Wenn ein Inkasso einen erst später fälligen Wechsel enthält, sollte im Inkassoauftrag bestimmt werden, ob die Handelspapiere dem Bezogenen gegen Akzeptierung (D/A) oder gegen Zahlung (D/P) freizugeben sind.

Fehlt eine solche Bestimmung, werden Handelspapiere nur gegen Zahlung freigegeben und die Inkassobank ist nicht verantwortlich für jegliche Folgen irgendwelcher Verzögerungen in der Aushändigung der Dokumente.

(c) Wenn ein Inkasso einen erst später fälligen Wechsel enthält und der Inkassoauftrag angibt, daß Handelspapiere gegen Zahlung freizugeben sind, werden die Dokumente nur gegen entsprechende Zahlung freigegeben und die Inkassobank ist nicht verantwortlich für jegliche Folgen irgendwelcher Verzögerungen in der Aushändigung der Dokumente.

Kommentar

Grundsatz

Art. 7 (a) ERI postuliert den Grundsatz, daß Inkassoaufträge keine erst später fälligen Wechsel mit der Weisung enthalten sollen, daß die Handelspapiere erst gegen Zahlung auszuhändigen sind.

Ausnahme

Enthält ein Inkasso einen erst später fällig werdenden Wechsel, soll im Inkassoauftrag bestimmt werden, ob die Papiere dem Bezogenen gegen Akzeptierung (D/A) oder gegen Zahlung (D/P) freizugeben sind. Fehlt eine solche Weisung, darf die vorlegende Bank die Handelspapiere nicht schon bei Akzeptierung, sondern erst bei Einlösung des Akzeptes freigeben (Art. 7 (b) ERI).

Folgen der späten Auslieferung

Da die aufgrund der Zweifelsregelung verzögerte Aushändigung der Warendokumente erst nach Einlösung des Akzeptes in der Regel nicht den zwischen dem Dokumenteneinreicher und dem Bezogenen vereinbarten Zahlungsbedingungen entspricht, ist entsprechend Art. 7 (c) ERI die Inkassobank für jegliche Folgen irgendwelcher Verzögerungen in der Aushändigung der Dokumente nicht verantwortlich. Deshalb entspricht es der Praxis, daß die Einreicher die Weisung im Inkasso aufnehmen, die Dokumente bereits gegen Akzept auszuhändigen. Außerhalb des Inkassoauftrages enthaltene Einschränkungen sind unbeachtlich, z.B. ein in einer Tratte enthaltener Vermerk "documents against payment" (Nielsen, J., BuB, 1996: Rn. 5/777).

6.3.4 Artikel 8: Erstellung von Dokumenten

Richtlinie

Artikel 8: Erstellung von Dokumenten

Hat die Inkassobank oder der Bezogene gemäß Weisung der Einreicherbank Dokumente zu erstellen (Wechsel, Solawechsel, Trust Receipts, Verpflichtungsschreiben oder andere Dokumente), die nicht dem Inkasso beigefügt waren, müssen Form und Wortlaut derartiger Dokumente von der Einreicherbank vorgeschrieben werden; andernfalls ist die Inkassobank für Form und Wortlaut solcher von ihr und/oder dem Bezogenen gelieferten Dokumente nicht haftbar oder verantwortlich.

Kommentar

Erschöpfender Wortlaut

Der Wortlaut des Art. 8 ERI bedarf keiner Erläuterung.

Praktische Bedeutung

Seine praktische Bedeutung erhält Art. 8 ERI im Zusammenhang mit dem häufig geforderten Trust Receipt, einer Verpflichtungserklärung des Bezogenen, die ihm überlassenen Warendokumente sowie die Ware selbst treuhänderisch für den Dokumenteneinreicher (Verkäufer) zu halten und die erzielten Verkaufserlöse umgehend an diesen abzuführen. International verbindliche oder sich als Usance herauskristallisierte Texte für den Wortlaut eines solchen Trust Receipts gibt es nicht. Deshalb ist es Sache des Dokumenteneinreichers, den genauen Wortlaut eines solchen Trust Receipts vorzuschreiben. Die vorlegende Bank ist befugt, ein diesen Vorgaben entsprechendes Trust Receipt ungeprüft entgegenzunehmen. Dies gilt selbst dann, wenn in Ermangelung einer klaren Weisung hinsichtlich des Wortlauts des Trust Receipts ein Formular der vorlegenden Bank vom Bezogenen verwendet wird. Die vorlegende Bank übernimmt insoweit keine Garantenstellung (vgl. hierzu auch Nielsen, J., BuB, 1996: Rn. 5/783).

6.4 Haftung und Verantwortlichkeit

6.4.1 Artikel 9: Treu und Glauben und angemessene Sorgfalt

Richtlinie

Artikel 9: Treu und Glauben und angemessene Sorgfalt

Banken handeln nach Treu und Glauben und mit angemessener Sorgfalt.

Kommentar

Dieser Artikel postuliert, daß Banken nach Treu und Glauben und mit angemessener Sorgfalt agieren müssen, wobei sie selbstverständlich die örtlichen Usancen und Gesetze zu beachten haben. Diese Generalklausel wird im Rahmen des Zulässigen durch die nachfolgenden Artikel 10 bis 15 ERI konkretisiert und limitiert. Durch Art. 9 ERI wird im wesentlichen der gleiche objektive Parameter angelegt, den § 276 BGB, insbesondere aber auch § 347 HGB, zum Gegenstand hat. Anknüpfungspunkt für ein Verschulden ist damit ein objektiv-genereller Maßstab (Ingelmann/Reinecke/Schmitt-v.Westphalen, 1996: S 149).

6.4.2 Artikel 10: Dokumente und Waren/Dienstleistungen/Leistungen

Richtlinie

Artikel 10: Dokumente und Waren/Dienstleistungen/Leistungen

(a) Waren sollten nicht direkt an die Adresse einer Bank oder zur Verfügung oder an die Order einer Bank versandt werden, ohne daß diese Bank zuvor zugestimmt hat.

Wenn der Bank dennoch ohne ihre vorherige Zustimmung Waren direkt an ihre Adresse oder zu ihrer Verfügung oder an ihre Order zwecks Freigabe an einen Bezogenen gegen Zahlung, Akzeptierung oder unter anderen Bedingungen zugesandt werden, ist diese Bank nicht zur Entgegennahme der Waren verpflichtet, für welche Gefahr und Verantwortlichkeit beim Absender verbleiben.

(b) Banken sind nicht verpflichtet, irgendwelche Maßnahmen hinsichtlich der Waren zu ergreifen, auf die sich das dokumentäre Inkasso bezieht, einschließlich ihrer Einlagerung und Versicherung, selbst wenn spezielle Weisungen, dies zu tun, erteilt wurden. Banken werden derartige Maßnahmen nur ergreifen, wenn und in dem Ausmaß, in dem sie dazu im Einzelfall bereit sind. Ungeachtet der Bestimmungen des Artikels 1 (c) findet diese Regelung auch bei Fehlen einer diesbezüglichen Benachrichtigung durch die Inkassobank Anwendung.

(c) Falls Banken dennoch, ob beauftragt oder nicht, Maßnahmen zum Schutze der Waren ergreifen, übernehmen sie keine Haftung oder Verantwortlichkeit für Schicksal und/oder Zustand der Waren und/oder irgendwelche Handlungen und/oder Unterlassungen Dritter, die mit der Verwahrung und/oder dem Schutz der Waren betraut wurden. Die Inkassobank muß jedoch diejenige Bank, von der ihr der Inkassoauftrag zuging, unverzüglich über alle ergriffenen Maßnahmen benachrichtigen.

(d) Alle Gebühren und/oder Auslagen, die den Banken im Zusammenhang mit irgendeiner Maßnahme zum Schutze der Ware entstanden sind, gehen zu Lasten des Beteiligten, von dem sie das Inkasso erhalten haben.

(e) i. Wenn die Waren, ungeachtet der Bestimmungen des Artikels 10 (a), zur Verfügung der Inkassobank oder an deren Order gesandt werden und der Bezogene das Inkasso durch Zahlung, Akzeptierung oder andere Bedingungen honoriert hat und die Inkassobank die Freigabe der Ware veranlaßt, gilt die Inkassobank als von der Einreicherbank hierzu ermächtigt.

ii. Wenn eine Inkassobank auf Weisungen der Einreicherbank oder nach den vorstehenden Bedingungen von Artikel 10 (e) i. die Freigabe der Waren veranlaßt, muß die Einreicherbank diese Inkassobank für alle entstandenen Schäden und Auslagen entschädigen.

Kommentar

Einführung

Art. 10 ERI unterstreicht, daß Banken mit Dokumenten und nicht mit Waren bzw. den den Verkäufen zugrunde liegenden Verträgen handeln. Es ist schwierig für Banken, in diesem Zusammenhang eine andere Haltung einzunehmen, da sie weder Frachtführer noch Lagerhalter sind und es ihnen in einigen Ländern möglicherweise sogar gesetzlich verboten ist, entsprechende Funktionen zu übernehmen.

Keine Versendung der Waren an Banken

Art. 10 (a) ERI postuliert den Grundsatz, daß Waren ohne vorherige Zustimmung nicht an die Adresse einer Bank oder zu deren Verfügung oder Order versandt werden dürfen. Wird diese Regelung mißachtet, ergibt sich aus den nachfolgenden Bestimmungen des Art. 10 ERI eindeutig, daß Banken für die Folgen - gleich aus welchem Rechtsgrund - nicht einzustehen haben. Insbesondere sind Banken nicht verpflichtet, Schutzmaßnahmen zugunsten der Waren zu ergreifen, z.B. die Einlagerung und Versicherung vorzunehmen.

Unbeachtliche Weisung

Selbst dann, wenn der Inkassoauftrag spezielle Weisungen enthält, sind Banken nicht verpflichtet, Schutzmaßnahmen zugunsten der Waren - z.B. Einlagerung und Versicherung - zu ergreifen, wenn sie dem Inkassoauftrag in dieser Form nicht zuvor zugestimmt haben. Auch wenn die Inkassobank die Einreicherbank über die Nichtvornahme von Maßnahmen, zu deren Übernahme die Inkassobank ja nicht verpflichtet ist, nicht informiert, bleibt dies für die Inkassobank folgenlos.

Vornahme weisungsgemäßer oder freiwilliger Maßnahmen

Erklärt sich die Inkassobank ungeachtet ihrer fehlenden Verpflichtung mit oder ohne Auftrag zum Ergreifen von Schutzmaßnahmen hinsichtlich der Ware bereit, hat sie für das Schicksal oder den Zustand der Waren und/oder ihrer Handlungen und Unterlassungen von Dritten nicht einzustehen.

Kosten

Gemäß Art. 10 (d) ERI gehen Gebühren und Auslagen zu Lasten des Beteiligten, von dem das Inkasso kommt. Demgemäß haftet die Einreicherbank der Inkassobank für deren Aufwendungen, selbst wenn der Auftraggeber der Einreicherbank zur Erstattung dieser nicht in der Lage ist (Nielsen, J., BuB, 1996: Rn. 5/788).

Klarstellung

Art. 10 (e) (i) ERI stellt die Berechtigung der Inkassobank zur Freigabe der Waren klar, wenn die Inkassoweisungen insgesamt beachtet sind, ohne daß es einer weiteren Anfrage bei der Einreicherbank bedarf.

Ausgleichsanspruch

Im Falle der ausdrücklichen oder aber fingierten (Art. 10 (e) (i) ERI) Weisung zur Freigabe der Ware ist die Einreicherbank der Inkassobank zum Ausgleich der ihr erwachsenen Schäden und Auslagen verpflichtet.

6.4.3 Artikel 11: Haftungsausschluß für Handlungen einer beauftragten Partei

Richtlinie

Artikel 11: Haftungsausschluß für Handlungen einer beauftragten Partei

(a) Bedienen sich Banken einer oder mehrerer anderer Banken, um die Weisungen des Auftraggebers auszuführen, tun sie dies für Rechnung und Gefahr dieses Auftraggebers.

(b) Die Banken übernehmen keine Haftung oder Verantwortung, wenn die von ihnen übermittelten Weisungen nicht ausgeführt werden sollten, auch wenn sie selbst die Auswahl dieser anderen Bank(en) getroffen haben.

(c) Ein Beteiligter, der einen anderen Beteiligten beauftragt, Leistungen zu erbringen, muß alle Verpflichtungen und Verantwortlichkeiten übernehmen, die auf ausländischen Gesetzen und Gebräuchen beruhen, und er muß den beauftragten Beteiligten für alle hieraus resultierenden Folgen schadlos halten.

Kommentar

Art. 11 (a) ERI stellt klar, daß im Falle der Einschaltung einer Inkassobank durch die Einreicherbank die jeweils eingeschalteten Banken für Rechnung und Gefahr des Inkassoauftraggebers tätig werden. Unter Berücksichtigung von Systematik und Technik des Inkassogeschäfts ergibt sich demgemäß, daß die jeweils eingeschaltete Zweitbank Substitut i.S.d. § 664 Abs. 1 Satz 1 BGB ist, nicht jedoch Erfüllungsgehilfe i.S.v. § 278 BGB. Mit der Weiterleitung der Dokumente an die Inkassobank hat die Einreicherbank ihrer Verpflichtung gegenüber dem Auftraggeber zunächst genügt. Die Vorlage der Dokumente bei dem Bezogenen sowie die Einziehung des Dokumentengegenwertes sind nunmehr Aufgabe der Inkassobank, die sie selbständig und in eigener Verantwortung vornimmt. Hat die beauftragte Inkassobank die ihr - ordnungsgemäß - erteilte Weisung fehlerhaft ausgeführt, ist die Haftungsfreizeichnung des Art. 11 (b) ERI nach § 9 Abs. 2 Nr. 1 AGBG wirksam, da die Einreicherbank mit Blick auf § 664 Abs. 1 Satz 2 BGB regelmäßig keine Überwachungspflicht trifft (Nielsen, J., BuB, 1996: Rn. 5/758; Ingelmann/Reinecke/Schmitt-v.Westphalen, 1996: S. 141 ff. (154)).

Da die Zweitbank als Substitut gemäß § 664 Abs. 1 Satz 1 BGB zulässigerweise tätig wird, ist eine Freizeichnung vom Auswahlverschulden - entgegen § 664 Abs. 1 Satz 2 BGB - mit Blick auf § 9 Abs. 2 Nr. 1 AGBG unwirksam: Übernimmt die Einreicherbank die Auswahl der Inkassobank und übermittelt letztere die vom Auftraggeber erteilten Weisungen falsch oder unvollständig, so haftet die Einreicherbank jedenfalls dann, wenn sie ein Auswahlverschulden trifft (Nielsen, J., BuB, 1996: Rn. 5/759; Ingelmann/Reinecke/Schmitt-v.Westphalen, 1996: S. 154).

Risiken ausländischer Rechtsordnungen

Die Freizeichnung nach Art. 11 (c) ERI, die im übrigen auch im Verhältnis der Banken untereinander gilt, beinhaltet eine Klarstellung der Risikoverteilung, wie sie ohnehin nach den allgemeinen Grundsätzen des Auftragsrechts in Verbindung mit den Regeln des Internationalen Privatrechts gegeben ist. Es ist eine Selbstverständlichkeit, daß im Ausland auszuführende Aufträge nur unter Beachtung der dort geltenden Gesetze und Usancen erledigt werden können. Bedenken gegen diese Freizeichnung sind auch aus § 9 Abs. 2 Nr. 1 AGBG nicht gegeben, denn es ist Sache der Parteien des Grundvertrages, zu entscheiden, innerhalb welcher Rechtsordnung sie tatsächlich tätig werden wollen. Ein aus dieser Wahl resultierendes Risiko kann nicht auf die Banken im Rahmen des Inkassogeschäfts abgewälzt werden (Ingelmann/Reinecke/Schmitt-v.Westphalen, 1996: S. 155). Die hiermit einhergehende Verpflichtung zum Aufwendungsersatz, die im übrigen den §§ 675, 670 BGB entspricht, beinhaltet auch die Freihaltung der Bank von Zufallsschäden (Nielsen, J., BuB, 1996: Rn. 5/762).

6.4.4 Artikel 12: Haftungsausschluß für erhaltene Dokumente

Richtlinie

Artikel 12: Haftungsausschluß für erhaltene Dokumente

(a) Die Banken müssen prüfen, ob die erhaltenen Dokumente den im Inkassoauftrag aufgelisteten Dokumenten zu entsprechen scheinen und vom Fehlen irgendwelcher Dokumente, oder, wenn andere als die aufgelisteten festgestellt wurden, demjenigen Beteiligten, von dem ihnen der Inkassoauftrag zuging, unverzüglich durch Telekommunikation oder, wenn dies nicht möglich ist, auf anderem schnellen Wege benachrichtigen.

Banken haben in dieser Hinsicht keine weitere Verpflichtung.

(b) Wenn die Dokumente nicht aufgelistet zu sein scheinen, kann die Einreicherbank nicht Art und Anzahl der von der Inkassobank erhaltenen Dokumente bestreiten.

(c) Unter Berücksichtigung der Artikel 5 (c) und 12 (a) und 12 (b) werden Banken Dokumente wie erhalten, ohne weitere Prüfung vorlegen.

Kommentar

Prüfungsumfang

Nach Art. 12 (a) ERI ist die Einreicherbank ebenso wie alle anderen später eingeschalteten Banken verpflichtet, zu prüfen, ob die erhaltenen Dokumente den im Inkassoauftrag aufgeführten Dokumenten zu entsprechen scheinen und ob andere als die aufgelisteten Dokumente übersandt wurden. Auf Abweichungen ist der Einreicher hinzuweisen. Zu einer Prüfung der Unterschriften auf den Dokumenten und ihrer Echtheit ist die Bank dagegen grundsätzlich nicht verpflichtet, es sei denn, ihr liegen konkrete Verdachtsmomente vor. Darüber hinaus hat die Bank keine zusätzlichen Beratungs- oder Hinweispflichten (Schimansky/Bunte/Lwowski-Nielsen, 1997: § 119, Rn. 16). Demgemäß hat sie die Zweckmäßigkeit von bestimmten, ihr aufgetragenen Handlungen wie Zahlungen, Überweisungen, Aushändigungen von Urkunden usw. regelmäßig nicht zu prüfen. Etwas anderes gilt allenfalls dann, wenn der ausführenden Stelle der Bank konkrete Kenntnis darüber vorliegt, daß der Bezogene beispielsweise in Vermögensverfall geraten ist. Von einem Verstoß gegen ihre Hauptleistungspflicht, nämlich der Prüfung, ob die im Inkassoauftrag aufgelisteten Dokumente den erhaltenen Dokumenten zu entsprechen scheinen, kann sich die Bank mit Blick auf § 9 Abs. 2 Nr. 2 AGBG nicht freizeichnen, was ebenfalls dann gilt, wenn die Bank der Vorwurf groben Verschuldens trifft (Ingelmann/Reinecke/Schmitt-v.Westphalen, 1996: S. 153 f.).

6.4.5 Artikel 13: Haftungsausschluß für Wirksamkeit von Dokumenten

Richtlinie

Artikel 13: Haftungsausschluß für Wirksamkeit von Dokumenten

Die Banken übernehmen keine Haftung oder Verantwortung für Form, Vollständigkeit, Genauigkeit, Echtheit, Verfälschung oder Rechtswirksamkeit von Dokumenten oder für die allgemeinen und/oder besonderen Bedingungen, die in den Dokumenten angegeben oder denselben hinzugefügt sind. Sie übernehmen auch keine Haftung oder Verantwortung für Bezeichnung, Menge, Gewicht, Qualität, Beschaffenheit, Verpackung, Lieferung, Wert oder Vorhandensein der durch Dokumente ausgewiesenen Waren, oder für Treu und Glauben oder Handlungen und/oder Unterlassungen sowie für Zahlungsfähigkeit, Leistungsvermögen oder Ruf der Absender, Frachtführer, Spediteure, Empfänger oder Versicherer der Waren oder irgendwelcher anderer Personen.

Kommentar

Art. 13 ERI stellt nochmals fest, daß über die Prüfungspflichten des Art. 12 ERI hinaus keine weiteren Prüfungspflichten bestehen. Diese tatbestandlich Art. 12 ERA entsprechende Regelung schließt eine zielgerichtete Prüfung von Dokumenten aus, beschränkt also von vornherein die Hauptleistungspflicht der Bank, ohne jedoch Art. 9 ERI einschränken zu wollen. Demgemäß greift der Haftungsausschluß gemäß Art. 13 ERI dann, wenn die Bank die ihr durch Art. 9 ERI auferlegte angemessene Sorgfalt beachtet hat. Ein Verstoß hiergegen stellt jedoch die schuldhafte Verletzung einer wesentlichen Vertragspflicht i.S.v. § 9 Abs. 2 Nr. 2 AGBG dar, von der eine Freizeichnung ebensowenig möglich ist wie die Freizeichnung vom groben Verschulden gemäß § 9 Abs. 1 AGBG (Ingelmann/Reinecke/Schmitt-v.Westphalen, 1996: S. 153).

6.4.6 Artikel 14: Haftungsausschluß für Verzögerungen, Verlust bei Übermittlung und Übersetzung

Richtlinie

Artikel 14: Haftungsausschluß für Verzögerungen, Verlust bei Übermittlung und Übersetzung

(a) Die Banken übernehmen keine Haftung oder Verantwortung für die Folgen von Verzögerungen und/oder Verlusten bei Übermittlung von Nachrichten, Briefen oder Dokumenten, sowie für Verzögerung, Verstümmelung oder sonstige Irrtümer, die aus der Übermittlung einer Telekommunikation resultieren oder für Irrtümer bei der Übersetzung und/oder Auslegung von technischen Ausdrücken.

(b) Banken sind nicht haftbar oder verantwortlich für Verzögerungen, die aus der Notwendigkeit der Klärung erhaltener Weisungen resultieren.

Kommentar

Gegen die in sich verständliche Freizeichnung des Art. 14 ERI bestehen unter der Geltung des AGBG allenfalls dann Bedenken, wenn hierdurch auch eine Freizeichnung für die schuldhafte Verletzung von Kardinalpflichten einhergeht.

6.4.7 Artikel 15: Höhere Gewalt

Richtlinie

Artikel 15: Höhere Gewalt

Die Banken übernehmen keine Haftung oder Verantwortung für die Folgen der Unterbrechung ihrer Geschäftstätigkeit durch Fälle höherer Gewalt, Unruhen, Aufruhr, Aufstand, Kriege oder irgendwelche anderen Ursachen, die außerhalb ihrer Kontrolle liegen, sowie durch Streiks oder Aussperrungen.

Kommentar

Die Force Majeure-Klausel des Art. 15 ERI ist weltweiter Standard.

6.5 Zahlung

6.5.1 Artikel 16: Unverzügliche Zahlung

Richtlinie

Artikel 16: Unverzügliche Zahlung

(a) Eingezogene Beträge (gegebenenfalls abzüglich Gebühren und/oder Aufwendungen und/oder Auslagen) müssen in Übereinstimmung mit dem Inkassoauftrag unverzüglich dem Beteiligten zur Verfügung gestellt werden, von dem der Inkassoauftrag zuging.

(b) Ungeachtet der Bestimmungen des Artikels 1 (c) wird die Inkassobank, sofern sie keiner anderweitigen Vereinbarung zugestimmt hat, Zahlung des eingezogenen Betrages nur zugunsten der Einreicherbank vornehmen.

Kommentar

Der Inkassoerlös durchläuft die Einzugskette der eingeschalteten Banken in umgekehrter Richtung wie die Vorlage der Dokumente. Insoweit müssen eingezogene Beträge, soweit keine Gebühren und/oder Aufwendungen bzw. Auslagen abgezogen werden, unverzüglich, d.h. ohne schuldhaftes Zögern, dem Beteiligten zur Verfügung gestellt werden, von dem der Inkassoauftrag zuging.

Zur Klarstellung wird darauf hingewiesen, daß die Inkassobank, sofern sie keinen anderweitigen Vereinbarungen zugestimmt hat, Zahlung des eingezogenen Betrages nur zugunsten der Einreicherbank vornehmen kann (Art. 16 (b) ERI). Die unmittelbare Zahlung an den Dokumenteneinreicher hat keine leistungsbefreiende Wirkung; dies auch dann nicht, wenn sie der Inkassobank bzw. der Einreicherbank nachgewiesen wird.

6.5.2 Artikel 17: Zahlung in inländischer Währung

Richtlinie

Artikel 17: Zahlung in inländischer Währung

Dokumente, die in der Währung des Zahlungslandes (inländische Währung) zahlbar sind, darf die vorlegende Bank, sofern im Inkassoauftrag keine anderen Weisungen erteilt worden sind, dem Bezogenen nur dann gegen Zahlung in inländischer Währung freigeben, wenn diese Währung gemäß der im Inkassoauftrag vorgeschriebenen Art sofort verfügbar ist.

Kommentar

Die vorlegende Bank darf die Dokumente, die in der Währung des Zahlungslandes (für den Inkassobezogenen also in inländischer Währung) zahlbar sind, mangels ausdrücklicher anderslautender Weisung nur aushändigen, wenn die Valuta in der im Inkassoauftrag vorgeschriebenen Form sofort geleistet wird (Zahn/Eberding/Ehrlich, 1986: Rn. 3/12). Die Freigabe darf daher nur erfolgen, wenn die Währung entsprechend den erteilten Weisungen sofort verfügbar ist. Erforderlich ist die freie Transferierbarkeit des Betrages. Hier können jedoch Probleme mit den Import- und Transferbestimmungen von Ländern mit Devisenbewirtschaftung entstehen. Danach wird zum Teil die Erteilung der Genehmigung zum Transfer erst nach der zollamtlichen Abfertigung erteilt, was wiederum den Erhalt der Dokumente voraussetzt. Es kann daher von Fall zu Fall sinnvoll sein, auch bei Zahlung in ausländischer Währung Weisung zu geben, die Dokumente zunächst gegen Zahlung in Landeswährung auszuhändigen mit der Auflage an den Bezogenen, Nachschuß zu leisten, falls die eingezahlte Landeswährung bei Kauf und Transfer der Fremdwährung nicht mehr ausreichend sein sollte (Nielsen, J., BuB, 1996: Rn. 5/775).

6.5.3 Artikel 18: Zahlung in ausländischer Währung

Richtlinie

Artikel 18: Zahlung in ausländischer Währung

Dokumente, die in einer anderen Währung als der des Zahlungslandes (ausländische Währung) zahlbar sind, darf die vorlegende Bank, sofern im Inkassoauftrag keine anderen Weisungen erteilt worden sind, dem Bezogenen nur dann gegen Zahlung in der betreffenden ausländischen Währung freigeben, wenn diese ausländische Währung gemäß der im Inkassoauftrag erteilten Weisungen sofort verfügbar ist.

Kommentar

Entsprechend den Ausführungen zu Art. 17 ERI darf die Freigabe von Dokumenten, die in ausländischer Währung zahlbar sind, nur erfolgen, wenn auch diese entsprechend den erteilten Weisungen sofort verfügbar ist.

6.5.4 Artikel 19: Teilzahlungen

Richtlinie

Artikel 19: Teilzahlungen

(a) Bei einfachen Inkassi können Teilzahlungen angenommen werden, wenn und soweit Teilzahlungen nach dem am Zahlungsort geltenden Recht gestattet sind. Die Zahlungspapiere werden dem Bezogenen erst nach Erhalt der vollen Zahlung freigegeben.

(b) Bei dokumentären Inkassi werden Teilzahlungen nur angenommen, wenn der Inkassoauftrag eine ausdrückliche Ermächtigung hierzu enthält. Jedoch wird die vorlegende Bank, sofern keine anderen Weisungen erteilt worden sind, die Dokumente dem Bezogenen erst nach Erhalt der vollen Zahlung freigeben, und die vorlegende Bank ist nicht verantwortlich für Folgen von Verzögerungen in der Aushändigung von Dokumenten.

(c) In allen Fällen werden Teilzahlungen nur entsprechend den jeweils anwendbaren Bestimmungen der Artikel 17 oder 18 angenommen.
Angenommene Teilzahlungen werden gemäß den Bestimmungen des Artikels 16 behandelt.

Kommentar

Bei einfachen Inkassi, die lediglich Zahlungspapiere zum Gegenstand haben, ist die Annahme von Teilzahlungen zulässig, wenn und soweit diese nach dem am Zahlungsort geltenden Recht gestattet sind (vgl. Art. 49 Abs. 2 WechsG, Art. 34 Abs. 2 ScheckG). Trotz der Zulässigkeit der Teilzahlungen werden jedoch dem Bezogenen die Zahlungspapiere erst nach Erhalt der vollen Zahlung ausgehändigt.

Im Gegensatz zu einfachen Inkassi sind bei dokumentären Inkassi Teilzahlungen generell unzulässig. Die Annahme von Teilzahlungen ist nur aufgrund ausdrücklicher Ermächtigung im Inkassoauftrag gestattet. Selbst dann ist jedoch die Freigabe der Dokumente erst nach Erhalt des gesamten Inkassobetrages gestattet, sofern die Inkassobank keine andere Weisung erhalten hat. Für die sich aus der Verzögerung ergebenden Folgen ist die Inkassobank nicht verantwortlich.

Auch Teilzahlungen sind in frei verfügbarer Währung gemäß Art. 17 oder Art. 18 ERI zu leisten. Angenommene Teilleistungen sind unverzüglich gemäß Art. 16 ERI weiterzuleiten.

6.6 Zinsen, Gebühren und Auslagen

6.6.1 Artikel 20: Zinsen

Richtlinie

Artikel 20: Zinsen

(a) Wenn der Inkassoauftrag angibt, daß Zinsen einzuziehen sind und der Bezogene deren Bezahlung verweigert, kann die vorlegende Bank das (die) Dokument(e) je nach Lage des Falles gegen Zahlung oder Akzeptierung oder unter anderen Bedingungen ohne Einzug solcher Zinsen aushändigen, sofern nicht Artikel 20 (c) Anwendung findet.

(b) In Fällen, in denen solche Zinsen eingezogen werden sollen, muß der Inkassoauftrag den Zinssatz, den Berechnungszeitraum und die Art der Zinsberechnung angeben.

(c) In Fällen, in denen der Inkassoauftrag ausdrücklich vorschreibt, daß auf die Zinsen nicht verzichtet werden darf und der Bezogene sich weigert, solche Zinsen zu zahlen, wird die vorlegende Bank die Dokumente nicht aushändigen und keine Verantwortung für Folgen von Verzögerungen in der Aushändigung der Dokumente tragen. Wenn die Zahlung von Zinsen verweigert wurde, muß die vorlegende Bank unverzüglich die Bank, von der der Inkassoauftrag zuging, durch Telekommunikation oder, wenn dies nicht möglich ist, auf anderem schnellen Wege unterrichten.

Kommentar

Die vorlegende Bank kann die Dokumente sowohl bei einfachen als auch bei dokumentären Inkassi ohne Einzug der Zinsen freigeben, sofern der Inkassoauftrag nicht ausdrücklich vorschreibt, daß auf die Zinsen nicht verzichtet werden darf. Anderenfalls ist die vorlegende Bank bei Weigerung des Bezogenen zur Bezahlung der Zinsen nicht ermächtigt, die Dokumente freizugeben. Zur Klarstelung wird festgehalten, daß die vorlegende Bank nicht verantwortlich ist für die Folgen von Verzögerungen in der Aushändigung von Dokumenten, die darauf zurückzuführen sind, daß der Bezogene die Zahlung von Zinsen ablehnt. Wird die Zahlung der Zinsen verweigert, muß die Inkassobank die vorlegende Bank unverzüglich (ohne schuldhaftes Zögern) unterrichten.

Nach dem Grundsatz, daß alle Weisungen zur Ausführung des Inkassos unmittelbar aus dem Inkassoauftrag ersichtlich sein müssen, ist zwingend vorgesehen, daß im Inkassoauftrag der Zinssatz, der Berechnungszeitraum und die Art der Zinsberechnung angegeben sein muß.

6.6.2 Artikel 21: Gebühren und Auslagen

<u>Richtlinie</u>

Artikel 21: Gebühren und Auslagen

(a) Wenn der Inkassoauftrag angibt, daß Inkassogebühren und/oder Auslagen zu Lasten des Bezogenen gehen und der Bezogene deren Zahlung verweigert, kann die vorlegende Bank das (die) Dokument(e) je nach Lage des Falles gegen Zahlung oder Akzeptierung oder unter anderen Bedingungen ohne Einzug der Inkassogebühren und/oder Auslagen aushändigen, sofern nicht Artikel 21 (b) Anwendung findet.

Wird so auf Inkassogebühren und/oder Auslagen verzichtet, gehen diese zu Lasten des Beteiligten, von dem das Inkasso zuging und dürfen vom Erlös abgezogen werden.

(b) In Fällen, in denen der Inkassoauftrag ausdrücklich vorschreibt, daß auf die Gebühren und/oder Auslagen nicht verzichtet werden darf und der Bezogene sich weigert, solche Gebühren und/oder Auslagen zu zahlen, wird die vorlegende Bank die Dokumente nicht aushändigen und keine Verantwortung für Folgen von Verzögerungen in der Aushändigung der Dokumente tragen. Wenn die Zahlung von Gebühren und/oder Auslagen verweigert worden ist, muß die vorlegende Bank unverzüglich die Bank, von der der Inkassoauftrag zuging, durch Telekommunikation oder, wenn dies nicht möglich ist, auf anderem schnellen Wege unterrichten.

(c) Sind gemäß den ausdrücklichen Bedingungen des Inkassoauftrags oder nach diesen Richtlinien Aufwendungen und/oder Auslagen und/oder Inkassogebühren vom Auftraggeber zu tragen, ist (sind) die Inkassobank(en) berechtigt, sich für ihre Aufwendungen, Auslagen und Gebühren sofort bei der Bank zu erholen, von der ihr (ihnen) der Inkassoauftrag zuging; die Einreicherbank ist berechtigt, sich für solche von ihr geleisteten Zahlungen sowie für eigene Aufwendungen, Auslagen und Gebühren unabhängig vom Ergebnis des Inkassos sofort beim Auftraggeber zu erholen.

(d) Banken behalten sich das Recht vor, von dem Beteiligten, von dem ihnen der Inkassoauftrag zuging, Zahlung von Gebühren und/oder Auslagen im voraus zu verlangen, um Kosten abzudecken, die im Zusammenhang mit der Ausführung von Weisungen entstehen; sie behalten sich das Recht vor, solche Weisungen bis zum Erhalt dieser Zahlung nicht auszuführen.

Kommentar

Ist im Inkassoauftrag vorgegeben, den Einzug von Gebühren und/oder Auslagen zu Lasten des Bezogenen vorzunehmen, so kann die Inkassobank bei Zahlungsverweigerung des Bezogenen gleichwohl die Dokumente gegen Zahlung und/oder Akzeptierung aushändigen. Sie ist jedoch berechtigt, ihre eigenen Gebühren und Auslagen vom Inkassoerlös abzuziehen.

Enthält der Inkassoauftrag jedoch die Weisung, daß auf Gebühren und Auslagen nicht verzichtet werden darf, ist die Inkassobank verpflichtet, dies zu beachten und die Dokumente nicht auszuhändigen. Die vorlegende Bank ist nicht verantwortlich für Folgen, die sich aus der Verzögerung in der Aushändigung der Dokumente ergeben. So kann das Zurückhalten der Dokumente zu erheblichen zusätzlichen Lagerkosten führen. Der Auftraggeber sollte sich darüber im klaren sein, wenn er die Freigabe der Dokumente ausdrücklich von der Zahlung der Gebühren und/oder Auslagen abhängig macht.

Verweigert der Bezogene die Bezahlung der Gebühren und/oder Auslagen, so hat die Inkassobank die auftraggebende Bank durch Telekommunikation oder auf anderem schnellen Wege darüber sofort zu unterrichten.

Sollen die Gebühren und/oder Auslagen nicht vom Beklagten, sondern vielmehr vom Auftraggeber getragen werden, ist die Inkassobank berechtigt, die ihr entstandenen Gebühren und/oder Auslagen von der auftraggebenden Bank zu fordern. Entsprechendes gilt für die Einreicherbank im Verhältnis zum Auftraggeber.

Zur Klarstellung wird festgehalten, daß die Inkassobank berechtigt ist, im voraus Aufwendungsersatz zu verlangen mit dem Recht, daß sie bis zum Erhalt der Zahlung berechtigt ist, Inkassoweisungen nicht auszuführen. Davon wird jedoch in der Regel nur Gebrauch gemacht, wenn es sich um Auslagen für Verwahrung, Verwaltung und Schutz von Waren handelt (Nielsen, J., BuB, 1996: Rn. 5/781).

6.7 Andere Regeln

6.7.1 Artikel 22: Akzeptierung

Richtlinie

Artikel 22: Akzeptierung

Die vorlegende Bank ist dafür verantwortlich, darauf zu achten, daß die Form der Akzeptierung eines Wechsels vollständig und richtig erscheint, jedoch ist sie für die Echtheit von Unterschriften oder für die Zeichnungsberechtigung irgendeines Unterzeichners des Akzeptes nicht verantwortlich.

Kommentar

Die vorlegende Bank ist nur dafür verantwortlich, daß bei der Abwicklung von Dokumenten gegen Akzept die Akzeptierung ihrer äußeren Aufmachung nach als vollständig und richtig erscheint. Sie haftet jedoch nicht für die Echtheit der Unterschrift und die Zeichnungsberechtigung. Daraus ergeben sich für den Auftraggeber Risiken, so daß es sich empfiehlt, als vorlegende Bank die Bank einzuschalten, bei der der Bezogene ein Konto unterhält. Zwar trägt auch in diesem Fall die Hausbank kein Obligo, gleichwohl ist sie als Hausbank in der Lage, die augenscheinliche Echtheit der Unterschrift des Bezogenen und die Zeichnungsberechtigung zu überprüfen.

6.7.2 Artikel 23: Solawechsel und andere Dokumente

Richtlinie

Artikel 23: Solawechsel und andere Dokumente

Die vorlegende Bank ist für die Echtheit von Unterschriften oder für die Zeichnungsberechtigung irgendeines Unterzeichners eines Solawechsels, einer Quittung oder anderer Dokumente nicht verantwortlich.

Kommentar

Die Ausführungen zu Art. 22 ERI gelten entsprechend für Art. 23 ERI.

6.7.3 Artikel 24: Protest

Richtlinie

Artikel 24: Protest

Der Inkassoauftrag sollte spezielle Weisungen hinsichtlich des Protestes (oder eines entsprechenden rechtlichen Verfahrens) im Falle der Nichtzahlung oder Nichtakzeptierung enthalten.

Bei Fehlen solcher speziellen Weisungen sind die mit dem Inkasso befaßten Banken nicht verpflichtet, die Dokumente wegen Nichtzahlung oder Nichtakzeptierung protestieren (oder einem entsprechenden rechtlichen Verfahren unterwerfen) zu lassen.

Alle Gebühren und/oder Auslagen, die den Banken im Zusammenhang mit einem solchen Protest oder entsprechenden rechtlichen Verfahren entstehen, gehen zu Lasten des Beteiligten, von dem ihnen der Inkassoauftrag zuging.

Kommentar

Bei fehlender Weisung sind die mit dem Inkasso befaßten Banken nicht verpflichtet, die Dokumente wegen Nichtzahlung oder Nichtakzeptierung protestieren zu lassen oder einem entsprechenden rechtlichen Verfahren zu unterwerfen. Es bleibt ihnen jedoch unbenommen, im eigenen Ermessen trotz fehlender Weisung von sich aus einen Protest zu veranlassen. Gebühren und Auslagen des Protestes gehen zu Lasten des Auftraggebers. Da in der Praxis von einigen Bank routinemäßig bei Nichtzahlung bzw. Nichtakzeptierung ein Wechselprotest vorgenommen wird, ist dem Auftraggeber zur Vermeidung von Kosten zu empfehlen, eine ausdrückliche Weisung zur Nichtprotestierung zu erteilen.

6.7.4 Artikel 25: Notadresse

Richtlinie

Artikel 25: Notadresse

Wenn der Auftraggeber einen Vertreter bestellt, der als Notadresse bei Nichtzahlung und/ oder Nichtakzeptierung tätig werden soll, dann sollte der Inkassoauftrag die Befugnisse einer solchen Notadresse klar und vollständig angeben. Bei Fehlen einer solchen Angabe nehmen die Banken keinerlei Weisungen der Notadresse entgegen.

Kommentar

Im Falle der Nichtzahlung bzw. Nichtakzeptierung kann es für den Auftraggeber des Inkassos aufgrund der räumlichen Entfernungen und der Kommunikationsschwierigkeiten sinnvoll sein, eine Notadresse zu benennen. In diesem Fall sollte der Inkassoauftrag die Befugnisse eines solchen Vertreters, der als Notadresse tätig werden soll, genau beschreiben. Anderenfalls nehmen die Banken keinerlei Weisungen der Notadresse entgegen. Der Umfang der Befugnisse des Notvertreters müssen im Inkassoauftrag selbst beschrieben sein. Nicht ausreichend ist die frühere Praxis, wonach der Vertreter sich zur Verfügung über die Ware durch Schreiben legitimiert, die er vom Auftraggeber des Inkassos direkt erhalten hat (Nielsen, J., BuB, 1996: Rn. 5/789). Da aufgrund der Erteilung selbständiger Geschäftsbesorgungsverträge keine Rechtsbeziehungen zwischen dem Einreicher und der Inkassobank bestehen, kann auch ein im Inkassoauftrag benannter Notvertreter bei Nichtaufnahme der Dokumente der Inkassobank keine Weisungen erteilen. Allerdings steht es dem Auftraggeber frei, über die Einreicherbank via Inkassobank dem benannten Vertreter bestimmte Weisungsbefugnisse bezüglich der Dokumente im Fall der Nichteinlösung des Inkassos zu erteilen (Schimanski/Bunte/Lwowski-Nielsen, 1997: § 119, Rn. 20).

6.7.5 Artikel 26: Benachrichtigungen

Richtlinie

Artikel 26: Benachrichtigungen

Inkassobanken sind gehalten, Benachrichtigungen nach folgenden Regeln vorzunehmen:

(a) **Form der Benachrichtigung**

Sämtliche Meldungen oder Nachrichten seitens der Inkassobank an diejenige Bank, von der ihr der Inkassoauftrag zuging, müssen geeignete Einzelheiten enthalten, und zwar in jedem Fall auch die Referenznummer des Inkassoauftrags der letzteren Bank.

(b) **Art der Benachrichtigung**

Die Einreicherbank ist verantwortlich dafür, daß der Inkassobank Weisungen über die Art der Übermittlung der in den Absätzen (c)i., (c)ii. und (c)iii. dieses Artikels beschriebenen Benachrichtigungen erteilt werden. Bei Fehlen solcher Weisungen wird die Inkassobank die Benachrichtigung nach eigener Wahl auf Kosten der Bank, von der ihr der Inkassoauftrag zuging, vornehmen.

(c) i. Bezahltmeldung

Die Inkassobank muß derjenigen Bank, von der ihr der Inkassoauftrag zuging, unverzüglich eine Bezahltmeldung zusenden mit detaillierter Angabe des eingezogenen Betrags oder der eingezogenen Beträge, der gegebenenfalls abgezogenen Gebühren und/oder Aufwendungen und/oder Auslagen sowie der Art der Verfügbarstellung des Erlöses.

ii. Akzeptmeldung

Die Inkassobank muß derjenigen Bank, von der ihr der Inkassoauftrag zuging, unverzüglich eine Akzeptmeldung zusenden.

iii. Meldung über Nichtzahlung und/oder Nichtakzeptierung

Die vorlegende Bank sollte versuchen, die Gründe einer solchen Nichtzahlung und/oder Nichtakzeptierung festzustellen, und diejenige Bank unverzüglich entsprechend benachrichtigen, von der ihr der Inkassoauftrag zuging.

Die vorlegende Bank muß derjenigen Bank, von der ihr der Inkassoauftrag zuging, unverzüglich eine Meldung über Nichtzahlung und/oder Nichtakzeptierung zusenden.

Bei Erhalt einer solchen Benachrichtigung muß die Einreicherbank geeignete Weisungen hinsichtlich der weiteren Behandlung der Dokumente erteilen. Falls die vorlegende Bank solche Weisungen nicht innerhalb von 60 Tagen nach ihrer Meldung über Nichtzahlung und/oder Nichtakzeptierung erhält, können die Dokumente ohne eine weitere Verantwortlichkeit seitens der vorlegenden Bank derjenigen Bank zurückgesandt werden, von der ihr der Inkassoauftrag zuging.

Kommentar

Inkassobanken sind verpflichtet, über die Ausführungen des ihnen erteilten Inkassoauftrages sowohl im Fall des Erfolges als auch des Mißerfolges zu unterrichten (sog. "Schicksalsmeldung"). Bei erfolgreichem Inkasso verbinden die Inkassobanken ihre Bezahltmeldungen häufig mit Gutschriftsanzeigen bzw. Belastungsermächtigungen. Die Mitteilung im Falle der Nichtzahlung oder Nichtakzeptierung hat unter Angabe der Gründe zu erfolgen, um der auftraggebenden Bank die Möglichkeit zur Erteilung von Weisungen hinsichtlich der weiteren Behandlung der Dokumente zu geben.

Sowohl Form als auch Art der Benachrichtigung wird vorgeschrieben. Die Meldungen der Inkassobank müssen "geeignete Einzelheiten" und in jedem Fall auch die Referenznummer des Inkassoauftrages enthalten. Sofern nichts konkret vorgeschrieben ist, wird die Inkassobank die Benachrichtigung nach eigener Wahl auf Kosten der auftraggebenden Bank vornehmen, wobei jedoch im Zweifel die schnellste Möglichkeit zu wählen ist. Die Einreicherbank ist dafür verantwortlich, daß der Inkassoauftrag auch tatsächlich Weisungen zur Benachrichtigungstechnik enthält.

Ist der Inkassoauftrag erfolgreich durchgeführt, ist die Inkassobank der auftraggebenden Bank, von der ihr der Inkassoauftrag zuging, gegenüber verpflichtet, eine Akzeptmeldung bzw. eine detaillierte Bezahltmeldung zuzusenden, woraus der eingezogene Betrag, die etwa einbehaltenen Gebühren, Aufwendungen oder Auslagen zu entnehmen sind sowie die Art der Verfügbarstellung des Betrages.

Die vorlegende Bank bzw. die Inkassobank ist verpflichtet, diejenige Bank, von der ihr der Inkassoauftrag zuging, unverzüglich (ohne schuldhaftes Zögern) über die Nichtzahlung und/oder Nichtakzeptierung zu unterrichten, und zwar möglichst nach vorheriger Feststellung und unter Mitteilung der Gründe.

Erfolgt nach der unverzüglichen Meldung über die Nichtzahlung bzw. Nichtakzeptierung seitens der vorlegenden Bank innerhalb von 60 Tagen keine Weisung hinsichtlich der weiteren Behandlung der Dokumente, können diese an die Bank zurückgesandt werden, von der der Inkassoauftrag zuging.

6.8 Literaturverzeichnis zu Kapitel 6

- Ingelmann, Th./ Reinecke, J./Schmitt, J., Liber amicorum, Jens Nielsen zum 65. Geburtstag, Hamburg, 1996
- Nielsen, J., Bankrecht und Bankpraxis, Band III, Teil 5 (Auslandsgeschäft), Stand: 1996 (BuB), Köln, 1996
- Schimanski, H./Bunte, H.J./Lwowski, H.J., Bankrechts-Handbuch, Band III, München, 1997
- Zahn, J.C.D./Eberding, E./Ehrlich, D., Zahlung und Zahlungssicherung im Außenhandel, 6. Aufl., Berlin, New York, 1986

7 Exportdokumente: Arten, Rechtscharakter, Merkmale (mit einem Exkurs zum Wechsel)

7 Exportdokumente: Arten, Rechtscharakter, Merkmale (mit einem Exkurs zum Wechsel)

von Professor Dr. Siegfried Georg Häberle

Vorbemerkung:

Zur **Bedeutung der** in diesem Kapitel beschriebenen **Dokumente** bei der Abwicklung von Dokumentenakkreditiven und Dokumenteninkassi siehe auch die Ausführungen in den folgenden Kapiteln:

- **1 Dokumentenakkreditive: Arten, Abwicklungen, Fallbeispiele, Prüflisten;**
- **2 Dokumentenakkreditive: Erläuterungen zur Kontrolle der Dokumente bei der Abwicklung;**
- **3 Dokumentenakkreditive: Kommentare und Einheitliche Richtlinien;**
- **4 Dokumenteninkassi: Arten, Abwicklungen, Fallbeispiele, Prüflisten;**
- **5 Dokumenteninkassi: Inkassi auf Konsignationsbasis ... mit Darstellung der Wareneinlagerung sowie notleidende Dokumenteninkassi;**
- **6 Dokumenteninkassi: Kommentar mit Wiedergabe der Einheitlichen Richtlinien für Inkassi (ERI 522).**

7.1 Einführung und Übersicht

7.1.1 Charakterisierung der Exportdokumente

Ein Blick in die Literatur ebenso wie eine Erhebung in der Praxis zeigen, daß der Ausdruck "Exportdokumente" weder eine übereinstimmende noch gar eine stringente **Definition** erfährt. Es ist deswegen zweckmäßig, den Ausdruck "Exportdokumente" hilfsweise durch Aufzählen von Dokumenten zu umreißen, denen gemeinsam ist, daß sie sich auf den **Warenversand** in das Ausland bzw. auf die **Ware** beziehen, dem **Nachweis der Erfüllung des Kaufvertrags** dienen und bei der Abwicklung von **Dokumentenakkreditiven** bzw. **Dokumenteninkassi** eine Rolle spielen:

- Typische Exportdokumente sind demnach solche **Dokumente**, die den **Transport der Waren** betreffen und die - entsprechend den verschiedenen Transportwegen und Transportmitteln - eine sehr unterschiedliche Ausgestaltung erfahren. Ebenfalls zu den Exportdokumenten zählen die **Lagerdokumente**, die ausgestellt werden, wenn eine Einlagerung der Waren erfolgt. Exportdokumente im hier definierten Sinne sind auch die verschiedenen **Transportversicherungsdokumente**, die über Art und Umfang des Versicherungsschutzes Auskunft geben. Daneben treten im Außenhandel eine Vielzahl weiterer waren- oder versandbezogener Dokumente in Erscheinung, die von der einfachen **Handelsrechnung** über die **Gewichtsbescheinigung** und das **Ursprungszeugnis** bis hin zu Dokumenten reichen, die die **Qualität** der Waren bestätigen. Die zuletzt aufgezählten Dokumente werden im allgemeinen unter der Bezeichnung "Sonstige Dokumente" zusammengefaßt.

- **Keine Exportdokumente** im hier gemeinten Sinne sind die **Zahlungsinstrumente**, also der Scheck, die Überweisung und im strengen Sinne auch der Wechsel. Weil jedoch häufig den waren- und versandbezogenen Dokumenten eine Tratte des Exporteurs beigefügt ist (z.B. beim Dokumenteninkasso "Dokumente gegen Akzept"), wird der Wechsel manchmal doch zu den Exportdokumenten gezählt.

Vereinzelt ist statt von Exportdokumenten von **"Dokumenten des Außenhandels"** die Rede. Dies ist zwar naheliegend, weil damit auch die Sicht des Importeurs einbezogen ist. Gleichwohl hat sich in der Praxis der Ausdruck "Exportdokumente" eingebürgert, der deswegen im folgenden auch beibehalten wird.

7.1.2 Überblick über die maßgeblichen Arten der Exportdokumente

Einteilung

Eine Grobeinteilung erfahren die Exportdokumente üblicherweise in

- **Transportdokumente,**
- **Lagerdokumente,**
- **Transportversicherungsdokumente** und in
- **Sonstige Dokumente** (manchmal auch als Begleitdokumente, Handelsdokumente o.ä. bezeichnet).

Abbildung

Die **Gliederung der maßgeblichen Exportdokumente** ist in **Abbildung 7-01** dargestellt. Ausführlich sind die Exportdokumente in den anschließenden Abschnitten (7.2 ff.) beschrieben.

Transportdokumente (Versanddokumente)

Die Art eines Transportdokuments hängt vom gewählten **Transportweg** bzw. vom jeweiligen **Transportmittel** ab. Nach diesen Kriterien sind in der vorstehenden Abbildung die Transportdokumente untergliedert. Der jeweilige Frachtführer ist in Klammern angegeben.

Erfordert eine Sendung **verschiedene Transportwege** bzw. **Transportmittel**, dann hängt es vom Einzelfall ab, ob für jeden Teilbereich ein gesondertes Transportdokument auszustellen ist oder aber ein einziges, sog. Kombiniertes/Multimodales Transportdokument. Ein Kombiniertes/Multimodales Transportdokument schließt die verschiedenen Transportwege bzw. Transportmittel ein und findet beispielsweise beim Containerversand Anwendung.

Transportdokumente sind von sehr unterschiedlicher Qualität. Sie reichen von Dokumenten, die Wertpapiercharakter tragen (z.B. das Konnossement und der Ladeschein), bis zu Dokumenten, die lediglich eine eng begrenzte Beweis- und Dispositionsfunktion aufweisen (z.B. der Posteinlieferungsschein).

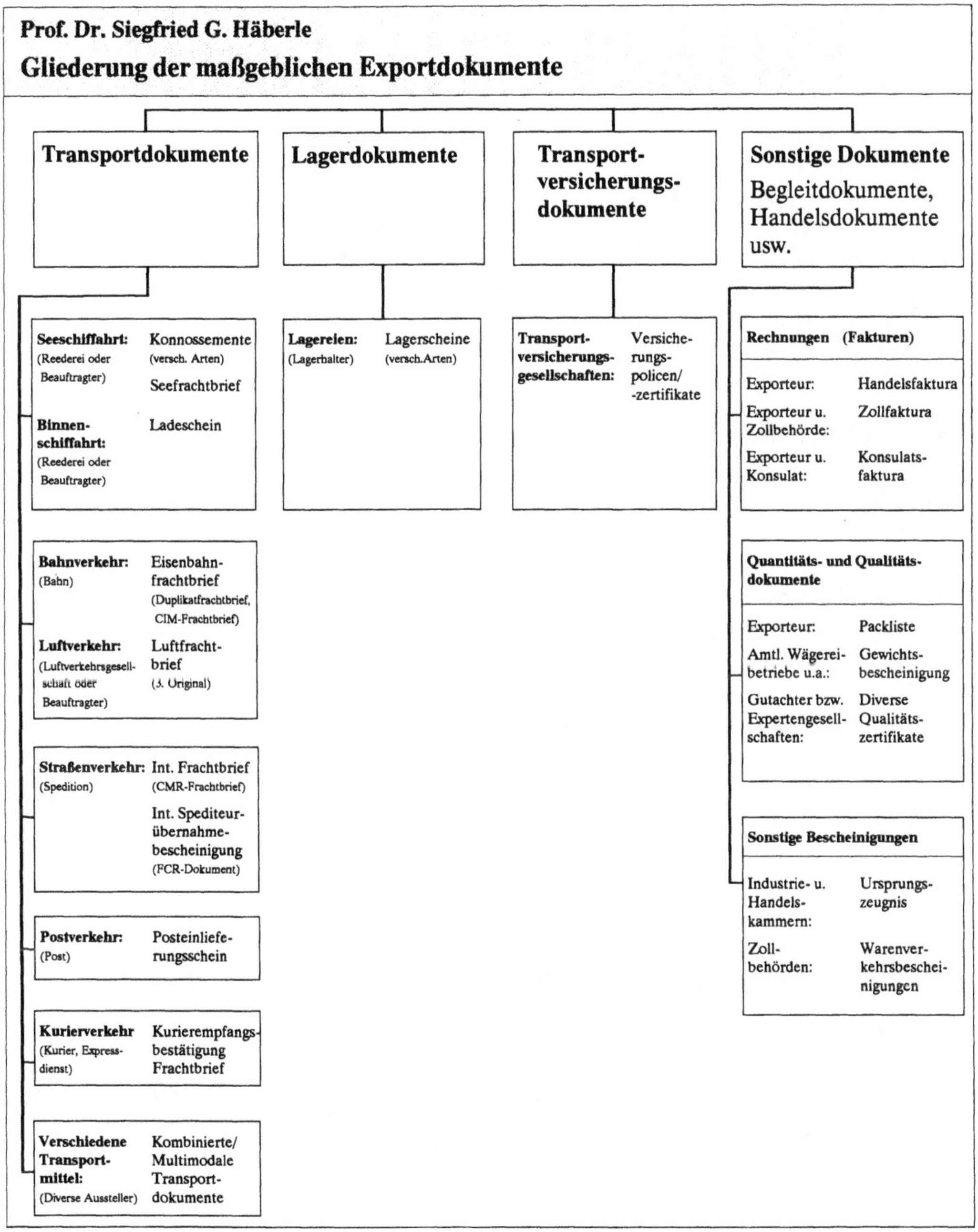

Abbildung 7-01

Lagerdokumente

Lagereien (Lagerhalter) erteilen über die bei ihnen gelagerten Güter **Lagerscheine**. Lagerscheine tragen Wertpapiercharakter mit den damit typischerweise verbundenen Eigenschaften.

Versicherungsdokumente

Versicherungsgesellschaften, die die Transportrisiken versichern, stellen über Versicherungsgegenstand, Versicherungsumfang usw. eine **Versicherungspolice** (einen Versicherungsschein) aus. Auf Grundlage von Generalpolicen (Laufenden Policen), die abgeschlossen werden, wenn laufend gleichartige Transportgeschäfte zu versichern sind, werden **Versicherungszertifikate** für die einzelnen Transporte ausgestellt. Diese Versicherungsdokumente tragen Wertpapiereigenschaft, und zwar in der Regel auch die Transportversicherungszertifikate.

Sonstige Dokumente

Die Sonstigen Dokumente, die auch als Begleitdokumente oder als Handelsdokumente bezeichnet werden, können nach ihrem jeweils hervorstechendsten Merkmal untergliedert werden in:

- **Rechnungen (Fakturen)**, die von der Handelsrechnung des Exporteurs bis zu der vom zuständigen Konsulat des Importlandes zu bestätigenden Konsulatsfaktura reichen;
- **Quantitäts- und Qualitätsdokumente**, von denen die einen Gewichte, Maße, Mengen u.ä. nachweisen und von denen die anderen sehr verschiedenartige qualitative Eigenschaften der zu liefernden Güter durch Atteste, Zertifikate u.ä. beweisen;
- **Sonstige amtliche Bescheinigungen**, wie z.B. das Ursprungszeugnis der Industrie- und Handelskammern und die Warenverkehrsbescheinigungen der Zollbehörden.

Es hängt von den Eigenarten des abzuwickelnden Außenhandelsgeschäftes ab, ob es den Beteiligten notwendig erscheint, darüber hinaus weitere, auf den Einzelfall zugeschnittene Dokumente zu vereinbaren (z.B. Dokumente zur Zahlungs- und/oder Kreditabwicklung).

7.1.3 Überblick über den Rechtscharakter der Exportdokumente

7.1.3.1 Tabellarische Darstellung – Übersicht

Unter **rechtlichen Aspekten** weisen die Exportdokumente - je nach Ausgestaltung - verschiedene Merkmale bzw. Funktionen auf, die in **Abbildung 7-02** dargestellt sind.

7.1.3.2 Beweisfunktion

Grundsätzlich kommt **jedem Exportdokument** eine **Beweisfunktion** zu. Mit den Transportdokumenten soll die Aufgabe einer Sendung zum Versand, mit den Versicherungsdokumenten der Umfang des Versicherungsschutzes, mit den Sonstigen Dokumenten der Wert, der Ursprung, die quantitativen oder qualitativen Eigenschaften der Ware bzw. der Warensendung und anderes bewiesen werden.

Prof. Dr. Siegfried G. Häberle

Überblick über rechtliche Merkmale und Funktionen maßgeblicher Exportdokumente

Dokument	Beweisfunktion	Dispositions- bzw. Sperrfunktion	Legitimationsfunktion	Wertpapiereigenschaft
Dokumente mit Wertpapiereigenschaft:				
• **Transportdokumente:**				
- Konnossement (verschiedene Arten)	•	•	•	•
- Ladeschein	•	•	•	•
• **Lagerdokument:**				
- Lagerschein	•	•	•	•
• **Versicherungsdokument:**				
- Transportversicherungspolice	•	•	•	•
Dokumente ohne Wertpapiereigenschaft:				
• **Transportdokumente:**				
- Seefrachtbrief	•	•		
- Eisenbahnfrachtbrief (Duplikatfrachtbrief, CIM-Frachtbrief)	•	•		
- Luftfrachtbrief (3. Original)	•	•		
- Int. Frachtbrief des Straßengüterverkehrs (CMR-Frachtbrief)	•	•		
- Int. Spediteurübernahmebescheinigung (FCR-Dokument)	•	•		
- Posteinlieferungsschein	•	•		
- Kurierempfangsbestätigung (Kurierfrachtbrief) [1]	•	(•)[1]		
• **Fakturen:**				
- Handelsrechnung	•			
- Zollfaktura	•			
- Konsulatsfaktura	•			
• **Qualitäts- u. Quantitätsdokumente:**				
- Gewichtsbescheinigung u.ä.	•			
- Packliste	•			
- Qualitätszertifikat u.ä.	•			
• **Sonstige Bescheinigungen:**				
- Ursprungszeugnis	•			
- Warenverkehrsbescheinigung	•			

[1] Rechtscharakter und Funktionen nicht immer eindeutig.

Abbildung 7-02

Die Reichweite der **Beweisfunktion** ist jedoch höchst **unterschiedlich**. Ein Posteinlieferungsschein weist beispielsweise lediglich die Aufgabe einer Postsendung an einen bestimmten Empfänger an einem (abgestempelten) Tag aus. Dagegen finden sich im Konnossement ebenso wie im Ladeschein Angaben über Art, Zahl bzw. Gewicht sowie Markierungszeichen der Güter bis hin zu deren äußerlicher Beschaffenheit und Verfassung; Angaben, für deren Richtigkeit der Frachtführer (die Reederei) sogar die Verantwortung trägt.

7.1.3.3 Dispositionsfunktion

(Nachträgliche Verfügungen / nachträgliche Weisungen des Absenders bzw. berechtigter Dritter; Abänderung des Frachtvertrags)

Einige Transportdokumente belassen dem **Absender** bzw. dem jeweils berechtigten Inhaber das **Recht**, den Frachtführer (Verfrachter) unter Vorlage einer Originalausfertigung des Versanddokuments nachträglich anzuweisen, die **Waren anzuhalten**, **zurückzugeben** oder an einen **anderen** als den im Dokument ausgewiesenen **Empfänger auszuliefern.**

Ein solches Recht der nachträglichen (Um)Disposition (nachträgliches Verfügungsrecht, nachträgliches Verlangen) des Absenders verbriefen alle Transportdokumente, die Wertpapiereigenschaft aufweisen, sowie grundsätzlich die Frachtbriefe und - bei entsprechender Vereinbarung - die Spediteurübernahmebescheinigung und der Posteinlieferungsschein.

Ein analoges Dispositionsrecht verbriefen auch die Transportversicherungsdokumente mit Wertpapiereigenschaft.

In § 418 Abs. 1 HGB ist zu den nachträglichen Weisungen im Frachtgeschäft u.a. ausgeführt:

> *"Der Absender ist berechtigt, über das Gut zu verfügen. Er kann insbesondere verlangen, daß der Frachtführer das Gut nicht weiterbefördert oder es an einem anderen Bestimmungsort, an einer anderen Ablieferungsstelle oder an einen anderem Empfänger abliefert ...".*

Anmerkung: Der Rechtscharakter der Kurierempfangsbestätigungen bzw. der als Frachtbriefe bezeichneten Dokumente der Kuriere/Expreßdienste und deren möglicherweise gegebene oder nicht gegebene Dispositions- bzw. Sperrfunktion ist nicht immer eindeutig zu erkennen. Siehe dazu auch Abschnitt "7.7.2 Dokumente der Kuriere bzw. der Expreßdienste".

7.1.3.4 Sperrfunktion

(Sperrung vor nachträglichen Verfügungen/Weisungen des Absenders bzw. berechtigter Dritter)

Das angesprochene Weisungsrecht (Dispositionsrecht) des Absenders bzw. eines berechtigten Dritten kann für den Importeur zu **erheblichen Risiken** führen. Dies trifft insbesondere dann zu, wenn die nachträgliche Disposition des Absenders zu einem Zeitpunkt erfolgt, in dem der Importeur bereits Zahlung geleistet hat. Der Importeur sucht deswegen das Risiko der nachträglichen Verfügung über die Güter durch den Absender (oder eines berechtigten

Dritten) auszuschließen. Es hängt von der Ausgestaltung des jeweiligen Transportdokuments ab, welche Möglichkeiten sich dem Importeur zur Sperrung vor den nachträglichen Verfügungen des Absenders eröffnen (analoges gilt für die Lagerdokumente). Im allgemeinen trifft Folgendes zu:

- Die Ausübung des nachträglichen **Verfügungsrechts** durch den Exporteur ist in der Regel an die **Vorlage des Transportdokuments** beim Frachtführer (Verfrachter) geknüpft. Zu den Frachtbriefen ist in § 418 Abs. 4 HGB ausgeführt: *„Ist ein Frachtbrief ausgestellt und von beiden Parteien unterzeichnet worden, so kann der Absender sein Verfügungsrecht nur gegen Vorlage der Absenderausfertigung des Frachtbriefs ausüben, sofern dies im Frachtbrief vorgeschrieben ist".* Sobald der Exporteur dieses Dokument aus den Händen gibt, z.B. an den Importeur oder an eine von diesem in die Abwicklung eingeschaltete Bank, ist dem Exporteur die Möglichkeit genommen, nachträglich über die Sendung verfügen zu können. In umgekehrter Sicht kann dann der Importeur im Regelfall sicher sein, daß die Sendung unwiderruflich auf ihn zukommt. Der Frachtführer haftet im übrigen für den Schaden, der dadurch entsteht, daß er sich die Absenderausfertigung des Frachtbriefs bei Ausübung des Verfügungsrechts nicht vorlegen läßt, falls diese Vorlage vorgeschrieben ist (vgl. § 418 Abs. 6 HGB).

  Anzumerken ist, daß die sich die für den Importeur ergebende Sicherheit, daß die Ausübung des nachträglichen Verfügungsrechts durch den Exporteur nur unter Vorlage der Absenderausfertigung möglich ist, nicht bei allen Transportdokumenten (gleichermaßen) gegeben ist. Siehe dazu beispielsweise Abschnitt 7.5.1.
- Das genannte **Verfügungsrecht / Weisungsrecht** des Absenders erlischt nach Ankunft des Gutes an der Ablieferungsstelle. Von diesem Zeitpunkt an steht das Verfügungsrecht dem Empfänger zu (Vorschriften des HGB zum Frachtgeschäft; vgl. § 418 Abs. 2).
- **Anmerkung:** Für den Fall, daß der Importeur im Rahmen eines Dokumenteninkassos die Dokumente nicht aufnimmt, d.h. – je nach Inkassoart – nicht zahlt bzw. keinen Wechsel akzeptiert usw., erhält der Exporteur die Dokumente von den eingeschalteten Banken und damit das darin verbriefte Verfügungsrecht / Weisungsrecht (letztlich über die Ware) wieder zurück.

Diese Möglichkeiten zur faktischen Ausschaltung bzw. Sperrung des (nachträglichen) Verfügungsrechts des Absenders oder eines Dritten sind von großer praktischer Bedeutung bei **Dokumenteninkassi** und bei **Dokumentenakkreditiven.** Nur auf dieser Grundlage bietet die Zug-um-Zug-Abwicklung "Dokumente gegen Zahlung bzw. gegen Zahlungsverpflichtung" für den zahlenden bzw. zahlungspflichtigen Importeur die notwendige Sicherheit der unwiderruflichen Zurverfügungstellung der Sendung.

Ebenso wie der Frachtvertrag kann auch der **Versicherungsvertrag** vom Berechtigten **nachträglich geändert** werden. Auch hierzu ist die Vorlage des Versicherungsscheins (der Versicherungspolice, eventuell des Versicherungszertifikats) erforderlich. Sobald der Importeur selbst oder eine von ihm zur Abwicklung der Zahlung beauftragte Bank die Police in Händen hält, kann er im Regelfall sicher sein, daß der Exporteur nachträgliche Änderungen am Versicherungsschutz bzw. an der Empfangsberechtigung einer eventuellen Schadenszahlung aus der Versicherung nicht mehr vornehmen kann (vgl. dazu auch § 887 HGB).

Definitionsproblem: In Literatur und Praxis wird manchmal die im folgenden beschriebene Legitimationsfunktion als "Sperrfunktion" bezeichnet. Gemeint ist bei einer derartigen Verwendung des Ausdrucks "Sperrfunktion", daß der Importeur ohne Vorlage des Dokuments seine Berechtigung zum Warenempfang nicht nachweisen kann, d.h. vom Warenempfang abgesperrt ist. Die so charakterisierte "Sperrfunktion" ist indessen Ausfluß der unten behandelten Legitimationsfunktion, so daß es in diesem Buch bei der Definition der Sperrfunktion im oben beschriebenen Sinne (Sperrung vor nachträglichen Verfügungen des **Absenders** bzw. berechtigter Dritter) bleiben kann.

7.1.3.5 Legitimationsfunktion

(Nachweis der Berechtigung zum Empfang der Ware bzw. zur Ausübung anderer Rechte)

Dokumente mit Legitimationsfunktion

Zur Ausübung der verbrieften Rechte, insbesondere zur Ausübung des **Herausgabeanspruchs auf die Ware** bzw. zur Geltendmachung des Versicherungsanspruchs, ist grundsätzlich derjenige legitimiert, der **im Dokument als Berechtigter ausgewiesen** ist und der das **Dokument vorlegt** bzw. zurückgibt (bzw. in Ausnahmefällen, z.B. bei Verlust des Dokuments, der seine Berechtigung anderweitig nachweist):

- Bei sog. **Inhaberpapieren** (das sind Urkunden, die auf den Inhaber lauten und die ohne Indossament oder Abtretungserklärung einfach durch Einigung und Übergabe der Urkunde übertragen werden), hat diesen Herausgabeanspruch grundsätzlich jeder Inhaber, der das Dokument in Händen hält.
- Bei **Rekta-(Namens-)** und bei **Order(wert)papieren** kann diesen Herausgabeanspruch nur der im Dokument Ausgewiesene geltend machen, entweder als unmittelbar eingetragener Berechtigter (z.B. als Warenempfänger oder als Versicherungsnehmer) oder bei Orderwertpapieren als Indossatar, also der mittels einer lückenlosen Indossamentenkette ausgewiesene Begünstigte.

Erfüllt derjenige, gegen den sich der im Dokument verbriefte Rechtsanspruch richtet, diesen Anspruch an den Berechtigten (z.B. Auslieferung der Ware, Auszahlung der Versicherungssumme), dann geschieht dies mit schuldbefreiender Wirkung und - zumindest bei Dokumenten mit Wertpapiereigenschaft - gegen **Rückgabe bzw. Vorlage des Dokuments**.

Anmerkung: Die im skizzierten Zusammenhang notwendige Rückgabe bzw. Vorlage der Dokumente wird manchmal als **Präsentationsfunktion** (der Dokumente) bezeichnet.

Die derart skizzierte Legitimationsfunktion weisen alle **Exportdokumente** auf, die **Wertpapiereigenschaft** haben, also das Konnossement, der Ladeschein, der Lagerschein und die Transportversicherungspolice.

Dokumente ohne Legitimationsfunktion

Dokumente ohne Legitimationsfunktion erfordern bei der Geltendmachung eines Anspruchs keine Vorlage bzw. keine Rückgabe des Dokuments. Zwar bezeichnen die **Transportdokumente ohne Wertpapiereigenschaft** (siehe Tabelle in Abschnitt 7.1.3.1, Abbildung 7-02) ebenfalls einen Empfänger und legitimieren (weisen) ihn als denjenigen (aus), an welchen das Gut abgeliefert werden soll, wobei anzumerken ist, daß in Literatur und Praxis manchmal allein schon dieser Sachverhalt als Legitimationsfunktion bezeichnet wird.

Dagegen ist der hier vertretenen Vorstellungsinhalt der Legitimationsfunktion – bei Dokumenten, die diese Funktion nicht aufweisen – dadurch gekennzeichnet, daß der Empfänger seine **Berechtigung nicht durch Vorlage bzw. nicht durch Rückgabe des Dokuments** zu beweisen hat. Dies trifft auf die Transportdokumente ohne Wertpapiereigenschaft zu: So braucht beispielsweise der Empfänger einer Bahn- oder einer Luftfrachtsendung ebensowenig eine Ausfertigung des Frachtbriefs zum Nachweis seiner Empfangsberechtigung vorzulegen wie der Empfänger einer über die Straße abgewickelten Sendung die Spediteurübernahmebescheinigung zu präsentieren hat. Die Sendungen werden den Empfängern vielmehr von den Frachtführern ohne die Vorlage dieser Dokumente ausgehändigt.

Anmerkung: Es ist ein anderer Sachverhalt und entspricht nicht dem Sinn der hier gemeinten Legitimationsfunktion, daß sich ein Warenempfänger u.U. durch Vorlage seines Ausweises als der Empfangsberechtigte gegenüber dem Beförderer einer Sendung auszuweisen hat.

7.1.3.6 Wertpapiereigenschaft

Wertpapiere sind **Urkunden über (Vermögens-)Rechte**, deren Ausübung den Besitz (die Vorlage) der Urkunde voraussetzt.

Konnossemente, **Ladescheine** und **Lagerscheine** sind sachenrechtliche Wertpapiere [sog. Waren(wert)papiere], die **Versicherungspolice** ist ein sog. Forderungs(wert)papier.

Exportdokumente, die Wertpapiereigenschaft haben, schließen die **Beweisfunktion**, das **Dispositionsrecht** (die Sperrfunktion) sowie die **Legitimationsfunktion** mit ein.

Nach der **Art der Übertragung** der verbrieften Rechte können Wertpapiere eingeteilt werden in:

- **Inhaberwertpapiere**

  Sie lauten auf den Inhaber, was bedeutet, daß der jeweilige Inhaber der Urkunde die verbrieften Rechte **kraft Vorlegung** (Besitzes) der Urkunde geltend machen kann. Der Inhaber braucht also keinen weiteren Nachweis zu führen, d.h. er braucht seine Berechtigung weder durch eine lückenlose Indossamentenkette noch durch eine Abtretungserklärung zu beweisen.

  Die Übertragung von Inhaberwertpapieren erfolgt durch **Einigung und Übergabe.**

- **Orderwertpapiere**

  Orderwertpapiere, die entweder kraft Gesetz (z.B. der Wechsel als sog. geborenes Orderpapier) oder durch einen ausdrücklichen Vermerk (z.B. das Konnossement, der Ladeschein und der Lagerschein als sog. gekorene Orderpapiere) an Order gestellt sind, werden mittels einer **Übertragungserklärung** (dem Indossament) sowie der **Übergabe der Urkunde** übertragen. In § 363, Abs. 1 HGB ist ausgeführt: *„Anweisungen, die auf einen Kaufmann über die Leistung von Geld, Wertpapieren oder anderen vertretbaren Sachen ausgestellt sind, ohne daß darin die Leistung von einer Gegenleistung abhängig gemacht ist, können durch Indossament übertragen werden, wenn sie an Order lauten. Dasselbe gilt von Verpflichtungsscheinen, die von einem Kaufmann über Gegenstände der bezeichneten Art an Order ausgestellt sind, ohne daß darin die Leistung von einer Gegenleistung abhängig gemacht ist."*

Mit Blick auf diese einfache Übertragbarkeit und wegen des Gegensatzes zu den Rektapapieren, deren Rechte nur mit einer förmlichen Abtretungserklärung übertragen werden können, wird bei den Orderwertpapieren von einer **Transportfunktion** gesprochen. Eine solche Transportfunktion erfüllen von den Exportdokumenten das Orderkonnossement, der Orderladeschein, der Orderlagerschein sowie die Transportversicherungspolice, sofern sie an Order gestellt ist. In § 363 Abs. 2 HGB ist dazu ausgeführt: *„Ferner können Konnossemente der Verfrachter, Ladescheine der Frachtführer, Lagerscheine sowie Transportversicherungspolicen durch Indossament übertragen werden, wenn sie an Order lauten."*

Mit dem Ausdruck **Traditionsfunktion** in Verbindung mit der Wertpapiereigenschaft von Dokumenten wird ein Vorstellungsinhalt verbunden, der wie folgt gefaßt ist: Gemeint ist damit die Eigenschaft der **Warenwertpapiere** (Konnossement, Ladeschein, Lagerschein), aufgrund derer – bei Übereignung der Ware – die Übertragung des Wertpapiers an die Stelle der Übergabe der Ware tritt. Zum Konnossement vgl. dazu § 650 HGB: *„Die Übergabe des Konnossements an den, der durch das Konnossement zur Empfangnahme legitimiert wird, hat ... für den Erwerb von Rechten an den Gütern dieselben Wirkungen wie die Übergabe der Güter".*

- **Rektawertpapiere (sog. Namenswertpapiere)**

  Diese Dokumente lauten auf einen **namentlich genannten Berechtigten**, der die verbrieften Rechte nur durch förmliche **Abtretungserklärung**, nicht aber durch Indossament, weitergeben kann. Konnossemente, Ladescheine, Lagerscheine und Transportversicherungspolicen sind mangels eines anderslautenden Vermerks auf der Urkunde Rektawertpapiere (Namenswertpapiere).

  Die genannten Exportdokumente können jedoch durch einen entsprechenden Vermerk (die sog. Orderklausel) auf der Urkunde **zu Orderwertpapieren gemacht werden** (sog. gekorene Orderpapiere; vgl. § 363 HGB). Zum Konnossement ist dazu beispielsweise in § 647 Abs. 1 HGB ausgeführt: *„Auf Verlangen des Abladers ist das Konnossement, wenn nicht das Gegenteil vereinbart ist, an die Order des Empfängers oder lediglich an Order zu stellen."* Der Ordervermerk auf den genannten Wertpapieren ist von praktischer Bedeutung bei der Abwicklung des internationalen Zahlungsverkehrs. Beispielsweise haben die begünstigten Exporteure zur Ausnutzung von Dokumentenakkreditiven in der Regel keine Rektakonnossemente einzureichen, sondern Konnossemente, die an Order gestellt und im übrigen blanko indossiert sind.

7.1.4 Überblick über die betriebswirtschaftlichen Funktionen der Exportdokumente

Aufbauend auf den rechtlichen Merkmalen und Funktionen der Exportdokumente läßt sich ihre betriebswirtschaftliche Bedeutung ableiten:

- **Beweisfunktion**:Exportdokumente dienen zunächst dem Nachweis der **Erfüllung des (Kauf-)Vertrags** durch den Exporteur. Mittels Vereinbarung geeigneter Dokumente im Kontrakt eröffnet sich dem Importeur die Möglichkeit, vielfältige Auflagen an den Exporteur durchzusetzen, die seiner Sicherheit hinsichtlich Preis, Lieferzeit, Versandart, Qualität und vielem anderen dienen.

- **Übertragungsfunktion**: Warendokumente mit Wertpapiereigenschaft und Traditionsfunktion ermöglichen die **Übertragung von Rechten an der Ware** durch Indossament (Orderkonnossemente, Orderladescheine sowie Orderlagerscheine), d.h. ohne aufwendige und ohne u.U. kostspielige Übergabe der Waren.
- **Sicherungsfunktion bei der Zahlungsabwicklung**: Im Rahmen der Exportfinanzierung sind die Exportdokumente Instrumente einer Zug-um-Zug-Abwicklung. Durch Vorlage der Dokumente erlangt der Exporteur die Zahlung bzw. einen Zahlungsanspruch, so z.B. bei **Dokumenteninkassi** im Rahmen der Abwicklung "Dokumente gegen Zahlung" bzw. "Dokumente gegen Akzept". **Bei Dokumentenakkreditiven** erhält der Exporteur eine Zahlung bzw. eine Zahlungszusage von einer Bank im Gegenzug zur rechtzeitigen Einreichung akkreditivkonformer Dokumente.

  Sind die geeigneten Dokumente vereinbart, dann dienen sie dem Sicherungsinteresse beider Beteiligten:

  - Der **Exporteur** erlangt die Sicherheit, daß dem Importeur die Dokumente nur ausgehändigt werden, wenn dieser selbst (bei Dokumenteninkassi) oder eine von ihm beauftragte Bank (bei Dokumentenakkreditiven) im Gegenzug die vereinbarte Leistung (d.h. Zahlung, Zahlungszusage oder Akzept) erbringt. Handelt es sich um Exportdokumente, die der Importeur zum Nachweis seiner Empfangsberechtigung vorzuweisen hat (Legitimationsurkunden), dann kann der Exporteur überdies sicher sein, daß der Importeur nicht in den Besitz der Waren gelangt, ohne zuvor der vereinbarten Gegenleistung entsprochen zu haben.
  - Der **Importeur** erhält bei diesen Zug-um-Zug-Abwicklungen die Gewähr, daß der Exporteur nur Zahlung bzw. Zahlungszusage erhält, wenn er die Dokumente, die den festgelegten Inhalt ausweisen, rechtzeitig vorlegt.
- **Sicherungsfunktion bei der Kreditaufnahme**: Schließlich sind Exportdokumente Instrumente zur Sicherung von Krediten, die der **Finanzierung der Güter** während der Transportphase und einer eventuellen Lagerphase dienen.

7.1.5 Exkurs: UN/EDIFACT

Grundstruktur

UN/EDIFACT ist die Abkürzung für United Nationes/**Electronic Data Interchange for Administration, Commerce and Transport** (Elektronischer Datenaustausch für Verwaltung, Wirtschaft und Transport). Es ist dies ein von den Vereinten Nationen entwickeltes und definiertes Regelwerk für einen **internationalen, branchenübergreifenden Standard** für den elektronischen Datenaustausch. Für die Entwicklung dieses Regelwerks ist die United Nationes **Economic Commission for Europe** (UN/ECE, Wirtschaftskommission der Vereinten Nationen für Europa) verantwortlich, die ihrerseits internationale und regionale Gremien (Arbeitsgruppen, EDIFACT-Boards, EDIFACT-Rapporteure usw.) mit den Entwicklungsarbeiten beauftragt.

Einen Überblick über die **Organisation** der Nachrichtenentwicklung und Nachrichtenverabschiedung von UN/EDIFACT vermittelt die nachstehende Übersicht.

EDIFACT-Organisationsstruktur

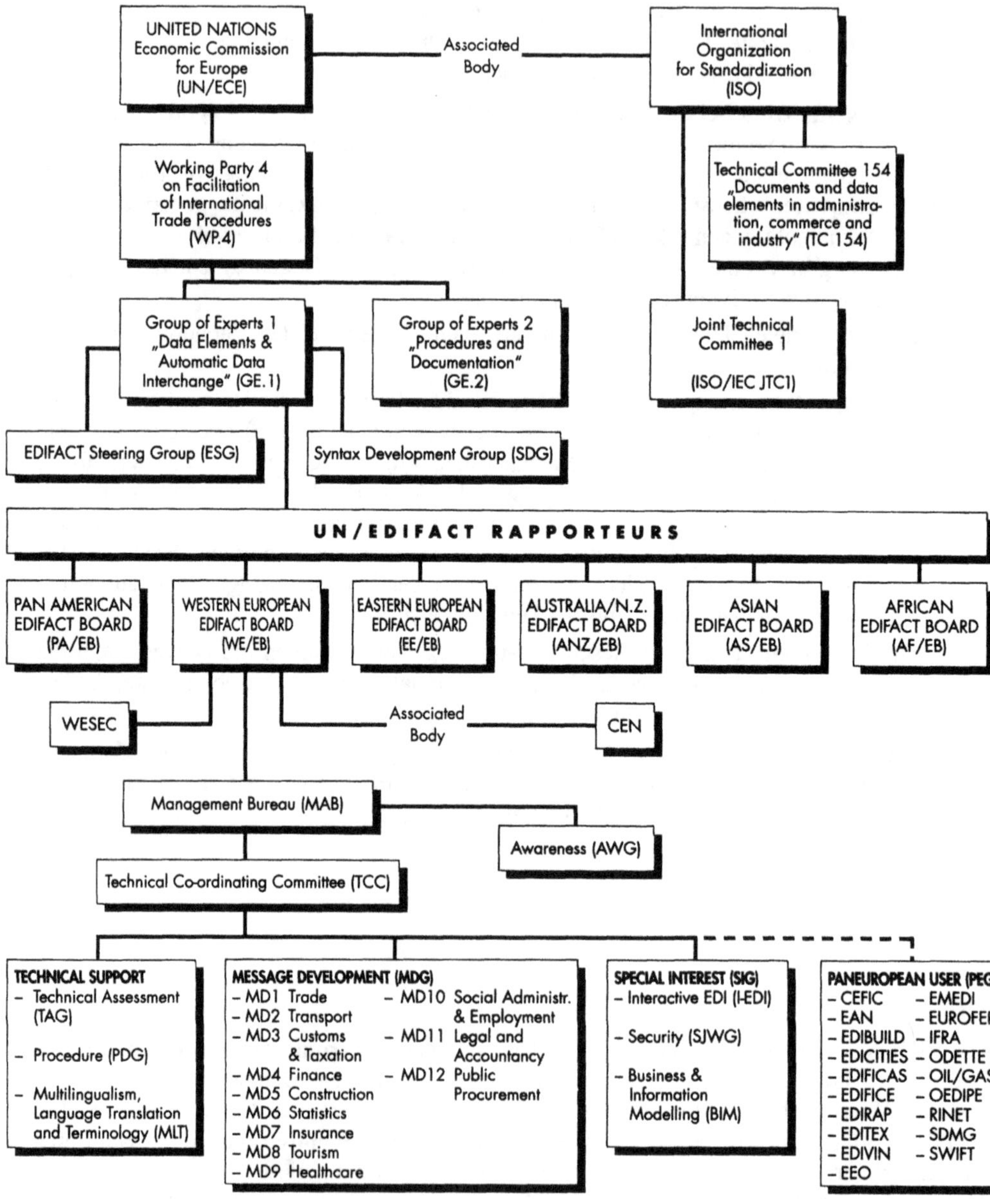

Quelle: Begemann, Petra 1995: S. 6

Ziele

Generelles, über EDIFACT hinausreichendes Ziel der Wirtschaftskommission der Vereinten Nationen für Europa (UN/ECE) ist die **Vereinfachung/Rationalisierung der internationalen Handelsverfahren und ihrer Dokumentation**. Dieses Ziel und die erreichten Ergebnisse umfassen u.a. die Vereinfachung und Vereinheitlichung von Handelsdokumenten (z.B.

das UN/Rahmenmuster für Handelsdokumente, UN-Layout Key), die Vereinfachung und Vereinheitlichung von Handelsverfahren (z.B. bei Frachtmarkierungen, Referenznummern, Zollverfahren usw.), die Standardisierung von Datenelementen und Codes sowie des elektronischen Datenaustausches.

Mit EDI (Electronic Data Interchange) sowie EDIFACT sind diese Ziele aufgegriffen, nämlich statt der Erstellung und Übersendung von Papieren und Dokumenten, Belegen, Formularen usw. die Daten eines Geschäftsvorfalls in einem **EDV-System zu erfassen** (z.B. beim Exporteur) und **beleglos**, d.h. elektronisch in andere Systeme zu **übertragen** (z.B. beim Importeur, bei den Banken, beim Transportunternehmen usw.) und dort **ohne manuelle Eingriffe weiter zu verarbeiten**. Voraussetzung sind kompatible Systeme, gleiche Datenformate sowie eine entsprechende technische Ausstattung (Modem, Kommunikationssoftware). Die Zahl der (international ausgerichteten) Unternehmen, die EDIFACT anwenden, steigt rasch.

Grundsätzlich ist EDIFACT für solche Betriebe von Interesse, die ein **hohes Transaktionsvolumen** an Nachrichten/Geschäftsvorfällen aufweisen, die über die eigene Branche hinausreichen, weil die brancheneigenen EDI-Systeme diesem Anspruch nicht genügen.

Vorteile

Der **Einsatz von EDIFACT** in Unternehmen weist eine Reihe von Vorzügen auf:

- **Einmalige**, gleichartig strukturierte **Datenerfassung** an der Stelle von mehrmaligen Datenerfassungen, wie sie bei herkömmlichen Datenübertragungen (Dokumente, Belege, Formulare, Briefe, Faxe usw.) notwendig sind.

  Dadurch

  - **geringerer Erfassungsaufwand**,
  - **weniger Fehlerquellen**,
  - **schnellere Datenübertragung** (z.B. im Gegensatz zum Postweg),
  - **hoher Sicherheitsstandard** (z.B. im Gegensatz zum Dokumentenverlustrisiko).

- Aus **denselben, einmal erfaßten Daten** eines (internationalen) Geschäfts können die **verschiedenen** an diesem Geschäft **Beteiligten** (Exporteur, Importeur, Transportunternehmen, Versicherungsgesellschaft, Banken, Zentralbanken, Zollbehörden usw.) mit den für sie relevanten Daten versorgt werden. Dadurch sind erhebliche Kosteneinsparungen möglich.

- Im Gegensatz zu den branchenspezifischen EDI-Systemen (z.B. SWIFT der Banken, SITA der Fluggesellschaften, ODETTE der Automobilbranche, SEDAS des Handels usw.) ist EDIFACT nicht nur **international**, sondern auch **branchenübergreifend** ausgerichtet.

Anwendungsbeispiel

Die nachstehende Darstellung zeigt die Möglichkeiten der **beleglosen Kommunikation** zwischen **Käufer** und **Verkäufer** sowie zwischen den an der Zahlungsabwicklung beteiligten **Banken**. Aus dem Zug-um-Zug aus der Käuferanfrage bis zum Auftrag **einmalig erfaßten standardisierten Datenbestand** können - unter Vornahme einiger Ergänzungen bzw. Selektionen - die Auftragsbestätigung, der Lieferstatus und die Rechnung erstellt und dem Geschäftspartner elektronisch übermittelt werden. Auf Grundlage desselben, nur einmal erfaßten Datenbestandes beauftragt der Käufer seine Bank auf elektronischem Weg mit der Zahlung, verrechnen die beteiligten Banken den Gegenwert untereinander und erhält schließlich der Verkäufer von seiner Bank die Gutschriftsanzeige (der diese beleglos mit der Sollstellung abgleicht). Darüber hinaus können in ein solches EDI-System das bzw. die **Transportunternehmen** sowie **weitere** an der Geschäftsabwicklung **Beteiligte** einbezogen sein.

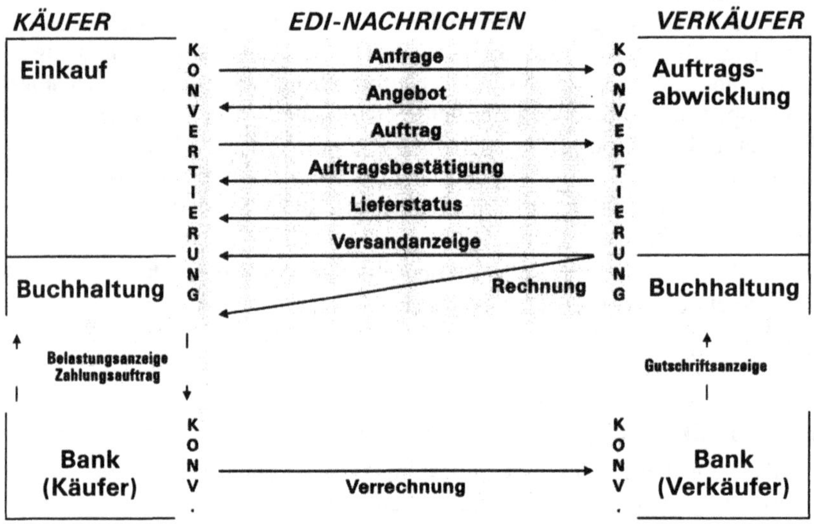

Quelle: Deutsche Bank AG (Hrsg.) 1995: S. 10

Weiterentwicklung

Die **UN/EDIFACT-Nachrichtentypen** und die auf dieser Grundlage möglichen Geschäftsabwicklungen umfassen ein breites, laufend erweitertes Spektrum, insbesondere im Bereich des **Außenhandels**, einschließlich des (internationalen) **Zahlungsverkehrs**. Aktuelle Informationen können bezogen werden von der

- Deutsche EDI-Gesellschaft e.V.
  Burggrafenstraße 2 A
  10787 Berlin
  Telefon: 030/254505-11
  Telefax: 030/254505-27
  oder vom
- Normenausschuß Bürowesen im DIN e.V.
  Burggrafenstraße 6
  10787 Berlin
  Telefon: 030/2601-2488
  Telefax: 030/2601-1231

Die im folgenden beschriebenen und abgebildeten Exportdokumente werden zwar ihre rechtlichen und betriebswirtschaftlichen Funktionen auch in Zukunft behalten. Ihre Übermittlung, die Übertragung der verbrieften Rechte, ihr Erscheinungsbild und andere Merkmale werden sich mit der Weiterentwicklung des EDIFACT-Systems jedoch wesentlich verändern.

Anmerkung: Besonders weit entwickelt sind die UN/EDIFACT-Nachrichtentypen im Containerverkehr.

Anwendungsbeispiele:

Beispiele für UN/EDIFACT-Nachrichtentypen (Hinweis: siehe auch Beispiele zu "akkreditivbezogenen" UN/EDIFACT-Nachrichtentypen in Abschnitt 1.1.3):

INVOIC Rechnung

Name (engl.): Invoice
Dokument: UN/ECE/TRADE/WP.4/R.1142 Status: 2
Wirtschaftszweig: Bestell- und Rechnungswesen

1. Funktionsbeschreibung

Eine Nachricht zur Zahlungsaufforderung für Waren oder Dienstleistungen, die entsprechend den vereinbarten Konditionen zwischen Verkäufer und Käufer geliefert bzw. erbracht wurden.

Der Nachrichtentyp Rechnung deckt mit entsprechenden Dateninhalten auch die Funktionen einer Belastungsanzeige und einer Gutschriftsanzeige ab.

Der in dieser Norm verwendete Begriff "Rechnung" beinhaltet im weiteren Sinne die Bedeutung einer Rechnung/Gutschrift/Belastungsanzeige.

2. Grundsätzliches

- Ein Verkäufer kann für eine oder mehrere Transaktion(en) eine Rechnung stellen.
- Eine Rechnung kann sich auf Warenpositionen oder Dienstleistungen aufgrund einer oder mehrerer Bestellungen, Lieferanweisungen, Lieferabrufe usw. beziehen.
- Eine Rechnung kann Hinweise zu Zahlungsbedingungen enthalten.
- Eine Rechnung für grenzüberschreitende Geschäftsvorfälle kann zusätzliche Informationen für Zoll- und/oder statistische Zwecke/Dienstleistungen enthalten.
- Eine Rechnung kann Einzelheiten zum Transport enthalten.

IFTMIN Transport-/Speditionsauftrag

Name (engl.): Instruction
Dokument: UN/ECE/TRADE/WP.4/R.1142 Status: 2
Wirtschaftszweig: Transport

1. Funktionsbeschreibung

Die Nachricht eines Transportbeteiligten, in der speditionelle und/oder Transportleistungen für eine Sendung vereinbarungsgemäß beauftragt werden, an den Transportbeteiligten, der diesen Auftrag durchführen oder besorgen soll.

2. Grundsätzliches

Der Auftrag ergibt sich aus dem Transportvertrag für eine Sendung und dient in erster Linie zu Verwaltungszwecken. Es ist die Nachricht vom Versender an den Frachtführer oder Spediteur und enthält die endgültigen Sendungseinzelheiten sowie die angeforderten Dienstleistungen. Die Auftragsnachricht ist die einzige und alleinige Nachricht, die einen tatsächlichen Vertrag zur Folge hat, der entweder ein Dokument oder ein elektronischer Vertrag sein kann.

Wenn nur eine Nachricht zwischen Versender und Frachtführer/Spediteur ausgetauscht wird, sollte ausschließlich die Auftragsnachricht zum Vertrag führen. Der Nachrichtenempfänger sollte ermitteln, ob die Auftragsnachricht einer Buchungs-/Reservierungsnachricht folgt, um sie lediglich als administrative Nachricht oder als administrative und operationale Nachricht zu interpretieren.

- Eine Sendung kann mehrere Sendungspositionen enthalten.
- Einzelne Sendungspositionen können containerisiert sein.
- Eine Sendungsposition kann in einem oder mehreren Containern transportiert werden, und ein Container kann eine oder mehrere Sendungspositionen beinhalten.
- Eine Sendungsposition kann sich auf mehrere Zolltarife beziehen.
- Sendungspositionen mit gleichem Zolltarif können in einem oder mehreren Containern befördert werden.
- Sendungspositionen können sowohl aus kaufvertraglicher als auch aus operationaler Sicht beschrieben werden.
- Ein Transportbeteiligter in der Transportkette kann für eine oder mehrere Sendungspositionen einer Sendung buchen/reservieren oder beauftragen.
- Ein Transportbeteiligter in der Transportkette kann buchen/reservieren oder Transportaufträge für mehrere Sendungspositionen mittels einer oder mehrerer der folgenden Nachrichten erteilen: IFTMBP, IFTMBF, IFTMBC, IFTMIN, IFTMCS, IFTMAN.
- Vor- und/oder Nachlauf von Sendungspositionen oder des Ladungsträgers (Equipment), die in einer Buchung/Reservierung oder einem Auftrag enthalten sind, können in unterschiedlichen Schritten ablaufen; jeder Schritt wird mit einer eigenen Transporteinzelheiten-Segmentgruppe spezifiziert.
- Ladungsträger (Equipment) können mit anderen Einheiten (Ausrüstungsgegenständen, Ladehilfsmittel usw.) verschiedener Art verbunden sein, z. B. ein Kühlaggregat, das an einem Container befestigt ist.
- Ladungsträger (Equipment) und/oder Sendungspositionen können einem anderen Lade- und Beförderungshilfsmittel zugeordnet sein, die selbst widerum einem anderen Lade- oder Beförderungshilfsmittel zugeordnet sind, z. B. ein Container auf einem Chassis auf einem Waggon.
- Transportmittel, die sich aus eigener Kraft fortbewegen können, sind in der Transporteinzelheiten-Segmentgruppe spezifiziert. Andere Lade- und Beförderungshilfsmittel sind als Ladungsträger (Equipment) spezifiziert.
- Die Verpackung von Sendungspositionen kann in bis zu drei Ebenen (Verpackungsstufen) dargestellt werden.

CUSDEC Zollanmeldung

Name (engl.): Customs declaration
Dokument: UN/ECE/TRADE/WP.4/R.1142 Status: 2
Wirtschaftszweig: Verwaltung

1. Funktionsbeschreibung

Der Nachrichtentyp "Zollanmeldung (CUSDEC)" erlaubt einem Anmelder die Übermittlung von Daten an eine Zollverwaltung, um gesetzlichen und/oder verfahrenstechnischen Erfordernissen für die Anmeldung von Waren zur Einfuhr, Ausfuhr oder Durchfuhr gerecht zu werden. Die Nachricht kann ebenfalls benutzt werden, um

- Daten eines Exporteurs in einem Land zu einem Importeur in einem anderen Land zu übermitteln;
- Sendungsdaten von einer Zollverwaltung zu einer anderen zu übermitteln;
- Daten von einer Zollbehörde zu anderen Regierungsstellen und/oder beteiligte Verwaltungen zu übermitteln;
- Daten von einem Anmelder an die entsprechende Datensammelstelle zu übermitteln, um Angaben über die Bewegung von Waren zwischen statistischen Erhebungsgebieten zu machen.

2. Grundsätzliches

Diese Nachricht beinhaltet die notwendigen Transport-, Statistik- und Zoll-Informationen. Dabei wurde auch berücksichtigt, daß entsprechende geschäftliche Informationen, die vom Zoll anstelle notwendiger Dokumente akzeptiert werden können, einbeziehbar sind.

Die angewandten Entwicklungsgrundsätze erlauben den Bezug auf ein oder mehrere Geschäftsdokumente, die zu derselben Anmeldung gehören, sowie die Zusammenfassung mehrerer Dokumentenzeilen zu einer Zollposition. Eine Zollposition enthält die Zusammenfassung der Dokumentenzeilen, die dieselben Zollcharakteristika (z. B. Warennummer, Verwendungszweck usw.) aufweisen. Dementsprechend erlaubt die Nachricht die Verwendung von Einzel- oder Sammelsendungs-Konzepten und ihre Zuordnung zu einer Zollposition.

7.2 Konnossemente und verwandte Dokumente

7.2.1 Charakterisierung

Charakterisierung und Beteiligte

- Das Konnossement (Bill of Lading) ist das maßgebliche Transportdokument des **Seefrachtverkehrs** (wogegen der Seefrachtbrief nur eine untergeordnete Bedeutung erlangt hat). Das Konnossement ist eine Urkunde mit Wertpapiereigenschaft, die vom Verfrachter oder dessen Agent ausgestellt wird. **Verfrachter** ist die Reederei bzw. der Schiffseigentümer (Anmerkung: Im Binnenschiffahrtsverkehr wird von Frachtführer gesprochen).

- Der **Exporteur** (bzw. der beauftragte Spediteur), der den Frachtvertrag mit der Reederei abschließt und dieser die Güter übergibt, wird im Zusammenhang mit Konnossementen mit dem Ausdruck "Ablader", "Ablieferer", "Befrachter" oder "Verlader" belegt.
- Die **Beteiligten des Konnossements**, ihre Bezeichnungen und ihre maßgeblichen **Funktionen** sind in **Abbildung 7-03** dargestellt.

Rechtsgrundlage, Inhalt, Traditionsfunktion

- Das **deutsche Recht** regelt das Konnossement im Rahmen des Fünften Buches „Seehandel" im **HGB** (§§ 476 bis 905), schwerpunktmäßig in den **§§ 642 ff**. Speziell zum Inhalt von Konnossementen siehe §§ 643 ff. HGB.
- Das Konnossement enthält die Bestätigung der Reederei über den **Empfang der Güter zur Beförderung** (Übernahmekonnossement; vgl. § 642 Abs. 5 HGB) bzw. **Verladung der Güter auf Schiff** (Bordkonnossement; vgl. § 642 Abs. 1 HGB). Vor allem aber verbrieft das Konnossement die Verpflichtung der Reederei zur **Auslieferung der Waren**. Dies ist ein selbständiger schuldrechtlicher **Anspruch** des Berechtigten (Legitimierten) an den Verfrachter (an die Reederei), der die Wertpapiereigenschaft des Konnossements begründet.
- **Traditionsfunktion**: Das Konnossement ist ein Wertpapier mit Traditionsfunktion. Die Übergabe des Konnossements an den im Konnossement auszuweisenden Berechtigten ersetzt die körperliche Übergabe der (auf See befindlichen) Güter: Der legitimierte Inhaber des Konnossements wird Eigentümer der Güter. Dies trifft sowohl beim Rektakonnossement (mit Übergabe des Konnossements an den namentlich ausgewiesenen Begünstigten; vgl. §§ 647 und 648 Abs. 1 HGB) als auch beim Orderkonnossement (mit Übergabe des Konnossements an den durch eine lückenlose Indossamentenkette als berechtigt Ausgewiesenen; vgl. § 648 Abs. 1 HGB) zu.

  Die Traditionsfunktion des Konnossements ist in § 650 HGB definiert: *„Die **Übergabe des Konnossements** an den, der durch das Konnossement zur Empfangnahme legitimiert wird, hat, sobald die Güter von dem Kapitän oder einem anderen Vertreter des Verfrachters zur Beförderung übernommen sind, **für den Erwerb von Rechten an den Gütern dieselben Wirkungen wie die Übergabe der Güter**"* (Hervorhebungen durch den Verfasser).
- Die Traditionsfunktion des Konnossements in Verbindung mit der Legitimationsfunktion ermöglicht es, das Konnossement als Instrument der **Zug-um-Zug-Abwicklung** "Dokumente gegen Zahlung bzw. gegen Zahlungsversprechen" einzusetzen:
  - Bei **Dokumenteninkassi** wird dem Importeur das Konnossement nur ausgehändigt, wenn er im Gegenzug bezahlt bzw. einen Wechsel akzeptiert.
  - Im Rahmen von **Dokumentenakkreditiven** erhält der begünstigte Exporteur nur Zahlung, wenn er unter anderem das Konnossement als Beweisurkunde für den vollzogenen Versand der Ware vorlegt und - über die eingeschalteten Kreditinstitute - dem Importeur das Konnossement zur Verfügung stellt.

  In der obigen Abbildung ist dieser Zusammenhang dargestellt.

Kreditsicherheit, Legitimationsfunktion

- **Kreditsicherheit**: Die Wertpapiereigenschaft des Konnossements begründet die Eignung des (Order-)Konnossements als Kreditsicherheit: Die verbrieften Rechte, insbe-

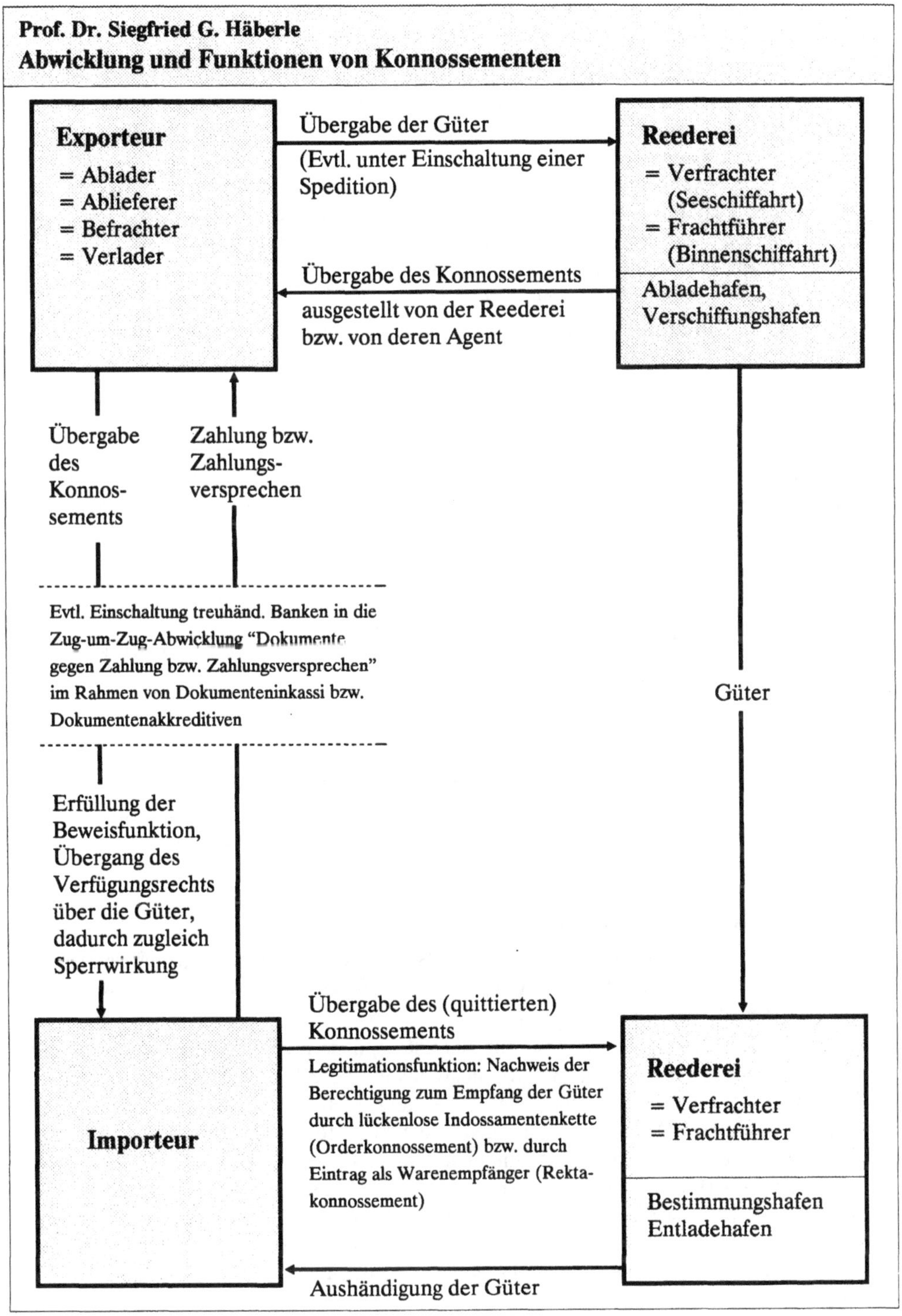

Abbildung 7-03

sondere der Anspruch auf Auslieferung der Waren, können auf die **kreditgewährende Bank** oder auf einen anderen, das Geschäft finanzierenden Dritten übertragen werden.

- **Legitimationsfunktion**: Zur Aushändigung der Waren hat der durch das Konnossement legitimierte Empfänger dem Verfrachter das **Konnossement vorzulegen** und (quittiert) **zurückzugeben**. Im HGB ist dazu ausgeführt: „*Zur Empfangnahme der Güter legitimiert ist der, an den die Güter nach dem Konnossement abgeliefert werden sollen oder auf den das Konnossement, wenn es an Order lautet, durch Indossament übertragen ist*" (§ 648 Abs. 1 HGB). „*Die Güter brauchen nur gegen Rückgabe einer Ausfertigung des Konnossements, auf der ihr Ablieferung bescheinigt ist, ausgeliefert zu werden* (§ 653 HGB). „*Sind mehrere Ausfertigungen ausgestellt, so sind die Güter an den legitimierten Inhaber auch nur einer Ausfertigung auszuliefern*" (§ 648 Abs. 2 HGB).

  Hinweis: In **Abbildung 7-03** ist die Legitimationsfunktion im Verhältnis zwischen dem Importeur und der Reederei dargestellt.

Hinweis

Einzelheiten zu den Exportdokumenten bei der Akkreditivabwicklung – und speziell zu den Konnossementen – siehe Kapitel „**2 Dokumentenakkreditive: Erläuterungen zur Kontrolle der Dokumente bei der Abwicklung**".

7.2.2 Inhalte von Konnossementen mit Exkursen zu den Konnossementarten nach ihrer Übertragbarkeit

Abbildung

Die maßgeblichen **Merkmale eines Konnossements** können der **Abbildung 7-04** entnommen werden. Diese Merkmale sind in den anschließenden Ausführungen hinsichtlich ihrer praktischen und rechtlichen Bedeutung untersucht. Die **Ziffern** im Text korrespondieren mit den Ziffern im abgebildeten Konnossement.

Aussteller des Konnossements (1)

- **Berechtigte**: Aussteller eines Konnossements kann die **Reederei** (carrier) selbst, der Kapitän oder deren **Beauftragter (Agent)** sein, z.B. ein Schiffsmakler, ein Reedereiagent oder eine Spedition.

  Ist das Dokument von einem **Spediteur** ausgestellt, dann muß eindeutig erkennbar sein, daß dies ein zur Ausstellung von Konnossementen berechtigter Spediteur ist, der als Frachtführer oder als Agent eines namentlich genannten Frachtführers (einer Reederei) handelt. In eigenem Namen und für eigene Rechnung stellen die Spediteure (neben den Reedereien) beispielsweise das Multimodale Konnossement (Multimodal Transport Bill of Lading) aus (Einzelheiten siehe Abschnitt "7.2.3.7 Kombinierte/Multimodale Transportdokumente"). Ist diese Bedingung nicht erfüllt, dann haben die Banken ein solches Dokument bei der Abwicklung von Dokumentenakkreditiven, sofern nichts anderes vorgeschrieben ist, als nicht akkreditivkonform zurückzuweisen (vgl. z.B. Art. 23 a. ERA).

INTERNATIONAL OCEANCARGO INC.

BILL OF LADING

SHIPPER / EXPORTER	BOOKING NO. / EXPORT REFERENCES
DMEZ Deutsche-Maschinen-Export-Zentrale GmbH & Co. KG. Bornweg 18-22 2000 Hamburg 15 ③	BOOKING NO.: 21562235 EXPORT REFERENCES: 21562235

CONSIGNEE	FORWARDING AGENT – REFERENCES / POINT AND COUNTRY OF ORIGIN
To the order of: Machines Import Inc. 50, 306th Street New York, N.Y. 23509 ④	FORWARDING AGENT – REFERENCES: 456/21/10/9 POINT AND COUNTRY OF ORIGIN: Hamburg / Germany

NOTIFY PARTY	DOMESTIC ROUTING / EXPORT INSTRUCTIONS
International Customs House Broker and Forwarding Company 2582, 702nd Avenue New York, N.Y. 50254 ⑤	
PIER	

EXPORTING CARRIER (Vessel)	PORT OF LOADING	ONWARD INLAND ROUTING
Sealink Star ⑥	Hamburg ② ⑥	
PORT OF DISCHARGE: New York ⑥	FOR TRANSSHIPMENT TO	

PARTICULARS FURNISHED BY SHIPPER

MARKS AND NUMBERS	NO. OF PKGS.	DESCRIPTION OF PACKAGES AND GOODS	GROSS WEIGHT	MEASUREMEN
		Said to contain: ⑦		
Machines Import Inc. P.O. No. 304 Case No. 1-3 New York Made in Germany	3 Cases =======	Blow moulding machines Shipped on board ⑪ Oceanfreight prepaid at Hamburg ⑨ " M U S T E R " ===============	5104,0 ====== kg	30,512 ====== cbm

FREIGHT CHARGES PAYABLE AT: Hamburg ⑨

Received by INTERNATIONAL OCEANCARGO INC. for shipment by ocean vessel between port of loading and port of discharge, and for arrangement or procurement of pre-carriage from place of receipt and on-carriage to place of delivery, where stated above, the goods as specified above in apparent good order and condition unless otherwise stated. The goods to be delivered at the above mentioned port of discharge or place of delivery, whichever applicable, subject always to the exceptions, limitations, conditions and liabilities set out on the reverse side hereof, to which the Shipper and/or Consignee agree to accepting this Bill of Lading. ⑧

IN WITNESS WHEREOF 3/Three original Bills of Lading have been signed, not otherwise stated above, one of which being accomplished the others shall be void. ⑩

DATED AT PORT OF LOADING SHOWN ABOVE

INTERNATIONAL OCEANCARGO INC.

① By International Oceancargo Deutschland GmbH AGENT FOR THE MASTER

B/L NO.	MO.	DAY	YEAR
80505-E	10	02 ②	19..

OCEAN FREIGHT CHARGED ON	PREPAID	COLLECT
@ PER		
@ PER		
@ PER		
@ PER		
@ PER		
@ PER		
@ PER		
@ PER		
TOTAL CHARGES		

Abbildung 7-04

- **Haftung**: Der Aussteller haftet für die **Richtigkeit des Konnossements** (vgl. Zahn u.a. 1986: S. 164, Rdn 2/243); allerdings sind einige Einschränkungen zu beachten, so zum Beispiel bei den Angaben über die Güter (vgl. §§ 645 ff. HGB).
- **Unterschrift**: Ob ein Konnossement vom Aussteller **handschriftlich** unterschrieben sein muß oder ob für die Rechtswirksamkeit eine Unterschrift in **Faksimile** genügt, hängt von dem am Ausstellungsort gültigen Landesrecht ab. Die Art der Unterschrift des Ausstellers ist insbesondere bei der Frage relevant, ob ein Konnossement mit Faksimileunterschrift die **Akkreditivbedingungen** zu erfüllen vermag. In den ERA ist dies mit der Formulierung "... unterzeichnet oder in anderer Weise authentisiert zu sein scheint ..." (Art. 23 a. ERA) bejaht, es sei denn, daß in der Akkreditivbedingung ausdrücklich eine handschriftlich vollzogene Ausstellerunterschrift des Konnossements verlangt ist.

Ausstellungstag und Ausstellungsort (2)

Im Zusammenhang mit Dokumentenakkreditiven sind hinsichtlich des Ausstellungstages des Konnossements die folgenden Daten bzw. Fristen zu beachten:

- **Spätestes Verladedatum**: In Kaufverträgen, aber auch in den **Akkreditivbedingungen**, ist häufig ein **spätestes Verladedatum** vereinbart bzw. auferlegt. Zur Erfüllung des Kaufvertrags ebenso wie zur Benutzung des zu seinen Gunsten eröffneten Akkreditivs hat der Exporteur streng darauf zu achten, daß dieses späteste Verladedatum nicht überschritten ist.

  Liegt eine **Überschreitung** dieses Datums vor, dann ist der Importeur – was die Erfüllung des Kaufvertrags anlangt – zur Abnahme der Waren nicht mehr verpflichtet. Ebenso haben die in die Akkreditivabwicklung eingeschalteten Banken ein solches Dokument zurückzuweisen und die Auszahlung bzw. eine andere vereinbarte Akkreditivleistung an den Akkreditivbegünstigten (Exporteur) zu verweigern.

  Den Nachweis des Verladetags führt der Exporteur mit den im Konnossement enthaltenen Daten, z.B. Datum des An-Bord-Vermerks, Ausstellungstag des Konnossements usw. (zur genauen Bestimmung des Ausstellungsdatums und anderer Daten in Konnossementen vgl. Art. 23 a. sowie Art. 46 und 47 ERA).
- **Vorlegungsfrist**: Ausgehend vom Verladetag des Konnossements (bzw. anderer Transportdokumente) sollte in Akkreditiven ein **spätester Zeitpunkt für die Vorlegung** dieses und der weiteren Dokumente bei der Gültigkeitsstelle aufgenommen sein. Ist eine derartige Frist nicht festgesetzt, weisen Banken Dokumente zurück, die ihnen später als 21 Tage nach dem Verladedatum des Transportdokuments vorgelegt werden (vgl. Art. 43 a. ERA).

  Durch diese Fristsetzung im Akkreditiv soll u.a. erreicht werden, daß dem Berechtigten (Importeur) das Konnossement, das er zum Nachweis seiner Empfangsberechtigung benötigt, vor Ankunft der Ware im Bestimmungshafen vorliegt.

Ablader (Ablieferer, shipper) (3)

Der Ablader erteilt dem Verfrachter alle Weisungen zur Gestaltung des Frachtvertrags. Ist im Konnossement **kein (Waren-)Empfänger** (consignee) eingetragen, sondern statt dessen nur eine **Orderklausel** ("an Order") aufgenommen, dann bleibt der Ablader der Berechtigte aus dem Konnossement. Der Ablader hat bei Weitergabe eines solchen Orderkonnossements das erste Indossament (im allgemeinen als Blankoindossament) anzubringen (Einzelheiten siehe folgende Ausführungen).

(Waren-)Empfänger (consignee), zugleich Festlegung von Rekta- oder Orderkonnossement (4)

Die Angabe des Warenempfängers, die in Verbindung mit der Eintragung einer sog. Orderklausel erfolgen kann, bestimmt den **Rechtscharakter** eines Konnossements. Grundsätzlich bestehen drei **Alternativen**:

- Die (bloße) **Angabe des** Namens des **Empfängers** ohne Ordervermerk. Es liegt dann ein Rekta(Namens)Konnossement vor.
- Die **Angabe des** Namens des **Empfängers** mit dem Zusatz **"oder (dessen) Order"** o.ä. Dies ist ein Orderkonnossement, dessen verbrieften Rechte ausschließlich vom angegebenen Empfänger durch Indossament übertragen werden können.
- **Keine Angabe des Empfängers,** sondern lediglich der Vermerk **"an Order"** o.ä. (sog. Orderklausel) im Empfängerfeld. Diese Orderklausel definiert das Konnossement ebenfalls als Orderkonnossement, dessen verbriefte Rechte mangels Empfängerangabe dem Ablader zustehen. Der Ablader hat bei Übertragung des Konnossements das erste Indossament anzubringen.

7.2.2.1 Exkurs: Rekta-(Namens-)Konnossement

Charakterisierung

Wird der **Empfänger** (consignee) **ohne** ausdrücklichen **Ordervermerk** aufgeführt, dann liegt ein Rektakonnossement vor (vgl. auch § 647 HGB). Zu beachten ist in diesem Zusammenhang auch: *„Das Konnossement kann auch auf den Namen des Verfrachters oder des Kapitäns als Empfänger lauten"* (§ 647 Abs. 2 HGB).

Der Anspruch auf Auslieferung der Güter steht beim Rektakonnossement ausschließlich dem bezeichneten Warenempfänger zu. Dieser Rechtsanspruch kann vom Begünstigten (Empfänger) nur durch **Abtretungserklärung** auf einen Dritten übertragen werden, nicht aber durch Indossament.

Bedeutung

Wegen der umständlichen Übertragbarkeit der verbrieften Rechte, die ausschließlich vom eingetragenen Empfänger ausgehen muß, ist das **Rektakonnossement** zur Absicherung der Zahlung, aber auch als Kreditinstrument, **wenig geeignet**. Es kommt deswegen in der Praxis selten vor.

7.2.2.2 Exkurs: Orderkonnossemente

Rechtsgrundlagen im HGB

- *„Auf Verlangen des Abladers ist das Konnossement, wenn nicht das Gegenteil vereinbart ist, an die **Order des Empfängers** oder **lediglich an Order** zu stellen. Im letzteren Fall ist unter der Order die Order des Abladers zu verstehen"* (§ 647 Abs. 1 HGB; Hervorhebungen durch den Verfasser).

- Auch im Zusammenhang mit Orderkonnossementen ist zu beachten: „*Das Konnossement kann auch auf den Namen des **Verfrachters** oder des **Kapitäns als Empfänger** lauten*“ (§ 647 Abs. 2 HGB).
- „*Zur Empfangnahme der Güter legitimiert ist der, ... auf den das Konnossement, wenn es an Order lautet, **durch Indossament übertragen** ist*“ (§ 648 Abs. 1 HGB).

7.2.2.2.1 Exkurs: Orderkonnossement mit Empfängerangabe und mit Orderklausel

Charakterisierung

Nur durch den **ausdrücklichen Zusatz "oder (dessen) Order"**, "to the order of" o.ä. beim Namen des Empfängers wird das Konnossement zum Orderwertpapier. Fehlt eine solche Orderklausel, dann liegt ein Rektakonnossement vor.

Das Konnossement ist folglich kein "geborenes" Orderwertpapier, also kein Orderwertpapier kraft Gesetz, sondern ein **"gekorenes" Orderwertpapier** kraft ausdrücklich aufgenommener Orderklausel. Die Aufnahme der Orderklausel in das Konnossement kann der Ablader vom Verfrachter (von der Reederei bzw. von deren Agenten) verlangen.

Orderkonnossemente werden durch **Indossament** übertragen.

Beurteilung

- **Beurteilung durch den Exporteur:** Orderkonnossemente, in denen der **Importeur als Empfänger** eingetragen ist, haben für den Exporteur den Nachteil, daß damit die im Konnossement verbrieften Rechte, insbesondere das Verfügungsrecht über die Waren, ausschließlich dem Importeur zustehen. Im Falle der Übertragung des Konnossements hat der **Importeur** das erste **Indossament** auf dem Konnossement anzubringen. Dies schafft dem Exporteur beispielsweise dann Probleme, wenn er ein derartiges Konnossement als Sicherheit zur Erlangung eines Bankkredits benötigt oder die Rechte an der schwimmenden Ware anderweitig weitergeben will. Der Exporteur müßte bei einem Konnossement, das an die Order des Importeurs gestellt ist, dessen Indossierung erreichen, was nicht nur umständlich, sondern vor allem auch vom Einverständnis und von der Vollzugshandlung des Importeurs abhängig ist. Nur wenn der Exporteur noch in der Lage ist, alle Ausfertigungen eines solchen Konnossements dem Kapitän vorzulegen, sind ihm Verfügungen über Waren ohne Indossierung des Konnossements durch den Importeur möglich; siehe dazu § 654 Abs. 1 HGB, der im folgenden Abschnitt 7.2.2.2.2 zitiert ist.
- **Beurteilung durch den Importeur:** Für den Importeur verbleibt durch diese Norm, die für alle Orderkonnossement gilt, die erwünschte Sperrfunktion des Konnossements: Sobald er selbst oder eine von ihm in die Zahlung eingeschaltete Bank das Konnossement in Händen hält, ist der Ablader von der Möglichkeit, (andere) Anweisungen an den Kapitän wegen Rückgabe oder Auslieferung der Güter „abgesperrt“.

7.2.2.2.2 Exkurs: Orderkonnossement ohne Empfängerangabe, aber mit Orderklausel

Charakterisierung

Im Feld der Empfängerangabe (consignee) werden **an der Stelle des Empfängers** die Worte **"an Order"** oder eine ähnliche Orderklausel eingetragen. Diese Orderklausel bewirkt, daß die Rechte des Konnossements dem **Ablader** zustehen, die dieser durch **Indossament** auf Dritte übertragen kann.

Dispositionsfunktion/Sperrfunktion

Solange der **Ablader** ein solches Orderkonnossement in Händen hält, ist es ihm möglich, den **Frachtvertrag** ohne Zustimmung des Importeurs **abzuändern**, insbesondere Weisung zu erteilen, die Waren anzuhalten, zurückzubeordern oder einem Dritten auszuhändigen. Der Ablader behält somit das **Dispositionsrecht** über die Ware.

Umgekehrt vermag ein Orderkonnossement auch ohne Empfängerangabe eine den Importeur sichernde **Sperrwirkung** zu entfalten: Sobald der Ablader das Konnossement dem Importeur bzw. einer von diesem beauftragten Bank mit Indossament übergibt, sind **Dispositionen des Abladers** über die Waren bzw. über die verbrieften Rechte **ausgeschlossen**. In § 654 Abs. 1 HGB ist dies allgemeingültig für alle Orderkonnossemente geregelt: *„Ist ein an Order lautendes Konnossement ausgestellt, so darf der Kapitän den Anweisungen des Abladers wegen Rückgabe oder Ausfertigung der Güter nur dann Folge leisten, wenn ihm die sämtlichen Ausfertigungen des Konnossements zurückgegeben werden"* (§ 654 Abs. 1 HGB).

Die für Dokumenteninkassi und Dokumentenakkreditive wesensbestimmende Zug-um-Zug-Abwicklung "Dokumente gegen Zahlung bzw. Zahlungsverpflichtung" ist demzufolge nicht nur mit Rektakonnossementen, sondern ebenso mit Orderkonnossementen (auch ohne Empfängerangabe) möglich.

Blankoindossament

Im allgemeinen bringt der im Ordervermerk ausgewiesene Berechtigte ein Blankoindossament auf dem Konnossement an. Damit bleiben dem Berechtigten nicht nur die verschiedenen **Verwendungsmöglichkeiten** offen, sondern das Orderkonnossement wird durch ein Blankoindossament praktisch auch zu einem **Inhaberpapier**: Solange das Blankoindossament des Abladers nicht zu einem Vollindossament vervollständigt wird, bewirkt allein die Übergabe des mit einem Blankoindossament versehenen Orderkonnossements die Übertragung der verbrieften Rechte, insbesondere die Übertragung des Anspruchs auf Herausgabe der Ware. Jeder Inhaber eines blankoindossierten Orderkonnossements kann dieses formlos, d.h. ohne ein eigenes Indossament unter Belassung des Blankoindossaments des Abladers weitergeben. Ein Orderkonnossement mit Blankoindossament des Abladers (oder das Blankoindossament eines späteren Berechtigten, der das Konnossement von seinem Vormann mit einem Vollindossament erhalten hat) kann beispielsweise einer Bank als Kreditsicherheit übergeben werden, ohne daß dieser Vorgang aus dem Konnossement erkennbar wird.

Abbildung

In der **Abbildung 7-05** sind die **Konnossementarten nach der Übertragbarkeit der verbrieften Rechte** unterteilt.

Ende der Exkurse

Prof. Dr. Siegfried G. Häberle
Übersicht über die Konnossementarten nach der Übertragbarkeit der verbrieften Rechte

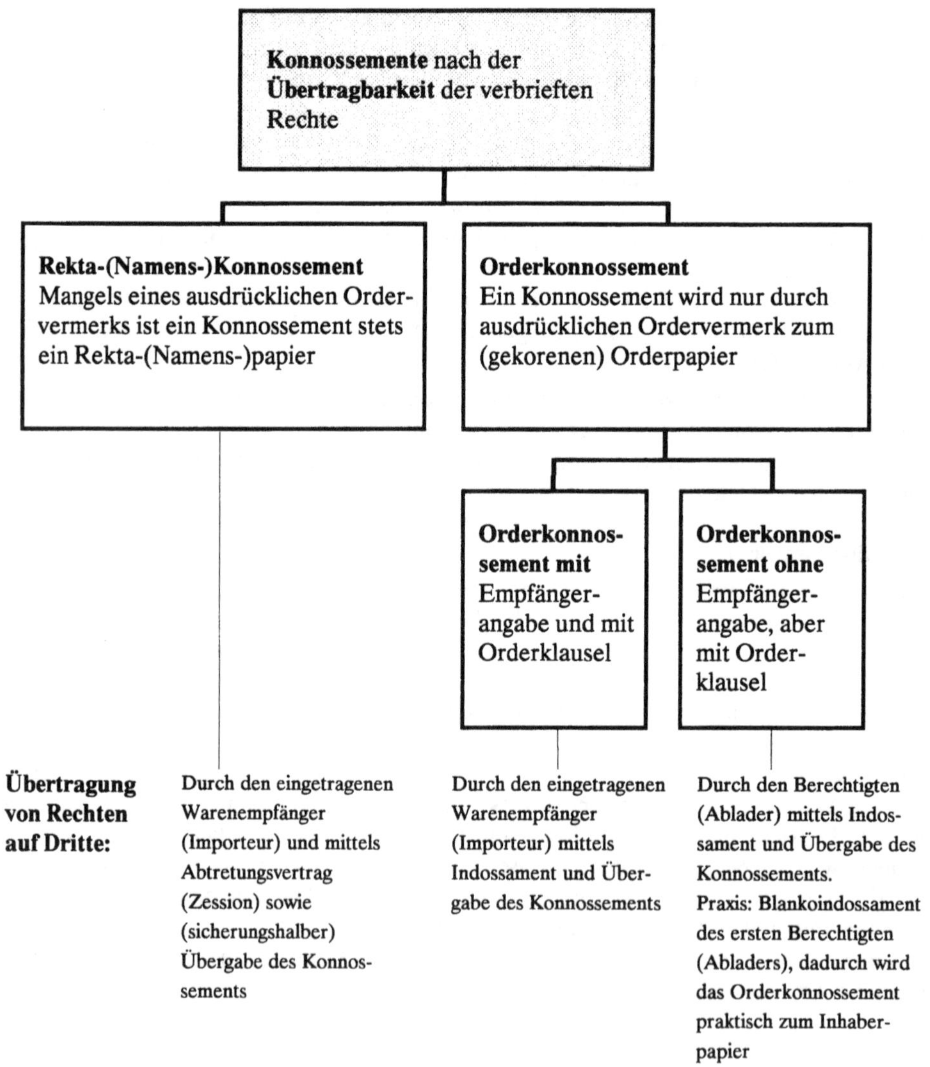

Abbildung 7-05

Benachrichtigungsadresse (notify adress) (5)

Eine Benachrichtigungsadresse (notify, notify adress) kann auf **Weisung des Abladers** in das Konnossement aufgenommen werden:

- Bei Konnossementen, die **ohne Empfängerangabe an Order** gestellt sind (Konnossemente, bei denen im Empfängerfeld lediglich der Vermerk "an Order" steht), ist es zweckmäßig, als Benachrichtigungsadresse die **Anschrift des Importeurs** einzutragen. Für den Fall, daß die Ware im Bestimmungsland ankommt, bevor der Importeur das Konnossement zum Nachweis seiner Empfangsberechtigung in Händen hält (z.B. wegen verzögerter Abwicklung eines Dokumenteninkassos oder Dokumentenakkreditivs), wird dieser vom Frachtführer von der Ankunft der Waren benachrichtigt. Eventuell wird der Importeur seine Empfangsberechtigung sodann durch eine Konnossementsgarantie nachzuweisen suchen, um die kostspielige Einlagerung und Versicherung der Waren bis zum Vorliegen des Konnossements zu vermeiden.
- Bei Konnossementen, die **mit Empfängerangabe an die Order des Importeurs** gestellt sind, kann - nach Absprache mit dem Importeur - als Benachrichtigungsadresse der **Spediteur des Importeurs** im Bestimmungshafen eingetragen werden, der im Benachrichtigungsfall seinerseits den Importeur zu benachrichtigen und dessen Weisungen auszuführen hat.
- Bei den selten vorkommenden **Rektakonnossementen**, die auf den Namen des Warenempfängers lauten, ist ebenfalls die Angabe des vom Importeur beauftragten **Spediteurs im Bestimmungshafen** als Benachrichtigungsadresse naheliegend.

Grundsätzlich ist es möglich, **mehrere Notifyadressen** anzugeben, z.B. die eigene Adresse und die Adresse des Spediteurs (vgl. Commerzbank AG, Import-Akkreditive, 1989: S. 21).

Name des Schiffs (ocean vessel), (Ab-)Ladehafen (port of loading), Entladehafen (port of discharge) (6)

- **Funktionen**: Diese Kriterien dienen der näheren Bestimmbarkeit der Abwicklung des **Frachtvertrags** und sind zur Sicherheit der Beteiligten teilweise Gegenstand des **Kaufvertrags**. Die Commerzbank weist allerdings darauf hin, daß im Kaufvertrag Bedingungen vereinbart sein können, die durch das Konnossement selbst nicht nachgewiesen werden können, so z.B. die Benutzung eines Schiffs, das ein festgelegtes Alter nicht übersteigen darf oder das unter einer bestimmten Flagge fahren soll. In diesen Fällen ist im Kaufvertrag ein zusätzliches Dokument und dessen Aussteller vorzuschreiben (vgl. Commerzbank AG, Import-Akkreditive, 1989: S. 21).
- **Ladehafen**: Am (Ab-)Ladehafen werden die **Güter** vom Ablader dem **Verfrachter übergeben**.
- **Entladehafen**: Entladehafen (Bestimmungshafen) ist der **Ort der Entladung** bzw. der Ort, an dem Weisung über den Entladehafen einzuholen ist.

  Vom angegebenen Entladehafen kann der Kapitän **abweichen**, wenn ihn ein entsprechender Vermerk im Konnossement dazu berechtigt. Beispielsweise bedeutet die sog. Caspiana-Klausel im Konnossement, "...daß dem Kapitän die Befugnis eingeräumt ist, die Waren bei einer durch höhere Gewalt bedingten Unmöglichkeit der Löschung in dem im Konnossement angegebenen Bestimmungshafen in einem anderen als dem ausbedungenen Hafen zu löschen" (Eisemann/Eberth 1979: S. 112, Fußnote 147). Ein Konnossement mit einem derartigen Vermerk gilt bei Akkreditiven als aufnahmefähig (Zahn u.a. 1986: S. 179, Rdn 2/269).

Bezeichnung sowie äußerliche Verfassung und Beschaffenheit der Güter (7) (8)

- **Angaben über die Güter** (Rechtsgrundlagen):

  In den §§ 645 und 646 HGB sind die Angaben über die Güter geregelt.

  § 646 HGB:

  „(1) Maß, Zahl und Gewicht der Güter, ihre Merkzeichen sowie ihre äußerlich erkennbare Verfassung und Beschaffenheit sind auf Verlangen des Abladers im Konnossement so anzugeben, wie sie der Ablader vor dem Beginn des Einladens schriftlich mitgeteilt hat.

  (2) Dies gilt nicht:

  1. für solche Merkzeichen, die nicht auf den Gütern selbst oder im Fall der Verpackung auf deren Behältnissen oder Umhüllungen aufgedruckt oder in anderer Weise derart angebracht sind, daß sie unter gewöhnlichen Umständen bis zum Ende der Reise lesbar bleiben;

  2. wenn der Verfrachter Grund zu der Annahme hat, daß die Angaben des Abladers ungenau sind, oder wenn er keine ausreichende Gelegenheit hat, diese Angaben nachzuprüfen."

  § 647 HGB:

  „Im Fall des § 645 Abs. 2 kann das Konnossement die Angabe des Abladers wiedergeben, wenn es einen entsprechenden Zusatz enthält."

  Eine detaillierte Warenbeschreibung, wie sie im Kaufvertrag und in der Handelsrechnung enthalten ist, erfordert das Konnossement nicht. Vielmehr genügt im Regelfall eine eher allgemein gehaltene Warenbezeichnung.

- **Äußere Verfassung:**

  Der Ausweis eines mangelfreien Zustandes der Waren und/oder der Verpackung im Konnossement ist von großer praktischer Bedeutung: Die Banken weisen gem. Art. 32 ERA Transportdokumente zurück, die Klauseln oder Angaben über einen mangelhaften Zustand der Waren und/oder der Verpackung enthalten, es sei denn, daß die Akkreditivbedingungen ausdrücklich und genau definierte Zugeständnisse ermöglichen.

- **„Reines" Konnossement**: Ein Konnossement, das **keine Angaben** oder Vermerke **über einen mängelbehafteten Zustand** der Güter und/oder der Verpackung bzw. eine Bestätigung über den mängelfreien Zustand der Güter enthält, wird als "rein" ("clean") bezeichnet. Die im Konnossement regelmäßig vorgedruckte Formulierung lautet beispielsweise: "shipped in apparent good order and condition, unless otherwise stated herein, on board the above ocean vessel" (bei Bordkonnossementen) bzw. "received in apparent good order and condition (unless otherwise stated herein) the abovementioned goods for transportation..." (bei Übernahmekonnossementen).

  Zu beachten ist, daß im Transportgewerbe zum Teil die Auffassung vertreten wird, daß nur Bordkonnossemente (einschließlich Übernahmekonnossemente, in die später ein "on board-Vermerk" aufgenommen wurde) als "rein" anzusehen sind. Diese Auffassung wird zum einen damit begründet, daß bei Übernahmekonnossementen spätere Beschädigungen der Ware bei Verladung an Bord nicht auszuschließen sind. Zum anderen gründet sich diese Meinung auf die Erfahrung, daß sich bei Mittelmeerfahrten in den Konnossementen sog. "free in/out"-Vermerke finden, die unverstaute Waren bzw. nachzuzahlende Stauung bedeuten und ein Konnossement damit "unrein" machen.

- **Fehlender Vermerk**: Klenke gibt zu bedenken, daß bei Fehlen eines Vermerks über die äußerlich erkennbare Beschaffenheit der Ware nicht (zwingend) darauf geschlossen werden darf, daß die Güter in guter Verfassung übernommen worden sind (vgl. Klenke 1983: S. 84). Deswegen wird der Importeur die Aufnahme eines **Vermerks**, der das **Konnossement als rein ausweist**, z.B. "auf Schiff verladen (evtl. lediglich übernommen) in äußerlich guter Verfassung", "...in apparent good order and condition" o.ä. ausdrücklich im **Kaufvertrag** durchsetzen sowie in die Akkreditivbedingungen aufnehmen lassen. Auf dieser Grundlage ist die Zurückweisung "unreiner" Konnossemente dann leicht möglich.
- **Abgrenzungsprobleme**: Anzumerken bleibt jedoch, daß es in der Praxis oft schwierig ist, **zwischen "reinen" und "unreinen" Konnossementen abzugrenzen** (vgl. Eisemann/Eberth 1979: S. 113 f. sowie Zahn u.a. 1986: S. 178, Rdn 2/268). Solche Abgrenzungsprobleme entstehen beispielsweise durch Vermerke (Klauseln) im Konnossement, die einerseits als Einschränkung der äußerlich guten Verfassung der Waren interpretiert werden können, andererseits aber handelsüblich sind (z.B. bei Holz, Stahl und Eisenlieferungen, vgl. Eisemann/Eberth 1979: S. 113f.; Zahn u.a. 1986: S. 178, Rdn 2/267).

  Die **Internationale Handelskammer Paris** hat in ihrer Publikation "The Problem of Clean Bills of Lading" derartige handelsübliche Klauseln zusammengestellt. Diese Zusammenstellung vermag im Einzelfall Hilfestellung bei der Entscheidung darüber zu geben, ob ein Konnossement als "rein" oder "unrein" einzustufen ist. Diese (nachträglichen) Abgrenzungsprobleme können vermieden werden, wenn der Exporteur und der Importeur bereits im Kaufvertrag und - falls Zahlung mit Akkreditiv vereinbart ist - in den Akkreditivbedingungen eindeutig definieren, welche (handelsüblichen) Vermerke (Klauseln) das Konnossement aufzuweisen hat.

Frachtkosten (9)

- **Verteilung**: In das Konnossement ist ein Vermerk bezüglich der Übernahme und ggf. der Zahlung der Frachtkosten aufzunehmen. In Übereinstimmung mit den Vereinbarungen im Kaufvertrag kann die Fracht vom **Ablader** (Exporteur) - eventuell im voraus - oder aber vom **Empfänger**, z.B. bei Ankunft des Dampfers, zu zahlen sein ("prepaid" oder "collect").

  Zum Containerverkehr ist allerdings anzumerken, daß es in vielen Frachtgebieten noch offen ist, wer die früher in der Fracht enthaltenen Staukosten "terminal handling charges" bezahlt.
- **Vermerk**: Ein Vermerk über die erfolgte Zahlung der Fracht kann im Konnossement durch **Stempelaufdruck** oder anderweitig ausgewiesen sein. In jedem Fall muß Eindeutigkeit darin bestehen, daß die **Fracht** tatsächlich **(voraus)bezahlt** ist. Erscheinen im Konnossement dagegen die Worte "Fracht vorauszahlbar" ("freight prepayable") oder "Fracht im voraus zu zahlen"("freight to be prepaid") o.ä., dann werden diese gem. Art. 33 c. ERA nicht als Nachweis der erfolgten Frachtzahlung anerkannt.

Anzahl der Ausfertigungen (10)

- **Originale/voller Satz**: Auf Weisung des Abladers (Exporteur bzw. die von ihm beauftragte Spedition) werden von der Reederei bzw. von deren Agent **mehrere Ausfertigungen** des Konnossements erstellt und dem Ablader ausgehändigt. Die Zahl der ausgestellten Ausfertigungen ist im Konnossement enthalten. Diese Vorschrift findet bei der inhaltlichen Definition eines Konnossements im HGB ebenso (vgl. § 643 Ziffer 11.

HGB) wie in § 642 Abs. 2 HGB: *„Alle Ausfertigungen des Konnossements müssen gleichlautend sein; in ihnen muß angegeben sein, wie viele Ausfertigungen ausgestellt sind."*

Die einzelnen Ausfertigungen werden meist mit dem Stempel oder mit dem Aufdruck **"Original"** versehen. In allen Ausfertigungen ist die Anzahl der insgesamt ausgestellten Originale zu vermerken. Alle Ausfertigungen zusammen - im allgemeinen zwei oder drei - werden als **voller Satz** bezeichnet.

Von einem Konnossement werden deswegen mehrere Originale erstellt, weil dadurch die Folgen eines möglichen Verlustes begrenzt werden sollen. Konsequenterweise werden diese Ausfertigungen von den in die Zahlungsabwicklung **eingeschalteten** Banken oft in getrennten Sendungen weitergegeben.

- Geltendmachung der Ansprüche:
  - **Durch ein Original**: Der legitimierte Inhaber kann den Anspruch auf Aushändigung der Güter mit einem **einzelnen Original** des Konnossements geltend machen. In § 648 Abs. 2 ist festgelegt: *„Sind mehrere Ausfertigungen des Konnossements ausgestellt, so sind die Güter an den legitimierten Inhaber auch nur einer Ausfertigung auszuliefern".* Hinsichtlich der Rückgabe des Konnossements bestimmt § 653 HGB: *„Die Güter brauchen nur gegen Rückgabe einer Ausfertigung des Konnossements, auf der ihre Ablieferung bescheinigt ist, ausgeliefert zu werden."*
  - **Durch vollen Satz**: Die soeben zitierte rechtliche Regelung hat den Vorzug, daß die Folgen des Verlustes eines Konnossements in der Tat begrenzt bleiben, weil ersatzweise zumindest ein weiteres Original zum Nachweis der Empfangsberechtigung der Waren zur Verfügung steht. Suchen jedoch verschiedene Inhaber mit der Ausfertigung eines Konnossements bzw. verschiedene Indossatare mehrerer Konnossementsausfertigungen Ansprüche geltend zu machen, dann sieht das deutsche Recht in den §§ 651 und 652 HGB zwar Regelungen vor, die jedoch aufwendig (und u.U. konfliktbeladen) sind.

    In **Akkreditivbedingungen** wird zur Vermeidung einer derartigen Situation regelmäßig vorgeschrieben, daß ein **voller Satz (full set) Konnossemente** vorzulegen ist, dessen Ausfertigungen dann zwar mit gesonderter Post versandt, aber nach Eintreffen der verschiedenen Sendungen wieder zu einem vollen Satz vereint werden (vgl. auch Klenke 1983: S. 90f.). Mangels anderer Weisungen im Akkreditiv ist gem. Art. 23 ERA zur Benutzung des Akkreditivs stets der volle Satz des Konnossements vorzulegen.
  - **Durch 2/3-Konnossement**: Umfaßt der Seeweg nur eine kurze Distanz und besteht deswegen die Möglichkeit, daß die - womöglich verderbliche - Ware im Bestimmungshafen ankommt, bevor dem Importeur das Konnossement vorliegt, dann kann es zweckmäßig sein, dem Kapitän für den **Importeur eine Originalausfertigung** des Konnossements mitzugeben oder dem Importeur unmittelbar zuzusenden (vgl. Commerzbank AG, Import-Akkreditive 1989: S. 20).

    Falls die Zahlungsabwicklung mit Dokumentenakkreditiv erfolgt, muß dem Exporteur dann aber die Möglichkeit eingeräumt sein, das zu seinen Gunsten eröffnete **Akkreditiv** bereits mit einem sog. **2/3-Konnossement** benutzen zu können. Das heißt: Die Akkreditivbedingungen müssen ausweisen, daß der Exporteur nicht den vollen Satz, sondern nur 2 von 3 Originalausfertigungen des Konnossements einzureichen hat und daß er für das fehlende, direkt an den Importeur versandte bzw. dem Kapitän übergebene Original lediglich den Versand nachzuweisen hat. Dem

Importeur eröffnet sich anhand des dem Kapitän mitgegebenen oder direkt zugegangenen 3. Konnossements die Möglichkeit, über die Güter frühzeitiger verfügen zu können als es die Aushändigung des Konnossements im Rahmen des Akkreditivs zulassen würde. Eine vorübergehende Einlagerung und zusätzliche Versicherung der Güter wird dadurch vermieden.

Für alle Beteiligten können bei einer Akkreditivabwicklung mit 2/3-Konnossement erhebliche **Risiken** entstehen, auf die Zahn u.a. hinweisen (vgl. Zahn u.a. 1986: S. 172f., Rdn 2/259).

- **Kopien**: Von den Originalen abzugrenzen sind Kopien der Konnossemente, die vom Aussteller als solche zu kennzeichnen sind. Anhand einer Kopie können vom Inhaber **keine Auslieferungsansprüche** auf die Waren oder Ansprüche auf andere im Konnossement verbrieften Rechte geltend gemacht werden. In der Praxis werden solche Kopien auch als **nicht negoziierbar** (not negotiable) bezeichnet; Originale werden in diesem Zusammenhang als "negoziierbar" bezeichnet.

7.2.3 Konnossementarten nach Merkmalen ihrer Abwicklung

Hinweise: Am Schluß von Abschnitt 7.2.3.5 bzw. in Abschnitt 7.2.3.6 finden sich die folgenden tabellarischen Darstellungen:

- **„Übersicht über maßgebliche Konnossementarten nach Merkmalen ihrer Abwicklung"** siehe am Ende von Abschnitt 7.2.3.5,
- **„Übersicht über Sonderformen von Exportdokumenten im Seefrachtverkehr"**, siehe Abschnitt 7.2.3.6.

7.2.3.1 Bordkonnossement (An-Bord-Konnossement, Shipped on Board Bill of Lading)

Siehe auch Ziffer (11) des abgebildeten Konnossements

- **Charakterisierung**: Im Bordkonnossement bestätigt der Aussteller (Reederei oder deren Agent) nicht nur den **Empfang der Güter**, sondern auch deren **Verladung (an-Bord-Nahme)** sowie den **Auftrag zum Transport** bis zum Bestimmungshafen auf einem im Konnossement bezeichneten Schiff. Die Formulierung im Konnossement lautet beispielsweise: "*Shipped in apparent good order and condition, unless otherwise stated herein, on board the above ocean vessel...*".

  Zu beachten ist, daß ein Übernahmekonnossement in ein Bordkonnossement durch entsprechende Vermerke im Konnossement umgewandelt werden kann. Einzelheiten siehe folgende Rechtsgrundlagen sowie Abschnitt „Übernahmekonnossement".

- **Rechtsgrundlagen**: *„Der Verfrachter hat, sobald die **Güter an Bord genommen** sind, dem Ablader unverzüglich gegen Rückgabe des etwa bei der Annahme der Güter erteilten vorläufigen Empfangsschein oder Übernahmekonnossements (Absatz 5) ein Konnossement in so vielen Ausfertigungen auszustellen, als der Ablader verlangt **(Bordkonnossement)**"* (§ 642 Abs. 1 HGB; Hervorhebungen durch den Verfasser).

„Der Ausstellung eines Bordkonnossements steht es gleich, wenn in dem ***Übernahmekonnossement*** *vermerkt wird,* ***wann in welches Schiff die Güter an Bord genommen sind***" (§ 642 Abs. 5 HGB; Hervorhebungen durch den Verfasser).

- **Abbildung**: Das in Abschnitt 7.2.2 abgebildete Konnossement ist ein Bordkonnossement (siehe Ziffer **(11)** in der Abbildung). Bei Umwandlung eines Übernahmekonnossements in ein Bordkonnossement muß der „on board"-Vermerk datiert und unterschrieben sein.
- **Beurteilung**: Das Bordkonnossement (on Board Bill of Lading) beweist Importeuren, die eine rasche Auslieferung der Güter wünschen, daß die Güter nicht im Abladehafen zwischengelagert sind, sondern sich bereits **an Bord eines bestimmten Schiffes** befinden. Im Regelfall kann der Importeur bei einem Bordkonnossement sogar davon ausgehen, daß sich die Ware im Zeitpunkt der Benutzung eines von ihm gestellten Akkreditivs bzw. im Zeitpunkt der Einlösung eines Dokumenteninkassos bereits auf See befindet, so daß sich seine zeitliche Vorleistung (in Form der Zahlung) beim Bordkonnossement in Grenzen hält.

7.2.3.2 Übernahmekonnossement (Empfangen-zur-Verschiffung-Konnossement, Received for Shipment Bill of Lading) u.ä.

Grundform

- **Charakterisierung**: Häufig werden die vom Exporteur bzw. die vom beauftragten Spediteur angelieferten **Güter** nicht sofort an Bord eines Schiffes genommen, sondern **gelagert**, bis ein **geeigneter Schiffsraum** zum Bestimmungshafen zur Verfügung steht. In diesen Fällen wird - sofern der Ablader dies wünscht - lediglich ein Übernahmekonnossement ausgestellt, das treffend auch als "Empfangen-zur-Verschiffung-Konnossement" bezeichnet wird. Die Formulierung lautet beispielsweise: "*Received* in apparent good order and condition, unless otherwise indicated in this B/L, abovementoined goods *for transportation from the Port of Loading...*".
- **Rechtsgrundlage**: *„Das Konnossement kann mit Zustimmung des Abladers auch über Güter ausgestellt werden, die* ***zur Beförderung übernommen****, aber* ***noch nicht an Bord*** *genommen sind* ***(Übernahmekonnossement)****"* (§ 642 Abs. 5 HGB; Hervorhebungen durch den Verfasser).
- **Beurteilung**: Ein bloßes Übernahmekonnossement weist **kein Datum der Verschiffung** (keine "an-Bord-Nahme" der Güter) aus. Ebenso wenig ist aus dem bloßen Übernahmekonnossement erkennbar, ob bei der **späteren Verladung** der Güter auf Schiff die Verpackung oder gar die **Güter beschädigt** wurden. Leistet der Importeur Zahlung auf Grundlage eines bloßen Übernahmekonnossements (z.B. im Rahmen eines gestellten Akkreditivs oder mittels Dokumenteninkasso), dann läuft er nicht nur Gefahr einer zeitlich ungewissen, u.U. verspäteten Auslieferung der Waren, sondern er geht auch das Risiko der Beschädigung der Waren ein.
- **Umwandlung**: Ein Übernahmekonnossement kann in ein **Bordkonnossement** abgeändert werden, wenn die Güter (später) auf ein Schiff verladen werden: Im Konnossement ist vom Aussteller ein zu unterschreibender bzw. abzuzeichnender **(Änderungs-) Vermerk mit Datumsangabe** aufzunehmen, der das namentlich zu bezeichnende Schiff ausweist (vgl. § 642 Abs. 5 HGB).

Das Datum des An-Bord-Vermerks gilt bei der Akkreditivabwicklung als Verladedatum im Sinne der ERA (vgl. Art. 23 a. ERA).

Weitere Formen

- Der Grundstruktur nach sind das **Hafenkonnossement (Port Bill of Lading)** sowie das **Lagerhallenkonnossement (Custody Bill of Lading)** ebenfalls **Übernahmekonnossemente.**
- In der **„Übersicht über Sonderformen von Exportdokumenten im Seefrachtverkehr“**, die sich als Tabelle in Abschnitt 7.2.3.6 findet, ist das Hafenkonnossement und das Lagerhallenkonnossement charakterisiert.

Abgrenzungen

- Das Übernahmekonnossement ist von zwei Dokumenten abzugrenzen, die ebenfalls einen Bestätigungs- bzw. Empfangscharakter tragen, dem **Schiffszettel (Shipping Order)** und der **Steuermannsquittung (Mate's Receipt, Übernahmeschein, Verladungsschein).**
- In der **„Übersicht über Sonderformen von Exportdokumenten im Seefrachtverkehr“**, die sich als Tabelle in Abschnitt 7.2.3.6 findet, ist der Schiffszettel und die Steuermannsquittung charakterisiert.

7.2.3.3 Durchkonnossemente (Through Bills of Lading)

Bezeichnungen

Andere bzw. analoge **Ausdrücke** für Durchkonnossemente sind: Durchgehendes, durchlaufendes Konnossement; Durchfuhr-, Durchfracht-, Durchgangskonnossement.

Echtes Durchkonnossement

- **Charakterisierung**: Häufig erfordert es der Versandweg einer Ware, daß diese in einem oder mehreren Seehäfen umgeladen werden muß und u.U. auf Schiffen verschiedener Reedereien transportiert wird.

  Ein echtes (einfaches) Durchkonnossement liegt vor, wenn der Verfrachter ein **einziges (durchgängiges) Konnossement** für die **gesamte Seereise** ausstellt und außerdem für die gesamte Beförderungsstrecke die **Haftung übernimmt**, also einschließlich der Umladungen und einschließlich derjenigen Strecken, auf denen er die Beförderung nicht selbst ausführt.

  Der Exporteur (Ablader) hat somit beim echten Durchkonnossement nur einen **einzigen Frachtvertrag** (den sog. Durchfrachtvertrag) abzuschließen.
- **Beurteilung**: Beim Durchkonnossement entfällt für den Exporteur die Einschaltung von Transportunternehmen in den Zwischenhäfen, was sich **beschleunigend** und **verbilligend** auswirken kann.

  Im Vergleich zu mehreren Konnossementen für Teilstrecken, die im übrigen erst nach und nach, nämlich nach jeweils erfolgter Umladung, zur Verfügung stünden, ist das Durchkonnossement als **Kreditsicherheit** besser geeignet.

Das echte Durchkonnossement entspricht auch dem **Sicherungsinteresse des Importeurs**, weil der Exporteur (Verlader), nachdem er das Durchkonnossement beispielsweise zur Benutzung eines zu seinen Gunsten eröffneten Akkreditivs aus den Händen gegeben hat, nicht mehr über die Ware verfügen kann. Würden dagegen einzelne Konnossemente über die jeweiligen Teilstrecken ausgefertigt, dann könnte der Exporteur bei Umladungen in Zwischenhäfen die Verfügungsmacht über die Waren zurückgewinnen (vgl. Klenke 1983: S. 87f.).

Unechtes Durchkonnossement

- **Charakterisierung**: Auch das unechte Durchkonnossement ist ein Dokument, das sich auf einen Versandweg mit Umladungen bezieht. Der maßgebliche Unterschied zum echten Durchkonnossement liegt darin, daß die das unechte Durchkonnossement ausstellende **Reederei** ihre **Haftung** auf diejenige **Teilstrecke begrenzt**, bei der sie selbst als Verfrachter fungiert. Die das unechte Durchkonnossement ausstellende Reederei beauftragt zwar einen anderen Verfrachter im Umladehafen mit der Weiterbeförderung der Güter, sie übernimmt dafür aber gegenüber ihrem eigenen Ablader (dem Exporteur) nur die begrenzte Haftung eines Spediteurs und nicht die (volle) Haftung eines Verfrachters (einer Reederei).
- **Probleme**: Zum unechten Durchkonnossement und den damit bei der **Abwicklung von Akkreditiven** verbundenen Problemen vgl. Zahn u.a. (1986: S. 166f., Rdn 2/247f.).

Gemeinschaftliches Durchkonnossement

- **Charakterisierung**: Der maßgebliche Unterschied des gemeinschaftlichen Durchkonnossements zum bislang besprochenen echten bzw. unechten Durchkonnossement liegt darin, daß beim gemeinschaftlichen Durchkonnossement **alle Verfrachter** die **Frachtverpflichtung gemeinsam** eingehen. In einem gemeinschaftlichen Durchkonnossement können die verschiedenen Beförderer aufgeführt und das Konnossement von allen unterzeichnet sein. Aus Gründen der Praktikabilität ist es aber ebenso möglich, daß ein Verfrachter mit Vollmacht der übrigen Beförderer das gemeinschaftliche Konnossement ausstellt und nur der Name dieses Verfrachters im Konnossement steht, dann allerdings mit dem Zusatz *"in connection with other carriers on the route"* (Klenke 1983: S. 89) o.ä.
- **Haftung**: Unterschiedlich kann in gemeinschaftlichen Durchkonnossementen die Haftungsfrage der Verfrachter geregelt sein: Entweder übernehmen die beteiligten Verfrachter die **gesamtschuldnerische Haftung oder** jeder Verfrachter übernimmt die **Haftung für seine Beförderungsstrecke**, z.B. mit der Formulierung im Durchkonnossement: *"the responsibility of each carrier being limited to its own line"*.

Konnossemente in Verbindung mit Durchkonnossementen

- **Sonderformen**: Im Zusammenhang mit Durchkonnossementen können im Einzelfall **für Teilstrecken**
  - das **Anschlußkonnossement** bzw.
  - das **Lokalkonnossement**

  in Erscheinung treten.
- In der **„Übersicht über Sonderformen von Exportdokumenten im Seefrachtverkehr“**, die sich als Tabelle in Abschnitt 7.2.3.6 findet, ist das Anschlußkonnossement und das Lokalkonnossement charakterisiert.

7.2.3.4 Multimodales Konnossement (Multimodal Transport Bill of Lading)

Kurzcharakterisierung

Das wesensbestimmende **Merkmal** des Multimodalen Konnossements (Multimodal Transport Bill of Lading) bzw. des Konnossements des kombinierten Transports (Combined Transport Bill of Lading) ist die Einbeziehung verschiedener Transportarten, also **beispielsweise See- und Landtransport**. Darüber hinaus ist von Bedeutung, daß diese Dokumente nicht nur von einer **Reederei** und deren Agent, sondern auch von einem **Spediteur** in eigenem Namen und für eigene Rechnung ausgestellt sein können.

Hinweis

Ausführlich sind die kombinierten/multimodalen Transportdokumente in **Abschnitt 7.2.3.7** vorgestellt, einschließlich der Abbildung **"Negotiable FIATA Multimodal Transport Bill of Lading"**.

7.2.3.5 Sonstige Konnossemente

Charterpartie-Konnossement (Charter-Party Bill of Lading)

- **Charakterisierung**: Grundlage eines Charterpartie-Konnossements (Kurzbezeichnung: Charterkonnossement) ist ein Frachtvertrag zwischen einer Reederei und einem Ablader, der einen **Schiffsraum** bzw. ein **ganzes Schiff** und nicht ein Verladegut zum Gegenstand hat. Konsequenterweise hat der Ablader die Verladung der Güter in den von ihm "gecharterten" Schiffsraum auf eigenes Risiko zu bewerkstelligen. Ebenso vollzieht sich der Transport der Güter auf Risiko des Abladers.
- **Bedeutung**: Charterpartie-Konnossemente kommen bei Gütern vor, die üblicherweise nicht im Linienverkehr der Reedereien transportiert werden, also bei **Massengütern** (Schüttgütern) wie z.B. Rohstoffe (vgl. Zahn u.a. 1986: S. 65, Rdn 2/245, Fußnote 67; Klenke 1983: S. 87).
- **Akkreditivbedingungen**: Da der verbriefte Inhalt ebenso wie die von der Reederei übernommene **Haftung** bei Charterpartie-Konnossementen **weniger umfassend** ist als bei Konnossementen, die sich auf Verladegüter beziehen, weisen Banken Charterpartie-Konnossemente gem. Art. 23 a. ERA als nicht akkreditivkonform zurück, es sei denn, daß die Akkreditivbedingungen im Einzelfall ein Transportdokument, das einer Charterpartie unterworfen ist, ausdrücklich zulassen.

Hinweis

Einzelheiten zu den Exportdokumenten bei der Akkreditivabwicklung – und speziell zu Charterpartie-Konnossementen – siehe Kapitel „**2 Dokumentenakkreditive: Erläuterungen zur Kontrolle der Dokumente bei der Abwicklung**“.

Teilkonnossement

- **Charakterisierung**: Sofern ein Importeur die Waren an verschiedene Kunden weiterverkauft, kann er sich über sog. **Teilpartien** auf Grundlage des von ihm vorgelegten und zurückzugebenden Konnossements Teilkonnossemente ausstellen lassen. Durch

Prof. Dr. Siegfried G. Häberle

Übersicht über maßgebliche Konnossementarten nach Merkmalen ihrer Abwicklung

Art des Konnossements	Kurzcharakterisierung bzw. Besonderheiten
Bordkonnossement (An-Bord-Konnossement, Shipped on Board Bill of Lading) Aussteller: Reederei oder deren Agent	Bestätigung der Reederei über den Empfang der Güter zum Transport und über die erfolgte Verladung der Güter in äußerlich guter Verfassung auf dem bezeichneten Schiff.
Übernahmekonnossement (Empfangen-zur-Verschiffung-Konnossement, Received for Shipment Bill of Lading) Aussteller: Reederei oder deren Agent	Bestätigung der Reederei über den Empfang der Güter in äußerlich guter Verfassung zum Transport. Lagerung der Güter bis ein geeigneter Schiffsraum zur Verfügung steht. Die Änderung des Übernahmekonnossements in ein Bordkonnossement ist durch einen datierten Vermerk auf dem Konnossement nach erfolgter Verladung der Güter auf Schiff möglich.
Durchkonnossement (Durchgehendes, durchlaufendes Konnossement, Durchfuhr-, Durchfracht-, Durchgangskonnossement, Through Bill of Lading) Aussteller: Reederei(en) oder deren Agent(en)	Anwendung: Bei Umladungen der Güter in einem oder mehreren Seehäfen und eventuellem Transport auf Schiffen verschiedener Reedereien. Es wird ein einziges Konnossement als Durchkonnossement für die gesamte Seereise ausgestellt.
- Echtes Durchkonnossement	Die Haftung der das Durchkonnossement ausstellenden Reederei erstreckt sich auf alle Teilstrecken und Umladungen.
- Unechtes Durchkonnossement	Die Haftung der das Durchkonnossement ausstellenden Reederei ist auf die von ihr übernommene Teilstrecke begrenzt. Die ausstellende Reederei beauftragt zwar andere Reedereien mit dem Weitertransport der Güter, aber nur als Agent und ohne weitergehende Haftung.
- Gemeinschaftliches Durchkonnossement	Die beteiligten Reedereien stellen gemeinsam ein Gemeinschaftliches Durchkonnossement aus (bzw. bevollmächtigen dazu eine Reederei) und übernehmen die Haftung entweder gesamtschuldnerisch für die gesamte Strecke oder begrenzt auf die jeweils selbst ausgeführte Teilstrecke.
Charterpartie-Konnossement (Charter Party Bill of Lading) Aussteller: Reederei oder deren Agent	Gegenstand des Charterpartie-Konnossements (Charter-Frachtvertrages) ist ein Schiffsraum oder ein ganzes Schiff (nicht eine Sendung). Vorkommend insbesondere bei Massengütern. Verladerisiko und Transportrisiko liegt in der Regel beim Ablader (Exporteur) und nicht bei der Reederei.
Konnossement des kombinierten Transports (Combined Transport Bill of Lading, FIATA FBL-Dokument)/Multimodales Transportdokument (Multimodal Transport Document) Aussteller: Reederei oder deren Agent; FIATA-Spediteure	Kombinierter bzw. multimodaler Transport bedeutet (mindestens) zwei verschiedene Transportarten bzw. -mittel (z. B. Land- und Seetransport). Über den gesamten Transportweg wird ein Konnossement ausgestellt. Der Aussteller haftet in der Regel für den gesamten Transport, auch wenn er selbst nur eine Teilstrecke ausführt. Vorkommend insbesondere bei Container- und Palettenversand. Anmerkung: Es sind auch kombinierte/multimodale Transportdokumente ohne Wertpapiereigenschaft und ohne Legitimationsfunktion im Umlauf (meistens mit dem Zusatz "not negotiable", "nicht begebbar" o.ä.), deren Rechtscharakter nicht immer eindeutig erscheint.

Übertragung der Teilkonnossemente auf seine Abnehmer vermeidet der Importeur eine formale Empfangnahme der Waren (vgl. Jahrmann 1998: S. 170).

- **Vorkommen**: Klenke weist darauf hin, daß Teilkonnossemente in der Praxis deswegen **selten vorkommen**, weil der Importeur dadurch seinen Abnehmern seinen eigenen Lieferanten preisgeben würde und somit das Risiko direkter Kontrakte nicht ausschließen könnte (vgl. Klenke 1983: S. 93).

7.2.3.6 Sonstige Dokumente auf Grundlage von Konnossementen und ähnliche Dokumente

Die folgende **tabellarische Darstellung** vermittelt eine „**Übersicht über Sonderformen von Exportdokumenten im Seefrachtverkehr**". Zu beachten ist, daß die aufgeführten Dokumente keineswegs alle den Rechtscharakter von Konnossementen tragen, sondern zum Teil nur auf deren Grundlage bzw. in Verbindung mit deren späterer Ausstellung ausgestellt werden.

7.2.3.7 Kombinierte/Multimodale Transportdokumente

Charakterisierung

Das charakteristische und zugleich die Abgrenzung zu den übrigen Konnossementen bestimmende Merkmal der Dokumente des kombinierten (multimodalen) Transports ist die Einbeziehung **verschiedener Transportarten**, also beispielsweise See- und Landtransport. Es liegt auf der Hand, daß es im Interesse von Exporteur und Importeur liegt, wenn der gesamte Transportweg - unabhängig von den Transportarten und Transportmitteln - mit einem Vertragspartner abzuwickeln und mit einem **einzigen Transportdokument** abzudecken ist.

Das Kombinierte/Multimodale Transportdokument wird von einem Unternehmen im kombinierten Verkehr (Combined Transport Operator, CTO) ausgestellt, das entweder den gesamten Transport ausführt oder mindestens einen Teil selbst ausführt und die verbleibenden Transportleistungen in die Wege leitet.

Das ausstellende Transportunternehmen **haftet** in der Regel **für den gesamten Transport**, und zwar auch dann, wenn es nur eine Teilstrecke (eine Transportart) selbst ausführt und andere Transporteure mit der Ausführung der übrigen Teilstrecken beauftragt.

Aussteller

Ein Dokument/**Konnossement des kombinierten Transports** (Combined Transport Bill of Lading) bzw. ein **Multimodales Transportdokument/Multimodales Konnossement** (Multimodal Transport Bill of Lading) kann nicht nur von einer **Reederei** und deren Agent, sondern auch von einem **Spediteur in eigenem Namen und für eigene Rechnung** ausgestellt sein. Sofern ein vom Spediteur ausgestelltes Dokument den von der FIATA autorisierten Text (Vordruck) umfaßt, der auch von der Internationalen Handelskammer anerkannt ist, wird ein solches Dokument im Rahmen der Akkreditivabwicklung gem. Art. 26 ERA in Verbindung mit Art. 30 ERA als akkreditivkonform aufgenommen.

Prof. Dr. Siegfried G. Häberle

Übersicht über Sonderformen von Exportdokumenten im Seefrachtverkehr

Sonderformen	Kurzcharakterisierung
Sonderformen des Übernahmekonnossements	
- **Hafenkonnossement (Port Bill of Lading)**	Bestätigung des Ausstellers über den Empfang der Güter zur Verschiffung sowie Bescheinigung, daß das zur Aufnahme der Güter bestimmte Schiff im Verladehafen bereits vor Anker liegt.
- **Lagerhallenkonnossement (Custody Bill of Lading)**	Bestätigung des Ausstellers über den Empfang der Güter zur vorübergehenden Einlagerung und zur Verschiffung innerhalb bestimmter Frist.
Konnossemente in Verbindung mit Durchkonnossementen	
- **Anschlußkonnossement**	Aussteller des Anschlußkonnossements ist ein Teilverfrachter (für eine Teilstrecke). Das Anschlußkonnossement wird dem Hauptverfrachter ausgehändigt und ersetzt das Original-Durchkonnossement weder bei der Aushändigung der Waren noch bei der Übertragung der Rechte.
- **Lokalkonnossement**	Aussteller des Lokalkonnossements ist ein Teilverfrachter (für eine Teilstrecke). Das Lokalkonnossement ist ein rechtlich selbständiges Konnossement und vom Durchkonnossement grundsätzlich unabhängig. Häufig jedoch Verbindung des Lokalkonnossements zum Originalkonnossement durch Weisung, daß die Auslieferung der Güter nur gegen Vorlage des Original-Konnossements erfolgt.
Teilkonnossement	Teilkonnossemente werden auf Antrag des Warenempfängers unter Vorlage des Originalkonnossements über sog. Teilpartien der Güter ausgestellt, wenn der Warenempfänger jeweils Teile der Waren an seine Abnehmer weiterverkauft.
Kaiteilschein	Gezogene Kaiteilscheine werden vom Importeur - unter Hinterlegung des Konnossements bei der Kaiverwaltung - zu Gunsten eines Dritten ausgestellt und von der Kaiverwaltung abgestempelt bzw. anderweitig bestätigt. Kaiteilscheine verbriefen einen Anspruch der Berechtigten (z. B. der Abnehmer des Importeurs, an die dieser die Kaiteilscheine weitergibt) an die Kaiverwaltung auf Auslieferung der Güter. Eigene Kaiteilscheine kommen selten vor.
Konnossementsteilschein	Analog Kaiteilschein: An die Stelle der Kaiverwaltung tritt jedoch die Reederei bzw. deren Agent.
Delivery Order	Die Delivery Order umfaßt eine Verpflichtung des Halters eines Konnossements, eine Teilmenge der Güter an einen Dritten auszuliefern. Prakt. Vorteil: Weiterverkauf der Güter in Teilmengen ab Bestimmungshafen an die Abnehmer des Importeurs. Trotz Ausstellung von Delivery Orders verbleibt das Konnossement beim Halter, was die Sicherheit der Berechtigten aus den Delivery Orders beeinträchtigen kann.
Parcel Receipt	Das Parcel Receipt findet bei Verschiffungen von Kleinsendungen Anwendung, ist aber kein Konnossement.
Schiffszettel (Shipping Order)	Anweisung der den Schiffszettel ausstellenden Reederei an den Kapitän oder an einen berechtigten Dritten, die Güter vom Ablader (Exporteur oder von diesem beauftragten Spediteur) entgegenzunehmen.
Steuermannsquittung (Mate's Receipt, Übernahmeschein, Verladungsschein)	Bestätigung des ausstellenden Steuermanns bzw. Ladungsoffiziers über den Empfang der Güter und deren äußerliche Beschaffenheit. Die Steuermannsquittung ist Grundlage für das auszustellende Konnossement.

FIATA-Dokumente dürfen nur von ausdrücklich autorisierten Speditionen ausgestellt werden. Wird dagegen ein von einem Spediteur ausgestelltes Multimodales Transportdokument vorgelegt, das kein sog. FIATA-Dokument ist, dann ist im Einzelfall zu prüfen, ob das vorgelegte Dokument den Bestimmungen der Art. 26 und 30 ERA entspricht.

Neues FIATA-Dokument

Der FIATA-Weltkongreß hat 1993 beschlossen, daß das "Negotiable FIATA Combined Transport Bill of Lading" durch das **"Negotiable FIATA Multimodal Transport Bill of Lading"** ersetzt wird (vgl. Graffe u.a. 1993: S. 57). In der Praxis findet jedoch bislang weiterhin das "Negotiable FIATA Combined Transport Bill of Lading (FBL-Dokument)" Anwendung und wird -falls es in den Bedingungen eines Akkreditivs gefordert ist- von den Kreditinstituten auch aufgenommen (beide FIATA-Transportdokumente tragen im übrigen die Kurzbezeichnung "FBL-Dokument").

Wird dagegen in den Akkreditivbedingungen ausdrücklich ein "Multimodales Transportdokument" ("Multimodal Transport Document") verlangt, ein so bezeichnetes Dokument aber vom Akkreditivbegünstigten (Exporteur) nicht vorgelegt, dann nehmen die Banken bislang ersatzweise ein von "Through Bill of Lading" (Durchkonnossement) in "Multimodal Transport Document" umbenanntes Dokument entgegen (vgl. Graffe u.a. 1993: S. 55 und S. 57). Die Umbenennung ist vom Aussteller des Dokuments vorzunehmen und entsprechend zu kennzeichnen. Das jeweils aktuelle Verhalten der Banken bei der Aufnahme oder Nichtaufnahme der Dokumente muß im Einzelfall erhoben werden.

Rechtscharakter

Grundsätzlich anzumerken ist, daß keineswegs alle Dokumente, die einen kombinierten/ multimodalen Transport ausweisen, zugleich auch Konnossemente sind. Vielmehr sind auch solche **kombinierten/multimodalen Transportdokumente** im Umlauf, die **weder Wertpapiereigenschaft** haben, **noch** eine **Legitimationsfunktion** als Berechtigungsnachweis zum Warenempfang durch Vorlage des Dokuments erfüllen. Zwar weisen derartige Transportdokumente meistens einen einschränkenden Zusatz wie "not negotiable", "non negotiable", "nicht begebbar" o.ä. auf; im Einzelfall bleiben jedoch nicht nur zu diesem Zusatz, sondern auch zur weiteren rechtlichen und funktionellen Struktur dieser Dokumente Fragen offen.

Hinweis

Einzelheiten zu den Exportdokumenten bei der Akkreditivabwicklung – und speziell zum multimodalen Transportdokument – siehe Kapitel **„2 Dokumentenakkreditive: Erläuterungen zur Kontrolle der Dokumente bei der Abwicklung"**.

Abbildung

Die **Abbildung 7-06** zeigt das bei kombinierten/multimodalen Transporten bislang nach wie vor eingesetzte **"Negotiable FIATA Combined Transport Bill of Lading" (FBL-Dokument).**

Abbildung

Die **Abbildung 7-07** zeigt das neue **"Negotiable FIATA Multimodal Transport Bill of Lading"** (FBL-Dokument).

FBL No DE

NEGOTIABLE FIATA COMBINED TRANSPORT BILL OF LADING

issued subject to ICC Uniform Rules for a Combined Transport Document (ICC publication 298).

Consignor

Consigned to order of

Notify address

Muster

	Place of receipt
Ocean vessel	Port of loading
Port of discharge	Place of delivery

Marks and numbers;	Number and kind of packages;	Description of goods	Gross weight	Measurement

according to the declaration of the consignor

The goods and instructions are accepted and dealt with subject to the Standard Conditions printed overleaf.

Taken in charge in apparent good order and condition, unless otherwise noted herein, at the place of receipt for transport and delivery as mentioned above.
One of these Combined Transport Bills of Lading must be surrendered duly endorsed in exchange for the goods. In witness whereof the original Combined Transport Bills of Lading all of this tenor and date have been signed in the number stated below, one of which being accomplished the other(s) to be void.

Freight amount	Freight payable at	Place and date of issue
Cargo Insurance through the undersigned ☐ not covered ☐ Covered according to attached Policy	Number of Original FBL's	Stamp and signature
For delivery of goods please apply to:		

Text authorized by FIATA. COPYRIGHT FIATA / Zürich - Switzerland 8.87 FIATA Reg. No. DA 211885
Exclusive selling rights for the Federal Republic of Germany
by Verein Hamburger Spediteure e.V., Ost-West-Str. 69, 2000 Hamburg 11, Phone (040) 37 47 64-0

Abbildung 7-06

Consignor

BSL

FBL DE

NEGOTIABLE FIATA
MULTIMODAL TRANSPORT
BILL OF LADING
issued subject to UNCTAD/ICC Rules for
Multimodal Transport Documents (ICC Publication 481).

ICC

Consigned to order of

Notify address

	Place of receipt
Ocean vessel	Port of loading
Port of discharge	Place of delivery

Muster

Marks and numbers	Number and kind of packages	Description of goods	Gross weight	Measurement

FIATA

according to the declaration of the consignor

Declaration of Interest of the consignor in timely delivery (Clause 6.2.)

Declared value for ad valorem rate according to the declaration of the consignor (Clauses 7 and 8).

The goods and instructions are accepted and dealt with subject to the Standard Conditions printed overleaf.

Taken in charge in apparent good order and condition, unless otherwise noted herein, at the place of receipt for transport and delivery as mentioned above.

One of these Multimodal Transport Bills of Lading must be surrendered duly endorsed in exchange for the goods. In Witness whereof the original Multimodal Transport Bills of Lading all of this tenor and date have been signed in the number stated below, one of which being accomplished the other(s) to be void.

Freight amount	Freight payable at	Place and date of issue
Cargo Insurance through the undersigned ☐ not covered ☐ Covered according to attached Policy	Number of Original FBL's	Stamp and signature
For delivery of goods please apply to:		

189936

Text authorized by FIATA. Copyright reserved. © FIATA/Zurich-Switzerland 6.92
Exclusive selling rights for the Federal Republic of Germany
by Verein Hamburger Spediteure e.V., Ost-West-Str. 69, 20457 Hamburg, Phone (040) 37 47 64-0

Abbildung 7-07

7.3 Ladescheine

Charakterisierung

Der **Ladeschein entspricht** in seiner rechtlichen Ausgestaltung ebenso wie in seiner wirtschaftlichen Bedeutung im wesentlichen **dem Konnossement**. Ladescheine werden deswegen auch als "Konnossemente der Binnenschiffahrt" bezeichnet.

Aussteller eines Ladescheins ist gem. § 444 Abs. 1 HGB der Frachtführer (Binnenschiffahrtsreederei oder deren Agent). Der Ladeschein soll dieselben Angaben enthalten wie ein Frachtbrief (siehe dazu § 408 Abs. 1 HGB). Der Ladeschein ist vom Frachtführer zu unterzeichnen; eine Nachbildung der eigenhändigen Unterschrift durch Druck oder durch Stempel genügt (§ 444 Abs. 1 HGB).

Funktionen

- **Legitimationsfunktion**: Der Frachtführer ist zur Ablieferung des Gutes **nur gegen Rückgabe des Ladescheins**, auf dem die Ablieferung bescheinigt ist, verpflichtet (vgl. § 445 HGB). **Zum Empfang des Gutes legitimiert** ist derjenige, an den das Gut nach dem Ladeschein abgeliefert werden soll oder auf den der Ladeschein, wenn er an Order lautet, durch Indossament übertragen ist (vgl. 446 Abs. 1 HGB).
- **Dispositionsfunktion/Sperrfunktion**: Der Frachtführer braucht den **Weisungen** wegen Rückgabe oder Ablieferung des Gutes an einen anderen als den durch den Ladeschein legitimierten Empfänger nur Folge zu leisten, wenn ihm der **Ladeschein zurückgegeben** wird (vgl. § 446 Abs. 2 HGB). Der **Frachtführer haftet** dem rechtmäßigen Besitzer des Ladescheins für den Schaden, der daraus entsteht, daß er das Gut abliefert oder einer Weisung wegen Rückgabe oder Ablieferung Folge leistet, ohne sich den Ladeschein zurückgeben zu lassen. Diese Haftung ist allerdings auf den Betrag begrenzt, der bei Verlust des Gutes zu zahlen wäre (vgl. § 447 Abs. 1 HGB).

  Der Ladeschein erfüllt somit eine Dispositionsfunktion, aus der eine Sperrwirkung abzuleiten ist: Solange der Absender oder ein berechtigter Dritter den Ladeschein in Händen hält, kann er die Auslieferung an den Käufer verhindern. Umgekehrt ist ein Warenempfänger, der den Ladeschein berechtigt in Besitz hat, vor Umdispositionen des Absenders (vor nachträglichen Weisungen des Exporteurs an den Frachtführer) gesichert, was als Sperrwirkung des Ladescheins angesehen werden kann.
- **Wertpapiereigenschaft**: Wie das Konnossement ist der Ladeschein ein Rekta- (Namens-) **Wertpapier**, das jedoch durch ausdrücklichen Vermerk **an Order gestellt** und sodann durch Indossament übertragen werden kann (ein sog. gekorenes Orderpapier; vgl. § 444 Abs. 2 HGB). Ist der Ladeschein an Order gestellt, so soll er den Namen desjenigen enthalten, an dessen Order das Gut abgeliefert werden soll. Für die praktische Abwicklung ist jedoch von Bedeutung: Wird dieser Name im Orderladeschein nicht angegeben, so ist der Ladeschein als an Order des Absenders (des Exporteurs) gestellt anzusehen (vgl. § 444 Abs. 2 HGB).

  Der Ladeschein ist ein **Traditionspapier**: Die Übergabe des Ladescheins an denjenigen, welcher durch den Ladeschein zur Empfangnahme der Güter legitimiert wird, hat für den Erwerb von Rechten an den Gütern dieselbe Wirkung wie die Übergabe der Güter (vgl. § 450 HGB), d.h. die Übergabe des Ladescheins ersetzt die Übergabe der Güter.

Abbildung

Der in **Abbildung 7-08** dargestellte **Ladeschein** ist nicht an Order gestellt und folglich ein Rektawertpapier.

Hanseatisches Befrachtungs-Kontor GmbH

2800 Bremen 1 · Postfach 105063 · Bürgermeister-Smidt-Straße 56 · Telefon (0421) 3040206 · Telex 245384
Bankverbindungen: Bremer Landesbank AG, Konto-Nr. 7910, (BLZ 29050000)

Ladeschein

An Belgischer Stahl Handel, N.V., P.O. Box 53 47, Antwerpen

Durch Schiff Marianne Schiffsführer: Kapitän Meyer
(oder anderes Fahrzeug)
empfangen Sie auf Grund unserer Ladeschein- und Verfrachtungsbedingungen die von uns zur Beförderung übernommene und nachstehend näher bezeichneten Güter zur Auslieferung an Sie gegen Zahlung der Fracht und der unten genannten Nachnahme.

Absender: Bohrturm Handel GmbH, 4500 Osnabrück Verlader: Internationale Sped., 4500 Osnabrück

	Inhalt nach Angabe des Verladers	Angebliches Gewicht in kg
	131 Kolli ========= Konstruktionsteile ==================	258.100,0 kg ============
Die Partie liegt verstaut im Raum: A1 bis B2 Verschluß: Siegel Bleie gez.: Nr. 2311 Fracht zahlbar: Osnabrück		

Der Schiffer ist verpflichtet, dem Empfänger einen Tag vor Eintreffen am Löschplatz telefonisch unter 0032 - 3 - 5721156 von seinem Eintreffen zu unterrichten!

" M U S T E R "

Löschhafen: Antwerpen Löschstelle: Belgischer Stahl Handel

Falls an Order gestellt, Meldeadresse:
Sofern keine besondere Löschstelle vorgeschrieben ist, erfolgt der Umschlag an dem vom Schiffer gewählten Platz.

Vertreter des Schiffes im Löschhafen ist: HBK Antwerp N.V., Antwerpen

Es sind 1 Ein) Originale und 15 (fünfzehn) Kopien ausgefertigt.
Nach Vorlage eines Originals gelten die übrigen Exemplare als hinfällig.

Osnabrück, den 10.11.19.. Hanseatisches Befrachtungs-Kontor, Osnabrück
(Der Schiffer oder für denselben)

Abbildung 7-08

Ausfertigungen/Formen

- **Original(e) bzw. Kopien**: Der Ladeschein wird im allgemeinen nur in **einem Original** ausgefertigt. Die weiteren Ausfertigungen tragen in diesem Fall lediglich den Charakter von Kopien. Konsequenterweise erfolgt die Auslieferung der Sendung dann nur gegen Rückgabe des Original-Ladescheins.
- **Übernahmeladeschein**: Wird vom Frachtführer der Ladeschein nach Empfang der Güter, aber **vor Verladung auf Schiff** ausgestellt, dann ist dies analog zum Übernahmekonnossement lediglich als ein Übernahmeladeschein anzusehen. Der Übernahmeladeschein bestätigt den Empfang der Güter zur Verschiffung, aber nicht die Verladung (Verschiffung) selbst.
- **Anwendung von Seefrachtrecht**: Hat der Frachtvertrag die Beförderung des Gutes ohne Umladung sowohl auf Binnen- als auch auf Seegewässern zum Gegenstand, so ist auf den Vertrag Seefrachtrecht anzuwenden, wenn 1. ein Konnossement ausgestellt ist oder 2. die auf Seegewässern zurückzulegende Strecke die größere ist (vgl. § 450 HGB).

Blomeyer gibt zu bedenken, daß in der Praxis manchmal **Dokumente** vorkommen, die zwar wie Ladescheine aufgemacht sind, die aber bei näherem Hinsehen erkennbar **keine Wertpapiereigenschaft** haben (Blomeyer 1986: S. 29).

7.4 Lagerscheine

Charakterisierung

Lagerhalter sind Gewerbebetriebe, die die Lagerung und Aufbewahrung von Gütern übernehmen. Durch einen Lagervertrag wird der Lagerhalter verpflichtet, das Gut zu lagern und aufzubewahren (vgl. § 467 HGB).

Über die Verpflichtung zur Auslieferung der eingelagerten Güter kann vom Lagerhalter ein **Lagerschein** ausgestellt werden, der neben den bei derartigen Dokumenten üblichen Angaben (Ort und Tag der Ausstellung sowie der Einlagerung, Einlagerer, Lagerhalter usw.) bezüglich der Güter die folgenden Angaben enthalten soll (vgl. § 475 c HGB):

- die übliche Bezeichnung der Art des Gutes und die Art der Verpackung;
- Anzahl, Zeichen und Nummern der Packstücke;
- Rohgewicht oder die anders angegebene Menge des Gutes;
- Im Falle der Sammellagerung ein Vermerk hierüber.

In den Lagerschein können weitere Angaben eingetragen werden, die der Lagerhalter für zweckmäßig hält, beispielsweise Vereinbarungen über die Pflege des Lagergutes, seine (Feuer-/Einbruchdiebstahl-)Versicherung, die Vergütung, die Befristung u.ä.

Der Lagerschein ist vom Lagerhalter zu unterzeichnen. Eine Nachbildung der eigenhändigen Unterschrift durch Druck oder Stempel genügt.

Ist ein Lagerschein ausgestellt, so ist der Lagerhalter zur **Auslieferung des Gutes** nur gegen Rückgabe des Lagerscheins, auf dem die Auslieferung bescheinigt ist, verpflichtet. Die **Auslieferung eines Teils** des Gutes erfolgt gegen Abschreibung auf dem Lagerschein. Der Abschreibungsvermerk ist vom Lagerhalter zu unterzeichnen. Der Lagerhalter haftet dem

Muster

Namenslagerschein Nr.

Ich/Wir lagerte(n) ein auf Grund der Allgemeinen Deutschen Spediteurbedingungen (ADSp.) neueste Fassung, die auch gegenüber jedem Erwerber dieses Lagerscheines gelten, für Rechnung und Gefahr der Firma

....

....

*) { auf meinem / unserem eigenen Lager ....
auf dem Lager der Firma .... }

....

die nachstehend verzeichneten Güter:

Marke und Nummer	Zahl und Art der Kolli	Inhalt [1])	Angegebenes Bruttogewicht in kg	Ermitteltes Bruttogewicht in kg

[1]) Anm. Der Inhalt ist angegeben von .... }*)
Der Inhalt ist von mir/uns festgestellt.

Auslieferung: Entsprechend ADSp. § 48 C a) bin ich/sind wir als Lagerhalter verpflichtet, das eingelagerte Gut nur gegen Aushändigung des Namenslagerscheines, insbesondere nicht lediglich gegen einen Lieferschein, Auslieferungsschein oder dergl. und im Falle der Abtretung nur an denjenigen Inhaber des Lagerscheines herauszugeben, der durch eine zusammenhängende Kette von auf dem Lagerschein stehenden Abtretungserklärungen legitimiert ist.

Ich/Wir erkenne(n) weiter an, daß ich/wir dem legitimierten Rechtsnachfolger des Einlagerers nur solche Einwendungen entgegensetze(n), welche die Gültigkeit der Ausstellung des Scheines betreffen oder sich aus dem Schein ergeben oder mir/uns unmittelbar gegen den Rechtsnachfolger zustehen. Mein/unser gesetzliches Pfand- oder Zurückbehaltungsrecht wird durch diese Bestimmungen nicht berührt. Bei Teilauslieferungen ist der Lagerschein zwecks Abschreibung vorzulegen.

Bearbeitung: Die Bearbeitung der Ware darf nur von dem laut Lagerschein Berechtigten vorgenommen oder veranlaßt werden, soweit es sich nicht um Bearbeitungen handelt, die im Interesse der Erhaltung der Ware notwendig sind oder deren Vornahme im Lagerschein gestattet ist.

Versicherung: Die Ware ist durch mich/uns für Rechnung wen es angeht versichert / nicht versichert }*) gegen Feuersgefahr und/oder Einbruchdiebstahl für die Dauer der Lagerung zum Tageswert von DM ....
[Versicherungen decke(n) ich/wir nur auf ausdrücklichen schriftlichen Auftrag hin].
Die **Speditionsversicherung** [SVS gemäß ADSp. § 39 ff] habe(n) ich/wir mit einer Versicherungssumme von DM .... eingedeckt.

Bemerkungen: [z. B. besondere Bedingungen für die Einlagerung]

....

....

....

.............................., den .... 19........

eingelagert am .... 19........ ....

(Stempel und Unterschrift des Lagerhalters)

*) *Unzutreffendes durchstreichen.*

Abbildung 7-09

rechtmäßigen Besitzer des Lagerscheins für den Schaden, der daraus entsteht, daß er das Gut ausgeliefert hat, ohne sich den Lagerschein zurückgeben zu lassen oder ohne einen Abschreibungsvermerk einzutragen (vgl. § 475 e HGB).

Abbildung

Den Inhalt eines **(Namens-)Lagerscheins** dokumentiert **Abbildung Nr. 7-09**.

Formen

Der Lagerschein ist ein Dokument mit **Wertpapiereigenschaft**, das in zwei Ausprägungen in Erscheinung tritt, nämlich als Rekta-(Namens-)Wertpapier oder als Orderwertpapier:

- **Rekta-(Namens-)Lagerscheine**

  Rektalagerscheine legitimieren den **namentlich genannten Berechtigten** zum Empfang des Gutes. Die verbrieften Rechte eines Rektalagerscheins können vom Berechtigten mittels **Zessionsvertrag** abgetreten werden. Geschieht dies im Rahmen eines Kreditvertrags mit einer Bank, dann wird die Bank den Rektalagerschein zu ihrer Sicherheit einfordern und dem Lagerhalter die erfolgte Abtretung offenlegen.

- **Orderlagerscheine**

  Ein an Order gestellter Lagerschein kann vom Berechtigten mittels **Indossament** übertragen werden. Dabei hat die Übergabe des Lagerscheins an denjenigen, den der Lagerschein zum Empfang des Gutes legitimiert, für den Erwerb von Rechten an dem Gut dieselben Wirkungen wie die Übergabe des Gutes (vgl. § 475 g HGB). Die Übergabe des indossierten Orderlagerscheins ersetzt somit im Sinne der Traditionsfunktion eines Wertpapiers die Übergabe des Gutes. Es liegt auf der Hand, daß der Orderlagerschein bei Warenverkäufen und bei Kreditgeschäften im Vergleich zum Rektalagerschein das geeignetere Instrument darstellt.

Hinweis

In Kapitel 5 ist der **Lagerschein** im Rahmen der **„Inkassi auf Konsignationsbasis (Collections on Consignement Basis) mit Darstellung der Wareneinlagerung“** abgebildet und praxisorientiert erörtert.

7.5 Frachtbriefe

7.5.1 Allgemeingültige Merkmale

Beweisfunktion

Frachtbriefe dienen dem Nachweis über den **Abschluß und Inhalt des Frachtvertrags** zwischen dem Absender (Exporteur) und einem Frachtführer (Eisenbahn, Luftverkehrsgesellschaft, Spediteur). Sie beweisen u.a. die Stelle und den Tag der Übernahme eines im Frachtbrief bezeichneten Gutes durch den Frachtführer sowie die für die Ablieferung vorgesehene Stelle (vgl. § 408 HGB). Daneben enthalten sie Angaben über (Voraus-)Zahlung der Fracht u. ä. Angaben.

Der Frachtbrief wird in **drei Originalausfertigungen** ausgestellt, die vom Absender unterzeichnet werden. Der Absender kann verlangen, daß auch der Frachtführer den Frachtbrief unterzeichnet, wobei Nachbildungen der eigenhändigen Unterschriften durch Druck oder Stempel genügen (vgl. § 408 HGB).

Eine Ausfertigung des Frachtbriefs ist für den Absender bestimmt, eine begleitet das Gut, eine behält der Frachtführer (vgl. ebenda).

Dispositionsfunktion

Neben dieser Beweisfunktion umfassen Frachtbriefe ein Dispositionsrecht des Absenders: Der **Absender kann vom Frachtführer insbesondere verlangen**, daß der Frachtführer das Gut nicht weiterbefördert oder es an einem anderen Bestimmungsort, an einer anderen Ablieferungsstelle oder an einen anderen Empfänger abliefert (vgl. § 418 Abs. 1 HGB). Dieses Dispositionsrecht (Verfügungsrecht) des Absenders erlischt nach Ankunft des Gutes an der Ablieferungsstelle (vgl. § 418 Abs. 2 HGB).

Für die im folgenden angesprochene Sperrfunktion von Frachtbriefen ist Absatz 4 des § 418 HGB von entscheidender Bedeutung: „Ist ein Frachtbrief ausgestellt und von beiden Parteien unterzeichnet worden, so kann der Absender sein Verfügungsrecht **nur gegen Vorlage der Absenderausfertigung des Frachtbriefs** ausüben, sofern dies im Frachtbrief vorgeschrieben ist".

Die praktische Bedeutung des Dispositionsrechts des Absenders ist grundsätzlich vom Transportweg bzw. vom Transportmittel abhängig. Wegen der meist kurzen Reisedauer und der sodann folgenden Ablieferung der Güter an den Empfänger ist der dem Absender in der Praxis verbleibende zeitliche Spielraum zur Ausübung des Dispositionsrechts im allgemeinen klein.

Sperrfunktion

Aus dem Dispositionsrecht (Verfügungsrecht) des Absenders läßt sich die Sperrwirkung des Frachtbriefs ableiten: Gibt der Absender die ihm verbleibende Ausfertigung aus den Händen, dann ist ihm die Möglichkeit zur beschriebenen Weisung an den Frachtführer, das Gut nicht weiterzubefördern, an einen anderen Empfänger abzuliefern usw., also die Möglichkeit zur (nachträglichen) Verfügung im allgemeinen genommen. Ein Importeur, der Zahlung zu leisten bzw. eine Zahlungsverpflichtung einzugehen hat, kann somit im Gegenzug zu seiner Zahlung die Übergabe der dem Absender verbliebenen Ausfertigung des Frachtbriefs verlangen und damit im allgemeinen sicherstellen, daß die versandten **Güter vor nachträglichen Verfügungen des Absenders gesperrt** sind. Vor allem diese zur Sicherheit des Importeurs wirkende Sperrfunktion erklärt die Einbeziehung von Frachtbriefen in die Zug-um-Zug-Abwicklung von Dokumenteninkassi und Dokumentenakkreditiven.

Anzumerken ist allerdings, daß in der betrieblichen Praxis auch nachträgliche Verfügungen des Absenders vorkommen, ohne daß dieser die ihm ausgehändigte Ausfertigung des Frachtbriefs dem Frachtführer vorlegen muß und daß insoweit die beschriebene **Sicherheit in Zweifel zu ziehen** sein kann. Inwieweit die Sperrfunktion eines Frachtbriefs tragfähig ist, hängt überdies vom jeweiligen Frachtvertrag und vom anzuwendenden Recht ab.

Fehlende Funktionen

Der Empfänger braucht seine Berechtigung zur Entgegennahme der Ware **nicht durch Vorlage** einer Ausfertigung **des Frachtbriefs** nachzuweisen. In diesem Sinne umfassen

Frachtbriefe **keine Legitimationsfunktion**. Vielmehr fährt die Ware auf den im Frachtbrief angegebenen Empfänger zu und sie wird ihm vom Frachtführer ohne weitere Formalitäten ausgehändigt bzw. zu seiner Verfügung gestellt.

Frachtbriefe sind **keine Wertpapiere**. Sie repräsentieren die Ware nicht und haben auch **keine** dahingehende **Traditionsfunktion**. Als Kreditsicherheit sind sie nur begrenzt geeignet.

7.5.2 Internationaler Eisenbahnfrachtbrief (CIM-Frachtbrief)

Charakterisierung

Der Internationale Eisenbahnfrachtbrief wird von den Eisenbahnverwaltungen auf Grundlage der übernationalen Vereinbarung "Convention Internationale concernant le transport des Marchandises par chemin de fer" (CIM) ausgestellt, der die meisten europäischen sowie zum Teil außereuropäische Staaten beigetreten sind.

Ausgefüllt wird das CIM-Frachtbriefformular ebenso wie der inländische Eisenbahnfrachtbrief durch den Absender, und zwar beim CIM-Frachtbrief in **fünffacher Ausfertigung**. Der Absender haftet – bei Anwendung von § 414 HGB – dem Frachtführer für die Richtigkeit und für die Vollständigkeit der im Frachtbrief aufgenommenen Angaben. Die erste Ausfertigung des Frachtbriefs reist mit der Ware und wird dem Warenempfänger ausgehändigt.

Als **Versandnachweis** erhält der Absender von der Deutschen Bahn AG eine vom Aufgabebahnhof mit einem Abfertigungsvermerk gekennzeichnete und abgestempelte bzw. mit Computereindruck versehene Ausfertigung des CIM-Frachtbriefs, das sog. Duplikat. Deswegen wird in der betrieblichen Praxis statt von Eisenbahnfrachtbrief häufig von **Duplikatfrachtbrief** bzw. **Frachtbriefdoppel** gesprochen.

Abbildung

Ein **CIM-Frachtbrief** ist in **Abbildung 7-10** dargestellt.

Funktionen

- **Beweisfunktion**: Der CIM-Frachtbrief erfüllt zunächst eine Beweisfunktion über den vom Absender erteilten **Beförderungsauftrag** (Tagesstempel der Bahn, Aufgabebahnhof, Bestimmungsbahnhof, Empfänger, Warenbezeichnung, Hinweis auf Begleitpapiere u.a.).
- **Dispositionsfunktion**: Darüber hinaus eröffnet auch das CIM-Frachtbriefdoppel dem **Absender** ein (nachträgliches) **Verfügungsrecht** (Dispositionsrecht) über die Güter. Dieses Verfügungsrecht reicht von der Weisung, die Güter anzuhalten bzw. einem anderen als dem bislang angegebenen Empfänger auszuhändigen, bis zur Verfügung, die Güter an den Absender zurückzugeben. Zur Ausübung seines Dispositionsrechts hat der Absender das CIM-Frachtbriefdoppel vorzulegen.
- **Sperrfunktion**: Der Absender begibt sich der Möglichkeit zur Ausübung seines Verfügungsrechts, sobald er das **CIM-Frachtbriefdoppel aus den Händen gibt**. Daraus folgt auch für das CIM-Frachtbriefdoppel die eingangs beschriebene Sperrwirkung des Frachtbriefs. Im übrigen erlischt das Recht des Absenders zur Disposition (Verfügung)

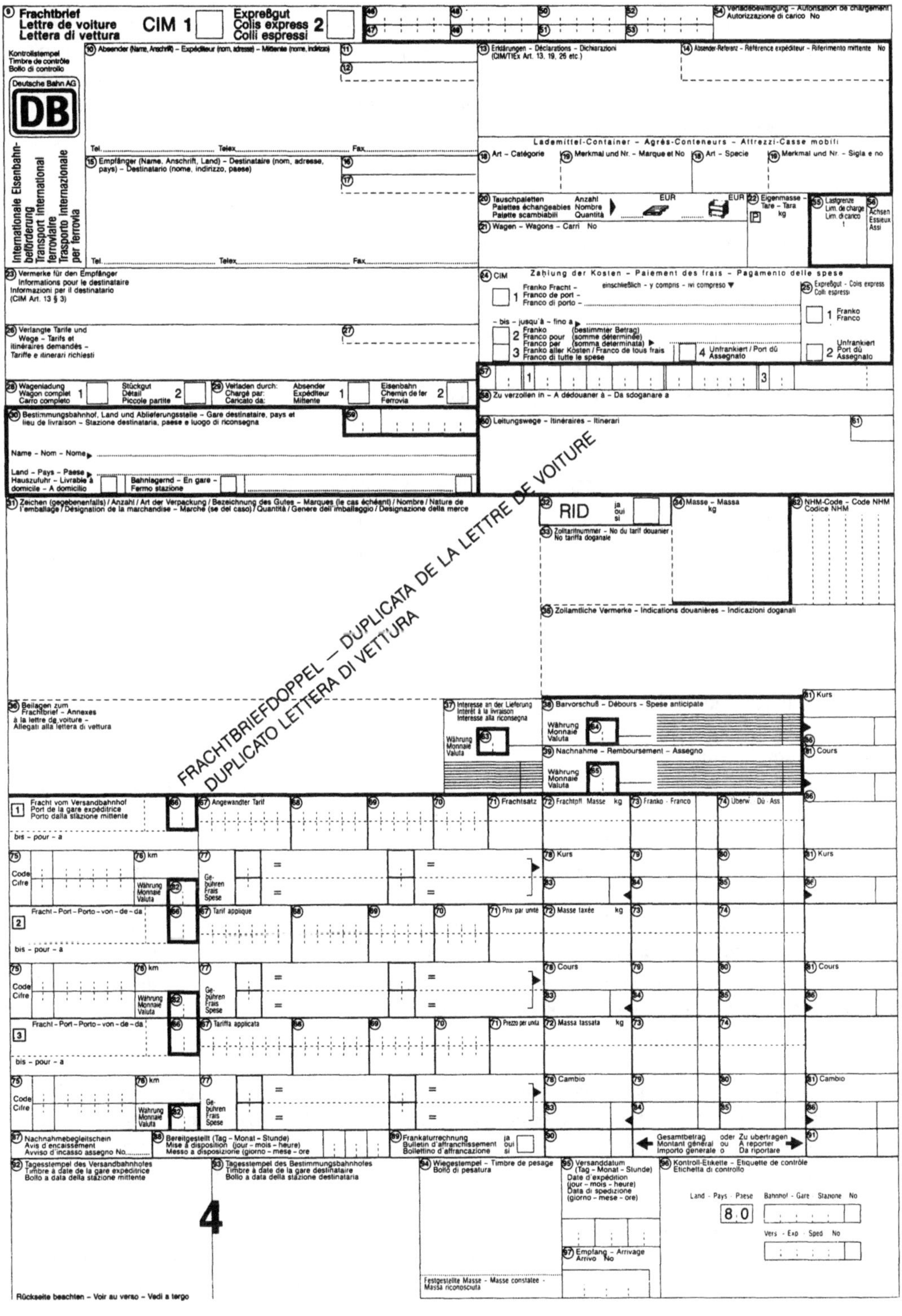

Frachtbrief
Lettre de voiture
Lettera di vettura
CIM 1
Expreßgut
Colis express 2
Colli espressi
Verladebewilligung – Autorisation de chargement
Autorizzazione di carico No
Kontrollstempel
Timbre de contrôle
Bollo di controllo
Deutsche Bahn AG
DB
Internationale Eisenbahnbeförderung
Transport international ferroviaire
Trasporto internazionale per ferrovia
Absender (Name, Anschrift) – Expéditeur (nom, adresse) – Mittente (nome, indirizzo)
Tel. Telex Fax
Empfänger (Name, Anschrift, Land) – Destinataire (nom, adresse, pays) – Destinatario (nome, indirizzo, paese)
Tel. Telex Fax
Erklärungen – Déclarations – Dichiarazioni (CIM/TIEx Art. 13, 19, 25 etc.)
Absender-Referenz – Référence expéditeur – Riferimento mittente No
Lademittel-Container – Agrès-Conteneurs – Attrezzi-Casse mobili
Art – Catégorie
Merkmal und Nr. – Marque et No
Art – Specie
Merkmal und Nr. – Sigla e no
Tauschpaletten Anzahl
Palettes échangeables Nombre
Palette scambiabili Quantità
EUR
Wagen – Wagons – Carri No
Eigenmasse – Tare – Tara kg
Lastgrenze – Lim. de charge – Lim. di carico
Achsen – Essieux – Assi
Vermerke für den Empfänger
Informations pour le destinataire
Informazioni per il destinatario
(CIM Art. 13 § 3)
CIM
Zahlung der Kosten – Paiement des frais – Pagamento delle spese
1 Franko Fracht – Franco de port – Franco di porto – einschließlich – y compris – ivi compreso
– bis – jusqu'à – fino a
2 Franko (bestimmter Betrag) – Franco pour (somme déterminée) – Franco per (somma determinata)
3 Franko aller Kosten / Franco de tous frais – Franco di tutte le spese
4 Unfrankiert / Port dû – Assegnato
Expreßgut – Colis express – Colli espressi
1 Franko – Franco
2 Unfrankiert – Port dû – Assegnato
Verlangte Tarife und Wege – Tarifs et itinéraires demandés – Tariffe e itinerari richiesti
Zu verzollen in – A dédouaner à – Da sdoganare a
Wagenladung – Wagon complet – Carro completo 1
Stückgut – Détail – Piccole partite 2
Verladen durch: – Chargé par: – Caricato da:
Absender – Expéditeur – Mittente 1
Eisenbahn – Chemin de fer – Ferrovia 2
Bestimmungsbahnhof, Land und Ablieferungsstelle – Gare destinataire, pays et lieu de livraison – Stazione destinataria, paese e luogo di riconsegna
Name – Nom – Nome
Land – Pays – Paese
Hauszufuhr – Livraison à domicile – A domicilio
Bahnlagernd – En gare – Fermo stazione
Leitungswege – Itinéraires – Itinerari
Zeichen (gegebenenfalls) / Anzahl / Art der Verpackung / Bezeichnung des Gutes – Marques (le cas échéant) / Nombre / Nature de l'emballage / Désignation de la marchandise – Marche (se del caso) / Quantità / Genere dell'imballaggio / Designazione della merce
RID ja – oui – si
Masse – Massa kg
NHM-Code – Code NHM – Codice NHM
Zolltarifnummer – No du tarif douanier – No tariffa doganale
Zollamtliche Vermerke – Indications douanières – Indicazioni doganali
FRACHTBRIEFDOPPEL — DUPLICATA DE LA LETTRE DE VOITURE
DUPLICATO LETTERA DI VETTURA
Beilagen zum Frachtbrief – Annexes à la lettre de voiture – Allegati alla lettera di vettura
Interesse an der Lieferung – Intérêt à la livraison – Interesse alla riconsegna
Währung – Monnaie – Valuta
Barvorschuß – Débours – Spese anticipate
Nachnahme – Remboursement – Assegno
Kurs – Cours
1 Fracht vom Versandbahnhof – Port de la gare expéditrice – Porto dalla stazione mittente
bis – pour – a
Angewandter Tarif
Frachtsatz
Frachtpfl. Masse kg
Franko – Franco
Überw. – Dû – Ass.
Code – Cifre
km
Gebühren – Frais – Spese
2 Fracht – Port – Porto – von – de – da
Tarif appliqué
Prix par unité
Masse taxée kg
Cours
3 Fracht – Port – Porto – von – de – da
Tariffa applicata
Prezzo per unità
Massa tassata kg
Cambio
Nachnahmebegleitschein – Avis d'encaissement – Avviso d'incasso assegno No
Bereitgestellt (Tag – Monat – Stunde) – Mise à disposition (jour – mois – heure) – Messo a disposizione (giorno – mese – ore)
Frankaturrechnung – Bulletin d'affranchissement – Bollettino d'affrancazione ja – oui – si
Gesamtbetrag – Montant général – Importo generale oder – ou – o Zu übertragen – A reporter – Da riportare
Tagesstempel des Versandbahnhofes – Timbre à date de la gare expéditrice – Bollo a data della stazione mittente
Tagesstempel des Bestimmungsbahnhofes – Timbre à date de la gare destinataire – Bollo a data della stazione destinataria
Wiegestempel – Timbre de pesage – Bollo di pesatura
Versanddatum (Tag – Monat – Stunde) – Date d'expédition (jour – mois – heure) – Data di spedizione (giorno – mese – ore)
Kontroll-Etikette – Etiquette de contrôle – Etichetta di controllo
Land – Pays – Paese Bahnhof – Gare – Stazione No
8 0
Vers. – Exp. – Sped. No
4
Empfang – Arrivage – Arrivo No
Festgestellte Masse – Masse constatée – Massa riconosciuta
Rückseite beachten – Voir au verso – Vedi a tergo

Abbildung 7-10

nach Ankunft des Gutes an der Ablieferungsstelle. Von diesem Zeitpunkt an steht das Verfügungsrecht dem Empfänger zu (vgl. § 418 HGB) bzw. wenn der Empfänger - nach Maßgabe des Rechts des Bestimmungslandes - eine anderweitige Verfügungsberechtigung erlangt. Zu den Vorbehalten zur Sperrfunktion von Frachtbriefen siehe Abschnitt "7.5.1 Allgemeingültige Merkmale".

7.5.3 Luftfrachtbrief (Air Waybill)

Charakterisierung/Abbildung

In rechtlicher und in wirtschaftlicher Hinsicht **entspricht** der Luftfrachtbrief im wesentlichen dem **Eisenbahnfrachtbrief**.

Ein **Luftfrachtbrief** ist in **Abbildung 7-11** dargestellt.

Ausfertigungen

Der Luftfrachtbrief wird in **3 Originalausfertigungen** ausgestellt:

- Die **erste Ausfertigung** verbleibt beim **Luftfrachtführer** (Luftfahrtgesellschaft).

  In dieser Ausfertigung hat der Absender bzw. sein Agent (die von ihm beauftragte Spedition) u.a. die Richtigkeit der Angaben im Frachtbrief zu bestätigen (*"The shipper certifies that the particulars ... are correct ..."*).
- Die **zweite Ausfertigung** reist mit den **Gütern** und wird dem **Warenempfänger** zur Verfügung gestellt.
- Die **dritte Ausfertigung** ("original 3 for shipper") erhält der **Absender** (bzw. die von ihm beauftragte Spedition) als Nachweis für den Abschluß des Frachtvertrags, der insbesondere den Empfang der in äußerlich guter Verfassung befindlichen Güter zur Beförderung an den Empfänger (Bestimmungsort) ausweist (*"It is agreed that the goods ... are accepted in apparent good order and condition for carriage ..."* o.ä.).

Die Anzahl der ausgestellten Originale ist im Luftfrachtbrief zu vermerken (*"Copies 1, 2 and 3 of this Air Waybill are originals and have the same validity"*). Alle Originale sind - wie soeben zitiert - gleichwertig, d.h. grundsätzlich, daß mit jeder Originalausfertigung beispielsweise der Beweis über den Abschluß des Frachtvertrags angetreten werden kann bzw. die verbrieften Rechte geltend gemacht werden können. Praktisch ist es jedoch die vom Frachtführer gegengezeichnete dritte Ausfertigung, mit der der Absender Beweis antritt bzw. sein Dispositionsrecht geltend macht.

Inhalt

Im Frachtbrief sind neben dem **Absender** und neben dem **Empfänger** der **Aufgabeflughafen** und der **Bestimmungsflughafen**, eine **Warenbeschreibung**, Angaben zur **Fracht** und deren Zahlung, **Weisungen** des Absenders sowie Angaben über eine eventuell über die Luftfrachtgesellschaft abgeschlossene Versicherung und viele **weitere Angaben** enthalten.

Die Angabe einer **Notifyadresse** ist in den Formularen der Luftfrachtbriefe nicht an einem festen Platz vorgesehen. Die Bay. Vereinsbank empfiehlt, die Notifyadresse(n) im Empfängerkästchen anzugeben (vgl. Bay. Vereinsbank, Akkreditive 1989: S. 34).

Shipper's Name and Address

Shipper's Account Number

Not negotiable
Air Waybill*

Lufthansa Cargo

Issued by
Lufthansa Cargo AG,
Langer Kornweg 34 i
D-65441 Kelsterbach

Member of International
Air Transport Association

Copies 1, 2 and 3 of this Air Waybill are originals and have the same validity

Consignee's Name and Address

Consignee's Account Number

It is agreed that the goods described herein are accepted in apparent good order and condition (except as noted) for carriage SUBJECT TO THE CONDITIONS OF CONTRACT ON THE REVERSE HEREOF. ALL GOODS MAY BE CARRIED BY ANY OTHER MEANS INCLUDING ROAD OR ANY OTHER CARRIER UNLESS SPECIFIC CONTRARY INSTRUCTIONS ARE GIVEN HEREON BY THE SHIPPER. THE SHIPPER'S ATTENTION IS DRAWN TO THE NOTICE CONCERNING CARRIER'S LIMITATION OF LIABILITY. Shipper may increase such limitation of liability by declaring a higher value for carriage and paying a supplemental charge if required.

Issuing Carrier's Agent Name and City MUSTER

Accounting Information

Agent's IATA Code | Account No.

Airport of Departure (Addr. of First Carrier) and Requested Routing

To | By First Carrier (Routing and Destination) | To | By | To | By | Currency | CHGS Code | WT/VAL PPD COLL | Other PPD COLL | Declared Value for Carriage | Declared Value for Customs

Airport of Destination | **Flight/Date** | For Carrier Use Only | **Flight/Date** | Amount of Insurance | INSURANCE – If Carrier offers insurance, and such insurance is requested in accordance with the conditions thereof, indicate amount to be insured in figures in box marked 'Amount of Insurance'

Handling Information

These commodities licensed by USA for ultimate destination .... Diversion contrary to USA law prohibited.

No of Pieces RCP	Gross Weight	kg lb	Rate Class / Commodity Item No.	Chargeable Weight	Rate / Charge	Total	Nature and Quantity of Goods (incl. Dimensions or Volume)
	MUSTER					MUSTER	

Prepaid | Weight Charge | **Collect**

Valuation Charge

Tax

Total Other Charges Due Agent

Total Other Charges Due Carrier

Other Charges

MUSTER

Shipper certifies that the particulars on the face hereof are correct and that **insofar as any part of the consignment contains dangerous goods, such part is properly described by name and is in proper condition for carriage by air according to the applicable Dangerous Goods Regulations.**

Signature of Shipper or his Agent

Total Prepaid | Total Collect

Currency Conversion Rates | **CC Charges in Dest. Currency**

Executed on (date) at (place) Signature of Issuing Carrier or its Agent

For Carrier's Use only at Destination | **Charges at Destination** | **Total Collect Charges**

* Luftfrachtbrief (nicht begebbar) – eine verbindliche Übersetzung dieses Frachtbriefformulars (einschließlich der Vertragsbedingungen) in die deutsche Sprache liegt bei allen Lufthansa Frachtbüros aus.

ORIGINAL 3 (FOR SHIPPER)

Abbildung 7-11

Der Luftfrachtbrief muß von der Fluggesellschaft (carrier) bzw. von deren Agent **unterschrieben** sein.

Der Luftfrachtbrief wird auch bei einem Wechsel des Luftfrachtführers - unter Aufnahme entsprechender **Umladevermerke** - beibehalten.

Ist der Luftfrachtbrief vom Exporteur im Rahmen eines **Akkreditivs** vorzulegen und sind gemäß den Akkreditivbedingungen Umladungen verboten, dann dürfen im Luftfrachtbrief nicht mehrere "Flight/Dates" erscheinen. Auch mehrere "carrier(s)" in der Zeile "To" und "By" wären ein Indiz für die -unzulässige- Umladung der Güter (vgl. Bay. Vereinsbank, Akkreditive 1989: S. 35).

Den Luftfrachtverträgen mit den Luftfahrtgesellschaften liegen im Allgemeinen die Regeln des Warschauer Abkommens und der Beförderungsbedingungen der **IATA** (International Air Transport Association) zugrunde.

Funktionen

- **Beweisfunktion**: Der Luftfrachtbrief erfüllt eine Beweisfunktion über den Abschluß des **Frachtvertrags**, insbesondere über die Aufgabe (den Aufgabetag) der Güter an den Luftfrachtführer und dessen Bestätigung über den Empfang der Güter in äußerlich guter Verfassung zur Beförderung an den Bestimmungsort. Insoweit ist die dem Exporteur ausgehändigte dritte Ausfertigung des Luftfrachtbriefs geeignet, im Rahmen eines Dokumenteninkassos bzw. eines Dokumentenakkreditivs den Beweis der dahingehenden Erfüllung des Kaufvertrags bzw. der Akkreditivbedingungen seitens des Exporteurs zu führen.
- **Dispositionsfunktion**: Analog zum Eisenbahnfrachtbrief beläßt der Luftfrachtbrief dem Exporteur ein (nachträgliches) Verfügungsrecht (Dispositionsrecht) über die Ware: Der **Absender** kann unter Vorlage einer Originalausfertigung (dritte, vom Frachtführer gegengezeichnete Fertigung) dem **Frachtführer Weisung erteilen**, die Ware auf dem Abflughafen, einem Zwischenlandeplatz oder auf dem Zielflughafen anzuhalten, umzudirigieren oder zurückzubeordern. Dieses Verfügungsrecht des Absenders erlischt allerdings nach Ankunft des Gutes an der Ablieferungsstelle bzw. sobald dem Empfänger das Gut am Bestimmungsort zur Verfügung gestellt ist.
- **Sperrfunktion**: Auch Luftfrachtbriefe schließen eine Sperrfunktion ein: Übergibt der Exporteur im Rahmen der Zug-um-Zug-Abwicklung des Dokumenteninkassos bzw. des Dokumentenakkreditivs seine vom Frachtführer gegengezeichnete dritte Originalausfertigung des Luftfrachtbriefs dem Importeur bzw. einer eingeschalteten Bank, dann kann der Importeur im allgemeinen sicher sein, daß (nachträgliche) **Verfügungen des Exporteurs** über die Ware **nicht mehr möglich** sind. Zu den Vorbehalten zur Sperrfunktion von Frachtbriefen siehe Abschnitt "7.5.1 Allgemeingültige Merkmale".

Fehlende Funktionen

Der im Luftfrachtbrief bezeichnete Empfänger braucht seine **Empfangsberechtigung nicht** durch Vorlage einer Ausfertigung des Luftfrachtbriefs **nachzuweisen**. Vielmehr werden ihm die Ware selbst sowie die die Ware begleitende Ausfertigung des Luftfrachtbriefs - eventuell nach Zahlung der Fracht - ohne weiteres zur Verfügung gestellt. Insoweit beinhaltet der Luftfrachtbrief **keine Legitimationsfunktion**.

Luftfrachtbriefe sind **keine Wertpapiere**. Sie verkörpern die Ware nicht und sie vermögen bei einem Eigentumsübergang die Übergabe der Ware auch nicht zu ersetzen, d.h. die Übertragung eines Luftfrachtbriefs hat keine Traditionswirkung. Der auf Luftfrachtbriefen regelmäßig aufgedruckte Vermerk **"not negotiable"** weist auf diesen Rechtscharakter hin.

Die Begebung von negoziierbaren Luftfrachtbriefen, die – an Order gestellt – Wertpapiereigenschaft mit Traditionsfunktion aufweisen, ist nach dem Haager Zusatzabkommen von 1955 zum Warschauer Abkommen grundsätzlich möglich, wobei die Ausgestaltung eines solchen "Luft(fracht)konnossements" dem jeweiligen Landesrecht vorbehalten ist. Bislang ist jedoch ein derartiges Wertpapier für den Luftfrachtverkehr noch nicht verwirklicht worden.

Hinweis

Einzelheiten zu den Exportdokumenten bei der Akkreditivabwicklung – und speziell zum Luftfrachtbrief – siehe Kapitel „**2 Dokumentenakkreditive: Erläuterungen zur Kontrolle der Dokumente bei der Abwicklung**".

7.5.4 Seefrachtbrief (Sea Waybill)

Charakterisierung

Der Seefrachtbrief (Sea Waybill) im engeren Sinne dokumentiert einen **Frachtvertrag**, der einen **Seetransport** umfaßt.

Anzumerken ist, daß neben den Seefrachtbriefen im engeren Sinne auch Transportdokumente mit Frachtbriefcharakter im Umlauf sind, die sowohl Seetransport als auch kombinierten Transport dokumentieren können, wie z.B. das "Express Cargo Bill (not negotiable) for combined transport or port to port shipment" oder das "Non-negotiable Waybill for combined transport or port to port shipment". Die folgenden Ausführungen sind auf den Seefrachtbrief im engeren Sinne konzentriert.

Abbildung

Abbildung 7-12 zeigt einen **Seefrachtbrief (Sea Waybill)**

Aufbau/Inhalt

Im **formularmäßigen Aufbau** und hinsichtlich der einzutragenden Angaben ähnelt der Seefrachtbrief dem Konnossement, ohne jedoch dessen rechtliche Konstruktion zu umfassen.

Der **Absender** (der Exporteur) erhält eine **Ausfertigung des Seefrachtbriefs**, die von der Reederei oder von deren Agent unterzeichnet ist (oder in anderer Weise authentisiert ist; vgl. auch Art. 24 a. ERA). Werden mehrere Ausfertigungen (Originale) des Seefrachtbriefs ausgestellt, dann ist deren Anzahl auf jeder Ausfertigung zu vermerken und im Rahmen von Dokumentenakkreditiven in der Regel auch als voller Satz einzureichen (vgl. Art. 24 a. IV ERA).

Analog zum Konnossement kann der Seefrachtbrief lediglich die Übernahme der Güter oder bereits deren An-Bord-Nahme ausweisen. Sofern im Akkreditiv nichts anderes vorgeschrieben ist, nehmen die Banken nur Seefrachtbriefe an, die die **Verladung an Bord** eines namentlich genannten Schiffes beweisen (vgl. Art. 24 a. II ERA), wobei die An-Bord-

SENATOR LINIE
GMBH & CO. KG

SEA WAYBILL
NON – NEGOTIABLE

SHIPPER/EXPORTER (COMPLETE NAME AND ADDRESS)	BOOKING NO.	WAYBILL NO.:
	EXPORT REFERENCES	
CONSIGNEE (COMPLETE NAME AND ADDRESS)	FORWARDING AGENT F.M.C. NO.	
NOTIFY (COMPLETE NAME AND ADDRESS)	ALSO NOTIFY – ROUTING & INSTRUCTIONS	
PRE-CARRIAGE BY		
PLACE OF RECEIPT / PORT OF LOADING		
OCEAN VESSEL / VOY. NO.	LOADING PIER/TERMINAL	
PORT OF DISCHARGE / PLACE OF DELIVERY	TYPE OF MOVE	

PARTICULARS FURNISHED BY SHIPPER

MARKS & NOS/CONTAINER NOS	NO. OF PKGS	DESCRIPTION OF PACKAGES AND GOODS	GROSS WEIGHT	MEASUREMENT

SHIPPERS DECLARED VALUE $ ____________
SUBJECT TO EXTRA FREIGHT AS PER TARIFF AND CLAUSE 6 OF B/L

FREIGHT PAYABLE AT

FREIGHT CHARGES	TO BE PREPAID	COLLECT
TOTAL CHARGES		

RECEIVED FOR CARRIAGE AS ABOVE IN APPARENT GOOD ORDER AND CONDITION, UNLESS OTHERWISE STATED HEREON, THE GOODS DESCRIBED IN THE ABOVE PARTICULARS.

DELIVERY OF THE GOODS WILL BE MADE TO THE CONSIGNEE OR HIS AUTHORIZED REPRESENTATIVE UPON PROPER PROOF OF IDENTITY AND AUTHORIZATION WITHOUT THE NEED OF PRODUCING OR SURRENDERING A COPY OF THIS WAYBILL.

WAYBILL NO.: DATE OF ISSUE

SIGNED ON BEHALF OF THE CARRIER:

SENATOR LINIE
Gmbh & CO. KG
BREMEN

BY: ____________

FORM ICS 60 – 6/89

Abbildung 7-12

Nahme auch durch einen nachträglichen Vermerk mit Angabe des Verladedatums im Seefrachtbrief nachgewiesen werden kann.

Funktionen

- **Beweisfunktion**: Wie die übrigen Frachtbriefe erfüllt auch der Seefrachtbrief eine Beweisfunktion, die sich auf viele, **im Frachtbrief dokumentierte Angaben** zum abgeschlossenen Frachtvertrag bezieht. Damit vermag der Exporteur bei Dokumentenakkreditiven und bei Dokumenteninkassi den erforderlichen Nachweis zu führen.
- **Dispositionsfunktion**: Auch Frachtverträge, die zu einem Seefrachtbrief führen, kann der Absender (Exporteur) nachträglich abändern: Der **Absender** kann die **Reederei** - unter Vorlage der ihm belassenen Ausfertigung(en) des Seefrachtbriefs - **anweisen**, die Güter (Container) anzuhalten, umzudirigieren oder zurückzubeordern. Dieses Dispositionsrecht (Recht zur nachträglichen Verfügung) des Exporteurs erlischt – wie bei den übrigen Frachtbriefen – nach Ankunft der Güter an der Ablieferungsstelle bzw. sobald die Güter dem Empfänger zur Verfügung gestellt sind.
- **Sperrfunktion**: In umgekehrter Sicht folgt aus dem soeben skizzierten Dispositionsrecht die Sperrfunktion des Seefrachtbriefs: Sobald der Absender (der Exporteur) die ihm belassene(n) Ausfertigung(en) des Seefrachtbriefs im Rahmen cines Akkreditivs oder eines Dokumenteninkassos aus den Händen gibt, ist ihm die (nachträgliche) **Abänderung des Frachtvertrags nicht mehr möglich**. Der Importeur kann vielmehr im allgemeinen sicher sein, daß die Güter nunmehr "auf ihn zuschwimmen", weil der Exporteur durch Weitergabe des Seefrachtbriefs von der Möglichkeit zur Änderung des Frachtvertrags abgesperrt ist.

  In der betrieblichen Praxis unterbleibt die Vorlage des Seefrachtbriefs bei nachträglichen Verfügungen des Absenders bisweilen, wodurch auch die beschriebene **Sperrfunktion** des Seefrachtbriefs **entfällt** und im Prinzip auch die Beweisfunktion des Seefrachtbriefs unterlaufen ist. Dieses Unterlassen hängt zum einen mit dem Vertrauensverhältnis zwischen dem Exporteur und der Reederei bzw. deren Agent zusammen, wonach die Reederei davon ausgeht, daß der Exporteur mit dem bisherigen, durch eine nachträgliche Verfügung des Exporteurs nicht mehr voll zutreffenden Seefrachtbrief keinen Mißbrauch treibt, insbesondere gegenüber dem bisherigen Empfänger damit keinen falschen Beweis antritt. Zum anderen bestehen zum relevanten Seefrachtvertrag einige offenen Fragen, die im Einzelfall auch das Dispositionsrecht, die Vorlage/Nichtvorlage des Dokuments bei nachträglichen Verfügungen, die Sperrfunktion sowie die Beweisfunktion des Seefrachtbriefs berühren.

Fehlende Funktionen

Eindeutigkeit besteht dagegen hinsichtlich der weiteren Funktionen, die Transportdokumente aufweisen können: Der Seefrachtbrief erfüllt **keine Legitimationsfunktion,** d.h. der Importeur benötigt den Seefrachtbrief nicht, um damit seine Berechtigung zum Empfang der Güter nachzuweisen (siehe auch eingedruckten Text im abgebildeten Seefrachtbrief; Abb. 7-12).

Im Gegensatz zum Konnossement ist der Seefrachtbrief auch **kein Wertpapier**. In der Bezeichnung der Seefrachtbriefe wird dem durch Zusätze wie "not negotiable", "non negotiable", "nicht begebbar" o.ä. Rechnung getragen (siehe Abbildung 7-12).

Hinweis

Einzelheiten zu den Exportdokumenten bei der Akkreditivabwicklung – und speziell zum nichtbegebbaren Seefrachtbrief – siehe Kapitel „**2 Dokumentenakkreditive: Erläuterungen zur Kontrolle der Dokumente bei der Abwicklung**“.

7.5.5 Frachtbrief der Binnenschiffahrt

Der Frachtverkehr der Binnenschiffahrt wird in der Regel mit dem Ladeschein dokumentiert. In den **Donauländern** findet sich jedoch auch noch der Frachtbrief (vgl. Klenke 1983, S. 100).

Der Charakter des Frachtbriefs der Binnenschiffahrt und seine Funktionen entsprechen – soweit deutsches Recht anwendbar ist – weitgehend den Frachtbriefen der Bahn und des Luftverkehrs.

7.5.6 Internationaler Frachtbrief des Straßengüterverkehrs (CMR-Frachtbrief)

Charakterisierung

Die Ausgestaltung des Internationalen Frachtbriefs des Straßengüterverkehrs beruht auf dem "Übereinkommen über den Beförderungsvertrag im Internationalen Straßengüterverkehr", "Convention relative au contrat de transport international de Marchandises par Route", kurz: **"CMR"**. Deswegen wird dieser Frachtbrief auch als CMR-Frachtbrief bezeichnet.

Der **Rechtscharakter** ebenso wie die **Funktionen** des CMR-Frachtbriefs sind den übrigen Frachtbriefen weitgehend gleich.

Abbildung

Abbildung 7-13 zeigt einen **CMR-Frachtbrief**.

Funktionen

- **Beweisfunktion**: Der Absender kann mittels der ihm überlassenen Ausfertigung den **Abschluß des Transportvertrags** beweisen.
- **Dispositionsfunktion**: Der CMR-Frachtbrief eröffnet dem **Exporteur** die bei den übrigen Frachtbriefen dargestellten (nachträglichen) **Verfügungsmöglichkeiten** (nämlich die Güter anzuhalten oder zurückzubeordern oder an einen anderen Empfänger ausliefern zu lassen), sofern er die CMR-Ausfertigung vorlegt und die Güter dem Empfänger noch nicht zur Verfügung gestellt sind.
- **Sperrfunktion**: Wie bei den übrigen Frachtbriefen **verliert** der **Absender** seine (nachträgliche) **Dispositionsmöglichkeit**, sobald er die CMR-Ausfertigung aus der Hand gibt. Daraus ist auch beim CMR-Frachtbrief die oben angesprochene Sperrwirkung abzuleiten, die dem Importeur die Möglichkeit eröffnet, im Gegenzug zu seiner Zahlung die

1. Exemplar für Tarifkontrolle	Exemplaire pour contrôle tarifaire	Exemplaar voor tariefcontrole	Essemplare per controllo tariffario	Copy for tariffcontrol	Exemplar for tarifkontrolen
2. Exemplar für Absender	Exemplaire de l'expéditeur	Exemplaar voor Afzender	Essemplare per mittente	Copy for sender	Exemplar for Afsender
3. Exemplar für Empfänger	Exemplaire du destinataire	Exemplaar voor Geadresseerde	Essemplare per destinatario	Copy for consignee	Exemplar for Modtager
4. Exemplar für Frachtführer	Exemplaire du transporteur	Exemplaar voor vervoerder	Essemplare per trasportatore	Copy for carrier	Exemplar for befordrer

1 Absender (Name, Anschrift, Land) / Expéditeur (nom, adresse, pays)
FIRMA MEYER UND CO
IMPORT EXPORT
STOCKACHSTRASSE 62
W-4000 DÜSSELDORF 1
GERMANY

INTERNATIONALER FRACHTBRIEF
LETTRE DE VOITURE INTERNATIONAL

Diese Beförderung unterliegt trotz einer gegenteiligen Abmachung den Bestimmungen des Übereinkommens über den Beförderungsvertrag im internat. Straßengüterverkehr (CMR)

Ce transport est soumis, nonobstant toute clause contraire, à la Convention relative au contrat de transport international de marchandises par route (CMR)

2 Empfänger (Name, Anschrift, Land) / Destinataire (nom, adresse, pays)
IRAN TRADING CO
AVE DR.BEHESHTI
7TH FLOOR NO. 257
TEHRAN 15437
IRAN

16 Frachtführer (Name, Anschrift, Land) / Transporteur (nom, adresse, pays)
BETZ, REUTLINGEN

Muster

3 Auslieferungsort des Gutes / Lieu prévu pour la livraison de la marchandise
Ort/Lieu TEHERAN
Land/Pays IRAN

17 Nachfolgende Frachtführer (Name, Anschrift, Land) / Transporteurs successifs (nom, adresse, pays)
NOTIFY ADDRESS:
M.S.P.A.D.
TEHRAN/IRAN

4 Ort und Tag der Übernahme des Gutes / Lieu et date de la prise en charge de la marchandise
Ort/Lieu DÜSSELDORF
Land/Pays GERMANY
Datum/Date

18 Vorbehalte und Bemerkungen der Frachtführer / Réserves et observations des transporteurs
CARNET TIR FOR CUSTOMS TEHERAN

5 Beigefügte Dokumente / Documents annexés
FBL
PACKING LIST
INVOICE

6 Kennzeichen und Nummern / Marques et numéros	7 Anzahl der Packstücke / Nombre des colis	8 Art der Verpackung / Mode d'emballage	9 Bezeichnung des Gutes / Nature de la marchandise	10 Statistiknummer / No statistique	11 Bruttogewicht in kg / Poids brut, kg	12 Umfang in m³ / Cubage m³
ADDRESS	7 PACKAGES	18.000 KGS NET			19.357 KGS	
TEHRAN		BUBBLE GUM PACKED				
COLLI NO.		IN CARTONS				
1-7						
L/C NO. 183747/FL/848						
TOTAL VALUE: USD 210.837,-						

Klasse/Classe | Ziffer/Chiffre | Buchstabe/Lettre | (ADR)

13 Anweisungen des Absenders (Zoll- und sonstige amtliche Behandlung) / Instructions de l'expéditeur (formalités douanières et autres)
CUSTOMS CLEARANCE AT BAZARGAN
BORDER AND FINAL CUSTOMS CLEARANCE
AT TEHERAN ONLY THROUGH:
IRAN TRADING CO
TEHRAN/IRAN
TEL: 838 383
TLX: 383 383

19 Zu zahlen vom / A payer par	Absender / L'expéditeur	Währung / Monnaie	Empfänger / Le Destinataire
Fracht / Prix des transport			
Ermäßigungen / Réductions –			
Zwischensumme / Solde			
Zuschläge / Suppléments			
Nebengebühren / Frais accessoires			
Sonstiges / Divers +			
Zu zahlende Gesamtsumme / Total à payer			

14 Rückerstattung / Remboursement

15 Frachtzahlungsanweisungen / Prescription d'affranchissement
Frei / Franco TEHERAN
Unfrei / Non Franco

20 Besondere Vereinbarungen / Conventions particulières

21 Ausgefertigt in / Etablie à REUTILINGEN am/le 28.12. 19 92

24 Gut empfangen / Réception des marchandises — Datum/Date — am/le 19

22 MEYER, DÜSSELDORF
Unterschrift und Stempel des Absenders (Signature et timbre de l'expéditeur)

23 BETZ, REUTLINGEN
Unterschrift und Stempel des Frachtführers (Signature et timbre du transporteur)

Unterschrift und Stempel des Empfängers (Signature et timbre du destinataire)

25 Angaben zur Ermittlung der Tarifentfernung mit Grenzübergängen

von	bis	km

28 Berechnung des Beförderungsentgelts

frachtpfl. Gewicht in kg	Tarifstelle Sonderabmachung	Güterarten	Währung	Frachtsatz	Beförderungsentgelt
				Summe	

26 Vertragspartner des Frachtführers ist – kein – Hilfsgewerbetreibender im Sinne des anzuwendenden Tarifs

27	Amtl. Kennzeichen	Nutzlast in kg
Kfz	NFM 3838	
Anhänger	NFM 3837	

Benutzte Gen.-Nr. ☐ National ☐ Bilateral ☐ EG ☐ CEMT

Les parties encadrées de lignes grasses doivent être remplies par le transporteur.

21 + 22 Die mit fett gedruckten Linien eingerahmten Rubriken müssen vom Frachtführer ausgefüllt werden.

1 – 15 einschließlich / y compris et

Auszufüllen unter der Verantwortung des Absenders / A remplir sous la responsabilité de l'expéditeur

Bei gefährlichen Gütern ist, außer der eventuellen Bescheinigung, auf der letzten Linie der Rubrik anzugeben: die Klasse, die Ziffer sowie gegebenenfalls der Buchstabe. En cas de marchandises dangereuses indiquer, outre la certification éventuelle, à la dernière ligne du cadre la classe, le chiffre et le cas échéant, la lettre.

Form 005 Lo

Abbildung 7-13

Übergabe des CMR-Frachtbriefs zu verlangen. Zu den Vorbehalten zur Sperrfunktion von Frachtbriefen siehe Abschnitt "7.5.1 Allgemeingültige Merkmale".

Der **Absender** kann mittels eines entsprechenden Vermerks im CMR-Frachtbrief auf die Ausübung seines (nachträglichen) **Verfügungsrechtes verzichten**, so daß dem Empfänger dieses Recht zusteht. Dies eröffnet dem Empfänger u.a. die Möglichkeit, die Ware statt an sich selbst an einen Dritten ausliefern zu lassen.

Fehlende Funktionen

Der CMR-Frachtbrief erfüllt **keine Legitimationsfunktion**. Der Warenempfänger braucht ihn als Nachweis seiner Berechtigung zum Warenempfang nicht vorzulegen.

Der CMR-Frachtbrief hat keine Wertpapiereigenschaften.

7.6 Internationale Spediteurübernahmebescheinigung und andere Spediteurdokumente

7.6.1 Überblick über maßgebliche internationale Transportdokumente der Spediteure

Charakterisierung/Abgrenzung

Von den Transportdokumenten, die Speditionen ausfertigen, sind für die folgende Darstellung zunächst diejenigen Dokumente auszugrenzen, die die Speditionen **als Agenten** (Beauftragte) im Namen und für Rechnung Dritter ausstellen, also beispielsweise Seekonnossemente, die sie als Agenten der Reedereien ausstellen. Die in diesem Abschnitt behandelten internationalen Transportdokumente stellen Speditionen dagegen **in eigenem Namen und für eigene Rechnung** aus.

Im wesentlichen sind dies vier Arten:

- **FIATA Konnossement des kombinierten Transports (Negotiable FIATA Combined Transport Bill of Lading; FBL-Dokument) bzw. FIATA Multimodales Transportdokument/Multimodales Konnossement (Negotiable FIATA Multimodal Transport Bill of Lading)**

  Diese Dokumente sind im Rahmen von Abschnitt "7.2.3.7 Kombinierte/multimodale Transportdokumente" besprochen.

- **Internationale Spediteurübernahmebescheinigung** (FIATA FCR-Dokument)

  Dieses Dokument ist im folgenden **Abschnitt 7.6.2** beschrieben und beurteilt.

- **Internationaler Frachtbrief des Straßengüterverkehrs (CMR-Frachtbrief)**

  Der internationale Frachtbrief (CMR-Frachtbrief) ist gliederungssystematisch den Frachtbriefen zuzuordnen und deswegen im obigen **Abschnitt 7.5.6** behandelt.

- **FIATA Forwarders Certificate of Transport (FIATA FCT-Dokument)**

  Das FIATA Forwarders Certificate of Transport, kurz: FCT-Dokument, beruht auf einem von der FIATA (Fédération Internationale des Associations des Transporteurs et

Assimilés, Zürich) autorisierten Text. Dieses Dokument wird in **eigenem Namen** und für **eigene Rechnung** von den berechtigten Spediteuren ausgestellt.

Einschränkend ist anzumerken, daß die Banken im Rahmen der **Akkreditivabwicklung** das FCT-Dokument - obwohl der Text von der FIATA autorisiert ist - im allgemeinen **zurückweisen**, sofern nicht in den Akkreditivbedingungen ein FCT-Dokument ausdrücklich zugelassen ist (vgl. Art. 30 ERA). Dies hängt damit zusammen, daß der Spediteur beim FCT-Dokument – sofern nichts anderes vermerkt ist – nicht als Frachtführer gilt, sondern lediglich als Spediteur, der sich zur Auslieferung der Waren gegen das FCT-Dokument verpflichtet hat. Der Spediteur haftet nur für eigene Fehler (vgl. Oelfke 1991: S. 252).

Hinweis

Einzelheiten zu den Exportdokumenten bei der Akkreditivabwicklung siehe Kapitel **„2 Dokumentenakkreditive: Erläuterungen zur Kontrolle der Dokumente bei der Abwicklung"**.

7.6.2 Internationale Spediteurübernahmebescheinigung (FIATA Forwarders Certificate of Receipt; FCR-Dokument)

Charakterisierung

Die Internationale Spediteurübernahmebescheinigung (Forwarders Certificate of Receipt, kurz: FCR-Dokument) beruht auf einem von der **FIATA** (Fédération Internationale des Associations des Transporteurs et Assimilés, Zürich), also von der Internationalen Spediteurvereinigung **autorisierten Text**.

Diese FIATA-autorisierte Internationale Spediteurübernahmebescheinigung darf nur von **zugelassenen Speditionen** ausgestellt werden. Zu beachten ist, daß daneben insbesondere im Inland anders gestaltete Spediteurübernahmebescheinigungen Anwendung finden, die im Einzelfall aber auch im grenzüberschreitenden Verkehr eingesetzt werden.

Abbildung

Die **Abbildung 7-14** zeigt ein **FIATA FCR-Dokument**.

Funktionen

- **Beweisfunktion**: Die Internationale Spediteurübernahmebescheinigung ist ebenso wie die anderen Transportdokumente Beweisurkunde über den **Abschluß des Frachtvertrags**. Die Spedition bescheinigt, die bezeichnete Sendung in äußerlich guter Beschaffenheit vom Absender zur Beförderung an den Empfänger bzw. zu dessen Verfügung am ausgewiesenen Tag übernommen zu haben. Darüber hinaus können Angaben über Transportweg und Transportmittel, Weisungen über die Frachtzahlung u.a. in die Spediteurübernahmebescheinigung aufgenommen werden.
- **Dispositionsfunktion**: In der Internationalen Spediteurübernahmebescheinigung ist zwar ausgewiesen, daß der Absender der Spedition die unwiderrufliche Weisung zum Versand der Sendung an den Empfänger bzw. zur Verfügung des Empfängers erteilt (*"...with irrevocable instructions at the disposal of the consignee/to be forwarded to the*

Lieferanten bzw. Auftraggeber des Spediteurs
Suppliers or Forwarders Principals

BSL

FIATA FCR

Forwarders Certificate of Receipt

No DE

ORIGINAL Ref. No.

Empfänger
Consignee

Muster

Die Durchführung des Auftrages erfolgt auf Grund der umseitig abgedruckten Allgemeinen Bedingungen.
The goods and instructions are accepted and dealt with subject to the General Conditions printed overleaf.

Zeichen und Nummern; *Marks and numbers;*	Anzahl/Verpackungsart *Number and kind of packages*	Inhalt *Description of goods*	Bruttogewicht *Gross weight*	Maß *Measurement*

laut Angaben des Versenders
according to the declaration of the consignor

SVS/RVS **Wert/Value**
(§§ 39 ff ADSp) DM

Wir bescheinigen hiermit die oben bezeichnete Sendung in äußerlich guter Beschaffenheit übernommen zu haben

We certify having assumed control of the above mentioned consignment in external apparent good order and condition

mit der unwiderruflichen Weisung*
*with irrevocable instructions**

zur Verfügung des Empfängers / *at the disposal of the consignee* ☐

zum Versand an den Empfänger / *to be forwarded to the consignee* ☐

* Die Weisung zur Beförderung kann nur gegen Rückgabe der Original-Bescheinigung widerrufen oder abgeändert werden, und nur soweit und solange als der ausstellende Spediteur noch ein Verfügungsrecht über die bezeichnete Sendung besitzt.

Die Weisung zur Verfügungsstellung an den angegebenen Dritten kann nur gegen Rückgabe der Original-Bescheinigung widerrufen oder abgeändert werden, und nur solange, als die Verfügung, des begünstigten Dritten noch nicht beim ausstellenden Spediteur eingegangen ist.

* *Forwarding instructions can only be cancelled or altered if the original Certificate is surrendered to us, and then only provided we are still in a position to comply with such cancellation or alteration.*
Instructions authorizing disposal by a third party can only be cancelled or altered if the original Certificate of Receipt is surrendered to us, and then only provided we have not yet received instructions under the original authority.

(falls erforderlich, Angaben über den Transportweg und Transportmittel)
Besondere Angaben
Special remarks

Ort und Datum / *Place and date of issue*

Frankatur- und Spesenvorschrift
Instructions as to freight and charges

Stempel und rechtsgültige Unterschrift
Stamp and authorized signature

FIATA Reg. No. A 375866

Text authorized by FIATA. COPYRIGHT FIATA / Zürich - Switzerland 6.89
Exclusive selling rights for the Federal Republic of Germany
by Verein Hamburger Spediteure e.V., Pumpen 17, 2000 Hamburg 1, Phone (040) 32 28 28

Abbildung 7-14

consignee"). Diese unwiderrufliche Weisung schließt jedoch das (nachträgliche) **Verfügungsrecht des Absenders** über die Waren im allgemeinen nicht aus. Der Absender kann vielmehr die Weisung zur Beförderung - unter Rückgabe der Originalausfertigung des FCR-Dokuments - widerrufen oder abändern.

Dieses Dispositionsrecht des Absenders besteht allerdings nur insoweit und solange, als der Spediteur noch ein Verfügungsrecht über die Waren besitzt bzw. der Warenempfänger sein Verfügungsrecht noch nicht ausgeübt hat.

- **Sperrfunktion**: Der Importeur (Warenempfänger) kann sich gegen (nachträgliche) Verfügungen des Absenders absichern, indem er im Rahmen eines Dokumenteninkassos oder Dokumentenakkreditivs vom Exporteur (Absender) die Aushändigung des Original FCR-Dokuments verlangt. Auch Spediteurübernahmebescheinigungen ermöglichen es somit grundsätzlich, die Warensendung **vor** (nachträglichen) **Verfügungen des Absenders zu sperren**. Zu der hier beschriebenen Sperrfunktion sind jedoch diejenigen Vorbehalte angebracht, wie sie zu den Frachtbriefen in Abschnitt "7.5.1 Allgemeingültige Merkmale" bzw. in Abschnitt "7.5.4 Seefrachtbrief (Sea Waybill)" behandelt sind.

Fehlende Funktionen

Der **Warenempfänger** benötigt **keine Ausfertigung** der Spediteurübernahmebescheinigung als Legitimationsnachweis für seine Berechtigung zum Warenempfang.

Spediteurübernahmebescheinigungen repräsentieren die Waren nicht, sie sind also **keine Wertpapiere**. Das Eigentumsrecht an der Ware kann nicht durch bloße Übertragung und Übergabe der Spediteurübernahmebescheinigung auf einen Dritten übertragen werden. Spediteurübernahmebescheinigungen umfassen somit auch **keine Traditionsfunktion**.

7.7 Sonstige Transportdokumente

7.7.1 Posteinlieferungsschein

Charakterisierung

Der Posteinlieferungsschein ist die **erste Durchschrift** eines vom Exporteur auszufüllenden Vordrucksatzes, dessen erstes Blatt die Auslandspaketkarte ist. Die Auslandspaketkarte selbst reist mit der Sendung. Der Einlieferungsschein (die erste Durchschrift) wird dem **Absender ausgehändigt**. Eine zweite Durchschrift verbleibt bei der Post.

Funktionen

- **Beweisfunktion**: Der Posteinlieferungsschein erfüllt eine Beweisfunktion über den mit der Post abgeschlossenen **Frachtvertrag**. Er beweist insbesondere den Empfang der Sendung zur Beförderung an den bezeichneten Empfänger und enthält die Angabe des Einlieferungspostamtes sowie den durch den Tagesstempel dokumentierten Einlieferungstag usw. Der Einlieferungsschein enthält jedoch keine Warenbeschreibung (diese ist in der die Sendung begleitenden Zollinhaltserklärung aufgeführt).

- **Dispositions- bzw. Sperrfunktion**: Der Posteinlieferungsschein beläßt dem **Absender** ein (nachträgliches) **Verfügungsrecht** (nachträgliche Änderung des Frachtvertrags gemäß § 8 der Allg. Bedingungen der Deutschen Post AG für den Frachtdienst Ausland), sofern er das abgestempelte Versanddokument vorlegt und die Sendung dem Empfänger noch nicht zur Verfügung gestellt ist. Daraus kann eine Sperrwirkung zugunsten des Importeurs abgeleitet werden: Indem der Importeur bei einem Dokumenteninkasso bzw. bei einem Dokumentenakkreditiv dem Exporteur die Aushändigung des Postdokuments auferlegt, gewinnt der **Importeur die Sicherheit**, daß der Exporteur in der Regel nicht mehr über die Sendung verfügen kann. Zu der beschriebenen Sperrwirkung sind jedoch Vorbehalte angebracht, die beispielsweise zu den Frachtbriefen in Abschnitt "7.5.1 Allgemeingültige Merkmale" behandelt sind.

Fehlende Funktionen

Die Postsendung wird an den Empfänger ausgehändigt, ohne daß dieser den Posteinlieferungsschein (des Absenders) vorlegen muß. Postversanddokumente erfüllen somit **keine Legitimationsfunktion**.

Postversanddokumente haben **keine Wertpapiereigenschaft**.

Hinweis

Einzelheiten zu den Exportdokumenten bei der Akkreditivabwicklung siehe Kapitel **„2 Dokumentenakkreditive: Erläuterungen zur Kontrolle der Dokumente bei der Abwicklung“**.

7.7.2 Dokumente der Kuriere bzw. der Expreßdienste

Rechtsgrundlagen

Der folgende Auszug aus den **Allgemeinen Geschäftsbedingungen** der Firma GD Expreß Worldwide (Deutschland) GmbH, (AGB 07-93), gibt **beispielhaft** Auskunft über die Rechtsgrundlagen der Beförderung durch Kuriere bzw. Expreßdienste.

Die Beförderung unterliegt danach den **Einheitlichen Richtlinien für kombinierte Transportdokumente** (Veröffentlichung 298 der Internationalen Handelskammer Paris, November 1975) und unterliegt den nachfolgenden am Tag der Übernahme der Waren durch das Beförderungsunternehmen anwendbaren Konventionen:

- Auf den **Lufttransport** findet das Warschauer Abkommen von 1929 in der jeweils gültigen Fassung Anwendung.
- Auf den **Straßentransport** findet das Übereinkommen über den Beförderungsvertrag im Internationalen Straßengüterverkehr (CMR) in der Fassung von 1956 Anwendung.
- Auf den **Seetransport** findet das Internationale Abkommen zur Vereinheitlichung bestimmter Regeln des Rechts des Konnossements in der Fassung von 1924 und ergänzt durch die Visby und SDR Protokolle von 1968 bzw. 1979 Anwendung.
- Auf den **Eisenbahntransport** findet das Übereinkommen über den Internationalen Eisenbahnverkehr (COTIF) und Anlage B dieses Übereinkommens, die Einheitlichen Richtlinien über den Beförderungsvertrag im Internationalen Eisenbahngüterverkehr (CIM), Bern, 9. Mai 1980, Anwendung.

Sofern keines der vorstehenden Abkommen zwingend auf die Beförderung anwendbar ist, unterliegt die Beförderung dem Warschauer Abkommen von 1929 in der Fassung des in Den Haag unterzeichneten Protokolls.

Eventuell ausländisches Recht

In den zitierten AGB ist in Ziffer 12 außerdem aufgenommen: "So weit nicht zwingende Vorschriften deutschen Rechts entgegenstehen, unterliegt dieser Vertrag **niederländischem Recht**."

In Ziffer 13 ist ausgeführt: "Unbeschadet der vorstehenden Bestimmungen gilt: In **Deutschland** ... ist das Beförderungsunternehmen ausschließlich als Spediteur tätig. In Deutschland gelten unter Kaufleuten ausschließlich die **Allgemeinen Deutschen Spediteurbedingungen (ADSp)** in der jeweils neuesten Ausgabe ...".

Der Exporteur hat somit zu prüfen, welche Rechtsgrundlagen das von ihm beauftragte Beförderungsunternehmen anwendet.

Wahl des Transportmittels

In Ziffer 2 der zitierten AGB ist bestimmt: "Die Wahl des Transportmittels, der Route und der Beförderungsart wird ausschließlich **vom Beförderungsunternehmen getroffen**." Im übrigen ist das Beförderungsunternehmen berechtigt, einen **Subunternehmer** mit der gesamten oder teilweisen Beförderung zu beauftragen (vgl. Ziff. 11 ebenda).

Kein Wertpapier

In Ziffer 3 der genannten AGB ist ausdrücklich darauf hingewiesen, daß das vom Beförderungsunternehmen ausgestellte Dokument **nicht negoziierbar** ist. Entsprechende Hinweise finden sich zum Teil auch auf der Vorderseite von Kurierdokumenten.

Akkreditivabwicklung

Die **ERA** führen in **Art. 29 b.** aus: "*Wenn ein Akkreditiv ein von einem Kurier oder Expreßdienst ausgestelltes Dokument verlangt, das den Empfang der Ware zur Beförderung ausweist, nehmen die Banken, sofern im Akkreditiv nichts anderes vorgeschrieben ist, ein wie auch immer bezeichnetes Dokument an, das*

- *seiner äußeren Aufmachung nach den Namen des Kuriers/Dienstes auszuweisen scheint und von diesem namentlich genannten Kurier/Dienst gestempelt, unterzeichnet oder in anderer Weise authentisiert zu sein scheint (sofern das Akkreditiv nicht ausdrücklich ein von einem bestimmten Kurier/Dienst ausgestelltes Dokument verlangt, nehmen die Banken ein Dokument an, das von irgendeinem Kurier/Dienst ausgestellt ist)*

  und

- *ein Abhol- oder Empfangsdatum oder etwas Entsprechendes ausweist, wobei dieses Datum als Verladedatum oder Versanddatum gilt,*

  und

- *in jeder anderen Hinsicht den Akkreditiv-Bedingungen entspricht.*" (unter Weglassung der römischen Ziffern durch den Verfasser).

Hinweis

Einzelheiten zu den Exportdokumenten bei der Akkreditivabwicklung siehe Kapitel **„2 Dokumentenakkreditive: Erläuterungen zur Kontrolle der Dokumente bei der Abwicklung“**.

Abbildung

Die **Abbildung 7-15** zeigt das Dokument der Firma GD Express Worldwide (Deutschland) GmbH.

EMS INTERNATIONAL
Ein Produkt der GD Express Worldwide (Deutschland) GmbH

GEBÜHRENFREIE SERVICE-NUMMER
0130 - 823 823
IHRE FRACHTBRIEF-NUMMER IST:
GD 952 949 784 DE

KUNDEN-Nr. / ABSENDER | ABSENDER REFERENZ

ABSENDER: NAME & ADRESSE
Name:
Adresse:
Postleitzahl
Ort:
Land DEUTSCHLAND Kontakt-person Telefon-nr.

EMPFÄNGER: NAME & ADRESSE
Name:
Adresse:
Postleitzahl
Ort:
Land VAT/TVA/BTW-Nr. Empfänger
Kontaktperson
Telefon-nr.

SERVICE AUSWAHL
Dokumente ☐ Warensendung ☐

BESCHREIBUNG INHALT
Anzahl Colli: 1
Gewicht kg. gr.
Abmessung der Sendung Länge X Höhe X Breite X X

Rechnungswert
kein deklarierter Wert für Haftung.
Währung Wert

TRANSPORTVERSICHERUNG
gewünscht? (nicht für Dokumente) JA ☐
Währung DM
Wert

Mit Übergabe dieser Sendung stimmt der Versander den auf der Rückseite abgedruckten Bedingungen zu. Der Versender erkennt an, daß diese Bedingungen unsere Haftung für Beschädigung, Verlust oder Laufzeitverzögerung gemäß den Bestimmungen des Warschauer Abkommens und der CMR begrenzen und jede andere Haftung ausschließen.

Der Versender bestätigt, daß die oben angegebenen Informationen vollständig und richtig sind und die Sendung weder gefährlichen Güter noch Bargeld enthält. (siehe Rückseite).

UNTERSCHRIFT ABSENDER & DATUM
DATUM T / M / J

Absender / Quittung

Rechnung ☐ Bar ☐ Kassen-Nr.
Sendungskosten DM
Mwst. (Nur EG Länder) DM
Zwischensumme DM
Zusätzliche Transportversicherung DM
Gesamtkosten DM

NICHT VOM VERSENDER AUSZUFÜLLEN

Tagesstempel oder Unterschrift Fahrer
Datum T / M / J Uhrzeit

Abbildung 7-15

Abbildung

Die **Abbildung 7-16** zeigt das Dokument der Firma West Air Courier GmbH.

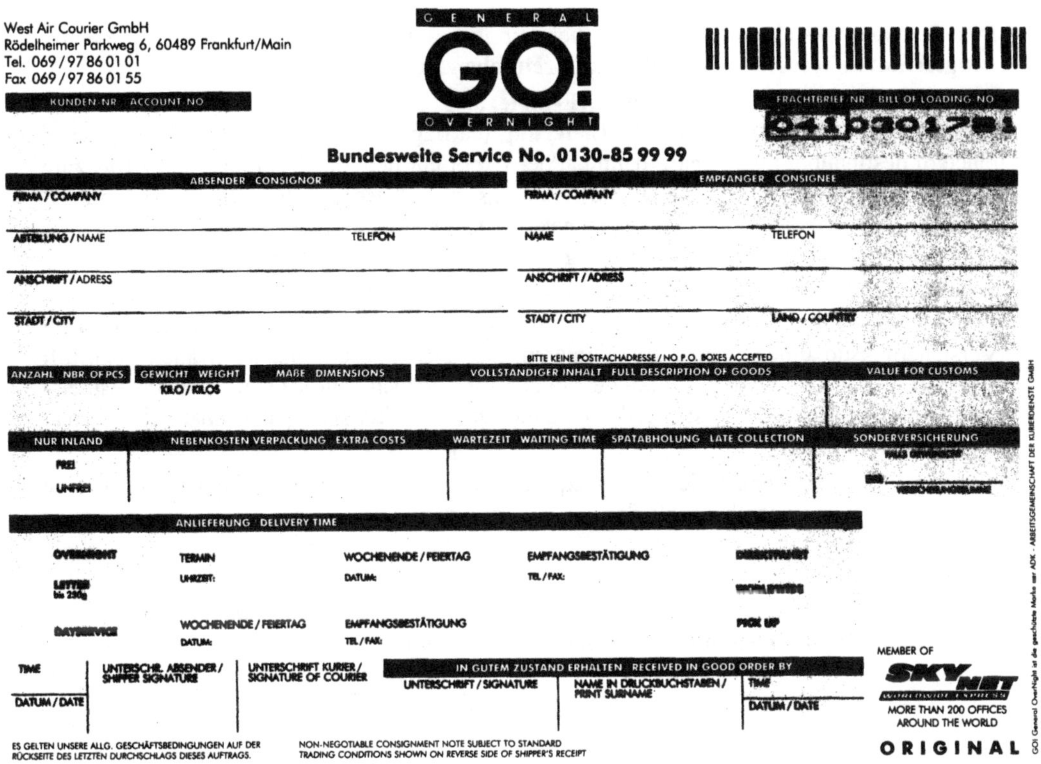
West Air Courier GmbH
Rödelheimer Parkweg 6, 60489 Frankfurt/Main
Tel. 069 / 97 86 01 01
Fax 069 / 97 86 01 55
KUNDEN-NR. ACCOUNT NO.
GENERAL GO! OVERNIGHT
FRACHTBRIEF-NR. BILL OF LOADING NO.
Bundesweite Service No. 0130-85 99 99
ABSENDER CONSIGNOR | EMPFÄNGER CONSIGNEE
FIRMA / COMPANY | FIRMA / COMPANY
ABTEILUNG / NAME | TELEFON | NAME | TELEFON
ANSCHRIFT / ADRESS | ANSCHRIFT / ADRESS
STADT / CITY | STADT / CITY | LAND / COUNTRY
BITTE KEINE POSTFACHADRESSE / NO P.O. BOXES ACCEPTED
ANZAHL NBR. OF PCS. | GEWICHT WEIGHT KILO / KILOS | MAßE DIMENSIONS | VOLLSTÄNDIGER INHALT FULL DESCRIPTION OF GOODS | VALUE FOR CUSTOMS
NUR INLAND FREI UNFREI | NEBENKOSTEN VERPACKUNG EXTRA COSTS | WARTEZEIT WAITING TIME | SPÄTABHOLUNG LATE COLLECTION | SONDERVERSICHERUNG
ANLIEFERUNG DELIVERY TIME
OVERNIGHT | TERMIN UHRZEIT: | WOCHENENDE / FEIERTAG DATUM: | EMPFANGSBESTÄTIGUNG TEL / FAX:
LETTER bis 250g
DAYSERVICE | WOCHENENDE / FEIERTAG DATUM: | EMPFANGSBESTÄTIGUNG TEL / FAX: | PICK UP
TIME | UNTERSCHR. ABSENDER / SHIPPER SIGNATURE | UNTERSCHRIFT KURIER / SIGNATURE OF COURIER
DATUM / DATE
IN GUTEM ZUSTAND ERHALTEN RECEIVED IN GOOD ORDER BY
UNTERSCHRIFT / SIGNATURE | NAME IN DRUCKBUCHSTABEN / PRINT SURNAME | TIME | DATUM / DATE
MEMBER OF SKYNET WORLDWIDE EXPRESS
MORE THAN 200 OFFICES AROUND THE WORLD
ES GELTEN UNSERE ALLG. GESCHÄFTSBEDINGUNGEN AUF DER RÜCKSEITE DES LETZTEN DURCHSCHLAGS DIESES AUFTRAGS.
NON-NEGOTIABLE CONSIGNMENT NOTE SUBJECT TO STANDARD TRADING CONDITIONS SHOWN ON REVERSE SIDE OF SHIPPER'S RECEIPT
ORIGINAL

Abbildung 7-16

7.8 Transportversicherungsdokumente

7.8.1 Charakterisierung

Die **Transportunternehmen** (Reedereien, Speditionen, Bahn, Luftfrachtunternehmen usw.) haben ihre **Haftung** für viele Schadensmöglichkeiten (weitgehend) **ausgeschlossen**. Einen Teil der verbleibenden Risiken decken die Transportversicherungsgesellschaften ab.

Aussteller

Transportversicherungsdokumente werden von den **Versicherungsgesellschaften** bzw. von deren **Agenten** ausgestellt.

Von Versicherungsmaklern ausgestellte **Deckungsbestätigungen (sog. cover notes)**, die manchmal – analog zu den Dokumenten der Versicherungsgesellschaften – mit “Insurance Certificate” o.ä. überschrieben sind, gelten nicht als akkreditivkonform im Sinne der ERA (vgl. Art. 34 c. ERA), sofern solche Deckungsbestätigungen im Akkreditiv nicht ausdrücklich zugelassen sind.

Versicherungsschutz

Das Transportversicherungsdokument beweist insbesondere den Umfang des **Versicherungsschutzes** in seiner **inhaltlichen und zeitlichen Dimension**.

Haben Exporteur und Importeur eine **CIF-Lieferung** (cost, insurance and freight ... "named port of destination") bzw. eine **CIP-Lieferung** (carriage and insurance paid to ... "named place of destination") vereinbart, dann hat der Exporteur den Versicherungsschutz (bis zum benannten Bestimmungshafen bzw. Bestimmungsort) zu besorgen. Soll das Versicherungsdokument im Rahmen von Dokumentenakkreditiven aufnahmefähig sein, dann muß der Mindestbetrag der Versicherungsdeckung auf den CIF- bzw. CIP-Wert der Ware zuzüglich 10% lauten, sofern im Akkreditiv nichts anderes vorgeschrieben ist (vgl. Art. 34 f. ERA).

Der Deckungsumfang, d.h. die von der Transportversicherung **gedeckten Risiken**, sind im Versicherungsdokument genau zu definieren. Der Deckungsumfang kann auch abgestuft erfolgen. Vermieden werden sollten gemäß den ERA jedoch vage Ausdrücke wie beispielsweise "übliche Risiken" ("usual risks"), "handelsübliche Risiken" ("customary risks") u.ä. (vgl. Art. 35 a. ERA).

Hinweis: Praktiker empfehlen den Exporteuren, im Falle einer FOB-Lieferung eine Subsidiär-Versicherung abzuschließen.

Selbstbeteiligung

Der Versicherungsnehmer kann bei kleineren Schäden eine Selbstbeteiligung (einen Selbstbehalt) am Schaden mit der Versicherungsgesellschaft vereinbaren, die als **Franchise** bezeichnet wird und als **Prozentsatz** der **Versicherungssumme** ausgedrückt werden kann. Zu unterscheiden sind Integralfranchise und Abzugsfranchise: Bei der **Integralfranchise** haftet der Versicherer in vollem Umfang, wenn der Schaden den vereinbarten Prozentsatz erreicht oder überschritten hat; er haftet nicht, wenn der Schaden den vereinbarten Prozentsatz nicht erreicht. Wird dagegen eine **Abzugsfranchise** vereinbart, dann wird an jedem Schaden der vereinbarte Prozentsatz abgezogen.

Der Vorzug der Franchise liegt in der niedrigeren Prämie, die die Versicherungsgesellschaft in Rechnung stellt. Im Rahmen der Abwicklung von Dokumentenakkreditiven weisen Banken Versicherungsdokumente, die einer Franchise oder einer Abzugsfranchise unterworfen sind, mangels anderer Weisung nicht zurück (vgl. Art. 35 c. ERA).

Abbildung

Die **Abbildung 7-17** zeigt ein **Transportversicherungsdokument**.

7.8.2 Ausgestaltung

Transportversicherungsdokumente können – entsprechend dem abgeschlossenen Versicherungsvertrag – ausgestellt sein als Einzelpolice, als Generalpolice bzw. in deren Gefolge als Versicherungszertifikate:

- **Einzelpolice**

  Einzelpolicen werden für **einen bestimmten Warentransport** auf Grundlage eines **einzelnen Versicherungsvertrags** ausgestellt.

Allianz Versicherungs-Aktiengesellschaft

Allianz

Muster

Original
Certificate No.

Certificate (Policy) of Marine Insurance

Sum Insured   Place and Date of Issue   Copies   Open Cover No.

This is to certify that insurance has been granted under the above Open Cover to:

for account of whom it may concern, on the following goods:

for the following voyage (conveyance, route):

from warehouse to warehouse, in accordance with Clause 5 of the German General Rules of Marine Insurance, Special Conditions for Cargo (ADS Cargo 1973 – Edition 1984), as printed overleaf.
Claims payable to the holder of this certificate. Settlement under one copy shall render all others null and void.

Conditions:

1. German General Rules of Marine Insurance (ADS), Special Conditions for Cargo (ADS Cargo 1973 – Edition 1984).
2. Terms and conditions of the above Open Cover.
3. Form of cover (see overleaf):
4. Clauses (see overleaf):
5. Expressly confirmed details of cover (see overleaf):
6. Other conditions (see overleaf):
7. Other conditions:

See overleaf for instructions to be followed in case of loss or damage.

Claims Surveyor:

For and on behalf of all Insurance Companies participating

Allianz Versicherungs-Aktiengesellschaft
Zweigniederlassung für Baden-Württemberg
Uhlandstraße 2 · Postfach
D-70152 Stuttgart
Telephone (07 11) 2173-0 · Cables Allianzfrank Stuttgart
Telex 723801 azs d, Telefax (07 11) 2173-170

Premium Paid

Abbildung 7-17

- **Generalpolice (sog. Laufende Police)**

  Hat ein Exporteur bzw. ein Importeur **laufend Warentransporte** gegen gleichartige Risiken zu versichern, dann wird darüber regelmäßig ein **umfassender Versicherungsvertrag** (Globalvertrag, Rahmenvertrag) abgeschlossen, der in einer sog. Generalpolice dokumentiert ist. Grundsätzlich hat der Versicherte der Versicherungsgesellschaft die einzelnen Transporte mit den maßgeblichen Einzelheiten zu melden. Zur Vereinfachung werden heute jedoch von den Versicherungsgesellschaften auch sog. **Pauschalmeldungen** akzeptiert, in denen beispielsweise die Transporte eines Monats oder die Transporte nach Importländern o.ä. zusammengefaßt sind.

  Der Vorzug eines Rahmenversicherungsvertrags liegt für den Versicherten in den niedrigeren Prämien und in der sofort verfügbaren Deckung.

- **Versicherungszertifikate**

  Versicherungszertifikate stellen die Versicherungsgesellschaften ihren Versicherungsnehmern **auf Grundlage einer Generalpolice** (eines Globalversicherungsvertrags) für **einzelne Warentransporte** aus.

Ausfertigungen

Alle diese Versicherungsdokumente können in **mehreren Ausfertigungen** ausgestellt werden, deren Anzahl auf jeder Urkunde anzugeben ist. Wird ein Schaden durch Vorlage einer Ausfertigung geltend gemacht und wird von der Versicherungsgesellschaft gezahlt, dann verlieren die übrigen Ausfertigungen ihre Gültigkeit. Bei Benutzung von Akkreditiven ist regelmäßig der **volle Satz** vorzulegen.

Akkreditivbedingungen

Bei Akkreditiven ist im Einzelfall zu prüfen, ob der akkreditivbegünstigte Exporteur eine (Einzel-)Versicherungspolice oder ein Versicherungszertifikat vorzulegen hat. Häufig lassen die Akkreditivbedingungen alternativ **"insurance policy or certificate"** zu. Gemäß Art. 34 d. ERA kann ein im Akkreditiv gefordertes Versicherungszertifikat bzw. eine "declaration" unter einem Open Cover (laufende Police) durch eine Versicherungspolice ersetzt werden.

Zahlungsansprüche

In der Literatur (vgl. Blohmeyer 1986: S. 32) wird die Auffassung vertreten, daß die Versicherungsgesellschaften nur gegen Vorlage einer **Police**, nicht aber gegen Vorlage eines **Zertifikats** zur Zahlung verpflichtet seien.

Dem ist entgegenzuhalten, daß auch Dokumente, die mit "Certificate of Insurance" überschrieben sind, die Formulierung enthalten: *"this certificate is made out in ... copies. If a claim is paid against one of them the other(s) will be void"*. Im übrigen sind die einschlägigen Dokumente zum Teil mit der Doppelbezeichnung "Certificate (Policy)" versehen, so daß offenkundig Versicherungsansprüche auch aus Dokumenten, die als Zertifikate bezeichnet sind, geltend gemacht werden können.

Wertpapier

Die genannten Transportversicherungsdokumente weisen Wertpapiereigenschaft auf. Derjenige, der Ansprüche gegen die Versicherungsgesellschaft erhebt, hat sich durch die **Vorlage des Versicherungsdokuments** zu legitimieren und – je nach dessen Ausgestaltung – darin als Berechtigter auszuweisen.

7.8.3 Übertragbarkeit

Die **Ansprüche** aus dem Versicherungsvertrag können vom Versicherungsnehmer **auf Dritte übertragen** werden. Unter dem Kriterium der Übertragbarkeit bzw. der rechtlichen Ausgestaltung sind Transportversicherungsdokumente zu gliedern in:

Namens-(Rekta-)papiere, Orderpapiere und Inhaberpapiere.

Abbildung

Die **Abbildung 7-18** vermittelt den **Überblick** über die **nach rechtlichen Merkmalen** gegliederten Transportversicherungsdokumente in Verbindung mit ihrer möglichen Ausgestaltung.

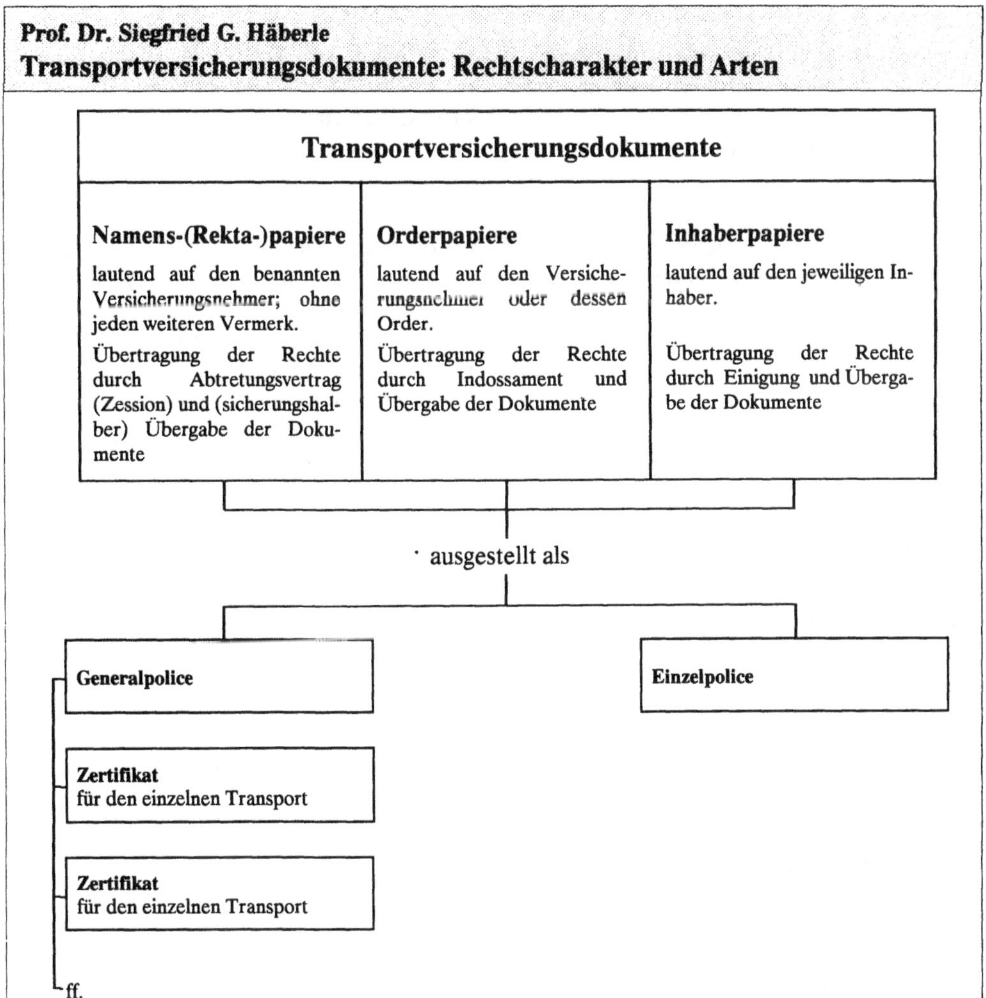

Abbildung 7-18

Namens-(Rekta-)papiere

Lautet ein Versicherungsdokument ohne jeden weiteren zusätzlichen Vermerk auf einen **bestimmten Versicherungsnehmer**, dann liegt ein Namens-(Rekta-)papier vor. Ist der Exporteur als Versicherungsnehmer eingetragen, dann kann er die Rechte aus dem Versicherungsvertrag nur durch **Abtretung** (Zession) auf den Importeur übertragen, was die Mobilität dieses Versicherungsdokuments hemmt.

Orderpapiere

Ist eine Transportversicherungspolice bzw. ein Transportversicherungszertifikat als Orderpapier ausgestellt, dann erfolgt die **Übertragung** der Versicherungsansprüche durch **Indossament** und durch Übergabe des Dokuments an den neuen Berechtigten. Im Schadensfall zahlt die Versicherungsgesellschaft gegen Dokumente, die an Order gestellt sind, nur an Vorlegende, die im Versicherungsdokument ihre Berechtigung durch eine lückenlose Indossamentenkette nachweisen.

Zu beachten ist, daß die Indossierung und die Übergabe eines Orderversicherungsdokuments nicht dieselbe Wirkung hat wie beispielsweise die Übertragung eines Wechsels auf einen gutgläubigen Dritten. Die **Versicherungsgesellschaft** kann auch gegenüber einem berechtigten Dritten **Einreden geltend machen**.

Inhaberpapiere

Meistens enthalten Versicherungspolicen und Versicherungszertifikate Formulierungen wie beispielsweise **"für Rechnung wen es angeht"**, "for account of whom it may concern" sowie **"Schäden zahlbar an den Inhaber dieses Versicherungsscheins"** "claims payable to the holder of this certificate"; Formulierungen also, die diese Versicherungsdokumente als Inhaberpapiere ausweisen. Die **Übertragung** der Versicherungsansprüche erfolgt bei Inhaberpapieren durch Einigung und Übergabe des Versicherungsdokuments. Die Versicherungsgesellschaft kann mit schuldbefreiender Wirkung an denjenigen bezahlen, der das Versicherungsdokument vorlegt.

Hinweis

Einzelheiten zu den Exportdokumenten bei der Akkreditivabwicklung – und speziell zu den Transportversicherungsdokumenten – siehe Kapitel „**2 Dokumentenakkreditive: Erläuterungen zur Kontrolle der Dokumente bei der Abwicklung**".

7.9 Sonstige Dokumente

7.9.1 Rechnungen (Fakturen)

7.9.1.1 Handelsrechnung

Charakterisierung

Die Handelsrechnung wird vom Exporteur auf Grundlage der **Vereinbarungen im Kaufvertrag** erstellt und zur Bestätigung der Richtigkeit der aufgenommenen Angaben regelmäßig **unterschrieben**.

Bei der **inhaltlichen Ausgestaltung** ist der Exporteur prinzipiell an keine Normen gebunden, jedoch haben sich im Lauf der Zeit bestimmte, **international gleichlautende Inhalte** von Handelsrechnungen herausgebildet. Hinzu kommt, daß sich in den Einfuhrbestimmungen vieler Länder Vorschriften zum Inhalt der Handelsrechnung finden. Ist zugunsten des Exporteurs ein Dokumentenakkreditiv eröffnet worden, dann hat der Exporteur überdies die Akkreditivbedingungen bzw. die ERA zu beachten.

UN-EDIFACT-Standards

Hilfreich bei Aufbau und Inhalt von Handelsrechnungen sind der **UN-ECE Layout Key** sowie die EDIFACT-Standards.

Hinweis: Ausführliche Informationen zu EDIFACT finden sich in Abschnitt "**7.1.5 Exkurs UN/EDIFACT**" mit Beispielen zu den EDIFACT-Nachrichtentypen einschließlich eines Beispiels zur Rechnung.

Angaben

Neben den **allgemeinen Angaben** in einer Rechnung (z.B. die Angabe von Exporteur, Importeur, Auftragsnummer, Rechnungsnummer und Rechnungsdatum) sind in die Handelsrechnung vor allem eine präzise **Bezeichnung** der Ware und ihrer **Verpackung** (einschließlich der **Markierungen** zur Identifizierung der Ware), die **Warenmenge** und die **Einzelpreise** sowie der **Gesamtpreis**, die **Liefer- und die Zahlungsbedingungen** sowie der **Transportweg** und die **Transportmittel** aufzunehmen.

Im Einzelfall können der **Importeur** und/oder die **Behörden** des Importlandes **Bestätigungen** oder **Erklärungen** des Exporteurs verlangen, die in die Handelsrechnung aufzunehmen sind. Beispielsweise die Erklärung des Exporteurs,

- daß die Waren in der Bundesrepublik Deutschland hergestellt wurden
  und/oder
- daß die Güter auf eigene Rechnung exportiert werden
  und/oder
- daß der angegebene Preis den üblichen Marktpreisen für derartige Exportgüter entspricht.

Steuern

Lieferungen in das Ausland sind von der **Umsatzsteuer** befreit. Die Rechungsbeträge sind deswegen „netto“ auszuweisen. Zu beachten ist jedoch, daß Lieferungen innerhalb der EG (EU) erwerbsteuerpflichtig sind. Einführende Informationen zum Warenverkehr innerhalb der EG (EU) sowie zur **Erwerbsteuer**, zu den Verbrauchsteuern u.ä. siehe „Praktische Arbeitshilfe Export/Import“ hrsg. von den Industrie- und Handelskammern Nordrhein-Westfalen.

Legalisierte Handelsrechnung

Die **Einfuhrbestimmungen** einiger Länder schreiben vor, daß die Erklärungen des Exporteurs in der Handelsrechnung von der deutschen **Industrie- und Handelskammer** zu beglaubigen sind. Ebenso kann dem Exporteur in den Einfuhrbestimmungen auferlegt sein, daß das **Konsulat des Importlandes** die Marktüblichkeit des berechneten Exportpreises in der Handelsrechnung zu bestätigen hat. Damit soll vermieden werden, daß das Einfuhrland dem Importeur überhöhte Devisenbeträge zuteilt, von denen der Exporteur - entsprechend einer mit dem Importeur getroffenen Absprache - Teilbeträge zugunsten eines Bankkontos des Importeurs im Exportland oder in einem stabilen Drittland abzuzweigen hat und damit zur Kapitalflucht Hilfestellung leistet.

Sind derartige Bestätigungen der Industrie- und Handelskammer bzw. des Konsulats des Importlandes in die Handelsrechnung des Exporteurs aufgenommen, dann spricht man von einer legalisierten Handelsrechnung.

Beachtung weiterer Vorschriften

Die Handelsrechnung ist auch Grundlage für die Verzollung der Waren im Importland. Deswegen sind vom Exporteur die **aktuellen Bestimmungen** des jeweiligen **Einfuhrlandes** zu beachten. Dabei gibt es erhebliche Unterschiede zwischen den Einfuhrländern, die nicht nur in der **Sprache**, in der die Handelsrechnung auszustellen ist, und in der Anzahl der vorzulegenden **Ausfertigungen** liegen, sondern die sich darüber hinaus in vielerlei ergänzenden **Angaben** und **Bestätigungen** ausdrücken können (Einzelheiten siehe im umfassenden Werk **„K und M“** – Konsulats- und Mustervorschriften, hrsg. von der Handelskammer Hamburg).

In den ERA sind **hohe Anforderungen** an den Inhalt einer Handelsrechnung und an ihre Übereinstimmung mit den Akkreditivbedingungen gestellt (vgl. Art. 37 ERA).

7.9.1.2 Sonstige Rechnungen

Proforma-Rechnung

Von der Handelsrechnung abzugrenzen ist die Proforma-Rechnung. Proforma-Rechnungen stellt der Exporteur zwar mit den **analogen Daten** einer Handelsrechnung aus (dahingehende Einzelheiten schreiben die Importländer häufig vor), diese Proforma-Rechnungen beinhalten jedoch keine Zahlungsaufforderung an den Importeur. Vielmehr dienen die Proforma-Rechnungen dem Importeur in erster Linie dazu, bei seinen Behörden die notwendige **Einfuhrgenehmigung** zu erlangen bzw. die erforderlichen **Devisen** zugeteilt zu bekommen.

Proforma-Rechnungen werden aber auch über kostenlose Mustersendungen, bei vorübergehender Verwendung von Waren im Ausland und über unentgeltliche Ersatzteillieferungen ausgestellt. Die Proforma-Rechnung ist in diesen Fällen Grundlage für die zollrechtliche Bearbeitung.

Konsulatsfaktura

Eine Konsulatsfaktura entspricht inhaltlich weitgehend der Handelsrechnung. Sie ist jedoch auf einem **Vordruck des Konsulats** des Importlandes zu erstellen und vom Konsulat durch Unterschrift zu **legalisieren**. Mit diesem Verfahren soll gegenüber den Behörden des Importlandes die Marktüblichkeit (Angemessenheit) des Preises bzw. der Ursprung der Güter u.ä. belegt werden, u.a. deswegen, daß auf dieser Grundlage eine wertentsprechende Zollerhebung erreicht wird.

Gegenwärtig verzichten die meisten Länder auf eine Konsulatsfaktura und begnügen sich mit einer entsprechenden **Erklärung des Exporteurs in der Handelsrechnung** bzw. mit anderen Nachweisen.

Zollfaktura

Die Zollfaktura ist Grundlage für die Verzollung der Waren im Importland und wird auf einem **Vordruck der Zollbehörde des Importlandes** ausgestellt. Darin hat der Exporteur - neben den in Handelsrechnungen üblichen Daten - in der Regel eine (im allgemeinen in der Sprache des Importlandes) vorgedruckte Erklärung zur Angemessenheit des berechneten Preises und zum Ursprung der Waren abzugeben. Viele Zollfakturen tragen deswegen die Bezeichnung „Combined Certificate of Value and Origin and Invoice" (vgl. Arbeitshilfe 1998: S. 137).

Die Erklärungen in der Zollfaktura sind im allgemeinen vom **Exporteur** und in der Regel von einem **Zeugen** (Angestellten des Exporteurs) zu unterzeichnen. Es gibt aber auch Importländer, die darauf verzichten.

In der Broschüre „Praktische Arbeitshilfe Export/Import", die von den Industrie- und Handelskammern in Nordrhein-Westfalen herausgegeben wird, sind einige allgemeine Punkte zu Zollfakturen aufgeführt (S. 137):

- Die Zollfaktur ist in englischer Sprache auszufüllen und dem Empfänger so rechtzeitig zu übersenden, daß sie beim Eintreffen der Ware in seinem Besitz ist.
- Die Zollfaktur braucht weder von der zuständigen IHK beglaubigt noch von einem Konsulat legalisiert zu werden.
- Die am Fuß einer jeden Zollfaktur im einzelnen geforderten „Kosten = charges" sind stets absolut genau anzugeben, da der Zollwert in den in Frage kommenden Ländern teils durch Abzug, teils durch Aufschlag dieser Kosten errechnet wird.
- Weitere Informationen finden sich in der genannten Broschüre und werden im übrigen von den Industrie- und Handelskammern zur Verfügung gestellt.

Abbildung

Die **Abbildung 7-19** zeigt eine **Zollfaktur** (Canada Customs Invioce).

Hinweis

Einzelheiten zu den Exportdokumenten und zu den Rechnungen bei der Akkreditivabwicklung siehe Kapitel „**2 Dokumentenakkreditive: Erläuterungen zur Kontrolle der Dokumente bei der Abwicklung**".

7.9.2 Dokumente/Nachweise für den Warenursprung

Übersicht über Ursprungsnachweise

Im Zusammenhang mit Waren, für die ein Ursprungszeugnis ausgestellt werden soll, die nicht im eigenen Betrieb des Antragstellers hergestellt werden, findet sich in der Broschüre „Praktische Arbeitshilfe Export/Import", die von den Industrie- und Handelskammern in Nordrhein-Westfalen herausgegeben wird (zitiert: Arbeitshilfe 1998), ein Katalog verschiedenartiger Ursprungsnachweise, der über den engeren Zweck hinaus eine generelle Übersicht vermittelt:

- Ursprungszeugnisse (durch eine IHK ausgestellt),
- Ursprungszeugnisse Form A (aus Entwicklungländern),

Revenue Canada / Customs and Excise — Revenu Canada / Douanes et Accise

CANADA CUSTOMS INVOICE
FACTURE DES DOUANES CANADIENNES

Page of / de

1 Vendor (Name and Address)/*Vendeur (Nom et adresse)*

2. Date of Direct Shipment to Canada/*Date d'expédition directe vers le Canada*

3. Other References (Include Purchaser's Order No.)
Autres références (Inclure le n° de commande de l'acheteur)

4 Consignee (Name and Address)/*Destinataire (Nom et adresse)*

5. Purchaser's Name and Address (If other than Consignee)
Nom et adresse de l'acheteur (S'il diffère du destinataire)

6. Country of Transhipment/*Pays de transbordement*

7. Country of Origin of Goods
Pays d'origine des marchandises

IF SHIPMENT INCLUDES GOODS OF DIFFERENT ORIGINS ENTER ORIGINS AGAINST ITEMS IN 12
SI L'EXPÉDITION COMPREND DES MARCHANDISES D'ORIGINES DIFFÉRENTES, PRÉCISER LEUR PROVENANCE EN 12

8 Transportation: Give Mode and Place of Direct Shipment to Canada
Transport: Préciser mode et point d'expédition directe vers le Canada

9. Conditions of Sale and Terms of Payment
(i.e. Sale, Consignment Shipment, Leased Goods, etc.)
Conditions de vente et modalités de paiement
(p. ex. vente, expédition en consignation, location de marchandises, etc.)

10. Currency of Settlement/*Devises du paiement*

11. No. of Pkgs *N[bre] de colis*	12. Specification of Commodities (Kind of Packages, Marks and Numbers, General Description and Characteristics, i.e. Grade, Quality) *Désignation des articles (Nature des colis, marques et numéros, description générale et caractéristiques, p. ex. classe, qualité)*	13. Quantity (State Unit) *Quantité (Préciser l'unité)*	Selling Price/*Prix de vente* 14. Unit Price *Prix unitaire*	15 Total

18
If any of fields 1 to 17 are included on an attached commercial invoice, check this box ☐
Si les renseignements des zones 1 à 17 figurent sur la facture commerciale, cocher cette boîte

Commercial Invoice No./*N° de la facture commerciale* ____________

16. Total Weight/*Poids Total*
Net — Gross/*Brut*

17 Invoice Total
Total de la facture

19 Exporter's Name and Address (If other than Vendor)
Nom et adresse de l'exportateur (S'il diffère du vendeur)

20 Originator (Name and Address)/*Expéditeur d'origine (Nom et adresse)*

21 Departmental Ruling (If applicable)/*Décision du Ministère (S'il y a lieu)*

22
If fields 23 to 25 are not applicable, check this box ☐
Si les zones 23 à 25 sont sans objet, cocher cette boîte

23. If included in field 17 indicate amount:
Si compris dans le total à la zone 17, préciser:

(i) Transportation charges, expenses and insurance from the place of direct shipment to Canada
Les frais de transport, dépenses et assurances à partir du point d'expédition directe vers le Canada
$ ____________

(ii) Costs for construction, erection and assembly incurred after importation into Canada
Les coûts de construction, d'érection et d'assemblage après importation au Canada
$ ____________

(iii) Export packing
Le coût de l'emballage d'exportation
$ ____________

24. If not included in field 17 indicate amount:
Si non compris dans le total à la zone 17, préciser:

(i) Transportation charges, expenses and insurance to the place of direct shipment to Canada
Les frais de transport, dépenses et assurances jusqu'au point d'expédition directe vers le Canada
$ ____________

(ii) Amounts for commissions other than buying commissions
Les commissions autres que celles versées pour l'achat
$ ____________

(iii) Export packing
Le coût de l'emballage d'exportation
$ ____________

25. Check (If applicable):
Cocher (S'il y a lieu):

(i) Royalty payments or subsequent proceeds are paid or payable by the purchaser
Des redevances ou produits ont été ou seront versés par l'acheteur ☐

(ii) The purchaser has supplied goods or services for use in the production of these goods
L'acheteur a fourni des marchandises ou des services pour la production des marchandises ☐

DEPARTMENT OF NATIONAL REVENUE — CUSTOMS AND EXCISE — *MINISTÈRE DU REVENU NATIONAL — DOUANES ET ACCISE*

Bestell-Nr. 1018 (I/85) FORMULARVERLAG CW NIEMEYER Auslieferungslager
31789 **Hameln**, Werkstraße 7, Tel. (0 51 51) 6 49 98 und 6 49 80, Fax 6 77 06
42283 **Wuppertal**, Carnaper Straße 28, Tel. (02 02) 50 20 31, Fax 50 19 92
63075 **Offenbach a. M.**, Rohrmühlstr. 5, Tel. (0 69) 86 26 82, Fax 86 96 00
71263 **Weil der Stadt**, Glemsweg 17, Telefon (0 70 33) 3 49 40, Fax 3 48 42
39167 **Hohendodeleben**, Matthissonstr. 26, Tel. (03 92 04) 54 47, Fax 6 01 79

Abbildung 7-19

- Warenverkehrsbescheinigungen EUR. 1,
- Formblätter EUR. 2,
- Präferentielle Ursprungserklärungen,
- APR-Vordrucke,
- A.TR.-Bescheinigungen, soweit der Ursprung damit bescheinigt wird,
- Lieferantenerklärungen nach VO (EWG) Nr. 3351/83,
- Herstellererklärungen nach VO (EWG Nr. 3351/83,
- Herstellerrechnungen und Avise von Herstellern in der EG, soweit der Antragsteller durch eine rechtsverbindlich unterschriebene Erklärung bestätigen kann, daß der Lieferant tatsächlich der Hersteller der gelieferten Ware ist und eventuell weitere eindeutige Hinweise auf den Hersteller vorgelegt werden können.

Quelle: Arbeitshilfe 1998: S. 101

7.9.2.1 Ursprungszeugnis

Charakterisierung von Ursprungszeugnissen

Ursprungszeugnisse sind Dokumente, die - wie der Name aussagt - die **Herkunft der Ware** bzw. der darin enthaltenen Teile oder Rohstoffe oder deren wesentliche Veränderung im Exportland beweisen sollen.

Der Exporteur hat insbesondere **Anlaß, die Ausstellung eines Ursprungszeugnisses** zu beantragen,

- wenn in den **Zollvorschriften des Importlandes** die Vorlage eines Ursprungszeugnisses verlangt bzw. im **Kaufvertrag** festgelegt ist

  und/oder

- wenn in einem zu Gunsten des Exporteurs eröffneten **Dokumentenakkreditivs** die Einreichung eines Ursprungszeugnisses vorgeschrieben ist.

Aussteller

Exporte aus Deutschland werden von Ursprungszeugnissen auf einem **Vordruck** der **Europäischen Gemeinschaft** begleitet, der auf Antrag des Exporteurs im allgemeinen von der zuständigen **Industrie- und Handelskammer** unterzeichnet wird. Im Ausnahmefall kann ein Ursprungszeugnis aber auch die Bescheinigung anderer öffentlich-rechtlicher Institutionen bzw. der Zollbehörde sein. Teilweise genügt an der Stelle eines eigenständigen Ursprungszeugnisses ein entsprechender Ursprungsvermerk auf der Zollrechnung oder auf der Handelsrechnung.

Gründe

Die Gründe der Importländer, Ursprungszeugnisse vorzuschreiben, liegen zum Teil auf der **allgemeinen politischen Ebene**, wie beispielsweise in dem Ziel, Importe aus bestimmten Ländern auszuschließen, zum Teil aber auch auf **wirtschaftspolitischer Ebene**, wie z.B. in der Überwachung von Kontingenten, die in Handelsabkommen vereinbart sind.

Ursprungsregeln

In der Praxis stellen sich häufig **Abgrenzungs- und Zuordnungsprobleme**. Dies gilt insbesondere bei Exportgütern, die Teile von ausländischen Zulieferern enthalten. Dies gilt aber auch bei Exportgütern, die selbst nach Deutschland eingeführt wurden und bei denen nicht immer eindeutig ist, ob ihre Weiterbearbeitung in Deutschland zu einer derart weitreichenden (wesentlichen) Veränderung geführt hat, die die Bescheinigung des deutschen Ursprungs rechtfertigt.

Im sog. EG-Zollkodex sind die Ursprungsregeln festgelegt. Dieser Kodex umfaßt u.a. in das Detail gehende Ausführungen, die insbesondere Anwendung finden, wenn an der Herstellung einer Ware zwei oder mehr Länder beteiligt sind. Dabei kann es notwendig sein, daß ein Antragsteller als Hersteller den Nachweis nicht nur über bezogene Waren zu führen hat, sondern auch den (weiteren) Produktionsablauf der hergestellten Waren differenziert zu dokumentieren hat.

Eine Einführung in die verschiedenen Ursprungsnachweise, Ursprungsregeln und Rechtsgrundlagen vermittelt die angesprochene Broschüre „Praktische Arbeitshilfe Export/Import". Weiterreichende Informationen stellen die Industrie- und Handelskammern zur Verfügung.

Abbildung

Die **Abbildung 7-20** zeigt ein Ursprungszeugnis.

Auf der **Rückseite** des Ursprungszeugnisses (nicht abgebildet) kann der Exporteur zulässige Erklärungen abgeben die auf der Vorderseite nicht vorgesehen oder nicht möglich sind, wie z.B. Herstellererklärungen oder positive Ursprungserklärungen.

Nachträgliche Änderungen und Ergänzungen ohne Mitwirkung der IHK gelten als Urkundenfälschung (vgl. Arbeitshilfe 1998: S. 96).

Akkreditivbedingungen

Wird in den Bedingungen eines zugunsten eines Exporteurs eröffneten Dokumentenakkreditivs ein Ursprungszeugnis vorgeschrieben, dann sind insbesondere der ausgewiesene Ursprung der Waren, die Empfängerangabe sowie die Beglaubigung (Legalisierung) durch die vorgeschriebene Institution auf **Übereinstimmung** mit den Akkreditivbedingungen zu überprüfen.

Exkurs: Ursprungszeugnis Form A

Die Europäische Union und weitere Industrieländer gewähren auf Grundlage einer Ausnahmegenehmigung der Welthandelsorganisation zahlreichen **Entwicklungsländern** allgemeine **Zollpräferenzen**, die Zollfreiheit oder reduzierte Zollsätze umfassen.

Um in den Genuß der Zollbegünstigungen zu gelangen, hat der im Entwicklungsland ansässige Exporteur bei seinen Behörden ein Ursprungszeugnis Form A zu beantragen. Die zur Ausstellung von Ursprungszeugnissen der Form A in den Entwicklungsländern berechtigten Stellen sind in einer Liste der Bundes-Finanzverwaltung erfaßt. Der Vordruck muß in englischer oder in französicher Sprache ausgestellt sein.

Das Ursprungszeugnis Form A ist bei der Eingangsabfertigung vorzulegen. Bei Werten unter einem bestimmten Limit genügt an der Stelle des Ursprungszeugnisses eine Ursprungserklärung auf der Rechnung. Weitere Besonderheiten siehe „Praktische Arbeitshilfe Export/Import" (vgl. Arbeitshilfe 1998: S. 58 f.).

Ende Exkurs

1 Absender - *Consignor - Expéditeur-Expedidor*

L 644488

ORIGINAL

EUROPÄISCHE GEMEINSCHAFT
EUROPEAN COMMUNITY - COMMUNAUTE EUROPEENNE - COMUNIDAD EUROPEA

URSPRUNGSZEUGNIS
CERTIFICATE OF ORIGIN - CERTIFICAT D'ORIGINE - CERTIFICADO DE ORIGEN

2 Empfänger - *Consignee - Destinataire - Destinatario*

3 Ursprungsland - *Country of origin - Pays d'origine - País de origen*

4 Angaben über die Beförderung - *means of transport- expédition - expedición*

5 Bemerkungen - *remarks - observations - observaciones*

6 Laufende Nummer; Zeichen, Nummern, Anzahl und Art der Packstücke; Warenbezeichnung

7 Menge

8 DIE UNTERZEICHNENDE STELLE BESCHEINIGT, DASS DIE OBEN BEZEICHNETEN WAREN IHREN URSPRUNG IN DEM IN FELD 3 GENANNTEN LAND HABEN
The undersigned authority certifies that the goods described above originate in the country shown in box 3
L'autorité soussignée certifie que les marchandises désignées ci-dessus sont originaires du pays figurant dans la case No. 3
La autoridad infrascrita certifica que las mercancías abajo mencionadas son originarias del país que figura en la casilla no. 3

Ort und Datum der Ausstellung; Bezeichnung, Unterschrift und Stempel der zuständigen Stelle

Genehmigt durch Erlaß des Bundesministers der Finanzen vom 22. 5. 1969 — III B / 8 — Z 1351 — 11/69 **Fassung: 1981**

Best.-Nr. 1015

FORMULARVERLAG CW NIEMEYER
Auslieferungslager
31789 Hameln, Werkstraße 7, Tel. (0 51 51) 6 49 98 und 6 49 80, Fax 6 77 06
42283 Wuppertal, Carnaper Straße 28, Tel. (02 02) 5 20 31, Fax 50 19 92
63075 Offenbach a. M., Rohrmühlstr. 5, Tel. (0 69) 86 26 82, Fax 86 96 00
71263 Weil der Stadt, Giemsweg 17, Telefon (0 70 33) 3 49 40, Fax 3 48 42
39167 Hohendodeleben, Matthissonstr. 26, Tel. (03 92 04) 54 47, Fax 6 01 79

Abbildung 7-20

7.9.2.2 Warenverkehrsbescheinigung EUR. 1 u.a.

Charakterisierung

Für die Gewährung bzw. Erlangung von Zollbegünstigungen/Zollpräferenzen (die in zwischenstaatlichen Präferenzabkommen festgelegt sind; so bezüglich des Warenverkehrs mit Staaten, mit denen die EU Freihandels-, Präferenz- bzw. Kooperationsabkommen abgeschlossen hat) ist Voraussetzung, daß die **Ursprungseigenschaft** der Waren gegenüber der **Zollbehörde des Empfängerlandes** dokumentiert wird. Dazu dienen als Präferenznachweise unter anderem die Warenverkehrsbescheinigungen.

Formen

Warenverkehrsbescheinigungen sind Formulare, die auf Antrag der Exporteure von den **Zollstellen des Exportlandes ausgestellt** werden. Die Warenverkehrsbescheinigung **EUR. 1** (auch schlicht als Präferenznachweis bzw. kurz PN bezeichnet) wird dem Exporteur von der zuständigen Versandzollstelle ausgestellt. In seinem **Antrag** hat der Exporteur den Sachverhalt zu beschreiben und Nachweise vorzulegen, wonach die Exportgüter die in der Warenverkehrsbescheinigung zu dokumentierende Ursprungseigenschaft erfüllen.

Warenverkehrsbescheinigungen werden nach Ländergruppen bzw. Ländern teilweise auf **unterschiedlichen Formularen** ausgestellt, so z.B. auf dem Formular **EUR. 2** oder für die Türkei auf dem Formular **A.TR.**

Gültigkeit

Die ausgestellten Warenverkehrsbescheinigung haben eine **begrenzte zeitliche Gültigkeit** (im allgemeinen von wenigen Monaten). Sie müssen innerhalb ihrer Gültigkeit der **Zollstelle des Einfuhrlandes** als Nachweis vorgelegt werden.

Vereinfachung

Sofern die jeweils festgelegten Höchstbeträge nicht überschritten (sog. Kleinsendungen) und weitere Voraussetzungen erfüllt sind, können Präferenznachweise vom Exporteur zum Teil auch **auf der Rechnung** oder auf anderen Handelsdokumenten, d.h. ohne Warenverkehrsbescheinigung, geführt werden.

Weitere Informationen

Weiterreichende Informationen, z.B. auch zur sog. paneuropäischen Kumulation“, findet der Exporteur u.a.

- bei den Zollämtern und bei den Beratungsstellen der Industrie- und Handelskammern;
- in der Broschüre „Praktische Arbeitshilfe Export/Import“, herausgegeben von den Industrie- und Handelskammern in Nordrhein-Westfalen;
- in „K und M“ der Handelskammer Hamburg;
- im PRAXIS-HANDBUCH EXPORT, R. Haufe Verlag, Freiburg i.Br.

Abbildung

Die **Abbildung 7-21** zeigt die **Warenverkehrsbescheinigung EUR. 1** mit einer Erklärung des Ausführers/Exporteurs auf der Rückseite.

WARENVERKEHRSBESCHEINIGUNG

1. Ausführer/Exporteur (Name, vollständige Anschrift, Staat)
Pinkus GmbH
Ost-West-Straße 4
48151 MÜNSTER
Bundesrepublik Deutschland

EUR. 1 Nr. **L 276178**

Vor dem Ausfüllen Anmerkungen auf der Rückseite beachten

3. Empfänger (Name, vollständige Anschrift, Staat) (Ausfüllung freigestellt)
Svetraco AG
Heglerstraße 6
CH-8404 Winterthur
Schweiz

2. Bescheinigung für den Präferenzverkehr zwischen
der EG
und
der Schweiz
(Angabe der betreffenden Staaten, Staatengruppen oder Gebiete)

4. Staat, Staatengruppe oder Gebiet, als dessen bzw. deren Ursprungswaren die Waren gelten
EG

5. Bestimmungsstaat, -staatengruppe oder -gebiet
Schweiz

6. Angaben über die Beförderung (Ausfüllung freigestellt)

7. Bemerkungen

8. Laufende Nr.; Zeichen, Nummern, Anzahl und Art der Packstücke [1]); Warenbezeichnung	9. Rohgewicht (kg) oder andere Maße (l, m³, usw.)	10. Rechnungen (Ausfüllung freigestellt)
1. P1, P2 2 Paletten — 2 Sandstrahlmaschinen Maschinen-Nr.: 82 - 100 - 3B " " : 82 - 100 - 4B	4070	Nr. 3812 03.09.98

1) Bei unverpackten Waren ist die Anzahl der Gegenstände oder „lose geschüttet" anzugeben.

11. SICHTVERMERK DER ZOLLBEHÖRDE
Die Richtigkeit der Erklärung wird bescheinigt.
Ausfuhrpapier: [2])
Art/Muster AM Nr. AV64 128
vom 03.09.1998
Zollbehörde: Zollamt Münster
Austellender/s Staat/Gebiet:
Bundesrepublik Deutschland
(Ort und Datum)
(Unterschrift)

Stempel

12. ERKLÄRUNG DES AUSFÜHRERS/EXPORTEURS
Der Unterzeichner erklärt, daß die vorgenannten Waren die Voraussetzungen erfüllen, um diese Bescheinigung zu erlangen.
48151 Münster, 01.09.1998
(Ort und Datum)
Pinkus GmbH
(Unterschrift)

2) In der Bundesrepublik Deutschland vom Ausführer auszufüllen

Abbildung 7-21 (Seite 1)

ERKLÄRUNG DES AUSFÜHRERS/EXPORTEURS

Der Unterzeichner, Ausführer/Exporteur der auf der Vorderseite beschriebenen Waren,

ERKLÄRT, daß diese Waren die Voraussetzungen erfüllen, um die beigefügte Bescheinigung zu erlangen;

BESCHREIBT den Sachverhalt, aufgrund dessen diese Waren die vorgenannten Voraussetzungen erfüllen, wie folgt:

Umseitige Ware hat die Position 84.24 und wurde im eigenen Betrieb in Münster unter Verwendung nachstehend mit Positionen aufgeführter Vorerzeugnisse hergestellt: ... (ggf. bes. Anlage). Der Wert der Vorerzeugnisse ohne bzw. mit nicht nachgewiesener Ursprungseigenschaft ist nich höher als 40% des Wertes der Fertigware, bezogen auf den AB-Werk-Preis. Soweit Vorerzeugnisse die Position nicht wechseln, beträgt deren Wert nicht mehr als 10% des Ab-Werk-Preises der hergestellten Ware.

LEGT folgende Nachweise VOR [1]):

Produktionsunterlagen, ggf. Teileliste mit Positionen, Kalkulationsunterlagen, ggf. Lieferantenerklärungen, Ausfuhrpapiere, Ausgangsrechnung.

VERPFLICHTET SICH, auf Verlangen der zuständigen Behörden alle zusätzlichen Nachweise zu erbringen, die für die Ausstellung der beigefügten Bescheinigung erforderlich sind, und gegebenenfalls jede Kontrolle seiner Buchführung und der Herstellungsbedingungen für die obengenannten Waren zu dulden;

BEANTRAGT die Ausstellung der beigefügten Bescheinigung für diese Waren.

Münster, 01.09.1998

(Ort und Datum)

Pinkus GmbH Müller

(Unterschrift)

ACHTUNG: Unrichtige Angaben, die für die Vorzugsbehandlung von Bedeutung sind, können als Steuerstraftat oder Steuerordnungswidrigkeit geahndet werden.

[1]) Zum Beispiel: Einfuhrpapiere, Warenverkehrsbescheinigungen, Rechnungen, Erklärungen des Herstellers usw. über die verwendeten Erzeugnisse oder die in unverändertem Zustand wieder ausgeführten Waren.

Genehmigt durch Erlaß des Bundesministers der Finanzen vom 13.12.1973 III B 8 – Z 1354 – 241/73

Bestell-Nr. 3077
II/94

FORMULARVERLAG CW NIEMEYER Auslieferungslager
31789 Hameln, Werkstraße 7, Tel. (05151) 64998 und 64980, Fax 67706
42283 Wuppertal, Carnaper Straße 28, Tel. (0202) 502031, Fax 501992
63075 Offenbach a. M., Rohrmühlstr. 5, Tel. (069) 862682, Fax 869600
71263 Weil der Stadt, Glemsweg 17, Telefon (07033) 34940, Fax 34842
39167 Hohendodeleben, Matthissonstr. 26, Tel. (039204) 5447, Fax 60179

Abbildung 7-21 (Seite 2) **Quelle:** Arbeitshilfe 1998: S. 105 f.

7.9.2.3 Lieferantenerklärung nach EWG-Verordnung 3351/83

Charakterisierung

Die Europäische Union hat im Rahmen von Präferenzabkommen (Zollbegünstigungen oder Zollbefreiungen im Warenverkehr) mit einer Anzahl von sog. Partnerstaaten die Vereinbarung getroffen, daß der Nachweis der Ursprungseigenschaft oder eines bestimmten Be- oder Verarbeitungsgrades einer Ware auch durch eine **Lieferantenerklärung** geführt werden kann. Die Lieferantenerklärung (LE) kann vom Lieferanten ohne behördliche Mitwirkung ausgestellt werden. Sie trägt den Charakter einer privatrechtlichen Zusicherung. Die jeweils aktuelle Liste der Partnerstaaten erhält der Exporteur u.a. von der IHK.

Aussteller

Die Lieferantenerklärung nach EWG-Verordnung 3351/83 ist nur gültig, wenn die ausstellende **Firma in der Europäischen Gemeinschaft** ansässig ist. Darüber hinaus ist zu beachten:

- **Hersteller** können ihren Kunden in einer Lieferantenerklärung die Übereinstimmung des Warenursprungs mit dem jeweiligen Abkommen bestätigen, sofern der Hersteller die Voraussetzungen für die Erlangung der Ursprungseigenschaft, z.B. eine ausreichende Be- oder Verarbeitung in seinem Betrieb erfüllt. Dazu hat der Hersteller insbesondere die Ursprungsregeln im Präferenzverkehr zu beachten.
- **Händler** können eine Lieferantenerklärung nur ausstellen, wenn ihnen gültige Nachweise des Vorlieferanten vorliegen (z.B. ebenfalls eine Lieferantenerklärung oder eine Erklärung auf der Rechnung).

Erklärungen/Formulare

Zu unterscheiden sind die **Einzellieferantenerklärung** und die **Langzeitlieferantenerklärung**. Sofern ein Lieferant regelmäßig und über einen längerfristigen Zeitraum einen bestimmten Käufer mit Waren beliefert, die die Präferenzursprungseigenschaften aufweisen, dann kann er eine Langzeitlieferantenerklärung abgeben. Diese Langzeitlieferantenerklärung ist allerdings befristet (gegenwärtig auf ein Jahr) und mit bestimmten Verpflichtungen des Lieferanten verbunden.

Quelle und weiterreichende Informationen zur Lieferantenerklärung: Arbeitshilfe 1998: S. 112 ff.

Abbildung

Die **Abbildung 7-22** zeigt die **Einzellieferantenerklärung für Waren mit Präferenzursprung** nach der Verordnung (EWG) Nr. 3351/83, einschließlich der Erläuterungen in den Fußnoten und den Allgemeinen Erläuterungen auf der Rückseite dieses Dokuments.

Vor Ausfüllen des Vordrucks unbedingt Hinweise auf der Rückseite lesen!

Einzellieferantenerklärung für Waren mit Präferenzursprung

nach der Verordnung (EWG) Nr. 3351/83

Suppliers' declaration for products having preferential origin status
Déclaration de livraison de fournisseur pour des marchandises avec origine préférentielle

Der Unterzeichner erklärt, daß die in der Rechnung[1] Nr. ______________ vom ______________ aufgeführten Waren

I, the undersigned, declare, that the goods described in invoice[1] No. ... dated ...
Le signataire déclare que les marchandises énumérées dans la facture[1] no. ... du ...

hergestellt worden sind in ____[2]
und den Ursprungsregeln für den Präferenzverkehr mit folgenden Staaten entsprechen:

were produced in ...[2] and satisfy the rules of origin governing preferential trade with:
ont été produites à ...[2] et correspondent aux règlements d'origine du marché préférentiel avec les Etats suivants:

Schweiz - Liechtenstein - Island - Norwegen - Ceuta und Melilla - Färöer - Zypern - Israel - Malta - Polen - Tschechische Republik - Slowakische Republik - Ungarn - Rumänien - Bulgarien - Slowenien - Estland - Lettland - Litauen - ... [3] [4]

Der Unterzeichner verpflichtet sich, den Zollbehörden auf Verlangen Nachweise zu dieser Erklärung vorzulegen.

I undertake to make available to the customs authorities, if required, evidence in support of this declaration.
Le signataire s'engage à présenter des preuves de cette déclaration aux douanes sur requête.

____

Ort, Datum, Firma, Unterschrift[5]

Place, date, company, signature[5]
Place, date, entreprise, signature[5]

---

[1] Wird ein anderes Papier als die Rechnung oder eine Anlage zu einer Rechnung verwendet (Lieferschein etc.), so ist die Bezeichnung dieses Papiers anstelle von "Rechnung" einzutragen.
Werden in einer Lieferung sowohl Ursprungswaren, auf die sich die Lieferantenerklärung bezieht, als auch Nicht-Ursprungswaren geliefert, muß durch Symbole oder ähnlich deutlich gemacht werden, für welche Waren der Ursprung erklärt wird.

[2] Für Ursprungswaren der Gemeinschaft kann als Herstellungsland der in Frage kommende Mitgliedstaat (z. B. Bundesrepublik Deutschland oder Frankreich) oder zusammenfassend die "Europäische Gemeinschaft" (EG) angegeben werden.
Wenn es sich um Waren eines Landes handelt, mit dem die EG Präferenzabkommen geschlossen hat (z. B. Schweiz, Polen, Ungarn, etc.) muß dieses Land als Herstellungsland angegeben werden.
Die Zuordnung zum Präferenznachweis (EUR.1, EUR.2 oder zum entsprechenden Handelsdokument mit Ursprungserklärung), mit welchem die Ware/n in die EG eingeführt worden sind, und zum dazugehörigen Zollbeleg ist für die Nachweisführung notwendig (z. B. EUR.1 Nr. ..., Zollbeleg Nr. F ... vom ... ... des Zollamts ...).
Handelsunternehmen müssen diese Angaben ggf. aus ihnen zur Verfügung gestellten Lieferantenerklärungen übernehmen.

[3] Es kann vorkommen, daß die Ursprungsregeln der einzelnen Abkommen voneinander abweichen. Daher empfiehlt es sich, abkommensbezogen eine individuelle Ursprungsprüfung vorzunehmen.
Wenn die im Warenverkehr mit bestimmten der aufgeführten Staaten geltenden Ursprungsregeln nicht erfüllt sind, müssen diese Staaten gestrichen werden.

[4] und [5] Erläuterungen siehe Rückseite

Bestell-Nr. 3095 (EG-Form I) 8/95

Abbildung 7-22

Einzellieferantenerklärung (Rückseite)

Allgemeines

Die Lieferantenerklärung ist ein wichtiges Informations- und Nachweispapier für alle, die direkt oder indirekt am präferenzberechtigten Warenverkehr zwischen der Gemeinschaft und anderen Staaten beteiligt sind. Sie dient als Nachweis bei der Ausstellung eines Präferenznachweises (EUR.1, EUR.2 bzw. Ursprungserklärung), von dessen Vorlage die Behörden des Bestimmungslandes der Waren die Inanspruchnahme von Zollvergünstigungen abhängig machen. Die Lieferantenerklärung kann ohne behördliche Mitwirkung ausgestellt werden, was allerdings auch zu größter Sorgfalt zwingt. Die Zollbehörden können die Erklärung nachträglich überprüfen und zu diesem Zweck die Vorlage eines Auskunftsblatts INF 4 verlangen. Die Lieferantenerklärung ist nur gültig, wenn der Unterzeichner in der Gemeinschaft ansässig ist.

Erläuterungen zu den Fußnoten [4] und [5]

4) Mit den auf der Vorderseite genannten Ländern hat die Europäische Gemeinschaft (EG) Präferenzabkommen geschlossen, die zur gegenseitigen Gewährung von Zollbegünstigungen führen. Man spricht von "zweiseitigen Abkommen".

Daneben existieren mit bestimmten Ländern "einseitige Abkommen". Diese Abkommen lassen im allgemeinen nur die zollbegünstigte Einfuhr von präferenzberechtigten Waren aus den Vertragsstaaten in die Gemeinschaft zu. Ausnahmen bestehen bei Lieferungen in bestimmte AKP-Staaten (Afrikanisch-Karibisch-Pazifischer Raum).

Sind Lieferungen in Länder beabsichtigt, mit denen die EG einseitige Abkommen geschlossen hat, kann unter Umständen die Ausstellung von Präferenznachweisen und damit die Forderung nach Lieferantenerklärungen notwendig werden. Dies gilt insbesondere dann, wenn die Wiedereinfuhr der Gegenstände in die Gemeinschaft nach Be- oder Verarbeitung in einem Abkommensstaat (z. B. nach einer passiven Veredelung) vorgesehen ist.

Einseitige Präferenzabkommen bestehen derzeit mit folgenden Ländern: Entwicklungsländer, Kroatien, Bosnien-Herzegowina, Mazedonien, Besetzte Gebiete (Westjordanland und Gazastreifen), Algerien, Marokko, Tunesien, Ägypten, Jordanien, Libanon, Syrien, Überseeische Länder und Gebiete (ÜLG), Afrikanisch-Karibisch-Pazifischer Raum (AKP).

Lieferungen zur passiven Veredelung in die Länder Algerien, Marokko, Tunesien, AKP-Staaten und ÜLG-Staaten sind mit besonderen Lieferantenerklärungen durchzuführen.

5) Wenn die Geschäftspapiere und Lieferantenerklärungen elektronisch ausgedruckt werden, braucht die Erklärung nicht handschriftlich unterzeichnet zu werden. Die für den Lieferanten verantwortlich zeichnende Person muß jedoch unmißverständlich festzustellen sein.

Nähere Einzelheiten können Sie bei Ihrer örtlichen Industrie- und Handelskammer bzw. Zollstelle erfragen.

FORMULARVERLAG CW NIEMEYER
Auslieferungslager
31789 Hameln, Werkstraße 7, Tel. (0 51 51) 6 49 98 und 6 49 80, Fax 6 77 06
42283 Wuppertal, Carnaper Straße 28, Tel. (02 02) 50 20 31, Fax 50 19 92
63075 Offenbach a. M., Rohrmühlstr. 5, Tel. (0 69) 86 26 82, Fax 86 96 00
71263 Weil der Stadt, Glemsweg 17, Telefon (0 70 33) 3 49 40, Fax 3 48 42
39167 Hohendodeleben, Matthissonstr. 26, Tel. (03 92 04) 54 47, Fax 6 01 79

7.9.3 Qualitäts- und Quantitätsdokumente

7.9.3.1 Qualitätszertifikate/Inspektionszertifikate

Bezeichnungen

Die Bezeichnungen der von den Experten(gesellschaften) ausgestellten Zertifikate sind unterschiedlich. Dies hängt zum einen mit den verschiedenartigen Sachverhalten (Qualität, Quantität und/oder Preis bzw. andere Merkmale der Ware) zusammen, die in den Zertifikaten bestätigt sind, zum anderen aber auch mit dem Sprachgebrauch der betrieblichen Praxis, der mit der Bezeichnung eines Zertifikats keineswegs immer denselben Vorstellungsinhalt verbindet. So finden sich u.a. folgende Bezeichnungen: **Qualitätszertifikat** und/oder **Quantitätszertifikat**, **Inspektionszertifikat**, **Clean Report of Findings** usw. Im folgenden wird vor allem die Bezeichnung Qualitätszertifikat verwendet.

Gründe

Bei bestimmten Zahlungsbedingungen, wie z.B. bei Vorauszahlungen, bei Dokumentenakkreditiven und bei Inkassi "Dokumente gegen Zahlung", hat der Importeur in der Regel keine Möglichkeit, die Waren vor der Bezahlung auf ihre Qualität bzw. auf eventuelle Mängel zu überprüfen. Es liegt somit im **Sicherungsinteresse des Importeurs**, eine Vereinbarung im Kaufvertrag durchzusetzen, die den Nachweis der Qualität der zu liefernden Waren umfaßt.

Daneben schreiben die **staatliche Stellen** einer Reihe von Entwicklungs- und Schwellenländern die Vorlage von Inspektionszertifikaten vor.

Abbildung

Die **Abbildung 7-23** zeigt das Muster eines **Qualitäts-(und Quantitäts-)Zertifikats.**

Vorkommen

Gemessen an der Vielzahl der Exportgeschäfte ist die Vereinbarung von Qualitätszertifikaten in den Kaufverträgen (also ohne die Auflage durch die Einfuhrbestimmungen des Importlandes) eher die Ausnahme. Dies hängt damit zusammen, daß sich bei **längerer Geschäftsbeziehung** zwischen den Beteiligten ein Vertrauensverhältnis bildet, das Qualitätszertifikate überflüssig macht. Ebenso kann ein Importeur bei einem Lieferanten, der in den eingeholten Auskünften als seriös und solvent ausgewiesen ist, im allgemeinen darauf vertrauen, daß **Mängel** an den gelieferten Waren - trotz der eventuell bereits vollzogenen Zahlung - **anstandslos bereinigt** werden. Viele Exporte vollziehen sich überdies zwischen dem Herstellungsbetrieb und den eigenen Vertriebsniederlassungen im Ausland, was Qualitätszertifikate überflüssig macht. Schließlich ist zu bedenken, daß solche **Zertifikate kostspielig** sind und sich somit die Frage der Kostenübernahme durch die Beteiligten stellt.

Einfuhrbestimmungen

Unabhängig vom Sicherungsinteresse und von den Vereinbarungen zwischen den Beteiligten finden sich in den Einfuhrbestimmungen des Auslands häufig **weitreichende Auflagen** zum Nachweis der Qualität und teilweise auch bezüglich des Preises der zu importierenden Güter (Anmerkung: Die Prüfung des Preises dient einerseits dem Ziel des Importlandes,

Société Générale de Surveillance S.A.

1, place des Alpes
Case postale 2152
CH-1211 Genève 1
Tél.: +41-22/739 91 11
Tlx: 422 140
Fax: +41-22/732 35 22

SPECIMEN

TO WHOM IT MAY CONCERN

Certificate No 1401/ 043917

SPECIMEN

MATERIAL	:	Direct Reading Vacuum Emission Spectrometer ARL Model 3460-[illegible] as per Proforma Invoice CAL:73:3460:9209:1 (R) dated 2 November 19..
APPLICANT	:	Ministry of Electricity ...
BENEFICIARY	:	Electrical Supply Co. ...
LETTER OF CREDIT	:	No. IFB/CAL/92/3/106 dated 4 November 19.. issued by Bank ...
PROFORMA INVOICE NO	:	CAL:73:3460:9209:1 (R) dated 2 November 19...
REQUIRED INTERVENTION	:	QUALITY, QUANTITY, PACKING MARKING AND LOADING INSPECTION.

We hereby certify that at the request and on basis of specifications submitted by the Beneficiary we have inspected the material mentioned under heading.

RESULT OF OUR INSPECTION

QUANTITY	:	We confirm that on basis of our check the delivered material consists of : **One ARL OE SPECTROMETER TYPE Nr. 3460-1222** **with one DEC COMPUTER SYSTEM Nr. 19011-4656** **with all accessories.** as per Proforma Invoice CAL:73:3460:9209:1 (R) dated 2 November 92 resp. final invoice No 93158 dated 25 January 93 and Packing List dated 26.01.19..

This Certificate is issued under the General Conditions of the International Federation of Inspection Agencies. The issuance of this Certificate does not exonerate buyers or sellers from exercising all their rights and discharging all their liabilities under the Contract of Sale. Stipulations to the contrary are not binding on us. The Company's responsibility under this Certificate is limited to gross negligence proven by Principals and will in no case be more than ten times fees or commission. Except by special arrangement, samples, if drawn, will not be retained by the company for more than three months.

Abbildung 7-23 (Seite 1)

SGS Société Générale de Surveillance S.A.

Certificate No: 043917

Sheet No: 2

QUALITY	:	We certify that this material is in accordance with Beneficiary final invoice No. 93158 dated 25 Jan 19.., the Packing-List dated 26.01.19.. resp. as per the PROFORMA INVOICE No. CAL:73:3460:9209:1(R) Dated 2 November 19.. The material therefore comply with the following description : **One ARL OE SPECTROMETER TYPE Nr. 3460-1222 with one DEC COMPUTER SYSTEM Nr. 19011-4656** with all accessories.
PACKING	:	The material is packed in 2 wooden cases. Items are properly packed. GROSS WEIGHT : 771.000 Kg This kind of packing is suitable for transport from Switzerland to final destination under normal condition.
MARKING	:	The wooden cases are marked as follows : ARL 93158/1-2 Furthermore the wooden cases have been stamped by us
LOADING	:	Material loaded by air as per AIR WAYBILL No 074-3561 4670 dated 26/01/19...
CONCLUSION	:	We hereby certify that quality and quantity and Packing of the goods shipped are striclty complying with specification of goods indicated in the relative PROFORMA INVOICE and the terms of the L/C. "Equipment under Lease Agreement with Bank ...
DATE & PLACE OF INSPECTION	:	

SPECIMEN

This certificate is evidence of and reports on our findings at the time and place of inspection. It does not release the Beneficiary from their contactual obligations towards Applicant.

Geneva, February 2nd, 199.

SOCIETE GENERALE DE SURVEILLANCE S.A.

This Certificate is issued under the General Conditions of the International Federation of Inspection Agencies. The issuance of this Certificate does not exonerate buyers or sellers from exercising all their rights and discharging all their liabilities under the Contract of Sale. Stipulations to the contrary are not binding on us. The Company's responsibility under this Certificate is limited to gross negligence proven by Principals and will in no case be more than ten times fees or commission. Except by special arrangement, samples, if drawn, will not be retained by the company for more than three months.

Abbildung 7-23 (Seite 2) Quelle: UBS Schweizerische Bankgesellschaft 1997: S. 43 f.

überhöhte Rechnungen und damit verbundene überhöhte Devisenzuteilungen an die Importeure und somit deren Kapitalflucht zu verhindern und andererseits dem Ziel, sog. Unterfakturierungen und somit zu niedrige Zollzahlungen usw. zu verhindern).

Die Regierungen einer größeren Anzahl von Entwicklungs- und Schwellenländern haben zu diesem Zweck Generalverträge mit Experten-/Prüfgesellschaften abgeschlossen. Ausführliche und aktuelle Informationen über diejenigen Importländer, die mit Expertengesellschaften derartige Verträge abgeschlossen haben, sowie über die in den jeweiligen Zertifikaten auszuweisenden Prüfungsinhalte usw. finden die Exporteure beispielsweise in den von der Handelskammer Hamburg herausgegebenen **„K und M – Konsulats- und Mustervorschriften"**. Im Zweifel ist es angebracht, mit der vom Importland beauftragen Expertengesellschaft frühzeitig Kontakt aufzunehmen, um offene Fragen bezüglich der zu stellenden Expertise zu klären.

Anzumerken ist, daß es den staatlichen Stellen des Importlandes nicht immer nur darum geht, die Qualität der Einfuhrgüter sicherzustellen (z.B. durch Sicherungsnormen bei Gebrauchsgütern) bzw. gesundheitliche Risiken von der Bevölkerung fernzuhalten (z.B. durch Auferlegung von Gesundheitszertifikaten), als vielmehr auch darum gehen kann, durch die Auferlegung sehr weitreichender Zertifizierungsinhalte, **Handels-(Import-)Hemmnisse** aufzubauen.

Arten

Die Art eines Qualitätszertifikats ist von den zu prüfenden und zu bescheinigenden Kriterien ebenso bestimmt wie von den Eigenarten der jeweiligen Güter. Entsprechend **vielgestaltig** sind die **Erscheinungsformen** und der Inhalt von Qualitätszertifikaten. Hinzu kommt, daß es die verschiedensten erwerbswirtschaftlichen und amtlichen Einrichtungen sind, die Bescheinigungen, Bestätigungen, Gutachten, Zertifikate u. ä. mit sehr unterschiedlichen Inhalten abgeben.

Grob können Qualitätszertifikate nach folgenden Arten untergliedert werden:

Analysenzertifikate, Inspektionszertifikate und Gesundheitszertifikate:

- **Analysenzertifikate**

  In Analysenzertifikaten sind insbesondere **chemische und physikalische Analysen** enthalten, die die verschiedensten Prüfungen und Erkenntnisziele umfassen können.

- **Inspektionszertifikate**

  Inspektionszertifikate umfassen vielfältige, durch Inspizieren (Prüfen) feststellbare Sachverhalte: Das mängelfreie **Funktionieren von Maschinen** ebenso wie die augenscheinliche Übereinstimmung der **Beschaffenheit der Güter** mit den Vereinbarungen des Kaufvertrags.

  Häufig sind in den Einfuhrbestimmungen des Auslandes Inspektionszertifikate vorgeschrieben, in denen nicht nur die Beschaffenheit bzw. die Funktionen der Güter Gegenstand sind, sondern auch die Menge und der Preis.

- **Gesundheitszertifikate**

  Gesundheitszertifikate werden häufig von den Einfuhrbehörden für Importe von Nahrungsmitteln bzw. von **landwirtschaftlichen Produkten** generell (einschließlich lebender Tiere), aber auch bei Importen von **pharmazeutischen und medizinischen Erzeugnissen** zur Auflage gemacht. Damit soll insbesondere die Übertragung von Krankheiten verhindert werden.

Anbieter

Neben einer Vielzahl von amtlich zugelassenen Sachverständigen, die auf die verschiedensten Gebiete spezialisiert sind, und den primär auf die Technik ausgerichteten Prüfinstitutionen (wie z.B. TÜV und DEKRA) sind für den internationalen Handel u.a. von Bedeutung:

- SGS Controll-Co.m.b.H.
  Raboisen 28
  D-20095 Hamburg
  Telefon 040/30 10 10
  Telefax 040/32 63 31

- Bureau Veritas (BIVAC)
  Sachsenfeld, Haus 5
  D-20097 Hamburg
  Telefon 040/23 62 50
  Telefax 040/23 62 51 00.

Weitere international tätige Anbieter sind: Inspectorate Griffith, Cotecna International Limited, Intertek Testing Services, Socotec International Inspection.

7.9.3.2 Packlisten, Gewichtsliste/Gewichtszertifikate

Packliste

Packlisten werden vom Exporteur erstellt. Sie enthalten Angaben über die Sendung, insbesondere zur **Anzahl** und zur **Art der Frachtstücke**, zum **Gewicht**, zur **Markierung**, aber auch zum **Inhalt** (zur Ware). Es ist keine Frage, daß die Angaben in der Packliste mit den relevanten Angaben in der Handelsrechnung und gegebenenfalls mit den Akkreditivbedingungen übereinstimmen müssen.

Gewichtsliste/Gewichtszertifikat

Begnügt sich der Importeur nicht mit den Gewichtsangaben des Exporteurs, dann kann er im Kaufvertrag bzw. im Akkreditiv die Vorlage der **Gewichtsbescheinigung** (Gewichtsliste/Gewichtszertifikat) einer **amtlich zugelassenen Wägerei** zur Auflage machen. Ein Gewichtszertifikat muß von der Wägerei unterzeichnet sein. Die vom amtlichen Wägereibetrieb dokumentierten Gewichte (Totalgewicht, Teilgewichte) müssen mit den Gewichtsangaben in den übrigen Exportdokumenten übereinstimmen.

Wird vom Exporteur ohnehin die Vorlage eines **Qualitätszertifikats** verlangt, dann ist darin häufig auch die Quantität, d.h. auch das **Gewicht, nachzuweisen**.

Hinweis

Einzelheiten zu den Exportdokumenten bei der Akkreditivabwicklung siehe Kapitel **„2 Dokumentenakkreditive: Erläuterungen zur Kontrolle der Dokumente bei der Abwicklung“.**

7.10 Exkurs: Auslandswechsel

7.10.1 Einführung und Rechtsgrundlagen

7.10.1.1 Vorkommen und Funktionen

Hinweis

Ausführlich sind die verschiedenen Arten und Abwicklungen der Auslandwechsel einschließlich der Bankakzepte sowie der Diskontkredite in Häberle, S.G., Handbuch der Außenhandelsfinanzierung, München und Wien (Oldenbourg-Verlag) beschrieben und beurteilt.

Zahlungsbedingungen mit Wechseln

Im Auslandsgeschäft tritt der Wechsel in Verbindung mit den verschiedensten Zahlungs-, Sicherungs- und Kreditvereinbarungen zwischen Exporteuren und Importeuren in Erscheinung. Die Ausstellung eines Wechsels kann beispielsweise

- auf einer **"reinen" Zahlungsbedingung** beruhen, die ein Zahlungsziel für den Zahlungspflichtigen (Importeur) umfaßt, das in Wechselform gekleidet werden soll;
- eine **dokumentäre Zahlungsbedingung** zum Anlaß haben, wie dies bei Dokumenteninkassi "Dokumente gegen Akzept" oder bei Akzept-(Rembours-)Akkreditiven der Fall ist;
- eine **Kreditvereinbarung** zum Gegenstand haben, wie sie vor allem bei mittel- und langfristigen Finanzierungen von Investitionsgütern vorkommt.

Wechselfunktionen

Der Wechsel erfüllt mehrere Funktionen, deren Bedeutung von der Eigenart des abzuwickelnden Auslandsgeschäfts und somit vom Einzelfall abhängt:

- **Zahlungsmittel**: Der Wechsel ist zunächst ein Zahlungsinstrument. Der Wechsel wird begeben (weitergegeben), um damit eine (später fällige) **Schuld** zu **tilgen**. Allerdings ist die Schuld erst getilgt, wenn der Wechsel bei Fälligkeit tatsächlich eingelöst wird.
- **Sicherungsinstrument**: Die Sicherungsfunktion des Wechsels resultiert aus der **sog. Wechselstrenge**, die zum einen auf der Stringenz des Inhalts der Wechselurkunde selbst beruht (wie z.B. auf der genau definierten Fälligkeit des Wechsels) und die zum anderen durch die Besonderheiten des Wechselprozesses bestimmt wird (sog. Urkundenprozeß mit beschränkten Einredemöglichkeiten und sofortiger Vollstreckbarkeit).
- **Kredit-/Finanzierungsinstrument**: Eng verbunden mit der Sicherungsfunktion des Wechsels ist seine Kredit- bzw. Finanzierungsfunktion. Vor allem diese Funktion erklärt die große Bedeutung des Wechsels im nationalen wie im internationalen Handel. Die Kredit-/Finanzierungsfunktion des Wechsels vollzieht sich auf **verschiedenen Stufen**:
  1. Durch Einräumung eines Zahlungsziels gewährt der Exporteur dem Importeur einen sog. **Lieferantenkredit** (präziser: einen Liefervertragskredit). Dieser Lieferantenkredit wird durch Wechselziehung abgesichert.
  2. Im allgemeinen läßt es die Liquiditätslage des Exporteurs nicht zu, den gewährten Lieferantenkredit selbst zu finanzieren. Vielmehr werden die gezogenen Wechsel

von den Wechselnehmern regelmäßig bei **Kreditinstituten diskontiert** (oder – seltener – an eigene Lieferanten erfüllungshalber weitergegeben).

3. Die diskontierenden **Banken** können sich **Liquidität** im Rahmen der Offenmarktgeschäfte des Europäischen Systems der Zentralbanken (ESZB) **beschaffen**.

- **Kapitalanlage**: Der Exporteur, der einen später fälligen Wechsel des Importeurs zahlungshalber in Empfang nimmt, berechnet diesem für die Laufzeit des Wechsels im allgemeinen Diskontzinsen. Behält der Exporteur den Wechsel im **eigenen Bestand** (im Portefeuille) statt ihn bei seiner Bank diskontieren zu lassen, so vermeidet er die bei Weitergabe des Wechsels entstehenden Zinsen und behält somit die dem Importeur in Rechnung gestellten Diskontzinsen selbst. Insoweit stellt der Wechsel auch ein Kapitalanlagemedium dar.

7.10.1.2 Rechtsgrundlagen und Geltungsbereich der Gesetze

Rechtscharakter des Wechsels

Die beschriebenen Funktionen lassen den Rechtscharakter des Wechsels erkennen:

- Der Wechsel trägt den Charakter eines Wertpapiers, was insbesondere bedeutet, daß die **Wechselurkunde** zur Geltendmachung der Ansprüche vorzulegen ist.
- Der Wechsel ist abstrakt, d.h. die Wechselforderung ist **selbständig und unabhängig** (losgelöst) von der Wirksamkeit derjenigen Forderung (z.B. von der Kaufpreisforderung), die der Wechselziehung zugrunde liegt.
- Die strengen Haftungs- und Formvorschriften des Wechselrechts ermöglichen die rasche Geltendmachung und die **rigorose Durchsetzung** wechselrechtlicher Ansprüche.

Anzumerken ist, daß diese Eigenschaften des Wechsels zwar in der Regel zugunsten eines gutgläubigen Erwerbers uneingeschränkt wirken, nicht jedoch in allen Fällen für den Wechselaussteller. Dem Aussteller (z.B. als Warenverkäufer) gegenüber kann der Bezogene – zumindest nach deutschem Recht – in einem Nachverfahren zum Wechselprozeß Einreden aus dem (Waren-)Grundgeschäft geltend machen. Im übrigen weist das ausländische Wechselrecht nicht immer dieselbe Strenge wie das deutsche Recht auf.

Rechtsgrundlagen

In **Deutschland** ist der Wechsel und der Wechselverkehr umfassend im **Wechselgesetz** vom 21. Juni 1933 geregelt. Im folgenden ist die **Fassung** des Wechselgesetzes zugrunde gelegt, die zuletzt durch Gesetz **vom 5.10.1994** (BGBl. I S. 2911; zuletzt geändert durch Art. 52 Einführungsgesetz zur Insolvenzordnung, das am 1.1.1999 in Kraft trat) geändert wurde.

Die Bedeutung des Wechsel für den Welthandel hat zu einer Rechtsvereinheitlichung geführt. Die **beiden großen Wechselrechtssysteme** sind das **Genfer Einheitliche Wechselrecht** und das **anglo-amerikanische Wechselrecht**.

Das **deutsche Wechselgesetz** vom 21. Juni 1933 beruht auf dem 1930 in **Genf** zustande gekommenen **Wechselrechtsabkommen**. Es ist von den **meisten europäischen und südamerikanischen Staaten sowie Japan unterzeichnet** worden (vgl. Hefermehl, W. 1999: S. XII). Andere Länder haben – ohne Ratifizierung der Genfer Abkommen –

gleichwohl das Genfer Abkommen über das Einheitliche Wechselgesetz in ihr nationales Recht übernommen (vgl. Jahn 1993: S. 1).

Es ist deswegen tragfähig, bei den folgenden Ausführungen beispielhaft das **deutsche Wechselrecht** in den Mittelpunkt zu rücken, das auf den **drei Genfer Abkommen** vom 7. Juni 1930 zur Vereinheitlichung des Wechselrechts beruht:

- Das Abkommen über das Einheitliche Wechselgesetz mit zwei Anlagen, das Genfer Einheitliche Wechselgesetz und Vorbehalten, auf Grund derer die Vertragsstaaten Abweichungen treffen dürfen.
- Das Abkommen über Bestimmungen auf dem Gebiet des internationalen Wechselprivatrechts (Genfer Konfliktabkommen).
- Das Abkommen über das Verhältnis der Stempelgesetze zum Wechselrecht.

  Quelle: Schallehn u.a., Sonderteil Rechtsverfolgung, 1996 ff.: 1/Grundlagen S. 7).

Trotz dieser weitreichenden Vereinheitlichung des Wechselrechts der Länder Europas und weiterer Industrieländer müssen **länderspezifische Besonderheiten** beachtet werden. Dies gilt grundsätzlich auch für die Länder Europas, in besonderem Maße jedoch für das außereuropäische Ausland, insbesondere für die Vereinigten Staaten von Amerika, für Kanada, für das Vereinigte Königreich und für andere Staaten des Commenwealth, wo die Abweichungen vom deutschen bzw. vom europäischen Wechselrecht zum Teil erheblich sind (vgl. Schallehn u.a., Sonderteil Rechtsverfolgung, 1996 ff.: 1/Grundlagen S. 8).

Die UN ist um die Schaffung eines einheitlichen Wechselrechts bemüht und hat mit dieser Aufgabe die Kommission UNCITRAL (United Nations Commission on International Trade Law) betraut. Im Jahr 1988 wurde die **UNCITRAL-Konvention** über internationale gezogene Wechsel und internationale Eigenwechsel, sog. **UNCITRAL-Wechsel**, verabschiedet. Bislang haben jedoch die UNICITRAL-Konvention nur wenige Länder unterzeichnet (z.B. die USA, Kanada, die frühere UdSSR) bzw. ratifiziert. Dies hängt u.a. damit zusammen, daß die UNCITRAL-Konvention in ihrer Systematik eher dem anglo-amerikanischen System gefolgt ist, so daß die baldige Ratifizierung der UNCITRAL-Konvention durch die Länder, die der Genfer Wechselrechtskonvention gefolgt sind, als nicht wahrscheinlich gilt (vgl. Schallehn u.a., Sonderteil Rechtsverfolgung, 1996 ff.: 1/Grundlagen S. 8).

Internationales Wechselprivatrecht / Geltungsbereich der Gesetze / sog. Kollisionsnormen

Schallehn u.a. führen aus: „Geht es bei einem grenzüberschreitenden Streitfall aus einem Wechsel um die Frage, welches Wechselrecht zur Anwendung kommt, richtet sich dieses, sofern keine ausdrückliche Rechtswahl getroffen wurde, die sich aus dem Wechsel selbst ergeben muß, nach den jeweiligen nationalen Bestimmungen im Land des angerufenen Gerichts über das sogenannte *internationale Wechselprivatrecht.*

Im Falle der Vertragsstaaten der Genfer Abkommen entsprechen diese den Artikeln 2 bis 9 des Genfer Abkommens über die Bestimmungen auf dem Gebiet des internationalen Wechselprivatrechts. In Deutschland wurden diese in die Artikel 91 bis 98 WechselG übernommen" (Schallehn u.a., Sonderteil Rechtverfolgung, 1996 ff.: 1/Grundlagen S. 9).

Diese Artikel 91 bis 98 des deutschen Wechselgesetzes, die im **Wechselverkehr mit dem Ausland** bedeutsam sind, sind nachstehend wiedergegeben:

- Die **Fähigkeit** einer Person, eine **Wechselverbindlichkeit** einzugehen, bestimmt sich nach dem Recht des Landes, dem sie angehört. Erklärt dieses Recht das Recht eines anderen Landes für maßgebend, so ist das letztere Recht anzuwenden.

Wer nach dem in vorstehendem Absatz bezeichneten Recht nicht wechselfähig ist, wird gleichwohl gültig verpflichtet, wenn die Unterschrift in dem Gebiet eines Landes abgegeben worden ist, nach dessen Recht er wechselfähig wäre. Diese Vorschrift findet keine Anwendung, wenn die Verbindlichkeit von einem Inländer im Ausland übernommen worden ist (Art. 91 Abs. 1 und 2 WechselG).

- Die **Form einer Wechselerklärung** bestimmt sich nach dem Recht des Landes, in dessen Gebiet die Erklärung unterschrieben worden ist.

  Wenn jedoch eine Wechselerklärung, die nach den Vorschriften des vorstehenden Absatzes ungültig ist, dem Recht des Landes entspricht, in dessen Gebiet eine spätere Wechselerklärung unterschrieben worden ist, so wird durch Mängel in der Form der ersten Wechselerklärung die Gültigkeit der späteren Wechselerklärung nicht berührt.

  Eine Wechselerklärung, die ein Inländer im Ausland abgegeben hat, ist im Inland gegenüber anderen Inländern gültig, wenn die Erklärung den Formerfordernissen des inländischen Rechts genügt (Art. 92 Abs. 1 bis 3 WechselG).

- Die **Wirkungen der Verpflichtungserklärungen** des Annehmers eines gezogenen Wechsels und des Ausstellers eines eigenen Wechsels bestimmen sich nach dem Recht des Zahlungsortes.

  Die Wirkungen der übrigen Wechselerklärungen bestimmen sich nach dem Recht des Landes, in dessen Gebiet die Erklärungen unterschrieben worden sind (Art. 93 Abs. 1 und 2 WechselG).

- Die **Fristen** für die Ausübung der **Rückgriffsrechte** werden für alle Wechselverpflichteten durch das Recht des Ortes bestimmt, an dem der Wechsel ausgestellt worden ist (Art. 94 WechselG).
- Das Recht des Ausstellungsortes bestimmt, ob der Inhaber eines gezogenen Wechsels die seiner Ausstellung **zugrunde liegende Forderung** erwirbt (Art. 95 WechselG).
- Das Recht des Zahlungsortes bestimmt, ob die **Annahme** eines gezogenen Wechsels auf einen Teil der Summe beschränkt werden kann und ob der Inhaber verpflichtet oder nicht verpflichtet ist, eine **Teilzahlung** anzunehmen.

  Dasselbe gilt für die Zahlung bei einem eigenen Wechsel (Art. 96 Abs. 1 und 2 WechselG).

- Die **Form des Protestes** und die **Fristen** für die Protesterhebung sowie die Form der übrigen Handlungen, die zur Ausübung oder Erhaltung der Wechselrechte erforderlich sind, bestimmen sich nach dem Recht des Landes, in dessen Gebiet der Protest zu erheben oder die Handlung vorzunehmen ist (Art. 97 WechselG).
- Das Recht des Zahlungsortes bestimmt die Maßnahmen, die bei **Verlust oder Diebstahl** eines Wechsels zu ergreifen sind (Art. 98 WechselG).

7.10.1.3 Wechselformulare

Deutsches Wechselformular

Für die kontinentaleuropäischen Länder kann im allgemeinen davon ausgegangen werden, daß der genormte **deutsche Wechselvordruck** auch den Formbestimmungen dieser Länder entspricht (vgl. Jahn 1993: S. 5).

Inwieweit die deutschen Exporteure bei Wechselziehungen auf ihre ausländischen Kunden aber tatsächlich das deutsche DIN-Wechselformular oder aber besser das englischsprachige oder gar das landessprachige Formular des bezogenen Importeurs verwenden können bzw. sollten, muß im Einzelfall länderspezifisch geprüft werden.

Fremdsprachige Wechselformulare

Die international tätigen Banken und die Industrie- und Handelskammern beraten die Exporteure. Beispielsweise empfiehlt die Offizielle deutsch-französische Industrie- und Handelskammer Paris den deutschen Exporteuren im Frankreichgeschäft die Verwendung des **französischen Wechselformulars**: "Es ist weitgehend computergerecht ... . Im innerfranzösischen Verkehr ist es zwingend vorgeschrieben, doch können bei deutschen Exporten nach Frankreich auch deutsche Formulare – für gezogene, allerdings keine Solawechsel – verwendet werden. Bei einer Vielzahl von Kunden wird sich freilich die Verwendung der französischen Formulare empfehlen, weil diese den Kunden geläufiger sind und den Bezogenen bzw. Aussteller an die Ergänzung von für das Inkassoverfahren wichtige Details wie z.B. französischer Bankleitzahl und Kontonummer erinnern" (Dresdner Bank AG, Hrsg. 1988: S. 23). Einige deutsche Banken empfehlen den Exporteuren, im Frankreichgeschäft nur noch das französische Wechselformular mit Angabe der R.I.B.-Nummer (Relevé d'Idendité Bancaire) zu verwenden, da es in der Praxis sonst Probleme beim Einzug des Wechsels geben kann.

Französischprachiges Wechselformular - Abbildung

Abbildung 7-24 zeigt einen französischsprachigen Wechselvordruck: „Lettre de Change".

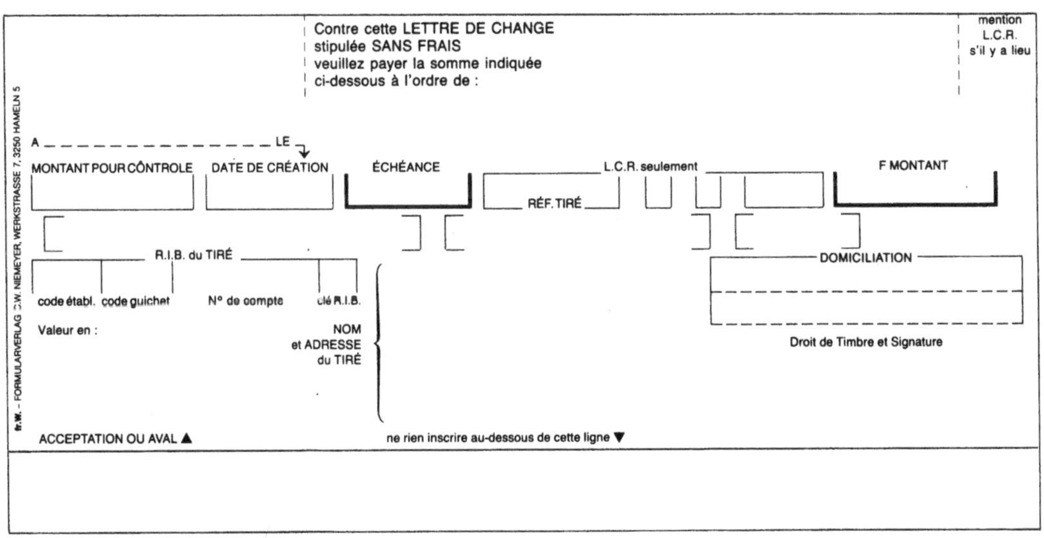
Contre cette LETTRE DE CHANGE
stipulée SANS FRAIS
veuillez payer la somme indiquée
ci-dessous à l'ordre de :
mention L.C.R. s'il y a lieu
A ________________ LE
MONTANT POUR CÔNTROLE
DATE DE CRÉATION
ÉCHÉANCE
L.C.R. seulement
F MONTANT
RÉF. TIRÉ
R.I.B. du TIRÉ
code établ. code guichet N° de compte clé R.I.B.
DOMICILIATION
Valeur en :
NOM et ADRESSE du TIRÉ
Droit de Timbre et Signature
ACCEPTATION OU AVAL ▲
ne rien inscrire au-dessous de cette ligne ▼
fr.W. - FORMULARVERLAG :.W. NEMEYER, WERKSTRASSE 7, 3250 HAMELN 5

Abbildung 7-24

Verwendung in der Praxis

Beispielsweise werden in Griechenland im Geschäftsverkehr mit dem Ausland meistens **englischsprachige**, manchmal auch **französischsprachige Wechselformulare** verwendet

(Jahn 1993: S. 43). Jahn warnt in diesem Zusammenhang auch vor der Verwendung privater Vordrucke, die mangels Wechselklausel formungültig sind, und nennt in diesem Zusammenhang ausdrücklich die "promissory notes" (ebenda: S. 43).

Zu den "promissory notes" vgl. Abschnitt "7.10.2.2 Eigener Wechsel (Solawechsel)".

Englischsprachiges Wechselformular - Abbildung

Die im Auslandsgeschäft versierten deutschen Banken halten für ihre Kunden **fremdsprachige**, insbesondere **englischsprachige** Wechselvordrucke bereit, die sich im internationalen Wechselverkehr bewährt haben.

Die **Abbildung 7-25** zeigt einen **englischsprachigen** Nachsichtwechsel (gezogenen Wechsel) als Tratte, d.h. der Wechsel ist vom Bezogenen noch nicht akzeptiert.

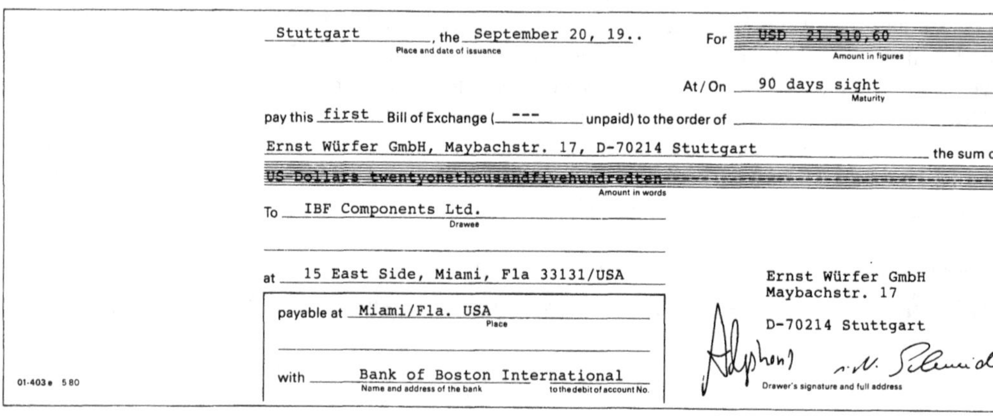
Stuttgart, the September 20, 19..
Place and date of issuance
For USD 21.510,60
Amount in figures
At/On 90 days sight
Maturity
pay this first Bill of Exchange (--- unpaid) to the order of
Ernst Würfer GmbH, Maybachstr. 17, D-70214 Stuttgart the sum of
US-Dollars twentyonethousandfivehundredten
Amount in words
To IBF Components Ltd.
Drawee
at 15 East Side, Miami, Fla 33131/USA
payable at Miami/Fla. USA
Place
with Bank of Boston International
Name and address of the bank to the debit of account No.
Ernst Würfer GmbH
Maybachstr. 17
D-70214 Stuttgart
Drawer's signature and full address
01-403 580

Abbildung 7-25

7.10.2 Wechselarten nach rechtlichen Merkmalen - Darstellung und Abwicklung -

7.10.2.1 Gezogener Wechsel

Vorbemerkungen

- Das Wechselrecht schreibt einerseits die Bestandteile einer Wechselurkunde stringent vor, andererseits läßt das Wechselrecht durchaus Spielräume, einen Wechsel auf die Eigenarten des einzelnen Exportgeschäfts zuzuschneiden. Erkenntnisgegenstand der folgenden Ausführungen sind deswegen sowohl die im **Wechselrecht** vorgegebenen Rahmenbedingungen als auch die **alternativen Vereinbarungen** und Abwicklungen, die den Wechselbeteiligten innerhalb dieses Rahmens verbleiben.
- Im folgenden ist im allgemeinen das **deutsche Wechselgesetz** (WechselG) zitiert, dessen Normen ebenso wie das einschlägige Recht der meisten kontinentaleuropäischen Länder auf den oben angesprochenen Genfer Abkommen beruhen und das insoweit auch im Ausland eine analoge Anwendung findet. Gleichwohl sind im Einzelfall **länder-**

bezogene Abweichungen zu berücksichtigen, insbesondere bei Ländern, die die genannten Abkommen weder ratifiziert noch in anderer Form aufgenommen haben. Die Banken erteilen den Exporteuren und Importeuren dahingehende Auskünfte.

Abbildung

Die im folgenden beschriebenen Wechselmerkmale sind mit Ziffern im nachstehend abgebildeten Wechselformular, **Abbildung 7-26** gekennzeichnet.

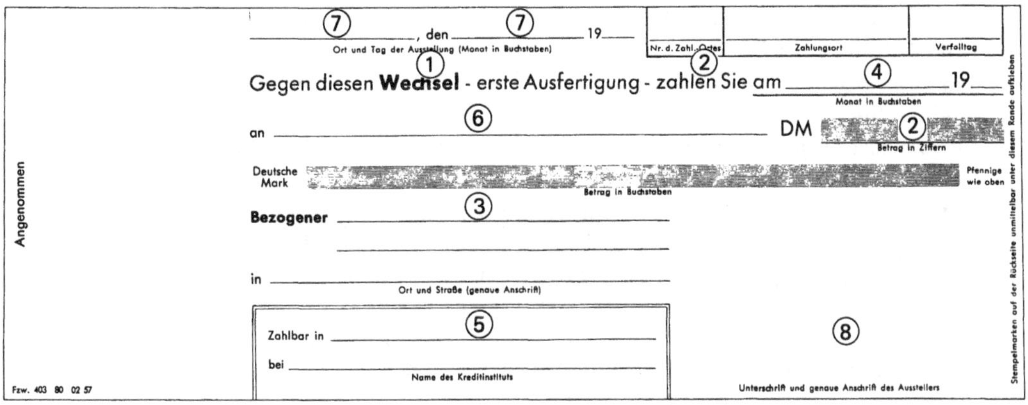

⑦ , den ⑦ 19
Ort und Tag der Ausstellung (Monat in Buchstaben)
Nr. d. Zahl.-Ortes | Zahlungsort | Verfalltag
Gegen diesen Wechsel ① - erste Ausfertigung - zahlen ② Sie am ④ 19
Monat in Buchstaben
an ⑥ DM ②
Betrag in Ziffern
Deutsche Mark
Betrag in Buchstaben
Pfennige wie oben
Bezogener ③
in
Ort und Straße (genaue Anschrift)
Zahlbar in ⑤
bei
Name des Kreditinstituts
⑧
Unterschrift und genaue Anschrift des Ausstellers
Angenommen
Stempelmarken auf der Rückseite unmittelbar unter diesem Rande aufkleben
Fzw. 403 80 02 57

Abbildung 7-26

1. **Bezeichnung als Wechsel** (Ziffer **1** DIN-Wechselformular)

   Es muß **Eindeutigkeit** darin bestehen, daß überhaupt ein Wechsel vorliegt und nicht eine Art Quittung, die äußerlich einem Wechsel sehr ähnlich sein kann.

   Das inländische, aber auch das ausländische Wechselrecht schreibt deswegen regelmäßig die **Bezeichnung als Wechsel** im Text der Urkunde ausdrücklich vor, und zwar in der Sprache, in der sie ausgestellt ist (vgl. z.B. Art. 1 WechselG). Englischsprachig ausgestellte Wechsel haben somit grundsätzlich den Ausdruck "Bill of Exchange" aufzuweisen, französischsprachige Wechsel die Bezeichnung "Lettre de Change" usw.

   Von diesen Normen gibt es indessen auch **Abweichungen**. Siehe dazu u.a. die Ausführungen zu den „Promissory Notes" in Hauptabschnitt „7.10.2.2 Eigener Wechsel (Solawechsel)".

   Fremdsprachig ausgestellte Wechsel werden von den deutschen Geschäftsbanken grundsätzlich diskontiert. Inwieweit sich die Verwendung deutscher oder fremdsprachiger Wechselvordrucke empfiehlt oder gar zwingend ist, muß länderspezifisch geprüft werden (siehe dazu auch Abschnitt 7.10.1.3).

   Exkurs: Mehrere Ausfertigungen des Wechsels

   Mit den in der weiteren Vergangenheit üblichen langen Postlaufzeiten erklärt es sich, daß von einem Wechsel mehrere Ausfertigungen ausgestellt werden können. Dadurch wurde dem Aussteller die früher praktizierte Möglichkeit eröffnet, dem Bezogenen die erste Ausfertigung zur Annahme (Akzeptierung) vorlegen zu lassen und gleichzeitig die zweite – nicht akzeptierte – Ausfertigung des Wechsels der Bank zum Diskont einzureichen. Kam sodann die erste Ausfertigung nach erfolgter Akzeptleistung des Bezogenen zum Aussteller zurück, dann wurde diese gegen die nicht akzeptierte Zweitfertigung ausgetauscht.

Die Ausstellung mehrerer Ausfertigungen eines Wechsels kommt nur noch selten vor. Allenfalls wenn aus Sicherheitsgründen die Dokumente in zwei getrennte Sendungen aufgeteilt werden (z.B. bei "Inkassi gegen Akzept").

2. **Unbedingte Zahlungsanweisung, Währung** (Ziffer **2** DIN-Wechselformular)

   Der Wechsel muß die unbedingte Anweisung enthalten, eine bestimmte Geldsumme zu zahlen (vgl. Art. 1 WechselG).

   In den deutschen DIN-Vordrucken lautet die Formulierung **"Gegen diesen Wechsel zahlen Sie..."**, in englischsprachigen Vordrucken "Pay against this Bill of Exchange...", in französischsprachigen Formularen "Contre cette Lettre de Change veuillez payer..." (siehe Abbildungen 7-24 und 7-25).

   Maßgeblich ist, daß die Zahlungsanweisung an den Bezogenen an keine Bedingungen geknüpft sein darf. Die Wechselziehung darf also **keinesfalls in Abhängigkeit** zur (mängelfreien) Erfüllung des der Wechselziehung zugrunde liegenden **Warengeschäfts** gesetzt werden. Deswegen sollten alle Vermerke auf Wechseln, die einen solchen Zusammenhang auch nur andeuten, vermieden werden. Als unbedenklich gelten lediglich Vermerke, die auf ein Dokumenteninkasso oder auf ein Dokumentenakkreditiv hinweisen, z.B. der Vermerk "Drawn under L/C Nr. ...".

   Die Geschäftsbanken kaufen sowohl Auslandswechsel an, die auf **DM** bzw. auf Euro lauten als auch Auslandswechsel, die auf **Fremdwährung** ausgestellt sind. Allerdings ist der Kreis der ankaufsfähigen Fremdwährungen ebenso wie die Länder, in denen die Wechsel zahlbar gestellt sind, im wesentlichen auf die sog. Industrieländer beschränkt. Zur Refinanzierung von Wechseln siehe Häberle, S.G., Handbuch der Außenhandelsfinanzierung, München und Wien (Oldenbourg-Verlag).

3. **Bezogener** (Ziffer **3** DIN-Wechselformular)

   Die Wechselurkunde muß, um rechtsgültig zu sein, den **Namen** dessen enthalten, **der zahlen soll** (Bezogener). Dagegen ist das Akzept (die Annahmeerklärung) des Bezogenen nicht Voraussetzung für die Rechtsgültigkeit des Wechsels.

   Exkurs: Annahme des Wechsels (Akzept)

   Im Auslandsgeschäft werden auch solche gezogenen Wechsel in den Verkehr gebracht, die vom Bezogenen noch nicht akzeptiert sind (sog. Tratten). Beispielsweise zieht der Exporteur bei **"Dokumenteninkassi gegen Akzept"** einen Wechsel (eine Tratte) auf den Importeur und fügt diesen Wechsel seinem Inkassoauftrag mit der Maßgabe bei, daß die Inkassobank dem Importeur die (Versand-)Dokumente nur aushändigen darf, wenn dieser im Gegenzug diesen Wechsel annimmt (akzeptiert).

   Die Annahmeerklärung (das Akzept) umfaßt die Unterschrift des Bezogenen auf der Vorderseite des Wechsels, und zwar in Verbindung mit dem Wort "angenommen" oder mit einem gleichbedeutenden Wort (vgl. Art. 25 Abs. 1 WechselG). Die **Unterschrift des Bezogenen** (das Akzept) ist handschriftlich zu vollziehen – im Gegensatz zur Unterschrift des Wechselausstellers und der Indossanten, die in einigen Ländern (jedoch nicht in Deutschland) auf mechanischem Weg hergestellt werden dürfen.

Sofern ein Wechselbegünstigter (Aussteller/Indossant) die **Echtheit** der Unterschrift des Akzeptanten (oder eines anderen Wechselverpflichteten) bzw. die Vertretungsbefugnis der Unterzeichner nicht prüfen kann, ist im Einzelfall daran zu denken, daß eine Bank oder ein Notar zur Bestätigung bzw. Beglaubigung der Unterschrift(en) beauftragt wird.

Ende Exkurs

4. **Verfallzeit** (Ziffer **4** DIN-Wechselformular)

   Jeder Wechsel muß eine Verfallzeit aufweisen (vgl. Art. 1 WechselG). Das Wechselrecht eröffnet dazu **mehrere Möglichkeiten**, die in **Abschnitt 7.10.3.1** beschrieben sind.

   Ein Wechsel **ohne Angabe** der Verfallzeit gilt als **Sichtwechsel** (Art. 2 Abs. 2 WechselG).

5. **Zahlungsort** (Ziffer **5** DIN-Wechselformular)

   Die Angabe des Zahlungsortes, die ebenfalls zu den gesetzlichen Bestandteilen eines Wechsels zählt, überläßt der Wechselaussteller regelmäßig dem Bezogenen. Dies hängt damit zusammen, daß in der betrieblichen Praxis Wechsel (im Einklang mit Art. 4 WechselG) **fast ausschließlich bei Banken zahlbar** gestellt werden, und zwar im Normalfall bei einer Hausbank des Bezogenen (in Ausnahmefällen auch bei Drittbanken bzw. bei speziellen Finanzierungen auch bei der Hausbank des Wechselausstellers). Zahlungsort ist dann der angegebene Ort der Niederlassung der Bank, der zugleich Firmensitz (Wohnort) des Bezogenen sein kann, aber nicht sein muß.

   Der Inhaber hat den Wechsel bei Fälligkeit der als Zahlstelle (Domizilstelle) bezeichneten Bank am angegebenen Ort vorzulegen und nicht dem Bezogenen. Nur für den Fall, daß kein besonderer Zahlungsort (keine Domizilstelle) angegeben ist, gilt (ersatzweise) der bei dem Namen des Bezogenen angegebene Ort als Zahlungsort (vgl. Art. 2 Abs. 3 WechselG).

   Ist weder ein ausdrücklicher Zahlungsort (bei der Domizilstelle) noch der Wohnort (Firmensitz) des Bezogenen angegeben, dann gilt die Urkunde nicht als Wechsel (vgl. Art. 2 WechselG).

6. **Ordervermerk** (Ziffer **6** DIN-Wechselformular)

   Wesentlicher Bestandteil eines gezogenen Wechsels ist der sog. Ordervermerk. Das ist die Angabe des Namens desjenigen, an den oder an dessen Order gezahlt werden soll (Remittent, Wechselnehmer, Wechselbegünstigter).

   Im allgemeinen setzt der **Aussteller** eines gezogenen Wechsels sich **selbst als Remittent** ein, und zwar durch Angabe seiner Firma oder mit dem Vermerk "an eigene Order" oder einem ähnlichen Ausdruck ("an mich", "an uns" usw.). Dies hat gegenüber der Angabe eines Dritten den praktischen Vorzug, daß der Wechselaussteller erst später entscheiden kann, an wen er den Wechsel übertragen will.

   Bezeichnet der Aussteller dagegen ausdrücklich einen **Dritten als Remittenten** und ist dieser – wider Erwarten – nicht bereit, den Wechsel zahlungshalber hereinzunehmen (z.B. ein als Remittent eingetragenes Kreditinstitut), dann ist der Aussteller auf die Bereitschaft des eingetragenen Remittenten angewiesen, die Wechselrechte auf einen anderen oder auf den Wechselaussteller (zurück) zu übertragen (z.B. durch ein sog. Angstindossament).

Unzulässig ist die Angabe "an den Inhaber" o.ä. im Ordervermerk, weil der Wechsel dadurch zu einem Inhaberpapier würde. Dagegen kann ein Wechsel den **Vermerk "nicht an Order"** tragen mit der Folge, daß ein solcher Wechsel (der als Rektawechsel bezeichnet wird) nur noch in Form und mit den Wirkungen einer gewöhnlichen Abtretung übertragbar ist (vgl. Art. 11 Abs. 2 WechselG).

7. **Tag und Ort der Ausstellung** (Ziffer **7** DIN-Wechselformular)

   Gesetzliche Bestandteile eines gezogenen Wechsels sind die Angaben des Tages und des Ortes der Ausstellung.

   Die Bedeutung dieser Norm scheint zunächst gering zu sein, zumal ein Wechsel ohne Angabe des Ausstellungsortes an dem Ort ausgestellt gilt, der beim Namen des Ausstellers angegeben ist (vgl. Art. 2 Abs. 4 WechselG). Die Bedeutung des Ausstellungsortes ist jedoch in rechtlicher Hinsicht sehr erheblich, weil dadurch das geltende **Länderrecht** bestimmt wird. Zwar richtet sich die Wirkung der Verpflichtungserklärung des Akzeptanten eines gezogenen Wechsels (und analog des Ausstellers eines eigenen Wechsels) – nach deutschem Wechselrecht bzw. soweit das Genfer Abkommen anwendbar ist – nach dem Recht des Zahlungsortes eines Wechsels. Die Wirkungen der übrigen Wechselerklärungen bestimmen sich jedoch nach dem Recht des Landes, in dessen Gebiet die Erklärungen unterschrieben worden sind (Art. 93 Abs. 2 WechselG).

   Ein Wechsel ohne Angabe des Ausstellungsortes gilt als ausgestellt an dem Ort, der bei dem Namen des Ausstellers angegeben ist (vgl. Art. 2 Abs. 3 WechselG).

   Ist kein Ausstellungstag angegeben, dann gilt die Urkunde nicht als Wechsel.

8. **Unterschrift des Ausstellers** (Ziffer **8** DIN-Wechselformular)

   Die Unterschrift des Ausstellers begründet seine Haftung für die **Annahme** und die **Zahlung** des Wechsels (vgl. Art. 9 Abs. 1 WechselG). Diese Haftung kann der Aussteller zwar für die Annahme des Wechsels ausschließen, jedoch nicht für die Zahlung (vgl. Art. 9 Abs. 2 WechselG).

   Daß der Aussteller die Haftung für die Zahlung des Wechsels nicht ausschließen kann, folgt aus der rechtlichen Konstruktion des Wechsels: Ein vom Bezogenen noch nicht akzeptierter Wechsel wäre für den jeweiligen Wechselinhaber ohne die Ausstellerhaftung in den Fällen wertlos, in denen der Bezogene den Wechsel weder akzeptiert noch zahlt.

   Bei Auslandswechseln sind jedoch **länderweise Besonderheiten** zu beachten.

   Zu seiner Unterschrift setzt der Aussteller regelmäßig - mit Stempel - seine Anschrift, die zwar nicht zu den gesetzlichen Bestandteilen zählt, die jedoch bei Weitergabe des Wechsels **praktisch unverzichtbar** ist.

Sonstige Formerfordernisse

Neben den auf dem anzuwendenden Landesrecht beruhenden gesetzlichen Bestandteilen eines Wechsels sind einige weitere Formerfordernisse zu beachten. Diese weiteren Formerfordernisse sind jedoch länderweise recht verschieden und werden nicht selten auch noch von der Rechtsprechung unterschiedlich ausgelegt.

Als grobschlächtige **Leitlinie** kann festgehalten werden, daß beispielsweise

- dokumentenechte Schreibverfahren angewandt werden müssen;

- Streichungen, Radierungen (Löschungen) und Abänderungen auf den Wechseln im allgemeinen unterlassen werden müssen;
- alle Angaben ausgeschrieben werden sollten (Ortsangaben, Datumsangaben usw.);
- die Unterschriften im allgemeinen handschriftlich und dokumentenecht vollzogen werden müssen;
- die Anschriften (Firmensitze) aller Wechselverpflichteten (also auch des Ausstellers und der Indossanten) genau anzugeben sind;
- ein Wechselanhang (Allonge), der beispielsweise zur Anbringung weiterer Indossamente erforderlich sein kann, die zur Bezeichnung des Wechsels erforderlichen Angaben enthalten muß.

Indessen gibt es sogar von dieser Leitlinie Ausnahmen:

Im manchen Ländern dürfen die **Unterschriften** der Aussteller von gezogenen Wechseln und der Indossanten auf mechanischem Weg hergestellt werden. Sämtliche anderen Unterschriften müssen jedoch handschriftlich vollzogen sein.

In einigen Ländern werden **Wechselprolongationen** nicht ausdrücklich durch Ausstellung neuer Wechsel (mit einem neuen Ausstellungs- und Verfalldatum) vollzogen, sondern auch durch Abänderung des bisherigen Verfalldatums auf dem ursprünglichen Wechsel.

7.10.2.2 Eigener Wechsel (Solawechsel) mit Exkurs zu „Promissory Notes"

Charakterisierung

Der eigene Wechsel umfaßt das unbedingte Versprechen **des Wechselausstellers**, eine bestimmte Geldsumme zu zahlen (vgl. Art. 75 WechselG). Die Formulierung des Zahlungsversprechens des Ausstellers eines eigenen Wechsels lautet: **"Gegen diesen Wechsel zahle ich..."** bzw. "Gegen diesen Wechsel zahlen wir...". Siehe Abbildung Nr. 7-27 am Ende des folgenden Abschnitts "Abwicklung".

Ein Bezogener existiert beim eigenen Wechsel nicht. Hauptschuldner und - wenn man von der Indossantenhaftung absieht - einziger Schuldner ist beim eigenen Wechsel vielmehr der Wechselaussteller. Er haftet in der gleichen Weise wie der Akzeptant eines gezogenen Wechsels (vgl. Art. 78 Abs. 1 WechselG).

Grundsätzlich sind die für den gezogenen Wechsel gültigen **Vorschriften des Wechselgesetzes** auch für den eigenen Wechsel gültig (vgl. Art. 77 WechselG).

Im **Inland** ist die Begebung von eigenen Wechseln, die in der Praxis als **Solawechsel** bezeichnet werden, selten. Dagegen kommen Solawechsel im **Auslandsgeschäft** durchaus vor, z.B. bei Forfaitierungen.

Abwicklung

Die folgende Abwicklung der **Zahlung mit einem eigenen Wechsel** führt zur Ausstellung des nachstehend – in Abbildung 7-27 – abgebildeten Wechsels:

- Die Elektronik GmbH, Frankfurt am Main, verkauft an die Sopeco SA im schweizerischen Lausanne elektronische Bauteile mit einem Kaufpreis von DM 570.000. Die Sopeco SA wünscht ein **Zahlungsziel** von 3 Monaten. Die Zahlung ist mit einem eigenen Wechsel (Solawechsel) lautend über DM 570.000 und einer Laufzeit von 3 Monaten ab Rechnungsdatum vereinbart.

- Nach Warenempfang stellt die Sopeco SA einen eigenen Wechsel (Solawechsel) mit einer Laufzeit von 3 Monaten ab Rechnungsdatum aus. Darin gibt die Sopeco SA als Wechselausstellerin mit der Formulierung **“Gegen diesen Wechsel zahlen wir...”** das unbedingte Versprechen ab, bei Fälligkeit des Wechsels die Summe von DM 570.000 zu bezahlen.
- Diesen Solawechsel stellt die Sopeco SA bei ihrer Hausbank, der Crédit Suisse, Genève, zahlbar und erteilt dieser **Zahlstelle (Domizilstelle)** (bereits im Zeitpunkt der Wechselausstellung oder später) den Auftrag zur Einlösung des Solawechsels bei Fälligkeit.
- Als **Remittent** (Wechselnehmer) trägt die Sopeco SA durch entsprechenden Ordervermerk ihren Warenlieferanten, die Elektronik GmbH, Frankfurt am Main, ein und übersendet dieser den Solawechsel zahlungshalber (erfüllungshalber).
- Die Elektronik GmbH kann die Rechte des Solawechsels mit **Indossament** auf ihre Bank übertragen und auf dieser Grundlage einen Diskontkredit erlangen.
- Bei **Fälligkeit** wird der Solawechsel der Domizilstelle (Crédit Suisse, Genève) zur Zahlung vorgelegt.

Abbildung

Die **Abbildung 7-27** zeigt einen **Solawechsel**, der auf dem obigen Beispiel beruht, sowie dessen Rückseite mit einem Vollindossament.

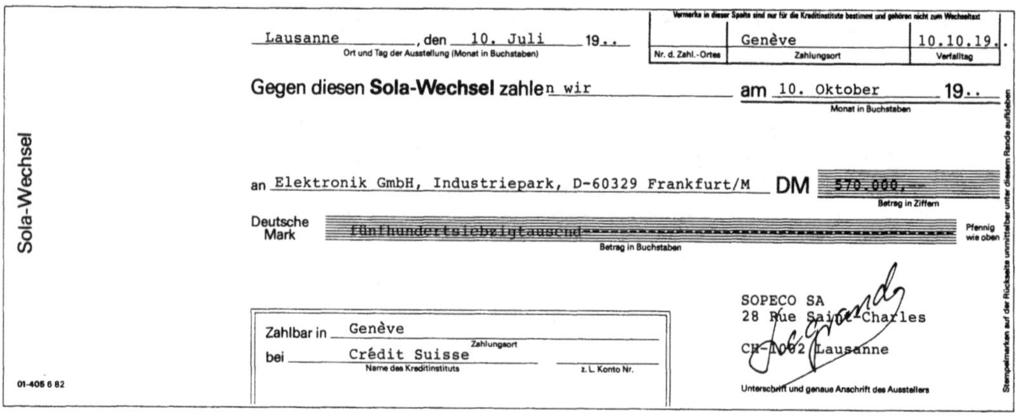

Sola-Wechsel

Lausanne, den 10. Juli 19..
Ort und Tag der Ausstellung (Monat in Buchstaben)

Vermerke in dieser Spalte sind nur für die Kreditinstitute bestimmt und gehören nicht zum Wechseltext

Nr. d. Zahl.-Ortes	Zahlungsort	Verfalltag
	Genève	10.10.19..

Gegen diesen **Sola-Wechsel** zahlen wir am 10. Oktober 19..
Monat in Buchstaben

an Elektronik GmbH, Industriepark, D-60329 Frankfurt/M DM 570.000,--
Betrag in Ziffern

Deutsche Mark fünfhundertsiebzigtausend-- Pfennig wie oben
Betrag in Buchstaben

Zahlbar in Genève
Zahlungsort
bei Crédit Suisse
Name des Kreditinstituts z. L. Konto Nr.

SOPECO SA
28 Rue Saint-Charles
CH-1002 Lausanne
Unterschrift und genaue Anschrift des Ausstellers

Stempelmarken auf der Rückseite unmittelbar unter diesem Rande aufkleben

01-405 6 82

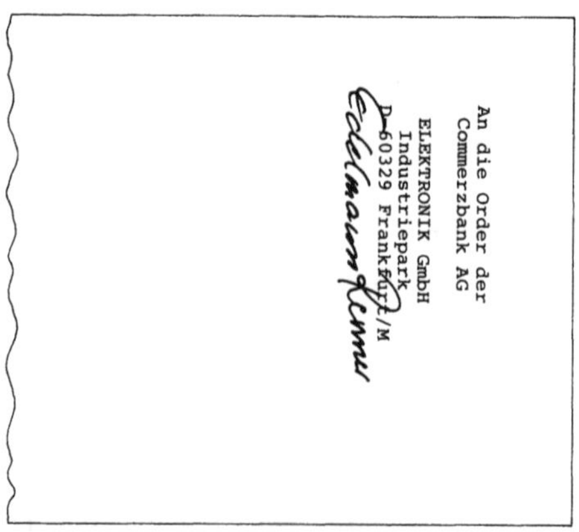

An die Order der
Commerzbank AG

ELEKTRONIK GmbH
Industriepark
D-60329 Frankfurt/M

Abbildung 7-27

Praktische Bedeutung

Die praktische Bedeutung des Solawechsels liegt weniger in der normalen Diskontierung, als vielmehr in der Möglichkeit, daß der **Remittent** (Wechselnehmer) den Solawechsel an Dritte (z.B. an eine Bank) mit einem sog. **Angstindossament**, das seine wechselrechtliche **Haftung ausschließt**, weitergeben kann (im abgebildeten Solawechsel wäre in diesem Fall das Indossament mit dem Zusatz “ohne Obligo”, “ohne Regreß”, “ohne Haftung” o.ä. zu ergänzen; Einzelheiten zum Angstindossament siehe Abschnitt 7.10.3.2). Bei Nichteinlösung des Solawechsels durch den Aussteller (Sopeco SA) kann in diesem Fall – wegen des Angstindossaments – auf den Remittenten (Elektronik GmbH) nicht Rückgriff genommen werden. Eine solche Abwicklung wird in der Praxis gewählt, wenn eine (Wechsel-) Forderung vom Remittenten (Exporteur) beispielsweise an eine **Forfaitierungsgesellschaft,** an eine Factoringgesellschaft oder an eine Bank verkauft werden soll und der Forderungskäufer vereinbarungsgemäß das Delkredererisiko zu übernehmen hat.

Ist ein solcher Forderungsverkauf vom Exporteur mit einer Forfaitierungs- oder Factoringgesellschaft bzw. mit einer Bank bereits vor Abschluß des Kaufvertrags mit dem Importeur vereinbart, dann ist es grundsätzlich auch möglich, diese **Gesellschaft (Bank)** unmittelbar als **Remittenten** in den Solawechsel einzutragen, so daß der Exporteur auf dem Solawechsel gar nicht in Erscheinung tritt und somit für ihn wechselrechtliche Haftungsfragen überhaupt nicht entstehen. In der Praxis ist diese Vorgehensweise allerdings die Ausnahme.

Exkurs: Promissory Notes

Eine “promissory note” umfaßt eine schriftliche Zahlungsverpflichtung des Ausstellers z.B. mit der Formulierung: **“...against this promissory note I (We) promise to pay...”**. Die “promissory note” richtet sich (im allgemeinen) nach den gesetzlichen Bestimmungen des Landes, in dem sie ausgefertigt wird. Die eigentliche “promissory note” trägt nicht die Bezeichnung “(Eigener) Wechsel”, ist aber - zumindest betriebswirtschaftlich gesehen - mit dem Solawechsel vergleichbar (Deutsche Bank AG 1988: S. 259).

Es muß jedoch im Einzelfall geprüft werden, welchen **Rechtscharakter** die “Promissory Note” tatsächlich aufweist. So finden sich in der Praxis auch “promissory notes” mit der Formulierung “I (We) promise to pay against this bill of exchange...”.

Zu beachten ist überdies, daß in der betrieblichen Praxis manchmal von Promissory Note” gesprochen wird, obwohl in Wirklichkeit ein Solawechsel ausgestellt ist.

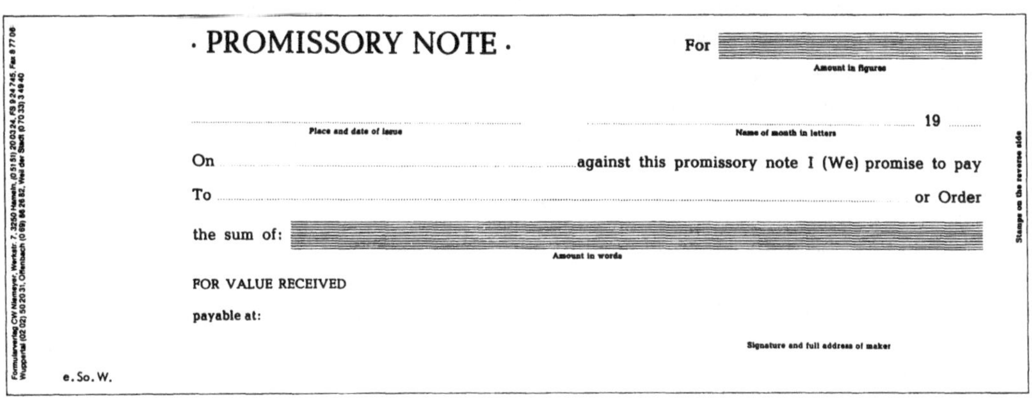
· PROMISSORY NOTE ·

For ______ (Amount in figures)

______ Place and date of issue ______ Name of month in letters 19 ______

On ______ against this promissory note I (We) promise to pay

To ______ or Order

the sum of: ______ (Amount in words)

FOR VALUE RECEIVED

payable at:

Signature and full address of maker

Stamps on the reverse side

e.So.W.

Abbildung 7-28

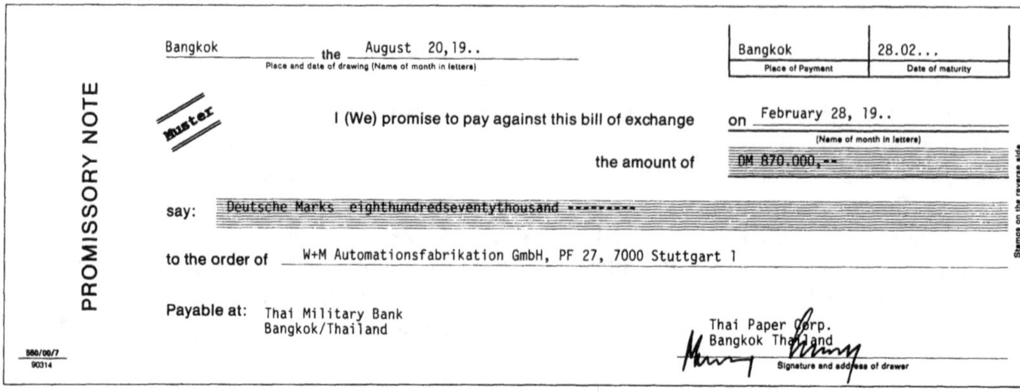
PROMISSORY NOTE

Bangkok the August 20, 19..
Place and date of drawing (Name of month in letters)

Bangkok	28.02...
Place of Payment	Date of maturity

Muster

I (We) promise to pay against this bill of exchange on February 28, 19..
(Name of month in letters)

the amount of DM 870.000,--

say: Deutsche Marks eighthundredseventythousand --------

to the order of W+M Automationsfabrikation GmbH, PF 27, 7000 Stuttgart 1

Payable at: Thai Military Bank
Bangkok/Thailand

Thai Paper Corp.
Bangkok Thailand
Signature and address of drawer

Stamps on the reverse side

560/00/7
90314

Abbildung 7-29

Die **Abbildungen 7.28** und **7-29** zeigen zwei "Promissory Notes" mit den unterschiedlichen, oben angesprochenen Formulierungen.

Ende Exkurs

7.10.3 Gemeinsam gültige Merkmale und Abwicklungen

7.10.3.1 Alternative Angaben der Verfallzeit

Ein Wechsel kann gemäß Art. 33 WechselG gezogen werden (Anmerkung: Sofern dies nicht in Widerspruch zu seinem Wesen steht, gelten die folgenden Alternativen auch für den eigenen Wechsel):

- **Auf einen bestimmten Tag** (sog. **Tagwechsel**, manchmal auch als **Zeitwechsel** bezeichnet).

  Bei der Ausstellung von Inlandswechseln ist diese Verfallangabe, d.h. die Eintragung eines bestimmten Kalendertages als Verfalltag des Wechsels die Regel.

- **Auf eine bestimmte Zeit nach der Ausstellung des Wechsels** (sog. Datowechsel).

  Die Verfallzeit eines **Datowechsels** kann beispielsweise auf 6 Monate bzw. 180 Tage lauten, gerechnet ab dem Tag der Ausstellung des Wechsels. Bei einer derartigen Angabe der Verfallzeit stellt sich indessen rasch die Frage nach der genauen Bestimmung des Verfalltages:

  - Bei Angabe der Zeit in **Monaten** gilt:

    Ein Wechsel, der auf einen oder mehrere Monate nach der Ausstellung lautet, verfällt an dem entsprechenden Tag des Zahlungsmonats (vgl. Art. 36 Abs. 1 WechselG).

    Beispielsweise verfällt ein Datowechsel, der am 15.3. ausgestellt ist und eine Verfallzeit von 6 Monaten nach der Ausstellung (dato) aufweist, am 15.9. des betreffenden Jahres.

Fehlt der entsprechende Tag des Zahlungsmonats (z.B. der 31.11.), so ist der Wechsel am letzten Tag des Monats (also am 30.11.) fällig (vgl. ebenda).

Lautet der Wechsel auf einen oder mehrere Monate und einen halben Monat nach der Ausstellung, so werden die ganzen Monate zuerst gezählt. Der Ausdruck "halber Monat" bedeutet 15 Tage (vgl. Art. 36 Abs. 5 WechselG).

- Bei Angabe der Zeit in **Tagen** gilt:

  Der Verfalltag des Wechsels ist unter Zugrundelegung der in Tagen angegebenen Frist und ausgehend vom Ausstellungstag kalendermäßig und taggenau, d.h. unter Auszählung der Tage zu bestimmen.

Im Inlandszahlungsverkehr kommen Datowechsel nicht, im Auslandszahlungsverkehr selten vor. Von praktischer Bedeutung sind die dargestellten Berechnungen des Verfalltags jedoch bei den unten angesprochenen Nachsichtwechseln.

- **Auf Sicht.**

  Ein sog. **Sichtwechsel** ist bei der Vorlegung zur Zahlung fällig. Ein Sichtwechsel muß innerhalb eines Jahres nach der Ausstellung zur Zahlung vorgelegt werden, sofern im Wechsel (von einem dazu Berechtigten) keine andere Frist benannt ist (vgl. Art. 34 Abs. 1 WechselG).

  Ein Sichtwechsel hat den Vorzug, daß im Kaufvertrag dessen Vorlage zur Zahlung in Abhängigkeit zur Abwicklung des Warengeschäfts oder des Dokumenteninkassos vereinbart werden kann. Allerdings gilt diese Vereinbarung im Kaufvertrag nicht wechselrechtlich und auch nicht gegenüber einem gutgläubigen Erwerber des Sichtwechsels, es sei denn, der Aussteller hat auf dem Wechsel vorgeschrieben, daß der Sichtwechsel nicht vor einem bestimmten Tag zur Zahlung vorgelegt werden darf (vgl. Art. 34 Abs. 2 WechselG).

  Einzelheiten zur Bedeutung des Sichtwechsels als Sicherungsinstrument sind in Kapitel „4 Dokumenteninkassi ...", Abschnitt „4.3.4 Sonderformen: Wechselziehungen bei Dokumente gegen Zahlung-Inkassi" beschrieben.

- **Auf eine bestimmte Zeit nach Sicht.**

  Beim **Nachsichtwechsel** wird der Verfalltag in Abhängigkeit zum Tag der Annahmeerklärung (Akzeptierung) des Bezogenen definiert. Die Annahmeerklärung des Bezogenen hat den Tag zu bezeichnen, an dem diese erfolgt ist. Ausgehend von diesem Tag (der in der Praxis auch als **sog. Sichtvermerk** bezeichnet wird) ist unter Einbeziehung der Nachsichtfrist der Verfalltag des Nachsichtwechsels zu errechnen. Die rechnerische Fristbestimmung erfolgt **wie beim Datowechsel** beschrieben (vgl. Art. 36 WechselG).

  Ist in der Annahmeerklärung vom Akzeptanten ein **Tag nicht angegeben** worden, so gilt dem Akzeptanten gegenüber der Wechsel als am letzten Tag der für die Vorlegung zur Annahme vorgesehenen Frist (Vorlegungsfrist) angenommen (vgl. Art. 35 Abs. 2 WechselG). Die Vorlegungsfrist zur Annahme beläuft sich bei Nachsichtwechseln auf ein Jahr nach dem Tag der Ausstellung. Der Wechselaussteller kann jedoch eine kürzere oder längere Frist bestimmen. Die Indossanten können die Vorlegungsfristen abkürzen (vgl. Art. 23 WechselG).

  Nachsichtwechsel sind im Auslandsgeschäft von Bedeutung: Der Zeitpunkt der Annahme des Wechsels und damit der Beginn der Nachsichtfrist werden praktisch in die zeitliche Abhängigkeit zur Abwicklung des (Waren-)Grundgeschäfts gesetzt (z.B. beim

Dokumenteninkasso "Dokumente gegen Akzept einer Nachsichttratte"; vgl. Abschnitte "4.3.3.2 Alternative Wechsellaufzeiten" sowie "4.6.4 Abwicklung von "Dokumente gegen Akzept einer Nachsichttratte-Inkassi"). Die Nachsichtfrist gewährt dem Bezogenen (Importeur) das gewünschte Zahlungsziel. Der Exporteur kann den Wechsel von einer Bank diskontieren lassen, d.h. der Wechsel eröffnet ihm die (zinsgünstige) Refinanzierung.

Hinweis: Abbildung 7-25 zeigt eine **englischsprachige Nachsichttratte** (siehe Abschnitt 7.10.1.3).

Allgemeine Vorschriften

- Bei der Berechnung der gesetzlichen oder im Wechsel bestimmten Fristen wird der **Tag**, von dem sie zu laufen beginnen, **nicht mitgezählt** (vgl. Art. 73 WechselG).
- Weder gesetzliche noch richterliche **Respekttage** werden anerkannt (vgl. Art. 74 WechselG).
- Wechsel mit anderen oder mit mehreren **aufeinanderfolgenden Verfallzeiten** sind **nichtig** (vgl. Art. 33 Abs. 2 WechselG).
- Ein Wechsel **ohne Angabe der Verfallzeit** gilt als **Sichtwechsel** (vgl. Art. 2 WechselG).

Anmerkung: Das ausländische Wechselrecht weicht von diesen Berechnungsmethoden der Verfallfrist zum Teil ab.

Verfalltag, Zahlungstag, Tag der letzten Vorlegung

Streng zu **unterscheiden** sind Verfalltag, Zahlungstag und Tag der letzten Vorlegung:

- **Verfalltag** eines Wechsels ist der auf dem Wechsel eingetragene bzw. bestimmbare Kalendertag.
- **Zahlungstag** eines Wechsels ist grundsätzlich der Verfalltag. Ist jedoch der Verfalltag ein Sonn- bzw. Feiertag oder ein Samstag, dann kann die Zahlung erst am nächsten Werktag verlangt werden (vgl. Art. 72 Abs. 1 WechselG), d.h. der Zahlungstag des Wechsels liegt in diesen Fällen später als der Verfalltag.
- Der **Tag der letzten Vorlegung** wird ausgehend vom Zahlungstag eines Wechsels bestimmt. Gem. Art. 38 Abs. 1 WechselG hat die Vorlage des Wechsels zur Zahlung am Zahlungstag oder an einem der beiden folgenden Werktage zu erfolgen. Der Protest eines Wechsels mangels Zahlung muß nach deutschem Wechselrecht an einem der beiden auf den Zahlungstag folgenden Werktage erhoben werden (vgl. Art. 44 Abs. 3 WechselG; abweichend bei Sichtwechseln, siehe ebenda); dies ist die sog. **Protestfrist.** Anzumerken ist, daß in der Praxis definitorische Probleme bei Wechseln bestehen, deren Verfalltag und Zahlungstag ein Freitag ist. In der Literatur findet sich die Empfehlung, bei derartigen Wechseln den folgenden Montag (und nicht den Dienstag) als letzten Tag der Vorlegung und damit als spätesten Protesttag zu definieren (vgl. Ashauer 1993: S. 53).

  Bei Wechseln, die auf das Ausland gezogen sind, gilt es jedoch, **länderweise Unterschiede** dieser sog. **Protestfrist** zu beachten.

7.10.3.2 Übertragung der Wechselrechte

Charakterisierung, Voll- bzw. Blankoindossament

Der **Remittent**, das ist derjenige, an den bzw. an dessen Order der Wechsel gezahlt werden soll, kann den Wechsel durch Indossament auf andere übertragen. Da sich beim gezogenen Wechsel in der Regel der Aussteller selbst als Remittent (mit dem Vermerk "an eigene Order" o.ä.) einträgt, ist es in der Praxis auch der Aussteller, der die erste Übertragung des Wechsels vornimmt.

Das Indossament wird im allgemeinen auf die Rückseite des Wechsels gesetzt und vom Übertragenden, der als **Indossant** bezeichnet wird, unterschrieben (vgl. Art. 13 Abs. 1 WechselG).

Wird der **neue Wechselberechtigte (Indossatar)** im Indossament ausdrücklich genannt, dann liegt ein sog. **Vollindossament** vor.

Ist dagegen der Indossatar nicht genannt, sondern lediglich die Unterschrift des Übertragenden (des Indossanten) auf die Rückseite des Wechsels gesetzt, dann spricht man von einem **Blankoindossament** (vgl. Art. 13 Abs. 2 WechselG). Sollte der Empfänger des Wechsels - wider Erwarten - den Wechsel nicht diskontieren bzw. nicht zahlungshalber hereinnehmen, dann beläßt das Blankoindossament die Möglichkeit, den Wechsel ohne erneutes Indossament und für Außenstehende nicht erkennbar an den Übertragenden zurückzugeben.

Funktionen

Ein Indossament erfüllt drei Funktionen:

- **Transportfunktion**: Das Indossament **überträgt alle Rechte** auf den Indossatar (Vollindossament) bzw. – falls ein Indossatar nicht genannt ist (Blankoindossament) – auf den Inhaber (vgl. Art. 14 WechselG).
- **Garantiefunktion**: Ein **Indossant haftet** für die Annahme und für die Zahlung des Wechsels. Jeder Indossant kann somit im Zuge des Rückgriffs (Regreß) in Anspruch genommen werden, sofern er diese Haftung nicht durch einen entgegenstehenden Vermerk (siehe unten „Angstindossament") ausgeschlossen hat (vgl. Art. 15 Abs. 1 WechselG). Der in Anspruch genommene Indossant kann jedoch seinerseits auf die Vorindossanten Rückgriff nehmen, sofern diese die Haftung nicht ausgeschlossen haben. In jedem Fall kann der Indossant bei Nichtzahlung des Wechsels auf den Wechselaussteller Rückgriff nehmen, weil dieser die Haftung zwar für die Annahme, nicht jedoch für die Zahlung ausschließen kann (vgl. Art. 9 Abs. 2 WechselG) .
- **Legitimationsfunktion**: Durch eine **ununterbrochene Reihe von Indossamenten** weist derjenige, der den Wechsel in Händen hat, nach, daß er rechtmäßiger Inhaber ist. Dies gilt auch, wenn das letzte Indossament ein Blankoindossament ist.

Angstindossament

Ein Indossant kann seine Haftung ausschließen, indem er einen **Zusatz** wie beispielsweise **"ohne Obligo"**, "ohne Haftung", "ohne Regreß", "without recourse", "sans recours" o.ä. im Indossament anbringt. Ein solches **sog. Angstindossament** kommt in der Praxis beispielsweise vor, wenn eine (Wechsel-)Forderung an eine Forfaitierungsgesellschaft verkauft wird und diese das Forderungsausfallrisiko uneingeschränkt übernimmt.

Vollmachtsindossament (Inkassoindossament)

Ein besonderes Indossament ist das Vollmachtsindossament, auch Inkassoindossament genannt, das den **Zusatz "Wert zur Einziehung"**, "zum Inkasso", "in Prokura" o.ä. aufweist. Der Bevollmächtigte kann alle Rechte aus dem Wechsel geltend machen. Er kann den Wechsel aber nur durch ein weiteres Vollmachtsindossament übertragen (vgl. Art. 18 Abs. 1 WechselG).

Mit einem Vollmachtsindossament beauftragt und bevollmächtigt ein Indossant beispielsweise seine Hausbank mit dem Einzug des Wechsels und mit der Gutschrift nach Eingang des Gegenwerts.

7.10.3.3 Wechselbürgschaft (Wechselaval)

Insbesondere bei längerfristigen Exportfinanzierungen treffen die Beteiligten häufig die Vereinbarung, daß die Forderung des Exporteurs durch eine **Bürgschaft** der **Bank** des Importeurs bzw. durch eine andere Bank abzusichern ist. Viele mittel- bis langfristigen Exportforderungen werden erst auf Grundlage einer solchen Bankbürgschaft/Bankgarantie (Oberbegriff: Bankaval) forfaitierfähig, d.h. an ein Forfaitierungsunternehmen oder an eine Bank verkäuflich.

Sofern die Forderung des Exporteurs in Wechselform gekleidet ist, übernimmt die sichernde Bank eine Wechselbürgschaft, die in der Fachsprache im allgemeinen als Wechselaval bezeichnet wird. In der Regel unterzeichnet die bürgende Bank auf der Vorderseite des Wechsels mit dem **Zusatz "per Aval"**, "als Bürge" o.ä. Dabei ist anzugeben, **für wen** die Bürgschaft geleistet wird (beim gezogenen Wechsel im allgemeinen für den Bezogenen/Akzeptanten). Fehlt ein entsprechender Vermerk, dann gilt die Bürgschaft für den Aussteller (vgl. Art. 31 Abs. 4 WechselG).

Der **Wechselbürge haftet in der gleichen Weise** wie derjenige, für den er sich verbürgt hat.

Hat ein Wechselbürge den Wechsel bezahlt, dann haften ihm derjenige, für den er sich verbürgt hat, sowie diejenigen, die diesem wechselmäßig haften (vgl. Art. 32 WechselG).

7.10.3.4 Wechselprotest, Protesterlaß, Regreß, Wechselprozeß u.ä.

Wechselprotest mangels Annahme

Durch die Annahme wird der Bezogene verpflichtet, den Wechsel bei Verfall zu bezahlen (vgl. Art. 28 Abs. 1 WechselG). Das Akzept darf **nicht an Bedingungen** geknüpft sein, allenfalls kann der Bezogene sein Akzept auf einen Teil der Wechselsumme beschränken (vgl. Art. 26 Abs. 1 WechselG).

Im Wechselgesetz finden sich weitläufige Vorschriften zu Fristen und Fristbeschränkungen für die Vorlegung eines Wechsels zur Annahme (vgl. Art. 21 ff. WechselG). Diese sind indessen nicht von großer praktischer Bedeutung.

Wichtiger ist die Frage nach der Verweigerung der Annahme des Wechsels durch den Bezogenen. Wie im Fall der Nichtzahlung (siehe unten) hat der Inhaber des Wechsels diese Verweigerung durch eine **öffentliche Urkunde (Protest)** feststellen zu lassen, damit er

Rückgriff nehmen kann. Von der Protesterhebung ist der Inhaber des Wechsels nur befreit, wenn über das Vermögen des Bezogenen das Insolvenzverfahren eröffnet worden ist (in diesem Fall genügt die Vorlage des entsprechenden Gerichtsbeschlusses; vgl. Art. 44 Abs. 6 WechselG) oder wenn der Wechselaussteller (mit Wirkung gegenüber allen Wechselverpflichteten), ein Indossant bzw. ein Wechselbürge (mit Wirkung nur diesen gegenüber) durch den Vermerk "ohne Protest", "ohne Kosten" o.ä. auf die Protesterhebung verzichtet haben (vgl. Art. 46 Abs. 1 und 3 WechselG).

Zu den vorstehenden Ausführungen ist anzumerken, daß im Ausland **zum Teil andere Vorschriften** Gültigkeit haben, so daß der Exporteur gehalten ist, vor einer Wechselziehung Informationen bei seiner Hausbank einzuholen.

Wechselprotest mangels Zahlung

Der Inhaber eines Wechsels kann auf die Indossanten, den Aussteller und die anderen Wechselverpflichteten bei Verfall des Wechsels **Rückgriff** nehmen, wenn der Wechsel nicht bezahlt worden ist (vgl. Art. 43 Abs. 1 WechselG). Die Verweigerung der Zahlung muß durch eine **öffentliche Urkunde** festgestellt werden (vgl. Art. 44 Abs. 1 WechselG). Nach deutschem Wechselrecht sind dies Notare und Gerichtsbeamte (vgl. Art 79 WechselG).

In den meisten Ländern ist ein dem deutschen Recht **vergleichbarer Personenkreis** zur Ausstellung von Protesturkunden berechtigt. In einigen Ländern kann jedoch die Verweigerung der Zahlung auch durch andere Personen bzw. durch den Bezogenen selbst festgestellt bzw. erklärt werden, wobei sich allerdings die Frage der Beweiskraft eines derartigen „Protestes" stellt.

Der Protest mangels Zahlung muß nach **deutschem Recht** an einem der beiden auf den Zahlungstag folgenden Werktage erhoben werden (vgl. Art. 44 Abs. 3 WechselG). Im **Ausland** ist diese sog. Protestfrist dagegen nicht immer so kurzgefaßt (Einzelheiten zum Verfalltag, zum Zahlungstag und zum letzten Vorlegungstag siehe Abschnitt 7.10.3.1).

Ist über das Vermögen des Bezogenen das **Insolvenzverfahren** eröffnet worden, dann genügt es nach deutschem Wechselrecht zur Ausübung des Rückgriffsrechts, daß der entsprechende **Gerichtsbeschluß** über die Eröffnung des genannten Verfahrens vorgelegt wird (vgl. Art. 44 Abs. 6 WechselG). Im **Ausland** ist dies zum Teil aber anders geregelt. So muß im Ausland manchmal - trotz Eröffnung des gerichtlichen Vergleichsverfahrens - Protest erhoben werden. Die bloße Zahlungseinstellung des Bezogenen reicht im übrigen auch nach deutschem Recht zur Ausübung des Rückgriffsrechts nicht aus.

Der Inhaber des Wechsels muß seinen unmittelbaren Vormann und den Aussteller vom Unterbleiben der Zahlung binnen kurzen Fristen (die im WechselG vorgeschrieben sind) **benachrichtigen** (vgl. Art. 45 WechselG). Häufig geschieht dies durch die rechtzeitige Rücksendung des unbezahlten Wechsels.

Protesterlaß

Der Aussteller sowie jeder Indossant oder Wechselbürge kann durch den von ihm unterzeichneten **Vermerk "ohne Kosten"**, **"ohne Protest"**, o.ä. auf dem Wechsel den Inhaber von der Verpflichtung befreien, zum Zweck der Ausübung des Rückgriffs Protest mangels Zahlung erheben zu lassen. Ist der Vermerk vom Aussteller beigefügt, dann wirkt er gegenüber allen Wechselverpflichteten; ist er von einem anderen Wechselbeteiligten beigefügt, dann wirkt er nur diesem gegenüber (vgl. Art. 46 WechselG).

Ein Protesterlaß liegt vor allem im Interesse des Bezogenen. In vielen Ländern werden nämlich mangels Zahlung erhobene Proteste in eine sog. **Wechselprotestliste** eingetragen, die zum Teil sogar gerichtlich geführt wird und öffentlich zugänglich ist. In der Deutschland wird eine solche Liste vom Bundesverband deutscher Banken zusammengestellt und den Kreditinstituten zur Verfügung gestellt. Es ist keine Frage, daß ein Eintrag in die Protestliste die **Kreditwürdigkeit** und die Möglichkeit zur Kreditbeschaffung eines Bezogenen nachhaltig beeinträchtigen und u.U. sogar seine Insolvenz auslösen kann.

Ratschlag: Obwohl auch nach ausländischem Recht ein Protesterlaß meistens möglich ist, ist es bei Auslandswechseln in den meisten Fällen empfehlenswert, aus Beweisgründen auf eine **Protesterhebung nicht zu verzichten**. Von dieser Empfehlung kann nur abgerückt werden, wenn sichergestellt ist, daß sich die rechtliche Stellung des Ausstellers oder Wechselinhabers eines unbezahlt gebliebenen Wechsels mangels Protesterhebung nicht verschlechtert.

Auch betriebswirtschaftlich gesehen sollte ein Protesterlaß nur in den Fällen erwogen werden, in denen die Seriosität und die Zahlungsfähigkeit des Akzeptanten (des Importeurs) auf Grundlage längerer Geschäftsbeziehungen bekannt ist und (Teil-)Prolongation von Anfang an vereinbart oder zu erwarten ist.

Rückgriff (Regreß)

Der Inhaber eines Wechsels, dessen Zahlung durch den Bezogenen verweigert ist, kann auf die **Indossanten** - soweit diese die Haftung nicht ausdrücklich durch ein sog. Angstindossament ausgeschlossen haben -, auf einen eventuellen **Wechselbürgen** oder auf den **Wechselaussteller** Rückgriff nehmen. Jeder einzelne dieser Wechselbeteiligten haftet dem Wechselinhaber als Gesamtschuldner (vgl. Art. 47 Abs. 1 WechselG).

Beim Rückgriff ist der Inhaber des Wechsels nicht an die Reihenfolge gebunden, in der sich diese Wechselbeteiligten verpflichtet haben; mit anderen Worten: Der Wechselinhaber kann an der Stelle eines sog. **Reihenrückgriffs** einen sog. **Sprungrückgriff** vollziehen und denjenigen bzw. gemeinsam diejenigen Verpflichteten in Anspruch nehmen, die ihm besonders solvent erscheinen.

Nach deutschem Recht **verliert der Wechselinhaber seine Wechselrechte** gegen die Indossanten, den Aussteller und alle anderen Wechselverpflichteten, mit **Ausnahme des Akzeptanten**, wenn er die Frist für die Erhebung des Protestes mangels Zahlung bzw. im Falle des Vermerks "ohne Kosten" (Protesterlaßvermerk) für die Vorlage zur Zahlung versäumt (vgl. Art. 53 Abs. 1 WechselG). Es bleibt dem Wechselinhaber aber der Anspruch an den Austeller bzw. Akzeptanten auf Herausgabe der Bereicherung, sofern sich diese mit dem Schaden des Wechselinhabers bereichern würden (vgl. Art. 89 WechselG).

Gemäß dem einschlägigen Recht in einigen europäischen Ländern hat der Inhaber eines unbezahlt gebliebenen oder nicht akzeptierten Wechsels neben dem wechselrechtlichen Rückgriffsanspruch einen **zusätzlichen Rechtsanspruch an den Wechselaussteller**.

Wechselprozeß/Wechselmahnverfahren

Auf Grundlage eines protestierten Wechsels eröffnet sich dem jeweiligen Wechselinhaber nach deutschem Recht die Möglichkeit, im sog. Wechselprozeß gegen die übrigen Wechselverpflichteten (nach erfolgtem Rückgriff klagt im allgemeinen der Wechselaussteller gegen den Bezogenen) zu klagen. Im Vergleich zu einem ordentlichen Prozeß weist der Wechselprozeß nach deutschem Recht gewichtige **Vorteile** auf:

- Der Wechselprozeß ist ein **Urkundenprozeß**, d.h. im allgemeinen sind die **Beweismittel** der Parteien auf den Wechsel, die Protesturkunde und die Rückgriffsrechnung(en) (zum Nachweis der Rückgriffskosten) begrenzt. Zeugenvernehmung erfolgt nicht, Parteivernehmung nur in Ausnahmefällen.
- Die **Einreden** des Beklagten sind **beschränkt**. Zulässig sind im wesentlichen nur Einwendungen, die sich aus dem Wechsel selbst (z.B. Zweifel an der Echtheit des Akzeptes, an der Urkunde, an der Berechtigung des Klägers zu klagen u.a.) ergeben. Diese, auf den Wechsel bezogenen Einreden, kann der Beklagte gegen jeden Kläger geltend machen. Dagegen sind Einreden, die sich auf das Grundgeschäft (z.B. der Nichterfüllung des Warengrundgeschäfts) oder auf andere Vereinbarungen (z.B. Prolongationszusagen) beziehen, nicht gegenüber Klägern zulässig, die den Wechsel gutgläubig erworben haben, sondern unter bestimmten Voraussetzungen nur gegenüber demjenigen, mit dem diese Vereinbarung getroffen wurde.
- Die **Einlassungsfristen** (sog. Ladefristen, das sind die Zeiträume zwischen der Zustellung der Klage und der mündlichen Verhandlung) sind beim Wechselprozeß sehr kurz bemessen.
- Wenn vom Beklagten keine bzw. keine tragfähigen Einreden vorgetragen sind, wird dieser im ersten Verhandlungstermin zur Zahlung verurteilt. Dieses **Urteil ist sofort vollstreckbar**.

  Erhebt der Beklagte dagegen Einreden, die er in der Verhandlung nicht beweisen kann, dann ergeht lediglich ein Vorbehaltsurteil, das ihm Gelegenheit gibt, im sog. Nachverfahren den Beweis anzutreten.

Auch das **Wechselmahnverfahren** (sog. Wechselzahlungsbefehl) ist – was die Beweismittel und den zeitlichen Ablauf anlangt – **ähnlich wie der Wechselprozeß** strukturiert. Dieses gerichtliche Mahnverfahren bietet sich an, wenn vom Schuldner keine Einreden zu erwarten sind und zur Einsparung von Prozeßkosten.

Bei der Durchsetzuung der Ansprüche aus **protestierten Auslandswechseln** sind die Verfahren zum Teil analog dem deutschen Verfahren geregelt, zum Teil sind aber auch erhebliche **Abweichungen** zu berücksichtigen, wie die folgenden Beispiele zeigen:

- So gibt es im Ausland manchmal zwar den Wechselprozeß mit einem beschleunigten Verfahren, jedoch kein gerichtliches Mahnverfahren.
- Ebenso kann unter bestimmten Voraussetzungen ein mangels Zahlung protestierter Wechsel bereits als Vollstreckungstitel gelten, sofern er im betreffenden Land auch ausgestellt ist.
- Oder es gibt keinen besonderen Wechselprozeß, dafür aber u.U. rasch greifende gerichtliche Maßnahmen.

Zu weiteren Ländern und zu Einzelheiten stehen u.a. die Auslandhandelskammern (AHKs) mit Informationen zur Verfügung (vgl. auch Jahn 1993: S.42).

Hinweis

Eine ausführliche Darstellung und Beurteilung finden die folgenden **Erkenntnisbereiche** in Häberle, S.G., Handbuch der Außenhandelsfinanzierung, München und Wien (Oldenbourg-Verlag):

- **Wechselarten nach wirtschaftlichen Merkmalen,**
- **Scheck-Wechsel-Verfahren,**
- **Wechseldiskontkredite,**
- **Akzeptkredite und Bankakzepte.**

7.10.4 Länderbeispiele zum Wechselrecht

Vorbemerkung

Die folgenden Länderbeispiele sind entnommen:

- Schallehn, Ernst, Greuter, Thomas, Kuhn, Susanne: Garantien und Bürgschaften der Bundesrepublik Deutschland zur Förderung der deutschen Ausfuhr, Sonderteil: Rechtsverfolgung im Ausland, Köln, Loseblattsammlung.

In dieser Quelle finden sich weitere Länderbeispiele.

7.10.4.1 Länderbeispiel Wechselrecht: Frankreich (Mitglied der Genfer Abkommen)

Garantien und Bürgschaften — **Rechtsverfolgung im Ausland Frankreich/Wechselrecht**

2 Wechselrecht

Frankreich ist Mitgliedstaat der Genfer Abkommen von 1930 über das Einheitliche Wechselgesetz und über Bestimmungen auf dem Gebiete des internationalen Wechselprivatrechts. Die Regelungen wurden in die Artikel 110 bis 189 des französischen Handelsgesetzbuches, Code de Commèrce, übertragen. Zu Fragen der

- *Formerfordernisse;*
- *Wirkungen der Wechselerklärungen*, wie
  - Wechselannahme;
  - Wechselübertragung;
  - Wechselbürgschaft;
- *des Wechselrückgriffs;*
- *der Wechselverjährung*

wird auf die Darstellung im I. Abschnitt über das Genfer Einheitliche Wechselrecht unter Punkt 2.3 und die im Abschnitt Verträge/Gesetze abgedruckten Abkommen verwiesen. Die folgende Darstellung beschränkt sich auf die im französischen Wechselrecht vorhandenen Abweichungen oder Ergänzungen.

2.1 Wechselrückgriff

Gemäß Art. 147 Absatz 3 des Code de Commèrce können die Wechselverpflichteten, gegen die gemäß Art. 147 Absatz 2 Nr. 2/3 Code de Commèrce Rückgriff genommen wird, innerhalb von drei Tagen eine Verlängerung der Zahlungsfrist beantragen. Wird dem Antrag entsprochen, so bestimmt der Handelsrichter den Zahlungstermin. Die Frist darf jedoch den Verfalltag nicht überschreiten.

2.2 Wechselprotest

Bei Verwendung des amtlichen französischen Wechselvordrucks braucht in Frankreich wegen der auf dem Vordruck enthaltenen Formel „sans frais" ein Protest nicht ausdrücklich erhoben zu werden. Aus Beweisgründen sollte dennoch bei Nichtbezahlung des Wechsels grundsätzlich Protest erhoben werden, wobei die übliche Frist von zehn Werktagen ab Wechselfälligkeit zu beachten ist.

Proteste mangels Zahlung werden in einer gerichtlichen, öffentlich zugänglichen Liste geführt.

2.3 Wechselprozeß

Frankreich kennt zwar ein dem deutschen Mahnverfahren ähnelndes beschleunigtes Mahnverfahren, jedoch keinen Wechselprozeß. Liegt ein protestierter Wechsel vor, kann die gerichtliche Sicherstellung von Vermögenswerten des Schuldners erwirkt werden. Eine Sicherheitsleistung des Gläubigers ist nicht erforderlich. Im Anschluß daran muß der Gläubiger in einem normalen Zivilprozeß einen Vollstreckungstitel erwirken, um schließlich in Vermögenswerte des Schuldners vollstrecken zu können. Die ursprüngliche Sicherstellung schützt somit vor weiteren Verfügungen durch den Schuldner, nicht aber vor dem Zugriff weiterer Gläubiger, welche bereits einen vollstreckbaren Titel vorweisen können.

2.4 Wechselbürgschaft

Die Wechselbürgschaft wird in Art. 130 des Code de Commèrce geregelt.

Die Bürgschaft darf in einer gesonderten Urkunde übernommen werden. In der Urkunde sind Angaben über den Ort der Ausstellung und die Wechselurkunde selbst erforderlich.

Quelle: Schallehn u.a., Rechtsverfolgung 1996 ff. (Loseblatt), Frankreich

7.10.4.2 Länderbeispiel Wechselrecht: Großbritannien (Nichtmitglied der Genfer Abkommen)

2 Wechselrecht

Das Vereinigte Königreich ist dem Genfer Einheitlichen Wechselrecht nicht beigetreten. Das englische Wechselrecht basiert stattdessen auf dem „Bills of Exchange Act", nachfolgend abgekürzt: BEA, von 1882. Das englische Wechselrecht unterscheidet sich daher von dem Deutschlands und der übrigen Mitgliedsländer der Genfer Konventionen.

Ein wichtiges, im Genfer Wechselrecht nicht bekanntes Merkmal des englischen Wechselrechts ist das der Gegenleistung, „consideration". Dieses verlangt, daß immer auch eine Gegenleistung des Wechselbegünstigten vorhanden sein muß. Als wirksame Gegenleistung reicht jeder gegenwärtig oder sogar auch in der Vergangenheit gewährleistete Vorteil aus, wobei es nicht entscheidend ist, ob diese Gegenleistung wertmäßig dem Wechselversprechen entspricht. Fehlt eine Gegenleistung, so kann dies dazu führen, daß auf entsprechende Einrede hin die Wechselforderung nicht durchgesetzt werden kann.

Als weitere Besonderheit kennt das englische Wechselrecht, geregelt in BEA, section 28, einen sogenannten Gefälligkeitsbeteiligten, „accomodation party" an einem Wechsel. Hierunter ist eine Person zu verstehen, die, ohne einen Wert für den Wechsel erhalten zu haben also ohne „consideration", diesen als Aussteller, Annehmer oder Indossant gefälligkeitshalber für eine andere Person unterzeichnet. Ein Gefälligkeitsbeteiligter haftet dem entgeltlichen Inhaber aus dem Wechsel, unabhängig davon, ob dem Inhaber beim Erwerb des Wechsels die Eigenschaft jenes Beteiligten als Gefälligkeitsbeteiligter bekannt war oder nicht.

2.1 Formerfordernisse

Gemäß section 3 Absatz 1 BEA braucht das Wort Wechsel, „bill of exchange" nicht auf der Wechselurkunde zu stehen, es genügt, daß sich eine unbedingte Zahlungsanweisung durch den Wortlaut zwingend ergibt.

Eine spezielle Form ist nicht festgelegt, die Schriftform wird jedoch als Grundlage vorausgesetzt. Voraussetzung für einen formgültigen gezogenen Wechsel sind die Benennung des Bezogenen, „drawee" und des Wechselnehmers, „payee". Außerdem muß der Wechsel auf eine bestimmte Geldsumme lauten und vom Aussteller unterschrieben sein.

Ein Fehlen der Angaben von Ausstellungszeit, Ausstellungsort, Zahlungsort und Verfallzeit ist unschädlich.

2.2 Wirkungen der Wechselerklärungen

- *Wechselannahme*

  Das Wechselakzept, „acceptance", im englischen Wechselrecht weist einige Besonderheiten auf. Es wird im BEA, section 17, geregelt. Es ist stets schriftlich abzugeben, wobei die bloße

Unterschrift ohne weitere Zusätze ausreicht. Das englische Recht kennt ein allgemeines, „general acceptance" und ein eingeschränktes „qualified acceptance", Akzept. Mit einer „qualified acceptance" kann die Annahme bei bestimmten Handelsgeschäften bedingt, auf einen Teilbetrag, nur an einem bestimmten Ort oder zu einer bestimmten Zeit geltend beschränkt werden. Daneben sind noch weitere Formen eines eingeschränkten Akzeptes möglich.

Der Wechsel kann bereits akzeptiert werden, bevor der Aussteller die Urkunde ausgestellt hat. Das Akzept entfaltet seine Rechtswirkung jedoch erst mit dem vollständigen Herstellen der Wechselurkunde. Wie im Genfer Wechselrecht haftet der Bezogene nach Akzeptierung des Wechsels als Hauptschuldner, BEA, section 54. Neben der schriftlichen Erklärung, dem Skripturakt, ist die Wechselbegebung erforderlich. Bis zur Übergabe, „delivery", des Wechsels kann der Akzeptant seine Erklärung widerrufen, BEA, section 21.

- *Wechselübertragung*

  Wie im Genfer Wechselrecht bedarf auch im englischen Recht eine wirksame wechselrechtlichen Übertragung des Indossaments und der Übertragung der Wechselurkunde, „indorsment and delivery", geregelt in BEA, section 34. Das Indossament muß stets auf den Wechsel selbst oder den Verlängerungsstreifen, die Wechselallonge, gesetzt werden. Nicht erforderlich ist, daß das Indossament auf die Wechselrückseite gesetzt wird. Es genügt, wenn der Indossant den Wechsel an beliebiger Stelle unterschreibt.

  Das englische Recht unterscheidet zwischen Blanko-Indossament und einem Voll-Indossament. Bei dem Voll-Indossament wird, im Gegensatz zum Blanko-Indossament, stets ein Wechselnehmer genannt. Wechselaussteller und Indossanten können ihre wechselrechtliche Haftung ganz ausschließen oder beschränken, BEA, section 16. Liegt kein solcher Haftungsausschluß oder keine Haftungsbeschränkung vor, geht der Indossant mit dem Indossament eine subsidiäre Haftung für die Einlösung des Wechsels ein. Der Indossant kann sich einem gutgläubigen Erwerber eines Wechsels gegenüber nicht darauf berufen, daß die Unterschrift des Wechselausstellers oder die dem eigenen Indossament vorgehenden Indossamente nicht gültig seien, BEA section 55, Absatz 2 b.

  Ein Inhaberwechsel ist durch bloße Übergabe des Wechsels möglich, BEA, section 58. Bei der Übertragung des Wechsels durch Übergabe entsteht keine wechselrechtliche Haftung für den Überbringer eines Inhaberwechsels, wenn der Wechsel nicht indossiert wird. Kann der Übertragende bei Nichtbezahlung des Wechsels nicht in Rückgriff genommen werden, so kann der Wechselinhaber vom Überträger auch nicht eine bereits geleistete Gegenleistung zurückverlangen.

- *Wechselbürgschaft*

  Dem englischen Wechselrecht ist eine Wechselbürgschaft, die vergleichbar mit dem Aval des Genfer Wechselrechts wäre, nicht bekannt.

2.3 Wechselrückgriff

Als Rückgriffsschuldner können bei Nichtzahlung des Wechsels bei Verfall in Anspruch genommen werden:

- der Indossant, sofern die Rückgriffshaftung nicht ausdrücklich ausgeschlossen worden ist;

- der Wechselaussteller, BEA, section 55;
- der sogenannte Ehrenannehmer, der sich mit seinem Akzept zur Bezahlung des Wechsels verpflichtet hat, für den Fall der Nichtzahlung des Akzeptanten bei Verfall des Wechsels.

Auch eine Gefälligkeitspartei, „accomodation party" kann subsidiär haften. Voraussetzung für einen Rückgriff gegen eine Gefälligkeitspartei bzw. einen Ehrenannehmer ist ein ordnungsgemäßer Wechselprotest.

Das Gesetz nennt schließlich als Rückgriffsschuldner noch den Notadressaten, „referee in case of need", der für den Fall der Nichtannahme oder Nichtbezahlung des Wechsels einzustehen hat, BEA, section 15.

Für den Haftungseintritt gibt BEA, section 57 eine bestimmte Reihenfolge vor. Der Wechselinhaber kann gegen jede aus dem Wechsel haftende Person vorgehen. Wird der Wechselaussteller in Anspruch genommen, kann der Aussteller seinerseits den Akzeptanten in Rückgriffshaftung nehmen. Wird ein Indossant vom Wechselinhaber in Anspruch genommen, so kann der Indossant sich bei vorhergehenden Indossanten, beim Akzeptanten oder beim Wechselaussteller erholen.

Nach BEA, section 57, kann der Rückgriffsberechtigte neben der Wechselsumme (ggf. zuzüglich vereinbarter Zinsen) auch die seit Verfall des Wechsels angefallenen Zinsen und die durch einen Wechselprotest entstandenen Kosten geltend machen.

2.4 Wechselprotest

Das englische Recht hat besondere Protestregeln aufgestellt, die zu beachten sind. So müssen ausländische Wechsel (nicht im Inland ausgestellte Wechsel) immer protestiert werden, damit ein Rückgriff möglich ist, es sei denn der Wechsel ist mit einer Protesterlaßklausel versehen. Bei inländischen Wechseln ist ein Protest zwar möglich aber nicht unbedingt erforderlich. BEA, section 51, ist eine Kann-Vorschrift. Ausnahmsweise besteht ein Protestzwang für inländische Wechsel jedoch auch als Voraussetzung für einen Rückgriff auf den Ehrenannehmer oder eine Gefälligkeitspartei.

Der Protest ist vor einem Notar zu erheben. Ist dies nicht möglich, genügt auch eine vor zwei Zeugen abgegebene Bestätigung der Nichtbezahlung des Wechsels, um die Wirkung eines Protestes zu erreichen.

Der Protest wird in zwei Schritten erhoben. Als erster Schritt muß durch das sogenannte „noting" am Verfalltag oder spätestens dem darauffolgenden Werktag die Nichtzahlung oder Nichtannahme des Wechsels festgestellt werden. Der zweite Schritt, die Ausfertigung einer förmlichen Protesturkunde, kann später erfolgen. Bereits das „noting" sichert alle wechselrechtlichen Ansprüche.

2.5 Wechselprozeß

Ein Wechselprozeß im eigentlichen Sinne ist im Vereinigten Königreich nicht bekannt. Ein protestierter Wechsel kann, nach Setzung einer Zahlungsfrist, durch Einleitung eines summarischen Verfahrens geltend gemacht werden.

2.6 Wechselverjährung

Die Wechselverjährung wird geregelt in section 5 des Limitation Act, 1980. Danach verjähren wechselrechtliche Ansprüche in sechs Jahren ab dem Tag, an dem der wechselrechtliche Anspruch klageweise geltend gemacht werden kann. Dieser Tag wird bei der Fristberechnung mitgezählt.

Das Klagerecht und damit der Fristbeginn für die Verjährung entsteht:

- gegen den Annehmer eines gezogenen Wechsels, ab Tag der Fälligkeit des Wechsel (Verfall);
- gegen den Aussteller eines eigenen Wechsels, grundsätzlich ab dem Tage der Ausstellung, wenn der Wechsel zahlbar auf Anforderung gestellt wurde.

Gegen subsidiär haftende Rückgriffsschuldner läuft die Frist ab dem Tag, an dem ihnen der Protest mangels Annahme oder mangels Zahlung gemäß den Vorschriften des BEA zugestellt worden ist, nachdem der Wechsel zuvor dem Hauptverpflichteten zur Zahlung vorgelegt worden war.

Wenn ein in Raten zahlbarer Eigenwechsel eine Klausel enthält, wonach bei unterbliebener Zahlung einer Rate die dann noch geschuldete Gesamtsumme fällig wird, läuft die Frist ab Nichtzahlung der ersten fälligen Rate.

Die Verjährung kann durch dieselben Gründe, die auch bei einem gewöhnlichen Vertrag zur Verjährungsunterbrechung führen, unterbrochen werden.

Quelle: Schallehn u.a., Rechtsverfolgung 1996 ff. (Loseblatt), Vereinigtes Königreich

7.10.4.3 Länderbeispiel Wechselrecht: USA (Nichtmitglied der Genfer Abkommen)

Garantien und Bürgschaften | **Rechtsverfolgung im Ausland Vereinigte Staaten/Wechselrecht**

2 Wechselrecht

Die Vereinigten Staaten sind nicht Mitglied des Genfer Abkommens über das Einheitliche Wechselgesetz. Sie haben ihr eigenes Wechselrecht entwickelt, das stark durch den englischen Bills of Exchange Act 1882 geprägt wird.

Das Wertpapierrecht ist im „Uniform Commercial Code", im folgenden: UCC, geregelt. In Section 3 werden die Handelspapiere, „commercial papers" behandelt. Als Handelspapiere gelten nach dem UCC der gezogene Wechsel, „draft", der Scheck, der Einlageschein und der Solawechsel, „promissory note".

2.1 Formerfordernisse

Nach Section 3-101 bis 122 UCC gelten für alle Handelspapiere folgende Formerfordernisse:

- sie müssen die Unterschrift des Ausstellers tragen;
- ein unbedingtes Zahlungsversprechen oder eine Zahlungsanweisung enthalten;
- auf Zahlung einer bestimmten Geldsumme gerichtet sein;
- auf Anforderung oder zu einer vorbestimmten Zeit, an Order oder Überbringer zahlbar sein.

Der Aussteller des Papiers kann den Inhaber der Urkunde zur nachträglichen Ergänzung ermächtigen, Section 3-115 UCC, wenn nicht alle Formerfordernisse erfüllt sind.

Wie im englischen Wechselrecht, so ist auch im Recht der Vereinigten Staaten festgelegt, daß eine Wechselforderung nur dann einredefrei geltend gemacht werden kann, wenn eine Gegenleistung, „consideration", erbracht worden ist, Section 3-306 UCC. Dabei reicht es aus, wenn von dem Betroffenen bereits in der Vergangenheit eine wie auch immer geartete angemessene Gegenleistung erbracht wurde.

2.2 Wirkungen der Wechselerklärungen

- *Wechselannahme*

  Durch die Annahme, „acceptance", wird der Akzeptant Hauptschuldner eines gezogenen Wechsels, „draft".

  Der Bezogene haftet erst nach der vollzogenen Annahmeerklärung, Section 3-409 und 410 UCC. Das Akzept kann durch bloße Unterschrift oder ergänzt durch: „accepted", „good", „certified" geleistet werden und sollte auf die Vorderseite des Wechsels gesetzt sein.

  Beim Solawechsel, „promissory note" haftet der Aussteller.

- *Wechselübertragung*

  Die Übertragung des Wechsels durch Indossament wird durch Übertragung der Rechte am Wechsel auf den neuen Inhaber, „negotiation", und Übergabe der Wechselurkunde, „delivery" vollzogen. Sie ist geregelt in Section 3-202 UCC. Die verschiedenen Indossamentsformen entsprechen denen des Genfer Wechselrechtabkommens.

  Neben der Wechselübertragung per Indossament ist auch eine Abtretung der Wechselforderung möglich, Section 3-201 UCC.

- *Wechselbürgschaft*

  Es gibt zwei zulässige Formen der Wechselbürgschaft, die anders als die übliche Vertragsbürgschaft nicht akzessorisch sind. Danach ist die Rückgriffshaftung eines Gefälligkeitsbeteiligten, „accomodation party", nach Section 3-415 UCC möglich. Als Gefälligkeitsbeteiligter ist derjenige zu verstehen, der seinen Namen durch bloße Unterschrift für Kreditzwecke zur Verfügung stellt. Eine weitere Form der Wechselbürgschaft ist die Garantie eines Wechselgaranten, „guarantor", der nach Section 3-416 UCC haftet.

2.3 Wechselrückgriff

Rückgriffsschuldner sind der Wechselaussteller, Section 3-413 UCC; der Indossant, sofern kein Haftungsausschluß, „without recourse", vorliegt und ein Gefälligkeitsbeteiligter, Section 3-416 UCC. Die Rückgriffsschuldner haften nachrangig dem Akzeptanten, der Hauptschuldner ist.

Voraussetzung für eine Haftung der Rückgriffsschuldner ist, daß der Wechsel notleidend geworden ist und eine Notanzeige oder ein Protest durchgeführt wurde.

Ein Wechsel wird notleidend, wenn er ordnungs- und fristgemäß zur Annahme oder Zahlung vorgelegt wurde und diese verweigert wurde oder nicht fristgemäß erfolgte.

Nach Section 3-504 Abs. 2 UCC kann der Wechsel durch die Post, eine Abrechnungsstelle bzw. an einem in der Urkunde selbst bezeichneten Annahme- oder Zahlungsort vorgelegt werden. Die Vorlegung muß gegenüber dem zur Annahme oder Wechselzahlung Berechtigten – oder, was auch zulässig ist, gegenüber dem Vertreter – erfolgen.

Wird der Wechsel nicht angenommen oder bezahlt, haftet ein Rückgriffsschuldner nur dann, wenn er von dem Notleiden des Wechsels durch eine sogenannte Notanzeige benachrichtigt wird. Dies geschieht üblicherweise durch den Inhaber des Wechsels, der seinem unmittelbaren Vormann und dieser wiederum seinem etwaigen Vorindossanten berichtet. Es gibt jedoch weder eine vorgeschriebene Reihenfolge noch eine Formvorschrift für die Notanzeige.

2.4 Wechselprotest

Ein Wechselprotest ist für die Inanspruchnahme des Rückgriffsschuldners regelmäßig nicht erforderlich. Es reicht aus, wenn der Rückgriffsschuldner durch eine Notanzeige vom Eintritt des Notleidens des Wechsels informiert wurde. Wenn der in Anspruch genommene Rückgriffsschuldner durch Erlaß auf die Vorlage, Anzeige oder den Protest gemäß Section 3-511 UCC verzichtet hatte, haftet er auch ohne diese Verfahren.

Nur bei internationalen Papieren, die außerhalb der USA zahlbar sind, muß förmlich Protest erhoben werden.

Ein Protest wird durch die Feststellung eines Notars, „notary public" über das Notleiden der Wechselurkunde förmlich erhoben, Section 3-509 Abs. 1 UCC.

2.5 Wechselverjährung

Die Fristen der Wechselverjährung sind in den Bundesstaaten unterschiedlich. Geregelt werden sie in den „General non-Code Statutes of Limitation". Die folgende Auflistung benennt die unterschiedlichen Verjährungsfristen wechselrechtlicher Ansprüche in den einzelnen Bundesstaaten nach alphabetischer Reihenfolge:

Staaten	Verjährungsfristen
Alabama:	6 Jahre
Alaska:	6 Jahre
Arizona:	6 Jahre
Arkansas:	5 Jahre
California:	4 Jahre
Colorado:	6 Jahre
Connecticut:	6 Jahre
Delaware:	6 Jahre
District of Columbia:	3 Jahre
Florida:	5 Jahre
Georgia:	6 Jahre

Staaten	Verjährungsfristen
Hawaii:	6 Jahre
Idaho:	5 Jahre
Illinois:	10 Jahre
Indiana:	10 Jahre
Iowa:	10 Jahre
Kansas:	5 Jahre
Kentucky:	15 Jahre
Louisiana:	5 Jahre
Maine:	6 Jahre
Maryland:	3 Jahre
Massachusetts:	6 Jahre
Michigan:	6 Jahre
Minnesota:	6 Jahre
Mississipi:	6 Jahre
Missouri:	10 Jahre
Montana:	8 Jahre
Nebraska:	5 Jahre
Nevada:	6 Jahre
New Hampshire:	6 Jahre
New Jersey:	6 Jahre
New Mexico:	6 Jahre
New York:	6 Jahre
North Carolina:	3 Jahre
North Dakota:	6 Jahre
Ohio:	15 Jahre
Oklahoma:	5 Jahre
Oregon:	6 Jahre
Pennsylvania:	6 Jahre
Rhode Island:	6 Jahre
South Carolina:	6 Jahre
South Dakota:	6 Jahre
Tennessee:	6 Jahre
Texas:	4 Jahre
Utah:	6 Jahre
Vermont:	6 Jahre
Virginia:	5 Jahre
Washington:	6 Jahre
West Virginia:	10 Jahre
Wisconsin:	6 Jahre
Wyoming:	10 Jahre

Quelle: Schallehn u.a., Rechtsverfolgung 1996 ff. (Loseblatt), Vereinigte Staaten

8 Bankgarantien: Arten, Abwicklungen, Absicherungen, Mustertexte

8 Bankgarantien: Arten, Abwicklungen, Absicherungen, Mustertexte

von Professor Dr. Siegfried Georg Häberle

8.1 Grundstruktur von Bankgarantien

8.1.1 Charakterisierung, Vorkommen, Anbieter und Rechtsgrundlagen

Charakterisierung

- Im Garantiegeschäft übernehmen die **Geschäftsbanken im Auftrag** und für Rechnung **ihrer Kunden** (Garantieauftraggeber) die im allgemeinen **unwiderrufliche Verpflichtung, einen Geldbetrag an einen Dritten** (an den Garantienehmer/Garantiebegünstigten) **zu zahlen**, sofern bestimmte, in der Garantie benannte **Voraussetzungen** der Inanspruchnahme erfüllt sind.
- Die Bankgarantie umfaßt eine **selbständige Verpflichtung** der garantierenden Bank, d.h. sie ist losgelöst vom (Waren-)Grundgeschäft zwischen Exporteur und Importeur. Mit dieser Abstraktheit steht die Bankgarantie im Gegensatz zur Bürgschaft, die akzessorisch ist.
- Durch die übernommene Garantie ist die Bank im allgemeinen verpflichtet, auf **erstes Verlangen** des Garantienehmers zu zahlen.
- Die garantierende Bank behält sich regelmäßig das **Rückgriffsrecht auf den Garantieauftraggeber** für den Fall vor, daß der Garantiebegünstigte die Garantie tatsächlich in Anspruch nimmt.

Vorkommen

Exporteure, insbesondere **Investitionsgüterexporteure** und **Anlagenbauer** sind häufig mit der Forderung ihrer ausländischen Geschäftspartner nach Stellung von Bankgarantien konfrontiert.

Anlaß zur **Sicherstellung von Importeuren** (ausschreibenden Stellen/Bestellern usw.) mittels Bankgarantien entsteht in allen Phasen von Exportgeschäften:

- **Bietungsgarantien**, die das Risiko der ausschreibenden Stelle (des Importeurs) absichern, daß der Exporteur (der Anbieter) – bei Erteilung des Zuschlags – die Übernahme des Auftrags ablehnt;
- **Anzahlungsgarantien**, die das Risiko des Importeurs (des Bestellers) absichern, daß der Exporteur (der Anzahlungsempfänger) seinen vertraglichen Pflichten nicht nachkommt bzw. die Rückzahlung der geleisteten Anzahlung vertragswidrig unterläßt;
- **Liefergarantien**, die das Risiko des Importeurs (des Bestellers) absichern, daß der Exporteur die Waren nicht vertragsgerecht, insbesondere nicht termingerecht liefert;

- **Vertragserfüllungsgarantien**, die solche Risiken des Importeurs absichern, die im Zusammenhang mit der vom Exporteur geschuldeten Lieferung, Leistung und häufig auch der Gewährleistung stehen;
- **Gewährleistungsgarantien**, die die Risiken des Importeurs absichern, die im Zusammenhang mit den Gewährleistungsansprüchen an den Exporteur -wegen Mängeln an der gelieferten Ware bzw. an der gebauten Anlage- stehen.

Neben diesen, zugunsten von Importeuren ausgestellten Bankgarantien kommen in der Praxis auch **Garantien zugunsten von Exporteuren** bzw. von **Dritten** (z.B. von Reedereien, Zollbehörden, Gerichten) vor. Anzumerken ist allerdings, daß diese Sicherungsbegünstigten an der Stelle von Garantien teilweise auch Bürgschaften verlangen.

Anbieter

Außer den **Geschäftsbanken** übernehmen auch die **privatwirtschaftlichen Kreditversicherungsgesellschaften** Avale (Bürgschaften, Garantien und Bonds):

- Im Rahmen einer abgeschlossenen **Kautionsversicherung** beauftragt beispielsweise der deutsche Exporteur ein Kreditversicherungsunternehmen, eine Garantie zugunsten eines ausländischen Geschäftspartners zu übernehmen.
- Ebenso wie bei den Avalen der Banken bleibt jedoch der **Garantieauftraggeber** auch bei Avalen, die von Kreditversicherungsgesellschaften übernommen werden, im Fall der Inanspruchnahme des Avals durch den Avalbegünstigten dem **Rückgriff** der garantierenden Versicherungsgesellschaft ausgesetzt.
- Eine **Versicherung** im herkömmlichen Sinne **liegt** also bei der sog. Kautionsversicherung **nicht vor**. Vielmehr ist die Kautionsversicherung der Kreditversicherungsunternehmen - zumindest was den Rückgriff auf den Auftraggeber des Avals anlangt - genauso strukturiert wie der Avalkredit der Geschäftsbanken.

Hinweis

Die **Kreditversicherungsunternehmen** informieren in ihren Merkblättern zur **Kautionsversicherung** über die Einzelheiten der von ihnen übernommenen Avale. In ihrer Information

- "Avale vom Kreditversicherer oder von der Bank?"

vergleicht die Hermes Kreditversicherungs-AG darüber hinaus die Avalangebote von Banken und von Kreditversicherern (Information Nr. 35, Januar 1992).

Merkblätter zur **Avalübernahme** sind z.B. erhältlich von:

- **Allgemeine Kreditversicherung AG,**
  Postfach 12 09, 55002 Mainz;
- **Gerling-Konzern Speziale Kreditversicherungs-AG,**
  Postfach 10 08 08, 50597 Köln;
- **Hermes Kreditversicherungs-AG,**
  Postfach 50 07 40, 22707 Hamburg;
- **Zürich Kautions- und Kreditversicherungs-AG,**
  Postfach 17 05 40, 60079 Frankfurt am Main.

Auch die Kreditversicherungsunternehmen bieten einen **umfassenden Beratungsservice** bei Haftungsfragen, bei der Formulierung von Avaltexten und bei der Abwicklung der Avale.

Sprachgebrauch

Trotz des Avalangebots der Kreditversicherungsunternehmen wird aus Gründen der traditionellen Bezeichnung sowie wegen der sprachlichen Eindeutigkeit im folgenden nur noch der **Ausdruck "Bankgarantie"** verwendet. Ebenso sind in die folgenden Anwendungsbeispiele und in die graphischen Darstellungen nur noch die Banken als Garantieträger einbezogen. Die dargelegten Erkenntnisse sind jedoch im wesentlichen **auf die Garantien der Kreditversicherungsunternehmen übertragbar**. Dies gilt auch für indirekte Garantien, weil auch die Kreditversicherungsunternehmen in der Lage sind, über ihre Korrespondenten im Ausland (Bürgengesellschaften, Surety Companies, Banken) alle möglichen Formen von Avalen zu stellen.

Bürgschaft oder Garantie

Im Gegensatz zur Bürgschaft ist die **Garantie nicht akzessorisch**. Für die Beteiligten ist dieser Unterschied erheblich: Die Auszahlung einer Bankgarantie an den Begünstigten aufgrund einer u.U. **ungerechtfertigten Inanspruchnahme** der Garantie kann - von wenigen, an strengste Anforderungen geknüpfte Ausnahmen abgesehen - mit Einreden, die auf dem grundgeschäftlichen Schuldverhältnis beruhen, **nicht verhindert** werden.

Dagegen ist eine **Bürgschaft** nach deutschem Recht vom Bestehen einer (grundgeschäftsbezogenen) Hauptschuld abhängig, so daß eventuelle **ungerechtfertigte Inanspruchnahmen** durch die Begünstigten bei Bankbürgschaften - zumindest unter dem Blickwinkel der Akzessorietät - leichter **abzuwehren** sind.

Der Schweizerische Bankverein (jetzt: UBS) führt zur Frage „Bürgschaft oder Garantie" zunächst aus, daß die im Auslandsgeschäft erforderlichen **Sicherungszwecke** in der Regel **auch mit Bürgschaften** erreicht werden – unter der Voraussetzung, daß ein entsprechendes Grundgeschäft zustandegekommen ist (vgl. Schweiz. Bankverein, Bankgarantien, 1995: S. 54).

Hinsichtlich der **Inanspruchnahme** der beiden Sicherungsinstrumente durch den Begünstigten gibt diese Bank jedoch maßgebliche **Unterschiede** zu bedenken (Schweiz. Bankverein, Bankgarantien, 1995, S. 59):

- **Bürgschaft**: „Aufgrund der Abhängigkeit der Bürgschaft vom Grundgeschäft müssen allfällige Einreden und Einwendungen aus demselben festgestellt und – so vorhanden – erhoben werden. Die als Bürgin beanspruchte Bank wird diesbezüglich Kontakt mit ihrem Kunden aufnehmen."
- **Garantie**: „Aufgrund des abstrakten Charakters ein Garantie und des sich daraus ergebenden Wortlauts (‚zahlbar auf erstes Verlangen') ist die garantierende Bank nach positivem Ausgang der Überprüfung von Identität des Begünstigten, Einhaltung der Fristen und der Formen der betreffenden Garantie zur Zahlung verpflichtet."

Aus der Sicht des Auftraggebers ist somit die Bürgschaft das Instrument, bei dem dem Auftraggeber weniger Risiken und Unwägbarkeiten verbleiben. Gleichwohl können (deutsche) Exporteure und (deutsche) Importeure zu stellende Bankbürgschaften an der Stelle von Bankgarantien in den Vertragsverhandlungen mit ihren ausländischen Geschäftspartnern nicht allzu häufig durchsetzen. Vielmehr besteht der ausländische Geschäftspartner zu seiner Sicherheit meistens auf der **Stellung einer Bankgarantie**, die ihm im allgemeinen eine rasche, nur an wenige, von ihm selbst erfüllbare Voraussetzungen geknüpfte Inanspruchnahme ermöglicht.

Aus diesem Grund sind die folgenden **Ausführungen** auf die **Bankgarantien** konzentriert.

Rechtsgrundlagen

- **Bankgarantien** unterliegen regelmäßig dem **nationalen Recht der garantierenden Bank**, worauf die Banken in ihren Garantien im allgemeinen ausdrücklich hinweisen. Beispiel: "Die Rechte und Pflichten aus dieser Garantie bestimmen sich nach dem Recht der Bundesrepublik Deutschland".
- Das **Rechtsverhältnis** zwischen dem **Garantieauftraggeber** und der Bank regeln die **Kreditinstitute** in ihren "Bedingungen für das Avalgeschäft" bzw. in ihren "Allgemeinen Geschäftsbedingungen".

  Garantieübernehmende **Kreditversicherungsgesellschaften** übernehmen die Garantien auf Grundlage ihrer Bedingungen für die Kautionsversicherung.
- Die **Internationale Handelskammer Paris** hat bereits vor Jahren "Einheitliche Richtlinien für Vertragsgarantien" herausgegeben. Im Gegensatz zu den Einheitlichen Richtlinien für Dokumentenakkreditive und für Dokumenteninkassi erfahren die "Einheitlichen Richtlinien für Vertragsgarantien" bislang jedoch keine durchgreifende Anwendung. Dies gilt auch für die im Jahr 1992 veröffentlichte Neufassung ("Einheitliche Richtlinien für auf Anfordern zahlbare Garantien – Demand Guarantees"; ICC-Pub.-Nr. 458/1), die von Banken erfahrungsgemäß nur auf ausdrücklichen Wunsch zugrunde gelegt wird.

  Gleichwohl sind die einzelnen Regeln der ICC-Richtlinien eine tragfähige Grundlage und ein geeigneter Rahmen zu einer generell gültigen **Kommentierung von Bankgarantien** (siehe Kapitel 9).
- **Hinweis:** Zu den Rechtsgrundlagen von Bankgarantien siehe auch Kapitel **„9 Bankgarantien: Kommentar mit Wiedergabe der Einheitlichen Richtlinien für auf Anfordern zahlbare Garantien ...“**.

8.1.2 Grundstruktur der Abwicklung einer direkten Bankgarantie

Charakterisierung

Sofern die vom Garantieauftraggeber **beauftragte Bank** die Garantieerklärung **selbst/direkt** gegenüber dem Begünstigten abgibt, bezeichnet man diesen Vorgang bzw. die Garantieerklärung (das Garantiedokument, die Garantieurkunde) als direkte Bankgarantie.

Abbildung

Die **Abbildung 8.1-01** verdeutlicht die **Grundstruktur der Abwicklung einer direkten Bankgarantie** in Verbindung mit einem Exportgeschäft. Diese Abwicklung, in die auch die Garantieinanspruchnahme durch den Garantiebegünstigten einbezogen ist, wird nachstehend in einzelnen Schritten erläutert.

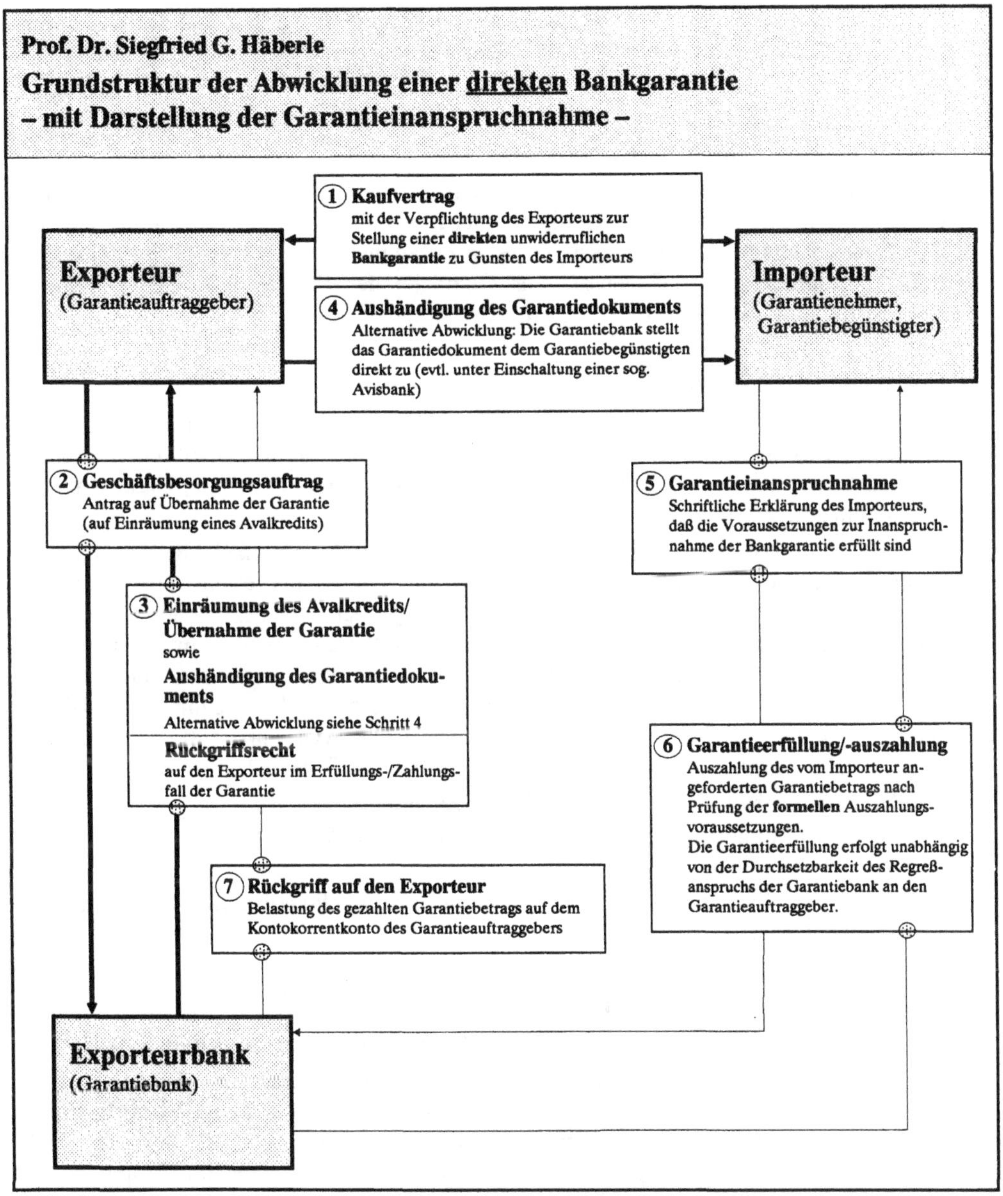

Abbildung 8.1-01

Schrittweise Erläuterungen:

1. **Kaufvertrag mit Garantieklausel**

   Im Kaufvertrag zwischen Exporteur und Importeur ist die Vereinbarung getroffen, daß der Exporteur zugunsten des Importeurs eine **direkte unwiderrufliche Bankgarantie** hat stellen zu lassen (sog. Garantieklausel).

Mit einer solchen Garantie soll beispielsweise sichergestellt werden, daß der Exporteur seine Verpflichtung zur Lieferung der Güter vertragsgemäß, insbesondere rechtzeitig erfüllt.

2. Antrag auf Übernahme der Garantie

Der Exporteur stellt bei seiner Hausbank einen Antrag auf direkte Übernahme der Garantie. In der Systematik der Kreditarten der Banken ist dies ein **Avalkredit**, den der Exporteur beantragt. Zum Teil wird in diesem Zusammenhang auch von Kreditleihe der Banken gesprochen (im Gegensatz zur Geldleihe der Banken, die z.B. Darlehen, Kontokorrentkredite u.ä., also verfügbares Kapital umfaßt).

3. Übernahme der Garantie

Die Hausbank des Exporteurs prüft dessen Kreditwürdigkeit und räumt ihm gegebenenfalls einen entsprechenden **Avalkredit(-rahmen)** ein. Die Bank fertigt auf dieser Grundlage das Garantiedokument (die Garantieerklärung, die Garantieurkunde) zugunsten des Importeurs aus.

Das **Garantiedokument** könnte - wie in der Abbildung aus Vereinfachungsgründen dargestellt - dem Exporteur zur Verfügung gestellt werden, der es an den Importeur weiterleitet. Meistens wird das Garantiedokument jedoch von der Garantiebank dem Garantiebegünstigten unmittelbar zugestellt. In diese "unmittelbare" Abwicklung kann auch eine Bank im Land des Garantiebegünstigten (die sog. Avisbank) eingeschaltet werden, die jedoch keine eigene Garantieerklärung gegenüber dem Begünstigten abgibt, sondern lediglich als Weiterleitungsstelle fungiert. Die Avisbank prüft allenfalls mit angemessener Sorgfalt die Echtheit der Unterschriften der Garantiebank.

In aller Regel behält sich die Garantiebank (Exporteurbank) das **Rückgriffsrecht** auf den Garantieauftraggeber (Exporteur) vor, für den Fall, daß sie selbst vom Garantienehmer in Anspruch genommen wird.

Die Bank verbucht diese Garantieübernahme auf dem **Avalkreditkonto** des Exporteurs als sog. Eventualrisiko.

4. Aushändigung des Garantiedokuments

Der Exporteur übergibt die Bankgarantie (das Garantiedokument) an den Importeur.

Sofern der Exporteur seine Verpflichtungen aus dem Kontrakt mit dem Importeur vertragsgemäß und zeitgerecht erfüllt, besteht für den Importeur **keine Veranlassung, die Bankgarantie zu beanspruchen**. Die Bank des Exporteurs entlastet in diesem Fall das Avalkreditkonto des Exporteurs bei Verfall der Garantie bzw. im Zeitpunkt der Rückgabe des Garantiedokuments durch den Importeur.

Anmerkung: In dem Fall, daß der Exporteur jedoch gegen die relevanten Vereinbarungen des Kontrakts verstößt, wird der Importeur seine Ansprüche aus der Bankgarantie geltend machen, was in den Schritten 5-7 der Abbildung dargestellt ist (dünne Linien).

5. **Garantieinanspruchnahme**

   Der begünstigte Importeur erklärt der Garantiebank schriftlich, daß die Voraussetzungen für die Inanspruchnahme der Bankgarantie erfüllt sind, und er fordert die Garantiebank auf Grundlage dieser Erklärung zur Zahlung auf.

6. **Garantieerfüllung/-auszahlung**

   Die Garantiebank hat **lediglich die formellen Voraussetzungen** des Auszahlungsanspruchs des garantiebegünstigten Importeurs zu prüfen, d.h. ihre Prüfung ist primär auf die formelle Übereinstimmung der Erklärung des Garantiebegünstigten einerseits mit den Bedingungen der Garantie andererseits gerichtet. Die Garantiebank prüft nicht, ob der Exporteur (der Garantieauftraggeber) tatsächlich gegen den Kaufvertrag verstoßen hat.

   Zur **Erfüllung der Garantie**/zur Zahlung des angeforderten Garantiebetrages ist die **Bank** gegenüber dem Garantiebegünstigten (also im Außenverhältnis) **verpflichtet**, unabhängig von der Durchsetzbarkeit ihres Anspruchs auf Regreß an den Garantieauftraggeber.

7. **Rückgriff auf den Exporteur**

   Im Innenverhältnis, d.h. im Verhältnis zwischen Garantieauftraggeber und Garantiebank, haftet der Garantieauftraggeber der garantierenden Bank. Die Garantiebank **belastet** deswegen das **Kontokorrentkonto des Garantieauftraggebers** (Exporteurs) mit dem gezahlten Garantiebetrag. In gleichem Umfang wird das Avalkreditkonto des Exporteurs entlastet, sofern die Garantie mit der Auszahlung an den Importeur erloschen ist.

8.1.3 Grundstruktur der Abwicklung einer indirekten Bankgarantie

Charakterisierung

Sofern die vom Garantieauftraggeber beauftragte Bank die Garantieerklärung nicht selbst/ nicht direkt gegenüber dem Begünstigten abgibt, sondern damit eine **andere Bank** (eine sog. Zweitbank, im allgemeinen im Land des Begünstigten) **beauftragt**, dann wird dieser Vorgang als **indirekte** Garantie(-stellung) bezeichnet.

Abbildung

Die **Abbildung 8.1-02** verdeutlicht die **Grundstruktur der Abwicklung einer indirekten Bankgarantie** in Verbindung mit einem Exportgeschäft. Im Gegensatz zur Abbildung der Abwicklung der direkten Bankgarantie (vgl. Abb. 8.1-01) ist in Abbildung 8.1-02 die Abwicklung der Garantieinanspruchnahme aus Gründen der Übersichtlichkeit nicht aufgenommen.

Die Abwicklung einer **indirekten** Bankgarantie ist nachstehend in einzelnen Schritten erläutert.

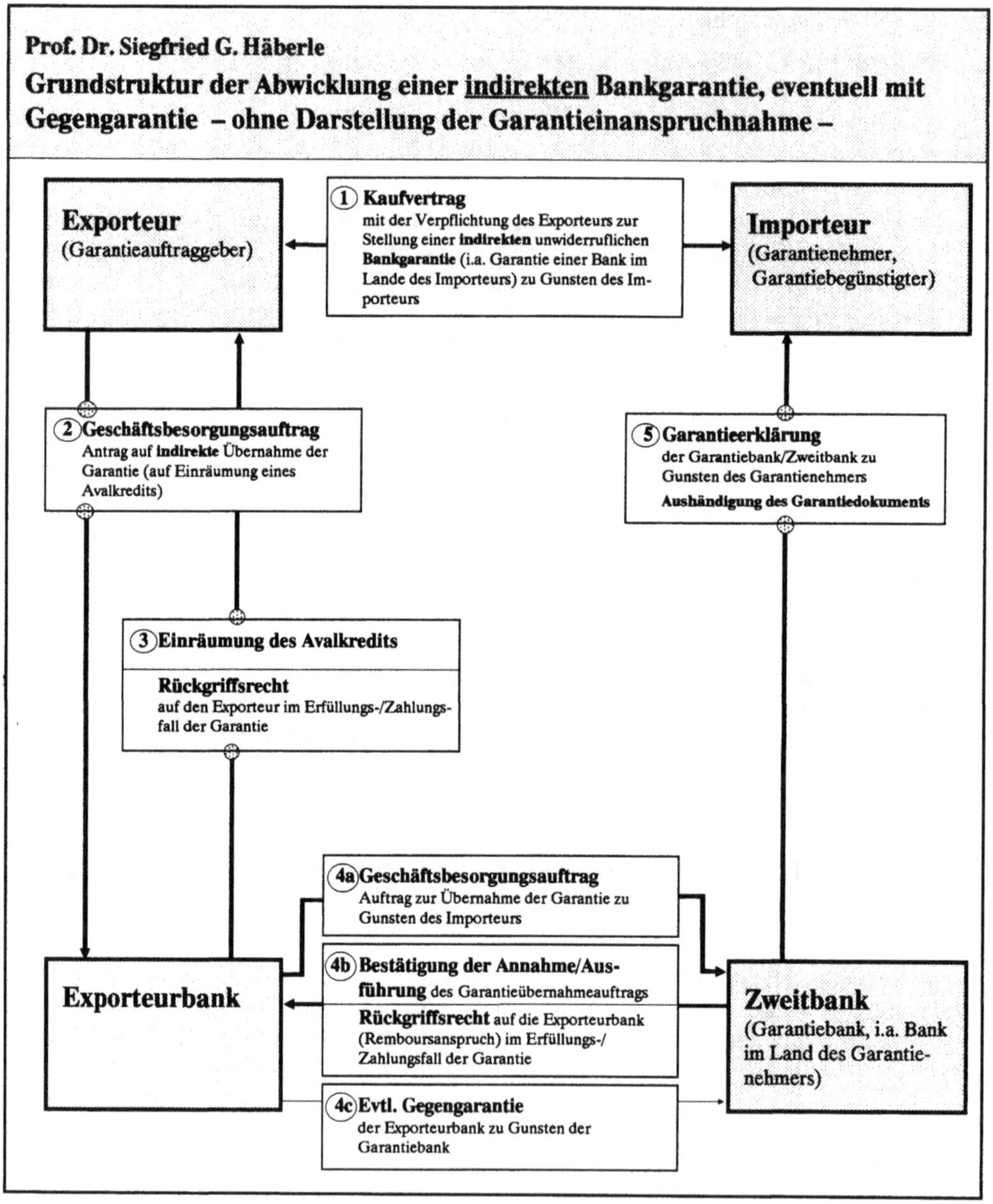

Abbildung 8.1-02

Schrittweise Erläuterungen:

1. **Kaufvertrag mit Garantieklausel**

   Im Kaufvertrag zwischen Exporteur und Importeur ist die Vereinbarung getroffen, daß der Exporteur zugunsten des Importeurs eine indirekte unwiderrufliche Bankgarantie hat stellen zu lassen, und zwar im allgemeinen von einer **Bank im Land des Importeurs** (oder ausnahmsweise von einer Bank in einem Drittland), nicht jedoch von der Bank des Exporteurs.

Mit einer solchen **indirekten Garantie** soll -analog der besprochenen direkten Garantie- beispielsweise sichergestellt werden, daß der Exporteur seine Verpflichtung zur Lieferung der Güter vertragsgemäß, insbesondere rechtzeitig erfüllt.

2. **Geschäftsbesorgungsauftrag des Exporteurs**

Der Exporteur stellt bei seiner Hausbank einen Antrag auf indirekte Übernahme der Garantie, d.h. er beauftragt seine Bank, die Garantie durch eine (eventuell ausdrücklich benannte) **Zweitbank** zugunsten des Importeurs stellen zu lassen.

Der Kredit, den der Exporteur bei seiner Bank beantragt, ist in der Systematik der Kreditarten der Banken ein **Avalkredit**. Dies trifft auch bei indirekten Garantien zu, weil die Bank des Exporteurs einerseits gegenüber der Zweitbank, die die Garantie gegenüber dem Importeur übernimmt, in der Haftung bleibt und weil sie andererseits diese Haftung - im Innenverhältnis - auf den Exporteur abwälzt.

3. **Einräumung des Avalkredits**

Die Hausbank des Exporteurs prüft dessen Kreditwürdigkeit und räumt ihm gegebenenfalls einen entsprechenden **Avalkredit(-rahmen)** ein.

Auch bei indirekten Garantien behält sich die Exporteurbank - wie bei Schritt 2 erwähnt - das **Rückgriffsrecht** auf den Garantieauftraggeber (Exporteur) für den Fall vor, daß sie selbst von der Garantiebank (Zweitbank) in Anspruch genommen wird.

4 **a. Geschäftsbesorgungsauftrag der Exporteurbank**

Die Exporteurbank erteilt der Zweitbank (ihrer Korrespondenzbank) den Auftrag zur Übernahme der Garantie zu Gunsten des Importeurs. Dabei stützt sich die Exporteurbank auf die unter Korrespondenzbanken üblicherweise eingeräumten Kreditfazilitäten.

4 **b. Annahme/Ausführung des Garantieübernahmeauftrags**

Die beauftragte Zweitbank hat zu prüfen, inwieweit die Kreditfazilitäten bzw. die Kreditwürdigkeit der Exporteurbank ausreichen, um den Garantieauftrag auszuführen.

Entspricht die Zweitbank dem Garantieübernahmeauftrag, dann erwirbt sie - im Erfüllungs-/Zahlungsfall der übernommenen Garantie - einen **Remboursierungsanspruch** an die beauftragende Exporteurbank, d.h. sie kann in diesem Fall auf die Exporteurbank Rückgriff nehmen.

4 **c. Evtl. Gegengarantie/Rückgarantie**

Die beauftragte Zweitbank verlangt von der beauftragenden Exporteurbank eventuell eine sog. **Gegengarantie** (Rückgarantie), die Vereinbarungen enthält, die dem **Sicherungsinteresse** der beauftragten **Zweitbank** entsprechen. Weil sich manche Zweitbanken allein mit dem Geschäftsbesorgungsauftrag(-vertrag) der Exporteurbank als Sicherheit begnügen, ist die Linie der Gegengarantie dünn eingezeichnet.

5. **Garantieerklärung der Garantiebank**
   Die garantierende Zweitbank übernimmt die Garantie gegenüber dem Garantienehmer (Importeur), indem sie ihm die **Garantieurkunde** (das Garantiedokument) **zustellt**.

„Bestätigte" Bankgarantie
An der Stelle der beschriebenen Abwicklung einer indirekten Bankgarantie kommt es in der Praxis auch vor, daß die **Zweitbank** die Garantie der Erstbank (der Exporteurbank) **"gegenzeichnet"** und insoweit eine **zusätzliche Haftung** gegenüber dem Garantiebegünstigten (dem Importeur) übernimmt. In Analogie zur Bestätigung von Dokumentenakkreditiven wird diese Abwicklung auch als "Bestätigung" der Garantie der Erstbank durch die Zweitbank bezeichnet.

Hinweis/Abbildung
In Abschnitt „8.2.1 Bietungsgarantie ..." ist eine von der Schweizerischen Bankgesellschaft ausgestellte **Order and Counter-Guarantee** abgebildet, die an die Bank im Domizilland des Käufers/der ausschreibenden Stelle gerichtet ist, und die insoweit einen Teilbereich der **Abwicklung indirekter Garantien** verdeutlicht (siehe Abbildung 8.2.-05).

Vorkommen und Kurzbeurteilung
Indirekte Bankgarantien **kommen** insbesondere **vor**, wenn

- die **Devisen- und Inkassovorschriften** des Landes des Garantiebegünstigten diese Garantieart vorschreiben oder diese im Land des Garantiebegünstigten (branchen-)üblich ist;
- der Garantiebegünstigte **Unwägbarkeiten** auszuschließen wünscht, wie sie aus dem u.U. anzuwendenden **fremden Landesrecht** resultieren könnten.

Für den **Garantieauftraggeber** sind indirekte Bankgarantien - im Vergleich zu direkten Bankgarantien - mit **Nachteilen** verbunden:

- **Höhere Kosten** (Avalprovisionen), weil zumindest eine weitere Bank eingeschaltet ist und diese (höheren) Kosten keineswegs immer auf den Garantienehmer überwälzt werden können.
- **Anwendung ausländischen Rechts** bei der eventuellen Inanspruchnahme der Garantie durch den Garantienehmer, weil die Garantie zugunsten des Garantienehmers von der Zweitbank regelmäßig auf Grundlage von deren Landesrecht abgegeben wird. Damit verbunden ist im allgemeinen ein erhöhtes Prozeß(kosten)risiko für den deutschen Garantieauftraggeber.

Für den **Garantienehmer** ist die indirekte Garantie - wiederum im Vergleich zur direkten Garantie - mit **Vorteilen** versehen, vorausgesetzt, daß die Garantie von einer Zweitbank **in seinem Land** abgegeben wird:

- Im Verhältnis zur Garantiebank findet regelmäßig das **Landesrecht des Garantienehmers Anwendung**;
- **politische Risiken**, die den Wert der Garantie beeinträchtigen könnten, sind für den Garantienehmer **nicht vorhanden**;

- sofern die Solvenz und die Seriosität der - für den Garantienehmer inländischen - Garantiebank unterstellt werden können, besteht für den Garantienehmer **kein Garantendelkredererisiko**.

8.2 Garantiearten

Hinweis

Die **Hermes Kreditversicherungs-AG** informiert in ihren Merkblättern ausführlich über die Abwicklung und über die Besonderheiten von

- **Performance Bonds in den USA und in Kanada** (Information Nr. 43);
- **Bürgschaften/Garantien in Mittel- und Südamerika** (Information Nr. 48).

Die Merkblätter werden von der Hermes Kreditversicherungs-AG, Postfach 500740, 22707 Hamburg, und von deren Außenstellen kostenlos abgegeben.

8.2.1 Bietungsgarantie (Offertgarantie, Angebotsgarantie)

Andere Bezeichnungen

In Praxis und Literatur finden sich für **Bietungsgarantien** weitere Bezeichnungen, wobei allerdings anzumerken ist, daß manchmal weniger die Bezeichnung als vielmehr erst der Garantietext Aufschluß über die Art der Garantie gibt:

- **Offertgarantie,**
- **Angebotsgarantie,**
- **Bid Bond,**
- **Tender Guarantee,**
- **Tender Bond,**
- **Garantie de soumission.**

Garantiezweck

Bietungsgarantien kommen insbesondere bei **öffentlichen Ausschreibungen** vor: Die ausschreibende Stelle verlangt

Mit der Bietungsgarantie sichert sich die ausschreibende Stelle - je nach Formulierung des Garantietextes - insbesondere vor den finanziellen Folgen des Risikos ab, daß

- sich der Anbieter aus seinem **Angebot** vorzeitig **zurückzieht** oder dieses **abändert**;
- der Anbieter - bei Erteilung des Zuschlags - die **Übernahme des Auftrags ablehnt**;

- der Anbieter sich nach Annahme des Auftrags **weigert** oder nicht in der Lage ist, eine geforderte/vereinbarte Liefergarantie, Leistungsgarantie oder **Vertragserfüllungsgarantie** stellen zu lassen.

Die Absicherung durch eine Bietungsgarantie ist naheliegend, weil die Folgen der beschriebenen Risiken für die ausschreibende Stelle erheblich sein können: Kosten und Zeitverluste für die erforderliche Neuausschreibung, Verzögerungen bei der Realisierung des Ausschreibungsobjektes, Preissteigerungen usw.

Garantiebetrag

Der Betrag einer Bietungsgarantie beläuft sich im allgemeinen auf **1-5% des Angebotsbetrags**, manchmal aber auch auf einen deutlich höheren Prozentsatz.

Teilweise wird in Ausschreibungen statt eines Prozentsatzes des jeweiligen Angebotsbetrags ein absoluter Betrag, über den die Bietungsgarantie zu lauten hat, vorgeschrieben.

Garantiegültigkeit

Entsprechend dem kurzen Zeitraum bis zur Entscheidung der ausschreibenden Stelle über den Zuschlag, haben auch die Bietungsgarantien eine **kurze Laufzeit**, die sich im allgemeinen zwischen 3 und 6 Monaten bewegt.

Weil die ausschreibende Stelle regelmäßig eine lückenlose Absicherung anstrebt, ist die Laufzeit der Bietungsgarantie im Ausschreibungstext meistens derart vorgeschrieben, daß im Falle des Zuschlags die Vertragsunterzeichnung innerhalb der Laufzeit der Bietungsgarantie erfolgen kann. Notfalls ist die Verlängerung der Bietungsgarantie erforderlich. Die damit verbundene Verlängerung der Aufrechterhaltung des Angebots beinhaltet jedoch unter Umständen eigenständige Risiken (Kostenerhöhungen, günstigere Absatzmöglichkeiten) für den Anbieter.

Die Dresdner Bank weist in diesem Zusammenhang auf den folgenden zeitlichen Ablauf hin: *„Bei Zuschlagserteilung muß die Bietungsgarantie häufig durch eine Lieferungs- oder Leistungsgarantie abgelöst werden. Dies geht aber selten Zug um Zug, sondern beide Garantien werden eine Zeitlang nebeneinander herlaufen, bis die Bietungsgarantie endgültig freigegeben wird“* (Dresdner Bank AG, Auslandsgarantien 1990: 20).

Die **Bietungsgarantie erlischt** - je nach Formulierung des Garantietextes bzw. des Kontrakts sowie des anzuwendenden Rechts - :

- im Falle des Zuschlags im Zeitpunkt des **Abschlusses des Kontrakts** oder im Zeitpunkt der **Stellung** einer anschließenden **Liefergarantie/Erfüllungsgarantie** durch den Exporteur (siehe unten “Besonderheiten”);
- durch **Rückgabe des Garantiedokuments** an den Anbieter;
- im **festgelegten Zeitpunkt des Verfalls** der Garantie.

Ratschlag

Um willkürlichen **Forderungen** des Garantiebegünstigten nach **Verlängerung der Bietungsgarantie** zu begegnen, findet sich bankseitig die folgende Empfehlung: Sofern dies nach den Ausschreibungsbedingungen zulässig ist, sollte der Anbieter sein grundgeschäftliches Angebot immer mit einer festen Optionsfrist versehen, innerhalb welcher der

Zuschlag gegebenenfalls erteilt werden muß. Damit ist zumindest die Frage der Verlängerung einer Bietungsgarantie in die Sphäre des korrespondierenden Grundgeschäftes verlagert (vgl. Deutsche Bank AG, 1988: S. 20).

Besonderheiten

Es kommt in Ausschreibungstexten manchmal vor,

- daß eine Bietungsgarantie verlangt ist, die sich - im Falle des Zuschlags - **automatisch** in eine **Lieferungs-/Erfüllungsgarantie** zugunsten der ausschreibenden Stelle **umwandelt**;
- daß die garantierende Bank **zusätzlich** zur Bietungsgarantie eine **Absichts- oder Verpflichtungserklärung** (letter of intent, performance surety undertaking/lettre d'intention) abzugeben hat, die die Bereitschaft der Bank dokumentiert, im Falle des Zuschlags eine Lieferungs-/Erfüllungsgarantie zu übernehmen (vgl. auch Dortschy/Jung/Köller, 1997: S. 567).

Abbildungen/Mustertexte

- **Abbildung 8.2-01** zeigt die Mustertexte einer **Bietungsgarantie** bzw. einer **Tender Guarantee** der Vereins- und Westbank AG in **deutscher** und in **englischer Sprache**;
- **Abbildung 8.2-02** zeigt den Mustertext einer Bietungsgarantie des Schweizerischen Bankvereins in **deutscher Sprache**;
- **Abbildung 8.2-03** zeigt den Mustertext einer Bietungsgarantie (Bid Bond) des Schweizerischen Bankvereins in **englischer Sprache**;
- **Abbildung 8.2-04** zeigt den Mustertext einer Bietungsgarantie (Garantie de soumission) des Schweizerischen Bankvereins in **französischer Sprache**;
- **Abbildung 8.2-05** zeigt den Mustertext einer **Order and Counter Guarantee (for Bid Bond)** der UBS Schweizerischen Bankgesellschaft. Diese(r) Garantie(auftrag) ist an eine Bank im Domizilland des Käufers/der ausschreibenden Stelle gerichtet und verdeutlicht insoweit einen Teilbereich der **Abwicklung indirekter Bankgarantien**.

Anmerkung: Die Mustertexte vermögen nur generelle Anhaltspunkte zu geben. Im konkreten Fall ist der **individuelle Zuschnitt** des Garantietextes auf das jeweils vorliegende Auslandsgeschäft erforderlich, wozu die international versierten Banken Hilfestellung leisten.

Bietungsgarantie

Wir hörten von unserer Kundin, der Firma ....*(Name des Auftraggebers)*, daß sie an der Ausschreibung Nr. ....*(Ausschreibungsnummer und/oder Datum)* teilnimmt, und zwar für das Projekt/die Lieferung von ....*(Projekt-/Warenbezeichnung)*. Entsprechend den Ausschreibungsbedingungen ist eine Bietungsgarantie in Höhe von ....*(Garantiebetrag in Ziffern)*, das entspricht ....% des Angebotswertes, zu stellen.

Auftrags Firma ....*(Name des Auftraggebers)*, übernehmen wir hiermit zu Ihren Gunsten die unwiderrufliche Bietungsgarantie in Höhe von

..........*(Garantiebetrag in Ziffern)*

(..........*(Garantiebetrag in Worten)*).

Wir werden unter unserer Garantie Zahlung leisten auf Ihre erste schriftliche Anforderung – uns zu übermitteln über eine internationale Bank zwecks Verifizierung Ihrer Unterschriften –, in der Sie uns bestätigen, daß das oben genannte Angebot ganz oder teilweise angenommen wurde, die Firma ....*(Name des Auftraggebers)*, den Vertrag jedoch nicht fristgemäß unterzeichnet hat

(und/oder: versäumt hat, für die fristgemäße Erstellung der Vertragserfüllungsgarantie Sorge zu tragen.)

Diese Garantie erlischt, unabhängig von der Rückgabe dieser Urkunde, am ....*(Kalenderdatum)*, es sei denn, daß Sie uns vor Ablauf dieses Tages, schriftlich bei uns in Hamburg eintreffend, nach Maßgabe der vorstehend aufgeführten Bedingungen aus ihr in Anspruch genommen haben.

Diese Garantie unterliegt dem Recht der Bundesrepublik Deutschland.

Tender Guarantee

We have been advised by our customers ....*(name of customer)*, that they participate in your tender ....*(tender No. and date, closing date)* regarding ....*(description of goods)* as per their ....*(proforma invoice/offer No. and date, total value)*. The terms of your tender provide that a tender guarantee be issued for ....*(percentage)* of the price quoted.

By order of ....*(name of customer)*, we hereby issue the irrevocable tender guarantee in your favour for

..........*(guarantee amount in figures)*

(..........*(guarantee amount in words)*).

We shall effect payment under our guarantee on your first written demand – to be forwarded to us through an international bank for verification of your signatures – confirming to us that ....*(name of customer)*,

1. has withdrawn its bid during the period of bid validity specified by you

or

2. after having been notified by you of your acceptance of its bid during the period of bid validity has:

   (a) failed or refused to execute the contract form, if required

   or

   (b) failed or refused to furnish the performance security in accordance with your instructions.

This guarantee will expire on ....*(calendardate)*, even if this document is not returned, unless your written claim under this guarantee in accordance with the above-mentioned conditions has reached us in Hamburg by the end of that day.

This guarantee is governed by the law of the Federal Republic of Germany.

Abbildung 8.2-01 **Quelle:** Vereins- und Westbank AG o.J.: S. 32

Schweizerischer Bankverein
Société de Banque Suisse
Società di Banca Svizzera
Swiss Bank Corporation

...
(Adresse Begünstigter
= Käufer)

Bietungsgarantie Nr. ......

Wir haben davon Kenntnis genommen, dass die Firma ... (Lieferant) Ihnen unter Ihrer Ausschreibung Nr. ... vom ... ein Angebot für ... zu einem Gesamtpreis von ... unterbreitet hat. Gemäss den Ausschreibungsbedingungen hat die Firma ... (Lieferant) eine Bietungsgarantie in Höhe von ... zu stellen.

Dies vorausgeschickt, verpflichten wir, der **Schweizerische Bankverein**, ... (Adresse), uns hiermit unwiderruflich, Ihnen auf Ihre erste Anforderung hin, ungeachtet der Gültigkeit und der Rechtswirkungen des eingangs erwähnten Vertrages und unter Verzicht auf jegliche Einwendungen und Einreden aus demselben, jeden Betrag bis zur Höhe von maximal

(Währung / Betrag) (in Worten: ...)

zu zahlen, gegen Ihre schriftliche Zahlungsaufforderung und Ihre schriftliche Bestätigung, dass das vorerwähnte Angebot ganz oder teilweise von Ihnen angenommen wurde, die Firma ... (Lieferant) sich jedoch weigert, den erteilten Auftrag gemäss ihrem Angebot oder den Ausschreibungsbedingungen auszuführen.

Aus Identifikationsgründen gilt Ihre Inanspruchnahme unter dieser Garantie nur dann als ordnungsgemäss, wenn sie uns durch eine erstklassige Bank zugeleitet wird, mit der Bestätigung, dass Ihre Zahlungsaufforderung und Ihre vorerwähnte schriftliche Bestätigung rechtsgültig von Ihnen unterzeichnet sind. Sollte diese Bank sich hierbei geschlüsselten Fernschreibens/Telegramms oder SWIFTS bedienen, so hat sie den vollständigen Wortlaut Ihrer Zahlungsaufforderung und Ihrer obenerwähnten schriftlichen Bestätigung zu übermitteln und gleichzeitig zu bestätigen, dass die von Ihnen gültig unterzeichneten Originale dieser Dokumente an uns weitergeleitet wurden.

Unsere Garantie ist gültig bis

...

und erlischt automatisch und vollumfänglich, unabhängig von der Rückgabe der Urkunde, sofern entweder Ihre schriftliche Zahlungsaufforderung zusammen mit Ihrer vorerwähnten schriftlichen Bestätigung oder das genannte ordnungsgemäss geschlüsselte Fernschreiben/Telegramm oder SWIFT der Bank bis zu diesem Zeitpunkt nicht in unserem Besitz beim Schweizerischen Bankverein in ... sind.

Jede unter dieser Garantie geleistete Zahlung erfolgt in Reduktion unserer Verpflichtung.

... **SCHWEIZERISCHER BANKVEREIN**
(Ort, Datum)

Abbildung 8.2-02 **Quelle:** Schweizerischer Bankverein, Bankgarantien, 1995: S. 20

Schweizerischer Bankverein
Société de Banque Suisse
Società di Banca Svizzera
Swiss Bank Corporation

...
(beneficiary = buyer)

Bid Bond No. ......

We have been informed that Messrs. ... (supplier) have submitted to you on ... under your tender No. ... of ... their bid for the supply of ... at a total price of ... . According to your tender conditions, Messrs. ... (supplier) are required to provide you with a bid bond in the amount of ... .

This being stated, we, **Swiss Bank Corporation**, ... (address), irrespective of the validity and the legal effects of the above-mentioned contract and waiving all rights of objection and defense arising from the principal debt, hereby irrevocably undertake to pay immediately to you, upon your first demand, any amount up to

(currency / maximum amount) (in full letters: ...)

upon receipt of your written request for payment and your written confirmation stating that you have accepted, in whole or in part, the above-mentioned bid and that Messrs. ... (supplier) have failed to sign the contract in due time or in accordance with the tender conditions.

For the purpose of identification, your request for payment and your confirmation have to be presented through the intermediary of a first rate bank confirming that the signatures are legally binding upon your firm. If, in this respect, such bank will make use of tested telex, SWIFT or tested cable, it will have to transmit in any case the full wording of your request for payment and of your above-mentioned written confirmation and to confirm at the same time that the originals of these documents, legally binding upon your firm, have been forwarded to us.

Our guarantee is valid until

...

and expires in full and automatically, irrespective of whether the present document is returned to us or not, should your written request for payment and your above-mentioned written confirmation or the above-described tested telex, SWIFT or tested cable sent by the bank not be in our possession by that date at our counters in ... .

With each payment under this guarantee our obligation will be reduced pro rata.

...
(Place, date)

SWISS BANK CORPORATION

Abbildung 8.2-03 **Quelle:** Schweizerischer Bankverein, Bankgarantien, 1995: S. 23

Schweizerischer Bankverein
Société de Banque Suisse
Società di Banca Svizzera
Swiss Bank Corporation

...
(bénéficiaire = acheteur)

Garantie de soumission n° ......

Nous sommes informés que la maison ... (fournisseur) vous a soumis, en date du ..., une offre pour ... à un prix total de ... . Selon les conditions de votre appel d'offres, la maison ... (fournisseur) doit vous fournir une garantie bancaire s'élevant à ... (... % du prix total).

Ceci dit, nous, la **Société de Banque Suisse**, ... (adresse), nous engageons par la présente, de façon irrévocable, à vous payer immédiatement, indépendamment de la validité et des effets juridiques du contrat en question et sans faire valoir d'exception ni d'objection résultant dudit contrat, à votre première demande, tout montant jusqu'à concurrence de

(devise / montant maximal) (en toutes lettres: ...)

contre remise d'une demande de paiement et d'une confirmation écrites de votre part attestant en particulier que vous avez totalement ou partiellement adjugé le marché à la maison ... (fournisseur), mais que cette dernière a omis de signer le contrat selon la soumission ou selon les conditions de votre appel d'offres.

Pour des raisons d'identification, votre demande de paiement ainsi que votre confirmation susmentionnée ne seront considérées comme valables que si elles nous parviennent par l'intermédiaire d'une banque de premier ordre, accompagnées d'une déclaration de cette dernière certifiant que les signatures qui y figurent vous engagent valablement. Si ladite banque utilise la voie du télex/télégramme codé ou du SWIFT, elle devra dans tous les cas reproduire le texte intégral de votre demande de paiement et de votre confirmation écrites susmentionnées tout en confirmant qu'elle nous a fait parvenir les originaux desdits documents valablement signés par vous-mêmes.

Notre garantie est valable jusqu'au

...

et s'éteindra automatiquement et entièrement, même dans l'hypothèse où le présent instrument ne nous aurait pas été retourné, si votre demande de paiement et votre confirmation écrites, ou le message de la banque par télex/télégramme codé ou par SWIFT susmentionné ne sont pas en possession de la Société de Banque Suisse à ..., d'ici cette date au plus tard.

Tout paiement fait sous cette garantie en réduira le montant d'autant.

...
(Lieu, date)

SOCIETE DE BANQUE SUISSE

Abbildung 8.2-04 **Quelle:** Schweizerischer Bankverein, Bankgarantien, 1995: S. 21

UBS Union de Banques Suisses
Schweizerische Bankgesellschaft
Unione di Banche Svizzere
Union Bank of Switzerland

Order and Counter-Guarantee
(for Bid Bond)

Dear Madam, dear Sir,

We, the Union Bank of Switzerland, ..., hereby instruct and request you to issue under our full responsibility a Bid Bond as per particulars below:

Beneficiary	....
Amount	.... (in words ....)
For account of	....
Covering	the obligations under offer No. .... of .... for ....
Bid invitation	No. ....
Opening / closing date	....
validity of Bid Bond	.... (in words ....)

Commitment:

Your indemnity must be made payable on first demand of the beneficiary, without any objection whatsoever, against your receiving his duly signed statement that the bidder

- has withdrawn his offer before its expiry date without beneficiary's consent
  or
- has failed to sign the contract awarded to him in the terms of his offer
  or
- has failed to open the performance bond foreseen in the tender upon signature of the contract.

SPECIMEN

Please transmit the original document of your indemnity to the beneficiary by .... at the latest and let us have two copies for our files.

In consideration of your issuing the above mentioned commitment, we hereby undertake to pay you any sum you may be called upon to pay up to the aggregate amount of .... on first demand, upon receipt of your request for payment in writing or by duly encoded telex/cable/swift, confirming that you are in possession of beneficiary's claim in conformity with above terms.

Your claim will be considered as having been made once we are in possession of your written request for payment or the telex or cable or swift to this effect at our above address.

Our liability towards your bank under this present counter-guarantee is valid until

.... (in words ....)

and expires in full and automatically if your claim has not been made on or before that date, regardless of such date being a banking day or not.

Yours very truly,
Union Bank of Switzerland

Bahnhofstrasse 45, CH-8021 Zurich
Phone + 41-1 234 11 11
www.ubs.com

Abbildung 8.2-05 **Quelle:** UBS Schweizerische Bankgesellschaft, Bankgarantien, 1997: S. 92

8.2.2 Liefergarantie (Lieferungsgarantie)

Andere Bezeichnungen

In Praxis und Literatur finden sich für **Liefergarantien** weitere Bezeichnungen, wobei anzumerken ist, daß manchmal weniger die Bezeichnung als vielmehr erst der Garantietext Aufschluß über die Art der Garantie gibt.

Grundsätzlich bzw. im wesentlichen gleichbedeutende Bezeichnungen für **Liefergarantien** sind:

- **Lieferungsgarantie,**
- **Delivery Guarantee,**
- **Garantie de livraison.**
- **(Performance Guarantee)**

Anmerkung zur Performance Guarantee

Die Bezeichnungen **"Performance Guarantee"** und **"Performance Bond"** werden im englischen Sprachgebrauch sowohl für Liefergarantien als auch für Vertragserfüllungsgarantien und Gewährleistungsgarantien verwendet. Von den Banken wird deswegen empfohlen, bei der Formulierung des Textes einer Liefergarantie streng darauf zu achten, daß sich diese Garantie tatsächlich nur auf die finanziellen Folgen von Risiken bezieht, die im Zusammenhang mit der vom Exporteur geschuldeten termin- und kontraktgerechten **Lieferung** der Güter und nicht auf darüber hinausreichende Sachverhalte bezieht (vgl. Deutsche Bank AG, 1988: S. 21).

Leistungsgarantien

Sind von einem Auftragnehmer Bau- oder Montageleistungen oder ähnlich Leistungen (an der Stelle von Warenlieferungen) zu erbringen, dann wird in diesem Zusammenhang im allgemeinen von **Leistungsgarantien** (statt von Liefergarantien) gesprochen. Manchmal findet sich auch die zusammengefaßte Bezeichnung **„Lieferungs-/Leistungsgarantie".**

Garantiezweck

Mit einer Liefergarantie sichert sich der Importeur vor den finanziellen Folgen der **Risiken** ab, daß der Exporteur die Güter **nicht vertragsgerecht**, insbesondere nicht termingerecht **liefert**.

Abzugrenzen ist die Liefergarantie von der umfassenderen Vertragserfüllungsgarantie. Neben den auf die (reine) Lieferung bezogenen Risiken beziehen sich Vertragserfüllungsgarantien darüber hinaus auch auf die grundgeschäftlichen Leistungen (z.B. auf das einwandfreie Funktionieren gelieferter Investitionsgüter), häufig einschließlich der damit verbundenen (längerfristigen) Gewährleistungen.

Garantiebetrag

Liefergarantien lauten meist auf **10% bis 20% des Vertragswertes** (vgl. Dresdner Bank AG; Bankgarantien 1990: S. 29).

Laufzeit

Die Dresdner Bank führt zur Laufzeit von Lieferungs-/Leistungsgarantien u.a. aus: „Die Laufzeit sollte mit der Beendigung der Lieferungen/Leistungen enden, jedoch sehen die Begünstigten eine solche Garantie oft als Vertragserfüllungsgarantie an und halten sie entsprechend lange zurück. Dem könnte dadurch begegnet werden, daß man in den Text beispielsweise eine Klausel aufnimmt, die besagt, daß der Lieferant die Möglichkeit hat, die Inanspruchnahme der Garantie durch Vorlage eines vom Besteller unterzeichneten Abnahme-Zertifikats abzuwenden. Eine solche Klausel könnte wie folgt lauten: *„Die Bank ist berechtigt, bei Vorlage eines vom Käufer unterzeichneten Abnahme-Zertifikates (Einzelheiten angeben) die Inanspruchnahme zurückzuweisen"* (Dresdner Bank AG, Auslandsgarantien 1990: S. 29).

Vorleistungen

Das Inkrafttreten bzw. die Inanspruchnahme einer Liefergarantie kann durch entsprechende Gestaltung des Garantietextes von **Vorleistungen des garantiebegünstigten Importeurs** - entsprechend der im Einzelfall zutreffenden Vereinbarungen - **abhängig** gemacht werden.

Beispiele:

- Der **Importeur** (die ausschreibende Stelle) hat eine eventuell erteilte **Bietungsgarantie zurückzugeben**.
- Der **Importeur** hat als Vorleistung ein **Dokumentenakkreditiv** zugunsten des Exporteurs eröffnen zu lassen.

  Die Dresdner Bank unterbreitet folgenden beispielhaften **Formulierungsvorschlag**: *„Eine Inanspruchnahme unserer Garantie ist erst möglich, nachdem zugunsten des Verkäufers ein unwiderrufliches Dokumenten-Akkreditiv über ... (Betrag) eröffnet worden ist, das vom Verkäufer als kontraktgemäß eröffnet bezeichnet worden ist"* (Dresdner Bank AG, Auslandsgarantien 1990: S. 29).

  Sofern der Importeur (der Garantiebegünstigte) den zuletzt genannten **Zusatz** *„..., das vom Verkäufer als kontraktgemäß eröffnet bezeichnet worden ist"* nicht akzeptiert, findet sich in der zitierten Broschüre der Dresdner Bank AG der folgende Formulierungsvorschlag: *„Eine Inanspruchnahme unserer Garantie ist erst möglich, nachdem zugunsten des Verkäufers ein unwiderrufliches Dokumenten-Akkreditiv über ... (Betrag) wie folgt eröffnet worden ist: ... (hier wären die wesentlichen Einzelheiten des erwarteten Akkreditivs zu nennen). Eine Kopie des Akkreditivs muß der Inanspruchnahme beigefügt sein"* (Dresdner Bank AG, Auslandsgarantien 1990: S. 30).
- Umgekehrt kann dem **Exporteur** die **Stellung** einer **Liefergarantie** als Vorleistungspflicht auferlegt sein, bevor ein **Akkreditiv** zu seinen Gunsten **in Kraft tritt**.
- Die Dresdner Bank AG empfiehlt, daß in beiden oben beschriebenen Fällen die Abwicklung der Garantie und des Akkreditivs mit ein und derselben Bank vollzogen werden sollte (vgl. Dresdner Bank AG, Auslandsgarantien 1990: S. 30).

Teillieferungen

Sind im Kaufvertrag Teillieferungen vorgesehen, dann liegt eine **Reduzierung der Garantiesumme** entsprechend der vorgenommenen Teillieferungen, d.h. die Aufnahme einer sog. **Reduzierungsklausel** in die Bankgarantie im allgemeinen im Interesse des Exporteurs. Bankseitig wird darauf hingewiesen, daß es des weiteren im Sicherungsinteresse des Exporteurs liegt, die Reduzierungsklausel sowie die vom Exporteur beizubringenden Nachweise (Dokumente) über die Teillieferungen in der Bankgarantie so eindeutig zu formulieren, daß die Bankgarantie ohne Zustimmung des Garantiebegünstigten (des Importeurs) reduziert werden kann.

Abbildungen/Mustertext

Auf Grundlage von **Mustertexten** im "Ratgeber für das Auslandsgeschäft" der Deutschen Bank AG ist

- in **Abbildung 8.2-06** der Mustertext einer Liefergarantie in **deutscher Sprache**

wiedergegeben.

Der Mustertext vermag nur generelle Anhaltspunkte zu geben. Im konkreten Fall ist der **individuelle Zuschnitt** des Garantietextes auf das jeweils vorliegende Auslandsgeschäft erforderlich, wozu die international versierten Banken Hilfestellung leisten.

An

____
(Garantienehmer)

Liefergarantie Nr. ________

Wir wurden davon unterrichtet, daß zwischen Ihnen und (1) ______, nachstehend „Verkäufer", am _______ unter der Nr. _____ ein Vertrag auf (2) _______ zu einem Gesamtpreis von ________ abgeschlossen worden ist, der die Erstellung einer Liefergarantie in Höhe von _____% des Gesamtpreises vorsieht.

Dies vorausgeschickt, verpflichten wir, die Deutsche Bank AG, Filiale _________, uns hiermit unwiderruflich, an Sie auf Ihre erste schriftliche Anforderung hin unverzüglich einen Betrag bis zur Höhe von

____

(in Worten: ______________________________________)

zu zahlen, wenn Sie uns gleichzeitig schriftlich bestätigen, daß der Verkäufer seinen vertraglichen Lieferpflichten nicht nachgekommen ist.

Diese Garantie ermäßigt sich automatisch um _____% von 100% des Rechnungswerts jeder Lieferung. Als Nachweis jeder Lieferung gilt die Einreichung ordnungsgemäßer Dokumente bei uns unter dem Akkreditiv Nr. _______ der _______-Bank (3).

Diese Garantie erlischt, selbst bei Nichtrückgabe dieser Urkunde, am _______, es sei denn, daß Sie uns vor Ablauf dieses Tages, schriftlich bei uns in _________ eintreffend, nach Maßgabe der vorstehend aufgeführten Bedingungen aus ihr in Anspruch genommen haben.

Diese Garantie ist nur mit unserer Zustimmung abtretbar.

Die Ausstellung dieser Garantie ist gemäß den gesetzlichen Bestimmungen der Bundesrepublik Deutschland zulässig.

Die Rechte und Pflichten aus dieser Garantie bestimmen sich nach dem Recht der Bundesrepublik Deutschland.

Deutsche Bank AG

Filiale ______________

(1) Auftraggeber (zur Beibringung der Garantie Verpflichteter)
(2) Vertragsgegenstand
(3) nur im Fall eines bei der garantierenden Bank benutzbaren Akkreditivs

Abbildung 8.2-06 **Quelle**: Deutsche Bank AG, Bankgarantien 1988: S. 44

8.2.3 Vertragserfüllungsgarantie (Erfüllungsgarantie)

Andere Bezeichnungen

Für **Vertragserfüllungsgarantien** finden sich in Literatur und Praxis weitere Bezeichnungen, wobei die Abgrenzung zur Liefergarantie bzw. zur Gewährleistungsgarantie nicht immer eindeutig ist:

- **Erfüllungsgarantie,**
- **Performance Bond, Performance Guarantee,**
- **Garantie de bonne exécution.**

Im übrigen ist zu beachten, daß manchmal nicht die Bezeichnung, sondern erst der Garantietext Aufschluß über die Art der Garantie gibt (siehe hierzu auch „Anmerkung zur Performance Guarantee“ in Kapitel 8.2.2.).

Garantiezweck

Mit einer Vertragserfüllungsgarantie sichert sich der Importeur vor finanziellen Folgen von **Risiken** ab, die im Zusammenhang mit der vom Exporteur geschuldeten **Lieferung, Leistung** und häufig auch der **Gewährleistung** stchen.

Die Vertragserfüllungsgarantie ist eine **umfassende Garantie**, die bei voller Ausgestaltung die (Teil-)Garantien

- **Liefergarantie**, insbesondere bezüglich der fristgerechten und vertragskonformen Lieferung der Güter,
- **Leistungsgarantie**, insbesondere bezüglich der Mängelfreiheit bzw. des Funktionierens der gelieferten (Investitions-)Güter,
- **Gewährleistungsgarantie**, bezüglich der Gewährleistungsansprüche des Käufers während einer eventuell vereinbarten Gewährleistungsphase,

einschließt.

Insoweit kann der Ausdruck "Vertragserfüllungsgarantie" als zusammenfassender **Oberbegriff** für die genannten Garantiearten angesehen werden:

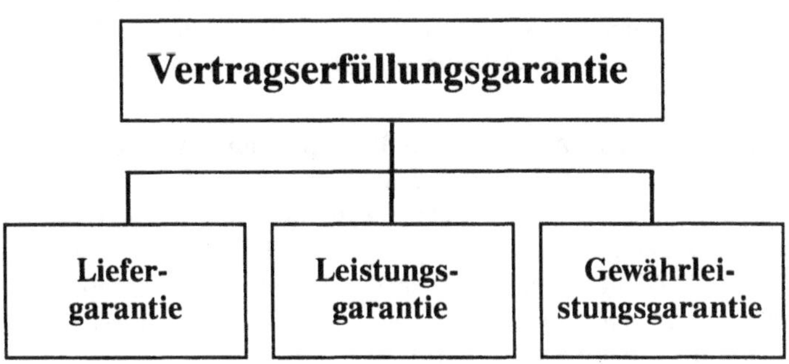

Kombinationen

In der Praxis kommen neben der jeweils getrennten Übernahme der genannten (Teil-)Garantien und neben der (umfassenden) Übernahme von Vertragserfüllungsgarantien auch Kombinationen von

- **Liefergarantien in Verbindung mit Leistungsgarantien** (häufig wird diese Kombination als "Erfüllungsgarantie" bezeichnet; nicht zu verwechseln mit einer Vertragserfüllungsgarantie, die umfassender ist) sowie
- **Leistungsgarantien in Verbindung mit Gewährleistungsgarantien**

vor.

Garantiegültigkeit

Über die (reine) Lieferung der Waren hinaus sichert die Vertragserfüllungsgarantie - je nach Formulierung des Garantietextes - den garantiebegünstigten Importeur auch vor Leistungs- und Gewährleistungsrisiken. Solche Risiken können beispielsweise bei Maschinen oder Anlagen im nicht vertragsgemäßen Funktionieren liegen. Die **Laufzeit** von Vertragserfüllungsgarantien erstreckt sich deswegen bei Investitionsgüterexporten zumindest bis zur **Abnahmeinspektion** von Maschinen bzw. im Anlagenbau bis zur **Inbetriebnahme** eines Werks.

Die vollständige Erledigung eines (Export-)Geschäfts wird im Zusammenhang mit Vertragserfüllungsgarantien häufig nachgewiesen durch die Vorlage eines „Certificate of Provisional Acceptance“ bzw. „Final Acceptance“ (vgl. Dresdner Bank AG, Auslandsgarantien 1990: S. 69).

Sind darüber hinaus im Grundgeschäft **Gewährleistungen** des Lieferanten über einen bestimmten Zeitraum vereinbart, dann erstreckt sich die Vertragserfüllungsgarantie in der Regel auch auf diese Phase und umfaßt dann eine Laufzeit von mehreren Jahren, es sei denn, es wird jeweils eine gesonderte Leistungsgarantie und eine gesonderte Gewährleistungsgarantie erstellt.

Ratschläge

- Die Banken empfehlen eine **eindeutige Befristung** der Vertragserfüllungsgarantie. Insbesondere sollte das Verfalldatum **nicht mit vagen Ausdrücken** wie beispielsweise "bis zum befriedigenden Funktionieren" ("satisfactory operation") o.ä. in den Kauf- bzw. Werkvertrag bzw. in den Garantietext aufgenommen werden (vgl. Schweizerische Kreditanstalt, 1995 ff.: S. 102).
- Zur Befristung bzw. zur **Abwehr der Inanspruchnahme** von Vertragserfüllungsgarantien führt die Dresdner Bank AG aus: *„Ähnlich wie bei den Lieferungs- und Leistungsgarantien können Texte von Vertragserfüllungsgarantien durchaus vorsehen, daß eine Inanspruchnahme innerhalb einer gewissen Frist durch Vorlage eines ... „Acceptance Certificate“ (*siehe oben: „Certificate of Provisional Acceptance“ bzw. „Final Acceptance“) *durch den Garantie-Auftraggeber abgewehrt werden kann“* (Dresdner Bank AG, Auslandsgarantien 1990: S 69).
- Die Dresdner Bank hält eine weitere, in die Garantie aufzunehmende Klausel bereit, wenn im Liefervertrag die Anrufung eines Schiedsgerichts zur Beilegung von eventuellen Streitigkeiten vorgesehen ist, die beispielsweise lautet: *„... an Sie zu zahlen,*

wenn Sie uns gleichzeitig mit Ihrer schriftlichen Inanspruchnahme einen vom Generalsekretär der Internationalen Handelskammer, Paris, beglaubigten Schiedsspruch vorlegen, in dem festgestellt wird, daß die Firma ... Ihnen einen bestimmten Betrag schuldet, vorausgesetzt, daß der unter dieser Garantie in Anspruch genommene Betrag den im Schiedsspruch genannten Betrag nicht überschreitet" (Dresdner Bank AG, Auslandgarantien 1999: S. 69).

Garantiebetrag

Weil der garantiebegünstigte Importeur mit einer Vertragserfüllungsgarantie ein breites Risikospektrum abzudecken wünscht, beläuft sich der Garantiebetrag bei dieser Garantieart häufig auf **10% des Vertragswertes** und darüber. Indessen hängt es vom Einzelfall ab (z.B. von der Art der exportierten Güter, von der Wahrscheinlichkeit des Mängeleintritts, vom finanziellen Aufwand erforderlicher Mängelbeseitigungen usw.), welcher Garantiebetrag angemessen erscheint.

Vorleistungen/Reduzierungsklausel

Ebenso wie bei einer Liefergarantie kann auch bei der Vertragserfüllungsgarantie durch eine entsprechende Gestaltung des Garantietextes das Inkrafttreten bzw. die Inanspruchnahme der Garantie von Vorleistungen der Beteiligten abhängig gemacht werden. So kann beispielsweise einem garantiebegünstigten Importeur als Vorleistungspflicht die **Rückgabe** einer eventuell erstellten **Bietungsgarantie** oder die **Eröffnung eines Dokumentenakkreditivs** zugunsten des Exporteurs auferlegt sein (siehe auch Abschnitt "8.2.2 Liefergarantie").

Zur Aufnahme einer sog. **Reduzierungsklausel** in den Garantietext **bei Teillieferungen** siehe ebenfalls Abschnitt "8.2.2 Liefergarantie".

Abbildungen/Mustertexte

- **Abbildung 8.2-07** zeigt den Mustertext einer **Vertragserfüllungsgarantie / Performance Guarantee** in **deutscher** und in **englischer Sprache**.
- **Abbildung 8.2-08** zeigt den Mustertext einer **Vertragserfüllungsgarantie / Garantie de bonne exécution** in **französischer Sprache**.

Anmerkung: Die Mustertexte vermögen nur generelle Anhaltspunkte zu geben. Im konkreten Fall ist der **individuelle Zuschnitt** des Garantietextes auf das jeweils vorliegende Auslandsgeschäft erforderlich, wozu die international versierten Banken Hilfestellung leisten.

Vertragserfüllungs- garantie

Wir hörten von unserer Kundin, der Firma ....*(Name des Auftraggebers)*, daß sie von Ihnen den Auftrag ....*(Auftrags/Vertrags-nummer und/oder Datum)* zur Lieferung von ....*(Warenbezeichnung)* im Gesamtwert von ....*(Gesamtbetrag des Auftrages/Vertrages)* erhalten hat. Die Kontraktbedingungen sehen die Erstellung einer Vertragserfüllungsgarantie in Höhe von ....*(Betrag der Garantie)* vor.

Auftrags Firma ....*(Name des Auftraggebers)* übernehmen wir hiermit zu Ihren Gunsten die unwiderrufliche Vertragserfüllungsgarantie in Höhe von

..........*(Betrag der Garantie)*

(..........(Garantiebetrag in Worten)).

Wir werden unter unserer Vertragserfüllungsgarantie Zahlung leisten auf Ihre erste schriftliche Anforderung – uns zu übermitteln über eine internationale Bank zwecks Verifizierung Ihrer Unterschriften –, in der Sie uns bestätigen, daß die Firma ....*(Name des Auftraggebers)* ihren vertraglichen Verpflichtungen nicht nachgekommen ist.

Diese Garantie erlischt, unabhängig von der Rückgabe dieser Urkunde, am ....*(Kalenderdatum)*, es sei denn, daß Sie uns vor Ablauf dieses Tages, schriftlich bei uns in Hamburg eintreffend, nach Maßgabe der vorstehend aufgeführten Bedingungen aus ihr in Anspruch genommen haben.

Diese Garantie unterliegt dem Recht der Bundesrepublik Deutschland.

Performance Guarantee

We have been advised by our customers ....*(name of customer)*, that according to ....*(order/contract No. and date)* they are supplying you with ....*(description of goods)* at a total value of ....*(total value of the contract)*. The terms of the contract provide the issuance of a guarantee for ....*(guarantee amount)*.

By order of ....*(name of customer)*, we hereby issue the irrevocable guarantee in your favour for

..........*(guarantee amount)*

(..........(guarantee amount in words)).

We shall effect payment under our guarantee on your first written demand – to be forwarded to us through an international bank for verification of your signatures – confirming to us that ....*(name of customer)*, have not fulfilled their contractual obligations.

This guarantee will expire on ....*(calendar-date)*, even if this document is not returned, unless your written claim under this guarantee in accordance with the above-mentioned conditions has reached us in Hamburg by the end of that day.

This guarantee is governed by the law of the Federal Republic of Germany.

Abbildung 8.2-07 **Quelle**: Vereins- und Westbank AG, Bankgarantien o.J.: S.34

Schweizerischer Bankverein
Société de Banque Suisse
Società di Banca Svizzera
Swiss Bank Corporation

...
(bénéficiaire = acheteur)

Garantie de bonne exécution n° ......

Nous sommes informés que, en date du ..., vous avez conclu avec la maison ... (fournisseur) un contrat n° ... pour la fourniture de ... au prix total de ... . Conformément aux termes du contrat, la maison ... (fournisseur) doit fournir une garantie bancaire s'élevant à ... (... % du prix total).

Ceci dit, nous, la **Société de Banque Suisse**, ... (adresse), nous engageons par la présente, de façon irrévocable, à vous payer immédiatement, indépendamment de la validité et des effets juridiques du contrat en question et sans faire valoir d'exception ni d'objection résultant dudit contrat, à votre première demande, tout montant jusqu'à concurrence de

(devise / montant maximal) (en toutes lettres: ...)

contre remise d'une demande de paiement et d'une confirmation écrites de votre part attestant en particulier que la maison ... (fournisseur) n'a pas rempli ses obligations contractuelles.

Pour des raisons d'identification, votre demande de paiement ainsi que votre confirmation susmentionnée ne seront considérées comme valables que si elles nous parviennent par l'intermédiaire d'une banque de premier ordre, accompagnées d'une déclaration de cette dernière certifiant que les signatures qui y figurent vous engagent valablement. Si ladite banque utilise la voie du télex/télégramme codé ou du SWIFT, elle devra dans tous les cas reproduire le texte intégral de votre demande de paiement et de votre confirmation écrites susmentionnées tout en confirmant qu'elle nous a fait parvenir les originaux desdits documents valablement signés par vous-mêmes.

Notre garantie est valable jusqu'au

...

et s'éteindra automatiquement et entièrement, même dans l'hypothèse où le présent instrument ne nous aurait pas été retourné, si votre demande de paiement et votre confirmation écrites, ou le message de la banque par télex/télégramme codé ou par SWIFT susmentionné ne sont pas en possession de la Société de Banque Suisse à ..., d'ici cette date au plus tard.

Tout paiement fait sous cette garantie en réduira le montant d'autant.

...
(Lieu, date)

SOCIETE DE BANQUE SUISSE

Abbildung 8.2-08 **Quelle**: Schweizerischer Bankverein, Bankgarantien 1995: S. 31

8.2.4 Gewährleistungsgarantie

Fremdsprachliche Bezeichnungen

Die **Gewährleistungsgarantie** wird in der englischen Sprache als

- **Guarantee for Warranty Obligations**,

  in der französischen Sprache als

- **Garantie de bonne fin**

bezeichnet, wobei anzumerken ist, daß manchmal weniger die Bezeichnung als vielmehr der Garantietext Aufschluß über die Art der Garantie gibt.

Garantiezweck

- **Für den Importeur**: Mit der Gewährleistungsgarantie sichert der Importeur seine **Gewährleistungsansprüche** an den Exporteur ab, wie sie durch **Mängel an den gelieferten Waren** bzw. an der gebauten Anlage entstehen.

  Die Absicherung der Gewährleistungsansprüche des Käufers kann auch - wie oben dargestellt - in eine Vertragserfüllungsgarantie einbezogen sein.

- **Für den Exporteur**: Aus Sicht des Exporteurs kann die Gewährleistungsgarantie den folgenden Zweck erfüllen: Dem Importeur steht in manchen Fällen laut Kaufvertrag das Recht zu, für die Dauer der Gewährleistungsphase einen **Teilbetrag** von beispielsweise 5% oder 10% des Vertragswertes bzw. des Rechnungsbetrags zu seiner Sicherheit **einzubehalten**. Die für den Exporteur mit diesem Einbehalt verbundenen Liquiditäts- und Zinsnachteile sind offenkundig. Je nach Lage des Einzelfalls kann diese **Einbehaltung durch** die Stellung einer **Gewährleistungsgarantie** zugunsten des Importeurs **ersetzt** und auf dieser Grundlage die volle Auszahlung des Rechnungsbetrags an den Exporteur erreicht werden.

  In der Praxis ist in diesem Zusammenhang manchmal von einer **Haftrücklaßgarantie** die Rede.

Ratschlag

Um sich vor willkürlichen Inanspruchnahmen der Gewährleistungsgarantie zu schützen, kann es im Sicherungsinteresse des Exporteurs liegen, daß in den Garantietext eine Klausel aufgenommen wird, wonach die Gewährleistungsgarantie vom garantiebegünstigten Importeur nur unter **Vorlage eines Sachverständigengutachtens** beansprucht werden kann.

Garantiegültikeit/-betrag

Vereinbarungen über die Gewährleistung laut Kaufvertrag: Zu beobachten sind Laufzeiten von **mehreren Jahren** und Beträge, die sich zwischen **5 und 10% des Rechnungsbetrags** bewegen.

Abbildungen/Mustertexte

Der Schweizerische Bankverein präsentiert folgende Mustertexte für Gewährleistungsgarantien:

- in **Abbildung 8.2-09** den Mustertext einer **Gewährleistungsgarantie** in deutscher Sprache;
- in **Abbildung 8.2-10** den Mustertext einer **Guarantee for Warranty Obligations** in englischer Sprache;
- in **Abbildung 8.2-11** den Mustertext einer **Garantie de bonne fin** in französischer Sprache..

Anmerkung: Die Mustertexte vermögen nur generelle Anhaltspunkte zu geben. Im konkreten Fall ist der **individuelle Zuschnitt** des Garantietextes auf das jeweils vorliegende Auslandsgeschäft erforderlich, wozu die international versierten Banken Hilfestellung leisten.

Schweizerischer Bankverein
Société de Banque Suisse
Società di Banca Svizzera
Swiss Bank Corporation

...
(Adresse Begünstigter =Käufer)

Gewährleistungsgarantie Nr. ......

Wir haben davon Kenntnis genommen, dass Sie am ... mit der Firma ... (Lieferant) einen Vertrag unter der Nr. ... zu einem Gesamtpreis von ... abgeschlossen haben. Gemäss den vertraglichen Bedingungen hat die Firma ... (Lieferant) eine Gewährleistungsgarantie in Höhe von ... (... % des Gesamtpreises) zu stellen.

Dies vorausgeschickt, verpflichten wir, der **Schweizerische Bankverein**, ... (Adresse), uns hiermit unwiderruflich, Ihnen auf Ihre erste Anforderung hin, ungeachtet der Gültigkeit und der Rechtswirkungen des eingangs erwähnten Vertrages und unter Verzicht auf jegliche Einwendungen und Einreden aus demselben, jeden Betrag bis zur Höhe von maximal

(Währung / Betrag) (in Worten: ...)

zu zahlen, gegen Ihre schriftliche Zahlungsaufforderung und Ihre schriftliche Bestätigung, dass die Firma ... (Lieferant) ihren vertraglichen Gewährleistungsverpflichtungen nicht nachgekommen ist.

Aus Identifikationsgründen gilt Ihre Inanspruchnahme unter dieser Garantie nur dann als ordnungsgemäss, wenn sie uns durch eine erstklassige Bank zugeleitet wird, mit der Bestätigung, dass Ihre Zahlungsaufforderung und Ihre vorerwähnte schriftliche Bestätigung rechtsgültig von Ihnen unterzeichnet sind. Sollte diese Bank sich hierbei geschlüsselten Fernschreibens/Telegramms oder SWIFTS bedienen, so hat sie den vollständigen Wortlaut Ihrer Zahlungsaufforderung und Ihrer obenerwähnten schriftlichen Bestätigung zu übermitteln und gleichzeitig zu bestätigen, dass die von Ihnen gültig unterzeichneten Originale dieser Dokumente an uns weitergeleitet wurden.

Unsere Garantie ist gültig bis

...

und erlischt automatisch und vollumfänglich, unabhängig von der Rückgabe der Urkunde, sofern entweder Ihre schriftliche Zahlungsaufforderung zusammen mit Ihrer vorerwähnten schriftlichen Bestätigung oder das genannte ordnungsgemäss geschlüsselte Fernschreiben/Telegramm oder SWIFT der Bank bis zu diesem Zeitpunkt nicht in unserem Besitz beim Schweizerischen Bankverein in ... sind.

Jede unter dieser Garantie geleistete Zahlung erfolgt in Reduktion unserer Verpflichtung.

...
(Ort, Datum)

SCHWEIZERISCHER BANKVEREIN

Abbildung 8.2-09 **Quelle**: Schweizerischer Bankverein, Bankgarantien 1995: S. 35

Schweizerischer Bankverein
Société de Banque Suisse
Società di Banca Svizzera
Swiss Bank Corporation

...
(beneficiary = buyer)

Guarantee for Warranty Obligations No. ......

We have been informed that you have concluded on ... a contract No. ... with Messrs. ... (supplier) for the supply of ... at a total price of ... . According to this contract, Messrs. ... (supplier) are required to provide you with a guarantee for warranty obligations in the amount of ... (... % of the total price).

This being stated, we, **Swiss Bank Corporation**, ... (address), irrespective of the validity and the legal effects of the above-mentioned contract and waiving all rights of objection and defense arising from the principal debt, hereby irrevocably untertake to pay immediately to you, upon your first demand, any amount up to

(currency / maximum amount) (in full letters: ...)

upon receipt of your written request for payment and your written confirmation stating that Messrs. ... (supplier) have not fulfilled their warranty obligations in conformity with the terms of the above-mentioned contract.

For the purpose of identification, your request for payment and your confirmation have to be presented through the intermediary of a first rate bank confirming that the signatures are legally binding upon your firm. If, in this respect, such bank will make use of tested telex, SWIFT or tested cable, it will have to transmit in any case the full wording of your request for payment and of your above-mentioned written confirmation and to confirm at the same time that the originals of these documents, legally binding upon your firm, have been forwarded to us.

Our guarantee is valid until

...

and expires in full and automatically, irrespective of whether the present document is returned to us or not, should your written request for payment and your above-mentioned written confirmation or the above-described tested telex, SWIFT or tested cable sent by the bank not be in our possession by that date at our counters in ... .

With each payment under this guarantee our obligation will be reduced pro rata.

...
(Place, date)

SWISS BANK CORPORATION

Abbildung 8.2-10 **Quelle**: Schweizerischer Bankverein, Bankgarantien 1995: S. 38

Schweizerischer Bankverein
Société de Banque Suisse
Società di Banca Svizzera
Swiss Bank Corporation

...
(bénéficiaire = acheteur)

Garantie de bonne fin n° ......

Nous sommes informés que, en date du ..., vous avez conclu avec la maison ... (fournisseur) un contrat n° ... pour la fourniture de ... au prix total de ... . Conformément aux termes du contrat, la maison ... (fournisseur) doit fournir une garantie de bonne fin s'élevant à ... (... % du prix total).

Ceci dit, nous, la **Société de Banque Suisse**, ... (adresse), nous engageons par la présente, de façon irrévocable, à vous payer immédiatement, indépendamment de la validité et des effets juridiques du contrat en question et sans faire valoir d'exception ni d'objection résultant dudit contrat, à votre première demande, tout montant jusqu'à concurrence de

(devise / montant maximal) (en toutes lettres: ...)

contre remise d'une demande de paiement et d'une confirmation écrites de votre part attestant en particulier que la maison ... (fournisseur) n'a pas rempli ses obligations de garantie contractuelles.

Pour des raisons d'identification, votre demande de paiement ainsi que votre confirmation susmentionnée ne seront considérées comme valables que si elles nous parviennent par l'intermédiaire d'une banque de premier ordre, accompagnées d'une déclaration de cette dernière certifiant que les signatures qui y figurent vous engagent valablement. Si ladite banque utilise la voie du télex/télégramme codé ou du SWIFT, elle devra dans tous les cas reproduire le texte intégral de votre demande de paiement et de votre confirmation écrites susmentionnées tout en confirmant qu'elle nous a fait parvenir les originaux desdits documents valablement signés par vous-mêmes.

Notre garantie est valable jusqu'au

...

et s'éteindra automatiquement et entièrement, même dans l'hypothèse où le présent instrument ne nous aurait pas été retourné, si votre demande de paiement et votre confirmation écrites, ou le message de la banque par télex/télégramme codé ou par SWIFT susmentionné ne sont pas en possession de la Société de Banque Suisse à ..., d'ici cette date au plus tard.

Tout paiement fait sous cette garantie en réduira le montant d'autant.

... **SOCIETE DE BANQUE SUISSE**
(Lieu, date)

Abbildung 8.2-11 **Quelle**: Schweizerischer Bankverein, Bankgarantien 1995: S. 36

8.2.5 Anzahlungsgarantie bzw. Vorauszahlungsgarantie

Bezeichnungen

Die **Anzahlungsgarantie** wird in der englischen Sprache als

- **Advance Payment Guarantee,**
  in der französischen Sprache als
- **Garantie de remboursement d'acompte(s)**

bezeichnet.

Es ist jedoch zu beachten, daß manchmal nicht die Bezeichnung, sondern erst der Garantietext Aufschluß über die Art der Garantie gibt.

Aus Vereinfachungsgründen ist im folgenden nur noch von Anzahlung bzw. Anzahlungsgarantie die Rede, zumal sich in der Praxis der Ausdruck **"Anzahlungsgarantie" als Oberbegriff** für alle abzusichernden Anzahlungen, Abschlagszahlungen und Vorauszahlungen eingebürgert hat.

Garantiezweck

Bei **Investitionsgüterexporten** (insbesondere von Spezialmaschinen nach Plänen der Besteller) bzw. im **Anlagenbau** finden sich häufig Zahlungsbedingungen, die eine **Anzahlung** [seltener eine volle Zahlung des Kaufpreises, d.h. seltener eine (volle) Vorauszahlung] des Importeurs zugunsten des Exporteurs vorsehen. Eine solche Anzahlung trägt insoweit den Charakter einer risikobehafteten **Vorauszahlung** als der Importeur über einen (Waren-) Gegenwert im Zeitpunkt der Zahlung noch nicht verfügt: Der Exporteur kann beispielsweise vor Lieferung der Güter zahlungsunfähig werden, sich vom Vertrag lossagen u.a.m. Der Importeur ist deswegen zu einer Anzahlung/Vorauszahlung meistens nur bereit, wenn er zu seiner Sicherheit eine Anzahlungsgarantie/Vorauszahlungsgarantie der Bank des Exporteurs erhält.

Die Anzahlungsgarantie/Vorauszahlungsgarantie sichert dem garantiebegünstigten Besteller (dem an-/vorauszahlenden Importeur) die **Rückzahlung der geleisteten Anzahlung/ Vorauszahlung** für den Fall zu, daß der Exporteur (der Anzahlungsempfänger/Vorauszahlungsempfänger) seinen vertraglichen Pflichten nicht nachgekommen ist.

Garantiebetrag/Auszahlung

Der Garantiebetrag richtet sich nach der **Höhe der Anzahlung**.

Die Auszahlung des Anzahlungsbetrags an den Exporteur sowie die Vorlage der Garantieurkunde können **in ein Akkreditiv**, das zugunsten des Exporteurs eröffnet wird, **einbezogen** sein: Der akkreditivbegünstigte Exporteur erhält nur gegen Vorlage der Anzahlungsgarantie seiner Bank einen im Akkreditivtext festgelegten (Teil-)Betrag ausbezahlt, der der vereinbarten Anzahlung entspricht.

Reduzierungsklausel/Ratschlag

- Die Banken empfehlen den Exporteuren in den Garantietext eine Klausel aufzunehmen, wonach sich der Betrag der **Anzahlungsgarantie entsprechend** dem Wert geleisteter **Lieferungen** absolut oder prozentual **reduziert** bzw. die Garantie erlischt.

- Als Nachweis geleisteter Lieferungen kommen die **(Versand-)Dokumente** in Frage, die im Garantietext exakt bezeichnet sein müssen. Möglich ist auch, diesen Nachweis an diejenigen Dokumente zu koppeln, die im Rahmen eines eventuell zugunsten des Exporteurs eröffneten Akkreditivs bei der Garantiebank einzureichen sind.

Garantiegültigkeit/Ratschläge

- Der zur Anzahlung verpflichtete Importeur ist zur Leistung der Anzahlung im allgemeinen nur bereit und verpflichtet, wenn er die Anzahlungsgarantie der Bank in Händen hält. Um der Gefahr zu begegnen, daß ein Importeur Ansprüche aus einer Anzahlungsgarantie geltend macht, ohne die Anzahlung überhaupt geleistet zu haben, empfiehlt es sich, in die Anzahlungsgarantie eine Klausel aufzunehmen, wonach diese erst **im Zeitpunkt des vorbehaltlosen Eingangs der Anzahlung** beim Exporteur bzw. bei der garantierenden Bank **in Kraft tritt.**
- Eine **andere praktikable Lösung** des skizzierten Problems besteht darin, daß der Importeur die Anzahlung nicht direkt an den Exporteur, sondern an die garantierende Bank zu leisten hat. Erst danach erhält der Importeur von dieser Bank die Garantieurkunde zugestellt und der Exporteur im Gegenzug den Anzahlungsbetrag ausbezahlt. Im übrigen liegt es im Sicherungsinteresse des Importeurs, wenn er dieser Bank ausdrücklich auferlegt, daß sie den Anzahlungsbetrag an den Exporteur erst nach erfolgter Übernahme der Anzahlungsgarantie weiterleiten darf.
- Die **Laufzeit** der Anzahlungsgarantie sollte entsprechend der oben beschriebenen Reduzierungsklausel und in Bezug auf die vollzogenen (Teil-)Lieferungen des Exporteurs gestaltet werden. Wie bei jeder Bankgarantie ist darüber hinaus der **Tag des Erlöschens** (der Verfalltag) der Garantie in den Text aufzunehmen.

Abbildungen/Mustertexte

- **Abbildung 8.2-12** umfaßt den Mustertext einer **Anzahlungsgarantie** in deutscher Sprache der Deutschen Bank AG;
- **Abbildung 8.2-13** umfaßt den Mustertext einer **Advance Payment Gurarantee** der Credit Suisse in englischer Sprache;
- **Abbildung 8.2-14** umfaßt den weiterreichenden Mustertext einer **Advance Payment Guarantee** der UBS Schweizerischen Bankgesellschaft in englischer Sprache.

Anmerkung: Die Mustertexte vermögen nur generelle Anhaltspunkte zu vermitteln. Im konkreten Fall ist der **individuelle Zuschnitt** des Garantietextes auf das jeweils vorliegende Auslandsgeschäft erforderlich, wozu die international versierten Banken Hilfestellung leisten.

An

____

(Garantienehmer)

Anzahlungsgarantie Nr. ________

Wir wurden davon unterrichtet, daß zwischen Ihnen und (1) ________, nachstehend „Verkäufer", am ________ unter der Nr. ______ ein Vertrag auf (2) ________ zu einem Gesamtpreis von ________ abgeschlossen worden ist, der eine Anzahlung in Höhe von ______% des Gesamtpreises gegen die Erstellung einer Anzahlungsgarantie vorsieht.

Dies vorausgeschickt, verpflichten wir, die Deutsche Bank AG, Filiale ____________, uns hiermit unwiderruflich, an Sie auf Ihre erste schriftliche Anforderung hin unverzüglich einen Betrag bis zur Höhe von

____

(in Worten: ____)

zu zahlen, wenn Sie uns gleichzeitig schriftlich bestätigen, daß der Verkäufer seinen vertraglichen Pflichten zur (2) ________ nicht nachgekommen ist und Sie demzufolge berechtigt sind, die geleistete Anzahlung zurückzufordern.

Diese Garantie ermäßigt sich automatisch um ______% von 100% des Rechnungswerts jeder Lieferung. Als Nachweis jeder Lieferung gilt die Einreichung ordnungsgemäßer Dokumente bei uns unter dem Akkreditiv Nr. ________ der ________-Bank (3).

Diese Garantie erlischt, selbst bei Nichtrückgabe dieser Urkunde, am ________, es sei denn, daß Sie uns vor Ablauf dieses Tages, schriftlich bei uns in ____________ eintreffend, nach Maßgabe der vorstehend aufgeführten Bedingungen aus ihr in Anspruch genommen haben.

Diese Garantie ist nur mit unserer Zustimmung abtretbar.

Die Ausstellung dieser Garantie ist gemäß den gesetzlichen Bestimmungen der Bundesrepublik Deutschland zulässig.

Die Rechte und Pflichten aus dieser Garantie bestimmen sich nach dem Recht der Bundesrepublik Deutschland.

Deutsche Bank AG

Filiale ______________

____

(1) Auftraggeber (zur Beibringung der Garantie Verpflichteter)
(2) Vertragsgegenstand
(3) nur im Fall eines bei der garantierenden Bank benutzbaren Akkreditivs

Abbildung 8.2-12 **Quelle**: Deutsche Bank AG, Bankgarantien 1988: S. 50

CREDIT SUISSE | FIRST BOSTON

CREDIT SUISSE FIRST BOSTON
Trade Finance Service Center
P.O. Box 900
CH-8070 Zurich

CH-8070 Zurich, March 15, 1997

Denim Market Ltd.
P.O. Box 393
Toronto
Canada

PAYMENT OBLIGATION NO. 38945
(ADVANCE PAYMENT GUARANTEE)

Dear Sirs,

We refer to the contract between you and Muster AG, Zurich / Switzerland of March 1, 1997, re delivery of 10 weaving machines. According to the terms of the contract you will make an advance payment of CHF 1'200'000.-- (= 15 % of contract value). As security for the claim for the refund of the advance payment, an indemnity by a bank shall be furnished.

At the request of Muster AG, we hereby irrevocably undertake to pay to you on your first demand, waiving all rights of objection and defence, any amount up to a maximum of

CHF 1'200'000.--
(Swiss Francs onemilliontwohundredthousand 00/00)

upon receipt of your written confirmation that the amount claimed has fallen due and that Muster AG have not delivered the above goods in conformity with the terms of the contract.

This written confirmation must reach us at the latest by

June 15, 1998 (ninetyeight),

otherwise our payment obligation expires.

This payment obligation enters into force as soon as we have received the above amount of CHF 1'200'000.-- in favour of Muster AG.

Yours faithfully,

CREDIT SUISSE FIRST BOSTON

Abbildung 8.2-13 **Quelle**: Credit Suisse, Akkreditive 1998: S. 105

UBS

Union de Banques Suisses
Schweizerische Bankgesellschaft
Unione di Banche Svizzere
Union Bank of Switzerland

Advance Payment Guarantee

Dear Madam, dear Sir,

You concluded a contract No. .... with Messrs ...., on .... for the supply of .... at a price of .... According to the terms of the contract you will make an advance payment of .... to Messrs .... As security for the possible claim for the refund of the advance payment, in the event that the contractual delivery obligations are not fulfilled, an indemnity by a bank shall be furnished.

At the request of Messrs ...., we, the Union Bank of Switzerland, ..., hereby irrevocably undertake to refund to you on your first demand, irrespective of the validity and the effects of the above mentioned contract and waiving all rights of objection and defense arising therefrom, any amount up to

.... (in words ....)

upon receipt of your duly signed request for payment stating that Messrs ...., have failed to fulfill their contractual delivery obligations.

The total amount of this indemnity will be reduced by any payment effected hereunder.

For the purpose of identification, your request for payment in writing has to be presented to us through the intermediary of a first rate bank confirming that the signatures thereon are legally binding upon you.

Your claim is also acceptable if transmitted to us in full by duly encoded telex/cable/swift through a first rate bank confirming that your original claim has been sent to us by registered mail and that the signatures thereon are legally binding upon you.

SPECIMEN

Your claim will be considered as having been made once we are in possession of your written request for payment or the telex or cable or swift to this effect at our above address.

The amount of this indemnity will automatically be reduced in proportion to the value of each part-shipment upon receipt by us of copies of the commercial invoice and the corresponding shipping document which we shall be entitled to accept as conclusive evidence that such part-shipment has been effected.

Our indemnity is valid until

.... (in words ....)

and expires in full and automatically if your claim has not been made on or before that date, regardless of such date being a banking day or not.

This letter of indemnity enters into force only after receipt of the advance payment by Messrs ....

This undertaking is governed by Swiss law, place of jurisdiction is ....

Yours very truly,
Union Bank of Switzerland

Bahnhofstrasse 45, CH-8021 Zurich
Phone + 41-1 234 11 11
www.ubs.com

Abbildung 8.2-14 **Quelle**: UBS Schweizerische Bankgesellschaft, Bankgarantien 1997: S. 95

8.2.6 Zahlungsgarantie (Ausfall-Zahlungsgarantie)

Bezeichnungen

In der Praxis bzw. in der Literatur finden sich für **Zahlungsgarantien** auch die Bezeichnungen

- **Ausfall-Zahlungsgarantie,**
- **Payment Guarantee,**
- **Garantie de paiement.**

Anmerkung: Es ist jedoch – insbesondere auch zur Abgrenzung von der Anzahlungsgarantie – zu beachten, daß manchmal weniger die Bezeichnung als vielmehr der Garantietext Aufschluß über die Art der Garantie gibt.

Garantiezweck

Zahlungsgarantien der Banken kommen wegen der Verschiedenartigkeit abzusichernder Zahlungsansprüche in unterschiedlichen Ausprägungen bzw. Formulierungen der Garantietexte vor. Mit Zahlungsgarantien werden in der Praxis beispielsweise **Ansprüche auf Zahlung gesichert**, die sich grundgeschäftlich auf Warenlieferungen, Dienstleistungen, manchmal aber auch auf (reine) **Kreditverhältnisse** u. ä. Geschäftsvorfälle beziehen.

Gemeinsames Merkmal von Zahlungsgarantien ist die Absicherung des Gläubigers (des Exporteurs) vor dem **Risiko**, daß der Schuldner (der Importeur) seine **Verpflichtung zur Zahlung nicht** bzw. nicht rechtzeitig **erfüllt**.

Absicherung bei Exportfinanzierungen

Zahlungsgarantien der Banken spielen darüber hinaus bei **Forfaitierungen von Buchforderungen** eine Rolle. Werden bei Forfaitierungen über die vom Importeur zu zahlenden Raten keine (Sola-)Wechsel ausgestellt oder ist die Bank des Importeurs nicht bereit oder nicht befugt, ein Wechselaval zu übernehmen, dann kann die Buchforderung durch eine Zahlungsgarantie der Bank des Importeurs oder einer anderen Bank gesichert und damit die Forfaitierung der Buchforderung ermöglicht werden.

In einem ähnlichen Zusammenhang treten Zahlungsgarantien bzw. Kreditsicherungsgarantien der (Importeur-)Banken bei **Bestellerkrediten**, aber auch bei **Lieferantenkrediten** und bei **Liefervertragskrediten** in Erscheinung.

Hinweis. Diese Refinanzierungsinstrumente sind in Häberle, S.G., Handbuch der Außenhandelsfinanzierung, München und Wien, dargestellt und beurteilt.

Reine Garantie

Eine **reine Zahlungsgarantie** liegt vor, wenn der Garantiebegünstigte (der Exporteur) allein auf Grundlage

- seiner ersten schriftlichen **Anforderung** des Garantie(teil)betrags bei der Garantiebank sowie

- seiner schriftlichen **Erklärung**, daß der Garantieauftraggeber (der Importeur) seinen vertraglichen Zahlungsverpflichtungen nicht nachgekommen ist,

Zahlung aus der Bankgarantie erlangt.

Dokumentäre Garantie

Die Inanspruchnahme einer **dokumentären Zahlungsgarantie** setzt dagegen **zusätzlich** zur oben beschriebenen Anforderung und Erklärung des Garantiebegünstigten (des Exporteurs) voraus, daß dieser

- bestimmte, im Garantietext definierte **Dokumente** (die beispielsweise den vollzogenen Versand der Güter an den Importeur beweisen)

vorzulegen hat.

Garantiebetrag/-gültigkeit

Zahlungsgarantien können sich nur auf den **geschuldeten Betrag** beziehen oder zusätzlich auch auf eventuelle **Zinszahlungsverpflichtungen** und andere **Nebenleistungen** des Schuldners, wobei Letztere inhaltlich, quantitativ, zeitlich und methodisch (z.B. die Höhe des Zinssatzes, der Zeitpunkt des Beginns der Zinszahlungen, die Zinsberechnungsmethode usw.) im Garantietext genau festgelegt werden sollten.

Die **Laufzeit** von Zahlungsgarantien orientiert sich an den grundgeschäftlichen Erfordernissen und weist deswegen in der Praxis sehr unterschiedliche Zeiträume auf.

Abgrenzungen zum Dokumentenakkreditiv

Zahlungsgarantien der Banken erfüllen ebenso wie Dokumentenakkreditive eine Zahlungssicherungsfunktion für den Garantie- bzw. Akkreditivbegünstigten. Es gilt indessen gewichtige **Unterschiede** zwischen diesen beiden Sicherungsinstrumenten zu beachten:

- **Dokumentenakkreditive** werden eröffnet, damit der Akkreditivbegünstigte Zahlung erlangt, sofern er die Akkreditivbedingungen erfüllt:
  - Zweck des Akkreditivs ist somit die **Auszahlung** an den Begünstigten als **Regelfall**.
  - Die **Auszahlungsvoraussetzungen** (die Akkreditivbedingungen) hat beim Akkreditiv allein der **Begünstigte** zu erfüllen.
- **Zahlungsgarantien** werden dagegen lediglich zur Sicherheit des Garantiebegünstigten eröffnet:
  - Die **Auszahlung** des Garantiebetrags ist deswegen nicht Regelfall, sondern **Ausnahmefall**.
  - Die **Auszahlungsvoraussetzungen** liegen in einem **Verstoß des Garantieauftraggebers** gegen die grundgeschäftlichen Vereinbarungen (z.B. im Zahlungsverzug des Importeurs) begründet.

Standby Letters of Credit

Standby Letters of Credit sind gemäß Artikel 2 ERA **Akkreditive**: Sie umfassen wie jedes Akkreditiv ein Zahlungsversprechen (Schuldversprechen) der eröffnenden Bank. Ihre Besonderheit ist darin zu erblicken, daß Standby Letters of Credit als **garantieähnliche Instrumente** eingesetzt werden. Mit Standby Letters of Credit können warenbezogene Verpflichtungen (wie z.B. die Erfüllung von Kaufverträgen hinsichtlich der Lieferung, der Bezahlung oder der Gewährleistung) ebenso akkreditivmäßig abgesichert (garantiert) werden wie Verpflichtungen zur Rückzahlung von Krediten.

Einzelheiten zu Standby Letters of Credit als

- **reine Garantieinstrumente und als**
- **dokumentäre Garantieinstrumente**

siehe Abschnitt "1.4.2 Standby Letter of Credit".

Sonderform: Wechseleinlösungsgarantie

Als eine Sonderform der Zahlungsgarantie kann die Wechseleinlösungsgarantie angesehen werden: Die garantierende Bank übernimmt **die Verpflichtung, die Wechselsumme zu bezahlen**, sofern der Garantiebegünstigte den Wechselbetrag bei Fälligkeit des Wechsels vom Wechselzahlungspflichtigen (Akzeptant eines gezogenen Wechsels, Aussteller eines Solawechsels) nicht erlangt. Es ist naheliegend, eine Wechseleinlösungsgarantie insoweit **"dokumentär"** zu **gestalten**, als dem Garantiebegünstigten die Vorlage des (protestierten) Wechsels als Voraussetzung für die Inanspruchnahme der Garantie auferlegt wird.

Anmerkung: Sofern eine Bank ihr Aval unmittelbar auf der Wechselurkunde anbringt, liegt eine **Wechselbürgschaft** (ein sog. Wechselaval) und keine Wechseleinlösungsgarantie im oben beschriebenen Sinne vor.

Abbildungen/Mustertexte

- **Abbildung 8.2-15** umfaßt die Mustertexte für eine **Zahlungsgarantie** bzw. für eine **Payment Guarantee** in **deutscher** und in **englischer Sprache**.
- **Abbildung 8.2-16** umfaßt einen weiterreichenden Mustertext für eine **(Ausfall-) Zahlungsgarantie** in deutscher Sprache

Zahlungsgarantie

Wir hörten von unserer Kundin, der Firma ....*(Name des Auftraggebers)*, daß sie von Ihnen gemäß ....*(Auftrags-/Vertragsnummer und/oder Datum)* ....*(Warenbezeichnung)* im Gesamtwert von ....*(Gesamtbetrag des Auftrages/Vertrages)* gekauft hat. Die Erstellung einer Bankgarantie wurde vereinbart.

Auftrags Firma ....*(Name des Auftraggebers)*, erstellen wir hiermit zu Ihren Gunsten die unwiderrufliche Zahlungsgarantie in Höhe von

..........*(Garantiebetrag in Ziffern)*

(..........*(Garantiebetrag in Worten)*).

Wir werden unter unserer Garantie Zahlung leisten auf Ihre erste schriftliche Anforderung – uns zu übermitteln über eine internationale Bank zwecks Verifizierung Ihrer Unterschriften –, in der Sie uns bestätigen, daß die Firma ....*(Name des Auftraggebers)*, ihren Zahlungsverpflichtungen Ihnen gegenüber nach erfolgter Lieferung der betreffenden Ware nicht nachgekommen ist.

Diese Garantie erlischt, unabhängig von der Rückgabe dieser Urkunde, am ....*(Kalenderdatum)*, es sei denn, daß Sie uns vor Ablauf dieses Tages, schriftlich bei uns in Hamburg eintreffend, nach Maßgabe der vorstehend aufgeführten Bedingungen aus ihr in Anspruch genommen haben.

Diese Garantie unterliegt dem Recht der Bundesrepublik Deutschland.

Payment Guarantee

We have been informed by our customers, ...*(name of customer)*, that according to ....*(order/contract No. and/or date)* they purchased from you ....*(description of goods)* at a total value of ....*(total value of the contract)*. The issuance of a bank guarantee has been agreed upon.

By order of ....*(name of customer)*, we hereby issue the irrevocable payment guarantee in your favour for

..........*(guarantee amount in figures)*

(..........*(guarantee amount in words)*).

We shall effect payment under our guarantee on your first written demand – to be forwarded to us through an international bank for verification of your signatures – confirming to us that although the goods in question having been supplied ....*(name of customer)*, have not fulfilled their payment obligations.

This guarantee will expire on ....*(calendar-date)*, even if this document is not returned, unless your written claim under this guarantee in accordance with the above-mentioned conditions has reached us in Hamburg by the end of that day.

This guarantee is governed by the law of the Federal Republic of Germany.

Abbildung 8.2-15 **Quelle**: Vereins- und Westbank AG, Bankgarantien o.J.: S.35

UBS

Union de Banques Suisses
Schweizerische Bankgesellschaft
Unione di Banche Svizzere
Union Bank of Switzerland

Zahlungsgarantie

Sehr geehrte Damen und Herren

Sie haben mit der Firma ...., am .... einen Vertrag Nr. .... für die Lieferung von .... zum Preise von .... abgeschlossen. Die Bezahlung der Ware soll durch eine Bankgarantie sichergestellt werden.

Im Auftrage der Firma ...., verpflichten wir, die Schweizerische Bankgesellschaft, ..., uns hiermit unwiderruflich, Ihnen auf Ihre erste Anforderung hin, ungeachtet der Gültigkeit und der Rechtswirkungen des eingangs erwähnten Vertrages und unter Verzicht auf jegliche Einwendungen und Einreden aus demselben, jeden Betrag bis maximal

.... (in Worten ....)

zu zahlen, gegen Ihre rechtsgültig unterzeichnete, schriftliche Zahlungsaufforderung versehen mit der Erklärung, dass Sie

a) der Firma ...., die unter dem eingangs erwähnten Vertrag bestellte Ware vertragsgemäss geliefert und

b) für den unter dieser Garantie verlangten Betrag bei Fälligkeit keine Zahlung erhalten haben.

Jede unter dieser Garantie geleistete Zahlung erfolgt in Reduktion unserer Haftung.

Aus Identifikationsgründen ist uns Ihre schriftliche Zahlungsaufforderung durch eine erstklassige Bank zuzuleiten mit deren Bestätigung, dass sie rechtmässig unterzeichnet ist.

Eine Inanspruchnahme kann auch mit ordnungsgemäss geschlüsseltem Fernschreiben/Telegramm/Swift einer erstklassigen Bank erfolgen, unter Wiedergabe des vollen Wortlautes Ihrer Zahlungsaufforderung sowie mit deren Bestätigung, dass diese rechtmässig unterzeichnet ist und dass sie das Original Ihrer Inanspruchnahme mit eingeschriebenem Brief an uns weitergeleitet hat.

Die Inanspruchnahme gilt als erfolgt, wenn entweder die schriftliche Zahlungsaufforderung, das Fernschreiben oder das Telegramm oder der Swift in unserem Besitze an obiger Adresse ist.

Unsere Garantie ist gültig bis

.... (in Worten ....)

und erlischt automatisch und vollumfänglich, sofern die Inanspruchnahme bis zu diesem Zeitpunkt nicht erfolgt ist, gleichgültig, ob es sich um einen Bankwerktag handelt oder nicht.

Für diese Garantie gilt schweizerisches Recht, Gerichtsstand ist ....

Mit freundlichen Grüssen
Schweizerische Bankgesellschaft

Bahnhofstrasse 45, CH-8021 Zürich
Tel. + 41-1 234 11 11
www.ubs.com

SPECIMEN

Abbildung 8.2-16 **Quelle**: UBS Schweizerische Bankgesellschaft, Bankgarantien 1997: S.96

8.2.7 Kreditsicherungsgarantie (Kreditgarantie)

Charakterisierung/Garantiezwecke

Die Kreditsicherungsgarantie, zum Teil kurz als Kreditgarantie (Guarantee, Garantie) bezeichnet, sichert den Kreditgeber vor **Risiken**, die **aus einem Kreditverhältnis** resultieren.

Die **grundgeschäftlichen Kreditverhältnisse**, die die Kreditsicherungsgarantie einer Bank erfordern, können verschiedenartiger Natur sein.

Beispiele:

- Kreditaufnahme eines deutschen Unternehmens bei einer **ausländischen Bank**, abzusichern durch eine Kreditsicherungsgarantie der deutschen Hausbank des Kreditnehmers zugunsten der ausländischen kreditgebenden Bank;
- Kreditaufnahme einer ausländischen **Tochtergesellschaft bei einer ausländischen Bank**, abzusichern durch eine Kreditsicherungsgarantie der deutschen Hausbank der Muttergesellschaft zugunsten der kreditgebenden ausländischen Bank;
- Kreditaufnahme bei einem (ausländischen) **Lieferanten**, die nicht auf einer Warenlieferung, sondern auf einer "reinen" Kreditbeziehung beruht, abzusichern durch eine Kreditsicherungsgarantie der Bank des Kreditnehmers (die Grenzen zur reinen Zahlungsgarantie einer Bank – siehe Abschnitt 8.2.6 – sind in diesem Fall allerdings fließend).

Garantiebetrag/Garantiegültigkeit

Analog zu den Zahlungsgarantien, kann sich der Garantiebetrag bei Kreditsicherungsgarantien nur auf den grundgeschäftlichen **Kreditbetrag** oder aber auch auf die damit verbundenen **Zinszahlungen** sowie **Nebenkosten** des Kreditverhältnisses beziehen.

Die **Laufzeit** einer Kreditsicherungsgarantie ist regelmäßig an der Laufzeit des grundgeschäftlichen Kreditverhältnisses orientiert.

Abbildungen/Mustertexte

- **Abbildung 8.2-17** umfaßt den Mustertext einer **(Kredit-)Garantie** der UBS Schweizerischen Bankgesellschaft in deutscher Sprache;
- **Abbildung 8.2-18** umfaßt den Mustertext eines **Letter of Guarantee** des Schweizerischen Bankvereins in englischer Sprache.

UBS

Union de Banques Suisses
Schweizerische Bankgesellschaft
Unione di Banche Svizzere
Union Bank of Switzerland

Garantie

Sehr geehrte Damen und Herren

Als Deckung für einen Kredit, den Sie

..............................,

zu gewähren bereit sind, verpflichten wir, die Schweizerische Bankgesellschaft, ..., uns hiermit unwiderruflich, Ihnen auf Ihre erste Anforderung hin, ungeachtet der Gültigkeit und der Rechtswirkungen des eingangs erwähnten Kreditverhältnisses und unter Verzicht auf jegliche Einwendungen und Einreden aus demselben, jeden Betrag bis maximal

.... (in Worten ....)

Kapital, Zinsen und Nebenkosten eingeschlossen, zu zahlen, gegen Ihre rechtsgültig unterzeichnete oder richtig geschlüsselte fernschriftliche oder telegraphische Zahlungsaufforderung versehen mit der Erklärung, dass ...., Ihnen den unter dieser Garantie verlangten Betrag bei Fälligkeit nicht zurückbezahlt hat. Die Inanspruchnahme gilt als erfolgt, wenn entweder die schriftliche Zahlungsaufforderung, das Fernschreiben oder das Telegramm oder der Swift in unserem Besitze an obiger Adresse sind.

SPECIMEN

Jede unter dieser Garantie geleistete Zahlung erfolgt in Reduktion unserer Haftung.

Diese Garantie ist gültig bis

.... (in Worten ....)

und erlischt automatisch und vollumfänglich, sofern die Inanspruchnahme bis zu diesem Zeitpunkt nicht erfolgt ist, gleichgültig, ob es sich um einen Bankwerktag handelt oder nicht.

Für diese Garantie gilt schweizerisches Recht, Gerichtsstand ist ....

Mit freundlichen Grüssen
Schweizerische Bankgesellschaft

Bahnhofstrasse 45, CH-8021 Zürich
Tel. + 41-1 234 11 11
www.ubs.com

Abbildung 8.2-17 **Quelle**: UBS Schweizerische Bankgesellschaft, Bankgarantien 1997.: S.98

Schweizerischer Bankverein
Société de Banque Suisse
Società di Banca Svizzera
Swiss Bank Corporation

...
(beneficiary = lender)

Letter of Guarantee No. ......

As security for a credit line which you will grant to

... (borrower)

we, **Swiss Bank Corporation**, ... (address), irrespective of the validity and the legal effects of the abovementioned contract and waiving all rights of objection and defense arising from said credit relationship, hereby irrevocably undertake to pay immediately to you, upon your first demand, any amount up to

(currency / maximum amount) (in full letters: ...)

(including principal, interest and all other charges) upon receipt of your written request for payment and your written confirmation stating that ... (borrower) has not repaid the amount claimed under this guarantee on the due date.

Our guarantee is valid until

...

and expires in full and automatically, irrespective of whether the present instrument is returned to us or not, should your written request and your confirmation not be in our possession by that date at our counters in ... .

With each payment under this guarantee our obligation will be reduced pro rata.

...
(Place, date)

SWISS BANK CORPORATION

Abbildung 8.2-18 **Quelle**: Schweizerischer Bankverein, Bankgarantien 1997.: S.48

8.2.8 Sonderformen

8.2.8.1 Konnossementsgarantie

Garantiezweck

Bei Seefracht hat der Importeur seine Legitimation zum Empfang der Güter durch Vorlage des Konnossements gegenüber der Reederei nachzuweisen. In der Regel hält der Importeur das Konnossement vor Ankunft der Ware in Händen. Es kommt jedoch auch vor, daß die Güter im Bestimmungshafen ankommen, bevor dem Importeur das Konnossement beispielsweise im Rahmen eines Dokumenteninkassos oder eines Dokumentenakkreditivs zur Verfügung gestellt ist. Um in dieser Situation die angelandeten Güter trotzdem in Empfang nehmen zu können, beantragt der Importeur bei seiner Bank eine **Konnossementsgarantie (Bill of Lading Guarantee, Guarantee for missing Bill of Lading, Garantie pour connaissement, Garantie pour connaissement manquant)**. Darin verpflichtet sich die Garantiebank gegenüber dem Garantiebegünstigten (gegenüber der Reederei) zur **Übernahme** der finanziellen Folgen von **Schäden**, Nachteilen usw., die dem Garantiebegünstigten (der Reederei) dadurch entstehen, daß er dem Garantieauftraggeber (dem Importeur) die **Güter ohne Vorlage des Konnossements aushändigt**.

Eine analoge Verpflichtung geht die Garantiebank gegenüber der Reederei ein, wenn ein Konnossement verlorengeht und deswegen und auf Grundlage der Bankgarantie ein Ersatzkonnossement von der Reederei ausgestellt wird.

Garantiebetrag/Garantiegültigkeit

Der Garantiebetrag umfaßt mindestens den **Warenwert** der Sendung, im allgemeinen jedoch 150%, manchmal sogar 200% des Warenwertes.

Häufig sind Konnossementsgarantien auf Verlangen der Reederei **unbefristet** zu stellen.

Hinweis: Zur Problematik unbefristeter Bankgarantien siehe Abschnitt 8.3.4.

Im Falle der Ausstellung eines **Ersatzkonnossements** wegen des Verlustes des Originalkonnossements kann die Befristung der Konnossementsgarantie der Bank an die Kraftloserklärung des Originalkonnossements gebunden werden.

Abbildung/Mustertext

- **Abbildung 8.2-19** zeigt den Mustertext einer **Konnossementsgarantie** des Schweizerischen Bankvereins.

8.2.8.2 Zollgarantie (Zollaval, Zollbürgschaft)

Sicherungszweck

Manche **Güter** werden nur **vorübergehend** in ein anderes Land **eingeführt**. Dies ist beispielsweise bei Ausstellungsstücken, Mustern, Vorführgeräten für Messen, aber auch bei

Schweizerischer Bankverein
Société de Banque Suisse
Società di Banca Svizzera
Swiss Bank Corporation

...
(Begünstigter = Reederei)

Konnossementsgarantie Nr. ......

Wir haben davon Kenntnis genommen, dass Sie bereit sind, entsprechend dem Ersuchen der Firma ... (Käufer) an diese oder an einen von ihr zu benennenden Dritten die Warenpartie ..., die am ... per M/S ... in ... eingetroffen ist, freizugeben, ohne dass die Firma ... (Käufer) zur Zeit das für diese Partie am ... in ... ausgestellte Original-Konnossement Nr. ... vorlegt. Bedingung hierfür ist, dass die Firma ... (Käufer) Ihnen eine Konnossementsgarantie beibringt.

Dies vorausgeschickt verpflichten wir, der **Schweizerische Bankverein**, ... (Adresse), uns hiermit unwiderruflich, Ihnen auf Ihre erste Anforderung hin, ungeachtet der Gültigkeit und der Rechtswirkungen des eingangs erwähnten Grundverhältnisses und unter Verzicht auf jegliche Einwendungen und Einreden aus demselben, jeden Betrag bis zur Höhe von maximal

(Währung / Betrag) (in Worten: ...)

zu zahlen, gegen Ihre schriftliche Zahlungsaufforderung und Ihre schriftliche Bestätigung, dass der unter dieser Garantie verlangte Betrag Ihnen aufgrund eines Schadens zusteht, der Ihnen aus der Auslieferung der vorerwähnten Warenpartie ohne Vorlage des Original-Konnossements erwachsen ist.

Aus Identifikationsgründen gilt Ihre Inanspruchnahme unter dieser Garantie nur dann als ordnungsgemäss, wenn sie uns durch eine erstklassige Bank zugeleitet wird, mit der Bestätigung, dass Ihre Zahlungsaufforderung und Ihre vorerwähnte schriftliche Bestätigung rechtsgültig von Ihnen unterzeichnet sind. Sollte diese Bank sich hierbei geschlüsselten Fernschreibens/Telegramms oder SWIFTS bedienen, so hat sie den vollständigen Wortlaut Ihrer Zahlungsaufforderung und Ihrer obenerwähnten schriftlichen Bestätigung zu übermitteln und gleichzeitig zu bestätigen, dass die von Ihnen gültig unterzeichneten Originale dieser Dokumente an uns weitergeleitet wurden.

Diese Garantie erlischt, sobald wir Ihnen eine Ausfertigung des Original-Konnossements für die vorerwähnte Partie eingereicht haben. Das Original dieser Urkunde ist uns gegen Einreichung einer Ausfertigung des Original-Konnossements bei Ihnen oder bei Befriedigung der Ansprüche aus der Garantie zurückzusenden.

Jede unter dieser Garantie geleistete Zahlung erfolgt in Reduktion unserer Verpflichtung.

... **SCHWEIZERISCHER BANKVEREIN**
(Ort, Datum)

Abbildung 8.2-19 **Quelle**: Schweizerischer Bankverein, Bankgarantien 1997: S.50

Maschinen, die nur vorübergehend (kurzfristig) im Ausland zum Einsatz kommen, der Fall. Verzichtet die Zollbehörde in diesen Fällen auf die Erhebung des Einfuhrzolls, dann entgehen ihr bei unterlassener Wiederausfuhr der betreffenden Güter (zu der der vorübergehend Einführende, der "Importeur", verpflichtet ist) u.U. erhebliche Zollbeträge.

Eine **Zollgarantie (Customs Guarantee, Garantie de douane)** bzw. eine Zollbürgschaft (bei entsprechender Ausgestaltung des Sicherungsdokuments) sichert die finanziellen Ansprüche der Zollbehörde des "Importlandes", die dadurch entstehen, daß die **Wiederausfuhr** (vorübergehend) eingeführter Güter bis zu einem bestimmten Zeitpunkt **nicht vollzogen** wird. Zollgarantien sind regelmäßig von Banken des "Importlandes" abzugeben.

Betrag/Gültigkeit

Der Garantiebetrag bzw. der Bürgschaftsbetrag richtet sich grundsätzlich nach den Vorschriften der jeweiligen Zollbehörde. Im allgemeinen umfaßt der Betrag - auf Grundlage dieser Vorschriften - den **Höchstzollsatz** der fraglichen Güter. Zollgarantien bzw. -bürgschaften sind im allgemeinen **unbefristet**.

Hinweis: Zur Problematik unbefristeter Bankgarantien siehe Abschnitt 8.3.4.

8.2.8.3 Prozeßgarantie/Prozeßbürgschaft

Sicherungszweck

Bei Gerichtsverfahren, die im Ausland geführt werden, kommt es vor, daß das Gericht die Hinterlegung eines Geldbetrags oder aber ersatzweise die Stellung einer Prozeßgarantie (Gerichtsgarantie) bzw. einer Prozeßbürgschaft zugunsten des Gerichts oder zugunsten der gegnerischen Partei auferlegt.

Solche Garantien bzw. Bürgschaften beziehen sich insbesondere auf die **Prozeßkosten** (Gerichtskosten, Parteikosten), zu deren Zahlung die inländische (deutsche) Partei - je nach Gerichtsurteil - u.U. verpflichtet wird, oder auf **auferlegte Zahlungen an die gegnerische Partei**.

Betrag/Gültigkeit

Der Garantiebetrag bzw. der Bürgschaftsbetrag hängt vom Einzelfall ab und wird **vom Gericht bestimmt**.

Im allgemeinen verlangen die Gerichte **unbefristete** Garantien bzw. Bürgschaften.

8.2.9 Zusammenfassende Übersicht: Kurzcharakterisierung maßgeblicher Bankgarantien im Außenhandel

Abbildung 8.2-20 umfaßt eine tabellarische Übersicht über die maßgeblichen **Arten von Bankgarantien**, und zwar mit Angabe des jeweiligen **Garantiebegünstigten** und des jeweiligen **Garantiezwecks** (Sicherungszwecks). Zum Teil werden diese Sicherungs-

Prof. Dr. Siegfried G. Häberle

Kurzcharakterisierung maßgeblicher Bankgarantien im Außenhandel

Garantieart	Garantie-begünstigter	Garantiezweck **Die Bankgarantie sichert den Garantiebegünstigten vor den finanziellen Folgen ...**
• **Bietungs-garantie**	**Importeur/ ausschreibende Stelle**	... des Risikos, daß der **Anbieter** (Exporteur) –bei Erteilung des Zuschlags– die Übernahme des **Auftrags ablehnt**; ... des Risikos, daß der **Anbieter** (Exporteur) sich nach Annahme des Auftrags **weigert** oder nicht in der Lage ist, eine geforderte/vereinbarte **Liefer-garantie, Leistungsgarantie oder Vertragserfül-lungsgarantie** stellen zu lassen.
• **Liefergarantie**	**Importeur**	... des Risikos, daß der **Exporteur** die Waren nicht vertragsgerecht, insbesondere **nicht termingerecht liefert.**
• **Vertragserfül-lungsgarantie**	**Importeur**	... der Risiken, die im Zusammenhang mit der vom **Exporteur geschuldeten Lieferung, Leistung** und häufig auch der **Gewährleistung** stehen.
• **Gewährlei-stungsgarantie**	**Importeur**	... der Risiken, die im Zusammenhang mit den **Gewährleistungsansprüchen an den Exporteur** –wegen Mängeln an den gelieferten Waren– stehen.
• **Anzahlungs-garantie**	**Importeur/ Besteller**	... des Risikos, daß der **Exporteur** (Anzahlungs-empfänger) seinen **vertraglichen Pflichten nicht nachkommt** bzw. die Rückzahlung der geleisteten Anzahlung vertragswidrig unterläßt.
• **Zahlungs-garantie**	**Exporteur/ Kreditgeber**	... des Risikos, daß der **Schuldner** (Importeur) seine Verpflichtung zur **Zahlung nicht** bzw. nicht rechtzeitig **erfüllt.**
• **Kreditsiche-rungsgarantie**	**Kreditgeber/ Bank**	... der Risiken, die dem Kreditgeber (einer Bank) aus dem **Kreditverhältnis** mit einem Schuldner erwachsen.
• **Konnosse-mentsgarantie**	**Reederei**	... von Schäden/Nachteilen usw., die der Reederei durch die **Aushändigung der Waren ohne** Vorlage des **Konnossements** oder durch die Ausstellung eines **Ersatzkonnossements** entstehen können.
• **Zollgarantie**	**ausländische Zollbehörde**	... des Risikos, daß der Zollbehörde **Einfuhrzölle** entgehen, weil die **Wiederausfuhr** (vorübergehend) eingeführter Waren **unterbleibt.**
• **Prozeß-garantie**	**ausländisches Gericht/u.U. ausländische gegnerische Partei**	... des Risikos, daß die inländische Partei –bei entsprechender Gerichtsentscheidung– für die auferlegten **Prozeßkosten nicht aufkommt** bzw. auferlegte Zahlungen an die gegnerische Partei nicht leistet.

Abbildung 8.2-20

dokumente auch als Bankbürgschaften an der Stelle von Bankgarantien ausgefertigt (z.B. als Zollbürgschaften, Prozeßbürgschaften usw.).

8.3 Gestaltungselemente von Bankgarantien

Hinweis: Ausführlich sind die **Gestaltungselemente** von Bankgarantien in Kapitel „**9 Bankgarantien: Kommentar mit Wiedergabe der Einheitlichen Richtlinien für auf Anfordern zahlbare Garantien (URDG, ICC-Publ. 458)**“ dargestellt und beurteilt.

8.3.1 Vorbemerkungen

Individuelle Gestaltung

Die Gestaltung der Garantievereinbarung im Grundgeschäftsvertrag (Kaufvertrag, Liefervertrag usw.) ebenso wie die Formulierung des Textes der darauf beruhenden Bankgarantie hängen grundsätzlich von den **Eigenarten** des jeweiligen **Außenhandelsgeschäfts** ab. Gleichwohl kristallisieren sich einige **allgemeingültige Merkmale** von Bankgarantien heraus, die im folgenden vorgestellt und kommentiert sind.

Beratung

Vor Vereinbarung einer Bankgarantie im Grundgeschäftsvertrag ist dem Garantieauftraggeber und dem Garantiebegünstigten zu empfehlen, jeweils eine im internationalen Geschäft versierte Bank bzw. ein Versicherungsunternehmen, das Kautionsversicherungen anbietet, zu kontaktieren:

- Dem **Garantieauftraggeber**, um die Bereitschaft dieser Bank zur Garantieübernahme bzw. - falls zutreffend - um deren Möglichkeiten zur Stellung einer indirekten Garantie zu erheben.
- **Beiden Beteiligten**, um den aktuellen Kenntnisstand über die Abwicklung, über die sich ändernde Rechtslage und über andere wesentliche Aspekte von Bankgarantien in Erfahrung zu bringen.
- Dem **Garantiebegünstigten**, um in den Besitz von Informationen über die Solvenz der (beabsichtigten) Garantiebank sowie über die Einschätzung der aktuellen politischen Risiken des Domizillandes der Garantiebank zu gelangen.

Hinweis

Die im vorangehenden Kapitel “8.2 Garantiearten” **abgebildeten Mustertexte** können zur Verdeutlichung der folgenden Ausführungen herangezogen werden.

8.3.2 Einleitung/Präambel

In den Texten von Bankgarantien findet sich im allgemeinen einleitend ein **Hinweis** auf das zwischen dem Garantieauftraggeber (z.B. dem Exporteur) und dem Garantiebegünstigten (z.B. dem Importeur) abgeschlossene **(Waren-)Grundgeschäft**.

Beispiele:

- **Zahlungsgarantie** zugunsten eines Exporteurs:

  Sie haben mit der Firma ... (Garantieauftraggeber, Importeur) am ... einen Vertrag Nr. ... für die Lieferung von ... zum Preis von ... abgeschlossen. Die Bezahlung der Ware soll durch eine Bankgarantie sichergestellt werden.

- **Vertragserfüllungsgarantie** zugunsten eines Importeurs/Bestellers:

  Wir wurden davon unterrichtet, daß zwischen Ihnen (Garantienehmer, Importeur) und ... (Garantieauftraggeber, Exporteur) am ... unter der Nr. ... ein Vertrag auf ... zu einem Gesamtpreis von ... abgeschlossen worden ist, der die Erstellung einer Vertragserfüllungsgarantie in Höhe von ...% des Gesamtpreises vorsieht.

Derartige Einleitungen/Präambeln tragen lediglich den **Charakter von Hinweisen** auf das jeweilige Grundgeschäft. **Keinesfalls** soll damit die **Abstraktheit der Bankgarantie aufgehoben** werden: Die Bankgarantie bleibt regelmäßig losgelöst vom grundgeschäftlichen Vertragsverhältnis zwischen dem Garantieauftraggeber und dem Garantiebegünstigten.

8.3.3 Garantie-/Zahlungsklausel

8.3.3.1 Formulierungen

Garantieerklärung

Das Zahlungsversprechen der Garantiebank (die Garantieerklärung, die sog. Garantie-/Zahlungsklausel) umfaßt die folgenden Bestandteile:

- **unwiderrufliches Zahlungsversprechen** der Garantiebank, einschließlich der Angabe des Garantie(höchst)betrags;
- Verpflichtung zur Zahlung auf **erste schriftliche Anforderung** des Garantienehmers;
- **Voraussetzungen** für die **Inanspruchnahme** der Garantie durch den Garantienehmer.

Beispiele:

- **Zahlungsgarantie** zugunsten eines Exporteurs:

  Im Auftrag der Firma ... (Garantieauftraggeber, Importeur) verpflichten wir, die ... (Garantiebank), uns hiermit unwiderruflich, Ihnen auf Ihre erste Anforderung hin, ungeachtet der Gültigkeit und der Rechtswirkungen des eingangs erwähnten Vertrags und unter Verzicht auf jegliche Einwendungen und Einreden aus demselben, jeden

Betrag bis maximal ... zu bezahlen, gegen Ihre schriftliche, rechtsgültig unterzeichnete Zahlungsaufforderung und Ihre schriftliche Bestätigung, wonach Sie

a) der Firma ... (Garantieauftraggeber, Importeur) die unter dem eingangs erwähnten Vertrag bestellte Ware vertragsgemäß geliefert

und

b) für den unter dieser Garantie verlangten Betrag bei Fälligkeit keine Zahlung erhalten haben.

- **Vertragerfüllungsgarantie** zugunsten eines Importeurs/Bestellers:

  Wir ... (Garantiebank) verpflichten uns hiermit unwiderruflich, an Sie (Garantienehmer, Importeur/Besteller) auf Ihre erste schriftliche Anforderung hin unverzüglich einen Betrag bis zu einer Höhe von ... zu zahlen, wenn Sie uns gleichzeitig schriftlich bestätigen, daß der Verkäufer (der Garantieauftraggeber, der Exporteur) seinen vertraglichen Verpflichtungen nicht nachgekommen ist.

Ratschlag

Das für Bankgarantien einschlägige Recht ist Veränderungen unterworfen. Insoweit vermögen die obigen und die folgenden Formulierungen nur unverbindliche Anregungen zu geben.

Die Beteiligten sollten vielmehr zur Formulierung einer im Kaufvertrag zu vereinbarenden Bankgarantie, insbesondere zur **Formulierung** der Garantie-/Zahlungsklausel, den Rat einer **auslandserfahrenen Bank** einholen.

8.3.3.2 Garantiebetrag

Geldsumme

Die Garantiebank ist weder willens noch in der Lage, eine vom Garantieauftraggeber zu erbringende Leistung oder Lieferung an dessen Stelle zugunsten des Garantienehmers zu erfüllen. Die **Garantieverpflichtung** der Bank bezieht sich deswegen **stets** auf eine **Geldsumme**.

Zinsen u.ä.

Fallen gemäß dem Grundgeschäft Zinsen oder andere Nebenkosten an, und sollen diese in der Bankgarantie Berücksichtigung finden, dann ist der Garantiebetrag entsprechend zu gestalten:

- **Erhöhung des Garantiebetrags** insoweit, daß Zinsen usw. bereits eingeschlossen sind oder
- Festlegung eines Garantiebetrags **zuzüglich von Zinsen usw.**, wobei der anzuwendende Zinssatz sowie der (maximale) Zinsberechnungszeitraum exakt definiert sein müssen.

Ermäßigung/Erhöhung

Manche Banken nehmen in den Garantietext ausdrücklich eine **Klausel** auf, wonach sich die Garantiesumme mit jeder von der Bank unter der Garantie geleisteten Zahlung **reduziert**.

Über diese - auf den Eintritt des Garantiefalls bezogene - Reduzierungsklausel hinaus kann es ausgehend von den **Bedürfnissen des (Waren-)Grundgeschäftes** ratsam sein, in den Garantietext eine andere Klausel aufzunehmen, wonach sich die **Garantiesumme** unter bestimmten Voraussetzungen **verringert oder erhöht**.

Die **Problematik** solcher Klauseln liegt indessen darin, daß die **Voraussetzungen** für eine Reduzierung bzw. Erhöhung der Garantiesumme eindeutig definiert werden müssen: Einerseits besteht ein Interesse der Beteiligten daran, die Betragsänderungen der Bankgarantie möglichst eng mit dem Ablauf des Grundgeschäftes zu verknüpfen. Andererseits darf dadurch die Abstraktheit, d.h. die Losgelöstheit der Bankgarantie vom Grundgeschäft, nicht untergraben werden. Unter diesem Blickwinkel empfehlen die Banken, die Aufnahme eindeutig quantifizierter Beträge und Termine für Reduzierungen oder Erhöhungen der Garantiesumme bzw. ausdrücklich und eindeutig definierte Nachweise (Dokumente), die die Betragsänderungen auslösen.

Beispiele

In **Anzahlungsgarantien** sowie in **Liefergarantien** zugunsten von Bestellern (Importeuren) ist manchmal eine Klausel aufgenommen, wonach sich die Garantiesumme **in Abhängigkeit** von vom Exporteur (Garantieauftraggeber, Akkreditivbegünstigter) einzureichenden **(Akkreditiv-)Dokumenten reduziert**:

> *Diese Garantie ermäßigt sich automatisch um ...% von 100% des Rechnungswertes jeder Lieferung. Als Nachweis jeder Lieferung gilt die Einreichung ordnungsgemäßer Dokumente bei uns unter dem Akkreditiv Nr. ... der ...-Bank.*

Die Aufnahme dieser Reduzierungsklausel in die Bankgarantie setzt im allgemeinen voraus, daß das Akkreditiv bei der garantierenden Bank benutzbar gestellt ist, weil dann mit ein und denselben, vom Exporteur einzureichenden Dokumenten sowohl das Akkreditiv benutzt als auch die Garantiesumme reduziert werden soll.

Es kommt jedoch auch der Fall vor, daß die **Bescheinigung der Akkreditivstelle** über die vorbehaltlose **Dokumentenaufnahme** als auslösendes Dokument zur Reduzierung der Garantiesumme in den Text der Bankgarantie aufgenommen wird.

8.3.3.3 Zahlung auf erstes Anfordern

Abstraktheit

Mit den Worten "auf erstes Anfordern" bzw. mit ähnlichen Formulierungen wird zunächst die Abstraktheit der Bankgarantie dokumentiert, insbesondere der **Verzicht der Garantiebank auf Einwendungen und Einreden**, die aus dem Grundgeschäft (Grundgeschäftsvertrag) resultieren.

Liquiditätsfunktion

Die Verpflichtung der Garantiebank, "auf erstes Anfordern" zu zahlen, verdeutlicht darüber hinaus den Liquiditätsaspekt der Bankgarantien: In vielen Fällen **ersetzen Bankgarantien** die **Hinterlegung** bzw. die **Einbehaltung von Geldbeträgen**.

So finden sich beispielsweise in Bauverträgen häufig Klauseln, nach denen der Bauauftraggeber berechtigt ist, einen festgelegten Prozentsatz des Rechnungsbetrags während der Gewährleistungszeit zu seiner Sicherheit einzubehalten. Die damit für den Bauauftragnehmer verbundenen Liquiditäts- und Zinsnachteile sind offenkundig. Begnügt sich der Bauauftraggeber dagegen für die Zeit der Gewährleistung mit einer **Gewährleistungsgarantie** der Bank des Bauauftragnehmers und zahlt er auf dieser Grundlage den vollen Rechnungsbetrag an den Bauauftragnehmer aus, dann sind die Liquiditäts- und Zinsnachteile für den Bauauftragnehmer - von den Kosten der Bankgarantie abgesehen - aufgehoben.

Für den Garantienehmer (Bauauftraggeber) stellt sich indessen die **Frage der Gleichwertigkeit** eines einbehaltenen Sicherungsbetrags einerseits und einer Gewährleistungsgarantie einer Bank andererseits: Der Bauauftraggeber wird unter diesem Blickwinkel eine Gewährleistungsgarantie der Bank nur annehmen, wenn ihm diese Garantie bei Eintritt des Gewährleistungsfalls grundsätzlich denselben schnellen Zugriff auf die Geldsumme ermöglicht wie ein einbehaltener Geldbetrag. Die Formulierung "auf erstes Anfordern" soll diesem Sicherungsinteresse des Garantienehmers Rechnung tragen.

8.3.3.4 Voraussetzungen der Garantieinanspruchnahme

Regelmäßige Voraussetzungen

Es unterstreicht den oben angesprochenen Liquiditätsaspekt der Bankgarantien und es entspricht dem Sicherungsinteresse des Garantienehmers, wenn im Garantietext als Voraussetzung für die Inanspruchnahme lediglich

- die **erste schriftliche Anforderung** des Garantienehmers
- sowie dessen **schriftliche Bestätigung**, daß der Garantieauftraggeber (Anbieter, Verkäufer usw.) seinen vertraglichen Verpflichtungen nicht nachgekommen ist,

festgelegt wird.

Zusätzliche Voraussetzungen

Um der Gefahr mißbräuchlicher Inanspruchnahmen der Garantie durch den Garantienehmer zu begegnen, kann es jedoch im Sicherungsinteresse der garantierenden Bank, insbesondere aber des Garantieauftraggebers liegen, weitere Voraussetzungen für die Garantieinanspruchnahme in den Garantietext aufzunehmen. Solche weiteren Voraussetzungen können **zusätzliche schriftliche Erklärungen** des Garantienehmers ebenso umfassen wie die Vorlage von - im Garantietext genau zu definierenden - **Dokumenten** (z.B. Inhalte der Dokumente, Originale oder Kopien, Zahl der Ausfertigungen u.a.), die von **Dritten** auszustellen sind (z.B. Sachverständigenzertifikate, Schiedsgerichtsurteile usw.).

Indessen beeinträchtigen solche weiteren Voraussetzungen der Garantieinanspruchnahme nicht nur die Liquiditätsfunktion einer Bankgarantie, sondern sie können u.U. sogar den **abstrakten Charakter** der Bankgarantie **aushöhlen**, sofern diese weiteren Voraussetzungen eine ausgeprägte Koppelung zum Grundgeschäft herstellen.

8.3.4 Befristung/Verfall

Notwendige Befristung

Unbefristete Bankgarantien beinhalten für die garantierende Bank ebenso wie letztlich für den Garantieauftraggeber erhebliche, u.U. kaum überschaubare Risiken. Die Banken empfehlen ihren Kunden deswegen dringend, **bereits im Grundgeschäftsvertrag** (Kaufvertrag, Liefervertrag u.ä.) auf einer Befristung der zu stellenden Bankgarantie zu bestehen.

Beispiele

In den Text von Bankgarantien kann die **Befristung bzw. das Verfalldatum** der Garantie z.B. wie folgt aufgenommen werden:

- **Beispiel 1**: *Unsere Garantie ist gültig bis ... (Verfalldatum) und erlischt automatisch und vollumfänglich, sofern Ihre schriftliche Inanspruchnahme zusammen mit der Bestätigung Ihrer Unterschriften durch eine erstklassige Bank bis zu diesem Zeitpunkt nicht in unserem Besitz sind.*
- **Beispiel 2**: *Diese Garantie erlischt, selbst bei Nichtrückgabe dieser Urkunde, am ... (Verfalldatum), es sei denn, daß Sie uns vor Ablauf dieses Tages, schriftlich bei uns in ... (im allgemeinen ist der Ort der die Bankgarantie ausstellenden Bankniederlassung/-filiale einzutragen) eintreffend, nach Maßgabe der vorstehend aufgeführten Bedingungen aus ihr in Anspruch genommen haben.*

Rückgabe der Garantieurkunde

Im ersten Beispiel ist neben der Befristung als Voraussetzung der Inanspruchnahme die **Bestätigung der Unterschriften** durch eine erstklassige Bank aufgenommen. Die Frage der Rückgabe/Nichtrückgabe der Garantieurkunde ist in diesem Garantietext nicht angesprochen.

Im zweiten Beispiel findet sich dagegen die ausdrückliche Festlegung, daß die **Garantie** auch bei **Nichtrückgabe der Garantieurkunde** zum definierten Verfalldatum bzw. bei Garantieinanspruchnahme **erlischt**. Die Aufnahme dieser Klausel in den Garantietext trägt zwar zur Klarstellung bei; gleichwohl ist es empfehlenswert, daß der Garantieauftraggeber dem Garantienehmer darüber hinaus **im Grundgeschäftsvertrag die Rückgabe der Bankgarantie** bzw. die Abgabe einer ausdrücklichen **Entlastungserklärung (Enthaftungserklärung)** bei Garantieverfall bzw. bei Wegfall des Garantiegegenstandes auferlegt.

Diese Auflage erlangt im übrigen besonderes Gewicht bei unbefristeten Bankgarantien bzw. auch bei befristeten (indirekten) Garantien, deren Befristung wegen des anzuwendenden Auslandsrechts nicht wirksam ist, weil durch Vollzug der beschriebenen Auflagen eine Bankgarantie im Allgemeinen erlischt.

Anzumerken ist indessen, daß die Rückgabe der Garantieurkunde nicht in allen Fällen mit dem Erlöschen der Garantie gleichzusetzen ist. Zwar kann an die Rückgabe der Garantieurkunde im allgemeinen die Folgerung geknüpft werden, daß der Garantienehmer damit den Garanten enthaften will. **Ausnahmsweise** kommt es aber auch vor, daß **trotz Rückgabe** der Garantieurkunde die **Garantie weiterbesteht**: Sei es, daß ein dahingehender Vorbehalt (z.B. als sog. Nachhaftzeit) ausdrücklich dokumentiert wird; sei es, daß die Urkunde zwar von einem (berechtigten oder unberechtigten) Dritten (z.B. von einem Gericht) zurückgegeben wird, dem Garantiebegünstigten jedoch (z.B. auf Grundlage einer beglaubigten Abschrift) unverändert Ansprüche zustehen. In manchen Garantie-/Bürgschaftstexten werden derartige Unwägbarkeiten ausdrücklich auszuschließen versucht, z.B. mit der Formulierung: "Die Garantie (bzw. die Bürgschaft) erlischt, sobald uns die Urkunde - auch über Dritte - zurückgegeben wird..." (vgl. auch Hermes Kreditversicherungs-AG, Information Nr. 84, 1984: S. 1f.).

Zeitpunkt und Ort des Verfalls

Im zweiten Beispiel ist eine weitere Präzisierung aufgenommen: Der Zeitpunkt der **spätesten Vorlage der schriftlichen Erklärungen** bzw. der Dokumente des Garantienehmers bei Inanspruchnahme der Bankgarantie ist auf den Ort der Niederlassung **der garantierenden Bank** bezogen.

Damit ist dem eventuellen Argument des inanspruchnehmenden Garantienehmers, daß für die fristgerechte Inanspruchnahme der Garantie der Eintritt des Garantiefalles ausreiche, sofern dieser innerhalb der Befristung der Garantie liege, der Boden entzogen. Gemäß dem Text in Beispiel 2 können vom Garantienehmer vielmehr "Garantiefälle", die zwar innerhalb der Garantiefrist eingetreten sind, jedoch nach Verfall der Garantie bei der Garantiebank geltend gemacht werden, grundsätzlich nicht mehr durchgesetzt werden.

Fristversäumnis

Der **Garantienehmer** trägt das **Risiko** der Fristversäumnis. Dies gilt nach Auffassung der Literatur und auf Grundlage des Urteils eines deutschen Gerichts selbst dann, wenn die zur Inanspruchnahme geforderten Erklärungen des Garantienehmers infolge höherer Gewalt nicht fristgerecht gegenüber der Garantiebank abgegeben werden (vgl. Zahn u.a., 1986: S. 365f., Rdn. 9/31, unter Berufung auf Nielsen; vgl. auch Graf von Westphalen, 1987: S. 333f.). In der Praxis finden sich jedoch auch Stimmen, die diese Konsequenz als nicht zwingend ansehen.

Fristbindung an das Grundgeschäft

Eine unmittelbare **Bindung** der Befristung einer Bankgarantie an Fristen bzw. Termine des korrespondierenden Grundgeschäfts (Grundgeschäftsvertrags) wird von den Banken **nicht empfohlen**. Zum einen geraten die Beteiligten in Abhängigkeit zum tatsächlichen Ablauf des Grundgeschäftes bzw. in Abhängigkeit zur Gegenpartei (z.B. zu deren guten Willen, erforderliche Bestätigungen usw. rechtzeitig abzugeben), was nicht nur dem abstrakten Rechtscharakter der Bankgarantie, sondern auch dem Sicherungsinteresse des Garantiebegünstigten zuwiderläuft. Zum anderen sind für die Garantiebank solche grundgeschäftsbezogenen Sachverhalte - je nach Lage des Falls - wenn überhaupt, dann nur schwierig nachzuprüfen.

Wirkungslose Befristung

Bei **indirekten Garantien** gilt im Verhältnis zwischen dem - aus Sicht eines deutschen Garantieauftraggebers - ausländischen Garantienehmer und der ausländischen Garantiebank regelmäßig das ausländische Recht der garantierenden Zweitbank. **Ausländische Rechtsordnungen** anerkennen indessen die Befristung bzw. das mit Eintritt des Verfalldatums "automatische" Erlöschen einer Bankgarantie nicht in allen Fällen. Im Einzelfall eröffnet sich demnach dem Begünstigten die Möglichkeit, die Garantie auch nach Ablauf der Frist in Anspruch zu nehmen, zumindest solange er die Garantieurkunde in Händen hält.

Ist bei direkten Bankgarantien ausnahmsweise ausländisches Recht anzuwenden, dann gilt es, die skizzierte Problematik auch bei dieser Garantieart im Auge zu behalten.

Ratschläge

In der nachstehenden Zusammenstellung finden sich einige Ratschläge für den Garantieauftraggeber.

Ratschläge für den Garantieauftraggeber

Es liegt im Interesse der Sicherheit des Garantieauftraggebers, **im Grundgeschäftsvertrag** (Liefervertrag, Kaufvertrag u. ä.) hinsichtlich der zu stellenden Bankgarantie

- eine **Befristung** der Bankgarantie durchzusetzen, mit der Maßgabe, daß die Garantie auch bei Nichtrückgabe der Garantieurkunde zum definierten Verfalldatum bzw. bei Garantieinanspruchnahme erlischt;
- den Zeitpunkt der **spätesten Vorlage der Erklärungen**/Dokumente des Garantienehmers bei Inanspruchnahme der Bankgarantie (den Verfalltag) auf den **Ort** der Niederlassung **der garantierenden Bank** zu beziehen (was Garantieinanspruchnahmen mittels "Garantiefällen" ausschließen dürfte, die zwar vor Verfall der Garantie eingetreten sind, die jedoch erst nach dem derart definierten Verfall der Garantie geltend gemacht werden);
- den Garantienehmer zur **Rückgabe der Garantieurkunde** (bzw. zur Abgabe einer Entlastungserklärung) im Zeitpunkt des Wegfalls des Garantiegegenstandes zu verpflichten (was -Vollzug der Rückgabe der Garantieurkunde bzw. Abgabe der Entlastungserklärung vorausgesetzt- im allgemeinen auch unbefristete Bankgarantien bzw. befristete (indirekte) Bankgarantien, deren Befristung wegen des anzuwendenden Auslandsrechts nicht wirksam ist, zum Erlöschen bringen dürfte).

8.3.5 Abtretbarkeit

Vorteile für den Garantienehmer

Insbesondere bei Zahlungsgarantien kann es für den Garantienehmer zweckmäßig oder gar notwendig sein, wenn er das **Recht auf Inanspruchnahme** der Garantie an Dritte **abtreten** kann. Dies ist beispielsweise der Fall, wenn ein Garantienehmer einen Bankkredit beantragt, der mittels einer (Export-)Forderung (einer Forderungsabtretung an die Bank) und einer zu seinen Gunsten gestellten Zahlungsgarantie abgesichert werden soll, oder beim Verkauf von Exportforderungen (Forfaitierung/Exportfactoring), die ihrerseits durch Zahlungsgarantien abgesichert sind.

Zustimmungsvorbehalt

Indessen finden sich in den Texten der Bankgarantien häufig Klauseln, wonach die Garantie **nur mit Zustimmung der Garantiebank** abtretbar ist. Eine solche Klausel dient - zumindest bei Garantien, die nicht Zahlungsgarantien sind - im allgemeinen dem Interesse aller Beteiligten. Zum einen, weil die Garantietexte häufig individuell auf den Sicherungsbedarf eines bestimmten Auslandsgeschäfts zugeschnitten sind, so daß es statt der Abtretung einer bestehenden Garantie im Einzelfall besser sein kann, eine neue, individuell zu gestaltende Garantie für ein Folgegeschäft - unter Löschung der bisherigen Garantie - zu erstellen. Zum anderen, weil die Rechtsbeziehungen für die Beteiligten überschaubar bleiben sollten.

8.4 Inanspruchnahme und Abwehrmöglichkeiten

8.4.1 Garantieinanspruchnahme

Prüfpunkte der Garantiebank

Grundlage der Inanspruchnahme einer Bankgarantie sind die **Bestimmungen des Garantietextes**. Demzufolge hat die **Garantiebank** insbesondere **zu prüfen**:

- **Liegt die geforderte Bestätigung des Garantienehmers über den Eintritt des Garantiefalls in der festgelegten Form vor?**

  In aller Regel ist die schriftliche Form im Garantietext gefordert. Zwar dürften neben der **brieflichen** Form auch die Instrumente der schriftlichen **Telekommunikation** im allgemeinen diesem Anspruch genügen. Gleichwohl lassen manche Banken im Interesse der Klarheit diese Instrumente im Garantietext ausdrücklich zu oder sie schließen sie ausdrücklich aus.

  Eindeutigkeit hinsichtlich der Form der Garantieinanspruchnahme und der damit verbundenen Überprüfung durch die Garantiebank ist durch die folgende Klausel gegeben:

  > *„Aus Identifikationsgründen gilt Ihre Inanspruchnahme unter dieser Garantie nur dann als ordnungsgemäß, wenn sie uns durch eine erstklassige Bank zugeleitet wird, mit der Bestätigung, daß Ihre Zahlungsaufforderung und Ihre vorerwähnte schriftliche Bestätigung rechtsgültig von Ihnen unterzeichnet sind. Sollte diese Bank sich hierbei geschlüsselten Fernschreibens/Telegramms oder SWIFTS bedienen, so hat sie den vollständigen Wortlaut Ihrer Zahlungsaufforderung und Ihrer oben erwähnten schriftlichen Bestätigung zu übermitteln und gleichzeitig zu bestätigen, daß die von Ihnen gültig unterzeichneten Originale dieser Dokumente an uns weitergeleitet wurden."*

- **Entsprechen die vorgelegten Bestätigungen des Garantienehmers den festgelegten Zahlungsvoraussetzungen der Garantie?**

  Diese Prüfung richtet sich insbesondere auf die **formelle** und inhaltliche **Übereinstimmung** der vorgelegten Bestätigungen (und eventueller weiterer Erklärungen) des Garantienehmers mit dem Wortlaut der Garantie.

  Sofern gemäß den Garantiebedingungen keine zusätzlichen Erklärungen, Bestätigungen o.ä. des Begünstigten oder Dritter vorzulegen sind, erstreckt sich die Prüfung der Garantiebank lediglich darauf, ob der Garantiebegünstigte seine Zahlungsanforderung form- und fristgerecht präsentiert.

Im übrigen liegt es im Interesse des Garantienehmers, die Auszahlungsvoraussetzungen im Grundgeschäftsvertrag und in dessen Gefolge auch im Garantietext so eindeutig, d.h. im allgemeinen so knapp wie möglich zu definieren, um der garantierenden Bank (bzw. im Hintergrund dem Garantieauftraggeber) keine dahingehenden Interpretationsspielräume zu belassen, die die Auszahlung der Garantie verzögern oder gar verhindern könnten.

Anzumerken ist, daß die Kreditinstitute in ihren Avalbedingungen die **Haftung** und Verantwortung für Form, Vollständigkeit, Genauigkeit, Echtheit oder Rechtswirksamkeit von Erklärungen und Dokumenten gegenüber dem Garantieauftraggeber **ausgeschlossen** haben.

- **Entsprechen die vom Garantienehmer eventuell zusätzlich (zu seinen Bestätigungen, Erklärungen) vorzulegenden Dokumente den festgelegten Zahlungsvoraussetzungen der Garantie?**

  Die Prüfung der Garantiebank entspricht grundsätzlich dem Prüfungsumfang eingereichter Dokumente bei Akkreditiven. Gegenstand der Prüfung ist die **formelle** und - soweit im Garantietext ausdrücklich formuliert - auch die inhaltliche **Übereinstimmung** der Dokumente mit den im Garantietext festgelegten Auszahlungsvoraussetzungen.

  Dagegen ist das Grundgeschäft nicht Gegenstand der Prüfung der Bank, selbst wenn sich die vorgelegten Dokumente auf das Grundgeschäft beziehen (was die Regel ist): Wie bei Akkreditiven hat die Garantiebank ihre Auszahlungsentscheidung allein auf Grundlage der äußeren Aufmachung der vorgelegten Dokumente (sowie der Erfüllung der übrigen Auszahlungsvoraussetzungen) zu treffen. Jede weiterreichende Auszahlungsvoraussetzung würde dem abstrakten Rechtscharakter von Bankgarantien zuwiderlaufen.

  Zu prüfen hat die Garantiebank überdies, ob gemäß den Garantiebedingungen die Vorlage von **Originalen** oder von **Kopien** Auszahlungsvoraussetzung ist.

- **Erfolgt die Inanspruchnahme der Garantie rechtzeitig vor Verfall?**

  Die Garantiebank hat insbesondere zu prüfen, ob der Garantienehmer die geforderten Bestätigungen einschließlich der eventuell einzureichenden Dokumente **rechtzeitig vor Verfall** der Garantie am **festgelegten Ort** der Niederlassung der Garantiebank vorlegt.

  Hinweis: Die Einzelheiten der Befristung einer Garantie sind in Abschnitt 8.3.4 ausführlich besprochen.

  Es kommt in der Praxis auch vor, daß der Garantiebegünstigte die Garantiebank zur Zahlung mit der Maßgabe auffordert, entweder tatsächlich zu bezahlen oder aber die bestehende Bankgarantie zu **verlängern** ("extend or pay"). Sind alle übrigen Garantiebedingungen vom Garantienehmer erfüllt, dann könnte die Garantiebank die Zahlung im allgemeinen nicht verweigern. Die alternativ zu vollziehende Verlängerung der Bankgarantie kann die Garantiebank allerdings nur mit dem Einverständnis des Garantieauftraggebers bewerkstelligen.

Auszahlung/Kontobelastung

Sofern der Garantienehmer diese und alle weiteren Garantiebedingungen erfüllt und sofern keine der im folgenden skizzierten Einreden oder gerichtlichen Maßnahmen geltend gemacht werden, hat die Garantiebank den Auszahlungsanspruch des Garantienehmers in der Tat **auf "erstes Anfordern" zu erfüllen**.

Im Gegenzug zur Auszahlung der Garantie wird der Garantieauftraggeber zwar auf seinem **Avalkreditkonto entlastet**, zugleich **belastet** die Garantiebank den Auftraggeber jedoch mit dem Auszahlungsbetrag auf dessen **Kontokorrentkonto**.

8.4.2 Abwehr mißbräuchlicher Garantieinanspruchnahmen

Vorkommen

Die ungerechtfertigte Inanspruchnahme von Bankgarantien kommt **sehr selten** vor. Insoweit beziehen sich die folgenden Ausführungen auf Ausnahmesituationen. Im übrigen ändern sich Rechtsauffassungen und Rechtsprechung, so daß der Garantieauftraggeber und die Garantiebank gehalten sind, im Falle einer mißbräuchlichen Garantieinanspruchnahme die **aktuellen Abwehrmöglichkeiten** zu **erheben.**

Begrenzte Abwehrmöglichkeiten

Der Garantieauftraggeber sollte sich bei Vereinbarungen von Bankgarantien in Grundgeschäftsverträgen nicht der Meinung hingeben, daß er einer eventuellen Inanspruchnahme durch den Garantienehmer gegebenenfalls leicht entgegentreten könne. Vielmehr sind die Möglichkeiten zur Abwehr von Garantieinanspruchnahmen bzw. -auszahlungen äußerst begrenzt und an **strenge Voraussetzungen** geknüpft.

Wird vom Sonderfall der Ungültigkeit des Garantievertrags zwischen Garantiebank und Garantienehmer abgesehen, dann beruhen die Möglichkeiten zur Abwehr von Garantieinanspruchnahmen - sofern deutsches Recht anzuwenden ist - im wesentlichen auf dem **Einwand des Rechtsmißbrauchs**.

Der Einwand des Rechtsmißbrauchs gegen eine - formell begründete - Inanspruchnahme der Bankgarantie ist nur tragfähig, wenn "offensichtlich oder liquide beweisbar" (in einigen Quellen: "offensichtlich und liquide beweisbar") der Nachweis erbracht werden kann, daß der Garantiefall im Grundgeschäftsverhältnis (zwischen Garantieauftraggeber und Garantienehmer; der Bundesgerichtshof spricht von Valutaverhältnis) nicht eingetreten ist.

Skizzenhaft lassen sich die folgenden **Elemente der Tragfähigkeit des Einwandes des Rechtsmißbrauchs** festhalten:

- **"Offensichtlich"**

  " 'Offensichtlich' ist .. nur der Sachverhalt, der vom Garantie-Auftraggeber gegenüber der Bank in einer so eindeutigen, jeden vernünftigen Zweifel ausschließenden Weise dargelegt ist, daß sich die Bank dem Ergebnis, es liege ein Rechtsmißbrauch vor, nicht entziehen kann. Auslegungszweifel sind deshalb keine Basis, den Rechtsmißbrauch liquide zu begründen." (Graf von Westphalen, 1987: S. 339).

- **"Liquide beweisbar"**

  " 'Liquide' Beweismittel sind in diesem Sinne - jedenfalls nach herrschender Meinung - nur eindeutige Urkunden, nicht aber eidesstattliche Versicherungen. So gesehen ist entscheidend, daß das Kriterium 'offensichtlich', weil vom BGH alternativ verwendet (vgl. 'oder') mit dem Erfordernis der 'liquiden' Beweisbarkeit als austauschbar zu werten ist" (derselbe, ebenda 1987: S. 339; vgl. auch Zahn u.a. 1986: S. 417, Rdn. 9/117).

- **Mißbrauchstatbestand**

  Weiteres und maßgebliches Element ist eine auf die Schädigung der Garantiebank bzw. des Garantieauftraggebers gerichtete (und somit mißbräuchliche) Inanspruchnahme der Garantie.

  " Erforderlich ist .., daß die konstitutiven Elemente des Mißbrauchstatbestandes in objektiver und subjektiver Hinsicht nachgewiesen werden. Daraus folgt unmittelbar: In subjektiver Hinsicht ist es erforderlich, daß sich die 'liquiden' Beweismittel darauf beziehen, daß der Begünstigte jedenfalls mit bedingtem Vorsatz gehandelt hat: Der Begünstigte reklamiert danach Zahlung, ohne daß diese Rechtsposition - bezogen auf das Vertragsverhältnis zwischen dem Garantie-Auftraggeber und dem Begünstigten - unter irgendeinem vernünftigerweise in Betracht kommenden rechtlichen Aspekt abgesichert ist: Nur so kann der zentrale Unterschied zwischen einer lediglich unberechtigten und einer rechtsmißbräuchlichen Inanspruchnahme einer -abstrakten- Bankgarantie verdeutlicht werden. Je offensichtlicher der Rechtsmißbrauch ist, umso geringer sind die Anforderungen, die an den – zusätzlichen – Nachweis der subjektiven Elemente zu stellen ist, um den Verschuldensvorwurf gegenüber dem Begünstigten zu begründen. Dies bedeutet freilich nicht, daß in jedem Fall eine absichtliche Schädigung erforderlich ist, um die subjektive Komponente des Rechtsmißbrauchs nachzuweisen. " (Derselbe ebenda 1987: S. 340).

Die skizzierten Voraussetzungen zeigen, welch **hohe Anforderungen** die Garantiebanken an die Darlegungen und Beweise eines Garantieauftraggebers zu stellen haben, der die Auszahlung aus der Garantie an den Garantiebegünstigten - trotz dessen formell ordnungsgemäßen Anspruchs - verhindern will.

Gerichtliche Maßnahmen

Sofern deutsches Recht anzuwenden ist, kommen als gerichtliche, vom Garantieauftraggeber zu beantragende Maßnahmen zur Verhinderung der Zahlung an den Garantiebegünstigten die **einstweilige Verfügung** und der **Arrest** in Betracht. Diese Maßnahmen des einstweiligen Rechtsschutzes, die sich gegen die Garantiebank bzw. gegen den Garantiebegünstigten richten, finden in der einschlägigen Literatur eine differenzierte, zum Teil in gegensätzliche Auffassungen einmündende Erörterung.

Hinweis: Siehe auch Kapitel „9 Bankgarantien: Kommentar mit Wiedergabe der Einheitlichen Richtlinien ...", Abschnitt 9.3.1, Ziffer 3.

Einstweiliger Rechtsschutz

Bei Schütze findet sich – unter Auswertung einschlägiger Quellen – eine Zusammenstellung der Formen des einstweiligen Rechtsschutzes, die im folgenden skizzenhaft wiedergegeben sind (vgl. Schütze, R. A., Bankgarantien 1994: S. 97 ff. und die dort zitierten Quellen):

- **Einstweilige Verfügung gegen den <u>Garanten</u>**

  „Die Rechtsprechung verneint überwiegend den Verfügungsgrund und läßt die einstweilige Verfügung nicht zu. Dem ist zuzustimmen. Zahlt nämlich der Garant auf eine rechtsmißbräuchliche Anforderung des Begünstigten, dann kann er vom Auftraggeber keine Erstattung des Garantiebetrages erhalten. Einige erstinstanzliche Gerichte haben die einstweilige Verfügung gegen den Garanten dessenungeachtet zugelassen. Die ausländische Judikatur ist im Hinblick auf die Zulassung von einstweiligen Verfügungen gegen Garanten noch zurückhaltender ... " (derselbe, ebenda: S.97 f.).

- **Einstweilige Verfügung gegen den Begünstigten**

  „Die einstweilige Verfügung des Garantieauftraggebers gegen den Begünstigten auf Nichtinanspruchnahme der Garantie ist nach überwiegender Ansicht zulässig ... . Der Wert einer einstweiligen Verfügung gegen den Begünstigten liegt nicht so sehr in der Vollstreckung gegen ihn, vielmehr in der Beweisfunktion für den Rechtsmißbrauch. Die einstweilige Verfügung gegen den Begünstigten kann als liquides Beweismittel für den Rechtsmißbrauch dienen und den Garanten zur Verweigerung der Auszahlung des Garantiebetrages bringen" (derselbe, ebenda: S. 99).

- **Arrest gegen den Begünstigten**

  „Das beste Mittel einstweiligen Rechtsschutzes bei rechtsmißbräuchlicher Inanspruchnahme einer Garantie ‚auf erstes Anfordern' bietet der Arrest gegen den Begünstigten und die Pfändung des Auszahlungsanspruchs der Garantiesumme. Dieser Weg wird überwiegend für zulässig gehalten. ... Bei einem Arrest wird der Garant nicht in dem Verfahren beteiligt. Er kann dem Begünstigten ‚ohne Gesichtsverlust' die Pfändung des Anspruchs entgegenhalten und ihm anheimstellen, Widerspruch gegen den Arrest einzulegen. Dieser Weg entspricht den Interessen der Beteiligten am besten und setzt sich in der Praxis zunehmend durch" (derselbe, ebenda: S.99).

Verfügungs- und Arrestgrund

- **Verfügungsgrund**

  „Als Verfügungsgrund i. S. des § 935 ZPO im einstweiligen Verfügungsverfahren gegenüber dem Begünstigten genügt die drohende Inanspruchnahme oder die bereits erfolgte Ziehung der Garantie. Die URCG und die URDG schützen den Garantieauftraggeber durch eine Informationspflicht des Garanten vor einer sofortigen Zahlung und ermöglichen ihm so die Einleitung eines einstweiligen Verfügungsverfahrens. ..." (derselbe, ebenda: S 100).

- **Arrestgrund**

  „Für den Arrestgrund im Arrestverfahren gegen den Begünstigten gilt dasselbe. Die Information des Garanten nach Art. 8 Abs. 2 URCG, 17 URDG genügt, den Arrestgrund glaubhaft zu machen. Im übrigen wirkt für den Garantieauftraggeber bei Wohnsitz des Begünstigten im Ausland die Vermutung des § 917 Abs. 2 ZPO. Danach ist es als ausreichender Arrestgrund anzusehen, wenn das Urteil im Ausland vollstreckt werden müßte ..." (Anmerkung: Teilweise werden gegen die Anwendbarkeit des § 917 Abs. 2 ZPO im Garantiearrestverfahren Bedenken geltend gemacht; vgl. derselbe, ebenda: S. 100).

Glaubhaftmachung

- *„§ 920 Abs. 2 ZPO läßt die Glaubhaftmachung von Arrestgrund und –anspruch genügen. Dasselbe gilt nach § 936 ZPO im einstweiligen Verfügungsverfahren für Verfügungsgrund und –anspruch. Die eidesstattliche Versicherung ist ein geeignetes Mittel zur Glaubhaftmachung im Verfahren des einstweiligen Rechtsschutzes.*
- *Trotz der eindeutigen Regelung in § 294 Abs. 1 ZPO will ein Teil der Lehre die Glaubhaftmachung durch eidesstattliche Versicherung einschränken und fordert ‚liquide Beweismittel' für die Glaubhaftmachung von Arrest- und Verfügungsanspruch und*

-grund. ... Die h. L. schüttet das Kind mit dem Bade aus. Sicher ist richtig, daß an den Nachweis des Rechtsmißbrauchs hohe Anforderungen zu stellen sind, die in der Regel nur durch liquide Beweismittel glaubhaft gemacht werden können. Das bedeutet aber nicht, daß die eidesstattliche Versicherung völlig ausgeschlossen wäre. Das gilt jedenfalls für die Glaubhaftmachung des Arrest- oder Verfügungsgrundes.

- *Eine Beschränkung der Mittel des Glaubhaftmachung kommt nur für den Verfügungsanspruch in Betracht. Für diese – aber nur für diese – fordert die Rechtsprechung liquide Beweisbarkeit. Die liquide Beweisbarkeit des Rechtsmißbrauchs ergibt sich in der Regel nur aus Urkunden. Geeignete Mittel zur Glaubhaftmachung sind: Gerichtliche oder schiedsgerichtliche Entscheidung, ... Quittung, ... Vertragsbedingungen ...“* (Einzelheiten zu diesem Mitteln siehe derselbe, ebenda S. 101 f.)

Wirkungserstreckung

„Die Freizügigkeit von Entscheidungen des einstweiligen Rechtsschutzes im internationalen Rechtsverkehr ist sehr eingeschränkt. Einstweilige Verfügungen und Arreste gegen den Begünstigten haben ihre wesentliche Bedeutung im Inland, um die Auszahlung des Garantiebetrages bei mißbräuchlicher Inanspruchnahme der Garantie zu verhindern ...“ (Zu möglichen Wirkungserstreckungen in das Ausland u.ä. siehe die einschlägige Literatur sowie derselbe, ebenda S. 102).

Ratschläge

Als **Ergebnis für den Praktiker** ist aus diesen Erörterungen letztlich die ernüchternde Erkenntnis abzuleiten, daß sich ein Garantieauftraggeber besser **nicht auf** die (leichte) Erwirkung bzw. Durchsetzbarkeit von **gerichtlichen Eilmaßnahmen verlassen** sollte, und dies vor allem aus drei Gründen:

- Die angesprochenen Maßnahmen des einstweiligen Rechtsschutzes sind - soweit sie im Zusammenhang mit der Inanspruchnahme von Bankgarantien beurteilt werden - **keineswegs unumstritten** (vgl. neben der soeben zitierten Darstellung von Schütze beispielsweise auch die Darstellungen der gegensätzlichen Auffassungen zum Instrument der einstweiligen Verfügung in Zahn u.a., 1986: S. 428ff., Rdn. 9/133ff. sowie in Graf von Westphalen, 1987: S. 369ff.).
- Die **praktische Durchsetzbarkeit** dieser Maßnahmen ist - sofern sie sich gegen den ausländischen Garantiebegünstigten richten - wenn nicht unmöglich, so doch **schwierig**.
- Wenn auch in den letzten Jahren Arreste leichter durchgesetzt werden konnten, bleibt doch die grundsätzliche Beobachtung bestehen, daß die **Gerichte** entsprechenden Anträgen eher **nur in Ausnahmefällen** stattgeben, was zeigt, daß neben den Banken auch die Gerichte offenkundig nicht geneigt sind, den Sicherungscharakter der Bankgarantie und deren Abstraktheit leichtfertig auszuhöhlen.

8.5 Sonstige Merkmale der Abwicklung von Bankgarantien

8.5.1 Exportgarantieprogramme der Bundesländer

Vorbemerkungen

Die folgenden Ausführungen sind vor allem für solche mittelständischen Exporteure von Interesse, deren Hausbank beantragte Bankgarantien wegen **fehlender Sicherheiten** nicht oder nur zögernd übernimmt.

Weil sich die Förderprogramme unterscheiden und die Bestimmungen im Lauf der Zeit Veränderungen erfahren, können im folgenden lediglich **skizzenhaft** die **Grobkonturen** der Exportgarantieprogramme der Bundesländer vorgestellt werden.

Exportförderung

Erklärtes Ziel der Exportgarantieprogramme der Bundesländer ist es, den mittelständischen Unternehmen das **Exportgeschäft zu erleichtern**, um damit die Leistungskraft des gewerblichen Mittelstandes zu stärken.

Im allgemeinen weisen die Exportgarantieprogramme der Bundesländer die folgenden Elemente auf:

- **Rückgarantien**: Das Bundesland - vertreten durch eine landeseigene Einrichtung oder durch eine landeseigene Spezialbank - übernimmt sog. Rückgarantien mit folgender Konstruktion:
  - Es ist unverändert die **Hausbank** des Exporteurs, die die vom Exporteur beantragten **Garantien zugunsten Dritter** (zugunsten von Importeuren) übernimmt.
  - Zu ihrer eigenen Sicherheit erhält die garantiegewährende **Hausbank** des Exporteurs jedoch eine **Rückgarantie** vom Bundesland.
- **Fehlende Banksicherheiten**: Mit diesen Exportgarantieprogrammen sollen Exportgeschäfte ermöglicht werden, die ohne die Rückgarantie des Bundeslandes nicht zustande kämen. Es ist deswegen konsequent, wenn Rückgarantien nur übernommen werden, sofern **banktübliche Sicherheiten** des Exporteurs zur Absicherung der von der Hausbank übernommenen Garantien **nicht** in ausreichendem Umfang **zur Verfügung** stehen.
- **Abbildung**

  Die Abbildung 8.5-01 verdeutlicht die Grundstruktur der Rückgarantien der Bundesländer.
- **Förderkreis**: Als Begünstigte der Exportgarantieprogramme kommen im wesentlichen **mittelständische Exporteure** in Betracht, die leistungsfähig und zuverlässig sein müssen und die nach Möglichkeit Erfahrungen im Exportgeschäft besitzen sollten.
- **Quoten**: Rückgarantien werden von den Bundesländern mit bestimmten Quoten/Höchstbeträgen an den von den Hausbanken zu stellenden Garantien übernommen. Die Rückgarantien lauten auf DM.
- **Ausfall**: Am eventuellen Ausfall der garantiegewährenden Hausbank beteiligt sich das Bundesland mit dem übernommenen **Prozentsatz der Rückgarantie**. Sind Kreditsicherheiten für die Garantieübernahme zugunsten der Hausbank bestellt worden, dann

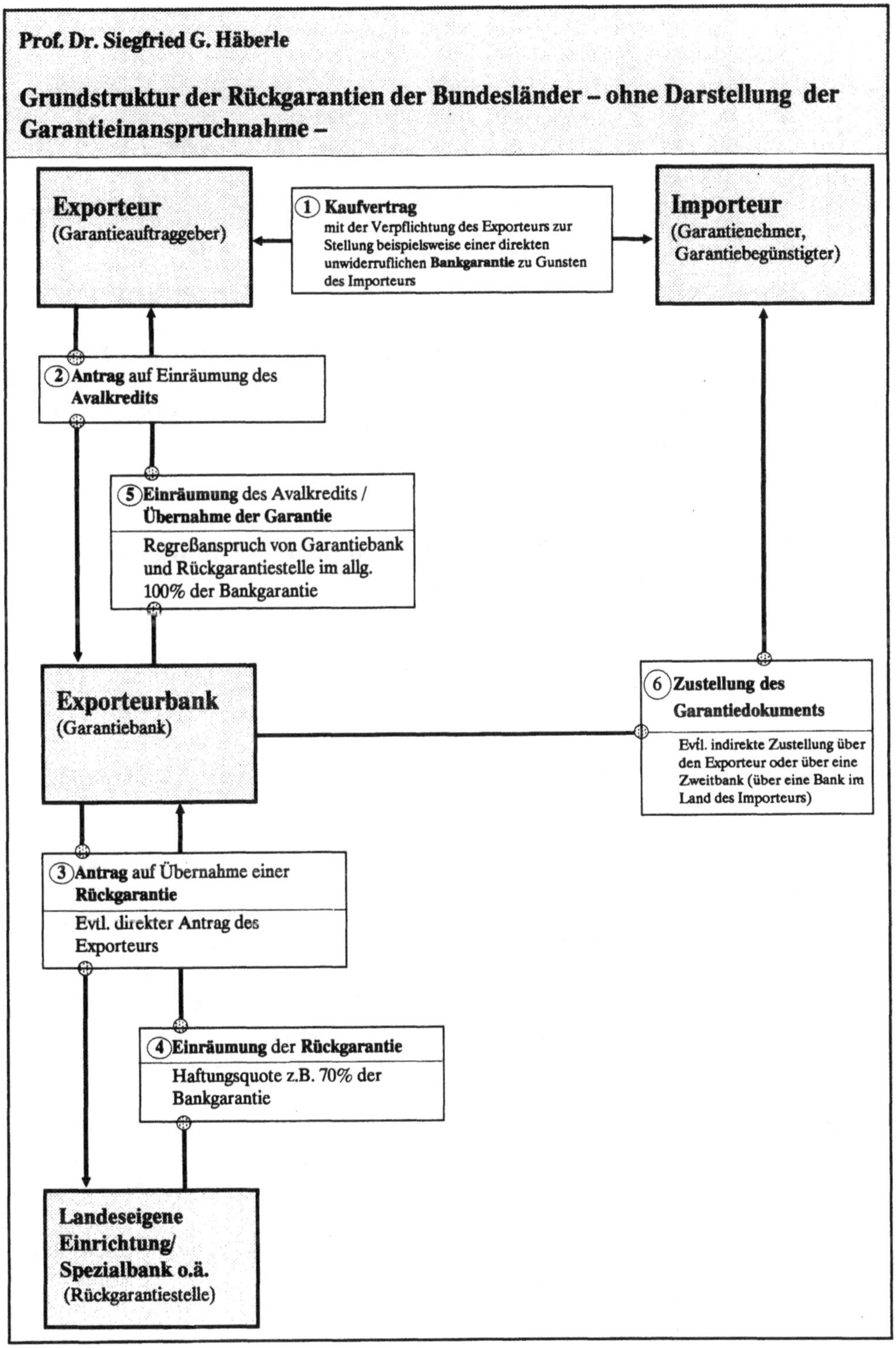

Abbildung 8.5-01

haften diese Sicherheiten anteilig und gleichrangig für den rückgarantierten und für den nicht rückgarantierten Anteil.

- **Regreß**: Wie bei übernommenen Bankgarantien üblich, nehmen die Garantiebank bzw. die rückgarantierende landeseigene Einrichtung/Spezialbank **Rückgriff auf den Garantieauftraggeber** (auf den Exporteur), sofern der Garantiebegünstigte (der Importeur) die Bankgarantie beansprucht.
- **Kosten**: Für Rückgarantien wird von den Bundesländern eine **Provision** erhoben, deren Höhe von den Umständen des Einzelfalls abhängt.

Informationsquellen

Aktuelle sowie auf das jeweilige Bundesland speziell zutreffende Informationen erhält der Exporteur von den auslandserfahrenen **Kreditinstituten**, von **Industrie- und Handelskammern** sowie von den **wirtschafts-/exportfördernden Einrichtungen** bzw. Spezialbanken der **Bundesländer**. Letztere halten auch Merkblätter über die aufgelegten Exportförderungsprogramme bereit.

8.5.2 Absicherungsmöglichkeiten durch staatliche Ausfuhrgewährleistungen (Hermes-Deckungen)

Deckungsfähige Risiken

Unter bestimmten Voraussetzungen deckt der Bund einige der Risiken des Garantieauftraggebers (des deutschen Exporteurs), die bei der Stellung von Bietungs-, Anzahlungs-, Liefer-/Leistungs- und Gewährleistungsgarantien auftreten können.

Die vom Bund gedeckten Risiken hängen insbesondere von der Art der jeweiligen Bankgarantie ab. Darüber hinaus unterliegen die deckungsfähigen Risiken und die Deckungspraxis im Laufe der Zeit Veränderungen, so daß die Deckung der folgenden **Risiken** bzw. die in deren Gefolge entstehenden Verluste des Garantieauftraggebers (des deutschen Exporteurs) nur beispielhaften Charakter tragen können, und zwar ohne den Anspruch auf Vollständigkeit und auf Beständigkeit zu erheben. Vielmehr sind die aktuelle Deckungspraxis, insbesondere die jeweiligen Deckungsgegenstände bei Hermes zu erheben. Dies gilt auch für die besonderen Bedingungen der Garantien bei Bauleistungsgeschäften.

Unter diesen Vorbehalten – die für dieses gesamte Kapitel gelten – sind umrißhaft die folgenden Schwerpunkte eventuell möglicher Hermes-Deckungen erkennbar:

- **Widerrechtliche Inanspruchnahme** der Bankgarantie infolge von im Ausland auftretenden **politischen Umständen**.
- (Rechtmäßige) **Inanspruchnahme** der Bankgarantie durch den Garantienehmer (Besteller), weil der **Garantieauftraggeber** (der deutsche Exporteur) seine **Verpflichtungen aus** im Ausland liegenden **politischen Gründen nicht erfüllen** kann (Anzahlungs-, Liefer-/Leistungs- und Gewährleistungsgarantien).
- **Verluste an der Garantiesumme**, wenn der gerichtlich zuerkannte Anspruch auf Rückzahlung einer – gleich aus welchen Gründen – widerrechtlich in Anspruch genommenen Garantie aufgrund eines der **im Rahmen von Ausfuhrgarantien/-bürgschaften gedeckten Risiken** uneinbringlich wird.

Besonderheiten

Diese Risikodeckungen werden – wie erwähnt – vom Bund entsprechend der Art und dem zeitlichen Ablauf der Bankgarantien modifiziert, was im Einzelfall zu einer Ausweitung der Deckung, aber auch zu deren Einschränkung führen kann. Beispielsweise ist die oben an zweiter Stelle skizzierte Risikodeckung bei **Bietungsgarantien** anders definiert, nämlich als Haftung des Bundes für Verluste, wenn

> "*... die Bietungsgarantie von dem Begünstigten in Anspruch genommen wird, weil der Deckungsnehmer sein Angebot vor Beendigung des Ausschreibungsverfahrens zurückzieht oder nach Zuschlag die Übernahme des Auftrags ablehnt, weil der Bund die bereits zugesagte Deckung aus Gründen, die der Deckungsnehmer nicht zu vertreten hat, zurücknimmt. Dieses Risiko wird naturgemäß nur dann übernommen, wenn der Bund gleichzeitig für das Exportgeschäft zu einer beantragten Deckung von Fabrikations- und/oder Ausfuhrrisiken eine grundsätzliche Stellungnahme abgegeben hat. Erfolgt eine derartige grundsätzliche Stellungnahme nicht oder nur eingeschränkt, so wird das ... beschriebene Risiko nicht übernommen*" (Schallehn/ Stolzenburg, Garantien und Bürgschaften..., Loseblattsammlung, diverse Erscheinungsjahre: V., S. 34).

Deutsches Embargo

In die Deckung der Risiken aus Bietungs-, Liefer-, Leistungs- und Gewährleistungsgarantien wird auch das Risiko eines deutschen Embargos miteinbezogen (vgl. (Schallehn/ Stolzenburg, Garantien und Bürgschaften..., Loseblattsammlung, diverse Erscheinungsjahre: V., S. 38).

Einbeziehung in andere Deckungsformen

Von Bedeutung ist für den deckungssuchenden Exporteur die aktuelle Prüfung, ob die Bundesdeckungen für Bankgarantien **in andere Deckungsformen** des Bundes **mit einbezogen** werden können oder müssen, sofern für das gleiche Exportgeschäft eine **Fabrikationsrisikodeckung** bzw. eine **Ausfuhrrisikodeckung** gewährt wird.

Dies ist beispielsweise der Fall bei Liefer- und Leistungsgarantien, für die in der Regel kein alleiniger Deckungsbedarf besteht. Die Beträge der Garantien werden dann den gedeckten Selbstkosten bzw. den gedeckten Fakturenbeträgen hinzugerechnet. Eine Ausnahme, d.h. die isolierte Deckung der Risiken aus Liefer- und Leistungsgarantien, besteht jedoch darin, wenn auf Grund der Zahlungsbedingungen für ein bestimmtes Exportgeschäft keine anderen als auf die Bankgarantie bezogenen abdeckbaren Risiken entstehen.

Mit gewissen Modifikationen gilt dies auch für Gewährleistungsgarantien.

Anzumerken ist, daß der Exporteur trotz der beschriebenen Einbeziehung in andere Deckungsformen einen **ausdrücklichen Antrag** auf Bundesdeckung bezüglich der Übernahme der Risiken aus Bankgarantien zu stellen hat und daß für die Übernahme der Risiken aus Bankgarantien in dieser einbezogenen Form auch das entsprechende Entgelt zu entrichten ist.

Es gibt aber auch Bundesdeckungen bei Bankgarantien, die **unabhängig** von einer Fabrikationsrisiko- oder Ausfuhrrisikodeckung gewährt werden. Dies ist naturgemäß bei **Bietungsgarantien** der Fall.

Schließlich gilt es bezüglich der isolierten Deckung bzw. der Einbeziehung in andere Deckungsformen für Risiken aus **Anzahlungsgarantien** im angesprochenen Zusammenhang **zwei Phasen** zu beachten: Der Zeitraum während der Laufzeit der Fabrikationsrisikodeckung und der sich daran anschließende Zeitraum (Einzelheiten siehe (Schallehn/ Stolzenburg, Garantien und Bürgschaften..., Loseblattsammlung, diverse Erscheinungsjahre: V., S. 35 ff.).

Selbstbeteiligung

Die Selbstbeteiligung des deutschen Exporteurs am Ausfall beläuft sich bei allen auf Bankgarantien bezogenen Deckungsformen regelmäßig auf 10% des Ausfalls.

Entgelte

Der Bund berechnet dem deutschen Exporteur für die Deckung der Risiken aus gestellten Bankgarantien ein Entgelt, das entsprechend der Einstufung des Bestellerlandes in die sieben Länderkategorien gestaffelt ist. Als grobe Anhaltspunkte mögen die seit 1.10.1998 gültigen Entgelte dienen, die beispielsweise in der Länderkategorie 1 = 0,12%, in der Länderkategorie 4 = 0,36% und in der Länderkategorie 7 = 0,84% der jeweiligen Garantiesumme betragen.

Hinzu kommt die **Bearbeitungsgebühr**.

8.5.3 Kosten von Bankgarantien

Risikoprämie

Die von den Banken den Garantieauftraggebern in Rechnung gestellte **Avalprovision** (zum Teil als Kommission o.ä. bezeichnet) ist primär als Risikoprämie zu interpretieren: Solange der Garantiefall nicht eintritt, braucht die garantierende Bank **Kapital nicht einzusetzen**, so daß die Berechnung von Zinsen entfällt.

Höhe

Die Höhe der Avalprovision **streut** in der Praxis stark, weil sie - angesichts der folgenden Einflußfaktoren - nur **individuell kalkuliert** und festgelegt werden kann. Die Höhe ist insbesondere abhängig

- von der **Kreditwürdigkeit des Garantieauftraggebers**, weil sich die Bank im Garantiefall regelmäßig den Rückgriff auf den Garantieauftraggeber vorbehält;
- von den **Sicherheiten**, die der Garantieauftraggeber der Bank zur Verfügung stellen kann;
- von der **Art der Garantie** (beispielsweise ist eine Anzahlungsgarantie für die Bank dann mit geringeren Risiken verbunden, wenn der Exporteur die empfangene Anzahlung zur nachhaltigen Rückführung seines Kontokorrentkreditkontos verwendet oder gar als Festgeld anlegt);
- davon, ob eine **direkte** oder eine **indirekte Garantie** zu stellen ist.

Dagegen tritt die Einschätzung der **Eintrittswahrscheinlichkeit des Garantiefalls** durch die Bank als Einflußfaktor auf die Höhe der Avalprovision eher in den Hintergrund.

Wegen des Rückgriffrechts der Bank auf den Garantieauftraggeber im Garantiefall ist dessen Kreditwürdigkeit der gewichtigste Einflußfaktor auf die Höhe der Avalprovision. Bei **unbedenklicher Bonität** des Garantieauftraggebers ist das Risiko der Bank minimal, was einem solchen Garantieauftraggeber einen entsprechenden **Verhandlungsspielraum** über die Höhe der zu berechnenden Avalprovison eröffnet.

Sonstige Kosten

Neben der Avalprovision stellen die Banken zum Teil ein Entgelt für die **Ausfertigung** der Garantie (Erstellungsprovision) sowie die anfallenden **Auslagen** (z.B. bei indirekten Garantien, die je nach Land erheblich sein können) und - falls zutreffend - die Aufwendungen bei der Prüfung von Dokumenten in Rechnung.

Berechnungsmethoden

Die Berechungsmethoden der Banken bei der Berechnung der Avalprovision sind unterschiedlich:

- Manche Banken berechnen die Avalprovision analog den Methoden der Zinsrechnung: **Tag- und betraggenau** entsprechend der jeweiligen Inanspruchnahme des Avalkredits durch den Garantieauftraggeber. Für den Garantieauftraggeber ist diese Berechnungsmethode im allgemeinen am günstigsten.
- Andere Banken berechnen die Avalprovision nach dem Stand der Inanspruchnahme des Avalkredits **zu Beginn eines Quartals bzw. Monats**, d.h. für jedes angefangene Quartal bzw. für jeden angefangenen Monat wird die volle Provision berechnet.
- Zu **beachten** hat der Garantieauftraggeber bei der Berechnung der Avalprovision auch, daß die Banken Garantien, bei denen (nach ausländischem Recht) die Befristung nicht wirksam ist, erst ausbuchen, wenn die Garantieurkunde zurückgegeben oder vom Garantienehmer eine Haftungsentlastungserklärung abgegeben wird.

9 Bankgarantien: Kommentar mit Wiedergabe der Einheitlichen Richtlinien für auf Anfordern zahlbare Garantien (URDG, ICC-Publ. 458)

Hinweis

Die Regeln und Probleme bei der Einführung des Euro (einschließlich der ICC-Entscheidung) sind – auch für Garantien – in Kapitel "3.3 Dokumentenakkreditive (sowie Inkassi und Garantien): Regeln und Probleme bei der Einführung des Euro (EUR)" dargestellt und kommentiert.

9 Bankgarantien: Kommentar mit Wiedergabe der Einheitlichen Richtlinien für auf Anfordern zahlbare Garantien (URDG, ICC-Publ. 458)

von Professor Dr. jur. Menno Aden, Rechtsanwalt

9.1 Einführung und Vorbemerkungen

Definition/Abgrenzung

Die auf Anfordern zahlbare, vom Grundgeschäft gelöste, also abstrakte Garantie ist die eigentliche Erscheinungsform der internationalen Bankgarantie. Für diese wird hier die Bezeichnung **Abrufgarantie** vorgeschlagen und verwendet, ggf. mit dem ausdrücklichen Zusatz **Abrufgarantie auf erstes Anfordern**, um die rechtlich an sich gleichwertige Variante abzugrenzen, in welcher neben dem schlichten Abruf auch eine Begleiterklärung des Begünstigten zum Vertragsverhalten des Auftraggebers gefordert wird (s.u. Art. 20).

Vorgeschichte

Die vorliegenden **Einheitlichen Richtlinien für auf Anfordern zahlbare Garantien** (folgend: **ERAG**) wurden 1992 von der **Internationalen Handelskammer (ICC)** nach längeren Vorarbeiten und Konsultationen mit betroffenen Kreisen der Export- und Kreditwirtschaft mit dem Ziel verabschiedet, daß sie ähnlich den erfolgreichen *Einheitlichen Richtlinien und Gebräuchen für Dokumenten-Akkreditive* ***(ERA)*** weltweite Akzeptanz finden würden. Mit diesen weisen die ERAG viele Gemeinsamkeiten auf.

Dem vorherigen Regelwerk zur Vertragsgarantie aus dem Jahre 1978 (ICC-Publikation Nr. 325; vgl. *Stumpf RIW 79, 1)* war dieser Erfolg versagt, und es sieht bisher so aus, als ob die Neufassung 1992 dieses Schicksal teilen wird.

ERAG als Gerüst für den Rechtskommentar "Bankgarantien"

Die ERAG 1992 werden in der deutschen **Praxis** so gut wie **nicht angewendet**. Wenn gleichwohl im folgenden eine Kommentierung der ERAG vorgelegt wird, soweit zu sehen die erste durchlaufende Kommentierung des Regelwerkes, dann aus im wesentlichen zwei Gründen:

- Die ERAG stellen trotz mancher Redaktionsfehler ein nützliches **systematisches Gerüst** für eines der wichtigsten Institute des internationalen Wirtschaftsverkehrs dar.
- Die Abrufgarantie ist ein weltweit ziemlich gleichmäßig funktionierendes **Institut und Baustein** eines sich langsam doch abzeichnenden **Welthandelsrechtes**. Diese Kommentierung mag daher neben einem praktischen Nutzen im Falle einer doch vorkommenden Vereinbarung ein Beitrag für eine künftige 3. Fassung der ERAG sein.

Redaktion

Die ERAG wirken oft **nicht besonders sorgfältig redigiert**. Verweisungen scheinen sich zu beißen (vgl. Art. 15 verweist auf Art. 11, aber nicht auf Art. 9, der jedoch Art. 11 voraussetzt); verschiedene Vorschriften wirken ganz oder teilweise überflüssig (Art. 16). Im einzelnen vergleiche die folgende Kommentierung.

Diese Kritik muß aber ihre Herkunft aus einem **entwickelten Rechtssystem** berücksichtigen, welches die auf weltweite Geltung zielenden ERAG **nicht überall voraussetzen** können. So ist etwa die in Art. 14 vorausgesetzte Abgrenzung zwischen der Haftung für den Erfüllungsgehilfen und der für den Substituten auf der Grundlage des kontinentalen Rechtsverständnisses als Problem leicht zu verstehen. Ob das aber in Polen oder Malaysia ähnlich ist, steht dahin. Was uns klar und eindeutig erscheint, ist es anderswo vielleicht nicht. Ein Teil der Kritik löst sich daher unter diesem Gesichtspunkt auf.

9.2 A. Anwendungsbereich der Richtlinien

9.2.1 Artikel 1: Geltung der Regeln

Richtlinie

Artikel 1

Diese Richtlinien gelten für jede auf Anfordern zahlbare Garantie und deren Änderung, die ein Garant (wie nachfolgend definiert) zu erstellen beauftragt worden ist und die festlegt, daß sie den „Einheitlichen Richtlinien für auf Anfordern zahlbare Garantien" der Internationalen Handelskammer (Publikation Nr. 458) unterliegt; sie sind für alle Beteiligten bindend, soweit in der Garantie oder deren Änderung nicht ausdrücklich etwas anderes bestimmt ist.

Kommentar

1. **Rechtsqualität der Richtlinien**

   Die Einheitlichen Richtlinien für die Abrufgarantie (hier abgekürzt: **ERAG**) sind so wenig wie z.B. die **Einheitliche Richtlinien und Gebräuche für Dokumenten-Akkreditive (ERA)** oder die Schiedsverfahrensordnung der Internationalen Handelskammer staatliches oder überstaatliches Recht (*Hasse WM 93, 1989)*. Trotz ihrer weiten Verbreitung stellen nicht einmal die ERA oder die ICC-Schiedsgerichtsordnung auch Gewohnheitsrecht oder **Handelsbräuche** gemäß § 346 HGB dar (*v. Westphalen* strittig: vgl. BH VI 11, Einleitung ERA RN 2) wieviel weniger die noch weithin unbekannten ERAG. Der praktisch wichtige Unterschied läge einmal darin, daß Handelsbräuche nicht der Inhaltskontrolle gemäß AGB-Gesetz unterliegen und zum anderen darin, daß sie, anders als Allgemeine Geschäftsbedingungen, auch ohne rechtsgeschäftliche Einbeziehung Vertragsinhalt werden.

2. Einbeziehungsvereinbarung

Die ERAG sind empfohlene Musterbedingungen, welche wie die ERA *(v. Westphalen a.a.O.; Goode S. 24)* von den Parteien ihrem jeweiligen Vertrag nach den Regeln des anwendbaren Rechtes eingefügt werden müssen, um, jeweils nur für diesen Vertrag, verbindlich zu werden. Das geschieht durch eine **Einbeziehungsvereinbarung**, welche formal neben den Hauptvertrag tritt. Diese ist kollisionsrechtlich, vergleichbar der Vereinbarung einer Schieds- oder Gerichtsstandsklausel, gesondert anzuknüpfen. Praktisch gilt aber, daß die Nebenvereinbarung dem Statut des Hauptvertrages folgt (*Kegel, S. 486).*

Der Auftrag des Garantieauftraggebers an den Garanten ist ebenfalls gesondert anzuknüpfen.

Das auf die Garantie anwendbare Recht entscheidet daher im Zweifel über die **Auslegung** von in den ERAG gebrauchten Systembegriffen (z.B. Art. 4: Übertragbarkeit; Art. 15: Haftungsrahmen; Art. 24: Erlöschen durch Zahlung, Erfüllungssurrogate).

3. Sprache

Die vermutlich von Deutschen erstellte deutsche **Übersetzung** der ERAG entspricht – wie in internationalen Rechtstexten leider fast üblich – der geringen Achtung, die wir Deutschen selbst *"unserem geliebten Deutsch"* (Goethe) entgegenbringen. Die ERAG wirken als eine etwas hybride Kreuzung verschiedener Rechtsordnungen auf einem englischen Geprägerecht. Verschiedene Systembegriffe passen daher nicht und hätten systemkonform mit dem deutschen Recht übersetzt werden sollen.

Einige **Beispiele**:

- Den Ausdruck authentisiert" (Art. 2 d) gibt es im Deutschen nicht;
- zwar im Englischen, nicht aber im Deutschen, schuldet man etwas "unter" einem Vertrag;
- der *request* (Art. 2 a i) ist eine Aufforderung, kein *Ersuchen*;
- das ständige Problem der richtigen Wiedergabe von *shall* und *should* entsteht auch hier. Z.B. in Art. 3 bedeutet es sowohl *muß* als auch *soll*;
- Art. 11: Die *Haftung für den guten Glauben ... jeglicher Personen* meint vermutlich das Einstehen für die Vertrauens- oder Glaubwürdigkeit von Personen;
- Art. 15: *Guter Glaube* als deutscher Rechtsbegriff ist etwas anderes als *good faith;*
- in Art. 26 wird von einer *Aussetzung* der Zahlung gesprochen, gemeint ist eine Stundung.

4. Auslegung

Vorbehaltlich anderer Vereinbarung werden die ERAG in der von den Parteien zugrunde gelegten Sprache, aber in dem gewählten Recht ausgelegt *(Kegel, S. 366).* In Art. 15 zum Beispiel würde also bei Geltung des deutschen Rechtes "guter Glaube" (oder bei englischer Sprachfassung *good faith*) zunächst als "Treu und Glaube" (§ 242 BGB) anzugleichen und dann entsprechend auszulegen sein. Man könnte in diesen Fällen, im Anklang an die kollisionsrechtliche Angleichung (*Kegel, S. 260),* von einer **binnenrechtlichen Angleichung** von Systembegriffen sprechen.

Das auf die Garantie anwendbare Recht entscheidet daher im Zweifel auch über die Auslegung von in den ERAG gebrauchten Systembegriffen (Z.B.: Art. 4: Übertragbarkeit; Art. 15: Haftungsrahmen; Art. 24: Erlöschen durch Zahlung, Erfüllungssurrogate). Die gelegentlich geäußerte Meinung, die ICC-Regelwerke, etwa auch die weit verbreitete ICC-Schiedsverfahrensordnung (hierzu: Aden S. 34) seien eine Art Recht sui generis und dürften nur aus sich heraus, ohne Rückgriff auf ein nationales Recht ausgelegt werden, ist noch abzulehnen. Soweit sind wir noch nicht. Das Bedeutungsbewußtsein ICC-naher Kreise eilt hier voraus *(vgl. BH VI, 11 Anmerkung zu Art. 1 ERA).*

5. Änderungen der ERAG

Die Parteien entscheiden über den Inhalt und Änderungen der ERAG. *Ausdrückliche Änderungen* der ERAG können auch mündlich vereinbart sein. Da die ERAG aber nur schriftliche Garantien (Art. 2) vorsehen, folgt wohl, daß die Änderungen auch schriftlich sein müssen.

Etwas anderes muß aber gelten, wenn das die Garantie beherrschende Recht (**lex causae**) die **mündliche Aufhebung** der schriftlich vereinbarten Schriftlichkeit erlaubt. Das ist nach deutschem Recht der Fall, in welchem der gewillkürte Formzwang formlos aufgehoben werden kann *(Palandt-Heinrichs § 125 RN 14; BGH NJW 68, 91).* Im Falle einer solchen mündlichen Aufhebung der Schriftlichkeit ist auch § 4 AGB-Gesetz (Vorrang der Einzelabrede) zu beachten.

6. Anwendungskreis der ERAG

Die ERAG wollen für *alle Beteiligten verbindlich* sein. Die ERAG leiden daran, daß sie die unterschiedlichen Rechtsbeziehungen im Garantiegeschäft nicht deutlich gegeneinander abgrenzen. Zwar steht der **Grundvertrag** (Auftraggeber – Begünstigter) wegen des Abstraktheitsgrundsatzes von vorne herein außerhalb der ERAG, dennoch soll er in der Garantie erwähnt werden (Art. 3 d), was in Art. 3 der ERA nicht vorgesehen ist. Das Verhältnis Auftraggeber – Garant wird als solches gar nicht zur Kenntnis genommen, so daß sogar Zweifel entstehen können, ob der Auftraggeber auch *Beteiligter* im Sinne von Art. 1 ist.

Die ERAG müssen aber so verstanden werden. Mehrere Vorschriften (z.B. Art. 3, 9 ff, 14) wären sonst nicht recht verständlich. Während die ERAG jedoch den Garantievertrag umfassend regeln wollen, bleiben wichtige Teile des Verhältnisses Auftraggeber – Garant außerhalb der ERAG. Z.B Entstehung des Aufwendungserstattungsanspruches (vgl. Art. 14 c), gegenseitige Informationspflichten u. a.

Auch im **Verhältnis Auftraggeber – Garant** gilt, daß die ERAG nur über einen Einbeziehungsvertrag Rechte und Pflichten erzeugen können. Wenn der Auftraggeber den Garanten ausdrücklich beauftragt, die Garantie unter die ERAG zu stellen, wird dieses der Fall sein. Wenn der Garant seinerseits die ERAG durch ausdrückliche Bezugnahme zum Vertragsinhalt macht, werden diese Vertragsteil wie es mit AGB geschieht (s.u. Nr. 7).

Das Avalauftragsformular der Deutschen Bank sieht aber z.B. nur vor, daß der Auftraggeber ankreuzt, wenn er die **Garantie** unter die ERAG stellen will – eine Einbeziehung des Auftragsverhältnisses ist damit nicht ausgesprochen. Insgesamt besteht der Eindruck, daß die Redaktoren der ERAG an dieses Problem gar nicht gedacht haben. Auch Goode, Leiter der Schlußredaktion der Regel (*a.a.O. S. 3)*, spricht nur davon, daß die Regeln Vertragsinhalt werden "solely by virtue of incorporation **into the guarantee**" *(a.a.O. S. 24),* ohne zu erwähnen, daß sie auch in das Auftragsverhältnis inkorporiert werden müssen, um Geltung zu erlangen.

In den ERA, für die an sich dasselbe gilt, stellt sich das Problem deswegen nicht, weil das vergleichbare Verhältnis Auftraggeber – Bank praktisch nicht berührt wird.

7. **ERAG als Allgemeine Geschäftsbedingungen**

Die ERAG sind Allgemeine Geschäftsbedingungen gemäß AGB-Gesetz, wenn sie, was praktisch immer der Fall sein wird, dem Begünstigten oder dem Auftraggeber (s.o. Nr. 6) *gestellt* (§ 1 AGB-G*)* werden (*wohl h.M.: BH VI (7), L/1*; *v. Westphalen DB 92, 2017; zweifelnd Wälzholz WM 94, 1457).*

Als solche dürften sie vom Bundesgerichtshof als ausländische AGB angesehen werden; ihre Auslegung ist daher nicht revisibel *(a.A.: Aden RIW 89, 607,* wenn Vertragsstatut deutsches Recht ist; für ICC-Schiedsverfahrensordnung).

Die Einordnung der ICC-Klauselwerke als Allgemeine Geschäftsbedingungen wirkt provinziell und führt zu so befremdlichen Meinungen wie, daß eine der zentralen Vorschriften der ERAG, Art. 20a, wegen Verstoßes gegen § 9 AGB-Gesetz unwirksam sein soll *(v. Westphalen DB 92, 2017).* Wer am internationalen Geschäftsverkehr teilnimmt, muß die typischen rechtlichen Risiken davon tragen und ist durch die Vorbehaltsklausel (Art. 6 EGBGB) vor gröbsten Ungerechtigkeiten geschützt. Nach geltendem Recht ist aber die AGB-Qualität dieser Klauseln wohl kaum zu bestreiten.

9.3 B. Begriffsbestimmungen und allgemeine Regeln

9.3.1 Artikel 2: Begriff der Garantie

Richtlinie

Artikel 2

a) In diesen Richtlinien bedeutet eine auf Anfordern zahlbare Garantie (im folgenden „Garantie" genannt) jede wie auch immer benannte oder bezeichnete schriftliche Garantie-, Bond- oder andere Zahlungsverpflichtung einer Bank, Versicherungsgesellschaft oder anderen Stelle oder Person (im folgenden „Garant" genannt) zur Zahlung von Geld gegen Vorlage einer schriftlichen Zahlungsanforderung und gegebenenfalls weiterer in der Garantie bezeichneter Dokumente (z. B. ein Zertifikat eines Architekten oder Ingenieurs, ein Urteil oder Schiedsurteil) in Übereinstimmung mit den Bedingungen der Verpflichtung, wobei diese,

(i) auf Ersuchen oder Weisung und unter Haftung einer Partei (im folgenden „Auftraggeber" genannt) oder

(ii) auf Ersuchen oder Weisung und unter Haftung einer Bank, Versicherungsgesellschaft oder anderen Stelle oder Person (im folgenden „Rückgarant" genannt), die auf Weisung eines Auftraggebers handelt, gegenüber einer anderen Partei (im folgenden „Begünstigter") abgegeben wird.

b) Garantien sind ihrer Natur nach von den Verträgen oder Angebotsbedingungen *, auf denen sie beruhen, getrennte Geschäfte; die Garanten sind in keiner Hinsicht mit solchen Verträgen oder Angebotsbedingungen* befaßt oder an sie gebunden, auch wenn die Garantie auf sie Bezug nimmt. Die Verpflichtung des Garanten unter einer Garantie besteht darin, den oder die darin genannten Beträge gegen Vorlage einer schriftlichen Zahlungsanforderung und anderer in der Garantie bezeichneter Dokumente zu zahlen, die nach ihrer äußeren Aufmachung den Garantie-Bedingungen zu entsprechen scheinen.

c) In diesen Richtlinien bedeutet „Rückgarantie" jede wie auch immer benannte oder bezeichnete schriftliche Garantie-, Bond- oder andere Zahlungsverpflichtung des Rückgaranten zur Zahlung von Geld an den Garanten gegen Vorlage in Übereinstimmung mit den Bedingungen dieser Verpflichtung einer schriftlichen Zahlungsanforderung und anderer in der Rückgarantie bezeichneter Dokumente, die nach ihrer äußeren Aufmachung den Rückgarantie-Bedingungen zu entsprechen scheinen. Rückgarantien sind ihrer Natur nach von den Garantien, auf die sie sich beziehen, und von den zugrundeliegenden Verträgen oder Angebotsbedingungen* getrennte Geschäfte. Rückgaranten sind in keiner Hinsicht mit solchen Garantien, Verträgen oder Angebotsbedingungen* befaßt oder an sie gebunden, auch wenn die Rückgarantie auf sie Bezug nimmt.

d) Die Begriffe „Schriftform" und „schriftlich" umfassen auch authentisierte Teletransmission oder gleichwertige Übermittlung per geschlüsselter Datenfernübertragung („EDI").

---

* im englischen Orginal: "tender conditions"

Kommentar

1. Begriff der Garantie (Abs. a)

Im deutschen Recht und in den uns vergleichbaren Rechten fehlt eine gesetzliche Regelung und auch eine Begriffsbestimmung der Garantie. Das ist auch nicht nötig. Die Abrufgarantie ist wie das Akkreditiv eine vorgesetzliche Schöpfung des internationalen Wirtschaftsverkehrs *(Aden RIW 81, 439; vgl. RG 90, 415)*, welches auch ohne positive rechtliche Anbindung und Legaldefinition funktioniert. Praktisch besteht offenbar weltweit im wesentlichen Einigkeit darüber, was eine Abrufgarantie ausmacht. Das nimmt die in Art. 2 gegebene Definition, freilich kasuistisch zu ausgefächert auf.

Die Abrufgarantie wird durch folgende **Merkmale** gekennzeichnet:

- Schriftliche Verpflichtung des Garanten, der eine juristische oder natürliche Person sein kann *(BGH WM 90, 1410: keine Abrufgarantie durch Privatperson; aber LG Stuttgart WM 95, 386: ja, wenn diese Wohnsitz im Ausland hat)*
- zur Zahlung von Geld zugunsten
- des Garantiebegünstigten, welcher die
- Fälligkeit durch die im Garantievertrag vorgesehene schriftliche Anforderung herstellt.

Für den praktischen Gebrauch kann ohne inhaltliche Änderung der Definition in Art. 2 a folgende **Begriffsbestimmung** zusammengezogen werden:

> *Die Abrufgarantie ist ein schriftlicher Vertrag, in welchem sich eine Person (Garant) gegenüber einer anderen (Garantiebegünstigter) zur Zahlung von Geld unter der Bedingung verpflichtet , daß dem Garanten eine vertragsgemäße schriftliche Zahlungsaufforderung des Garantiebegünstigten zugeht.*

Diese Definition vermeidet den Hinweis auf den Auftragsvertrag zwischen Auftraggeber und Garant (vgl. Abs. a (i) und (ii)). Dadurch wird betont, daß die Garantie nicht nur gegenüber dem Grundgeschäft, sondern auch im Verhältnis zum Auftragsvertrag abstrakt ist. Der dem deutschen Recht leicht mögliche Verzicht auf kasuistische Aufzählungen, welche Abs. a etwas schwer lesbar machen, faßt die genannten Beispiele zusammen. Auf die Bezeichnung kommt es nicht an. Wenn anstelle des Begriffs Garantie etwa der des Stand-By-Letter-of-Credit (*zur Abgrenzung des gleichartigen Stand-By-Letter-of- Credit: OLG Frankfurt WM 97, 1893)* gebraucht wird, ist das für die Anwendbarkeit der ERAG unschädlich und betont nur die Einsicht, daß Garantie und Akkreditiv rechtlich letztlich identisch sind *(Aden RIW 76, 678: Widerspruch der h.M., welche die Garantie als Vertrag gemäß 305 BGB, das Akkreditiv aber als Schuldversprechen gemäß § 780 BGB einordnen will)*. Freilich werden die Letters of Credit üblicherweise den ERA unterstellt (*Goode, S. 39*).

2. Anwendbarkeit der ERAG auf andere Formen

Den Parteien steht es frei, die ERAG zu vereinbaren, ob sie für den Hauptvertrag passen oder nicht. Es ist daher zwar richtig, daß die ERAG nicht für die (akzessorische) Bürgschaft gedacht sind *(v. Westphalen DB 92, 2017)*, aber die ERAG können beliebig abgeändert werden, und ihre Anwendung auf die Bürgschaft auf erstes Anfordern *(vgl. BGH NJW 89, 1480)* liegt nicht so fern. Die im Grunde nur rechtsgeschichtlich begründeten Unterschiede beider Rechtsinstitute sind in der Praxis selten wichtig *(vgl. aber BGH WM 98, 2522, wo sich dieser Unterschied doch einmal auswirkte)*.

Die Vereinbarung der ERAG kann im Einzelfall auch einen Sinn ergeben, wenn es sich nicht um eine Abrufgarantie handelt, sondern um eine Ausfallgarantie, die etwa nach fruchtloser Zwangsvollstreckung fällig werden soll. Eine Individualvereinbarung ginge der Formularfassung der ERAG stets vor (§ 4 AGB-G).

3. Abstraktheit (Abs. b)

- **Zahlungspflicht**

Die Zahlungspflicht (formalrechtlich: die Fälligstellung des Zahlungsanspruches) aus der Garantie wird allein durch die *Vorlage einer schriftlichen Zahlungsaufforderung und anderer Dokumente* begründet, *die nach ihrer äußeren Aufmachung den Garantiebedingungen zu entsprechen scheinen.* In diesem Zusammenhang stehen die Artikel 11 bis 15 (s. dort).

Als Rechtsinstitut ist die Garantie (wie Akkreditiv, Wechsel oder Scheck) dadurch geprägt, daß die Zahlungsverpflichtung des abstrakt Verpflichteten zwar in einem wirtschaftlichen Bezug zu einem Grundgeschäft, auch dem Auftragsvertrag, steht, aber in keinem rechtlichen. Anspruch und eventuelle Gegenansprüche ergeben sich allein aus dem Garantievertrag. In Art. 3 ERA findet sich eine in den ERAG nicht vorhandene, aber auch entbehrliche Erläuterung der Abstraktheit.

- **Mißbrauch**

  Der Garantiebegünstigte kann dieses betrügerisch ausnützen, indem er seinen Auszahlungsanspruch geltend macht, obwohl er aus dem Grundgeschäft, zu dessen Sicherung oder Bezahlung die Garantie erstellt wurde, keine Ansprüche gegen den letztlich mit der Zahlung belasteten Auftraggeber herleiten kann.

  Die ERAG treffen hierzu bewußt keine Regelung *(Goode, S. 24).* Der Abstraktheitsgrundsatz ist letzten Endes eine **juristische Fiktion**. Diese wird in den verschiedenen Rechtsordnungen mit unterschiedlicher Stringenz gehandhabt. Die Frage, ob und unter welchen Voraussetzungen (etwa beim Mißbrauch) der Grundvertrag doch in das Garantieverhältnis durchschlägt, wäre, da sie teilweise der zwingenden **lex fori** unterliegen kann, einer vertraglichen, also einer Regelung durch die ERAG ohnehin kaum zugänglich. Es ist daher verständlich, daß die ERAG hierzu schweigen.

  Das Recht, welches das Verhältnis zwischen Garantieauftraggeber und Garanten beherrscht, gibt Auskunft darüber, ob der Auftraggeber im Falle einer (behaupteten) mißbräuchlichen Garantieinanspruchnahme einen Anspruch gegen den Garanten hat, den abstrakt fälligen Zahlungsanspruch des Begünstigten aus der Abrufgarantie nicht zu honorieren. Das den Garantievertrag beherrschende Recht entscheidet, ob der Garant dem Begünstigten gegenüber wegen solcher Gründe die Zahlung verweigern **darf** und ob der Begünstigte vielleicht sogar **verpflichtet** ist, auf seinen Auszahlungsanspruch zu verzichten (vgl. Rechtsgedanke in § 1149 BGB). Über die prozessualen Möglichkeiten (Arrest, einstweilige Verfügung usw.) entscheidet das Recht am Ort des angerufenen Gerichtes (lex fori).

  Nach deutschem Recht kommt ein Schutz gegen eine mißbräuchliche Inanspruchnahme durch **Einstweilige Verfügung** gegen den Begünstigten in Betracht, (*nicht aber gegen den Garanten, h.M., grundlegend Aden RIW 76, 678).* Der Mißbrauch muß aber, wie es die Rechtsprechung ausdrückt, *liquide* beweisbar sein (*KG WM 97, 1377; OLG Frankfurt WM 97, 1893; OLG Bremen WM 90, 1393; Edelmann, DB 98, 2453).* Die von Aden (*RIW 76, 678 und 81, 439)* vertretene Meinung, daß unter der Voraussetzung der liquiden Beweisbarkeit ein Arrest des Auftraggebers in den Auszahlungsanspruch des Begünstigten der passende, auch der Abstraktheit der Garantie am besten entsprechende Rechtsbehelf sei, hat sich nicht durchgesetzt.

4. Rückgarantie (Abs. c)

Die ERAG enthalten hier keine spezifische Regelung und präzisieren nur, daß die Abstraktheit der Garantieverpflichtung auch dann gilt, wenn das Auftragsverhältnis selbst eine Garantie (die Ausdrücke Rückggarantie und Gegengarantie sind synonym) ist. Wirtschaftlich sichert die Rückgarantie nur den Aufwendungserstattungsanspruch des (Haupt-)Garanten ab. Die Regeln der ERAG, so weit sie Pflichten des Auftraggebers im

Auge haben, gelten mutatis mutandis für und gegen den Rückgaranten, immer vorausgesetzt, daß auch dieses Verhältnis den ERAG unterstellt ist.

5. **Schriftform (Abs. d)**

Die klassische Schriftform ist zwar nicht überholt, aber durch technische Möglichkeiten erweitert. Was mit *authentisierte Teletransmission* und die *geschlüsselte* (richtig wohl: verschlüsselte) Datenfernübertragung gemeint ist, mag nicht immer klar sein. Da die Garantie jedenfalls nach deutschem Recht formfrei gültig ist, muß der Zweck der gewillkürten Schriftform (Warnfunktion und dokumentarische Beweisbarkeit) Voraussetzung und Grenzen angeben, in welcher eine moderne Übertragungsform als "schriftlich" anzusehen ist.

Zur Vermeidung von Problemen wird die klassische Schriftform (Unterschrift auf Papierdokument) empfohlen. Andere Formen sollten ausdrücklich vereinbart werden, auch wenn wohl kein Zweifel daran besteht, daß Fax und E-mail die Schriftform wahren.

Die gewillkürte Schriftform kann nach deutschem Recht mündlich abbedungen werden (*BGH NJW 91, 1751; Kommentare zu § 125 BGB).*

9.3.2 Artikel 3: Inhalt der Garantie

Richtlinie

Artikel 3

Alle Aufträge zur Erstellung von Garantien und deren Änderungen sowie Garantien und deren Änderungen selbst sollen klar und präzise sein sowie zu weit gehende Einzelheiten vermeiden. Folglich sollen alle Garantien folgende Angaben beinhalten:

a) Auftraggeber;
b) Begünstigter;
c) Garant;
d) das der Garantieerstellung zugrundeliegende Geschäft;
e) Höchstbetrag und Währung, in der sie zahlbar sind;
f) Verfalldatum und/oder Verfallereignis der Garantie;
g) Bedingungen für die Zahlungsanforderung;
h) eventuelle Regelung der Reduzierung des Garantiebetrages.

Kommentar

1. **Muß- und Sollinhalt der Garantie**

Der Inhalt der Garantie wird beschrieben. Die Parteien sind in der Gestaltung der Garantie frei, und sollte es zwingende gesetzliche Vorschriften geben, gehen diese ohnehin vor. Die ERAG selbst sehen nicht vor, daß der Garantievertrag unwirksam ist, wenn eines der beschriebenen Merkmale fehlt (*Goode, S. 49)*. Die Unwirksamkeit würde sich ggf. aus der lex causae ergeben.

Die Aufforderung an Auftraggeber und Garant, *klar und präzise* zu sein und *zu weit gehende Einzelheiten vermeiden,* ist ihrerseits unklar und unpräzise und schon deswegen nur ein unverbindlicher Praxishinweis in rechtlicher Verkleidung.

Sehr gelungen ist Art. 3 nicht. Es wäre gut gewesen, den notwendigen, den nützlichen und den weiter möglichen Inhalt einer Garantie zu beschreiben, etwa wie folgt.

2. Notwendiger Inhalt

Die Garantie *soll* gemäß b, c und e Begünstigten, Garanten und Betrag angeben. Gemeint kann aber nur sein *muß* , da ohne diese Angaben eine Garantie kaum denkbar ist. Bei deutscher lex causae wäre eine Garantie ohne diese Angaben wohl unwirksam.

- **Begünstigter: lit. b**

  Eindeutige Bezeichnung ist für den Begünstigten selbst sowie im Hinblick auf eine eventuelle Rechtsnachfolge und deren Nachweis auch für den Garanten unverzichtbar. Maßstab kann der Identifikationsumfang nach der Abgabenordnung oder dem Geldwäschegesetz sein. Mögliche Legitimationsprobleme infolge statutenmäßiger oder gesetzlich veranlaßter Namensänderungen sollten insbesondere bei lang laufenden Garantien bedacht werden (*vgl. Rüßmann/Britz WM 95, 1827 für einen Fall aus der GUS)*.

  Nicht abgestimmte Transskriptionen aus **fremden Alphabeten** können zu unnötigen Problemen führen.

- **Garant: lit. c**

  Der Begünstigte wird stets darauf achten, daß der Garant auch im Hinblick auf eine eventuelle gerichtliche Auseinandersetzung und Vollstreckung von Ansprüchen eindeutig bezeichnet wird. Er muß berücksichtigen, daß Bankfilialen geschlossen, verlegt oder umbenannt werden können. Hat der Garant seinen Sitz in einem Problemland, ist dem Begünstigten daher eine Ersatzzahlstelle zu empfehlen.

  Zu bedenken ist auch die Möglichkeit erschwerter Kommunikation, die kurz vor Verfalldatum zum Rechtsverlust des Begünstigten führen kann (vgl Art. 19 und Kommentar). Die Vereinbarung eines Empfangsbevollmächtigten in seinem Lande ist für den Begünstigten zu erwägen.

- **Betrag: lit. e**

  Die Garantie lautet stets auf Geld. Währungen können verschwinden oder ihre Handelbarkeit verlieren. Die Garantiebank kann zahlungsunfähig werden. Bei lang laufenden Garantien über große Beträge sollte der Begünstigte daher Schutzklauseln entsprechend den in internationalen Kreditverträgen vereinbaren (Währungswechsel, Anspruch auf Sicherheit bei bestimmten Vorkommnissen wie z.B. Verschlechterung des Ratings des Garanten).

  Rechtlich denkbar ist die Vereinbarung einer Kunstwährung oder eines Währungskorbes als Schutz gegen Wechselkursrisiken, vorausgesetzt es wird ein Algorithmus vereinbart, der bei Fälligkeit die Zahlung in einer gesetzlichen Währung ermöglicht.

  Anders als bei Bürgschaften kommen betragsmäßig unbeschränkte Garantien praktisch nicht und solche zu Festbeträgen kaum vor. Üblich ist die Angabe eines Höchstbetrages. Von der eigentlich naheliegenden Möglichkeit, den Abruf der Garantie von nach Beträgen differenzierten Anforderungen zu differenzieren (z.B. ab DM x ist besondere Schadensdokumentation beizufügen) wird in der Praxis wohl kein Gebrauch gemacht.

3. Nützlicher Inhalt

- **Verfalldatum oder Verfallsereignis: lit. f**

  Die Angabe *sollte* in der Garantie vereinbart sein (vgl. Art. 19, 22). Fehlt sie oder ist sie ungültig, muß aus der lex causae das Gewollte erschlossen werden. Nach deutschem Recht verjährt der Zahlungsanspruch aus der Garantie in 30 Jahren *(BGH WM 77, 366)*.

  Nicht von den ERAG erwähnt, aber nützlich, ist die Angabe des Datums, an welchem die Garantie in Kraft tritt (vgl. Art. 6, 7).

- **Fälligstellung: lit. g**

  Ohne Verfallsregelung muß aus der lex causae die Fälligkeit des Zahlungsanspruches erschlossen werden. Nach deutschem Recht kommt § 271 BGB (jederzeitige Fälligkeit) in Betracht, wenn nicht einer analogen Anwendung von § 609 BGB der Vorzug gegeben werden soll, die eine vorherige Kündigung mit angemessener Frist nahelegen würde.

  Die ERAG sehen einen schriftlichen Abruf vor. Unpraktisch, aber theoretisch möglich, erscheint auch bei Geltung der ERAG die Vereinbarung eines mündliches Abrufes (§ 4 AGB-G: Vorrang der Einzelabrede).

- **Auftraggeber: lit. a**

  Zur eindeutigen Bezeichnung des Geschäftes, insbesondere zur Unterscheidung bei gleichartigen Garantien desselben Garanten zugunsten desselben Begünstigten, ist die Angabe nützlich, aber –auch unter dem Gesichtspunkt der Abstraktheit der Garantie– nicht nötig.

- **Zugrundeliegendes Geschäft: lit. d**

  Es gilt das zu lit. a Gesagte. Im Einzelfall dürfte es sogar zu empfehlen sein, überhaupt jede Bezugnahme auf das Grundgeschäft zu unterlassen. Der Begünstigte hat wegen der nie auszuschließenden Möglichkeit des Vorwurfes, er rufe die Garantie zu Unrecht ab, in der Regel kein Interesse an einer solchen Bezugnahme.

4. Möglicher Inhalt

- **Reduzierung des Garantiebetrages: lit. h**

  Lit. h mag als Beispiel dafür gemeint sein, daß noch weitere Angaben im Garantietext möglich sind, um die Zahlungspflicht der Bank zu präzisieren (vgl. Art. 18, 25). Die Mustergarantien der ICC (ICC-Veröffentlichung Nr. 503) enthalten selbst keine Angabe gemäß h und schlagen nur eine Zusatzmusterklausel vor.

5. Rückgarantie

Für diese gilt das zu Nr. 1 bis 4 Gesagte mutatis mutandis.

9.3.3 Artikel 4: Übertragbarkeit

Richtlinie

Artikel 4

Das Recht des Begünstigten, eine Garantie in Anspruch zu nehmen, ist nicht übertragbar, sofern nicht ausdrücklich in der Garantie oder deren Änderung etwas anderes geregelt ist.

Dieser Artikel berührt jedoch nicht das Recht des Begünstigten, seinen unter einer Garantie bestehenden oder künftig entstehenden Zahlungsanspruch abzutreten.

Kommentar

1. Recht der Inanspruchnahme (Abs. 1)

Die Inanspruchnahme der Garantie geschieht durch eine rechtsgeschäftsähnliche Handlung. Nach deutschem Recht besteht kein Bedenken, auf den Abruf zwar die Regeln der Vollmacht (§ 164 ff. BGB) anzuwenden. Ob aber das Recht zum Abruf abgetreten werden kann, ist im Einzelfall zweifelhaft. Die gemäß Art. 20 vom Begünstigten geforderte Erklärung, der Auftraggeber habe den Vertrag verletzt, kann höchstpersönliche Elemente enthalten (*Hasse a.a.O. m.N.; vgl. auch Goode S. 93)*. Die ERAG entscheiden diese theoretisch immer weder gestellte, praktisch aber bedeutungslose Frage, indem die Abtretung des Abrufrechtes ausgeschlossen wird (vgl. Art. 48 ERA).

2. Zahlungsanspruch (Abs. 2)

Absatz 2 gibt selbst kein Recht, den Auszahlungsanspruch abzutreten, sondern läßt ein nach dem Forderungsstatut (Art. 33 EGBGB) bestehendes Abtretungrecht unberührt (*Goode S. 53)*. Die Regelung entspricht Art. 49 ERA. Es kommen für bestimmte Fallgruppen Abtretungsverbote und Formvorschriften in Betracht, so daß sich für den Begünstigten bei Bedarf empfiehlt, die Abtretbarkeit ausdrücklich zu vereinbaren.

Angesichts möglicher Beweisschwierigkeiten bei der Rechtsnachfolge hat der Garant grundsätzlich kein Interesse an der Abtretbarkeit. Sie wird zumeist ausgeschlossen.

Der Garant mag, wenn die Abtretung an sich erlaubt sein soll, zur Vermeidung von Mehrarbeit Vorsorge dagegen treffen, daß zu viele Einzelbeträge an zu viele verschiedene Zessionare abgetreten werden können.

9.3.4 Artikel 5: Unwiderruflichkeit

Richtlinie

> **Artikel 5**
>
> Alle Garantien und Rückgarantien sind unwiderruflich, sofern nichts anderes angegeben ist.

Kommentar

Aus Sicht des deutschen Rechtes ist diese Vorschrift überflüssig. Jede vertragliche Verpflichtung ist unwiderruflich, wenn nicht durch Vertrag oder Gesetz etwas anderes bestimmt ist. Auf dem Hintergrund anderer Rechtsordnungen mag sie aber als Auslegungsregel sinnvoll sein. Die Vorschrift ist Art. 6 der ERA nachgebildet. In den seltenen Fällen einer widerruflichen Garantie kommt daher in Betracht, hieraus Interpretationshilfe zu ziehen.

Eine andere Frage ist, ob und bis wann die Abgabe der Garantieerklärung vor oder noch nach Zugang beim Begünstigten vom Erklärenden (Garant) widerrufen werden kann (vgl. hierzu Art. 6).

Von der unwiderruflichen **Verbindlichkeit** der Garantie ist ihre **Fälligkeit** aufgrund des Abrufes zu unterscheiden.

9.3.5 Artikel 6: Wirksamwerden der Garantie

Richtlinie

> **Artikel 6**
>
> Eine Garantie ist ab dem Zeitpunkt ihrer Erstellung wirksam, sofern ihre Bedingungen nicht ausdrücklich vorsehen, daß sie erst zu einem späteren Zeitpunkt oder abhängig vom Eintritt von Bedingungen wirksam werden soll, die in der Garantie bezeichnet und vom Garanten auf der Basis von darin bezeichneten Dokumenten bestimmbar sind.

Kommentar

1. **Grundsatz**

   Ein sonst unschädlicher, nur die auch sonst nicht zweifelsfreie Güte der Redaktion der ERAG beleuchtender, Redaktionsfehler fällt im Vergleich zu Art. 5 auf: Dort *alle Garantien,* hier *eine Garantie.*

   Der Artikel stellt eine inhaltliche Fortschreibung des Art. 5 dar und ist wie dieser, jedenfalls aus Sicht des deutschen Rechts, überflüssig. Er enthält nur die dem deutschen

Beweisrecht ohnehin entsprechende Vermutung, daß die Garantie im Zeitpunkt ihres rechtlichen Zustandekommens wirksam wird und nicht (was sich durch vom Garanten beigegebene **Bedingungen** und Befristungen ergeben kann) erst später.

Der Auftrag an den Garanten, eine Garantie für den Begünstigten zu erstellen ist kein Vertrag zugunsten Dritter und erzeugt keine Rechte für letzteren (*BH VI (7) L/6).*

2. Wirksamwerden nach lex causae

Der Zeitpunkt der *Erstellung der Garantie* wird von Art. 6 nicht beschrieben.

Da eine **Garantie** – nicht nur nach deutschem Recht – zweifellos ein **Vertrag** ist, kann sie nur wirksam werden, wenn das Vertragsangebot des Garanten dem Begünstigten zugegangen und wirklich oder fiktiv angenommen worden ist. Welche Anforderungen an den wirksamen **Zugang des Angebots** und seine wirkliche oder stillschweigende Annahme gestellt werden, entscheidet die lex causae. Diese entscheidet auch, ob der Garant an sein Angebot vor Annahme durch den Begünstigten gebunden ist; vgl. § 145 BGB.

Nach deutschem Recht wäre eine ausdrückliche **Annahme der Garantie** durch den Begünstigten nicht erforderlich (§ 151 BGB). Will der Begünstigte diesen Garantievertrag aber nicht schließen, weil er etwa mit dem Auftraggeber etwas anderes vereinbart hatte, so muß er, um die Wirkung des § 151 BGB zu vermeiden, die nach dem Recht seines Wohnortes (Art. 31 Abs. 2 EGBGB) notwendigen Erklärungen abgeben. Allerdings wird behauptet, daß **internationale Gepflogenheiten** des Garantiegeschäftes die Sonderanknüpfung gemäß dieser Vorschrift verdrängen (*Hasse a.a.O. m.N.).* Das überzeugt nicht, da Gepflogenheiten kein Recht sind; der Begünstigte kennt sie vielleicht gar nicht.

3. Hinausgeschobene Wirksamkeit der Garantie

Das Datum der Wirksamkeit der Garantie ist nicht identisch mit dem der Fälligkeit des Zahlungsanspruches.

Die ERAG unterstellen, daß die **Wirksamkeitsbedingungen**, wenn solche bezeichnet sind, dokumentarisch sein müssen. Das wird in der Regel so sein und ist auch zu empfehlen. Aber die Parteien, insbesondere der Garant, können jede nach dem Recht zulässige Bedingung setzen, ohne im übrigen die Geltung der ERAG zu gefährden.

Die Vorschrift ist offenbar von Art. 9 ERA inspiriert (Deferred-Payment-Akkreditiv). Eine praktische Bedeutung hier ist nicht zu sehen.

9.3.6 Artikel 7: Rechtliche Unmöglichkeit der Garantieerstellung

Richtlinie

Artikel 7

a) Wenn ein Garant Weisung für eine Garantieerstellung erhalten hat, bei deren Ausführung er jedoch aufgrund der Gesetze oder Verordnungen des Erstellungslandes die Garantie-Bedingungen selbst nicht erfüllen könnte, dann hat der Garant die Weisung nicht auszuführen und sofort die Partei, die ihm diese Weisung gab, per Telekommunikation oder, wenn dies nicht möglich ist, auf anderem schnellen Weg über die Gründe der Nichtausführbarkeit zu unterrichten und geeignete Weisung von dieser Partei zu erbitten.

b) Dieser Artikel verpflichtet keinen Garanten, eine Garantie zu erstellen, wenn er damit nicht einverstanden ist.

Kommentar

1. Rechtscharakter

Die ERAG können Rechte und Pflichten nur erzeugen, wenn sie vereinbart sind. Zu dem Zeitpunkt, *wenn der Garant eine Weisung für eine Garantieerstellung erhalten hat*, können die ERAG zwischen Auftraggeber und Garant aber eigentlich noch gar nicht vereinbart sein, es sei denn der Auftraggeber erbitte ausdrücklich die Verwendung der ERAG. Freilich besagt diese Vorschrift nur, was sich ohnedies aus dem Auftragsverhältnis ergäbe.

2. Gesetzwidrigkeit der Garantie

Zu unterscheiden ist die rechtliche **Unmöglichkeit**, die Garantie zu erstellen und die der **Garantieerfüllung**. Vorstellbar ist, daß Ersteres möglich ist, die Zahlung aufgrund der Garantie aber nicht oder nicht wie vorgesehen zulässig ist.

Mit *Erstellungsland* der Garantie ist das Land des Sitzes des Garanten gemeint.

Nicht vom Wortlaut des Art. 7 erfaßt ist die Möglichkeit, daß im Lande des Begünstigten oder nach dem für die Garantie maßgebenden Recht Beschränkungen für die Erstellung oder Inanspruchnahme der Garantie bestehen, etwa daß eine der Garantiebedingungen als unwirksam angesehen wird. Art. 7 wird auch in diesen Fällen gelten wollen. Neben den "traditionellen" Devisenbeschränkungen kommen als Undurchführbarkeitsgrund zunehmend völkerrechtliche Sanktionen in Betracht, indem das Land des Garanten oder des Begünstigten vom internationalen Handel zeitweilig ausgeschlossen wird. In Betracht kommen auch die Beschränkungen aufgrund des Geldwäschegesetzes.

Aufgrund ihrer oft sehr eigenwilligen Inanspruchnahme des Völkerrechtes für eigene Interessen muß die **Sanktionspolitik** der Vereinigten Staaten von Amerika stets als potentielle Gefahr für die Durchführbarkeit einer Garantie in bezug auf Problemländer bedacht werden.

3. Hinweispflicht

Dann hat der Garant die Weisung nicht auszuführen: Kann die Garantie nicht erfüllt werden, ist auch ihre Erstellung in der Regel nicht sinnvoll.

Die Pflicht zur *sofortigen Unterrichtung* des Auftraggebers versteht sich jedenfalls nach deutschem Recht von selbst, vgl. §§ 663 BGB, 362 HGB.

Auch *über die Gründe der Nichtausführbarkeit* soll der Garant unterrichten. Denkbar ist, daß der Auftraggeber die Garantie trotzdem will, weil er vielleicht mit einer Änderung der Rechtslage während der Garantielaufzeit rechnet.

4. **Kein Abschlußzwang des Garanten**

Wenn der Garant schuldhaft verkennt, daß die Garantie, so wie in Auftrag gegeben und von ihm erstellt, nicht durchführbar sein wird, kommt seine Schadensersatzpflicht in Betracht, denn der Auftraggeber darf auf seine Fachkompetenz vertrauen.

Die Regelung gemäß lit. b ist an sich selbstverständlich. Wenn der beauftragte Garant – mit oder ohne Gründe – die Übernahme der Garantie ablehnt oder auf den Antrag ganz schweigt, macht er sich allenfalls **schadensersatzpflichtig** (vgl. § 362 HGB, auch § 663 BGB: negatives Interesse). In ausländischen Rechtsordnungen mag etwas anderes gelten.

9.3.7 Artikel 8: Betragsreduzierung

Richtlinie

> **Artikel 8**
>
> Eine Garantie kann eine ausdrückliche Regelung für ihre Reduzierung um bestimmte oder bestimmbare Beträge an bestimmten Daten oder gegen Vorlage von in der Garantie dafür bestimmten Dokumenten beim Garanten enthalten.

Kommentar

Die an sich überflüssige Vorschrift – schließlich können die Parteien vereinbaren, was sie wollen und rechtens ist – empfiehlt für die Reduzierung des Garantiebetrages beweisleichte Kriterien vorzusehen (Kalenderdatum, Dokumente). Wiederum nur ein rechtlich eingekleideter Praxishinweis.

9.4 C. Haftung und Verantwortlichkeit

9.4.1 Artikel 9: Prüfung von Dokumenten durch den Garanten

Richtlinie

> **Artikel 9**
>
> Alle Dokumente, die in einer Garantie verlangt sind und unter dieser vorgelegt werden, einschließlich der Anforderung, sind vom Garanten mit angemessener Sorgfalt zu prüfen, um sich zu vergewissern, ob sie ihrer äußeren Aufmachung nach den

> Garantie-Bedingungen entsprechen. Falls sie ihnen nicht entsprechen, oder ihrer äußeren Aufmachung nach einander widersprechen, sind sie zurückzuweisen.

Kommentar

1. Recht und Obliegenheit im Verhältnis zu Begünstigtem und Auftraggeber

Die ERAG regeln in erster Linie das Verhältnis Garant – Begünstigter. Die Vorschrift meint daher die vom Begünstigten zur Geltendmachung von Rechten aus der Garantie vorgelegten Erklärungen, einschließlich der Verletzungserklärung gemäß Art. 20 Abs. a. Der Garant soll diese auf Vertragsrichtigkeit prüfen.

Der Garant ist gegenüber dem Begünstigten zur Dokumentenprüfung nicht im Sinne einer schadensersatzbewehrten Handlungspflicht verpflichtet. Es handelt sich um sein **Recht**, die Zahlung zu verweigern, wenn die Prüfung Fehler ergibt. Gegenüber dem Auftraggeber liegt eine solche Handlungspflicht vor, deren Verletzung formal einen vertraglichen Schadensersatzanspruch des Auftraggebers auslösen kann, der mit dem Aufwendungsanspruch verrechnet wird. Wenn der Garant ohne angemessene Prüfung der Dokumente Zahlungen leistet, gefährdet dies seinen Aufwendungsanspruch.

Der Garant hat die Dokumente *mit angemessener Sorgfalt zu prüfen, um sich zu vergewissern, ob sie ihrer äußeren Aufmachung nach den Garantie-Bedingungen entsprechen*. Stellt er fest, daß dieses nicht der Fall ist, sind sie zurückzuweisen, die **Zahlung** darf also **verweigert** werden.

2. Haftungsrahmen

Die *angemessene Sorgfalt* ist identisch mit den aus § 242 BGB folgenden Pflichten des Garanten gegenüber dem Begünstigten, nicht aber ein Haftungsmaßstab im Sinne des Schadensersatzrechtes (*so aber anscheinend Hasse a.a.O.).*

Der Maßstab der *angemessenen Sorgfalt* ergibt sich aus der lex causae des Garantievertrages bzw. des Auftragsvertrages. Nur wenn auch für diesen die ERAG vereinbart sind und wenn Auftrag und Garantie unter demselben Recht stehen, ist eine inhaltliche Identität der Pflichten des Garanten gegenüber Auftraggeber und gegenüber Begünstigtem gegeben.

Art. 9 lehnt sich an Art. 13 ERA an. Zwar dürfen die Vergleiche zwischen Garantie und Akkreditiv nicht zu weit getrieben werden. Als Auslegungshilfe für die Ausfüllung der *angemessenen Sorgfalt* kann aber der in Art. 13 a ERA bezogene *Standard internationaler Bankpraxis* benutzt werden. Das rechtlich und in der praktischen Handhabung gegenüber der Abrufgarantie kompliziertere Akkreditiv erzeugt mehr Praxis und anscheinend auch mehr Rechtsprechung als die Garantie. Das kann für die noch weithin unerprobten ERAG genutzt werden.

Der Garant muß weder positiv noch negativ einen **Echtheits- oder Konformitätsbeweis** führen. Weder muß er, um zur Zurückweisung der Dokumente berechtigt zu sein, die Unechtheit nachweisen, noch muß er, falls er sie zurückgewiesen hat, den späteren Nachweis der Echtheit durch den Begünstigten fürchten, wenn er mit angemessener Sorgfalt zu dem Ergebnis gekommen war, daß die Dokumente unecht wirkten.

9.4.2 Artikel 10: Prüfungsfrist

Richtlinie

Artikel 10

a) Einem Garanten steht eine angemessene Zeit zu, eine Anforderung unter einer Garantie zu prüfen und über deren Bezahlung oder Zurückweisung zu entscheiden.

b) Wenn der Garant sich zur Zurückweisung der Anforderung entscheidet, muß er dies sofort dem Begünstigten durch Teletransmission oder, wenn dies nicht möglich ist, auf anderem schnellen Weg mitteilen. Alle unter der Garantie vorgelegten Dokumente sind zur Verfügung des Begünstigten zu halten.

Kommentar

1. Absatz a

Absatz a enthält eine vertraglich an sich auch ohnedies bestehende Befugnis. Mit vertragsgemäßem Abruf ist die Garantie im Zweifel sofort fällig (vgl. § 284 Abs. 2 BGB). Die Vorschrift bewirkt eine Stundung, Verzugszinsen und -schäden entstehen also erst nach Ablauf der *angemessenen Zeit.*

Da bei der Garantie, anders als beim Akkreditiv, meist nicht allzuviel zu prüfen ist, wird die Angemessenheit bei wenigen Tagen liegen (*Goode, S. 69: a day or so).* Die *sieben Bankarbeitstage* gemäß Art. 13 a ERA wären gewiß zu lang.

2. Absatz b

Die Entscheidung, den Abruf zurückzuweisen, bedeutet Verweigerung der Zahlung. Der Begünstigte kann den Abruf aber binnen der Garantiefrist **wiederholen,** so daß sich auch der Vorgang gemäß Art. 9, 10 wiederholt. Für die Prüfung und ggf. die Erklärung der Zurückweisung hat der Garant nur die angemessene Zeit. Nach deren Verstreichen muß er zahlen. Theoretisch kommt in Betracht, daß bei schuldhaftem Verstreichenlassen der Frist der Garant zwar zahlen muß, aber, da der Abruf tatsächlich nicht vertragsgemäß war, sein Aufwendungsanspruch gegen den Auftraggeber nicht entsteht.

Nach Zurückweisung des Abrufes meint der Garant zu wissen, daß er nicht zahlen muß, **Verzug** kann also nicht eintreten, auch wenn er nichts tut. Dem beugt die Verpflichtung vor, den Begünstigten *sofort* zu informieren. Die Vorschrift ist Art. 14 (d (i)) ERA nachgebildet; dort aber *unverzüglich.*

9.4.3 Artikel 11: Risiko bei Fälschung und Mißbrauch

Richtlinie

> **Artikel 11**
>
> Garanten und Rückgaranten übernehmen keine Haftung oder Verantwortung für die Form, Vollständigkeit, Genauigkeit, Echtheit, Verfälschung oder Rechtswirksamkeit irgendwelcher Dokumente, die ihnen vorgelegt werden, oder für die allgemeinen und/oder besonderen Erklärungen, die darin enthalten sind, oder für den guten Glauben oder Handlungen und/oder Unterlassungen jeglicher Personen.

Kommentar

1. Garant – Begünstigter

Die beiden Rechtsbeziehungen, in denen der Garant steht, müssen unterschieden werden. Da die ERAG in erster Linie das Verhältnis zum Begünstigten betreffen, ist zunächst dieses zu betrachten.

Der Garant übernimmt nicht das Risiko der Fälschung usw. für Dokumente, die ihm vorgelegt werden. Werden Dokumente vom Auftraggeber vorgelegt, werden diese im Zusammenhang mit der Begründung der Garantie stehen. Ein Haftungsfall ist hierbei kaum vorstellbar.

Zwar wohl praktisch, nicht aber theoretisch unmöglich ist der Fall, daß ein unechter Zessionar eine gefälschte Abtretungsdokumentation einreicht, woraufhin der Garant an ihn zahlt. Oder: Unter Vorlage scheinbar echter Dokumente fordert ein scheinbar Begünstigter den Garanten zur Zahlung und verschwindet mit dem Geld. Echter Begünstigter verlangt auch Zahlung. Der Wortlaut dieses Artikels erfaßt diese Fälle nicht.

Ausgeschlossen wird die *Haftung und Verantwortung*, also eine Pflicht gegenüber anderen. Hier handelt es sich aber darum, daß der Garant auf einen **Betrüger** hereingefallen ist. In der entsprechenden Vorschrift Art. 15 ERA wird tatsächlich eine solche Überwälzung des Fälschungsrisikos angenommen (*vgl. BH ERA 15 RN 1).* Sollte Art. 11 eine solche Risikoüberwälzung vorsehen, wäre diese gemäß Art. 9 AGB-Gesetz unwirksam (Kerngehaltsverstoß).

Der Fall, daß der Garant aufgrund eines gefälschten Auftrages eine wirksame Garantie erstellt und nun feststellt, daß er gegen den angeblichen Auftraggeber keinen Aufwendungsanspruch haben wird, scheint von Art. 11 nicht gemeint zu sein. Aus der Abstraktheit der Garantie würde auch folgen, daß der Garant das **Risiko** einer solchen **Fälschung nicht** auf den Begünstigten **weiterwälzen** kann, etwa mit der Folge, daß die Garantie als unwirksam gilt.

2. Garant – Auftraggeber

Einbeziehungsvertrag vorausgesetzt, ist für das Verhältnis Garant – Auftraggeber nach dem Inhalt der Vorschrift zu fragen.

Im obigen Beispiel ist es eine Frage, ob der auf eine Fälschung hereingefallene Garant gegenüber dem wirklich Berechtigten zur Zahlung verpflichtet bleibt, und eine andere, ob er vom Auftraggeber für seine irrige Zahlung Aufwendungserstattung verlangen kann. Der Wortlaut des Art. 11 gibt diese Folgerung jedenfalls nicht eindeutig her. §§ 3, 9 AGB-Gesetz sprächen gegen eine solche Möglichkeit.

Es bleibt der Fall, daß der Garant vom echten Begünstigten Dokumente, die zum Abruf vorgeschrieben sind (z.B. Schadensprotokoll, Schiedsurteil u.ä.) vorgelegt bekommt, welche die in Art. 11 genannten Fehler ausweisen, also etwa gefälscht sind. Diese Dokumente hat der Garant gemäß Art. 9 *mit angemessener Sorgfalt* darauf überprüft, ob sie *ihrer äußeren Aufmachung nach den Garantiebedingungen entsprechen.* Bejaht er dieses (Art. 10 a), muß er sie dem Auftraggeber weiterleiten (Art. 21). Damit hat der Garant alles getan, wozu er zur Wahrung auch seiner Ansprüche verpflichtet ist. Eine **Haftung** ist daher schon **ausgeschlossen**, ohne daß es dieser Vorschrift bedarf. Zur Frage, ob der Garant zahlen darf, bevor der Auftraggeber die Dokumente gemäß Art. 21 einsehen oder besprechen konnte, siehe Kommentar zu Art. 12.

Art. 11 ist damit weitgehend **funktionslos**.

Überdies ergibt sich ein **Redaktionsversehen** wie folgt: Gemäß Art. 9 muß der Garant mit *angemessener Sorgfalt* prüfen; Art. 11 bezieht sich, wie dargelegt, eigentlich nur auf diese *Prüfung*; Art. 15 qualifiziert die Freizeichnung in Art. 11 (*guter Glaube und angemessene Sorgfalt),* gilt aber nicht für Art. 9.

9.4.4 Artikel 12: Haftung bei verzögerter oder falscher Bearbeitung

Richtlinie

Artikel 12

Garanten und Rückgaranten übernehmen keine Haftung oder Verantwortung für die Folgen von Verzögerungen und/oder Verlusten bei der Übermittlung von Nachrichten, Briefen, Anforderungen oder Dokumenten, oder für Verzögerung, Verstümmelung oder sonstige Irrtümer, die aus der Übermittlung mittels Telekommunikation resultieren. Garanten und Rückgaranten übernehmen keine Haftung für Irrtümer bei der Übersetzung oder Auslegung von Fachausdrücken und behalten sich das Recht vor, Garantietexte oder Teile davon unübersetzt weiterzuleiten.

Kommentar

1. Verzögerungen

Die Regelung ist nur insoweit unbedenklich, als sie Verzögerungen meint, die außerhalb der **Einflußsphäre** des Garanten liegen (z.B. zur Post eingelieferter Brief kommt nicht oder zerstört an). Angesichts der Regelung in Art. 15 ist davon auszugehen, daß der Haftungsausschluß auch nur so gemeint ist. Der Garant haftet also für solche Verzögerungen usw., die er durch *angemessene Sorgfalt* im Sinne von Art. 15 hätte verhindern können.

Die Vorschrift entspricht Art. 15 ERA. Ihr Anwendungsbereich ist nicht ganz klar, da die Prüfungspflicht gemäß Art. 9 unberührt bleibt.

2. Übersetzungsfehler

Die Freizeichnung betrifft nur Übersetzungsfehler bei *Fachausdrücken.* Im **Umkehrschluß** gilt, daß der Garant die verschuldensunabhängige Gewährleistung für die richtige Übersetzung von Texten außerhalb von Fachausdrücken übernimmt.

Unklar ist, an welchen Fall diese Art. 16 ERA nachgebildete Vorschrift denkt. Vielleicht an einen Fall (nach der Praxis) wie den folgenden:

> *Deutscher Begünstigter ruft Garantie bei Garanten in Neuenburg/Neuchatel (Schweiz) ab und legt dazu vertragsgemäß eine "Schadensfreistellungserklärung" vor oder eine andere Erklärung, die mehr als 20 Buchstaben lang ist. Der Garant kann (natürlich) kein Wort Deutsch, und er kann – je näher die Sprachgrenze desto unmöglicher – auch niemanden ausfindig machen, der es kann. Er liest nur "Schaden". Der Garant hält den Abruf also für nicht vertragsgemäß und weist ihn zurück. Der Begünstigte erleidet einen Zinsverlust.*

Von Übersetzungsfehlern dieser Art scheint Art. 12 den Garanten freizeichnen zu wollen.

9.4.5 Artikel 13: Höhere Gewalt

Richtlinie

> **Artikel 13**
>
> Garanten und Rückgaranten übernehmen keine Haftung oder Verantwortung für die Folgen der Unterbrechung ihrer Geschäftstätigkeit durch Fälle höherer Gewalt, Unruhen, Aufruhr, Aufstand, Krieg oder durch irgendwelche anderen Ursachen, die außerhalb ihrer Kontrolle liegen, sowie durch Streiks, Aussperrungen und sonstige Arbeitskampfmaßnahmen aller Art.

Kommentar

Der weltweit geltende Grundsatz, daß höhere Gewalt von Rechtspflichten entbindet, wird mit der üblichen, aber überflüssigen Aufzählung von Beispielsfällen nur wiederholt (vgl. den fast identischen Wortlaut von Art. 17 Satz 1 ERA).

Wenn der Garant daher infolge z.B. einer **Devisenbewirtschaftungsmaßnahme** keine Zahlungen in der vereinbarten Währung leisten kann, kommt er nicht in Verzug. Für lang dauernde Garantien mit hohen Beträgen kann sich empfehlen, eine Ersatzwährung zu bestimmen, oder vorzusehen, daß der Garant auf Anforderung des Begünstigten in der Währung zahlen soll, in der es möglich ist.

9.4.6 Artikel 14: Substitution des Garanten

Richtlinie

Artikel 14

a) Garanten und Rückgaranten, die sich zur Ausführung der Weisung des Auftraggebers der Dienste eines Dritten bedienen, tun dies für Rechnung und Gefahr des Auftraggebers.

b) Garanten und Rückgaranten übernehmen keine Haftung oder Verantwortung, wenn die von ihnen übermittelten Weisungen nicht ausgeführt werden, auch wenn sie selbst die Auswahl des Dritten getroffen haben.

c) Der Auftraggeber muß den Garanten und, gegebenenfalls, den Rückgaranten für alle auf ausländischen Gesetzen und Gebräuchen beruhenden Verpflichtungen und Verantwortlichkeiten schadlos halten.

Kommentar

Vorweg

Diese Vorschrift kann nur wirksam werden kann, wenn die ERAG auch für das Auftragsverhältnis vereinbart sind. Sie folgt weithin wörtlich Art. 18 ERA.

1. Substitution: Abs. a

Der Beauftragte hat grundsätzlich in Person zu erfüllen. Nach deutschem Recht ist er im Zweifel nicht befugt, einen anderen zu substituieren (§ 664 BGB). Eine Freizeichnung von der Haftung für den Erfüllungsgehilfen ist damit nicht gemeint. Wäre sie es doch, so müßte die Vorschrift insofern wohl als unwirksam angesehen werden *(vgl. BH Anmerkung zu ERA 18)*. Die ERAG gehen ohne ausdrückliche Regelung offenbar von einer Substitutionsbefugnis aus (*Goode, S. 79: implicit)*.

Außerhalb des Regelungsbereiches der ERAG liegt die nach der lex causae zu beurteilende Abgrenzung von Erfüllungsgehilfe und Substitut.

Die hieraus für den Erstbeauftragten entstehenden Vertragspflichten sollen jedoch über diese Regelung auf den Auftraggeber überwälzt werden. Rechtlich an sich unbedenklich ist dieses, ausdrücklich oder durch Auslegung, dahin zu ergänzen, daß eventuelle Ansprüche des Erstbeauftragten gegen den Substituten auch für Rechnung des Auftraggebers erworben werden.

2. **Abweichung von Weisungen: Abs. b**

Wenn der Auftraggeber die Möglichkeit der Substitution erlaubt, muß er auch die Folgen tragen. Diese Vorschrift ist konsequent. Sie muß aber dadurch ergänzt werden, daß der Erstbeauftragte verpflichtet ist, dem Auftraggeber eventuelle Schadensersatzansprüche gegen den Substituten abzutreten.

Der Erstbeauftragte haftet im Rahmen von Art. 15 für ein **Auswahlverschulden,** im Falle des Abs. b dafür, daß er Weisungen branchenüblicher Verständlichkeit auf branchenüblichen Wegen erteilt.

3. **Ersatz von Aufwendungen: Abs. c**

Der Gedanke des § 670 BGB erscheint hier in der Form, daß (auch) Aufwendungen aufgrund von Gesetzen oder Gebräuchen in einem – vom Garanten aus gesehen – **ausländischen** Staat vom Auftraggeber zu erstatten sind. Von den Aufwendungen des Garanten aufgrund von **inländischen** Vorschriften und Gebräuchen schweigen die ERAG. Deren Ersatz ist wohl selbstverständlich, aber vorsichtshalber empfiehlt sich eine vertragliche Klarstellung.

Zu den fremdländischen, gelegentlich auch einheimischen Gebräuchen kann die vom Wortlaut durchaus erfaßte Zahlung von **Schmiergeldern** gehören. Nach (nicht nur) deutschem Recht ist die Vorschrift unwirksam (§ 138 BGB), insofern sie den Auftraggeber zum Ersatz solcher Aufwendungen verpflichten wollte *(Palandt-Heinrichs § 138 RN 63).*

9.4.7 Artikel 15: Haftungsrahmen

Richtlinie

> **Artikel 15**
>
> Garanten und Rückgaranten sind von der Haftung und Verantwortung gemäß vorstehender Artikel 11, 12 und 14 nur insoweit befreit, als sie in gutem Glauben und mit angemessener Sorgfalt handeln.

Kommentar

Die Regelung, welche für das deutsche Recht ihren Niederschlag in § 276 BGB gefunden hat, ist – soweit zu sehen – ein weltweiter Grundsatz: man haftet grundsätzlich (nur) für **Verschulden**, und als Verschulden gilt die Außerachtlassung der im Verkehr üblichen Sorgfalt. Die ERAG formulieren, aus Sicht der deutschen Rechtssprache etwas schief, daß der Garant nicht haftet, wenn er in *gutem Glauben und mit angemessener Sorgfalt* gehandelt hat. In der Sache ist damit der **gesetzliche Haftungsrahmen** wie in § 276 BGB beschrieben.

Art. 15 enthält also gegenüber der (deutschen) gesetzlichen Regelung eigentlich **keinerlei Haftungsbeschränkung**. Der Wortlaut geht zu Lasten des Garanten sogar noch über die gesetzliche Regelung hinaus, als die **Beweislast** offenbar umgekehrt ist. Nicht der Anspruchsteller muß das Verschulden beweisen, sondern der Garant muß nachweisen, daß er in gutem Glauben und mit angemessener Sorgfalt gehandelt hat. Angesichts anderer Redaktionsfehler der ERAG liegt der Verdacht nahe, daß auch diese Regelung ein solcher ist.

Art. 15 gilt nur für den Garanten und Rückgaranten, **nicht für** den **Auftraggeber** oder Begünstigten.

9.4.8 Artikel 16: Pflichten des Garanten

Richtlinie

Artikel 16

Ein Garant haftet dem Begünstigten nur gemäß den Garantie-Bedingungen, deren Änderung(en) und diesen Richtlinien, und zwar nur bis zu einem Betrag, der den in der Garantie und deren Änderung(en) bestimmten Betrag nicht überschreitet.

Kommentar

Die Vorschrift sagt nur Selbstverständliches. Ein spezifischer Sinn ist ihr nur schwer zu entnehmen.

Goode (S. 84) sieht ihn darin, daß der Garant nur auf Anforderungen reagieren muß, die streng formal den Garantiebedingungen entsprechen. Er bringt ein **Beispiel**:

> *Garantie lautet über $ 50.000, der dem Begünstigten zustehende Schadensersatzanspruch gegen den Auftraggeber betrage aber $ 200.000. Begünstigter fordert Garanten zur Zahlung von $ 200.000 auf.*
>
> *Der Garant müsse aufgrund von Art. 16 die Anforderung zurückweisen und dem Begünstigten anheimstellen, eine richtige Anforderung herzugeben.*

Diese Meinung wirkt künstlich und widerspräche dem Rechtsgedanken aus § 308 ZPO, wonach der höhere Antrag den geringeren umfaßt *(BGHZ 118, 81)*. Sie ist rechtlich jedenfalls dann bedenklich, wenn die zu hohe Anforderung noch gerade innerhalb der Verfallfrist, die Nachholung es aber nicht mehr wäre.

9.5 D. Anforderungen

9.5.1 Artikel 17: Information des Auftraggebers

Richtlinie

> **Artikel 17**
>
> Unbeschadet der Regelung in Artikel 10 muß der Garant im Falle einer Anforderung unverzüglich den Auftraggeber davon in Kenntnis setzen oder gegebenenfalls den Rückgaranten, worauf dieser den Auftraggeber entsprechend informieren muß.

Kommentar

1. **Information**

Die Regelung ist eindeutig; als Vorschrift der ERAG aber wieder nur verbindlich, wenn vereinbart. Dieselbe Pflicht würde aber, jedenfalls nach deutschem Recht, auch ohnedies aus dem Auftragsverhältnis beider fließen.

Mit Art. 21 besteht eine redaktionell etwas unglückliche, inhaltlich aber unschädliche Überschneidung. Angesichts von Art. 21 ist Art. 17 **überflüssig**.

Die Form der dem Auftraggeber geschuldeten Information ist nicht vorgeschrieben. *Unverzüglich* bedeutet aber im modernen Geschäftsverkehr die Benutzung von Telekommunikationsmitteln, soweit tunlich. Schriftlichkeit ist nicht zwingend.

2. **Konsultationspflicht vor Zahlung**

Die Pflicht des Garanten, den Auftraggeber unverzüglich von der Anforderung des Begünstigten zu informieren, bedeutet nicht, daß er verpflichtet ist, mit diesem über die Zahlung und ihre eventuelle Vermeidung zu diskutieren. Der Garant **kann** (aber im Verhältnis zum Begünstigten **muß** er es **nicht**, vgl. Art. 10) sofort Zahlung leisten. Die in Art. 17 vorgesehene Unverzüglichkeit zur Information des Auftraggebers liegt definitionsgemäß später.

Weder allgemeines Recht noch die ERAG verpflichten den Garanten, die Meinung des Autraggebers abzuwarten (vgl. aber Art. 21 und Kommentar). Der Garant steht aber auch zum Auftraggeber in einem (von der Garantie) abstrakten Rechtsverhältnis. Sein Aufwendungsanspruch entsteht nur, wenn er im Verhältnis zum Auftraggeber zahlen durfte. Es empfiehlt sich daher für den Garanten zur Vermeidung von rechtlichen Auseinandersetzungen, diesen schon bei der geringsten vermuteten Unstimmigkeit anzusprechen und **möglichst** seine Zustimmung zu **Auszahlung** des Garantiebetrages zu erhalten.

Art. 14c ERA enthält eine ähnliche Regelung: Die Bank kann (nicht: muß) sich an den Auftraggeber wenden und dessen Meinung zu den von ihr festgestellten Abweichungen einholen. Diese ist aber nicht verbindlich.

Will die Bank die **Zahlunganforderung zurückweisen**, kommt im Einzelfall, unbeschadet des Vorstehenden, wohl auch eine **Rechtspflicht** zur **Konsultation** in Betracht, vergleichbar der Pflicht der Bank, beim Kunden zu rückzufragen, wenn sie eine von diesem gezogene Lastschrift nicht bezahlen will *(BGH WM 89, 625)* .

Ein Sonderfall entsteht, wenn der Garant den Auftraggeber auf einen Fehler im Abruf aufmerksam gemacht hat und erklärt, dessen **Weisungen abwarten** zu wollen *(vgl. OLG München WM 98, 554 für das Akkreditiv)*. Hier wird aus vorangegangenem Tun eine Pflicht des Garanten anzunehmen sein, nicht eher zu zahlen, als bis der Auftraggeber seine Meinung geäußert hat; gebunden ist der Garant daran aber nicht. Deren Verletzung kann zum Schadensersatz führen, ausnahmsweise zum Verlust des Aufwendungsanspruches, etwa wenn der Auftraggeber dem Garanten den Mißbrauch der Inanspruchnahme hätte beweisen können.

9.5.2 Artikel 18: Betragsreduzierung durch Zahlung

Richtlinie

Artikel 18

Der unter einer Garantie zahlbare Betrag reduziert sich um jeden Betrag, den der Garant auf entsprechende Anforderung darunter gezahlt hat; sobald der unter einer Garantie zahlbare Höchstbetrag durch Zahlung und/oder Reduzierung erreicht worden ist, erlischt die Garantie unabhängig von der Rückgabe der Garantie und deren Änderung(en).

Kommentar

Die Regelung ist an sich klar. Nicht aus den ERAG, sondern bei Schweigen des Garantievertrages aus der lex causae ergibt sich, ob der Garant überhaupt **Teilbeträge** zahlen darf (vgl. § 266 BGB).

Die Hauptaussage der Vorschrift ist, daß der schlichte Besitz oder die Zurückhaltung der Garantieurkunde keine Zahlungsansprüche aus der Garantie verleiht. Die **Garantieurkunde** ist **kein Wertpapier.**

Für Art. 4 bedeutet die Vorschrift eine Klarstellung: Die **Abtretung** des Auszahlungsanspruches ist ohne Übergabe der Garantieurkunde möglich, und umgekehrt bedeutet die Übertragung der Urkunde für sich genommen noch nicht die Übertragung des Auszahlungsanspruches.

Die Zahlung des Garanten bewirkt **keinen Forderungsübergang**, wie § 774 BGB für die Bürgschaft vorsieht *(Castellvi WM 95, 868 f: Sein Versuch, analoge Anwendung von § 774 BGB zu begründen, scheitert trotz fast identischer wirtschaftlicher Interessenlage an grundsätzlichen systematischen Unterschieden der Rechtsinstitute)*.

9.5.3 Artikel 19: Bedingungskonformer Abruf

Richtlinie

Artikel 19

Eine Anforderung muß in Übereinstimmung mit den Garantie-Bedingungen vor deren Verfall, nämlich an oder vor deren Verfalldatum und vor dem Verfallereignis gemäß Artikel 22 erfolgen. Insbesondere müssen alle in der Garantie für die Anforderung vorgeschriebenen Dokumente und alle in Artikel 20 verlangten Erklärungen dem Garanten vor Verfall der Garantie am Erstellungsort vorgelegt werden; andernfalls ist die Anforderung durch den Garanten zurückzuweisen.

Kommentar

1. **Abrufbedingungen als Rechtsbedingungen**

Die Vorschrift beschreibt für die ERAG die sogenannte **Garantiestrenge***(BGH WM 96, 393; OLG München 98, 554)*. Deren Wahrung ist hier wie beim Akkreditiv gegenüber dem Begünstigten ein Recht, gegenüber dem Auftraggeber eine Rechtspflicht, deren Verletzung seinen Aufwendungserstattungsanspruch gefährden kann (*BH VI (7) L/4).*

Der Auszahlungsanspruch aus dem Garantievertrag kann vom Garanten mit Bedingungen jeder Art versehen werden. Wer die Bedingungen nicht erfüllt, unter denen ihm ein Leistungsversprechen abgegeben ist, verliert den Anspruch. Insofern läuft die Vorschrift leer, weil sie Selbstverständliches sagt. Auch wenn theoretisch in Betracht kommen kann, daß eine Bedingung nach der lex causae als gesetzwidrig oder sittenwidrig unwirksam ist, könnte eine Vorschrift der ERAG das zwingende Recht nicht ändern.

Die einzelnen Bedingungen folgen, soweit deutsches Recht anwendbar ist, §§ 158 ff. BGB. So kommt etwa §162 BGB ins Bild, wenn der Garant sich treuwidrig außerstande setzt, den vertragsgemäßen Abruf und begleitende Dokumente zum vorgesehenen Zeitpunkt in Empfang zu nehmen.

Denkbar sind auch Fälle, in denen der Garant aus Gründen in der **Sphäre des Garanten**, aber ohne Verschulden (Streik, Stromausfall) den Abruf des Begünstigten nicht mehr innerhalb der Frist entgegennehmen kann. Art. 13 trifft diesen Fall nicht, da dort die Befreiung von vertraglichen Pflichten bei höherer Gewalt geregelt wird. Es empfiehlt sich daher für den Begünstigten sicherheitshalber einen Passus in den Vertrag aufzunehmen, der in solchem Falle eine **Zugangsfiktion** vorsieht.

Wird die Frist vom Begünstigten, auch aus Gründen höherer Gewalt, versäumt, ist die Garantie grundsätzlich verfallen *(vgl. BH VI (7) L/10 m.N.).*

2. **Berechnung von Fristen**

Die Berechnung von Fristen wird bei Garantiebedingungen nötig, welche die Inanspruchnahme ab einem Stichtag (z.B. 100 Tage nach Abnahme) berechnen. Die

Berechnung folgt grundsätzlich aus der lex causae (vgl. §§ 186 ff. BGB). Vorsichtshalber sollte aber geprüft werden, ob am Erfüllungsort Abweichendes gilt.

3. **Begleitende Dokumente**

Wenn der Abruf von bestimmten Erklärungen des Begünstigten begleitet werden soll (Art. 20), genügt es, daß diese mit separater Post oder auf eigenem Wege innerhalb der Frist beim Garanten sind, vorausgesetzt, die Dokumente sind einander zuzuordnen (*Goode S. 94)* . Ein **Nachreichen** der Begleiterklärung nach Ablauf der Garantie ist **nicht** mehr **möglich** (*BGH WM 96, 771).*

Die in der Praxis vorkommenden Formulierungen, wonach die Zahlungsanforderung "together with" oder "accompanied by" (i.e.: bestimmte Erklärungen, Dokumente usw.) sein soll, geben immer wieder zu an sich überflüssigen Fragen Anlaß. Eine Klarstellung ist daher auch bei Geltung der ERAG zu empfehlen.

9.5.4 Artikel 20: Garantieabruf

Richtlinie

Artikel 20

a) Jede Zahlungsanforderung unter der Garantie muß schriftlich erfolgen und (neben allen anderen in der Garantie vorgeschriebenen Dokumenten) durch eine schriftliche Erklärung (in der Anforderung selbst oder in einem oder mehreren separaten, die Anforderung begleitenden und darin erwähnten Dokumenten) unterlegt sein,

(i) daß der Auftraggeber seine Verpflichtung(en) unter dem (den) zugrundeliegenden Vertrag (Verträgen) oder, im Falle einer Bietungsgarantie, unter den Angebotsbedingungen * verletzt hat und

(ii) welcher Art die Verletzung durch den Auftraggeber ist.

b) Jede Anforderung unter einer Rückgarantie muß durch eine schriftliche Erklärung unterlegt sein, daß der Garant eine Zahlungsanforderung unter der Garantie in Übereinstimmung mit deren Bedingungen und diesem Artikel erhalten hat.

c) Absatz (a) dieses Artikels ist nur in dem Maße nicht anwendbar, als er in den Garantie-Bedingungen ausdrücklich ausgeschlossen ist. Absatz (b) dieses Artikels ist nur insoweit nicht anwendbar, als er in den Rückgarantie-Bedingungen ausdrücklich ausgeschlossen ist.

d) Dieser Artikel hat keine Auswirkungen auf die Anwendbarkeit der Artikel 2 (b) und (c), 9 und 11.

* im englischen Orginal: "tender conditions"

Kommentar

1. Verletzungserklärung des Begünstigten: Abs. a

Art. 20 a mit den Unterabsätzen (i) und (ii) ist in gewissen Sinne das "**Herzstück**" (*v. Westphalen a.a.O.; auch Goode S. 8/9)* der ERAG 1992. Die Klausel sieht gleichsam zwingend vor, daß der Abruf der Garantie nicht nur durch eine schlichte Zahlungsanforderung (Abruf auf erstes Anforden) geschehen kann. Der Begünstigte muß zusätzlich die von ihm selbst stammenden (*Goode S. 93)* Erklärungen betreffend Vertragsverletzung des Auftraggebers (folgend: **Verletzungserklärung)** gemäß (i) und (ii) abgeben. Die Verletzungserklärung und ggf. weitere vom Begünstigten beizubringende Erklärungen und Dokumente müssen dem Garanten gemäß Art. 19 innerhalb der Garantiefrist zugehen.

Rechtlich ist die Verletzungserklärung überflüssig. Wenn sie nicht stimmt, schuldet der Garant trotzdem. Die ERAG fordern vom Garanten nicht, daß er ihren **Wahrheitsgehalt** prüft (vgl. Art. 9 und Kommentar), dazu ist dieser – im Verhältnis zum Begünstigten – nicht einmal befugt, wenn diese Prüfung die in Art.10 zur reinen **Plausibilitätsprüfung** vorgesehene *angemessene Zeit* überschreitet.

Eine solche Unwahrheit ist aber, wenn sie vorsätzlich ist, auf der ganzen Welt **Betrug** und als solcher strafbar. Die von diesem Vorwurf ausgehende **Abschreckung**, die je nach Rechtsordnung und Fallkonstellation auch fahrlässige Unwahrheiten einbezieht, ist der von den ERAG mit dieser Vorschrift bezweckte (*Goode S. 8)* **Schutz gegen mißbräuchliche Inanspruchnahmen** der Garantie.

Da es sich nach alter Erfahrung **en detail schwerer lügt als en gros,** ist dem Auftraggeber der Rat zu geben, die gegebenenfalls abzugebende Verletzungserklärung des Begünstigten so detailliert fassen zu lassen, wie irgend tunlich. Der Garant freilich hat aus Gründen der Arbeitsersparnis und zur Minderung seines Haftungsrisikos eher ein Interesse daran, diese Erklärung so vage wie möglich zu halten.

Von den Umständen und der Verhandlungsstärke hängt ab, ob es durchsetzbar ist, daß Zahlung zunächst auf ein **Treuhandkonto** eines Neutralen erfolgt, wenn Garant und/ oder Auftraggeber mit Gründen versehene Zweifel an der Richtigkeit der Verletzungserklärung niederlegen. In der Praxis ist dieses nicht üblich, Erfahrungen mit der **Hinterlegungsklausel** bei Bürgschaften sprechen auch eher dagegen.

2. Inanspruchnahme des Rückgaranten

Die Vorschrift setzt im Verhältnis Garant – Rückgarant um, was im Verhältnis des Garanten zum Begünstigten gilt. Ein spezifischer Regelungsgehalt, der überdies frei gestaltbar wäre, ist nicht erkennbar. Auch hier gilt, daß die ERAG im Verhältnis zum Rückgaranten vereinbart sein müssen.

3. Abdingbarkeit: Abs. c

Dieser Absatz ist formal **überflüssig**, denn daß die ERAG ganz oder teilweise abbedungen werden können, ist klar. Laut Goode (S. 98) bezweckt diese Vorschrift, den Parteien vor Augen zu führen, daß die als besonders wichtig angesehene Vorschrift in **a) (i) und (ii)** auch dann gilt, wenn der Text des Garantievertrages schweigt und die Abgabe einer Verletzungserklärung nicht vorsieht.

Die Abgabe einer Verletzungserklärung ist nach den ERAG **"zwingend"**, sie müßte denn *in den Garantiebedingungen ausdrücklich ausgeschlossen* werden. Ein in der Begleitkorrespondenz zur Garantieerstellung vorgesehener oder gar ein nur **konkludenter Verzicht** darauf wäre nach den ERAG **unwirksam**.

Das letzte Wort hat aber die lex causae. Ob nämlich ein solcher in AGB vorformulierter Vorausverzicht darauf, zu einem späteren Zeitpunkt eine sonst wirksame Vereinbarung zu schließen, zulässig ist, steht dahin. Immerhin kann aber auch folgendes erwogen werden: Die Parteien, welche die ERAG vereinbaren, kennen die besondere Bedeutung des Art. 20 a; es besteht also eine Vermutung dafür, daß spätere Erklärungen diese Vorschrift nicht abbedingen wollen. Die Vermutung muß durch sehr eindeutige Willenserklärungen widerlegt werden, wenn auch vielleicht nicht, wie es dieser Artikel vorsieht, in der Garantieurkunde.

4. Geltungserhaltung von Vorschriften

Dieser Absatz ist funktionslos. Da die zitierten Vorschriften Teil der ERAG sind, gelten sie auch. Das muß hier nicht noch einmal gesagt werden. Hintergrund dieser Klarstellung ist aber wohl eine in anderen Rechtsordnungen mögliche Unsicherheit in Bezug auf das Konzept der **Abstraktheit der Garantie**. Die zitierten Vorschriften haben diese zum Gegenstand. Die Verletzungserklärung, die sich rein faktisch auf den der Garantie zugrundeliegenden Vertrag beziehen muß, soll keine "falschen" Argumente wecken.

5. Fehlerhafter Abruf

In Analogie zu den ERA (Art. 16 d) wird bei fehlerhafter Inanspruchnahme der Garantie vertreten, daß der Garant den Begünstigten unverzüglich **auf** seinen **Fehler hinweisen** muß, um ihn in die Lage zu versetzen, die Garantie doch noch abzurufen (*OLG Karlsruhe WM 92, 2095; BGH WM 98, 395 zurückhaltend, wenn der Begünstigte den Fehler kennt*). Eine Verlängerung der Garantiefrist ist damit keinesfalls verbunden.

Die ERAG sehen eine solche Hinweispflicht nicht vor. Sie ist allenfalls hinsichtlich solcher Fehler anzunehmen, deren Hinnahme für den Auftraggeber offensichtlich keinen Nachteil bedeuten kann (vgl. *OLG München WM 98, 554).*

9.5.5 Artikel 21: Weitergabe vertragsgemäßer Dokumente an Auftraggeber

Richtlinie

Artikel 21

Der Garant hat unverzüglich die Anforderung des Begünstigten und die diese begleitenden Dokumente dem Auftraggeber oder gegebenenfalls dem Rückgaranten zur Weiterleitung an den Auftraggeber zu übermitteln.

Kommentar

1. Rechtlicher Sinn

Der Sinn dieser sich mit Art. 17 und teilweise mit Art. 10 bis zur wechselseitigen **Überflüssigkeit** überschneidenden Vorschrift dürfte in folgendem liegen.

Wenn der Garant den Abruf und die eventuell vereinbarten Begleitdokumente, oder auch die gemäß Art. 20 abgegebene Verletzungserklärung für nicht vertragsgemäß hält, darf (im Verhältnis zum Auftraggeber: muß) er den Zahlungsabruf zurückweisen. Er hat aber die Dokumente zur Verfügung des Begünstigten zu halten (Art. 10 b). Da der Auftraggeber in diesem Falle keine finanziellen Dispositionen zu treffen hat, genügt es, wenn er von dem Garanten gemäß Art. 17 unverzüglich über den (erfolglosen) **Abrufversuch** unterrichtet wird.

Hält der Garant sich jedoch für zahlungspflichtig, muß auch der Auftraggeber handeln, insbesondere dem Garanten seine Aufwendungen erstatten, und er muß sich ein Bild darüber machen, ob etwa die Verletzungserklärung stimmt. Jetzt also hat er Bedürfnis und gemäß Art. 21 einen Anspruch auf Einsicht in die vom Begünstigten vorgelegten Dokumente, und zwar grundsätzlich der Originale.

Die **Versendungkosten** liegen beim Auftraggeber, wie sich aus dem Auftragsverhältnis ergibt.

2. Zuwarteanspruch des Auftraggebers gegen Garant

Auf das zur **Konsultationspflicht** vor Zahlung (Art. 17) Gesagte ist zu verweisen. Vertretbar scheint, aus dem Zusammenspiel von Art. 10, 17 und 21 herzuleiten, daß der Garant nicht nur gegenüber dem Begünstigten **berechtigt**, sondern gegenüber dem Auftraggeber auch **verpflichtet** ist, solange mit der Zahlung der Garantiesumme zurückzuhalten, bis der Auftraggeber die Unterlagen prüfen konnte. Voraussetzung muß aber zweierlei sein:

- die **Zuwartefrist** liegt innerhalb der *angemessenen Zeit* (Art. 10 a), so daß dem Garanten kein Verzugsschadenersatz droht, und
- der Auftraggeber legt mit glaubhaften Gründen dar, der Abruf erfolge mißbräuchlich.

Der Sinn einer solchen Zuwartefrist kann nur sein, dem Auftraggeber Gelegenheit zu geben, durch Verhandlungen oder passende Rechtsmittel die Auszahlung der Garantie zu verhindern. Das muß er innerhalb der *angemessenen Zeit* bewirken. Auch sein eventuelles Angebot an den Garanten, ihn von etwaigen Schadensersatzansprüchen des Begünstigten im Falle der Nichtzahlung **freizustellen**, gibt ihm keinen Anspruch darauf, daß der Garant seinen Vertrag mit diesem verletzt und die fällige Zahlung verzögert.

9.6 E.Verfallregelung

9.6.1 Artikel 22: Verfall der Garantie

Richtlinie

> **Artikel 22**
>
> Der Ablauf der in einer Garantie für die Vorlage von Anforderungen bestimmten Frist erfolgt an einem bestimmten Kalenderdatum („Verfalldatum") oder durch Vorlage von zur Verfallbestimmung vorgesehenen Dokumenten beim Garanten („Verfallereignis"). Wenn in der Garantie sowohl ein Verfalldatum als auch ein Verfallereignis bestimmt sind, dann verfällt die Garantie unabhängig von der Rückgabe der Garantie und deren Änderung(en) am Verfalldatum oder Verfallereignis, je nachdem welches zuerst eintritt.

Kommentar

1. **Freie Vereinbarung der Verfallbedingungen**

   Die Parteien sind frei, beliebige Bedingungen zu vereinbaren, unter denen die vertraglichen Verpflichtungen entstehen oder wegfallen sollen. Die datumsmäßige Befristung der Laufzeit einer Garantie ist daher üblich. Das kann auch ein beliebiges Ereignis sein (z.B. Wiederauftauchen des Weißen Wals ggf. 10 Tage danach) oder, praxisnäher, das Inkraftkrafttreten der Erfüllungsgarantie als Verfallereignis für die Bietungsgarantie.

   Satz 2 enthält als **Auslegungsregel**, daß bei mehreren, nicht notwendig gleichzeitigen Verfallereignissen der Eintritt des früheren den Ausschlag gibt.

2. **Fristen**

   Zur Fristberechnung sagen die ERAG nichts. Im Zweifel folgt diese der lex causae. Bei deutschem Recht gelten also die Vorschriften des BGB (*BGH 98, 394: offen, ob §193 BGB bei Bankgarantie gilt).*

   Unabhängig von dem anwendbaren Recht kommt in Betracht, daß nach der für die international-privatrechtliche Qualifikation zuständigen lex fori **Fristen** als der lex fori unterliegendes **formelles Recht** angesehen werden, folglich der Rechtswahl der Parteien nicht unterliegen. Im Zweifel empfehlt sich eine ausdrücklich Regelung oder Verweisung auf eine geltende Rechtsordnung.

   Die Einhaltung der Frist ist eine **Obliegenheit** (Art.13 gilt also nicht) des Begünstigten und liegt in seinem ausschließlichen Risiko. Wird sie, auch aus Gründen höherer Gewalt versäumt, ist die Garantie verfallen. Ein **Wiedereinsetzungsanspruch**, etwa entsprechend §§ 230 ff. ZPO, kommt weder nach deutschem noch, soweit zu sehen, einem anderem Recht in Betracht. Der Begünstigte mag prüfen, ob er für einen solchen Fall vorsorglich Vereinbarungen treffen will. Nach deutschem Recht handelt der Garant nicht treuwidrig, wenn er sich auf die Garantiestrenge beruft (*bedenklich, wenn auch in* *casu verständlich, die Durchbrechung dieses Grundsatzes in OLG München WM 98, 554).*

3. **Ende der Garantiepflichten**

Mit Verfall enden die vertraglichen Hauptpflichten aus der Garantie. Das anwendbare Recht, so das deutsche, kann aber **nachvertragliche Pflichten** anerkennen, etwa auf Vertraulichkeit oder Auskunft hinsichtlich der Vorgänge. Der Auftraggeber mag daher prüfen, ob für ihn ein entsprechendes Interesse besteht und vorsichtshalber diese nachwirkenden Pflichten präzisieren.

Üblich ist es, den Begünstigten zur **Rückgabe der Urkunde** zu verpflichten bzw. die Zahlungspflicht hiervon anhängig zu machen. Die ERAG sehen das nicht vor (vgl. Art. 24 und Kommentar).

9.6.2 Artikel 23: Verfall durch Aufhebung

Richtlinie

Artikel 23

Unabhängig von jeglicher darin enthaltenen Verfallregelung erlischt eine Garantie, wenn dem Garanten die Garantie selbst oder, unabhängig von der Rückgabe der Garantie und etwaiger Änderung(en), die schriftliche Erklärung des Begünstigten über die Haftungsentlassung unter der Garantie vorgelegt wird.

Kommentar

1. **Erlaß- oder Aufhebungsvertrag**

Die Garantie gibt dem Begünstigten einen Zahlungsanspruch gegen den Garanten. Wie er über diesen, etwa durch Abtretung (Art. 4), verfügen kann, so kann er ihn auch durch **Erfüllungssurrogate** (z.B. Aufrechnung, Erlaßvertrag) zum Erlöschen bringen. Die Vorschrift sagt daher nur Selbstverständliches.

Die *schriftliche Erklärung* ist formalrechtlich als Vertragsangebot des Begünstigten zum Abschluß eines **Erlaßvertrages** zu werten. Es gelten dafür daher die Regeln des BGB über Wirksamwerden und Mängel von Willenserklärungen, wenn deutsches Recht gilt, sonst entsprechende Regeln des anwendbaren Rechtes ohne spezifische Abweichungen.

2. **Rückgabe der Garantieurkunde als Verfall**

Ein Anwendungsfall des Erlaß- oder Aufhebungsvertrages ist die Rückgabe der Garantie durch den Begünstigten. Auch ohne Art. 23 würde dieser Fall nach allgemeinem Recht wohl als **konkludentes Angebot** eines Aufhebungsvertrages angesehen werden *(vgl. BH VI (7) L/II)*. Art. 23 verstärkt dieses dahin, daß – im Bilde des deutschen

Rechtes – der Garantievertrag von vorne herein als durch die Rückgabe der Urkunde auflösend bedingt geschlossen angesehen wird.

Die **Rückgabe** enthält ein rechtsgeschäftliches Element. Gerät also die Urkunde aufgrund von Willensmängeln des Begünstigten in die Hände des Garanten, tritt diese Bedingung nicht ein. **Praktisch** wird der Fall etwa beim Austausch von alter (z.B. Bietungsgarantie) gegen die neue (z.B. Erfüllungsgarantie).

9.6.3 Artikel 24: Rückhaltung der Garantieurkunde

Richtlinie

> **Artikel 24**
>
> Wenn eine Garantie durch Zahlung, Verfall, Erlöschen oder auf andere Weise erledigt ist, kann der Begünstigte durch die Zurückbehaltung der Garantie oder ihrer Änderungen keine Rechte unter der Garantie wahren.

Kommentar

Der schlichte Besitz an der Garantieurkunde gibt keine Rechte aus dem Garantievertrag. Die Urkunde ist, jedenfalls im deutschen Recht, **kein Wertpapier.** Die Vorschrift ist daher nicht nur schon an sich, sondern insbesondere nach den inhaltsgleichen Art. 18, 22 und 23 überflüssig und allenfalls mit Blick auf solche Rechtsordnungen zu rechtfertigen, die der Garantieurkunde eine wertpapierähnliche Bedeutung zumessen.

Die Urkunde wird aber im Zweifel **Eigentum** des Begünstigten. Die ERAG treffen keine Regelung darüber, ob die Urkunde -was häufig vereinbart wird- nach Verfall der Garantie zurückzugeben ist und ob ihr Inhalt vertraulich zu behandeln ist (vgl. Art. 22 und Kommentar).

9.6.4 Artikel 25: Kenntnisgabe vom Verfall

Richtlinie

> **Artikel 25**
>
> Wenn der Garant davon Kenntnis hat, daß die Garantie durch Zahlung, Verfall, Erlöschen oder auf andere Weise erledigt oder der darunter zahlbare Gesamtbetrag reduziert ist, muß der Garant unverzüglich den Auftraggeber oder gegebenenfalls den Rückgaranten davon unterrichten, der dann seinerseits den Auftraggeber entsprechend zu informieren hat.

Kommentar

Die aus sich verständliche Vorschrift präzisiert nur Pflichten, die sich wohl ohnedies im Verhältnis Auftraggeber - Garant ergeben. Sie gilt im übrigen nur, wenn die ERAG auf dieses Verhältnis anwendbar sind.

Eine Verletzung dieser Pflicht mag im Einzelfall zu einem Schaden beim Auftraggeber führen, welcher sich in Erwartung der Inanspruchnahme zur Erfüllung des dann entstehenden Aufwendungsanspruches des Garanten, ggf. durch Devisenkäufe, grundlos eingedeckt hat. Der Zinsaufwand wäre dann vom Garanten zu ersetzen.

9.6.5 Artikel 26: Abruf mit Verlängerungsangebot

Richtlinie

Artikel 26

Wenn der Begünstigte eine Verlängerung der Garantielaufzeit als Alternative zu einer Zahlungsanforderung, die in Übereinstimmung mit den Garantie-Bedingungen und diesen Richtlinien erfolgt ist, verlangt, muß der Garant davon unverzüglich denjenigen informieren, von dem er seinen Auftrag erhalten hat. Der Garant hat dann die Zahlung für eine angemessene Zeit auszusetzen, die dem Auftraggeber und dem Begünstigten eine Einigung über die Gewährung einer solchen Verlängerung und dem Auftraggeber die Veranlassung der Durchführung ermöglicht.

Sofern binnen der in dem vorhergehenden Absatz vorgesehenen Zeit keine Verlängerung zustandekommt, ist der Garant verpflichtet, die ordnungsgemäße Anforderung des Begünstigten zu bezahlen, ohne irgendwelche weiteren Handlungen vom Begünstigten zu verlangen. Der Garant haftet nicht (für Zinsen oder in anderer Weise) für die Verzögerung irgendeiner Zahlung an den Begünstigten aufgrund des vorstehenden Verfahrens.

Auch wenn der Auftraggeber einer Verlängerung zustimmt oder den Auftrag dazu erteilt, kommt die Verlängerung nur zustande, wenn Garant und Rückgarant(en) ebenfalls zustimmen.

Kommentar

1. Angebot des Begünstigten zur Vertragsänderung

Der Gläubiger eines fälligen Anspruches kann unter beliebig von ihm zu setzenden Bedingungen von der Durchsetzung seines Anspruches absehen. Der in der Praxis des

Garantiegeschäftes nicht seltene, früher als **grobe Unsitte** empfundene (*Hasse a.a.O. S. 1993)* **Extend or Pay-Abruf** ist daher im Rechtssinne

- die Herstellung der **Fälligkeit** des Zahlungsanspruches,
- verbunden mit dem (meist, aber rechtlich nicht zwingend) gleichzeitigen und in demselben Dokument enthaltenen Angebot einer **Stundungsvereinbarung,**
- unter der Bedingung, daß der Garant in eine **Änderung** des Garantievertrages (Verfallregelung) einwilligt.

Hieraus ergibt sich, daß der Extend-or-Pay-Abruf des Garantiebegünstigten **nur beachtlich** ist, wenn er auch ohne ein solches Änderungsangebot vertragsgemäß ist und der Garant ohne dieses bedingungslos zahlen müßte *(BGH WM 96, 393; Hasse a.a.O.).* Sind bis zum Verfalldatum zusammen mit dem Abruf Begleiterklärungen vom Begünstigten vorzulegen, so verfällt die Garantie, wenn zwar der Abruf, aber diese nicht pünktlich kommen (*BGH a.a.O.).*

2. Abstraktheit der Garantie

Die Informationspflicht gemäß Art. 26 Absatz 1 Satz 1 ist **überflüssig**; der Garant wird dazu bereits gemäß Art. 17 und 21 verpflichtet.

Der Kern des Absatzes 1 liegt in Satz 2. *Der Garant hat die Zahlung für eine angemessene Zeit auszusetzen,* damit der Auftraggeber und der Begünstigte *eine Einigung über die Gewährung einer solchen Verlängerung* treffen können. Der Satz ist etwas verunglückt.

Die ERAG übersehen hier, daß die Garantie eine abstrakte Verpflichtung des Garanten und nicht des Auftraggebers ist. Adressat des Verlängerungsangebots ist der Garant, nicht der Auftraggeber. Der Garant, nicht der Auftraggeber, entscheidet darüber, ob er das Verlängerungsangebot seines Vertragspartners, des Begünstigten, annehmen will. Er ist dazu nicht verpflichtet und hat möglicherweise daran kein Interesse, etwa weil die vom Auftraggeber zur Sicherung des Aufwendungsspruches gestellten Sicherheiten noch, aber bald nicht mehr, ausreichen.

Im Verhältnis zum Begünstigten entsteht durch den Extend-or-Pay-Abruf also nur eine **Befugnis,** die Zahlung für eine *angemessene Zeit auszusetzen* , **nicht** aber eine **Pflicht** im Verhältnis zum Auftraggeber. Das schutzwürdige Geschäftsinteresse des Garanten, etwa als prompter Zahler zu gelten, kann den Vorrang vor der Pflicht zur Rücksichtnahme auf den Auftraggeber haben (*OLG Köln WM 91, 1751).*

Gegenüber dem Auftraggeber kommt schon aufgrund des Auftragsverhältnisses und, wenn die ERAG dafür gelten, auch aufgrund dieser Vorschrift eine **Pflicht** in Betracht, für *angemessene Zeit* keine Zahlung zu leisten und dem Auftraggeber Gelegenheit zu geben, mit ihm, dem **Garanten,** den Auftrag so zu modifizieren, vielleicht auch neue Sicherheiten zu stellen, daß dieser bereit ist, auf das Verlängerungsangebot seines Partners im Garantievertrag, des Begünstigten, einzugehen.

Es versteht sich, daß die Kommunikation in der Praxis tatsächlich meistens so läuft, wie Art. 26 I Satz 2 beschreibt: Der Auftraggeber wird vom Garanten informiert, dieser spricht mit dem Garantiebegünstigten, man einigt sich auf eine Fristverschiebung und der Garant wird entsprechend informiert, der dann die Garantieurkunde entsprechend ergänzt oder sogar neu ausfertigt. Die für den Streitfall vorsorgenden ERAG dürfen aber das tatsächliche Verfahren nicht mit den rechtlichen Beziehungen vermengen.

3. Scheitern der Verlängerung: Abs. 2

Kernaussage des Absatzes 1 ist, daß die **Zahlungspflicht** des Garanten für eine *angemessene Zeit* **gestundet** ist. In den ERAG ist nicht ausdrücklich gesagt, aber zweifellos unterstellt, daß der Begünstigte auch eine **Frist setzen** kann, innerhalb welcher sich der Garant erklären muß.

Das Stundungsangebot wirkt, vorbehaltlich anderer Vereinbarung, nicht über diese Frist hinaus. Auch dann nicht, wenn die angemessene, zur Entscheidungsfindung bei Garant und Auftraggeber objektiv erforderliche Zeit noch nicht abgelaufen sein sollte. Wird vom Begünstigten keine **feste Erklärungsfrist** vorgegeben, scheint in der Praxis eine Frist von 21 Tagen als *angemessen* Frist angesehen zu werden (*Hasse a.a.O.)*, was aber als sehr lang erscheint (vgl. Art. 13 b ERA: sieben Bankarbeitstage).

Auf dieser Grundlage besagt Absatz 2 nur, daß der Garant zahlen muß, wenn es nicht innerhalb der angemessenen oder gesetzten Frist zu einer Verlängerungsvereinbarung kommt. **Verzugszinsen**, die während der Stundung nicht entstehen, werden erst ab diesem Zeitpunkt geschuldet.

4. Zustimmung des Garanten: Abs. 3

Unter dem Gesichtspunkt der Abstraktheit der Garantie ist dieser Absatz nicht nur redaktionell, sondern auch rechtlich verfehlt. Die Formulierung (auch der englischen Fassung) legt den Eindruck nahe, die vom Garanten mit dem Begünstigten zu vereinbarende Änderung des Garantievertrages bedürfe, gäbe es diese Klausel nicht, zur Wirksamkeit der Genehmigung des Auftraggebers oder, ebenso verfehlt, der Auftraggeber handele mit dem Begünstigten die Änderung des Garantievertrages aus, welche der Garant dann zu genehmigen habe.

Was wirklich gemeint ist, kann allerdings nicht zweifelhaft sein, so daß Absatz 3 im Ergebnis als Klarstellung unschädlich ist.

Schweigt der Garant auf den Extend-or-Pay-Abruf, so liegt darin keine stillschweigende Annahme (*BGH WM 96, 393)*.

5. Formulierungsvorschlag zur Ersetzung des Artikel 26

Da Artikel 26 trotz seiner im Rahmen der ERAG herausgehobenen Bedeutung als verunglückt gelten muß, wird empfohlen, diesen zu ersetzen, wenn die ERAG vereinbart werden. Folgende Formulierung wird angeboten:

> *Bietet der Garantiebegünstigte zugleich oder im Zusammenhang mit seinem vertragsgemäßen Abruf an, den Verfall der Garantie (Art. 22) hinauszuschieben, so ist sein Auszahlungsanspruch bis zu dem von ihm bestimmten Ereignis oder mangels einer solchen Bestimmung bis zum Ablauf einer angemessenen Zeit gestundet.*
>
> *Angemessen ist die nach den Umständen erforderliche Zeit, um den Garanten nach Rücksprache mit dem Auftraggeber in den Stand zu setzen, das Angebot zu bewerten. 15 Bankarbeitstage am Ort des Garanten gelten als angemessen.*

6. Zahlung durch den Garanten

Zur Bewirkung der Zahlung durch den Garanten treffen die ERAG so wenig wie die ERA eine Regelung. Vorbehaltlich anderer Vereinbarung bestimmt daher die lex causae, ob der Garant Teilleistungen (§ 266 BGB) oder Zahlungen durch Dritte (§ 267 BGB) erbringen darf, wer das **Übermittlungsrisiko** (§ 270 BGB) trägt usw. Auch die Frage, ob der Garant, der ja fast immer eine Bank ist, etwa aufgrund des deutschen AGB-Pfandrechtes **Pfand- und Zurückbehaltungsrechte** gegenüber dem Anspruch des Begünstigten geltend machen kann, gehört hierher.

Auch die ICC-Mustertexte für Garantien (ICC-Publ. Nr. 503) berühren diese Fragen nicht. Aus der Sicht des deutschen Rechtes und der Rechtsordnungen des westlichen Kulturkreises folgt zwar aus der Funktion der Garantie, daß der Garant zur effektiven Zahlung verpflichtet ist, sich also nicht auf irgendwelche Gegenrechte berufen darf. In dieser Weise wird die Garantie national und international seit langem gehandhabt. Es bestehen daher wohl keine Bedenken, diese Handhabung auch als Handelsbrauch anzusehen. Gleichwohl ist es empfehlenswert, bei dieser Frage keinerlei Unsicherheiten bestehen zu lassen. Es wird daher dem Begünstigten empfohlen, eine Zusatzklausel etwa des folgenden Inhaltes zu vereinbaren:

Effektive Zahlung durch Garanten

Abs. 1

Der Garant wird bei Fälligkeit der Garantie auf seine Kosten und Risiko ohne Rücksicht auf etwa bestehende Gegenansprüche an den Begünstigten in effektivem Geld Zahlung leisten.

Der Begünstigte kann Teilleistungen und Zahlungen in anderer als der Vertragswährung zurückweisen. Es gilt dann Abs. 2 für den gesamten Betrag.

Abs. 2

Die fällige Garantiesumme ist bis zum Tage der Zahlung einschließlich mit dem Drei-Monats-LIBOR für entsprechende Währung und Betrag zu verzinsen.

9.7 F. Anwendbares Recht und Gerichtsstand

9.7.1 Artikel 27: Anwendbares Recht

<u>**Richtlinie**</u>

Artikel 27

Falls in der Garantie oder Rückgarantie nichts anderes geregelt ist, gilt das Recht, das am Geschäftssitz des Garanten beziehungsweise des Rückgaranten anwendbar ist; falls der Garant oder Rückgarant mehr als eine Geschäftsstelle hat, so gilt das Recht am Sitz der Geschäftsstelle, die die Garantie oder Rückgarantie erstellt hat.

Kommentar

Nach deutschem Recht und dem wohl aller Staaten können die Vertragsparteien das anwendbare Recht frei vereinbaren. Soweit in einzelnen Rechtsordnungen hierzu Einschränkungen bestehen, sind diese, soweit zu sehen, für den Garantievertrag nicht spezifisch.

Die Rechtswahl gemäß Art. 27 betrifft ausdrücklich nur den eigentlichen Garantievertrag. Wenn die ERAG auch für das **Auftragsverhältnis zum Auftraggeber** vereinbart werden, dann steht auch dieses unter dem bezeichneten Recht.

Wenn entsprechend Halbsatz 2 der Auftraggeber mit dem Garanten an dessen Hauptsitz kontrahiert, die Garantie aber von einer ausländischen Filiale des Garanten ausgelegt wird, unterliegt auch das **Auftragsverhältnis demselben Recht** wie die Garantie. Der Auftraggeber mag prüfen, ob das seinen Interessen entspricht; der Garant wird damit zufrieden sein.

Nicht auszuschließen ist aber ein **Redaktionsversehen**. Die Redaktoren der ERAG haben vielleicht nur an den Garantievertrag, nicht aber auch an das Auftragsverhältnis gedacht. In Art. 28 (s. dort) ist nämlich der Gerichtsstand ausdrücklich nur für Rechtsstreitigkeiten *bezüglich der Garantie* vereinbart. Eine ausdrückliche Rechtswahl ist daher auch bei Vereinbarung der ERAG anzuraten.

Für die **Rückgarantie** führt Art. 27 dazu, daß Rück- und Hauptgarantie verschiedenen Rechten unterstehen (*Hasse a.a.O.).* Das ist im Zweifel nicht gewollt.

Da die Garantie ein verhältnismäßig einfaches, weltweit gleichartig funktionierendes Rechtsinstitut ist, kann auf die Vereinbarung eines nationalen Rechtes auch ganz verzichtet und die sogenannte **lex mercatoria** (*vgl. Aden NJW 97, 1493 m.N.*) bezogen werden.

9.7.2 Artikel 28: Gerichtsstand

Richtlinie

Artikel 28

Falls in der Garantie oder Rückgarantie nichts anderes geregelt ist, sind alle Rechtsstreitigkeiten bezüglich der Garantie zwischen Garant und Begünstigtem oder bezüglich der Rückgarantie zwischen Rückgarant und Garant ausschließlich vom zuständigen Gericht des Landes zu entscheiden, in dem sich der Geschäftssitz des Garanten beziehungsweise des Rückgaranten oder, wenn der Garant oder Rückgarant mehr als eine Geschäftsstelle hat, die Geschäftsstelle befindet, die die Garantie oder Rückgarantie erstellt hat.

Kommentar

1. **Ausschließlicher Gerichtsstand**

   Für Rechtsstreitigkeiten *bezüglich der Garantie* wird mangels anderer Vereinbarung ein *ausschließlicher Gerichtsstand* am Sitz der die Garantie erstellenden Geschäftsstelle des Garanten begründet.

An der Wirksamkeit dieser Gerichtsstandsklausel nach deutschem Recht ist, da es sich beiderseits um Kaufleute handeln dürfte, kaum zu zweifeln. Die Kongruenz von Gerichtsstand und anwendbarem Recht ist grundsätzlich auch sachgerecht.

Aber auch nicht immer. Hat der Garant eine Filiale im **exotischen Lande** E., gibt es vielleicht gute Gründe, die am Hauptsitz bestellte und vorbereitete Garantie durch die Filiale erstellen zu lassen. Es gilt also das materielle Recht von E. Mehr aber als das materielle Recht eines fernstehenden Staates pflegen dessen Gerichte Befürchtungen auszulösen. Die Ausreichung einer Garantie über die Filiale in Port au Prince/Haiti ist in Ordnung und gegen das materielle Recht Haitis, welches dem französischen Vorbild folgt, ist kaum etwas einzuwenden, aber nicht jeder wünscht sich die dortigen Gerichte.

2. Gerichtsstand für Auftragsverhältnis

Die Gerichtsstandsklausel bezieht sich ausdrücklich nur auf Streitigkeiten bezüglich der Garantie. Streitigkeiten aus dem **Auftragsverhältnis** zwischen dem Auftraggeber und dem Garanten sind damit nicht erfaßt.

Es bleibe dahingestellt, ob es sich um einen Redaktionsfehler handelt, und wenn, ob dieser hier oder in Art. 27 vorliegt. Es hängt von der Art der Streitigkeit ab, ob der Auftraggeber und/oder der Garant ein Interesse daran haben, diese vor demselben Gericht auszutragen, welches auch für die Garantie selbst zuständig ist. Ein solches Interesse ist wahrscheinlich, aber nicht zwingend.

3. Schiedsklausel

In Rechtsstreitigkeiten, wie sie in diesem Bereich vorkommen, sollte stets die Vereinbarung einer Schiedsklausel erwogen werden. Es kann daher allgemein die **Empfehlung** ausgesprochen werden, bei Vereinbarung der ERAG Art. 27 und 28 abzubedingen und durch folgende Vereinbarung zu ersetzen:

> *Rechtsstreitigkeiten aus dem Garantievertrag werden ausschließlich durch ein Schiedsgericht nach den Regeln ... (z.B. der ICC)... entschieden.*
>
> *Es gilt ... Recht.*

4. Vollstreckbarkeit

Die Rechtswahl und noch mehr die Wahl des Gerichtsstandes bzw. des Schiedsgerichtes sollte die Frage der Vollstreckbarkeit eines eventuellen Urteils/Schiedsspruches im Lande des Schuldners berücksichtigen.

Wenn das Land des Garanten, mit dem Lande des Gerichtsstandes kein Vollstreckungsabkommen hat, sollte eine andere Lösung gesucht werden.

9.8 Literaturhinweise zu Kapitel 9

Aden, M. Internationale Handelsgerichtsbarkeit, 1988
(zitiert: Aden, S. ...)
Der Arrest in den Auszahlungsanspruch des Garantiebegünstigten
RIW 81, 439

Baumbach / Hopt HGB mit Nebengesetzen, 29. Auflage 1995
(zitiert: BH ...)

Goode, R. Guide to the ICC Uniform Rules for Demand Guarantees
ICC Publication Nr. 510; 1992

Häberle, S. Handbuch der Außenhandelsfinanzierung, 2. Auflage, 1998
(insbesondere S. 883 ff., Bankgarantien)

Hasse, A. Die Einheitlichen Richtlinien für die auf Anfordern zahlbare Garantien der internationalen Handelskammer WM 93, 1985 f.
(zitiert: Hasse)

Kegel, G. Internationales Privatrecht 7. Auflage 1995

Mülbert, P. Neueste Entwicklungen des materiellen Rechts der Garantie auf erstes Anfordern ZIP 85, 1101

Nielsen, J. Bankgarantien bei Außenhandelsgeschäften 1986

v. Westphalen, F. Die Bankgarantie im internationalen Handelsverkehr
2. Auflage 1989
Die neuen Einheitlichen Richtlinien für "Demand Guarantees"
DB 92, 2017 f.
(zitiert: v.Westphalen)

Zahn, J., Eberding, E., Ehrlich, D. Zahlung und Zahlungssicherung im Außenhandel,
6. Auflage 1986

10 Einführung in die International Standby Practices (ISP 98, ICC-Publ. 590)

10 Einführung in die International Standby Practices (ISP 98, ICC-Publ. 590)

von Dr. jur. Thomas Ingelmann, Rechtsanwalt
und Joachim Schmitt, Syndikus

10.1 Zur Entstehungsgeschichte

Am 1. Januar 1999 sind die Rules of International Standby Practices (ISP 98) in Kraft getreten. Grundlage für die neuen Richtlinien war ein Entwurf des US-amerikanischen Institute of International Banking Law & Practice, Inc. Im Frühjahr 1998 wurden die neuen Richtlinien von der ICC Banking Commission gegen die Stimmen der deutschen Delegierten verabschiedet. Die Notwendigkeit der Verabschiedung neuer Richtlinien, deren Anwendbarkeit sich sowohl auf das Garantie- als auch das Akkreditivgeschäft erstreckt, war umstritten. Das Abstimmungsergebnis spricht für sich (32 Delegierte dafür, 9 dagegen bei 46 Enthaltungen). Ob es richtig oder notwendig war, die US-amerikanische Standby-Praxis durch Herausgabe der neuen Richtlinien mit dem Gütezeichen der ICC zu versehen, erscheint fraglich. Befürworter verweisen auf die wirtschaftliche Bedeutung des Standby als das am meisten angewandte dokumentäre Zahlungsinstrument sowie darauf, daß die bisherigen Richtlinien der ICC einschließlich der an sich auch auf Standby's anwendbaren Richtlinien für Akkreditive (ERA 500) in weiten Teilen nicht auf das Garantiegeschäft zugeschnitten sind. Kritiker halten dagegen, daß in die ISP 98 im Übermaß nicht nur amerikanische Rechtspraxis, sondern auch Rechtssprache Eingang gefunden haben und es damit zu einer Überregulierung und zu unnötigen Detailregelungen gekommen ist.

Auch die Mitglieder der Arbeitsgruppe der ICC, denen die Ausformulierung der ISP 98 übertragen war, hatten nicht unerhebliche Zweifel, ob das neue Reglement auch in den nicht mit amerikanischer Standby-Praxis vertrauten Teilen der Welt richtig verstanden werden würde. Um eine einheitliche Interpretation der neuen Richtlinien sicherzustellen, entschied die ICC, den Vorsitzenden der Arbeitsgruppe, Professor Byrne, mit der Herausgabe eines "Offiziellen Kommentars" zu betrauen, der auch mit diesem einigermaßen ungewöhnlichen Titel erschienen ist (The Official Commentary on the International Standby Practices by Professor James E. Byrne, Direktor, Institute of International Banking Law & Practice, Inc., Edited by James G. Barnes, Baker & McKenzie, 1998, Institute of International Banking Law & Practice, Inc.). Da jedenfalls für die Dokumentenprüfung unbeachtliche, weil zu unbestimmte Pauschalbegriffe in die ISP 98 aufgenommen wurden, kann der offizielle Charakter des neuen Kommentars kein Hinderungsgrund dafür sein, mit gleichem Gewicht abweichende Interpretationen zu vertreten, zumal, wie bereits Holzwarth (Holzwarth, W., 1998: S. 12) festgestellt hat, nach deutscher Rechtsauffassung eine Reihe der neuen Regeln als Überraschungsklausel bzw. wegen fehlender Angemessenheit nichtig sind.

10.2 Begriff und Verwendbarkeit des Standby

Die neuen ISP 98 definieren den Standby in Nr. 1.06 a. als unabhängiges, unwiderrufliches, dokumentäres Zahlungsversprechen. Die weite Fassung dieser Definition, die mit Art. 2 ERA 500 übereinstimmt, läßt die Anwendung der ISP 98 sowohl auf Standby Letters of Credit als auch auf Dokumentenakkreditive bzw. Garantien europäischen Stils zu.

Allerdings verwenden die ISP 98 die Bezeichnung "Standby" in unterschiedlicher Weise. Nr. 1.01 a. und b. ISP 98 beziehen sich auf den "Standby Letter of Credit", verzichten jedoch auf eine Definition wegen der schwierigen Abgrenzung zu einem "Commercial Letter of Credit". Gemäß Nr. 1.01 d. ISP 98 ist "ein Standby" jedes unabhängige Zahlungsversprechen, das den ISP unterstellt ist ("A 'standby' is any undertaking subject to these Rules.").

Der Standby wird gemäß Nr. 1.06 ISP 98 ausdrücklich als "dokumentäres Zahlungsversprechen" bezeichnet im Gegensatz zur internationalen Garantie, die regelmäßig auf erstes Anfordern, und nur ausnahmsweise - wenn vorgeschrieben - gegen Dokumente zahlbar ist. Beim Standby muß selbst dann ein Dokument vorgelegt werden, wenn es gar nicht vorgeschrieben ist.

Grund für die materiell-rechtlich gesehene unnötige Formalisierung der Inanspruchnahme eines Standby durch Vorlage von Dokumenten ist die amerikanische Bankgesetzgebung, nach der die Mehrzahl der US-amerikanischen Banken keine Bürgschaften oder Garantien erstellen dürfen. Das Bankensystem in den USA ist seit dem Glass-Steagall Act von 1933 durch eine strikte Trennung von Investmentbanking und Commercial Banking geprägt.

10.3 Funktion und wirtschaftliche Bedeutung

Außerhalb der USA werden Garantien und Dokumentenakkreditive überwiegend von Banken, nicht von anderen Institutionen erstellt. Im Gegensatz dazu ist der Kreis der Aussteller von Standby's in den USA wesentlich weiter gezogen. Die Anwendung des Standby als Garantie ist im Steigen begriffen, während die Verwendung des reinen Dokumentenakkreditivs rückläufig ist. ("Moreover, the outstanding amount of standbys, as reported in DCI, exceeds commercial letters of credit by five to one. Documentary Credit World reported that the value of standbys ammounts to US$ 775 billion wordwide.") (Affaki, G., 1998: S. 3)

Bisher haben alle europäischen Banken die Ausstellung von Garantien auf erstes Anfordern bzw. von herkömmlichen Akkreditiven der Eröffnung eines Standby vorgezogen. In Canada wird die Ausstellung von Standby Letters of Credit bei internationalen Handelsgeschäften mit den Vereinigten Staaten, dem Mittleren Osten und Südamerika zur "wachsenden Gewohnheit" (Stapel, B., 1998: S. 81). Die Zukunft wird zeigen, ob die neuen ISP 98 gleichsam als Initialzündung zur Verbreitung des Standby auch in anderen Ländern wirken.

10.4 Richtlinienangebot der ICC für Standby, Garantien und Akkreditive nach neuestem Stand

Die ISP 98 treten nach ihrem Vorwort in der ICC Publ. Nr. 590 in Konkurrenz zu den bestehenden Richtlinien der ICC für Garantien und/oder Akkreditive, nämlich den Uniform Rules for Contract Guarantees, Uniform Rules for Demand Guarantees und den ICC Uniform Customs and Practices for Documentary Credits UCP 500.

Die ICC überläßt es den Vertragsparteien, aus dem vielfältigen Regelungsangebot für Standby, Garantie und Akkreditiv das gewünschte Reglement zu wählen. Die Auswahl aus dem erweiterten Richtlinienangebot der ICC vereinfacht sich jedoch, wenn man die Eignung und Akzeptanz der bisherigen Richtlinien prüft.

10.5 Unterschiedliche Akzeptanz der bisherigen ICC-Richtlinien für Standby Letters of Credit, Akkreditive und Garantien

Den "Uniform Rules for Contract Guarantees" (ICC-Publ. Nr. 325) fehlt das Kernelement einer Garantie, nämlich die Liquiditätsfunktion. Sie gehen an der Praxis vorbei, weil sie einen Garantietyp regeln, der im Außenhandel nicht gefragt ist; demgemäß fanden die Vertragsgarantien in der Praxis keinerlei Akzeptanz (Schinnerer/Avancini, 1976: S. 288). Deshalb verabschiedete die ICC Uniform Rules for Demand Guarantees (URDG). Der wesentliche Mangel dieses neuen Regelwerks liegt darin, daß die wichtigen Bestimmungen über die Inanspruchnahme der Garantie nicht systemgerecht sind. Nach Art. 20 URDG ist selbst dann, wenn die Garantie eine Zahlungsklausel auf erstes Anfordern enthält, für die Inanspruchnahme zusätzlich die Erklärung des Begünstigten, daß der Auftraggeber seine Verpflichtung verletzt hat und welcher Art die Verletzung durch den Auftraggeber ist sowie ggf. die Vorlage von Dokumenten, erforderlich. Hierin liegt nach zutreffender Auffassung eine unzulässige und deshalb unwirksame Überraschungsklausel (v.Westphalen, F., Die neuen Richtlinien, 1992: S. 2017 ff.; a.A.: Schütze, Bankgarantien, R.A., 1994: S. 39). Um diesen Überraschungseffekt auszuschließen, pflegen Banken, sofern sie überhaupt Garantien gemäß ICC-Publ. Nr. 458/1 erstellen, die zusätzlichen Anforderungen, die Art. 20 UDRG für die Inanspruchnahme einer Bankgarantie vorsieht, in die Zahlungsklausel der Garantie selbst einzuarbeiten. Auch diese neuen Richtlinien haben deshalb bisher kaum Aufnahme im Markt gefunden.

Seit ihrer Revision 1983 können erstmals auch die ERA (ICC-Publ. Nr. 500) auf den in Art. 1 ausdrücklich genannten Standby Letter of Credit angewandt werden. Die Problematik dieser Verweisung ergibt sich daraus, daß der Standby Letter of Credit in der Regel nicht zwecks Zahlungsregulierung des Kaufpreises aus dem Grundgeschäft, sondern als Sicherungsmittel zum Schutz vor Nichterfüllung vertraglicher Pflichten eingesetzt wird. Die Sonderstellung des Standby Letter of Credit und sein Garantiecharakter zeigen sich darin, daß gemäß Art. 1 ERA 500 die Akkreditivrichtlinien nur eingeschränkt gelten.

Es ist davon auszugehen, daß Dokumentenakkreditive auch in Zukunft regelmäßig den ERA 500, und nur ausnahmsweise den ISP 98 unterstellt werden. Damit stellt sich die Frage, welches Reglement nur für das Garantiegeschäft gewählt werden sollte. Da die Garantierichtlinien der ICC in den Publ. Nr. 325 bzw. Nr. 458/1 praktisch irrelevant sind, kommt die Erstellung von Bankgarantien in Zukunft nach international anerkannten Standardformen ohne Bezugnahme auf irgendwelche Richtlinien, nach international anerkannten Standardformen, jedoch unter Vereinbarung der ERA, soweit gemäß Art. 1 ERA 500 anwendbar, oder nach US-amerikanischer Standby-Praxis unter Vereinbarung der ISP 98 in Betracht.

10.6 Rechtliche Einordnung

10.6.1 Internationale Standards der Bankgarantie

Überwiegend werden Bankgarantien aufgrund international entwickelter und gleichförmig ausgelegter Standards ohne Bezugnahme auf irgendwelche Richtlinien erstellt. Wesentliche Bestandteile dieser Bankgarantie sind

- die Präambel mit reiner Zuordnungsfunktion durch Hinweis auf das Grundgeschäft, das Anlaß für die Garantieerstellung war,
- die Zahlungsklausel auf erstes Anfordern, ggf. mit dokumentärer Erweiterung der Zahlungsklausel, und - sofern im Grundgeschäft vereinbart - durch Abgabe formalisierter Erklärungen über den Eintritt des Garantiefalles bzw. Präsentation dokumentärer Nachweise,
- die Festlegung des Garantiehöchstbetrages mit oder ohne Erstreckung auf Zinsen und sonstige Kosten,
- die Ermäßigungsklauseln, sofern im Grundgeschäft vereinbart, zwecks automatischer Reduzierung des Garantiehöchstbetrages durch Vorlage dokumentärer Nachweise,
- die Verfallklausel über den Ablauf der Garantieverpflichtung, sofern bis zum festgesetzten Termin keine ordnungsgemäße Inanspruchnahme eingeht.

10.6.2 ERA 500 (ICC-Publ. Nr. 500)

Die rechtliche Einordnung der ERA ist bereits oben unter 3.1.1.1 Gegenstand der Erörterung gewesen.

10.6.3 ISP 98 (ICC-Publ. Nr. 590)

Die neuen ISP 98 sind als AGB zu qualifizieren (vgl. dazu Holzwarth, W., 1998: S. 12: "standard contract terms"). Aus den zahlreichen, für europäisches Rechtsdenken ungewohnten und auch überraschenden Formalismen, ergibt sich die von Holzwarth geäußerte Befürchtung, die neuen ISP 98 könnten zu einer Spielwiese für Juristen werden (vgl. dazu Holzwarth, W., 1998: S. 12 "I am afraid, that the ISP will become a candid store for lawyers"). Diese Befürchtung ist schon deswegen nicht von der Hand zu weisen, weil die American Bar Association in einem Erläuterungspapier zu den ISP 98 in nicht weniger als 38 Punkten Anmerkungen zu den einzelnen Artikeln gemacht hat, die teils der Klarstellung dienen, im wesentlichen jedoch Vorschläge für eine Abbedingung oder Modifizierung einzelner Regelungen enthalten (Avidon, M.E., 1998: S. 3 ff.).

Die in der Praxis offenbar häufig anzutreffende Klausel "this undertaking shall be governed by the ICC Rules" ist nicht ausreichend und schon gar kein Hinweis auf die ISP 98 (vgl. dazu Affaki, G., 1998: S. 5). Diese sehen in Nr. 1.02 unter der Überschrift "Relationship to Law and Other Rules" zwar vor, daß die ISP 98 im Konfliktfall vor anderen AGB gelten sollen ("These Rules supersede conflicting provisions in other rules of practice to which a standby letter of credit is also made subject."). Die Frage, ob diese AGB-Abwehrklausel wirksam geworden ist, stellt sich jedoch erst dann, wenn die Beteiligten die Geltung der ISP 98 klar vereinbart haben.

10.7 Abstraktheit garantiemäßiger Zahlungsversprechen

Die Trennung vom Geschäft kennzeichnet alle Garantietypen. In Übereinstimmung hiermit stellen die ISP 98 in Nr. 1.10 fest, daß die Ausdrücke "unbedingt", "abstrakt", "absolut" usw. überflüssig sind und keine Steigerung der Rechtsqualität eines den Regeln unterstellten Zahlungsversprechens bedeuten (A standby should not or need not state that it is: i. **unconditional** or **abstract** (if it does, it signifies merely that payment under it is conditioned solely on presentation of specified documents); ii. **absolute** (if it does, it signifies merely that it is irrevocable); **primary** (if it does, it signifies merely that it is the independent obligation of the issuer).)".

10.8 Durchbrechung der Abstraktheit bei Rechtsmißbrauch

Die Möglichkeit mißbräuchlicher Inanspruchnahme ist keine Besonderheit der internationalen Bankgarantie bzw. des Standby, sondern das typische Risiko aller abstrakten Zahlungsversprechen (Nielsen, J., Rechtsmißbrauch , 1982: S. 253). Ein wesentliches Merkmal besteht darin, daß die Zulässigkeit der Inanspruchnahme, d.h. die Frage der endgültigen materiellen Berechtigung, erst im Nachverfahren, also nach Zahlung, geprüft wird. Etwas anderes gilt nur, wenn die sofortige Auszahlung mit wesentlichen und nicht zur Disposition der Beteiligten stehenden Grundgedanken einer Rechtsordnung über redliches Verhalten im Rechtsverkehr so sehr im Widerspruch steht, daß eine Verweisung des Garantieauftraggebers auf das Nachverfahren nicht tragbar erscheint.

Nr. 1.06 c. iv. ISP 98 lautet: "Because a standby is independent, the enforceability of an issuer's obligations under a standby does not depend on: iv. the issuer's knowledge of performance or breach of any reimbursement agreement or underlying transaction." Auch der Offizielle Kommentar der ICC sieht selbst dann kein Recht zur Zahlungsverweigerung vor, wenn im Sinne der Rechtsprechung des BGH der Rechtsmißbrauch entweder offensichtlich oder mit liquiden Beweismitteln belegt ist. Deshalb dürfte Nr. 1.06 c. iv. ISP 98 dann nicht zu beachten sein, wenn ein Standby nach der Maßgeblichkeit der vertragstypischen Leistung (Art. 28 EGBGB) deutschem Recht oder anderen europäischen Rechtsordnungen unterliegt, die den Aussteller einer Garantie bei offensichtlichem Rechtsmißbrauch zur Zahlungsverweigerung verpflichten. Insoweit stellt Nr. 1.05 c. ISP 98 klar, daß bei Betrug und Rechtsmißbrauch die Regelungen und Vorschriften der jeweils zuständigen Rechtsordnung maßgeblich sind.

10.9 Abschluß des Garantievertrages

Nach deutschem Recht sowie den meisten anderen europäischen Rechtsordnungen wird das Garantieversprechen erst mit Zugang beim Begünstigten wirksam.

Die stillschweigende Annahme des Zahlungsversprechens der Bank ist im allgemeinen dann anzunehmen, wenn nicht innerhalb von spätestens drei Tagen nach Zugang ein Widerspruch durch den Begünstigten erfolgt (Schütze, R.A., Das Dokumentenakkreditiv, 1996: Rn. 107).

Gemäß Nr. 2.03 ISP 98 ist ein Standby entsprechend der anglo-amerikanischen Mailbox-Theorie bereits mit Absendung wirksam ("A standby is issued when it leaves an issue control unless it clearly specifies that it is not 'issued' or 'enforceable'."). Einschränkungen im Text, wonach der Standby nicht "verfügbar" oder "effektiv" sein soll, werden als unbeachtlich erklärt (vgl. Nr. 2.03 ISP 98: "Statements the standby is not 'available', 'operative', 'effective' or the like do not affect its irrevocable and binding nature at the time it leaves the issuer's control.").

Die ISP 98 unterscheiden sich von der internationalen Garantiepraxis bei Vertragsschluß im wesentlichen dadurch, daß eine Bindung des Ausstellers eines Standby bereits mit dessen Absendung eintritt. Alle anderen, nicht von vornherein im Garantietext vorgesehenen Abänderungen müssen vertragsmäßig vereinbart werden und bedürfen demgemäß der ausdrücklichen Zustimmung des Begünstigten.

10.10 Abwicklungsformen und Einschaltung Dritter

Bei der Bankgarantie ist die Bestätigung durch eine Zweitbank unüblich, vielmehr die indirekte Garantiestellung gebräuchlich.

Im Rahmen der ERA 500 kann nach Art. 9 (a) (i) bis (iv) und Art. 9 (b) (i) bis (iv) ERA 500 ein Akkreditiv nicht nur die sofortige Sichtzahlung, sondern auch hinausgeschobene Zahlung (Deferred Payment), Akezptleistung oder Negoziierung vorsehen. Die Einschaltung einer Zweitbank nicht nur zwecks Avisierung, sondern als Zahlstelle (Nominated Bank) oder zwecks Bestätigung des Akkreditivs ist üblich.

Gemäß Nr. 2.01 b. ISP 98 ist bei fehlender Sondervereinbarung ein Standby grundsätzlich bei Sicht zahlbar. Er kann jedoch - ebenso wie ein Akkreditiv - durch Akzept, Deferred Payment oder Negotiation benutzbar gestellt werden (Nr. 2.01 b. i. bis iii. ISP 98).

In Übereinstimmung mit den ERA 500 sieht Nr. 2.04 ISP 98 die Einschaltung Dritter vor. Die bloße Nominierung allein begründet für den Nominierten noch keine Verpflichtung gegenüber dem Begünstigten. Dies steht in Übereinstimmung mit Art. 10 (c) ERA 500. Entschließt sich die nominierte Stelle zur Avisierung des Standby, so muß sie ebenso wie eine Avisbank nach Art. 7 ERA 500 die "apparent authenticity" prüfen (Nr. 2.05 a. i. ISP 98). Außerdem muß das Avis genau den empfangenen Text wiedergeben (Nr. 2.05 a. ii. ISP 98). Die Verantwortung der avisierenden Stelle ist begrenzt, wenn sie lediglich einen Ausdruck des empfangenen Textes weitergibt. Etwas anders gilt jedoch, wenn das Avis umgeschrieben wird. Für dann auftretende Übertragungsfehler ist die avisierende Stelle verantwortlich. "Where the advice is re-keyed or re-typed by the advisor it assumes responsibility for errors introduced by the re-keying or retyping." (Byrne, J.E., 1998: Rule 2.05, Rn. 3).

Die Bestätigung eines Standby begründet für die bestätigende Bank bzw. bestätigende Stelle eine selbständige Zahlungsverpflichtung, die ebenso wie die Bestätigung eines Akkreditivs gemäß Art. 9 (c) ERA 500 unabhängig von der Verpflichtung des Ausstellers ist. Üblicherweise wird ein Standby bei der bestätigenden Stelle zahlbar gestellt, so daß die Dokumente dort einzureichen sind. Gleichwohl muß dies ausdrücklich klargestellt werden, denn die ISP 98 geben dem Begünstigten das Recht, nach seiner Wahl sowohl den Aussteller des Standby als die bestätigende Stelle in Anspruch zu nehmen. Im Falle einer Bestätigung eines Standby ist demgemäß darauf zu achten, daß dieser ausdrücklich bei der bestätigenden Stelle zahlbar gestellt wird, um ein sog. "Bypassing" zu vermeiden.

10.11 Übertragbarkeit

Bei allen dokumentären und nichtdokumentären Zahlungsversprechen ist zu unterscheiden, ob nur der Anspruch auf Auszahlung nach Inanspruchnahme durch den ursprünglich Begünstigten oder aber auch das Recht auf Inanspruchnahme selbst auf einen Dritten übertragen werden kann. Die Tendenz in der Literatur und auch in der Richtlinienpraxis der ICC geht jedoch eindeutig dahin, ein Recht auf Übertragung ohne ausdrückliche Vereinbarung zu verneinen. Diese Auffassung beruht auf der zutreffenden Erwägung, daß durch einen vollständigen Gläubigerwechsel das Risiko mißbräuchlicher Inanspruchnahme unzumutbar erhöht wird. Der Garantieauftraggeber vertraut - wenn überhaupt - nur dem ihm bekannten Vertragspartner (ursprünglicher Garantienehmer), daß dieser eine unberechtigte Inanspruchnahme der Garantie unterläßt (LG Frankfurt WM 1978: S. 422: "Wird in einer Bankgarantie für die Rückzahlung einer geleisteten Anzahlung die Zahlung 'auf erste Anforderung' davon abhängig gemacht, daß der Garantienehmer schriftlich erklärt, der Bauunternehmer sei seinen Vertragsverpflichtungen nicht nachgekommen, so kann diese Erklärung trotz Abtretung der Rechte aus der Garantie nur von dem ursprünglichen Garantienehmer, nicht aber von dem Zessionar abgegeben werden."; ebenso Canaris, C.-W., 1988: Rn. 1130 a.E.; Schütze, R.A., Bankgarantien, 1994: S. 60; Zahn/Eberding/Ehrlich, 1986: Rn. 9/126; a.A. Hadding/Häuser/Welter, 1983: S. 715, die eine Übertragung von Garantien grundsätzlich für zulässig halten, da das Risiko des Garanten durch einen Gläubigerwechsel nicht unzumutbar erhöht werde; ebenso wohl Zeller, S., 1990: S. 363 ff.).

Auch die ERA 500 lassen die Übertragbarkeit eines Akkreditivs/Standby nur dann zu, wenn diese Zahlungsversprechen von der eröffnenden Bank ausdrücklich als übertragbar bezeichnet worden sind.

Auch Nr. 6.02 der ISP 98 läßt eine Übertragung eines Standby nur bei ausdrücklicher Vereinbarung zu. Im Gegensatz zu den ERA 500 regeln die ISP 98 jedoch detailliert, ob bzw. unter welchen Voraussetzungen die Garantiebank zur Übertragung verpflichtet ist.

Danach muß die Eröffnungsbank oder eine von ihr ermächtigte Stelle die Übertragung durchführen, wenn der Begünstigte bestimmte Formalien erfüllt hat, wobei er u.a. stets das Original des Standby vorlegen muß.

10.12 Abtretung des Anspruchs auf Auszahlung des Garantieerlöses

Die Abtretung des Anspruchs auf Auszahlung des Garantiebetrages ist stets möglich, sofern nicht das nach IPR maßgebliche nationale Recht der Garantiebank dem entgegensteht bzw. die Einhaltung bestimmter Formalien (Zessionsanzeige) verlangt wird.

Auch nach Art. 49 ERA 500 ist die Abtretung des bedingten Auszahlungsanspruchs des Begünstigten zulässig, auch wenn das Akkreditiv nicht übertragbar gestellt ist.

Gemäß Nr. 6.06 ISP 98 bedarf es einer ausdrücklichen Bestätigung der verpflichteten Bank. Ohne eine solche Anerkennung besteht keine Verpflichtung, eine Zessionsanzeige zu beachten. Das Erfordernis einer ausdrücklichen Anerkennung einer Zession sorgt für Rechtsklarkeit, denn bei unbestätigten Akkreditiven mit Einschaltung einer Zweitbank als Zahlstelle ist bekanntlich umstritten, ob das Akkreditiv weiterhin dem Recht der Eröffnungsbank unterliegt (Schimansky/Bunte/Lwowski-Nielsen, 1997: § 120, Rn. 389 m.w.N.; vgl. auch Schütze, R.A., Rechtsfragen, 1987: S. 2189 ff.) oder ob das Recht der Zahlstelle anwendbar ist (vgl. zum Meinungsstreit Schütze, R.A., Kollisionsrechtliche Probleme, 1982: S. 226). Das ändert aber nichts daran, daß im Rahmen des § 354 a HGB nach deutschem Recht die Abtretung wirksam ist.

10.13 Ordnungsgemäße Inanspruchnahme von Garantie und Standby

10.13.1 Form- und fristgerechte Inanspruchnahme

Die Standardtexte für internationale Bankgarantien enthalten sog. "Verfallklauseln", wonach es auf den effektiven Eingang der Inanspruchnahme vor Ablauf der Garantiefrist ankommt. Das Risiko rechtzeitiger Inanspruchnahme liegt allein beim Garantienehmer. Auch bei Verzögerungen, die auf höherer Gewalt (Streik, Aufruhr usw.) beruhen, hat er keinen Anspruch auf Fristverlängerung.

Alle Dokumente müssen auch unter den ERA 500 an oder vor dem Verfalltag vorgelegt werden. Der Begünstigte trägt das Risiko der rechtzeitigen Dokumentenandienung; er kann sich bei Fristversäumnis weder auf Zufall, höhere Gewalt, Streik einschließlich Poststreik oder auf andere der in Art. 17 ERA 500 genannten Umstände berufen (Canaris, C.-W., 1988: Rn. 992).

Nach Nr. 3.05 ISP 98 ist eine Inanspruchnahme (presentation) rechtzeitig, wenn sie nach Ausstellung und vor Fristablauf am Verfalltag erfolgt. Eine ausdrückliche Regelung, wonach der Begünstigte das Postlaufrisiko trägt, fehlt aber wohl nur deswegen, weil sie als selbstverständlich vorausgesetzt wird. Abweichend von Art. 17 ERA 500 trägt der Begünstigte jedoch nicht das Risiko der Schließung der verpflichteten Bank aufgrund von höherer Gewalt. Vielmehr verlängert sich in diesem Fall automatisch die Laufzeit des Standby um 30 Tage nach Wiedereröffnung der Geschäftstätigkeit (Nr. 3.14 a. ISP 98).

10.13.2 Mittel der Inanspruchnahme

Trotz geforderter Schriftform ist jedoch die Verwendung moderner Telekommunikationstechniken bei Inanspruchnahme (Telefax usw.) bei internationalen Bankgarantien als fristwahrend anerkannt (Schimansky/Bunte/Lwowski-Nielsen, 1997: § 121, Rn. 146 m.w.N.).

Bei einem Dokumentenakkreditiv scheidet die Inanspruchnahme durch moderne Telekommunikation aus, weil im Regelfall die Vorlage von Waren- und Transportdokumenten erforderlich ist, die im Original präsentiert werden müssen.

Dies gilt vom Grundsatz her auch für den Standby. Damit wird dem Umstand Rechnung getragen, daß nach US-amerikanischer Praxis auch die einfache Anforderung eines Standby als Dokument angesehen wird, obwohl ein solches Statement tatsächlich keinen dokumentären Charakter hat. Die im Standby vorgeschriebenen Dokumente müssen in Papierform vorgelegt werden (Nr. 3.06 b. ii. ISP 98). Nr. 3.06 c. ISP 98 stellt klar, daß die Papierform selbst dann nicht gewahrt wird, wenn das Dokument mittels elektronischer Kommunikation präsentiert wird und der Empfänger sich selbst einen Ausdruck herstellen kann.

Gleichwohl wollen die ISP 98 zur elektronischen Präsentation ermuntern. Sie muß jedoch im Standby zugelassen werden. Ist das der Fall, muß der Aussteller gemäß Nr. 3.06 d. ISP 98 in der Lage sein, die augenscheinliche Echtheit der Präsentation festzustellen. Nach Nr. 3.06 b. ii. ISP 98 kann der Aussteller eines Standby nach seinem freien Ermessen eine elektronische Präsentation auch dann anerkennen, wenn sie im Standby nicht ausdrücklich zugelassen ist. Hierin liegt für den Begünstigten jedoch ein Unsicherheitsmoment, da er nicht darauf vertrauen kann, daß der Aussteller von seinem Ermessen auch Gebrauch macht.

10.13.3 Prüfung von Unterschrift und Vertretungsberechtigung

Zur Prüfung der frist- und formgerechten Inanspruchnahme einer internationalen Bankgarantie gehört auch die Feststellung, daß sie vom Begünstigten stammt. Die einwandfreie Feststellung, wer für den Garantiebegünstigten zeichnen kann, verlangt einen juristischen Prüfungsaufwand, für den im Garantiegeschäft kein Raum ist (Schimansky/Bunte/Lwowski-Nielsen, 1997: § 121, Rn. 147). Es reicht aus, wenn die Inanspruchnahme dem äußeren Anschein nach vom Begünstigten stammt, d.h. es muß aus der Anforderung der Garantie erkennbar sein, daß sie vom Begünstigten herrührt, solange die Bank nicht bösgläubig ist oder hätte sein müssen. Eine Garantieinanspruchnahme, bei der die "erforderliche Urheberangabe" fehlt (Fehlen der Unterschriftszeile), ist unwirksam (BGH ZIP 1998: S. 136 ff.). Nach deutschem Recht ist die Garantiebank i.ü. verpflichtet, den Auftraggeber von der Inanspruchnahme zu unterrichten, und dieser erkennt im Zweifelsfall sofort, falls die Inanspruchnahme durch einen Nichtberechtigten erfolgt.

Auch nach Art. 13 a ERA 500 braucht die aus einem Akkreditiv oder Standby verpflichtete Bank nur zu prüfen, ob die zur Inanspruchnahme vorgelegten Dokumente "ihrer äußeren Aufmachung nach den Akkreditivbedingungen zu entsprechen scheinen". Eine Verpflichtung zur Feststellung der Rechtswirksamkeit besteht nicht (vgl. Art. 15 ERA 500 "Haftungsausschluß für Wirksamkeit von Dokumenten").

Die Garantiebank hat mit Blick auf Nr. 4.13 ISP 98 keine Verpflichtung, die Identität desjenigen festzustellen, der die Inanspruchnahme des Standby vornimmt. Isoliert gesehen dürfte diese Klausel unwirksam sein, soweit deutsches Recht anwendbar ist, denn nach der Rechtsprechung des BGH hat die Bank zu prüfen, ob die Inanspruchnahme auch tatsächlich durch den berechtigten Begünstigten erfolgt. Danach ist schuldbefreiend nur eine Zahlung an den Begünstigten, einen Zweitbegünstigten bzw. an einen anerkannten Zessionar bzw. in Ausführung von Weisungen, die in dem Standby selbst enthalten sind.

10.13.4 Sprache der Inanspruchnahme

Während sich der Begünstigte bei internationalen Bankgarantien bzw. einem den ERA unterstellten Standby nur in Ausnahmefällen der Abgabe formalisierter Zusatzerklärungen, die besondere technische oder rechtliche Begriffe enthalten, der Sprache der Garantie bedienen sollte, sieht Nr. 4.04 ISP 98 vor, daß alle Dokumente, die für die Inanspruchnahme des Standby vorgeschrieben sind, in dessen Sprache abgefaßt sein müssen (Nr. 4.04 ISP 98: "Language of Documents: The language of all documents issued by the beneficiary is to be that of the standby"). Die pauschale Forderung, daß alle Dokumente ohne Rücksicht auf ihren Inhalt in der Sprache des Standby abgefaßt sein müssen, ist für einen Begünstigten, der seinen Sitz in einem anderen Land als die Garantiebank hat, überraschend und wird deshalb von Holzwarth unter den Kriterien des AGBG zu Recht mutmaßlich als unwirksam angesehen (Holzwarth, W., 1998: S. 13). Es gilt der dringende Ratschlag, Nr. 4.04 ISP 98 abzubedingen, wenn Aussteller und Begünstigter ihren Sitz in verschiedenen Ländern haben, damit der Begünstigte vorgeschriebene Dokumente, insbesondere wenn sie nicht von ihm selbst, sondern von Dritten auszustellen sind, in der Sprache seines Heimatlandes beibringen kann.

10.14 Formgerechte Inanspruchnahme

10.14.1 Auftrags-/Garantie- und Dokumentenstrenge

Für internationale Bankgarantien und auch nach Art. 13 ERA 500 gilt das Kriterium der äußeren Übereinstimmung. Formell ordnungsgemäße Dokumente werden auch dann honoriert, wenn sie materiell für die Durchführung des Grundgeschäfts ungeeignet sein sollten. Mangelhafte Dokumente bleiben auch dann unbezahlt, wenn ihre materielle Eignung für die

Erfüllung des Grundgeschäftes mit außerhalb des DA liegenden Mitteln nachgewiesen werden kann (Zahn/Eberding/Ehrlich, 1986: Rn. 2/216).

Auch nach Nr. 4.01 ISP 98 kommt es bei der Inanspruchnahme eines Standby ausschließlich auf die äußerlich formelle Übereinstimmung mit den Zahlungsbedingungen an (vgl. Nr. 4.01 b. ISP 98: "Whether a presentation appears to comply is determined by examining the presentation on its face against the terms and conditions stated in the standby as interpreted and supplemented by these Rules which are to be read in the context of standard standby practice.").

10.14.2 Prüfung bei Inanspruchnahme

Soweit der Garantienehmer bei einer internationalen Bankgarantie Zusatzerklärungen abzugeben hat, wonach der Auftraggeber seinen Verpflichtungen nicht nachgekommen ist bzw. sich im Verzug befindet, ist eine wörtliche Übereinstimmung nur erforderlich, wenn die Garantie dies ausdrücklich vorschreibt (BGH WM 1984: S. 44, 45). Soweit nach der Garantieklausel Dokumente vorzulegen sind, müssen diese vollzählig vor Verfalldatum vorgelegt werden, und zwar in einer Einreichung, um die Prüfungspflicht der Garantiebank auszulösen. Außerdem dürfen die vom Begünstigten abgegebenen Erklärungen bzw. eingereichten Dokumente sich nicht gegenseitig widersprechen.

Bei Bankgarantien, die den ERA 500 unterfallen, richtet sich die Prüfung auf die formelle Übereinstimmung der Dokumente mit den Akkreditivbedingungen und die Vollständigkeit der Dokumente.

Während nach Art. 13 a ERA 500 alle Dokumente auch daraufhin überprüft werden müssen, ob sie sich ihrer äußeren Aufmachung nach untereinander widersprechen, sieht Nr. 4.03 ISP 98 eine solche Prüfung nur dann vor, wenn sie im Standby ausdrücklich vorgeschrieben ist ("An issuer or nominated person is required to examine documents for inconistency with each other only to the extent provided in the standby"). Deshalb sollte in diesen Fällen die Inconsistency-Prüfung ausdrücklich vorgeschrieben werden.

Nach Nr. 3.02 ISP 98 löst bereits die Einreichung eines einzelnen Dokumentes die Prüfungs- und Rügepflicht der Bank aus, selbst wenn der Standby die Vorlage mehrerer Dokumente fordert ("The receipt of a document required by and presented under a standby constitutes a presenation requiring examination for compliance with the terms and conditions of the standby even if not all of the required documents have been presented."). Gemäß Nr. 3.11 a. i. ISP 98 kann die Bank zwar mit dem Einreicher eine abweichende Vereinbarung dahin treffen, nach der die Dokumentenprüfung bei Einreichung eines einzelnen Dokumentes hinausgeschoben wird bis zur vollständigen Präsentation aller Dokumente. Anzuraten ist deshalb die Aufnahme einer Klausel über die Inconsistency-Prüfung und den Ausschluß der ratenweisen Einreichung von Dokumenten.

10.14.3 Auslegung von dokumentären Zahlungsversprechen

Eine internationale Bankgarantie ist der Auslegung zugänglich, die nicht nur auf den Wortlaut, sondern auch auf den aus der Urkunde erkennbaren Sinn und Zweck der in ihr enthaltenen Bestimmungen abstellt. Eine Abweichung vom klaren Akkreditivtext läßt sich nach

Maßgabe der ERA 500 daher weder mit Zweckmäßigkeitserwägungen noch unter Berufung auf eine vernünftige Beurteilung rechtfertigen (Zahn/Eberding/Ehrlich, 1986: Rn. 2/217). Rechtsprechung zu den ISP 98 fehlt naturgemäß. Es ist aber zu erwähnen, daß zumindest europäische Gerichte von den vorstehenden Grundsätzen geleitet werden.

10.14.4 Wörtliche oder sinngemäße Abgabe von Erklärungen

Sofern in der Garantie nichts anderes vorgeschrieben ist, reicht es aus, wenn der Garantienehmer Bestätigungen, wie sie auch in Art. 20 (a) (i) der Uniform Rules for Demand Guarantees, ICC-Publ. Nr. 458/1, vorgesehen sind, sinngemäß abgibt (v.Westphalen, F., Die Bankgarantie, 1990: S. 151; Pleyer, K., Die Bankgarantie, 1973: S. 9). Auf die wort- und buchstabengemäße Wiedergabe einer Zusatzerklärung kommt es nur an, wenn dies in der Zahlungsklausel der Garantie ausdrücklich dadurch gefordert ist, daß die vom Garantienehmer verlangte Bestätigung in Anführungszeichen gesetzt ist (Nielsen, J., Bankgarantien, 1986: S. 82). Der BGH verlangt jedoch mit Recht, daß die Identität zwischen Zusatzerklärung und Garantieklausel "für jeden ersichtlich ist" (BGH WM 1984: S. 44, 45). Dies gilt auch, soweit die ERA 500 anwendbar sind.

Gemäß Nr. 4.09 a ISP 98 genügt ein Statement, für das kein präziser Wortlaut vorgeschrieben ist, wenn die abzugebende Erklärung in ihrer Bedeutung mit den Bedingungen des Standby übereinstimmt ("must appear to convey the same meaning as that required by the standby").

Etwas anderes gilt gemäß Nr. 4.09 b. ISP 98, wenn der Standby die abzugebende Erklärung durch "Blockbuchstaben oder durch eine Anlage kennzeichnet" ("specified wording by the use of quotation marks, blocked wording, or an attached exhibit or form"). In diesem Fall muß die Erklärung zwar wörtlich wiedergegeben werden, jedoch mit dem Privileg, daß Schreibfehler, Zeichensetzung, Raumaufteilung nicht mit den Anforderungen des Standby übereinstimmen müssen. Der Offizielle Kommentar der ICC gibt hierfür einleuchtende Beispiele. Unschädlich ist z.B., wenn die Bestätigung "default has occurred" bei Inanspruchnahme des Standby nur mit einem "r", nämlich "default has occured" erfolgt (Byrne, J.E., 1998: Rule 4.09, Rn. 5).

Zu völlig praxisfernen Ergebnissen führt jedoch Nr. 4.09 c. ISP 98, die den Fall behandelt, daß der Standby die Wiedergabe einer Erklärung mit den Anforderungen "exact" or "identical" verlangt ("then the wording in the documents presented, including typographical errors in spelling, punctuation, spacing and the like, as well as blank lines and spaces for data, must be exactly reproduced"). Der Standby, auf den die Subrule 4.09 c. ISP 98 anwendbar ist, verlangt somit eine sklavische Imitation von Druckfehlern und Raumaufteilung.

Die fehlende Reproduktion einer nicht ausgefüllten Linie in der Kopfleiste, die Eingabe des nicht vorgesehenen Datums, die fehlende Wiedergabe einer nicht ausgefüllten Zeile für die Unterzeichnung sowie die fehlende Wiedergabe von Worten in der Unterschriftenzeile wie "Signature, Printed Name, and Title of Officer" können dann zur Nichtaufnahmefähigkeit führen (vgl. dazu Turner, P., claims that ISP Rule 4.09(c) (among others) is unfavourable to users of credit, 1999: S. 15).

10.14.5 Unterrichtung des Begünstigten vor Auszahlung von Garantie/Standby

Für die Praxis ist die Benachrichtigung des Garantieauftraggebers von der Inanspruchnahme durch den Begünstigten vor Auszahlung seit langem Übung. Insoweit gibt Art. 17 der ansonsten für die Praxis irrelevanten ICC Uniform Rules for Demand Guarantees (ICC-Publ. Nr. 458/1) eine internationale Usance wieder. Nach Auffassung des BGH zur gleichlautenden Rechtslage bei der Inanspruchnahme einer Bürgschaft "auf erstes Anfordern" dient die Unterrichtung des Auftraggebers dazu, "ihn bei nicht auszuschließenden Zweifeln an dem Bestehen von Einwendungen gegen die Hauptschuld Gelegenheit zu geben, liquide Einwandtatsachen vorzubringen" (BGH NJW 1986: S. 310). Hauptzweck der Unterrichtung des Garantieauftraggebers ist die Ankündigung, daß der Anspruch die Garantiebank auf Erstattung der Garantiesumme nunmehr fällig ist. Der Garantieauftraggeber soll sich bei seinen finanziellen Dispositonen auf die bevorstehende Kontobelastung einstellen. Die Bank braucht jedoch vor Auszahlung der Garantiesumme weder auf eine Rückäußerung des Garantieauftraggebers zu bestehen noch auf diese zu warten. Sie entscheidet vielmehr nach Ablauf der üblichen Bearbeitungszeit von 1-3 Tagen autonom über die Auszahlung ihrer Garantie.

Im Gegensatz zur Usance bei internationalen Bankgarantien und den ERA 500 sieht Nr. 3.10 ISP 98 eine Benachrichtigung des Auftraggebers vor Auszahlung nicht vor. Die Unterrichtung des Auftraggebers vor Auszahlung eines auf seine Weisung erstellten Zahlungsversprechens ist eine Hauptpflicht, die nicht durch AGB ausgeschlossen werden kann. Nr. 3.10 ISP 98 dürfte von der Rechtsprechung demgemäß als nichtig angesehen werden.

10.15 Behandlung mangelhafter Inanspruchnahme

10.15.1 Rügeverfahren

Üblicherweise beträgt der Zeitraum für die Prüfung einer internationalen Bankgarantie zwei bis drei Bankarbeitstage (v.Westphalen, F., Die Bankgarantie, 1990: S. 171; Zahn/Eberding/Ehrlich, 1986: Rn. 9/112). Mit der Überschreitung der üblichen Bearbeitungsfrist ist grundsätzlich keine Sanktion verbunden. Insbesondere gerät die Garantiebank nicht automatisch in Verzug, weil es an einem feststehenden Zahlungszeitpunkt fehlt (Schimansky/Bunte/Lwowski-Nielsen, 1997: § 121, Rn. 159). Aus der fehlenden Sanktion bei Nichteinhaltung üblicher Bearbeitungsfrist folgt jedoch nicht, daß die Bank bei mangelhafter Inanspruchnahme ihre Zahlungsablehnung gegenüber dem Begünstigten bis zum letzten Tag der Garantieinanspruchnahme hinausschieben kann; sie muß dem Begünstigten die Zurückweisung der Garantieinanspruchnahme vielmehr umgehend mitteilen.

Anders als im Garantiegeschäft ist eine Akkreditivbank gemäß Art. 14 d (i) ERA 500 verpflichtet, dem begünstigten Dokumenteneinreicher alle etwaigen Dokumentenfehler innerhalb der gemäß Art. 13 b ERA 500 auf äußerstensfalls sieben Tage festgesetzten Bearbeitungszeit vollständig und präzise mitzuteilen. Der Akkreditivbegünstigte soll ausdrücklich die Möglichkeit haben, etwaige Dokumentenfehler noch innerhalb der Laufzeit des Akkreditivs zu berichtigen. Kommt die Bank ihrer Rügepflicht innerhalb der durch Art. 13 b ERA 500 vorgeschriebenen Bearbeitungszeit nicht nach, so gelten die Dokumente als aufgenommen.

Nr. 5.01 ISP 98 begrenzt den Zeitraum für die Prüfung eines Standby im Gegensatz zu den ERA 500 auf grundsätzlich drei Werktage ("Timely Notice of Dishonour: Notice given within three business days is deemed to be not unreasonable and beyond seven business days is deemed to be unreasonable."). Weit wichtiger jedoch als die Begrenzung der Bearbeitungszeit auf grundsätzlich drei Tage ist Nr. 5.02 ISP 98, wonach der Aussteller des Standby verpflichtet ist, alle Fehler der Inanspruchnahme aufzuführen, weil er sich anderenfalls später auf nicht sofort gerügte Mängel nicht mehr berufen kann (Nr. 5.02 ISP 98: "Statement of Grounds of Dishonour: A notice of dishonour shall state all discrepancies upon which dishonour is based.").

Während diese Regelungen mit Art. 14 e ERA 500 übereinstimmen, sollte Nr. 5.03 b. ISP 98, wonach der Aussteller eines Standby mit hinausgeschobener Zahlung (Deferred Payment) zum Zeitpunkt der späteren Fälligkeit zur unbedingten Zahlung verpflichtet ist, wenn er bei der Aufnahme der Dokumente keine Rüge erhoben hat, unter Vorbehalt gesehen werden. Die einschränkende Auslegung ergibt sich daraus, daß die Bank zumindest dann zur Zahlungsverweigerung verpflichtet ist, wenn zwischen Dokumentenaufnahme und Fälligkeit ein Tatbestand bekannt wird, der eine Zahlungsverweigerung wegen Rechtsmißbrauchs begründet (Canaris, C.-W., 1988: Rn. 955; vgl. auch OLG Frankfurt WM 1981: S. 445; BGH WM 1987: S. 977).

10.15.2 Problematische Kontaktaufnahme mit dem Auftraggeber bei Inanspruchnahme / Verzicht auf festgestellte Mängel

Da in Übereinstimmung mit der Rechtsprechung des BGH die Garantiebank den Auftraggeber ohnehin von einer Garantieinanspruchnahme unterrichten muß, ergibt sich daraus auch zwanglos die Möglichkeit, beim Auftraggeber zu erfragen, ob er auf etwa von der Garantiebank festgestellte Mängel der Inanspruchnahme verzichten will. Diese Vorgehensweise ist zwar nirgendwo geregelt bzw. durch Rechtsprechung oder Literatur abgesichert, entspricht jedoch der Praxis.

Seit der Revision 1993 erlaubt bei Inanspruchnahme eines Akkreditivs auch Art. 14 (c) ERA 500, sich mit dem Auftraggeber in Verbindung zu setzen zwecks Sondierung, ob er auf festgestellte Mängel der Inanspruchnahme verzichten will. Hierdurch darf sich jedoch weder die auf maximal sieben Bankarbeitstage befristete Prüfungsdauer verlängern noch etwas an der alleinigen Entscheidungsbefugnis der Bank über Aufnahme oder Nichtaufnahme der Dokumente ändern (Nielsen, J., Neue Richtlinien, 1994: Art. 14, Rn. 105; vgl. ferner del Busto, C., 1993: S. 46: "Therefore, the contact with the Applicant is not justifiable if it is designed to allow the Issuing Bank and the Applicant to make a joint decision on the discrepant documents.").

Eine vom Aussteller des Standby als fehlerhaft erkannte Inanspruchnahme müßte denknotwendigerweise mangels Unterrichtungspflicht nach den ISP 98 zurückgewiesen werden.

Es steht dem Aussteller eines Standby jedoch frei, sich nach seinem eigenen Ermessen mit dem Auftraggeber ohne Ersuchen des Begünstigten wegen eines Verzichts auf festgestellte Mängel in Verbindung zu setzen (vgl. Nr. 5.05 ISP 98).

10.15.3 Nichtdokumentäre Zahlungsbedingungen, überflüssige Dokumente

Bei der Inanspruchnahme von Zahlungsversprechen, welche die Präsentation von Dokumenten vorschreiben, besteht die Frage, wie zu verfahren ist, wenn Dokumente eingereicht oder Erklärungen abgegeben werden, die nach den Zahlungsbedingungen nicht erforderlich, mithin überflüssig sind, und die Garantie Bedingungen enthält, für deren Nachweis keine Dokumente vorgeschrieben sind (sog. nichtdokumentäre Zahlungsbedingungen).

Die vorstehende Problemlage ist bei internationalen Bankgarantien nicht praxisrelevant.

Reicht der Begünstigte bei Inanspruchnahme eines Dokumentenakkreditivs nicht vorgeschriebene Dokumente ein, so werden diese gemäß Art. 13 a Abs. 2 ERA 500 von den Banken nicht geprüft und entweder an den Dokumenteneinreicher zurückgegeben oder an den Auftraggeber unverbindlich weitergeleitet. Nach dem erstmals in die Einheitlichen Richtlinien eingeführten Art. 13 c ERA 500 sollen Banken solche Akkreditivbedingungen unbeachtet lassen, für die das Akkreditiv keinen dokumentären Erfüllungsnachweis vorschreibt.

Die ISP 98 enthalten im Prinzip dasselbe Reglement wie die ERA 500; auch sie unterscheiden genau zwischen überflüssigen Zusatzdokumenten und nichtdokumentären Zahlungsbedingungen. Nr. 4.02 ISP 98 mit der Überschrift "Non-Examination of Extraneous Documents" sieht vor, daß von der Garantie nicht geforderte Dokumente in keinem Fall zu prüfen und entweder an den Garantiebegünstigten zurückzugeben oder mit den anderen Dokumenten an den Auftraggeber weiterzuleiten sind. Diese starre Regelung erscheint jedenfalls in solchen Fällen nicht unbedenklich, in denen aus Zusatzdokumenten auf ersten Blick ein Widerspruch zum wesentlichen Inhalt von Garantiedokumenten erkennbar ist.

Die Nichtbeachtung nichtdokumentärer Zahlungsbedingungen gemäß Nr. 4.11 a. ISP 98 lautet: "A standby term or condition which is non-documentary must be disregarded whether or not it affects the issuer's obligation to treat a presentation as complying or to treat the standby as issued, amended, or terminated." Allerdings enthält Nr. 4.11 b. ISP 98 die Einschränkung, daß nichtdokumentäre Zahlungsbedingungen dann zu prüfen sind, wenn ihre Erfüllung aus Unterlagen der Bank oder aus üblichen geschäftlichen Operationen festgestellt werden kann ("... in which they are to be evidenced and if their fulfilment cannot be determined by the issuer from the issuer's own records or within the isuer's normal operations."). Die vage formulierte Ausnahmevorschrift ist sodann in Nr. 4.11 c. ISP 98 durch Beispiele konkretisiert, die jedoch auf amerikanische Praxis zugeschnitten sind.

10.16 Erläuterungspapier der American Bar Association

10.16.1 Rechtswahl und Schiedsgerichtsbarkeit

Zusätzlich zur Rechtswahl macht die ABA auf die Möglichkeit aufmerksam, einen Standby folgenden Schiedsgerichtsvereinbarungen zu unterstellen (ICLOCA - International Center for Letter of Credit Arbitration, Inc.; UNCITRAL - United Nations Commission on International Trade Law; ICC - International Chamber of Commerce; AAA - American Arbitration Association).

Dies zeigt, daß der Standby im Gegensatz zur internationalen Bankgarantie ein Zahlungsinstrument ist, dessen Bedingungen weitgehend durch Juristen und damit auch durch juristische Spielregeln bestimmt werden, die dem Praktiker nicht ohne weiteres verständlich sind. Zwar setzen auch die Erstellung von Bankgarantien Spezialkenntnisse und die Abwicklung von Dokumentenakkreditiven Vertrautheit mit den ERA 500 und strukturiertes Denken voraus. Bisher gab es weder Anlaß noch Notwendigkeit, das Auslandsgeschäft in einem Maße zu juristifizieren, wie es die ISP 98 zumindest teilweise tun. Jedenfalls sind nach Auffassung von Praktikern die ISP 98 wohl das "komplizierteste Regelwerk", das die ICC jemals herausgegeben hat. Nur so ist da auch zu erklären, daß die ICC es erstmals für notwendig befunden hat, neue Richtlinien nur in Verbindung mit einem Offiziellen Kommentar herauszugeben.

10.16.2 Empfehlungen der American Bar Association

Die ABA stellt fest, daß die ISP 98 in verschiedenen Punkten von der bisherigen US-amerikanischen Standby-Praxis abweichen mit der Konsequenz, daß eine Reihe der Regelungen der ISP 98 im Interesse des Auftraggebers ausgeschlossen werden sollen. Hervorzuheben sind folgende Hinweise der ABA:

Nach Nr. 1.08 c. ISP 98 ist der Aussteller eines Standby nicht verantwortlich "for action or omission of others even if the other person is chosen by the issuer or [a] nominated person". Diese Regelung entspricht zwar Art. 18 a ERA 500, gilt nach Nr. 1.08 c. ISP 98 jedoch auch für Niederlassungen und Agenturen des Ausstellers eines Standby (branches, agencies or other offices), weil diese nach Nr. 2.02 ISP 98 als "Dritte" behandelt werden. Der Auftraggeber des Standby hat die Möglichkeit, diese Haftungseinschränkung für eigene Filialen auszuschließen.

Zu Nr. 2.01 d. ii. ISP 98 gibt die ABA die zutreffende Empfehlung, bei Bestätigung eines Standby durch eine zweite Bank diesen nur bei der Bestätigungsbank, also nicht bei der Eröffnungsbank zahlbar zu stellen. Während dieser, auch für Dokumentenakkreditive zutreffende Ratschlag dort damit begründet wird, daß im Falle der Zahlbarstellung bei der Eröffnungsbank die Dokumente an der Bestätigungsbank "vorbeilaufen", so daß diese nicht erfährt, ob bzw. wann sich ihr Obligo erledigt (Nielsen, J., Neue Richtlinien, 1994: Art. 9, Rn. 55), verweist die ABA auf die Haftung der Bestätigungsbank für eine unberechtigte Zahlungsverweigerung der Eröffnungsbank (confirmer is obligated to honor upon the issuer's wrongful dishonor as if the presentation had been made to the confirmer).

Nach Nr. 2.07 ISP 98 bleibt die ursprüngliche Verpflichtung der Eröffnungsbank erhalten, wenn eine berechtigte Stelle (Nominated Person) vor Erhalt einer Änderung oder eines Widerrufs bereits tätig geworden ist. Dies entspricht der Regelung für den Widerruf eines widerruflichen Akkreditivs (Art. 8 b ERA 500). Die ABA zieht hieraus die nicht weiter erläuterte Folgerung, frei negoziierbare Standby's zu vermeiden ("The Rule may thus discourage the use of freely negotiable standby letters of credit"). Es ist nun einmal das typische Kennzeichen eines frei negoziierbaren LC's, daß die Eröffnungsbank nicht weiß, bei welcher Bank in welchem Land der Begünstigte seine Dokumente zur Negoziierung einreicht.

Nach Art. 41 ERA 500 verliert ein Begünstigter bei einem Akkreditiv, wenn für dessen Inanspruchnahme oder Verladungen in Raten bestimmte Zeiträume vorgeschrieben sind, bei Säumnis einer Rate das Recht auf weitere Inanspruchnahme des Akkreditivs. Im Gegensatz dazu läßt Nr. 3.07 a. ISP 98 mit der Überschrift "Separateness of Each Presentation" weitere Inanspruchnahmen zu.

Nach Nr. 3.12 a. ISP 98 ist die Eröffnungsbank nicht verpflichtet, einen verlorenen, gestohlenen oder zerstörten Kreditbrief zu ersetzen oder auf dessen Vorlage, wenn er für die Inanspruchnahme vorgeschrieben ist, zu verzichten. Die ABA empfiehlt, eine gegenteilige Vereinbarung zu treffen, weil nach Nr. 6.03 b. ii. ISP 98 für die Übertragung des Standby oder für die Anerkennung der Anzeige der Zession des Erlöses des Standby (Nr. 6.08 a. ISP 98) die Eröffnungsbank die Vorlage des Original-Standby verlangen kann.

Nr. 4.15 c. ii. ISP 98 entspricht im wesentlichen Art. 20 b ERA 500. Während Art. 20 b ERA 500 im einzelnen ausführt, daß eine Unterzeichnung nicht nur handschriftlich, sondern auch "durch Faksimile-Unterschrift, durch perforierte Unterschrift, durch Stempel, durch Symbol oder durch irgendeine andere mechanische oder elektronische Authentisierungsmethode erfolgen kann", begnügt sich Nr. 4.07 c. ii. ISP 98 mit der Feststellung "any signature or authentication will be regarded as a complying signature". Beide Regelungen scheinen deckungsgleich zu sein mit der Einschränkung, daß Regelungen des nationalen Rechtes, die z.B. für die Wirksamkeit der Unterzeichnung von Wechseln, Schecks und Bürgschaften eine handschriftliche Unterzeichnung verlangen, Vorrang haben (Nielsen, J., Neue Richtlinien, 1994: Art. 20, Rn. 148; vgl. ferner, Wheble, B., UCP 1974/1983: S. 42). Unabhängig davon gilt der Ratschlag, vorsorglich jedes durch moderne Herstellungsmethoden erstellte Dokument durch Stempelaufdruck als "Original" zu kennzeichnen.

10.17 Schlußbetrachtung

Die vorstehenden Anmerkungen aus deutscher Sicht behandeln keineswegs alle Aspekte der Standby-Praxis und lassen einige Bereiche, wie z.B. Reimbursement Obligations (Nr. 8) oder Syndication/Participation (Nr. 10 ISP 98), unerwähnt.

Die Einschaltung Dritter als "Nominated Person" weicht von Art. 10 ERA 500 insoweit ab, als die benannte Stelle jedenfalls dem Wortlaut der Nr. 2.04 c. ISP 98 nach keine Befugnis hat, den Aussteller eines Standby zu binden ("A nominated person is not authorised to bind the person making the nomination."). Nach der Offiziellen Kommentierung der ICC sollen allerdings wohl nur solche Handlungen der nominierten Stelle unverbindlich sein, die außerhalb des ihr erteilten Auftrages liegen (Byrne, J.E., 1998: Rule 1.04, S. 76: "Were the adviser to misadvise the standby, the issuer would not thereby be bound as to the misadvised terms (though the adviser may itself be obligated).").

Die Aufzählung weiterer Besonderheiten der ISP 98 ließe sich beliebig fortsetzen. Bei Ausstellung von Standby bzw. Bankgarantien durch Banken außerhalb der USA, die nicht mit der Standby-Praxis vertraut sind, sollte nicht unbesehen auf die ISP 98 verwiesen werden. Es ist vielmehr von Fall zu Fall zu prüfen, wie die ISP 98 zu modifizieren sind. Insoweit unterscheiden sich die ISP 98 von den ERA 500, die in der Praxis ohne Änderung einzelner Regeln verwendet werden können und auch verwendet werden. Damit bleibt die Frage, ob die ISP 98 tatsächlich ein fortschrittlicher Beitrag zur Abwicklung nicht nur eines Standby, sondern auch einer internationen Bankgarantie sind. Diese Frage läßt sich jedoch erst in einigen Jahren beantworten.

10.18 Literaturverzeichnis zu Kapitel 10

- Affaki, G., How do the ISP standby rules fit in with other uniform rules?, INsight, 1998, Vol. 5 Nr. 1
- Avidon, M.E., Getting ready for ISP 98 - The International Standby Practices, Documentary Credit World, October 1998
- del Busto, C., Documentary Credits UCP 500 & 400 Compared, ICC-Publ. Nr. 511, Paris, 1993
- Byrne, J.E., The Official Commentary on the International Standby Practices, 1998
- Canaris, C.W., Bankvertragsrecht, Berlin, New York, 1988
- Hadding, W./Häuser, F./Welter, R., Bürgschaft und Garantie, Bundesanzeiger, 1983
- Holzwarth, W., Were the new ISP Rules on standbys fairly adopted and will they be useful?, INsight, 1998, Vol. 4 Nr. 4
- Nielsen, J., Neue Richtlinien für Dokumenten-Akkreditive, Heidelberg, 1994
- Nielsen, J., Mißbrauch bei der Inanspruchnahme von Bankgarantien als typisches Problem der Liquiditätsfunktion abstrakter Zahlungsversprechen, ZIP 1982, 253 ff.
- Nielsen, J., Bankgarantien bei Außenhandelsgeschäften, Köln, 1986
- Pleyer, K., Die Bankgarantie im zwischenstaatlichen Handel, WM-Sonderbeilage Nr. 2/1973
- Schimansky, H./Bunte, H.J./Lwowski, H.J., Bankrechts-Handbuch, Band III, München, 1997
- Schinnerer, E./Avancini, P., Bankverträge, III. Teil, 3. Aufl., Wien, 1976
- Schütze, R.A., Das Dokumentenakkreditiv im Internationalen Handelsverkehr, 4. Aufl., Heidelberg, 1996
- Schütze, R.A., Bankgarantien unter Berücksichtigung der Einheitlichen Richtlinien für "auf erstes Anfordern" zahlbare Garantien der Internationalen Handelskammer, Internationale Wirtschaftspraxis, 1994
- Schütze, R.A., Kollisionsrechtliche Probleme des Dokumentenakkreditivs, WM 1982, 226 ff.
- Schütze, R.A., Rechtsfragen der Avisierung von Dokumentenakkreditiven, DB 1987, 2189 ff.
- Stapel, B., Die Einheitlichen Richtlinien und Gebräuche für Dokumentenakkreditive der internationalen Handelskammer in der Fassung von 1993, Diss., 1998
- Turner, P.S., claims that ISP Rule 4.09 (c) (among others) is unfavourable to users of credits, INsight, 1999, Vol 5 Nr. 2
- v.Westphalen, F., Die neuen Richtlinien für "Demand Guarantees, DB 1992, 2017 ff.
- v.Westphalen, F., Die Bankgarantie im internationalen Handelsverkehr, 1990
- Wheble, B., Documentary Credits, UCP 1974/1983, Revisions compared and explained, ICC-Publ. 411, Paris
- Zahn, J.C.D./Eberding, E./Ehrlich, D., Zahlung und Zahlungssicherung im Außenhandel, 6. Aufl., Berlin, New York, 1986
- Zeller, S. Probleme der Abtretung einer Garantie "auf erstes Anfordern", BB 1990, 363 ff.

11 Fachwörterverzeichnis (englisch, deutsch, französisch, italienisch, spanisch)

English	German	French	Italian	Spanish
about	circa	environ	circa	aproximadamente
acceptance	Akzeptierung	acceptation	accettazione	aceptación
accessory	akzessorisch	accessoire(ment)	accessorio	accesorio
act of God	höhere Gewalt	force majeure	forza maggiore	fuerza mayor
address in case of need	Notadresse	représentant du donneur d'ordre d'un encaissement	indirizzo in caso di necessità	dirección en caso de necesidad
advance (to)	bevorschussen	avancer (de l'argent)	concedere un anticipo	anticipar
advance payment guarantee	Anzahlungsgarantie	garantie de restitution d'acomptes	garanzia per la restituzione di acconti	garantía de pago a cuenta
advice/notification	Avis/Avisierung	avis	avviso	aviso
advise (to)	avisieren	aviser	avvisare	avisar
air consignment note/ air waybill	Luftfrachtbrief	lettre de transport aérien	lettera di trasporto aereo	carta de porte aéreo
air freight	Luftfracht	fret aérien	nolo aereo	flete aéreo
air mail	Luftpost	poste aérienne	posta aerea	correo aéreo
amendment	Abänderung	modification	modifica	modificación
applicant	Auftraggeber des Akkreditivs	donner d'ordre de l'accréditif	ordinante dell'accreditivo	ordenante de la carta de crédito
approval	Zustimmung	approbation	approvazione	aprobación
arrive (to)	ankommen	arriver	arrivare/giungere	llegar
assignment of proceeds	Zession	cession	cessione	cesión
at sight	bei Sicht	à vue	a vista	a la vista
authorization	Ermächtigung	autorisation	autorizzazione	autorización
average	Beschädigung/Havarie	avarie	avaria	avería
back-to-back credit	Gegenakkreditiv	crédit documentaire «back-to-back»	credito documentario «dorso a dorso»	contra crédito documentario
bank guarantee	Bankgarantie	garantie bancaire	garanzia bancaria	garantía bancaria
bearer	Inhaber	porteur (au)	portatore	portador
beneficiary	Begünstigter	bénéficiaire	beneficiario	beneficiario
bid bond (tender bond)	Offertgarantie	garantie de soumission (caution provisoire)	Bid Bond	caución provisoria
bill of exchange	Wechsel	lettre de change	cambiale	letra de cambio
bill of lading	Konnossement	connaissement	polizza di carico	conocimiento de embarque
buyer	Käufer	acheteur	acquirente/compratore	comprador
by goods train	Frachtgut	petite vitesse	piccola velocità	pequeña velocidad
CFR cost + freight	CFR Kosten + Fracht	CFR coût + fret	CFR costo + nolo	CFR coste + flete

cancellation	Annullierung	annulation	annullamento	anulación
cargo	Ladung	cargaison	carico	carga
carrier	Frachtführer	transporteur	vettore	transportador/ transportista
case	Kiste	caisse	cassa	caja
certificate of analysis	Analysenzertifikat	certificat d'analyse	certificato d'analisi	certificado de análisis
certificate of origin	Ursprungszeugnis	certificat d'origine	certificato d'origine	certificado de origen
chamber of commerce	Handelskammer	chambre de commerce	camera di commercio	cámara de comercio
charges	Spesen	frais	spese	gastos
charter party	Charter-Partie	charte-partie	contratto di noleggio	póliza de fletamento
chief debtor (party liable)	Hauptschuldner	débiteur principal	debitore principale	deudor principal
CIF = cost + insurance + freight	CIF = Kosten + Versicherung + Fracht	CAF (CIF) = coût + assurance + fret	CIF = costo + assicurazione + nolo	CIF = coste + seguro + flete
claim	Inanspruchnahme	appel/demande de paiement	escussione/richiesta di pagamento	aviso/demanda de pago
clean	rein	net	netto/pulito	limpio
COD = cash on delivery	COD = Nachnahme	COD = livraison contre remboursement	COD = incasso alla consegna	COD = reembolso
collection	Inkasso	encaissement	incasso	cobranza
combined load	Sammelwaggon	wagon de groupage	vagone collettame	vagón colectivo
combined transport	kombinierter Transport	transport combiné	trasporto combinato	transporte combinado
commercial invoice	Handelsfaktura	facture commerciale	fattura commerciale	factura comercial
commercial letter of credit	Handelskreditbrief	lettre de crédit commerciale	lettera di credito commerciale	carta de crédito comercial
commission	Kommission	commission	commissione	comisión
confirm (to)	bestätigen	confirmer	confermare	confirmar
confirmation	Bestätigung	confirmation	conferma	confirmación
confirmed documentary credit	bestätigtes Akkreditiv	crédit documentaire confirmé	credito documentario confermato	crédito documentario confirmado
consignee	Empfänger	destinataire	destinatario	destinatario
consignor	Absender	expéditeur	mittente	expedidor
consular invoice	Konsularfaktura	facture consulaire	fattura consolare	factura consular
contract	Kontrakt/Vertrag	contrat	contratto	contrato
contract/bill of sale	Kaufvertrag	contrat d'achat	contratto di compra-vendita	contrato de compra-venta
currency	Währung	monnaie	moneta	moneda
customs duty	Zollgebühr	droits de douane	diritti doganali	derechos de aduana
D/A = documents against acceptance	D/A = Dokumente gegen Akzept	D/A = documents contre acceptation	D/A = documenti contro accettazione	D/A = documentos contra aceptación
D/P = documents against payment	D/P = Dokumente gegen Zahlung	D/P = documents contre paiement	D/P = documenti contro pagamento	D/P = documentos contra pago
date of issue	Ausstellungsdatum	date d'émission	data di emissione	fecha de emisión
date of loading	Verladedatum	date de chargement	data di carico	fecha de embarque
date of payment	Zahlungsziel	délai de paiement	termine di pagamento	plazo para el pago
date of shipment	Verschiffungsdatum	date d'embarquement	data d'imbarco	fecha de embarque
deferred payment	aufgeschobene Zahlung	paiement différé	pagamento differito	pago diferido

deliver (to)	abliefern	délivrer	consegnare	entregar
delivery/handing over/ surrender	Aushändigung	remise/délivrance	consegna/rimessa	entrega
delivery order	Lieferschein	bon de livraison	bolletta di consegna	orden de entrega
description	Bezeichnung	désignation	descrizione	descripción
discount (to)	diskontieren	escompter	scontare	descontar
discrepancy	Unstimmigkeit	divergence	irregolarità	divergencia
dispatch (to)	absenden	expédier	spedire	expedir
documentary collection	Dokumentar-Inkasso	encaissement documentaire	incasso documentario	cobranza documentaria
documentary credit	Akkreditiv/Dokumentar-Akkreditiv	crédit documentaire	credito documentario	crédito documentario
documents	Dokumente	documents	documenti	documentos
draft	gezogener Wechsel/ Tratte	lettre de change/ traite	cambiale tratta/ tratta	letra de cambio
drawee	Bezogener	tiré	trassato/trattario	girado
drawer	Aussteller (von Wechseln)	tireur	traente	girador
due date/maturity date	Verfalldatum (für Wechsel)	date d'échéance (pour lettre de change)	data di scadenza (per tratta)	fecha de vencimiento
duplicate	Duplikat	duplicata	duplicato	duplicado
endorse (to)	indossieren	endosser	girare	endosar
endorsement/ indorsement	Indossament	endossement/endos	girata	endoso
ex station	ab Station	ex gare	partenza stazione	ex estación
ex truck/car	ab Waggon	ex wagon	partenza/franco vagone	ex vagón
ex warehouse	ab Lager	ex magasin	partenza magazzino	ex almacén
expire (to)	verfallen/erloschen	expirer	scadere	vencer
expiry date	Verfalldatum (für Akkreditive)	date d'expiration	data di scadenza (per crediti)	vencimiento
exporter	Exporteur	exportateur	esportatore	exportador
express goods	Eilgut	grande vitesse	grande velocità	gran velocidad
extension	Prolongation/ Verlängerung	prolongation/ prorogation	proroga	prórroga
floating policy	Generalpolice	police d'abonnement	polizza flottante	póliza flotante
FOB = free on board	FOB = frei an Bord	FOB = franco à bord	FOB = franco a bordo	FOB = franco a bordo
FOR/FOT = free on rail	FOR/FOT = franko Waggon	FOR/FOT = franco wagon	FOR/FOT = franco vagone	FOR/FOT = franco muelle estación
foreign exchange/ foreign currency	Devisen	devises	divise	divisas (monedas extranjeras)
forwarder/ forwarding agent	Spediteur	transitaire	spedizioniere	agente de transportes
forwarder's certificate of receipt	Spediteur-Übernahmebescheinigung	attestation de prise en charge du transitaire	ricevuta di presa in consegna dello spedizioniere	certificado de recibo del agente de transportes
forwarder's receipt	Spediteur-bescheinigung	récépissé du transitaire	ricevuta del trasportatore	recibo de un agente de transportes
free border	franko Grenze	franco frontière	franco confine	franco frontera

freight	Fracht	fret	nolo	flete
freight paid	franko	port payé	porto pagato	porte pagado
freight collect	unfranko	port dû	porto assegnato	porte debido
full set	voller Satz	jeu complet	gioco completo	juego completo
goods/merchandise	Ware	marchandise	merce	mercancía
gross weight	Bruttogewicht	poids brut	peso lordo	peso bruto
guarantee	Bürgschaft	cautionnement	(atto di) fideiussione	garantía
guarantee/surety	Aval	aval	avallo	aval
guarantee amount	Garantiesumme	somme garantie	somma garantita	cantidad de garantía
guarantor	Bürge	garant/caution	garante	garante
importer	Importeur	importateur	importatore	importador
in bulk	lose	en vrac	alla rinfusa	a granel
in trust	zu getreuen Händen	à titre fiduciaire	in fiducia/a titolo fiduciario	a título fiduciario
increase	Erhöhung	augmentation	aumento	aumento
insurance against all risks	Versicherung gegen alle Risiken	assurance contre tous risques	assicurazione contro tutti i rischi	seguro contra todo riesgo
insurance certificate	Versicherungszertifikat	certificat d'assurance	certificato d'assicurazione	certificado de seguro
insurance declaration	Versicherungs-deklaration	déclaration d'assurance	dichiarazione d'assicurazione	declaración de seguro
insurance policy	Versicherungspolice	police d'assurance	polizza d'assicurazione	póliza de seguro
insure (to)	versichern	assurer	assicurare	asegurar
invoice	Faktura/Rechnung	facture	fattura	factura
irrevocable	unwiderruflich	irrévocable	irrevocabile	irrevocable
issue (to)	ausstellen	établir/émettre	emettere	expedir/establecer
jurisdiction/venue	Gerichtsstand	for	giurisdizione di tribunale/competenza	lugar de jurisdicción competente
legalize (to)	beglaubigen	légaliser	legalizzare	legalizar
letter of credit	Kreditbrief	lettre de crédit	lettera di credito	carta de crédito
liability	Verbindlichkeit	obligation	impegno/responsabilità	obligación
load (to)	beladen	charger	caricare	cargar
maturity/due date	Fälligkeit	échéance	scadenza	vencimiento
negotiable documentary credit	negoziierbares Akkreditiv	crédit documentaire négociable	credito documentario negoziabile	crédito negociable
negotiation	Negoziierung	négociation	negoziazione	negociación
net weight	Nettogewicht	poids net	peso netto	peso neto
notice of defects	Mängelrüge	avis pour livraison défectueuse	ricorso in garanzia	reclamación por vicios
notify address	Meldeadresse (notify)	adresse à notifier	indirizzo per la notifica	dirección para la notificación

on board	an Bord	à bord	a bordo	a bordo
on board B/L	Bordkonnossement	connaissement à bord	polizza di carico per merce à bordo	conocimiento de embarque bordo
on deck	an Deck	en pontée	sopra coperta	sobre cubierta
on first demand	auf erstes Verlangen	à première réquisition	a prima richiesta	a primera demanda
open (to)	eröffnen	ouvrir	aprire	abrir
order	Auftrag/Order	ordre	ordine	orden
order, to the	an Order	à ordre	all'ordine	a la orden
package	Kollo = Paket	colis	collo	bulto
packing	Verpackung	emballage	imballaggio	embalaje
packing list	Packliste	colisage (liste de)	distinta d'imballo	lista de embalaje
partial delivery	Teilsendung/ Teillieferung	livraison partielle	fornitura parziale	envío parcial
partial guarantee	Teilgarantie	garantie partielle	garanzia parziale	garantía parcial
payment	Zahlung	paiement	pagamento	pago
payment obligation	Zahlungsverpflichtung	engagement de paiement	impegno di pagamento	obligación de pago
pay (to)/paid	bezahlen/bezahlt	payer/payé	pagare/pagato	pagar/pagado
payment on first presentation	Zahlung bei erster Vorweisung	payable à première présentation	pagamento a prima presentazione	pago a la primera presentación
performance bond	Erfüllungsgarantie	garantie de bonne exécution	garanzia di esecuzione	garantía de cumplimiento
port	Hafen	port	porto	puerto
postage	Porto	port	porto	franqueo
post receipt	Postquittung	récépissé postal	ricevuta postale	resguardo postal
prepaid	vorausbezahlt	payé d'avance	prepagato	pagado por anticipado
presentation	Einreichung/Vorlage/ Vorweisung	présentation	presentazione	presentación
principal	Auftraggeber	donneur d'ordre/ commettant	ordinante	ordenante
proforma invoice	Proforma-Rechnung	facture pro forma	fattura proforma	factura proforma
promissory note	Eigenwechsel	billet à ordre	vaglia cambiario/ pagherò	pagaré
protest	Protest	protêt	protesto	protesta
quality	Qualität	qualité	qualità	calidad
quantity	Menge	quantité	quantità	cantidad
railway	Bahn	chemin de fer	ferrovia	ferrocarril
railway bill (of lading)	Eisenbahn-Frachtbrief	lettre de voiture ferroviaire	lettera di vettura ferroviaria	carta de porte ferroviaria
railway car	Waggon	wagon	vagone	vagón
railway bill/railroad bill of lading/rail consignment note	Bahnfrachtbrief	lettre de voiture ferroviaire	lettera di vettura ferroviaria	carta de porte ferroviaria
receipt	Quittung	reçu	quietanza/ricevuta	recibo
reception stamp	Empfangsstempel	timbre de réception	timbro di ricezione	sello de recepción

recourse	Regress	recours	rivalsa/regresso	recurso
reject (to)	zurückweisen	refuser	rifiutare	rehusar
reserve	Vorbehalt	réserve	riserva	reserva
responsibility/liability	Haftung	responsabilité	responsabilità	responsabilidad
revocable	widerruflich	révocable	revocabile	revocable
revolving credit	revolvierendes Akkreditiv	crédit documentaire renouvelable/revolving	credito documentario rotativo	crédito rotativo/ renovable
rights of objection and defence	Einreden/ Einwendungen	exceptions/objections	eccezioni/obiezioni	objeciones
risk	Risiko	risque	rischio	riesgo
sample	Muster	échantillon	campione	muestra
sea freight	Seefracht	fret maritime	nolo marittimo	flete marítimo
seaworthy packing	seemässige Verpackung	emballage maritime	imballaggio marittimo	embalaje marítimo
second beneficiary	Zweitbegünstigter	second bénéficiaire	secondo beneficiario	segundo beneficiario
securing of performance	Leistungssicherung	garantie de prestation	garanzia di prestazione	garantía de prestación de servicio
seller	Verkäufer	vendeur	venditore	vendedor
send/dispatch (to)	senden	envoyer	inviare	enviar
ship (to)	verschiffen	embarquer	imbarcare	embarcar
shipping company	Schiffahrtsgesellschaft	compagnie maritime	compagnia marittima	compañía marítima
sight documentary credit	Sichtakkreditiv	crédit documentaire à vue	credito documentario a vista	crédito documentario a la vista
SRCC = strikes, riots, civil commotions	SRCC = Streik, Aufruhr, politische Unruhen	SRCC = grèves, émeutes, troubles civils	SRCC = scioperi, ammutinamenti e sommosse civili	SRCC = huelgas, motines conmociones civiles
stamped	abgestempelt	estampillé	stampigliato	timbrado
steamer (s/s)/vessel	Dampfer	vapeur	vapore	vapor
stow (to)	verstauen	arrimer	stivare	estibar
strike	Streik	grève	sciopero	huelga
supplier	Lieferant	fournisseur	fornitore	suministrador
telegram	Telegramm	télégramme	telegramma	telegrama
telex	Telex/Fernschreiben	télex	telex	télex
terms/conditions	Bedingungen	conditions	condizioni	condiciones
through B/L	Durchkonnossement	through B/L	through B/L	through B/L
time of delivery	Lieferfrist	délai de livraison	termine di consegna	plazo de entrega
TPND = theft, pilferage, non-delivery	TPND = Diebstahl, Plünderung, Abhandenkommen	TPND = vol, pillage, non-délivrance	TPND = furto, saccheggio, mancata consegna	TPND = robo, pillaje y falta de entrega
transfer	Übertragung	transfert	trasferimento	transferencia
transferable	übertragbar	transférable	trasferibile	transferible
transhipment	Umladung	transbordement	trasbordo	transbordo
translation	Übersetzung	traduction	traduzione	traducción
truck waybill (CMR)	Lastwagenfrachtbrief (CMR)	lettre de transport routier (CMR)	lettera di vettura per trasporto via strada (CMR)	carta de porte de camión (CMR)

unconfirmed documentary credit	unbestätigtes Akkreditiv	crédit documentaire non confirmé	credito documentario non confermato	crédito documentario no confirmado
under deck	unter Deck	sous le pont/en cale	sottocoperta	bajo cubierta
undertaking	Verpflichtung	engagement	impegno	compromiso
Uniform Customs and Practice for Documentary Credits	Einheitliche Richtlinien und Gebräuche für Dokumenten-Akkreditive	Règles et usances uniformes relatives aux crédits documentaires	Norme ed Usi Uniformi relativi ai crediti documentari	Reglas y usos uniformes para créditos documentarios
Uniform Rules for Collections	Einheitliche Richtlinien für Inkassi	Règles uniformes relatives aux encaissements	Norme Uniformi relative agli incassi documentari	Reglas uniformes para cobranzas documentarias
unload (to)	abladen/ausladen	décharger	scaricare	descargar
valid until	gültig bis	valable jusque	valido fino	válido hasta
validity	Gültigkeitsdauer	validité	validità	validez
value	Valuta/Wert	valeur	valore/valuta	valor
warehouse	Lager/Lagerhaus	magasin/entrepôt	magazzino/deposito	almacén
warehouse certificate	Lagerschein	certificat d'entrepôt	certificato di deposito	certificado de almacenaje
warehouse receipt	Lagerempfangsschein	récépissé d'entrepôt	ricevuta di deposito	resguardo de almacén
weigh (to)	wiegen	peser	pesare	pesar
weight	Gewicht	poids	peso	peso
weight certificate	Gewichtszertifikat	certificat de poids	certificato di peso	certificado de peso
weight list	Gewichtsliste	liste de poids	distinta pesi	lista de pesos
without charges	kostenfrei	sans frais	senza spese	sin gastos
work progress certificate	Arbeitsfortschrittsausweis	confirmation d'avancement des travaux	certificato di avanzamento del lavoro	certificado de progreso de trabajo
working day	Arbeitstag	jour ouvrable	giorno lavorativo	día habil

Quelle: UBS Union Bank of Switzerland , o.O. 1997: S. 145 bis 151

Literaturverzeichnis

- Aden, M.: Internationale Handelsschiedsgerichtsbarkeit, 1988
- Aden, M.: Der Arrest in den Auszahlungsanspruch des Garantiebegünstigten, RIW 81, 439
- Affaki, G.: How do the ISP standby rules fit in with other uniform rules?, Insight, 1998, Vol. 5 Nr. 1
- Arbeitshilfe: Praktische Arbeitshilfe Export/Import, Basisinformationen und Hinweise zu Formularen, hrsg. von den Industrie- und Handelskammern in Nordrhein-Westfalen, 8. Auflage, Düsseldorf 1998
- Ashauer G.: Wechsel- und Scheckrecht, Sammelwerk: Berufsausbildung Bankkaufmann, hrsg. von G. Ashauer, Heft 21, Stuttgart 1993
- Avancini, P., Iro, G.M., Koziol, H.: Österreichisches Bankvertragsrecht II, 1993
- Avidon, M.E.: Getting ready for ISP 98 – The International Standby Practices, Documentary Credit World, October 1998
- Bach, A.: Das Akkreditiv und seine Dokumente, Tips und Informationen für den Exporteur und Importeur, hrsg. von der DG BANK, Abteilung Auslandsgeschäft Verbund, Frankfurt/Main o.J.
- Bach, A.: Das Dokumenten-Inkasso (incl. ausgewählter Lieferbedingungen mit dem Ausland), Tips und Informationen für den Exporteur und Importeur, hrsg. von der DG-Bank, Abteilung Auslandsgeschäft Verbund, Frankfurt/Main 1987
- Baumbach, A., Hopt, K.J.: HGB, 29. Aufl. 1995
- v.Bar, Ch.: Kollisionsrechtliche Aspekte der Vereinbarung und Inanspruchnahme von Dokumentenakkreditiven, ZHR 152 (1988)
- Bayerische Vereinsbank (Hrsg.): Außenhandelsgeschäft, Inkasso und Akkreditiv, München 1989
- Begemann, P.: UN/EDIFACT: Die Organisation der Nachrichtenentwicklung und -verabschiedung, in EDI und EDIFACT für Einsteiger, hrsg. von der DEDIG Deutsche EDI-Gesellschaft e.V., o.O., 1995, S. 6-8
- Brüggemann, M.: Die Banktechnik des Auslandsgeschäftes, 6., neu bearbeitete Auflage, Stuttgart 1981
- Brunn, H.: Umgang mit Dokumenten-Akkreditiven und Akkreditiv-Dokumenten, Hinweise und Ratschläge für den Exporteur, Hrsg.: Commerzbank AG, Frankfurt/Main 1986
- Brunn, H.: Import-Akkreditive ohne Probleme, Hinweise und Ratschläge für den Importeur, Hrsg.: Commerzbank AG, Frankfurt/Main 1989
- Büschgen, H. und Graffe, F.: Handbuch für das Auslandsgeschäft, Sonderausgabe, Bonn 1993
- Byrne, J.E.: The Official Commentary on the International Standby Practices, 1998
- Canaris, C.-W.: Bankvertragsrecht, Berlin, New York 1988
- Commerzbank AG (Hrsg.): Ratschläge für die Ausfuhr, Frankfurt/Main, diverse Jahrgänge

- Commerzbank AG: Bericht der Abteilung Volkswirtschaft "Europäische Währungseinheit (ECU)" vom 27.9.1986, Frankfurt am Main 1986
- Credit Suisse First Boston (Hrsg.): Akkreditve, Dokumentarinkassi, Bankgarantien, Mehr Sicherheit im internationalen Geschäft, o.O. (Zürich) 1998 (Loseblatt)
- DEDIG Deutsche EDI-Gesellschaft e.V. (Hrsg.): EDI und EDIFACT für Einsteiger, o.O., 1995
- Dekker, J.: More Case Studies on Documentary Credits, Publ. Nr. 489
- del Busto, C.: Documentary Credits UCP 500 & 400 Compared, ICC-Publ. Nr. 511
- del Busto, C.: Guide to Documentary Credit Operations, ICC-Publ. Nr. 515 E
- del Busto, C.: Case Studies on Documentary Credits under UCP 500, ICC-Publ. Nr. 535 E
- Deutsche Bank AG (Hrsg.): EDIFACT-Zahlungsverkehr, Information für Kunden, Frankfurt am Main 1995
- Deutsche Bank AG (Hrsg.): Ratgeber für das Auslandsgeschäft, Bankgarantien im Auslandsgeschäft, Frankfurt am Main 1988
- Deutsche Bundesbank: Monatsberichte der Deutschen Bundesbank, Frankfurt am Main, diverse Monate und Jahrgänge
- DIN Deutsches Institut für Normung: UN/EDIFACT, funktionale Beschreibungen ausgewählter UN/EDIFACT-Nachrichtentypen Berlin, März 1996 (korrigierter Nachdruck der 3. geänderten Auflage vom November 1995)
- DIN Deutsches Institut für Normung: UN/EDIFACT, Organisation und Ansprechpartner in Deutschland und Westeuropa, Berlin, 1995
- Discher, K., Köller R.: Das Auslandsgeschäft der Kreditinstitute, Stuttgart 1996
- Dortschy, J.W., Jung, K.-H., Köller, R.: Auslandsgeschäfte – Banktechnik und Finanzierung, Stuttgart 1990 und Neuauflage 1997
- Dresdner Bank AG (Hrsg.): Praxis des Zahlungsverkehrs im Frankreich-Geschäft, (Verfasser: Offizielle deutsch-französische Industrie- und Handelskammer Paris), ohne Erscheinungsort 1988
- Dresdner Bank AG (Hrsg.): Ratgeber für Auslandsgarantien, Frankfurt am Main 1990
- Eberth, R.: Die Revision von 1983 der Einheitlichen Richtlnien und Gebräuche für Dokumenten-Akkreditive, WM-Sonderbeilage Nr. 4/1984
- Eilenberger G.: Lexikon der Finanzinnovationen, München und Wien 1993
- Eisemann, F., Eberth, R.: Das Dokumenten-Akkreditiv im Internationalen Handelsverkehr, 2., völlig neubearbeitete und erweiterte Auflage 1979, Heidelberg 1979
- Eisemann, F., Schütze, R. A.: Das Dokumentenakkreditiv im Internationalen Handelsverkehr, 3., völlig neubearbeitete und erweiterte Auflage 1989, Heidelberg 1989
- Eisemann, F.: The Importance of Dating on Documentary Credits, liber amicorum Eisemann, 1978
- Eisemann, F., Eberth, R.: Das Dokumenten-Akkreditiv im Internationalen Handelsverkehr, 2. Aufl. 1979
- Fischer H. und Hundertmark R.: Zahlungsbedingungen im Export und ihre Risiken, in Praxis-Handbuch Export, Freiburg i.Br. 1996 ff., Gruppe 4/1

- Gacho, W.: Das Akkreditiv, Praktische Erläuterung für Banken, Handel und Industrie, Wiesbaden 1985
- Goode, R.: Guide to the ICC Uniform Rules for Demand Guarantees, ICC Publication Nr. 510, 1992
- Graffe, F., Weichbrodt, J. G., Xueref, C., Dokumenten-Akkreditive, -ICC-Richtlinien 1993-, Kurzkommentar, Reihe: Internationale Wirtschaftspraxis, hrsg. von Bredow, J., Bonn 1993
- Graffe, F., Weichbrodt, J., Xueref, C.: Erläuterungen zu den wichtigsten Änderungen der "Einheitlichen Richtlinien und Gebräuche für Dokumenten-Akkreditive (Revision 1993)", 1993
- Grundmann, S.: lex mercatoria und Rechtsquellenlehre, 1991
- Häberle, S.G.: Handbuch der Außenhandelsfinanzierung, 2., aktualisierte und erweiterte Auflage, München und Wien 1998
- Häberle, S.G.: Einführung in die Exportfinanzierung, Lehrbuch zur finanziellen Abwicklung von Exportgeschäften der Industrie- und Handelsbetriebe sowie zu den Auslandsgeschäften der Banken, München und Wien 1995
- Häberle, S.G.: Auslandswechsel - Ein Zahlungs-, Sicherungs- und Kreditinstrument, in Praxis-Handbuch Export, Gruppe 4/4, Loseblatt, Freiburg i.Br. 1996 ff.
- Häberle, S.G.: Bankgarantien: Instrumente zur Zahlungs- und Leistungssicherung, in Das Neue Export-Handbuch, hrsg. v. B.H.-J. Kitterer, Freiburg i.Br. 1984 ff., Heft 5 1994, Gruppe 9, S. 167 - 228
- Häberle, S.G.: Finanzierungsformen im Auslandsgeschäft, Teil 1: Risikoanalyse des Exporteurs vor Abgabe von Finanzierungsangeboten; Teil 2: Kreditgewährung an Importeure auf Basis einfache Rechnung und mit Wechseln; Teil 3: Kreditgewährung an Importeure mit Dokumenteninkassi und mit Dokumentenakkreditiven, in Praktisches Marketing für mittelständische Unternehmen, hrsg. von D. Schmidt, D. Ferrero und L. Rottland, Köln, München, Zürich 1986, 11. Ergänzungslieferung 1990
- Häberle, S.G.: Forfaitierung: Finanzierung und Risikoüberwälzung durch Forderungsverkauf, in Das Neue Export-Handbuch hrsg. v. B.H.-J. Kitterer, Freiburg i.Br. 1984 ff., Heft 5 1993, Gruppe 10, S. 163 – 191
- Hadding, W., Häuser, F., Welter, R.: Bürgschaft und Garantie, Bundesanzeiger, 1983
- Handelskammer Hamburg (Hrsg.): "K und M" - Konsulats- und Mustervorschriften, 32. Auflage, Hamburg 1997
- Hasse, A.: Die Einheitlichen Richtlinien für auf Anfordern zahlbare Garantien der Internationalen Handelskammer WM 93, 1985 f.
- Hauptmann, A., Bankgarantien im Außenhandel, in Stepic, H. (Hrsg.), Handbuch der Exportfinanzierung, Wien 1990
- Hefermehl, W.: Einführung in das Handelgesetzbuch, HGB-Textausgabe, München 1999
- Hermes Kreditversicherungs-AG, 22746 Hamburg (Bezugsquelle): Merkblätter zu den verschiedenen Ausfuhrgewährleistungen des Bundes, diverse Jahrgänge
- Hermes Kreditversicherungs-AG, Hamburg: AGA-Report (fortlaufende Ergänzungslieferungen)

- Holtij, H.-J., Bach, A.: Dokumentenakkreditiv-Geschäft - Leitfaden für den Banker -, hrsg. von der DG-BANK, Frankfurt am Main 1988
- Holzwarth, W.: Were the new ISP Rules on standbys fairly adopted and will they be useful?, Insight, 1998, Vol. 4 Nr. 4
- Horn, N.: Internationale Zahlungen und Akkreditiv, in Dokumentenakkreditive und Bankgarantien im internationalen Zahlungsverkehr, Arbeiten zur Rechtsvergleichung, Frankfurt am Main 1977
- Huber, E., Schäfer, H.: Dokumentengeschäft und Zahlungsverkehr im Außenhandel, 2. Auflage, Frankfurt am Main 1990
- Hundertmark, R.: Die mittel- und langfristige Exportfinanzierung - Voraussetzung für Geschäfte mit devisenschwachen Ländern, in Praxis-Handbuch EXPORT, Freiburg i.Br. 1996 ff., Gruppe 4/19
- Industrie- und Handelskammern in Nordrhein-Westfalen (Hrsg.): Praktische Arbeitshilfe Export/Import, Basisinformationen und Hinweise zu Formularen, hrsg. von den Industrie- und Handelskammern in Nordrhein-Westfalen, 8. Auflage, Düsseldorf 1998
- Ingelmann, Th., Reinecke, J., Schmitt, J.: Liber amicorum, Jens Nielsen zum 65. Geburtstag, 1996
- Ingelmann, Th.: Dokumentäre Sicherungsübereignung bei kombinierten Transporten, Diss. Hamburg, 1992
- Internationale Handelskammer Paris: "Einheitliche Richtlinien und Gebräuche für Dokumenten-Akkreditive" Revision 1993, anwendbar ab 1. Januar 1994, ICC-Publikation Nr. 500 (UCP 500, ERA 500)
- Internationale Handelskammer Paris: "Einheitliche Richtlinien für Inkassi", Revision 1995, ICC-Publikation Nr. 522
- Internationale Handelskammer Paris: "Einheitliche Richtlinien für auf Anfordern zahlbare Garantien -Demand Guarantees-", ICC-Publikation Nr.458/1
- Internationale Handelskammer Paris: "Incoterms 1990", anwendbar ab 1. Juli 1990, ICC-Publikation Nr. 460
- Jahn, U.: Wechselrecht Europa, Köln 1993
- Jahrmann, F.-U.: Außenhandel, Kompendium der praktischen Betriebswirtschaft, hrsg. von Olfert, K., Ludwigshafen (Rhein) 1998
- Kegel, G.: Internationales Privatrecht, 7. Auflage 1995
- Kemmer, H.T., Rädlinger, K.: Technik der Außenhandelsfinanzierung, 4., neubearbeitete Auflage, Frankfurt am Main 1979
- Klenke, G.: Auslandsgeschäfte der Kreditinstitute, Frankfurt/Main 1983
- LAKRA Landeskreditbank Baden-Württemberg: Merkblatt Exportförderungsprogramm, Stuttgart
- Liesecke, R.: Die neuere Rechtsprechung, insbesondere des Bundesgerichtshofes, zum Dokumentenakkreditiv, WM 1966 S. 458 ff.
- Mülbert, P.: Neueste Entwicklungen des materiellen Rechts der Garantie auf erstes Anfordern, ZIP 85, 1101

- Münchener Kommentar zum BGB: Münchener Kommentar zum BGB, Band 3, 2. Halbband, 2. Aufl. 1986, § 664
- Nielsen, J.: Bankrecht und Bankpraxis, Band III, Teil 5 (Auslandsgeschäft), Stand: 1996 (BuB)
- Nielsen, J.: Grundlagen des Akkreditivgeschäfts, Revision 1983, Köln 1985
- Nielsen, J.: Abtretung von Teilansprüchen aus Akkreditiven an mehrere Kreditgeber des Begünstigten, IPRax 1982, S. 91 ff.
- Nielsen, J.: Bankrecht und Bankpraxis, Band III, Teil 5 (Auslandsgeschäft), Stand: 1993 (BuB)
- Nielsen, J.: Neue Richtlinien für Dokumenten-Akkreditive, Schriftenreihe Recht der Internationalen Wirtschaft, Heidelberg 1994
- Nielsen, J.: Bankgarantien bei Außenhandelsgeschäften, Köln 1986
- Nielsen, J.: Die Revision 1983 der "Einheitlichen Richtlinien und Gebräuche für Dokumenten-Akkreditive" (ERA) - Publ. der ICC Nr. 400, ZIP 1984, S. 230 ff.
- Nielsen, J.: Die Revision der Einheitlichen Richtlinien und Gebräuche für Dokumenten-Akkreditive (ERA 500) zum 1. Januar 1994, WM-Sonderbeilage Nr. 2/1994
- Nielsen, J.: Mißbrauch bei der Inanspruchnahme von Bankgarantien als typisches Problem der Liquiditätsfunktion abstrakter Zahlungsversprechen, ZIP 1982, S. 253 ff.
- Nielsen, J., Schütze, R.A.: Zahlungssicherung und Rechtsverfolgung im Außenhandel, RWS-Skript 63, 3., neubearbeitete Auflage, Köln 1985
- Oelfke, W. u.a.: Güterverkehr und Spedition, Speditionsbetriebslehre, Bad Homburg v.d.H. 1991 sowie Neuauflage 1994
- Ohling, J.: Handbuch: Export-Import-Spedition, 10., überarbeitete Auflage, Wiesbaden 1986
- Palandt: Bürgerliches Gesetzbuch, 57. Aufl. 1998
- Peters, K.: Rechtsprobleme des Akkreditivgeschäfts, WM 1978, S. 1030 ff.
- Piltz, B.: Internationales Kaufrecht, München 1993
- Piltz, B.: Stichwort Eigentumsvorbehalt, in Praxis-Handbuch Export, Freiburg i.Br. 1996 ff., Gruppe 8 Lexikon
- Plett, M., Welling, T.: Überblick über die Abwicklung des Dokumenten-Akkreditivs und Rechtsstellung der beteiligten Parteien, DB 1987, S. 925 ff.
- Pleyer, K.: Die Bankgarantie im zwischenstaatlichen Handel, WM-Sonderbeilage Nr. 2/1973
- Praktische Arbeitshilfe Export/Import, Basisinformationen und Hinweise zu Formularen, hrsg. von den Industrie- und Handelskammern in Nordrhein-Westfalen, 8. Auflage, Düsseldorf 1998
- Praxis-Handbuch Export, hrsg. von der Redaktion des Verlags R. Haufe unter ständiger Mitarbeit von Häberle, Siegfried G. u.a., Freiburg i.Br. 1996 ff. (Loseblatt)
- Reithmann, Ch., Martiny, D.: Internationales Vertragsrecht, 5. Aufl. 1997
- Sandkühler, G.: Bankrecht, 2. Aufl. 1993

- Sarna, L.: Letters of Credit. The Law and Current Practice, 3. Aufl., Loseblattsammlung, Stand: 1994
- Schallehn, E. (Begründer), fortgef. von Greuter Th. und Kuhn S.: Garantien und Bürgschaften der Bundesrepublik Deutschland zur Förderung der deutschen Ausfuhr, Köln, diverse Erscheinungsjahre (Loseblattsammlung)
- Schallehn, E. (Begründer), fortgef. von Greuter Th. und Kuhn S.: Sonderteil Rechtsverfolgung im Ausland, in Garantien und Bürgschaften der Bundesrepublik Deutschland zur Förderung der deutschen Ausfuhr, Köln, diverse Erscheinungsjahre (Loseblattsammlung)
- Schefold, D.: Zum IPR des Dokumenten-Akkreditivs, IPrax 1990, S. 20 ff.
- Schimanski, Herbert, Bunte, H.-J., Lwowski, H.-J.: Bankrechts-Handbuch, Band III, München 1997
- Schimanski, H., Bunte, H.J., Lwowski, H.J.: Bankrechts-Handbuch, Band III, 1997
- Schinnerer, E., Avancini, P.: Bankverträge, III. Teil, 3. Aufl., Wien 1976
- Schlegelberger, F., Hefermehl, W.: Kommentar zum Handelsgesetzbuch, 5. Aufl. 1976
- Schmidt, R.: Gedächtnisschrift 1966
- Schönle, H.: Die Rechtsnatur der Einheitlichen Richtlinien und Gebräuche für Dokumentenakkreditive, NJW 1968, S. 726 ff.
- Schütze, R.A.: Bankgarantien, Bonn 1994
- Schütze, R.A.: Bankgarantien unter Berücksichtigung der Einheitlichen Richtlinien für „auf erstes Anfordern" zahlbare Garantien der Internationalen Handelskammer, Internationale Wirtschaftspraxis, 1994
- Schütze, R.A.: Kollisionsrechtliche Probleme des Dokumentenakkreditivs, WM 1982, S. 226 ff.
- Schütze, R.A.: Kollisionsrechtliche Probleme der Forfaitierung von Exportforderungen, WM 1979, S. 962 ff.
- Schütze, R.A.: Das Dokumentenakkreditiv im Internationalen Handelsverkehr, 4. Aufl., Heidelberg 1996
- Schütze, R.A.: Rechtsfragen der Avisierung von Dokumentenakkreditiven, DB 1987, S. 2189 ff.
- Schütze, R.A.: Rechtsfragen zur Zahlstelle bei Akkreditiv-Geschäften, RIW 1988, S. 343 ff.
- Schweizerische Bankgesellschaft (jetzt: UBS; siehe auch unter UBS): Akkreditive, Dokumentar-Inkassi, Bankgarantien, Handbuch des dokumentären Außenhandelsgeschäftes, o.O. 1984
- Schweizerische Bankgesellschaft (jetzt: UBS; siehe auch unter UBS): Akkreditive, Dokumenteninkassi, Bankgarantien, Handbuch des dokumentären Außenhandelsgeschäftes, Redaktion Helbing J. u.a., o.O. 1994
- Schweizerischer Bankverein (jetzt: UBS; siehe auch UBS): Bankgarantien (mit Mustertexten ...), o.O. 1995

- Schweizerischer Bankverein (jetzt: UBS; siehe auch UBS): Akkreditive, 2. Auflage, o.O., o.J.
- Schweizerische Kreditanstalt (jetzt: Credit Suisse First Boston; siehe auch Credit Suisse First Boston): Akkreditive -Dokumentarinkassi -Bankgarantien, Ein Handbuch für mehr Sicherheit im Auslandsgeschäft, Heft 69 der Schriftenreihe der Schweizerischen Kreditanstalt, Loseblatt, o.O. 1995 ff.
- Schweizerische Kreditanstalt (jetzt: Credit Suisse First Boston; siehe auch Credit Suisse First Boston): Akkreditive - Dokumentarinkassi -Bankgarantien, Mehr Sicherheit im internationalen Geschäft, Heft 77 der Schriftenreihe der Schweizerischen Kreditanstalt, o.O. 1989
- Stapel, B.: Die Einheitlichen Richtlinien und Gebräuche für Dokumentenakkreditive der Internationalen Handelskammer in der Fassung von 1993, Diss. 1998
- Stepic, H. (Hrsg.), Handbuch der Exportfinanzierung, Wien 1990
- Turner, P.S.: claims that ISP Rule 4.09 (c) (among others) ist unfavourable to users of credits, Insight, 1999, Vol 5 Nr. 2
- UBS Schweizerische Bankgesellschaft: Akkreditive, Dokumentarinkassi, Bankgarantien, o.O. 1997 (siehe auch englische Fassung)
- UBS Union Bank or Switzerland: Documentary Credits, Documentary Collections, Bank Gurantees, o.O. 1997
- Ulmer, P.: Akkreditiv und Anweisung, AcP 126
- Ulmer, P., Brandner, H.E., Hensen, H.D.: AGBG, 7. Aufl. 1993
- Vereins- und Westbank AG, Bankgarantien im Außenhandelsgeschäft, o.O. (Hamburg), o.J.
- Vorpeil, K.: Einheitliche Richtlinien und Gebräuche für Dokumenten-Akkreditive - Revision 1993, IWB 1993, Fach 10, Gruppe 8, S. 147 ff.
- Wälzholz, E.: Zur Anwendbarkeit des AGBG auf die Einheitlichen Richtlinien der ICC - Insbesondere bei Akkreditiven und Demand Guarantees -, WM 1994, S. 1457 ff.
- Wechselgesetz vom 21. Juni 1933, zuletzt geändert durch Art. 52 Einführungsgesetz zur Insolvenzordnung (EGInsO) vom 5.10.1994 (BGBl I, S. 2911)
- Werner, W.: Dokumentärer und wechselrechtlicher Regreß im Akkreditivgeschäft unter Berücksichtigung der verschiedenen Abwicklungsformen, Festschrift, 1984
- Wessely, W.: Die Unabhängigkeit der Akkreditivverpflichtung von Deckungsbeziehung und Kaufvertrag, 1975
- von Westphalen, F.: Die Bankgarantie im internationalen Handelsverkehr 2. Auflage 1989
- von Westphalen, F.: Die neuen Einheitlichen Richtlinien für "Demand Guarantees" DB 92, 2017 f.
- von Westphalen, F. Graf: Rechtsprobleme der Exportfinanzierung, 3., neubearbeitete und erweiterte Auflage, Heidelberg 1987
- Wheble, B.: Case Studies on Documentary Credits, Publ. Nr. 459

- Wheble, B.: Documentary Credits, UCP 1974/1983, Revisions compared and explained, ICC-Publ. 411, Paris
- Wheble, B.: Opinions of the ICC Banking Commission 1987 - 1988, Publ. Nr. 469
- Wolf, M., Horn, N., Lindacher, W.F.: AGB-Gesetz, 3. Aufl. 1994
- Zahn, J.C.D., Eberding, E., Ehrlich, D.: Zahlung und Zahlungssicherung im Außenhandel, 6., neubearbeitete und erweiterte Auflage, Berlin, New York 1986
- Zeller, S.: Probleme der Abtretung einer Garantie "auf erstes Anfordern", BB 1990, S. 363 ff.

und die in diesen Quellen angegebene weiterführende Literatur

Stichwortverzeichnis

Anmerkungen:

- Bei Stichwörtern mit verschiedenen Seitenangaben verweist die fettgedruckte Seitenangabe auf die jeweilige Hauptfundstelle.
- Seitenangaben, die sich auf „Einheitliche Richtlinien ...“ der ICC bzw. auf den dazu gehörenden Kommentar beziehen, weisen dann den Zusatz „(ERA)“ bzw. „(ERI)“ auf, wenn sich bei einer Fundstelle weitere Seitenangaben finden.

www.ingramcontent.com/pod-product-compliance
Lightning Source LLC
LaVergne TN
LVHW080750300926
849162LV00008BA/1785
* 9 7 8 3 4 8 6 2 4 9 6 5 1 *